经典中国国际出版工程
China Classics International

中国专利法详解

（缩编版）

INTRODUCTION TO THE PATENT LAW OF CHINA (ABRIDGED)

尹新天◎著

知识产权出版社
全国百佳图书出版单位

图书在版编目（CIP）数据

中国专利法详解：缩编版/尹新天著．—2版．—北京：知识产权出版社，2012.7（2014.1重印）（2014.8重印）（2015.10重印）（2016.2重印）（2016.7重印）（2017.8重印）（2018.6重印）（2019.3重印）（2019.8重印）（2020.4重印）（2021.3重印）（2022.5重印）（2024.4重印）

ISBN 978-7-80247-948-7

Ⅰ.①中… Ⅱ.①尹… Ⅲ.①专利法－法律解释－中国 Ⅳ.①D923.425

中国版本图书馆CIP数据核字（2012）第148533号

内容提要

本书以严谨的治学态度和立体、全面的研究方法对自2009年10月1日起施行的经第三次修改的《专利法》逐条解析，详尽介绍了《专利法》的每一处修改的历史沿革，提出了很多独到的个人见解。是学习、研究、运用中国专利法律制度的经典著作。

本书原版入选新闻出版总署首批“经典中国国际出版工程”项目。自出版以来多次加印，受到业界广泛好评。应广大读者请求，特别推出缩编版。

责任编辑：李　琳　王　欣　　**责任校对**：董志英
封面设计：张　冀　　**责任印制**：刘译文

中国专利法详解（缩编版）

Zhongguo Zhuanlifa Xiangjie (Suobianban)

尹新天　著

出版发行：知识产权出版社有限责任公司　**网　　址**：http://www.ipph.cn
社　　址：北京市海淀区气象路50号院　**邮　　编**：100081
责编电话：010-82000887　82000860转8116　**责编邮箱**：wangruipu@cnipr.com
发行电话：010-82000860转8101/8102　**发行传真**：010-82000893/82005070/82000270
印　　刷：三河市国英印务有限公司　**经　　销**：新华书店、各大网上书店及相关专业书店
开　　本：787mm×1092mm　1/16　**印　　张**：42.5
版　　次：2012年9月第2版　**印　　次**：2024年4月第18次印刷
字　　数：1000千字　**定　　价**：100.00元

ISBN 978-7-80247-948-7

尹新天 1977 年毕业于重庆大学工业自动化仪表专业，1981 年毕业于中国科技大学研究生院，在中国科学院自动化研究所完成学位论文，获得硕士学位。

1980 年在美国专利与商标局进修 6 个月，1984 年在德国联邦专利局、德国联邦专利法院进修 6 个月，1992 年在德国马普学会（Max Planck Institute）知识产权研究所进行 6 个月的专题研究，1994 年在美国芝加哥 John Marshall 法学院进修 3 个月。

自 1982 年起在原中国专利局（后更名为国家知识产权局）工作，曾任专利复审委员会复审委员、专利复审委员会物理申诉室主任、审查业务管理部副部长、国家知识产权局条约法规司司长、国家知识产权局新闻发言人。2010 年 3 月从国家知识产权局退休，现任北京万慧达知识产权代理有限公司高级顾问。

曾任中国法学会理事，中国知识产权研究会常务理事，中国国际经济贸易仲裁委员会委员，华中科技大学兼职教授，西南政法大学兼职教授，华东政法大学兼职教授，中国人民大学律师学院客座教授，中国政法大学经济法学院名誉教授，中国知识产权培训中心名誉教授，北京市高级人民法院专家咨询委员会委员，上海市高级人民法院知识产权咨询专家，江苏省高级人民法院咨询员，福建省高级人民法院知识产权审判咨询专家，2005 年获得国务院颁发的有突出贡献专家津贴。

负责组织起草国家知识产权局关于第二次和第三次修改《专利法》及《专利法实施细则》的修订草案送审稿，并自始至终参加了两次修改工作的全部过程；率团参加世界知识产权组织专利法常设委员会（SCP）制定《实体专利法条约》（SPLT）以及《专利合作条约》（PCT）改革工作组的各次会议并多次担任会议副主席；参加《国家知识产权战略纲要》的制定工作，并担任"知识产权中介服务体系专题研究报告"课题组负责人。

1998 年撰写出版《专利权的保护》（25 万字），2001 年主编出版《新专利法详解》（50 万字，此书至 2009 年已累计印刷 9 次，并于 2007 年 8 月被译为日文在日本出版发行），2000 年主编出版《〈专利法〉第二次修改导读》（10 万字），2001 主编出版《〈专利法实施细则〉第二次修改导读》（16 万字），2002 年主编出版《专利代理概论》（60 万字）；2003 年编译《知识产权与发展政策的整合》（英国知识产权委员会的报告）；2004 年编译《美国对其专利政策的重新审视》（美国国际贸易委员会的报告），2005 年撰写出版《专利权的保护》（第 2 版）（70 万字），2007 年撰写《美国专利制度的新近发展动向》（10 万字），2009 年主编出版《〈专利法〉第三次修改导读》（11 万字，并于 2009 年 9 月被译为日文在日本出版发行），《中国专利法详解》为其 2011 年出版的最新力作。此外，在国内、国外的各种知识产权期刊上发表了数十篇论文和文章。各种著述总计超过 400 万字。

缩编版序言

《中国专利法详解》于2011年3月出版，时近一年。通过微博拜读了数十位读者的短评，或嘉许鼓励，或诙谐调侃，读来皆饶有风趣。不少人提到该书篇幅太大，俨然板砖，好几斤重，把读起来不胜重负，其中固有感叹之心，亦不乏批评之意。知识产权出版社顺应读者呼声，建议就此书出版一缩略本，笔者欣然接受，用数月时间从头至尾悉心进行了改写，遂有《中国专利法详解（缩编版）》问世。

与原版相比，缩编版瘦身近30万字，减少的主要是对一些条款法律背景的论述，对外国相关规定和实践的介绍，脚注中附加的外文原文，以及《专利法》《专利法实施细则》先后四个文本的对照。这样，希望直截了当、简明扼要地获知《专利法》现行条文含义的读者可以选择缩编版；注重学术研究、穷源溯流的读者可以选择原版，或许可以各取所需，相得益彰。应当告诉读者的是，缩编版较之原版也非单纯缩减，还有少许增补，主要是根据一年来专利制度的发展补充了一些内容。

原版交稿之前，笔者也曾数次通读，力求确保本书有较高质量。如今时隔不到一年，改写中却发现仍有许多值得完善之处，有些是文字存在错误，有些是表述不够流畅，不一而足，愈加感到文字上的推敲雕琢真是永无止境。原版出版后，不断有读者将其发现的问题告知知识产权出版社，在此深表感谢，还望对缩编版一如既往地予以关注。

知识产权出版社的领导和编辑为本书的两度出版认真负责、尽心尽力，在此也一并表示衷心感谢！

原版自序

笔者自 1980 年起从事专利工作，在原中国专利局、现国家知识产权局工作了整整 30 年。其间，在专利审查部门工作 5 年，在专利复审委员会工作 8 年，在审查业务管理部工作 5 年，在条法司工作 12 年。工作经历较长，使笔者见证了我国专利事业从无到有的发展；涉猎范围较广，为笔者撰写此书奠定了基础。30 年光阴，在人类历史长河中不过是短暂的一瞬，然而对一个人而言却几乎是其职业生涯的全部。2010 年 1 月，国家知识产权局举行庆功仪式，为在该局工作 30 年以上的人员颁发纪念证书和纪念奖章，笔者亦在其中。目睹国家知识产权局发展历程的一幕幕画面，往事如云，不由得感慨系之。

笔者 1998 年 4 月任国家知识产权局条法司司长，正值《专利法》第二次修改的准备工作启动伊始；2010 年 3 月退休，恰逢《专利法》第三次修改的全部工作完成告终。能够自始至终参与《专利法》的两次修改工作，从提出修改草案建议到施行修正案，组织条法司同仁全程参与并发挥应有作用，为不断完善我国专利制度而竭尽绵薄之力，不辱使命，笔者深感荣幸。然而，荣幸之余也要承担相应的责任，这就是将修改中遇到的问题、修改方案的形成过程以及有关思路记载下来，供现在和今后从事专利工作的同行参考。2001 年完成《专利法》的第二次修改工作之后，笔者主编了《新专利法详解》一书，幸得广大读者青睐，10 年来印刷了 9 次；2008 年完成《专利法》的第三次修改工作之后，笔者即着手撰写此书，内容大增，解释及说明部分为原作之三倍。藉本书杀青之际，向多年来指导、关心、支持和帮助笔者工作的领导和同事致以诚挚的谢意。

笔者写作多年，深悟欲创作一部有分量的著作殊非易事。雪芹倜傥高才，尚“披阅十载，增删五次”，含辛茹苦，方造就《红楼梦》之不朽瑰宝。吾侪欣逢盛世，景仰前贤；叹学海之渺邈，哀人生之须臾；东隅已逝，敢萌歇肩之意，桑榆非晚，更扬奋蹄之鞭。故深自期许，不堕素志，每每闻鸡起舞，伏案笔耕不辍，奋力经年，始有本书问世。所持者勤能补拙，集腋成裘；所冀者雪泥鸿爪，聊慰平生而已，岂有他哉！

庚寅年仲夏完稿于北京。

主要缩略语

简　称	全　称
《专利法》	《中华人民共和国专利法》
《专利法实施细则》	《中华人民共和国专利法实施细则》
《商标法》	《中华人民共和国商标法》
《商标法实施条例》	《中华人民共和国商标法实施条例》
《著作权法》	《中华人民共和国著作权法》
《著作权法实施条例》	《中华人民共和国著作权法实施条例》
《反不正当竞争法》	《中华人民共和国反不正当竞争法》
《植物新品种保护条例》	《中华人民共和国植物新品种保护条例》
《知识产权海关保护条例》	《中华人民共和国知识产权海关保护条例》
《技术合同法》	《中华人民共和国技术合同法》
《反垄断法》	《中华人民共和国反垄断法》
《合同法》	《中华人民共和国合同法》
《劳动合同法》	《中华人民共和国劳动合同法》
《经济合同法》	《中华人民共和国经济合同法》
《宪法》	《中华人民共和国宪法》
《立法法》	《中华人民共和国立法法》
《民法通则》	《中华人民共和国民法通则》
《民事诉讼法》	《中华人民共和国民事诉讼法》
《物权法》	《中华人民共和国物权法》
《继承法》	《中华人民共和国继承法》
《企业国有资产法》	《中华人民共和国企业国有资产法》
《婚姻法》	《中华人民共和国婚姻法》
《刑法》	《中华人民共和国刑法》
《人民法院组织法》	《中华人民共和国人民法院组织法》
《律师法》	《中华人民共和国律师法》
《行政诉讼法》	《中华人民共和国行政诉讼法》

简　称	全　称
《行政复议法》	《中华人民共和国行政复议法》
《行政处罚法》	《中华人民共和国行政处罚法》
《药品管理法》	《中华人民共和国药品管理法》
《药品管理法实施条例》	《中华人民共和国药品管理法实施条例》
《传染病防治法》	《中华人民共和国传染病防治法》
《侵权责任法》	《中华人民共和国侵权责任法》
《治安管理处罚法》	《中华人民共和国治安管理处罚法》
《保守国家秘密法》	《中华人民共和国保守国家秘密法》
《保守国家秘密法实施办法》	《中华人民共和国保守国家秘密法实施办法》
《公司法》	《中华人民共和国公司法》
《中外合资企业法》	《中华人民共和国中外合资企业法》
《合伙企业法》	《中华人民共和国合伙企业法》
《涉外经济合同法》	《中华人民共和国涉外经济合同法》
《对外贸易法》	《中华人民共和国对外贸易法》
《科技成果转化法》	《中华人民共和国科技成果转化法》
《技术进出口管理条例》	《中华人民共和国技术进出口管理条例》
TRIPS	《与贸易有关的知识产权协定》
《巴黎公约》	《保护工业产权巴黎公约》
《伯尔尼公约》	《保护文学和艺术作品伯尔尼公约》
PCT	《专利合作条约》
《PCT 实施细则》	《专利合作条约实施细则》
《WTO 协定》	《马拉喀什建立 WTO 协定》
CBD	《生物多样性公约》
《多哈宣言》	《关于 TRIPS 与公共健康的宣言》
《总理事会决议》	《关于实施 TRIPS 与公共健康宣言第 6 段的决议》
《中美关于保护知识产权的谅解备忘录》	《中华人民共和国政府和美利坚合众国政府关于保护知识产权的谅解备忘录》
WTO	世界贸易组织
WIPO	世界知识产权组织

目 录

导 言

自1474年3月19日威尼斯颁布世界上第一部专利法以来，五百多年过去了。其间人类社会历经沧桑，在政治、经济和科学技术等方面都发生了巨大变化，各国专利制度也随之发生了许多变革，例如强化法律保护、扩大保护领域、简化审批程序、完善对专利权的必要限制、适应专利制度的国际协调等，但是专利制度作为鼓励创新、促进科学技术进步的一种制度，其基本理念和属性未变，其产生的作用未变，而且随着时间的推移在国际范围内受到越来越高度的重视。

建立专利制度需要回答一系列的问题，包括何种类型的智力成果能够被授予专利权，授予专利权应当满足哪些条件，由谁来审查确认专利申请能否被授予专利权，采用何种授予专利权的程序，被授予的专利权具有何种法律效力，何种行为构成侵犯专利权的行为，针对侵犯专利权的行为应当为专利权人提供何种法律救济，如何平衡专利权人与国家及广大公众之间的利益，如何处理一个国家的专利制度与其他国家或者地区的专利制度之间的关系，如何落实有关专利的国际公约或者协议的规定等。回答这些问题最为适当的方式就是制定并施行有关法律，也就是专利法。世界上实行专利制度的国家和地区毫无例外地都制定了专利法或者其上位法律。

一、我国专利制度的建立和历史沿革

鸦片战争之后，我国一些受西方资产阶级民主思想影响的知识分子开始将有关专利制度的思想引入中国。光绪年间，维新派和保守派之间就是否需要在我国建立专利制度进行了激烈争论。光绪皇帝接受维新派建议，决心变法维新，提出了“除旧布新”的纲领，于1898年（清光绪二十四年）7月12日颁布了《振兴工艺给奖章程》共12条，第一条至第三条分别规定了为期50年、30年、10年的专利，这是我国建立专利制度的初次尝试。然而，该章程颁布仅两个月，慈禧太后就发动了政变，“百日维新”就此终结，该章程也就随之落空了。[1]

孙中山先生领导辛亥革命推翻千年帝制，建立了中华民国。民国政府工商部于1912年6月13日制定了《奖励工艺品暂行章程》，同年12月12日，由参议院通过予以施行，这是民国政府颁布的第一部涉及专利的法规。该章程规定，奖励对象为改良的产品，但对

---

[1] 赵元果.中国专利制度的孕育与诞生［M］.北京：知识产权出版社，2003：7-8.

食品和药品不授予专利权；奖励办法是分等级授予 5 年以内的专利权，或者给予名誉上的褒奖；对伪造或者假冒行为处以徒刑或者罚金；对外国人不授予专利权。

抗日战争胜利前夕，民国政府于 1944 年 5 月 29 日颁布了《中华民国专利法》，这是我国历史上颁布的第一部专利法，共 133 条。其特点在于：第一，规定了三种类型的专利，即发明专利、实用新型专利和新式样专利（亦即现在所称的外观设计专利），其保护期限分别为 15 年、10 年和 5 年；第二，规定了授予专利权的条件，即新颖性、创造性和实用性；第三，采用了“先申请原则”；第四，规定了专利审查程序和异议程序；第五，明确了专利的效力和侵犯专利权的法律责任；第六，规定了强制许可制度；第七，提出了专利代理人的概念；第八，允许外国人在中国申请专利。由此可见，这是一部内容完整、全面的专利法。1947 年 11 月 8 日，民国政府颁布了该专利法的实施细则。然而由于当时的具体国情，《中华民国专利法》及其实施细则在大陆并没有真正予以实施，只是从 1949 年 1 月 1 日起在我国台湾地区予以施行。❶

从 1912 年颁布《奖励工艺品暂行章程》到 1944 年颁布《中华民国专利法》的 32 年间，民国政府总共授予了 692 件专利，平均每年只授予 20 余件专利。因此，当时的专利制度对我国科学技术发展、进步所起的作用是微乎其微的，专利制度还只是徒有其名而已。❷

自戊戌变法至新中国诞生，我国历经磨难，其间经历了八国联军的入侵，清朝政府被迫接受了 4 万万两白银的巨额赔偿要求，国力衰竭，民不聊生；后来又经历了日本帝国主义的入侵，举国陷入一场空前的灾难，山河破碎，生灵涂炭，中华民族为捍卫其独立和尊严进行了 8 年的殊死抗战；在其余时间，国内各种战争从未停止过。客观地说，在这段时期我国并没有获得真正施行专利制度所需的条件和环境。

“一唱雄鸡天下白”，中华人民共和国的成立揭开了中国历史的崭新篇章。新中国成立伊始，百废待兴，政务院即于 1950 年 8 月 11 日颁布了《保障发明权与专利权暂行条例》，这是新中国颁布的第一个有关专利的法规。该条例有关专利的规定包括：

（1）发明人获得专利权须提出申请，经中央人民政府主管部门审查合格后予以公告，自公告之日起满 3 个月无异议的，发给专利证书；

（2）专利申请经审查认为不合格的，申请人可以自收到通知之日起 45 日内请求再审查；对再审查的决定仍不服的，可以在 90 日内提起诉讼；

（3）居住在中国的外国人可以依据该条例申请获得专利权；

（4）对药品、医疗方法、通过化学方法获得的物质、有关国防的发明，以及全民所有制单位的工作人员完成的发明，不授予专利权；

（5）专利权的期限为 3 ~ 15 年，由中央人民政府主管部门在发给的专利证书中确定；

（6）发明证书和专利证书必要时可以相互转换。

政务院财政经济委员会于 1950 年 10 月 9 日颁布了上述条例的实施细则。

依据上述条例，我国从 1953 ~ 1957 年一共发放 6 件发明证书，4 件专利证书。此后，这项工作就停顿下来。因此，从 1949 年新中国成立到 1985 年，我国实际上并没有真正建

---

❶❷ 赵元果.中国专利制度的孕育与诞生［M］.北京：知识产权出版社，2003：7-8.

立专利制度，只是实行了对发明和技术改进的奖励制度。

令人扼腕痛惜的是，在1978年十一届三中全会之前的相当长一段期间，由于受极“左”思想的严重影响，我国未能以实事求是的科学态度看待专利制度，错误地认为专利制度与社会主义制度不相容。那一时期非但不可能真正建立专利制度，就连《发明奖励条例》《技术改进奖励条例》等旨在鼓励发明和技术改进的法规也没有得到很好施行。到了被称为“十年浩劫”的“文革”时期，更是将掌握知识看做是“获取对党和人民讨价还价的资本”，批判“知识私有论”，各种奖励条例都被视为鼓励资本主义物质刺激而实际上被废止。❶

“春风又绿江南岸”，1978年12月召开的党的十一届三中全会作出了“将全党工作的重点和全国人民的注意力转移到社会主义现代化建设上来”的战略决策，揭开了我国改革开放事业的序幕，开始了中华民族复兴的历史征程。邓小平同志作出了“四个现代化，关键是科学技术的现代化”“科学技术是第一生产力”等重要论述，指导了我国科技工作的拨乱反正。原国家科委于1979年3月19日正式组建了专利法起草小组，并根据国务院的有关批示于1980年初组建了中国专利局。

然而在制定专利法的过程中，始终存在激烈的意见分歧。争论的焦点主要集中在两个问题上：一是实行专利制度是否符合我国的社会主义制度；二是实行专利制度有利于我国的发展还是妨碍我国的发展。当时，国务院不少部委对在我国建立专利制度持反对意见，致使专利法的制定数度陷于停顿状态。经过艰苦努力，国务院于1983年9月29日讨论通过了《中华人民共和国专利法（草案）》，提请全国人大常委会进行审议。在全国人大常委会的审议过程中，争议仍然很大。就专利法何时通过施行的问题，邓小平同志发表了“专利法以早通过为好”的重要意见。❷1984年3月12日，第六届全国人民代表大会常务委员会第四次会议对历时5年，先后历经25稿的专利法草案进行了表决，并通过了此草案。至此，我国建立专利制度的标志——《中华人民共和国专利法》（以下简称《专利法》）诞生了。该部法律自1985年4月1日起施行。

为了配合《专利法》的施行，国务院于1985年1月19日审议批准了《中华人民共和国专利法实施细则》（以下简称《专利法实施细则》），由中国专利局同日予以公布，自1985年4月1日起与《专利法》同日施行。

1984年制定的《专利法》在广泛借鉴外国经验、博采各国之长、严格履行我国已经加入的国际条约规定的义务的同时，还充分考虑了我国具体国情的需要，具有起点高、有鲜明时代特征和适合中国国情的特点，具体体现为：

（1）在同一部法律中囊括了发明、实用新型、外观设计三种专利，而不是如同大多数国家那样分别予以立法；

（2）采用单一的专利模式保护发明创造，而不是采用专利模式与发明证书模式相结合的混合模式保护发明创造；

（3）在先申请制和先发明制之间选择了先申请制；在审查方式上对发明专利申请选择了早期公布、请求审查制，对实用新型和外观设计专利申请选择了初步审查制；在授予专

❶ 赵元果.中国专利制度的孕育与诞生［M］.北京：知识产权出版社，2003：9-11.

❷ 赵元果.中国专利制度的孕育与诞生［M］.北京：知识产权出版社，2003：325.

利权的方式上选择了首先予以公告，经异议程序后授予专利权的方式；

（4）对能够获得专利保护的技术领域实行了逐步开放的做法，规定对药品、用化学方法获得的物质、食品和调味品不授予专利权；

（5）针对当时我国的具体国情，对专利权的归属作了“所有”和“持有”的区分，解决了专利制度如何与当时占主导地位的全民所有制体制协调一致的突出难题；

（6）对专利权的保护实行司法途径和行政途径平行运作的双轨制，这在世界各国的专利制度中是十分少见的；

（7）全面体现了《巴黎公约》确立的国民待遇、优先权、专利独立三大原则，严格履行了该公约规定的义务；

（8）秉承了我国法律简明扼要的传统，总共只有69条规定。

为了落实深化改革、扩大开放的既定方针，并履行我国政府在《中美关于保护知识产权的谅解备忘录》中作出的承诺，第七届全国人民代表大会常务委员会第二十七次会议于1992年9月4日审议通过了《专利法》修正案，对其进行了第一次修改。修改后的《专利法》于1993年1月1日起施行。该次修改的重点是使《专利法》与当时已经基本成型的TRIPS相一致，主要修改内容包括：

（1）扩大专利保护的技术领域，对化学物质、药品、食品、饮料和调味品给予专利保护；

（2）强化专利权的效力，赋予专利权人制止他人未经许可而进口专利产品的权利，并将制造方法专利权的效力扩大到依照该方法直接获得的产品；

（3）延长专利权的保护期限，规定发明专利的保护期限为20年，实用新型专利和外观设计专利的保护期限为10年，均自申请日起计算；

（4）增加有关给予强制许可的条款，规定在国家出现紧急状况或者非常情况时或者为了公共利益的目的可以给予实施专利的强制许可；

（5）将授予专利权之前的异议程序改为授予专利权之后的撤销程序。

1992年12月12日，国务院审议批准了对《专利法实施细则》的修订案，由中国专利局1992年12月21日予以公布，自1993年1月1日起与《专利法》修正案同日施行。

在签订《中美关于保护知识产权的谅解备忘录》过程中，美国政府对我国政府施加了巨大压力。当时制定TRIPS的谈判尚在进行之中，然而该备忘录不但要求我国承诺对药品和化学物质提供专利保护，而且要求我国必须在1993年1月1日之前完成对《专利法》的修改并予以施行。更有甚者，该备忘录第2条还迫使中国政府对美国已经申请获得专利权的有关药品、农业化学产品的发明提供一种特殊的行政保护，[1]这种保护既无国际法基础，在国际上也无先例，是强加给中国的不合理要求。

为了适应我国建立社会主义市场经济体制的需要，适应我国加入WTO的需要，第九届全国人民代表大会常务委员会第十七次会议于2000年8月25日通过了《专利法》修正案，对《专利法》进行了第二次修改。修改后的《专利法》于2001年7月1日起施行。

---

[1] 原文如下：“中国政府同意采取行政措施保护具备下列条件的美国药品、农业化学物质产品的发明：（一）在中国现行法律修改之前不给予独占权保护；（二）自1986年1月1日至1993年1月1日之间获得禁止他人在美国制造、使用或者销售的独占权；（三）尚未在中国销售。”

该次修改的内容主要包括：

（1）将修改前规定的全民所有制单位申请获得的专利权归该单位“持有”改为“所有”，从而使国有单位对其获得的专利权享有完全的处置权；

（2）进一步强化对专利权的效力，赋予发明和实用新型专利权人制止他人未经许可而许诺销售专利产品的权利；

（3）规定申请人对专利复审委员会就实用新型或者外观设计专利申请作出的复审决定不服的，以及当事人对专利复审委员会就实用新型或者外观设计专利作出的无效宣告请求审查决定不服的，可以向法院起诉；

（4）取消授予专利权之后的撤销程序，仅保留授予专利权之后的无效宣告请求程序；

（5）规定专利侵权纠纷涉及实用新型专利的，法院或者地方专利管理部门可以要求专利权人出具国家知识产权局作出的检索报告。

2001 年 6 月 15 日，国务院审议通过并以国务院令第 306 号公布了《专利法实施细则》的修订案，自 2001 年 7 月 1 日起与《专利法》第二次修正案同日施行。

为了适应我国调整经济结构、转变发展模式，实现可持续科学发展的需要，促进创新型国家的建设，落实《国家知识产权战略纲要》提出的要求，第十一届全国人民代表大会常务委员会第六次会议于 2008 年 12 月 27 日审议通过了《专利法》修正案，对《专利法》进行了第三次修改。此次《专利法》修正案自 2009 年 10 月 1 日起施行。该次修改主要包括：

（1）增加了保护我国遗传资源的有关规定，以实现专利制度和保护遗传资源制度之间的衔接；

（2）进一步明确了将在中国完成的发明创造向外国申请的保密要求；

（3）将过去采用的“相对新颖性”改为“绝对新颖性”，提高了授予专利权的标准；

（4）较为全面地调整了关于外观设计专利的制度；

（5）调整了关于实施专利的强制许可的规定，增加了与修改 TRIPS 的议定书相一致的条款；

（6）将过去规定的“假冒他人专利”行为和“冒充专利”行为统称为“假冒专利”行为，强化了对违法行为的行政处罚力度；

（7）明确了专利侵权纠纷处理和审理程序中的现有技术和现有设计抗辩原则；

（8）允许平行进口行为，规定了关于药品和医疗器械的行政审批例外。

2009 年 12 月 30 日，国务院第九十五次常务会议审议通过了《专利法实施细则》修订案，温家宝总理于 2010 年 1 月 9 日签署第 569 号国务院令予以公布，自 2010 年 2 月 1 日起施行。

改革开放之初，我国的专利工作还是一片空白。如今，我国在专利制度的各个环节上都有了自己的实践经验和亲身体会，这使我们对专利工作的自身规律有了更加深刻的理解。《专利法》的制定和三次修改清楚地显示了我国对专利制度在认识上的升华，这一点本身就是我国专利工作逐步走向成熟的象征。

二、我国专利制度的发展前景

自 1985 年 4 月 1 日起施行《专利法》以来，在短短 25 年间，我国的专利工作有了长足的发展，取得了令世人瞩目的成就。在我国建立专利制度的第二年，即1986年，中国专利局总共受理的三种专利申请数量为18 509件，其中发明专利申请8 009件，授予三种专利共3 024件；2009年，国家知识产权局受理的三种专利申请数量已经达到976 686件，其中发明专利申请581 192件，授予三种专利共581 992件，分别增长了50倍、40倍和190倍，这种增长速度在世界上未曾见过。

2008年6月5日，国务院发布了《国家知识产权战略纲要》。

该纲要指出："知识产权制度是开发和利用知识资源的基本制度。知识产权制度通过合理确定人们对于知识及其他信息的权利，调整人们在创造、运用知识和信息过程中产生的利益关系，激励创新，推动经济发展和社会进步。当今世界，随着知识经济和经济全球化深入发展，知识产权日益成为国家发展的战略性资源和国际竞争力的核心要素，成为建设创新型国家的重要支撑和掌握发展主动权的关键。"

该纲要指明："实施国家知识产权战略，大力提升知识产权创造、运用、保护和管理能力，有利于增强我国自主创新能力，建设创新型国家；有利于完善社会主义市场经济体制，规范市场秩序和建立诚信社会；有利于增强我国企业市场竞争力和提高国家核心竞争力；有利于扩大对外开放，实现互利共赢。必须把知识产权战略作为国家重要战略，切实加强知识产权工作。"

该纲要提出的战略目标是："到2020年，把我国建设成为知识产权创造、运用、保护和管理水平较高的国家。知识产权法治环境进一步完善，市场主体创造、运用、保护和管理知识产权的能力显著增强，知识产权意识深入人心，自主知识产权的水平和拥有量能够有效支撑创新型国家建设，知识产权制度对经济发展、文化繁荣和社会建设的促进作用充分显现。"

针对专利工作，该纲要提出的专项任务是：

（1）以国家战略需求为导向，在生物和医药、信息、新材料、先进制造、先进能源、海洋、资源环境、现代农业、现代交通、航空航天等技术领域超前部署，掌握一批核心技术的专利，支撑我国高技术产业与新兴产业发展。

（2）制定和完善与标准有关的政策，规范将专利纳入标准的行为。支持企业、行业组织积极参与国际标准的制定。

（3）完善职务发明制度，建立既有利于激发职务发明人创新积极性，又有利于促进专利技术实施的利益分配机制。

（4）按照授予专利权的条件，完善专利审查程序，提高审查质量。防止非正常专利申请。

（5）正确处理专利保护和公共利益的关系。在依法保护专利权的同时，完善强制许可制度，发挥例外制度作用，研究制定合理的相关政策，保证在发生公共危机时，公众能够及时、充分获得必需的产品和服务。

实现《国家知识产权战略纲要》提出的战略目标和专项任务，必将进一步提高我国专利工作的水平。回顾往昔，我们为我国专利制度的建立和快速发展深感自豪；展望未来，我们对我国专利制度的进一步完善和发展充满信心。"长风破浪会有时，直挂云帆济沧海"，我们期盼着专利制度为我国经济社会的持续发展，为中华民族的伟大复兴作出应有贡献。

第一章 总 则

引 言

“总则”，顾名思义是一部法律中提纲挈领的部分，我国制定的所有法律均以总则部分开头。

《专利法》的总则部分在该部法律中占有十分突出的地位，体现在：首先，总则部分共有21条，占《专利法》条款总数的1/4以上；其次，总则部分涵盖了立法宗旨、主管专利工作的部门、申请专利的客体和主体、职务发明与非职务发明的界定、专利权的效力、发明人和设计人的权利、专利申请权和专利权的转让、专利的实施许可、在中国完成的发明创造向外申请专利、专利代理和专利工作人员的保密责任等，可以说凡是其余各章按其标题不宜涉及而又需要予以规定的内容统统纳入了总则部分。

近期以来，我国制定的各部法律的总则部分大多十分简明，一般数条而已，主要突出该部法律最为重要的原则，对其余各章具有指导和解释作用。《专利法》的总则部分囊括了过多的具体规定，有“头重脚轻”之感，淡化了总则部分应有的提纲挈领作用，这是不够理想的。由于《专利法》的三次修改均以“修正”方式进行，而不是以“修订”方式进行，也就是仅涉及对部分条款的调整，属于局部修改，而不是重新改写整部法律，因此虽有人提出过有关建议，但是却始终不曾调整过《专利法》的整体篇章结构。希望有朝一日能够进行必要调整。

2008年修改《专利法》时总共作了36处修改，其中对总则部分的修改有13处（新增1条，修改12条），超过了该章条款的半数，因此总则部分是该次修改的重点之一。

第一条 立法宗旨

为了保护专利权人的合法权益，鼓励发明创造，推动发明创造的应用，提高创新能力，促进科学技术进步和经济社会发展，制定本法。

一、保护专利权人的合法权益

“保护专利权人的合法权益”是《专利法》的核心，是实现本条规定的其他四项宗旨的基础。

2008年修改《专利法》时，将本条原先规定的“保护发明创造专利权”改为“保护专利权人的合法权益”，体现出我国对专利制度属性和作用的认识有了进一步深化。不能认为建立了专利制度，就只能一味地强调对专利权的保护。专利制度不仅要充分维护专利权人的合法权益，也要充分顾及社会和公众的合法权益，两者之间应当实现一种合理的平衡。《国家知识产权战略纲要》提出既要“加强知识产权保护”，也要“防止知识产权的滥用”。为实现前者，该纲要指出应当“修订惩处侵犯知识产权行为的法律法规，加大司法惩处力度。提高权利人自我维权的意识和能力。降低维权成本，提高侵权代价，有效遏制侵权行为”；为实现后者，该纲要指出应当“制定相关法律法规，合理界定知识产权的界限，防止知识产权的滥用，维护公平竞争的市场秩序和公众合法权益”。对本条的上述修改是从《专利法》的立法宗旨上落实《国家知识产权战略纲要》的具体举措。

然而从法律的角度来看，将“保护专利权人的合法权益”作为《专利法》的立法宗旨之一，却有值得商榷之处。一部法律的“立法宗旨”是指为什么要制定该部法律。只有通过制定《专利法》，进而在其基础上建立专利制度，授予专利权之后，才谈得上保护专利权人的合法权益。本条的文字可以读作“为了保护专利权人的合法权益而制定本法”，使人感到好像“专利权”是无须依赖《专利法》的制定、施行就已经存在的权利，只是为了更好地保护专利权人的合法权益而制定《专利法》，这显然存在疑问。2008 年修改《专利法》时曾经有人提出过这一问题，但鉴于我国《商标法》和《著作权法》的第一条也都有类似表述，调整起来较为困难，故未作修改。[1]

二、鼓励发明创造

国家应当鼓励发明创造的必要性和重要性是不言而喻的。本条规定制定《专利法》的宗旨之一在于通过授予专利权来鼓励发明创造。

发明创造是人的智力劳动成果，具有实实在在的使用价值。一个国家作出发明创造的能力直接反映其科学技术水平，而科学技术的水平已经成为决定一个国家综合国力最为重

---

[1] 《商标法》第一条规定：“为了加强商标管理，保护商标专用权……”《著作权法》第一条规定：“为了保护文学、艺术和科学作品作者的著作权……”

要的因素，这是当今世界形势的重要特点之一。

如何才能更好地鼓励人们进行发明创造？对此我国进行过不同的尝试。

在改革开放之前，我国长期依靠奖励制度来鼓励发明创造，实行的是“一家开花，百家引进”的体制，也就是发明创造作出后归国家所有，任何单位和个人都可以无偿地予以使用。在这种体制下，发明人得到的回报仅仅是获得奖状、奖章、奖金等奖励，发明人及其所在单位不能通过发明创造的实施获得经济利益，因而也就难以回收为完成发明创造所付出的投入。这种状况不利于充分调动广大科技人员及其所在单位作出发明创造的积极性，因此虽然我国过去年年拨款搞科研，年年拨款奖励发明创造，但高水平的科研成果数量始终有限。

国内外的经验都证明，为了更有效地鼓励发明人多作发明创造，国家必须建立一种制度，使作出发明创造的单位或者个人能够通过发明创造的实施获得足够的经济利益。对发明创造授予专利权，使专利权人在一定期限内获得实施其发明创造的“独占权”，任何他人实施该发明创造均须事先获得专利权人的许可，这就使专利权人能够在激烈的市场竞争中占据有利地位，有利于他们收回完成发明创造所付出的投入，实现“创新、受益、再创新、再受益”的良性循环，使企业和科研单位能够通过作出发明创造不断发展壮大。美国前总统林肯有一句名言，即“专利制度是给天才之火添加利益之油”。这个比喻既很形象也很贴切。

事实上，并非所有的发明创造都能够产生良好的社会效益。只有能够产生社会效益的发明创造才应当得到社会的回报，这是理所当然的。然而，如何才能客观、公正地评价一项发明创造是否能够产生社会效益以及能够产生何种程度的社会效益，却是我国过去一直试图做到，但结果却始终不甚理想的事情。这一点正好体现了专利制度和过去的奖励制度之间的高下。在专利制度下，专利权人获得经济利益是通过自己实施其专利、许可他人实施其专利以及制止他人的侵权行为来实现的。实施得越多，能够获得的经济利益就越大；没有实施，就不可能获得经济利益。获得专利权的发明创造是否有价值应由市场来检验和决定，而不是由某些人或者某些机构通过审核、鉴定的方式予以评判，其结果无疑会更为客观公正。换句话说，专利制度的运作方式确保“利益之油”能够有选择性地增添在价有所值的“天才之火”上，这是专利制度的突出优点之一。

三、推动发明创造的应用

鼓励作出发明创造并不是《专利法》的终极目的。发明创造的意义在于通过其实施应用，发展生产力、促进社会进步与繁荣。如果一项发明创造仅仅停留在纸面上，束之高阁，不予实施应用，那么再好的发明创造也没有实际意义。我国决定通过建立专利制度来保护发明创造，其重要原因之一就在于专利制度有利于发明创造的推广应用。

首先，专利制度能够鼓励专利权人主动推动其专利的实施。专利权的获得能够使专利权人处于更有利的市场竞争地位，任何他人实施其专利都应当向专利权人支付必要的使用费，从而为专利权人提供了获得经济利益的可能。当然，真正获得经济利益还要通过专利的实施，这就要求专利权人通过自己实施其专利或者许可他人实施其专利，将其先进的技术付诸实践。在专利制度下，由于发明人有望通过实施其发明创造获得经济利益，这就为发明创造的推广应用增添了动力。专利制度是利用经济杠杆，而不是行政命令来推动发明创造的推广应用。实践表明，这种推动机制更为有效。

其次，专利制度为他人实施专利创造了更为有利的条件。《专利法》第二十六条第三款规定，专利申请人必须在其申请文件中对发明创造作出清楚、完整的说明，使所属领域的技术人员通过阅读说明书就能实施该发明创造；《专利法》第二十一条第二款规定，国家知识产权局应当完整、准确、及时发布专利信息，定期出版专利公报。按照上述规定，至迟在授予专利权的同时，公众就能够通过正规和专门的渠道获知发明创造的详细内容。时至今日，专利文献已经成为专门一类技术信息源，具有独特的分类体系，其详细深入程度远远超过目前采用的图书分类体系，使用者可以根据各自的需要，方便、迅速地查到所关心的内容。现在，专利文献除了采用纸件形式之外，还采用各种电子载体形式，公众可以十分方便地获取。目前，在各国专利局提供的专利信息的基础上二次开发出来的各种类型的商业性专利信息数据库有了很大发展，具有十分强大的检索功能，不同领域的技术人员可以通过互联网方式方便地查阅不同类型的商业性专利信息数据库。这样，专利制度就为全社会提供了一个内容翔实、格式统一、查找方便、全面覆盖各技术领域的巨大信息资源，大大方便了技术信息的获取，从而也就大大促进了发明创造的推广应用，同时还能够减少重复研究，降低研究开发成本。

四、提高创新能力，促进科学技术进步和经济社会发展

随着国际形势的发展变化和我国经济实力的快速提升，我国已经越来越重视创新能力的提高和创新型国家的建设。

党的十七大报告中指出：“提高自主创新能力，建设创新型国家。这是国家发展战略的核心，是提高综合国力的关键。要坚持走中国特色自主创新道路，把增强自主创新能力贯彻到现代化建设各个方面。”

为了应对 2008 年出现的全球性金融危机，胡锦涛总书记指出：“人类社会发展的历史和我国发展的实践都告诉我们，消耗大量资源、破坏生态环境的粗放型增长方式是不能持久的。在当前国际金融危机对我国经济发展影响日益加深的情况下，不加快转变发展方式、调整经济结构，发展空间就越来越小、发展路子就会越来越窄。转变经济发展方式，最重要的举措就是坚持走中国特色自主创新道路，大力实施科教兴国战略、人才强国战略、知识产权战略，加快建立以企业为主体、市场为导向、产学研结合的技术创新体系，在全社会大力弘扬创造精神、创新精神、创业精神，增强自主创新能力，加快建设创新型国家。”❶

温家宝总理指出：“自主创新是科技发展的灵魂，是一个国家发展的不竭动力，是支撑国家崛起的筋骨。没有自主创新，我们就难以在国际上争取平等地位，就难以获得应有的国际尊严，甚至难以自立于世界民族之林。在激烈的国际竞争中，真正的核心技术是市场换不来的，是花钱买不到的，引进技术设备不等于引进创新能力。我们的发展必须主要依靠自己的力量，必须把自主创新作为调整经济结构、转变增长方式的中心环节，贯彻到

---

❶ 参见胡锦涛总书记 2008 年 11 月 29 日在“第十七届中共中央政治局第九次集体学习”中的讲话。

各个产业、行业和地区，贯彻到现代化建设的各个方面，努力把我国建设成为创新型国家。”❶

知识产权制度是开发和利用知识资源的基本制度。知识产权制度通过合理确定人们对于知识及其他信息的权利，调整人们在创造、运用知识和信息过程中产生的利益关系，激励创新，推动经济发展和社会进步。当今世界，随着知识经济和经济全球化深入发展，知识产权日益成为国家发展的战略性资源和国际竞争力的核心要素，成为建设创新型国家的重要支撑和掌握发展主动权的关键。国际社会更加重视知识产权，更加重视鼓励创新。发达国家以创新为主要动力推动经济发展，充分利用知识产权制度维护其竞争优势；发展中国家积极采取适应国情的知识产权政策措施，促进自身发展。❷面对这样的形势，加强我国知识产权制度建设，大力提高知识产权创造、管理、运用、保护的能力，是增强我国自主创新能力，建设创新型国家的迫切需要，是完善社会主义市场经济体制、规范市场秩序和建立诚信社会的迫切需要，是增强我国企业市场竞争能力、提高国家核心竞争力的迫切需要，也是扩大改革开放、实现互利双赢的迫切需要。❸

专利制度是知识产权制度的重要组成部分，其作用不仅体现在维护专利权人的合法权益、鼓励发明创造、推动发明创造的应用、促进科学技术进步方面，而且应当将其提升到建设创新型国家、促进经济社会发展的战略高度。基于上述认识，2008 年修改的《专利法》在本条中增加了“提高创新能力”“促进经济社会发展”作为制定该部法律的宗旨。

---

❶ 参见温家宝总理 2006 年 1 月 9 日在“全国科学技术大会”上的讲话。

❷ 参见国务院 2008 年 6 月 5 日颁布的《国家知识产权战略纲要》。

❸ 参见胡锦涛总书记在“第十六届中共中央政治局第三十一次集体学习”中的讲话。

第二条　发明创造的定义

本法所称的发明创造是指发明、实用新型和外观设计。

发明，是指对产品、方法或者其改进所提出的新的技术方案。

实用新型，是指对产品的形状、构造或者其结合所提出的适于实用的新的技术方案。

外观设计，是指对产品的形状、图案或者其结合以及色彩与形状、图案的结合所作出的富有美感并适于工业应用的新设计。

一、概　述

《专利法》第一条在规定立法宗旨时已经明确了专利权的保护客体是发明创造。什么是专利法意义上的发明创造？这显然是《专利法》需要回答的诸多问题中的首要问题。因此，本条紧接着第一条规定“发明创造”的含义就是顺理成章的事情。

世界各国普遍认为专利保护的客体是“发明”（invention），而《专利法》采用的措辞是“发明创造”（invention-creation），其主要原因在于《专利法》囊括了发明、实用新型和外观设计三种不同类型的专利。1984 年制定《专利法》时为了便于表述，认为有必要采用一个措辞概括这三种专利权的保护客体。如果采用“发明”一词，则容易与“发明专利”中的“发明”一词产生混淆，而且用“发明”一词来表述外观设计专利权的保护客体也不甚妥当，因为按照人们的普遍理解，对产品外观提出的新的设计方案可以被认为是一项“创造”，却难以被认为是一项“发明”。[1]本条第一款首先明确，《专利法》所称“发明创造”是对发明、实用新型和外观设计的统称。

在《专利法》各条规定中，凡是对发明、实用新型和外观设计都适用的，称为“发明创造”；仅对其中一种或者两种适用的，则分别予以指明。类似地，凡是对发明专利、实用新型专利、外观设计专利都适用的，视情况需要称为“专利”或者“专利权”；仅对其中一种或者两种适用的，则分别予以指明。

既然《专利法》规定了三种不同类型的发明创造，为了避免混淆，对所称“发明”“实用新型”和“外观设计”分别作出定义势在必然，否则公众就无法判断对一项发明创造到底应当申请发明专利、实用新型专利，还是外观设计专利。然而，在 2008 年修改《专利法》之前，该定义并非由《专利法》给出，而是由《专利法实施细则》给出。鉴于该定义是《专利法》最为基本的概念之一，为使《专利法》自身的规定更加完备，2008 年修改《专利法》时将该定义由《专利法实施细则》第二条转移到本条。

《专利法》同时规定了三种专利，这在制定《专利法》之初被誉为我国的一项创举，

---

[1] 美国专利法也规定了三种不同类型的专利，即发明专利（patent for invention）、植物专利（patent for plants）和外观设计专利（patent for design），然而美国专利法通篇没有试图用一个措辞来概括这三种专利的保护客体，当其提到“发明”时，总是单指发明专利。

广受赞赏。[1]然而，我国的实用新型专利和外观设计专利都是未经实质审查而授予的专利权，授权率很高但法律稳定性较差。随着我国专利制度的快速发展，实用新型专利和外观设计专利的年申请量不断增加，都达到了数十万件，法律稳定性的问题更加突出。[2]不经过实质审查就授予专利权的做法容易导致提交非正常申请的不良行为，对专利制度的声誉产生了一定的负面影响。鉴于要求国家知识产权局对三种专利申请都一律进行实质审查一时还难以做到，因此 2000 年和 2008 年修改《专利法》时，有不少人都建议将《专利法》分成三部法律，即专利法、实用新型法和外观设计法，对授权的实用新型和外观设计不再以“专利权”相称。[3]然而“相见时难别亦难”，当初将三种类型的发明创造合在一部法律中予以规定是反复权衡、力排众议的结果，实属不易；如今要将其分为三部法律也不容易，因为要耗费大量立法资源，分开后的三部法律又必然会有很多重复规定，而且经过 20 多年的实践公众已经习惯了现有制度，不宜变动过大，故国务院和全国人大常委会的立法机关均不同意采纳该建议。

二、《专利法》所称“发明创造”的含义

（一）发　明

1. 对“发明”的两种定义方式

如何定义专利法中所述“发明”，各国做法有所不同。一些国家的专利法从正面对“发明”作出定义，即规定哪些主题属于专利法意义上的“发明”；一些国家的专利法从反面对“发明”作出定义，即规定哪些主题不属于专利法意义上的“发明”。采用前一种做法的典型代表是美国和日本；采用后一种做法的典型代表是欧洲国家。

美国专利法第 100 条的标题为“定义”，其第（a）款规定，“发明”是指“发明或者发现”；第 101 条的标题是“能够被授予专利权的发明”，其条文是：

> **任何人发明或者发现任何新的、有用的方法、设备、产品或者物质成分，以及对上述发明或者发现的新的、有用的改进，符合本法规定的条件和要求的，可以获得专利权。**

上述定义产生于美国建立其专利制度之初，距今已有 200 多年的历史，始终未作任何修改。

日本专利法第 2 条对发明的定义是：

> **本法所称“发明”，是指利用自然法则所作出的技术思想创造中具有一定高度的东西。**

根据日本有关著作的解释，所谓“自然法则”，包括自然界本来就存在的自然规律，例如牛顿发现的运动定律等，也包括人类通过经验总结出来的由一定起因而产生一定后果的认识，即经验规律，但是不包括通过智力或者精神活动构想出来的规律（如绘图方法、

---

[1] 国民政府 1944 年 5 月 29 日颁布的《中华民国专利法》就是如此规定的，参见本书的引言部分。

[2] 据统计，2010 年国家知识产权局授予国内申请人的实用新型专利 342 258 件，外观设计专利 318 601 件，两者之和占授予国内申请人的三种专利总数的 90.9%。

[3] 宫宝珉.外观设计专利审查与授权标准研究［G］//国家知识产权局条法司.专利法及专利法实施细则第三次修改专题研究报告.北京：知识产权出版社，2006：312-371.

密码编制方法等）、人为的规定（如金融制度、税收制度、游戏方法等）、经济学规律、心理规律等；所谓“技术”，是指为了达到一定目的而采用的具体手段，不论是工业上的还是文化上的，只要能够实际应用即可。按照这种理解，文艺、体育以及其他领域都存在技术，例如演奏技术、投球技术、立法技术等，但是这些技术没有利用“自然法则”，因此依照日本专利法第 2 条的规定不能被授予专利权。❶

1973 年 10 月 5 日订立、1977 年 10 月 7 日生效的《欧洲专利公约》第 52 条第 2 款规定：

> **特别地，以下各项不属于本条第（1）款规定意义上的发明：（a）发现、科学理论和数学方法；（b）美学创造；（c）进行智力活动、游戏或者商业经营的方案、规则和方法，以及计算机程序本身；（d）信息的表述。**

根据该公约的规定，其所有成员国随后都修改了本国专利法，使之与该公约的规定保持一致。这样，欧洲国家这一世界上最大的发达国家集团对其专利法中所述的“发明”统一采取了从反面予以定义的方式。

尽管各国专利法对“发明”作出定义的方式不同，但是各国实际掌握的判断标准大致相同，可谓殊途同归。不过，仍有必要谈谈对这两种定义方式的评价。

美国专利法的定义相当“古老”，也相当“古怪”，例如美国专利法第 100 条将“发明”定义为“发明或者发现”，令人感到茫然，世界没有任何其他国家的专利法采用与美国类似的定义。美国专利法第 101 条规定了四种可以获得专利保护的主题，即方法、设备、产品或者物质成分，然而美国的专利实践表明，仅仅依据美国专利法第 101 条的规定实际上很难区分哪些主题属于能够被授予专利权的“发明”范畴，哪些主题不属于该范畴。❷既然如此，形成实际判断标准的重任就不得不由美国联邦最高法院及其下属法院来承担。❸尽管美国专利法的定义一直保持未变，但是美国法院通过判例建立的关于何种主题能够被授予专利权的判断标准却始终处于不断予以调整的状态，各种说法扑朔迷离，要想从中准确归纳出能够作为依据的判断准则殊非易事，这是采用判例法制度的国家经常出现的情况。1981 年，美国联邦最高法院对 Diamond v. Chakrabarty 一案作出了重要判决，判定人造微生物可以申请并获得专利。该判决引用了一句名言，即“普天之下，但凡人制造出来的东西都可以获得专利保护”。❹其中所述“任何东西”（every thing）涵盖的范围太宽了，专利界人士都很明白绝非人制造出来的“任何东西”都能通过专利权予以保护，有的只能通过著作权或者其他类型的知识产权来保护，例如集成电路布图设计。事实上，美国的专利实践也从来没有将可以获得专利保护的主题范围扩大到如此程度。所以，上述名

---

❶ 吉藤幸朔.专利法概论［M］.宋永林，魏启学，译，北京：专利文献出版社，1990：66-78.

❷ 美国联邦最高法院 2010 年 6 月 28 日对 Bilski v. Kappos 一案的判决指出，美国专利法第 101 条的规定仅仅表明美国国会旨在确保其制定的专利法具有广阔的保护对象。

❸ 美国联邦最高法院 2010 年 6 月 28 日对 Bilski v. Kappos 一案的判决指出，该法院 1981 年对 Diamond v. Chakrabarty 一案的判决指出有三种类型的主题不能被授予专利权，即自然法则、物理现象和抽象概念。美国联邦最高法院指出，这三项排除是从美国专利法第 101 条所述“任何新的和有用的”这一表述中推导出来的。

❹ 447 U.S. 303, “Every thing under the sun made by man is patentable.”

言或许是“语不惊人誓不休”的缘故，说说而已。[1]

与美国专利法的定义不同，日本专利法试图对“发明”作出一种学理解释。然而，无论在社会科学领域还是自然科学领域，越是基础性的概念就越难定义。例如，“物质”是社会科学和自然科学共同涉及的最为基本的概念，人们普遍认为它是不可定义的。[2]日本专利法的定义涉及“自然法则”、“技术”、“技术思想”等概念，它们都是十分基本而又十分抽象的概念，定义这些概念的难度丝毫不亚于定义“发明”的难度。用这些概念来定义“发明”，实际上是抽象概念之间的辗转定义，其结果往往是可意会而不可言传，很难成为可供公众实际掌握的判断标准。随着科技和经济的不断进步，专利法的一些理念不能一成不变，也需要“与时俱进”。例如，语言文字的计算机输入方法具有与密码编制方法类似的性质，过去曾经被认为没有利用自然法则，因而不能授予专利权，现在已经普遍倾向于认为可以授予专利权；过去各种商业方法均被认为没有利用自然法则，因而一概不能被授予专利权，但是现在许多人主张其中一些（例如用计算机来实现的商业方法）可以被授予专利权。一项专利申请的内容是否属于能够被授予专利权的主题是专利制度中一个十分实际而又重要的问题，各国专利局在其审查实践中天天都要遇到，需要建立一种简单明了的判断标准，不能陷入对抽象理论无休止的探讨之中。

相比之下，欧洲国家采用的定义较为简单明了。尽管其涉及的“发现”、“智力活动”等也是较为抽象的概念，也存在如何界定的问题，但是总体而言《欧洲专利公约》第52条第（2）款涉及的抽象概念与“自然法则”、“技术思想”等抽象概念相比，其含义还是要具体实在得多，因而判断起来也相对容易一些。正因为如此，目前世界各国的专利法很少采用对“发明”作出正面定义的方式，大多数都采用对“发明”作出反面定义的方式。

一般而言，专利法中不宜同时对“发明”作出正面定义和反面定义。例如，美国、日本专利法中对“发明”作了正面定义，就没有如同《欧洲专利公约》第52条第（2）款那样的反面排除条款；反之，《欧洲专利公约》通过第52条第（2）款反面排除了不属于“发明”的主题，就没有再对“发明”作出正面定义。其原因在于，同时作出正面定义和反面定义很难确保其分别界定的能够被授予专利权的主题范围和不能授予专利权的主题范围正好能够“无缝”地拼接在一起，使两者之间既无空隙，又无重叠。若有空隙，则判断位于其中的主题能否被授予专利权找不到法律依据；若有重叠，则判断落入其中的主题能否被授予专利权依据正反两个定义会得出相互矛盾的结论，不知该以谁为准。

在《专利法》中，本条对“发明创造”看似作了类似于正面定义的规定，第二十五条又对不能授予专利权的主题作了反面排除，两者同在，这是否会带来上述问题？笔者认为，本条给出定义的本意并非在于对“发明创造”作出如同日本专利法那样的学理定义，而是在于明确发明、实用新型、外观设计之间的区别，这在《专利法》并列规定三种专利

---

[1] 对2010年6月28日美国联邦最高法院关于Bilski v. Kappos一案的判决，美国联邦最高法院的Stevens大法官撰写了支持该案判决的长篇论述，可以视为对判决本身的补充说明。在该案审理过程中，上诉人引用了这句名言，以支持其认为该案专利应当维持有效的观点。该大法官指出：“上诉人依赖这句名言是错误的，我们从来没有将这句来自美国国会1952年修改美国专利法时有关论述中提到的话理解为任何方法步骤的组合都能够构成一项能够授予专利权的方法。的确，假如果真如此，那么本法院过去对能够获得专利权的方法的许多论述就成了一堆废纸。”

[2] 中山信弘.特许法［M］.3版.东京：日本青林书院株式会社，平成15年：26. 该著作指出，一种观点认为“发明”也是不可定义的。

的情况下是必不可少的。

2. 本条第二款对发明的定义

本条第二款规定："发明，是指对产品、方法或者其改进所提出的新的技术方案。"

在上述定义中，能够对发明专利权的保护客体产生限制作用的主要是"技术方案"这一措辞。

TRIPS 第 27 条第 1 款规定：

> 除本条第 2 款、第 3 款规定的以外，所有技术领域的发明，不论是产品还是方法，只要具备新颖性、创造性和实用性，都可以获得专利。

可以认为该规定包含了两层含义：第一，各成员对任何技术领域的发明应当一视同仁，都属于可以授予专利权的主题范围，不能有歧视；第二，如果专利申请的主题不是技术领域中的发明，则不属于可以授予专利权的主题范围。据此，各成员可以将申请主题是否属于技术领域、是否具有技术属性作为授予专利权的条件之一。我国《专利法》的制定早于 TRIPS 的制定，本条第二款规定"发明"应当是一种技术方案，与 TRIPS 的上述规定不谋而合。

《专利审查指南 2010》对"技术方案"作了如下解释：

> 技术方案是对要解决的技术问题所采取的利用了自然规律的技术手段的集合。技术手段通常是由技术特征来体现的。
>
> 未采用技术手段解决技术问题，以获得符合自然规律的技术效果的方案，不属于专利法第二条第二款规定的客体。
>
> 气味或者诸如声、光、电、磁、波等信号或者能量也不属于专利法第二条第二款规定的客体。但利用其性质解决技术问题的，则不属此列。[1]

《专利法》第二十五条没有明确规定计算机程序是否能够授予专利权。为了清楚明确起见，《专利审查指南 2010》第二部分专门加入了"关于涉及计算机程序的发明专利申请审查的若干规定"一章，其中规定：

> 如果涉及计算机程序的发明专利申请的解决方案执行计算机程序的目的是解决技术问题，在计算机上运行计算机程序从而对外部或内部对象进行控制或处理所反映的是遵循自然规律的技术手段，并且由此获得符合自然规律的技术效果，则这种解决方案属于专利法第二条第二款所说的技术方案，属于专利保护的客体。
>
> 如果涉及计算机程序的发明专利申请的解决方案执行计算机程序的目的不是解决技术问题，或者在计算机上运行计算机程序从而对外部或内部对象进行控制或处理所反映的不是利用自然规律的技术手段，或者获得的不是受自然规律约束的效果，则这种解决方案不属于专利法第二条第二款所说的技术方案，不属于专利保护的客体。[2]

应当承认，"技术"也是一个很难定义的抽象措辞，但是相比"发明"而言还是显得

---

[1] 国家知识产权局.专利审查指南 2010［M］.北京：知识产权出版社，2010：第二部分第一章 2.

[2] 国家知识产权局.专利审查指南 2010［M］.北京：知识产权出版社，2010：第二部分第九章 2.

具体一些。在 WIPO 讨论制定"专利法实体条约"[1]的过程中，美国曾经建议将 TRIPS 规定的"所有技术领域的发明"改为"所有活动领域的发明"，遭到了欧盟国家和中国的强烈发对。反对者之所以坚决主张保留"技术领域"这一措辞，必定是认为该措辞能产生必要的限制作用；赞成者之所以想要删除"技术领域"这一措辞，也必定是认为该措辞带来了不必要的限制作用。这表明"技术"一词的确能够产生重要作用，是有意义的。

《专利审查指南 2010》将本条所述的"技术方案"定义为"对要解决的技术问题所采取的利用了自然规律的技术手段的集合"，尽管深究其中每一个词的含义（例如"自然规律"）难免还会有不同意见，但是该定义基本上也只能如此。相比而言，对《专利审查指南 2010》上述两处规定都采用的"符合自然规律的技术效果"的说法存在值得商榷之处。《专利法》第二十二条第四款规定发明或者实用新型应当能够产生"积极效果"；《专利法实施细则》第十七条规定发明或者实用新型专利申请的说明书应当写明发明或者实用新型的"有益效果"，都没有采用"符合自然规律的技术效果"的表述方式。所谓"积极效果"或者"有益效果"，是指通过发明创造的实施能够给公众或者社会带来益处，使发明创造具有予以实施应用的价值。多、快、好、省、方便、便宜等都能构成"积极"和"有益"的效果。以"省"为例，实现节省汽油的效果可以有不同方案，例如可以通过多骑自行车、少开汽车来实现；也可以通过改进汽车发动机来实现。前者不是通过技术方案来实现的，不是一项发明，因而不能授予专利权（当然这里所说的不是发明自行车，而是指利用已有的自行车，若是发明作为一种产品的新型自行车，毫无疑问能够被授予专利权）；后者是通过技术方案来实现的，构成一项发明，因而可以授予专利权。无论将节油的效果认定是技术效果，还是将其认作是社会效果，都不影响对是否能够授予专利权的判断。能否被授予专利权，其判断的实质在于认定为实现预期效果是否采用了技术方案，而不在于认定所产生的效果具有何种性质。实现节油效果的方案有利用了自然规律或者没有利用自然规律之分，而节油效果本身却无所谓"符合自然规律"之说。如果认为"通过改进发动机来实现节油的效果"就构成了"符合自然规律的效果"，实际上是将实现的效果以及为实现该效果而采用的手段合在一起说的，并非单指效果而言。

技术方案由技术特征组成。产品技术方案的技术特征可以是零件、部件、材料、器具、设备、装置的形状、结构、成分等；方法技术方案的技术特征可以是工艺、步骤、过程以及所采用的原料、设备、工具等。各个技术特征之间的相互关系也是技术特征。

在专利法意义上，可以获得发明专利的技术方案仅仅分为产品技术方案和方法技术方案两大类型。其中，产品是指生产制造出来的物品，例如机器、设备、仪器、装置、用具、部件、零件、材料、组合物、化合物等；也包括由不同物品相互配合构成的物品系统，例如由地面发射装置、太空卫星、地面接收装置组成的卫星通讯系统等。方法又可以分为产品制造方法和操作使用方法两种类型。前者作用于一定的物品上，目的在于使该物品在结构、形状或者物理化学特性上产生变化；后者不以改变所涉及物品本身的结构、形状或者物理化学特性为其目的，而是寻求产生或者获取某种非物质性结果，例如测量、检验等。由于发明专利的保护客体要么是产品，要么是方法，除此之外没有别的类型，本条第二

---

[1] "Substantive Patent Law Treaty"。由于发展中国家的反对，该条约的制定目前陷于停顿状态。

款列所述对产品、方法提出的技术方案实际上已经穷尽了所有的技术方案，因此“产品、方法”这一表述对判断是否属于能够被授予发明专利权的客体并不产生什么限定作用。

可以获得发明专利保护的客体也包括对现有产品或者现有方法的改进。事实上，在世界各国受理的专利申请中，涉及全新产品或者全新方法的极少，绝大多数专利申请都是对现有产品或者现有方法的局部改进。因此，本条第二款规定改进产品或者方法的技术方案也能够被授予发明专利权。

本条第二款还出现了“新的”一词，用于界定能够获得发明专利的技术方案的性质。这是否意味着本条第二款的定义本身就包含了新颖性要求，不具备新颖性的就不构成技术方案？回答应当是否定的。《专利法》第二十二条第二款对发明的新颖性作了专门规定，是判断发明是否具备新颖性的直接法律依据。本条第二款是对发明作出定义，而“发明”一词本身就有创新的含义。若无“新的”一词，就将导致对产品、方法提出的任何技术方案都被称为“发明”，这显然有悖常理，会导致公众产生误解。因此，《专利审查指南 2010》明确指出本条“不是判断新颖性、创造性的具体审查标准”。❶

归纳起来，在本条第二款对发明所作定义中，对判断是否属于能够被授予发明专利权的主题产生限定作用，从而构成授予发明专利权实质性条件之一的仅仅是“技术方案”这一要求。

（二）实用新型

本条第三款规定：“实用新型，是指对产品的形状、构造或者其结合所提出的适于实用的新的技术方案。”

实用新型与发明的相同之处在于两者都必须是一种技术方案；不同之处在于实用新型只限于产品，不能是方法。不仅如此，也并非能够获得发明专利权的所有产品中都能够被授予实用新型专利权，而仅仅是其中一部分，这是因为本条第三款规定能够获得实用新型专利保护的客体是对产品形状、结构或者其结合所提出的技术方案。

《专利审查指南 2010》对产品的形状作了定义：

> **产品的形状是指产品所具有的并可以从外部观察到的确定的空间形状。无确定形状的产品，例如气态、液态、粉末状、颗粒状的物质或者材料，不能申请获得实用新型专利。❷**

产品的构造是指产品各个组成部分的安排、布置和相互关系。产品的构造可以是机械结构，例如构成产品的零部件的相对位置关系、连接关系和相互配合关系；也可以是线路结构，例如构成产品的元器件以及它们之间的连接关系。但是，本条第三款所述“产品的构造”不包括物质或者材料的微观结构，例如物质的原子结构、分子结构，材料的组分、金相结构等。❸

应当注意，上述对形状、构造的限定仅仅是对申请获得实用新型专利的产品的形状和构造的限定。申请获得发明专利的产品也会涉及产品的形状和构造，它们不受这些限制。

---

❶ 国家知识产权局.专利审查指南 2010［M］.北京：知识产权出版社，2010：第二部分第一章 2.

❷ 国家知识产权局.专利审查指南 2010［M］.北京：知识产权出版社，2010：第一部分第二章 6.2.1.

❸ 国家知识产权局.专利审查指南 2010［M］.北京：知识产权出版社，2010：第一部分第二章 6.2.2.

在我国实施专利制度的初期，除1984年制定的《专利法实施细则》第二条第三款规定所作定义之外，原中国专利局还对能够获得实用新型专利保护的客体做了种种严格限制。[1]现在，这些限制除了由本条第三款规定已经明确或者隐含表达的之外，其余的都已经不复存在。

本条第三款还采用了"新的"和"适于实用的"两个形容词。如同前面所述那样，这并不意味着本条第三款对实用新型的定义本身就包含了新颖性和实用性要求，它们只不过是对应于"实用新型"一词中的"新"和"实用"而已，舍此将无法使该定义与"实用新型"衔接挂钩。

比较本条第二款和第三款的定义可以知道，凡是属于能够获得实用新型专利权的主题，必定也属于能够获得发明专利权的主题；反之则不然。

（三）外观设计

1. 工业品外观设计与实用艺术作品之间的关系

随着人类社会的不断发展进步，公众不但追求获得性能良好、使用方便、价格低廉、安全可靠的产品，也追求样式新颖、风格时尚、美观大方、赏心悦目的产品。前一类产品通过技术创新产生；后一类产品通过设计创新产生。[2]授予外观设计专利权的主要目的在于促进产品外观的改进，增强产品的市场竞争力，美化生活或者工作的环境和氛围。随着国内国际市场竞争日趋激烈，对产品外观设计提供有效保护的意义更为突出，因为改善产品的外观设计对扩大市场占有份额有很大促进作用。当产品的性能、质量相同或者相当时，其外观设计的优劣往往成为影响消费者选择的决定性因素。

世界各国基本上都通过建立专利制度来保护技术创新，然而对产品外观设计创新的保护却有不同的方式。尽管我国《专利法》将发明、实用新型、外观设计并称为"发明创造"，为其提供专利保护；但是外观设计专利保护的客体与发明专利和实用新型专利保护的客体从性质上看有很大不同。发明专利和实用新型专利保护的都是技术方案，用于产生功能作用方面的效果；外观设计专利保护的是产品外观的设计方案，用于产生视觉感受方面的效果。外观设计专利的保护客体实际上与著作权法意义上的"作品"十分接近。

《伯尔尼公约》第2条第1款规定，该公约所称文学和艺术作品，包括实用艺术作品（works of applied art）；第7条第4款规定，作为艺术作品予以保护的实用艺术作品的保护期限由各成员国的法律规定，但不应少于自作品完成之日起的25年；第2条第7款规

---

[1] 1989年12月21日，原中国专利局依据1984年制定的《专利法实施细则》第九十五条的规定发布了第二十七号公告，规定下列各项不属于实用新型专利的保护对象：（1）各种方法，产品的用途；（2）无确定形状的产品，如气态、液态、粉末状、颗粒状的物质或材料；（3）单纯材料替换的产品，以及用不同工艺生产的同样形状、构造的产品；（4）不可移动的建筑物；（5）仅以平面图案设计为特征的产品，如棋、牌等；（6）由两台或两台以上的仪器或设备组成的系统，如电话网络系统、上下水系统、采暖系统、楼房通风空调系统、数据处理系统、轧钢机、连铸机等；（7）单纯的线路，如纯电路、电路方框图、汽动线路图、液压线路图、逻辑方框图、工作流程图、平面配置图以及实质上仅具有电功能的基本电子电路产品（如放大器、触发器等）；（8）直接作用于人体的电、磁、光、声、放射或其结合的医疗器具。为了配合2000年修改的《专利法》和2001年修改的《专利法实施细则》的实施，国家知识产权局废止了该公告。

[2] 吴观乐，等.外观设计专利的保护［G］//国家知识产权局条法司.专利法及专利法实施细则第三次修改专题研究报告.北京：知识产权出版社，2006：493.

定，在遵守该公约第 7 条第 4 款规定的前提下，各成员国可以通过国内立法规定其法律在何种程度上适用于实用艺术作品以及工业品外观设计和模型，以及此种作品和外观设计受保护的条件。值得注意的是，关于实用艺术作品的规定是通过 1908 年的柏林文本加入到该公约之中的，当时采用的措辞是“应用于工业目的的艺术作品”（works of art applied to industrial purposes）。后来有些国家认为“工业目的”的规定限制过于严厉，1948 年通过布鲁塞尔文本将其改为现在的措辞。这一修改扩大了实用艺术作品的范围。❶

《巴黎公约》有多条提及外观设计，例如第 1 条第（2）款规定该公约所称“工业产权”包括外观设计；❷第 5 条之五规定“外观设计在本联盟所有国家均应当受到保护”。❸但是，该公约未规定各成员国应当采用何种方式保护外观设计。

TRIPS 将外观设计规定为单独一种类型的知识产权，其第 25 条第 1 款规定“各成员应当规定保护独立创作而且是新的或者原创的工业品外观设计”。其中，“原创的”对应于版权法对能够获得版权保护的作品的要求；“新的”对应于各国专利法或者外观设计法对能够获得专利权保护或者外观设计权保护的产品外观设计的要求。可以认为，这实际上已经隐含了各成员可以根据自己的需要选择外观设计保护方式的含义。该条第 2 款规定各成员有权自由选择通过外观设计法或者通过版权法来履行保护纺织品外观设计的义务，从而更为直接和清楚地表达了上述含义。

由此可知，外观设计（至少是其中一部分）存在两种不同的保护方式，即外观设计单行法（或者专利法）提供的保护以及版权法提供的保护。这是外观设计与发明、实用新型之间的显著区别之一。在一些国家，上述两种保护方式不仅仅只能选择其中之一，而且能够同时获得两种方式的保护。

一个重要问题是：通过《专利法》来保护外观设计和通过《著作权法》来保护实用艺术作品，有什么不同之处？

第一，从权利的获得方式来看，依照《专利法》的规定，获得外观设计专利权需要向国家知识产权局提出外观设计专利申请，经初步审查合格后才能授予；实用艺术作品与所有受《著作权法》保护的作品一样，其权利自作品完成之日起自动产生。

第二，从权利的获得条件来看，2008 年修改的《专利法》第二十三条提高了授予外观设计专利权的条件，不仅要求申请专利的外观设计具备新颖性，还要求具备创造性；实用艺术作品与所有受《著作权法》保护的作品一样，并不要求具备创造性，只需具备独创性即可。版权法意义上的“独创性”与专利法意义上的“新颖性”有明显不同，体现在：新颖性要求申请专利的外观设计与所有的现有外观设计不同；独创性条件仅仅要求作品是作者自己独立创作的，而不是抄袭他人的。按照《著作权法》的规定，即使某人的某一作品与他人的某一作品相同或者实质上相同，只要是作者自己独立创作的，而不是拷贝或者抄袭他人的作品，就能够产生著作权并得到保护，这在摄影、绘画等领域是常见的事情。❹

---

❶ 汤宗舜.著作权法原理［M］.北京：知识产权出版社，2005：35-36.

❷ TRIPS 覆盖了所有类型的知识产权，因此现在已经很少有人提及“工业产权”的概念。

❸ Industrial designs shall be protected in all the countries of the Union.

❹ 汤宗舜.著作权法原理［M］.北京：知识产权出版社，2005：29.

第三，从权利的无效或者取消来看，外观设计专利权被授予之后，任何人认为其不符合《专利法》规定条件的，在任何时候都可以请求宣告该外观设计专利权无效，为此设立了专门的审查机构（专利复审委员会），规定了专门的审查程序；著作权是自动产生的权利，而不是经审查后授予的权利，因此对著作权来说不存在请求宣告其无效一说，否认某人享有其声称的著作权，仅仅体现在当他指控他人侵犯其著作权时，如果法院认定原告主张享有著作权的作品系抄袭他人作品而完成的作品，将不支持其主张。

第四，从权利的保护期限来看，按照《专利法》的规定，外观设计专利的保护期限为10年，自申请之日起算；按照《伯尔尼公约》的规定，实用艺术作品的保护期限为25年，自作品完成之日起计算。

第五，从权利的效力来看，按照《专利法》的规定，外观设计专利权被授予后，任何人未经专利权人许可而为生产经营目的制造、许诺销售、销售、进口专利产品的，构成侵犯外观设计专利权的行为；按照《著作权法》的规定，未经著作权人许可，复制、发行其作品的，构成侵犯著作权的行为。两者之间的重要区别在于：按照《著作权法》的原理，即使被告作品含有与原告作品相同或者相近的独创性成果，但如果被告能够证明其作品是其独立创作的而非抄袭的，则这种"含有"将被认定为创作上的巧合，不属于侵权。❶

通过上述比较可以看出，通过《专利法》来保护外观设计和通过《著作权法》来保护实用艺术作品各有利弊。从上述第一点到第四点，《著作权法》对权利人来说均更为宽松，因而可以认为对其更为有利；但是在关键的第五点上，《专利法》对权利人显然更加有利，也就是其保护效力更强。

本条第四款规定外观设计是指适于工业应用的产品的外观设计，"适于工业应用"的性质导致权利人更希望其权利效力与发明专利权和实用新型专利权的效力相似，而不是与著作权的效力相似。在《著作权法》第四十七条列举的侵犯著作权行为中，"复制"和"发行"行为或许可以勉强对应于《专利法》所述的"制造"和"销售"行为，但现实中存在不同理解，因此难以作这种理解；❷至于表演、放映、广播、汇编、通过信息网络向公众传输等行为，基本上都与外观设计的保护无关。正因为如此，尽管 TRIPS 第25条第2款规定其成员可以选择通过外观设计法或者通过版权法来保护工业品外观设计，但是该协定第26条第1款明确规定：

> 工业品外观设计的权利人应当有权制止第三人未经权利人同意而为商业目的制造、销售、进口载有或者体现受保护的外观设计的复制品或者实质上是复制品的物品。

这一规定与 TRIPS 第28条第1款关于专利权效力的规定基本相同。因此，由于存在上述第五点的区别，即使《著作权法》能够对工业品外观设计提供保护，也无法取代《专利法》对外观设计的保护。为了就工业品外观设计的工业应用获得更为有效的保护，设计人需要申请获得外观设计专利权。

---

❶ 郑成思.版权法［M］.修订版.北京：中国人民大学出版社，1997：209.

❷ 1990年9月颁布的《著作权法》的第五十二条第一款规定："本法所称的复制，是指以印刷、复印、临摹、拓印、录音、录像、翻录、翻拍等方式将作品制作一份或者多份的行为。"第二款规定："按照工程设计、产品设计图纸及其说明进行施工、生产工业品，不属于本法所称的复制。"2001年修改的《著作权法》将上述规定的第一款转移至该法第十条中作为一项，将第二款删除。尽管如此，一种观点认为第二款的规定依然存在。

无论通过《专利法》还是通过《著作权法》来保护外观设计，其共同之处在于都将外观设计作为一种“创新”予以保护，受保护的客体是设计人的一种智力创新成果。TRIPS第26条第1款规定构成侵犯外观设计行为的前提条件是被控侵权物品要“载有或者体现受保护的外观设计”，这表明其前提条件必须是采用了产品外观设计的设计方案。现有知识产权国际条约和所有国家的本国法律都没有将对外观设计的保护与对注册商标的保护混在一起，也就是保护外观设计的目的在于保护创新，而不是在于让消费者识别不同产品的来源，从而防止对不同来源的产品产生误认、混淆。这一点对正确认识授予外观设计专利权的条件以及侵犯外观设计专利权的条件都具有重要意义。对此，将在对《专利法》第二十三条和第五十九条的说明中作详细论述。

2. 本条第四款对外观设计的定义

本条第四款规定：“外观设计，是指对产品的形状、图案或者其结合以及色彩与形状、图案的结合所作出的富有美感并适于工业应用的新设计。”

在上述定义中，对能够获得外观设计专利权保护的客体产生限制作用的因素主要是：第一，必须是对产品外观作出的设计方案；第二，必须是能够在工业上予以应用的设计方案。

对产品外观作出的设计方案，是指该设计方案应当附着在产品上，以产品作为其载体。不满足这一要求的，不能授予外观设计专利权。例如，用飞机喷射彩色烟雾，可以在天空上形成某些彩色图案，但是该图案没有附着在任何产品上，没有以产品作为其载体，因而不能被授予外观设计专利；自然物（例如雨花石、晶体等）是天然形成的，而不是人创造出来的，尽管可能具有富有美感的外观，但不能被认为是专利法意义上的产品，因而不能授予外观设计专利权；单纯的绘画作品、书法作品尽管以纸张等作为载体，但是难以被认为是本条第四款所述的产品，因而不能授予外观设计专利权。

能够在工业上应用的设计方案，是指采用其设计方案的产品应当能够以工业方式成批予以制造。不满足这一要求的，不能授予外观设计专利权。例如，根雕作品是在每个天然原料的独特外形基础上经过手工加工后制成的作品，采用不同的原料制成的作品的外观彼此不同，不能以工业方式成批予以制造，因而不能授予外观设计专利权；农产品、畜产品的外观通过人的干预会产生变化，如通过嫁接植物而生长的水果、通过基因改造而繁殖的牛羊等，但是它们不能以工业方式成批予以制造，因而不能授予外观设计专利权。

根据本条第四款的规定，对产品的外观作出的设计方案的构成要素是形状、图案和色彩。其中，产品的形状是指产品的外表轮廓；产品的图案是指通过线条、色块、文字、符号的排列组合而在产品外表面上形成的图形；产品的色彩是指产品表面的颜色或者颜色组合。需要注意的是：第一，上述三种要素都必须是体现在产品的外表上，而不能体现在产品的不能从外部观察到的内部机构上，例如一台电视机内部的零部件排列方式不能授予外观设计专利权；[1]第二，产品的外表形状以及产品表面上的图案、色彩应当是通过人眼视

[1] 国家知识产权局.专利审查指南 2010［M］.北京：知识产权出版社，2010：第四部分第五章 5.2.3.“对于外表使用透明材料的产品而言，通过人的视觉能观察到的其透明部分以内的形状、图案和色彩，应当视为该产品的外观设计的一部分。”

觉就能够观察到的，而不是只有通过特定的仪器或者设备才能观察到的，例如只有显微镜才能观察到的形状、图形，只有通过紫外线照射才能显现出来的图形、色彩等。

1984 年制定的《专利法实施细则》第二条规定："专利法所称的外观设计是指对产品的形状、图案、色彩或者其结合所作出的富有美感并适于工业上应用的新设计。"根据这一定义，外观设计可以分别由产品的形状、图案、色彩单独构成，也可以由三者的相互结合构成。从实施《专利法》以来的实际情况来看，产品的形状和图案都可以分别单独构成被授予外观设计专利权的设计方案，但是色彩却难以单独构成被授予外观设计专利权的设计方案，而是需要与形状或者图案结合起来，才能构成被授予外观设计专利权的设计方案。基于这一原因，2001 年修改《专利法实施细则》时，对外观设计的定义进行了修改。

实际上，形状、图案、色彩这三种要素已经穷尽了能够对产品外观产生影响的所有因素，因此本条第四款列举出这三种要素并没有对能够获得外观设计专利权的主题产生什么限制作用。

本条第四款规定，对产品的外观设计应当"富有美感"。2008 年修改《专利法》时，有人建议将此表述改为"具有装饰性"，其理由在于所谓"美感"属于人的心理感受，对同一产品的外观美与不美的判断，不同的人由于受文化熏陶、宗教信仰、个人爱好等因素的影响会得出不同的结论，即使是同一个人在不同的年龄阶段也会得出不同的结论，因此会带来较大的不确定性。相比之下，采用"装饰性"的好处在于：第一，能够更为客观地界定能够被授予外观设计专利权的主题，具有更高的法律确定性；第二，能够更好地体现外观设计的属性，清楚地表明外观设计专利权所保护的不是一种技术方案，而是给人带来视觉感受的设计方案。❶

全国人大法律委员会在审议《〈专利法〉修正案草案》的过程中专门讨论过是否应当采纳这一修改建议的问题。国家知识产权局汇报了其调查研究的结果，指出：

首先，从世界各国关于保护外观设计的法律来看，采用这两种表述方式的国家都有。日本、韩国、印度尼西亚等国家的外观设计法采用了与"美感"有关的措辞；美国、德国、英国、马来西亚等国家的外观设计法采用了"装饰性"（ornamental）的措辞。这至少表明采用"富有美感"这一措辞进行限定也是可行的。

其次，本条第四款规定外观设计应当"富有美感"的主要意图，在于将外观设计专利权保护客体的属性与发明和实用新型专利权保护客体的属性区分开来，表明前者保护的是一种使人产生视觉感受的设计方案。从我国自 1985 年实施《专利法》以来实际采用的判断标准来看，从来没有要求在对外观设计专利申请进行初步审查的过程中以及在对外观设计专利权提出的无效宣告请求进行审查的过程中审视外观设计的设计方案美到什么程度。换言之，国家知识产权局对是否"富有美感"只做定性判断，而不作定量判断，从来没有以一项外观设计"不够美"、"不好看"、"很难看"之类的理由驳回一份外观设计专利申请或者宣告一项外观设计专利权无效。因此，"富有美感"与"装饰性"在含义上并无实质性差别。事实上，美国法院的有关判决也将美国专利法第 171 条规定的"装饰性"要求解

---

❶ 吴观乐，等.外观设计专利的保护［G］//国家知识产权局条法司.专利法及专利法实施细则第三次修改专题研究报告.北京：知识产权出版社，2006：536.

释为“从视觉上感到漂亮”。[1]

再者，TRIPS 第 25 条第 1 款专门规定：

> **各成员可以规定，这种保护不应延及主要是根据技术或者功能的考虑而作出的外观设计。**

2008 年修改《专利法》时，一种观点主张在《专利法》第二十五条中增加一项，以排除主要由功能所决定的产品外观设计不授予外观设计专利权。经讨论，多数人认为本条第四款所述的“富有美感”已经表达了这样的含义，不必再增加建议的排除条款。这正是该措辞意义和作用的体现。

归纳起来，国家知识产权局认为，本条第四款对外观设计的定义并没有偏离国际上普遍接受的对外观设计的理解。在这种情况下，将“富有美感”改为“具有装饰性”，将难以向公众解释此种修改实际带来了何种含义上的变化，因此可以不作修改。全国人大法律委员会经讨论接受了国家知识产权局的观点。

本条第四款规定外观设计是指“新设计”，其中“新”字的含义和写入该字的原因前面结合关于发明和实用新型的定义已经作了说明，此处基本相同，无须赘述。

---

[1] Appeal to the eye as a thing of beauty.

第三条 专利行政管理部门的职责

国务院专利行政部门负责管理全国的专利工作；统一受理和审查专利申请，依法授予专利权。

省、自治区、直辖市人民政府管理专利工作的部门负责本行政区域内的专利管理工作。

一、国务院专利行政部门

本条第一款所称“国务院专利行政部门”是指国家知识产权局。根据《国务院关于机构设置的通知》（国发［2008］11号）的规定，国家知识产权局的职能包括：

（1）负责组织协调全国保护知识产权工作，推动知识产权保护工作体系建设。会同有关部门建立知识产权执法协作机制，开展相关的行政执法工作。开展知识产权保护的宣传工作。会同有关部门组织实施《国家知识产权战略纲要》。

（2）承担规范专利管理基本秩序的责任。拟订专利法律法规草案，拟订和实施专利管理工作的政策和制度，拟订规范专利技术交易的政策措施，指导地方处理、调解侵犯专利的纠纷案件以及查处假冒他人专利行为和冒充专利行为，会同有关部门指导和规范知识产权无形资产评估工作。

（3）拟订知识产权涉外工作的政策。研究国外知识产权发展动态。统筹协调涉外知识产权事宜，按分工开展对外知识产权谈判。开展专利工作的国际联络、合作与交流活动。

（4）拟订全国专利工作发展规划，制订专利工作计划，审批专项工作规划，负责全国专利信息公共服务体系的建设，会同有关部门推动专利信息的传播利用，承担专利统计工作。

（5）制定专利和集成电路布图设计专有权确权判断标准，指定管理确权的机构。制定专利和集成电路布图设计专有权侵权判断标准。制定专利代理中介服务体系发展与监管的政策措施。

（6）组织开展专利的法律法规、政策的宣传普及工作，按规定组织制定有关知识产权的教育与培训工作规划。

（7）承办国务院交办的其他事项。

上述职能中没有包含本条第一款所述“统一受理和审查专利申请，依法授予专利权”的职能，这是因为国家知识产权局还设立了专利局，该项职能由国家知识产权局专利局承担。

按照本条第一款的规定，我国对专利申请的受理、审查以及专利权的授予，采取集中统一方式进行，而不是分别分散在各省、自治区、直辖市的方式进行。其原因有如下几点：

第一，专利权是在全国范围内有效的具有独占性质的无形财产权，对同样的发明创造只能授予一项专利权，授予给某人就不能再授予他人。从防止重复授予专利权、维护专利制度正常秩序的角度出发，采取集中受理、统一审查的方式更为适宜。

第二，专利申请的审查和专利权的授予是一项技术性和法律性都很强的工作，从规范审查标准、提高授权质量的角度出发，采取集中受理、统一审查的方式也更为适宜。

第三，开展专利审查工作需要建立一支覆盖所有技术领域的高素质审查人员队伍，还需要配备检索功能强大的专利文献数据库、各种专业技术数据库及复杂的计算机管理系统。从规范专利审查员的培训和经验交流，便于管理、提高效率的角度出发，采用集中受理、统一审查的方式也更为适宜。

考虑到我国幅员辽阔，为了方便各地的申请人提交专利申请，及时解答申请人提交专利申请时经常遇到的各种疑难问题，国家知识产权局陆续在全国各地的省会城市设立了代办处受理专利申请。需要注意的是，这些代办处除了判断其收到的专利申请是否符合《专利法》和《专利法实施细则》规定的受理条件之外，不对专利申请进行其他审查工作。

二、各地人民政府管理专利工作的部门

我国在建立专利制度之初就不仅设立了中国专利局，统一受理和审查专利申请并授予专利权；还在国务院有关主管部门和各地人民政府中设立了专利管理机关，管理各部门、各地方的有关专利工作。这是我国专利制度与世界上许多国家的专利制度相比的一大特点，对我国专利工作的快速发展发挥了突出作用。

然而，1984 年制定《专利法》时，仅仅在第六十条关于处理专利侵权纠纷的规定中提到专利管理机关，没有设立专门条款明确规定专利管理机关的职能。

1984 年制定的《专利法实施细则》第七十六条规定：

> 专利法第六十条和本细则所称的专利管理机关是指国务院有关主管部门和各省、自治区、直辖市、开放城市和经济特区人民政府设立的专利管理机关。

1992 年修改《专利法实施细则》时，将上述规定修改为：

> 专利法和本细则所称的专利管理机关是指国务院有关主管部门或者地方人民政府设立的专利管理机关。

2000 年修改《专利法》时，在本条增加了第二款，规定：

> 省、自治区、直辖市人民政府管理专利工作的部门负责本行政区域内的专利管理工作。

这一修改的意义在于：第一，使本条规定更加如实地反映了我国专利工作的管理体系不仅包括“国务院专利行政部门”，还包括“省、自治区、直辖市人民政府管理工作的部门”，并明确了其职责分工，即前者“负责管理全国的专利工作”，后者“负责本行政区域内的专利管理工作”；第二，不再在国务院有关主管部门内设立管理专利工作的部门，从而避免在专利管理工作上形成以往“条块纵横”的局面，符合国务院部委精简机构、转变职能的方向和精神。

从本条第二款的文字内容来看，似乎只在省、自治区、直辖市这一级别的人民政府中才设立“管理专利工作的部门”，然而事实并非如此，因为 2001 年修改的《专利法实施细则》第七十八条规定：

专利法和本细则所称管理专利工作的部门，是指由省、自治区、直辖市人民政府以及专利管理工作量大又有实际处理能力的设区的市人民政府设立的管理专利工作的部门。

上述规定一方面适度扩大了本条第二款所述设立管理专利工作的部门的地方人民政府的级别，不仅仅限于省、自治区、直辖市人民政府，还可以是级别更低的人民政府；另一方面又对其范围作了必要限制，规定能够设立管理专利工作的部门的人民政府限于设区的市的人民政府。上述规定表明，不设区的市（亦即县级市）和县的人民政府不在上述范围之内。现实中，一些省或者自治区在不设区的市或者县的人民政府中也设立了管理专利工作的部门，但通常是由该人民政府设立的科技主管部门兼任，也就是人们常说的"一个机构，两块牌子"。不设区的市或者县的人民政府设立的管理专利工作的部门可以进行诸如制定本区域专利工作规划、促进专利实施应用、传播专利信息等与专利有关的管理工作，但是不具有单独进行专利行政执法的职能，即不能单独对侵犯专利权的纠纷进行处理以及对假冒专利行为进行处罚。

为了更好地贯彻执行《国家知识产权战略纲要》提出的各项要求，2008 年修改《专利法》时，各地管理专利工作的部门强烈希望在本条第二款中进一步明确其职责，并放宽《专利法实施细则》关于"设区的市"的限制性规定。但是，这些愿望最后未能实现。

第四条　需要保密的专利申请

申请专利的发明创造涉及国家安全或者重大利益需要保密的，按照国家有关规定办理。

一、概　述

本条规定在1984年制定的《专利法》中即已存在，1992年、2000年、2008年三次修改《专利法》均未对本条规定进行任何修改。

专利制度通过授予专利权的方式对作出发明创造的单位或者个人提供回报，以达到鼓励发明创造，促进其实施应用的目的。申请人要想就自己的发明创造申请获得专利权，就必须公开自己的技术方案或者设计方案，这就是专利制度“以公开换得保护”的基本属性。TRIPS第29条规定，各成员应要求专利申请人以足够清楚与完整的方式披露其发明，以使熟悉有关技术的人员能够实施该发明。《专利法》第二十六条也有类似规定。

但是，当申请专利的发明创造涉及国家安全时，例如一种新式武器，如果一律予以公布或者公告，就会导致全世界任何人均可以获知该发明创造，进而有可能对国家安全造成危害。因此，各国普遍采取对涉及国家安全的专利申请予以保密，不予公开或者公告的做法，有的国家甚至规定不得授予专利权。

有关国际条约对此也有明确规定。例如，TRIPS第73条规定：

> 不得将本协定的任何规定解释为要求任何成员提供它认为是一旦披露即会与其基本安全利益相冲突的信息。

PCT第27条第（8）款中规定：

> 本条约和细则的任何规定都不得解释为旨在限制任何缔约国为维护其安全而采取必要措施的自由，或者为保护该国总体经济利益而限制其居民或国民提出国际申请的自由。

许多国家的专利法中都规定对涉及国家安全或者国防安全的专利申请应当予以保密，例如美国、德国、英国、澳大利亚、韩国、印度、巴西等。

一种观点认为本条实质上是在专利制度中落实《保守国家秘密法》的规定，这种观点在一定程度上是正确的。从立法目的来看，本条规定与《保守国家秘密法》完全一致，即维护国家安全和国家利益。

然而，从保密的范围和具体方式来看，本条规定与《保守国家秘密法》存在一定差异。《保守国家秘密法》第九条规定：

> 国家秘密包括符合本法第二条规定的下列秘密事项：
> （一）国家事务的重大决策中的秘密事项；
> （二）国防建设和武装力量活动中的秘密事项；
> （三）外交和外事活动中的秘密事项以及对外承担保密义务的秘密事项；

（四）国民经济和社会发展中的秘密事项；

（五）科学技术中的秘密事项；

（六）维护国家安全活动和追查刑事犯罪中的秘密事项；

（七）经国家保密行政管理部门确定的其他秘密事项。

政党的秘密事项中符合前款规定的，属于国家秘密。

显然，需要保密的申请专利的发明创造主要是涉及“科学技术中的秘密事项”，与上述《保守国家秘密法》规定中的其他各项关系不大。

《保守国家秘密法》第十条将国家秘密分为“绝密”、“机密”、“秘密”三种密级。该法第十三条规定，各级国家机关、单位对所产生的国家秘密事项，应当按照国家的规定确定密级。按照上述规定，对于涉及国家安全或者重大利益的有关事项，应当由产生该事项的机关、单位依法主动确定为国家秘密并确定密级。原国家科委和国家保密局于 1995 年颁布了《科学技术保密规定》，对国家科学技术秘密的范围、密级确定、保密管理、密级变更和解密程序等事项作了具体规定。该规定第十一条也要求产生保密事项的单位主动确定密级并采取保密措施，个人的科技成果应当报省级科技主管部门确定密级并进行管理。

从《保守国家秘密法》和《科学技术保密规定》的规定来看，似乎没有必要在《专利法》中另行规定申请专利的发明创造的保密问题，因为《保守国家秘密法》已经要求有关机关、单位依法主动确定密级并采取保密措施，一旦被确定为国家秘密，包括申请专利等在内的有关事宜按照《保守国家秘密法》的要求进行即可。然而，这种做法与专利制度的运作方式不相适宜。对国家机关、国有企事业单位而言，一般均按照《保守国家保密法》的规定设立了负责保密工作的内部机构，有的甚至取得了密级确定权，因此这些单位从制订研究开发计划，执行该计划，取得成果，直到成果应用的各个阶段，都有较为完善的保密制度，能够保证涉及国家安全或者重大利益的发明创造及时被确定为国家秘密并采取相应保密措施。对股份制企业、民营企业、外资企业、合资企业等非国有单位而言，尽管一般情况下都是按照市场需求进行民用产品和民用技术的开发，其研发成果一般不会涉及军用技术，但也不能排除这些企事业单位研究开发的某些技术会涉及国家安全或者重大利益。尤其是改革开放之后，我国一方面允许民营企业从事军用技术的研究开发和生产制造，另一方面也允许军工行业向民营资本开放，因此有越来越多的非国有企业参与军用技术的研究开发和生产制造活动，有可能涉及对国家安全或者重大利益有影响的技术。此外，有些技术本身就属于军民两用技术，例如卫星定位、卫星通讯等。然而，这些非国有单位即使设有负责保密工作的内部机构，也主要是为了保守该单位的商业秘密，而不是落实《保守国家秘密法》规定的保密要求，更没有依法确定密级的权力。因此，当非国有企业自主确定研发项目、自主投资进行研究开发取得成果后，不可能依法主动确定为国家秘密。为了使自己研究开发出来的技术在市场竞争中取得优势地位，这些非国有单位通常都会积极向我国和外国申请专利。如果《专利法》不明确规定国家知识产权局有责任在专利审查程序中及时将涉及国家安全或者重大利益的发明创造筛查出来并采取保密措施，国家知识产权局对所有的专利申请就只能一律依法予以公布或者公告，其结果有可能对国家安全或者重大利益造成损害。

依照《专利法实施细则》和《国防专利条例》的规定，我国对涉及国家安全或者重大利益需要保密的发明创造采取了可以授予国防专利或者保密专利，在内部有控制地予以推广应用，并为专利权人提供补偿的做法。其基本出发点在于：在我国建立专利制度之后，即使一项发明创造涉及国家安全或者重大利益需要保密，也并不意味着国家可以无偿占有，其他有关单位可以无偿予以实施。事实上，凡是能够被认定为涉及国家安全或者重大利益因而需要保密的发明创造都是较为重要、很有价值的发明创造，更应当提供有效的专利保护，使作出这类发明创造的单位或者个人获得足够的回报，以鼓励作出这类发明创造的积极性。

二、本条规定的含义

（一）涉及国家安全或者重大利益

尽管世界各国普遍规定申请专利的某些发明创造需要予以保密，但各国对适用对象或者范围的界定并不完全相同。有的界定为“国家安全（national security）”，有的界定为“国防安全（national defence）”，有的界定为“国家秘密（state secret）”，有的界定为“军事器械或者军需品（instruments or munitions of war）”。从字面含义上看，“国家安全”或者“国家秘密”比“国防安全”或者“军事器械”的覆盖范围更广。按照本条规定，除了涉及国家安全的发明创造需要保密之外，对涉及重大利益的发明创造也需要保密，因此本条的适用范围较广。

对“国家安全或者重大利益”的表述可以有两种解读方式：一是读作“国家安全”或者“重大利益”；二是读作“国家安全”或者“国家重大利益”。相比而言，第二种解读更为恰当，因为若作第一种解读，就会得出认为涉及某个企事业单位重大利益的发明创造也需要予以保密的结论。实际上，本条所说的“需要保密”是指从国家的角度出发需要保密，而不是指从单位或者个人的角度出发需要保密。

《专利法》未对“涉及国家安全或者重大利益”的发明创造作出明确定义。《专利法实施细则》第七条将“涉及国家安全或者重大利益”的发明创造分成两种类型：一是涉及国防利益需要保密的发明创造，二是涉及国防利益以外的国家安全或者重大国家利益需要保密的发明创造。前者是指国防专用或者对国防有重大价值的发明创造，主要涉及军用技术，例如新式武器、用于武器上的新式部件、新型军事装备等，其含义较为明确；后者是指虽不涉及国防利益，但对国家经济安全或者国家经济利益有重要影响，在一定时期内不宜公开的发明创造，例如一种能够有效防止黑客袭击金融体系计算机系统的新式防火墙技术、一种能够有效防止出现伪钞的新式印钞技术、一种新的能源开发技术等，其含义较为模糊。2008 年修改《专利法》时，有人建议在《专利法实施细则》中对“涉及国防以外的国家安全或者重大国家利益需要保密的发明创造”作出清楚明确的界定，最好给出一个详细的清单，以便申请人自己就能进行判断。应当指出的是，世界各国专利法对诸如“国家安全”或者“国防安全”之类措辞的内涵和外延都没有作出具体界定，而是根据具体发明创造的性质和价值，视国家需要而定。可以认为，这是保密工作本身的属性所决定的，不可能一一道出哪些具体内容需要保密。

（二）发明创造

《专利法》第二条第一款规定：“本法所称的发明创造是指发明、实用新型和外观设计。”但是，结合《专利法实施细则》和《国防专利条例》的规定，本条所述“发明创造”只包括发明和实用新型，而不包括外观设计。其理由在于外观设计是对产品外观作出的“富有美感并适于工业应用的新设计”，其作用是使人们对产品的外观产生赏心悦目的视觉感受，并不涉及产品的技术功能和技术特性，与国家安全或者重大利益关系不大，因而不需要保密。

2010 年修改前的《专利法实施细则》第八条规定，需要移交国防专利机构审查的专利申请以及需要按照保密专利申请处理的专利申请只包括发明专利申请，既不包括外观设计专利申请，也不包括实用新型专利申请。2010 年修改的《专利法实施细则》第七条明确地将实用新型专利申请也纳入有可能需要移交国防专利机构进行审查或者按照保密专利申请处理的范围，其原因在于：大多数能够申请发明专利的产品发明创造也能够申请实用新型专利，如果规定只对发明专利申请进行保密审查而不对实用新型专利进行保密审查，申请人就有可能将一些涉及国家安全或者重大利益需要保密的产品发明创造申请实用新型专利，轻而易举地就避开了保密审查。

本条采用了“申请专利的发明创造”的说法，其字面含义既包括在我国作出的发明创造，也包括在外国作出的发明创造。由此而产生的一个问题是：外国申请人就其在外国作出的发明创造向我国申请专利的，是否也需要进行保密审查？回答应当是否定的。对于外国人作出的发明创造，即使其涉及国家安全或者重大利益，但如果该发明创造是在外国完成而不是在我国完成的，则没有必要受本条规定的约束。这是因为对外国申请人在外国完成的发明创造是否需要保密不应受我国《专利法》的约束，而是应当受完成地国家法律的约束。与我国《专利法》第二十条的规定相似，许多国家的专利法也规定申请人将其在该国完成的发明创造向其他国家申请专利之前需要经该国主管机构进行保密审查，认为不需要保密的才允许向包括我国在内的其他国家申请专利。因此，一方面外国申请人就其在外国完成的发明创造向我国申请专利的，一般不会涉及国防或者军事方面的技术；另一方面即使外国申请人向我国申请专利的发明创造涉及国防或者军事方面的技术，由于申请人通常在向我国申请专利之前已经就该发明创造在完成地国家或者其他国家申请专利，在这些国家没有采取保密措施，依照其本国专利法已经公开或者公告该申请的情况下，我国再采取保密措施没有任何意义。

当然，如果申请专利的发明创造是外国申请人在我国作出的发明创造（主要是其在中国设立的子公司或者合资公司作出的发明创造），按照 2008 年修改的《专利法》第二十条的规定，就该发明创造向外国申请专利之前必须由国家知识产权局进行保密审查。审查结果认为该发明创造需要保密的，申请人可以在我国申请国防专利或者保密专利，但不得向外国申请专利。对此，本书对《专利法》第二十条进行说明时还将作详细说明。

因此准确地说，本条所述的“申请专利的发明创造”应当是指“在中国完成并申请专利的发明创造”。

（三）按照国家有关规定办理

本条规定，一旦认定申请专利的发明创造涉及国家安全或者重大利益需要保密的，应当按照国家有关规定办理。所说的“有关国家规定”包括哪些规定？

所谓“国家有关规定”主要包括三方面的规定：一是《保守国家秘密法》《保守国家

秘密法实施办法》和国家保密局有关部门规章的相关规定；二是《专利法》《专利法实施细则》和《专利审查指南 2010》的相关规定；三是《国防专利条例》的相关规定。第一方面的规定主要是在申请专利前，完成发明创造的单位应当确定其发明创造是否属于国家秘密，是国家秘密的应当确定密级并采取相应保密措施的规定；第二方面的规定主要是《专利法》第二十条、《专利法实施细则》第七条至第九条的规定以及《专利审查指南 2010》关于保密专利的规定；第三方面的规定是《国防专利条例》关于国防专利的申请、审查、复审、无效、实施、管理、保护等方面的规定。

为了防止涉及国家安全或者重大利益需要保密的发明创造因申请普通专利而被泄密，我国在两个环节上予以规范和管理：一是向我国申请专利的环节；二是向外国申请专利的环节。在第一个环节，通过依法将涉及国家安全或者重大利益的发明创造的专利申请确定为国防专利申请或者保密专利申请，以防止需要保密的发明创造因申请普通专利而被公布或者公告；在第二个环节，通过对申请人拟向外申请专利的发明创造进行保密审查，认定需要保密的告知申请人不得向外申请专利，以防止需要保密的发明创造因向外申请专利而被公开。

为了使涉及国家安全或者重大利益需要保密的发明创造也能够获得法律保护，《专利法实施细则》设计了两种类型的特殊专利：一是国防专利；二是保密专利。严格地讲，国防专利也属于保密专利，但是两者在《专利法实施细则》的意义上是两种不同的专利，需要将它们区分开来。如何确定一项需要保密的发明创造应当申请国防专利还是申请保密专利？《专利法实施细则》第七条规定了如下程序。

首先，应当优先适用《国防专利条例》的规定。申请人自己能够判断其发明创造涉及国防利益的，应当直接向国防专利机构申请国防专利。申请人自己认为其发明创造不涉及国防利益，因而向国家知识产权局提交保密专利申请或者普通发明专利申请或者实用新型专利申请的，国家知识产权局还将协同国防专利机构联合进行审查，经审查认为涉及国防利益需要保密的，由国家知识产权局将该专利申请及时移交国防专利机构进行审查。关于这种做法，2010 年修改前的《专利法实施细则》第八条第一款就是如此规定的，2010 年修改《专利法实施细则》时，除了将涉及范围由原来的发明专利申请扩大到发明专利申请和实用新型专利申请之外，没有作出其他调整。

其次，即使国家知识产权局和国防专利机构认定专利申请不涉及国防利益，也不意味着是否需要保密的审查就结束了，接着还要审查专利申请是否涉及国防利益以外的国家安全或者重要利益而需要保密。对于这一审查的方式，2010 年修改前的《专利法实施细则》第八条第二款规定：

> **除前款规定的外，国务院专利行政部门受理发明专利申请后，应当将需要进行保密审查的申请移交国务院有关主管部门进行审查；有关主管部门应当自收到该申请之日起 4 个月内，将审查结果通知国务院专利行政部门；需要保密的，由国务院专利行政部门按照保密专利申请处理，并通知申请人。**

然而，2010 年以前执行上述规定在实际运作过程中常常遇到困难，也就是国家知识产权局将一些发明专利申请移交国务院有关主管部门进行保密审查，经常不能及时得到该发明专利申请是否需要予以保密的审查结论，依照上述规定国家知识产权局又不能自行对该发明专利申请进行保密审查，致使这些发明专利申请的申请人既不能及时获得保密专利的保护，也不能及时获得普通专利的保护，因而产生了很大怨言。此外，“需要保密的，由国务院专利行政部门按照保密专利申请处理，并通知申请人”的含义也不够清楚，应当如何处理？是授予保密专利，还是仅将该专利申请置于保密状态而不授予保密专利？对此没有一个明确的答案。

针对上述问题，2010 年修改的《专利法实施细则》第七条第二款规定：

> **国务院专利行政部门认为其受理的发明或者实用新型专利申请涉及国防利益以外的国家安全或者重大利益需要保密的，应当及时作出按照保密专利申请处理的决定，并通知申请人。保密专利申请的审查、复审以及保密专利权无效宣告的特殊程序，由国务院专利行政部门规定。**

修改之处在于：

第一，明确规定由国家知识产权局对其受理的发明或者实用新型专利申请是否涉及国防利益以外的国家安全或者重大利益需要保密进行审查并作出决定，不再需要移交国务院有关主管部门进行审查，从而简化了保密审查的程序。

第二，明确规定国家知识产权局作出按照保密专利申请进行处理的决定之后，由国家知识产权局接着进行是否能够授予保密专利权的审查，经审查认为符合《专利法》及《专利法实施细则》有关规定的，授予保密专利权。这样，就克服了 2010 年修改前的《专利法实施细则》存在的上述两方面的缺陷。

经过上面两个步骤，如果认定发明或者实用新型专利申请既没有涉及国防利益而需要保密，也没有涉及国防利益以外的国家安全或者重大利益而需要保密，则保密审查工作结束，由国家知识产权局按照普通专利申请进行处理，认为符合《专利法》及《专利法实施细则》有关规定的，授予普通的发明或者实用新型专利权。

实际上在所有申请专利的发明创造中，涉及国家安全或者重大利益需要保密的只占非常少的比例。但是，不能仅仅因为这一点就否认本条规定的必要性和重要性。

第五条　违反社会公德和妨害公众利益的发明创造

对违反法律、社会公德或者妨害公共利益的发明创造，不授予专利权。

对违反法律、行政法规的规定获取或者利用遗传资源，并依赖该遗传资源完成的发明创造，不授予专利权。

一、概　述

《专利法》规定了授予专利权的条件，但并不是将这些条件集中在一条中全面地予以规定，而是分散在不同章节的不同条款中予以规定。本条规定属于授予专利权的条件之一。

在1984年制定以及1992年、2000年修改的《专利法》中，本条都只有一款规定，即“对违反国家法律、社会公德或者妨害公共利益的发明创造，不授予专利权”。2008年修改《专利法》时，在本条增加了第二款，以协调专利制度与遗传资源保护制度之间的关系，这是完善我国专利制度的重要举措。

2008年修改的本条第一款和第二款的共同之处在于都涉及“违反法律”的概念，这或许是立法机关将有关保护遗传资源的规定增加在本条之中，而不是单设一条予以规定的原因。但是应当注意，两款所述的“违反法律”具有不同的含义。第一款所述的“违反法律”，是指发明创造的商业性实施为有关法律所禁止，例如有关赌具的发明创造等，因而不能授予专利权；第二款所述的“违反法律”，并非是指发明创造的商业性实施为有关法律所禁止，而是指该发明创造的完成依赖于违反有关法律而获得或者利用的遗传资源，因而不能授予专利权。

根据《专利法实施细则》的有关规定，本条两款所述“不授予专利权”的含义都包括两个方面：第一，在专利申请的审查过程中要核实申请专利的发明创造是否属于本条规定的情形，如果属于，则应当驳回该专利申请，不授予专利权；第二，在审查过程中本来应当发现申请专利的发明创造属于本条规定的情形，但是未能发现或者难以发现而授予了专利权，则任何人在授予专利权之后可以依照《专利法》的有关规定请求宣告被授予的专利权无效。这是《专利法》的通例，凡是《专利法》规定不授予专利权的，都具有上述两方面的含义。

二、违反法律、社会公德或者妨害公共利益的发明创造

（一）违反法律的发明创造

我国制定所有法律的最终目的都是维护公众的正当权益，约束各种行为符合公众普遍接受的社会公德，因此违反法律的发明创造本质上也违反社会公德或者妨害公共利益。但是，社会公德和公共利益是含义十分宽泛的社会概念，某一具体行为是否违反社会公德或

者妨害公共利益，依据泛泛的社会概念进行判断，其结论可能会因人而异，从而带来不确定因素。相比之下，法律以简明的文字准确表述是非界限，在许多情况下是将社会公德和公共利益以法律条文的形式“固化”下来，使人一目了然。以法律为准绳来判断一项发明创造是否违反社会公德或者妨害公共利益，具有判断标准更为明确、判断结果更为统一的优点，因此本条第一款将违反法律作为本条规定的不能授予专利权的情形之一。

2008 年修改《专利法》时，将修改前本条所称的“国家法律”改为“法律”。这是因为依照 2000 年 3 月 15 日颁布的《立法法》的规定，“法律”是指由全国人大和全国人大常务委员会制定的法律，既不包括国务院制定的行政法规，也不包括省、自治区、直辖市人大及其常务委制定的地方性法规以及国务院各部门或者省、自治区、直辖市地方人民政府制定的规章，因此没有必要在其前面冠以“国家”二字。[1]因此，这一修改只是使本条第一款的表述更加规范，并没有实质含义上的变化。

本条第一款和第二款都包含“违反法律”的措辞，应当如何理解其中所述“法律”的含义和范围？显然，本条第一款和第二款所述的“法律”不包括《专利法》本身的有关规定，而是指其他法律的有关规定。因此，依据本条的规定不授予专利权，最为重要的是明确能够依据哪些法律的规定。回答这一问题需要参照我国参加的国际条约的有关规定，其中主要是《巴黎公约》和 TRIPS 的规定。

《巴黎公约》第 4 条之四规定：

> **不得以专利产品或者依专利方法制造的产品的销售受到本国法律的限制或者限定为理由，拒绝授予专利或者宣告专利无效。**

上述规定是通过 1958 年举行的《巴黎公约》里斯本修订会议加入该公约的，其理由在于：一种产品的销售或者使用受到本国法律的限制或者限定，有可能仅仅是出于安全、质量或者其他方面的考虑，也有可能是因为制造或者销售某种产品需要获得国家的特别授权。对于前者，随着社会的发展和情况的变化，有关法律可能会被修改或者废止，不应仅仅因为这一原因而不授予专利权；对于后者，专利权人也有可能会获得国家给予的特别授权，因此也不应当仅仅因为这一原因而不授予专利权。[2]

然而，《巴黎公约》的上述规定留下了两个疑问：第一，规定不得以专利产品的销售受到本国法律的限制或者限定为理由而不授予专利权，是否意味着可以以专利产品的制造或者专利方法的使用受到本国法律的限制或者限定为理由而不授予专利权？第二，规定不得以专利产品的销售受到本国法律的限制或者限定为理由而不授予专利权，是否意味着如果本国法律不是仅仅“限制或者限定”专利产品的销售，而是“完全禁止”该专利产品的销售，则可以不授予专利权？原保护工业产权国际局（WIPO 的前身）总干事 Bodenhausen 先生在其权威著作中指出在这两种情况下仍然应当适用《巴黎公约》第 4 条

---

[1] 参见《立法法》第七条、第六十三条和第七十一条的规定。

[2] G. H. C. BODENHAUSEN.Guide to the Application of the Paris Convention for the Protection of Industrial Property as Revised at Stockholm in 1967［M］.Geneva:The United International Bureau for the Protection of Intellectual Property (BIRPI),1968:65.

之四的规定，即也不得拒绝授予专利或者宣告专利无效。[1]然而，这毕竟只是该书作者的个人学理解释，从公约条文出发难以找到作这种解释的依据。

TRIPS 第 27 条第 2 款规定：

> **各成员为了维护公众利益或者社会公德，包括保护人类、动物或植物的生命或健康，或者避免对环境造成严重污染，有必要禁止某些发明在成员地域内进行商业性实施的，可以排除这些发明的专利性，但是以这种排除并非仅仅因为其法律禁止实施为限。**

上述规定采用“商业性实施”的措辞来取代《巴黎公约》所述的“销售”，其含义显然更为广泛，不仅包括“销售”行为，也包括“制造”、“使用”等行为，从而消除了上述第一个疑问。

有著作指出，依据 TRIPS 的这一规定排除有关发明创造的专利性，需要进行两个步骤的判断：首先要判断该发明创造的商业性实施是否受到禁止，如果其商业性实施不是受到禁止，而只是受到一些限制，例如我国不允许任何单位或者个人擅自制造、销售枪支弹药，这绝非意味着禁止有关枪支弹药的发明创造的商业性实施，而是意味只有经过政府主管部门特别授权的单位才允许对其进行商业性实施，则不能排除该发明创造的专利性；其次还要判断禁止该发明创造的商业性实施的理由是否在于维护公共利益或者社会公德，如果禁止其商业性实施的理由不是为了维护公共利益或者社会公德，而是出于其他某种理由，例如某成员奉行的与维护公共利益或者社会公德无关的宗教教义，则不能排除该发明创造的专利性。[2]上述两个因素都是各成员依据 TRIPS 第 27 条第 2 款的规定排除一项发明创造的专利性的必要条件，缺一不可。

TRIPS 第 27 条第 2 款的表述方式表明可以对“维护公共利益或者社会公德”作广义理解，其随后所述“保护人类、动物或植物的生命或健康，或者避免对环境造成严重污染”只是对“维护公共利益或者社会公德”的列举而非穷举，因此“维护公共利益或者社会公德”还可以包括除所列举情形之外的其他情形。

TRIPS 第 27 条第 2 款将一项发明创造的商业性实施受到禁止规定为排除专利性的必要条件，却刻意不提及各成员可以通过何种方式禁止一项发明创造的商业性实施。在许多国家，维护公共利益或者社会公德都是禁止某些发明创造的商业性实施的最为主要的理由，但是如果其法律没有作出禁止其实施的明确规定，仅凭维护公共利益或者社会公德的道义，则很难实现对一项发明创造商业性实施的禁止。因此，依据 TRIPS 第 27 条第 2 款的规定排除有关发明创造的专利性，通常需要得到除专利法之外的其他有关法律的支持。在 TRIPS 的制定过程中，发达国家十分担心如果允许各成员依据本国法律禁止某些发明创造的商业性实施的规定而排除该发明创造的专利性，有可能会出现损害其利益的结果，因此非但不愿意在该协定第 27 条第 2 款中写明以何种方式禁止一项发明创造的商业性实施，而且还写入了一项限制性的规定，即“以这种排除并非仅仅因为其法律禁止实施为

---

[1] G. H. C. BODENHAUSEN.Guide to the Application of the Paris Convention for the Protection of Industrial Property as Revised at Stockholm in 1967［M］.Geneva:The United International Bureau for the Protection of Intellectuall Property(BIRPI), 1968:65.

[2] NUNO PIRES DE CARVALHO.The TRIPs Regeme of Patent Rights ［M］.Kluwer Law International, 2002：171-173.

限"。

这一排除的含义是什么？是否意味着完全不允许以法律禁止某种发明创造的商业性实施为理由不授予专利权？回答应当是否定的。全面理解 TRIPS 第 27 条第 2 款的规定，正确的理解应当是：如果成员本国法律禁止某些发明的商业性实施的理由在于维护公众利益或者社会公德，则依据这样的法律排除这些发明的专利性就符合 TRIPS 的规定；反之，如果成员本国法律禁止某些发明的商业性实施的理由不在于维护公众利益或者社会公德，而是出于其他理由，则依据这样的法律排除这些发明的专利性不符合 TRIPS 的规定。

据此，可以认为"以这种排除并非仅仅因为其法律禁止实施为限"表达了与《巴黎公约》第 4 条之四相似的含义。TRIPS 第 2 条规定，就该协定第 2 部分、第 3 部分和第 4 部分而言，各成员应当遵守《巴黎公约》（1967 年版本）第 1 条至第 12 条以及第 19 条的规定。既然存在这种引用关系，似乎 TRIPS 即使对此不作任何规定也无不可；但鉴于《巴黎公约》的规定存在前述疑问，存在不够严密之处，有必要通过 TRIPS 的制定予以澄清，故增加了上述规定。

为了体现 TRIPS 第 27 条第 2 款的规定，扫清我国加入 WTO 的障碍，我国 2001 年修改《专利法实施细则》时增加了第九条，规定：

> **专利法第五条所称违反国家法律的发明创造，不包括仅其实施为国家法律所禁止的发明创造。**

2010 年修改《专利法实施细则》时保留了这一规定，但将其条款序号改为第十条，同时为了与本条采用的措辞相一致，将其中所称的"国家法律"改为"法律"。

关于《专利法实施细则》上述规定的含义，《专利审查指南 2010》规定：

> **专利法实施细则第十条规定，专利法第五条所称违反法律的发明创造，不包括仅其实施为法律所禁止的发明创造。其含义是，如果仅仅是发明创造的产品的生产、销售或使用受到法律的限制或约束，则该产品本身及其制造方法并不属于违反法律的发明创造。例如，用于国防的各种武器的生产、销售及使用虽然受到法律的限制，但这些武器本身及其制造方法仍然属于可给予专利保护的客体。**[1]

上述规定的内容本身并无不当，但是其所作解释以及所举的例子都是针对发明创造的产品的生产、销售或者使用受到法律的"限制或者制约"而言，而不是针对受到法律的"禁止"而言。如前所述，依照 TRIPS 第 27 条第 2 款的规定，发明创造的商业性实施仅仅受到法律限制而不是受到法律禁止的，不能成为不授予专利权的理由。因此，上述规定似乎并没有真正起到对"仅其实施为法律所禁止的发明创造"作出解释的作用。

严格地说，与 TRIPS 第 27 条第 2 款规定的"以这种排除并非仅仅因为其法律禁止实施为限"相比，《专利法实施细则》第十条规定的"不包括仅其实施为法律所禁止的发明创造"在含义上略有差异。依据后者，从字面上看似乎即使我国法律规定禁止某种发明创造实施的，也不能作为拒绝对该发明创造授予专利权的理由；依据前者则不是这个意思，是指法律规定禁止某种发明创造实施的，可以作为拒绝对该发明创造授予专利权的理由，但是有条件，该条件就是其前半句所说的禁止实施的理由在于为了维护公众利益或者社会

---

[1] 国家知识产权局.专利审查指南 2010［M］.北京：知识产权出版社，2010：第二部分第一章 3.1.1.

公德。为了与 TRIPS 的规定保持一致，应当按照其条文表达的意思来理解《专利法实施细则》第十条规定的含义，以免作出有偏差的解释。

按照本条第一款，《专利审查指南 2010》对“违反法律的发明创造”作了如下规定：

> **发明创造与法律相违背的，不能被授予专利权。例如，用于赌博的设备、机器或工具；吸毒的器具；伪造国家货币、票据、公文、证件、印章、文物的设备等都属于违反法律的发明创造，不能被授予专利权。**
>
> **发明创造并没有违反法律，但是由于其被滥用而违反法律的，则不属此列。例如，用于医疗的各种毒药、麻醉品、镇静剂、兴奋剂和用于娱乐的棋牌等。**[1]

上述规定中列举的所有因违反我国法律而不能授予专利权的发明创造，即赌博器具、吸毒器具、伪造公文文件的设备等都满足以下两项条件：第一，其商业性实施为法律所禁止；第二，法律禁止的理由在于维护公众利益或者社会公德，因而都符合 TRIPS 第 27 条第 2 款的规定。笔者认为，从理论上看也不存在或者极难构想出这样的发明创造，它既不违反社会公德，也不妨害公共利益，但是有关法律却有必要规定禁止其商业性实施。因此，结合《专利法实施细则》第十条的规定，本条规定“违反法律的发明创造不授予专利权”完全符合 TRIPS 第 27 条第 2 款的规定。

TRIPS 第 27 条第 2 款规定不得仅仅因为成员本国法律禁止某些发明的商业性实施就不授予专利权，然而应当注意的是其逆命题并不成立，也就是不能认为凡是被授予专利权的发明创造，成员本国法律都不能禁止该发明创造的商业性实施。例如，一种药品即使被授予专利权，其实施仍然需要得到药品监督管理部门的批准，不能以该药品享有专利权为理由，逃避有关法律法规的管制。[2]

（二）违反社会公德或者妨害公共利益的发明创造

关于“违反社会公德的发明创造”的含义，《专利审查指南 2010》规定：

> **社会公德，是指公众普遍认为是正当的、并被接受的伦理道德观念和行为准则。它的内涵基于一定的文化背景，随着时间的推移和社会的进步不断地发生变化，而且因地域不同而各异。中国专利法中所称的社会公德限于中国境内。**
>
> **发明创造与社会公德相违背的，不能被授予专利权。例如，带有暴力凶杀或者淫秽的图片或者照片的外观设计，非医疗目的的人造性器官或者其替代物，人与动物交配的方法，改变人生殖系遗传同一性的方法或改变了生殖系遗传同一性的人，克隆的人或克隆人的方法，人胚胎的工业或商业目的的应用，可能导致动物痛苦而对人或动物的医疗没有实质性益处的改变动物遗传同一性的方法等，上述发明创造违反社会公德，不能被授予专利权。**[3]

关于“妨害公共利益的发明创造”的含义，《专利审查指南 2010》规定：

> **妨害公共利益，是指发明创造的实施或使用会给公众或社会造成危害，或者会使国家和社会的正常秩序受到影响。**

---

[1] 国家知识产权局.专利审查指南 2010［M］.北京：知识产权出版社，2010：第二部分第一章 3.1.1.

[2] 汤宗舜.专利法解说［M］.修订版.北京：知识产权出版社，2002：39.

[3] 国家知识产权局.专利审查指南 2010［M］.北京：知识产权出版社，2010：第二部分第一章 3.1.2.

【例如】

发明创造以致人伤残或损害财物为手段的，如一种使盗窃者双目失明的防盗装置及方法，不能被授予专利权；

发明创造的实施或使用会严重污染环境、严重浪费能源或资源、破坏生态平衡、危害公众健康的，不能被授予专利权；

专利申请的文字或者图案涉及国家重大政治事件或宗教信仰、伤害人民感情或民族感情或者宣传封建迷信的，不能被授予专利权。

但是，如果发明创造因滥用而可能造成妨害公共利益的，或者发明创造在产生积极效果的同时存在某种缺点的，例如对人体有某种副作用的药品，则不能以“妨害公共利益”为理由拒绝授予专利权。❶

总之，规定对违反国家法律、社会公德或者妨害公共利益的发明创造不授予专利权，目的在于防止对可能扰乱正常社会秩序、导致犯罪或者造成其他不安定因素的发明创造被授予专利权，其出发点是维护国家和人民的根本利益。

三、对遗传资源的保护

2008 年修改《专利法》时在本条中增加了第二款规定，其目的在于在专利制度中落实《生物多样性公约》(以下简称 CBD) 的有关规定，有效地保护我国的生物遗传资源（以下简称“遗传资源”)，促进我国遗传资源的合理和有序利用。

（一）出台背景

1. CBD

随着基因技术的快速发展，在生物、制药、农业等技术领域，科学技术的发展越来越多地依赖于遗传资源的利用。❷因此，遗传资源已经成为一个国家重要的战略性物质资源。❸

1992 年 6 月 3 ~ 14 日，在巴西里约热内卢召开了由各国首脑参加的历史上最大规模的联合国环境与发展大会。在此次会议上，签署了一系列有历史意义的协议，其中包括 CBD。该公约是世界上第一个关于保持生物多样性和促进生物资源可持续利用的全球性协议，得到了众多国家的积极支持，157 个国家在会议期间签署了该公约。我国于 1992 年 6 月 11 日签署该公约，是第 46 个签署该公约的国家。随后，我国全国人大常委会于 1992 年 11 月 7 日批准加入该公约，1993 年 1 月 5 日正式交存加入书，是最早正式加入该公约的国家之一。CBD 于 1993 年 12 月 29 日生效，目前共有 190 多个成员国。

CBD 广泛地涉及许多关于人类未来的重大问题，其成功之处在于达成了保护生物多样性是维护人类共同利益和促进各国发展的不可缺少的一部分的共识，成为国际法制定的一

---

❶ 国家知识产权局. 专利审查指南 2010［M］. 北京：知识产权出版社，2010：第二部分第一章 3.1.3.

❷ 关于发展中国家对发达国家在提供生物材料方面的贡献，可以参见联合国开发计划署题为“Conserving Indigenous Knowledge Intergrafting New Systems of Intergration”的报告，该报告附件 A“The North Benefiting From Biodiversity”罗列了包括中国在内的大量发展中国家和地区向工业化国家提供生物资源的案例。

❸ 张清奎，等.生物遗传资源来源披露问题［G］//国家知识产权局条法司.专利法及专利法实施细则第三次修改专题研究报告.北京：知识产权出版社，2006：562.

个里程碑。

CBD 第 1 条规定该公约的目标是“保护生物多样性，实现其组成成分的可持续利用，以公平合理的方式共享由遗传资源获得的利益”。

CBD 第 15 条规定了关于遗传资源的三项基本原则，即：

第一，该条第 1 款规定：“承认各国对其自然资源拥有的主权权利，可否获取遗传资源的决定权属于国家政府，并依照国家法律行使。”这就是所谓遗传资源的国家主权原则。

第二，该条第 5 款规定：“获取遗传资源须经提供该资源的缔约国事先知情同意，除非该缔约国另有规定。”这就是所谓获取遗传资源的事先知情同意原则。

第三，该条第 7 款规定：“每一缔约国应当按照第 16 条和第 19 条的规定，必要时利用第 20 条和第 21 条设立的财务机制，酌情通过立法、行政或者政策性措施，以期与提供遗传资源的缔约国公平合理地分享研究和开发该资源的成果以及通过商业和其他方式利用该资源所获得的利益。这种分享应当基于相互商定的条件。”这就是所谓利用遗传资源的惠益分享原则。

在上述三项原则中，国家主权原则占据最为核心的地位，事先知情同意原则和惠益分享原则均是从国家主权原则中“派生”出来的，没有国家主权原则就不会有其他两项原则。

在制定 CBD 之前，国际社会对遗传资源是否适用国家主权原则存在不同观点。与专利法意义上的发明创造不同，世界上丰富多彩的遗传资源不是人类自己创造出来的，而是大自然经过几千万年甚至数亿年的进化而形成的，可以说是大自然的“恩赐”。或许正因为如此，过去较为普遍的观点认为地球上所有的遗传资源都应当是全人类的共同财富，任何人都可以自由地获取并予以应用。例如，联合国粮食与农业组织（FAO）1983 年形成了一个题为“植物遗传资源国际约定”（International Undertaking of Plant Gentic Resources）的不具有法律约束性质的文件，其第 1 条明确指出该约定是基于一个普遍接受的原则，即植物遗传资源是人类享有的共同遗产，因此可以不受限制地获取利用。这一观点后来受到许多国家，特别是发展中国家的质疑和强烈反对。CBD 确立遗传资源的国家主权原则澄清了国际上存在争议的一个重要问题，具有突出的现实意义。

2. 专利制度与遗传资源保护之间的关系

大自然赐予发展中国家的遗传资源并不亚于赐予发达国家的遗传资源，中国、印度、巴西等发展中国家都以拥有丰富多彩的生物物种和遗传资源而著称于世。然而，广大发展中国家的科学技术水平和经济实力明显落后于发达国家，导致发展中国家利用其遗传资源获得经济利益的能力也明显落后于发达国家，难以充分发挥其拥有的遗传资源优势。在这种状况下，发展中国家往往成为提供遗传资源，无私作出奉献的一方；发达国家则往往成为开发利用其他国家的遗传资源，进而获得可观经济利益的一方。随着基因技术的快速发展，遗传资源的经济价值越来越明显，人类对遗传资源的关注也在不断提高。随着遗传资源重要性的日益显现，掠夺发展中国家遗传资源的现象也随之加剧，被国际绿色和平组织称为“生物海盗”（bio-pirate）行为。正如同发达国家认为知识产权领域中的侵权盗版行为严重损害了其利益一样，发展中国家认为“生物海盗”行为无疑也损害了其利益（当然针对发达国家的遗传资源的“生物海盗”行为也会损害发达国家的利益），这是导致 1992

年订立 CBD，确立遗传资源的国家主权原则、获取遗传资源的事先知情同意原则和利用遗传资源的惠益分享原则的主要原因。

落实 CBD 确立的关于遗传资源的国家主权原则，仅仅将注意力放在防范“生物海盗”行为本身的发生还不够，还应当注意到一些其他制度也与遗传资源的保护和合理利用密切相关，其中包括知识产权制度，尤其是专利制度。这种关联体现在有人非法获取一个国家的遗传资源，依赖该遗传资源作出发明创造，进而在该国提出专利申请的情况下，如果即使事实如此也仍然可以畅通无阻地获得专利权，则意味着其非法获取遗传资源的行为不但没有受到应有的制裁，反而还容许他在该国获得专利独占权，剥夺该国所有单位和个人实施该发明创造的权利，则无疑进一步扩大了其非法获取和利用遗传资源的恶果，是一种“变本加厉”“雪上加霜”的行为。

针对上述问题，CBD 第 16 条第 5 款专门提到了生物多样性与知识产权保护之间的关系，指出：

> **缔约国认识到专利和其他知识产权可能影响到本公约的实施，因而应当在这方面按照国家立法和国际法进行合作，以确保此种权利有助于而不是违反本条约的目标。**

2001 年 10 月 22 日，国际绿色和平组织在德国波恩举行的 CBD 会议上率先揭示了美国孟山都公司利用我国的野生大豆资源，进而谋取获得垄断性专利权的事例。我国被公认是大豆的原产地，据称拥有世界上已知大豆种质资源的 80%。❶ 2000 年 4 月 6 日，作为全球第二大农业化工公司和头号生物工程公司的美国孟山都公司向全球包括中国在内的 101 个国家提交了一份有关高产大豆及其栽培、检测的专利申请。这项专利申请所要求保护的发明是对中国上海附近的一种野生大豆品种进行检测分析，发现了与控制大豆高产基因密切相关的基因标记，进而利用该野生大豆与一种栽培大豆品种进行杂交，从而培育出来的含有该标记的高产大豆品种。该专利申请包括 64 项权利要求，其保护范围十分广泛，涵盖了与该大豆高产性状基因有密切关系的标记，所有含有该标记的大豆品种及其后代，生产具有该高产性状的栽培大豆的育种方法，以及转入这些标记的转基因植物，其中包括大麦、燕麦、卷心菜、棉花、大蒜、油菜、亚麻、花生、高粱、甜菜、甘蔗、土豆等。❷经媒体报道，这一事例不仅在我国引起了巨大反响，也受到了国际社会的高度关注。

3. 有关国家或者地区的立法以及有关国际规定的制定

针对“生物海盗”行为，在 CBD 第 16 条第 5 款的引领下，一些国家和地区先后在其法律中加入了关于调整保护知识产权与保护遗传资源之间关系的规定，由此可知协调专利制度与保护遗传资源制度之间的关系已经受到不少国家的重视，开始在其法律中予以体现。但是，不同国家在具体做法上存在差异，有的是在其专利法中作出规定，有的是在其他法律中作出规定，并无统一的模式。

比较有关国家的立法，可以看出发展中国家与发达国家在其立场上既有共同之处，也

---

❶ 薛达元，林燕梅.生物遗传资源产权理论与惠益分享原则［G］//国家知识产权局条法司.专利法研究 2005.北京：知识产权出版社，2006：43-44.

❷ 张清奎，等.生物遗传资源来源披露问题［G］//国家知识产权局条法司.专利法及专利法实施细则第三次修改专题研究报告.北京：知识产权出版社，2006：563-564.

有明显差异。共同之处在于都认为申请专利的发明创造涉及遗传资源的，可以要求申请人在其专利申请中披露该遗传资源的来源；不同之处在于未履行披露遗传资源来源的义务会对专利申请以及被授予的专利权带来何种影响。发展中国家认为，如果申请人未履行法律规定的披露遗传资源来源的义务，在对专利申请进行审查时可以驳回专利申请，拒绝授予专利权；已经授予专利权的，可以请求撤销该专利权或者宣告该专利权无效。发达国家认为，申请人未履行披露遗传资源来源的义务的，可以责令其承担其他有关法律规定的民事甚至刑事责任，但是却不得对其提出的专利申请或者被授予的专利权产生任何不利影响。

发展中国家认识到，要落实CBD第16条第5款的规定，确保专利制度有助于实现CBD的目标而不是妨碍实现该公约的目标，仅仅依靠本国法律来协调专利制度与遗传资源保护制度之间的关系还不够充分。对于通过“生物海盗”行为获取遗传资源进而完成的发明创造，完成者不仅可能在该遗传资源的起源国申请获得专利，还可能在许多其他国家申请获得专利。即使该遗传资源的起源国制定了有关法律，充其量也只能在该国防止对这样的发明创造授予专利权，却无法阻止其他国家对这样的发明创造授予专利权，其结果仍然难以在全球范围内有效实现CBD提出的三项原则。因此，需要形成统一和有效的国际规则，以便在国际层面协调专利制度与遗传资源保护制度之间的关系。十余年来，广大发展中国家为此作了不懈努力。

在WIPO，经发展中国家积极争取，2000年9月26日至10月3日举行的WIPO第26届成员国大会建立了一个关于知识产权与遗传资源、传统知识和民间文艺的政府间委员会（简称IGC）。该委员会要讨论研究的议题包括：第一，遗传资源的获取和惠益分享；第二，对传统知识以及相关发明、创新的保护；第三，对民间文艺（包括手工艺术品）表述的保护。很明显，这些议题都是发展中国家十分关注的议题。[1] IGC于2001年4月30日至5月3日在日内瓦举行了第一次会议，到2009年上半年为止共举行了14次会议。

在WTO，TRIPS第27条第3款授权各成员可以将某些主题排除可授权主题范围之外，包括该款第（a）项涉及的医治人或动物的诊断、治疗和手术方法以及第（b）项涉及的植物、动物以及生产植物或动物的主要是生物学的方法。此外，该款还规定WTO应当在协定生效之日起4年后对该款第（b）项的规定进行审议。按照上述规定，TRIPS理事会在1998年12月举行的会议上启动了对TRIPS第27条第3款第（b）项的审议。一开始，审议的问题主要集中在专利制度是否应当为植物和动物品种提供保护，以及如何对植物新品种进行保护。2001年11月通过的WTO多哈宣言第19段扩大了这一审议的范围，要求TRIPS理事会在其审议中讨论TRIPS与CBD的关系。自此，TRIPS与CBD之间关系被正式纳入TRIPS理事会的讨论议题。

无论在WIPO还是在WTO，发展中国家的上述努力都遇到了某些发达国家的强烈反对，导致WIPO和WTO的有关讨论都陷于辗转反侧、周而复始的泥潭，表面上看起来很受重视，在不断地进行讨论，实际上在长达10年的时间里都没有取得实质性进展。

我国是一个发展中国家，同时也是一个遗传资源极为丰富的国家。遗传资源的保护和合理利用关系到我国的切身利益，受到我国各界的高度关注。长期以来，我国一直以积极

---

[1] WIPO/GRTKF/IC/1/3.

姿态参与 WIPO 和 WTO 的有关讨论，致力于推动有关国际规则的形成。我国希望首先形成国际规则，然后在国际规则的框架下形成国内法律，以合理协调专利制度与保护遗传资源制度之间的关系，但遗憾的是这一愿望没有能够实现。鉴于国际规则的制定陷于僵局，而且在可以预见的将来取得实质性进展的希望也相当渺茫，我国立法机关认识到与其无休止地等待下去，不如首先从本国立法开始做起。这是 2008 年修改《专利法》时在本条增加第二款规定的由来。

（二）本条第二款规定的形成及其含义

1. 对有关问题的分析和探讨

我国《专利法》的制定还只有二十多年的历史，其框架基本上是在借鉴外国经验的基础上建立起来的。然而，在协调专利制度和遗传资源保护制度之间的关系方面，大多数发达国家的法律尚未作出相关规定；一些发展中国家虽然在立法上先行一步，但多数还停留在纸面上，尚未在其专利制度中实际予以运用，难以为我国提供可借鉴的经验。因此，在《专利法》中以何种方式增加有关规定只能由我们自己进行探索。

首先，需要明确在《专利法》中规定什么？

应当认识到，即使在《专利法》中增加有关规定，这些规定也仅仅是我国保护遗传资源的总体法律构架中的一个组成部分。在 CBD 规定的关于遗传资源的三项原则中，国家主权原则是基础，但过于笼统，难以实际操作；事先知情同意原则和惠益分享原则都是落实国家主权原则的具体手段，是维护国家主权的保障措施。通过这两项原则来落实国家主权原则，需要制定一整套法律法规，设立必要的管理机构，形成完善的管理程序。例如，要落实事先知情同意原则，需要一个国家在其中央和地方设立必要的管理机构，受理获取和利用其遗传资源的申请，经审核作出是否允许获取和利用的决定，为此需要通过相关法律法规规定审核的标准、审核的程序等；要落实惠益分享原则，也需要有相应的部门进行管理，为此需要通过相关法律法规规定分享的方式、分享的比例、未予分享时的法律后果等。显然，这些规定不宜置于《专利法》之中，有关工作也非国家知识产权局所能包揽。需要由《专利法》予以规定的仅仅是明确专利制度与遗传资源保护制度之间的关系，以确保专利权的授予能够促进实现 CBD 的目标而不是妨碍实现该公约的目标。更具体地说，《专利法》中增加的有关规定只需涉及遗传资源的发明创造申请获得专利权应当满足的特定要求。

其次，需要明确在《专利法》中补充规定的有关要求应当具有何种性质，是强制性的，还是号召性的？

要落实 CBD 第 16 条第 5 款的规定，确保专利权的授予能够促进实现 CBD 的目标而不是妨碍实现该公约的目标，《专利法》中增加的规定应当明确规定申请人负有遵守 CBD 所确定原则的义务，申请人未履行该义务的，在专利权的授予和维持方面理应承担对其不利的结果。换言之，增加的规定应当设定一种强制性的义务，而不仅仅是提出一种号召性的要求，因为只有这样才能确保专利权的授予不至于助长“生物海盗”行为。反之，如果完全依靠申请人自觉予以执行，即使不执行也不会对其提出的专利申请或者被授予的专利权产生任何不利影响，《专利法》中增加的规定就会形同虚设，与不规定也没有什么两样。

再者，需要明确《专利法》规定的义务应当基于事先知情同意原则，还是基于惠益分享原则？

事先知情同意原则和惠益分享原则都是实现国家主权原则的具体措施，但两者的性质有所不同。前者应当在获取和利用一个国家的遗传资源之前满足；后者应当在获取和利用一个国家的遗传资源进而获得经济利益之后满足。所谓要求专利申请人“负有遵守 CBD 所规定的义务”，就是规定涉及遗传资源的专利申请被授予专利权要满足一定的条件。在绝大多数情况下，一项发明创造在申请专利时还没有予以实施，尚未产生经济利益，因而在申请阶段还谈不上惠益分享的问题，即使要求事先作出约定，也只能凭据估计或者推测，相当于一种“期权”，与以后的事实相比可能有很大的出入。一方面，事先知情同意原则是获取和利用遗传资源的先决条件，无论后来是否获得经济利益都应当满足；另一方面，惠益分享涉及十分复杂的实体和程序问题，以是否满足惠益分享原则作为授予专利权的条件，将导致国家知识产权局的审查工作也要涉足其中，这是国家知识产权局难以胜任的。因此《专利法》为保护遗传资源而补充规定的授予专利权的条件以事先知情同意原则作为基础更为适宜。

最后，需要明确应当以何种方式落实事先知情同意原则，是通过要求披露所获取和利用的遗传资源的来源来实现，还是通过要求获取和利用遗传资源的行为符合我国有关法律法规的规定来实现？

我国 2008 年修改《专利法》前，无论是发展中国家的立法还是发达国家的立法都将其注意力集中在遗传资源来源的披露方面，WIPO 和 WTO 进行的有关讨论也是围绕这一议题展开的。然而，以遗传资源来源的披露作为涉及遗传资源的发明创造被授予专利权的条件，存在一些值得探讨的问题。

第一，可以认为要求申请人披露遗传资源的来源在某种程度上也表达了应当符合事先知情同意原则的含义或者是以满足这一原则为目的，但是即使认为存在这种关联，也是以隐含方式来表达的，既不直接也不明确。例如，印度专利法规定申请专利的发明利用了生物材料的，申请人应当在专利申请中披露该生物材料的来源及地理起源，并规定申请人未披露生物材料的来源及地理起源或者披露的来源信息有错误的，任何利害关系人可以请求撤销已经授予的专利权。按照这一规定，就未经事先知情同意而获取、利用遗传资源的行为而言，如果专利申请人如实地披露了该遗传资源的来源，既未隐瞒也无错误，是否仍然可以授予专利权？假如回答是肯定的，则要求申请人披露遗传资源来源的意义何在？假如回答是否定的，则表明如实披露遗传资源来源这一要求本身还不是授予专利权的条件，真正的授权条件还隐藏在其后。与其如此，何不如将该条件直接写明？

第二，规定申请人应当披露遗传资源的来源，意味着只要一项发明的作出利用了遗传资源，则不论该遗传资源取自本国还是取自其他国家，都必须披露其来源。如此要求是合理的，如果只要求披露本国遗传资源的来源就会产生很大弊病，反而不利。但是，披露遗传资源来源的要求若是仅仅作为一般性要求，要求申请人披露在其他国家获取遗传资源的来源信息似无不可；若是作为授予专利权的条件，则存在问题。如前所述，以遗传资源来源的披露作为授予专利权的条件，实际上隐含了遗传资源的获取和利用应当符合事先知情同意原则的含义，否则将不能自圆其说。然而，是否得到主权国的事先知情同意，只有该主权国才能判断并得出结论，其他国家不能越俎代庖。

基于上述理由，立法者认为落实事先知情同意原则较为适宜的方式是在《专利法》中规定，发明创造的作出依赖于遗传资源，而该遗传资源的获取或者利用违反我国法律法规规定的，不能授予专利权。

在2008年修改《专利法》的前期准备阶段，针对如何协调专利制度与遗传资源保护制度之间关系的问题，国家知识产权局组织进行了大量深入的研究工作，[1]在此基础上经广泛征求社会各界的意见并反复进行讨论，形成了为保护遗传资源而在《专利法》中增加有关规定的建议方案。[2]经审议，全国人大常委会基本上采用了国家知识产权局提出的修改建议，在《专利法》中增加了两款规定：一是在本条第二款规定“对违反法律、行政法规的规定获取或者利用遗传资源，并依赖该遗传资源完成的发明创造，不授予专利权”；二是在第二十六条第五款规定“依赖遗传资源完成的发明创造，申请人应当在专利申请文件中说明该遗传资源的直接来源和原始来源；申请人无法说明原始来源的，应当陈述理由”。根据2010年修改的《专利法实施细则》的有关规定，这两款规定的法律效力不同：本条第二款被称为“违法不授权”条款，是《专利法》落实CBD规定的原则的核心条款，在授予专利权之前是驳回专利申请的法律依据，在授予专利权之后是宣告该专利权无效的法律依据；第二十六条第五款被称为“来源信息披露”条款，是为落实本条第二款的规定服务的，在授予专利权之前是驳回专利申请的法律依据，但是在授予专利权之后不是宣告该专利权无效的法律依据。本条第二款规定的含义将在下面紧接着进行解释，第二十六条第五款规定的含义将在后面结合对该条的说明予以解释。

2008年修改《专利法》时，也认真研究了拟增加的规定是否与TRIPS的有关规定相一致的问题。

TRIPS第27条的标题是“可以获得专利的主题”（Patentable Subject Matter），共有3款规定，其中第1款与《专利法》第二十二条相对应，规定：

> **在符合本条第2款和第3款规定的前提下，所有技术领域的任何发明，不论是产品还是方法，只要是新颖的，具备创造性，并且能够在产业上予以应用，都可以获得专利。在符合第65条第4款、第70条第8款和本条第3款的前提下，专利的授予以及专利权的享受不应因作出发明的地点、技术领域以及产品是进口还是本国生产的不同而受到歧视。**

其中第2款与《专利法》的第五条第一款相对应，规定：

> **各成员为了维护公众利益或者社会公德，包括保护人类、动物或植物的生命或健康，或**

---

[1] 为了更好地形成修改《专利法》的建议方案，国家知识产权局于2005年3月发布了《专利法及其实施细则第三次修改专题研究指南》，列出了四个方面共19项研究专题，以公开招标方式吸引社会力量参与专题研究工作。对遗传资源保护的研究专题，为了广开思路，了解各方面的见解，设立了四个彼此独立的专题研究小组，由清华大学、中南财经政法大学、国家知识产权局医药生物发明审查部、国家知识产权局条法司组织有关专家学者分别开展研究。到2006年4月，这四个专题研究小组均如期完成了其专题研究报告，共计达20余万字，为形成有关遗传资源保护的修改建议奠定了良好的研究基础。上述专题研究报告参见：国家知识产权局条法司.专利法及其实施细则第三次修改专题研究报告［M］.北京：知识产权出版社，2006：560-709.

[2] 国家知识产权局2006年12月27日上报国务院的《关于提请审议〈中华人民共和国专利法（修订草案送审稿）〉的请示》建议在原《专利法》第二十五条增加第二款，规定“发明创造的完成依赖于遗传资源，该遗传资源的获取或者利用违反有关法律法规的规定的，不授予专利权”；在第二十六条中增加第三款，规定“发明创造的完成依赖于遗传资源的，申请人应当在说明书中指明该遗传资源的来源”。

者避免对环境造成严重污染，有必要禁止某些发明在成员地域内进行商业性实施的，可以排除这些发明的专利性，但是以这种排除并非仅仅因为其法律禁止实施为限。

其中第 3 款与《专利法》第二十五条相对应，规定：

各成员还可以排除下列各项的专利性：

（a）医治人或者动物的诊断、治疗和手术方法；

（b）植物和动物（微生物除外）以及生产植物、动物的主要是生物学的方法（非生物学方法和微生物学方法除外）。但是，各成员应当规定依专利制度或者有效的特别制度或者二者的结合保护植物品种。本项规定在世界贸易组织协定生效日以后 4 年应当予以审查。

一种观点认为，TRIPS 第 27 条是关于授予专利权条件的穷尽性规定，除此之外各成员不得对专利权的授予附加任何其他限制性条件。[1]受这种观点的影响，一些人担心本条第二款的规定是否符合 TRIPS 的上述规定。

对 TRIPS 第 27 条作上述解释是不正确的，其理由在于这种解释与 WTO 成员现有专利制度的框架结构不相一致。

总体而言，世界各国授予专利权的条件包括实质性条件和形式条件两大类型。TRIPS 是管“大事”的，完全没有涉及授予专利权的形式条件。就授予专利权的实质性条件而言，又包括两种类型的条件：一是涉及专利申请或者专利权的客体的条件，TRIPS 第 27 条的规定属于这种类型的授予专利权的条件；二是关于专利申请文件和专利文件撰写方式的要求或者条件，TRIPS 第 29 条第 1 款规定“各成员应当要求专利申请人以足够清楚和完整的方式公开发明，使所属领域的技术人员能够实施该发明”，就属于这种类型的授予专利权的条件。应当特别指出，姑且不说授予专利权的形式条件，仅就授予专利权的实质性条件而言，无论是 TRIPS 第 27 条关于专利性条件的规定，还是第 29 条关于专利申请文件撰写要求的规定，都不是穷尽性质的。就前者而言，世界各国专利法规定的专利性条件还普遍包括科学发现、科学理论、智力活动的规则方法不能被授予专利权，然而 TRIPS 第 27 条对此完全没有提及，在 WTO 成立之后的各争端解决过程中，从来没有任何成员提出各国专利法对此的有关规定违反了 TRIPS 的规定；对后者而言，世界各国的专利法以及诸如 PCT 之类的国际条约都规定权利要求书应当以说明书为依据，清楚、简明地限定要求专利保护的范围，这一要求与说明书应当充分公开发明创造的要求同等重要，然而 TRIPS 第 29 条对此完全没有提及，在 WTO 成立之后的各争端解决过程中，也从来没有任何成员提出各国专利法对此的有关规定违反了 TRIPS 的规定。TRIPS 向来被认为只是对各成员的知识产权制度提出一些原则性要求，对国际上原来存在分歧、做法不一的一些做法进行协调统一，其目的绝非是用来取代各国的专利法，其规定怎么可能是穷尽性质的？

由此可知，不仅 TRIPS 第 27 条的规定不是对授予专利权条件的穷尽性规定，该协定第 2 部分第 5 节关于专利的所有各条规定加在一起也不是对授予专利权条件的穷尽性规定。在此情况下，该协定没有规定的，不等于各成员就不能规定。

---

[1] NUNO PIRES DE CARVALHO .The TRIPS Regeme of Patent Rights［M］.Kluwer Law International, 2002：142-211.

另一种观点认为，TRIPS 第 27 条第 1 款确立了对所有技术领域的“非歧视”原则，即“专利的授予以及专利权的享受不应因为技术领域不同而受到歧视”。受这种观点的影响，有人担心本条第二款对涉及遗传资源的发明创造申请获得专利权提出专门要求是否构成了对这类发明创造的“歧视”？

本条第二款的规定丝毫也没有“歧视”涉及遗传资源的发明创造，排除其获得专利保护的可能性。所谓“保护遗传资源”，绝非意味着要像个守财奴看管自己的钱袋子那样，不许任何人染指我国的遗传资源。遗传资源的价值只有通过开发利用才能真正得以体现。因此，从促进经济社会发展的角度出发，应当鼓励依法充分利用我国丰富的遗传资源，鼓励就利用遗传资源所形成的发明创造申请并获得专利权。这一立场既适用于外国人、外国企业、外国其他组织，也适用于我国单位或者个人。本条第二款的规定只不过是依据 CBD 确定的对遗传资源的国家主权原则，对依赖于遗传资源作出的发明创造申请专利的，要求其获取和利用我国遗传资源的行为应当符合我国法律的规定而已。根据某些技术领域的不同特点，在授予专利权的条件上对该技术领域的发明创造提出某种特殊要求，这是很正常的事情。例如，各国专利法以及诸如 PCT 之类的国际条约都普遍规定，如果申请专利的发明涉及公众不能通过合法途径得到的新的生物材料，而且对该生物材料的说明不足以使所属领域的技术人员实施该发明，要求申请人在申请专利之前将该生物材料的样品提交规定的保藏单位保藏。在需要保藏生物材料样品而又未作保藏的情况下，就不能授予专利权。从来没有人认为该要求构成了对这类发明创造的“歧视”，为什么对遗传资源的获取和利用提出有关要求就构成了“歧视”？

总而言之，本条第二款的规定与 TRIPS 的规定没有任何冲突。

2. 本条第二款规定的含义

（1）关于“遗传资源”的定义

CBD 既提出了“遗传资源”的概念，也提出了“生物资源”的概念。其第 2 条定义：

> **“生物资源”包括对人类有实际或者潜在用途或者价值的遗传资源、生物体或者其部分、生物种群、或者生态系统中的任何其他生物组成部分。**
>
> **“遗传材料”是指来自植物、动物、微生物或者其他来源的任何含有遗传功能单位的材料。**
>
> **“遗传资源”是指具有实际或者潜在价值的遗传材料。**

CBD 定义的“遗传资源”涵盖的范围可以小至基因或者具有遗传功能的脱氧核糖核酸（DNA）或者核糖核酸（RNA）片段，中至包含基因的能自主复制的基因载体（如质粒、人工染色体等）、基因组、微生物、动植物细胞系等，大至动植物个体以及由多种动植物个体构成的生物种群，其范围远远超出了一般意义上的“基因资源”。[1]

CBD 定义的“生物资源”的范围大于“遗传资源”的范围，因为“生物资源”还包括生物体部分。如果将“生物体部分”作最广义的解释，即理解为生物体中包含的任何组成

---

[1] 张清奎，等.生物遗传资源来源披露问题［G］//国家知识产权局条法司.专利法及专利法实施细则第三次修改专题研究报告.北京：知识产权出版社，2006：576.

成分，则可以是任何取自生物体的物质，不仅包括基因或者具有遗传功能的 DNA 或者 RNA 片段，还包括来自生物体的多肽、糖等化合物。

在《专利法》中增加有关规定，需要明确的一个问题是应当采用“遗传资源”的概念，还是采用“生物资源”的概念？鉴于 CDB 第 15 条在规定其三项原则时针对的是“遗传资源”而不是“生物资源”，因此还是以与该条的规定保持一致为宜。

从广义上看，“生物”一词也涵盖了人，但是 CBD 没有将人囊括在该公约涉及的范畴之内。在 2008 年修改《专利法》的前期专题研究阶段，较为普遍的观点是拟增加的有关规定以不涉及人为宜。但是，在对《专利法》修改草案征求意见的过程中，我国生物化学和医药领域中的一些企业和研究机构认为，如果《专利法》中增加的有关规定不涉及人将缺失遗传资源的一个重要方面，会减损其意义，因此呼吁将来自人体的遗传资源也包括在内。

基于上述考虑，2010 年修改的《专利法实施细则》第二十六条第一款前半部分规定：

> **专利法所称遗传资源，是指取自人体、动物、植物或者微生物的含有遗传功能单位并具有实际或者潜在价值的材料。**

上述定义是将 CBD 关于“遗传材料”的定义和关于“遗传资源”的定义组合在一起形成的，同时将其扩大到包括取自人体的遗传资源。

需要进一步明确的一个问题是何谓“遗传功能单位”？对此 CBD 没有给出定义。有关专题研究报告指出，《辞海》对“遗传资源”的解释是“遗传资源即种质资源，是一切具有一定种质或者基因的生物类型的总称”。[1]“种质”亦称“生殖质”，系指生物体包含的一种特殊物质，能够通过生殖细胞一代一代地传递，由其派生出体细胞而其本身保持不变，不受自身和环境的影响。CBD 所称的“遗传功能单位”与“种质”具有基本相同的含义，可以理解为可代代相传的遗传物质。[2]

基于上述研究，《专利审查指南 2010》规定：

> **“遗传功能”是指生物体通过繁殖将性状或者特征代代相传或者使整个生物体得以复制的能力。**
>
> **“遗传功能单位”是指生物体的基因或者具有遗传功能的 DNA 或者 RNA 片段。**
>
> **“取自人体、动物、植物或者微生物等含有遗传功能单位的材料”，是指遗传功能单位的载体，既包括整个生物体，也包括生物体的某些部分，例如器官、组织、血液、体液、细胞、基因组、基因、DNA 或者 RNA 片段等。**[3]

这样，本条第二款给出了关于保护遗传资源的基本规定；《专利法实施细则》第二十六条第一款对本条第二款规定中提及的“遗传资源”作了定义；《专利审查指南 2010》又对《专利法实施细则》第二十六条第一款所作定义中提及的“遗传功能”、“遗传功能单位”以及“取自人体、动物、植物或者微生物的含有遗传功能单位并具有实际或者潜在价值的材料”分别作了定义。这些定义由宽泛到具体，层层展开，目的在于确保本条第二款

---

[1] 夏征农.辞海［M］.上海：上海辞书出版社，1999：1280，2105.

[2] 张清奎，等.生物遗传资源来源披露问题［G］//国家知识产权局条法司.专利法及专利法实施细则第三次修改专题研究报告.北京：知识产权出版社，2006：576.

[3] 国家知识产权局.专利审查指南 2010［M］.北京：知识产权出版社，2010：第二部分第一章 3.2.

的规定具有实际可操作性，能够在我国的专利实践中具体予以运用。如前所述，增加本条第二款的规定是我国所作的一种尝试，其中涉及一些专业技术性很强的概念，对这些概念作出准确定义十分困难，因此难免会有不尽完善之处。采取这种逐步展开的定义方式，既能够保证本条第二款的原则性规定具有足够的法律确定性，又能够方便地根据实践经验和实际需要对法律位阶较低、较为容易进行修改的《专利审查指南2010》规定的一些具体概念作出调整，因而不失为一种较好的法律构架。

（2）关于"依赖遗传资源完成的发明创造"的定义

在《专利法》中增加保护遗传资源的有关规定，再一个需要回答的问题是如何定义"依赖遗传资源完成的发明创造"。

对这一问题的回答直接关系到有多少涉及生物的专利申请以及专利权受到本条第二款的约束，并满足《专利法》第二十六条第五款规定的披露遗传资源的直接来源和原始来源的要求。2008年修改《专利法》前，其他国家法律中关于在专利申请文件中披露遗传资源来源的规定都没有对这一问题作出回答。

所有生物体都包含基因，因而也就包含了遗传功能单位。但是很明显，利用了生物体的发明创造并非都利用了其遗传功能单位。例如：关于中药的发明创造都利用了生物体，尽管中药治疗疾病的机理可能相当复杂，但是到目前为止还没有学说认为中药疗效的产生是利用了生物体的遗传功能单位；关于食品的发明创造也都利用了生物体，但是到目前为止还没有学说认定人吃饱肚子、获取营养是利用了生物体的遗传功能单位；至于采用木材制造的各种家具、建材也都利用了生物体，但显然更谈不上利用了生物体的遗传功能单位。如果将通过各种方式利用了生物体的所有发明创造加在一起，有关专利申请的数量可能会占据专利申请总量的相当比例。要求所有这些专利申请的申请人在申请专利的过程中都承担披露其利用的生物体直接来源和原始来源的义务，无疑会不合理地增加专利申请人的负担，而且也不符合CBD的精神。

基于上述理由，2010年修改的《专利法实施细则》第二十六条第一款后半部分规定：

> **专利法所称依赖遗传资源完成的发明创造，是指利用了遗传资源的遗传功能完成的发明创造。**

上述规定合理地界定了需要满足本条第二款和第二十六条第五款要求的专利申请的范围，对于以合理的方式保护遗传资源具有重要意义。

（3）关于"违反法律、行政法规的规定"的含义

与本条第一款仅仅提及"法律"不同，本条第二款规定的能否授予专利权的依据不仅包括全国人大和全国人大常委会制定的有关法律，也包括国务院制定的行政法规。

由于本条第二款明确规定遗传资源的获取或者利用违反我国法律或者行政法规，依赖于该遗传资源完成的发明创造不授予专利权，由此可见本条第二款所述的遗传资源是指我国的遗传资源，而不是泛指其他国家的遗传资源。这体现了CBD规定的国家主权原则，我国只对我国的遗传资源享有主权。《专利法》第二十六条第五款规定"依赖遗传资源完成的发明创造，申请人应当在专利申请文件中写明该遗传资源的直接来源和原始来源"，

该条所述的遗传资源既包括我国的遗传资源，也包括其他国家的遗传资源，无论在何种情况下申请人都应当披露其直接来源和原始来源。这是本条第二款规定与第二十六条第五款规定的重要区别。

到目前为止，全国人大和全国人大常委会颁布的与保护生物资源有关的法律包括：《中华人民共和国种子法》《中华人民共和国野生动物保护法》《中华人民共和国渔业法》《中华人民共和国森林法》《中华人民共和国草原法》《中华人民共和国环境保护法》《中华人民共和国水土保持法》等。国务院颁布的与保护生物资源有关的行政法规包括：《中华人民共和国野生动植物保护条例》《中华人民共和国植物新品种保护条例》《中华人民共和国植物检疫条例》《中华人民共和国野生药材资源保护管理条例》《中华人民共和国中药品种保护条例》《中华人民共和国自然保护区条例》《中华人民共和国种畜禽管理条例》《中华人民共和国水产资源繁殖保护条例》《国务院办公厅关于加强生物物种资源保护和管理的通知》《中华人民共和国畜牧遗传资源进出境和对外合作研究利用审批办法》等。

然而，上述法律和行政法规都不是专门为保护我国的遗传资源而制定的。目前，为了更进一步落实 CBD 的规定，我国正在加紧制定统一的保护我国遗传资源的法律。当然，依据本条第二款的规定不授予专利权的，应当以已经颁布施行的法律和行政法规为准。

归纳起来，关于专利制度与保护遗传资源之间的关系，虽然 2008 年修改的《专利法》只是在本条增加了一句话，但是围绕这一句话进行了大量的调查研究工作，并在《专利法实施细则》和《专利审查指南 2010》中逐次展开增加了许多相关规定，其目的就在于确保本条第二款的规定能够以合理和可行的方式真正得到施行。

第六条　申请专利的权利以及专利权的归属

执行本单位的任务或者主要是利用本单位的物质技术条件所完成的发明创造为职务发明创造。职务发明创造申请专利的权利属于该单位；申请被批准后，该单位为专利权人。

非职务发明创造，申请专利的权利属于发明人或者设计人。申请被批准后，该发明人或者设计人为专利权人。

利用本单位的物质技术条件所完成的发明创造，单位与发明人或者设计人订有合同，对申请专利的权利和专利权的归属作出约定的，从其约定。

一、申请专利的权利

专利权作为一种独占权必须明确其权利归属，因此专利权的权利归属是各国专利法必须回答的基本问题之一。

《专利法》回答这一问题，并不是首先或者直接从专利权的权利归属入手，而是首先从申请专利的权利的归属，也就是谁享有申请专利的权利入手。对此作出明确规定之后，再顺理成章地规定专利申请被批准后，专利权归属于有权提出该申请的单位或者个人。

采用这种方式的主要原因在于：专利权不是自动产生的，只有在有权申请专利的主体提出专利申请，经国家知识产权局审查认为符合《专利法》及《专利法实施细则》的规定后，才能授予专利权。从提出专利申请到授予专利权是一个连贯的过程，因此专利权的权利归属不能到了要授予专利权时才予以确认，而是从一开始提交专利申请时就应当予以确认，否则就会使专利制度的运作产生混乱。现实中，国家知识产权局在对专利申请进行审查的过程中是无法判断提出专利申请的人是否有权提出专利申请的，通常采取谁提出专利申请就推定谁享有申请专利的权利的做法。因此，本条规定的意义不在于帮助国家知识产权局进行审查，而在于为社会公众提供一种法律规范，使其能够正确地理解和运用专利制度。

申请专利的权利可以从两个层面来理解。其一是从民法层面予以理解，即发明创造完成后，相关民事主体中谁有权决定对该发明创造是否需要申请专利、申请何种专利以及何时申请专利等，更具体地说就是发明创造完成后，到底是发明人、设计人还是其所在单位享有对该发明创造申请专利的权利；其二是从行政法层面予以理解，即相关主体是否有权向专利审批机关提出专利申请，例如外国人、外国企业、外国其他组织是否享有在中国申请专利的权利。本条所述“申请专利的权利”应当主要从民法层面予以理解。

《专利法》规定了“申请专利的权利”“专利申请权”和“专利权”这三种具有一定关联的权利。从《专利法》条文上看，这三种权利的区别和界限应当是清楚的。《专利法》第六条和第八条所述的“申请专利的权利”，是指发明创造完成后到提出专利申请之前，权利人享有的决定对该发明创造是否申请专利以及如何申请专利的权利，其指向的是已经完成但尚未提出专利申请的发明创造。《专利法》第十条规定“专利申请权可以转让”，其中所述的“专利申请权”是指提交专利申请之后，申请专利的人享有的决定是否继续进行申请程序、是否转让专利申请的权利，其指向的是已经提出申请但尚未被授权的发明创造。可能有人会产生疑问，申请专利的权利不是也可以转让吗？为什么认为第十条关于“专利申请权可以转让”的规定不涉及转让申请专利的权利？这与第十条规定转让“专利申请权”的，要向国家知识产权局登记并由国家知识产权局予以公告有关。在提出专利申请之前，国家知识产权局还没有获得有关发明创造的任何信息，此时进行登记没有实际意义，也无从予以公告，因此该条所述的“专利申请权”不宜包含“申请专利的权利”。《专利法》第六条、第八条、第十条以及其他条文中所述的“专利权”，是指发明创造被公告授予专利权之后，权利人享有的转让其专利权、许可他人实施其专利、制止他人侵犯其专利权行为的权利，其指向的是已经被授予专利权的发明创造。虽然这三种权利的最终指向都是发明创造，但由于从专利审批程序的角度来看该发明创造处于不同的阶段（申请前、申请后授权前、授权后），因此权利的内容和效力有所不同。

按照本条规定，发明创造从权利归属的角度来看只分成两种类型，即职务发明创造和非职务发明创造。就职务发明创造而言，申请专利的权利、专利申请权以及专利权均属于作出发明创造的发明人、设计人所在单位；就非职务发明创造而言，上述权利均属于作出发明创造的发明人、设计人。因此，要确定申请专利的权利归属和专利权的权利归属，必须明确区分职务发明创造和非职务发明创造的界限，这是对本条进行说明的重点。

二、职务发明创造

（一）职务发明创造的界定

按照本条第一款的规定，职务发明创造的完成方式有两种类型：一是发明人或设计人执行本单位的任务所完成的发明创造；二是发明人或者设计人主要是利用本单位的物质技术条件完成的发明创造。严格地说，前者在绝大多数情况下也是主要利用本单位的物质技术条件完成的，这无须予以规定；因此后者实际上是指发明人或者设计人主要利用本单位的物质技术条件，但并非由于执行本单位的任务而是出于主动而完成的发明创造。

下面结合《专利法实施细则》第十二条和第十三条的规定，对界定职务发明创造和非职务发明创造需要考虑的因素进行说明。

1. 发明人或者设计人

世上所有的发明创造都是人作出的，无论是职务发明创造还是非职务发明创造，都只可能由作为自然人的发明人或者设计人作出，而不可能由“单位”或者“法人”等法律上拟制的人作出。因此，要判断一项发明创造是职务发明创造还是非职务发明创造，首要需要明确谁是该发明创造的发明人或者设计人，然后根据发明人、设计人与所在单位之间的关系才能予以确定。

《专利法实施细则》第十三条规定：

> **专利法所称发明人或者设计人，是指对发明创造的实质性特点作出创造性贡献的人。在完成发明创造过程中，只负责组织工作的人、为物质技术条件的利用提供方便的人或者从事**

其他辅助工作的人，不是发明人或者设计人。

上述规定从正反两个方面界定了发明人或者设计人的范围。其中的“实质性特点”，对发明或者实用新型而言，应当与《专利法》第二十二条第三款规定的“与现有技术相比，该发明具有突出的实质性特点和显著的进步，该实用新型具有实质性特点和进步”中提到的“实质性特点”具有同样的含义，在一般情况下对应于《专利法实施细则》第二十一条第一款规定的独立权利要求特征部分记载的“区别于最接近的现有技术的技术特征”；对外观设计而言，应当对应于《专利法》第二十三条第二款规定的“授予专利权的外观设计与现有设计或者现有设计特征的组合相比应当具有实质性区别”中提到的“实质性区别”，在一般情况下可以参考《专利法实施细则》第二十八条规定的简要说明中记载的“设计要点”予以确认。[1]“创造性贡献”中的“创造性”与《专利法》第二十二条规定的“创造性”虽是同一措辞，但各自的评判角度有所不同。作为授予发明和实用新型专利权条件的创造性，是将要求保护的技术方案与现有技术记载的有关技术方案相比，以评判两者在实现方式和产生效果方面的差别大小；作为确定发明人或者设计人资格的“创造性贡献”，是指当有两个以上自然人对一项发明创造的完成都作出了贡献的情况下，评判其中哪些人对形成发明创造的“实质性特点”作出了贡献。为了使“对发明创造的实质性特点作出创造性贡献的人”的规定更易于理解，《专利法实施细则》的上述规定还专门从反面列举了对发明创造的完成作出了一定贡献但不属于创造性贡献的情形，即“在完成发明创造过程中，只负责组织工作、为物质条件的利用提供方便或者从事其他辅助工作的人，不是发明人或者设计人”。在许多情况下，课题组或者研发项目的负责人既要组织领导整个课题或者研发项目的全部进程，同时也参与课题或者项目的具体研究工作；但是现实中也不乏这样的情况，即课题组或者研发项目的负责人发挥的作用仅仅在于确定课题或者研发项目、筹措研发经费、调配研发人员、为研发人员正常开展研发工作提供保障等，并不实际参与具体研究工作。在后一种情况下，他们就是“只负责组织工作的人”，不应当作为发明人或者设计人。在发明创造的完成过程中，常常也需要有辅助人员参与，例如实验操作人员、资料收集检索人员、材料设备购买人员等，这些人都为发明创造的完成付出了一定劳动，作出了一定贡献，但由于他们作出的贡献尚不构成对发明创造的实质性特点作出的创造性贡献，也不应当作为发明人或者设计人。

2. 本单位的含义

在确定发明人或者设计人后，判断一项发明创造是否属于职务发明创造的第二步就是要确定该发明人或者设计人是否受雇于某个单位。如果发明人或者设计人在作出发明创造的任何阶段都未受雇于任何单位，也未接受任何单位或者个人的委托，则该发明创造属于非职务发明创造，申请专利的权利属于发明人或者设计人；如果该发明人或者设计人在完成发明创造的过程中或者在其中某个阶段受雇于某个单位，则需要进一步考虑该发明人或者设计人作出该发明创造是否为执行该单位的任务或者主要是利用了该单位的物质技术条

---

[1] 由于外观设计专利权的授予不经过实质审查，简要说明中指出的设计要点有可能实际上不构成区别于现有设计的实质性区别，因此在判断时还可以参考国家知识产权局作出的“外观设计专利权评价报告”以及专利复审委员会作出的“无效宣告请求审查决定”和双方当事人提供的有关证据和意见陈述。

件。如果属于其中任何一种情况，该发明创造就属于职务发明创造。

本条所称“单位”，是指能够以自己的名义从事民事活动，独立享有民事权利，独立承担民事责任和义务的组织，既包括法人单位，也包括能够独立从事民事活动的非法人单位，如个人独资企业、个人合伙企业。若按所有制划分，则包括国有单位、股份制单位、集体所有制单位、民营单位和个体单位、中外合资单位、外商独资单位等。法人或者非法人组织的内部部门，如公司内设的研发中心、大学的院系、研究所设立的研究室等，由于不能独立地享有民事权利，独立地承担民事义务和责任，因此不属于《专利法》所述“单位”，不能成为申请专利的主体。

“单位”是计划经济体制下常用的措辞，《民法通则》等民事法律中与之对应的术语一般是“法人、非法人组织”；《行政处罚法》等行政法律中与之对应的术语一般是“法人或者其他组织”。在《专利法》第二次和第三次修改过程中，很多专家建议将“单位”改为“法人、非法人组织”或者“法人或者其他组织”，考虑到作这一修改将涉及《专利法》的许多条文，对《专利法》的历次修改都是“修正”而不是“修订”，不宜作全面修改，而且在有些条款中采用“法人或者其他组织”之类的表述方式反而不如采用“单位”简单明了、便于行文，所以立法机构始终未作调整。事实上，《专利法》采用“单位”这一表述方式在实践中也没有带来什么难以克服的障碍。

本条采用“本单位”一词应作广义理解。《专利法实施细则》第十二条第二款的开头部分规定：

专利法第六条所称本单位包括临时工作单位。

上述规定主要是针对借调、兼职、实习等建立临时劳动关系的情况。过去，我国几乎人人都有其所属的“单位”，而且一旦在某一单位工作、劳动，往往“从一而终”，很少发生变动。因此，1984 年制定《专利法实施细则》时没有写入上述规定。随着改革开放的不断深入，情况已经发生了很大变化，因此 2001 年修改《专利法实施细则》时增加了上述规定。在借调、兼职、实习等情况下，虽然被借调人员、兼职人员、实习人员的编制、工资关系有可能仍在其所在单位，但在工作任务上受借入单位、聘用单位、实习单位支配，所以在执行借入单位、聘用单位、实习单位分配的任务或者主要利用其物质技术条件完成发明创造的情况下，这些单位就是本条意义上的“本单位”。

3. 执行本单位的任务所作出的发明创造

《专利法实施细则》第十二条第一款规定：

专利法第六条所称执行本单位的任务所完成的职务发明创造，是指：

（一）在本职工作中作出的发明创造；

（二）履行本单位交付的本职工作之外的任务所作出的发明创造；

（三）退休、调离原单位后或者劳动、人事关系终止后 1 年内作出的，与其在原单位承担的本职工作或者原单位分配的任务有关的发明创造。

下面对执行本单位的任务所完成的职务发明创造的三种情况分别予以说明。

“本职工作”是指根据劳动合同、聘用合同等确定的工作人员的工作职责。一般而言，在单位设立了研发部门的情况下，该部门工作人员的本职工作就是从事研究、开发、设计等工作，他们执行相应任务完成的发明创造属于在本职工作中作出的发明创造。这是构成职务发明创造最为典型、最为常见的情形。本职工作的性质常常是判断发明创造的作出是否为执行本单位的任务的首要因素。例如，汽车公司专门从事发动机开发研究的某工程师在工作中发明了一种更节能的发动机，该发明应当属于职务发明创造；又例如，一个汽车维修公司的修理工针对某款汽车油耗较高的缺陷发明了一种节油装置，因为其本职工作是维修汽车而非改进汽车性能，因此该发明不应当属于职务发明创造。

一个单位的工作人员除了承担该单位分配给他的本职工作之外，常常还要履行单位临时或者在一段时间内分配的除本职工作之外的其他任务，包括两种情况：一是某工作人员的本职工作不是从事研究、开发或者设计，单位临时或者在一段时间内分配给他一项研究、开发或者设计任务；二是某工作人员的本职工作是从事甲项目的研究、开发或者设计，单位临时将其调入乙项目的项目组进行研发、开发或者设计工作。无论是哪种情形，执行该任务所完成的发明创造仍然是职务发明创造。判断单位是否分配给工作人员其本职工作之外的其他任务，应当有明确、具体的依据，例如单位有关部门发出的有关书面通知、办理的有关手续等，不能仅以单位负责人的号召或者口头指示为依据。

作出发明创造是复杂的智力劳动，常常不是一朝一夕就能够完成的，要经历从提出构思、进行研究开发到实验验证的整个过程。离开一个单位的工作人员往往熟知原单位的业务并积累了与之相关的一定知识和经验，其中一些人还可能承担了原单位有关项目的研究、开发或者设计任务，即使离开原单位时该项目尚未完成，但已经获知有关发明创造的进展情况或者阶段性成果。这些人在离开原单位后的一段时间内作出的发明创造往往与其在原单位承担的本职工作或者原单位分配的任务密切关联。因此，各国都规定雇员在离开原单位后的一段时间内作出的与其在原单位承担的本职工作或者交付的任务相关的发明仍属于原单位的职务发明创造，否则将损害原单位的合法利益。至于离开原单位后多长时间内作出的有关发明创造应当属于原单位的职务发明创造，各国规定不尽相同。太长了会影响雇员的合法权益，太短了会影响原单位的合法利益，我国《专利法实施细则》规定为 1 年。

按照《专利法实施细则》第十二条第一款的规定，对于发明人或者设计人在离开原单位 1 年后作出的发明创造，即使与其在原单位的本职工作或者原单位交付的任务有关，也不属于原单位的职务发明创造。这似乎为一些不诚信的雇员留下了可乘之机，将执行本职工作或者分配的任务实际已经基本完成的发明创造留到离开原单位 1 年后才完成。对于这种情况，原单位可以通过建立严格的管理制度，要求承担研发任务的人员离职前将其所有研发成果交给单位，订立有关合同约定即将完成的发明创造的权利归属，以充分维护原单位的利益。有些涉及敏感技术或者竞争性较强技术的公司还采取一种特殊做法，即在其聘用的研发人员达到公司规定的退休年龄之前的一定时期内（例如两年），就将其调离原来的研发部门，让其从事公司内的其他工作直到退休为止。人们将这段期间称为“知识老化期”。

实践中也可能出现另一种会产生争议的情况，即某研发人员离开原单位后到另一单位就职，主要是利用新单位的物质技术条件从事与原单位相同的研发任务，作出了与原单位交付的任务相关的发明创造。这种情况下，原单位和新单位均可能主张是本单位的职务发明创造。对此，《全国法院知识产权审判工作会议关于审理技术合同纠纷案件若干问题的纪要》第六条规定：

> 完成技术成果的个人既执行了原所在法人或者其他组织的工作任务，又就同一科学研究或者技术开发课题主要利用了现所在法人或者其他组织的物质技术条件所完成的技术成果的权益，由其原所在法人或者其他组织和现所在法人或者其他组织协议确定，不能达成协议的，由双方合理分享。

此外，根据《劳动合同法》第二十三条、第二十四条规定的竞业限制制度，用人单位可以在劳动合同或者保密协议中与劳动者约定竞业限制条款，要求劳动者不得在劳动合同解除或者终止后两年内到与本单位生产或者经营同类产品、从事同类业务的有竞争关系的其他用人单位，或者自己开业生产经营同类产品、从事同类业务。

关于离开原单位的方式，2010 年修改前的《专利法实施细则》第十一条第一款规定的是“退职、退休或者调动工作之后”。该规定不够准确，因为“退职”一词难以明确涵盖雇员主动辞职的情况，而“调动工作”一词又包括了在原单位内部变换其工作部门的情况。2010 年修改《专利法实施细则》时，将修改前的第十一条的序号改为第十二条，将其第一款的规定改为“退休、调离原单位或者劳动、人事关系终止后”。

4. 主要利用本单位的物质技术条件完成的发明创造

即使认定发明人或者设计人作出的某项发明创造不是执行本单位的任务所完成的发明创造，还不能立即得出该发明创造属于非职务发明创造的结论，还需要判断发明人或者设计人作出该发明创造是否主要是利用了单位的物质技术条件。只有当这一判断的结论也是否定时，才能得出该发明创造为非职务发明创造的结论。

1984 年制定的《专利法》本条第一款采用的是“物质条件”这一措辞；2000 年修改《专利法》时将其改为“物质技术条件”。这一修改十分必要。在当今时代，一个单位所拥有的“软实力”，即其拥有的专业人才队伍、在有关领域积累的专门知识和经验、掌握的技术秘密等，对其创新能力产生的影响往往比单位拥有的“硬实力”，即设备、材料、资金等更为显著。上述“软实力”通常只能归结为“技术条件”，而不能归结为“物质条件”。

关于“物质技术条件”的含义，《专利法实施细则》第十二款第二款后半部分规定：

> **专利法第六条所称本单位的物质技术条件，是指本单位的资金、设备、零部件、原材料或者不对外公开的技术资料等。**

其中，不对外公开的技术资料应当是指该单位拥有的只有少数经过许可的员工才能接触到的内部情报或者内部资料，如技术档案、设计图纸、实验数据、技术信息等，单位图书馆或者资料室拥有的供全体员工自由查阅的书籍或者资料应当不包括在内。

有学者强调应当正确理解“物质技术条件”的含义，指出：

> 有些条件，例如零部件、原材料是可以花钱购买的，设备的使用是可以支付一定代价的，资金是可以返还的，还可以附加一些利息。这些都不是构成职务发明创造的主要因素。构成职务发明创造的主要因素应当是技术，即发明人、设计人长期在本单位从事某种工作，通过学习、观察、讨论、实践等，可以学到的在本单位以外学不到的许多知识、技术、经验等东西，这些是通过花钱也不容易买得到的。正是因为这些东西是由企业提供给他的，是他藉以

作出发明创造的基础。如果发明人、设计人以本单位特有的知识、经验、资料、数据为基础作出的发明创造，其权利不能归属于本企业，对企业来说就是很不公平的。❶

上述论述实际上表达了“技术条件”比“物质条件”更为重要的观点，主张在判断一项发明创造是否应当属于职务发明创造时应当对“技术条件”给予更多的关注。笔者赞同这种观点。

需要注意的是，并非凡是利用了单位的物质技术条件完成的发明创造都一律属于职务发明创造。根据本条第一款的规定，只有“主要”是利用单位的物质技术条件所完成的发明创造才属于职务发明创造。应当如何理解其中“主要”一词的含义？

简单地讲，如果对本单位物质技术条件的利用是完成发明创造不可缺少并且不可代替的前提条件，可以认为是“主要利用”。相反，如果仅仅是少量的利用或者对发明创造的完成没有实质性帮助的利用，可以认为不属于“主要利用”。

《全国法院知识产权审判工作会议关于审理技术合同纠纷案件若干问题的纪要》第五条指出：

合同法第三百二十六条第二款所称主要利用法人或者其他组织的物质技术条件，是指职工在完成技术成果的研究开发过程中，全部或者大部分利用了法人或者其他组织的资金、设备、器材或者原材料，或者该技术成果的实质性内容是在该法人或者其他组织尚未公开的技术成果、阶段性技术成果或者关键技术的基础上完成的。但对利用法人或者其他组织提供的物质技术条件，约定返还资金或者交纳使用费的除外。

在研究开发过程中利用法人或者其他组织已对外公开或者已为本领域普通技术人员公知的技术信息，或者在技术成果完成后利用法人或者其他组织的物质条件对技术方案进行验证、测试的，不属于主要利用法人或者其他组织的物质技术条件。

该纪要将“技术条件”解释为涵盖“法人或者其他组织尚未公开的技术成果、阶段性技术成果或者关键技术”，比《专利法实施细则》将“技术条件”仅仅举例为“不对外公开的技术资料”更为全面。尽管该纪要针对的是《合同法》的有关规定，但由于《合同法》有关规定中所述的“主要利用法人或者其他组织的物质技术条件”与本条所述“主要是利用本单位的物质技术条件”的内涵和外延是相同的，因此可以参照适用。

5. 单位与发明人、设计人之间的有关合同

2000 年修改《专利法》时，删除了修改前的本条第三款，增加了新的第三款，这是对本条规定的一个重要突破。根据增加的该款规定，允许发明人、设计人与所在单位通过订立合同来约定利用本单位的物质技术条件所完成的发明创造的归属。只要合同不存在违反法律规定之处，国家就尊重合同双方的意思自治。

应当注意的是：

第一，按照本条第三款的字面含义，单位与发明人、设计人之间订立的合同应当限于利用本单位的物质技术条件所完成的发明创造，对于执行本单位的任务所完成的发明创造不适用本条第三款的规定。

---

❶ 汤宗舜.专利法解说［M］.修订版.北京：知识产权出版社，2002：50.

第二，这种约定应当采用书面合同的形式。合同可以将利用本单位的物质技术条件所完成的发明创造约定为职务发明，也可以约定为非职务发明。没有订立书面合同的，按照本条第一款的规定确定其权利归属。

本条第一款规定“主要是利用本单位的物质技术条件所完成的发明创造为职务发明创造”，其言外之意在于不是主要利用本单位的物质技术条件所完成的发明创造为非职务发明创造。本条第三款规定对“利用本单位的物质技术条件所完成的发明创造”，本单位与发明人、设计人可以订立合同，约定申请专利的权利和专利权的归属。其中，“利用本单位的物质技术条件所完成的发明创造”的含义既包括“主要是利用本单位的物质技术条件所完成的发明创造”，也包括“不是主要利用本单位的物质技术条件所完成的发明创造”；而“对申请专利的权利和专利权的归属作出约定”不外乎有三种可能：一是归本单位、二是归发明人或者设计人、三是双方共有。

关于本条第三款与本条第一款、第二款之间的关系，可以有三种不同的理解：一是只允许通过订立合同，约定对“主要是利用本单位的物质技术条件所完成的发明创造”申请专利的权利和专利权归发明人或者设计人；二是只允许通过订立合同，约定对“不是主要利用本单位的物质技术条件所完成的发明创造”申请专利的权利和专利权归本单位；三是上述两种情况都允许。当然，这三种情况下应当都包括约定为共有，只是为了表述起来简单一些而未予明确。

上述三种理解中，哪一种理解正确？

一种观点认为第一种理解是错误的，第二种理解是正确的。其主要理由在于：

> 如果允许将“主要是利用本单位的物质技术条件所完成的发明创造”的归属交由单位和科技人员协商确定，那么只要本条第三款就够了，何必要在本条第一款中规定这种发明创造为职务发明创造？如果立法的本意就允许，为什么不在本条第一款中写入“除单位和发明人、设计人另有约定外”的条件状语？既然第一款已经定性为职务发明创造，就不能容许随意改变，否则定性还有什么用？所以，是不是可以这样理解：本条第一款适用于“主要是利用本单位的物质技术条件所完成的发明创造”，本条第三款适用于“不是主要是利用本单位的物质技术条件所完成的发明创造”，让两者有所区别。[1]

另一种观点正好相反，认为第二种理解是错误的，第一种理解是正确的。其主要理由在于：单位与雇员相比，单位总是占据“强势”地位，如果《专利法》允许单位与发明人、设计人可以通过订立合同，将非职务发明创造约定为职务发明创造，则当单位主动提出订立这样的合同时，即使发明人、设计人并不情愿，也往往由于担心得罪其所在单位而不得不违心地予以接受，将导致发明人、设计人的合法权益无法得到保障。现实中，《专利法》及《专利法实施细则》规定的对职务发明创造的发明人、设计人的奖励报酬常常不能兑现，在这样的情况下对一部分职务发明创造的权利归属提供必要的灵活性，可以使发明人、设计人得到更多实惠，有利于更好地调动发明人、设计人作出发明创造的积极性。

前一种观点的核心在于认为凡是本条第一款已经定性的就不能随便改变，否则就会导致“法将不法”。然而这一观点实际上也为后一种观点提供了支持，因为同理，既然本条

---

[1] 汤宗舜.专利法解说［M］.修订版.北京：知识产权出版社，2002：49-50.

第一款已经以隐含方式将“不是主要利用本单位的物质技术条件所完成的发明创造”定性为非职务发明创造，如果允许通过订立合同约定申请专利的权利和专利权归单位，这种定性还有什么用？采用这种逻辑，只能得出前述三种理解均不正确，本条第三款规定实属不当的结论。

下面谈谈笔者的看法。

正如对本条的说明一开始就指出的那样，专利权的权利归属是各国专利法必须回答的基本问题之一，其原因在于如果不从法律上规定区分职务发明创造和非职务发明创造的界限，当一个单位与其雇员就作出的发明创造申请专利的权利和专利权的归属问题产生纠纷时，就没有解决该纠纷的是非标准，其结果势必大大影响专利制度的正常运作，导致单位不愿意投入人力物力进行创新。然而，在权利归属这一问题上，是否《专利法》一旦作了规定，就只能丁是丁、卯是卯，绝对泾渭分明，容不得半点灵活？回答应当是否定的，这与本条规定所要调整的法律关系有关。

一般而言，关于发明创造申请专利的权利应当归属于发明人、设计人还是归属于其所在单位的规定主要用于调整单位内部的法律关系，即雇主与雇员之间的利益分配。2000年修改《专利法》时在本条增加第三款，已经充分注意到合理把握分寸，没有规定执行本单位的任务完成的发明创造也可以通过订立合同约定其权利归属，其原因在于如果对这种类型的发明创造的权利归属也允许约定，则不仅有可能扰乱单位内部的管理秩序，影响单位组织创新的积极性，还有可能导致国有资产的流失，对此即使公众不持异议，国家也不会答应。单位的雇员利用本单位的物质技术条件完成的发明创造则有所不同，是雇员在本单位没有交付任何任务的情况下，通过自已的主动努力而完成，实属难能可贵。只要对单位物质技术条件的利用没有给单位造成很大损失或者负担，也没有对单位正常开展工作带来很大负面影响，作出发明创造的结果对国家、公众和本单位来说就都有好处，理应得到鼓励。

回顾2000年修改《专利法》的历程，增加本条第三款的规定既非国家知识产权局所建议，也非国务院所建议，而是全国人大常委会的许多委员在审议过程中强烈呼吁的，表达的意见主要包括：

第一，为了体现鼓励发明创造的原则，处理好单位与雇员之间的关系，充分调动科研人员的积极性，不应过于刻板地认为只要主要是利用了单位的物质技术条件，申请专利的权利和专利权就只能属于单位。我国实施专利法以来的实践表明，关于职务发明和非职务发明之间界限以及权利归属的规定应当制定得更加灵活一些，以便更为有效地促进发明创造的产生和应用。如果不增加本条第三款的规定，一方面，在单位没有分配任务的情况下，其雇员就不会有积极性利用本单位的物质技术条件作出发明创造，不能充分发挥单位拥有的物质技术条件的应有作用；另一方面，即使单位（尤其是国有科研单位）意欲充分发挥其由国家出资配备的本单位物质技术条件的作用，允许其职工利用本单位平常闲置不用或者利用不充分的物质技术条件作出发明创造，也无权擅自约定就产生的发明创造申请专利的权利属于发明人或者设计人。

第二，2000年修改前的《专利法》关于主要是利用单位物质条件完成的发明创造的性质和权利归属的规定过于简单、僵化，存在实际上不好操作的缺点。对利用单位物质技术条件所完成的发明创造，如何区分是“主要利用”还是“次要利用”，往往会产生争议。

允许单位与发明人、设计人通过订立合同约定利用单位的物质技术条件完成的发明创造的权利归属及利益分配，可以减少纠纷，化解矛盾，为单位和雇员提供更多的选择余地。

上述意见经全国人大法律委员会讨论研究认同，最后提交经全国人大常委会全体会议予以表决通过。

按照本条第三款的规定，单位与发明人、设计人订立的合同主要旨在约定对利用本单位的物质技术条件完成的发明创造申请专利的权利和专利权的归属。既然是合同，其内容就不必仅仅限于约定专利申请权和专利权的权利归属，还可以约定合同双方的其他权利和义务，作为约定权利归属的条件。

如果合同将职务发明创造约定为非职务发明创造，由发明人、设计人申请并获得专利权，单位可以主张在合同中约定下列各项：

（1）发明人、设计人返还或者部分返还利用本单位的物质技术条件所应当支付的费用；

（2）单位可以无偿实施该发明创造；

（3）单位作为申请并获得专利权的共同权利人；

（4）发明人、设计人不得将专利权转让给单位的竞争对手；

（5）发明人、设计人许可单位的竞争对手实施其专利的，应当事先征得单位的同意；

（6）单位分享发明人、设计人通过实施或者许可他人实施其专利获得的经济利益等。

如果合同将非职务发明创造约定为职务发明创造，由单位申请并获得专利权，发明人、设计人可以主张在合同中约定下列各项：

（1）单位应当向发明人、设计人支付不低于或者高于《专利法实施细则》第七十七条和第七十八条规定的奖励和报酬；

（2）单位应当积极组织实施获得专利权的发明创造，不得消极对待，将其束之高阁；

（3）单位在规定期限内自己未予实施也未许可他人实施的，可以将专利权无偿或者低价转让给发明人、设计人；

（4）单位对该发明创造作出改进并意欲申请专利的，应当另行与发明人、设计人订立有关合同；

（5）发明人、设计人可以继续利用本单位的物质技术条件，对该发明创造作出改进等。

现实中，属于不同技术领域、具有不同性质的发明创造，其具体情况往往千差万别，因此在这类合同中约定何种条件也必然各不相同，非上面的列举所能穷尽。之所以明知如此仍不厌其烦地将一些可能约定的事项列举出来，无非是想说明只要合同双方能够达成一致意见，进而订立合同，单位和发明人、设计人就可以各取所需，相得益彰，兼顾双方的利益，实现“双赢”的结果，不至于出现一方明显吃亏的结果。

一方面，在国际国内市场竞争日趋激烈的形势下，许多公司企业，尤其是跨国公司，纷纷采取了尽量多申请获得专利的策略，其中有些是所谓“防卫性专利”，有些是用于迷惑竞争对手的专利，不一而足。然而，不论是为了什么目的，申请获得专利并保持其有效总是要花钱的。申请并获得过多的专利，尤其是跨国申请并获得过多专利，对公司企业来说也是一个沉重的经济负担，要付出相当代价。2008 年金融危机席卷全球之时，许多跨国公司首先采取的应对措施之一就是减少提出专利申请的数量，放弃意义不大的专利申请和专利权。即使在该次金融危机之前，无论是中国还是外国的公司企业也普遍采取对本单位完成的职务发明创造进行甄别筛选的管理措施，并非一律都要提出专利申请。如果公司企业认为一项发明创造对其并不重要，同时其性质也决定了不可能以商业秘密方式予以保护，就有可能认为与其无所作为，坐视他人捷足先登，日后成为自己的障碍，不如让权于本公司企业的雇员，使之申请并获得专利权，这样多少还可以使其处于可控范围之内。说到这里还应当指出，只要是公司企业（特别是私营公司企业）自主投资研发出来的发明创造（也就是不涉及国有资产流失、挥霍纳税人缴纳的税金等问题），即使是执行单位的任务完成的发明创造，如果单位愿意，也并非完全不可以采取这种策略。本条第一款规定完成本单位的任务所完成的发明创造属于职务发明创造，并且没有规定可以通过订立合同约定其权利归属，就保障了公司企业对这类发明创造享有更为充分和切实可靠的捍卫其利益的权利，必要时可以依法主张其权利并得到法院的支持。然而，有了这样的权利，并不等于对每一项职务发明创造都必须予以行使。其基本理由在于法律规定的权利和义务是不同的，本条第一款赋予单位的权利与有关法律规定的一些强制性义务，例如不得生产销售假冒伪劣产品、不得偷税漏税等具有不同的性质，不可混为一谈。所谓公司企业享有自主经营权，应当包括确定对哪些职务发明创造需要以公司企业名义申请获得专利的权利，看不出国家有什么必要予以干预。

另一方面，实施应用一项发明创造并取得经济效益、占有一定市场份额不是一件容易的事情。有人认为，如果作出一项发明创造所需付出的投入是 1，那么将其投入市场并取得商业成功所需付出的投入就是10 甚至更高。[1]在发明创造为非职务发明创造，发明人、设计人本来可以自己申请获得专利的情况下，如果该发明创造属于本单位的生产经营范围或者与之密切相关，由于本单位可能拥有强大的生产制造能力、建立了成熟的商业运作体系、有足以产生影响的广告宣传渠道、享有良好的商业信誉等有利条件，发明人、设计人就有可能认为与其自己单打独斗，孤军奋战，不如融入单位的生产经营体系更为有利，有望获得更大的经济利益。对那些只擅长研发、设计，却不擅长生产制造和商业经营的发明人、设计人来说尤其如此。况且所谓“独木难成林”，获得商业成功常常需要有一系列先进技术作为支撑，并非作出局部改进就能奏效。如果发明人、设计人情愿订立这样的合同，单位也同意订立，也看不出国家有什么必要予以干预。

归纳起来，本条第三款的制定具有重要意义，并非多余之举，更非错误之举，对其含义应当采取上述第三种理解。

（二）职务发明创造的权利划分

“权利划分”，是指法律上对各方当事人对有关客体享有的权利界定。对职务发明创造而言，权利划分包括单位享有的权利和发明人或者设计人享有的权利。

1. 单位享有的权利

本条第一款明确规定，对于职务发明创造，申请专利的权利属于该单位；申请被批准

[1] 美国制定的《知识产权反垄断指南》明确规定，获得专利权并不意味着专利权人拥有市场支配力。这一规定是实事求是的，不可过分夸大专利权的意义。

后，该单位为专利权人。这表明 2000 年修改的《专利法》不再将全民所有制单位获得的专利权与非全民所有制单位获得的专利权区分开来，取消了专利权所有与持有的区别，这是具有重要意义的修改。

1984 年制定的《专利法》在本条中规定“申请被批准后，全民所有制单位申请的，专利权归该单位持有”，这种规定方式很突出地反映了我国当时所处的发展阶段和当时的具体国情。

当时，我国还处于改革开放的初期，采用的还是计划经济体制。在那个年代，我国绝大多数企业、科研机构和高等院校都是全民所有制性质的，其所有财产都归“全民”所有，也就是归国家所有。这一点成为当时制定《专利法》的一大难题，因为若规定“申请被批准后，全民所有制单位申请的，专利权归该单位所有”，则明显有违该单位的全民所有制性质，既然该单位的一切都归国家所有，为什么单单专利权归该单位所有？当时一些人甚至认为如此规定有违反宪法之嫌；反之，若规定“申请被批准后，全民所有制单位申请的，专利权归国家所有”，则在当时的情况下国家就会成为绝大多数职务发明创造的专利权人，又显然有违制定专利法的初衷，不能起到鼓励发明创造的作用，因此左右为难。最后，我国立法机关想出了一个巧妙的折中方案，即规定“申请被批准后，全民所有制单位申请的，专利权归该单位持有”，这在当时是具有一定超前性和进步性的举措。所谓“持有”，是指由该单位代表国家对获得的专利权进行管理，但是不享有完全的处分权，例如 1984 年制定的《专利法》第十条规定，全民所有制单位转让专利申请权或者专利权的，必须经过上级主管机关批准。如今回头来看这一规定大有恍如隔世之感，然而在当时却功不可没，因为它克服了我国建立专利制度的一大障碍。

不过即使如此看待，也应当承认 1984 年制定的《专利法》的上述规定存在缺点，这就是使我国的国有单位在市场竞争方面，与集体所有制单位、外资企业、中外合资企业相比处于不利地位，因为这些非国有单位对其获得的专利权享有完全的处分权。党的十四届三中全会提出了“建立社会主义市场经济体制”的战略决策，十五大要求对国有企业实行规范的公司制改革。为了配合我国推进国有企业改革、建立现代企业制度，2000 年修改的《专利法》取消了将专利权依据单位的性质分为持有和所有、持有专利权的全民所有制单位对其专利权没有完全的处分权的规定。

2. 发明人或者设计人享有的权利

尽管职务发明创造申请专利的权利属于单位，但并不意味着发明人或者设计人不享有任何权利。根据《专利法》第十六条和第十七条的规定，职务发明创造的发明人或者设计人享有两项权利：一是经济权利，即获得奖励和报酬的权利（详见本书关于第十六条的说明）；二是精神权利，即在专利文件上署名的权利（详见本书关于第十七条的说明）。

三、非职务发明创造

本条第一款明确界定了什么是职务发明创造及其权利归属，第二款没有界定什么是非职务发明创造，而是直接规定非职务发明创造的权利归属。这是因为根据本条第一款的规定就可以推论，只要发明创造不属于职务发明创造，就属于非职务发明创造。从发明人或者设计人是否受雇于某个单位的角度来看，非职务发明创造分为自由发明人、设计人作出的非职务发明创造和雇员作出的非职务发明创造。

自由发明人、设计人是指未受雇于任何单位的发明人、设计人。如果是自由发明人、设计人独立作出的发明创造，无疑应当属于非职务发明创造。曾经受雇于某单位的发明人或者设计人，只能在离开该单位 1 年后仍然未受雇于任何单位的才属于自由发明人、设计人，雇员从原单位离职后 1 年内作出的发明创造，如果与其在原单位承担的本职工作或者分配的任务有关，仍然属于原单位的职务发明创造。

受雇于单位的发明人、设计人作出的发明创造，如果既不是执行其本单位的任务，也不是主要利用了该单位的物质技术条件，则属于非职务发明创造；如果利用了本单位物质技术条件，但发明人、设计人与单位约定由发明人、设计人享有申请专利的权利，可以视为非职务发明创造。

根据本条第二款的规定，对于非职务发明创造，申请专利的权利属于发明人或者设计人。

第七条　鼓励对非职务发明创造申请专利

对发明人或者设计人的非职务发明创造专利申请，任何单位或者个人不得压制。

根据《专利法》第六条的规定，就非职务发明创造而言，申请专利的权利属于发明人或者设计人；申请被批准后，该发明人或者设计人为专利权人。这表明，非职务发明创造完成以后，是否申请专利、何时申请专利、申请何种专利，应当由发明人或者设计人自主确定，任何人无权予以干预。

所谓“压制”，是指单位明知是非职务发明创造，却不承认是非职务发明创造；或者虽然承认是非职务发明创造，却设法阻挠非职务发明创造的发明人或者设计人申请专利。在1984年制定《专利法》时，我国绝大多数企事业单位都是全民所有制单位，那时人们习惯于凡事找“组织”，“组织”也习惯于凡事都要管，因此比较容易出现本条所述的“压制”问题，这是当时为什么要在《专利法》中写入本条规定的原因。1992年、2000年和2008年三次修改《专利法》均未对本条规定进行修改。

单位不支持发明人或者设计人对其非职务发明创造申请专利往往是出于如下原因：一是认为本单位的工作人员热衷于搞非职务发明创造是不务正业，势必使其精力部分或者完全转移到本职工作之外，耽误、妨碍其本职工作的正常完成，不应当支持和鼓励其申请专利；二是认为非职务发明无非是小打小闹，创新水平较低，成不了什么大气候，不值得支持和鼓励其申请专利。

首先，一个国家要成为创新型国家，最为关键的因素是形成崇尚创新、以作出发明创造为荣的社会风尚。无论是国家、部门还是单位，都要为构建鼓励创新的社会氛围贡献力量，不仅要支持我国企业、科研单位、大专院校作出发明创造，也要支持个人作出发明创造，其中就包括非职务发明创造。当然，单位的科研人员应当以出色完成单位交付的科研任务为主。但是这并不意味着他们不能从事非职务发明创造的开发研究，有时是因为单位布置的工作任务不饱满或者工作安排不得当，致使科研人员的才智不能得到正常发挥所致。在这种情况下，单位应当从改善其管理工作的角度出发来扭转这种局面，而不是简单地采取压制非职务发明创造的做法。

其次，一项发明创造的价值和作用并不因它是职务发明创造或者非职务发明创造而有所不同。一些看起来不起眼的发明创造很有可能被实践证明很有市场价值，这在各国实行专利制度的历程中不胜枚举。申请专利的发明创造只要能解决实际问题，产生实际效果，就有可能会成为成功的专利，并不一定需要理论水平有多高。任何发明人或者设计人对其非职务发明创造申请专利不需要得到本单位及其领导的批准，是否能够授予专利权应由国家知识产权局来审查判断，因此单位没有必要也没有权利以“水平不高”为理由，阻止其科研人员就其非职务发明创造申请专利。

在许多情况下正确、合理地区分职务发明和非职务发明不是一件容易事情，因此单位与发明人、设计人之间有可能就一项发明创造属于职务发明创造还是属于非职务发明产生争议。产生纠纷的，可以依法通过调解、诉讼等方式来解决纠纷，单位不应简单地采取不允许发明人或设计人申请专利的做法，因为即使发明人、设计人以个人名义就一项原本应当属于单位的职务发明创造申请获得了专利权，该单位也可以通过合法途径追回自己的权利。为了避免因陷入诉讼而浪费人力资源，单位应当强化管理，合理制定本单位必要的规章制度，使其雇员事先知晓区分的原则，从而防患于未然。

本条所述的“压制”是指单位对非职务发明创造申请专利的压制，不涉及就职务发明创造是否应当申请专利作出决断的问题。国家当然也鼓励单位就职务发明创造申请专利，但是单位有权综合考虑各方面的因素，例如其经营方向、保护策略、行业状况、市场前景等，决定对一项职务发明创造是否申请专利。即使单位经考虑决定不申请专利的，也不存在“压制”一说。

应当将压制非职务发明专利申请与侵夺发明人或者设计人的非职务发明创造申请专利的权利区别开来。如果单位明知一项发明创造为非职务发明创造，申请专利的权利和专利权应当归发明人、设计人所有，却据为己有，以单位名义申请专利，则构成了侵夺发明人或者设计人的非职务发明创造的行为。一般而言，侵夺行为是比压制行为更严重的侵权行为，根据《专利法》第七十二条的规定要承担相应法律责任。

第八条　合作、委托完成的发明创造申请专利的权利以及专利权归属

两个以上单位或者个人合作完成的发明创造、一个单位或者个人接受其他单位或者个人委托所完成的发明创造，除另有协议的以外，申请专利的权利属于完成或者共同完成的单位或者个人；申请被批准后，申请的单位或者个人为专利权人。

一、概　述

关于申请专利的权利以及专利权的权利归属问题，《专利法》主要有两条规定，即第六条和本条的规定。其中，第六条主要针对职务发明创造和非职发明创造的权利归属问题，涉及的是发明人、设计人与其所在单位之间的关系，可以说是单位的内部关系；本条主要针对以合作或者委托方式完成的发明创造的权利归属问题，涉及的是合作或者委托关系中各方之间的关系，可以说是外部关系。两条规定合在一起，基本上涵盖了与权利归属相关的所有方面。

按照《物权法》和《合同法》的一般原理，在委托或者承揽合同关系中，受托方或者承揽人完成的工作成果应当由委托人或者定作人享有，受托人或者承揽人享有的权利主要是根据合同获得报酬。因此，如果受托人或者承揽人完成其工作的成果是产生物权客体，该物权应当归委托人或者定作人享有，而不是由受托人或者承揽人享有。对于委托完成的发明创造，在当事人没有约定权利归属的情况下，是否适用同样的规则，即由委托人享有该发明创造，进而享有就该发明创造申请专利的权利？

本条规定，对于委托或者合作完成的发明创造，首先实行合同约定优先的原则，即有委托关系或者合作关系的双方事先有约定的，应当按照约定确定权利归属；在没有约定的情况下，则实行完成方优先的原则，也就是由完成方或者共同完成方享有申请专利的权利和专利权。

实行合同约定优先原则的理由很简单，在委托或者合作关系下，各方当事人的法律地位是平等的，是否产生委托关系或者合作关系完全取决于当事人共同的意愿，任何一方当事人不同意的，就不可能产生委托关系或者合作关系。当事人按照平等、自愿的原则通过合同约定权利归属的，应当尊重其约，除非存在欺诈、胁迫、显失公平等导致合同无效或者可撤销的情况。

本条之所以如此规定，一方面是考虑到虽然委托人提供的资金以及有可能提供的物质技术条件对发明创造的完成也具有重要作用，但发明人或者设计人付出的创造性智力劳动更为宝贵、更为重要，从鼓励和尊重智力创造、人才投入，体现“以人为本”的角度出发应当这样规定；另一方面也与1984年制定《专利法》时的具体国情有关，那时全民所有制单位在我国经济结构中占据绝对优势地位，绝大多数发明创造都是按照国家计划，由国

家下达任务并提供资金所完成，都可以认作是国家委托的，如果采取委托方优先的原则，绝大多数职务发明创造申请获得的专利权都将归国家所有，这不符合建立专利制度的初衷。

二、合作完成的发明创造

合作完成的发明创造，是指两个以上单位或者个人共同投资、共同参与研究开发工作所完成的发明创造。

两个以上单位或个人合作进行研究开发的，一般都会签订书面合同。这种合同根据《合同法》的规定被称为合作开发合同。合作开发合同一般应当写明下列各项：项目名称；标的技术的内容、形式和要求；研究开发计划；研究开发经费或者项目投资的数额及其分担、支付方式；利用研究开发经费购置的设备、器材、资料的财产权属；各方参与研究开发的人员数量；履行的期限、地点和方式；技术情报和资料的保密和风险责任的承担等。此外，特别重要的是应当写明申请专利的权利归属。关于权利归属，合同可以约定归其中一方所有，也可以约定归合作各方共有。不论合同如何约定，除非合同无效，都应当按合同确定权利归属。如果没有约定，按照本条的规定，申请专利的权利属于"完成或者共同完成的单位或者个人"。

"完成或者共同完成的单位"，是指完成这种发明创造的发明人或者设计人所在的单位。关于判断发明人、设计人的标准，依据《专利法实施细则》第十三条的规定，应当是指对发明创造的实质性特点作出了创造性贡献的人。在完成发明创造的过程中，只负责提出题目、提出一般性建议、进行一般性指导的人，对课题进行组织管理的人，进行数据处理或实验操作的人，或者仅对发明人提供后勤帮助的人，都不是我国专利法意义上的发明人或者设计人。对此，请参见本书关于《专利法》第六条的说明。

一般而言，在合作进行研究开发的情况下，各方都会出资，也会派出人员共同参加研究开发。如果是一方出资，另一方出力，则作出的发明创造一般应当属于委托完成的发明创造，而不是合作完成的发明创造。如果合作各方派出的人员对发明创造的完成都作出了创造性贡献，在没有协议的情况下，各方就是共同完成发明创造的单位或者个人，应当共同享有申请专利的权利。在两个以上单位或者个人合作的情况下，如果只有一方的发明人对发明创造的完成作出了创造性贡献，其他合作方虽然参加了研究开发，但是没有作出创造性贡献，在没有协议的情况下，就只有发明人所代表的一方享有申请专利的权利和专利权。但是，合同也可以约定参加合作的其他方作为该项发明创造的共同权利人，或者约定享有申请专利的权利和专利权的一方应当给予参加合作的合作方适当补偿。

三、委托完成的发明创造

委托完成的发明创造，是指某个单位或个人提出研究开发任务并提供经费和报酬，由其他单位或者个人进行研究开发所完成的发明创造。

单位或者个人委托其他单位或个人作出发明创造时，一般会签订委托合同。依照《合同法》的规定，在委托作出发明创造的民事关系中，委托方的主要义务是支付研究开发经费和报酬，提供技术资料、原始数据，予以协作等；受委托方的主要义务是制订和实施研究开发计划，合理使用研究开发经费，按期完成研究开发任务，交付研究开发成果，提供相关技术资料和必要的技术指导，帮助委托方掌握研究开发成果等。

鉴于受委托方从事研制开发工作，是对发明创造作出创造性贡献的一方，即完成发明创造的一方，故除合同另有约定外，申请专利的权利应当属于该方所有。对此，委托方应当特别注意，因为按照本条规定，如果未在合同中明确约定权利归属，申请专利的权利和专利权应当属于完成发明创造的单位或者个人。实践中，委托方对研究开发成果能够享有何种权利，一般与其提供的资金数额有密切关系。资金提供得多，委托方对成果享有的权利就较多。但是无论如何，这一点应当在委托合同中明确约定，以明确双方的权利义务。

实际上，在有合同约定权利归属的情况下，没有必要区分委托完成的发明创造与合作完成的发明创造，因为都按照约定确定权利归属。但是，在没有约定权利归属的情况下，判断各方是合作关系还是委托关系，发明创造到底是各方共同完成的还是单方完成的，就会对发明创造的权利归属产生决定性作用。判断是委托关系还是合作关系，主要依据两点：一是各方是否都进行了投资；二是各方是否都派人参与研究开发工作。如果仅有一方投资，另一方进行研究开发，则应当属于委托关系，完成方即受托方对完成的发明创造享有权利；相反，如果各方都进行了投资，且各方派出的人员对发明创造的完成都作出了创造性贡献，则应当属于合作关系，完成的发明创造由各方共有；如果各方都进行了投资，但只有一方派出的人员对发明创造的完成作出了创造性贡献，尽管属于合作关系，完成的发明创造依法也只能由完成方享有权利。为了避免争议，无论是委托关系还是合作关系，双方在相关合同中事先约定权利归属是维护各方权益、避免争议的最好办法。

第九条　禁止重复授权原则和先申请原则

同样的发明创造只能授予一项专利权。但是，同一申请人同日对同样的发明创造既申请实用新型专利又申请发明专利，先获得的实用新型专利权尚未终止，且申请人声明放弃该实用新型专利权的，可以授予发明专利权。

两个以上的申请人分别就同样的发明创造申请专利的，专利权授予最先申请的人。

一、禁止重复授权原则和先申请原则

（一）概　述

本条第一款规定“同样的发明创造只能授予一项专利权”，第二款规定“两个以上的申请人就同样的发明创造申请专利的，专利权授予最先申请的人”。前者被称为“禁止重复授权原则”，后者被称为“先申请原则”。两者的共同之处在于都包含了不能重复授予专利权的含义；不同之处在于涵盖的范围大小不同，而且在法律立意上存在区别。

专利权是国家授予的一种独占权，对该国所有的单位和个人都具有法律约束效力，即授予专利权之后，任何单位和个人未经专利权人许可均不得为生产经营目的实施该专利。针对同样的发明创造向不同的单位或者个人重复授予专利权，一来会导致在不同专利权人之间产生权利冲突；二来会导致第三人实施该专利需要同时获得所有专利权人的许可，分别支付专利使用费，其结果会不合理地提高实施发明创造的成本，妨碍被授予专利权的发明创造的实施应用，不符合《专利法》的立法宗旨。针对同样的发明创造向同一单位或者个人重复授予多项专利权，一来会导致国家知识产权局重复进行审批工作，是对国家公共资源的一种浪费；二来可能导致专利权人对一项发明创造获得的专利保护超过法定的保护期限。无论是上述哪种情况，都会对专利制度的正常运作和经济社会的正常秩序带来不利影响。因此，建立专利制度的国家普遍将不得重复授予专利权作为其专利制度的一项基本原则，尽管不同的国家实现该原则的方式不尽相同。

从本条第一款的字面含义出发，在下列四种情况下均应当依据“同样的发明创造只能授予一项专利权”的原则拒绝重复授予专利权：

（1）不同的人就同样的发明创造先后提出两份以上专利申请；

（2）不同的人就同样的发明创造同日提出两份以上专利申请；

（3）同一人就同样的发明创造先后提出两份以上专利申请；

（4）同一人就同样的发明创造同日提出两份以上专利申请。

本条第二款规定“两个以上的申请人分别就同样的发明创造申请专利的，专利权授予最先申请的人”，言外之意是后提出申请的他人不能就该发明创造获得专利权，因此针对的仅仅是上述第（1）种情况。因此，从防止重复授权的角度来看，禁止重复授权原则实际上涵盖了先申请原则。

1984年制定的《专利法》第九条仅仅规定了先申请原则，没有规定禁止重复授权原则。1984 年制定的《专利法实施细则》第十二条进一步补充规定："专利法第九条规定的两个以上的申请人在同一日期分别就同样的发明创造申请专利的，应当在收到专利局的通知后自行协商确定申请人。"这表明在上述第（2）种情况下也不能重复授予专利权。然而，对同一申请人先后或者同日就同样的发明创造提出两份以上专利申请的，1984 年制定的《专利法》和《专利法实施细则》均未涉及。这相当于从法律上就允许同一申请人就同样的发明创造重复申请获得两项以上专利权，显然是一个缺陷。为了克服这一缺陷，1992 年修改《专利法实施细则》时，在其第十二条中增加了第一款，即"同样的发明创造只能授予一项专利权"，从而在我国专利制度中确立了全面的禁止重复授权原则。

如前所述，从防止重复授权的角度来看，禁止重复授权原则是一个更加上位的概念，涵盖了所有各种情况；先申请原则是一个相对下位的概念，仅涵盖了其中一种情况。由《专利法》规定相对下位的概念，由《专利法实施细则》规定更加上位的原则，从法律位次上说存在问题。2000 年修改《专利法》时，国家知识产权局曾提出将 1992 年修改的《专利法实施细则》第十二条第一款的规定纳入本条的修改建议，但是未被采纳。2008 年修改《专利法》时，国家知识产权局再次提出这一建议并被采纳，将"同样的发明创造只能授予一项专利权"的规定纳入本条作为第一款。

应当指出的是，尽管 2008 年修改后的本条第一款写入了禁止重复授权原则，但是却不能认为有了禁止重复授权原则，就不必再规定先申请原则，因为先申请原则还表达了另外的含义，也是专利制度不可缺少的基本原则。在上述第（1）种和第（2）种情况下，禁止重复授权原则只是表明只能授予一项专利权，但是却没有回答这项专利权应当授予谁的问题，规定先申请原则就是为了回答这一问题。

对于这一问题，世界上有两种不同的解决方式：一种方式是以作出发明创造的时间先后为准，谁先作出发明创造，专利权就授予谁，称为先发明原则；另一种方式是以对发明创造提出专利申请的时间先后为准，谁先对该发明创造提出专利申请，专利权就授予谁，称为先申请原则。目前，包括我国在内的绝大多数国家都实行先申请原则，只有美国实行先发明原则。[1]

先发明原则旨在保护最先作出发明创造的人，从鼓励发明创造的角度看，这一原则优于先申请原则。但是这一原则存在以下不足之处：其一，采用先发明原则，最先作出发明创造的人可以"有恃无恐"，早一点晚一点提出专利申请都没有关系，因为无论他何时提出专利申请，法律都确保了只有他才能获得专利权，这可能助长发明人将其发明创造长期置于秘密状态，不利于发明创造的尽早公开和传播应用，也不利于避免对同样发明创造进行重复开发研究；其二，当两个以上的人就同样的发明创造提出专利申请时，判断谁最先作出该发明创造是一件相当困难的事情，美国为此设计了很复杂的程序，一旦进入这样的程序，当事人常常要投入很大精力应对发生的纠纷，为了应对可能产生的纠纷，发明人在

[1] 2011 年 9 月 14 日，美国总统奥巴马签署了美国参众两院通过的"美国发明法案"，对美国专利法进行了重要修改。该法案是继 1952 年美国重新制定其专利法以来，对美国专利制度最为重大的一次改革。修改后的美国专利法对其原先采用的"先发明原则"作了一些调整，但是并未采用世界各国普遍采用的"先申请原则"，而是建立了一种被称为"发明人先申请原则"（First inventor to file）的制度。

完成发明创造的过程中需要随时注意保留能够证明自己最先作出该发明创造的证据，不仅增加了科研人员的负担，也使获得的专利权变得不够稳定；其三，为了与其采用的先发明原则相配套，美国专利法规定申请专利的人必须是发明人本人，即使是职务发明创造，发明人所在的公司企业也必须首先经过转让成为受让人才能成为权利人，这使申请专利的手续变得复杂；其四，采用先发明原则导致在判断新颖性等专利性条件时也必须考虑一些特殊问题。

先申请原则旨在保护最先提出专利申请的人，具有敦促申请人一旦完成发明创造就尽早提出专利申请的作用，有利于发明创造的尽早公开，能够避免重复研究。采用先申请原则，当事人无须证明其作出发明创造的时间先后，只需证明提出专利申请的时间先后，这一点有专利局给予的受理日期为证，因此该原则的适用简单得多。但是，先申请原则也存在以下不足之处：其一，较后作出发明创造的人可以通过先提出专利申请而捷足先登，最先作出该发明创造但较后提出申请的申请人非但不能获得专利权，而且还会受到他人抢先申请并获得的专利权的制约，可能导致不公平的结果；其二，采用先申请原则，科研人员、设计人员及其所在单位往往只要在研究、设计上初见成效，就会抢着赶紧提出专利申请，惟恐落在他人之后而失去获得专利权的机会，容易导致不成熟、价值不高的专利申请，会给专利审查工作增加不必要的负担。

两种方式各有利弊，总的说来还是先申请原则优点更加突出一些，受绝大多数国家青睐。考虑到这一点，我国在 1984 年制定《专利法》时选择了采用先申请原则。

为了克服采用先申请原则可能产生的先作出发明创造的人反而受制于后作出同样发明创造的人的弊病，采用先申请原则的国家普遍规定了先用权。《专利法》第六十九条第（二）项规定，在专利申请日前已经制造相同产品、使用相同方法或者已经作好制造、使用的必要准备，并且仅在原有范围内继续制造、使用的，不视为侵犯专利权。这一规定使先作出发明创造的人可以在一定条件下在一定范围内实施其发明创造，不受他人获得的专利权的限制，在一定程度上弥补了先申请原则的不足之处。

（二）“同样的发明创造”的判断

适用禁止重复授权原则和先申请原则都需要满足一个共同的前提条件，这就是判断两份专利申请或者专利是否涉及同样的发明创造。此外，《专利法》第二十二条第二款和第二十三条第一款关于抵触申请的规定也涉及“同样的发明或者实用新型”、“同样的外观设计”，可以认为是“同样的发明创造”这一概念针对不同类型主题的进一步细化。何谓“同样的发明创造”？这是适用本条规定不可回避的问题。

所谓“同样”，无疑是指进行比较的结果。说到比较，必须首先明确比较的对象。根据《专利法》第二条的规定，《专利法》所说的发明创造包括发明、实用新型和外观设计三种类型。同样的发明创造可能存在于两件发明专利申请或者专利之间、两件实用新型专利申请或者专利之间、两件外观设计专利申请或者专利之间，还可能存在于一件发明专利申请或者专利和一件实用新型专利申请或者专利之间。由于发明和实用新型专利保护的是一种技术方案，其着眼点在于该技术方案所能产生的技术功能；外观设计专利保护的是产品富有美感的外观设计方案，其着眼点在于该设计方案所能产生的外部视觉效果，两者截然不同。因此，一件发明或者实用新型专利申请或者专利与一件外观设计专利申请或者专利不可能涉及相同的发明创造。

判断两件发明或者实用新型专利申请或者专利是否涉及"同样的发明创造"与判断两件外观设计专利申请或者专利是否涉及"同样的发明创造"存在一些不同之处，需要分别进行讨论。

1. 对发明和实用新型的判断

对发明和实用新型专利申请或者专利而言，落实禁止重复授权原则有两种可能的做法：一是将其中一件专利申请或者专利的权利要求书与另一件专利申请或者专利的权利要求书进行比较，如果要求保护的技术方案相同，则认定属于同样的发明创造，不能都被授予专利权；二是将在后专利申请的权利要求书与在先申请的说明书和权利要求书记载的全部内容进行比较，判断在后申请的发明或者实用新型是否具备新颖性，如果不具备新颖性，则在后申请不能被授予专利权。

事实上，《专利法》第二十二条第二款写入关于抵触申请的规定，其目的也是防止重复授予专利权。由于抵触申请的概念在《专利法》第二十二条第二款关于新颖性的条款中予以规定，因此判断在先申请是否构成在后申请的抵触申请应当采用新颖性的判断方式，也就是将在后申请的权利要求书与在先申请的说明书、附图和权利要求书记载的全部内容进行比较，这一点在我国建立专利制度之初就是明确无误的。需要指出的是，如果在先申请的公布日或者公告日早于在后申请的申请日，则在先申请构成了在后申请的现有技术。此时依照《专利法》第二十二条的规定，在先申请不仅可以用于评价在后申请的新颖性，还可以用于评价在后申请的创造性，因此对在后申请被授予专利权能够产生更大的制约作用。从广义上看，将这种作用视为防止重复授权的作用似乎也无不可，但是此时不授予专利权的理由已经不在于避免重复授予专利权，而是在于为公众所知的技术方案不应被授予专利权。为了避免概念上的混淆，不应将它们混为一谈。

1992 年修改的《专利法实施细则》第十二条增加了禁止重复授权原则的规定，却没有明确判断两件专利申请或者专利是否涉及"同样的发明创造"应当采用上述第一种方式还是第二种方式。

《审查指南 2006》规定：

> 专利法第九条或专利法实施细则第十三条第一款、第二款中所述的"同样的发明创造"是指两件或两件以上申请（或专利）中存在保护范围相同的权利要求。❶

关于具体判断方式，《审查指南 2006》规定：

> 为了避免重复授权，在判断是否为同样的发明创造时，应当将两件发明或实用新型专利申请或者专利的权利要求书的内容进行比较，而不是将权利要求书与专利申请或专利文件的全部内容进行比较。
>
> 判断时，如果一件专利申请或专利的一项权利要求与另一件专利申请或专利的某一项权利要求保护范围相同，应当认为它们是同样的发明创造。
>
> 两件专利申请或专利说明书的内容相同，但其权利要求保护范围不同的，应当认为所要

---

❶ 国家知识产权局.审查指南 2006［M］.北京：知识产权出版社，2006：第二部分第三章 6.

求保护的发明创造不同……应当注意的是，权利要求保护范围仅部分重叠的，不属于同样的发明创造。例如，权利要求中存在以连续的数值范围限定的技术特征的，其连续的数值范围与在先发明或者实用新型专利申请或专利权利要求中的数值范围不完全相同的，不属于同样的发明创造。❶

上述规定表明，对发明或者实用新型专利申请或者专利而言，适用本条规定的禁止重复授权原则，判断是否构成“同样的发明创造”，应当采用判断要求保护的范围是否相同的判断方式。其理由在于禁止重复授权原则旨在防止授予两项以上保护范围相同的专利权。即使两件发明或者实用新型专利申请或者专利的说明书内容相同，只要其权利要求书中没有保护范围相同的权利要求，就都可以授予专利权，不存在重复授权的问题。

《专利法》中既有本条第一款的规定，又有第二十二条第二款关于抵触申请的规定，这就导致了在某些情况下，既可以依据本条的规定防止重复授权，也可以依据《专利法》第二十二条第二款关于抵触申请的规定防止重复授权。由此而产生的问题是：在这样的情况下，应当优先适用哪一规定？这取决于哪一条规定更为严格。

新颖性的判断方式与保护范围是否相同的判断方式相比，前者更为严格，体现在两个方面。

第一，发明或者实用新型专利申请或者专利的说明书记载的内容显然比其权利要求书所记载的内容更为广泛，因此采用新颖性的判断方式，其防止重复授权的功能更强。例如，在先申请和在后申请的说明书都披露了某种产品以及该产品的制造方法，在先申请要求保护的是该产品，在后申请要求保护的是该制造方法，此时如果采用保护范围是否相同的判断方式就不能得出在后申请不能被授予专利权的结论；采用新颖性的判断方式，在先申请的说明书和权利要求书均可以作为判断在后申请的权利要求是否具备新颖性的依据，由于在后申请要求保护的制造方法已被在先申请的说明书披露，因此在后申请不能被授予专利权。

第二，本条第一款的规定旨在确保对同样的发明创造只能授予一项专利权，在其中一件专利申请或者专利被撤回、视为撤回或者被放弃的情况下，已经不存在重复授予专利权的可能性，因此另一件专利申请或者专利就能够被授予专利权或者被维持有效。需要注意，被撤回或者被放弃的是在先申请还是在后申请并不重要，因为无论在哪种情况下都已经不存在产生重复授权现象的可能。《专利法》第二十二条第二款规定的抵触申请则不同，该规定实际上是将在先申请视为一种特殊的现有技术，在认定在先申请构成在后申请的抵触申请的情况下，不论该在先申请后来的结局如何，其作为在后申请的抵触申请的效力都始终存在，不会消失。对发明专利申请而言，只要按照《专利法》第三十四条的规定予以公布，则即使该专利申请在授予专利权之前被撤回、视为撤回、被驳回，在被授予专利权之后被放弃、被宣告无效，其阻止在后申请被授予专利权的效力都依然存在；对实用新型专利申请而言，只有当在先申请被公告授予实用新型专利权才会构成在后申请的抵触申请，因为国家知识产权局在公告授予实用新型专利权之前不会公布该专利申请，一旦在先实用新型专利申请被公告授予专利权，即使该专利权被放弃、被宣告无效，其阻止在后申请被授予专利权的效力都依然存在。

---

❶ 国家知识产权局.审查指南 2006［M］.北京：知识产权出版社，2006：第二部分第三章 6.1.

由于上述原因，在既能适用本条第一款的规定，也能适用第二十二条第二款关于抵触申请的规定的情况下，应当优先适用《专利法》第二十二条第二款关于抵触申请的规定。

2008 年修改《专利法》之前，第二十二条第二款规定的抵触申请只包括他人就同样的发明创造在先申请、在后公开的发明或者实用新型专利申请，因此在不同申请人先后就同样的发明创造提出两件以上发明或者实用新型专利申请，且在先申请属于申请在先、公开在后的情况下，应当优先适用《专利法》第二十二条第二款关于抵触申请的规定，采用新颖性的判断方式来判断是否属于同样的发明创造。在其他情况下，即同一申请人或者不同申请人同日对同样的发明或者实用新型提出两件专利申请的，以及同一申请人先后对同样的发明或者实用新型提出两件专利申请的，都只能依据 2010 年修改前的《专利法实施细则》第十三条第一款的规定，采用保护范围是否相同的判断方式判断是否属于同样的发明创造。

2008 年修改的《专利法》第二十二条第二款扩大了抵触申请的范围，使之涵盖同一申请人对同样的发明创造先后提出的两件以上发明或者实用新型专利申请的情况。因此依据 2008 年修改的《专利法》，在不同申请人以及同一申请人先后对同样的发明创造提出两件以上发明或者实用新型专利申请，且在先申请属于申请在先、公开在后的情况下，均应当优先适用《专利法》第二十二条第二款关于抵触申请的规定，采用新颖性的判断方式来判断是否属于同样的发明创造。只有在同一申请人或者不同申请人同日对同样的发明创造提出两件专利申请的情况下，由于不存在抵触申请，才需要依据本条第一款的规定，采用保护范围是否相同的判断方式判断是否属于同样的发明创造。这一修改显然能够更好地防止出现重复授予专利权的现象。

2. 对外观设计的判断

对外观设计专利申请或者专利而言，落实禁止重复授权原则的方式与发明或者实用新型专利申请或者专利相比有所不同，体现在：第一，外观设计专利申请文件和专利文件中没有权利要求书，因此判断不同外观设计专利申请或者专利是否涉及同样的发明创造只能以申请人提交的图片或者照片为依据；第二，2008 年修改之前的《专利法》第二十三条没有对外观设计专利申请规定抵触申请的概念，因此落实禁止重复授权原则只能适用 2010 年修改前的《专利法实施细则》第十三条第一款的规定。

2008 年修改前的《专利法》第五十六条第二款规定“外观设计专利权的保护范围以表示在图片或者照片中的该外观设计专利产品为准”。这一规定导致外观设计专利申请或者专利的图片或者照片同时起到了两方面的作用：一是披露外观设计的设计方案，相当于发明或者实用新型专利申请或者专利的说明书和附图的作用；二是确定外观设计专利申请或者专利的保护范围，相当于发明或者实用新型专利申请或者专利的权利要求书的作用。然而，外观设计的图片，尤其是照片披露了产品外观的所有细节，如果将这些细节都看做是设计特征，对确定外观设计专利申请或者专利的保护范围都有限定作用，则照片表示的设计特征数量远多于权利要求书中记载的发明或者实用新型的技术特征数量。如果认为两件外观设计专利申请或者专利的图片或者照片表示的设计方案只要存在任何区别，就不属于同样的发明创造，因而不能适用 2010 年修改前的《专利法实施细则》第十三条第一款的规定，那么对外观设计专利申请或者专利来说，禁止重复授权原则在许多情况下就会形同虚设。因此，判断两件外观设计专利申请或者专利所保护的设计方案是否属于同样的发明创造不能照搬《审查指南 2006》针对发明和实用新型专利申请或者专利规定的判断方式，所采用的判断方式应当适应外观设计专利申请的特点，具有必要的“容差”能力，不能排除在对应设计特征不完全相同的情况下仍然得出属于同样的发明创造的结论。

《审查指南 2006》规定：

> **专利法第九条和专利法实施细则第十三条第一款所述的“同样的发明创造”，对于外观设计而言，是指外观设计相同或者相近似。**[1]

如前所述，考虑到外观设计不同于发明或者实用新型的特点，将同样的发明创造定义为不仅仅限于所有设计特征完全相同的情况，这是必要的。但是，将同样的发明创造定义为与 2008 年修改前的《专利法》第二十三条规定的授予外观设计专利权的专利性条件一样，则是不合理的。

从制度设计的角度来看，2010 年修改前的《专利法实施细则》第十三条第一款为禁止重复授权原则设定的判断标准是“同样的发明创造”，无论对发明、实用新型还是对外观设计，都应当统一采用这一标准；2008 年修改前的《专利法》第二十三条为外观设计专利性条件设定的标准是“不相同和不相近似”。两者采用了不同的措辞，具有不同的含义，外观设计专利性条件的标准明显高于禁止重复授予外观设计专利权的标准。如此设定是有其道理的。专利性条件是将外观设计专利申请与其申请日之前已经为公众所知的现有设计进行比较，其目的在于维护公众自由实施现有设计的正当权利不受侵犯。为此，2008 年修改前的《专利法》第二十三条规定不仅与现有设计相同的外观设计不能被授予专利权，与现有设计相似的外观设计也不能被授予专利权。禁止重复授权原则不涉及在提出专利申请时已经为公众所知的外观设计，该原则旨在确保对同样的且尚未为公众所知的外观设计只能授予一项专利权。为此，只需确保不同外观设计专利申请要求保护的客体不是同样的发明创造即可，没有必要要求不同外观设计专利申请要求保护的设计方案之间的区别达到满足专利性条件的程度。从前面的讨论可以看出，对发明和实用新型而言，《审查指南 2006》为适用禁止重复授予专利权原则所确定的判断标准不仅不包括创造性条件，而且还低于新颖性条件，因为适用禁止重复授予专利权的原则只对两件发明或者实用新型专利申请或者专利的权利要求书进行比较。相比之下，对外观设计而言，《审查指南 2006》为适用禁止重复授予专利权原则所确定的判断标准实际上等于授予外观设计专利权的专利性条件，这导致对三种专利适用禁止重复授权原则的判断标准明显失衡。

如果说依据 2008 年修改前的《专利法》，将 2010 年修改前的《专利法实施细则》第十三条第一款所述 “同样的发明创造”与 2008 年修改之前《专利法》第二十三条所述“不相同和不相近似”解释为含义相同尚有作特殊考虑的余地，那么 2008 年修改的《专利法》已经清楚地表明适用本条规定的判断标准与授予外观设计专利权的条件的判断标准不同。2008 年修改的《专利法》第二十三条采用了与《专利法》第二十二条基本对应的条文结构，将修改前笼统表述的“不相同和不相近似”拆分开来，分别在修改后的《专利法》第二十三条第一款和第二款中予以规定。其中，第一款采用“不属于现有设计”的表

---

[1] 国家知识产权局.审查指南 2006［M］.北京：知识产权出版社，2006：第四部分第七章 1.

述方式取代修改前的“不相同”，同时增加了外观设计抵触申请的规定，相当于《专利法》第二十二条第二款关于发明和实用新型新颖性的规定；第二款采用“与现有设计或者现有设计特征的组合相比，应当有明显区别”的表述方式取代修改前的“不相近似”，其表达的授权条件有了明显提高，相当于《专利法》第二十二条第三款关于发明和实用新型创造性的规定。尤其值得注意的是，2008 年修改的《专利法》第二十三条第一款增加的关于外观设计抵触申请的规定也采用了“同样的外观设计”的措辞，一并在有关新颖性的条款中予以规定，因此是否构成抵触申请，亦即在先申请和在后申请是否涉及“同样的外观设计”的判断方式应当与是否“属于现有设计”的判断方式相同；而关于抵触申请的规定中采用的“同样的外观设计”这一措辞又与本条所述的“同样的发明创造”相对应，因此两者的判断方式也应当相同。这样，2008 年修改的《专利法》第二十三条第一款中有关抵触申请的规定客观上就发挥了将新颖性判断方式与重复授权判断方式联系起来的纽带作用，表明判断是否属于现有设计、是否构成抵触申请、是否构成重复授权应当采取一致的判断方式。因此，2008 年修改的《专利法》清楚表明，对外观设计专利申请或者专利而言，适用本条第一款规定的禁止重复授权原则的判断标准应当与适用《专利法》第二十三条第一款规定的新颖性条件的判断标准相同，不应包括第二十三条第二款规定的创造性条件。

根据 2008 年修改的《专利法》，国家知识产权局对《审查指南 2006》的有关规定做了调整。修改后的《专利审查指南 2010》规定：❶

> **不属于现有设计，是指在现有设计中，既没有与涉案专利相同的外观设计,也没有与涉案专利实质相同的外观设计。在涉案专利申请日以前任何单位或者个人向专利局提出并且在申请日以后（含申请日）公告的同样的外观设计专利申请，称为抵触申请。其中，同样的外观设计是指外观设计相同或者实质相同。**

《专利审查指南 2010》还规定：

> **专利法第九条所述的同样的发明创造对于外观设计而言，是指要求保护的产品外观设计相同或者实质相同。对比时应当将所有设计要素进行整体对比。**
>
> **涉案专利包含多项外观设计的，应当将每项外观设计分别与对比设计进行对比。如果涉案专利中的一项外观设计与另一件专利中的一项外观设计相同或者实质相同，应当认为它们是同样的发明创造。❷**

这样，一方面，在对外观设计适用本条规定的禁止重复授权原则时，本条所述“同样的发明创造”就被解释为不仅包括相同的外观设计，也包括实质相同的外观设计，从而达到了与外观设计专利申请的特点相适应的目的；另一方面，“相同”和“实质相同”均属于 2008 年修改的《专利法》第二十三条第一款关于外观设计新颖性的规定范畴，两份“实质相同”的外观设计之间的区别应当小于第二十三条第二款关于外观设计创造性的规定中所述的“显著区别”，从而克服了前面所述的《审查指南 2006》有关规定存在的问题。关于外观设计相同和实质相同的含义，将在后面对《专利法》第二十三条规定的说明中

---

❶ 国家知识产权局.专利审查指南 2010［M］.北京：知识产权出版社，2010：第四部分第五章 5.

❷ 国家知识产权局.专利审查指南 2010［M］.北京：知识产权出版社，2010：第四部分第五章 8.

介绍。

由于2008年修改后的《专利法》第二十三条第一款增加了关于外观设计抵触申请的规定，因此对同一申请人或者不同申请人就同样的外观设计先后提出的两件以上外观设计专利申请，也存在应当优先适用本条规定，还是优先适用《专利法》第二十三条第一款关于抵触申请的规定的问题。就这一问题，前面针对发明或者实用新型进行了讨论，指出了《专利法》第二十二条第二款关于发明和实用新型抵触申请的规定比本条规定更为严格的两个理由，进而得出了应当优先适用《专利法》第二十二条第二款关于抵触申请的规定的结论。对外观设计而言，所述第一个理由是不成立的，因为外观设计专利申请或者专利都没有权利要求书，无论判断是否属于现有设计，还是判断是否属于同样的发明创造，都只能依据外观设计的图片或者照片；但是，第二个理由仍然成立，也就是在先外观设计专利申请被公告授予专利权之后，即使该专利权被放弃、被宣告无效，其阻止在后申请被授予专利权的效力都依然存在。因此，也应当得出应当优先适用《专利法》第二十三条第一款关于外观设计抵触申请的规定的结论。

二、禁止重复授权原则的例外情况

2008年修改的《专利法》不仅将2010年修改前的《专利法实施细则》第十三条第一款关于禁止重复授权原则的规定转移到本条作为第一款，还另外补充规定了该原则的一种例外情况，即“同一申请人同日对同样的发明创造既申请实用新型专利又申请发明专利，先获得的实用新型专利权尚未终止，且申请人声明放弃该实用新型专利权的，可以授予发明专利权”。不足之处在于本条将这两种情况合在一款中予以规定，因此在引用法律规定时容易产生混淆，不能清楚地表明其本意是引用本条第一款前半部分关于禁止重复授权原则的规定，还是引用本条第一款后半部分关于禁止重复授权原则的例外情况的规定。

下面就该规定的出台背景以及含义进行说明。

（一）出台背景

我国对实用新型专利申请实行初步审查制，从申请专利到被授予专利权所需时间较短；对发明专利申请实行实质审查制，从申请专利到被授予专利权需要时间较长。一些专利申请人既希望能够较快地获得专利保护，又希望能够获得保护期限更长的发明专利权，采取了就同样的发明创造同时或者先后提交一件实用新型专利申请和一件发明专利申请的做法，并由此而对同样的发明创造获得两项专利权。在1992年修改《专利法》以及《专利法实施细则》前，采取这种做法是法律所允许的，因为当时还没有关于“同样的发明创造只能授予一项专利权”的规定。在1992年修改的《专利法实施细则》第十三条第一款增加这一规定之后，申请人就不能再采取这种做法了。

20世纪90年代中期，国家知识产权局每年受理的专利申请数量快速增加，而审查员严重不足，导致了较为严重的发明专利申请积压现象，一些发明专利申请需要等待6~7年才能被授予专利权，引起了申请人和社会公众的强烈不满。为了及时解决这一问题，在尚未修改《专利法》和《专利法实施细则》的情况下，国家知识产权局采取了一项临时措施，即允许同一申请人同日或者先后就同样的发明创造既申请发明专利又申请实用新型专利。由于实用新型专利能够很快被授予，因此申请人可以及时对其发明创造获得专利保护；此后，其发明专利申请经过实质审查被认为符合授权条件的，只要该申请人声明放弃其已经获得的实用新型专利权，就可以授予发明专利权。[1]采用这种做法，申请人可以在已经获得实用新型专利保护的同时等待国家知识产权局对发明专利申请进行实质审查，因而缓解了发明专利申请积压严重所带来的问题。

然而，上述做法也带来了一些争议。

首先，对国家知识产权局上述做法是否符合 2010 年修改前的《专利法实施细则》第十三条第一款的规定存在不同观点。一种观点认为，“同样的发明创造只能被授予一项专利”，可以被理解为对同样的发明创造不能有两项有效专利同时存在。按照这种观点，国家知识产权局的上述做法确保了对同样的发明创造在任何时候都只可能有一项专利存在，因而没有违背该款规定。另一种观点认为，“同样的发明创造只能被授予一项专利”，应当被理解为对同样的发明创造不能被两次授予专利权，即使它们并非同时存在也依然如此。按照这种观点，国家知识产权局的上述做法不符合该款规定。严格从 2010 年修改前的《专利法实施细则》第十三条第一款的字面含义出发，应当承认后一种观点更有道理。

其次，国家知识产权局的上述做法有可能导致如下不合理的现象。

一是在同一申请人先提交实用新型专利申请，后提交发明专利申请的情况下，先授予的实用新型专利权已经为该申请人提供了一段时间的专利保护，后授予的发明专利权还能接着为该专利权人提供自其发明专利申请日起 20 年的保护，其总共获得专利保护的期间就会超过仅仅提出发明专利申请的申请人所能获得的专利保护期间，这对其他发明专利权人来说有失公平。

二是有可能出现这样的情况，即授予发明专利之前，先授予的实用新型专利已经因被放弃或者期限届满而终止。2010 年修改前的《专利法》第四十四条规定，专利权在期限届满前终止的，由国务院专利行政部门登记和公告。在公众得知该实用新型专利权已经终止的信息之后，有理由认为原来受实用新型专利权保护的发明创造已经进入公有领域，任何人都可以自由实施应用，进而实施该发明创造；然而却不料该专利权人后来就此发明创造又获得了一项发明专利权，导致该实施行为有可能被指控为侵犯该发明专利权的行为，这对公众来说有失公平。

进入 21 世纪以后，国家知识产权局采取了种种有效措施，使发明专利申请的实质审查周期不断缩短，原来十分突出的发明专利申请积压问题已经大为缓解。鉴于原来采取的做法存在一些实际问题，引起了一些争议，在 2008 年修改《专利法》前期的专题研究中以及随后的征求意见过程中，国家知识产权局提出了是否有必要继续保留上述特殊做法的问题，请各有关方面发表意见。其结果是多数人认为这种做法为申请人提供了更多的选择余地，适合我国的具体国情，建议继续予以保留。[2]国家知识产权局采纳这一建议，在其

---

[1] 原中国专利局 1995 年 9 月 28 日颁布的《审查指南公报》(第 6 号)。

[2] 李顺德，等.发明、实用新型专利的交叉保护问题［G］//国家知识产权局条法司.专利法及专利法实施细则第三次修改专题研究报告.北京：知识产权出版社，2006：3-30；汪惠民，等.关于发明和实用新型专利申请并存的问题［G］//国家知识产权局条法司.专利法及专利法实施细则第三次修改专题研究报告.北京：知识产权出版社，2006：31-68.

上报国务院的《〈专利法〉修改草案（送审稿）》中提出了增加有关例外规定的修改建议。在审议《〈专利法〉修正案（草案）》的过程中，国务院和全国人大常委会均接受了该建议，将国家知识产权局曾经采取的特殊做法经必要完善后纳入本条规定。

（二）关于例外情况的规定

应当指出的是，本条第一款增加关于例外情况的规定，实际上已经澄清了上面所述的第一个争议，即“同样的发明创造只能授予一项专利权”的含义应当是对同样的发明创造从根本上就不能授予两项专利权，而不是确保没有两项专利同时存在。正是由于认为应当对本条第一款的规定作此解释，同时又认为国家知识产权局过去采用的特殊做法应当予以保留，才有必要将禁止重复授权原则的例外情况写入本条第一款。在本条第一款写明该例外情况，意味着只有在规定的情形下才允许对同样的发明创造授予两项专利权，在其他情形下均不允许。

为了克服国家知识产权局过去采取的做法有可能导致的不合理之处，全国人大常委会在同意写入例外情况的同时，还认为有必要对这种做法作出进一步的限制。

首先，允许同一申请人对同样的发明创造既申请实用新型专利，又申请发明专利，但是规定必须同日提出，这就确保了该申请人所能获得的专利保护期限最长也不会超过自申请日起的20年。这一方面克服了前面指出的问题；另一方面也不会给申请人带来不合理的负担。对同样的发明创造，申请人既然能够提出发明专利申请或者实用新型专利申请中的一件申请，同时提交另一件申请当无困难，尤其当申请人申请获得一项产品专利权时，两件申请的内容可以完全相同。

其次，规定随后又授予发明专利权的条件之一是“先获得的实用新型专利权尚未终止”，这样就能避免出现先授予的实用新型专利权已经因为被放弃或者保护期限届满而终止，随后又授予发明专利权的现象，从而能够更好地维护公众的利益不受损害。

为了确保本条关于例外情况的规定以合理方式予以施行，2010年修改的《专利法实施细则》第四十一条第二款至第五款进一步规定：

> 同一申请人在同日（指申请日）对同样的发明创造既申请实用新型专利又申请发明专利的，应当在申请时分别说明对同样的发明创造已申请了另一专利；未作说明的，依照专利法第九条第一款关于同样的发明创造只能授予一项专利权的规定处理。
>
> 国务院专利行政部门公告授予实用新型专利权，应当公告申请人已依照本条第二款的规定同时申请了发明专利的说明。
>
> 发明专利申请经审查没有发现驳回理由，国务院专利行政部门应当通知申请人在规定期限内声明放弃实用新型专利权。申请人声明放弃的，国务院专利行政部门应当作出授予发明专利权的决定，并在公告授予发明专利权时一并公告申请人放弃实用新型专利权声明。申请人不同意放弃的，国务院专利行政部门应当驳回该发明专利申请；申请人期满未答复的，视为撤回该发明专利申请。
>
> 实用新型专利权自公告授予发明专利权之日起终止。

其中，要求申请人在申请实用新型专利时说明对同样的发明创造还申请了发明专利，是为了便于在公告授予实用新型专利权时一并公告该说明，让公众知道该申请人针对同样的发明创造提出了两项专利申请，即使先授予的实用新型专利权终止，该发明创造还有可能接着由随后授予的发明专利权予以保护，从而避免产生误导公众的后果；要求申请人在申请发明专利时说明对同样的发明创造还申请了实用新型专利，是为了便于国家知识产权局在对发明专利申请进行实质审查时予以注意，当审查的结果认为发明专利申请已经满足授予发明专利的条件，但发现拟授权的权利要求书中存在与实用新型专利的某项权利要求保护范围相同的权利要求时，应当核实该实用新型专利权是否仍然有效以及申请人是否提交了愿意在被授予发明专利权的同时放弃其实用新型专利权的声明，从而避免发明专利权的不当授予。鉴于申请人的上述说明对专利制度的正常运作具有重要作用，《专利法实施细则》第四十一条第二款规定："未作说明的，不适用专利法第九条第一款关于同一申请人同日对同样的发明创造既申请实用新型专利又申请发明专利的规定。"关于"未作说明"的含义，《专利审查指南 2010》进一步规定既包括在提交实用新型专利申请和发明专利申请时均未作说明的情况，也包括仅在提交其中一件专利申请时未作说明的情况。这一要求没有什么不合理的地方，因为申请人既然想要获得本条的例外规定所提供的好处，就应当承担相应的责任，两者是一种平衡。

这样，修改后的《专利法》和《专利法实施细则》一方面顺应广大申请人的呼声，在本条第一款中加入了关于例外情况的规定；另一方面对例外情况做了必要的限制，克服了国家知识产权局过去采取做法存在的缺陷，体现了立法的周全和细腻，是既积极又稳妥的立法实践。

现实中同一申请人同日既申请实用新型专利又申请发明专利的，在极个别情况下也会出现其实用新型专利申请尚未授权，而其发明专利申请已被授权的现象。此时，申请人是否可以通过放弃其已经获得的发明专利权，转而获得实用新型专利权？回答应当是否定的。首先，本条第一款没有规定这种例外情况；其次，发明专利权具有更高的法律稳定性，而且申请人需要缴纳数额不低的实质审查费，没有理由使人信服申请人有必要采取这种做法。

最后，还需要对一个特殊问题作出说明，即本条第一款所述的"同日"是指实际申请日，还是优先权日？

在各国的专利实践中，申请日都是一个重要的概念，因为它是专利法规定的许多程序的时间起点。然而，《专利法》和《专利法实施细则》中提到的申请日，有的是指在我国提出专利申请的实际申请日，有的在有优先权的情况下是指优先权日。为了明确起见，2010年修改前的《专利法实施细则》第十条作了如下规定：

> **除专利法第二十八条和第四十二条规定的情形外，专利法所称申请日，有优先权的，指优先权日。**
>
> **本细则所称申请日，除另有规定的外，是指专利法第二十八条规定的申请日。**

本条第一款和第二款虽然没有直接出现"申请日"的措辞，但是采用了"同日"、"最先申请"的措辞，它们都与申请日密切关联，是以隐含的方式提及申请日，在现实中也需要明确它们的含义。

在 2008 年修改《专利法》之前，本条仅仅规定了先申请原则，即："两个以上的申请人分别就同样的发明创造申请专利的，专利权授予最先申请的人。"其中，"最先申请"所隐含的申请日在有优先权的情况下应当是指优先权日，这一点与 2010 年修改前的《专利法实施细则》第十条第一款的规定是一致的，故未作明确规定也无妨，不会产生什么问题。

2010 年修改前的《专利法实施细则》第十三条第二款规定："依照专利法第九条的规定，两个以上的申请人在同一日分别就同样的发明创造申请专利的，应当在收到国务院专利行政部门的通知后自行协商确定申请人。"其中，"同一日"所隐含的申请日在有优先权的情况下也应当是指优先权日。然而，根据2010年修改前的《专利法实施细则》第十条第二款的规定，却会得出是指实际申请日的结论。这是2010年修改前的《专利法实施细则》存在的一个问题，应当予以解决。

2008年修改的《专利法》本条第一款增加了有关禁止重复授予专利权原则的例外情况的规定，其中所述"同日"也隐含了申请日。然而，该申请日却不能被理解为有优先权的是指优先权日，而应当是指实际申请日，其理由在于：如前所述，2010年修改的《专利法实施细则》第四十一条第二款规定"同一申请人同日对同样的发明创造既申请实用新型专利又申请发明专利的，应当在申请时分别说明"，如果将其中"同日"所隐含的申请日理解为在有优先权的情况下是指优先权日，则意味着申请人在提交作为优先权基础的在先申请时就需要说明申请两项专利的情况，这显然是不合理的，不具有可操作性。这种情况在外国申请人向我国提交专利申请时发生的可能性较大。例如，某外国公司在美国首次提交了专利申请，随后在我国就同样的发明创造同日分别提交了一件发明专利申请和一件实用新型专利申请，两者均要求美国申请的优先权。此时，该申请人应当按照《专利法实施细则》第四十一条第一款的规定，在向我国提交这两件专利申请时分别予以说明，不可能是在向美国首次提交专利申请时予以说明。这一点在修改《专利法实施细则》时也需要予以明确。

基于上述原因，在2010年修改的《专利法实施细则》第四十一条第一款中，将修改前的《专利法实施细则》第十三条第二款所述的"同一日"修改为"同日"，以便与本条第一款所述的"同日"保持一致，同时在后面增加了一个括弧，注明"指申请日；有优先权的，指优先权日"；在《专利法实施细则》第四十一条第二款所述"同日"后面也增加了一个括号，注明"指申请日"，从而一并解决了上述两方面的问题。

第十条　专利申请权和专利权的转让

专利申请权和专利权可以转让。

中国单位或者个人向外国人、外国企业或者外国其他组织转让专利申请权或者专利权的，应当依照有关法律、行政法规的规定办理手续。

转让专利申请权或者专利权的，当事人应当订立书面合同，并向国务院专利行政部门登记，由国务院专利行政部门予以公告。专利申请权或者专利权的转让自登记之日起生效。

一、概　述

有些国家的专利法明文规定，专利申请权和专利权都是财产权；有些国家的专利法虽无明文规定，实际上也是如此对待。既然专利申请权和专利权属于财产权，就和普通财产权一样是可以转移的。

专利申请权和专利权的转移可以随有关法律事件的出现，依照有关法律的规定直接发生。例如，专利申请人或者专利权人为个人的，在其死亡的情况下，专利申请权或者专利权依照《继承法》转移给继承人；专利权申请人或者专利权人为单位的，在其分立或者合并的情况下，专利申请权或者专利权依照有关法律转移给继受人。此时，继承人和继受人应当向国家知识产权局说明理由，附具有关证明文件，请求国家知识产权局进行权利转移的登记。

专利申请权和专利权的转移也可以随原权利主体采取的法律行为而发生，例如转让、赠与等。专利申请权和专利权作为一种财产权，权利人应当享有对其进行处分的权利，转让权利是行使其处分权的基本方式之一。所以，本条第一款明确规定权利主体有转让专利申请权和专利权的权利。

2000年修改前的本条第二款规定，全民所有制单位转让专利申请权和专利权的，必须经上级主管机关批准。显然，这一规定明显带有计划经济体制的色彩。在市场经济体制下，转让专利申请权和专利权的权利属于企业自主经营权的范围，政府主管部门不必也不宜干预。因此，2000年修改《专利法》时删除了该款规定。当然，国有企业转让专利申请权和专利权仍需遵照《企业国有资产法》有关转让国有资产的规定，履行国有资产流转的相应手续。

应当注意的是，本条所称的“专利申请权”，不同于《专利法》第六条和第八条所称的“申请专利的权利”。

本条所称“专利申请权”是指申请人在向国家知识产权局提出专利申请以后对其专利申请享有的权利，即对该专利申请的所有权。这种所有权主要体现在申请人有权决定是继续进行申请手续还是放弃其专利申请，是自己继续保留该专利申请还是将该专利申请转让给他人等。转让专利申请权需要履行本条第二款和第三款规定的手续，才能使其转让行为产生法律效力。

《专利法》第六条和第八条所称“申请专利的权利”，是指在发明创造作出之后、提出专利申请之前，有关单位或者个人享有的决定是否对该发明创造申请专利、何时申请专利、申请何种专利以及向哪些国家申请专利等权利。申请专利的权利也可以转让，然而由于这种转让行为发生在提出专利申请之前，与国家知识产权局的程序没有任何关联，因此无须履行本条第二款和第三款规定的手续。

申请专利的权利与专利申请权有紧密联系，体现在一旦享有申请专利的权利的主体行使该权利提出专利申请后，其申请专利的权利就“转化”为专利申请权，因此专利申请权实际上是申请专利的权利在提出专利申请之后的继续，是权利人行使申请专利权利的结果。

二、专利申请权和专利权的转让

（一）向外国人转让专利申请权或者专利权

1. 本条第二款的含义

专利申请权和专利权作为民事权利，根据尊重当事人意思自治的原则，其转让原则上不受限制，只要当事人达成协议即可。但是，根据本条第二款的规定，如果专利申请权和专利权的转让人是中国单位或者个人，受让人是外国人、外国企业或者外国其他组织，就应当依照有关法律、行政法规的规定办理有关手续。

本条第二款所述“法律、行政法规”，分别是指《对外贸易法》和《技术进出口管理条例》。

本条第二款（以及《专利法》第十九条、第二十条）所称“中国单位”，是指按照我国法律成立从而具有我国民事主体资格的单位，不仅包括全民所有制单位、集体所有制单位、私营企业以及其他混合所有制单位，而且包括依照我国法律在我国成立的中外合资企业、中外合作经营企业以及外资独资企业。

本条第二款所称“外国人、外国企业或者外国其他组织”应当从广义上理解，是指所有不具有中国民事主体资格的外国人、外国企业和外国其他组织。

2.《技术进出口管理条例》的有关规定

《技术进出口管理条例》第二条规定：

> **本条例所称技术进出口，是指从中华人民共和国境外向中华人民共和国境内，或者从中华人民共和国境内向中华人民共和国境外，通过贸易、投资或者经济技术合作的方式转移技术的行为。**
>
> **前款规定的行为包括专利权转让、专利申请权转让、专利实施许可、技术秘密转让、技术服务和其他方式的技术转移。**

按照上述规定，跨境转让专利申请权、专利权以及跨境专利实施许可均属于技术进出口，应当依照该条例的规定履行相应的手续。

跨境转让专利申请权、专利权可以分为以下几种情况：

（1）中国主体将其在中国享有的专利权利转让给外国主体；

（2）中国主体将其在外国享有的专利权利转让给外国主体；

（3）中国主体将其在外国享有的专利权利转让给中国主体；

（4）外国主体将其在中国享有的专利权利转让给中国主体；

（5）外国主体将其在中国享有的专利权利转让给外国主体；

（6）外国主体将其在外国享有的专利权利转让给中国主体。

其中，第（1）（4）（5）三种情况均涉及当事人在中国享有的专利权利，应当受《专利法》的规制；第（2）（3）（6）三种情况均涉及当事人在外国享有的专利权利，应当不受《专利法》的规制。在第（1）种情况下，转让人为中国主体，受让人为外国主体，被认为构成了技术出口行为，需要履行《技术进出口管理条例》规定的有关手续，因此本条第二款作了相应规定。

根据《技术进出口管理条例》的规定，从技术出口管制的角度出发，将出口的技术分为三类：一是禁止出口的技术；二是限制出口的技术；三是自由出口的技术。属于禁止出口的技术，不得出口；属于限制出口的技术，实行许可证管理，经有关商务主管部门许可后才能出口；属于自由出口的技术，实行合同登记管理，当事人只需在合同订立后到有关商务主管部门办理备案手续即可。判断某项技术到底属于上述哪种类型，需要依照国务院外经贸主管部门会同国务院有关部门制定并公布的禁止出口和限制出口的技术目录。

实际上，本条第二款的规定存在值得商榷之处，体现在以下方面。

第一，本条第二款所述“转让专利申请权或者专利权”，明显是指转让在我国的专利申请权和专利权。按照《巴黎公约》规定的专利权独立原则，这些专利申请权和专利权只有在我国才有意义，出了国门就没有意义。即使中国单位或者个人将其在我国的专利申请权和专利权转让给在我国没有民事主体资格的外国人、外国企业或者外国其他组织，受让人也只能在我国享有该权利。从这种意义上说，被转让的权利并没有“出口”。

第二，从《技术进出口管理条例》区分禁止出口的技术、限制出口的技术、自由出口的技术的做法来看，对技术进出口进行管制的目的仍然与保密有关。对其他类型的尚未公开的技术而言，采取这种保密措施是有意义的；然而对普通的专利申请权和专利权而言，采取这种保密措施却没有什么意义，因为国家知识产权局对发明专利申请要予以公布，对授予的发明专利权和实用新型专利权要予以公告，一经公布或者公告，全世界就都知道了，即使不转让专利申请权、专利权，其涉及的技术方案本身也已经“出口”。如果是《专利法》第四条意义上的国防专利或者保密专利，自然要严格遵循《保守国家秘密法》的规定，既不会向公众公开，也不允许向外国人转让。所以，如果确为涉及国家安全或者重大利益的发明创造需要予以保密，应当从一开始，也就是申请专利之时（当然也包括申请专利之前）就采取保密措施，而不是到了转让专利申请权或者专利权的阶段才采取保密措施。

在我国改革开放之前，一切“涉外事宜”都被看得十分神秘，都需要汇报请示，因此1984年制定的《专利法》第十条第三款规定“中国单位或者个人向外国人转让专利申请权或者专利权的，必须经国务院有关主管部门批准”是不足为怪的事情。时至今日，我国的对外贸易以及与各国的商业往来已经如此广泛，“司空见惯浑闲事”，没有必要增加当事人的不必要负担。2000年和2008年修改《专利法》时，国家知识产权局均向立法机关陈述了上述理由，建议对本条第二款作必要修改。然而，由于国务院有关主管部门始终予以反对，故该建议未被采纳。

3. 向外转让专利申请权和专利权应当办理的手续

本条第二款只是原则性地规定向外转让专利申请权或者专利权需要办理有关手续。因此，具体手续的办理需要依照《技术进出口管理条例》及有关部门规章的规定。商务部、科学技术部 2009 年 4 月 20 日联合发布了《禁止出口限制出口技术管理办法》，自 2009 年 5 月 20 日起施行，同时废止了原先规定的办法。

从实践中看，专利申请或者专利权涉及的技术基本上都属于限制出口或者自由出口的技术，不涉及禁止出口的技术（因为涉及这类技术的应当申请国防专利或者保密专利）。因此，向外转让属于限制出口或者自由出口范围的专利申请权和专利权的，应当依照《禁止出口限制出口技术管理办法》的规定办理有关手续。

前面提到，本条所述的“专利申请权”不包括《专利法》第六条和第八条中规定的申请专利的权利。因此，实践中经常遇到的问题是，向外转让申请专利的权利的，是否也要履行《技术进出口管理条例》以及相关部门规章规定的手续。所谓向外转让申请专利的权利，主要包括两种情况：一是外国母公司在中国设立子公司时，在投资协定中约定或者在公司章程中规定，就子公司作出的所有发明创造申请专利的权利属于母公司；二是子公司作出某项发明创造后，与母公司订立单独的协议，将该发明创造申请专利的权利转让给母公司。在第一种情况下，订立合同时发明创造尚未作出，实际上是转让一种“期权”。尽管本条没有规定转让申请专利的权利也应当履行有关法律、行政法规的规定，但是《技术进出口管理条例》规定的技术进出口包括“技术秘密的转让”。在发明创造完成后申请专利前，当事人如果想要对该发明创造申请专利，必然会对该发明创造采取保密措施，否则就会因为申请前被公开而导致不能获得专利权。既然采取了保密措施，按照《反不正当竞争法》的规定就属于技术秘密；既然属于技术秘密，按照《技术进出口管理条例》的规定，中国主体向外国主体转让申请专利的权利就属于技术出口，应当办理该条例及相关规章规定的手续。

需要注意的是，尽管中国主体（例如外国公司在中国设立的子公司）向外国主体（例如外国母公司）转让申请专利的权利不需要履行本条第三款规定的登记等手续，但只要该发明或者实用新型是在中国完成的，按照《专利法》第二十条的规定，就该发明创造在外国申请专利的首先需要由国家知识产权局进行保密审查。对此，请详见本书对《专利法》第二十条的说明。

根据《专利法》第二条的规定，外观设计专利的保护对象是对产品的外观作出的富有美感的设计方案，不涉及技术方案。因此，向外转让外观设计专利申请权和专利权的不属于技术出口，不必办理《技术进出口管理条例》规定的手续。2010 年修改的《专利法实施细则》第七条至第九条规定《专利法》第四条提及的需要保密的发明创造只包括发明和实用新型，2008 年修改的《专利法》第二十条将向外申请专利需要进行保密审查的范围由修改前该条规定的“发明创造”改为“发明或者实用新型”，也表明对外观设计不需要进行保密审查。考虑到《专利法》第四条、第二十条规定的保密审查与技术进出口规定的总体目标是一致的，因此向外转让外观设计专利申请权或者专利权的不必办理《技术进出口管理条例》规定的手续。在2010年修改《专利法实施细则》的讨论过程中，国务院法制办公室曾经根据有关意见提出如下建议条款："中国单位或者个人向外国人、外国企业或者外国其他组织转让发明、实用新型专利申请权或者专利权的，应当按照《技术进出口管理条例》的有关规定，向国务院商务主管部门办理审批或者登记手续"。考虑到对此各方面的认识较为一致，不采用该建议条款也不会引起争议，所以最后没有采用该建议条款。

（二）专利申请权或者专利权转让合同的订立方式

根据《合同法》第十条的规定，订立合同可以采用口头形式、书面形式和其他形式。但是，根据本条第三款的规定，专利申请权和专利权的转让合同应当采用书面形式。《合同法》和《专利法》的规定不一致，在实践中到底应当以哪部法律为准？

《合同法》第三百五十五条规定："法律、行政法规对技术进出口合同或者专利、专利申请合同另有规定的，依照其规定。"《合同法》这一规定是根据特别法优于普通法的原则而专门写入的例外条款，明确了转让专利申请权和专利权合同的法律适用问题。因此，专利申请权和专利权的转让合同应当依照《专利法》的规定采用书面形式。

《专利法》之所以规定转让专利申请权和专利权的合同应当采用书面形式，是因为作为专利申请权和专利权客体的发明创造是无形的，专利申请人和专利权人和受让人无法如同对有形财产那样，对发明创造进行实际占有和转移占有，专利申请权和专利权的归属只能以国家知识产权局的登记簿为准。如果允许以口头方式订立专利申请权和专利权的转让合同，任何人都有可能自称是受让人而要求国家知识产权局对登记簿记载的专利申请人和专利权人进行变更。由于国家知识产权局很难对其主张进行查证，如果不予变更会导致很多争议纠纷；如果允许变更又有可能损害专利申请人和专利权人的合法权利。为了避免出现这样的困境，本条第三款规定转让专利申请权和专利权的，当事人应当订立书面合同。

（三）专利申请权或者专利权转让的登记、公告和生效

无论对何种权利而言，权利主体是谁都是最为基本的要素之一。

由于专利权的客体是一种无形财产，无法像有形财产那样被占有和交付，因此专利申请权和专利权的专利主体的变动只能如同不动产的变动那样采用登记的公示方式，而不能如同动产的变动那样采用交付的公示方式。基于这一原因，本条第三款规定，转让专利申请权和专利权应当向国家知识产权局登记。考虑到查阅国家知识产权局的登记簿并不是公众中的任何人都容易做到的，为了便于公众知晓专利申请权和专利权的权利主体的变动，本条第三款又规定国家知识产权局对专利申请权和专利权的转让还要进行公告。应当注意，国家知识产权局予以登记和公告的事项是专利申请权或者专利权的转让这一民事法律行为，而不是专利申请权或者专利权转让合同。转让专利申请权或者专利权的，应当按照《专利审查指南2010》的规定办理著录事项变更手续，手续合格的，国家知识产权局才能予以登记和公告。

专利申请的初步审查和实质审查过程是国家知识产权局与申请人进行对话协商的过程，专利申请人的立场无疑会对审查过程的走向产生重要影响。转让专利申请权意味着专利申请权的主体发生了变化，必须向国家知识产权局登记以得到认可和记录，否则就不能

保证随后的专利审查过程的正常进行。

专利权是国家授予的独占权利，对该国所有的其他单位和个人均有约束效力。转让专利权意味着专利权的主体发生了变化，不仅必须向国家知识产权局登记以得到认可和记录，还必须通过国家知识产权局的公告让公众知晓。发明专利申请自申请日起满 18 个月要予以公布，公布后的发明专利申请依照《专利法》第十三条的规定受到临时保护，对公众也具有约束效力，因此发明专利申请的转让发生在公布之后的，国家知识产权局也需要予以公告。❶

根据本条第三款规定，“专利申请权或者专利权的转让自登记之日起生效”；根据《合同法》的原则，转让合同自合同成立之日起生效。初看起来两者有些不一致。但是应当注意，前者规定的是转让行为的生效，后者规定的是转让合同的生效，两者说的是不同的事情，不可将其混淆在一起。例如，在专利申请人或者专利权人与张某依法订立转让合同之后、向国家知识产权局进行登记之前，专利申请人或者专利权人又与李某就同一专利申请权或者专利权订立了转让合同，而且就这一转让向国家知识产权局进行了登记，则尽管后一转让合同成立在后，仍然能够产生转让的效力；前一转让合同尽管成立在先，却不产生转让的效力。在这种情况下，应当由李某作为受让人享有和行使被转让的专利申请权或者专利权，张某无权作为该专利申请权或者专利权的受让人。不过，张某与专利申请人或者专利权人订立的转让合同并没有被废止，仍然是有效合同，因此张某可以要求专利申请人或者专利权人承担违约责任。

2000 年修改《专利法》前，本条原第四款规定：“转让专利申请权或者专利权的，当事人必须订立书面合同，经专利局登记和公告后生效。”这一规定在实践中产生了如下问题。

第一，该规定将登记和公告均作为转让生效的要件，会影响当事人权利的正常行使。由于对实用新型和外观设计专利申请只进行初步审查而不予公布，国家知识产权局在对实用新型和外观设计专利申请公告授权之前负有保密义务。如果实用新型和外观设计的申请人在授予专利权之前将其专利申请权转让给他人，国家知识产权局不能单就这一转让行为进行公告。这样，按照原规定，在授予专利权之前该转让行为尚未生效，受让人无法作为申请人继续办理申请事宜，只能等到该实用新型或者外观设计被授予专利权后才能行使其作为受让人的权利。因此，规定专利申请权的转让在公告后才能生效，会对专利申请权的正常转让产生妨碍作用。

第二，这一规定往往会引起误解。2000 年修改前的《专利法》本条第四款规定“经专利局登记和公告后生效”，却没有明确是指转让合同生效还是指转让行为生效，导致一些人认为专利申请权和专利权的转让合同需要经过登记和公告才能生效。对于这种理解，有人认为是行政机关干涉当事人之间订立民事合同的生效，与《民法通则》和《合同法》规定的“合同自由”原则相冲突。事实上，登记和公告并不是专利申请权和专利权转让合同生效的要件，而仅仅是转让行为或者说权利转让的生效要件。转让合同作为一种合同，按照《合同法》的规定，应当自合同成立之日起生效。

---

❶ 《专利法实施细则》第八十九条规定，专利申请权、专利权的转移是国家知识产权局必须予以登记的事项之一；第九十条规定，发明专利申请公布后的转移、专利权的转移是国家知识产权局必须予以公告的事项之一。

2000 年修改《专利法》时，将修改前本条第四款的规定拆分为两句话，成为 2000 年修改的《专利法》本条第三款。其中第一句话规定当事人需要办理的事项（即订立书面转让合同，并向国家知识产权局登记）以及国家知识产权局需要办理的事项（即对专利申请权或者专利权的转让予以公告）；第二句话规定专利申请权或者专利权的转让（而不是转让合同）自登记之日起生效，从而一并解决了上述两个问题。

第十一条 专利权的效力

发明和实用新型专利权被授予后，除本法另有规定的以外，任何单位或者个人未经专利权人许可，都不得实施其专利，即不得为生产经营目的制造、使用、许诺销售、销售、进口其专利产品，或者使用其专利方法以及使用、许诺销售、销售、进口依照该专利方法直接获得的产品。

外观设计专利权被授予后，任何单位或者个人未经专利权人许可，都不得实施其专利，即不得为生产经营目的制造、许诺销售、销售、进口其外观设计专利产品。

一、概　述

（一）总体含义

本条规定专利权的效力，是《专利法》中最为重要的条款之一。本条具有如下两方面的含义。

第一，明确了被授予的发明创造能够获得何种程度的法律保护，这是建立专利制度所要明确的最为基本的问题。本条规定，专利权被授予后，任何单位或者个人未经专利权人许可，都不得实施其专利，这就从制度上保障了专利权人享有实施其发明创造的“独占权”，能够通过自己实施其发明创造或者许可他人实施其发明创造获得预期的经济利益，不仅能够回收作出该发明创造付出的投入，而且有望为研究开发其他发明创造提供经济支持，使创新活动得以继续和拓展，实现“创新—受益—再创新—再受益”的良性循环，使创新成果有如“雨后春笋”般层出不穷。这是建立专利制度最为根本的目的和动机。

第二，规定了构成侵犯专利权行为的条件，从而为公众以合法方式从事生产经营活动建立了行为准则。所谓为专利权人提供法律保护，其含义是指任何单位或者个人未经专利权人许可实施其专利将构成侵犯专利权的行为，要承担法律规定的民事责任。因此，本条的另一个重要作用在于对侵犯专利权的行为作了定义。

按照本条规定，认定构成侵犯专利权的行为需要满足如下五项条件：

（1）在专利权被授予之后；

（2）未经专利权人许可；

（3）为生产经营目的；

（4）进行了制造、使用、许诺销售、销售或者进口行为；

（5）上述行为涉及的是“其专利产品”、“其专利方法”或者“依照该专利方法直接获得的产品”。

上述五项都是构成侵犯专利权行为的必要条件，不满足其中任何一项条件都不足以构成侵犯专利权的行为。

进一步分析，上述五项条件按其性质又可分成两类。

其中第一类包括第（1）项至第（4）项，它们涉及被控侵权行为的主观因素，例如行为人是否获得专利权人许可、为了什么目的；被控侵权行为的整体性质，例如是在什么时间进行的，采取了何种行为方式。这一类条件有一个共同的特点，就是都不涉及被控侵权产品或者方法与专利产品或者专利方法在技术方案或者设计方案上的比较，因此可以将它们统称为构成侵犯专利权行为的形式条件。

显然，要认定构成侵犯专利权的行为，仅满足上述形式条件还不充分，还必须进一步判断是否满足本条规定的第（5）项条件，即判断被诉侵权人制造、许诺销售、销售、使用、进口的是否为“其专利产品”或者所使用的是否为“其专利方法”。这是构成专利侵权行为的第二类条件。该类条件专门涉及被控侵权产品或者方法与专利产品或者专利方法在技术上或者设计上的异同，因此可以将其称为构成侵犯专利权行为的实质条件。

对上述第（1）项条件，本书将结合《专利法》第十三条关于发明专利申请临时保护以及《专利法》第四十二条关于专利权期限的规定进行说明；对上述第（5）项条件，本书将结合《专利法》第五十九条关于专利权保护范围的规定进行说明。因此，本条集中说明第（2）项至第（4）项条件。

（二）关于例外情况的规定

一个值得探讨的问题是，本条第一款和第二款分别规定了发明、实用新型专利权的效力和外观设计专利权的效力，其中第一款中写入了“除本法另有规定的以外”的措辞，意指该款规定不适用于《专利法》中明确规定的例外情况；然而第二款却没有写入这一措辞。由此带来的疑问是：该措辞所指的例外包括《专利法》的哪些规定？这些例外情况是否不适用于外观设计专利权？

在 2008 年修改《专利法》的前期课题研究中，也有人提出了上述问题，认为应当对本条第二款进行修改，补充有关例外情况的规定。国家知识产权局采纳了这一意见，在 2006 年 12 月 27 日提请国务院审议的《〈专利法〉修订草案（送审稿）》中提出了在本条第二款中相应增加“除本法另有规定的以外”的修改建议。然而，国务院 2008 年 8 月 5 日提请全国人大常委会审议的《〈专利法〉修正案（草案）》没有采纳国家知识产权局的这一修改建议。

在全国人大常委会对《〈专利法〉修正案（草案）》进行审议的过程中，国家知识产权局与全国人大常委会法制工作委员会就此问题进行了讨论。法制工作委员会认为，2000 年修改的《专利法》第六十三条列举的是不视为侵犯专利权的情形，而不是专利权效力的例外情况，本条第一款所述的“除本法另有规定的意外”仅仅包括《专利法》第十四条关于国家推广应用的规定以及第四十八条至第五十一条关于专利实施强制许可的规定。由于《专利法》第十四条仅仅涉及发明专利权，《专利法》第四十八条至第五十一条仅仅涉及发明和实用新型专利权，都不涉及外观设计专利权，因此无须在本条第二款中增加“除本法另有规定的以外”的措辞。

全国人大常委会法制工作委员会上述观点的一个佐证是：1984 年制定的《专利法》第十一条第一款采用的措辞是“除本法第十四条规定的以外”，这表明全国人大常委会当年采用这一措辞的本意并非要将当时的《专利法》第六十二条列举的不视为侵犯专利权的情形囊括在侵犯专利权的例外情况之中。1992 年修改《专利法》时将上述措辞修改为

“除本法另有规定的以外”，仅仅是因为原先采用的措辞没有包括关于强制许可的规定，因而不够全面，有必要予以调整的缘故。

全国人大常委会法制工作委员会的上述观点包含了这样的含义：在依照《专利法》第十四条的规定由国务院作出推广应用发明的决定的情况下，以及在依照《专利法》第四十八条至第五十一条的规定强制许可的情况下，有关实施行为本来应当构成侵犯专利权的行为，但豁免其侵犯专利权的民事责任；《专利法》第六十九条规定，在其列举的五种情形下实施专利的不视为侵犯专利权，表明这些实施行为不构成侵犯专利权的行为，原本就无须承担侵犯专利权的民事责任，谈不上豁免其民事责任的问题。两者之间的一个重要区别在于：在前者的两种情况下，实施者仍然有向专利权人支付使用费的义务；而在后者的五种情形下，实施者没有支付使用费的义务。由此可见，“侵犯专利权的例外”与“视为不侵犯专利权”是含义不同的两个概念，不可将它们混为一谈。

二、“未经专利权人许可”的含义

本条规定，任何单位或者个人未经专利权人许可，都不得实施其专利。这表明，凡是经专利权人许可而进行实施其专利的行为不构成侵犯专利权的行为。“未经许可”是“经过许可”的反义词，相比之下前者比较难以讨论。因此，我们只需搞清楚后者的含义，前者也就不言自明了。

“经专利权人许可”最为典型的情况就是实施者事先按照《专利法》第十二条的规定，与专利权人订立了专利实施许可合同。在专利侵权纠纷的审理、处理过程中，被诉侵权人以订有专利实施许可合同为理由，争辩侵权指控不成立应当注意如下问题。

首先，应当注意许可合同的许可方是否有权许可第三人实施有关专利。

《合同法》第三百四十六条规定：

> 专利实施许可合同的受让人应当按照约定实施专利，不得许可约定以外的第三人实施该专利。

因此，如果一份专利实施许可合同的许可人不是专利权人本人，而是曾经与专利权人订立专利实施许可合同的单位或者个人，则被许可人必须认真研究在先专利实施许可合同的具体内容，确认该合同是否约定其被许可方有权许可第三人实施该项专利。

2008 年修改《专利法》时增加了第十五条，对共有专利申请权和共有专利权的行使作了规定：

> 专利申请权或者专利权的共有人对权利的行使有约定的，从其约定。没有约定的，共有人可以单独实施或者以普通许可方式许可他人实施该专利；许可他人实施专利的，收取的使用费应当在共有人之间分配。
>
> 除前款规定的情形外，行使共有的专利申请权或者专利权应当取得全体共有人的同意。

由上述规定可以知道，对共有专利申请权或者共有专利权而言，在事先没有约定的情况下，共有人之一有权单独实施获得专利权的发明创造，也有权单独许可他人实施该专利申请或者专利涉及的发明创造，但是许可的类型仅限于普通实施许可，不能是独占实施许可。因此，在与共有专利申请人或者专利权人之一订立专利申请或者专利实施许可合同时，被许可人应当调查了解共有人之间是否存在约定。如果约定任何共有人不得单独许可他人实施专利申请或者专利涉及的发明创造，则不可与共有人之一单独订立实施许可合同，因为这样的许可合同不具有法律效力；在没有这种限制性约定的情况下，可以与共有人之一单独订立专利实施许可合同，但是合同的类型只能是普通实施许可合同。

其次，应该注意专利许可合同对被许可方有何种限制性约定。

大多数专利实施许可合同都对合同双方的权利义务作了明确约定，对被许可方常常有诸如实施行为的内容、规模、年限、地域等方面的限制。因此，即使订立了专利实施许可合同，但如果被许可方实施专利的行为超越了合同约定的范围，其实施行为就构成了“未经专利权人许可”的行为。《合同法》第三百五十一条规定：

> **实施专利或者使用技术秘密超越约定的范围的，违反约定擅自许可第三人实施该项专利或者使用该项技术秘密的，应当停止违约行为，承担违约责任。**

针对这种行为，专利权人既可以依据《合同法》的规定追究行为人的违约责任，也可以依据《专利法》的规定追究行为人侵犯专利权的责任。

再者，应当注意被许可的专利与他人获得的其他专利之间存在的关联。

科学技术总是在不断向前发展，对专利技术的进一步研究和改进，常常会导致产生从属专利。所谓“从属专利”，是指在后专利权的保护范围完全落入在先专利权的保护范围之内。此时，两项专利的专利权人都不能自由地实施从属专利要求保护的技术方案，因为在未经对方许可的情况下，不论哪个专利权人实施从属专利的技术都会侵犯另一方的专利权。通常，解决这一问题的途径是两个专利权人订立交叉实施许可合同，互作让步，彼此获得对方的许可；而第三人想要实施从属专利要求保护的技术方案就必须同时获得两个专利权人的许可。此时，如果实施者仅仅获得其中一个专利权人的许可，则其实施行为仍有可能被另一专利权人指控为侵犯专利权。

因此，在订立专利实施许可合同时，被许可人应当十分注意所涉及的专利权是否为另一项在先并且有效的专利权的从属专利。现实中，要想对此获得确定的回答常常是一件十分困难的事情，许可人自己往往也没有把握。因此，较为可靠的方式是在合同中约定，如果发生这种情况，应当由许可人，即专利权人承担应诉以及支付全部或者部分损失赔偿的责任，从而避免被许可人因依据专利实施许可合同实施有关技术或者设计导致侵犯他人的专利权，给自己带来不利后果。这种约定在专利实施许可合同中十分常见。

获得专利权人的许可，并不意味着在任何条件下实施专利都一定要与专利权人订立书面实施许可合同，专利权的属性决定了在某些情况下需要承认存在实施专利的默示许可，对此本书将在对《专利法》第十二条的说明中阐述；是否事实上获得专利权人的默示许可又与专利权用尽原则紧密关联，对此本书将在对《专利法》第六十九条的说明中阐述。

三、“为生产经营目的”的含义

（一）有关国家的做法

为了合理平衡专利权人和社会公众的利益，确保专利制度的正常运作，不应无视专利制度潜在的公共政策目标，认为无论在何种情况下只要未经专利权人许可实施其专利，都构成侵犯专利权的行为。应当指出，这种观点也不符合世界上许多国家的专利实践。例如，德国专利法第 11 条、法国知识产权法典第 L.613-5 条均规定，专利权的效力不及于“以私人方式和为非商业目的而进行的行为”。1975 年制定的《欧共体专利公约》第 27 条第（a）项也作了同样的规定。[1]

从德国、法国的专利法以及《欧共体专利公约》的上述规定可以知道，在欧洲国家未经专利权人许可实施其专利的行为要想不被认定为侵犯专利权的行为，必须满足两方面的条件：一是以私人方式进行；二是为非商业目的，两者之间是“和”的关系，而不是“或”的关系，不符合其中任何一项条件都不能豁免行为人侵犯专利权的责任。

例如，一项涉及某种家具的专利权被批准之后，某人按照专利说明书及其附图的记载，自己制作这种家具供其家庭使用，可以认为该行为既不是为商业目的，同时也是以私人方式进行的，因而不构成侵犯该专利权的行为。

但是，如果他在未经专利权人许可的情况下销售自己制作的家具，即使以很小的数量销售给朋友、邻居，则仍然构成侵犯专利权的行为，其理由在于此时虽然可以认为该行为仍是“以私人方式进行”的，但却是为了“商业目的”，不符合上述两项条件之一，因而不能豁免侵犯专利权的责任。

对《欧共体专利公约》进行解释的有关著作指出，“以私人方式进行”不包括雇佣他人实施专利的行为。[2]按照这一观点，如果有人为了供其家庭使用而雇佣他人（例如木匠）来制造这种家具，则受雇者制造家具的行为构成了侵犯专利权的行为，其理由在于：对于雇佣者而言，制造该家具是为其家庭所用，可以承认是以私人方式进行并且不是为商业目的；但是对受雇者而言，受雇为他人制造该家具显然是为了商业目的，因而不能免除其侵犯专利权的责任。

（二）对本条规定的理解

本条规定的“为生产经营目的”是含义极为广泛的措辞，要穷举哪些类型的行为具有“为生产经营目的”的性质十分困难。因此，与其正面地阐述它包括什么，不如反过来讨论它不包括什么。

对产品专利来说，根据本条规定，未经专利权人许可而进行制造、使用、许诺销售、销售或者进口这五种行为中的任何一种，都构成侵犯专利权的行为。然而，这些行为一般不会同时发生，而是先后发生，因此有可能由同一单位或者个人先后顺序进行，也有可能由不同的单位或者个人先后分别进行。这就带来一个问题，判断是否“为生产经营目的”，应当是指哪一个阶段行为的目的？应当按照第一个行为人的目的进行判断，即只要第一个行为人的目的是为了生产经营目的，则随后各行为人的行为都可以视为为了生产经营目的；按照最后一个行为人的目的进行反面判断，即最后一个行为人的目的不是为了生产经营目的，则前面所有行为人的目的都可以视为不是为了生产经营目的；还是应当按照不同行为的行为人各自的目的进行判断，各自承担各自的责任？笔者认为最后一种观点较为适合。

---

[1] 由于种种原因，该公约至今尚未生效。

[2] AMIRAM BENYAMINI. Patent Infringement in the European Community［M］. IIC studies Vol. 13：265.

采用上述思路，下面对两种较为典型的情形进行分析。

第一种情形是以私人方式进行的实施专利的行为。

这样的行为应当被认为不是“为生产经营目的”，因而不构成侵犯专利权的行为。例如，病人为了治病而服用某种专利药品，从专利法的意义上说就构成了使用专利产品的行为。然而，即使该药品的制造、销售未经专利权人许可，使用该药品的人也不应当承担侵犯专利权的责任，因为服用药品的目的绝非“为生产经营目的”。世界上没有任何国家认为个人服用专利药品的行为构成侵犯专利权的行为。当专利药品为一种中药时，某人为了给自己治病，按照获得专利权的中药药方配置一服中药，并熬成药汤自己服用，应当说既构成“制造”该专利产品的行为，也构成了“使用”该专利产品的行为，但两者都不是“为生产经营目的”。但是，能够免除专利药品服用者侵犯专利权的责任，并不等于也免除专利药品制造者、销售者侵犯专利权的责任。所有药品的最终使用者都是个人，其服用都不是“为生产经营目的”，如果由此而认为制造、销售专利药品的行为也不是“为生产经营目的”，则无异于排除对药品的专利保护。

第二种情形是政府机关、社会团体和其他组织在公共服务、公益事业、慈善事业中实施其专利的行为。

按照欧洲许多国家的规定，上述行为仍然构成侵犯专利权的行为，因为这些行为不是“以私人方式”进行的行为。与《欧共体专利公约》的规定相比，本条没有将“以私人方式”作为不构成侵犯专利权行为的必要条件。既然法律规定有所不同，结论也就可以有所不同。然而，可以不同到何种程度，仍然存在需要讨论之处。

首先，应当明确所谓“公共服务、公益事业、慈善事业”的含义是什么？随着我国由过去的计划经济模式转变为市场经济模式，许多传统意义上的公共服务、公益事业已经改变了性质。例如，过去人们将整个教育事业都视为一种具有公共服务性质的事业，因此在我国建立专利制度的初期，就出现过为教育事业而实施他人专利的不构成侵犯专利权行为的观点。然而，现在即使不说全部，也至少有相当多的教育活动是具有经营性质的，为孩子教育、成人教育支付的费用是许多家庭的一笔沉重负担。又例如，过去许多住宅区保安由单位或者国家负担，也可以认为具有公益性质；现在住宅区保安一般由物业公司承担，居民需要为此支付物业费，因此住宅区保安实际上已经成为一种典型的经营活动。因此，在产生专利侵权纠纷时，需要具体案情具体分析，不可一概而论。

其次，“为生产经营目的”，不能理解为“为营利目的”，更不能理解为“已经实际获利”。广义的生产经营活动，既包括以营利为目的的活动，也包括不以营利为目的的活动，例如环境检测、气象预报、道路维护、河道疏浚等。[1]

再次，如前所述，即使某种使用专利产品的行为本身具有真正的“公共服务、公益事业、慈善事业”性质，不是“为生产经营目的”，因而不构成侵犯专利权的行为，但是为进行上述行为的单位或者个人制造、销售该专利产品，一般仍然构成侵犯专利权的行为，因为其制造、销售行为是典型的“为生产经营目的”的行为。例如，在发生地震灾害时，某企业为抢险救灾而赶制被授予专利权的挖掘器具、帐篷等救灾物资，并全部运往灾区。

---

[1] 汤宗舜.专利法教程［M］.3版.北京：法律出版社，2003：166.

这种行为是否不属于"为生产经营目的"的行为？笔者认为需要具体分析。如果是该企业自愿进行的不收取任何回报的捐赠行为，可以认为不是"为生产经营目的"；如果是国家指定或者要求该企业进行制造，并为其提供资助或者给予补偿，则仍然应当认定构成"为生产经营目的"的行为，因为这与依据《专利法》第四十九条规定，在国家出现紧急情况或者非常情况时给予实施发明或者实用新型专利的强制许可具有类似性质。依据《专利法》第五十七条的规定，即使在上述情况下，取得实施强制许可的单位或者个人仍应付给专利权人合理的使用费，不能免费实施他人的专利。

四、实施产品专利的行为

（一）实施专利行为与专利权类型的关系

根据本条规定，"实施专利"的行为共有五种具体的实施方式，即制造、许诺销售、销售、使用和进口。

首先，应当明确这一规定是穷尽性的，即只有进行了上述五种行为中的至少一种，才会构成直接侵犯专利权的行为；进行上述五种行为之外的任何其他行为，都不会构成直接侵犯专利权的行为。

例如，有人获得了一种新型机床的专利权，某设计单位未经专利权人许可，为他人设计绘制了实施该专利的零件图和总装图，由于设计行为不属于本条规定的上述五种行为之一，因此专利权人无权指控该设计单位直接侵犯了其专利权。至于该设计公司是否应当承担连带侵权责任的问题，则属于共同侵权的范畴，应当适用《民法通则》的有关规定。[1]本条是关于直接侵犯专利权行为的规定，而不是关于共同侵犯专利权行为的规定。一般而言，追究共同侵权责任必须以存在直接侵权行为作为前提条件。如果没有任何人采用该设计方案实际制造这种机床，则设计者的行为永远不会构成侵犯专利权的行为。

其次，应当注意《专利法》对不同类型的专利权提供了不同的法律保护。因此，并非对所有类型的专利权，专利权人都有可能制止他人未经其许可而进行上述五种实施行为。

科学技术和样式设计本身是多种多样的，按照所属领域、本身特点等因素进行划分，可以分成很多类型。但是，从《专利法》的规定出发，所有专利权只分成两大类型，即产品专利权和方法专利权。

产品专利权的保护客体是具体的物品，既包括单个的产品，例如零件、部件、装置、设备等；也包括由多个产品组成的系统，例如由地面发射装置、卫星接收和发射装置、地面接收装置等组成的卫星通信系统等；还包括物质本身，例如化合物、组合物、从自然界提取分离出来的天然物质、DNA 序列或者片段等。

方法专利权的保护客体是由操作步骤组成的操作方式，以达到某种预期效果。操作步骤也有可能会涉及某些物品，例如原材料、添加材料、工具、专用设备等，但是方法专利权要求保护的是操作方式本身，而不是保护其涉及的物品。

---

[1] 《民法通则》第一百三十条规定："二人以上共同侵权造成他人损害的，应当承担连带责任。"《最高人民法院关于贯彻执行〈中华人民共和国民法通则〉若干问题的意见（试行）》第一百四十八条规定："教唆、帮助他人实施侵权行为的人，为共同侵权人，应当承担连带民事责任。"

2008年修改的《专利法》第二条第二款规定“发明，是指对产品、方法或者其改进所作出的新的技术方案”；第三款规定“实用新型，是指对产品的形状、构造或者其结合所提出的适于实用的新的技术方案”；第四款规定“外观设计，是指对产品的形状、图案或者其结合以及色彩与形状、图案的结合所作出的富有美感并适于工业应用的新设计”。根据上述规定，发明专利权既可以是产品专利权，也可以是方法专利权；实用新型专利权和外观设计专利权全部都是产品专利权。因此，方法专利权仅存在于发明专利权。

对产品专利权而言，发明和实用新型专利权人可以制止他人未经其许可而进行本条列出的所有五种类型的实施行为，即制造、许诺销售、销售、使用、进口其专利产品的行为；外观设计专利权人却只能制止他人未经其许可进行四种类型的实施行为，即制造、许诺销售、销售、进口其专利产品的行为，不包括使用其专利产品的行为，其理由将在后面进行讨论。

对方法专利权而言，由于其保护客体是操作方式，属于一种行为过程，谈不上制造、许诺销售、销售和进口，因而方法专利权人只能制止他人未经其许可而进行的使用其方法的实施行为。

由于《专利法》对产品专利权提供的保护远比对方法专利权的保护更为有力，因此不同类型的专利权所能获得的法律保护的力度有很大差别。为了缩小这种差距，尽量为方法专利权人提供更为有效的法律保护，各国专利法又规定，对一部分方法专利权，即产品制造方法专利权，其保护可以延及由该制造方法所直接获得的产品。换言之，产品制造方法专利权的专利权人不但可以制止他人未经其许可而使用其专利方法的行为，还可以制止他人未经其许可而使用、许诺销售、销售、进口依照该专利方法直接获得的产品的行为。

下面分别对各种类型的实施专利的行为进行说明。

（二）制造专利产品的行为

1. 对制造专利产品行为的绝对保护

“制造专利产品”，对发明和实用新型专利权而言，是指作出或者形成具有权利要求所记载的全部技术特征的产品；对外观设计专利权而言，是指作出或者形成采用外观设计专利的图片或者照片所表示的设计方案的产品。

侵犯一项产品专利权的首要条件是在专利权效力所及的地域范围内出现该专利产品，不外乎有两种途径：一是制造，二是进口。有了产品，才谈得上许诺销售、销售或者使用。因此，要为产品专利权提供有效的法律保护，就必须从产品的出现这一首要环节抓起。

对产品专利权来说，在本条列举的五种实施行为中，“制造”行为占据最为重要的地位。尽管本条将使用、许诺销售、销售、进口专利产品的行为也称为实施专利的行为，但是从对世的意义上说，从无到有再现产品专利权保护客体的行为只有制造这一种行为。使用、许诺销售、销售、进口专利产品的，都不是从无到有再现产品专利权的保护客体，而是利用制造者再现产品专利保护客体的后继行为。

上述差别导致《专利法》提供的保护力度也存在差别。较为普遍的观点认为，《专利法》为专利产品的制造提供的是“绝对保护”，其含义体现在：第一，除《专利法》第六十九条规定的不视为侵犯专利权的情形之外，认定制造专利产品行为构成侵犯专利权的行为没有任何其他先决条件，因为制造行为是导致其他所有实施行为的“龙头”；第二，制造者是否应当承担侵权责任，尤其是承担停止侵权行为的责任，与其主观上是否有过错无关。

就行为人的主观方面而言，未经专利权人许可而制造专利产品的行为可以分成三种类型。

一是行为人明知自己的行为会对专利权人造成侵害而仍然希望或者任其发生，这是故意侵权行为。故意侵犯专利权的，在有些国家不仅要承担侵犯专利权的民事责任，而且还要受到从重处理，例如美国专利法规定要被处以向专利权人支付 3 倍的赔偿金。

二是行为人对自己行为的后果应当预见而未预见，或者虽有预见却轻信其不会发生，这是过失侵权行为。例如在授予专利权之后，行为人即使在没有阅读专利说明书的情况下独立地开发并制造与专利产品相同的产品，也要承担侵犯专利权的民事责任。

三是既非故意，也非过失，但是其行为仍会受到一定的限制。例如在某项产品申请了发明专利但尚未公布的期间内，行为人即使独立地研究开发并制造了相同的产品，在发明专利申请公布之后继续其制造行为的，就要支付适当的使用费；在授予专利权之后仍然继续其制造行为的，就要承担侵犯专利权的民事责任。

总之，不论制造者的主观意愿如何，也不论制造者是否实际知晓专利申请或者专利权的存在，未经许可制造其产品的，都会构成侵犯专利权的行为，要承担《专利法》规定的侵权责任。

《专利法》对使用、许诺销售、销售、进口专利产品的行为提供的是“相对保护”，与对制造专利产品行为提供的“绝对保护”相比，存在下面两方面的区别。

第一，认定使用、许诺销售、销售、进口专利产品的行为构成侵犯专利权的行为，需要考虑所涉及的专利产品是合法制造的还是非法制造的。如果专利产品是合法制造并售出的，则其购买者无论进行上述四种行为中的哪一种，都不构成侵犯专利权的行为。

第二，即使使用、许诺销售、销售、进口的是非法制造的专利产品，从而构成侵犯专利权的行为的，也并非在任何情况下都要承担《专利法》规定的全部侵权责任。例如，《专利法》第七十条规定：“为生产经营目的使用、许诺销售、销售不知道是未经专利权人许可而制造并售出的专利侵权产品，能证明该产品合法来源的，不承担赔偿责任。”这表明，在上述情况下使用、许诺销售、销售非法制造并售出的专利产品的行为人只有在明知是非法制造的专利产品仍然进行上述行为的，才需要承担赔偿责任。

2. 专利产品的“修理”与“再造”问题

《专利法》第六十九条第一款规定，专利产品或者依照专利方法直接获得的产品，由专利权人或者经其许可的单位、个人售出后，使用、许诺销售、销售、进口该产品的，不视为侵犯专利权。这就是所谓“专利权用尽原则”。此后，专利产品的合法拥有者有权以任何方式使用、处置该产品的权利，专利权人无权予以干预。这里所说的使用、处置，包括维护该产品，使之处于能够正常使用的状态，例如修理专利产品、更换损坏或者失效的零部件等。但是，这种维护行为不能构成重新制造专利产品的行为。如果专利产品的合法拥有者维护其专利产品的行为超过了一定的限度，使之实际上变成重新制造或者重新组装专利产品，就会构成侵犯专利权的行为。美国将前者称为“修理”(repair)，将后者称为“再造”(reconstruction)。[1]

美国关于禁止再造专利产品行为的规则是通过其判例法形成的，美国专利法并没有写入有关规定。从美国的有关判例来看，禁止再造行为的真实目的其实并不在于限制专利产品的合法拥有者修理、维护其专利产品的行为，而在于限制为修理、维护专利产品而提供其零部件以及相关服务的行为。

产品专利权人从专利独占权中获得经济利益的方式不仅包括限制他人未经许可而制造其专利产品，还包括为合法获得其专利产品的客户提供其专利产品的零部件，以维护专利产品的正常使用。在专利产品为耐用产品的情况下，提供备件、替换件所能获得的经济利益甚至会超过制造并销售专利产品本身所能获得的经济利益。专利产品一般由许多零件、部件组成，尽管这些零部件的组合获得了专利保护，但是这些零部件本身往往是已知的，不能获得专利保护。当专利产品及其维修、服务形成一定市场之后，就会有其他公司企业开展为专利产品的用户提供零部件和维护的业务，形成与专利权人相竞争的局面。专利权人从维护其自身经济利益出发，自然不希望看到这种情况发生。

然而，要阻止其他公司企业开展为专利产品的合法用户提供相关零部件的业务，却要费一番周折。如前所述，由于零部件本身并没有获得专利保护，因此专利权人只能通过指控专利产品的零部件的制造、销售行为构成间接侵犯产品专利权的行为，才能阻止上述行为。在美国，间接侵权指控成立的必要条件是有直接侵权行为存在。为此，专利权人必须想方设法证明专利产品的合法用户采用其他公司企业提供的零部件来替换原有零部件构成了再造专利产品的行为，从而直接侵犯了其专利权，才能追究零部件提供者间接侵权的责任。这是产生修理与再造问题的由来。

由此可知，论证修理、维护专利产品的行为构成直接侵犯专利权的行为只是一种理论上的需要，因为这是认定间接侵权行为成立的前提条件，否则将无法制止他人为专利产品的使用者提供零部件的行为。合法专利产品的购买者都是专利权人的顾客，专利权人提起这种专利侵权诉讼的本意并非是要与其顾客过意不去。所谓“项庄舞剑，意在沛公”，专利权人针对的是零部件的制造者和提供者。

从美国在“修理”和“再造”问题上的立场来看，其现有判例和有关理论还不能说是完善的，美国公众对此不乏微词。

对于我国来说，应当结合我国具体国情的需要，采取一种比较简明、易于判断的标准，为公众提供明确的行为准则。笔者认为，我国对专利产品的修理与再造问题应当采取如下立场。

第一，从有效保护专利权、充分维护专利权人合法利益的角度出发，应当明确合法售出的专利产品的购买者不享有重新制造专利产品的权利。

第二，从维护公众的合法利益、防止滥用专利权的角度出发，应当将再造专利产品的行为限定在一个合理的较小范围之内。

如前所述，修理与再造主要涉及是否允许为专利产品的合法用户提供非专利零部件，

---

[1] DONALD S. CHISUM. Chisum on Patents［M］.Revised ed. Matthew Bender,1997: 16.03 (3).

供其修理、维护专利产品的问题。尽管专利权人从使其利益最大化的角度出发，很自然地不希望有人在专利产品的零部件供应上与之相竞争；但是从国家和民众的利益出发，形成这种竞争局面应当鼓励，而不应当限制。当然，应当鼓励专利权人不仅对整个装置获得专利，但凡有可能也应当尽量对其零部件获得专利，形成一种立体的保护体系，从而更好地维护自己的利益。但是，在事实表明零部件本身不能获得专利保护的情况下，就不应支持专利权人阻止他人为专利产品的合法用户维护其产品的正常利用而提供非专利零部件的主张。值得注意的是，2008 年修改《专利法》时，许多专家学者建议增加有关专利间接侵权的规定，然而国务院和全国人大常委会经审议并未采纳这一建议。让授予产品专利权的效力不仅涵盖专利产品本身，还扩大到构成该产品的没有获得专利保护的零部件，就会不适当地扩大专利权的范围，容易导致滥用专利权的行为。

基于这一认识，应当将不能允许的再造行为限制在那些真正构成重新制造专利产品的行为范围之内。

例如，不应允许他人收集已经废弃的专利产品的零部件，将它们拼装起来，形成另一个可供继续使用的专利产品。这种情况在发达国家已经很少见到，但是目前在我国却会经常发生。因此，笔者建议我国禁止再造专利产品行为的重点应当主要针对这种情况。

除此之外，是否还需要考虑另外的情况，例如不允许一次性大量更换专利产品的零部件，使其超过零部件总数的一定比例，这就已经进入了比较敏感、不易说清楚的领域。从确保法律确定性的角度出发，笔者认为我国至少在目前还不宜考虑这种情况。

应当指出的是，专利产品的合法使用者为维护该产品的正常使用而更换零部件的，不论更换的是起辅助作用的次要部件，还是对该专利产品具备新颖性、创造性起决定性影响的核心部件，只要这些零部件本身没有获得专利保护，就都是法律所允许的行为。

（三）许诺销售专利产品的行为

1. 2000 年和 2008 年修改《专利法》时对本条规定作出的修改

TRIPS 第 28 条第 1 款规定，专利权人享有的独占权包括制止第三方未经专利权人许可而许诺销售专利产品或者依照专利方法直接获得的产品的行为。1992 年修改的《专利法》的本条规定与 TRIPS 上述规定的惟一差别就在于没有规定发明和实用新型专利权人有权制止许诺销售行为。

2000 年修改《专利法》时对本条第一款进行了修改，增加了任何单位或者个人未经专利权人许可不得许诺销售其专利产品以及依照专利方法直接获得的产品的规定。修改的理由包括以下两个方面。

第一，为了与 TRIPS 的规定相一致，为我国加入 WTO 创造条件，有必要消除本条规定与 TRIPS 第 28 条规定的差别。

第二，在我国，一些人为了推销未经专利权人许可而制造的专利产品，往往会采取在各种媒体上做广告或者在展览会、展销会上展出的促销行为。按照 2000 年修改前《专利法》本条规定，即使专利权人发现了这些行为，也无权予以制止，只有等到侵权人实际销售该侵权产品以后才能主张其权利，这不利于专利权人及早制止侵犯专利权的行为。为充分保护专利权人的利益，防止侵权产品的扩散，避免给专利权人日后行使其权利带来困难，有必要增加有关禁止许诺销售行为的规定。

鉴于 TRIPS 第 26 条没有规定外观设计专利权人有权制止禁止许诺销售外观设计产品的行为，2000 年修改《专利法》时没有对本条第二款关于外观设计专利权效力的规定作相应修改。

2000 年以后，尤其是我国加入 WTO 之后，我国外观设计专利申请的数量每年以较快的速度增长，2009 年国家知识产权局受理的外观设计专利申请已超过 35 万件，其中 95% 来自国内申请人。近年来，展会经济在我国蓬勃发展，各种类型的展览会、展销会、交易会推动了商品的流通交易，但展会上侵犯知识产权的现象也较为突出。

为了加强展会期间的知识产权保护，维护展会的正常秩序，商务部、国家工商总局、国家版权局、国家知识产权局于 2006 年 1 月联合颁布了《展会知识产权保护办法》。该办法第二十五条第一款规定，对展会期间侵犯发明或者实用新型专利权的行为，地方知识产权局应当依据本条第一款关于禁止许诺销售行为的规定以及《专利法》第五十七条关于责令侵权人立即停止侵权行为的规定，责令被请求人从展会上撤出侵权产品，销毁介绍侵权展品的宣传材料，更换介绍侵权项目的展板。然而，由于本条第二款没有关于禁止许诺销售外观设计专利产品行为的规定，该办法第二十五条第二款只能规定，对涉嫌侵犯外观设计专利权的处理请求，被请求人在展会上销售其产品，地方知识产权局认定侵权成立的，应当责令被请求人撤出侵权展品。这表明，即使展出者未经专利权人许可展出与外观设计专利产品相同的产品，只要不在展会期间实际销售其展品，外观设计专利权人对其展出行为束手无策。这导致展会期间对外观设计专利权的保护明显弱于对发明和实用新型专利权的保护，不仅影响了外观设计专利权人的合法权益，也严重扰乱了展会秩序。

为了解决实践中出现的问题，更好地维护外观设计专利权人的合法权益，加强对外观设计专利权的保护，2008 年修改《专利法》时在本条第二款增加了制止许诺销售外观设计专利产品行为的规定。

2. “许诺销售”的含义

TRIPS 并没有对其第 28 条规定的“offering for sale”作出明确定义，从而给各国根据自己的法律制度和实践选择适当方式落实该规定留出了自由空间。欧洲国家和美国由于其专利制度不同，因此尽管其专利法都采用了与“offering for sale”基本相似的表述方式，但赋予的含义和采取的解释立场存在差异。从 WTO 成立以来的运作情况来看，TRIPS 理事会并没有试图干预这种差异，这表明该理事会事实上已经承认和接受了这种差异。

2000 年修改《专利法》时，在如何落实 TRIPS 第 28 条关于“offering for sale”规定的问题上，我国立法机关面临两种选择：一是采用含义较为严格的表述方式，例如“销售的要约”；二是采用含义较为宽泛的表述方式，例如“销售的要约邀请”。无论采用哪种表述方式，都能够达到使《专利法》的有关规定与 TRIPS 保持一致的目的，无人可以指责；关键在于采用哪种表述更加符合我国具体国情的需要，更加有利于我国专利制度的正常运作。

关于要约的概念，《合同法》第十四条规定：

要约是希望和他人订立合同的意思表示，该意思表示应当符合下列规定：

（一）内容具体确定；

（二）表明经受要约人承诺，要约人即受该意思表示约束。

根据上述规定，构成要约应当具备以下条件：

（1）要约是特定的合同当事人所为的意思表示。所谓特定的合同当事人，是为外界所能确定的人，也就是说通过要约的内容，人们能够知道是谁发出的要约。

（2）要约必须有与他人订立合同的目的。要约是一种意思表示，但这种意思表示必须表达与受要约人订立合同的真实意愿，其外在的表现形式为要约人主动要求与受要约人订立合同。

（3）要约的内容必须具体确定。其含义是指要约的内容明确、全面，受要约人通过要约不但能明白地了解要约人的真实意愿，而且还能知道未来可能订立的合同的一些主要条款。

（4）经受要约人承诺，要约人即受要约的约束。要约一经到达受要约人，在法律或者要约规定的期限内，要约人不得擅自撤回或者更改要约。一旦受要约人对要约加以承诺，要约人与受要约人之间的合同订立过程即告结束，合同也就成立了，发出要约的人自然要受已经成立的合同的约束。❶

关于要约邀请的概念，《合同法》第十五条规定：

要约邀请是希望他人向自己发出要约的意思表示。寄送的价目表、拍卖公告、招标公告、招股说明书、商业广告等为要约邀请。商业广告的内容符合要约规定的，视为要约。

要约邀请与要约的区别在于：

（1）要约是当事人自己主动愿意订立合同的意思表示，以订立合同为直接目的；要约邀请是当事人表达某种意愿的事实行为，其内容是希望对方主动向自己提出订立合同的意思表示。

（2）要约必须包括未来可能订立的合同的主要内容；要约邀请则不一定包含合同得以成立的主要内容。要约含有当事人表示愿意接受要约拘束的意思；要约邀请则不含有当事人愿意接受拘束的意思。

（3）要约大多数是针对特定的相对人的，故要约往往采取对话方式或者信函方式；要约邀请一般是针对不特定多数人的，故往往通过电视、报刊等媒介手段。❷

我国建立知识产权制度的时间还不长，公众自觉尊重他人知识产权的意识还比较薄弱，因此侵犯他人知识产权的问题较为突出。具有较大市场价值的专利技术或者专利设计一旦问世，往往出现诸多侵权者竞相实施侵权行为的现象，专利权人常常防不胜防，这导致我国专利权人常常抱怨其专利权不能得到有效的法律保护，要求在此方面完善我国专利制度的呼声很高。通过在各种展会上展出侵犯专利权的产品或者通过各种媒体推销侵犯专利权的产品，常常是侵权者将其侵权产品投放市场的前奏。如果在这些环节加强对专利权的保护，就能够从源头上抑制侵权产品进入流通渠道，避免因侵权产品扩散而给专利权人

---

❶ 江平.中华人民共和国合同法精解［M］.北京：中国政法大学出版社，1999：14-15.

❷ 江平.中华人民共和国合同法精解［M］.北京：中国政法大学出版社，1999：15-16.

行使权利带来困难，无疑能够产生完善我国专利制度的作用。因此，本条选用的用于表达“offering for sale”的措辞，应当能够起到制止上述行为的作用。

根据《合同法》的规定，商业广告、在展会上展出等行为一般仅仅构成要约邀请，而不构成要约。如果本条采用“销售的要约”的表述方式，就会将这些行为排除在侵犯专利权行为的范围之外，从而使这一规定在一定程度上失去意义。

既然如此，是不是可以采用“销售的要约邀请”的表述方式？这也存在疑问。在合同法意义上，要约与要约邀请都是一种相对概念，产品的提供方和接受方在订立合同的过程中都有可能成为要约人或者要约邀请人，也都有可能成为受要约人或者受要约邀请人。换言之，《合同法》并不关注要约或者要约邀请是谁提出来的。《合同法》之所以如此设计这些概念是为了便于认定合同是否成立，这是《合同法》需要解决的核心问题之一。然而，《专利法》规定侵犯他人专利权的要承担侵权责任，因此不能不关注谁是侵权者的问题。本条写入禁止未经专利权人许可而进行“offering for sale”行为的规定，针对的显然应当是专利产品的潜在提供方，而不是潜在接受方，这一点不能含糊不清。即使提供方是按照接受方发出的销售要约提供侵权产品，而不是其主动所为，也仍然要承担侵犯专利权的责任。假如本条采用“销售要约”或者“销售要约邀请”之类的措辞，就有可能使应邀提供专利产品的人依据《合同法》规定的概念，以他不是要约人或者要约邀请人，而是受要约人或者受要约邀请人为理由进行争辩，钻法律的“空子”，这是我们应当设法予以防止的事情。

基于上述考虑，国家知识产权局在1998年起草上报国务院的《专利法》修改草案时反复斟酌“offering for sale”的含义。考虑到无论采用“销售的要约”还是采用“销售的要约邀请”的表述方式均存在问题，国家知识产权局认为与其直接采用《合同法》的表述方式，不如在《专利法》中单独创立一个措辞，故暂且采用了“许诺销售”的表述方式，并在上报时向国务院法制办公室说明了这一点，希望国务院法制办公室或者全国人大法律委员会在审议过程中能够确定一个更为合适的表述方式。在全国人大常委会三读审议之前，全国人大法律委员会曾专门召集一次会议讨论《专利法》修改草案的一些细节问题，包括“许诺销售”的表述方式是否恰当的问题。国家知识产权局的代表在会上介绍了对“offering for sale”一词的研究调查结果，并汇报了对其的理解。经讨论，全国人大法律委员会多数成员认为“许诺销售”的表述方式基本上反映了原文的含义，因而在提交人大常委会审议、表决的修订案中仍然保留了这一措辞。这是“许诺销售”一词的产生由来。

为了便于贯彻执行2000年修改的《专利法》，2001年颁布的《最高人民法院关于审理专利纠纷案件适用法律问题的若干规定》第二十四条对本条所述的“许诺销售”做了如下定义：

> **专利法第十一条、第六十三条所称的许诺销售，是指以做广告、在商店橱窗中陈列或者在展销会上展出等方式作出销售专利产品的意思表示。**

应当认为，最高人民法院的上述司法解释准确地表达了本条采用“许诺销售”一词所要表达的含义。

3. 许诺销售行为的认定

（1）许诺销售行为的范围

许诺销售只适用于涉及专利产品或者依照专利方法所直接获得的产品的行为，对专利方法本身而言无所谓许诺销售的问题。《欧共体专利公约》规定，方法专利权的效力不但包括禁止未经专利权人许可而使用该方法，也包括禁止未经专利权人许可而“offering the process for use”。TRIPS 没有采用欧洲的立场。

（2）许诺销售行为与实际销售行为之间的关系

如前所述，本条禁止未经专利权人许可而进行许诺销售行为的目的在于尽早制止对专利产品的违法商业交易，防止未经许可而制造、进口的专利产品的扩散。现实中，容易将许诺销售行为仅仅看成是实际销售行为之前的准备性工作，进而得出只有在后来确实发生了实际销售行为的情况下，才能认定许诺销售行为成立的结论。这种观点实际上将许诺销售行为混同于间接侵权行为。未经专利权人许可而进行许诺销售行为是直接侵犯专利权的行为，而不是间接侵犯专利权的行为。本条将许诺销售行为平行地列为五种实施专利的行为之一，这表明许诺销售行为与其他四种实施行为一样，都可以单独构成侵犯专利权的行为，其成立与否不取决于行为人是否同时或者随后还进行了其他实施行为。

（3）许诺销售的必须是专利产品

专利权人指控他人进行许诺销售行为侵犯其专利权的，应当承担举证责任，证明该许诺销售行为所涉及的是“其专利产品”或者“其专利方法”（也就是依照专利方法所直接获得的产品）。

当行为人采取在商店橱窗中陈列、在展会上展出其产品等方式进行许诺销售行为时，由于已经有实际产品存在，因此较为容易判断该产品是否与专利产品相同。然而，当行为人采取广告方式进行许诺销售行为时，专利权人要证明广告涉及的产品与专利产品相同就困难得多，因为仅仅依据广告本身内容在多数情况下都无法知晓其产品的具体结构。

这种举证责任有助于防止滥用本条关于禁止许诺销售行为的规定，随意将他人的意思表示指控为侵犯专利权的行为。一般说来，只有在被许诺销售的产品已经实际存在的情况下，才有可能认定许诺销售行为侵犯了专利权的行为。

（四）销售专利产品的行为

1. 销售行为的含义

（1）销售行为的范围

“销售”是日常生活中以及商业活动中应用极为广泛的措辞，然而世界各国却鲜有对“销售”一词在法律上作出明确定义。

“销售”行为是买卖当事人之间进行的一种交易行为，即出卖人将标的物所有权转移给予买受人，而买受人将相应价款支付给出卖人。实现这样的交易需要双方当事人达成某种合意或者协议，这就是合同法意义上的买卖合同。因此，与《专利法》中所述“销售专利产品”行为最为相关的法律规定是《合同法》有关买卖合同的规定。

《合同法》第九章对买卖合同双方当事人的权利和义务作了明确规定。然而需要注意的是，本条规定任何单位或者个人未经专利权人许可不得销售专利产品，这很明显是针对出卖人而言，而不是针对买受人而言。未经许可而销售专利产品的行为有可能是出卖人主动作出的行为，也有可能是应买受人要求而被动作出的行为，然而在判断是否构成侵犯专利权的行为时不需要加以区分，出卖人在这两种情况下进行的销售行为都构成侵犯专利权的行为。如果购买侵权专利产品是为了在生产经营活动中使用该产品，则买受人随后使用该专利产品的行为将构成侵犯专利权的行为；如果是为了转卖该产品，则买受人随后销售该产品的行为将构成侵犯专利权的行为，但是仅仅购买专利产品这一行为本身并不构成侵犯专利权的行为。换言之，如果侵权产品的购买者随后作出侵犯专利权的行为，自有追究其侵权责任的途径，不必就其购买侵权产品的行为追究其侵权责任。这一思路在后面讨论销售行为发生的时间起点时还会涉及。

（2）销售行为与许诺销售行为的区分

2000年修改《专利法》前，人们对本条所述销售行为的含义有不同理解。

一种观点认为，所谓销售，不仅指实际的销售行为，还应当包括提供销售的表示（例如在商店橱窗陈列，或者展示推销的广告）以及为提供销售而储存。❶

另一种观点认为，在我国，人们对《专利法》中讲的“销售”的理解是把权利要求范围之内的产品从卖方转移到买方，买方将相应的价金付给卖方的行为。只有实际销售行为发生了，侵权行为的因果关系才成立，专利权人的损失才能出现。❷

2000年修改《专利法》时在本条增加了关于未经专利权人许可不得进行许诺销售行为的规定，已经使上述争议得到了澄清。前一种观点意欲涵盖的通过在商店橱窗中陈列、在展会上展出、做广告宣传等方式作出的销售专利产品的意思表示的行为已经归入许诺销售行为的范畴，因此本条规定的销售行为应当不包括这些行为，只包括已经实际发生的销售行为。不过，2000年修改的《专利法》有关许诺销售行为的规定只适用于发明和实用新型专利权，而不适用于外观设计专利权，因此对本条第二款所述的销售外观设计专利产品的行为仍然存在不同理解。2008年修改《专利法》在本条第二款也增加了有关许诺销售的规定，从而彻底澄清了以往的争议。

之所以需要将许诺销售行为和销售行为区分开来，一个重要原因在于认定侵犯专利权行为成立的情况下，侵权人所需承担的民事责任有所不同。根据《专利法》第六十条的规定，侵权人承担侵犯专利权的民事责任的方式有两种，一是停止侵权行为；二是赔偿损失。《专利法》第六十五条规定，赔偿数额按照专利权人因被侵权而受到的实际损失确定；实际损失难以确定的，可以按照侵权人因侵权所获得的利益确定。销售侵权专利产品不仅会使专利权人制造或者其被许可人制造的专利产品占有的市场份额受到影响，影响专利权人本来可以获得的合法利益，而且销售者自己也会从中非法获利，因此侵权人理应承担赔偿损失的侵权责任。然而，对于许诺销售行为而言，侵权人还仅仅是作出销售侵权产品的

❶ 汤宗舜.专利法解说［M］.北京：专利文献出版社，1992：50.

❷ 程永顺，罗李华.专利侵权判定——中美法条与案例比较研究［M］.北京：专利文献出版社，1998：74.

意思表示，实际销售行为尚未发生，在多数情况下难以认定专利权人受到了实际损害，也难以认定侵权人获得了违法所得，因此一般只需要责令侵权人承担立即停止侵权行为的民事责任即可。当然，在实际侵权诉讼案件中，如果有证据表明侵权人进行许诺销售行为的具体方式、范围或者规模使专利权人受到了实际损害，法院也可以责令侵权人承担赔偿损失的民事责任。

2. 销售行为的时间起点

销售行为一般都有一个逐步形成的发展过程，包括提出销售要约、订立买卖合同、交付买卖合同标的物等不同阶段，每一个阶段的时间点不同。根据本条规定认定某行为构成侵犯专利权的销售行为，应当以哪个时间点为准？这一问题关系到确定侵权行为是何时发生的，因而也就关系到侵权人应当从何时开始承担侵犯专利权的民事责任，尤其是赔偿损失的责任，因此是一个重要问题。

如前所述，订立买卖合同之前进行的有关准备工作，例如提出销售要约邀请或者提出销售要约，应当属于本条规定的许诺销售行为。因此对于销售行为而言，问题就在于销售行为自买卖合同订立之日起发生，还是自买卖标的物所有权的实际转移之日起发生？《合同法》第一百三十条规定：

> **买卖合同是出卖人转移标的物的所有权于买受人，买受人支付价款的合同。**

买卖合同具有以下的法律性质：[1]

（1）出卖人须转移标的物所有权于买受人，这是买卖合同区别于租赁合同、借用合同的显著特征；

（2）买受人须向出卖人支付价款，这是买卖合同区别于赠与合同、互易合同的显著特征；

（3）买卖合同是双务合同，即买卖双方都既享有权利，又负有义务，双方的权利义务相互对应；

（4）买卖合同是有偿合同，合同任何一方要实现自己的利益需要都需要付出一定的代价，即出卖人取得价款，是以让与标的物的所有权为代价；买受人取得标的物的所有权，是以给付一定的价款为代价；

（5）买卖合同是诺成合同，除法律另有规定或者当事人另有约定以外，合同自双方达成协议之时成立，不以一方当事人交付实物或者完成其他付给行为作为合同的成立要件；

（6）买卖合同一般为非要式合同，合同采用何种方式，一般可以由当事人自己决定，但在法律有明确规定或者合同有明确约定的情况下，应当采用法律规定或者合同约定的方式。

尽管《合同法》规定买卖合同是旨在转移标的物所有权的合同，但是买卖合同标的物所有权的实际转移并非总是与买卖合同的成立同时发生。各国合同法关于标的物所有权转移的规定很不一致，我国采用了以“交付”作为所有权转移的时间点的做法。[2]《合同法》

---

[1] 崔建远.合同法［M］.4 版.北京：法律出版社，2007：374-375.

[2] 江平.中华人民共和国合同法精解［M］.北京：中国人民大学出版社，1999：111.

第一百三十三条规定：

标的物的所有权自标的物交付时起转移，但法律另有规定或者当事人另有约定的除外。

根据上述规定，如果我们选择以专利产品所有权的实际转移作为销售行为发生的时间点，就应当以标的物交付之日作为销售行为发生日。

然而，"交付"也是一个相当复杂的法律概念，包括现实交付和拟制交付。所谓现实交付，是指出卖人将标的物的事实管领力转移于买受人，使标的物处于买受人的实际控制之下，由买受人直接占有标的物。拟制交付又可以分为简易交付、指示交付和占有改变。其中，所谓指示交付，是指在标的物由第三人占有时，出卖人将向第三人请求返还的权利让与买受人，例如出卖人将提取标的物的提单、仓单交付买受人，以代替货物的实际交付；所谓占有改变，是指买卖合同中规定，标的物所有权转移于买受人，但标的物仍由出卖人实际占有，例如甲为融资将自己的一辆汽车卖给乙，但约定向乙租用该汽车，这样该汽车就不必实际交付给乙，但不妨碍乙取得该汽车的所有权。[1]

此外，买卖标的物所有权也并非总是自交付标的物之日起转移，因为《合同法》第一百三十三条中还有"法律另有规定的除外"的例外规定。专利权的保护客体既包括动产，也包括不动产，例如建筑物。2007 年 10 月 1 日起施行的《物权法》第九条规定："不动产物权的设立、变更、转让和消灭，经依法登记，发生效力；未经登记，不发生效力，但法律另有规定的除外。"

由此可见，以标的物的实际交付日作为销售行为发生的时间起点有合理的一面，也有带来许多麻烦的一面。实际上，买卖标的物的交付主要涉及买卖合同的履行问题，有学者认为标的物所有权何时转移是买卖合同的核心问题，《合同法》第九章关于买卖合同的许多条款都是围绕买卖标的物的交付展开的，其目的在于确保买卖合同的正常履行，以维持正常的市场交易活动。与《合同法》第一条规定的"保护合同当事人的合法权利，维护社会经济秩序"的立法宗旨相比，《专利法》第一条关于其立法宗旨的第一句话就是"为了保护专利权人的合法利益"，因此两者的着眼点不同。在销售专利产品而产生专利侵权纠纷时，专利权人不是买卖合同的当事人，而是第三人。因此，本条关注的重点应当是制止未经许可而订立销售专利产品的买卖合同这一行为本身，而不是买卖合同是否已经履行或者何时履行。

从既要便于判断，同时又要合理、可行的角度出发，笔者主张对销售行为时间起点的判断采用一种主要以买卖合同成立与否为主，合理考虑实际交付因素的混合型判断方式，即在一般情况下以订立买卖合同的日期作为销售行为发生的时间起点。但是，在买卖合同本来确定的标的物为侵权产品的情况下，如果有证据表明买卖合同的出卖人实际上未履行其合同，即从未交付过任何产品；或者虽然交付了产品，但已交付的产品与买卖合同约定的产品不同，未落入专利权的保护范围之内，则可以认定没有发生销售专利产品的行为。应当指出的是，即使在后一种情况下，出卖人的行为仍然构成未经许可许诺销售专利产品的侵权行为，在专利权人主张其权利时至少要承担停止侵权行为的民事责任，也就是不得履行其与买受人订立的买卖合同。

---

[1] 江平.中华人民共和国合同法精解［M］.北京：中国人民大学出版社，1999：112.

3. 销售专利产品的特殊问题

销售专利产品的行为构成侵犯专利权的行为，是指所销售的产品落入了专利权的保护范围。其中，最为简单明了的情况，对发明和实用新型专利而言，是销售与专利说明书中记载的产品相同或者实质上相同的产品，该产品再现了权利要求记载的全部技术特征；对外观设计专利而言，是销售与外观设计专利的图片或者照片表示的产品相同或者实质上相同的产品。

然而，现实中有可能出现不那么简单明了的情况，这就是销售者销售的不是专利产品本身，而是以专利产品作为其零部件的另一产品。这时，应当如何认定？

2009年颁布的《最高人民法院关于审理侵犯专利权纠纷案件应用法律若干问题的解释》第十二条表明了对这一问题的立场，规定：

> **将侵犯发明或者实用新型专利权的产品作为零部件，制造另一产品的，人民法院应当认定属于专利法第十一条规定的使用行为；销售该另一产品的，人民法院应当认定属于专利法第十一条规定的销售行为。**
>
> **将侵犯外观设计专利权的产品作为零部件，制造另一产品并销售的，人民法院应当认定属于专利法第十一条规定的销售行为，但侵犯外观设计专利权的产品在该另一产品中仅具有技术功能的除外。**
>
> **对于前两款规定的情形，被诉侵权人之间存在分工合作的，人民法院应当认定为共同侵权。**

就发明和实用新型专利产品而言，上述规定无疑是正确的。发明和实用新型专利权的保护客体是一种技术方案，旨在实现一定的技术功能，产生一定的有益效果。无论是采用专利产品本身，还是以专利产品作为另一产品的零部件，都不影响专利产品发挥其具有的功能，产生预期的效果。如果认为只有销售专利产品本身的行为才构成本条第一款所述的销售行为，而销售以专利产品作为其零部件的另一产品的行为不构成本条第一款所述的销售行为，则为侵权者提供了可乘之机，不利于有效保护专利权人的合法利益。需要指出的是，以专利产品为零部件的另一产品是否真正利用了专利产品的功能和效果以及利用到什么程度，在判断是否构成侵犯专利权行为时不必予以考虑。

适用最高人民法院上述司法解释的前提条件是专利产品未经专利权人许可而制造的。只有在这种情况下，才能够得出如下结论，即采用该专利产品作为零部件来制造另一产品的，属于未经专利权人许可而使用专利产品的行为，构成侵犯专利权的行为；销售该另一产品的，属于未经专利权人许可而销售专利产品的行为，也构成侵犯专利权的行为。当制造行为和销售行为由不同的人分别进行时，即使不构成共同侵权，也应当分别承担侵犯专利权的民事责任。如果有证据表明专利产品的制造者、另一产品的制造者、另一产品的销售者各自的行为是合谋而为，可以排除另一产品的销售者适用《专利法》第七十条规定的可能。

关于外观设计专利产品，上述规定基本也是正确的。最高人民法院规定适用其第二款规定的例外情况是“侵犯外观设计专利权的产品在该另一产品中仅具有技术功能的除外”，但笔者认为这还不够充分。顾名思义，所谓“外观设计”是指从产品的外表可以得到的视觉感受，因此以外观设计专利产品作为零部件制造另一产品并予以销售的，认定其销售行为构成侵犯外观设计专利权的行为，还应当要求从另一产品的外表上可以看到该外观设计专利产品的外表。如果是在另一产品的内部予以使用，例如只有在打开、拆开另一产品时才能看到，则不宜认为构成侵犯外观设计专利权的行为。另外，即使外观设计专利产品在另一产品的外表上使用，但是由于作为另一产品的零部件，可能被"组装"或者"镶嵌"在另一产品上，此时有可能从外表上看到的只是外观设计专利产品的某一面或者某几面的外观，在这种情况下是否得出侵犯外观设计专利权的结论，需要根据具体情况进行分析。例如，体现获得专利权的产品外观设计区别于现有设计的设计要点的一面被完全或者部分地遮挡住了，从另一产品的外表上不能看到，能够看到的只是与现有设计相同的外观，则应当认为不构成侵犯外观设计专利权的销售行为。

由于本条第二款没有规定使用外观设计专利产品的行为构成侵犯专利权的行为，因此即使外观设计产品的制造是未经专利权人许可的行为，采用该产品作为零部件来制造另一产品的，该制造行为本身也不构成侵犯专利权的行为。这是外观设计专利权与发明、实用新型专利权之间的区别。

（五）使用专利产品的行为

1. 使用专利产品的含义

本条第一款所述使用发明或者实用新型专利产品，一般是指利用专利产品，使其技术功能得到了应用。

使用专利产品可以有不同的方式。使用者可以直接利用专利产品以获得其所能产生的效果，例如利用专利灯具来照明；也可以利用专利产品作为手段来制造其他产品，例如在机床上使用专利刀具来加工其他产品；还可以采用专利产品作为零件、部件来生产其他产品，例如利用专利半导体芯片来制造其他有关电子产品等。在最后一种情况下，无论专利产品在最终产品中占有核心地位，还是仅仅起很次要的作用，都构成使用专利产品的行为。

根据本条第一款的规定，未经专利权人许可而使用专利产品的，构成单独一类侵犯专利权的行为。使用专利产品，当然要以专利产品已经存在为前提条件。并非只有在使用者自己未经专利权人许可而制造专利产品并随后予以使用的情况下，其使用行为才构成侵犯专利权的行为。在未经专利权人许可的情况下，甲制造专利产品、乙销售该专利产品、丙使用该专利产品，三者都构成侵犯专利权的行为。但是，如果丙购买的是经专利权人许可而制造并售出的专利产品，根据《专利法》第六十九条第（一）项规定的专利权用尽原则，丙即使为生产经营目的而使用该产品，也不视为侵犯专利权。

应当将本条所述"使用专利产品"、"使用专利方法"与"使用专利"区分开来。后者实际上与本条所述"实施专利"的含义相近，因此其范围要广泛得多。《专利法》第六十九条第（4）项规定"专为科学研究和实验而使用专利的"不视为侵犯专利权，其中"使用"一词就具有后者的含义，不能将其本条第一款所述的"使用"一词混淆起来。

2. 拥有、储存或者保存专利产品的行为

仅仅拥有、储备或者保存专利产品，而没有实际予以利用，是否构成使用专利产品的行为?

对此，许多欧洲国家的专利法有较为严格的规定。例如英国专利法规定未经许可不得“保存”（keep）专利产品；德国专利法规定未经许可不得“拥有”（possess）专利产品；《欧共体专利公约》规定未经许可不得“储存”（stocking）专利产品。由于 TRIPS 和我国专利法都没有类似规定，因此一种观点主张第三人进行这类行为无须获得专利权人的许可。[1]

这种观点总体上说是对的，但是需要区分不同情况进行分析。

如果专利产品的储存或者保存仅仅是“过路”性质的，例如有人未经许可进口了一批专利产品，在出售该产品之前先租用某个仓库将其临时存储起来，不应当认为该仓库所有人“使用”了专利产品，因而直接侵犯了专利权。至于说仓库所有人协助了进口者，是否应当承担连带侵权责任，则属于共同侵权问题，在这里暂且不进行讨论。

又例如，某商店进了一批他人未经许可而制造的专利产品，在店主既没有进行许诺销售行为（做广告或者标明价格等待出售），也有没有进行实际销售行为之前，不宜认为其保存专利产品的行为构成了“使用”专利产品的行为。

但是在另外一些情况下，结论则会有所不同。

例如，某机械加工工厂购买了一批未经许可而制造并售出的专利刀具，其中只有少数投入使用，其余则作为备件予以储存，等到正在使用的刀具损坏之后予以更换。此时，不能认为只有那些正在使用的刀具才处于被“使用”的状态，构成侵犯专利权的行为；而其余作为备件的刀具处于“储存”状态而不是“使用”状态，不构成侵犯专利权的行为。

有一些产品就其性质上说本来就是一般“备而不用”的，例如救火设备、急救装置、武器装备等。拥有这些产品的单位或者个人一般将其置于“储备”状态，并没有真正利用该产品的功能。在这种情况下，也应当认为使用了该产品。[2]例如，按照国家有关规定在建筑物内或者公共场所配置灭火器的行为就是使用该灭火器，不能认为只有在真正发生火灾时才叫“使用”。

3. 专利产品的用途

在某些情况下，专利产品可能具有多种用途。例如，一种新的化合物可以用作洗涤剂的添加成分，能够提高洗涤剂的洗涤效果；又可以用作家禽饲料的添加剂，能够促进家禽的生长。产品的某些用途在专利权人申请获得专利时有可能根本就没有意识到，是后来才发现的。由此而产生的一个问题是：判断使用专利产品的行为是否构成侵犯专利权的行为，是否与具体利用的是该产品的哪种用途有关?

一种观点主张采用“全部用途”的判断原则，即“一般产品专利并没有限定于某种使用。因此，产品专利的效力可以具有各种用途，无论是专利说明书中说明的还是没有说明的，也无论在专利申请时是否预见的，不问是用它的哪一种用途，也不问是反复连续使用还是只使用一次，都是这里所说的使用。”[3]

---

[1] 汤宗舜.专利法解说［M］.修订版.北京：知识产权出版社，2002：76.

[2] AMIRAM BENYAMINI. Patent Infringement in the European Community［J］.IIC studies Vol. 13：123.

[3] 汤宗舜.专利法解说［M］.修订版.北京：知识产权出版社，2002：75.

这种说法过于绝对。对上述问题的回答实际上与发明或者实用新型专利的权利要求所记载的技术特征有关。

当发明了一种新的产品，如果仅仅采用该产品本身的结构特征即可满足《专利法》规定的授予专利权的条件，申请人在撰写权利要求时当然应当尽可能只用结构特征来限定其专利保护范围，不必写入该产品的用途特征，以谋求获取尽可能宽的保护范围。此时，上述说法就是正确的，即无论将该专利产品用于何种用途，也无论某种用途是专利申请人在提出申请时预见到的还是未曾预见到的，未经专利权人许可而使用该产品的行为都构成侵犯专利权的行为。

但是，如果仅仅采用产品本身的结构特征尚不足以满足《专利法》规定的授予专利权的条件，为了能够获得专利权，申请人有时不得不在权利要求中写入其他一些特征，例如对产品使用领域或者用途的限定。这种情况十分常见，尤其是所谓“转用发明”，也就是将一种与已知产品相同或者相似的产品用于另一不同领域或者用途，能够产生人们意料不到效果的发明创造。在这种情况下，对产品用途的限定实质上已经构成专利权能否成立的必要条件，忽略用途特征就会不适当地扩大专利权的保护范围，损害公众的合法利益。此时，产品专利权的保护范围并非仅仅取决于权利要求记载的该产品结构特征，也要受权利要求记载的该产品的用途限定特征的限制。如果专利权利要求中明确限定要求保护的产品限于一种特定的用途，那么他人将其用于另外的不同用途就不构成侵犯专利权的行为。

4. 关于使用外观设计专利产品的问题

我国1984年制定的《专利法》本条第二款规定，外观设计专利权的效力是任何单位或者个人未经专利权人许可不得制造或者销售外观设计专利产品；1992年修改《专利法》时增加了不得进口外观设计专利产品的规定；2008年修改《专利法》时增加了不得许诺销售外观设计专利产品的规定。与发明和实用新型专利权的效力相比，本条从来就没有规定外观设计专利权具有禁止他人未经许可使用外观设计专利产品的效力。

并非只有我国采取这种立场，许多国家的外观设计法也没有规定权利人有权制止他人未经其许可而使用外观设计产品的行为。TRIPS第26条第1款规定“受保护的工业品外观设计的权利人应当有权制止第三方未经权利人许可而为商业目的制造、销售或者进口载有受保护的外观设计的复制品或者实质上是复制品的物品”，其中也没有提及使用外观设计产品的行为。

然而，不少人对此存在疑问：为什么对外观设计专利权而言，不需要禁止未经专利权人许可而进行使用外观设计专利产品的行为？

一种观点认为：“外观设计的主要目的是阻止第三人未经许可而制造有关产品时复制和实质上复制有专利的外观设计。这一点与外观设计的版权保护相同。为了达到保护外观设计的目的，阻止第三人未经许可而制造、进口或者销售载有或者体现有专利的外观设计的产品就够了。”[1]

对发明和实用新型专利产品来说，使用这些产品的行为在许多情况下都是为生产经营

---

[1] 汤宗舜.专利法解说［M］.修订版.北京：知识产权出版社，2002：90.

目的。例如，使用一种获得专利权的机床一般不可能是为非生产经营目的。由于产品的外观设计旨在使人产生赏心悦目的视觉感受，因此使用外观设计专利产品的行为在许多情况下不是为生产经营目的。例如，对于一种其外形获得外观设计专利权的摩托车来说，购买者使用该摩托车的行为显然不是为生产经营目的，即使其购买的是未经外观设计专利权人许可而制造并售出的该种摩托车，其使用行为也谈不上侵犯该外观设计专利权的问题。这是使用外观设计专利产品的行为与使用发明、实用新型专利产品的行为相比的重要区别，可能也是导致本条第二款未规定使用外观设计专利产品的行为构成侵犯专利权行为的原因之一。

然而，也不能说任何使用外观设计专利产品的行为都不是为生产经营目的。例如，一家宾馆在其大厅中采用获得外观设计专利的灯具，使其大厅显得富丽堂皇，起到了更好地招徕顾客的作用，则应当认为该使用行为是为生产经营目的而进行的行为。

值得注意的是，欧盟理事会于 2001 年 12 月 12 日通过了《欧盟外观设计条例》，自 2002 年 2 月 12 日起予以施行。该条例第 19 条第（1）款规定：

> 一项注册欧共体外观设计应当赋予其权利人使用该外观设计以及禁止任何第三人未经权利人许可而使用该外观设计的独占权利。前述“使用”应当包括制造、许诺销售（offering）、投放市场、进口、出口、使用结合了或者施加了该外观设计的产品，以及为这些目的而储存所述产品。

当然，我国对外观设计专利权提供何种程度的法律保护，需要根据我国的具体国情和实际需要来确定，不必照搬欧盟的做法。但是，欧盟和有关欧洲国家采取的改革措施对我国有参考价值，值得我们认真研究，其中也包括外观设计专利权人是否应当有权禁止他人未经其许可而使用外观设计专利产品的问题。

（六）进口专利产品的行为

除了在我国境内制造专利产品之外，使专利产品在我国境内出现的另一条途径是进口专利产品。因此，产品专利的专利权人是否有权制止未经其许可而进口其专利产品的行为，对维护专利权人的合法利益来说十分重要。如果仅仅禁止未经专利权人许可而制造其专利产品的行为，却不禁止未经其许可而进口其专利产品的行为，就会给产品专利权的保护留下一个漏洞。

1984 年我国制定《专利法》时，出于种种考虑，没有规定专利权人享有禁止他人未经其许可而进口其专利产品的权利。有关“进口权”的规定是 1992 年修改《专利法》时增加的，这是完善《专利法》的一项十分重要的措施。当时在本条中将有关进口权的规定单独作为一款，亦即第三款。在 2000 年修改《专利法》时取消了该第三款，将有关进口权的规定分别并入了本条第一款和第二款，使之与制造、许诺销售、销售、使用行为相并列，而不再是单辟一类。虽然这一修改只是形式上的变化，但不仅简化了条文，而且能使人们对专利权的效力有更加明确的认识。

实践中会遇到这样一个问题，即：专利权人在我国就其发明创造获得了一项产品专利权，该专利权人或者其被许可人在其他国家或者地区制造并售出其专利产品（不论该专利权人就同样的发明创造在该国家或者地区是否也获得一项产品专利权），其合法购买者将其购买的产品进口到中国来，是否还需要获得专利权人的许可？该问题被称为专利产品的平行进口问题。

讨论平行进口问题必须首先明确一个前提条件，即进口的产品必须是专利权人（这里所说的“专利权”是指在我国获得的专利权，而不是指该专利权人在其他国家获得的专利权）自己或者其被许可人制造并售出的。如果进口的专利产品是未经专利权人许可而制造并售出的（与该制造销售行为在行为发生地所在国家是否构成侵犯该专利权人在该国获得的专利权无关），则不仅进口行为本身构成侵犯专利权的行为，而且对进口的产品随后所进行的许诺销售、销售和使用行为都将构成侵犯专利权的行为，谈不上是否允许平行进口的问题。因此，关于是否应当允许平行进口的讨论不是要不要专利保护的问题，而是应当提供何种程度的专利保护的问题。

是否允许平行进口行为，不同国家有不同的立场，不同的专家学者也有不同的观点，是国际范围内一个有争议的热点问题。2008 年修改《专利法》时对第六十九条第（一）项进行了修改，明确了我国在平行进口问题上的立场。对此，本书将在对第六十九条的说明中展开讨论。

五、制造方法专利权的延伸保护

（一）提供延伸保护的必要性

1992 年修改《专利法》时采取了一系列强化专利保护的措施，其中之一就是将制造方法专利权的保护延伸到使用该方法直接获得的产品。

所谓“延伸保护”，是指一项制造方法发明专利权被授予之后，任何单位或个人未经专利权人许可，除了不得为生产经营目的使用该专利方法之外，还不得为生产经营目的使用、许诺销售、销售或者进口依照该专利方法直接获得的产品。

1992 年修改《专利法》前，本条对方法专利权所提供的法律保护仅仅是他人未经专利权人许可不得使用该专利方法。一方面，这使对方法专利权的保护与对产品专利权的保护相比处于一种较为软弱的地位，较难获得有效的法律保护，其原因在于方法专利权的权利要求一般由步骤特征组成，它们表征的是一种行为过程而不是具体物品，证明被诉侵权人进行的过程性行为是否采用了专利权利要求记载的步骤特征，远比证明被诉侵权人制造的产品是否包含了专利权利要求记载的结构特征更为困难。尽管 1984 年制定的《专利法》规定，当专利侵权纠纷涉及的是制造方法专利权时采取举证责任倒置的做法，从某种程度上缓解了上述困难，但仍未能从根本上扭转方法专利权人所处的不利地位。另一方面，人们早已认识到对于许多方法技术来说，其经济价值在很大程度上体现为依照该方法所获得的产品，使用、销售这样的产品实际上利用了方法发明人的发明创造成果，如果他人在国外使用产品制造方法专利，然后将所获得的产品进口到国内予以销售和使用，在仅仅禁止使用专利方法的行为的情况下，专利权人的合法利益无法得到充分保障。

TRIPS 第 28 条第 1 款第（b）项规定，方法专利权的效力是禁止他人未经其同意而使用专利方法以及使用或者销售依照专利方法所直接获得的产品。上述规定将方法专利权的保护延伸到依照该方法所直接获得的产品，从而将对制造方法本身的保护与对实施该方法直接获得的产物的保护挂起钩来。[1]

1992 年修改《专利法》时，在本条增加了关于制造方法专利权的延伸保护的规定，强化了对方法专利权的保护，使我国的专利保护水准与后来生效的 TRIPS 规定的保护水准相一致，为我国加入 WTO 创造了有利条件。

然而，对产品制造方法提供延伸保护也给专利侵权纠纷的审理或者处理带来了两个难题：一是如何界定"直接获得的含义"；二是如何确定举证责任的转移。关于第一个问题，下面将进行讨论；关于第二个问题，将在本书对《专利法》第六十一条的说明中进行讨论。

（二）依照方法获得的产品的含义

专利方法包括各种各样的方法，并非所有的方法都能享受《专利法》所规定的延伸保护。

按照目前的观点，方法发明至少可以分为三种类型：

第一种是制造加工方法，它作用于一定的物品上，其目的在于使之在结构、形状或者物理化学特性上产生变化。

第二种是作业方法，这种方法不以改变所涉及物品本身的结构、特性或者功能为其目的，而是寻求产生某种非物质性效果，例如测量、检验、采掘、排列、运输、分析、发电、供电、发热、供热、制冷、供暖、通风、照明、辐射、通讯、广播、计算等。

第三种是使用方法，即用途发明，它是对某种已知物品的一种新的应用方式，其目的是产生某种预期效果，而不是改变被使用的产品本身。

按照 1992 年修改前的《专利法》，不需要区分对方法发明的类型，因为无论对哪种类型的方法发明来说，《专利法》所禁止的都是未经专利权人许可而使用该方法的行为，需要判断的只是构成一项方法专利技术方案的所有技术特征是否已被采用，与这一方法属于什么性质，能够产生何种结果并无直接关系。然而，1992 年修改的《专利法》将制造方法专利权的保护延伸到依照该方法所直接获得的产品之后，对于哪种类型的方法发明加以区分的必要性就凸显出来了，它直接关系到何种类型的方法发明能够适用本条规定的延伸保护。

由于本条采用的措辞是"不得使用、许诺销售、销售、进口依照该专利方法所直接获得的产品"，因此应当将那些其结果不产生专利法意义上的产品的方法排除在外。例如，各种形式的能量不是专利法意义上的产品，因此各种实现能量转换的方法不适用本条规定的延伸保护。某人发明了一种新的发电方法，他所能获得的专利保护应当限于禁止他人未经许可使用其发电方法，若要进一步扩展其保护范围，限制他人输送、使用由这种方法所产生的电能，则既不合理，也不可行。

依照这一思路，下面分别对上述三种类型的方法专利权能否适用本条规定的延伸保护进行讨论。

首先，对制造加工类型的方法专利权来说，实施这样的方法一般都会获得专利法意义

[1] JOSEPH STRAUS. Implications of the TRIPS Agreement in the Field of Patent Law［G］//FRIEDRICH-KARL BEIER, GERHARD SCHRICKER.From GATT to TRIPS: the agreement on trade-related aspects of intellectual property rights. IIC Studies Vol.18：18.

上的产品。这里所说的"获得"包含两种含义：一是从无到有意义上的"获得"，例如通过合成工艺生产出来的人造橡胶；二是改变原有物品性能意义上的"获得"，例如对铸造出来的毛坯件进行机械加工，制造出来的可供实用的工件。无论是哪种意义上"获得"的产品，都能够适用本条规定的延伸保护。因此，基本上可以认为所有制造加工类型的方法专利权都能够适用本条规定的对方法专利权的延伸保护。

其次，对作业方法类型的方法专利权来说，即使有些作业方法看起来也作用在某种类型的实际物品上，也难以将这样的物品认作是该作业方法获得的产品。例如，将采用一种新的采掘方法采掘出来的煤看成是实施该方法所直接获得的产品，将采用一种新的洗涤方法洗干净的衣服看成是实施该方法所直接获得的产品，似乎也未尝不可，但是却有悖常理，较为普遍的观点认为不宜对这样的方法适用本条规定的延伸保护，其原因在于使用该方法并没有使涉及的物品产生任何实质性物理化学变化（例如采掘出来的煤），或者在于涉及的物品难以被认为是使用该方法所"获得"的产品（例如洗干净的衣服）。因此，基本上可以将整个作业类的方法专利权排除在可以适用本条规定的延伸保护的范围之外。

最后，对使用方法类型的方法专利权来说，一般是提出对某种已知产品的新的使用方式，实施这类方法并没有改变已知物品本身，所涉及的物品不是"依照专利方法所获得的产品"，因而不能适用本条规定的延伸保护。例如，有人对一种已知电阻测量仪提出了一种新的操作使用方式，能够提高测量电阻的精度，进而对这种操作使用方式获得了专利权。显然，在这种情况下不应对该电阻测量仪本身提供本条规定的延伸保护。

概括起来，能够获得本条规定的延伸保护的方法专利权一般应当仅仅限于制造加工类型的方法专利权。

（三）"直接获得"的含义

在讨论了什么样的方法能够享受延伸保护的问题之后，进一步需要讨论的问题就是对能够获得延伸保护的方法专利权来说，允许将这种延伸保护拓展到多大范围或者说多远程度。

不难想象，所谓用方法所获得的产品，其外延是十分广阔的。例如，某人发明了一项生产乙烯的新工艺方法，依照该方法所获得的乙烯本身当然能够享受延伸保护，这是毫无疑问的；以乙烯为中间原料，还可以生产出许多可供实际应用的聚合物，如聚乙烯、聚氯乙烯、聚苯乙烯等；在这些聚合物产品的基础上，又可以生产出更多的最终产品来，其种类就不胜枚举了。很明显，不能将本条规定的延伸保护无限制地一路扩展开去，否则一旦获得了一项上游产品的制造方法专利权，就会形成使其保护范围囊括一切的局面，使正常的生产经营活动受到不应有的干扰。

正因为如此，有必要规定在一项制造方法和能够享受延伸保护的产品之间必须具有一定的"近亲血缘关系"。[1]

合理确定延伸保护的范围不是一件容易的事情。"直接获得的"这一术语就是为此而

[1] 在 WIPO 于 20 世纪 90 年代初期进行的专利法国际协调过程中，德国、荷兰、加拿大、丹麦、欧洲专利局的代表反对采用"substantially obtained by"的表达方式，认为方法专利权不应当延伸到对直接产品作进一步的改动，或者在直接产品与最终产品之间还存在中间处理步骤的情况。

提出，它最早出现于法国和德国的专利法，英国、丹麦、荷兰等国的专利法中虽然没有规定同样的限制，但是在其专利实践中也采用了类似的限制条件。对于“直接”一词的含义，存在两种不同的解释立场，不妨将其称为狭义解释和广义解释。

狭义解释立场认为，所谓“直接”获得的产品，是指实施授予专利的制造方法最初获得的原始产品，[1]也就是完成方法专利权利要求记载的最后一个步骤特征之后获得的那个产品，随后进一步施加任何除专利方法之外的能使原始产品产生变化的加工、处理、操作步骤，都将使得其所获产品变成一个“非直接”的产品。这种解释立场的最大优点在于提供了一种十分明确的判断标准，便于法院和公众进行判断，因而获得了不少支持者。

主张采用狭义解释立场的理由是：[2]

（1）既然规定了“直接获得的”这一限制条件，就应当使之产生应有的限制作用。按照人们对“直接”一词的普通理解，受延伸保护的产品只能是实施专利方法所获得的最初产品，或者说是完成方法专利权的权利要求限定的最后一个方法步骤之后所获得的那个产品。

（2）之所以要保护依照专利方法所直接获得的产品，是因为销售或者使用这样的产品在某种意义上可以视为利用了该制造方法专利技术，但是无论如何所获得的产品本身并没有获得专利保护。这一点决定了获得专利权的制造方法与能够享受延伸保护的产品之间必须存在一种紧密的“血缘关系”，以确保享受延伸保护的产品与制造方法专利的实施之间具有明确的因果关系。将对制造方法专利权的保护延伸到本身并没有获得专利权的产品，对制造方法专利权人来说已经是一种相当优惠的待遇；如果超过一定的限度，将延伸保护的范围扩大到与制造方法没有明确因果关系的产品就是不合理的，其结果势必对公众的合法利益和必要的商业自由产生令人不能接受的负面影响。

（3）狭义解释立场能够为公众提供一种简单而又明确的判断依据，有利于维护法律的确定性。

广义解释立场认为，所谓“直接获得的”不仅包括使用一项获得专利权的制造方法获得的最初产品，在满足一定条件的情况下也包括对最初产品作进一步加工、处理后所获得的产品。关于“一定条件”，德国采用的判断标准是最终产品的价值或者主要特点（value or main characteristic）由实施该制造方法获得的最初产品决定；法国所采用的判断标准是最终产品应当直接取决于专利方法的使用（immidiatly dependent on the use of the process）。

主张采用广义解释立场的理由在于：

（1）“直接”的含义不应当被理解为仅仅定义了一种时间上的顺序关系，它应该还包括质量和特性上的关系。当人们说事件 B 是事件 A 的直接结果时，应当是指事件 B 的发生主要依赖于事件 A 的发生，并不要求在事件 A 发生之后事件 B 就立即发生，不排除还存在一些不甚重要的促使事件 B 发生的其他因素的可能性。因此，只要有充分的理由认为最终产品的获得与制造方法的使用之间有某种密切的因果联系，就应当认为使用专利方法得到的最初产品与在此基础上进一步获得的最终产品是彼此紧密联系的，即使它们由不同

---

[1] Original product initially obtained by applying the process.

[2] AMIRAM BENYAMINI. Patent Infringement in the European Community［M］.IIC Studies， Vol.13：160.

的行为主体来完成也依然如此。

（2）对制造方法专利提供延伸保护的宗旨是为专利权人提供更为有效的法律保护。如果将延伸保护仅仅局限于使用该专利方法所获得的最初产品，则那些将稍有变化的最终产品投入市场，从而实质上通过利用他人的制造方法获利的行为就得不到法律制裁，这有悖于规定延伸保护的初衷。

（3）尽管广义解释立场不如狭义解释立场那样易于掌握，从法律确定性的角度来看略逊一筹，但是专利法应当考虑的始终是提供有效保护和确保法律确定性之间的平衡，两者不可偏废，这与《欧洲专利公约》有关专利权保护范围的著名议定书确定的原则是一致的。

对"制造方法所直接获得的产品"的狭义解释立场和广义解释立场各有利弊。比较起来，笔者认为广义解释立场带来的弊病更加突出一些，因为采用广义解释立场进行判断的难度更大，其判断结果更容易因人而异，不具有法律确定性。

2009年颁布的《最高人民法院关于审理侵犯专利权纠纷案件应用法律若干问题的解释》第十三条规定：

> **对于使用专利方法获得的原始产品，人民法院应当认定为专利法第十一条规定的依照专利方法直接获得的产品。**
>
> **对于将上述原始产品进一步加工、处理而获得后续产品的行为，人民法院应当认定属于专利法第十一条规定的使用依照该专利方法直接获得的产品。**

可以认为，上述规定对产品制造方法专利权的延伸保护采用了狭义解释立场。

（四）延伸保护的特点

本条规定的对方法专利权的延伸保护是"任何单位或个人未经专利权人许可不得为生产经营目的而使用、许诺销售、销售或者进口依照专利方法直接获得的产品"。与一项产品专利权相比，延伸保护尽管也是针对产品，但是有如下不同之处：

（1）延伸保护仅仅限于采用获得专利权的制造方法所获得的产品。对于相同的产品，如果不是采用专利方法，而是采用其他制造方法所获得，则许诺销售、销售、使用该产品的行为不构成侵犯制造方法专利权的行为。相比之下，对于产品专利权来说一般不存在这一限制，只要产品本身相同，则不论采用何种方法予以制造，都将构成侵犯专利权的行为。但是需要注意的是，产品专利权的权利要求有时会采用"以方法来限定的产品权利要求"（product-by-process）的撰写方式，在这种情况下结论会有所不同，对此本书将在对《专利法》第六十九条的说明中进行讨论。

（2）本条规定的对依照专利方法所直接获得的产品的延伸保护不包括产品的制造。这是合理的，并非一种疏漏，因为使用获得专利权的制造方法的过程必然就是采用该方法来制造该产品的过程，本条已经明确规定任何人未经专利权人许可不得使用专利方法，因此无须重复予以规定。

（3）对依照获得专利权的制造方法直接获得的产品提供延伸保护，与该产品是一种新产品还是一种已知产品无关，并不要求该产品本身具备新颖性和创造性。只要方法本身符合《专利法》规定的授予专利权的条件，则即使是已知产品，未经许可而许诺销售、销售、使用、进口依照该方法直接获得的产品的行为也同样构成侵犯专利权的行为。

（4）是否属于本条所述的依照该方法直接获得的产品，与该产品本身是否属于能够获得专利保护的对象无关。例如，《专利法》第二十五条规定动物和植物品种本身不能获得专利保护，但是其生产方法可以获得专利保护。有著作认为："方法专利延伸保护所包括的产品，可以是申请时已知的产品、不符合授予专利权条件的新产品，以及依本法规定不授予专利的产品，例如植物新品种。"[1]从这种意义上讲，延伸保护还具有产品专利权所不具备的特点。

---

[1] 汤宗舜.专利法解说［M］.修订版.北京：知识产权出版社，2002：84.

第十二条 实施专利的许可合同

任何单位或者个人实施他人专利的，应当与专利权人订立实施许可合同，向专利权人支付专利使用费。被许可人无权允许合同规定以外的任何单位或者个人实施该专利。

一、概 述

《专利法》第一条规定的立法宗旨表明，专利制度的建立一方面旨在保护专利权人的合法利益，以鼓励发明创造，提高创新能力，促进科学技术的进步；另一方面旨在推动发明创造的实施应用，以促进经济社会的发展。被授予专利权的发明创造的实施主要有两种方式：一是由专利权人自己予以实施；二是由其他单位或者个人予以实施。一般说来，专利权人自己实施其发明创造的能力总是有限的，经常不能满足市场的需求，当专利权人是个人时尤其如此。因此，许可其他单位或者个人予以实施，是实施应用被授予专利权的发明创造的主要方式。

《专利法》第十一条明确规定，专利权被授予后，任何单位或者个人未经专利权人许可都不得为生产经营目的实施其专利。因此，任何人实施他人的专利都应当事先获得专利权人的许可。怎样获得专利权人的许可？如何认定是否获得了专利权人的许可？这是施行《专利法》第十一条规定不可回避的问题。依照本条规定，实施者与专利权人订立实施专利的许可合同，是获得专利权人许可的通常方式，也是认定是否获得专利权人许可的基本依据。

订立专利实施许可合同实质上旨在实现一种利益交换：专利权人将实施专利的权利授予被许可人，从而部分地放弃了《专利法》赋予他的实施其发明创造的独占权利，但是却换取了被许可人支付的专利使用费,不仅有望回收其作出发明创造付出的投入，还有可能获得更多的经济收益；被许可人向专利权人支付实施专利的使用费，从而付出了一定的经济代价，但换取了实施专利的权利，而且其实施行为在《专利法》提供的法律保护下有切实可靠的法律保障，可以排除其他第三人违法实施同样的发明创造带来的干扰，通过实施被授予专利权的发明创造不仅有望回收其支付的专利使用费，还有可能获得更多的经济收益。因此，订立专利实施许可合同一般会产生合同双方“双赢”的结果。

应当指出，依据实施专利的许可合同，被许可人对合同涉及的发明创造仅享有实施权，而不享有所有权。因此，本条规定被许可人无权允许合同约定以外的任何单位或者个人实施该项专利。但是，这一规定不应当被理解为法律禁止专利权人授权被许可人许可第三方实施其专利。如果合同约定被许可人享有许可第三方实施的权利，则被许可人可以在合同约定的范围内许可第三方予以实施。

专利权人可以允许被许可人在专利权的整个有效期限内以及在专利权效力所及的全部地域内从事各种类型的实施专利行为，即制造、使用、许诺销售、销售、进口专利产品，使用专利方法，以及使用、许诺销售、销售、进口依照专利方法直接获得的产品；也可以对被许可人的实施行为施加种种限制，例如限定实施的行为仅仅是上述行为中的某些行为，而不一定包括所有的实施行为；限定实施的地域仅仅是国内某一地区，而不一定包括全国；限定实施的时间期间仅仅为若干年，而不一定是自订立合同之日起的整个专利权有效期。专利实施许可合同可以约定，被许可人超越约定的限制条件的，专利权人保留控告被许可人侵犯其专利权的权利。

专利实施许可合同是平等民事主体之间按照自愿原则经协商而订立的合同，《合同法》第四条规定“任何单位或者个人不得非法干预”合同的订立，因此如何订立专利实施许可合同一般而言是合同双方当事人的自由。应当注意的是，《合同法》第七条又规定“当事人订立、履行合同的，应当遵守法律、行政法规，尊重社会公德，不得扰乱社会经济秩序，损害社会公众的利益”。对订立专利实施许可合同最为重要的限制，就是不得触犯《反垄断法》的规定，构成违法限制竞争的行为。对此，本书将在对第四十八条规定的说明中进行讨论。

二、专利实施许可合同的订立

（一）专利实施许可合同的订立形式

2008年修改《专利法》时，对本条规定进行了修改，惟一的变化就在于删除了原规定中的“书面”二字。下面对修改的理由进行说明。

1.《民法通则》和《合同法》的有关规定

1987年1月1日起施行的《民法通则》第五十六条规定：

> **民事法律行为可以采取书面形式、口头形式或者其他形式。法律规定用特定形式的，应当依照法律规定。**

1999年10月1日起施行的《合同法》与已废止的《经济合同法》《涉外经济合同法》和《技术合同法》相比，更多地吸收了外国立法的成熟经验，使有关合同的规定更加全面、更为具体、更具有可操作性，是我国民商法立法工作的一大成就和进步。《合同法》第十条秉承《民法通则》第五十六条确定的原则，明确规定：

> **当事人订立合同，有书面形式、口头形式和其他形式。**
>
> **法律、行政法规规定采用书面形式的，应当采用书面形式。当事人约定采用书面形式的，应当采用书面形式。**

有学者指出，订立合同的方式可以有书面形式、口头形式和推定形式。[1]

书面形式，是指用文字或者数据电文作为表达当事人意思的手段以订立合同的形式。《合同法》第十一条规定：“书面形式是指合同书、信件以及数据电文（包括电报、电传、传真、电子数据交换和电子邮件）等可以有形地表现所载内容的形式。”书面形式的最大优点是订立的合同有据可查，发生纠纷时容易举证，便于确认合同各方的权利和义务。因

[1] 崔建远.合同法［M］.4版.北京：法律出版社，2007：90-93.

此，订立关系复杂的重要合同，最好采用书面形式。2008 年修改前的《专利法》第十二条规定专利实施许可合同应当是书面合同，主要是出于这方面的考虑。

口头形式，是指只用语言作为表达当事人意思的手段以订立合同的形式。以口头形式订立合同简便易行，在日常生活中经常采用，集市上的现货交易、商店里的零售等一般都采用口头形式达成买卖合同。口头形式的缺点在于发生合同纠纷时难以取证，不易确认合同各方的权利和义务。

推定形式，是指既不用文字或者数据电文来表达当事人的意思，也不用语言表达当事人的意思，而是通过某种行为甚至沉默向对方发出要约，对方作出某种必要或者指定的行为作为承诺，使合同成立。例如某商店安装自动售货机，顾客将规定的货币投入机器中，买卖合同即告成立。

根据《合同法》第十条规定的基本原则，不应从法律上排除专利实施许可合同的订立采取口头形式或者其他形式的可能性。

然而，《合同法》第十条同时也规定“法律规定用特定形式的，应当依照法律规定”。《合同法》第三百四十二条规定：

> 技术转让合同包括专利权转让、专利申请权转让、技术秘密转让、专利实施许可合同。
>
> 技术转让合同应当采取书面形式。

上述规定将专利实施许可合同纳入“技术转让合同”的范畴，并规定技术转让合同应当采用书面形式。这样，除了 2008 年修改前的《专利法》第十二条之外，《合同法》第三百四十二条也明确规定专利实施许可合同的订立应当采用书面形式。由此，是否可以认为 2008 年修改后的本条规定与《合同法》第三百四十二条的规定相矛盾？

《合同法》第三百四十二条将专利实施许可合同的性质确定为技术转让合同，是简单继承原《技术合同法》有关规定的结果。原《技术合同法》从技术转移的角度广义地看待“技术转让”的含义，认为无论是专利申请权或者专利权的转让合同，还是专利实施许可合同，实际起到的作用都是合同的一方当事人将有关技术“传授”给另一方当事人，使后者能够实施该项技术，因而认为都属于“技术转让合同”的范畴。

然而在专利法的意义上，专利申请权、专利权的转让和专利的实施许可是两个不同的法律概念。

转让专利申请权或者转让专利权意味着权利主体的转移和权利客体的让渡。一方面，依照《专利法》的有关规定，授予专利权的前后都需要申请人或者专利权人向国家知识产权局办理有关手续，谁有权来办理这些手续是国家知识产权局处理有关事宜时必须考虑的首要问题；另一方面，被授予的专利权对我国所有单位和个人均具有约束效力，必须让所有公众及时知道一项专利权的主体是谁，凡是权利主体发生变化时都应当如此。因此，专利申请权和专利权的转让并非仅仅是转让合同双方当事人之间的事情，还必须得到国家知识产权局的认可并让广大公众知道。正因为如此，《专利法》第十条规定，转让专利申请权或者专利权的应当向国家知识产权局登记，并由国家知识产权局予以公告；专利申请权或者专利权的转让自登记之日起生效，而不是自转让合同成立之日起生效。

专利实施许可合同并不意味着专利权主体的转移，而仅仅意味着被许可人获得了以约定方式实施专利的权利。这种合同主要涉及双方当事人的利益，而不直接涉及公众的利益

（触犯《反垄断法》规定的除外）。因此，专利实施许可合同自合同成立之日起生效，无须经国家知识产权局登记和公告。

专利权转让合同与专利实施许可合同在性质上的差异导致两种合同的订立形式也存在差别。值得注意的是，《专利法》第十条第三款规定"转让专利申请权或者专利权的，当事人应当订立书面合同"，2008 年修改《专利法》时并没有修改该款规定。这是因为专利申请权或者专利权的转让合同需要经国家知识产权局登记，而国家知识产权局进行转让登记需要以书面转让合同为依据，否则就容易产生错误。

归纳起来，《合同法》第三百四十二条将两种不同性质的专利合同混为一谈，容易导致法律概念上的混乱。在《合同法》的制定过程中，国家知识产权局曾多次向全国人大法律委员会指出该条规定存在的问题，希望通过调整修改草案的条文解决该问题，遗憾的是最后未被采纳。与《合同法》相比，《专利法》具有下位法、专门法的性质，因此本条对专利实施许可合同订立形式的规定应当优先予以适用。

2. 在专利实践中认定默示许可的必要性

2008 年修改《专利法》时删除本条原来规定的"书面"二字，其原因并非仅仅在于从形式上追求落实《合同法》第十条关于合同订立方式的原则性规定，而是在于还存在更为深层次的原因。若不作出这一修改，就会影响专利制度的正常运作。

在专利制度的运行中，会遇到下列情况，产生有关问题：

（1）一项发明专利包括两项独立权利要求，其中一项独立权利要求保护一种工艺方法；另一项独立权利要求保护一种用于实施该工艺方法的专用设备。在现实中会产生这样的问题，即专利权人或者其被许可人售出这种专用设备，购买者用它来实施方法独立权利要求所保护的工艺方法，是否还需要另行获得该专利权人的许可？

（2）专利权人获得了两项发明专利权，其中一项是关于一种工艺方法的专利权，另一项是关于一种实施该方法的专用设备的专利权，专利权人或者其被许可人售出这种专用设备，购买者用它来实施方法专利权要求保护的工艺方法，是否还需要另行获得该专利权人的许可？

（3）专利权人仅仅获得了一项工艺方法专利权，该工艺方法的实施需要采用一种专用设备，但该专用设备本身并没有获得专利保护，专利权人或者其被许可人售出这种专用设备，购买者用它来实施方法专利权要求保护的工艺方法，是否还需要另行获得专利权人的许可？

（4）专利权人获得了一项产品专利权，该专利权人或者其被许可人销售一种专门用于制造其专利产品的零部件（该专利权人是否就所述零部件本身获得了专利权无关紧要），购买者采用其购买的零部件制造该专利产品，是否还需要获得专利权人的许可？

对上述问题采取何种立场，关系到专利制度能否以适当、合理的方式运作，不论从理论意义上看还是从现实意义上看都十分重要。

在上述四种情况下，美国、德国、英国、日本等国家均采取了基本相同的立场，即在这些情况下，除非专利权人或者其被许可人在售出其专用设备或者专用零部件时以明示方式提出限制性条件，否则就意味着购买者获得了使用其购买的专用设备来实施方法独立权利要求或者方法专利权保护的工艺方法，或者使用其购买的专用零部件制造产品专利权所保护的产品的“默示许可”（implied licence），不需要另行获得该专利权人的许可。在这些情况下，专利权人并非采用文字形式或者语言形式作出订立专利实施许可合同的要约，而是以其销售行为作出订立专利实施许可合同的要约，一旦购买者支付价款购买有关产品，则表明购买者已经作出承诺，专利实施许可合同即告成立。这种订立专利实施许可合同的形式实质上就是前面所述的订立合同的推定形式。

采取这种立场是合理的，体现了信赖保护原则，是建立诚信社会的需要。如若不然，就会给专用设备或者专用零部件的合法购买者正当使用其购买的产品带来不合理的限制，影响正常的经济社会秩序。既然是一种用于实施某种专利方法的专用设备或者用于制造某种专利产品的专用零部件，就有理由推定购买者购买该专用设备或者专用零部件的本来目的就是用来实施该方法或者制造该产品。此时，如果允许专利权人制止购买者用其购买的专用设备或者专用零部件来实施该方法或者制造该产品，那么购买这样的产品还有什么意义？

由于 2008 年修改《专利法》前的本条一直规定，订立专利实施许可合同应当采取书面形式，因此在前面所述四种情况下，我国专利权人有理由争辩他从未与购买者订立过允许其采用购买的专用零部件制造专利产品或者采用其购买的专利设备实施专利方法的书面实施许可合同，进而指控购买者的行为构成侵犯其产品专利权或者方法专利权的行为。这使我国难以在实践中适用默示许可理论。

然而，购买者购买专门用于制造专利产品的零部件或者专门用于实施专利方法的专用设备之后，用它们来实施有关专利技术是顺理成章、合情合理的事情。这就对我国立法和执法部门提出了一个问题：从国家利益和公众利益出发，是认定这种行为合法有利，还是认定这种行为违法有利？

笔者认为，我国有必要借鉴西方国家通过默示许可理论认定这些行为是合法行为的做法，否则就会使我国专利制度出现不合理之处，使我国公众与这些国家的公众相比在遇到这类问题时处于不利地位。目前，我国的基础技术、重要技术还大多处于外国专利权人的控制之下。在今后相当长的一段时间内，这种状况还难以得到根本性的变化。面对这样的情况，采取不认可默示许可的立场会对我国产生更多的不利影响。以 DVD 专利侵权事件为例，我国许多企业指出，其制造的 DVD 装置的核心部件，例如专用芯片等，都是从国外合法购买的，这些部件是专门为制造 DVD 装置而设计、制造和售出的，除此之外没有别的现实用途。如果事实确实如此，就应当认定专利权人销售其核心部件的行为隐含了允许购买者用这些部件来实施 DVD 整机专利技术的默示许可。这种做法符合国际惯例，不会引起什么非议。在这样的情况下，无视默示许可在维护专利制度合理秩序方面的现实需要和重要作用，将置我国企业于困难境地。

基于上述理由，在 2008 年全国人大常委会审议《〈专利法〉修正案（草案）》的过程中，国家知识产权局提出了修改本条规定的建议。全国人大法律委员会对这一建议专门进行了认真和深入的讨论，最后同意采纳该修改建议。

需要指出的是，删除“书面”二字，其目的并不是鼓励人们以口头方式订立专利实施许可合同，而是为在必要的情况下认定实施专利的默示许可扫除障碍。单位和个人意欲实施他人的专利而与专利权人订立专利实施许可合同的，应当尽量采用订立书面合同的方式，这是不言而喻的，对本条的修改绝非要改变这一立场。

3. 默示许可理论与专利权用尽原则的关系和区别

《专利法》第六十九条第（一）项规定了专利权用尽原则，即专利产品或者依照专利方法直接获得的产品，由专利权人或者经其许可的单位、个人售出后，使用、许诺销售、销售、进口该产品的，不视为侵犯专利权的行为。可能有人会产生这样的疑问：在前面所述的四种情况下，依据《专利法》规定的专利权用尽原则是否也能得出与认定默示许可相同的结论？如果回答是肯定的，还有必要认定默示许可吗？

应当注意的是，第六十九条第（一）项涉及的产品是专利权人或者其被许可人售出的“专利产品或者依照专利方法直接获得的产品”，结论是“不视为侵犯专利权”。从条文来看，“专利产品或者依照专利方法直接获得的产品”所指的专利与“不视为侵犯专利权”所指的专利应当是同一专利。换言之，适用第六十九条第（一）项规定的专利权用尽原则只能使涉及合法售出的产品本身的专利权被权利用尽，而不能使与合法售出的产品相关联的其他专利权也被权利用尽。在前述第一种情况下，产品独立权利要求和方法独立权利要求被认为赋予了专利权人彼此独立的并列权利，产品权利要求的权利被用尽，不等于方法独立权利要求的权利也被用尽；在第二种情况下，产品专利和方法专利是两项彼此独立的专利，产品专利权的权利被用尽，不等于方法专利权的权利也被用尽；在第三种情况和第四种情况下就更是如此，因为售出的专用设备或者专用零部件本身根本就没有授予专利权，因而也就谈不上权利用尽的问题。因此，在售出的是专门用于制造另一专利产品的专用零部件或者专门用于实施另一专利方法的专用设备的情况下，讨论购买者采用其购买的专用零部件制造该专利产品或者采用其购买专用设备实施该专利方法是否构成侵犯产品专利权或者方法专利权问题时，所涉及的专利权显然不是关于售出产品本身的专利权，因而无从适用第六十九条第（一）项规定的专利权用尽原则。

应当注意的是，尽管西方各国普遍采用了专利权用尽原则，但是不同国家依据的法律原理有所不同。

一些国家将专利权用尽原则建立在默示许可的基础之上，认为只要专利权人或者其被许可人在售出专利产品时没有以明示方式附加限制性条件，就意味着购买者获得了默示许可，可以自由使用或者销售其购买的专利产品。采用这种做法的典型代表是英国，此外还包括澳大利亚、加拿大、新西兰等英联邦国家。[1]这些国家实际上是将专利权用尽原则和默示许可理论合为一体，不加区分。由于默示许可理论在这些国家被普遍适用于民商法领域，并非仅仅适用于专利领域，因此这些国家的专利法中都没有专门规定专利权用尽原则。在专利权人或者其被许可人售出有关产品之后，对涉及该产品本身的专利权而言，购买者获得了实施该专利的默示许可，可以自由地使用或者转售其购买的产品；对该专利权人享有的与售出产品相关联的其他专利权而言，如果售出的产品是实施有关方法专利的专用设备或者是实施有关产品专利的专用零部件，购买者也获得了实施这些专利的默示许可。在这些国家，可以将这两种结论都称为是适用专利权用尽原则的结果，也可以都称为是适用默示许可理论的结果。

---

[1] AMIRAM BENYAMINI. Patent Infringement in the European Community［M］.IIC Studies, Vol. 13：290.

另一些国家则不同，认为专利权用尽原则是对专利权的一种本质性限定，其适用不应因为专利权人在售出其专利产品时以明示方式提出了限制性条件而有所改变。与此同时，这些国家也承认和运用默示许可理论。采用这种做法的典型代表是德国，此外还包括荷兰、奥地利、意大利等。[1]采用这种思路，专利权用尽原则是专利法领域的特定原则，因此这些国家都在其专利法中设立专门的条款予以规定。在这些国家，专利权用尽原则和默示许可理论是不同的法律概念，其适用范围和法律效力都有所不同。在专利权人或者其被许可人售出有关产品之后，对涉及该产品本身的专利权而言，专利权用尽原则为购买者提供了绝对意义上的侵权豁免，无论专利权人售出该产品时是否附加限制性条件，购买者使用、许诺销售、销售其购买的产品都不构成侵犯该专利权的行为；对该专利权人享有的与售出的产品相关联的其他专利权而言，默示许可理论为购买者提供了相对意义上的侵权豁免，只有当专利权人售出的产品是专门用于实施这些相关联的专利的专用产品，而且专利权人销售该专用产品时没有附加限制性条件的情况下，购买者采用购买的专用产品实施这些相关专利才不构成侵犯这些相关联专利权的行为。因此，在这些国家不可将专利权用尽原则和默示许可理论混为一谈。

我国专利制度从一开始就采用了德国模式，即规定只要专利权人或者其被许可人售出其专利产品，则无论专利权人是否对售出产品的随后使用或者处置提出限制性条件，涉及该产品本身的专利权都被权利用尽了。换言之，对涉及被售出的产品本身的专利权而言，《专利法》第六十九条第（一）项规定的专利权用尽原则提供了一种彻底的专利侵权豁免，其适用无须依赖默示许可理论。因此，我国只需采用默示许可理论来解决是否侵犯同一专利权人拥有的与售出产品相关联的其他专利权的问题。2008 年修改前的《专利法》本条规定专利实施许可合同只能以书面方式订立，导致我国在认定默示许可方面存在障碍，应当认为这是当时我国专利制度中存在的不够完善之处。2008 年修改《专利法》时删除了本条原先条文中的“书面”二字，对完善我国专利制度具有重要意义。

（二）专利实施许可的类型和内容

按照被许可人取得的实施权的范围，可以将专利实施许可分为以下几种类型。

（1）独占实施许可。简称独占许可，是指在约定的时间和地域范围内，专利权人只许可一个被许可人实施其专利，而且专利权人自己也不得实施该专利。

（2）排他实施许可。简称排他许可，也称独家许可，是指在约定的时间和地域范围内，专利权人只许可一个被许可人实施其专利，但专利权人自己有权实施该专利。

（3）普通实施许可。简称普通许可，是指在约定的时间和地域范围期内，专利权人在许可某人实施其专利的同时保留许可第三人实施该专利的权利。普通许可是专利实施许可中最为常见的一种类型。

（4）交叉实施许可。简称交叉许可，也称作互换许可，是指两个专利权人互相许可对方实施自己的专利。订立这种许可，如果两项专利的价值大体相当，合同双方可以约定彼此免收许可使用费；如果二者的技术效果或者经济效益差距较大，也可以约定由一方给予

---

[1] AMIRAM BENYAMINI. Patent Infringement in the European Community［J］.IIC Studies, Vol. 13：290.

另一方适当的补偿。

（5）分实施许可。简称分许可，是针对基本许可而言的，即基本许可的被许可人依照与专利权人的约定，许可第三人实施同一专利，被许可人与第三人订立的这种实施许可就是分许可。

需要指出的是，专利实施许可合同一般都是比较复杂的合同，并非简单地约定被许可人有权实施许可人的专利权，而是广泛涉及方方面面的事宜，不仅涵盖专利，也常常涵盖商标、著作权、商业秘密等其他知识产权，实际上是在双方当事人之间建立一种合作关系，需要全面约定合作双方的权利和义务，因此其内容常常十分复杂，订立方式十分考究。在发达国家，专利实施许可的订立必定有律师或者专利代理人参与，以求约定事项清楚、完整、可行、缜密，尽量避免遗留法律问题。我国专利代理行业过去较为偏重于专利申请事项的代理，随着我国知识产权制度的不断完善，订立专利实施许可合同的代理已经受到越来越高度的重视。

第十三条 发明专利申请公布后的实施

发明专利申请公布后，申请人可以要求实施其发明的单位或者个人支付适当的费用。

一、临时保护的必要性

按照《专利法》第三十四条的规定，国家知识产权局收到发明专利申请后，经初步审查认为符合本法要求的，自申请日起满 18 个月即行公布。按照《专利法》第三十五条的规定，发明专利申请的申请人可以自申请日起 3 年之内随时请求国家知识产权局对其申请进行实质审查。这就是世界各国对发明专利申请普遍采用的所谓“早期公开、延迟审查”制度，其目的在于一方面使申请人有足够的时间考虑是否有必要启动对其发明专利申请的实质审查；另一方面又不至于因审查的延迟而妨碍向公众及时传播技术信息。

发明专利申请公布之后，第三人通过阅读公布的申请文件就可以了解发明的内容，因而也就有可能实施该发明。一件发明专利申请最终有两种可能的结果：一是被授予专利权；二是未被授予专利权（包括发明专利申请被撤回、被视为撤回或者被驳回）。在前一种情况下，依照《专利法》第三十九条的规定，发明专利权自国家知识产权局公告之日起生效。从公布发明专利申请到授权公告这段期间内，由于发明专利权尚未被授予，因此申请人对其发明还不能获得《专利法》第十一条规定的保护，尚无权要求第三人停止实施其发明。这导致《专利法》必须在公布发明专利申请之后为申请人提供一种“临时保护”。如若不然，允许第三人在授予发明专利权之前任意实施已经公布的发明，就明显会损害发明专利申请人的利益。假如这样，“早期公开、延迟审查”制度就是一种失败的制度，不可能为各国所采用。正因为如此，本条规定发明专利申请公布后，申请人可以要求实施其发明的单位或者个人支付适当的费用，这就是所谓对发明专利申请的“临时保护”。

本条规定的临时保护只适用于公布后的发明专利申请。对于申请日至公布日之间的发明专利申请，以及对于申请日至授权公告日之间的实用新型和外观设计专利申请，《专利法》均没有提供临时保护。这是因为根据《专利法》第二十一条第三款的规定，在专利申请公布或者公告前，国家知识产权局工作人员及有关人员对专利申请的内容负有保密责任，第三人不可能从国家知识产权局那里获知专利申请的内容，进而予以实施，因此不必提供临时保护。

二、关于临时保护的一些问题

（一）临时保护的性质

对他人在发明专利申请公布日至专利权生效日之间的临时保护期内未经许可而实施同样的发明创造的行为，《专利法》并没有将其称为“侵犯专利权”的行为，以与授予专利权之后发生的侵犯专利权行为形成区别。对于这样的行为，本条仅仅规定“申请人可以要求实施其发明的单位或者个人支付适当的费用”，而不是如同对侵犯专利权行为那样，要求侵权者承担侵犯专利权的民事责任，即停止侵权行为，赔偿损失。因此，法院和管理专利工作的部门在审理、调解有关纠纷时，对两种情况应当有所区别。例如，有人在一项发明专利申请公布之后未经许可开始实施，在授予专利权之后仍继续进行其实施行为，应当对其在专利权授权前后的行为采用不同的处理方式。

对本条规定而言，申请人可以要求实施其发明的单位或者个人支付多少使用费？关于这个问题，本条采用的是“合理使用费”这一措辞，而不是“赔偿损失”的措辞，其数额应当按照普通专利实施许可使用费予以计算。专利实施许可合同是双方当事人经平等协商后订立的合同，通常具有双赢的性质，也就是双方分享实施行为所产生的收益，不可能要求被许可人将全部收益统统作为使用费交给许可人，因此普通专利实施许可使用费一般只是实施收益的一部分。正因为如此，《专利法》第六十五条规定损失赔偿数额可以根据专利许可使用费的倍数合理确定，因为若采用专利许可使用费的本数而不是其倍数，就不足以弥补专利权人蒙受的损失。既然“合理使用费”的数额应当低于损失赔偿的数额，采用“许可使用费的本数”而不是采用“许可使用费的倍数”就是合理的。

临时保护从国家知识产权局公布发明专利申请之日开始。本条规定，发明专利申请公布后发明专利的申请人可以要求实施其发明的单位或者个人支付适当的费用，这是否意味着申请人在被授予发明专利权之前就有权要求实施者支付费用？对此，《专利法实施细则》第八十五条作了进一步补充规定。该条第一款规定，管理专利工作的部门应当事人请求，可以对专利纠纷进行调解，其中包括在发明专利申请公布后专利权授予前使用发明而未支付费用在内的纠纷；第二款则专门规定：

> **对于前款第（四）项所列的纠纷，当事人请求管理专利工作的部门调解的，应当在专利权被授予之后提出。**

发明专利申请的申请人在其申请被公布之后发现他人实施其发明的，可以将自己已经就该发明申请了发明专利并已经予以公布的事实告知该实施者，并要求其支付适当的费用。现实中，实施该发明的单位或者个人往往会以该申请尚未被授予发明专利权为理由而拒绝立即支付使用费。发生这样的情况时，根据《专利法实施细则》的上述规定，专利申请人请求管理专利工作的部门调解该纠纷的，只能等到该申请被授予专利权后才能提出调解请求。如此规定是合理的，因为发明专利申请在实质审查过程中有可能被驳回或者被撤回，不一定会被授予发明专利权，在授权之前就强迫实施者支付费用没有充分的理由。正因为如此，本条采取的是“可以要求”的表达方式，而不是“有权要求”的表达方式。尽管《专利法实施细则》的上述规定仅仅涉及管理专利工作的部门对临时保护纠纷的调解，但应当理解为同样适用于对临时保护纠纷的民事诉讼，也就是说当事人就临时保护纠纷向法院起诉的，应当在发明专利权被授予之后提出，否则法院将不予受理。

（二）临时保护的保护范围

《专利法》第五十九条第一款规定，专利权的保护范围以权利要求书的内容为准。临时保护的范围应当如何确定？应当以发明专利申请公布时的权利要求书为准，还是以授予发明专利权时的权利要求书为准？对此《专利法》和《专利法实施细则》均没有作出明确规定。

产生上述问题的原因在于：予以公布的发明专利申请是尚未经过实质审查的申请，其权利要求书的内容与授予发明专利权时的权利要求书相比可能有所不同。这样，就有可能出现他人的实施行为落在公布的专利申请的权利要求保护范围之内，却没有落在授权专利的权利要求保护范围之内，或者正好相反的现象。因此，以哪一个文本为准具有重要意义。对此，2000 年修改的《欧洲专利公约》第 69 条规定：

（1）一件欧洲专利或者一件欧洲专利申请的保护范围以权利要求的内容为准，说明书和附图可以用于解释权利要求。

（2）在授予欧洲专利权之前的期间内，一件欧洲专利申请所提供的保护范围以被公布的专利申请的权利要求书为准。但是，被授予的欧洲专利或者经异议、限制或者撤销程序修改后的欧洲专利未扩大保护范围的，对欧洲专利申请的保护范围具有追溯效力。

上述规定的含义是：如果授权的欧洲专利或者经过异议、限制、撤销程序修改后的欧洲专利的权利要求保护范围大于公布的欧洲专利申请的权利要求保护范围，则欧洲专利申请临时保护的范围仍以公布的欧洲申请的权利要求为准，即授权时的欧洲专利的权利要求或者经过异议、限制、撤销程序修改后的欧洲专利的权利要求不具有追溯效力；反之，如果授权时的欧洲专利或者经过异议、限制、撤销程序修改后的欧洲专利的权利要求保护范围不大于公布的欧洲专利申请的权利要求保护范围，则欧洲专利申请临时保护的范围就必须以授权的欧洲专利的权利要求或者经过异议、限制、撤销程序修改后的欧洲专利的权利要求为准，即授权时的欧洲专利的权利要求或者经过异议、限制、撤销程序修改后的欧洲专利的权利要求具有追溯效力。

由此可见，《欧洲专利公约》既没有简单地规定临时保护以公布时的欧洲专利申请的权利要求为准，也没有简单地规定临时保护以授权时的欧洲专利的权利要求或者以经过异议、限制、撤销程序修改后的欧洲专利的权利要求为准，而是采用了公众利益优先的原则。其原因在于：一方面，由于在授予欧洲专利之前，公众只能看到欧洲专利申请公布时的权利要求书，依照信赖保护原则，公众应当有权根据公布的权利要求书来决定采取何种实施行为，即使授权时的权利要求扩大了保护范围，也不应当对临时保护的范围产生影响；另一方面，如果授权时的欧洲专利的权利要求保护范围或者经过异议、限制、撤销程序修改后的欧洲专利的权利要求小于公布时的欧洲专利申请的权利要求保护范围，则表明欧洲专利局经审查认为授权前较大的保护范围不成立，不能对其授予欧洲专利，而临时保护不能以不成立的保护范围为准，因此在这种情况下当然应以授权时的欧洲专利的权利要求保护范围或者以经过异议、限制、撤销程序修改后的欧洲专利的权利要求为准。值得注意的是，《欧洲专利公约》的规定不仅考虑到被授权的欧洲专利对公布的欧洲专利申请的追溯效力，还考虑到经异议、限制、撤销程序修改后的欧洲专利对公布的欧洲专利申请的追溯效力，因为这些程序可以看做是授权程序的延伸和继续，通常只会缩小专利权的保护范围，而不会扩大专利权的保护范围，因此也有必要予以考虑。《欧洲专利公约》的上述规定是十分合理的，体现了立法的细腻与周全，值得我国借鉴。

（三）临时保护的终止和变更

按照本条规定，发明专利申请自公布之日起，申请人就能够获得临时保护。因此，本条明确了临时保护的时间起点。既然有时间起点，就应当也有时间终点。《专利法》本身并没有明确规定临时保护的时间终点。

临时保护终止的一种方式是授予发明专利权。自公告授予发明专利权之日起，原来的申请人亦即随后的专利权人所能获得的保护就不再是“临时保护”，而是转为“正式保护”。临时保护至此告终，这是无须规定的。

然而，发明专利申请的结局并非只有被授予发明专利权这一种可能，也有可能是不授予发明专利权，而是被驳回、被撤回、视为撤回或者视为放弃。对实用新型和外观设计专利申请而言，如果因出现上述情况而没有被授予专利权，国家知识产权局无须予以公告，因为这些专利申请原本就没有公布，从维护申请人利益的角度出发，在不授予专利权的情况下使申请专利的实用新型或者外观设计处于保密状态对申请人更为有利。对发明专利申请来说则不同，因为发明专利申请在授予专利权之前要予以公布，如果因出现上述情况而导致不可能授予发明专利权，却不通过公告的方式让公众及时获知，就会使被公布的发明一直处于受临时保护的状态，公众不清楚是否能够实施该发明，这显然是对公众不负责任的做法。基于这一原因，《专利法实施细则》第九十条规定，国家知识产权局通过定期出版专利公报予以公布或公告的事项包括“发明专利申请公布后的驳回、撤回、视为撤回、视为放弃”。换言之，自国家知识产权局公告上述事项之日起，原来的临时保护不但终止了，而且还应当视为自始即不存在。

对发明专利申请而言，在授予发明专利权之前还可能出现这样的情况，即申请人一开始因某种过失而丧失其专利申请权，后来依据《专利法实施细则》第六条的规定又恢复了其专利申请权。在此情况下，临时保护也会随之失而复得。出于同样的理由，《专利法实施细则》第九十条又规定，专利公报应当予以公告的事项还包括“发明专利申请公布后的恢复”。

在对发明专利申请提供临时保护的情况下，公众不仅关心获得临时保护的是哪一项发明，还会关心获得临时保护的权利人是谁。在一般情况下，获得临时保护的权利人就是被公布的发明专利申请的申请人。然而，根据《专利法》第十条的规定，专利申请权也是可以转让的。在发生转让的情况下，获得临时保护的权利人就会产生变化。为了使公众及时获知权利主体的变更，《专利法实施细则》第九十条又规定，专利公报应当予以公告的事项还包括“发明专利申请公布后的转移”。

（四）对 PCT 国际申请的临时保护

在我国提交的发明专利申请有的是通过《巴黎公约》途径，直接向国家知识产权局提交的；有的是通过 PCT 途径先向国际局提交，然而再进入中国国家阶段的。在上述两个不同途径中，发明专利申请的公布方式有所不同，由此带来了对通过 PCT 途径提交的发明专利申请的临时保护从何时开始的特殊问题。

PCT 第 3 条第（4）款第（i）项规定，国际申请应当使用一种规定的语言。该条约第 21 条规定，除另有规定外，国际局应自国际申请的优先权日起满 18 个月后迅速进行国际公布，国际公布所用的语言和格式以及其他细节应按照细则的规定。

按照《专利合作条约实施细则》（以下简称《PCT 实施细则》）第 48.3 款规定，如果国际申请是用阿拉伯语、中文、英语、法语、德语、日语、韩语、葡萄牙语、俄语或者西班牙语（即所谓“公布语言”）提出的，该申请应以其提出时使用的语言公布；如果国际申请未以一种公布语言提出，并提交了使用一种公布语言的译文的，该申请应当以该译文的语言公布。

关于国际公布的效力，PCT 第 29 条规定：

> （1）就申请人在指定国的任何权利的保护而言，国际申请的国际公布在该国的效力，除本条第（2）~（4）款另有规定外，应与指定国的本国法对未经审查的国家申请在国内强制公布所规定的效力相同。
>
> （2）如果国际公布所使用的语言与在指定国按本国法公布所使用的语言不同，该本国法可以选择规定其在本国的公布效力自使用本国法公布语言的译本已经按本国法的规定予以公布才能产生。

根据 PCT 第 29 条第（2）款赋予的权利，《专利法实施细则》第一百一十四条规定：

> 对要求获得发明专利权的国际申请，国务院专利行政部门经初步审查认为符合专利法和本细则有关规定的，应当在专利公报上予以公布；国际申请以中文以外的文字提出的，应当公布申请文件的中文译文。
>
> 要求获得发明专利权的国际申请，由国际局以中文进行国际公布的，自国际公布日起适用专利法第十三条的规定；由国际局以中文以外的文字进行国际公布的，自国务院专利行政部门公布之日起适用专利法第十三条的规定。
>
> 对国际申请，专利法第二十一条和第二十二条中所称的公布是指本条第一款所规定的公布。

上述规定的含义是：

第一，对通过 PCT 途径进入我国的要求获得发明专利权的国际申请，不论该国际申请采用何种语言，国家知识产权局都将重新予以公布；

第二，国际申请以中文提出的，国家知识产权局公布以中文提交的申请文件；国际申请以外文提出的，国家知识产权局公布该申请文件的中文译文；

第三，国际申请由国际局以中文进行国际公布的，自国际公布之日起在中国获得临时保护；国际申请由国际局以外文进行国际公布的，自国家知识产权局重新公布之日在中国获得临时保护；

第四，在判断一件国际申请是否构成我国一件发明或者实用新型专利申请的抵触申请时，《专利法》第二十二条第二款所述“也没有任何单位或者个人就同样的发明或者实用新型在申请日以前向国务院专利行政部门提出过申请，并记载在申请日以后公布的专利申请文件或者公告的专利文件中”中提及的“公布”，是指国际申请在我国的公布，而不是该国际申请由国际局进行的国际公布。

上述第三点之所以如此规定，是因为我国对国际申请的临时保护只能从国际申请的中文公布之日开始，而不能从国际申请的外文公布之日开始。这显然是出于维护我国公众利益的目的。

此外，由于 PCT 规定国际申请进入各国国家阶段并被授予专利权之后，其保护范围应当以原文为准，《专利法实施细则》第一百一十七条进一步规定：

基于国际申请授予的专利权，由于译文错误，致使依照专利法第五十九条规定确定的保护范围超出国际申请的原文所表达的范围的，以依据原文限制后的保护范围为准；致使保护范围小于国际申请的原文所表达的范围的，以授权时的保护范围为准。

这一规定与前面提到的《欧洲专利公约》第69条的规定有异曲同工之妙。

第十四条　国有企事业单位的发明专利的推广应用

国有企业事业单位的发明专利，对国家利益或者公共利益具有重大意义的，国务院有关主管部门和省、自治区、直辖市人民政府报经国务院批准，可以决定在批准的范围内推广应用，允许指定的单位实施，由实施单位按照国家规定向专利权人支付使用费。

一、推广应用的对象、条件和程序

关于推广应用的对象，本条从如下两个角度进行了界定：一是从专利权主体的角度进行界定；二是从专利权类型的角度进行界定。

在专利权的主体上，予以推广应用的对象仅限于国有企事业单位享有的专利权，不包括我国的三资企业、私营企业以及其他混合所有制单位以及个人享有的专利权，更不包括外国人、外国企业或者外国其他组织享有的专利权。2000年修改《专利法》时将本条原来规定的“全民所有制单位”改为“国有企业事业单位”，因此即使某一单位不是纯粹的全民所有制单位，但只要国有资本在其资本结构中具有控制地位，属于国有控股单位，也可以对其享有的专利权予以推广应用。

在专利的种类上，予以推广应用的对象仅限于发明专利，不包括实用新型专利和外观设计专利。2000年修改《专利法》之前，本条第一款将允许推广应用的专利类型界定为全民所有制单位持有的“发明创造专利”以及集体所有制单位和个人的“专利”，从字面上看适用于所有三种类型的专利。2000年修改《专利法》时，将允许推广应用的专利类型界定为仅限于发明专利，明显缩小了本条的适用范围。

事实上，我国自1985年施行《专利法》以来，依据本条规定予以推广应用的实例非常少，自2000年修改《专利法》以来没有对任何一项发明专利采用这样的程序。

二、有关问题

对发明专利的推广应用，只要符合本条规定的条件，在授予专利权以后就可以立即依法决定，不需要等待一段时间之后才能批准。被指定的单位能够在多长期间内，采取何种方式，以多大规模予以实施，需要由国务院在批准推广应用时决定。

根据本条规定，实施的主体是国务院有关主管部门和省、自治区、直辖市人民政府指定的单位，不包括个人。这是因为根据民法原理，个人在未成立个人独资企业或者成为个体工商户的情况下，没有生产经营的资格，因此个人不能直接作为本条规定的实施主体。此外，依照本条规定需要推广应用的发明是“对国家利益或者公共利益具有重大意义”的发明，推广应用的结果应当对维护国家利益或者公共利益产生显著作用，实非个人的实施行为所能达到。

至于被指定予以实施的单位可以包括什么性质的单位，应当具备何种条件，本条没有明确规定。笔者认为，无论是外资企业还是内资企业，也无论是公有制企业还是私有制企业，只要在中国具有生产经营资格并具有实施相关专利技术的能力，都可以按照一定标准被指定为实施主体。

本条规定“由实施的单位按照国家规定向专利权人支付使用费”。这表明，即使在本条规定的情形下由国务院批准决定对发明专利予以推广应用，也不能无视专利权人的权益，这符合 TRIPS 的有关规定。所谓“国家规定”，目前尚无专门的明确规定。笔者认为，实践中确实需要适用本条规定的，应当在批准决定中规定应当向专利权人支付的使用费数额以及支付方式。在确定使用费数额时，应当考虑专利权人研究开发该项发明的成本、实施该发明的规模和年限、被指定单位实施该项发明所能获得的经济利益等因素，并在批准决定以前听取专利权人和实施者的意见。

本条没有规定对批准予以推广应用的决定不服的救济程序，这表明专利权人对该决定不服的不能请求获得救济。根据《行政复议法》的规定，对国务院有关主管部门或者省、自治区、直辖市人民政府作出的具体行政行为不服的，可以向作出决定的部门或者机关申请复议；对复议决定不服的，可以向国务院申请裁决，由国务院作出终局裁决。根据本条规定，推广应用的决定本身就是由经国务院批准决定的，没有必要再给予申请复议的机会。

第十五条　专利申请权和专利权的共有

专利申请权或者专利权的共有人对权利的行使有约定的，从其约定。没有约定的，共有人可以单独实施或者以普通许可方式许可他人实施该专利；许可他人实施该专利的，收取的使用费应当在共有人之间分配。

除前款规定的情形外，行使共有的专利申请权或者专利权应当取得全体共有人的同意。

一、概　述

专利申请权和专利权都具有财产权的属性，在现实中常常会出现权利共有的情形。例如《专利法》第八条规定，两个以上单位或者个人合作完成的发明创造，当事人没有约定的，申请专利的权利属于完成或者共同完成的单位或者个人。在这种情况下，共有人行使其申请专利的权利，共同提出专利申请的，共有的申请专利的权利就演变成为共有专利申请权；该专利申请被授予专利权的，共有专利申请权就演变为共有专利权。

共有专利申请权或者专利权的，共有人应当如何分配其共有的权利，是按照民法理论中的按份共有原则予以分享，还是民法理论中的共同共有原则予以共享？共有人应当如何行使共有的权利，是必须经所有共有人协商一致才能行使，还是各自可以单独行使？对这些问题的回答无疑十分重要，然而2008年修改前的《专利法》和《专利法实施细则》均没有对此作出规定。在这种情况下，只能在我国有关上位法律中寻求答案。

《民法通则》第五章的标题是“民事权利”，该章第一节的标题是“财产所有权和与财产所有权有关的财产权”，其中第七十八条规定了财产共有的基本原则，即：“共有分为按份共有和共同共有。按份共有人按照各自的份额，对共有财产分享权利，分担义务。共同共有人对共有财产享有权利，承担义务。”但是，由于知识产权被独立规定在该章第四节中，因此第七十八条关于共有财产权的规定不能直接适用于知识产权。

《物权法》第八章的标题是“共有”，其中较为详细地规定了物权共有的规则。但是，由于知识产权并不属于物权，因此这些规则也不能直接适用于知识产权。

《民法通则》和《物权法》没有直接涉及知识产权的共有是有原因的，因为包括专利权在内的知识产权是一种无形财产权，具有许多与有形财产权不同的特点。例如，有形财产能够被实际占有，在同一时间一般只能由一个主体使用，不可能被多个主体同时使用；专利权的保护客体是发明创造，而发明创造无法被实际占有，只能被实施或者利用，这种实施利用可以由无数主体同时进行。又例如，有形财产随着利用会受到损耗，最终必定不再能够被利用；发明创造不会随着其实施利用而受到损耗，其价值是永存的。

基于上述情况，为了完善我国专利制度，有必要在《专利法》中对专利申请权和专利权的共有作出明确规定。

二、本条规定的含义

（一）关于“权利的行使”

关于专利申请权和专利权的共有，有两方面的问题需要《专利法》作出规定：一是如何判断一项专利申请权或者专利权应当归一方当事人所有，还是应当归多方当事人共有，对此 1984 年制定的《专利法》第六条和第八条就作了规定，并在 2000 年修改《专利法》时作了重要修改；二是在已经认定专利申请权或者专利权归多方当事人共有的情况下，共有人应当如何行使该权利，对此由 2008 年修改《专利法》时新增加的本条予以规定。因此，如果当事人对专利申请权或者专利权应当归单方所有还是归多方共有存在争议，应当以《专利法》第六条或者第八条为依据解决该争议；只有在各方当事人都承认权利共有的前提下，才需要考虑该权利应当如何行使的问题。

要讨论专利申请权或者专利权的行使，就应当首先弄清专利申请权或者专利权具有哪些效力或者权能。

专利申请权的效力或者权能主要包括继续该申请的权利、放弃该申请的权利、转让该申请的权利、许可他人实施该申请要求保护的发明创造的权利。专利权的效力或者权能主要包括实施该专利的权利、许可他人实施该专利的权利、维持该专利权有效的权利、放弃该专利权的权利、转让该专利权的权利、将专利权赠与他人的权利等。

对侵犯专利权的行为起诉，是否属于行使专利权的行为？回答应当是肯定的，没有什么争议。然而，对侵权行为起诉是否必须取得全体共有人的同意？在 2008 年修改《专利法》时却存在争议。有人认为，共有人之一对侵权行为起诉，是维护全体共有人利益的行为，不会对其他共有人的利益造成不利影响，因此应当允许共有人之一就侵犯专利权的行为单独向法院起诉。但是，多数人认为在没有约定的情况下，共有人之一不能单独对侵权行为起诉，其主要理由在于：第一，如果允许共有人之一单独起诉，取证和起诉所需要承担的费用、成本和败诉的风险是否由起诉的人单独承担，取得的侵权赔偿金是否由其单独享有？如果回答是肯定的，则将有损于其他共有人的利益；第二，如果允许共有人之一单独起诉，不同共有人就有可能针对同一侵权行为分别起诉，从而导致重复诉讼的现象；不同的共有人也有可能针对同一侵权行为在不同的法院起诉，从而可能导致不同法院对同一事实作出不同判决的结果，不利于维护专利制度的正常运作；第三，本条第一款规定，在没有约定的情况下，共有人可以单独以普通许可的方式许可第三方实施共有专利，如果允许共有人之一单独起诉，就有可能出现共有人之一将经其他共有人许可的第三方作为侵权被告起诉的情况。本条的规定表明立法者采用了后者的观点，因为本条第二条规定，除本条第一款规定的两种例外情形外，行使共有的专利申请权或者专利权应当取得所有共有人的同意，其中包含对侵犯专利权的行为起诉的行为。

对自己享有的或者与他人共有的专利权提出无效宣告请求，是否属于行使专利权的行为？笔者认为，专利权作为一种依法受法律保护的财产权，只有在权利存在并有效的情况下才谈得上行使该权利。无效宣告请求指向的是一项专利权是否应当授予的问题，而不是该权利具有何种效力或者权能的问题。因此，提出无效宣告请求不是专利权的效力或者权能之一，而是公众享有的保障自己合法权益免受不当授予的专利权侵蚀的权利。专利权人对自己的专利权提出无效宣告请求，其理由不外乎：第一，《专利法》第四十五条规定“任何单位或者个人”都可以请求宣告被授予的专利权无效，似乎不应排除专利权人；第二，任何单位或者个人自己主动“纠正错误”似无不当。但是，如果将请求宣告专利权无效作为一种权利，则该权利是《专利法》赋予所有公众的权利，而不是专门赋予专利权人的权利。

（二）约定优先原则

根据本条规定，共有专利申请权和共有专利权的行使实行约定优先原则。所谓约定优先，是指共有人对共有专利申请权或者专利权的行使事先有约定的，依照其约定执行。

对共有专利申请权或者专利权，共有人既可以约定以类似于按份共有的方式行使其权利，也可以约定以类似于共同共有的方式行使其权利。

如果当事人约定按份共有，却没有明确约定各自所占份额，应当如何行使权利？

《物权法》第一百零四条规定：“按份共有人对共有的不动产或者动产享有的份额，没有约定或者约定不明确的，按照出资额确定；不能确定出资额的，视为等额享有。”对此规定，有关著作的解释是：“当事人没有约定应有份额时，则依照出资比例确定共有份额，在不能确定出资额的情况下，推定为等额共有，不仅易于操作，而且能简化当事人之间的法律关系，符合社会生活中最基本的公平正义”。[1]专利申请权或者专利权的共有是否应当实行同样的规则？

要回答这个问题，首先需要弄清物权共有关系产生的主要原因。现实中，物权共有关系的产生主要有两种类型：一是共同出资，二是婚姻关系或者家庭关系。按份共有关系主要在共同出资情况下产生。婚姻家庭关系的共有不存在共同出资关系，只存在“共同出力”关系，因此《婚姻法》实行共同共有规则。但是，关于知识产权的归属，《婚姻法》和《专利法》《著作权法》等知识产权法律均没有规定夫妻或者共同生活的家庭成员之一的智力创造成果归夫妻或者家庭成员共有，而是由创造者享有，只是有关收益由夫妻或者家庭成员共有。因此，《物权法》规定在物权按份共有却没有约定各自份额的情况下以出资额来确定当事人的份额，其主要原因在于出资是产生按份共有关系的基础。

根据《专利法》第八条的规定，对于专利申请权或者专利权的共有，其产生的基础主要是合作、委托关系。在合作的情况下，各方既要出资，也要出力（共同研究开发）；在委托关系下，一方出资，另一方出力。无论是合作关系还是委托关系，如果没有约定，仅仅是“出资”而没有“出力”的，不能作为共有人享有权利，只能由出力方单独享有权利。这一规则与《物权法》的规则截然不同。鉴于依《专利法》产生权利共有的主要基础在于当事人共同出力，而出力难以确定份额，因此在当事人约定按份共有，但份额不明确的，应当仍然认定为共同共有，而不是依出资额来确定。当然，等额享有的结果与共同共有基本相同，即当事人享有平等的权利，但区别在于：在等额享有的情况下，共有人可以转让自己的份额，其他共有人在同等条件下享有优先购买权；而在共同共有的情况下，必须经全体共有人同意，共有人的权利才可以转让。

---

[1] 胡康生.中华人民共和国物权法释义［M］.北京：法律出版社，2007：235.

共有人对行使共有专利申请权或者专利权的约定可以有各种各样的方式，既可以约定一部分权利由一部分共有人享有，其他权利由另一部分共有人享有，也可对某一方行使共有权作出某种限制。由于现实中的具体情况千变万化，有关约定也必然各不相同，不可能限于一种固定的模式，只有这样才能更为合情合理地维护不同共有人的利益。除非约定违反国家的有关法律，国家没有必要予以干预，这也是本条规定约定优先原则的重要原因。例如，某大学与某公司合作开发一项发明创造，双方可以约定：双方共有申请专利的权利，申请专利的所有事宜和费用由该公司承担；获得专利权后，该公司有权单独实施该专利，但不能许可第三人实施该专利；该大学不能实施该专利，但有权单独与合同中明确排除的公司（实际上必然是该公司的竞争对手）以外的任何人订立普通实施许可合同；对于侵权行为，该公司有权单独起诉，起诉所需费用由其承担，取得的赔偿金由其享有。

（三）未约定时共有权利的行使

1. 原则性规定

专利申请权或者专利权的共有人未对共有权利的行使作出约定的，应当按照共同共有的规则行使，还是应当按照按份共有的规则行使？

《物权法》第一百零三条规定："共有人对共有的不动产或者动产没有约定为按份共有或者共同共有，或者约定不明确的，除共有人具有家庭关系等外，视为按份共有。"有关著作将如此规定的理由解释为：当共有人对共有的不动产或者动产没有约定为按份共有还是共同共有，或者约定不明确的，如果推定为共同共有，共有人对共有财产的份额还是不明确的，因此《物权法》规定除共有人具有家庭关系等外，视为按份共有，这样规定就能很明确地确定各共有人享有的份额。❶

然而，本条并没有遵循《物权法》的上述规定。本条第二款规定，共有人没有约定的，除本条第一款规定的情形外，行使共有的专利申请权或者专利权应当取得全体共有人的同意。这表明，在没有约定的情况下，共同专利申请权或者专利权的行使应当采用共同共有规则。如此规定的理由前面已经作了说明，不必赘述。

值得注意的是，即使在本条第一款规定的第二种例外情形下，即共有人单独以普通许可方式许可他人实施该专利的，也不能独占其收取的使用费，而是应当在共有人之间分配，这种做法也类似于《物权法》规定的共同共有规则。

2. 例外情形

尽管本条第二款规定共有专利申请权或者专利权的行使在没有约定的情况下实行共同共有原则，但是为了落实《专利法》第一条规定的立法宗旨，促进专利的实施应用，本条第一款又规定了共同共有原则的两种例外情况：一是共有人之一可以单独实施，二是共有人之一可以单独许可他人实施，均无需取得全体共有人的同意。

2008 年修改《专利法》过程中，对上述第一种例外情形基本上没有不同意见；对第二种例外情形却有过较大争议。一种观点认为，在没有约定的情况下，如果一方共有人是

---

❶ 胡康生.中华人民共和国物权法释义［M］.北京：法律出版社，2007：234.

不具有实施能力的高校或者研究机构，另一方共有人是具有实施能力的企业，允许共有人单独实施会使不具有实施能力的共有人的利益会受到损害，因此主张同时还应当允许不具有实施能力的共有人单独许可第三方实施，以平衡各方共有人的利益。另一种观点认为，允许不具有实施能力的共有人单独许可第三方实施，也有可能损害具有实施能力的共有人的利益，例如许可后者的竞争对手予以实施，因此主张共有人许可他人实施共有专利应当取得全体共有人的同意。上述两种观点看似分歧较大，但是现实中却没有很大差异，因为我国市场主体的法治观念和运用专利制度的能力已经有了明显提高，在产生共有关系的情况下，双方当事人一般都会对共有权利的行使作出清楚、完整的约定。是否允许共有人之一单独许可第三方实施是关系到共有人利益的重大问题，有经验的市场主体必然会对其作出明确约定。可以相信，约定的结果对各方共有人来说一般都是较为公平合理的，不会出现一方共有人明显吃亏的现象。立法机关最后采纳了前一种观点，但是在共有人可以单独许可他人实施的规定中没有区分共有人是否具有实施能力，即不仅允许不具有实施能力的共有人单独许可第三方予以实施，也允许具有实施能力的共有人单独许可第三方予以实施。

应当注意的是，本条第一款对两种例外情形的规定有所不同。对共有人单独实施而言，本条没有附加任何限制性条件；对共有人单独许可他人实施而言，本条给出了两个限制性条件：一是只能以普通许可的方式许可；二是因许可而收取的使用费应当在共有人之间分配。

规定上述第一个限制性条件的原因在于：如果允许共有许可人之一单独与他人订立独占实施许可合同，那么在其他共有人随后又与另外的人订立专利实施许可合同的情况下，则会导致两份实施许可合同产生冲突；如果共有人之一与他人订立专利实施许可合同的结果是不允许其他共有人再与另外的人订立专利实施许可合同，则对其他共有人来说有失公平。

本条规定共有人单独许可他人实施该专利获得的使用费应当在共有人之间分配，却没有规定共有人单独实施该专利获得的收益应当在共有人之间分配，是因为两者的性质有所不同。共有人之一单独实施专利的，需要单独为其实施付出人力、物力和财力，其获得利益除了是依赖专利权提供的法律保障之外，更为主要的是实施者付出劳动的结果，且其他共有人同样有单独实施的权利，不分享实施获得的利益没有什么不公平之处。共有人之一单独许可他人实施专利的，许可人并没有付出如同实施者那样多的人力、物力和财力，收取使用费主要是依赖共有人共同作出的发明创造，应当认为是共有人的共同收益，理应在共有人之间分配。当然，从鼓励许可他人实施专利，从而为所有共有人创造收益的角度来看，许可人有理由因为其从事许可活动要额外付出一定成本而获得更多的回报。正因为如此，本条仅仅规定收取的使用费应当在共有人之间分配，而没有规定应当在共有人之间平均分配。

本条规定出现了“普通许可”的术语。何谓“普通许可”，《专利法》及《专利法实施细则》均没有规定。2001 年颁布的《最高人民法院关于对诉前停止侵犯专利权行为适用法律问题的若干规定》第一条中出现了“独占许可”、“排他许可”的术语。笔者认为，本条所述的“普通许可”，是指除“独占许可”、“排他许可”之外的所有类型的专利实施许可。

第十六条　职务发明创造发明人、设计人的奖励和报酬

被授予专利权的单位应当对职务发明创造的发明人或者设计人给予奖励；发明创造专利实施后，根据其推广应用的范围和取得的经济效益，对发明人或者设计人给予合理的报酬。

一、概　述

本条规定有两层含义：第一，职务发明创造被授予专利权后，不论发明创造是否已经实施，单位都应当对发明人或者设计人奖励；第二，职务发明创造专利实施后，单位应当根据其推广应用的范围和取得的经济效益，对发明人或者设计人给予合理的报酬。

本条明确写明其所属奖励、报酬是对职务发明创造的发明人或者设计人的奖励、报酬，这表明奖励、报酬应当给予发明人或者设计人个人，而不是给予研究组或者课题组。关于发明人或者设计人的含义，应当遵循《专利法实施细则》第十三条的规定。

根据本条规定，负有给予奖励、报酬义务的主体是"被授予专利权的单位"，由此而产生的一个问题是：在中国被授予专利权的外国单位是否负有此义务？如同《专利法》第六条的规定仅仅适用于在中国境内完成的发明创造而不适用于在外国境内完成的发明创造一样，本条所述"被授予专利权的单位"也仅仅包括就在中国境内完成的发明创造获得中国专利权的中国单位，不包括就在外国完成的发明创造获得中国专利权的外国单位。在外国境内完成的发明创造在中国申请并获得专利的，是否应当给予发明人或者设计人奖励和报酬，应当适用该发明创造完成地的法律。

有人认为，职务发明创造的发明人、设计人与其所在单位之间的关系是一种劳动合同关系，单位是否给予发明人或者设计人奖励、报酬，应当通过劳动者与用人单位协商确定，《专利法》中没有必要作强制性规定。本条规定显然没有采纳这种意见，其原因何在？

我国建立专利制度的根本目的在于鼓励发明创造的产生及其推广应用，提高创新能力，推动经济社会全面发展，这是《专利法》第一条开宗明义阐明的立法宗旨。该立法宗旨需要通过相应的具体措施予以落实，本条就是其中之一。

劳动者的智力劳动与单位的物质技术条件都是产生职务发明创造的必要条件。两者相比，前者更为重要，因为若无劳动者的智力劳动，则无论一个单位拥有何种优越的物质技术条件，也不会自动地产生发明创造。《专利法》第六条规定，对职务发明创造，申请专利的权利属于发明人、设计人的所在单位；申请被批准后，该单位为专利权人。然而这并不表明《专利法》仅仅考虑单位的利益，而不考虑发明人、设计人的利益。如果授予专利权后，无论该单位通过自行实施、许可他人实施等获得了多少经济利益，发明人、设计人都不能获得任何回报，这显然忽略了发明人、设计人对该发明创造作出的贡献，无疑会影响发明人、设计人继续作出发明创造的主动性和积极性，难以发挥专利制度鼓励创新的

作用。

二、奖励报酬的标准

（一）对存在问题的分析探讨

本条明确了应当给予职务发明创造的发明人、设计人奖励、报酬的基本原则，但是并没有对给予奖励、报酬的具体标准作出规定，而是由《专利法实施细则》予以规定。

在历次修改《专利法》及《专利法实施细则》的过程中，如何进一步完善职务发明创造发明人、设计人的奖励报酬制度都是公众和所有类型的单位最为关注的热点问题之一，也是立法者遇到的最为困难的问题之一。

在2010年修改《专利法实施细则》的过程中，各方面普遍反映修改前的《专利法实施细则》有关奖励、报酬（尤其是报酬）的具体规定在现实中基本上没有得到落实，发明人、设计人对此有很大怨言。如何完善《专利法实施细则》的有关规定，以扭转这种局面，落实本条的规定，就成为修改《专利法实施细则》的一项重要使命。

要完善《专利法实施细则》的有关规定，关键在于深入分析导致原有规定施行效果不佳的原因。在2010年修改《专利法实施细则》之前，关于奖励、报酬的给予，国有企事业单位必须执行《专利法实施细则》规定的标准，其他所有制单位则参照执行。这种模式带来了两方面的问题。

第一，以往的立法经历表明，各方面对应当给予职务发明创造的发明人、设计人奖励、报酬并无异议，最为困难的问题在于如何合理设定给予奖励、报酬的标准。为了简明起见，2010年修改前的《专利法实施细则》采取“一刀切”的规定模式，即统一规定了给予奖励、报酬的下限。然而，采用这种模式，立法机关总是处于一种两难境地：如果规定的标准过低，则不能发挥本条规定的预期作用；如果规定的标准过高，则许多单位难以承受。由于《专利法》覆盖了所有的技术领域和设计领域，不同领域的情况有很大不同，2001年修改《专利法实施细则》时曾经探讨过是否可以采取针对不同情况分别作出不同规定的方式，但是却发现无论怎样细化都难免会“挂一漏万”，而且划分得越细，施行起来就会越复杂，产生矛盾纠纷的可能性就会越大，实不可取，于是只好仍然保留“一刀切”的规定模式。

第二，在给予奖励、报酬问题上，2010年修改前的《专利法实施细则》仅对国有企事业单位作出了规定，其他所有制单位只是“参照执行”。所谓“参照执行”，对于给予奖励、报酬这类只能依靠单位的自觉性予以落实的规定来说，则无异于“可以执行，也可以不执行”。随着我国改革开放事业的不断发展，非国有性质的企事业单位在我国经济结构中所占比例已经越来越大，如果还是保留这种规定模式，其实际效果就会越来越小。

2008年修改《专利法》以及2010年修改《专利法实施细则》时，针对职务发明创造的发明人、设计人的奖励、报酬问题进行了广泛深入的调查和研讨。在此过程中，社会各界提出了诸多建议，可谓五彩纷呈。归纳起来，对立法者有重要启示意义的主张包括：第一，应当赋予单位与劳动者就《专利法》本条规定的奖励、报酬的数额、方式作出约定的自主权，只有在没有约定或者约定明显不合理的情况下，才应当适用法定标准；第二，支付奖励、报酬的方式应当包括股票、期权、带薪度假等多种形式，而不应仅仅限于货币这一种形式；第三，为了充分保障发明人、设计人的合法利益，法定标准应当适用于所有的中国单位，而不是仅仅适用于国有企事业单位。这些意见被立法机关所采纳。

（二）约定优先原则

2010年修改的《专利法实施细则》第七十六条第一款规定：

> 被授予专利权的单位可以与发明人、设计人约定或者在其依法制定的规章制度中规定专利法第十六条规定的奖励、报酬的方式和数额。

上述规定明确了给予奖励、报酬的约定优先原则，即单位与发明人、设计人对给予奖励、报酬的数额、方式等有约定的，或者单位制定了有关规章制度的，依照其约定或者其规章制度执行；没有约定或者规章制度的，依照《专利法实施细则》规定的法定标准执行。

单位与发明人、设计人对奖励、报酬进行约定可以有两种方式：一是在发明人、设计人完成职务发明创造之后进行约定，其好处在于所作约定有更为明确的针对性，可以根据发明创造的技术含量、完成过程、预计的经济价值等因素作出更为合理的约定，其缺点在于“一事一议”比较麻烦；二是在确定了研究开发项目、但尚未完成发明创造之前进行约定，其好处在于事先约定清楚，免得日后产生矛盾。

单位也可以通过其依法制定的规章制度规定奖励、报酬。这里所说的“规章制度”是指发明人、设计人所在单位自己制定的规章制度，而不是指有关政府部门制定的规章制度。这种规章制度可以就该单位所有雇员在受聘期间完成的所有发明创造应当获得的奖励、报酬作出全面规定。同时，单位可以在与雇员订立的劳动合同或者聘用合同中指明，其关于职务发明创造奖励、报酬的规章制度构成劳动合同、聘用合同的一部分。采用这种做法，单位在与雇员订立劳动合同或者聘用合同时，同时也与该雇员就职务发明创造的奖励、报酬作出了约定，相当于将该单位制定的规章制度转化为单位与雇员之间的合同。许多外国公司都采用这种做法。

在修改《专利法》和《专利法实施细则》的过程中，很多人指出许多国家对职务发明创造发明人、设计人并没有采取单纯以货币兑现奖励、报酬的方式，而是可以通过种种不同的方式予以兑现，认为这种做法值得我国借鉴。2010年修改的《专利法实施细则》第七十六条第一款采纳了这一建议，规定可以约定的不仅包括奖励、报酬的数额，也包括奖励、报酬的“方式”。这表明按照约定优先原则，给予奖励、报酬的形式可以是多种多样的，除了采取货币形式之外，还可以采取诸如股票、期权、提高职位、提升工资、带薪休假等形式，只要能达到本条规定的“合理”的程度即可。在《专利法实施细则》第七十六条第一款的条文中，“方式”在前，“数额”在后，这是因为先有方式，才有对应的数额，而且某些方式的奖励报酬并不直接涉及“数额”，例如提高职位、带薪休假等。

有人提出了这样的问题：《专利法实施细则》第七十六条规定被授予专利权的单位可以与发明人或者设计人约定《专利法》本条规定的奖励、报酬的方式和数额，这是否意味着单位可以与其雇员在聘用合同中约定，该单位支付给雇员的工资中就包含了对其作出的职务发明创造以及由此而授予的专利权的奖励、报酬，因而无须另行给予奖励、报酬？笔者认为回答应当是否定的。其理由在于，并非所有的雇员都具备作出发明创造的能力，即使雇员的本职工作就是专门从事研究开发工作也不一定都能作出发明创造，然而不论一个雇员在单位从事何种工作，单位都必须支付工资，这是理所当然的事情，因此不能认为单位支付的工资就具有对雇员作出发明创造给予奖励、报酬的含义。采取这种做法实际上类似于仍然采用“吃大锅饭”的机制，与不给予奖励、报酬也没有实质性区别，因而不符合本条的规定。

（三）奖励报酬的法定标准

1. 奖励的法定标准

2010 年修改的《专利法实施细则》第七十七条第一款规定，被授予专利权的单位未与发明人或者设计人约定也未在依法制定的规章制度中规定奖励的方式和数额的，单位给予一项发明专利的发明人的奖金不得少于 3 000 元，给予一项实用新型专利或者外观设计专利的发明人或者设计人的奖金不得少于 1 000 元。在一项专利的发明人或者设计人是多人的情况下，该数额应当是全体发明人或者设计人获得的奖金总额，而不是每个发明人或者设计人分别获得的奖金数额。

《专利法实施细则》第七十七条第一款还规定，给予发明人或者设计人的奖金应当自公告授予专利权之日起 3 个月内支付。在 2010 年修改《专利法实施细则》征求意见的过程中，有的单位提出此规定难以实现，因为单位在安排下年度预算的时候无法预知下年度获得专利权的数量和具体时间，所以难以预先制订必要的财务计划。这一问题实际上不难解决，只要单位事先与发明人、设计人就奖励的标准、支付方式、支付时间等作出约定，根据正在进行的研究开发项目的进展情况以及已经提出的专利申请的审查进展情况，可以预先做好必要的财务计划。

《专利法实施细则》第七十七条第二款规定，由于发明人或者设计人的建议被其所属单位采纳而完成的发明创造，被授予专利权的单位应当从优发给奖金，其含义是指发明人或者设计人不仅作出了一项职务发明创造，而且是主动建议单位设立有关研发项目，而不仅仅是消极地接受并执行单位分派的任务，这无疑更多地体现了该发明人、设计人的责任心和主动进取精神，单位理应在该条第一款规定的最低奖金标准的基础上增加奖励的数额。

2. 报酬的法定标准

本条规定，发明创造专利实施后，根据其推广应用的范围和取得的经济效益，对发明人或者设计人给予合理的报酬。根据立法本意，本条所述的“实施”应当作广义理解，不仅包括专利权人自己进行实施专利的行为，例如制造、销售、许诺销售、使用专利产品等，还包括许可他人实施专利的行为。但是，不包括质押和起诉他人侵权获得赔偿的情况，因为质押仅仅是暂时丧失对专利权的处分权，只有当专利权人到期不能偿还债务以专利权折价抵偿时可按照转让的方式给予报酬。

根据《专利法实施细则》第七十八条的规定，单位未与发明人或者设计人约定也未在其依法制定的规章制度中规定报酬的方式和数额的，被授予专利权的单位实施专利后，每年应当从实施专利的营业利润中提取一定比例作为报酬给予发明人或者设计人。对于发明专利或者实用新型专利而言，该比例最低为 2%；对于外观设计专利而言，该比例最低为0.2%。这种方式可称为“提成”。除了上述按年给予报酬的方式外，单位也可以参照上述比例，给予发明人或者设计人一次性报酬。

在 2010 年修改《专利法实施细则》的征求意见过程中，许多单位提出，《专利法实施细则》规定的标准在实践中往往缺乏可操作性。例如，在某一产品（如手机、汽车）采用多项专利技术的情况下，很难分别计算其中每项专利对该产品所获得经济效益的贡献，从而无法计算出单项专利获得的营业利润。由于 2010 年修改前的《专利法实施细则》规定的标准对于国有企事业单位而言是强制性标准，所以这一问题较为突出。依照 2010 年修改后的《专利法实施细则》第七十六条的规定，单位可以与发明人或者设计人约定报酬的方式和数额，这一问题已经不那么突出了。

根据《专利法实施细则》第七十八条的规定，被授予专利权的单位许可其他人实施其专利的，在单位未与发明人或者设计人约定也未在其依法制定的规章制度中规定的情况下，应当从收取的使用费中提取不低于 10%，作为报酬给予发明人或者设计人。

（四）约定与法定标准之间的关系

应当如何理解约定优先原则与法定标准之间的关系？按照 2010 年修改的《专利法实施细则》第六章的规定，所谓“约定优先”，就是承认单位与发明人或者设计人的约定或者其依法制定的规章制度优先于《专利法实施细则》第七十七条、第七十八条规定的关于奖励、报酬的法定标准，而且不包含约定或者规定的奖励、报酬只能高于而不能低于第七十七条、第七十八条规定的法定标准的含义。换言之，即使单位与发明人或者设计人约定的或者其依法制定的规章制度规定的奖励、报酬低于《专利法实施细则》第七十七条、第七十八条规定的法定标准，也不能认为该约定或者该规章制度是无效的。只要约定的或者规章制度规定的奖励、报酬符合本条提出的“合理”这一原则要求，符合《劳动合同法》等有关法律的相关要求，就应当承认该约定或者规章制度的效力。这种理解体现了国家充分尊重企业自主经营权的精神，得到各种类型企事业单位的普遍欢迎。

在明确了应当采用上述理解方式的情况下，又有一种观点认为，既然如此，2010 年修改的《专利法实施细则》有第七十六条的规定就足够了，不必再保留第七十七条和第七十八条的规定。立法机关没有采纳这种意见，其理由在于：如果没有《专利法实施细则》第七十七条、第七十八条的规定，在单位未与发明人、设计人约定也没有在其规章制度中规定奖励、报酬的情况下，发明人、设计人依照本条获得奖励、报酬的权利就难以得到切实保障，即使发明人、设计人就此向法院提起诉讼，法院在判决时确定奖励、报酬的具体数额也相当困难，如果法院不予确定而仅仅是责令单位酌情处理则往往会使法院的判决难以执行。《专利法实施细则》第七十七条、第七十八条的规定对落实本条规定来说是不可缺少的，其存在实际上起到了敦促单位与发明人、设计人作出约定或者制定有关规章制度的作用，对于那些认为《专利法实施细则》第七十七条、第七十八条规定的奖励、报酬数额偏高的单位来说尤其如此。

三、有关问题

（一）劳动人事关系的终止不影响奖励和报酬的支付

发明人、设计人提前解除与单位订立的雇佣或者聘任合同或者合同期限届满，终止与单位的劳动人事关系的，是否有权要求原单位继续支付奖金、报酬？笔者认为，考虑到《专利法》规定给予职务发明创造的发明人或者设计人奖励、报酬，主要是基于该发明人或者设计人对发明创造的完成作出的贡献，而不是仅仅基于发明人或者设计人与单位之间的劳动人事关系，因此即使劳动人事关系终止，发明人、设计人仍然有权要求原单位继续支付奖励、报酬。现实中，由于客观上发明人、设计人处于弱势地位，发明人或者设计人在受雇或者受聘期间，即使单位没有兑现奖励、报酬，发明人或者设计人往往因为担心得罪单位而不敢主张其获得奖励、报酬的权利，不少人在离开单位之后才敢提出要求。例如，日本著名的“蓝光二极管”案中的发明人中村修二就是在离职后才向法院起诉的。

前面所述的劳动人事关系的终止不应影响报酬的给予，应当是指发明人或者设计人与单位终止劳动人事关系后，如果原单位继续实施或者许可他人实施该专利而取得经济效益的，应当继续给予发明人或者设计人报酬。至于单位在发明人或者设计人离职前应当支付奖励、报酬而实际上未支付的，发明人或者设计人有权追讨，但受到自离职之日起两年的诉讼时效限制。

一个值得讨论的问题在于：既然强调约定优先的原则，被授予专利权的单位是否可以与发明人、设计人约定不给予奖励、报酬，或者约定发明人、设计人与该单位解除劳动人事关系的不再给予奖励、报酬？笔者认为这种做法首先不符合本条的原则性规定，同时也不符合《专利法实施细则》第七十六条的具体规定，因为第七十六规定的是可以约定给予奖励、报酬的方式和数额，而不是可以约定不给予奖励、报酬。

2010 年修改《专利法实施细则》时，国家知识产权局曾建议明确规定劳动人事关系的终止不影响奖励和报酬的支付，各方面也没有反对意见。但在国务院法制办公室的审议过程中，一种意见认为发明人或者设计人获得奖励、报酬的权利不因劳动人事关系的终止而丧失是不言而喻的，没有必要在《专利法实施细则》中予以专门规定。

（二）奖励报酬可以继承

职务发明创造的发明人或者设计人死亡的，其应当获得的奖励和报酬是否可以作为遗产被继承？

《继承法》没有对这一问题作出规定。因此，2010 年修改《专利法实施细则》时，曾经有人建议明确在《专利法实施细则》中作出规定。考虑到《继承法》及相关司法解释中的规定可以作为相关法律依据，《专利法实施细则》中没有增加相关条款。1985 年 4 月 1 日颁布的《继承法》第三条规定，遗产是公民死亡时遗留的个人合法财产，包括公民的著作权、专利权中的财产权利以及公民的其他合法财产。《最高人民法院关于贯彻执行〈中华人民共和国继承法〉若干问题的意见》第三条规定：“公民可继承的其他合法财产包括有价证券和履行标的为财物的债权等。”据此，在发明人或者设计人死亡的情况下，其应得的奖励、报酬无论作为“专利权的财产权利”，还是作为“履行标的为财物的债权”，都应当成为可被继承的遗产。

（三）转让专利权、以专利权出资应当给予发明人、设计人报酬

2010年修改《专利法实施细则》时，国家知识产权局曾经建议明确规定转让专利权或者以专利权出资的，应当与许可他人实施专利一样，将不低于10%的转让费或者出资额或者比例作为报酬给予发明人或者设计人。在国务院法制办公室的审议过程中，一种意见认为本条只明确规定被授予专利权的单位在自行实施或者许可他人实施的情况下应当根据推广应用的范围和取得的经济效益给予发明人或者设计人报酬，并没有要求单位在转让专利权的情况下应当给予发明人或者设计人报酬。从本条规定的字面含义看，这一理解是正确的。但是为什么单位实施或者许可他人实施取得经济效益的需要向发明人或者设计人支付报酬，而转让专利权，日后由受让人予以实施或者许可他人予以实施而取得经济效益的却不需要支付报酬，对此很难作出令人信服的解释。《中共中央、国务院关于加强技术创新，发展高科技，实现产业化的决定》中指出：对于知识产权的职务发明人、设计人、作者以及主要实施者，要给予与其实际贡献相当的报酬和股权收益。此外，《科技成果转化法》第九条规定：

> 科技成果持有者可以采用下列方式进行科技成果转化：
> （一）自行投资实施转化；
> （二）向他人转让该科技成果；
> （三）许可他人使用该科技成果；
> （四）以该科技成果作为合作条件，与他人共同实施转化；
> （五）以该科技成果作价投资，折算股份或者出资比例。

显然，从转化实施的角度出发，上述决定和立法都将转让和许可作同等对待。因此，有必要通过在下一次修改《专利法》时对本条规定进行调整，明确单位转让专利权的也应当给予发明人或者设计人报酬。

（四）发明人或者设计人奖酬纠纷及其解决

发明人或者设计人的奖酬纠纷是指职务发明创造的发明人或者设计人与其单位之间就奖励、报酬产生的纠纷。产生这种纠纷的原因一般是被授予专利权的单位没有依照其约定或者没有依照《专利法实施细则》的规定给予发明人、设计人奖励、报酬，或者给予的奖励、报酬低于约定或者法定的标准。

对于奖酬纠纷，根据《专利法实施细则》及有关司法解释的规定有两种途径予以解决：一是请求管理专利工作的部门调解；二是向法院起诉。

根据《专利法实施细则》第八十五条的规定，管理专利工作的部门应当事人的请求，可以调解职务发明创造的发明人、设计人的奖励、报酬纠纷。根据《专利法实施细则》第八十一条的规定，当事人请求管理专利工作的部门调解专利纠纷的，由被请求人所在地的管理专利工作的部门管辖。

根据2001年颁布的《最高人民法院关于审理专利纠纷案件适用法律问题的若干规定》第一条的规定，法院受理的专利纠纷案件包括职务发明创造发明人、设计人奖励、报酬纠

纷案件。根据上述司法解释的规定，专利纠纷第一审案件由各省、自治区、直辖市人民政府所在地的中级人民法院和最高人民法院指定的中级人民法院管辖。因此，奖酬纠纷案件只能由具有专利案件管辖权的中级人民法院管辖，不能由基层人民法院管辖。如果被告住所地的中级人民法院不具有专利案件的管辖权，原告只能向被告所在省、自治区人民政府所在地的中级人民法院起诉。

第十七条　发明人、设计人的署名权以及专利标识

发明人或者设计人有权在专利文件中写明自己是发明人或者设计人。

专利权人有权在其专利产品或者该产品的包装上标明专利标识。

一、概　述

本条规定是 2008 年修改《专利法》时将修改前的第十五条合并到本条而来。这一合并没有什么特别的原因，主要是由于在总则部分增加了一条规定，即第十五条关于共有专利申请权或者专利权的规定，导致第二章关于授予专利权的条件、第三章关于专利的申请、第四章专利申请的审查和批准的所有条款序号都依次顺移了一条，而这些规定都是国家知识产权局在专利申请的审查过程中每天都要反复适用的条款，自 1984 年制定《专利法》以来其序号就没有发生过变化，序号顺移一条的结果很容易使国家知识产权局的专利审查员以及专利代理机构的专利代理人产生混淆，也很容易使公众产生误解，故国家知识产权局建议全国人大常委会法制工作委员会考虑在总则部分合并两条规定，以保持随后各章的条款序号不变。全国人大常委会法制工作委员会采纳了国家知识产权局的建议，为国家知识产权局的审查工作带来了很大的方便。

类似的问题在 2000 年修改《专利法》时也曾遇到。一开始，我国立法机构感到不好理解，既要修改法律，又要保持条款序号不变，很难兼顾。其实，这一问题在修改我国其他法律以及在其他国家修改法律时也常常遇到。参考有关国家的经验，为解决该问题可以采取如下措施：一是采取在某一条款中增加该条之二、之三的做法，既能增加条款，又不至于打乱原有序号；二是对整部法律的所有条款不采用从头至尾连续编号的方式，例如美国专利法就采取这种编号方式，其第 1 章从第 1 条开始编号，第 2 章从第 100 条开始编号，第 3 章从第 200 条开始编号，以此类推，每一章都留有很多空号，足以增加很多新的条款而不至于打乱其他各章的序号。然而，我国制定法律有其固定的格式，上述两种方式都很难采用。

二、发明人、设计人的署名权

发明创造是发明人或者设计人的创造性智力劳动成果，要鼓励发明创造，首先就应当贯彻“以人为本”的原则，推崇发明人、设计人的创造性智力劳动，为其“扬名”，在专利文件中写明专利的发明人或者设计人的姓名。因此，本条第一款赋予了发明人或者设计人在专利文件中署名的权利，这种权利被学者们称为专利权的“精神权利”或者“人身权”。本条是《专利法》中涉及“精神权利”的惟一条款。《专利法》第十六条规定被授予专利权的单位应当对职务发明创造的发明人、设计人给予奖励、报酬，这是对发明人、设计人提供的物质回报；本条规定发明人、设计人享有署名权，这是对发明人、设计人的精神回报，两者都是落实《专利法》第一条规定的鼓励发明创造这一立法宗旨的必要措施。

发明人或者设计人的署名权受到世界各国的重视。《巴黎公约》第 4 条之三明确规定，发明人有权在专利文件中写明其姓名。[1]如何实现这一规定，由各成员国自主确定。在这一点上，各国的立法大致分为两种类型。美国和日本的专利法规定，对任何发明，申请专利的权利都属于发明人，因此提交专利申请时必须在申请文件的申请人栏目中写明发明人的姓名，有受让人的再在受让人栏目中写明受让人的名称或者姓名。这样，发明人的姓名就必然会在专利文件上出现。大多数国家专利法采用的是另一种做法，即规定对职务发明而言，申请专利的权利属于发明人所在单位。采取这种做法，提交专利申请时在申请文件的申请人栏目中写明的是发明人所在单位，而不是发明人，因此就需要在专利申请文件中单设一个栏目，用于写明发明人的姓名，这样才能确保发明人的姓名在专利文件中出现。

本条规定，发明人或者设计人有在“专利文件”中写明自己是发明人或者设计人的权利，其中“专利文件”是否单指被授予专利权之后的“专利文件”，而不包括专利申请文件？笔者认为不应作此理解。从提出专利申请到授予专利权是一个连续的过程，只有在专利申请文件中正确地写明发明人或者设计人，才能确保授予专利权之后的专利文件中正确地记载发明人或者设计人。为此，2010 年修改的《专利法实施细则》第十六条明确了三种专利申请的请求书应当写明的事项，其中就包括发明人或者设计人的姓名。此外，发明专利申请自申请日起满 18 个月还要予以公布，在公布的发明专利申请文件中写明发明人的姓名也是为其“扬名”的途径之一。即使该发明专利申请后来没有被授予发明专利，予以写明仍然是有价值的。

如果申请人在提出专利申请时没有在请求书中写明发明人或者设计人的姓名，应当主动予以补正或者在收到国家知识产权局发出的补正通知书后在指定期限内予以补正。

如同本书对《专利法》第六条的说明所指出的那样，对发明创造的完成作出何种贡献的人能够被称为“发明人”或者“设计人”是一个十分重要的问题，《专利法实施细则》第十三条给出了定义。如果申请人将不符合该条规定的人写明为发明人或者设计人，或者没有将符合上述规定的人写明为发明人或者设计人，符合上述规定的发明人或者设计人有权要求申请人请求国家知识产权局予以更改。如果就发明人或者设计人资格问题产生纠纷，符合上述规定的发明人或者设计人可以请求管理专利工作的部门进行调解或者向法院起诉。

按照本条规定，在专利文件上署名是发明人或者设计人的权利。发明人或者设计人既然有署名的权利，自然也就有放弃署名的权利。因此，发明人或者设计人自愿放弃这种权利，要求不在专利文件上署名的，应当允许。为避免日后产生争议，自愿放弃署名权的应当由发明人或者设计人以书面方式作出声明。如果发明人、设计人同意在合同中写明放弃其署名权是由于有关当事人欺诈、胁迫所致，则所订立的合同是违反国家法律而订立的合同，应当被认为是无效合同。

三、专利标识

（一）历史沿革

1984 年制定的《专利法》第十五条规定：

---

[1] The inventor shall have the right to be mentioned as such in the patent.

专利权人有权在其专利产品或者该产品的包装上标明专利标记和专利号。

除此之外，1984年制定的《专利法实施细则》没有对上述规定作进一步细化规定。1992年和2000年两次修改《专利法》均未对上述规定作出修改。

上述规定的立法目的在于：通过在专利产品上标明专利标记，可以提醒公众注意该产品是受专利权保护的产品，任何人未经许可不得擅自仿制，是对国家知识产权局授权公告的一种补充，有助于提高全社会尊重他人知识产权的意识。此外，由于专利权的保护客体是发明创造，公众普遍认为获得专利权的产品必然是新产品，因此标明专利标记也能够在一定程度上起到广告宣传的作用，可以提高产品对消费者的吸引力。

然而在我国建立专利制度的初期，专利权人在其专利产品或者包装上标明专利标记的方式五花八门，很不统一。一些人仅仅在产品或者其产品包装上写明“本产品系专利产品，仿制必究”的字样，然而究竟是哪一项专利，公众却无从获知；一些人并没有获得专利权，却在其产品或者其产品的包装上标明专利标记，对公众产生了误导作用。

为了维护正常的市场经济秩序，规范标明专利标记的行为，2001年修改的《专利法实施细则》增加了第八十三条，规定：

专利权人依照专利法第十五条的规定，在其专利产品或者该产品的包装上标明专利标记的，应当按照国务院专利行政部门的规定的方式予以标明。

根据《专利法实施细则》的上述规定，国家知识产权局于2003年5月30日以第二十九号局令发布了《专利标记和专利号标注方式的规定》，自2003年7月1日起施行。其主要内容是：

（1）只有在授予专利权之后的专利权有效期内，专利权人或者经专利权人许可的人才有权在专利产品、依照专利方法直接获得的产品或者该产品的包装上标注专利标记和专利号。

（2）标注专利标记和专利号的，应当首先以中文标注专利权的类别，例如中国发明专利、中国实用新型专利、中国外观设计专利，然后写明国家知识产权局授予的专利权的专利号。除此之外，还可以附加其他文字标记和图形标记，但不得产生误导公众的作用。

（3）在依照专利方法直接获得的产品或者该产品的包装上标注专利标记和专利号的，应当采用中文注明该产品系依照专利方法所获得的产品，以防止公众对该产品系产品本身获得专利权还是制造该产品的方法获得专利权产生混淆。

（4）各地人民政府管理专利工作的部门负责在本行政区域内对标注专利标记和专利号的行为进行监督管理，不符合该规定的，可以要求其限期改正。专利标记和专利号标注不当，构成冒充专利行为的，由管理专利工作的部门依照2000年修改的《专利法》第五十九条的规定进行处罚。

国家知识产权局在制定上述规定时，经反复讨论，认为专利权人标明专利标记最为可取的方式是标注专利号，因为每一项专利权都必定有一个专利号，而每一个专利号所对应的专利权是惟一的，其中含有专利权的类型、申请日等重要信息。只有标明专利号，管理专利工作的部门才能判断标注行为是否符合上述规定，公众也才能知道所涉及的是哪种类型的专利权和哪一项专利权，并且可以通过专利号给出的申请日信息推断该专利权的期限届满日期。然而，1984年制定的《专利法》第十五条规定专利权人有权标明“专利标记和专利号”，这给国家知识产权局制定有关规章带来了很大困难。其原因在于：如果将两者理解为“和”的关系，即专利权人必须同时标明两者，在采用专利号的情况下，很难设想还需要采用何种不同于专利号的其他专利标记，因为国际上没有为各国普遍接受的专利标记；如果将两者理解为“或”的关系，即专利权人既可以采用专利号，也可以采用其他专利标记，则如前所述其他专利标记都不如专利号那样清楚准确，会增大管理专利工作的部门和公众识别专利标记真伪的难度。基于这一原因，2008 年修改《专利法》时，经国家知识产权局建议，除了修改前的第十五条合并到本条作为第二款之外，还对其内容进行了调整，将原先规定的“专利标记和专利号”改为“专利标识”，至于“专利标识”的含义，由国家知识产权局制定的部门规章予以规定，这样就克服了原先规定存在的问题。同时，就原先所称的“专利标记”改为“专利标识”，不但表述更加规范，而且与《商标法》有关“商标标识”的称谓彼此一致。

与对本条的修改相对应，2010 年修改的《专利法实施细则》将第八十三条的规定修改为：

专利权人依照专利法第十七条的规定，在其专利产品或者该产品的包装上标明专利标识的，应当按照国务院专利行政部门规定的方式予以标明。

专利标识不符合前款规定的，由管理专利工作的部门责令改正。

修改之处在于：第一，将原来所称的“专利标记”改为“专利标识”，以与对本条规定的修改相一致；第二，增加了第 2 款，明确了管理专利工作的部门对不符合规定的专利标识进行监管的职责。

国家知识产权局将按照修改后的《专利法》和《专利法实施细则》的规定，对 2003 年制定的《专利标记和专利号标注方式的规定》进行相应修改。

（二）有关问题

1. 标明专利标识是专利权人的权利还是专利权人的义务

美国专利法第 287 条第（a）款规定，专利权人以及其被许可人可以在其制造、许诺销售、销售或者进口的专利产品上或者该产品的包装上采用“patent”的字样或者“pat.”的缩写并在其后写明其专利的专利号，以告知公众该产品系专利产品；未采取这种做法的，专利权人在任何专利侵权诉讼中将不能获得损害赔偿，除非是侵权者被告知其行为构成侵犯专利权的行为却仍然继续进行其侵权行为，然而在这样的情况下，专利权人只能针对侵权人在被告知后继续进行的侵权行为获得损害赔偿；专利权人提起专利侵权诉讼的，构成所述告知行为。

2000 年和 2008 年修改《专利法》时，都有人建议借鉴美国的做法，在本条第二款中规定专利权人有义务在其专利产品或者该产品的包装上标明专利标识，以告诉公众该产品系获得专利权的产品，未经专利权人许可不得予以实施；专利权人未履行这一义务的，将无权就侵犯其专利权的行为获得损害赔偿。该建议是否正确，需要进行深入分析。

首先，需要注意《巴黎公约》对此有专门规定，其第 5 条第 D 部分规定：

不应要求在商品上标明或者记载专利、实用新型、商标注册或者工业品外观设计保存，作为承认取得保护权利的一个条件。

上述规定最初是通过 1925 年举行的《巴黎公约》海牙修订会议加入该公约的，但当时仅仅涉及工业品外观设计，随后通过 1934 年举行的《巴黎公约》伦敦修订会议扩大了其适用范围，使之适用于所有的工业产权。

解释《巴黎公约》的权威著作指出，在商品上标明或者记载该商品受到专利、实用新型、外观设计或者注册商标的保护，对于告知公众并告诫他们不要侵犯这些权利可能是有用的，因此有几个国家规定权利人应当予以标明或者记载；但是如果将这一点作为获得保护的条件，对权利人来说就过于严格了。为了防止出现这样的结果，《巴黎公约》专门加入了上述规定，但是成员国有权利规定不做这种标明或者记载的其他后果。

其次，美国专利法第 287 条第（a）款的规定是否违反了《巴黎公约》的上述规定？全面审视美国专利法第 287 条第（a）款的规定，应当理解为它规定了美国专利制度的一个重要原则，即专利权人主张侵权者承担赔偿损失的民事责任有一个前提条件，这就是专利权人有责任事先告知侵权者其实施行为构成侵犯专利权的行为，只有对侵权者被告知之后继续进行的侵权行为，专利权人才能获得损害赔偿。这表明，美国并不认为美国专利与商标局授予专利权的公告就足以构成这种告知，可以推论公众中的每一个人都应当知道有某项专利权存在，而是必须针对后来被指控为侵权者的具体实施行为作出具体告知。结合美国专利法第 286 条的规定，即无论在何种情况下，对提起侵权诉讼之日起 6 年之前作出的任何专利侵权行为均不得获得损失赔偿，可以看出美国专利法规定的获得损害赔偿的条件比我国更为严格。笔者一向认为，美国在知识产权保护问题上对其国内而言是很讲分寸的，很注意各方利益的合理平衡，绝非一味强调强化对知识产权的保护，其建立的“事先告知”原则当为一例。以此作为背景，可知美国专利法第 287 条第（a）款的规定表明在专利产品上标明专利标识只是落实其“事先告知”原则的可选方式之一，而不是惟一的方式，其他诸如发出律师警告函、向法院起诉等举措也能够产生告知的作用。换言之，该条规定专利权人“可以”在专利产品上标明专利标识，而不是“必须”标明专利标识。由此应当得出结论，美国专利法第 287 条第（a）款的规定并不违反《巴黎公约》的规定。

再者，对商标专用权而言，权利人在商品上标明商标标识能够起到使消费者得知谁是该产品的制造者的作用，这是毋庸置疑的；然而，对于专利权而言，权利人在商品上标明专利标识能够起到何种作用，却有值得讨论之处。例如，一台 DVD 播放机可能涉及诸多专利权，有关整机的专利权，但更多的是关于其零部件的专利权，还有关于整机或者零部件的制造方法的专利权，林林总总加在一起，专利权的数量可能会有几十项，甚至上百项之多。若是将这些专利的标识统统标明在 DVD 播放机上或者其包装上，则会密密麻麻一大片，公众看了也一头雾水，除非逐一地查阅专利文献，否则根本不知道这些专利权是涉及什么的专利权。因此，在这种情况下要说标明专利标识能够起到告诫他人不得侵犯专利权的作用实在令人质疑。相反，在 DVD 播放机或者其包装上标明所有这些专利权的专利标识，反而会使公众误以为这些专利权都是关于 DVD 整机的专利权。相比之下，倒是专利权人在商品上标明外观设计专利权的专利标识的作用会突出一些，因为它至少能够使人明确得知该商品的外观是受专利权保护的。

综上所述，应当明确在专利产品上标明专利标识是专利权人的一种权利，而不是专利权人的一种义务。《专利法》第六十条没有如同美国专利法第 287 条第（a）款那样规定，在认定侵犯专利权行为成立的情况下，专利权人主张侵权者承担赔偿损失的民事责任需要以事先专门告知侵权者作为前提条件。在这样的情况下，建议规定专利权人凡是自己制造销售了其专利产品而又未标明专利标识的，就不能对他人侵犯其专利权的行为获得损害赔偿是不正确的，同时也是对美国做法的一种曲解。

2. 不当专利标识的法律后果

本条第二款规定，专利权人有权在专利产品或者该产品的包装上标明专利标识。《专利法实施细则》第八十三条规定专利标识应当按照国务院专利行政部门的规定的方式予以标明，专利标识不符合国家知识产权局规定的由管理专利工作的部门责令改正。

国家知识产权局发布的《专利标记和专利号标注方式的规定》指出，专利权人只有在专利权的有效期内才能在其专利产品或者该专利产品的包装上标明专利标识。这表明，专利申请人在被授予专利权之前就标明专利标识的，专利权人在其专利权终止之后继续标明专利标识的，都是不符合规定的行为。

2008 年修改《专利法》时，在第六十三条中将修改前的第五十八条所称的假冒他人专利行为和第五十九条所称的冒充专利行为合称为假冒专利行为，并加大了对其作出行政处罚的力度。2010 年修改的《专利法实施细则》第八十四条第一款对假冒专利行为作了界定：

> **下列行为属于专利法第六十三条规定的假冒专利的行为：**
>
> **（一）在未被授予专利权的产品或者其包装上标注专利标识，专利权被宣告无效后或者终止后继续在产品或者其包装上标注专利标识，或者未经许可在产品或者产品包装上标注他人的专利号；**
>
> **（二）销售本条第（一）项所述产品；**
>
> **（三）在产品说明书等材料中将未被授予专利权的技术或者设计称为专利技术或者专利设计，将专利申请称为专利，或者未经许可使用他人的专利号，使公众将所涉及的技术或者设计误认为是专利技术或者专利设计；**
>
> **（四）伪造或者变造专利证书、专利文件或者专利申请文件；**
>
> **（五）其他使公众造成混淆，将未被授予专利权的技术或者设计误认为是专利技术或者专利设计的行为。**

依照上述规定，在产品上标明专利标识的行为不当，误导公众或者使公众产生混淆的，有可能被认定为假冒专利行为，要受到行政处罚，情节严重，构成犯罪的还要承担刑事责任。

第十八条　外国人、外国企业和外国其他组织在我国申请专利的条件

在中国没有经常居所或者营业所的外国人、外国企业或者外国其他组织在中国申请专利的，依照其所属国同中国签订的协议或者共同参加的国际条约，或者依照互惠原则，根据本法办理。

一、概　述

本条是关于在我国没有经常居所或者营业所的外国人、外国企业或者外国其他组织在我国获得专利保护的规定，其目的是落实《巴黎公约》的有关原则。

随着国际贸易规模的不断扩大，专利权人仅仅在本国获得专利保护还不足以充分维护其利益，还有必要在其他国家也获得专利保护。1883年制定《巴黎公约》的基本目的，就是为一个成员国的国民在其他成员国获得工业产权保护扫清法律障碍，使之能够以平等条件获得保护。

《巴黎公约》第4条之二（1）规定：

> 本联盟国家的国民在本联盟各国申请的专利，与在其他国家（不论是否为本联盟的成员国）就同一发明所取得的专利是相互独立的。

上述规定被认为确立了专利权独立原则，该原则针对的仅仅是专利权，而不涉及《巴黎公约》规定的其他工业产权。所谓“就同一发明所取得的专利是相互独立的”，包含了两方面的含义：一是对同一发明而言，不同成员国有权独立自主地确定是否授予专利权，一项发明在一个成员国被授予专利权，不等于该发明在其他成员国也当然会被授予专利权；二是对被授予的专利权而言，不同成员国有权独立自主地确定其专利权的效力，可以独立自主地确定他人的实施行为是否构成侵犯专利权的行为，即使对以同样方式进行的实施行为，在一个成员国被认定为侵犯专利权的行为，不等于在其他成员国也应当认定为构成侵犯专利权的行为。根据这一原则，一个成员国的国民（自然人或者法人）就其完成的发明创造意欲在其他成员国获得专利保护，就必须在其他成员国分别提出专利申请，其在一个成员国获得的专利权的效力范围仅仅限于该成员国的国界，不能在另一个成员国境内产生法律效力。

《巴黎公约》第2条第（1）款规定：

> 关于工业产权的保护，本联盟任何国家的国民，在本联盟所有其他国家应当享有该国有关法律现在授予或者今后可能授予其国民的一切利益，而且均不得损害本公约特别规定的权利。因此，他们应当享有和国民同样的保护，在他们的权利被侵犯时享有同样的法律救济，但以遵守对国民规定的条件和手续为限。

上述规定被称为“国民待遇”原则或者“与国民相同”的原则，是《巴黎公约》规定

的基本原则之一。对专利而言，由于《巴黎公约》规定了专利权独立原则，因此国民待遇原则的重要性就显得愈加突出。

我国第六届全国人大常委会第八次会议于 1984 年 11 月 14 日决定我国加入《巴黎公约》，自 1985 年 3 月 19 日起该公约对我国生效。我国赶在 1985 年 4 月 1 日施行《专利法》之前正式成为《巴黎公约》的成员国，是我国实行改革开放方略的需要，其目的之一在于使该公约所有成员国的国民从我国施行《专利法》的第一天起就能够在我国申请获得专利保护。

本条规定，在中国没有经常居所或者营业所的外国人、外国企业或者外国其他组织在中国申请专利的，只要符合本条规定的条件，就应当"根据本法办理"，也就是在获得专利保护方面与我国国民享受同样的待遇，从而明白无误地表明我国落实了《巴黎公约》规定的国民待遇原则。

二、本条规定的含义

本条所说的"外国人"是指外国的自然人，联系到本条随后提及的"依照其所属国"这一说法，应当是指具有一定国籍的外国自然人，无国籍人不在其内。至于某一个外国人是不是某一国家的国民，只有依据该国的法律才能确定。国家知识产权局收到外国自然人提出的专利申请，对其国籍存在疑问时，可以要求该申请人提供其国籍证明。[1]

对外国人而言，本条仅仅涉及"在中国无经常居所的外国人"。所谓"无经常居所"，是指外国自然人在我国没有相对固定的居住处。如果一个外国人住在我国一个旅馆中，即使是较长时间的逗留，也不能称为其在中国有经常居所。本条规定从反面表明，在我国有经常居所的外国人即使不具有中国国籍而是具有外国国籍，也不受本条规定的约束，不仅可以在我国申请获得专利保护，而且可以豁免《专利法》的一些特殊要求，享受与我国公民同等的待遇，例如申请专利或者办理其他专利事务可以委托但不是必须委托依法设立的专利代理机构。

本条所说的"外国企业或者外国其他组织"是指外国法人。各国法律普遍没有对法人授予"国籍"，因此本条随后所说"依照其所属国"，应当是指该企业或者其他组织予以注册的国家。国家知识产权局收到外国企业或者其他组织提出的专利申请，对其"所属国"存在疑问时，可以要求该申请人提供其注册证明。

对外国企业或者外国其他组织而言，本条仅仅涉及"在中国无营业所的外国企业或者外国其他组织"。所谓"没有营业所"，是指外国法人在我国没有起工商作用的营业处。一个外国法人在我国仅仅有办理有关事务的办事处、联络处的，还不能说是在我国有营业所。本条规定从反面表明，在我国有营业所的外国企业或者外国其他组织，不仅依照本条规定可以在我国申请专利，还可以豁免《专利法》的一些特殊要求，享受与我国企业或者其他组织同等的待遇，例如申请专利或者办理其他专利事务可以委托但不是必须委托依法设立的专利代理机构办理。应当注意的是，即使是外资独资企业，如果是在我国注册的企业，则该企业应当被认为是《专利法》和《专利法实施细则》所称的"中国单位"，而不

---

[1] 汤宗舜.专利法解说［M］.修订版.北京：知识产权出版社，2002：117.

是“外国企业”。

根据本条规定，在中国没有经常居所的外国人以及在中国没有营业所的外国企业或者外国其他组织符合下列三种情况之一的，可以在我国申请专利并享受《巴黎公约》规定的国民待遇。

（1）其所属国与我国同为有关国际条约的缔约国，该国际条约规定一个缔约国的国民在其他缔约国享有获得专利保护的权利；

（2）其所属国与我国签订了有关双边协议，该协议规定互相给予对方国民获得专利保护的权利；

（3）所属国和我国既没有共同加入有关国际条约，又没有签订有关双边协议，但对方在其专利法中规定依照互惠原则给予外国国民以获得专利保护的权利。

现实中，对在中国没有经常居所或者营业所的外国人、外国企业和外国其他组织能否在我国申请专利起最主要作用的是上述第（1）项条件，其中所述有关国际条约原来只有《巴黎公约》，现在还包括《WTO协定》。《巴黎公约》自1985年3月19日起对我国生效，到2010年1月1日为止共有173个成员国；《WTO协定》自2001年12月11日起对我国生效，到2008年7月23日为止共有153个成员。《巴黎公约》的成员国和《WTO协定》的成员不尽相同，但不论是《巴黎公约》的成员国，还是《WTO协定》的成员，其所属的自然人和法人均可以在我国申请获得专利保护。除此之外，我国迄今还从来没有与任何其他国家单独签订过互相给予对方国民获得专利保护的权利的双边协定。

第十九条 专利代理

在中国没有经常居所或者营业所的外国人、外国企业或者外国其他组织在中国申请专利和办理其他专利事务的，应当委托依法设立的专利代理机构办理。

中国单位或者个人在国内申请专利和办理其他专利事务的，可以委托依法设立的专利代理机构办理。

专利代理机构应当遵守法律、行政法规，按照被代理人的委托办理专利申请或者其他专利事务；对被代理人发明创造的内容，除专利申请已经公布或者公告的以外，负有保密责任。专利代理机构的具体管理办法由国务院规定。

一、概 述

（一）历史沿革

1984 年制定的《专利法》第十九条规定：

> **在中国没有经常居所或者营业所的外国人、外国企业或者外国其他组织在中国申请专利和办理其他专利事务的，应当委托中华人民共和国国务院指定的专利代理机构办理。**
>
> **中国单位或者个人在国内申请专利和办理其他专利事务的，可以委托专利代理机构办理。**

1984 年制定的《专利法》第二十条规定：

> **中国单位或者个人将其在国内完成的发明创造向外国申请专利的，应当首先向专利局申请专利，并经国务院有关主管部门同意后，委托国务院指定的专利代理机构办理。**

根据上述两条规定，在我国建立专利制度之后的相当长一段时期内，将专利代理机构分为两种不同的类型：一是国务院指定的专利代理机构，被称为“涉外专利代理机构”，可以代理在中国没有经常居所或者营业所的外国人、外国企业或者外国其他组织在中国申请专利和办理其他专利事务，以及代理中国单位或者个人向外国申请专利和办理其他专利事务；二是一般的专利代理机构，被称为“涉内专利代理机构”，仅可以代理我国单位或者个人在我国申请专利和办理其他专利事务。

1984 年制定的《专利法实施细则》第十四条规定：

> **专利法第十九条第一款和第二十条所称的专利代理机构是指中国国际贸易促进委员会、上海专利事务所和中国专利代理有限公司以及国务院指定的其他专利代理机构。**

在作为国务院行政法规的《专利法实施细则》中具体列出当时仅有的三家由国务院指定的涉外专利代理机构，如今看来几乎是不可思议的事情，足以显示在我国改革开放之初将“涉外工作”看得何等神秘。当时普遍认为，我国专利代理体系尚处于初建阶段，专利代理机构的业务水平还较低，为了确保外国人向我国申请专利以及本国人向外国申请专利的代理质量，有必要规定只有经国务院指定的专利代理机构才有资格予以代理。

1992 年修改《专利法》时，未对第十九条和第二十条进行修改；但是 1992 年修改

《专利法实施细则》时删除了修改前的第十四条具体列举的涉外专利代理机构，将其修改为：

专利法第十九条第一款和第二十条规定的专利代理机构由国务院授权专利局指定。

尽管依照《专利法实施细则》的上述规定，涉外专利代理机构的指定工作国务院授权中国专利局具体进行，但是由于《专利法》仍然规定涉外专利代理机构由国务院指定，从名义上说涉外专利代理机构是国务院指定的，而不是原中国专利局指定的。从 1993~2001 年，国务院只增加指定了为数不多的几家涉外专利代理机构。

2000 年修改《专利法》时，将本条修改为：

在中国没有经常居所或者营业所的外国人、外国企业或者外国其他组织在中国申请专利和办理其他专利事务的，应当委托国务院专利行政部门指定的专利代理机构办理。

中国单位或者个人在国内申请专利和办理其他专利事务的，可以委托专利代理机构办理。

专利代理机构应当遵守法律、行政法规，按照被代理人的委托办理专利申请或者其他专利事务；对被代理人的发明创造的内容，除专利申请已经公布或者公告的以外，负有保密责任。专利代理机构的具体管理办法由国务院规定。

修改之处在于：

第一，明确将涉外专利代理机构由国务院指定改为由国务院专利行政部门指定，这一点与 1998 年国务院机构改革将原“中国专利局”改名为“国家知识产权局”，使之成为国务院的直属行政机构，以及 2000 年修改的《专利法》第三条规定“国务院专利行政部门负责管理全国的专利工作”有关；

第二，增加了第三款，对专利代理机构的执业和保密责任作了明确规定，因为许多国家的专利法中都有关于专利代理人和专利代理机构的详细规定，2000 年修改《专利法》时，我国专利代理行业强烈呼吁应当在《专利法》中增加有关规定，明确专利代理在专利制度中的地位和作用。

随着我国专利代理行业日趋成熟，越来越多的专利代理机构具备了办理涉外专利代理事务的能力。2000 年按照国务院的统一部署，全国绝大多数专利代理机构完成了脱钩改制工作，成为自主经营、自负盈亏的社会中介服务机构，其获得平等市场竞争地位的呼声不断高涨，主张所有依法设立的专利代理机构都应当获得同等待遇，在执业范围上不应存在歧视。此外，外国申请人有能力自行选择适合的专利代理机构代理其向中国申请专利的事务和其他专利事务，他们也希望获得更大的选择专利代理机构的余地。基于形势的变化，有充分理由认为指定涉外专利代理机构这一行政审批项目已经可以用市场机制来替代。如果继续采用由国家知识产权局指定涉外专利代理机构的做法，将会不合理地限制依法设立的其他专利代理机构的发展壮大。为了进一步促进专利代理行业的健康发展，在行业内营造公平的竞争环境，2008 年修改《专利法》时将本条再次进行了修改。

2008 年修改的本条第一款和第二款明确规定，其所述的专利代理机构均为“依法设立的专利代理机构”。这一方面表明代理在中国没有经常居所或者营业所的外国人、外国企业或者外国其他组织在中国申请专利和办理其他专利事务的专利代理机构已经不再需要由“国务院专利行政部门指定”的涉外专利代理机构办理，任何“依法设立的专利代理机构”均可以予以代理；另一方面表明委托代理中国单位或者个人在我国申请专利和办理其他专利事务的，同样需要委托“依法设立的专利代理机构”予以代理，而不能委托其他机构或者个人予以代理。所谓“依法设立的专利代理机构”，是指依照国务院制定的《专利代理条例》，由国家知识产权局批准设立的专利代理机构，而不是仅仅经过工商注册手续设立的其他公司或者合伙制事务所。

至此，与我国专利制度共存了二十多年的“涉外专利代理机构”的概念在我国《专利法》的意义上已经不复存在。这本身就是我国专利代理行业不断走向成熟的象征。

（二）专利代理的性质

《民法通则》第六十三条第一款和第二款规定：

> **公民、法人可以通过代理人实施民事法律行为。**
>
> **代理人在代理权限内，以被代理人的名义实施民事法律行为。被代理人对代理人的代理行为，承担民事责任。**

《民法通则》第六十四条规定：

> **代理包括委托代理、法定代理和指定代理。**
>
> **委托代理人按照被代理人的委托行使代理权，法定代理人依照法律的规定行使代理权，指定代理人按照人民法院或者指定单位的指定行使代理权。**

在委托代理、法定代理和指定代理这三种类型的代理中，委托代理是最为常见的代理。本条第三款规定“专利代理机构应当遵守法律、行政法规，按照被代理人的委托办理专利申请或者其他专利事务”，这表明专利代理属于委托代理的类型。

本条第一款规定，在中国没有经常居所或者营业所的外国人、外国企业或者外国其他组织在中国申请专利和办理其他专利事务的，应当委托依法设立的专利代理机构办理；本条第二款规定，中国单位或者个人在国内申请专利和办理其他专利事务的，可以委托依法设立的专利代理机构办理。两款规定明显不同：对前者而言，应当委托专利代理机构办理；对后者而言，可以委托专利代理机构办理，也可以不委托而是自己予以办理。可能有人会产生疑问：这难道不是违反了《巴黎公约》第2条第（1）款规定的国民待遇原则吗？

首先，这种做法并非是我国独创的做法，而是发达国家普遍采取的做法，例如《欧洲专利公约》、日本专利法也作了类似规定。

其次，《巴黎公约》第2条除了在第（1）款对国民待遇原则作出原则性规定之外，其第（3）款还专门规定了国民待遇原则的例外情况，即：

> **本联盟每一国家法律中关于司法和行政程序、关于管辖权、关于指定送达地址或者委托代理人的规定，工业产权法律可能有要求的，均明确予以保留。**

关于《巴黎公约》的权威解释指出，有几个成员国的国内法律规定了这样的义务，即在其国内没有住所或者营业所的自然人或者法人必须在其国内选择一个送达地址或者委托一个代理人，以利于程序的进行，因此该公约规定可以对本联盟各国的国民规定这样的义务。[1]

---

[1] G. H. C. BODENHAUSEN.Guide to the Application of the Paris Convention for the Protection of Industrial Property as Revised at Stockholm in 1967［M］.Geneva:The United International Bureau for the Protection of Intellectuall Property(BIRPI), 1968：27.

由此可见，本条第一款的规定是《巴黎公约》所允许的，并不违背该公约规定的国民待遇原则。

二、我国的专利代理制度

（一）专利代理人

《专利代理条例》第十五条规定，满足下列条件的中国公民可以申请获得专利代理人资格：

（1）18周岁以上，具有完全的民事行为能力；

（2）高等院校理工科专业毕业或者具有同等学力，并掌握一门外语；

（3）熟悉《专利法》和有关的法律知识；

（4）从事过两年以上的科学技术工作或者法律工作。

其中，将具有高等院校理工科专业毕业的学历作为申请获得专利代理人资格的必备条件之一，是由于专利代理工作大量涉及科学技术方面的发明创造，不具有理工科学历的人从事专利代理工作会遇到较大困难，难以为被委托人提供令其满意的服务。该条件也是申请获得专利代理人资格与申请获得律师资格的显著区别之一。

《专利代理条例》第十六条规定，申请专利代理人资格的人员，经本人申请，专利代理人考核委员会考核合格的，由国家知识产权局发给专利代理人资格证书。其中，“专利代理人考核委员会”由国家知识产权局、国务院有关部门（例如司法部）、中华全国专利代理人协会的有关人员以及专利代理行业的执业人员代表组成，负责统一领导全国专利代理人资格考试的各项工作。专利代理人考核委员会办公室设在国家知识产权局，负责全国专利代理人资格考试的日常工作。

在我国，要以专利代理人身份开展执业活动，仅仅获得专利代理人资格还不够，还必须获得“专利代理人执业证”。颁发专利代理人执业证的条件是：

（1）具有专利代理人资格；

（2）能够专职从事专利代理业务；

（3）不具有专利代理或者专利审查经历的人员在专利代理机构中连续实习满1年，并参加上岗培训；

（4）由专利代理机构聘用；

（5）颁发时的年龄不超过70周岁；

（6）品行良好。

有下列情形之一的，不予颁发“专利代理人执业证”：

（1）不具有完全民事行为能力的；

（2）申请前在另一专利代理机构执业，尚未被该专利代理机构解聘并未办理专利代理人执业证注销手续的；

（3）领取专利代理执业证不满1年又转换专利代理机构的；

（4）受到《专利代理惩戒规则（试行）》第五条规定的收回专利代理执业证的惩戒不满3年的；

（5）受刑事处罚的（过失犯罪除外）。

过去，国家知识产权局委托中华全国专利代理人协会代为颁发“专利代理人执业证书”。2009年国务院通过对行政审批事项的清理整顿，将“专利代理人执业证书”改为由中华全国专利代理人协会予以颁发，国家知识产权局负责进行监督管理。

（二）专利代理机构

根据本条第一款和第二款的规定，在中国申请专利和办理其他专利事务的，应当或者可以委托依法设立的专利代理机构办理。应当注意的是，根据这一规定，被委托人是专利代理机构，而不是具体的专利代理人，由接受委托的专利代理机构安排受聘于该机构的专利代理人承办具体代理事务。这是我国中介服务行业普遍采取的做法，例如《律师法》也明确规定采用这种做法。这与许多其他国家采用的取得专利代理人或者专利律师资格的人有权以个人方式执业的做法有所不同。

国家知识产权局制定的《专利代理管理办法》规定，在我国设立专利代理机构有两种组织形式：一是合伙制专利代理机构，由合伙人共同出资发起，合伙人对该专利代理机构的债务承担无限连带责任；二是有限责任制专利代理机构，由股东共同出资发起，以该机构的全部资产对其债务承担责任。

《专利代理管理办法》规定，设立专利代理机构应当符合下列条件：

（1）具有符合规定的机构名称，由机构所在城市的名称、字号、“专利代理事务所”、“专利代理有限公司”或者“知识产权代理事务所”、“知识产权代理有限公司”组成，其中字号不得在全国范围内与正在使用或者已经使用过的专利代理机构的字号相同或者相近似；

（2）设立合伙制专利代理机构的，具有合伙协议书；设立有限责任制专利代理机构的，具有公司章程；

（3）设立合伙制专利代理机构的，具有3名以上合伙人；设立有限责任制的专利代理机构的，具有5名以上股东；

（4）设立合伙制专利代理机构的，有不低于5万元人民币的发起资金；设立有限责任制专利代理机构的，有不低于10万元人民币的发起资金；

（5）具有固定的办公场所和必要的工作设施。

作为专利代理机构的合伙人或者股东的，应当符合下列条件：

（1）具有专利代理人资格；

（2）具有2年以上在专利代理机构执业的经历；

（3）能够专职从事专利代理业务；

（4）申请设立专利代理机构时的年龄不超过65周岁；

（5）品行良好。

有下列情形之一的，不得作为专利代理机构的合伙人或者股东：

（1）不具有完全民事行为能力的；

（2）在国家机关或者企、事业单位工作，尚未正式办理辞职、解聘或者离休、退休手续的；

（3）作为另一专利代理机构的合伙人或者股东不满2年的；

（4）受到《专利代理惩戒规则（试行）》第五条规定的通报批评或者收回“专利代理

人执业证”不满3年的；

（5）受刑事处罚的（过失犯罪的除外）。

国家知识产权局除了批准设立合伙制专利代理机构和有限责任制专利代理机构之外，依照《专利代理条例》第四条的规定还可以批准符合条件的律师事务所开办专利代理业务。《专利代理管理办法》为此规定的条件是：在该律师事务所执业的专职律师中有3名以上具有专利代理人资格。到2010年2月为止，国家知识产权局已经在全国范围内批准了54家律师事务所开办专利代理业务。这表明，专利代理行业对律师行业采取了“开放”的立场，而不是予以“封锁”的立场。然而，律师行业对专利代理行业却采取了恰好相反的做法，也就是即使在国家知识产权局批准设立的专利代理机构中执业的专利代理人有3名以上取得律师资格，也不允许该专利代理机构开办律师业务。这种不对等的做法引起了专利代理行业从业人员的不满，在制定国家知识产权战略的过程中强烈呼吁在不同的中介服务行业之间应当放宽执业准入方面的限制性条件。

按照《专利代理管理办法》的规定，申请设立专利代理机构的，应当首先报请所在省、自治区、直辖市管理专利工作的部门审查；审查同意的，报国家知识产权局审批。专利代理机构自国家知识产权局批准之日起成立，依法开展专利代理业务，享受民事权利，承担民事责任。

（三）专利代理机构的执业范围

按照《专利代理条例》第八条的规定，专利代理机构可以承办下列事务：

（1）提供专利事务方面的咨询；

（2）代写专利申请文件，办理专利申请；请求实质审查或者复审的有关事务；

（3）请求宣告专利权无效的有关事务；

（4）办理专利申请权、专利权的转让以及专利许可的有关事务；

（5）接受聘请，指派专利代理人担任专利顾问；

（6）办理其他有关事务。

上述规定没有明确一个十分重要的问题，即专利代理机构是否有权代理由专利纠纷而引起的诉讼事务。

《民事诉讼法》第五十八条规定：

> 当事人、法定代理人可以委托一至二人作为诉讼代理人。
>
> 律师、当事人的近亲属、有关的社会团体或者所在单位推荐的人、经人民法院许可的其他公民，都可以被委托为诉讼代理人。

《行政诉讼法》第二十九条作了几乎相同的规定：

> 当事人、法定代理人，可以委托一至二人代为诉讼。
>
> 律师、社会团体、提起诉讼的公民的近亲属或者所在单位推荐的人，以及经人民法院许可的其他公民，可以受委托为诉讼代理人。

由上述规定可知，经法院允许的其他公民可以被委托为民事诉讼和行政诉讼的诉讼代理人，这就是人们常说的“公民代理”。

然而，《律师法》第十三条规定：

没有取得律师执业证书的人员，不得以律师名义从事法律服务业务；除法律另有规定外，不得从事诉讼代理或者辩护业务。

如果将《律师法》的上述规定理解为“凡是没有取得律师执业证书的人，均不得进行任何诉讼代理”，则直接与前述我国基本法律允许公民代理的基本原则相矛盾，显然是不正确的。一种观点认为，所谓“不得从事诉讼代理或者辩护业务”，是指不得以代理诉讼为职业。由于专利代理机构是专职从事代理业务的机构，因而不能代理诉讼业务。对此结论，有值得商榷之处。

2001年颁布的《最高人民法院关于审理专利纠纷案件适用法律问题的若干规定》第一条首先明确了法院能够受理的专利纠纷案件的类型，共有十六种之多，包括：

（1）专利申请权纠纷案件；

（2）专利权权属纠纷案件；

（3）专利权、专利申请权转让合同纠纷案件；

（4）侵犯专利权纠纷案件；

（5）假冒他人专利纠纷案件；

（6）发明专利申请公布后、专利权授予前使用费纠纷案件；

（7）职务发明创造发明人、设计人奖励、报酬纠纷案件；

（8）诉前申请停止侵权、财产保全案件；

（9）发明人、设计人资格纠纷案件；

（10）不服专利复审委员会维持驳回申请复审决定案件；

（11）不服专利复审委员会专利权无效宣告请求决定案件；

（12）不服国务院专利行政部门实施强制许可决定案件；

（13）不服国务院专利行政部门实施强制许可使用费裁决案件；

（14）不服国务院专利行政部门行政复议决定案件；

（15）不服管理专利工作的部门行政决定案件；

（16）其他专利纠纷案件。

上述纠纷案件中，第（1）~（9）项为民事诉讼案件；第（10）~（15）项为行政诉讼案件，第（16）项为兜底条款。然而，不论是民事诉讼案件还是行政诉讼案件，专利代理机构在《专利代理条例》第八条规定的执业范围内正常开展代理活动都有可能涉及。

例如，《专利法实施细则》第八十五条规定管理专利工作的部门可以调解专利申请权、专利权归属纠纷，发明人、设计人资格纠纷，职务发明的发明人、设计人的奖励报酬纠纷，以及在发明专利申请公布后专利权授予前使用发明而未支付适当费用的纠纷。在调解过程中，由不同的专利代理机构代理双方当事人参与调解，无论对管理专利工作的部门还是对当事人来说都大有裨益，正是专利代理人发挥其作用之地。在调解不成或者随后反悔时，当事人提起民事诉讼的，由原来参加调解过程的专利代理人继续代理诉讼业务是一件顺理成章的事情，为什么一定要改换委托律师另起炉灶？

又例如，代理申请人撰写专利申请文件，这是专利代理机构的主要代理业务之一。申请人委托代理申请专利事务的，绝大多数都选择委托专利代理机构予以代理，因为专利申请文件的撰写，尤其是权利要求书的撰写需要专门的知识和技能，而这正是取得专利代理人资格的必备条件。申请人委托申请专利事务的，通常都采取一并委托同一专利代理机构代理随后可能发生的复审请求和应对他人提出的无效宣告请求的事务。当事人请求宣告他人获得的专利权无效的，通常也会委托专利代理机构代理。因此，在法院受理的不服专利复审委员会维持驳回申请复审决定的案件中以及不服专利复审委员会作出的无效宣告请求决定的案件中，一般都有专利代理机构参与其前期程序，由其在诉讼程序中继续进行代理，远比另行委托律师“中途半端”地涉足诉讼代理更能有效地维护当事人的合法权益，同时也有利于帮助法院更为正确地查清事实和适用法律，因为这些专利代理机构更加“知根知底”。

至于说到专利侵权诉讼，应当指出的是其代理并非仅仅依赖于与侵权诉讼有关的法律知识，也与授予专利权条件的法律知识息息相关，两者是一个整体，全面掌握才能相得益彰。例如，2008年修改《专利法》时增加了第六十二条关于允许被诉侵权人在专利侵权诉讼中进行现有技术抗辩或者现有设计抗辩的规定，而进行所述抗辩就涉及与授予专利权条件相关的知识。另外，专利侵权诉讼经常会涉及比较复杂的技术问题，专利代理人必须具备的理工科专业背景常常使他们在遇到技术问题时游刃有余。正因为这样的原因，在一些过去其法律规定只有律师才能出席法庭代理诉讼的国家，例如日本，现在也将其法律改为允许不具备律师资格的专利代理人与律师一道出席法庭代理诉讼和辩护业务。

归纳起来，律师和专利代理人都是依法取得相关代理资质和代理执业证书的人员，理应相互配合，共同为维护被代理人的合法权益而尽心尽职。现实中，最为理想的情况是委托一个既获得律师资格又获得专利代理人资格的人员代理专利诉讼。尽管不可能苛求所有的专利代理人都获得律师资格，更不可能苛求所有的律师都获得专利代理人资格，但是近年来获得双重资格的复合型人才在逐渐增多，这是适应公众需求、促进事业发展的必然结果。但凡有可能，应当尽可能为这些复合型人才获得两者类型的执业证书创造更加宽松的环境，从而为施展其才能搭建更加广阔的舞台，没有必要采取各立门户、行业封锁、以邻为壑的狭隘立场。将《律师法》第十三条的规定解释为不允许专利代理机构从事诉讼代理，如前面所分析的那样，其结果无异于不让专利代理机构履行《专利代理条例》赋予的职责。事实上，自我国建立专利制度以来，各地法院对专利代理机构代理诉讼业务普遍持认可的立场，这是《民法诉讼法》和《行政诉讼法》赋予法院的权利，是无可挑剔的。

第二十条　向外申请专利

任何单位或者个人将在中国完成的发明或者实用新型向外国申请专利的，应当事先报经国务院专利行政部门进行保密审查。保密审查的程序、期限等按照国务院的规定执行。

中国单位或者个人可以根据中华人民共和国参加的有关国际条约提出专利国际申请。申请人提出专利国际申请的，应当遵守前款规定。

国务院专利行政部门依照中华人民共和国参加的有关国际条约、本法和国务院有关规定处理专利国际申请。

对违反本条第一款规定向外国申请专利的发明或者实用新型，在中国申请专利的，不授予专利权。

一、向外申请专利的保密审查

（一）概　述

从原则上讲，获得专利权的发明创造必须予以公开，使公众在专利权届满之后能够自由实施该发明创造。但是，如果申请专利的发明创造涉及国家安全或者重大利益也照此办理，与普通专利申请一样予以公开，就会损害国家安全或者重大利益。因此，对这样的发明创造有必要采取保密措施。

如本书对《专利法》第四条的说明所指出的那样，对申请专利的发明创造进行保密审查，认定需要保密的就不予公开，是世界上许多国家普遍采取的做法，并得到了 TRIPS、PCT 等国际条约的认同。对此，我国也不例外。

要落实对涉及国家安全或者重大利益的发明创造予以保密的既定方针，必须在两个环节上采取必要的保密措施：一是向国内申请专利的环节；二是向外申请专利的环节。无论忽略其中哪一个环节，都不可能达到予以保密的预期结果。《专利法》第四条规定“申请专利的发明创造涉及国家安全或者重大利益需要保密的，按照国家有关规定办理。”该条所述的“申请专利”应当是指向我国申请专利[1]，因此该条规定了上述第一个环节的保密措施；本条则规定了上述第二个环节的保密措施。应当注意，本条规定与《专利法》第四条的规定是密切相关的，因为本条仅仅提到国家知识产权局应当对向外申请专利的发明或者实用新型进行保密审查，却没有提及涉及何种内容的发明或者实用新型需要保密，也没有提及认定需要保密的发明或者实用新型应当如何进行处理，这些本条没有提及的内容均应当适用《专利法》第四条的规定。

---

[1] 《专利法》和《专利法实施细则》所述“申请专利”“专利申请”“专利权”等措辞，除另有限定，都是指在我国申请专利、提出的专利申请、获得的专利权。

（二）保密审查的对象

依照本条第一款的规定，需要由国家知识产权局进行保密审查的对象有如下三个限定条件，即：第一，发明创造为发明或者实用新型；第二，该发明或者实用新型是在中国完成的；第三，申请人准备就该发明或者实用新型向外国申请专利。

2008 年修改《专利法》之前，本条第一款规定的适用对象是“发明创造”，也就是包括发明、实用新型、外观设计这三种类型。2008 年修改的《专利法》本条第一款明确规定需要由国家知识产权局进行保密审查的对象仅仅包括发明和实用新型，其主要理由在于外观设计仅仅涉及产品的富有美感的设计方案而不涉及技术方案，不可能涉及国家安全或者重大利益，因而没有必要进行保密审查。

国家知识产权局并不需要对所有拟向外国申请专利的发明或者实用新型一律进行保密审查，而是仅仅限于在中国完成的发明或者实用新型，可以认为这是本条第一款规定的最为重要的适用条件。其原因在于只有对在我国完成的发明或者实用新型，我国才有决定是否有予以保密的权利和必要性。一项在外国完成的发明或者实用新型是否需要保密不应由我国决定，而且很有可能在外国已经公开，我国即使采取保密措施也没有意义。

如何认定发明或者实用新型是在中国完成的？这是 2008 年修改《专利法》过程中外国政府、外国企业和外国其他组织最为关心的问题之一。为消除由此而带来的顾虑，2010 年修改的《专利法实施细则》第八条第一款规定：

> **专利法第二十条所称在中国完成的发明或者实用新型，是指技术方案的实质性内容在中国境内完成的发明或者实用新型。**

有人会问，何谓“实质性内容”？如何判断技术方案的“实质性内容”是否在中国境内完成？对此可以采用如下两个步骤组成的判断方式。

首先，从专利申请文件写明的发明人的角度进行判断。

《专利法实施细则》第十三条规定：

> **专利法所称发明人或者设计人，是指对发明创造的实质性特点作出创造性贡献的人。在完成发明创造过程中，只负责组织工作的人、为物质技术条件的利用提供方便的人或者从事其他辅助工作的人，不是发明人或者设计人。**

可以认为，《专利法实施细则》第十三条所述的“实质性特点”与《专利法实施细则》第八条第一款所述的“实质性内容”具有基本相同的含义。从发明人的角度进行判断的逻辑在于：凡是被记载为发明人的，就应当被认定为对发明或者实用新型的实质性特点作出创造性贡献的人，如果其研发工作是在中国境内完成，则应当认定技术方案的实质性内容是在中国境内完成的；凡是没有被记载为发明人的其他人，就应当被认定为不属于对发明或者实用新型实质性特点作出的创造性贡献的人，即使这样的人所作贡献是在外国完成，也不能得出该技术方案的实质性内容是在外国完成的结论。这样，通过首先从发明人的角度进行判断，就能排除一部分不确定因素。

其次，从独立权利要求内容的角度进行判断。

《专利法实施细则》第二十一条第一款规定：

> 发明或者实用新型的独立权利要求应当包括前序部分和特征部分，按照下列规定撰写：
>
> （一）前序部分：写明要求保护的发明或者实用新型技术方案的主题名称和发明或者实用新型主题与最接近的现有技术共有的必要技术特征；
>
> （二）特征部分：使用“其特征是……”或者类似的用语，写明发明或者实用新型区别于最接近的现有技术的技术特征。这些特征和前序部分写明的特征合在一起，限定发明或者实用新型要求保护的范围。

《专利法实施细则》第八条第一款所述“实质性内容”是指发明人创造出的最接近现有技术不曾披露的内容，因此应当与独立权利要求特征部分记载的内容相对应。有可能出现这样的情况，张三和李四都对发明或者实用新型的“实质性内容”作出了贡献，然而张三作出的贡献被记载在独立权利要求的特征部分；李四作出的贡献仅仅被记载在说明书中。在这种情况下，即使李四的贡献是在外国完成，也不能得出技术方案的实质性内容是在外国完成的结论。这样，通过从独立权利要求的角度进行判断，又能排除一部分不确定因素。

有人可能还会追问：如果张三和李四对技术方案的实质性内容作出的贡献都记载在独立权利要求的特征部分，其中张三的工作在中国完成，李四的工作在外国完成，当如何判断？诚然这种情况不是不可能发生，但实属凤毛麟角。果真发生，那就接着判断谁的贡献更为重要。

事实上，国家知识产权局在受理专利申请时，既无从得知，也无须调查其涉及的发明或者实用新型是在中国完成还是在外国完成。只有当申请人依照2010年修改的《专利法实施细则》第八条的规定，为了向外国申请专利而请求国家知识产权局进行保密审查时，国家知识产权局才会由此推定其涉及的发明或者实用新型是在中国完成的。可能有人会产生疑问，既然如此，申请人就在中国完成的发明创造直接向外国申请专利而不请求进行保密审查的，国家知识产权局不是也无法予以控制吗？此话也对也不对。所谓“对”，是指国家知识产权局确实无从获知某人未经保密审查而向外国申请专利的事实；所谓“不对”，是指“天网恢恢，疏而不漏”，国家知识产权局不知道不等于世上任何人都不知道。正是考虑到国家知识产权局不可能得知，2008年修改《专利法》时在本条增加了第四款，规定“对违反本条第一款规定向外国申请专利的发明或者实用新型，在中国申请专利的，不授予专利权”。按照2010年修改的《专利法实施细则》第六十五条的规定，违反本条第一款的规定是请求宣告专利权无效的理由。现实中，绝大多数发明和实用新型都不涉及国家安全或者重大利益，对这样的发明或者实用新型按照本条第一款的规定请求国家知识产权局进行保密审查，原本可以很容易也很快速地获得允许。因此，在发明或者实用新型实际上并不涉及国家安全或者重大利益的绝大多数情况下，采取这种“以身试法”的做法，其结果只会徒增其在中国获得的专利权的法律不稳定性，因为一旦有人以此为由提出无效宣告请求，则无论向外国申请专利的发明或者实用新型是否需要保密，就该发明或者实用新型在我国获得的专利权都将依法被宣告无效；在确实涉及国家安全或者重大利益的极少数情况下，除了承担本条第四款规定的不利后果之外，还可能要承担我国其他法律规定的法律责任。在上述两种情况下均对无视本条规定的人相当不利，实为明智者所不取。

对本条第一款所述“向外国申请专利”应作广义理解。对于“外国”，应当理解为既包括单个的外国国家；也包括国际组织或者地区性组织，例如WIPO的PCT国际局（以下简称“国际局”)、欧洲专利局、欧亚专利局、非洲地区知识产权组织等。对于“申请专利”，既包括其他国家对应于我国发明专利的狭义专利，也包括对应于我国实用新型专利的注册实用新型、小专利、创新专利、实用专利等。

适用本条第一款的规定，除了上述三个条件之外，是否还应当补充一个条件，即申请专利的主体是中国单位还是外国单位？对此问题的回答应当是否定的。在2008年修改《专利法》之前，本条第一款将申请专利的主体限定为“中国单位或者个人”。实践表明，这一规定不仅是多余的，而且形成了法律上的“漏洞”。

根据2008年修改前的《专利法》本条规定，只有中国单位或者个人向外国申请专利需要受到本条第一款的约束，而外国单位或者个人则不受本条第一款的约束。现实中，在中国设立独资公司或者合资公司的外国企业，往往在其投资协议或者公司章程中约定在中国设立的子公司或者合资公司作出的发明创造一律由其母公司享有在世界范围内(包括中国)申请专利的权利。对外国母公司与中国子公司之间关于谁享有申请专利的权利的这类约定，一般而言我国法律没有予以干预的必要。但是，如果发明创造是在中国完成的并涉及国家安全或者重大利益，应当明确就其发明创造申请专利的权利无论属于中国子公司还是属于外国母公司，均不得通过在中国或者外国申请专利予以公开。在约定申请专利的权利属于外国母公司的情况下，实际提交的有关专利申请的请求书中写明的申请人是外国人、外国企业或者外国其他组织，而不是“中国单位或者个人”，依照2008年修改前的《专利法》本条规定，就只能得出该专利申请不适用修改前的本条第一款规定的结论。这导致申请人轻而易举就能绕开修改前本条第一款的规定，因而无法在前述第二个环节上采取严格的保密措施。按照2008年修改后的本条第一款的规定，只要申请专利的发明或者实用新型是在中国完成的，就要适用本条第一款的规定，不问申请人是中国单位或者个人，还是外国人、外国企业或者外国其他组织。

还有一个问题与上述问题紧密相关，即申请专利的主体与作出发明或者实用新型的主体之间是什么关系？当申请专利的主体是单位时，发明或者实用新型是否必须是该单位的雇员完成的职务发明创造？对这一问题的回答也是否定的，因为申请专利的权利可以转让，如果仅仅是换了一个主体，适用本条第一款的结论就有所不同，则其规定就会在很大程度上失去意义。在2008年修改《专利法》之前，本条第一款规定“中国单位或者个人将其在国内完成的发明创造向外国申请专利的……”“其”字的采用，有可能被人理解为所述发明创造应当是该单位或者个人自己在中国完成的发明创造。如果作这种解释，申请人往往就会争辩申请专利的发明或者实用新型是别人在中国完成的，而不是自己或者自己的雇员在中国完成的，因而不应适用2008年修改前的本条第一款的规定。2008年修改《专利法》时注意到了这一问题，不仅将“中国单位或者个人”改为“任何单位或者个人”，还刻意删除了“其”字，使之变为“任何单位或者个人将在中国完成的发明或者实用新型向外国申请专利的……”这样就杜绝了作上述理解的可能性。

2008年修改前的本条第一款规定，“中国单位或者个人将其在国内完成的发明创造向外国申请专利的，应当先向国务院专利行政部门申请专利，并遵守本法第四条的规定”。之所以规定应当先向国家知识产权局申请专利，本意其实在于为了便于国家知识产权局对其进行保密审查。然而，如此规定的结果就成了向外申请专利的，必须强制性地先向中国申请专利。这没有必要。申请人应当有权自主决定需要向哪些国家申请专利，是否向我国申请专利悉听尊便，至于必要的保密审查完全可以通过其他方式进行，不必与向我国申请专利捆绑在一起。因此，2008 年修改后的本条第一款删除了这一规定。

（三）保密审查的程序

1. 保密审查的请求

应当注意，国家知识产权局依照《专利法》第四条的规定对向我国提出的发明或者实用新型专利申请进行保密审查和依照本条第一款的规定对拟向外国申请专利的发明或者实用新型进行保密审查采用了不同的方式。其区别在于：对于前者，国家知识产权局对其受理的所有发明或者实用新型专利申请都要依职权进行保密审查，无须由申请人提出请求；对于后者，必须由相关主体提出请求，国家知识产权局才会启动保密审查。

按照 2010 年修改的《专利法实施细则》第八条的规定，有关主体拟向外申请专利的，可以采用以下三种方式之一请求国家知识产权局进行保密审查。

第一，申请人准备直接先向外国申请专利或者向有关国外机构提交专利国际申请，应当事先请求国家知识产权局进行保密审查，并详细说明其技术方案。技术方案的说明可以参照专利申请说明书的格式予以撰写，并且应当与拟向外申请专利的说明书中记载的技术方案一致。向外国提交的申请的说明书记载的某一技术方案未在向外申请专利的保密审查请求中予以说明的，应当视为该技术方案未经国家知识产权局进行保密审查。

第二，申请人向国家知识产权局申请专利后拟向外国申请专利或者向有关国外机构提交专利国际申请的，应当在向外国申请专利或者向有关国外机构提交专利国际申请前请求国家知识产权局进行保密审查。

第三，申请人直接向国家知识产权局提交专利国际申请的，视为其提交了向外申请的请求。国际申请是申请人向多个国家提交专利申请的常用方式之一。根据 PCT 的规定，国际申请被受理的，视为向所有成员国提出专利申请，国际申请的申请日视为向所有成员国提出专利申请的申请日。国际申请被受理后，申请人自申请日起的 30 个月内向各成员国提出进入国家阶段请求的，该申请就可以进入该成员国的国家阶段，“转化”为在该成员国提交的专利申请。按照 PCT 的规定以及中国加入该条约有关文件的规定，中国国民提出国际申请的，既可以向作为国际申请受理局的国家知识产权局提交，也可以直接向 WIPO 的国际局提交。如果申请人向作为国际申请受理局的国家知识产权局提交国际申请，考虑到该申请以后必然会“转化”为向外提交的申请，因此视为申请人同时向国家知识产权局提交了向外国申请的保密审查请求，不必再另行提交保密审查请求。申请人应当注意的是，对于在中国完成的发明或者实用新型，如果申请人意欲采取直接向 WIPO 的国际局提出国际申请的做法，而不是采取向作为国际申请受理局的国家知识产权局提出国际申请的做法，则必须采用前述第一种方式，在向 WIPO 的国际局提出国际申请之前，请求国家知识产权局进行保密审查。

上述第二种方式与第一种方式的区别在于：采取第一种方式的，申请人必须详细说明其技术方案；而采取第二种方式的，申请人只需在保密审查请求中指明其相应国内申请的申请号即可。由此可见，采取第二种方式，申请人既向我国提交了专利申请，有望对发明或者实用新型在我国获得专利保护；又可以促使国家知识产权局及时启动保密审查，经审查认定为不需要保密的，就可以随时向外提出专利申请，可谓一举两得。

2. 保密审查的程序和期限

对向外国申请专利进行保密的审查，主要是为了防止涉及国家安全或者重大利益的发明创造因向外国申请专利而公开，从而维护国家安全或者重大利益。但是，从专利申请实务来看，无论是在国内提出专利申请还是向外国提出专利申请，真正涉及国家安全或者重大利益的发明创造极少，至少有95%以上的发明或者实用新型专利申请不涉及国家安全或者重大利益。为了确保申请人在自首次提出专利申请的申请日起的12个月优先权期限内及时获知其发明或者实用新型是否因涉及国家安全或者重大利益而需要予以保密，进而有足够的时间准备向外提出专利申请，2010年修改《专利法实施细则》时增加了第九条，规定：

国务院专利行政部门收到依照本细则第八条规定递交的请求后，经过审查认为该发明或者实用新型可能涉及国家安全或者重大利益需要保密的，应当及时向申请人发出保密审查通知；申请人未在其请求递交日起4个月内收到保密审查通知的，可以就该发明或者实用新型向外国申请专利或者向有关国外机构提交专利国际申请。

国务院专利行政部门依照前款规定通知进行保密审查的，应当及时作出是否需要保密的决定，并通知申请人。申请人未在其请求递交日起6个月内收到需要保密的决定的，可以就该发明或者实用新型向外国申请专利或者向有关国外机构提交专利国际申请。

上述规定的含义已经足够清楚，无须再作说明。

二、关于专利国际申请

本条第二款和第三款是关于专利国际申请的原则规定。

第二款包括有两层含义：第一，我国单位或者个人可以根据我国参加的有关国际条约提出专利国际申请；第二，我国单位或者个人就其在国内完成发明或者实用新型提交国际申请的，应当遵守本条第一款的规定。

第三款规定国家知识产权局处理国际申请的法律依据，即有关国际条约、我国《专利法》以及我国国务院的有关规定。

第二款和第三款所称有关国际条约是指PCT，所称专利国际申请是指按照该条约提出的国际申请，第三款所称国务院有关规定是指《专利法实施细则》。

（一）概　述

PCT于1970年6月19日在华盛顿签署，1978年1月24日生效。截止到2010年4月，该条约共有142个成员国。

尽管《巴黎公约》规定了国民待遇原则、优先权原则等有利于申请人在世界各国申请获得专利的制度，但《巴黎公约》同时又规定了专利独立原则，申请人要想就同一项发明创造在多个成员国获得专利保护，就必须逐一在各成员国提出专利申请。为此，申请人需要熟悉各国的专利制度，准备各种语言的申请文本，办理各种申请手续，而各国的专利制度以及具体要求各不相同。因此通过上述方式向各国申请专利，对申请人而言，负担相当沉重且很不方便；对各国专利局而言，则需要进行大量重复劳动。为了改变这一状况，在1966年巴黎联盟执行委员会会议上，美国提议签订一个在专利申请的受理和初步审查方面进行国际合作的条约。根据这一提议，经充分协商准备，1970年5月在华盛顿召开的《巴黎公约》成员国外交会议缔结了PCT。现在，PCT已经成为各国申请人向不同国家申请专利的主要途径。

我国于1993年加入PCT，自1994年1月1日起该条约在我国正式施行，原中国专利局同时成为该条约规定的国际申请受理局、国际检索单位和国际初步审查单位。

PCT是个“非开放性”的国际条约，只有《巴黎公约》的成员国才能申请加入该条约。

（二）PCT制度简介

1. 国际申请的效力和有关事项

根据PCT的规定，一件国际申请只要被受理并获得国际申请日，从国际申请日起就相当于申请人在所有成员国提出了专利申请。换言之，国际申请在各成员国均被视为向本国提出的专利申请，国际申请日被视为在各成员国的专利申请日。因此，我国申请人通过提交国际申请并指定有关国家就可以达到在这些国家申请专利的目的，不需要在优先权期限内一一向这些国家提交专利申请。

PCT各成员国的国民或者居民当然有权提交国际申请。此外，即使某国没有参加PCT，只要该国是《巴黎公约》的成员国，并经PCT成员国大会特别批准，该国的国民或者居民也可以提出国际申请。

申请人直接向其他国家提交专利申请的，其申请必须使用该国的官方语言，并且必须直接向该国的专利机构提交。申请人提交国际申请的，如果申请人所在国专利局取得作为国际申请受理局的资格，可以直接向所在国专利局提交国际申请；如果所在国专利局没有取得作为国际申请受理局的资格，则须向本国委托的受理局或者直接向WIPO的国际局提交国际申请。国际申请使用的语言应当是受理局能够接受的语言之一。我国国家知识产权局作为国际申请的受理局，可以接受使用中文和英文的国际申请。因此，我国申请人如果通过PCT途径向美国、日本、德国等国家申请专利，一开始只需要向作为国际申请受理局的国家知识产权局提交一件使用中文的国际申请，而不必向这些国家提交使用该国官方语言的申请。

国家知识产权局是中国大陆单位或者个人提交国际申请的受理局，也是香港和澳门特别行政区法人和居民提交国际申请的受理局。香港、澳门特别行政区的法人和居民还可以直接向国际局提交国际申请。

根据1993年中国专利局发布《关于受理台胞国际申请的通知》的规定，国家知识产权局作为国际申请的受理局，受理台胞（包括我国台湾地区的公司、企业和其他经济组织）提出的国际申请。台胞向国家知识产权局提出国际申请的，应当使用中文或者英文。

2. 国际申请的程序

（1）国际申请的提交

提交国际申请需要提交的文件包括：请求书、说明书及其附图、权利要求书、摘要。

这些文件应当按照 PCT 及其细则规定的格式撰写，并且应当一式三份，其中一份留在受理局（受理本），一份送国际局（登记本），一份送国际检索单位（检索本）。

国际申请还可以要求享受一件在先提交的国家申请的优先权，但必须在请求书中提出优先权请求，写明在先申请的国家、日期和申请号。

提交国际申请需要缴纳的费用包括传送费、检索费和国际申请费。三种费用都向受理局缴纳，其中传送费由受理局留存，检索费转交检索局，国际申请费转交国际局。所有费用均须在国际申请日起 1 个月内缴纳。向作为国际申请的受理局的国家知识产权局提交国际申请的，国际申请费的标准为 8 858 元人民币（国际申请文件超过 30 页的，每页加收 100 元人民币），传送费的标准为 500 元人民币，检索费的标准为 2 100 元人民币。

（2）形式审查和国际申请日的确定

受理局收到国际申请后，将审查该申请是否符合以下条件：申请人是否明显不具有向该受理局提交国际申请的权利；申请是否使用了规定的语言；申请是否指明作为国际申请提出；申请是否至少指定了一个成员国；申请是否按规定方式写明了申请人的姓名或者名称；申请文件是否有一部分至少从表面上看起来像是说明书以及是否另有一部分看起来像是一项或者几项权利要求。

国际申请经审查认定符合上述条件的，受理局应当以收到国际申请之日为国际申请日；认定不符合上述条件，受理局应当通知申请人在指定的期限内改正，申请人按照规定进行改正的，以改正之日为国际申请日。

显然，PCT 以及《PCT 实施细则》规定的确定国际申请日的条件较为宽松，体现了方便申请人的原则。

（3）国际检索

对每件国际申请都要进行国际检索，以便申请人根据国际检索报告确定是否有必要继续进行申请程序或者是否需要修改申请文件。国际检索只能由几个具有国际检索资格的国际检索单位进行。国际申请由受理该申请的受理局委托的国际检索单位进行检索，一个国家委托了多个国际检索单位的，其申请人可以任选其中一个国际检索单位进行国际检索。向中国国家知识产权局提交的国际申请，由中国国家知识产权局进行国际检索。

国际检索以国际申请的权利要求为基础，可以适当考虑说明书和附图的内容。国际检索必须检索自 1920 年以来的主要工业国家的所有专利文献以及条约规定的非专利文献，以确保国际检索的全面性和准确性。国际检索单位作出检索报告的同时，还会提供一份书面意见，其内容涉及：第一，该国际申请要求保护的发明是否看起来具备新颖性、创造性和实用性；第二，国际申请是否符合 PCT 和《PCT 实施细则》的有关要求。

国际检索单位应当在收到检索本之日起 3 个月内或者自优先权日起 9 个月内（以后届满者为准）完成检索，制作检索报告和书面意见，并将其送交申请人和国际局。如果申请涉及的主题不需要进行国际检索（例如科学理论、智力活动的规则和方法等），或者说明书、权利要求书或者附图不符合规定要求，无法进行有意义的检索的，则国际检索单位作出相应宣布，并通知申请人和国际局。如果申请人已经提出国际初步审查请求，则该书面意见被视为国际初步审查单位作出的书面意见，在这种情况下应当要求申请人在本规定的期限之内向该国际初步审查单位提交书面答复，在适当的情况下申请人可以修改其申请文件。

（4）对权利要求书的修改

申请人在收到国际检索报告后，有权对权利要求进行一次修改，但不能修改说明书及其附图。申请人修改权利要求书的期限为自国际检索单位将检索报告送交申请人之日起的2个月或者自优先权日起的18个月，以较后届满者为准。如果国际局在上述期限届满之后收到申请人对权利要求书的修改，只要该修改在国际公布的技术准备工作完成之前达到国际局，则视为国际局在上述期限的最后一日收到该修改。

对权利要求书的修改不得超出提交国际申请时的公开范围，但如果某一指定国允许修改超范围的，则在该指定国可以接受超出范围的修改。

申请人对权利要求书的修改应当直接向国际局提交。如果国际申请使用的语言与国际公布使用的语言不同，修改应当使用国际公布使用的语言。修改应当以提交替换页的方式进行。

（5）国际公布

国际申请自优先权日18个月届满后，国际局应当立即予以公布，国际检索报告或者有关宣布与国际申请一并公布。申请人可以请求国际局提前予以公布。如果国际检索报告或者有关宣布尚不能提供以进行国际公布的，申请人需要缴纳特别费用才能进行提前公布。国际局在收到提前公布的请求之后（如果需要缴纳特别费用，则在收到该费用后）迅速进行公布。

如果国际申请是用中文、阿拉伯语、英语、法语、德语、韩文、日语、俄语或者西班牙语（公布语言）提出的，则该申请以提出时使用的语言公布；如果以上述语言之外的其他语言提交的，则以英语或者其他一种公布语言予以公布。如果以英语之外的公布语言予以公布，则同时对国际检索报告或者有关宣布、发明的名称、摘要以及摘要附图所附的文字以英语予以公布。

在指定国，国际公布具有与本国公布相同的效力，但以下情况除外：第一，国际公布的语言与指定国本国法律规定的公布语言不同的，国际公布自国际申请在指定国以本国法律规定的公布语言译文公布之日或者以其他方式向公众提供之日生效；第二，指定国规定提前公布自优先权日起18个月届满之日生效的。

（6）国际初步审查

申请人所属国或者所在国在加入PCT时对该条约第2章没有作出保留（受第2章约束），而且申请人以其所属国或者所在国的专利局作为受理局提交国际申请的，申请人可以请求对其国际申请进行国际初步审查。如果有几个申请人，则至少其中一个申请人应当具有这种资格。当然，申请人也可以不要求国际初步审查而使其国际申请直接进入指定国。我国加入PCT时对第2章没有作出保留，因此我国申请人向中国国家知识产权局作为受理局提交国际申请的，可以请求对其申请进行国际初步审查。

国际初步审查主要是对申请所要求保护的发明是否具备新颖性、创造性和实用性提出初步的意见，以供申请人确定是否有必要进入各指定国。该意见对各指定国或者选定国没有约束力。

与国际检索相同，只有少数国家或者地区专利机构才具有国际初步审查的资格，其中包括中国国家知识产权局、日本特许厅、欧洲专利局、美国专利与商标局等。

国际申请的申请人要求进行国际初步审查的，应当在自优先权日起的 19 个月内向国际初步审查单位提出，而且必须按照规定的格式和语言提交，并缴纳初步审查费和手续费。手续费由国际初步审查单位收取后转交国际局。国家知识产权局收取的国际初步审查费的标准为 1 500 元，代收的手续费标准为 1 332 元。申请人必须在请求中说明申请人准备在哪些指定国中使用国际初步审查的结果（这些国家被称为“选定国”），这些选定国必须是受 PCT 第 2 章约束的成员国。国际初步审查单位或者国际局应当将选定通知所有被选定的国家。

申请人可以撤回国际初步审查请求，也可以撤回对某个国家的选定，如果撤回所有选定，则视为撤回国际初步审查请求。除非某一选定国有特别规定，对其选定的撤回，对该国而言视为撤回申请。撤回选定或者撤回国际初步审查请求的应当通知国际局，然后由国际局通知有关选定局和国际初步审查单位。

在国际初步审查的过程中，国际初步审查单位认为有对申请人不利的情况的应当通知申请人。申请人在收到通知后，可以进行修改或者陈述意见。

国际初步审查单位应当在优先权日起28个月或者自其启动国际初步审查之日起6个月内作出国际初步审查报告。该报告只能提交给申请人和国际局，并由国际局转交选定局。

（7）进入国家阶段

申请人要想获得成员国的专利保护，仅仅是提交国际申请和要求国际初步审查是不够的，必须按照各成员国法律的规定进入该成员国的国家阶段，才可能在该成员国获得专利权。因此，目前仅仅存在“国际申请”，不存在“国际专利”。

国际申请的申请人需要在每个指定国或者选定国继续申请的，应当在优先权日起 30 个月（各成员国可以规定更长的期限）届满之前，向各指定国或者选定国办理进入国家阶段的手续。根据具体情况，申请人需要提交国际申请的副本、译文，并缴纳国家费用（由各指定国或者选定国规定）。

进入国家阶段以后，各指定国或者选定国的专利局依照本国专利法的规定继续进行审查，决定是否授予专利权。

PCT 规定，在国际申请的国家阶段，申请人应当有机会在选定局规定期限内对权利要求书、说明书及其附图进行修改。选定国法律允许的，修改可以超出提出国际申请时对发明公开的范围。

在进入国家阶段以后，如果指定国或者选定国同时存在专利和发明人证书、实用新型或者实用证书、增补专利、增补证书、增补发明人证书、增补实用新型证书等保护类型的，申请人可以选择保护的类型；如果指定国或者选定国允许同时对一项申请授予专利和其他类型保护的，申请人可以要求同时获得两种形式的保护。

第二十一条　处理专利申请和请求的原则和保密责任

国务院专利行政部门及其专利复审委员会应当按照客观、公正、准确、及时的要求，依法处理有关专利的申请和请求。

国务院专利行政部门应当完整、准确、及时发布专利信息，定期出版专利公报。

在专利申请公布或者公告前，国务院专利行政部门的工作人员及有关人员对其内容负有保密责任。

一、对专利审查工作的原则要求

专利权虽然从民法的角度看是一种民事权利，但与许多其他民事权利的不同之处在于专利权不是依法自动产生，而是经国家行政机关审查合格才能授予。国家知识产权局及其专利复审委员会能否依法正确、及时地处理专利申请和有关请求，不仅关系到申请人和专利权人的利益，也关系到公众利益以及专利制度能否正常运作。

随着我国改革开放的不断深入和法治建设的不断完善，社会各界对专利制度的重视程度越来越高，导致国家知识产权局受理的专利申请数量逐年持续高速增长。1986 年，我国受理的三种专利申请总量为 18 509 件，而 2010 年达到了 1 222 286 件，增长了 66 倍；我国授予的三种专利总量也从 1986 年的 3 024 件增长到 2010 年的 814 825 件，增长了近 270 倍。20 世纪 90 年代中期，国家知识产权局审查人员的增长相对缓慢，导致专利申请和无效宣告请求的审查周期较长，在一定程度上形成了专利案件的积压。国家知识产权局高度重视专利案件的积压问题，采取种种措施以消除积压，取得了一定成效，然而到 2000 年修改《专利法》时案件积压问题未能完全解决。当时，社会各界对专利案件积压的反响十分强烈，强烈呼吁国家知识产权局采取必要措施尽快解决这一问题，同时也对国家知识产权局的专利申请和专利无效宣告请求的审查工作提出了更高的要求，希望国家知识产权局及其专利复审委员会依法客观、公正、准确、及时地处理有关专利的申请和请求。立法机关高度重视民众的上述呼声，2000 年修改《专利法》时在本条中增加了第一款规定。

在随后几年中，国家知识产权局通过大力招聘审查员、优化流程、完善自动化系统，专利审查周期过长的问题已经基本得到解决，发明专利申请的实质审查周期（自申请人启动实质审查程序到发出第一次审查意见通知书）平均为 26 个月，实用新型和外观设计专利申请的初步审查周期平均不到 7 个月和 8 个月，无效宣告请求的审查周期平均为 8 个月。与美国专利与商标局、日本特许厅、欧洲专利局相比，国家知识产权局的审查效率是较高的。但是，在专利申请数量持续快速增长的形势下，要满足我国广大申请人希望尽快获得专利权的愿望，国家知识产权局要保持现有的审查速度并在可能的情况下进一步加快审查速度，仍需不断付出艰苦努力。

所谓客观，是指国家知识产权局及其专利复审委员会的工作人员应当以事实为依据，而不能从自己的主观意志出发处理专利申请和有关请求。所谓公正，是指国家知识产权局及其专利复审委员会的工作人员应当不偏不倚地处理专利申请和有关请求，在同样的情况下应当作出同样的处理，不能偏袒任何一方当事人，更不能有徇私舞弊的行为。所谓准确，是指国家知识产权局及其专利复审委员会的工作人员应当遵循“依法行政”原则，严格按照《专利法》及《专利法实施细则》的规定处理专利申请和有关请求，不能随心所欲地进行处理。所谓及时，是指国家知识产权局及其专利复审委员会的工作人员应当尽快地处理专利申请和有关请求，不能随意拖延。这四项准则应当贯穿于国家知识产权局及其专利复审委员会专利审查工作的始终，是对国家知识产权局工作的永恒要求。

二、国家知识产权局传播专利信息的职责

传播专利信息是专利制度的基本功能之一，对提高创新起点、减少重复研发活动、避免侵犯他人专利权、促进发明创造的实施应用，推动科技进步和经济社会发展，都具有十分重要的意义。尽管2008年修改前的《专利法》第三十四条、第三十九条、第四十条分别规定了发明专利申请的公布、发明专利权的授权公告、实用新型专利权和外观设计专利权的授权公告，但这些条款仅仅是将公布或者公告作为审查、授权的必要程序之一予以规定，《专利法》中还缺乏对专利信息传播工作的整体定位和要求。

随着我国市场经济的不断发展，企事业单位和社会公众对专利信息的需求和依赖程度不断提高，广大公众对国家知识产权局提供专利信息的完整性、准确性、及时性的要求也日益提高。目前我国专利信息的传播还存在传播渠道较为杂乱、信息源缺乏足够权威性、信息传输手段还不够先进、公众查询专利信息成本较高等问题，还不能很好地满足公众完整、准确地获取专利信息的需求。美国、法国、瑞士等国专利法中对其专利局传播专利信息的职能都作了全面、详尽的规定，我国有必要予以借鉴。为了促进创新、创建服务型政府、规范专利信息的传播，2008年修改《专利法》时在本条中增加了第二款，对专利信息的发布和专利公报的出版作出了明确规定。

2010年修改《专利法实施细则》时增加了第九十二条，规定：

> **国务院专利行政部门负责按照互惠原则与其他国家、地区的专利机关或者区域性专利组织交换专利文献。**

国家知识产权局通过交换方式，每年获得数量巨大的外国专利信息。本条第二款规定“国务院专利行政部门应当完整、准确、及时发布专利信息”，却没有明确指明其所述“专利信息”仅指中国专利信息，还是也包括外国专利信息？

笔者认为，本条第二款所称专利信息应当仅指中国专利信息，而不包括国家知识产权局通过交换等方式所获得的外国专利信息。通过交换获得的外国专利信息是否完整、准确，取决于这些国家所提供的信息是否完整、准确，非国家知识产权局所能控制；国家知识产权局是否能够及时向公众发布其获得的外国专利信息，也取决于这些国家是否能够及时提供其专利信息，也非国家知识产权局所能控制。尽管国家知识产权局也有责任使我国公众能够以方便、快捷的方式利用其交换获得的外国专利信息，对此也有一个服务质量好坏的问题，但是这一责任与发布我国专利信息所应当承担的责任相比显然不同，不应当也

不可能要求国家知识产权局承担完整、准确、及时地发布外国专利信息的责任。此外，本条第二款将“发布专利信息”和“定期出版专利公报”联系在一起予以规定，因为专利公报的内容实际上也属于专利信息，而国家知识产权局显然不承担出版外国专利公报的责任，这也是应当将本条第二款所述“专利信息”理解为我国专利信息的佐证。

过去，我国公众一般只能通过国家知识产权局以纸件、缩微胶片等形式馆藏的外国专利文献获知外国专利信息，因此国家知识产权局对公众提供服务的质量就十分重要；这种状况现在已经有了极大改观，因为专利信息在所有国家都是属于政府公开的信息，不存在版权问题（但经二次信息加工后形成的专门数据库另当别论），公众通过查阅有关国家的专利局网站一般都能免费获得，一些向公众开放的网络搜索引擎还提供了功能相当强大的检索工具，因此公众对国家知识产权局馆藏外国专利文献的依赖程度已经大为降低。

国家知识产权局通过两种形式发布我国专利信息：一是出版专利公报；二是出版发明专利申请的单行本以及三种专利的单行本。从发布的专利信息内容来看，前者涉及应当让公众知晓的与发明专利申请以及三种专利有关的各种事项，但不包括发明专利申请和三种专利的全文；后者仅仅包含发明专利申请和三种专利的全文。两者相配合，就能够向公众提供全面的我国专利信息。

2010年修改的《专利法实施细则》第九十条规定：

> **国务院专利行政部门定期出版专利公报，公布或者公告下列内容：**
>
> **（一）发明专利申请的著录事项和说明书摘要；**
>
> **（二）发明专利申请的实质审查请求和国务院专利行政部门对发明专利申请自行进行实质审查的决定；**
>
> **（三）发明专利申请公布后的驳回、撤回、视为撤回、视为放弃、恢复和转移；**
>
> **（四）专利权的授予以及专利权的著录事项；**
>
> **（五）发明或者实用新型专利的说明书摘要，外观设计专利的一幅图片或者照片；**
>
> **（六）国防专利、保密专利的解密；**
>
> **（七）专利权的无效宣告；**
>
> **（八）专利权的终止、恢复；**
>
> **（九）专利权的转移；**
>
> **（十）专利实施许可合同的备案；**
>
> **（十一）专利权的质押、保全及其解除；**
>
> **（十二）专利实施的强制许可的给予；**
>
> **（十三）专利权人的姓名或者名称、地址的变更；**
>
> **（十四）文件的公告送达；**
>
> **（十五）国务院专利行政部门作出的更正；**
>
> **（十六）其他有关事项。**

对上述规定，有两点需要注意：第一，该条开头部分规定，国家知识产权局“公布或者公告下列内容”，那么在其列出的16项内容中，哪些属于“公布”，哪些属于“公告”？回答应当是仅仅只有该条第（一）项属于“公布”，其余各项均属于“公告”；第二，由于该条最后一项所述“其他有关事项”具有兜底性质，因此该条所列内容并非穷尽性的，国家知识产权局在特殊情况下视需要也可能还会公告其他专利信息。

显然，国家知识产权局仅仅通过专利公报发布上述专利信息还不够充分，除此之外公众还需要知晓公布的发明专利申请以及被授予专利权的三种专利的详细技术或者设计内容。三种专利的专利文件常常十分庞大，统统放在专利公报中予以发布实不可行，因此原中国专利局从一开始就采取了另行出版专利全文的做法。然而，2010年修改前的《专利法实施细则》没有采用一个专用术语来表达这种另行出版的专利全文，因而在表述上经常与专利公报产生混淆。为了克服这一缺点，2010年修改的《专利法实施细则》第九十一条采用了一个专用术语，即“单行本”。该条规定：

> **国务院专利行政部门应当提供专利公报、发明专利申请单行本以及发明专利、实用新型专利、外观设计专利单行本，供公众免费查阅。**

本条第二款对国家知识产权局发布专利信息提出了三方面的要求，即“完整、准确、及时”，其具体含义是什么？

所谓完整，是指国家知识产权局发布的我国专利信息应当包含依法应当公开的所有内容，不能有所缺失。完整不仅针对每一件专利申请或者专利单个而言，也针对所有专利申请和专利整体而言。除非需要保密不能发布，国家知识产权局既不能遗漏任何一件应当发布的专利申请或者专利，也不能遗漏每一件专利申请或者专利的某一部分应当发布的信息。

所谓准确，是指国家知识产权局发布的专利信息应该正确无误。无论是国家知识产权局通过专利公报发布的专利信息，还是通过发明专利单行本以及三种专利单行本。

所谓及时，是指国家知识产权局发布专利信息应当在相关信息产生后依法立即公布，不能拖延，以使权利人尽快获得保护，使公众尽快获得相关专利信息。

专利信息作为一种必须向公众开放的信息源，完整、准确、及时是体现其价值的生命线，在其中任何一个方面产生缺陷，都会大大减损其意义。

发布专利信息的传统方式是出版发行纸件形式的专利公报以及发明专利申请文件和专利文件单行本，公众获得专利信息的传统方式也是在相关科技图书馆查阅和复制相关专利公报以及发明专利申请文件和专利文件单行本。随着计算机和网络技术的发展，通过网络查阅和下载文件比过去查阅纸件的方式不知道要快捷、方便多少倍，因此网络越来越成为国家知识产权局发布专利信息以及公众获得专利信息的更为主要的方式。因此，国家知识产权局应当建立统一的和高水平的电子信息平台，以满足公众快捷、方便地获得专利信息的需求。

三、专利审查机构及其工作人员的保密职责

专利申请文件记载的发明创造在国家知识产权局依法予以公布或者公告之前，还不能获得《专利法》提供的保护，申请人只能将其作为商业秘密予以保护。如果专利申请在依法予以公布或者公告之前被国家知识产权局泄露，其结果必然会损害申请人的利益。所以，国家知识产权局的工作人员除了应当按照客观、公正、准确、及时的要求依法处理有关专利的申请和请求，还应当承担在专利申请予以公布或者公告之前对其内容保密的责任，不得告知无权得知该发明创造的人，更不得以书面或者口头方式向公众公开。如果一件专利申请在该依法予以公布或者公告之前被撤回、被视为撤回或者被国家知识产权局驳回，国家知识产权局工作人员及有关人员对该申请负有无限期保密的责任。

本条第二款所称的“公布”和“公告”，前者是指发明专利申请依照《专利法》第三十四条的规定经初步审查合格后的公布；后者是指实用新型和外观设计专利申请依照《专利法》第四十条的规定经初步审查合格后授予实用新型或者外观设计专利权的公告。“国家知识产权局工作人员”包括国家知识产权局全体在编和临时聘用的工作人员，特别是担任专利申请的受理、分类、初步审查和实质审查的人员。“有关人员”泛指国家知识产权局的所有能接触到专利申请的人员，例如打字员、校对员、文档传送员等。“其内容”（专利申请的内容）应该做广义理解，不仅包括说明书记载的发明或者实用新型的技术方案以及图片或者照片反映的外观设计的设计方案，还包括请求书中记载的申请人的姓名或者名称、地址、专利代理机构和专利代理人、发明创造名称等与专利申请相关的所有内容。

第二章　授予专利权的条件

引　言

如果将“授予专利权的条件”广义地理解为申请人获得一项专利权所需满足的全部要求，则包括三方面的条件：第一，专利申请的客体应当满足的条件；第二，申请人提交的专利申请文件应当满足的条件；第三，申请人办理专利申请手续应当满足的条件。

就专利申请的客体而言，《专利法》规定了如下三个层次的条件。

第一，能够被授予专利权的客体必须是专利法意义上的发明创造。《专利法》第二条对发明、实用新型或者外观设计分别作了定义，专利申请的客体不符合该定义的，不能被授予专利权。此外，《专利法》第二十五条第一款第（一）项和第（二）项规定科学发现以及智力活动的规则和方法不能被授予专利权，其原因也在于这些主题不属于专利法意义上的发明创造。

第二，即使专利申请的客体属于专利法意义上的发明创造，也并非都能被授予专利权，因为《专利法》还排除了一些不宜被授予专利权的发明创造，其中包括：《专利法》第五条列举的违反国家法律、社会公德或者妨害公共利益的发明创造，以及违反法律或者行政法规的规定获取或者利用遗传资源并依赖该遗传资源完成的发明创造；《专利法》第二十五条第一款第（三）项至第（六）项列举的发明创造也不授予专利权。

第三，即使专利申请的客体既属于专利法意义上的发明创造，也没有被《专利法》第五条和第二十五条的规定所排除，也并非都能被授予专利权，因为还必须符合《专利法》第二十二条、第二十三条的规定，也就是发明和实用新型必须具备新颖性、创造性和实用性；外观设计必须不属于现有设计，与现有外观设计或者现有设计特征的组合有明显区别，并且不得与他人在申请日以前已经取得的权利相冲突。

由此可见，尽管本章的名称是“授予专利权的条件”，但是并非所有授予专利权的条件，也并非所有针对专利申请客体的条件都归入本章范围之内，这一点需要注意，同时这也是《专利法》的篇章结构不甚严密之处。

第二十二条　授予发明、实用新型专利权的条件

授予专利权的发明和实用新型，应当具备新颖性、创造性和实用性。

新颖性，是指该发明或者实用新型不属于现有技术；也没有任何单位或者个人就同样的发明或者实用新型在申请日以前向国务院专利行政部门提出过申请，并记载在申请日以后公布的专利申请文件或者公告的专利文件中。

创造性，是指与现有技术相比，该发明具有突出的实质性特点和显著的进步，该实用新型具有实质性特点和进步。

实用性，是指该发明或者实用新型能够制造或者使用，并且能够产生积极效果。

本法所称现有技术，是指申请日以前在国内外为公众所知的技术。

一、概　述

各国专利法毫无例外地规定，申请专利的发明必须具备新颖性、创造性和实用性，才能被授予专利权。[1]采用实用新型制度的国家的有关法律也都规定，实用新型也必须具备新颖性、创造性和实用性，才能准予注册或者被授予专利权。

被授予专利权的发明或者实用新型应当具备新颖性，这是由专利制度的性质所决定的。国家之所以对一项发明创造授予专利权，为专利权人提供一定期限内的独占权，是因为他向社会公众提供了前所未有的发明创造，值得被授予这样的权利。对于已经为公众所知的发明创造来说，公众有自由予以实施应用的权利，任何人都不能将其纳入专利独占权的范围之内，否则就会损害公众的利益。本条第二款的规定旨在防止将已经为公众所知的技术批准为专利，这是授予发明和实用新型专利权最为基本的条件。

要想被授予专利权，发明或者实用新型仅仅具备新颖性还不够。一项技术方案虽然前所未有，但是如果所属领域的技术人员能够很容易地想到，也不应当授予专利权，否则专利就会太多太滥，对公众正常的生产经营活动产生不应有的限制和干扰。所以，本条第三款规定发明和实用新型还必须具备创造性，才能被授予专利权。

要想被授予专利权，一项发明或者实用新型还必须能够在产业上应用，也就是必须具备实用性。建立专利制度的目的并非仅仅是为了鼓励发明创造，更为重要的是有利于发明创造的实施应用。从制定《专利法》的这一宗旨出发，被授予专利权的发明和实用新型应当具备实用性是理所当然的。

在专利领域，人们通常将新颖性、创造性、实用性合称为“专利性”（patentability）

---

[1] TRIPS 第 27 条第 1 款规定：“Patents shall be available for any inventions, whether products or processes, in all fields of technology, provided that they are new, involve an inventive step and are capable of industrial application.”

或者“三性”。但也有人认为“专利性条件”还应当包括《专利法》第二条、第五条、第二十五条的规定。由于存在不同的理解，因此在采用“专利性”这一措辞时应当注意其含义范围，避免产生歧义。

二、现有技术

（一）在《专利法》中明确建立现有技术的概念

尽管“现有技术”一词在专利审查实践中早已成为最为常用的术语，但是2008年修改前的《专利法》通篇却没有出现这一措辞。修改前的本条第二款的前半部分，即“新颖性，是指在申请日以前没有同样的发明或者实用新型在国内外出版物上公开发表过、在国内公开使用过或者以其他方式为公众所知”实际上已经隐含了现有技术的定义，却没有冠以“现有技术”的称呼；修改前的本条第三款规定“创造性，是指同申请日以前已有的技术相比，该发明有突出的实质性特点和显著的进步，该实用新型有实质性特点和进步”，其中出现了“已有的技术”，却没有对其作出定义；2010年修改前的《专利法实施细则》第三十条规定“专利法第二十二条第三款所称已有的技术，是指申请日（有优先权的，指优先权日）前在国内外出版物上公开发表、在国内公开使用或者以其他方式为公众所知的技术，即现有技术”，至此才对“现有技术”作了定义，然而却不是在《专利法》中予以规定，而是在《专利法实施细则》中予以规定。这样的规定方式较为分散杂乱，辗转反复，使人难以一目了然地掌握“现有技术”这一重要的法律概念。

2008年修改《专利法》时在本条中增加了第五款，规定“本法所称现有技术，是指申请日之前在国内外为公众所知的技术”，从而明确地在《专利法》中引入“现有技术”的概念，解决了上述问题。

尽管本条将其关于现有技术的定义放在最后一款予以规定，但是从修改后的本条第二款和第三款的条文来看，它实际上是本条第二款规定的新颖性标准和第三款规定的创造性标准的基础。此外，它还是2008年修改《专利法》时新增加的第六十二条所规定的现有技术抗辩的基础。因此，现有技术的定义对整个专利制度具有十分重要的意义。

（二）现有技术的范围

1. 2008年修改前《专利法》的规定

根据2008年修改前的《专利法》本条第二款的规定，可以将现有技术分成两种类型：一种是通过国内外出版物公开的现有技术；另一种是通过在国内使用公开或者以其他方式为公众所知的现有技术。[1]其中，后者囊括了除出版物之外的所有公开形式，使用公开只是对“以其他方式为公众所知”的一个举例。

之所以需要区分上述两种类型的现有技术，是因为依据2008年修改前的《专利法》，

---

[1] 依照2008年修改前的《专利法》第二十二条第二款的规定，当时对现有技术的类型有不同的理解。另一种观点认为现有技术包括三种类型：一是出版物公开构成的现有技术；二是使用公开构成的现有技术；三是以其他方式公开构成的现有技术。参见：汤宗舜.专利法解说［M］.修订版.北京：知识产权出版社，2002：143-145. 这种划分方式有可能对认定构成现有技术的条件产生影响，对此将在后面进行讨论。

上述两种类型的现有技术的范围有所不同。前者包括国内外公开的出版物；后者仅仅包括在国内公开的行为。正因为如此，如何正确地判断现有技术的类型在当时就成为依据本条第二款和第三款规定判断新颖性和创造性的一个重要问题。

（1）出版物公开

出版物公开是以“书面方式”披露技术信息。出版物不限于印刷的，也包括打字的，手写的，用光、电、磁、照相等方式复制的；其载体不限于纸张，也包括各种其他类型的信息载体，如缩微胶片、影片、磁带、光盘、照相底片等。

用于判断新颖性的出版物主要包括专利文献、科技期刊、书籍，此外还有学术论文、专业文献、技术手册、样本、说明书、产品目录，以及公开的会议记录和技术报告等。能够用于判断新颖性的现有技术不仅包括这些出版物的文字内容（文字、符号、数字、公式）表达的技术信息，也包括图纸、附图表达的技术信息。在许多情况下，图纸是公开技术信息的重要手段，其表达的技术信息往往采用再多的文字也难以表达清楚。

出版物不论在国内出版还是在国外出版，不论其公开日期在近期还是在久远的古代，也不论其采用的语言是中文还是其他国家的任何语言文字，只要公开发表，使公众能够获得，其内容就足以构成现有技术。

要将出版物公开的内容作为现有技术，该出版物本身应当能够表明或者有其他证据能够证明其公开日期在某项发明或者实用新型专利申请的申请日之前。

随着网络技术的迅猛发展，在网络上发布的信息越来越多。许多传统的以纸件方式公开的信息，已经逐渐变为通过网络公开。这一变化，大大促进了信息在全球范围内的传播，大大扩充了人类所能够获得信息的来源。网络公开的技术信息是否可以视为现有技术？如何认定是否构成现有技术？曾经是使不少国家感到困惑的问题。从网络的迅猛发展态势来看，世界各国的专利法不可能无视这一巨大的信息源。2000 年 WIPO 曾就上述问题进行了调查，结果绝大多数国家的回答都是肯定的。过去，人们的疑虑主要是来自“技术”方面的因素，例如如何确保通过网络传播的有关信息内容的确定性、如何确认其公开日期等。这些问题是由于网络传递信息的方式与传统出版物传递信息的方式有很大不同而导致的。我们有理由相信随着时间的推移和网络技术的不断发展完善，这些问题能够得到解决。依照 2008 年修改前的《专利法》，我国除了需要考虑网络信息是否构成现有技术这一基本问题之外，还需要考虑网络信息公开属于“出版物公开”，还是属于“以其他方式公开”的问题。

（2）以其他方式公开

以出版物以外的其他方式公开，主要包括使用公开、销售公开、展示公开、口头公开等。

使用行为可以导致技术内容的公开，包括在公开场合使用一项技术，例如可供公众参观的建筑物等；销售行为可以导致技术内容的公开，包括销售、交换、提供采用发明或者实用新型技术方案的产品等；展示行为可以导致技术内容的公开，包括在展览会、展销会、交易会上展出采用发明或者实用新型技术方案的产品、方法等；口头公开行为也可以导致技术内容的公开，包括通过讲课、报告、发言、在广播电台或者电视台播放等方式，使公众了解有关技术内容。

由于2008年修改前的《专利法》本条第二款采用了“以其他方式”的开放式措辞，因此实际上不必一一穷举各种公开方式。“其他方式”不仅包括现在已经为人们采用的除出版物之外的各种信息公开方式，还包括今后有可能新出现的信息公开方式。《专利法》采用的这种规定方式为专利制度适应社会的发展提供了足够的余地。

上述两种类型的公开方式有时也可以结合起来。例如在展览会上展出一种新式机器，同时向观众分发说明该种机器的资料，这就是将展示公开和出版物公开这两种不同的公开方式结合起来了。

2. 2008年修改的《专利法》的规定

2008年修改《专利法》本条第五款对现有技术所作定义十分简明。之所以如此，是因为规定一项技术无论以何种方式公开，只要使其内容在申请日之前在国内外为公众所知，就足以构成现有技术，因而不必再列举诸如出版物公开、使用公开等具体公开方式。

与修改前的规定相比，修改后的规定最为突出的特点在于扩大了现有技术的范围，将在国外以非出版物方式公开的技术纳入现有技术的范畴，从而提高了新颖性和创造性的标准。人们将其称为“绝对新颖性”标准。然而需要注意的是，现有技术范围的扩大不仅提高了新颖性标准，也提高了创造性标准，因为两者都建立在现有技术的概念之上。

采用“绝对新颖性”标准的理由在于：

第一，随着我国专利制度的发展，我国专利申请的数量已经大幅度提高，由开始实施专利制度的1985年的1.4万件上升到2010年的122万件，在短短24年间增长了近70倍，这在世界上是没有先例的。为了更好地落实将我国建设成为创新型国家的战略目标，不但需要我国保持并继续提高专利申请的数量，更为重要的是不断提高我国专利申请的质量。对没有以出版物方式公开发表过但在国外已经被公开使用过或者公开销售过的产品或者方法，规定只要在我国国内还没有被公开使用或者销售过就可以在我国被授予专利，不利于鼓励真正的发明创造，不利于提高我国专利的质量和水平。

第二，随着专利制度的国际协调，绝大多数国家的专利法对现有技术的地域范围都没有加以区分。[1]已被公开使用或者公开销售过的技术和设计应当属于公有领域，公众有权自由予以实施应用。如果允许外国申请人对这样的技术或者设计还能够在我国合法地获得专利权，其结果势必剥夺我国公众的上述权利；如果允许我国申请人对这样的技术或者设计还能够在我国合法地获得专利权，其结果势必妨碍我国企业之间的公平竞争。很明显，上述两种结果都不合理，都会妨碍专利制度的正常运作。

第三，随着经济全球化趋势的日益明显和科学技术的不断发展，尤其随着网络技术的突飞猛进，出版物公开与非出版物公开之间的界限已经变得越来越模糊，将非出版物公开的现有技术限制在我国地域之内已逐渐变得没有实际意义，缺乏可操作性。

---

[1] WIPO的专利法常设委员会2009年2月提出了一份名称为“国际专利制度的报告”的文件，其附件1以列表方式对101个国家专利法的一些实质性规定进行了比较。其中关于现有技术的定义，除了我国之外，只有泰国、斯里兰卡、新西兰这四个国家的专利法规定公开使用行为构成现有技术的仅限于发生在该国国内的行为。此外，由于美国采用先发明制专利制度，其有关新颖性、创造性的规定有根本性的不同，不必为采用先申请制专利制度的国家所借鉴。

（三）构成现有技术的条件

关于现有技术，除了其范围之外，另一个重要问题是认定构成现有技术的条件。

依照2008年修改前的《专利法》本条第二款的规定，对构成现有技术的条件有可能会产生歧义。尽管多数人将修改前的本条第二款规定理解为对所有类型的现有技术来说，均须达到“为公众所知”的程度才能构成现有技术；但是也有人对本条第二款的规定作不同的解读，将“没有同样的发明或者实用新型在国内外出版物上公开发表过、在国内公开使用过或者以其他方式为公众所知”拆分为三种类型的现有技术，即“在国内外出版物上公开发表过”、“在国内公开使用过”和“以其他方式为公众所知”。如此拆分，就会得出这样的结论，即构成第一种类型现有技术的条件是“公开发表过”；构成第二种类型的现有技术的条件是“公开使用过”；只有构成第三种类型现有技术的条件才是“为公众所知”。

2008年修改的《专利法》本条第五款规定“本法所称现有技术，是指申请日以前在国内外为公众所知的技术”，明确无误地表明有关技术无论以何种方式公开，要认定构成现有技术都必须满足“为公众所知”的条件，从而彻底消除了上述歧义。因此，增加本条第五款规定的意义不仅在于扩大了现有技术的范围，还在于进一步明确了构成现有技术的条件。

何谓“为公众所知”？这是一个十分重要的问题。从我国实施《专利法》以来的情况看，在许多无效宣告请求案件中，争论焦点就集中在对这一问题的回答上。

《专利审查指南2010》规定：

> **现有技术应当是在申请日以前公众能够得知的技术内容。换句话说，现有技术应当在申请日以前处于能够为公众获得的状态，并包含有能够使公众从中得知实质性技术知识的内容。**
>
> **应当注意，处于保密状态的技术内容不属于现有技术。所谓保密状态，不仅包括受保密规定或协议约束的情形，还包括社会观念或者商业习惯上被认为应当承担保密义务的情形，即默契保密的情形。**
>
> **然而，如果负有保密义务的人违反规定、协议或者默契泄露秘密，导致技术内容公开，使公众能够得知这些技术，这些技术也就构成了现有技术的一部分。**[1]

《专利审查指南2010》的上述规定表明，所谓“为公众所知”，是指“有关技术内容在申请日之前处于公众能够获得的状态”。这是认定构成现有技术最为实质性的条件。绝大多数国家的专利法对现有技术的规定都采用了“available to the pubulic”的表述方式，其中“available”一词的含义就是“能够获得”。因此，上述解释立场与这些国家的立场是一致的。

应当强调指出的是，无论以何种方式传播有关技术信息，要认定构成现有技术，这种状态都必须已经实际存在，而不能仅仅是一种“可能”；而该状态本身是使有关技术信息“能够”为公众获得。在理解“为公众所知”的含义时，容易对上面所述的“可能”与“能够”之间的关系产生混淆，需要予以注意。

---

[1] 国家知识产权局.专利审查指南2010［M］.北京：知识产权出版社，2010：第二部分第三章2.1.

例如，申请人在申请日之前将一篇介绍其发明或者实用新型的稿件交给了某期刊社。按照出版行业的惯例，期刊社在正式出版发行之前对投稿人的稿件负有保密义务，稿件的内容在正式出版发行之前一般不会为公众所知。因此，尽管期刊社的编辑人员在申请日之前已经阅读了该稿件，从而已经获知了该发明或者实用新型的内容，但是在正式出版发行之前还不能认为该稿件的内容已经处于公众能够获得的状态。可能有人认为，编辑人员也有可能会违背其保密义务，提前将稿件的内容透露出去，是否应当认为该发明自稿件提交期刊社之日起就已经为公众所知？应当指出，这仅仅是一种“可能”，而不是事实，除非有证据表明编辑人员确实这样做了，否则“能够为公众所获得的状态”尚未实际存在，不能以这种“莫须有”的可能性作为认定构成现有技术的依据。一旦刊登该稿件的期刊正式出版发行，情况就完全不同了。自发行之日起，该发明或者实用新型就已经确确实实地处于“能够为公众获得的状态”，而不再仅仅是一种“可能”。

但是，这种状态强调的是公众想要知道就能知道的状态，而不是公众已经实际获得的状态。在判断新颖性和创造性时，不必关心事实上是否有人购买了该期刊、有多少人购买了该期刊、购买者是否阅读了该篇文章、阅读者是否理解该文章之类的问题，因为这些问题与认定是否构成现有技术无关。类似地，图书馆将其收藏的某科技论文供读者查阅、商店将某产品摆在商店的橱窗或者柜台中供顾客购买，都使有关技术内容处于公众能够获知的状态，至于实际上是否有人借阅、是否有人购买是无关紧要的。

书籍、期刊、专利公报、公开文献、展出、销售、出租、试销、电影、电视、广播、互联网、公开使用、公开讲座、公开演说等方式是传播技术信息的主要方式，这些方式的共同之处在于都使被传播的技术信息处于公众能够获得的状态，因而无疑构成了专利法意义上的现有技术。但是需要注意的是，采用不同的信息传播方式，“为公众所知”的对象可能有所不同。

例如，某工厂允许公众自由参观，该工厂采用的所有设备和工艺是否均已为公众所知？对此，欧洲专利局的立场是：

> **如果某一对象被置于公众中不负有保密义务的成员所能看见的地方（例如一个工厂），其中包括具有足够专业知识的人，他们能够确认该对象的特定特征，则一个专家单纯通过从外部审视该对象就能够获知的该对象的所有知识应当被认定已经为公众所知。然而，在这样的情况下，该对象的所有隐蔽特点，如果只有通过拆开或者破坏该对象才能获知，则不能视为已经为公众所知。**

欧洲专利局的上述观点也被国家知识产权局所接受。[1]类似的情况还有很多，例如某电力公司研究开发了一种新型变压器，具有经过改进的内部绕组结构，则该公司自己在公开场合安装使用该变压器的行为就不足以使其发明创造成为现有技术，因为公众不可能仅仅通过进行外部观察就得知该变压器的内部绕组结构；又例如某公交公司对其公交车的制动系统进行了改进，则该公司自己在公开场合使用经改进的公交车的行为就不足以使其发明创造成为现有技术，因为公众也不可能仅仅通过外部观察就得知公交车的内部制动系统。

---

[1] 原中国专利局 1985 年制定的《审查指南》第六章 1.2.2 指出：“但是，封装在机壳中未指明其结构和功能的复杂仪器的新展品，不属于公开使用过的技术内容。”

相比之下，在公开销售、提供产品的情况下，该产品所包含的所有技术内容都将构成现有技术，因为购买者或者获得者已经成为该产品的合法拥有者，有权对其产品的里里外外进行全面观察研究，甚至进行破坏性拆卸，以了解其内部技术细节。仍以上述变压器为例，如果公开出售该变压器，则其内部绕组结构就构成了现有技术。

从上面的分析可以看出，所谓有关技术内容在申请日之前“处于公众能够获得的状态”，应当包含了公众“能够通过正当途径获得”该技术内容的限制性条件。有学者对施加这一限制性条件表示质疑，指出：

> 至于“通过正常途径得知”作为公众所知的一个条件，也是不妥当的。关键是，对于公众来说，只要技术信息已经为公众所知，那么无论是通过非正当途径还是通过正当途径，其结果是一样的，没有什么区别。如果信息是通过非正当途径为公众所知，信息本身即应当认为已经公开，余下的仅仅是对受到不利影响的人如何补救的问题。关于这一方面，专利法已经为其规定了可以利用的不丧失新颖性的宽限期。此外，还可以根据情况提出请求赔偿损失的问题。因此，不能将“通过正当途径”作为公众所知的一个条件。❶

上述观点实际上将技术信息的传播者是否“通过正当途径获得”该技术信息以及技术信息的接受者是否能够“通过正当途径获得”该技术信息混在一起了，它们是发生在不同阶段的事情，对是否构成现有技术产生的影响有所不同。

对技术信息的传播者来说，其获得有关技术信息的途径可能是正当的，也可能是非正当的，例如通过偷盗、窃取等方式非法获得。不能认为发明人管理不严，致使偷盗者、窃取者有机可乘，可以通过非法途径获得有关技术信息，就认定该技术信息已经“为公众所知”。然而，无论信息传播者以何种方式获得技术信息，只要他随后通过某种方式使该技术信息为公众所知，也就是使公众能够通过正当途径获得该技术信息，都导致该技术信息构成现有技术，因为技术信息的接受者在这种情况下可以通过正当途径获知该技术信息。当然，在这种情况下该技术信息的拥有者事后可以依法追究传播者窃取或者擅自传播该技术信息的法律责任，但是无论如何追究其责任，都无法改变有关技术信息已经为公众所知的事实。

对技术信息的接受者，也就是“为公众所知”中所言的公众来说，其获知该技术信息的方式应当是正当、合法的，否则就不能构成“为公众所知”。仍以上面说过的变压器为例，公众中的成员确有可能通过在公开场合安装的变压器获知其内部绕组结构，但这只有在擅自拆开甚至破坏该变压器的前提情况下才能实现，而这种行为是法律所禁止的。难以想象，只能以这种方式获知的有关技术信息何以被认定为专利法意义上的“为公众所知”。

讨论构成现有技术的条件，即有关技术内容是否已经为公众所知，经常会涉及“公众”的含义，这是一个值得深入讨论的问题。

首先，按照《专利审查指南 2010》的规定，“处于保密状态的技术内容不属于现有技术”，这表明“为公众所知”不包括为负有保密义务的人所知。换言之，就具体技术内容而言，负有保密义务的人不属于“公众”。保密义务可以由明示保密约定产生，例如制定保密规则、订立保密合同等；也可以由默示保密约定产生，包括“社会观念或者商业习惯

---

❶ 汤宗舜.专利法解说［M］.修订版.北京：知识产权出版社，2002：141-142.

上被认为应当承担保密义务的情形”。如果负有保密义务的人违背其义务，通过某种方式使其所知的技术内容处于公众能够获得的状态，该技术内容就仍然构成了现有技术。为了减少可能发生的违约泄密行为给专利申请人带来的损害，《专利法》第二十四条第（三）项规定他人未经申请人同意而在申请日之前的 6 个月内泄露其发明创造内容的，该发明创造不丧失新颖性。对此，本书将在有关该条的释义中详细予以说明。

其次，采用不同的技术信息传播方式，能够获得该技术信息的公众的范围和数量有所不同。通过书籍、期刊、专利公报、公开文献、电影、电视、广播、互联网等方式传播有关技术信息，能够获知该技术信息的公众是非特定的，其范围十分广泛，在许多情况下可以让全世界的公众都能获知；通过展出、销售、出租、试销、公开演示、公开使用等方式传播技术信息，能够获知该技术信息的公众也是非特定的，但是其范围要相对狭小一些，例如在偏远地区的一个乡村小店中出售当地的一种土特产品，一般只有当地人才能获知有关技术信息；通过在学校里讲课、在公开的技术研讨会上介绍等方式传播技术信息，能够获知该技术信息的公众一般是特定的，其范围也相对狭小，例如仅限于某学校某年级某班的学生、被邀请参加会议的人员等。从判断新颖性和创造性的角度出发，认定是否构成现有技术不需要考虑能够获知有关技术信息的公众的范围和数量，不能认为只有让全国各地，甚至全世界各地的所有公众都能够获知，才算“为公众所知”。

再者，“为公众所知”中所指的“公众”是否必须是有关技术领域中懂行的技术人员？如果有关技术信息的获知者仅仅是不懂技术的普通消费者，是否应当认为该技术信息尚未“为公众所知”？笔者认为不必有此限制，因为本条第五款规定的是“为公众所知”，而不是“为所属领域的技术人员所知”，施加这一限制性条件势必明显增大认定现有技术的难度和其法律不确定性，对专利制度的正常运作有害无益。

还有，有关技术信息为负有保密义务的人得知不应构成为公众所知，对此大家都没有异议；但是“公众”一词是否应当由此而被理解为“负有保密义务的人”的反义词，即是否有关技术信息只要为不负有保密义务的任何一个人获知就算是“为公众所知”？有学者认为对此问题的回答应当是肯定的，指出：

> 所谓公众，是指不负有保密义务的人。因为专利法上所说的公开，就是指有关技术信息脱离了保密状态。所以只要有可能被一个不负有保密义务的人知道了，就足以使技术公开，因为他可以向别人传播。❶

笔者认为对上述观点有商榷的余地。

一项发明创造为不负有保密义务的个别人获知的典型例子是发明人与他人的私人交谈。经常会出现这样的情况，发明人作出一项发明创造之后，出于种种原因，在与其老师、同学、同行、亲友等的交谈中会谈及其作出的发明创造。在私人交谈的情况下，通常不会与交谈者订立明示保密约定，从“社会观念或者商业习惯”的角度来看也难以认定有默示保密约定存在，因此可以认为是为“不负有保密义务的人所知”。

该学者得出其结论的理由有两点：第一，专利法所说公开是指有关技术信息脱离了保密状态；第二，不负有保密义务的人有可能向他人传播。

---

❶ 汤宗舜.专利法解说［M］.修订版.北京：知识产权出版社，2002：140.

第一点理由与2008年修改前的《专利法》本条第二款的规定有关，因为其中采用了“公开发表过”、“公开使用过”的措辞，使人认为“公开”一词也可以作为认定是否构成现有技术的条件。如前所述，修改后的《专利法》本条第五款已经消除了产生这种歧义的可能，明确了认定是否构成现有技术应当以“为公众所知”作为判断条件，而不是以“脱离了保密状态”作为判断条件。即使认为发明人在私人交谈中谈及其作出的发明创造导致其发明创造“脱离了保密状态”，但是在这样的情况下尚难以认为该发明创造已经“为公众所知”。这种情形与前面所述的通过在学校里讲课、在公开的技术研讨会上介绍等方式传播技术信息的情形在性质上有所不同。

第二点理由又涉及“可能”与“能够”之间的关系问题，前面已经进行了讨论，不再赘述。

现实中，极少出现以申请日之前发生过上述私人交谈行为为理由请求宣告被授予的专利权无效的事例。讨论这一问题的意义并非仅仅在于应当如何处理有关案件，更多地在于其结论是对发明人的行为有规范约束作用，对专利制度的运作具有政策导向作用。定义现有技术的目的，在于在其基础上形成授予专利权的新颖性和创造性条件。就新颖性条件而言，一方面，要确保在申请日以前已经为公众所知的技术不再落入某人专利独占权的范围之内，保障公众有使用任何现有技术的自由，否则就会影响社会公众的正常生产经营活动；另一方面，也不应使新颖性的标准变得过于苛刻，以至于对发明人、设计人产生不适当的限制，使之动辄得咎，稍不小心就会因为自己的某些行为而使其作出的发明创造丧失新颖性，从而失去对其获得专利保护的可能。《专利法》规定新颖性条件的本意，并不是要让发明人不食人间烟火，躲到一个与世隔绝的地方去完成其发明创造。

美国法院的确曾经作出过一些较为严厉的判决，认为只要不负有保密义务的任何一个人在申请日的一年之前得知了一项发明的内容，该项发明就算已经公开了。然而，必须注意到美国采用的是先发明制，其专利法第102条第（a）款规定的新颖性条件的基本规则是：在作出一项发明创造之前（请注意不是在申请日之前），该发明创造已经为他人所知，则该发明创造不具备新颖性。从理论上说，发明人自己作出的任何公开行为都不会早于他作出发明创造的日期，因此发明人不必担心其本人在作出发明之后进行的有关行为影响其发明创造的新颖性。尽管美国专利法第102条第（b）款对上述基本规则作了进一步限定，但是美国发明人在申请日之前一年之内作出的任何公开其发明创造的行为均不影响该发明的新颖性。美国将其专利法第102条第（b）款的规定也称为“宽限期”（grace period），但是其适用范围比我国《专利法》第二十四条规定的新颖性宽限期的适用范围宽泛得多。[1]因此，尽管美国法院在认定新颖性方面作出过很严厉的判决，但是在发明人自己作出的有关行为是否影响其后来提交的专利申请的新颖性的问题上，美国采用的标准远比我国采用的标准更为宽松。不全面了解美国的专利制度，片面效仿美国法院在个别判例中采用的认定构成现有技术的严格标准，无异于“刻舟求剑”，会使我国的发明人受到过于严格的束缚，不利于他们依法获得专利保护。

---

[1] 关于美国专利法第102条第（a）款和第（b）款的规定，本书在对《专利法》第二十四条的说明中还要进行更为深入的讨论。

另一个佐证是德国专利法的有关规定，其第12条规定：

> **如果专利申请人或者其合法转让人在申请日之前向他人透露了其发明，并且保留了授予专利权之后的权利，则上述他人在获知发明内容起的6个月之内所进行的实施行为或者准备行为不能产生先用权。**

上述规定表明，申请人或者其合法转让人在申请日之前向他人透露其发明创造的，在德国不一定会导致该发明创造丧失新颖性，否则就谈不上主张先用权的问题，可以直截了当地请求宣告该专利权无效。

最后，还有必要讨论一下为公众所知的技术信息应当具有何种程度的技术含量，才能被认定为现有技术的问题。欧洲专利局的审查指南对此提出了应当“充分披露”（enabling disclosure）的要求，指出：

> **有关主题被认定已经为公众所知，从而构成现有技术的条件是：在相关日期向所属领域的普通技术人员提供了足够的信息，使普通技术人员结合其在该日期所具备的基本知识，能够实现所披露主题的技术教导。**

上述规定相当于对现有技术也提出了类似于发明和实用新型专利申请说明书应当公开充分的要求，这实际上是不必要的。现有技术囊括了申请日之前为公众所知的所有技术，这是对客观事实的反映。就单独一项现有技术而言，有的内容十分翔实，有的内容十分宽泛，这都不影响其构成现有技术。现有技术的作用在于用于判断一件发明或者实用新型专利申请是否具备新颖性和创造性。判断新颖性时，在权利要求中详细记载了诸多技术特征，亦即其要求的保护范围相对狭窄的情况下，只有披露了相应详细技术信息的现有技术才能对其新颖性产生影响；相反，在权利要求中只记载了很少的技术特征，亦即其要求的保护范围很宽的情况下，仅仅披露了宽泛信息的现有技术就足以对其新颖性产生影响。判断创造性时，可以将不同的现有技术组合起来与申请获得专利权的技术方式进行比较，一份现有技术即使只披露了关于某些技术特征的信息，仍然可以与其他相关现有技术结合起来评判要求获得专利保护的技术方案的创造性。因此，现有技术是否披露了足够技术信息的问题在判断新颖性、创造性时自然会予以考虑，不必在判断是否构成现有技术时予以考虑。

三、新颖性

依照2008年修改后的《专利法》本条第二款的规定，判断一件发明或者实用新型是否具备新颖性，需要进行两方面的判断：第一，是否属于现有技术；第二，是否有抵触申请存在。下面分别予以说明。

（一）属于现有技术的含义

由于2008年修改后的《专利法》本条第五款已经明确定义了现有技术，因此本条第二款关于新颖性的规定的第一部分变得十分简明，即“新颖性，是指该发明或者实用新型不属于现有技术”。因此可以知道，所谓“属于现有技术”，其基本含义是指发明或者实用新型专利申请或者专利要求保护的技术方案在其申请日之前已经为公众所知。[1]

判断一项发明或者实用新型是否具备新颖性，亦即是否属于现有技术的判断有如下基本规则。

第一，新颖性的判断是指进行一种比较，比较的一方是发明或者实用新型专利申请或者专利的权利要求所要求保护的技术方案；比较的另一方是现有技术中的各项单独的技术。专利申请或者专利的每一项权利要求是判断新颖性的最小单元，也就是应当将一项权利要求所要求保护的技术方案作为一个整体来看待，判断其是否具备新颖性，不能对一项权利要求记载的内容作进一步拆分，进而判断其中某一部分（例如前序部分记载的技术特征或者特征部分记载的技术特征）是否具备新颖性，更谈不上判断单个的技术特征是否具备新颖性。

第二，在判断新颖性时，只能将权利要求记载的内容与每一项现有技术的技术内容单独进行对比，不能与两项或者多项现有技术的技术内容的组合进行对比。所谓"一项现有技术"，通常是指物理意义上独立存在的各项现有技术。对以出版物方式为公众所知的现有技术而言，是指由单独一件专利文件或者论文、文章（常称为对比文件）记载的技术内容，不允许将两份以上对比文件记载的技术内容组合起来，形成一个技术方案，用于判断一项权利要求所要求保护的技术方案是否具备新颖性；对以公知公用方式为公众所知的现有技术而言，是指单独一台设备、一个产品或者一种工艺方法，不允许将两个以上设备、产品或者工艺方法组合起来，形成一个技术方案，用于判断一项权利要求所要求保护的技术方案是否具备新颖性。需要注意以下两点：一是如果一项权利要求所要求保护的技术方案本身就是多个设备的组合，则披露相同或者相似的设备组合的一项现有技术可以用于判断该权利要求的新颖性；二是如果采用对比文件作为现有技术，其包含的技术内容不仅包括该对比文件明确记载的技术内容，也包括该对比文件"隐含的可以直接地、毫无疑义地确定的技术内容"，即所属领域的技术人员能够从该对比文件明确记载的技术内容中直接地、毫无疑义地推定出来的技术内容，[2]如果该对比文件就某些技术内容采用引证另一篇技术文件的表述方式，且该技术文件的公开日期早于该对比文件的公开日期，则被引证的技术文件的相应内容属于该对比文件中"隐含的可以直接地、毫无疑义地确定的技术内容"。[3]

第三，只有当一项权利要求记载的所有技术特征都被单独一项现有技术公开时，才能得出该权利要求不具备新颖性的结论；反之，一项权利要求记载的技术特征中只要有一个技术特征没有被该项现有技术公开，相对于该份现有技术而言，一般不能得出该权利要求

[1] 关于新颖性的规定，最为常见的表述方式是《欧洲专利公约》采用的表述，即"一项发明如果不构成现有技术的一部分（not form a part of the state of the art），则具备新颖性"，不但该公约所有成员国采用了这一表述方式，许多其他国家也采用了这样的表述方式；另一种较为常见的表述方式是"一项发明如果未被现有技术占先（not anticipated by the prior art）则具备新颖性"，采用这种表述方式的国家包括韩国、俄罗斯、印度、墨西哥、巴巴多斯、萨尔瓦多、爱沙尼亚、肯尼亚、尼加拉瓜、斯里兰卡等；再一种较为常见的表述方式是"一项发明如果未被现有技术所包含（not included in the state of the art），则具备新颖性"，采用这种表述方式的国家包括瑞士、哥伦比亚、厄瓜多尔、秘鲁、玻利维亚、突尼斯等。这些表述方式与我国《专利法》采用的表述方式的含义基本相同。

[2] 国家知识产权局.专利审查指南 2010［M］.北京：知识产权出版社，2010：第二部分第三章 2.3.

[3] 国家知识产权局.审查操作规程・实质审查部分［M］.北京：知识产权出版社，2009：60.

所要求保护的技术方案不具备新颖性的结论。由这种判断方式可以看出，不具备新颖性并不意味着一项权利要求所要求保护的技术方案与一项现有技术所公开的技术内容相比必须不多不少，正好相同，而是指前者已经被后者所覆盖。因此，当一项现有技术公开的技术内容多于一项权利要求记载的技术内容时，一般可以得出该权利要求所要求保护的技术方案不具备新颖性的结论。另外，不具备新颖性也并不意味着现有技术以完全相同的方式公开权利要求记载的技术特征。如果权利要求所要求保护的发明或者实用新型与一项现有技术的区别仅仅是所属领域中常用手段的直接置换，则该发明或者实用新型也不具备新颖性。例如，现有技术采用螺钉来固定某一装置，而权利要求所要求保护的发明或者实用新型仅仅将该装置的螺钉固定方式改为螺栓固定方式，仍然可以得出该发明或者实用新型不具备新颖性的结论。[1]

第四，采用对比文件作为现有技术，判断一项权利要求所要求保护的技术方案是否具备新颖性，存在具体概念（下位概念）与一般概念（上位概念）的关系问题。对比文件和权利要求均采用语言来表达技术内容，选用具有不同概括程度的措辞来表达某一技术特征，其保护范围会有所不同。针对某一技术特征，如果对比文件采用下位概念予以限定，而权利要求采用上位概念予以限定，则应当认为权利要求记载的技术特征已经被对比文件所披露；反之，如果对比文件采用上位概念予以限定，而权利要求采用下位概念予以限定，则应当认为权利要求记载的技术特征未被对比文件所披露。采用已经为公众所知的产品作为现有技术，由于该产品总是由具体的零部件、组分、成分等构成，该产品所提供的所有技术信息均以下位概念予以限定，因此不存在上述问题。

根据《专利法实施细则》第十七条的规定，发明或者实用新型专利申请或者专利的说明书中除了详细记载发明、实用新型的技术方案之外，还应当写明该发明、实用新型的所属技术领域、所要解决的技术问题（亦即发明所要达到的目的）以及所产生的有益效果。权利要求书通常记载的是发明的技术方案，一般不包括对发明所属技术领域、发明目的和有益效果的表述。因此，在判断新颖性的时候，除了主要考虑权利要求的内容之外，还应当结合考虑说明书中记载的有关内容。如果一份现有技术的所属技术领域、发明目的或者有益效果与权利要求所要求保护的发明、实用新型有实质性区别，则不应影响后者的新颖性。但是需要注意的是，就发明目的和有益效果而言，判断中需要考虑的是权利要求所要求保护的发明、实用新型客观上能够实现的发明目的和有益效果，而不是简单地考虑其说明书声称的发明目的和有益效果。客观上能够实现的发明目的和有益效果都与现有技术的选取有关，以不同的现有技术作为比较对象，关于发明、实用新型所能实现的目的和有益效果的结论就会有所不同。由于申请人经常不可能全面了解现有技术的状况，因此其声称的发明目的和有益效果与其客观能够实现的发明目的和有益效果之间常常存在差异。一般说来，只要采用了相同的技术方案，就会获得相同的有益效果，因而也就达到了相同的目的，这一点不会因为主观表述的不同或者因为进行比较的现有技术是一种公知产品，较为难以得知其“目的”而有所改变。在技术方案、所属技术领域、发明目的、有益效果这几个因素中，技术方案是判断新颖性最为主要的因素。

---

[1] 国家知识产权局.专利审查指南 2010［M］.北京：知识产权出版社，2010：第二部分第三章 3.2.2.

如前所述，“与单个的现有技术相比较”是判断新颖性的一个十分重要的概念。然而，随着网络技术的发展，上述概念也受到了一定的挑战。如今，网络公开信息常常采用一些与传统书籍、文章不同的方式。例如，由于受计算机屏幕尺寸的限制，为了方便读者，网络有时会将有关内容按照层次分解开来，采用一种递进的表述方式。阅读时，使用者可以根据其需要，采用鼠标点击方式，由此及彼，层层展开，逐次了解他所希望了解的内容，使用起来十分方便。若将各个层次内容的总和视为一份现有技术，则其信息量常常相当庞大；若将其视为多份现有技术，又有一个如何划分的问题。此外，“链接”（hyperlink）技术在互联网上得到了极为广泛的应用，它将各种信息有机地联系在一起，大大方便了使用者对信息的索取。这种链接与传统的索引或者引证有些相似，但是对于读者来说远比传统的引证更为直接和方便，因为被链接的信息可以立即点击获得。被链接的内容，有些就是同一网站中的相关内容，有些则是不同网站或者数据库中的内容，其地理位置可能相距遥远，而对于读者来说却感觉不到其中的区别，可以信手拈来，仿佛近在咫尺。这样，传统物理意义上的“单个现有技术”的概念，到了互联网时代已经开始变得复杂和含糊了。这也是科技进步给专利制度带来的新问题之一，在 WIPO 进行的有关网络信息作为现有技术的调查中，许多国家都十分关注“链接”会给新颖性的判断带来何种影响，这一点应当引起我们的高度重视。

（二）抵触申请

1. 抵触申请的含义

2008 年修改后的《专利法》本条第二款后半部分规定“也没有任何单位或者个人就同样的发明或者实用新型在申请日之前向国务院专利行政部门提出过申请，并记载在申请日之后公布的专利申请文件或者公告的专利文件中”，这是判断新颖性时应当考虑的一种较为特殊的情况。

上述规定实际上涉及两件向国家知识产权局提交的发明或者实用新型专利申请：一件是对其新颖性进行判断的发明或者实用新型专利申请（在后申请）；另一件是用于对在后申请的新颖性进行判断的发明或者实用新型专利申请（在先申请）。如果这两件专利申请满足下列条件：第一，在先申请的申请日（有优先权的是指优先权日）早于在后申请的申请日（有优先权的是指优先权日），但不包括两件申请的申请日相同的情况；第二，在先申请的公开日晚于在后申请的申请日（有优先权的是指优先权日），包括在先申请的公开日期与在后申请的申请日相同的情况。在先申请为发明专利申请的情况下，所述公开日是指《专利法》第三十四条规定的公布日；在先申请为实用新型专利申请的情况下，所述公开日是指《专利法》第四十条规定的授权公告日；第三，在后申请的权利要求所要求保护的发明或者实用新型已经被在先申请的整个申请文件所披露，则在先申请构成了在后申请的“抵触申请”。按照本条第二款后半部分的规定，对在后申请而言，如果存在一件与之相“抵触”的在先申请，该在后申请不具备新颖性，不能被授予专利权。

仅仅依据本条第二款后半部分规定的文字内容，确实很难从中准确得出构成抵触申请的上述具体条件，例如条文中提到的“申请日”到底是指在先申请的申请日还是指在后申请的申请日？提到的“专利申请文件”和“专利文件”到底是指在先申请的有关文件还是指在后申请的有关文件？正因为如此，2000 年和 2008 年两次修改《专利法》时，国务院法制办公室和全国人大常委会法制工作委员会都认为本条第二款后半部分的表述方式不甚理想，让人难以理解，试图进行调整，目的在于使其表义更加准确，让公众更容易理解。然而，在提出几种不同的表述方式之后，却发现总是存在这样那样的问题，反而不如原有条文准确，最后放弃了所作努力。事实上，经过二十多年的实践，专利领域中的实际工作者已经普遍懂得并掌握了抵触申请的含义，现实中并没有产生什么问题。

关于抵触申请的概念，还应当注意如下几点：

第一，只要在先申请的申请日早于在后申请的申请日，公布日或者公告日迟于在后申请的申请日，就有可能构成在后申请的抵触申请。当在先申请为一件发明专利申请时，只要满足上述条件，则不论该在先申请以后的结局如何，例如在被授予发明专利权之前被撤回、视为撤回、被驳回，在被授予发明专利权之后被放弃、被宣告无效等，其作为在后申请的抵触申请的效力都不会消失。当在先申请为一件实用新型专利申请时，该申请只有在被授予实用新型专利权之后才会构成在后申请的抵触申请，因为国家知识产权局在公告授予实用新型专利权之前不会公布该专利申请；一旦被授予实用新型专利权，则其作为在后申请的抵触申请的效力也不会因为该专利权随后被放弃、被宣告无效而消失。

第二，本条第二款的规定表明，抵触申请的作用在于用来评判在后申请的新颖性，因此判断在先申请是否对在后申请产生影响应当适用新颖性的判断原则。换言之，应当将在后申请的权利要求所要求保护的技术方案与在先申请文件（包括说明书、附图、权利要求书等）记载的全部内容进行比较。前面说过的判断新颖性的基本规则均适用于抵触申请。

第三，根据本条第五款的规定，抵触申请不构成现有技术的一部分，因为虽然抵触申请在在后申请的申请日之前已经向国家知识产权局提交，但《专利法》第二十一条第三款明确规定“在专利申请公布或者公告前，国务院专利行政部门的工作人员及有关人员对其内容负有保密责任”，因此在先申请的内容在在后申请的申请日之前尚未为公众所知。对于在申请日之前为公众所知的任何一份现有技术来说，不仅可以单独采用该现有技术评价专利申请的新颖性，还可以将该现有技术与其他现有技术组合起来评价专利申请的创造性；对于本条第二款所述的抵触申请来说，只能用于评价在后申请的新颖性，不能与其他现有技术或者抵触申请组合起来评价在后申请的创造性。因此，本条第二款将抵触申请视为一种特殊的现有技术，实际上与普通的现有技术不同，其作用仅仅在于用来判断在后专利申请的新颖性。

2. 对本条第二款所作修改

采用先申请制专利制度的国家普遍采用了抵触申请的概念，其中最有代表性的是《欧洲专利公约》第 54 条第（3）款的规定。[1]与 2008 年修改前的《专利法》关于抵触申请的规定相比，《欧洲专利公约》的规定有以下两点不同。

第一，《欧洲专利公约》将抵触申请囊括在现有技术之中，而我国《专利法》将抵触

[1] Additionally, the content of European patent applications as filed, of which the dates of filing are prior to the date refered to in paragraph 2 and which were published on or after that date, shall be considered as comprised in the state of the art.

申请排除在现有技术之外。

尽管《欧洲专利公约》第54条第（3）款规定现有技术包括抵触申请，但是其第56条明确规定在判断创造性时不考虑抵触申请；本条第五款规定现有技术不包括抵触申请，本条第三款规定“创造性，是指与现有技术相比……”，间接地表明也不考虑抵触申请。因此尽管规定方式有所不同，但是却殊途同归，在判断创造性时不考虑抵触申请这一点是一致的。

然而需要注意的是，2008年修改后的《专利法》第六十二条规定了现有技术和现有设计抗辩，即“在专利侵权纠纷中，被诉侵权人有证据证明其实施的技术或者设计属于现有技术或者现有设计的，不构成侵犯专利权”。之所以规定允许作这种抗辩，其理由在于现有技术和现有设计是申请日之前已经为公众所知的技术和设计，属于公有领域，公众中的任何人都有权利自由予以实施。从这一理由出发，能够用于进行不侵权抗辩的技术或者设计不宜包括抵触申请。考虑到与第六十二条的配合关系，本条第五款规定现有技术不包括抵触申请是正确的。

第二，《欧洲专利公约》关于抵触申请的规定没有对申请人的范围作出限定，表明抵触申请既可以是他人提出的在先申请，也可以是本人提出的在先申请；2008年修改前的《专利法》本条第二款规定抵触申请只能是“他人”提出的在先申请。

抵触申请的作用主要在于防止对同样的发明创造重复授予专利权，应当保留“他人”的限定还是应当取消这一限定，需要从防止重复授权的角度进行讨论。

2008年修改后的《专利法》第九条第一款规定“同样的发明创造只能授予一项专利权”，这就是所谓禁止重复授权的原则。在对该条的说明中已经指出，实现这一原则有两种可能的做法：一是将在后申请的权利要求与在先申请的权利要求进行比较，如果保护范围存在重叠，则在后申请不能被授予专利权，这种做法是从避免授权专利的保护范围产生重叠的角度出发落实禁止重复授权原则；二是将在后申请的权利要求与在先申请的说明书和权利要求书记载的全部内容进行比较，判断在后申请是否具备新颖性，如果不具备新颖性则在后申请不能被授予专利权，这种做法是从新颖性的角度出发来落实禁止重复授权原则。两种做法相比，后者显然比前者更为严格，其理由在关于《专利法》第九条的说明中已经做了详细说明，故不再赘述。

为了防止重复授予专利权，我国专利制度采取了上述两种做法并行的方式，也就是针对不同的情况采用不同的做法。更具体地说，在2008年修改《专利法》之前，同一申请人或者不同申请人同日对同样的发明或者实用新型提出两件专利申请的，以及同一申请人先后对同样的发明或者实用新型提出两件专利申请的，均采用前一种做法；只有不同申请人对同样的发明或者实用新型先后提出两份专利申请，且在先申请属于申请在先、公开在后的，才采用后一种做法。

2008年修改《专利法》时，将本条第二款后半部分关于抵触申请的规定中的“他人”改为“任何单位或者个人”，实际上是借鉴了《欧洲专利公约》的规定，其结果是扩大了抵触申请的范围。修改后，同一申请人先后对同样的发明或者实用新型提出两份专利申请的，在落实禁止重复授权原则时，就由采用前一种做法改为采用后一种做法，这无疑能够更好地防止出现重复授予专利权的现象。

此外，2008年修改《专利法》时，还对本条第二款后半部分的个别文字进行了必要调整，将“并且记载在申请日以后公布的专利申请文件中”改为“并且记载在申请日以后公布的专利申请文件或者公告的专利文件中”。修改前的表述见于1984年制定的《专利法》，当时如此规定并无不当，因为那时实用新型专利申请经初步审查认为符合《专利法》和《专利法实施细则》规定的，首先要公告其专利申请，随后有3个月的异议期，无异议或者异议不成立的才授予专利权，将公告的实用新型专利申请视为“公布的专利申请文件”亦无不可。1992年修改《专利法》时将授予专利权之前的异议制度改为授予专利权之后的撤销制度；2000年修改《专利法》时取消了撤销制度，仅保留无效宣告请求制度，然而这两次修改均未对本条第二款后半部分的表述作出相应调整，应当说是一种疏忽。2008年修改后的《专利法》克服了这一缺陷。

四、创造性

申请专利的发明或者实用新型要想被授予专利权，仅仅具备新颖性还不够，还必须具备创造性。本条第三款规定了授予发明和实用新型专利的创造性条件。

2008年修改《专利法》时，对本条第三款所作的调整是将原先所述的“同申请日以前已有的技术相比”改为“与现有技术相比”。结合本条增加的第五款对现有技术的定义，修改后的本条将新颖性条件和创造性条件统一建立在现有技术的概念之上，清楚地反映了两者在含义上的递进关系。通俗地说，不具备新颖性是指申请专利的发明或者实用新型与某一项现有技术相同，不具备创造性是指申请专利的发明或者实用新型与现有技术相比具有实质性不同。正如同世上相貌相似的人可能很多，相貌相同的人却很少那样，现实中以不具备创造性为理由驳回一件专利申请或者宣告一项专利权无效的概率远大于以不具备新颖性驳回一件专利申请或者宣告一项专利权无效。在本条规定的新颖性、创造性、实用性这三个授予专利权的条件中，创造性是最为重要的条件。

（一）创造性的概念

西方国家在其建立专利制度的初期都只规定了新颖性条件，而没有规定创造性条件。随着专利制度的发展，各国逐渐认识到仅仅满足新颖性条件就授予专利权容易导致与现有技术相比区别不大的发明创造被授予专利权，不利于实现专利制度鼓励和促进创新的宗旨。因此，除了新颖性条件之外，还有必要增加另一个要求更高的授权条件。

美国率先在其1952年修改的专利法中增加了有关创造性条件的条款。在美国的影响下，其他国家的专利法也纷纷增加了类似规定，例如《欧洲专利公约》第52条第（1）款规定“欧洲专利将授予任何技术领域中具备新颖性、创造性和工业实用性的发明”；该公约第56条规定：

> **如果一项发明相对于现有技术而言，对所属领域的技术人员来说是非显而易见的，则该发明具备创造性。**

我国《专利法》关于创造性条件的表述方式在世界上可以说独树一帜，提出了两方面的要求，即：对发明而言是指具有突出的实质性特点和显著的进步；对实用新型而言是指具有实质性特点和进步。由此可以看出，发明专利与实用新型专利的不同点之一是发明具备创造性的条件高于实用新型具备创造性的条件。

本条第三款所说的"有突出的实质性特点"、"有实质性特点"，是指申请专利的发明或者实用新型与申请日（有优先权日的是指优先权日）以前的现有技术相比在技术方案的构成上具有实质性的区别，不是在现有技术的基础上，通过简单的分析、推理或者试验就能得出，而是必须经过创造性思维活动才能作出。其中"突出"一词表明对发明专利和实用新型专利的实质性特点的要求在程度上有所不同。

本条第三款所说的"有显著的进步"、"有进步"，是指申请专利的发明或者实用新型同申请日（有优先权日的是指优先权日）以前的现有技术相比，其技术方案具有良好的效果。其中"显著"一词表明对发明专利和实用新型专利的进步的要求在程度上有所不同。需要注意的是：一方面，这里所说的效果具有广泛的含义，不仅包括从技术角度来看的效果，也包括从社会意义上来看的效果。例如，发明或者实用新型克服了现有技术存在的缺点和不足、对保护生态环境有益等，都可以认作是本条第三款所要求的进步；另一方面，"有显著的进步"或者"有进步"并不意味着申请专利的发明或者实用新型与现有技术相比在任何方面都必须有所进步，发明创造在某个方面取得进步，常常就不得不在某个或者某些方面作出牺牲，这是十分常见的事情，要求发明创造与现有技术相比在所有方面都有显著的进步或者进步就过于苛刻了。

按照本条第三款的规定，一项发明或者实用新型要具备创造性就必须同时满足"实质性特点"和"进步"这两方面的要求。对于发明专利来说，"实质性特点"和"进步"还必须分别是"突出"和"显著"的。这种"和"的逻辑关系带来的一个问题是：对"实质性特点"和"进步"，是否需要分别独立进行判断，只有分别到达一定标准时，才能认定具备创造性？如前所述，关于创造性条件，许多国家采用是否显而易见的判断标准。这些国家在判断是否显而易见时，既可以考虑技术方案本身是否存在足够区别，也可以考虑技术方案是否产生意料不到的效果，两者都是表明申请专利的发明非显而易见的重要因素。对某一项发明来说，两个方面中可能有某一方面更为突出，因而对认定具备创造性产生较大的影响。例如，一种新的化学药品，其化学结构与已知物质的化学结构的区别可能是细小的，单从技术方案本身来看，该区别或许不够"突出"，但如果该种药品治疗某种疾病的效果十分显著，是人们所未曾预料到的，则仍然认为具备创造性，应当授予专利权。由此可见，按照国际上普遍采用的创造性判断标准，对"实质性特点"和"进步"这两个方面的要求应当进行综合判断，此"长"可以彼"消"，没有规定两者应该分别达到何种标准。这种方式比较合理，符合建立专利制度的宗旨。我国自 1985 年施行《专利法》以来，一直十分注重在创造性的判断标准上与国际标准保持一致，因此在依据本条第三款的规定判断是否具备创造性条件时，实际上采取的是与国际标准基本上相同的标准。

（二）创造性的判断方式

新颖性的判断和创造性的判断有一个逻辑上的递进关系。两者都以现有技术作为基础，首先应当判断一项发明或者实用新型是否具备新颖性，也就是判断是否存在一项单独的现有技术披露了发明或者实用新型专利申请或者专利的权利要求所要求保护的技术方案。只有当得出结论，认为不存在这样的一项现有技术，亦即具备新颖性的情况下，才需要进一步判断该发明或者实用新型是否具备创造性，也就是判断若干现有技术的结合是否使发明或者实用新型专利申请或者专利的权利要求所要求保护的技术方案对于所属领域的技术人员来说是显而易见的。一项不具备新颖性的发明或者实用新型，不可能具备创造性。如果国家知识产权局的审查员发出的审查意见通知书论证的是创造性问题时，就表明该审查员已经认定申请专利的发明或者实用新型具备新颖性。

判断创造性应当将每一项权利要求的内容作为一个整体来看待，并需要对一件发明或者实用新型专利申请或者专利的各项权利要求分别进行判断。只有当认定所有各项权利要求均不具备创造性时，才能得出该专利申请或者专利所要求保护的技术方案不具备创造性的结论，进而作出驳回专利申请或者宣告专利权无效的决定。

如上所述，创造性的判断比新颖性的判断更为困难。为了使创造性的判断标准尽可能客观，目前包括我国在内的许多国家都采用了如下的“三步骤”判断模式。

步骤一：确定最接近的现有技术，也就是现有技术中与要求保护的发明或者实用新型最为相关的一项现有技术。该现有技术通常应当属于与要求保护的发明相同或者相近的技术领域，并包含最多的与权利要求所记载的技术特征共有的技术特征。《专利法实施细则》第十七条规定，发明和实用新型专利申请的说明书应当就申请人所知，写明对发明或者实用新型的理解、检索、审查有用的背景技术，并且引证反映这些背景技术的文件，这表明申请人有义务在说明书中说明其所知的现有技术。然而，由于申请人所知的现有技术常常有限，在授予专利权之前的实质审查程序中，审查员利用国家知识产权局拥有的覆盖范围极为广泛的检索数据库进行检索，经常可以找出比申请人引证的现有技术更为接近的现有技术；在授予专利权之后的无效宣告请求程序中，无效宣告请求的请求人也常常能够举证出比申请人引证的现有技术更为接近的现有技术。无论以何种方式获知更为接近的现有技术，一旦发现就应当以该现有技术作为基础对创造性进行判断。

步骤二：确定要求保护的发明或者实用新型的区别特征，并由此确定该发明或者实用新型实际解决的技术问题。这要求判断者首先确定要求保护的发明或者实用新型不同于上述最接近现有技术的技术特征，也就是所谓“区别特征”，然后根据这些区别特征产生的效果客观地认定要求保护的发明或者实用新型实际解决了何种技术问题。《专利法实施细则》第十八条规定，发明和实用新型专利申请的说明书应当写明发明或者实用新型所要解决的技术问题以及解决其技术问题采用的技术方案。应当注意的是，这里所说的“技术问题”是要求保护的发明或者实用新型实际能够解决的技术问题，而不是专利申请文件或者专利文件中声称的想要解决的技术问题。以不同的现有技术作为最接近的现有技术，被认定的“所要解决的技术问题”就会有所不同。说明书记载的技术解决方案通常是不会变化的，写明了是什么方案就只能是什么方案，而该方案实际上解决了何种技术问题却会随认定的最接近现有技术的不同而不同。因此，无论在实质审查程序中还是在无效宣告请求的审查过程中，一旦发现更为接近的现有技术，一般都需要依据该现有技术来重新认定发明或者实用新型“所要解决的技术问题”。

步骤三：在最接近的现有技术以及其他相关现有技术的基础上，判断请求保护的发明或者实用新型为解决所要解决的技术问题而采取的技术方案是否是所属领域的技术人员容易想到的。对此，《专利审查指南 2010》规定：

在该步骤中，要从最接近的现有技术和发明实际解决的技术问题出发，判断要求保护的发明对本领域的技术人员来说是否显而易见。判断过程中，要确定的是现有技术整体上是否存在某种技术启示，即现有技术中是否给出将上述区别特征应用到该最接近的现有技术以解决其存在的技术问题（即发明实际解决的技术问题）的启示，这种启示会使本领域的技术人员在面对所述技术问题时，有动机改进该最接近的现有技术并获得要求保护的发明。如果现有技术存在这种技术启示，则该发明是显而易见的，不具有突出的实质性特点。❶

为了使创造性的判断有尽可能统一的标准，不至于因人而异，有必要建立统一的“参照系”，这就是所谓“所属技术领域的技术人员”的概念。《专利审查指南 2010》规定：

所属技术领域的技术人员，也可称为本领域的技术人员，是指一种假设的“人”，假定他知晓申请日或者优先权日之前发明所属技术领域所有的普通技术知识，能够获知该领域中所有的现有技术，并且具有应用该日期之前常规实验手段的能力，但他不具有创造能力。如果所要解决的技术问题能够促使本领域的技术人员在其他技术领域寻找技术手段，他也应具有从其他技术领域获知该申请日或者优先权日之前的相关现有技术、普通技术知识和常规实验手段的能力。❷

新颖性的判断是将申请专利的发明或者实用新型是否与单独一件现有技术相比，判断权利要求记载的所有技术特征是否均被该现有技术披露，因此其判断是较为客观的。针对特定的发明或者实用新型和特定的现有技术，无论谁来判断，其结论一般说来都会基本上一致。创造性的判断则不同，是否具有“实质性特点”和“进步”，以及是否“突出”和“显著”，都有一个程度的问题，不可避免地会带有一定的主观判断因素。进一步分析，又可以看出上述三个步骤的主客观性存在不同。

对步骤一而言，只要对现有技术进行了认真而又全面的检索，并对经检索发现的相关现有技术进行全面审视，得出哪份现有技术是最接近的现有技术的结论基本上会是一致的，不会有较大的出入。对步骤二而言，只要认真地对请求保护的发明与最接近的现有技术进行对比分析，确定要求保护的发明或者实用新型的区别特征与实际解决的技术问题也会基本上一致，也不会有较大的出入。现实中完成这两个步骤的顺序其实正好相反。面对若干相关现有技术（不论是审查员在审批过程中经检索发现的，还是无效宣告请求人提供的），判断者要认定其中哪一份是最接近的现有技术，首先需要判断它们与请求保护的发明或者实用新型相比的不同程度以及不同点所产生效果的大小。因此，当判断者认定某份现有技术是最接近的现有技术时，其实对要求保护的发明或者实用新型与该现有技术之间的区别特征以及发明或者实用新型实际解决的技术问题已经成竹在胸。换言之，完成步骤二实际上是完成步骤一的必要前提条件。不难看出，创造性判断的主观因素主要存在于步骤三，因为它包含了两个较为抽象的概念，掌握起来有较大的伸缩余地：一是如何确定所属领域的普通技术人员的技术水准；二是如何判断现有技术是否提供了将最接近现有技术与其他现有技术以及技术常识结合起来的教导或者启示，使人相信普通技术人员有理由、有动机构思出要求保护的发明或者实用新型。

一项发明或者实用新型是否具备创造性，其门槛高度在很大程度上取决于上述两个概念的内涵。“所属领域的技术人员”是为判断创造性而选择的“参照系”，如果将其水准定得很高，那么在其看来绝大多数专利申请或者专利要求保护的发明或者实用新型都是显而

---

❶ 国家知识产权局.专利审查指南 2010［M］.北京：知识产权出版社，2010：第二部分第四章 3.2.1.1.

❷ 国家知识产权局.专利审查指南 2010［M］.北京：知识产权出版社，2010：第二部分第四章 2.4.

易见的，能够被认定具备创造性的发明或者实用新型就会很少；反之，如果将其水准定得很低，那么在其看来绝大多数申请专利的发明或者实用新型都是“非显而易见”的，能够被认定具备创造性的发明或者实用新型就会很多。同理，如果不同现有技术的组合不需要有任何教导、启示或者动机，同时对允许组合的现有技术在数量上也没有什么限制，不论需要结合多少份现有技术，只要拼凑在一起能够覆盖一项权利要求记载的所有技术特征，就可以认定该权利要求保护的技术方案不具备创造性，那么世上将没有几件专利申请能够获得批准；反之，如果允许组合的现有技术数量越少（例如不允许超过两份），对组合不同现有技术的教导、启示、动机的要求越是刻板、严格，能够被认定具备创造性的发明就越多。

如前所述，创造性是授予专利权最为重要的条件，发明或者实用新型被授予专利权的难易程度主要取决于创造性标准的掌握。因此，创造性判断所包含的上述两个较为抽象的概念实际上是调整授予专利权标准高低的关键枢纽。对两个概念内涵的确定是否得当，将对专利制度的正常运作、创新型国家的建设以及经济社会的发展产生重要影响。

发明创造从其创新程度上看可以分成两种类型：一是开拓性发明创造，二是改进性发明创造。开拓性发明创造，是指一种全新的技术方案，具有开拓某个崭新领域的作用。如果一项发明创造能够被认定为开拓性发明创造，则无疑具备创造性。然而，在人类科学技术发展进程中，这种开拓性发明创造并不多见，绝大多数发明创造都是改进性发明创造，也就是对现有技术作出某种局部改进的发明创造。《专利审查指南 2010》列出了改进性发明创造的某些类型，例如组合发明、选择发明、转用发明、新用途发明等。需要注意的是，所有这些列举的改进性发明创造都有可能具备创造性，但又都不当然具备创造性。归纳出这些类型的主要目的是针对不同类型改进性发明创造的不同特点，指出判断其创造性需要注意的地方。是否具备创造性，归根结底还是需要采用上述所述的“三步骤”判断模式进行具体分析。

《专利审查指南 2010》还列出了一些判断创造性时需要考虑的其他因素，例如发明是否解决了人们一直渴望解决而始终未能获得成功的技术难题、是否克服了技术偏见、是否取得了预料不到的技术效果等。需要注意的是，这些因素都是判断创造性的辅助性因素，不能取代基本的“三步骤”判断模式。如《专利审查指南 2010》所述，其作用仅仅在于当认定申请专利的发明或者实用新型性具备这些辅助性因素时，审查员应当予以考虑，不应轻易得出发明不具备创造性的结论。[1]

创造性是一种社会意义上的概念，而不是简单的对与错的逻辑概念。正因为如此，目前国际上还没有找出一种方式（例如开发研制出一种计算机程序），能够代替人来判断发明的创造性。在判断具体发明或者实用新型的创造性时，应当以本条第三款的规定为根据，分析每项发明或者实用新型的具体情况，综合考虑各种因素，作出恰如其分的判断。

五、实用性

（一）实用性的概念

本条第四款规定“实用性，是指该发明或者实用新型能够制造或者使用，并且能够产

[1] 国家知识产权局.专利审查指南 2010［M］.北京：知识产权出版社，2010：第二部分第四章 5.

生积极效果”。《欧洲专利公约》第57条将相应的要求称为“工业实用性”，规定：

> **如果一项发明能够在包括农业在内的任何工业产业中制造或者使用，则具备工业实用性。**

两者相比，本条第四款规定的区别在于：第一，没有写明在“任何”产业中予以应用；第二，增加了要能够产生积极效果的要求。然而，从实际做法来看，我国判断实用性的标准与欧洲的标准并无不同。

申请专利的发明或者实用新型必须能在产业中应用，是指发明或者实用新型不能是抽象的、纯理论的东西，只能在理论上、思维上予以应用，而必须能在实际产业中予以应用。所谓“产业”，应当作广义理解，包括工业、矿业、农业、林业、水产业、畜牧业、运输业、交通业、服务业等。所谓“应用”，是指如果申请专利的发明创造涉及一种产品，该产品必须能够实际制造出来并且能够产生预期的效果；如果申请专利的发明创造涉及一种方法，该方法必须能够在实际中予以使用并且能够产生预期的效果。应当注意的是，要求申请专利的发明或者实用新型具备实用性，并非要求该发明或者实用新型在申请专利时已经实际予以制造或者使用，本条第四款只要求“能够制造或者使用”，也就是只要根据申请人在说明书中作出的说明，所属领域的技术人员结合其具有的技术知识就能够判断出申请专利的发明或者实用新型能够予以制造或者使用即可。

能够产生积极效果，是指发明或者实用新型制造、使用后，与现有技术相比所具有的有益的效果。这种效果可以是技术效果，也可以是经济效果或者社会效果，例如提高产品的产量、改善产品的质量、增加产品的功能、节省能源或原材料、改善劳动条件、防治环境污染、有助于改善社会风尚等。一项发明或者实用新型与现有技术相比即使谈不上有什么优点，仅从它为公众实施一种技术提供了更多的选择余地来看，也可以认为它能够产生本条第四款所要求的积极效果。应当注意的是，要求申请专利的发明或者实用新型能够产生积极效果，并不要求发明或者实用新型毫无缺点。事实上，任何技术方案都不可能是完美无缺的。只要存在的缺点或者不足之处没有严重到使有关技术方案根本无法实施或者根本无法实现其发明目的程度，就不能因为存在这样或者那样的缺点或者不足之处，否认该技术方案具备实用性。因此，能够被认定为不能产生积极效果的发明或者实用新型只能是那些不但明显无益，而且带来不良影响（例如严重污染环境、严重浪费能源、败坏社会风气等）的发明或者实用新型。

（二）实用性的判断

《专利法》将实用性与新颖性、创造性在同一法条中并列予以规定，许多人习惯上将它们称为授予发明和实用新型专利权的“三性”条件。但是应当注意的是，实用性的判断与新颖性、创造性的判断有较大的区别。新颖性和创造性的判断都是将申请专利的发明或者实用新型与申请日之前的现有技术进行比较；实用性涉及的是对发明或者实用新型本身性质的判断，而不是一种比较性质的判断。

新颖性和创造性的判断有一个逻辑上的先后顺序关系，即应当首先判断是否具备新颖性，然后再判断是否具备创造性。一个类似的问题在于实用性的判断与新颖性、创造性的判断之间是否也存在类似的逻辑关系？一般说来，在实质审查过程中应当首先判断是否具备实用性，因为如果认定发明不具备实用性，审查员就可以直接得出不能授予专利权的结论，没有必要再进行检索，进而对其新颖性和创造性进行判断。由于检索是一件工作量很大的事情，采用这样的审查顺序能够避免国家知识产权局在人力资源上的浪费。但是需要指出的是，这种顺序主要是从节约程序，尽可能缩短审查时间的角度出发的，与新颖性和创造性的判断在逻辑上存在一种递进关系有所不同。从判断的内容上看，实用性的判断与新颖性、创造性的判断是彼此独立的，相互之间没有关联，因此无论先评价实用性，还是先评价新颖性、创造性，都不应认为有什么逻辑上的不当。

发明或者实用新型专利申请属于下述情形之一的，应当认为不具备实用性：

（1）缺乏技术实现手段。具备实用性的发明或者实用新型，应当是一项已经完成的技术解决方案。如果申请仅仅提出了发明想要达到的目标或者想要解决的技术问题，却没有提供如何达到其目标或者解决其问题的技术手段，该发明就是一项尚未完成的发明，不能制造或者使用，因而不具备实用性。❶

（2）违背自然规律。具备实用性的发明或者实用新型应当符合自然规则。如果申请专利的发明或者实用新型违背公认的、经过实践证明的自然规则，例如能量守恒定律，则显然不能实现，因而不具备实用性。

（3）利用独特的自然条件完成的技术解决方案。例如，针对特定的港湾提出的港口设计方案，针对特定河段作出的桥梁设计方案，如果与特定的自然条件紧密联系，不可能适用于其他不同的地方，则不具备实用性。

（4）无积极效果。具备实用性的发明或者实用新型应当能够产生预期的有益效果。明显无益、脱离社会需要的发明或者实用新型不具备实用性。

与本条规定的新颖性、创造性标准相比，以缺乏实用性来驳回一件专利申请或者宣告一项专利权无效的情况相对较少，因为本条规定的能够制造或者能够使用，并且能够产生积极效果的条件比较容易得到满足。正因为如此，过去人们对实用性条件不很重视，有的人甚至认为这一条件可有可无。但是，随着专利制度的不断发展，尤其是医药技术、生物技术的发展，有关专利申请数量大增，实用性标准的作用有了新的体现。例如，针对生物基因的专利申请应当符合何种要求才能授予专利权，是许多国家面临的共同问题。许多有关生物基因的专利申请在提出申请时所完成的工作仅仅是找出了基因的排序，而这种排序具有何种技术意义、能够以何种方式予以应用尚属未知。考虑到生物技术的潜在巨大商业价值，一些公司迫不及待地希望通过申请获得专利来“跑马圈地”，占领高科技领域的制高点。针对这种情况，欧盟理事会 1998 年 2 月 26 日通过了一个关于生物技术专利保护的指令，其中第 5 条第（3）款明确规定，基因序列或者基因序列某一部分的工业用途必须在专利申请中记载。《PCT 实施细则》第 5 条也规定：如果从发明的说明或者性质不能明显看出该发明能在工业上予以利用的方式以及其制造和使用的方法，应当在说明书中明确指出这种方法；如果发明只能被使用，则应当在说明书中明确指出使用的方法。可以认为，面对科学技术不断发展的态势，实用性标准发挥了维护专利制度正常运作，保护公众利益不受损害的重要作用。

---

❶ 缺乏技术手段，难以实现的专利申请实际上也可以依据《专利法》第二十六条第三款的规定予以驳回，因为该专利申请的内容不满足使所属技术领域的技术人员能够实现的要求。

第二十三条　授予外观设计专利权的条件

授予专利权的外观设计，应当不属于现有设计；也没有任何单位或者个人就同样的外观设计在申请日以前向国务院专利行政部门提出过申请，并记载在申请日以后公告的专利文件中。

授予专利权的外观设计与现有设计或者现有设计特征的组合相比，应当具有明显区别。

授予专利权的外观设计不得与他人在申请日以前已经取得的合法权利相冲突。

本法所称现有设计，是指申请日以前在国内外为公众所知的设计。

一、概　述

（一）历史沿革

在1984年制定《专利法》中，本条规定：

> 授予专利权的外观设计，应当同申请日之前在国内外出版物上公开发表过或者国内公开使用过的外观设计不相同或者不相近似。

2000年修改《专利法》时，将本条修改为：

> 授予专利权的外观设计，应当同申请日以前在国内外出版物上公开发表过或者国内公开使用过的外观设计不相同和不相近似，并不得与他人在先取得的合法权利相冲突。

修改之处在于：

第一，将“不相同或者不相近似”改为“不相同和不相近似”。

第二，增加了一个新的授权条件，即“并不得与他人在先取得的合法权利相冲突”。

上述第一点修改的理由在于：“不相同”和“不相近似”不是等位次的概念，不相近似的必然也不相同，反之则不然，修改前的《专利法》将两者规定为“或”的关系，意味着只要满足其中任何一个就符合本条规定的授予外观设计专利权的条件，显然这不是立法的本意，国家知识产权局实际掌握的外观设计授权标准也并非如此。改为“不相同和不相近似”，更为清楚地表明外观设计专利的授权标准包括两个层次的条件，而不是仅仅有一个层次的条件。

2008年修改《专利法》时，对本条规定进行了全面修改，使之面目一新，修改之处在于：

第一，增加第四款，引入“现有设计”的概念，为本条第一款、第二款的规定以及《专利法》和《专利法实施细则》其他有关规定提供了基础；同时扩大了“现有设计”的范围，规定申请日之前在世界上任何地方以任何方式为公众所知的产品外观设计均构成现有设计。

第二，采用了与《专利法》第二十二条相平行的规定方式，第一款规定授予专利权的外观设计应当不属于现有设计，并增加了关于外观设计抵触申请的规定；增加了第二款，规定授予专利权的外观设计与现有设计或者现有设计特征的组合相比应当具有明显区别，从而更为明确地规定授予外观设计专利权需要满足两个不同层次的条件。

第三，将修改前本条规定的“不得与他人在先取得的合法权利相冲突”分离出来，单独作为第三款予以规定，同时进行了必要修改。

（二）TRIPS 的有关规定

在制定 TRIPS 的谈判初期，美国建议的协定框架并不包括工业品外观设计，后来在欧盟和瑞士的推动下才将其纳入谈判议程。一经纳入，一些国家提出了雄心勃勃的建议草案，希望全面协调统一世界各国的外观设计保护制度。然而，各成员的外观设计制度差异太大，实在难以统一，故 TRIPS 最终只写入了两条规定，即涉及授权条件的第 25 条和涉及保护效力的第 26 条，这已经是当时各国所能达成的最大共识了。有人评价，在 TRIPS 覆盖的所有知识产权领域中，工业品外观设计是其惟一没有对各国现有制度作出实质性改进的领域，[1]其规定的内容仅仅是各国现有做法的“最大公约数”，可以认为 TRIPS 写入有关工业品外观设计的规定只不过是因为一部旨在涵盖知识产权所有领域的国际条约不宜遗漏外观设计而已。即使如此，该协定仍然是对工业品外观设计的实质性授权条件和保护效力作出明确规定的第一个多边国际条约。

TRIPS 第 25 条规定：

> **独立创作的工业品外观设计，只要是新的或者原创的，全体成员均应提供保护。成员可以规定，如果外观设计与已知设计或者已知设计特征的组合相比无明显区别，则不是新的或者原创的。成员可以规定上述保护不延及主要由技术或者功能因素所决定的外观设计。**

上述规定包括三个句子，表达了三层含义，即：

第一，规定了获得外观设计保护的最低条件，即应当是“独立创作的”，并且应当是“新的”或者“原创的”。其中，“新的”对应于专利法意义上的新颖性条件，适合于通过专利法或者外观设计单行法保护外观设计的成员；“原创的”对应于版权法意义上的原创性条件，适合于通过版权法保护外观设计的成员。专利法意义上的新颖性条件实际上比版权法意义上的原创性条件更为严格，体现在原创性条件并不排除不同人分别独立创作的相同作品都能获得版权保护。由于美国专利法第 171 条规定的外观设计专利权授权条件是“新的”和“原创的”，两者之间是“和”的关系，因此在制定 TRIPS 的谈判中美国主张其第 25 条也应当如此规定。然而，欧盟坚决反对美国的主张，认为两者之间只能是“或”的关系，美国最后也只能作罢。事实上，制定 TRIPS 时有关外观设计的谈判的主要分歧在于美国与欧盟之间，而不是发达国家与发展中国家之间。

第二，在上述最低条件的基础上，各成员还可以对获得外观设计保护规定更高的条件，即可以要求获得保护的外观设计与已知设计或者已知设计特征的组合相比有明显区

[1] JAYASHREE WATAL, Intellectual Property Rights in the WTO and Developing Countries ［J］. Springer, 2001: 277.

别。这一条件具有可选性质，体现在“成员可以规定”这一表述方式上。写入此句与美国专利法对外观设计专利权的授予规定了创造性条件有很大关系。

第三，规定外观设计保护“不延及主要由技术或者功能因素所决定的外观设计”，以体现外观设计保护与专利保护之间的区别。这一规定也具有可选性质。

由此可见，TRIPS 第 25 条的规定对外观设计获得保护的条件提出了两种方案：一是条件较低的方案，即外观设计只要是“新的”或者“原创的”即可获得保护，这是各成员应当遵守的最低义务；二是条件较高的方案，即不仅要求是“新的”或者“原创的”，而且还要求与已知现有设计或者现有设计特征的组合相比有明显区别，这是供各成员选择的方案。然而，该协定没有如同对专利那样，对上述两个条件各起一个名称，将其分别称为新颖性和创造性，而是规定可以将其包含在“新的”或者“原创的”含义之中。

（三）2008 年修改《专利法》调整本条规定的方案选择

外观设计创新对我国产品走向世界，赢得国际市场具有重要影响。自 1985 年实施《专利法》以来，我国外观设计专利申请的数量快速增长，从 1985 年的 640 件增加到 2010 年的 421 273 件，在二十多年间增长了 600 多倍，其中绝大多数由国内申请人提出。目前，我国每年受理的外观设计专利申请数量在世界上远居第一，这充分表明我国企业和公众在产品外观设计创新方面具有巨大潜力，对获得外观设计专利权有很大热情。但是也应当清醒地认识到，虽然我国外观设计专利申请的数量已经排名世界第一，但设计水平却还远没有达到世界第一。从建设创新型国家，提高我国产品的设计水平和国际竞争力的角度出发，我国外观设计专利制度的完善应当更加注重提高外观设计专利的水平和质量。在 2008 年修改《专利法》的前期专题研究工作中，如何完善我国外观设计专利制度是重点课题之一。为了集思广益，充分听取不同方面的意见，国家知识产权局专门组织了四个不同的课题组，由不同领域的专家分别独立地进行研究。这些课题组完成的五份专题研究报告一致赞成应当适当提高本条规定的授予外观设计专利权的条件。[1]

这些专题研究报告对以美国、日本和欧盟为代表的发达国家以及许多其他国家的做法进行了深入调查研究，在此基础上对如何提高我国外观设计专利权的授权条件提出了多种不同的建议方案。从总体上看，美国、日本和欧盟的做法体现了基本相同的理念，但是在方式上有所不同，各有特点。

美国专利法对其规定的三种专利（发明专利、植物新品种专利和外观设计专利）采用相同和统一的新颖性和创造性标准。美国专利法第 103 条规定的创造性是指要求保护的主题（the subject matter sought to be protected）与现有技艺（prior art）相比，其差别对所属领域中具有普通素养的人员（a person having ordinary skill in the art）来说是非显而易见的。其条文中所采用的“主题”、“技艺”、“素养”等措辞都是广义的，既适合于技术领域，也适合于艺术领域，故可以兼顾其三种专利的授权条件，不存在任何障碍。我国《专利法》第二十二条第三款关于发明和实用新型创造性的规定方式与其他国家均不相同，分别是“具有突出的实质性特点和显著的进步”、“具有实质性特点和进步”。这一规定显然

[1] 国家知识产权局条法司.专利法及专利法实施细则第三次修改专题研究报告［M］.北京：知识产权出版社，2006：312-559.

不适合于外观设计，因为外观设计是“富有美感”的设计方案，具有艺术作品的属性，不同的外观设计只能说风格不同，谈不上进步不进步。另一方面，外观设计专利的保护客体与发明和实用新型专利的保护客体在性质上有很大不同，采用相同的创造性标准是否恰当也值得商榷。

日本外观设计法规定申请注册的外观设计与已知外观设计相比应当是不容易作出的，这一规定与美国专利法规定的“非显而易见性”具有基本相同的含义。“不容易作出”和“非显而易见”是抽象程度相当的措辞，都只表明外观设计仅仅具备新颖性尚不足以获得权利的含义，没有给执法者提供明确的指导，其具体判断标准在现实中主要通过法院的判例来形成。

《欧盟外观设计条例》规定申请注册的外观设计应当具备“新颖性”和“个性特点”，后者是指与已知外观设计相比应当具有不同的整体感观。然而，采用这样的措辞也存在问题，体现在：第一，“个性特点”这一措辞比较晦涩，还不如“非显而易见”或者“不容易作出”；第二，该条例规定两项以上外观设计的特征仅仅在不重要细节上有所不同应当被视为相同的外观设计，也就是不具备新颖性，然而将不完全相同的也视为相同，其潜台词必然是从“整体感观”看基本相同，这表明“整体感观”的判断标准在外观设计是否具备新颖性的判断中也要采用，从而导致难以将“新颖性”条件和“个性特点”条件区分开来。

比较起来，还是 TRIPS 提供的可选方案较为可取，体现在：第一，该方案规定的外观设计获得保护的条件显然高于“新的”这一基本条件，采用该方案可以向公众和执法者明确表达修改本条的意图，切实提高我国外观设计专利权的授权条件，实现进一步完善我国外观设计专利制度的目标；第二，与“非显而易见”、“不容易作出”、“个性特点”、“不同整体感观”等表述方式相比，该方案规定的“与已知设计或者已知设计特征的组合相比无明显区别”具有更加明确的内涵，可以为公众和执法者提供更明确的指导；第三，该方案出自当今效力最强的知识产权国际条约，既容易为我国各界所接受，也容易为其他国家所理解。

基于上述考虑，2008 年修改的《专利法》将 TRIPS 的上述规定引入本条作为第二款，同时对本条其余部分作了相应调整。

为了与 TRIPS 第 25 条的表述保持一致，本条没有对第一款和第二款规定的授权条件分别冠以“新颖性”和“创造性”的名称，但是可以认为实际上已经表达了这样的含义。为了便于表述，在下面的讨论中将本条第一款所规定授权条件称为“新颖性”，将第二款规定的授权条件称为“创造性”。

2008 年修改后的本条规定中没有再出现“不相同”和“不相近似”的措辞，那么修改前后的本条规定有何种对应关系？这既关系到适用修改前后的本条规定的衔接，也关系到修改前后的本条规定带来的变化，因此是人们很关注的一个问题。立法过程中对此的基本思路是：将属于修改前规定的“相同”的情形全部归入不具备修改后的本条第一款规定的新颖性的范畴；将属于修改前规定的“相近似”的情形一分为二，将其中相似程度较高的情形，也就是与一份现有设计相比仅在不重要细节上有所不同的情形，也归入不具备修改后的本条第一款规定的新颖性的范畴，将其中相似程度较低的情形，也就是与一份现有设计相比其区别并非仅仅在于不重要细节上有所不同，但仍然不具有明显区别的情形，归入不具备修改后的本条第二款规定的创造性的范畴。此外，不具备修改后的本条第二款规定的创造性的情形还应当包括与两份以上现有设计的特征组合相比不具有明显区别的情形，也就是将不同现有设计的特征以人们容易想到的方式简单组合在一起的情形。这样，即使将与一份现有设计相比不具有明显区别的情形限定在不超出修改前认定为“相近似”的范围之内，本条第二款所要求的与两份以上现有设计的特征组合相比应当具有明显区别也明显突破了过去一直固守的“单独对比”的判断模式，显然提高了外观设计专利权的授权标准。

二、本条第一款和第二款规定的授权条件

（一）关于“现有设计”的定义

本条第四款规定“本法所称现有设计，是指申请日以前在国内外为公众所知的设计”，从而为判断申请专利的外观设计是否具备本条第一款规定的新颖性以及本条第二款规定的创造性，判断是否能够适用《专利法》第六十二条规定的现有设计抗辩提供了共同的法律基础。

“申请日以前在国内外为公众所知的设计”涵盖了外观设计的所有公开方式，既包括在我国公开，也包括在外国公开；既包括以出版物方式公开，也包括以公开使用、公开销售方式公开。这意味着我国对外观设计专利权也改为采用绝对新颖性条件，这是适当提高我国授予外观设计专利权授权标准的重要举措之一，有利于防止对外国已经通过公开销售、公开使用行为为公众所知的外观设计在我国又申请获得外观设计专利权，既有利于提高授权外观设计的创新程度，也有利于维护我国公众的合法权益不受损害。

值得指出的是，外观设计成为现有设计的方式要么是在出版物上登载反映产品外观的图片或者照片，要么是公开销售或者公开使用采用该外观设计的产品，一般不可能通过口头方式予以公开，因为口头方式不可能足够清楚地表述一个产品的形状、图案和色彩以及它们的结合。[1]

构成现有设计的条件与构成《专利法》第二十二条第五款所述现有技术的条件相同，前面已作详细讨论，故不再赘述。

（二）《审查指南》有关规定的演变过程

无论各国专利法对外观设计获得保护的条件采用何种措辞和表述方式，授权条件的高低最终取决于实际执行的具体判断标准。在我国，该标准主要由国家知识产权局制定的《审查指南》给出。

20 世纪 80 年代末期，原中国专利局制定了最初的《审查指南》，当时只是作为内部试用，不具有部门规章的法律效力。1993 年 3 月，原中国专利局正式发布了《审查指南》，具有部门规章的法律效力。此后，原中国专利局以及国家知识产权局对《审查指南》进行了多次修改，并在 2008 年修改《专利法》之后将其名称改为《专利审查指南》。

《审查指南 1993》在第一部分第三章“关于外观设计专利申请的初步审查”中规定了

---

[1] 汤宗舜.专利法解说［M］.修订版.北京：知识产权出版社，2002：163.

外观设计不相同、不相近似的审查基准，其中包括：[1]

第一，应当按照一般购买者的水平进行判断，即：

> 一般购买者指具有一般知识的人员，而不是专家或者专业技术人员。有些近似的产品的细微差别，专业技术人员能很容易地辨别出来，而一般购买者往往会忽略掉。专利审查人员要从一般购买者的角度进行判断。

第二，应当采用肉眼观察，间接对比的方式进行判断，即：

> 对外观设计专利产品的相近似判断，要根据视觉，即肉眼观察的方式进行判断，不能用放大镜、显微镜以及其他化学分析手段进行比较，不能诉诸于视觉的部分不能作为判断的要素。
>
> 间接对比的方法就是不把两种产品并列放在一起进行比较，观察者在时间上、空间上有一定间隔进行比较时，如产生混同的应认为是相近似的设计。

第三，应当分别判断产品是否相同、相近似以及产品的外观是否相同、相近似，即：

> 相同的外观设计指物品相同和设计相同。设计相同而物品不同时不应认为是相同的外观设计。

在《审查指南 1993》确定的上述审查基准中，第二点实际上占有最为核心的地位，因为其规定“如产生混同的应认为是相近似的设计”，从而确立了建立在“混同论”之上的判断基准，也就是以一般购买者是否会对申请专利的外观设计与已知产品的外观产生误认、混淆作为判断外观设计是否相近似的基准。

第一点关于判断主体的规定与采用“混同论”是彼此呼应的。正因为以是否产生误认、混淆作为认定是否相近似的判断基准，判断者就只能是一般购买者，而不能是产品外观的设计专家，其理由在于：当两件产品的外观之间的区别较小时，一般购买者难以区分，容易将它们混同起来，因而认为是相近似的外观设计；有关专家则明察秋毫，洞若观火，一般不会将它们混同起来，因而认为不属于相近似的外观设计。

第二点规定采用“间接对比”的比较方式也与“混同论”有密切关系。之所以强调要采用“在时间上、空间上有一定间隔”的“背对背”判断方式，而不能采用将两者摆在一起进行观察对比的“面对面”判断方式，是为了使判断者对已知产品外观的印象产生一定程度的衰减，只剩下一个大概的模糊记忆，判断者采用这种方式进行判断时，只要感到申请专利的外观设计“似曾相识”，与其记忆中的已知产品外观“好像差不多”，即可认定导致误认、混淆，因而认定为相近似。言外之意，如果采用“面对面”判断方式，判断者或许就不会混同了。

第三点规定实际上引入了《商标法》第五十二条第（一）项规定的判断是否侵犯注册商标专用权的原则。

《审查指南 2001》在其第四部分增加了第五章“外观设计相同和相近似的判断”，其原因在于我国对外观设计专利申请只进行初步审查，一般不会涉及相同和相近似的判断，只有在授予外观设计专利权之后有人提出无效宣告请求时才会涉及这一判断，因此将有关规

---

[1] 中国专利局.审查指南 1993［M］.北京：专利文献出版社，1993：第一部分第三章 5.4.

定放在第四部分比放在第一部分更为合适。与《审查指南 1993》相比，《审查指南 2001》对外观设计不相同、不相近似审查基准作出的变化主要在于：

第一，将判断主体由原来的“一般购买者”改为“一般消费者”，并对其进行了详细的定义：

在判断外观设计是否相同或者相近似时，以外观设计产品的一般消费者是否容易产生混淆为判断标准……所谓一般消费者是指一种假想的人，他具有下列特点：

（1）一般消费者具有一般的知识水平和认知能力，能够辨认产品的形状、图案以及色彩，他对被比外观设计产品的同类或者相近类产品的外观设计状况有常识性了解。

（2）一般消费者在购买被比外观设计产品时，仅以被比外观设计产品具有的要素作为辨认是否为同一产品的因素，不会注意和分辨其他产品包含的其他因素，不会注意和分辨产品的大小、材料、功能、技术性能和内部结构等因素。设计的构思方法、设计者的观念以及产品的图案中所使用的题材和文字的含义都不是一般消费者所考虑的因素。

（3）判断主体是一般消费者，而不是专家或者专业设计人员，他以一般注意力分辨产品的外观设计，使用时不易见到的部位的外观以及不具有一般美学意义的部位的外观和要素设计不会给其留下视觉印象，他不会注意到产品的形状、图案以及色彩的微小变化。❶

第二，增加了一段话作为判断原则，规定：

如果一般消费者在试图购买被比外观设计产品时，在只凭其购买和使用所留印象而不能见到被比外观设计的情况下，会将在先设计误认为是被比外观设计，即产生混同，则被比外观设计与在先设计相同或者与在先设计相近似；否则，两者既不相同，也不相近似。

应当注意的是，在判断被比外观设计是否与在先设计相同或者相近似时，应当根据被比外观设计的类型确定所采用的在先设计，进行相同以及相近似性的判断。❷

第三，增加了关于“单独对比”的规定，即：

在相同和相近似性判断中，一般只能用一项在先设计与被比外观设计进行单独对比，而不能将两项或者两项以上在先设计结合起来与被比外观设计进行对比。❸

总体上看，《审查指南 2001》进一步突出了“混同论”，其增加的关于“一般消费者”的详细定义和“单独对比”的规定带来了新的问题。

《审查指南 1993》和《审查指南 2001》的有关规定在学术界引起了争议。争议首先出现在将外观设计相同和相近似的判断主体规定为“一般购买者”，随后又规定为“一般消费者”，并将其定义为一种“假想的人”是否正确的问题上。

有学者认为，既然《审查指南 1993》规定在判断外观设计是否相同或者相近似时应当以外观设计产品的一般消费者是否容易混淆作为判断标准，则所述的一般消费者已经是指明确的、具体的消费者群体的概念。《审查指南 2001》又将“一般消费者”定义为一种“假想的人”，规定他可以知道什么，不可以知道什么，对什么方面关注，对什么方面不关注，这根本不是一般消费者。这种相互矛盾的逻辑关系，导致在外观设计的授权标准上产生混乱。

---

❶ 国家知识产权局.审查指南 2001［M］.北京：知识产权出版社，2001：第四部分第五章 4.

❷ 国家知识产权局.审查指南 2001［M］.北京：知识产权出版社，2001：第四部分第五章 5.

❸ 国家知识产权局.审查指南 2001［M］.北京：知识产权出版社，2001：第四部分第五章 6.2.

该学者进一步指出：

> 通过分析我们知道，授予专利权的外观设计属于发明创造。外观设计的具体表现形式是对产品外表款式的创新设计。判断产品创新设计在很多情况下是一般购买者所不能及的，以一般购买者的水平来执行《专利法》第二十三条规定的授予外观设计专利权的标准是不科学的，所得出的结论不可能是公正客观的。真正有能力判断产品的外观设计是否和已知的设计相近似，应当以相关领域的普通设计人员的水平为准，而不应当以一般购买者的水平为准。专业外观设计人员的分辨力高，他们对外观设计的要求也就相对较高。如果以一般购买者的水平为标准，必然导致一些新颖性水平很低的外观设计专利，仅仅由于没有造成购买者将新的设计与已有外观设计相混同而获得专利，这既不能体现出授予专利权的外观设计所固有的属性，也不利于实现专利法的立法宗旨。[1]

此外，该学者还对《审查指南 2001》规定的单独对比、隔离对比的判断方式以及综合判断与要部判断之间的关系等提出了质疑，阐明了自己的观点。

2003 年 3 月 20 日，北京市高级人民法院向国家知识产权局发出了司法建议函，认为《审查指南 2001》规定以一般消费者作为判断外观设计是否相同和相近似的判断主体不妥，建议将判断主体改为“普通专业设计人员”。

2003 年 5 月 8 日，国家知识产权局复函指出：

> 普通专业设计人员是日本、美国和欧盟一些国家在判断外观设计创造性、非显而易见性、原创性或者非容易创作性中引入的判断主体概念，对于外观设计新颖性和相近似性的判断，上述各国均未采用甚至明确排除采用专业设计人员作为判断主体，而采用“普通观察者”、“一般消费者”或者“用户”的概念。在我国现行专利法为外观设计尚未规定创造性要求的情况下，引入创造判断中所采用的普通专业设计人员的概念，将使外观设计授权要求超越目前法律的规定。另一方面，如果在外观设计相近似判断中引入专业设计人员作为判断主体，而保留以是否误认作为判断标准，则可能使授权标准降低到连专业技术人员都难以辨别两者之间的差异以致产生误认，从而使外观设计相近似标准几乎等同于相同的标准了。由此可能导致专利法中设定的不相近似的授权条件流于虚设。将假设的消费者作为判断主体是为了统一具有不同专业、经历和审查经验的审查员之间对相近似判断的掌握尺度。[2]

复函表达了两层含义：一是认为司法建议中提出的以“普通专业设计人员”作为判断主体的建议，在《专利法》对外观设计只规定了新颖性条件的情况下尚不适宜，只有在增加创造性条件之后才有可能予以考虑；二是为了与一直采用的“混同论”相适应，只能以“一般消费者”作为判断主体，否则就会降低外观设计专利权的授权标准。

有学者认为外观设计专利制度应当立足于保护创新，对“混同论”提出了质疑。[3]该学者指出：在我国，对外观设计专利所形成的保护意识基本上建立在其鉴别性上，即防止其他厂家从外观上仿制本厂的产品来误导消费者以维护本厂的利益。此观点在《外观设计申请审查指导》一书中表述得最为直接，即：“外观设计专利保护的目的就在于防止不正当的竞争、抄袭、模仿，所以这个厂家的产品在设计时就应与其他厂家的产品区别开来，

---

❶ 程永顺.中国专利诉讼［M］.北京：知识产权出版社，2005：70-75.

❷ 国家知识产权局［国知发法字（2003）64 号］《关于对北京市高级人民法院司法建议的复函》.

❸ 吴观乐.外观设计专利应当立足保护创新［G］//程永顺.外观设计专利保护实务.北京：法律出版社，2005：16-29.

以不使购买者误认、混淆为原则。”[1]该学者认为，对外观设计专利保护的一些热点争议问题以及在外观设计专利授权、无效或者侵权判断中所存在的难题，绝大部分均与将外观设计专利的保护建立在产品是否导致产生混淆这一鉴别功能上有关，因此有必要考虑一下以此作为外观设计专利保护的基本立足点是否合理、正确。基于上述观点，该学者主张应当将外观设计专利保护的立足点放在对外观设计创新活动的保护上。

不少专家学者先后提出了类似的观点，引起了学术界、法律界的关注和重视。[2]

北京市高级人民法院的司法建议函以及有关专家学者的观点和主张引起了国家知识产权局的重视，于2004年5月26日发布了《审查指南2004》第1号公报，对外观设计专利权的授权标准进行了一系列调整，[3]体现在：

第一，继续坚持以一般消费者作为判断是否相同或者相近似的判断主体，但将其定义调整为：

> 在判断外观设计是否相同或者相近似时，应当基于被比外观设计产品的一般消费者的知识水平和认知能力进行评价。
>
> 不同种类的被比外观设计产品具有不同的消费者群体。作为某类外观设计产品的一般消费者应当具备下列特点：
>
> （1）对被比外观设计产品的同类或者相似类产品的外观设计状况具有常识性的了解。例如，对于汽车，其一般消费者应当对市场上销售的汽车以及诸如大众媒体中常见的汽车广告中所披露的信息有所了解。
>
> （2）对外观设计产品之间在形状、图案以及色彩上的差别具有一定的分辨力，但不会注意到产品的形状、图案以及色彩上的微小变化。

第二，调整了原来的判断原则，提出了“被比外观设计与在先外观设计的差别是否对产品的整体视觉效果产生显著影响”这一新的判断标准，即：

> 如果一般消费者经过对被比外观设计与在先外观设计的整体观察可以看出，二者的差别对于产品的整体视觉效果不具有显著的影响，则被比外观设计与在先外观设计相近似；否则，两者既不相同，也不相近似。
>
> 如果一般消费者会将被比外观设计与在先外观设计误认、混同，则二者的差别对于产品的整体视觉效果显然不具有显著的影响。
>
> 但是，仅仅根据两项外观设计不会导致一般消费者误认、混同并不必然得出二者的差别对于产品的整体视觉效果具有显著的影响的结论。

第三，调整了“综合判断”与“要部判断”之间的关系，规定“对于一般产品，对其外观设计应当采取综合判断的方式进行相同和相近似判断”，“只有那些在使用状态下相对于其他部位对整体视觉效果影响明显强烈的部位可以作为判断的‘要部’”。该修改基本上

---

[1] 刘桂荣.外观设计申请审查指导［M］.北京：专利文献出版社，1993.

[2] 张沧.外观设计专利实质性授权条件研究［G］//国家知识产权局条法司.专利法研究2002.北京：知识产权出版社，2003：227-248.吴观乐.试论外观设计专利保护的立足点［J］.知识产权，2004（1）：14-19；程永顺.中国专利诉讼［M］.北京：知识产权出版社，2005：70-75；应振芳，等.外观设计专利授权标准和保护范围［G］//国家知识产权局条法司.专利法及专利法实施细则第三次修改专题研究报告.北京：知识产权出版社，2006：449-486.

[3] 国家知识产权局.审查指南2004［M］.北京：知识产权出版社，2004：附录部分.

表达了“综合判断”优先的含义。

第四，取消了广受批评的“隔离对比”的比较方式，《审查指南 2004》第 1 号公报的说明指出修改的原因是：“在判断外观设计相同或者相近似时，绝大多数决定都是在同时分析、比较两件外观设计的基础上进行的判断，而隔离对比的方式难以操作，因此删除了隔离判断方式。”

如《审查指南 2004》第 1 号公报的说明所述，对“一般消费者”的定义进行修改旨在使其与日常生活中通常理解的“一般消费者”概念更趋于一致；将原来规定的一般消费者“不考虑的因素”等限制条件转移到相近似性的判断原则部分，是为了使外观设计的相近似性判断更容易理解，同时更具有可操作性。

从规定条文上看，上述第二点修改似乎有告别“混同论”的意思，因为规定导致误认、混同的一定相近似，不导致误认、混同的也不一定不相近似，这已经动摇了《审查指南 1993》和《审查指南 2001》赋予“混同论”的地位，使之不再具有以往的“生杀予夺”效力。

然而，《审查指南 2004》第 1 号公报的说明指出该修改的原因是：

> 在判断原则方面，原《审查指南》采取以是否被“一般消费者误认、混同”作为相近似性的判断原则。由于原《审查指南》中所定义的一般消费者附加了一些原本不属于一般消费者固有特点的限定，其目的在于保证相近似性判断标准不至于过低。因此，在修改了对“一般消费者”的定义的基础上，如果仍沿用“误认、混同”的判断标准将导致判断标准降低。为了保持原有的判断标准的延续性并使判断标准与审查中的判断方式相一致，对判断原则进行了修改，即将原有的“误认、混同”判断原则改为“如果一般消费者经过对被比外观设计与在先外观设计的整体观察可以看出，二者的差别对于产品的整体视觉效果不具有显著影响，则被比外观设计与在先外观设计相近似，否则，两者既不相同，也不相近似。”

这表明，引入“具有显著的影响”的判断标准仅仅是为了补偿“一般消费者”由“假想的人”回归到“较为真实的人”所带来的影响，“彼消”需“此长”，才能保持外观设计授权标准的恒定。结合国家知识产权局对北京市高级人民法院的复函的内容，可以认为修改后的《审查指南 2004》对判断标准的调整并无对“混同论”作实质性改变的意图。

《审查指南 2006》基本上保持了《审查指南 2004》第 1 号公报的框架，未作大的调整。

（三）分析和评论

1. 关于“混同论”

笔者注意到有学者发表了如下评论：

> 外观设计是知识产权客体的一种。简单地讲，知识产权可分为创造性成果权利和识别性标记权利两大类。正如前面已经提到的，外观设计专利作为智力成果的一种，它保护的是权利人通过创新劳动而得到的智力成果。因此，外观设计专利权可以归入创造成果权利的一类。它与识别性标记权利（比如商标权）的最主要区别就在于前者保护的是创新成果，而后者更多的是保护识别性信息。因此，虽然外观设计专利对防止他人仿制产品外形造成消费者误购上能起到一定的保护作用，即在一定程度上能起到识别功能，但这种识别功能对于外观设计专利保护来说，应当是它的附带功能，外观设计专利保护的立足点应当放在对外观设计创新

活动的保护上。正如发明和实用新型对技术领域中的创新活动予以保护一样，外观设计专利对人们通过从该产品视觉上可直接观察到的造型、图案、色彩进行设计而得到的创新成果进行保护。故只有作出了创新，才能获得外观设计专利权的保护。另一方面，只要作出了创新，就应当给予外观设计专利权保护。以此为标准，进行外观设计专利保护机制的配置，则会得出与现有制度不同的结论。比如，保护客体，如果强调创新，则存在局部创新的可能，当然也应当给予保护，故部分保护问题就顺理成章；如果强调创新，则不会再要求产品种类的相同或者近似，仅仅将汽车的外观申请汽车模型的外观设计专利就是一种抄袭，并没有作出创新，当然不能获得专利权；判断主体上，显然设计人员比消费者更有能力判断是否作出了创新；判断原则上，则不应当限制单独对比，简单的叠加不是创新，不混同或者具有显著影响并不必然能授权；在授权标准上，则可以依据创新要求的高度而引入独创性、原创性或者创造性。❶

上述评论道出了以往的外观设计专利授权标准产生问题、引发争议的症结所在，这就是《审查指南 1993》确立的“混同论”。该理论产生于我国建立专利制度之初，多年来如影随形，始终与我国外观设计专利制度同在。关于外观设计专利权授权标准的一系列制度设计，包括判断主体、判断原则、判断方式、判断基准，都是围绕“混同论”建立起来的，由此而产生的问题追根寻源，都会回到这一理论。2008 年修改《专利法》对本条规定作了重要修改，是及时总结经验，对我国外观设计专利制度的理念作出必要调整的良好契机。

以判断一般消费者是否会对申请专利的外观设计和现有设计产生误认、混淆作为外观设计专利授权标准的立足点，其结果导致将外观设计专利权的保护混同于对注册商标专用权的保护，掩盖了外观设计专利作为创造成果型知识产权与这些识别标识型知识产权本来应当具有的差别。

注册商标专用权最为根本的作用就是让消费者能够正确识别商品或者服务的来源或者出处，因此无论是商标专用权的注册条件还是商标专用权的侵权条件，都是围绕是否会使消费者对商品或者服务的来源或者出处产生混淆这一根本问题而建立起来的。被授予专利权的外观设计是一种发明创造，而不是用于识别外观设计产品来源或者出处的标识，因此无须以是否导致对产品的来源产生混淆作为判断的出发点。即使将 2008 年修改前的《专利法》第二十三条规定的“不相近似”、修改后的《专利法》第二十三条规定的“有明显区别”称为“不会导致混淆”，其含义也明显不同于商标法意义上的对商品或者服务的来源或者出处产生“混淆”，两者是完全不同的概念。在外观设计专利制度中，无论是外观设计专利的授权条件，还是外观设计专利权的侵权条件，都应当以“创新论”作为出发点，即能否被授予外观设计专利权，应当取决于对产品的外观是否作出了创新以及创新的程度是否符合规定的要求；判断是否侵犯了一项外观设计专利权，应当取决于被诉侵权人是否在其产品的外观上采用了外观设计专利权人对产品外观的创新成果。

事实上，发明和实用新型专利制度一直以“创新论”为基础，从来没有人认为应当以是否导致误认、混淆作为形成发明和实用新型专利授权判断标准和侵权判断标准的出发点。尽管外观设计专利的保护客体与发明、实用新型专利相比有很大不同，但是同为创新

❶ 张广良. 外观设计的司法保护［M］.北京：法律出版社，2008：32-33.

成果型知识产权而不是识别标识型知识产权，不应当在制度设计上有如此之大的区别。

2. 关于外观设计专利授权条件的判断主体

以“混同论”作为授权判断标准和以“一般消费者”作为授权判断主体密切关联、互为因果。因为采用“混同论”，所以需要以“一般消费者”作为判断主体；因为以“一般消费者”作为判断主体，所以只能采用“混同论”。

本条原来规定授予专利权的外观设计应当与已知产品的外观设计不相同和不相近似，含义其实很明确也很简单。所谓“相同”，不外乎是指两者完全一样或者基本一样，是一种简单的复制或者拷贝；所谓“相近似”，不外乎是指两者虽有一定差别，但差别不大，是一种略有不同的模仿。判断是否完全相同，实际上不必选择判断主体，因为不论由谁来判断其结论都一样；只有判断是否相近似，也就是并非完全相同而是存在一定差别，进而判断该差别是否足够大时，才有一个应当从谁的眼光来看的问题，因为选择不同的判断者，其判断结论可能有很大不同。

“混同论”主要与相近似的判断有关。所谓“混同”，也就是使人产生误认、混淆，是指比较对象实际存在差别，但是判断主体看不出或者不容易看出，主观上认为两者差不多。因此，采用“混同论”，以是否产生误认、混淆作为授予外观设计专利权的充分必要条件，其实质就是认为判断主体不必甚至不应将两者之间的区别看得真真切切，否则就不容易产生误认、混淆，导致但凡略有不同就只能被授予外观设计专利权。换言之，“混同论”不要求以事实清楚为前提，而是以一种模糊的主观印象作为判断的依据，这是在外观设计专利制度中导致产生问题和扭曲的根源。评价发明和实用新型是否具备创造性，主要是判断要求保护的发明或者实用新型与现有技术之间的区别是否显而易见，也就是判断主体是否容易想出这些区别，其中丝毫没有包含不应将两者之间的区别了解清楚的含义。

与认定是否符合授予发明或者实用新型专利权的条件一样，认定是否符合授予外观设计专利权的条件，也应当首先做到事实清楚，也就是申请专利的产品外观设计与已知产品的外观设计是否一样；如果不一样，不同之处是什么。事实认定清楚了，接下来才是如何适用法律的问题。

外观设计与发明和实用新型的不同之处在于不涉及复杂难懂的科学技术，仅仅涉及产品外观给人的视觉感受。现实中，即使是一般消费者，也能很容易地看出两个产品外观上的不同，例如普通持家者选购商品时的眼光通常就十分敏锐。然而，这样的一般消费者不会误认、混淆的外观设计，未必就是制度设计者心目中认定的能够被授予专利权的外观设计。为了确保授予外观设计专利权的条件不至于过低，《审查指南 2001》认为需要对实际中一般消费者的知识水平和认知能力进行改造，人为地规定他们能分辨和注意什么，不能分辨和注意什么，什么会给他们留下视觉印象，什么不会给他们留下视觉印象；同时规定不能进行“面对面”的直接对比，只能保持一定时间间隔和空间间隔进行隔离对比，这相当于即使判断主体已经注意到两个产品外观上的差别，也要视为没有注意到，或者隔着时间和空间进行判断使其变得注意不到，才是合格的专利法意义上的一般消费者。现实中的实际判断者，例如审查员、法官等，可能完全看清了两者之间的区别，但是却要努力使自己朝如此定义的一般消费者靠拢，装作看不到，这无疑是一种扭曲。如此设定的人与公众对“一般消费者”的理解相去甚远，无怪乎批评者指出这样的人根本就不是“一般消费者”。

《审查指南 2004》接受了上述批评意见，不再规定“一般消费者”是一种假想的人，减少对其知识水平和认知能力的限定，使所述的“一般消费者”更加接近现实中的一般消费者。但是，这样的一般消费者又不那么容易产生误认、混淆，于是又产生了可能降低外观设计专利授权标准的问题。为了保持外观设计专利授权标准不至于偏低，提出了区别之处是否对产品的整体视觉效果产生明显影响的判断标准，规定导致一般消费者产生误认、混淆的，不具有显著影响；不产生误认、混淆的，也不一定具有显著影响，还可能认定为相近似。这实际上已经承认误认、混淆不再是判断是否相近似的充分必要条件。从逻辑上看，如果某一标准不是判断某一命题成立与否的充分必要条件，那么该标准就不具有作为判断标准的资格。例如，一个电子游戏店规定“15 岁以下的人不得进入本店”，却又说“15 岁以上的人也不一定允许进入本店”，则显然“15 岁以下”就不是判断标准。既然如此，就应当放弃“混同论”。

让判断主体回归到现实中的一般消费者是否正确？这值得商榷。下面通过一个具体案例分析由此带来的问题。

在帅康公司诉专利复审委员会专利无效行政纠纷一案[1]中，专利权人获得了一项关于飞船形路灯的外观设计专利。在无效宣告请求的审查过程中，专利复审委员会在分析了该专利与对比文献的相同和区别之处后，认为路灯通常情况下安装在电线杆的顶端，与公众的距离较远，因此对路灯类产品应当采取整体观察、综合判断的方法进行对比。由于专利产品和对比文献披露的产品均为具有弧线形外形的路灯，两者仅有弧线曲率的差异，不足以使产品的外观形状产生明显差异。据此，专利复审委员会认为专利产品与对比文献披露的产品类别相同，外观相近似，整体视觉效果差异不大，在使用状态下公众容易将二者混淆，不符合本条的规定，作出了宣告该专利权无效的决定。这表明在该案中，专利复审委员会以“公众”，更具体地说以路灯使用状态下的过往行人作为《审查指南》中所述的一般消费者，由于这样的一般消费者远远看去难以识别路灯外形弧线曲率的不同，容易产生误认、混淆，故认为应当宣告该专利权无效。专利复审委员会的决定是 2004 年 9 月 8 日作出的，所适用的应当是 2004 年 7 月 1 日起施行的《审查指南 2004》。

在一审判决中，北京市第一中级人民法院认为，就路灯类产品而言，具有关注这类产品的心理状态并具有一定知识水平和认知能力的一般消费者应当是这类产品的购买者以及安装、维护人员，因此专利复审委员会以没有作任何限定的“公众”作为判断主体是错误的。实际生活中，虽然路灯除了具有照明功能之外，还具有一定的装饰功能，但是由于该案专利要求保护的路灯以及对比文件披露的路灯均安装于几米高的电线杆顶部，公众对于这类路灯的整体外形一般不会施加注意力。如果以公众作为判断是否相同或者相近似的判断主体，就会使判断缺乏准确性和客观性，从而失去判断的意义。基于该理由，北京市第一中级人民法院撤销了专利复审委员会作出的决定，发回重审。

专利复审委员会服从一审判决，但无效宣告请求人不服一审判决，上诉至北京市高级人民法院。二审判决指出，该案专利产品是路灯，属于公共服务设施，消费者只能对使用

[1] 北京市第一中级人民法院行政判决书（2005）一中行初字第 115 号。

状态下的路灯进行观察和欣赏。在界定路灯类产品的一般消费者时，应当注重该类产品的使用状态。路灯的最终消费者以及路灯功能的享用者显然应当是不特定的过往行人，而不是从事路灯制造、销售、购买、安装、维护的人员。因此专利复审委员会在该案中将“公众”，亦即过往行人作为判断主体并无不当；相反，一审法院认为普通公众对这类产品既不能接触，也不能直接消费，故将这类产品的一般消费者群体认定为从事路灯制造、销售、购买、安装的人员，这不符合《审查指南》对判断主体的规定。据此，北京市高级人民法院判决撤销一审判决，维持专利复审委员会作出的决定。❶

有关著作对上述案例的评论是：对于哪些人构成具体产品的一般消费者，在审判实践中仍存在不同的认识，需要进一步细化和规范。对于具体外观设计产品，其判断主体的确定，即认定哪些人是其一般消费者，往往会影响到相近似判断的结论，因为不同的群体具有不同的知识水平和认知能力，会影响相近似的判断。❷

笔者认为，该案在判断主体的认定上陷入应当是过往行人，还是从事产品制造、销售、购买、安装的人员之争，已经偏离了设定判断主体的本意，这正是将判断主体定位为一般消费者，进一步将其定位于现实中的一般消费者的不当之处。笔者赞同上述评论指出的问题，却不认为解决该问题的正确途径是对一般消费者再作“进一步细化和规范”。朝着这个方向走下去只会使外观设计专利的授权标准变得更加复杂，更不具有可预见性。

设定判断主体的目的，主要在于使创造性、相近似性的判断更为统一、客观和合理，避免每个判断者按照自己的知识水平和认知能力进行判断，导致判断结果因人而异。为此，设定的判断主体应当具有适中的知识水平和认知能力，他既不应当是所属领域（技术领域或者设计领域）的资深专家，因为在这样的人眼里绝大多数专利申请的内容都是显而易见的，不值得授予专利权；也不应当是所属领域的门外汉，因为在这样的人眼里绝大多数专利申请的内容都是新奇的，都应当授予专利权。从这一点出发，无论以现实中的何人作为判断主体的样板都不合适，所以应当将判断主体定位成一种“假想的人”。判断主题的设定实际上是一种政策导向，其意义在于号召实际判断者都采用一种适中的判断立场，不要偏高也不要偏低。

既然从政策导向出发，应当将判断主题定位于一种“假想的人”，其水准就是可调的。各国可以根据自己所处的发展阶段和产业政策，通过适当调整判断主体的知识水平和认知能力来调整授予专利权的门槛高低。例如，美国联邦最高法院对 KSR 一案的判决就认为美国过去设定的普通技术人员水准偏低，导致授予过多的问题专利。美国联邦最高法院作出该判决之后，美国专利与商标局很快根据该判决修改了其审查指南，适当提高了普通技术人员的水准。

将“混同论”改为“创新论”，在判断主体问题上会带来何种变化?

首先，与“创新论”相适应，判断主体应当是有能力判断是否作出了足够创新的人员。因此，判断主体不应当是“一般消费者”，而应当是“对相关领域的产品外观设计具有普通知识的人员”。这样的人应当是一种“假想的人”，他知晓该领域中所有已知产品的外观，有能力对已知产品的设计方案作出常规和非实质性的改进，适于判断对该领域中所

---

❶ 北京市高级人民法院行政判决书（2005）高行终字第 337 号。

❷ 张广良.外观设计的司法保护［M］.北京：法律出版社，2008：20-21.

有产品的外观提出的专利申请能否被授予专利权。以这样的假想的人作为判断主体，就不至于如同前述案例那样，使判断主体的认定陷入应当是路灯下的过路行人还是路灯的制造者、安装者的无谓争议之中。若是采用该案二审判决的观点，以路灯下的过往行人作为判断主体，就会得出关于路灯的外观设计专利申请比关于台灯的外观设计专利申请更难获得外观设计专利权的结论，这无疑是难以令人信服的。

其次，采用“创新论”，不仅完全允许，而且应当要求判断主体清楚地了解比较对象之间的所有区别，因为并非只要存在区别就认定为能够授予专利权的创新，而只有当区别足够大的情况下才能认定为能够授予专利权的创新。对所述“足够大的区别”，2008 年修改的本条第二款采用了“明显区别”的表述方式。采用“创新论”，当然就没有必要为了让判断主体更容易产生误认、混淆，进而推定判断主体看不出比较对象实际存在的某些差别或者视为看不出这样的差别。

在前面所述案例中，无效宣告请求审查决定和二审判决均认为按照《审查指南》的规定，该案的一般消费者应当是路灯使用状态下的过路行人。然而，如同该案一审判决指出的那样，路灯下的过路行人隔着数米的距离既看不全路灯的整个外观，也看不清专利路灯外观与已知路灯外观之间的区别，只凭从远处得到的朦朦胧胧的视觉感观，就认定一般消费者会对专利产品的外观和已知产品的外观产生误认、混淆，进而宣告专利权无效，很难被认为是公平合理的。如此认定判断主体，实际上只会将外观设计专利授权标准的判断引入歧途。

欧盟实施《欧盟外观设计条例》的有关经验可以为我们提供有用的启示。其有关判决指出，该条例规定的“知情的使用者”（informed user）不应当是指商标法意义上的“普通消费者（average consumer）”；他应当具有更多的鉴别能力，对设计问题是思维敏捷的，包括知晓设计带来的视觉效果；他不应当采用不完备的回忆式比较方式，而是应当采用“面对面（side by side）”的比较方式。[1]

3. 关于外观设计专利权授权条件的判断方式

采用“创新论”取代“混同论”，也会对外观设计专利权授权条件的判断方式带来相应变化。

首先，既然采用“创新论”应当以“查明事实”作为判断的前提，因此不但可以，而且应当将申请专利的产品外观与已知产品的外观进行“面对面”的比较分析，以找出其不同之处，进而判断不同之处是否构成明显的区别，完全没有必要采用“隔离对比”的判断方式。即使在仍然采用“混同论”的前提下，《审查指南 2004》也摒弃了这一判断方式，其理由是实际中难以操作。采用“创新论”，可以在更高层次，更为清楚地看出采用“隔离对比”的判断方式的不当。

其次，既然应当判断的是申请专利的外观设计是否构成对其产品外观的创新，就不应

[1] ROBERT WALSON. Practice in Infringement of Community Designs. FICPI China (Shengzhen) Symposium, November 2009. “The informed user is not the ‘average consumer’ of trade mark law. He is more discriminating, and is alert to design issues, which includes being aware of the effect of the function on design. Imperfect recollection is not relevant, the infringement test requires a side by side comparason.”

当将与已知产品外观设计的对比限制为“单独对比”模式。将两件已知产品的外观各取一部分，以简单或者惯常方式将它们拼凑起来，这在现实中是经常出现的事情，其中许多是“对相关领域的产品外观设计具有普通知识的人员”很容易想到的，没有什么创新，不应授予外观设计专利权。之所以采用“单独对比”的比较方式，根源仍然在于“混同论”，因为即使是很简单的拼凑，也很难认为会使一般消费者产生误认、混淆。于是，为了将就“混同论”，就只能规定在判断申请专利的外观设计是否符合授予专利权的标准时不得将不同现有设计组合起来进行判断。采用“单独对比”的模式，以是否产生误认、混淆作为判断标准，其结果是不合理地降低了我国外观设计专利的授权标准。2008年修改的《专利法》本条第二款明确规定“授予专利权的外观设计与现有设计特征的组合相比，应当具有明显区别”，实施这一规定必然需要突破“单独对比”的禁锢。

再者，关于产品的类型需要展开进行一些分析。过去一直认为判断是否相同或者相近似有两大要素：一是产品的类型是否相同或者相近似，二是产品的外观是否相同或者相近似，两者缺一不可。

《审查指南1993》规定产品的类型相同是指产品的用途和功能完全相同，并举例说明手表与座钟相比用途相同，但功能不同；机械手表与电子手表相比则用途和功能均相同。其中所述“功能”是指什么？颇令人费解。

《审查指南2001》规定，同一种类或者相似种类的产品，是指用途相同或者相近的产品。在确定产品的种类时，可以参考产品的名称、洛迦诺分类以及产品货架分类，但是应当以产品的用途是否相同或者相似为准。[1]与《审查指南 1993》的规定相比，其主要变化在于删除了原来要求的功能相同或者相似的规定。

有学者对上述规定提出质疑，指出：

> 本条条文中只说同已知的在先外观设计不相同和不相近似，并没有说同什么产品的外观设计不相同和不相近似，按照一般理解，条文的意思应当是指同任何产品的外观设计不相同和不相近似。审查基准规定以相同和相似种类产品的外观设计作为对比的范围，这样规定的根据是什么？专利法上没有说，实施细则上也没有说。[2]

该学者进一步指出了限定产品种类带来的不良后果：

> 例如，玩具汽车的外观设计即使抄袭了实用汽车的形状、式样、色彩（例如跑车），根据上述审查基准，玩具汽车的外观设计专利权就不能根据缺乏新颖性的理由被宣告无效。这无异于鼓励人们剽窃仿冒不是相同或者相似种类产品的外观设计。我们要杜绝剽窃仿冒，首先要从法律上不给剽窃仿冒的一切可乘之机。

笔者赞同该学者的观点。《审查指南》规定判断产品的种类应当以产品的用途为准。然而，大多数产品的用途，尤其是工业产品的用途主要由产品的技术性能和使用效果决定，而不是由产品的外观决定。外观设计专利权保护的是产品的外观，而不是其技术性能。在技术性能明显不同的产品上采用相同或者相近似的外观设计的情况相当常见，不能排除产品的外观明显抄袭或者借用具有不同用途的产品外观的情况。例如，现在流行的电

---

[1] 国家知识产权局.审查指南2001［M］.北京：知识产权出版社，2001：第四部分第五章7.1、7.2.1.

[2] 汤宗舜.专利法解说［M］.修订版.北京：知识产权出版社，2002：166-167.

冰箱外观与早先的电冰箱相比已经有了很大变化，越来越多地借鉴流行橱柜的外观设计方案，如采用双开门的结构等。电冰箱的用途与橱柜的用途显然不同，但是这丝毫也不妨碍两者在外观上相互借鉴，如果一者抄袭或者简单模仿另一者的已知外观，则不应当授予外观设计专利权。因此，笔者主张应当放宽对可比产品种类的限制。

如该学者所述，无论是《专利法》还是《专利法实施细则》，均没有明确规定以判断产品类型是否相同或者相近似作为判断是否能够授予外观设计专利权的条件之一。一个值得探讨的问题在于：既然如此，为什么会形成这一条件？笔者认为，这是由于我国在形成外观设计专利的授权条件和侵权条件的一开始就深受商标制度影响，借鉴了商标的有关判断标准的缘故。《商标法》第五十二条第（一）项规定，未经商标注册人的许可，在同一种商品或者类似商品上使用与其注册商标相同或者近似的商标的，属于侵犯注册商标专用权的行为。由于在 1984 年制定的《专利法》中，本条规定外观设计专利的授权条件是“不相同或者不相近似”，与《商标法》上述规定采用的措辞“相似”；加之在外观设计专利的授权条件和侵权条件方面又借鉴了商标法意义上的“混同论”，于是导致了将《商标法》上述规定也“读入”《专利法》之中的结果。这种“读入”是否正确值得商榷。对此，本书将在对《专利法》第五十九条的说明中结合外观设计专利权的侵权判断标准展开进一步的讨论。

（四）《专利审查指南 2010》的规定

根据 2008 年修改的《专利法》和 2010 年修改的《专利法实施细则》，国家知识产权局于 2010 年 1 月 21 日以第五十五号局令公布了《专利审查指南 2010》，自 2010 年 2 月 1 日起施行。下面介绍该指南有关外观设计专利权授权条件的规定，并作必要说明。

1. 关于本条第一款的规定

本条第一款规定“授予专利权的外观设计应当不属于现有设计”，这是关于外观设计新颖性的规定。

关于“不属于现有设计”的含义，《专利审查指南 2010》规定：

> **不属于现有设计，是指在现有设计中，既没有与涉案专利相同的外观设计，也没有与涉案专利实质相同的外观设计。在涉案专利申请日以前任何单位或者个人向专利局提出并且在申请日以后（含申请日）公告的同样的外观设计专利申请，称为抵触申请。其中，同样的外观设计是指外观设计相同或者实质相同。❶**

关于外观设计相同的含义，《专利审查指南 2010》作了如下规定：

> **外观设计相同，是指涉案专利与对比设计是相同种类产品的外观设计，并且涉案专利的全部外观设计要素与对比设计的相应设计要素相同，其中外观设计要素是指形状、图案以及色彩。**
>
> **如果涉案专利与对比设计仅属于常用材料的替换，或者仅存在产品功能、内部结构、技术性能或者尺寸的不同，而未导致产品外观设计的变化，二者仍属于相同的外观设计。**

---

❶ 国家知识产权局.专利审查指南 2010［M］.北京：知识产权出版社，2010：第四部分第五章 5.

在确定产品的种类时，可以参考产品的名称、国际外观设计分类以及产品销售时的货架分类位置，但是应当以产品的用途是否相同为准。相同种类产品是指用途完全相同的产品。例如机械表和电子表尽管内部结构不同，但是它们的用途是相同的，所以属于相同种类的产品。❶

关于外观设计实质相同的含义，《专利审查指南 2010》规定：

外观设计实质相同的判断仅限于相同或者相近种类的产品外观设计。对于产品种类不相同也不相近的外观设计，不进行涉案专利与对比设计是否实质相同的比较和判断，即可认定涉案专利与对比设计不构成实质相同，例如，毛巾和地毯的外观设计。

相近种类的产品是指用途相近的产品。例如，玩具和小摆设的用途是相近的，两者属于相近种类的产品。应当注意的是，当产品具有多种用途时，如果其中部分用途相同，而其他用途不同，则二者应属于相近种类的产品。如带 MP3 的手表与手表都具有计时的用途，二者属于相近种类的产品。

如果一般消费者经过对涉案专利与对比设计的整体观察可以看出，二者的区别仅属于下列情形,则涉案专利与对比设计实质相同：

（1）其区别在于施以一般注意力不能察觉到的局部的细微差异，例如，百叶窗的外观设计仅有具体叶片数不同；

（2）其区别在于使用时不容易看到或者看不到的部位，但有证据表明在不容易看到部位的特定设计对于一般消费者能够产生引人瞩目的视觉效果的情况除外；

（3）其区别在于将某一设计要素整体置换为该类产品的惯常设计的相应设计要素，例如，将带有图案和色彩的饼干桶的形状由正方体置换为长方体；

（4）其区别在于将对比设计作为设计单元按照该种类产品的常规排列方式作重复排列或者将其排列的数量作增减变化，例如，将影院座椅成排重复排列或者将其成排座椅的数量作增减；

（5）其区别在于互为镜像对称。❷

2. 关于本条第二款的规定

本条第二款规定："授予专利权的外观设计与现有设计或者现有设计特征的组合相比，应当具有明显区别。"与本条第一款的规定相比，第二款显然对外观设计专利权提出了更高的授权标准。因此，本条第一款与第二款之间的关系是授权条件上的一种递进关系，这与《专利法》第二十二条第二款和第三款之间在发明和实用新型专利权授权条件上的递进关系是对应的。

《专利审查指南 2010》规定：

涉案专利与现有设计或者现有设计特征的组合相比不具有明显区别是指如下几种情形：

（1）涉案专利与相同或者相近种类产品现有设计相比不具有明显区别；

（2）涉案专利是由现有设计转用得到的，二者的设计特征相同或者仅有细微差别，且该具体的转用手法在相同或者相近种类产品的现有设计中存在启示；

（3）涉案专利是由现有设计或者现有设计特征组合得到的，所述现有设计与涉案专利的

---

❶ 国家知识产权局.专利审查指南 2010［M］.北京：知识产权出版社，2010：第四部分第五章 5.1.1. 为简明起见，引用时略去了其中所举的例子。

❷ 国家知识产权局.专利审查指南 2010［M］.北京：知识产权出版社，2010：第四部分第五章 5.1.2.

相应设计部分相同或者仅有细微差别，且该具体的组合手法在相同或者相近种类产品的现有设计中存在启示。❶

以上规定概括了不具备本条第二款规定的创造性的三种情形，即与一份现有设计相比不具有明显区别、现有设计的转用以及现有设计的组合。

所谓“涉案专利与相同或者相近种类产品外观设计不具有明显区别”,《专利审查指南2010》规定是指“一般消费者经过对涉案专利与现有设计的整体观察可以看出，二者的差别对于产品外观设计的整体视觉效果不具有显著影响”。

所谓“转用”,《专利审查指南2010》规定是指将产品的外观设计应用于其他种类的产品，模仿自然物、自然景象以及将无产品载体的单纯形状、图案、色彩或者其结合应用到产品的外观设计中，也属于转用。

《专利审查指南2010》规定，以下几种类型的转用属于明显存在转用手法的启示的情形，由此得到的外观设计与现有设计相比不具有明显区别的结论：

（1）单纯采用基本几何形状或者对其仅作细微变化得到的外观设计；

（2）单纯模仿自然物、自然景象的原有形态得到的外观设计；

（3）单纯模仿著名建筑物、著名作品的全部或者部分形状、图案、色彩得到的外观设计；

（4）由其他种类产品的外观设计转用得到的玩具、装饰品、食品类产品的外观设计。❷

所谓“现有设计的组合”,《专利审查指南2010》规定是指将两项或者两项以上设计或者设计特征拼合成一项外观设计,或者将一项外观设计中的设计特征用其他设计特征替换。以一项设计或者设计特征为单元重复排列而得到的外观设计属于组合设计。上述组合也包括采用自然物、自然景象以及无产品载体的单纯形状、图案、色彩或者其结合进行的拼合和替换。

《专利审查指南2010》规定，以下几种类型的组合属于明显存在组合手法的启示的情形，由此得到的外观设计属于与现有设计特征的组合相比没有明显区别的外观设计：

（1）将相同或者相近种类产品的多项现有设计原样或者作细微变化后进行直接拼合得到的外观设计。例如，将多个零部件产品的设计直接拼合为一体形成的外观设计。

（2）将产品外观设计的设计特征用另一项相同或者相近种类产品的设计特征原样或者作细微变化后替换得到的外观设计。

（3）将产品现有的形状设计与现有的图案、色彩或者其结合通过直接拼合得到该产品的外观设计；或者将现有设计中的图案、色彩或者其结合替换成其他现有设计的图案、色彩或者其结合得到的外观设计。❸

《专利审查指南2010》指出，现有设计的转用和组合产生独特视觉效果的，应当认为具有明显区别。

3. 评　论

本条第一款规定了授予外观设计专利权的新颖性条件。按照《专利审查指南2010》的

---

❶ 国家知识产权局.专利审查指南2010［M］.北京：知识产权出版社，2010：第四部分第五章6.

❷ 国家知识产权局.专利审查指南2010［M］.北京：知识产权出版社，2010：第四部分第五章6.2.2.

❸ 国家知识产权局.专利审查指南2010［M］.北京：知识产权出版社，2010：第四部分第五章6.2.3.

规定，不具备新颖性包含外观设计相同和实质相同这两种情形。将“属于现有设计”解释为包括实质相同的情形，为外观设计的新颖性条件赋予了必要的灵活性。《专利审查指南2010》对发明和实用新型的新颖性条件也赋予了必要的灵活性，即申请专利的发明或者实用新型与一份现有技术即使不完全相同，但如果不同之处仅仅是“惯用手段的直接替换”，仍然可以认定为不具备新颖性。“实质相同”的覆盖范围显然大于“惯用手段的直接替换”，因此《专利审查指南 2010》对外观设计的新颖性条件赋予的灵活性明显大于对发明和实用新型的新颖性条件赋予的灵活性。

人们很自然会产生的问题是：为什么需要赋予外观设计的新颖性条件更大的灵活性?在实质相同的情形下，其实也可以认为申请专利的外观设计与一份现有设计相比不具有明显区别，完全可以将其归入不具备本条第二款规定的创造性的范畴，同样可以达到阻止被授予外观设计专利权的结果，为什么要将这些情形剥离出来，归入本条第一款规定的不具备新颖性的范畴?

这主要是根据外观设计专利的特点所作出的制度设计。

外观设计专利文件与发明、实用新型专利文件相比的一个重要区别在于前者没有权利要求书。发明、实用新型专利文件通过其权利要求书记载的为数不多的要素，即技术特征来界定所要求保护的技术方案，判断发明、实用新型是否具备新颖性、创造性只需考虑引证的现有技术是否披露了权利要求书记载技术特征即可，换言之只需比较技术方案的“要点”，不必顾及仅在说明书中记载而未写入权利要求书中的技术方案的其他“细节”。外观设计专利文件没有权利要求书，其保护范围以图片或者照片表示的产品的外观设计为准，尤其在申请人采用照片的情况下，会如实地反映产品外观的所有细节，若将照片比作权利要求书，则该“权利要求”记载了数量多得多的设计特征。以这样的“权利要求书”为准来判断申请专利的外观设计是否具备本条第一款规定的新颖性，如果将本条第一款规定的新颖性严格限定为仅指外观设计相同的情形，则对绝大多数申请专利的外观设计都将得出具备新颖性的结论。

如果是与现有设计进行比较，判断申请专利的外观设计是否能够被授予专利权，即使如此掌握外观设计新颖性的判断标准不会产生什么问题，因为要被授予专利权，仅仅具备本条第一款规定的新颖性还不充分，还必须具备本条第二款规定的创造性。但是如果是与一份在申请日之前尚未公开的在先外观设计进行比较，判断在后申请是否能够被授予外观设计专利权，就会产生问题。如本书对《专利法》第九条的说明所指出的那样，适用该条规定的禁止重复授权原则，判断是否构成该条第一款所述的“同样的发明创造”应当采用与本条第一款规定的新颖性一致的判断标准。如果严格限制不具备新颖性的外观设计仅仅包括完全相同的外观设计，则在后申请要求保护的外观设计略有不同就不能认定为“同样的发明创造”，进而授予外观设计专利，就会导致出现过多的设计方案十分接近的外观设计专利，对我国专利制度的正常运作带来不利影响。《专利审查指南 2010》规定不具备本条第一款规定的新颖性的情形既包括相同，也包括实质相同，使外观设计新颖性的判断标准与发明、实用新型新颖性的判断标准相比具有更大的灵活性，从而解决了上述问题。

2008 年修改的《专利法》在本条第一款中增加了关于外观设计抵触申请的规定，措辞与《专利法》第二十二条第二款关于发明和实用新型抵触申请的规定完全对应，其目的、含义、认定条件和作用可以参见本书关于第二十二条第二款的说明，无须赘述。不同之处在于：对发明和实用新型而言，判断是否属于《专利法》第九条第一款所述的“同样的发明创造”，只比较先后两件专利申请的权利要求确定的保护范围，存在重叠的才属于“同样的发明创造”，判断是否属于《专利法》第二十二条第二款所述的抵触申请是将在后申请的权利要求与在先申请的整个申请文件相比，采用的是新颖性的判断标准，后者更为严格，因此防止重复授权的作用更强；对外观设计而言，判断是否属于《专利法》第九条第一款所述“同样的发明创造”与判断是否属于本条第一款所述的抵触申请的判断标准没有什么区别，因此防止重复的作用也就基本相当。但是，抵触申请所能产生的防止在后申请被授予外观设计专利权的效力不受抵触申请以后法律状态变化的影响，只要抵触申请随后被公告授予外观设计专利权，则即使该专利权随后被放弃或者被宣告无效，该效力依然存在。从这一点来看，结论仍然应当是关于抵触申请的规定更为严格。因此，在同一申请人或者不同申请人先后就同样的外观设计申请专利时，都应当优先适用本条第一款关于抵触申请的规定，只有在同一申请人或者不同申请人同日就同样的外观设计申请专利时，才需要适用《专利法》第九条第一款关于禁止重复授权的规定。

需要注意的是，2008 年修改《专利法》时新增加了第六十二条关于现有技术和现有设计抗辩的规定，即“在专利侵权纠纷中，被诉侵权人有证据证明其实施的技术或者设计属于现有技术或者现有设计的，不构成侵犯专利权。”对该条规定，各方面最关心的问题就是被控侵权技术或者设计与一项现有技术或者现有设计要接近到何种程度，其不侵权抗辩主张才能得到支持。对此，《专利法》第六十二条的规定采用了与该法第二十二条和第二十三条关于新颖性条件的规定彼此对应的措辞，即“属于现有技术或者现有设计”。对《专利法》中出现的相同措辞，应当赋予其相同的含义。因此，新颖性条件的门槛高低，对现有技术和现有设计抗辩成立的难易程度将产生很大影响。增大对新颖性判断标准的灵活性，固然对防止重复授权有利，但是同时也会使现有技术和现有设计抗辩的成立变得更为容易，因为即使被控侵权技术或者设计与被诉侵权人举证的一项现有技术或者现有设计相比有较大的差别，也可以被认定为“属于现有技术或现有设计”，进而认定为不侵犯专利权。如果将新颖性的判断标准规定得过于灵活，导致现有技术和现有设计抗辩的成立变得过于容易，就会使专利权人的合法利益无法得到切实保护，从根本上影响专利制度的正常运作。

本条第二款规定了授予外观设计专利权的创造性条件，其条文包含了两层含义：一是申请专利的外观设计与现有设计中的任何一项设计方案相比具有明显区别；二是申请专利的外观设计与现有设计中的两项以上设计方案的设计特征的组合相比具有明显区别。《专利审查指南 2010》第四部分第五章 6 规定了不具有明显区别的三种情况，其中第一种情况是“与相同或者相似种类产品现有设计相比不具有明显区分”，其含义应当是指与单独一项现有设计进行比较，因此应当认为对应于上述第一层含义；第二种情况是转用设计，是指与不同领域中的单独一项现有设计进行比较，因此也可以认为它们对应于上述第一层含义；第三种情况是组合设计，可以将两项以上现有设计组合起来进行比较，因此对应于上述第二层含义。

关于上述第一种情况，即“涉案专利与相同或者相近种类产品外观设计不具有明显区别”的含义，《专利审查指南 2010》作了进一步规定：

如果一般消费者经过对涉案专利与现有设计的整体观察可以看出，二者的差别对于产品外观设计的整体视觉效果不具有显著影响，则涉案专利与现有设计相比不具有明显区别。显著影响的判断仅限于相同或者相近种类的产品外观设计。❶

该规定引入了《审查指南 2006》采用的“具有显著影响”的概念，用于定义“具有明显区别”。然而，“具有显著影响”与“具有明显区别”是抽象程度相当的概念，如此定义只是抽象概念的辗转叠加，无助于使本条规定的“具有明显区别”的含义变得更加清楚。

为了让判断者知道实际中应当如何进行判断，《专利审查指南 2010》进一步规定，在确定涉案专利与相同或者相近种类产品现有设计相比是否具有明显区别时，一般还应当综合考虑如下因素：

（1）对涉案专利与现有设计进行整体观察时，应当更关注使用时容易看到的部位，使用时容易看到部位的设计变化相对于不容易看到或者看不到部位的设计变化，通常对整体视觉效果更具有显著影响。

（2）当产品上某些设计被证明是该类产品的惯常设计（如易拉罐产品的圆柱形状设计）时，其余设计的变化通常对整体视觉效果更具有显著的影响。

（3）由产品的功能惟一限定的特定形状对整体视觉效果通常不具有显著的影响。

（4）若区别点仅在于局部细微变化，则其对整体视觉效果不足以产生显著影响。❷

关于上述规定，有两点需要注意：

第一，需要注意将属于本条第一款规定的新颖性范畴的“实质相同”与属于本条第二款规定的创造性范畴的“涉案专利与相同或者相近种类产品外观设计不具有明显区别”区分开来，不应彼此重复，否则在判断在先申请是否构成在后申请的抵触申请时就会产生混淆，因为抵触申请只能采用新颖性的判断方式，而不能采用创造性的判断方式。除此之外，依据《专利法》第九条第一款的规定判断是否构成外观设计专利的重复授权，也只能采用新颖性的判断方式。

第二，仅在涉及本条第二款的规定中提及“由产品的功能惟一限定的特定形状对整体视觉效果通常不具有显著的影响”似有不妥，因为无论是判断本条第一款规定的新颖性，还是判断本条第二款规定的创造性，都不应考虑主要由产品功能所决定的外观设计。❸

最后需要指出的是，在 2008 年修改的《专利法》增加本条第二款的情况下，《专利审查指南 2010》规定判断本条第一款规定的新颖性条件和本条第二款规定创造性条件的判断主体仍然是“一般消费者”。事实上，在讨论《专利审查指南 2010》应当如何落实本条第二款规定时，制定者已经认识到判断外观设计的转用和组合是否符合本条第二款规定的授权条件时，难以从“一般消费者”的角度出发进行判断。国家知识产权局 2003 年 5 月答复北京市高级人民法院的司法建议函时指出：“普通专业设计人员是日本、美国和欧盟一些国家在判断外观设计创造性、非显而易见性、原创性或者非容易创作性中引入的判断主体概念，在我国现行专利法为外观设计尚未规定创造性要求的情况下，引入创造性判断中所采用的普通专业设计人员的概念，将使外观设计授权要求超越目前法律的规定。”然而，

---

❶❷ 国家知识产权局.专利审查指南 2010［M］.北京：知识产权出版社，2010：第四部分第五章 6.1.

❸ 《专利审查指南 2010》规定的是“由产品的功能惟一限定的特定形状”，而 TRIPS 规定的是“主要由技术或者功能因素所决定的外观设计”。两者相比，前者的排除范围显然狭窄得多。

在《专利法》已经作了修改，引入了创造性条件的情况下，仍然坚持以“一般消费者”作为判断主体，令人感到费解。

三、与他人在先取得的合法权利相冲突

（一）概　述

2000年修改《专利法》时，在本条中增加了授予外观设计专利权的第二个条件，即“授予专利权的外观设计不得与他人在先取得的合法权利相冲突”，修改的主要目的是解决实践中出现的外观设计专利权与商标专用权、著作权之间的权利冲突问题。

实践中，一些外观设计专利申请人未经许可，采用他人已经注册的商标标识或者享有著作权的美术作品作为其产品外观设计的一部分，申请外观设计专利。由于国家知识产权局对外观设计专利申请只进行初步审查，因此这些申请只要符合《专利法实施细则》规定的形式条件，就能够被授予外观设计专利权。在此情况下，被授予的外观设计专利权就会与先前已经存在的商标权、著作权产生权利冲突。但是，要通过法律途径来解决由此而产生的冲突问题却存在一定困难。由于外观设计专利权是依法授予的，法院和有关行政机关不能直接否定该外观设计专利权的效力，所以商标注册人或者著作权人只能请求宣告相冲突的外观设计专利权无效。根据《专利法实施细则》关于请求宣告专利权无效的理由的规定，在这种情况下只能以授予专利权的外观设计不符合本条规定的授权条件为理由请求宣告专利权无效。但是，按照2000年修改前的《专利法》本条规定，用于判断外观设计是否“相同或者相近似”的比较对象必须也是产品的外观设计，注册商标标识和美术作品不能作为比较的对象。这导致被授予的外观设计专利权与在先取得的商标专用权、著作权相冲突的问题难以得到解决。为了解决这一问题，2000年修改《专利法》时在本条中增加了上述规定。

为了配合2000年修改的《专利法》的施行，2001年颁布的《最高人民法院关于审理专利纠纷案件适用法律问题的若干规定》第十五条规定：

> **人民法院受理的侵犯专利权纠纷案件，涉及权利冲突的，应当保护在先依法享有权利的当事人的合法利益。**

该司法解释第十六条规定：

> **专利法第二十三条所称的在先取得的合法权利包括：商标权、著作权、企业名称权、肖像权、知名商品特有包装或者装潢使用权等。**

出于基本上相同的原因，2001年修改的《商标法》第九条规定：

> **申请注册的商标，应当有显著特征，便于识别，并不得与他人在先取得的合法权利相冲突。**

值得注意的是，2001年修改的《著作权法》并没有增加相应规定，这与著作权的性质有关，因为著作权是自动产生的权利，无须经过行政部门的批准，不存在请求宣告著作权无效一说；同时，《著作权法》所称作品是指具备独创性并能以某种有形形式复制的智力成果，其中独创性条件并不排除不同人对同样的作品都获得《著作权法》的保护，只要

都是独立作出的即可。因此，《著作权法》不宜增加“不得与他人在先取得的合法权利相冲突”的规定。

2008年修改《专利法》时，对本条关于权利冲突的规定作了两处修改：一是将关于权利冲突的这一特殊规定从关于外观设计专利权授权条件的一般性规定中分离出来，作为本条第三款单独予以规定；二是进一步明确了“在先取得”的含义，修改前的规定没有明确所谓“在先”是指在外观设计专利申请的申请日之前还是在授权日之前，导致对本条规定产生不同理解，考虑到这一规定的主要目的，是防止外观设计专利申请人在申请时将他人已经注册并公告的商标或者他人已享有著作权的作品作为自己的“设计”来申请外观设计专利的不当行为，因此将“不得与他人在先取得的合法权利相冲突”，改为“不得与他人在申请日以前已经取得的合法权利相冲突”。

除此之外，2008年修改《专利法》时，还在第二十五条中增加了第六项，规定“对平面印刷品的图案、色彩或者二者的结合作出的主要起标识作用的设计不授予专利权”，其主要目的就是为了更好地避免被授予的外观设计专利权与商标权、地理标记权等主要起标识性作用的知识产权产生冲突。

（二）本条第三款的含义和有关程序

1. 关于本条第三款规定的含义

《专利审查指南2010》第四部分第五章7规定：

> **一项外观设计专利权被认定与他人在申请日（有优先权的，指优先权日）之前已经取得的合法权利相冲突的，应当宣告该项外观设计专利权无效。**
>
> **他人，是指专利权人以外的民事主体，包括自然人、法人或者其他组织。**
>
> **合法权利，是指依照中华人民共和国法律享有并且在涉案专利申请日仍然有效的权利或者权益。包括商标权、著作权、企业名称权（包括商号权）、肖像权以及知名商品特有包装或者装潢使用权等。**
>
> **在申请日以前已经取得（以下简称在先取得），是指在先合法权利的取得日在涉案专利申请日之前。**
>
> **相冲突，是指未经权利人许可，外观设计专利使用了在先合法权利的客体，从而导致专利权的实施将会损害在先权利人的相关合法权利或者权益。**
>
> **在无效宣告程序中请求人应就其主张进行举证，包括证明其是在先权利的权利人或者利害关系人以及在先权利有效。**[1]

上述规定逐词地诠释了本条第三款的含义，已经很全面了。但是，仍然存在需要讨论的问题。

首先，判断是否存在权利冲突，是只需要判断受专利权保护的产品外观设计的全部或者一部分（例如某一图案）与在先合法权利的保护客体相同或者相似，还是需要判断实施外观设计专利的行为，即制造、许诺销售、销售、进口该外观设计专利产品的行为会损害在先权利人的合法权益？从本条第三款采用的“相冲突”这一措辞来看，回答应当是后者。明确了这一点，就可以知道是否存在权利冲突的判断标准应当是实施外观设计专利权

---

[1] 国家知识产权局.专利审查指南2010［M］.北京：知识产权出版社，2010：第四部分第五章7.

的行为是否构成侵犯在先权利的行为，而是否“使用了在先合法权利的客体”的判断已经包含在是否侵犯了在先权利的判断之中，无须再单独形成保护客体是否相同或者相似的判断标准。

其次，在明确上述问题的基础上，需要进一步讨论的问题是本条第三款所述“不得相冲突”的含义是什么。也就是在判断是否存在权利冲突时，是只需要认定存在潜在的侵犯在先合法权利的可能性，即一旦实施外观设计专利权就会侵犯在先权利，就足以认定“相冲突”，还是必须作出了实际实施行为，确实侵犯了在先合法权利，才能认定“相冲突”？单从“不得相冲突”的措辞来看，似乎作上述两种解释都可以，但是从该款规定是本条规定的授予外观设计专利权的条件之一来看，作前一种解释更为合理。《专利审查指南 2010》的上述规定采用了“将会损害”的措辞，已经回答了这一问题。

应当注意的是，在先权利的类型不同，是否侵犯该权利的判断标准就不同。例如，侵犯注册商标专用权，是指行为人在商品上采用他人注册的商标标识，致使消费者产生混淆，将其制造、销售的商品误认为是商标注册人制造、销售的商品；侵犯著作权，是指行为人未经著作权人许可而作出了发表、复制、发行其作品等行为。两者的判断标准有很大不同，不可混为一谈。

就注册商标专用权而言，获得专利权的外观设计的全部或者一部分与他人在先注册的商标相同或者相似，从主观因素上看可能有两种原因：一是外观设计申请人故意抄袭他人注册的商标标识；二是外观设计专利申请人独立作出的设计方案的全部或者一部分与他人在先注册的商标不谋而合。前者是本条第三款所要排除的主要情况，当然应当认定构成了“相冲突”；对后者，是否可以网开一面？回答应当是否定的。注册商标是由国家有关行政部门经审查而依法授予并予以公示的权利，尽管国家知识产权局在对外观设计专利申请授予专利权之前不进行实质审查，但是外观设计专利的申请人应当在申请前对国家已经公告的注册商标进行检索，以防止消费者产生混淆。因此，即使外观设计与在先注册的商标相同或者相似是因巧合而导致（事实上不可能因巧合而完全相同），也应当认定构成了“相冲突”。

就著作权而言，情况则有所不同，并非只要获得专利权的外观设计全部或者部分与他人在先获得著作权的作品相同或者相似的情况，就应当认定构成了“相冲突”。即使获得专利权的外观设计与他人的作品（例如一件实用艺术作品）全部相同，但如果该外观设计是申请人独立创作的，而不是抄袭他人的作品，则该外观设计本身就构成了可以受著作权法保护的作品，《著作权法》并不认为该作品与他人在先作出的相同作品“相冲突”，为什么申请获得一项外观设计专利权就构成了“相冲突”？

再者，应当分析讨论本条第三款规定的外观设计专利权授权条件与本条第一款、第二款规定的授权条件的不同之处。

判断是否具备新颖性、创造性，是将申请专利的外观设计与申请日之前已经为公众所知的外观设计进行比较，其出发点在于维护公众自由使用已知外观设计的合法权利；判断是否与他人在申请日以前已经取得的合法权利相冲突，是将申请专利的外观设计与他人在先取得的合法权利的权利客体进行比较，其出发点在于维护特定的人（在先权利人）的合法权利不至于受到损害。上述性质上的不同带来如下不同之处：

第一，判断是否具备新颖性、创造性，应当依据《专利审查指南 2010》规定的判断标准；判断是否构成权利冲突，如前所述是判断实施外观设计专利的行为是否会构成侵犯在先权利的行为，应当依据《商标法》《著作权法》《反不正当竞争法》以及其他相关法律法规规定的判断标准。

第二，用于判断是否具备新颖性、创造性的现有设计必须是外观设计专利申请日之前已经公开的设计；判断是否构成权利冲突，在先权利的客体不必已经公开，因为“不得与他人在申请日以前已经取得的合法权利相冲突”的规定并不包含所述权利的客体必须已经公开的含义。例如，他人在先完成的美术作品、实用艺术作品即使没有公开发表，按照《著作权法》的规定也享有著作权，此时如果外观设计专利申请人通过某种途径获知了该作品，未经作者同意而在其产品外观设计中采用该作品，仍然构成了权利冲突。

第三，判断是否构成权利冲突，在先权利在外观设计专利申请日之前必须是有效的权利，如果在先权利在外观设计专利申请日之前依法已经终止，则授予外观设计专利权不会构成权利冲突；判断是否具备新颖性、创造性则不同，作为其比较对象的现有设计只要在外观设计专利申请日以前为公众所知即可，与现有设计的权利状态无关。

最后，从防止产生权利冲突的角度出发，可以理解为什么对提供所谓“部分外观设计保护”应当持慎重立场。从国家知识产权局受理外观设计专利申请的实际状况来看，其中许多外观设计与现有设计的区别仅仅在于产品表面上采用不同的图案，例如许多关于包装盒、包装袋、酒瓶的外观设计专利申请常常如此，因为对产品的形状作出创新的余地常常有限而且难度较大，而改换图案、色彩的余地可以说无穷无尽且唾手可得。如果允许随意获得部分外观设计保护，则这些申请人就会强调其要求保护的外观设计的创新之处就在于采用新的不同图案，进而要求就外观设计的图案获得部分外观设计保护，其余部分一概“虚线化”。然而，所谓“图案”，最为常见的就是美术、绘画、摄影作品，或者供公众识别产品来源的文字或者图形标识，对其提供部分外观设计保护，与对这些作品或者标识本身授予外观设计专利权有什么不同？况且，被采用的作品、标识常常不是申请人自己创作的，而是抄袭、模仿他人的作品或者标识，因此允许提供部分外观设计保护的结果只会增大产生权利冲突的可能，而不是限制或者缩小其可能。

2. 解决权利冲突问题的程序

施行本条第三款的规定，除了需要从实体的角度进行探讨，明确构成权利冲突的判断标准之外，还需要从程序的角度进行探讨，以保证有一个切实可行、具有可操作性的途径来解决权利冲突问题。

如前所述，国家知识产权局在授予外观设计专利权之前只进行初步审查，一般不可能调查是否与在先权利相冲突，因此要解决权利冲突问题，只能依靠无效宣告请求程序。如何进行无效宣告请求程序？在展开讨论之前有必要回顾一下我国专利制度的一个变化过程。

1984 年制定的《专利法实施细则》第五十五条规定，可以对专利局公告的专利申请提出异议的理由包括“申请人依照专利法第六条、第八条、第十八条规定无权申请专利，或者依照专利法第九条规定不能取得专利权，或者申请专利的外观设计的基本组成部分是取自他人的设计、图片、照片、物品或者模型，而未经其同意的”，这表明允许以主体资格问题为理由提出异议。同时，1984 年制定的《专利法实施细则》第六十六条规定“请求无效宣告的理由适用本细则第五十四条、第五十五条的规定”，这表明也允许以主体资格问题为理由提出无效宣告请求。

然而，实践证明上述规定在现实中难以操作执行。当无效宣告请求涉及主体资格问题时，要作出恰当的决定就必须对申请人或者专利权人的主体资格以及完成发明创造的实际过程进行调查。一方面，外观设计专利的申请人可能是中国单位或者个人，也可能是外国人、外国企业或者外国其他组织；另一方面，专利复审委员会负责受理来自全国甚至来自全世界的无效宣告请求。上述状况决定了专利复审委员会很难对主体资格问题进行这样的调查，因而也就难以作出恰当的判断。基于这样的认识，1992 年第一次修改《专利法》及《专利法实施细则》时，在取消异议程序的同时，对无效宣告请求的理由作了调整，取消了所有涉及主体资格问题的无效理由。这样，专利复审委员会在对无效宣告请求进行审查时，主要判断申请专利的发明创造与请求人举证的现有技术和现有设计相比是否具备新颖性、创造性、实用性，判断申请的主题是否属于《专利法》第五条、第二十五条所排除的范围以及是否符合 1984 年制定的《专利法实施细则》第二条的定义，判断专利申请文件的撰写方式是否符合《专利法》第二十六条、第二十七条的规定。这些判断都是专利复审委员会力所能及，能够实际予以操作的。至于有关专利申请或者专利权主体资格方面的纠纷，按照 1992 年修改的《专利法实施细则》第十五条的规定，当事人可以请求专利管理机关进行处理，也可以直接向法院起诉。同时，当事人可以请求国家知识产权局中止有关程序，待法院或者专利管理机关作出的判决或者处理决定生效后，有关当事人可以到国家知识产权局进行专利申请或者专利权的主体变更。上述修改无疑是正确的，有利于保障我国专利制度的正常运作。

当以外观设计专利权与他人在先取得的合法权利相冲突为理由提出无效宣告请求时，专利复审委员会又面临类似困难。具体说来，存在如下问题。

第一，如何确认有关在先权利的主体。如前所述，构成权利冲突的要件之一，在先权利必须是在外观设计专利申请日之前已经取得、并且在申请日仍然有效的合法权利。对于商标专用权来说，这一点还比较容易进行判断，因为商标专用权是国家有关行政主管部门授予并予以公示的权利，其权利主体和生效日期都有确定的途径予以确认；对于著作权来说，则比较困难，因为著作权是自然产生的权利，无须经过批准也无须予以公开。因此，当请求人以与他人在先取得的著作权相冲突为理由请求宣告一项外观设计专利权无效时，首先必须确认有关作品是何时完成的，外观设计的设计方案是否模仿、抄袭了著作权人的作品。专利复审委员会对这些问题很难作出判断。另一方面，证明上述问题的证据只有真正的权利人才能提供，因此不宜由权利人之外的其他人以此为理由提出无效宣告请求，这一点与以缺乏新颖性为理由提出无效宣告请求的情形很不一样。但是，倘若如此规定，则受理以与在先取得的著作权相冲突为理由而提出的无效宣告请求时，就必须首先确认请求人的资格，也就是判断请求人是否为有关作品的作者，这也相当困难。

第二，如何认定是否构成权利冲突。“与他人在先取得的合法权利相冲突”是指外观设计专利权与商标专用权、著作权相冲突，而不是指商标专用权、著作权与外观设计专利权相冲突。因此，要认定是否构成冲突，就必须以《商标法》《著作权法》为依据。这就是说，当以权利冲突为理由而请求宣告一份外观设计专利权无效时，专利复审委员会实际上要判断实施外观设计专利的行为是否会侵犯注册商标专用权、著作权的问题。这涉及专利复审委员会是否有法定资格进行这种判断的问题。

基于上述理由，2001 年修改《专利法实施细则》时在第六十五条中增加了一款，规定：

> **以授予专利权的外观设计与他人在先取得的合法权利相冲突为理由请求宣告外观设计专利权无效，但是未提交生效的能够证明权利相冲突的处理决定或者判决的，专利复审委员会不予受理。**

上述规定引起了很大争议。现实中，在先权利人在提出无效宣告请求之前获得认定存在权利冲突的行政处理决定或者司法判决非常困难，因为构成权利冲突不一定要有实际侵权行为存在，例如专利权人既未自己实施也未许可他人实施其外观设计专利。在这种情况下，在先权利人很难以侵权为理由请求行政部门进行处理或者向法院提起诉讼，因为按照现有法律法规的规定，仅仅主张权利冲突不是请求处理的理由或者提起诉讼的诉由。❶很多人认为，《专利法实施细则》的上述规定实际上"架空"了本条第三款规定，使其成为可望而不可及的"空中楼阁"，实际中无法予以施行。

2010 年修改《专利法实施细则》时接受了上述批评意见，在第六十六条第三款规定：

> **以不符合专利法第二十三条第三款的规定为理由请求宣告外观设计专利权无效，但是未提交证明权利冲突的证据的，专利复审委员会不予受理。**

这表明，专利复审委员会不再以认定存在权利冲突的行政处理决定或者司法判决作为宣告外观设计专利权无效的依据，而是由专利复审委员会自己对是否存在权利冲突进行审查。为了便于进行审查，依据上述规定，《专利审查指南 2010》规定：

在无效宣告程序中请求人应就其主张进行举证，包括证明其是在先权利的权利人或者利害关系人以及在先权利有效。❷

（三）有关讨论

所谓"权利冲突"，是指不同权利的权利客体彼此重叠、交叉，多个权利人能够对包含相同内容的权利客体主张其权利，在行使权利时出现谁的权利优先的问题。知识产权是一种无形财产权，它与有形财产相比具有许多不同的特点。在不同类型的知识产权之间会出现权利冲突的现象，例如对于图案设计方案来说，在外观设计专利权、商标专用权、著作权之间；对于计算机程序来说，在发明专利权与著作权之间，如此等等。在同种类型的知识产权之间，也会出现权利冲突的现象，对此后面将举例说明。权利冲突有可能导致纠纷，因此人们很自然地希望消除这样的冲突。本条第三款规定外观设计专利权不得与他人在申请日以前已经取得的合法权利相冲突，体现了这样一种思路，即为了避免因权利冲突而产生纠纷，应当杜绝导致冲突的在后权利产生，即使产生了，也应将其取消。

但是，应当以何种方式来解决权利冲突带来的问题，存在值得商榷之处。作为对比，可以首先看看专利权之间冲突的处理方式。

---

❶ 张广良.外观设计的司法保护［M］.北京：法律出版社，2008：36.

❷ 国家知识产权局.专利审查指南 2010［M］.北京：知识产权出版社，2010：第四部分第五章 7.

在不同的发明或者实用新型专利权之间出现权利冲突是常见的事情，最为典型的情况就是从属专利。所谓“从属专利”，是指在后申请的发明或者实用新型专利的保护范围完全落入另一项在先申请的发明或者实用新型专利的保护范围之内。例如，在先专利的独立权利要求包括 A、B、C 三个技术特征，在后专利的独立权利要求包括 A、B、C、D、E 五个技术特征，就会出现上述现象。

对于从属专利的保护客体来说，前后两个专利权是相互排斥的。在后专利的专利权人虽然获得了专利，但是自己却不能实施，因为未经许可予以实施就会侵犯在先专利权；在先专利的保护范围虽然包含了从属专利的技术方案，但是在先专利的专利权人也不能实施该技术方案，因为未经许可予以实施就会侵犯在后专利权。这相当于随着在后专利的授予，在先专利权的保护范围中开辟出一个“治外领地”，使其进入一种特殊的状态，双方都不能予以实施。

上述现象无疑是一种权利冲突。是否需要杜绝该现象的产生？回答是否定的，因为从属专利实质上是对在先专利的一种改进，在采用在先专利技术方案的同时，又增加了新的技术内容，从而完全可能符合专利法规定的授权条件。发明或者实用新型专利权的保护范围以其权利要求的内容为准，这是专利制度运作的基石。遵循这一原则，从属专利的出现就是不可避免的。世界上没有任何一个国家试图否认从属专利存在的合法性。

允许从属专利存在，不仅因为其授予符合专利法的规定，还在于它也没有给专利制度的正常运作带来什么妨碍。对于在先专利的专利权人来说，如果他不希望有从属专利出现，应当积极研究开发对其在先专利的改进，对种种可能的改进方案先行提出专利申请，或者将它们公诸于众，这样他人就无法获得从属专利了；如果他没有这么做，他人作出了改进并且获得专利权，从而在原专利权的保护范围内开辟出一块“治外领地”，就没有什么不合理的地方。对于在后专利的专利权人来说，尽管他作出了改进，因而获得了从属专利，但这是在别人发明的基础上完成了、利用了别人发明创造的成果，理应受到在先专利的制约，这也没有什么不合理的地方。在出现从属专利的情况下，如果两个专利权人都希望实施从属专利的技术方案，通常的做法是订立交叉许可合同，相互作出妥协，这符合提倡当事人协商解决民事纠纷的原则。如果涉及的发明创造很重要，又无法通过协商订立许可合同，在后专利权人可以依据《专利法》第五十一条的规定请求批准实施在先专利的强制许可。依据该条规定，在先专利权人也可以请求获得实施在后专利的强制许可。惟一的缺点在于第三人希望实施在后专利时，就需要同时获得两个专利权人的许可，手续上显得比较麻烦。

在我国实行专利制度的初期，当出现从属专利时，其中一个专利权人控告另一个专利权人侵犯其专利权，后者往往以他实施的是国家授予了专利权的发明创造，或者以其实施的发明创造属于其专利权的保护范围为理由进行抗辩。当时不少人对此感到困惑，认为两人都有专利权不好办，如果不将其中一项专利权无效掉，另一个专利权人就无法主张其权利。随着对专利制度认识的深化，这样的疑虑现在已经不复存在了。事实上，法院和专利管理机关在侵权纠纷案件中只需判断原告的专利权是否为一项有效的专利，被告未经许可而进行的实施行为是否落入原告专利的保护范围之内即可。只要对这两个问题的回答是肯定的，就可以得出侵权成立的结论，这与被告对其实施行为的客体是否还拥有另一项专利权无关，也与原告是在先专利的专利权人还是在后专利的专利权人无关。两个专利权人都可以主张其权利，都可以针对另一人的有关行为提出侵权控告。

由此可见，从属专利带来的“权利冲突”是一种正常的事情，两个专利权可以并存，不需要采取什么措施来消除这种冲突。

在一些情况下，外观设计专利权与在先权利的冲突，尤其是与著作权的冲突具有类似的性质。例如，假设甲创作了一幅美术作品，对该作品享有著作权；乙未经甲许可，将该美术作品用于其设计的屏风上，予以制造或者销售，则构成了侵犯甲的著作权的行为，要承担侵权的民事责任。但是，乙首次将该美术作品运用于一种产品上，与该产品的其他形状、图案相结合，形成了一种富有美感、对公众有吸引力的工艺美术品，这本身也是一种创作，也能产生著作权。《著作权法》并没有规定要消除后者的权利或者不予承认。如果乙就其设计的屏风提出一项外观设计专利申请，在符合《专利法》规定的授权条件的情况下，国家知识产权局对其授予外观设计专利权，这没有什么不合理的地方。即使授予了外观设计专利权，也不意味着免除乙侵犯甲美术作品著作权的侵权责任。反过来，甲是这一美术作品的原创作者，他复制、发行其美术作品本身丝毫不会受到外观设计专利权的限制，但是如果未经许可制造、销售乙设计的屏风，则要承担侵犯乙的著作权或者外观设计专利权的侵权责任，因为他利用了别人的智力创造成果，这也没有什么不合理的地方。总之，在这种情况下的确存在权利冲突的问题，但是两个权利各自有各自的用途，看不出有什么必要一定要消除该冲突。

在乙就所述屏风申请获得了一项外观设计专利权，并制造、销售该屏风产品的情况下，甲应当怎样维护其合法权益？其实最为简单的方式就是向法院起诉，指出乙制造、销售含有其美术作品的屏风的行为构成了复制其美术作品的行为，侵犯了其著作权，要求乙承担侵权责任。法院在审理该请求时，只需考虑甲的主张是否成立，不必考虑乙是否还享有另一项权利的问题。如果法院采取这种立场，使甲的损失能够得到合理的补偿，那么甲就不一定需要启动无效程序来取消乙的外观设计专利权，因为无效程序以及随后的司法审理程序需要耗费相当的精力和经费，对甲来说必要性不大。

上面所述原始专利与从属专利之间的权利冲突以及美术作品著作权与屏风外观设计专利权之间的权利冲突有一个共同的特点，就是在其权利客体中有共同的部分，但是并不完全相同。这是得出两个权利虽有“冲突”，但仍然可以共存这一结论的根本原因。如果权利客体完全相同，结论就会不同。例如《专利法》第九条明确规定不允许对同样的发明创造授予两项专利权，《商标法》明确规定不允许对相同的图案获得两项注册商标（但是著作权作为自然产生、不需批准授权的权利有些不同）。问题在于本条第三款采用的“冲突”一词具有广泛的含义，它既包括权利客体完全相同的情况，也包括权利客体部分相同的情况。

归纳起来，笔者认为《专利法》不宜将权利冲突作为外观设计专利权的授权条件。2000年修改《专利法》时增加该规定，是在全国人大常委会三读审议过程中经有关专家建议而加入的，事先并没有进行充分的意见征求和分析论证，有过于仓促之嫌。当时，国家知识产权局就此修改建议明确提出了反对意见。

有学者也提出了类似的批评观点，指出：

> 在各国外观设计法中都没有见到过类似的规定，在 TRIPS 协定中也没有这样的规定。《欧

盟外观设计条例》中虽有不得侵害版权等在先权利的规定，但不能理解这是授权的条件。欧盟成员国德国、英国的外观设计法和法国知识产权法典有关外观设计部分，在授权条件中都没有不得与他人在先权利相冲突的规定。一般国家的授权条件基本上就是外观设计应当具备新颖性，符合这个条件的，就给予注册，并不考虑外观设计中是否含有侵犯他人权利的部分，而且即使要考虑，事实上也很难发现，所以只能保留。例如，日本是对外观设计注册申请实行实质审查制的国家，其外观设计法第26条就规定，注册外观设计的部分与其注册申请日前他人已经申请并取得的专利权、实用新型权或者商标权，或者与注册申请日前已生效的他人版权相冲突时，外观设计权利人不得以实施其注册外观设计为业。这就是说，日本并不采取根据请求宣告外观设计权无效的办法，而是允许予以保留，但不能实施。那么，保留外观设计权有什么好处呢？如果外观设计权利人与在先权利人经过协商，达成许可使用冲突部分的协议，则该外观设计权就可以实施。这样做，无论对于在先权利人还是对于在后的外观设计权利人都是有利的。其他许多国家的外观设计法虽然没有像日本这样的规定，但是实际结果是一样的。因为，如果外观设计权利人不顾他人的在先权利而实施其外观设计，在先权利人就会利用有关法律中的侵权条款加以制止，并获得赔偿。因此，外观设计权利人势必与在先权利人进行协商，请求在先权利人给予实施其外观设计中冲突部分的许可。如果在先权利人拒绝给予许可，外观设计权利人最终就只有放弃其外观设计权。所以，尽管法律中没有“不得与他人在先取得的合法权利相冲突”的规定，也不至于侵犯他人的在先权利。[1]

2008年修改《专利法》时，有人建议删除本条原来关于“不得与他人在先取得的合法权利相冲突”的规定。[2]然而，该规定是2000年修改《专利法》时刚刚增加的，此次修改又将其删除，难免为立法机关所忌讳；况且2001年修改《商标法》时也增加了基本相同的规定，若要删除《专利法》的该规定又会牵连《商标法》，这就更难了。

---

[1] 汤宗舜.专利法解说［M］.修订版.北京：知识产权出版社，2002：170-171.

[2] 杨金琪，等.外观设计专利授权标准与保护范围［G］//国家知识产权局条法司.专利法及专利法实施细则第三次修改专题研究报告.北京：知识产权出版社，2006：438.

第二十四条　新颖性宽限期

申请专利的发明创造在申请日以前六个月内，有下列情形之一的，不丧失新颖性：

（一）在中国政府主办或者承认的国际展览会上首次展出的；

（二）在规定的学术会议或者技术会议上首次发表的；

（三）他人未经申请人同意而泄露其内容的。

一、概　述

在采用先申请制专利制度的国家，判断申请专利的发明创造是否具备新颖性、创造性在时间点上以申请日为准。依照2008年修改后的《专利法》第二十二条和第二十三条的规定，凡是在一件专利申请的申请日（有优先权的指优先权日）以前为公众所知的技术方案或者设计方案，对该专利申请而言就构成了现有技术或者现有设计。专利申请要求保护的发明、实用新型、外观设计属于现有技术或者现有设计的，不能授予专利权。

但是在现实中，发明创造的发明人、设计人或者其所在单位有可能出于某些正当理由或者实际需要而在申请日前将其发明创造公开；他人通过合法或者非法途径从发明创造的发明人、设计人或者其所在单位那里得知其发明创造，也有可能未经其同意在申请日前将该发明创造公开。如果一律按照上述规定认定这些公开行为导致发明创造丧失了新颖性，对享有申请专利的权利的人来说有失公平，将对专利制度发挥其作用产生消极影响。因此，许多国家的专利法规定在一定条件下，发明创造在申请日之前的某些公开行为不影响该发明创造的新颖性。本条就属于这种类型的规定。

本条规定在1984年制定的《专利法》中就已经存在，1992年和2000年修改《专利法》时均未对本条规定作实质性修改。2008年修改《专利法》时，有人建议修改本条开头部分所述的“不丧失新颖性”的说法，理由是以本条规定的三种方式公开的发明创造不仅不影响随后在六个月之内提出的专利申请的新颖性，也不影响其创造性，这在我国的专利实践中一直就是如此施行的，应当予以明确。国家知识产权局接受了这一建议，在其上报国务院的《〈专利法〉修改草案（送审稿）》中建议将本条开头部分修改为“申请专利的发明创造在申请日以前六个月内，以下列方式之一为公众所知的，对该专利申请而言不视为本法所称的现有技术或者现有设计”。在国务院的审议过程中，考虑到国际上已经习惯于将本条规定称为关于新颖性宽限期的规定，而且我国自1984年制定《专利法》以来并没有因本条开头部分的表述而影响其实际施行，认为可以不作修改。在全国人大常委会的审议过程中，没有人再提出这一问题。尽管在下面的说明中仍然采用“发明创造不丧失新颖性”的说法，但是其含义应当被理解为有关公开行为也不会使该发明创造丧失创造性。

二、不影响新颖性的公开行为

（一）在国际展览会首次展出发明创造

1.《巴黎公约》的有关规定

对国际展览会展出的发明创造给予临时保护，是制定《巴黎公约》的动因之一。在国际展览会上及时展出新的发明创造，是各国公司企业在国际竞争中谋求取得先机，占据优势地位的常用手段，有利于促进科学技术的国际交流，应当受到鼓励。国际展览会的价值就在于展出新产品、新方法、新设计；如果展出的全是已知的东西，举办国际展览会就失去了意义。但是，如果对发明创造在国际展览会上的展出没有形成一定的规则，展出行为会妨碍就展出的发明创造在各国获得专利保护，从而影响公司企业尽早将其作出的发明创造在国际展览会展出的积极性。为此，《巴黎公约》第 11 条规定：

（1）本联盟国家应当按照其本国法律，对在本联盟任何国家的领土内由官方主办或者经官方承认的国际展览会上展出的商品中可以取得专利的发明、实用新型、外观设计和商标给予临时保护。

（2）该临时保护不应延展第 4 条规定的期限。如果随后要求优先权，任何国家的主管机关可以规定其期限应当自该商品在展览会展出之日起算。

（3）每一国家认为必要时可以要求提供证明文件，证实展出的物品及其在展览会展出的日期。

2. 给予临时保护的方式

《巴黎公约》要求其所有成员国对在国际展览会上展出的商品所包含的发明、实用新型、外观设计、商标提供临时保护，但是却没有具体规定各成员国应当提供何种类型以及多长时间的临时保护，这给各成员国根据各自需要通过其本国立法作出相应规定留出了自由空间。

从理论上说，可能提供的临时保护有三种类型：一是为展出者提供一种特殊的优先权，即展出者自商品在展览会上展出之日起的一定期间内提出专利申请的，该申请被视为是在展出之日提出；二是为展出者提供新颖性宽限期，即展出者自商品在展览会上展出之日起的一定期间内提出申请的，不认为其发明创造因展出而丧失新颖性；三是为展出者提供先用权，即展出者可以以其展出行为对抗他人随后获得的权利。[1]在这三种临时保护方式中，第一种方式的保护力度最强，但采用这种方式的国家很少；第二种方式的保护力度适中，绝大多数国家采用这种方式；第三种方式的保护力度最弱，几乎没有国家采用这种方式。应当注意的是，《巴黎公约》第 11 条采用的“临时保护”这一措辞容易与《专利法》第十三条规定的对公布后的发明专利申请的临时保护混淆在一起。实际上，《巴黎公约》所述的“临时保护”并非是指对在国际展览会上展出的商品所包含的发明创造提供一

---

[1] G. H. C. BODENHAUSEN.Guide to the Application of the Paris Convention for the Protection of Industrial Property as Revised at Stockholm in 1967［M］.Geneva:The United International Bureau for the Protection of Intellectuall Property(BIRPI),1968：150.

种单独的特别保护，而是指不应因为商品的展出而影响在所有成员国获得专利、实用新型、外观设计、商标保护的权利。

3. 国际展览会的主办者

《巴黎公约》第11条的规定提到其所称国际展览会系“由官方主办或者经官方承认的国际展览会”，但是却没有明确是指展览会举办地所在国家的官方主办或者承认的国际展览会，还是指后来申请专利的那个国家的官方举办或者承认的国际展览会。有关《巴黎公约》的权威解释指出其含义应当是后者而不是前者。[1]因此，本条规定其所称国际展览会是指“中国政府主办或者承认的国际展览会”，这符合《巴黎公约》第11条的规定。

“中国政府”是指国务院。然而，国务院自身一般不会主办国际展览会，现实中多由国务院有关部委或者地方人民政府主办。随着我国的发展，展会经济蓬勃发展，在我国举办的各种类型的国际展览会越来越多。在适用本条规定时应当注意，只有经国务院批准举办的国际展览会才能被称为“中国政府主办”的国际展览会。所谓“国际展览会”，是指展出的展品除了举办国制造的产品之外，还应当有其他国家制造的产品。[2]在我国注册的外资企业制造的产品，不能认为是外国制造的产品。

在外国政府主办的国际展览会中，哪些可以称为“中国政府承认的国际展览会”？这是适用本条规定的一个重要问题。2008年修改前的《专利法》采用相对新颖性标准，申请日之前通过在国外的使用、销售、展出等行为公开的发明创造不构成现有技术和现有设计，因此这一问题变得无关紧要，即使不是中国政府承认的国际展览会也没有关系；2008年修改《专利法》时改为采用绝对新颖性标准，这一问题就凸显出来，变得不可回避了。为了回答这一问题，2010年修改的《专利法实施细则》第三十条增加了第一款，规定：

> **专利法第二十四条第（一）项所称中国政府承认的国际展览会，是指国际展览会公约规定的在国际展览局注册或者由其认可的国际展览会。**[3]

由于在国际展览局注册或者由其认可的国际展览会数量很少，因此本条所述“中国政府承认的国际展览会”的范围相当有限。

4. 新颖性宽限期和优先权之间的关系

一个值得讨论的问题是：在申请人要求享受优先权的情况下，新颖性宽限期的期限应当如何计算和适用？

由于《巴黎公约》既规定了优先权，又规定了对国际展览会上展出的临时保护，如果成员国以叠加方式适用两者，实际上就会延长《巴黎公约》第4条规定的优先权期限。例如，德国西门子公司2008年4月1日在德国汉诺威国际博览会上展出了其新开发的一种

---

[1] G. H. C. BODENHAUSEN.Guide to the Application of the Paris Convention for the Protection of Industrial Property as Revised at Stockholm in 1967［M］.Geneva:The United International Bureau for the Protection of Intellectuall Property(BIRPI),1968：150.

[2] 汤宗舜.专利法解说［M］.修订版.北京：知识产权出版社，2002：174.

[3] 《欧洲专利公约》第55条规定，不影响新颖性的国际展览会是1928年11月22日在巴黎签署、于1972年11月30日最后修改的《国际展览会的公约》规定的展览会。

电子产品，2008 年 10 月 1 日首次向欧洲专利局提交了一件关于该电子产品的专利申请，2009 年 10 月 1 日向我国国家知识产权局提交了一件同样的发明专利申请。此时，对于在我国提出的专利申请而言，如果申请人既能够享受优先权，又能够享受新颖性宽限期，其结果就是西门子公司在国际展览会上展出该电子产品之后，时隔 18 个月在我国提交申请仍然具备新颖性，不影响其申请获得专利权。

上述问题对那些通过给予特殊优先权来落实《巴黎公约》第 11 条规定的临时保护的成员国来说尤为突出，特殊优先权和普通优先权相叠加的结果延长了优先权的期限。该问题引起了有关国家和国际社会的关注，导致 1925 年举行的修订《巴黎公约》的海牙会议增加了该公约第 11 条第（2）款的规定。该款首先明确了“临时保护不应延展第 4 条规定的期限”的原则；接着又给出了一种可选做法，即“如果随后要求优先权，任何成员国的主管机关可以规定其期限应当自该商品在展览会展出之日起算”。关于其含义，仍采用上述例子，西门子公司 2008 年 4 月 1 日将其电子产品在国际展览会上展出，2008 年 10 月 1 日首次向欧洲专利局提出专利申请，随后又向《巴黎公约》某一成员国就同样的发明提出专利申请，并要求享受在欧洲专利局提出的专利申请的优先权，该成员国可以规定在这种情况下仍然可以享受优先权，但优先权期限应当自展出日起计算，而不是自欧洲专利申请的申请日起计算。换言之，西门子公司必须在 2009 年 4 月 1 日之前向该成员国提出专利申请才能享受优先权。

1984 年制定的《专利法》第二十九条第二款规定：“申请人要求优先权，有本法第二十四条所列情形之一的，优先权的期限自该情形发生之日起计算。”很明显，该款规定是依据《巴黎公约》第 11 条第（2）款的规定而写入的。有学者指出写入该款规定的原因在于：

> 本条规定的不丧失新颖性的优惠期是一种临时保护，按照《巴黎公约》第 11 条第（2）款的规定，不应延长优先权的期间。如果申请是有关发明创造在国际展览会上首次展出之后才提出的，允许优先权期间仍从申请日起计算，那就势必会延长优先权期间。所以，在这种情形下，优先权期间应当从首次展出之日起计算。❶

“优先权期限自该情形发生之日起计算”，是否意味着将在国际展览会上展出之日视为在先申请日，进而得出展出日之后发生的任何公开该发明创造的行为均不影响在后申请的新颖性的结论？回答应当是否定的，因为我国采用新颖性宽限期的方式适用《巴黎公约》第 11 条第（1）款的规定，而不是采用给予特殊优先权的方式适用该款规定。仍采用上述例子，西门子公司 2008 年 4 月 1 日将其电子产品在国际展览会上展出，2008 年 10 月 1 日首次向欧洲专利局提出专利申请，如果该公司随后在我国申请专利并希望享受其欧洲专利申请的优先权，则应当在 2009 年 4 月 1 日之前提交专利申请，也就是优先权期限自 2008 年 4 月 1 日起计算，但是优先权日仍然是 2008 年 10 月 1 日，而不是 2008 年 4 月 1 日。在 2008 年 4 月 1 日至 2008 年 10 月 1 日的时间期间内，如果他人在公开出版物上公开同样的发明创造，仍然会影响该公司在我国提出的专利申请的新颖性。尽管这样一来，该公司能够真正享受的优先权期限实际上缩短了，但是《巴黎公约》第 11 条第（2）款规定的本意就是如此。

---

❶ 汤宗舜.中华人民共和国专利法条文释义［M］.北京：法律出版社，1986：115-116.

1992年修改《专利法》时删除了1984年制定的《专利法》第二十九条第二款的规定。关于删除的理由，有学者指出：

> 由于宽限期的效力与优先权的效力是不同的，按照原第二款的规定，在优先权期间内包含了不丧失新颖性的宽限期，这给法律解释带来了困难。因此，按照国际惯例，应当删除第二款。有必要提一句，如果我国专利法对申请日以前的某些公开的保护办法是给予优先权的话，那么发明人公开发明之日就被视为发明人的申请提出之日，在这种情形下，原第二款的规定是可以保留的。❶

本条开头部分规定："申请专利的发明创造在申请日以前六个月内，有下列情形之一的，不丧失新颖性"。《专利法实施细则》第十一条第一款规定："除专利法第二十八条和第四十二条规定的情形外，专利法所称申请日，有优先权的，指优先权日"。由此可知，本条开头部分所称"申请日"在申请人享受优先权的情况下是指优先权日。这样，在删除1984年制定的《专利法》第二十九条第二款，仅保留其第一款的情况下，结合本条的规定，可以知道我国采取了允许申请人将新颖性宽限期和优先权期限叠加起来的立场。

现在回头来看，删除1984年制定的《专利法》第二十九条第二款的理由有值得讨论之处。

首先，《巴黎公约》第11条第（2）款规定"如果随后要求优先权，任何国家的主管机关可以规定其期限应当自该商品在展览会展出之日起计算"，这表明任何成员国均可以采用这种做法，并非只是那些通过给予特殊优先权的方式落实《巴黎公约》第11条第（1）款规定的成员国才能采用这种做法，提供新颖性宽限期的成员国同样可以采用这种做法。

其次，不同的国家对新颖性宽限期采取了不同的做法，很难认为允许申请人将新颖性宽限期和优先权期限叠加起来予以适用的做法是"国际惯例"。其中，尤其值得注意的是欧洲专利局对《欧洲专利公约》有关规定采取的解释立场。

《欧洲专利公约》第55条规定，在适用该公约第54条关于新颖性的规定时，应当不考虑在提交一份欧洲专利申请之前的6个月内在国际展览会上展出其发明的行为。关于该条所述"提交一份欧洲专利申请之前的6个月内"（no earlier than 6 months preceding the filing of the Eruopean patent application）的含义，欧洲专利局过去也存在不同观点。欧洲专利局扩大的申诉委员会❷于2000年7月13日作出了一份重要判决，❸该判决详细分析了《欧洲专利公约》有关规定之间的逻辑关系，回顾了该公约的形成历史，讨论了该公约第55条与《巴黎公约》有关规定之间的关系，最后认定6个月的新颖性宽限期应当是指从一份欧洲专利申请的实际申请日起向前追溯6个月。换言之，如果在一份欧洲专利申请实际申请日的6个月之前在国际展览会上展出了申请专利的发明，则该发明丧失了新颖性，即

---

❶ 吴伯明.关于中华人民共和国专利法的修改［G］//中国专利局专利法研究所. 专利法研究 1992.北京：专利文献出版社，1992：72-73.

❷ 申诉委员会相当于欧洲专利局的一审机构，扩大的申诉委员会相当于欧洲专利局的二审机构。扩大的申诉委员会作出的决定为终局决定，对申诉委员会和欧洲专利局均具有约束效力。

❸ G 3/98, Official Journal EPO 02/2001.

使该欧洲专利申请可以享受另一份在其他国家提出的在先专利申请的优先权也依然如此。

欧洲专利局扩大的申诉委员会的上述决定表明了这样的立场，即按照《欧洲专利公约》的规定，申请人不能同时既享受新颖性宽限期又享受优先权，两者只能择一。这种做法看似有些奇怪，但仔细分析起来并没有违反《巴黎公约》的有关规定，因为《欧洲专利公约》既为申请人提供了享受优先权的机会，也为申请人提供了享受新颖性宽限期的机会，只不过附加了一个限制，即不能同时享受两者而已。增加这一限制的目的就是落实《巴黎公约》第 11 条第（2）款第 1 句的规定，即“该临时保护不应延展第 4 条规定的期限”。由于该款第 2 句只是提供了一种可选做法，即“如果随后要求优先权，任何国家的主管机关可以规定其期限应当自该商品在展览会展出之日起算”，因此各成员国可以采用这种做法，也可以不采用这种做法而采用其他不同做法，而《欧洲专利公约》选择了后者，应当认为这种选择并没有超出《巴黎公约》允许的范围。

在欧洲专利局扩大的申诉委员会作出上述判决之后，欧洲专利局修改了其审查指南，规定享受新颖性宽限期的条件是在展览会上展出其发明的行为必须发生在申请专利之前的 6 个月之内，所述 6 个月期限的相关时间点是一份欧洲专利申请的实际申请日，而不是其优先权日。

归纳起来，对在国际展览会上展出有关发明的行为而言，欧洲专利局采取的做法是申请人不能同时享受优先权和新颖性宽限期，这种做法对申请人最为严格；《巴黎公约》第 11 条第（2）款第 2 句提供的做法是申请人既可以享受优先权，也可以享受新颖性宽限期，但是在享受了新颖性宽限期的情况下，优先权期限应当自展出之日起计算，这种做法比欧洲专利局的做法宽松一些；我国采取的做法是申请人既可以享受优先权，也可以享受新颖性宽限期，而且优先权期限仍从首次申请之日起计算，这种做法对申请人最为宽松，尤其是对外国申请人更为有利，其结果相当于没有落实《巴黎公约》第 11 条第（2）款第 1 句的规定。因此，1992 年修改《专利法》时删除修改前的第二十九条第二款的规定是否必要存在疑问。

5. 展出涉及的内容和首次展出的含义

本条规定，在中国政府主办或者承认的国际展览会首次展出的，不丧失新颖性。本条所说的“展出”，是仅仅包括展出行为本身，例如展出展品的实物、图片、照片等，还是也包括在展览会上散发介绍有关展品的书面资料、销售展品等行为？应当注意到，在展出展品的同时进行各种与展品有关的行为，例如散发资料、洽谈生意、订立合同、销售展品等，是展览会上十分常见的事情。如果仅仅排除展出行为本身对新颖性的影响，而不排除上述其他行为对新颖性的影响，本条规定新颖性宽限期的意义就会大为减损，甚至可以说变得没有什么实际意义。因此，本条规定的含义应当被理解为：在中国政府主办或者承认的国际展览会上对展品作出的任何公开行为都可以享受本条规定的新颖性宽限期。当然，如果参展者在展览会上散发的资料或者洽谈的生意与展出的商品无关，则这会使其公开的发明创造丧失新颖性。

本条所说的“首次”，是否意味着在申请日以前的 6 个月内只允许申请人在某一国际展览会上展出一次？回答应当是否定的。“首次”仅仅意味着申请人对其发明创造的第一次展出必须在申请日（有优先权的，是指优先权日）之前的 6 个月之内，若超出 6 个月就会使展出的发明创造丧失新颖性，并没有排除申请人在申请日以前的 6 个月内在不同的国际展览会上多次展出其发明创造。鉴于本条第（一）项和第（二）项所述的“首次”一词可能导致人们产生误解，2008 年修改《专利法》时，国家知识产权局在其上报国务院的《〈专利法〉修改草案（送审稿）》中建议删除本条这两项中提及的“首次”一词。这一建议未被采纳。

（二）在规定的学术会议或者技术会议上首次发表发明创造

发明创造的发明人和设计人取得研究开发成果之后，一般都希望尽早予以发表，这不仅是发明人和设计人的一种习惯，而且常常是不得不这样做。有些发明人、设计人不知道《专利法》有发明创造一旦公开发表就丧失了新颖性的规定；有些发明人、设计人不大清楚自己的研究开发成果是否构成能够获得专利权的发明创造，因而将它们公开发表了。这几种情况即使在实行专利制度历史很长的国家也很常见。同时，及早发表研究成果有利于研究开发成果的传播和利用，对科学技术和文化艺术的发展有推动促进作用，应当受到鼓励而不是限制。出于这种考虑，应当对研究开发成果的发表提供必要的新颖性例外。

不同国家的专利法规定的例外有所不同。例如日本专利法规定，申请人在申请日之前 6 个月内进行的公开试验行为或者在出版物或者互联网上公开发表的行为不影响其发明创造的新颖性。《专利法》本条规定的不丧失新颖性的公开发表只限于在学术会议或者技术会议上首次发表，如果在公开出版物上或者互联网上发表研究开发成果，则不能享受本条规定的新颖性宽限期。因此，《专利法》对发表研究开发成果规定的新颖性例外比日本严格得多。

学术会议或者技术会议是指以发表和讨论研究开发成果为主要目的的集会。学术会议和技术会议有各种各样的类型和级别，何种会议能够适用本条第（二）项的规定？对此，《专利法实施细则》第三十条第二款规定：

> **专利法第二十四条第（二）项所称学术会议或者技术会议，是指国务院有关主管部门或者全国性学术团体组织召开的学术会议或者技术会议。**

上述规定表明：第一，能够适用本条第（二）项规定的学术会议和技术会议仅限于在我国举办的学术会议和技术会议，而不适用于在外国召开的这类会议，这与本条第（一）项关于国际展览会的规定有所不同，不存在“中国政府承认”的学术会议或者技术会议一说；第二，并非在我国举办的所有学术会议和技术会议上公开的发明创造都能享受本条规定的新颖性宽限期，而是仅仅限于在国务院有关主管部门或者全国性学术团体举办的这类会议上发表，例如以某个大学名义召开的学术会议就不在本条所规定的范围之内。

所谓发明创造在学术会议或者技术会议上“发表”，是仅仅包括以口头方式介绍发明创造，还是也包括提供介绍发明创造的书面资料？对此本条没有作明确规定。从学术会议和技术会议的常规举办方式来看，通常都不仅仅只有口头报告或者讲演，一般还会提供与口头报告、讲演相配合的书面资料，否则就会影响学术交流的效果。因此，本条第（二）项所述的“发表”应当包括口头报告和书面资料二者在内。这一结论与前面所说的在国际展览会上散发介绍展品的书面资料的结论是一致的。

本条第（二）项所述的“学术会议或者技术会议”应当是指公开举行的会议，也就是参加者不负有保密义务的会议。如果是保密性质的学术会议或者技术会议，例如内部技术研讨会，则由于在这种会议上披露的内容尚未达到《专利法》第二十二条和第二十三条规定的“为公众所知”的程度，不构成现有技术或者现有设计，对随后提交的有关专利申请的新颖性不产生影响，因而也就没有必要考虑适用新颖性宽限期的问题。

（三）未经申请人同意而泄露发明创造

发明创造的公开有时是由于他人未经申请人同意予以泄露而造成的。为了在发生这种情况时给申请人提供合理的救济，本条第（三）项规定，在申请日以前的 6 个月，他人未经申请人同意而泄露其内容的，不丧失新颖性。

本条第（三）项所述的“申请人”是指有权提出专利申请的单位或者个人；“他人”是指申请人之外的其他单位或者个人，申请人为单位的，“他人”也包括本单位的人员，例如作出发明创造的发明人或者设计人；“泄露”是指使有关发明创造处于为公众所知的状态，如果他人仅仅将其获知的发明创造转告个别的人而未使之处于为公众所知的状态，则不必考虑适用本条规定的问题，因为这种行为不影响该发明创造的新颖性；“其内容”是指有关发明创造的内容。

适用本条第（三）项规定应当符合如下两个条件：

第一，他人公开的发明创造是直接或者间接地从申请人那里获知的。如果他人公开的发明创造是他自己独立作出的，则其公开行为无须获得申请人的同意；如果他人公开的发明创造是从独立作出该发明创造的第三人那里获知的，则与申请人无关，即使要追究“泄露”的责任也应当由该第三人主张，而不是由申请人主张。因此在这两种情况下均不能适用本条第（三）项的规定。他人直接或者间接地从申请人那里获知发明创造内容的方式可能是合法的，也可能是非法的。合法方式包括申请人从完成发明创造以及以后实施发明创造等目的出发，寻求获得他人的支持、帮助、配合，让他人获知了其发明创造，也包括发明人或者设计人违背本单位的管理规章或者保密要求，让他人获知了其发明创造等。非法方式包括他人通过欺骗、胁迫、偷盗、抢夺等方式或者通过间谍手段直接或者间接地从申请人那里获知发明创造。

第二，他人公开发明创造的行为违背了申请人的意愿。换言之，申请人让他人获知其发明创造时尚无公开其发明创造的意图。要证明这一点，申请人应当事先采取了防止泄露的必要措施。例如，在他人以合法方式获知发明创造的情况下，申请人应当在让他人获知其发明创造时以书面或者口头方式明示其保密要求，或者使他人在获知其发明创造时能够根据当时的具体情形认识到有默示的保密义务存在；[1]在他人以上述非法方式获知发明创造的情况下，其公开发明创造的行为违背申请人的意愿不言自明。

三、新颖性宽限期的效力以及适用新颖性宽限期的方式

（一）新颖性宽限期的效力

申请专利的发明创造在其申请日以前的 6 个月内通过本条所述三种方式予以公开的，

---

[1] 《欧洲专利公约》第 55 条第 1 项（a）规定，“有证据表明系滥用与申请人或者其合法在先拥有者的关系”（an evident abuse in relation to the applicant or his legal predecessor），该规定可以在我国判断是否“未经申请人同意而泄露其内容”时用作参考。

可以享受本条规定的新颖性宽限期。新颖性宽限期的效力在于：申请人后来就其发明创造申请专利的，不会因为之前发生的这些行为而被认为丧失了新颖性和创造性，失去获得专利保护的机会。

应当注意，通过本条所述三种方式公开的发明创造，事实上自公开之日起就已经为公众所知，因此已经成为现有技术或者现有设计，只不过由于本条规定了新颖性宽限期，该现有技术不影响申请人获得专利权。但是，对于他人来说，该现有技术与普通的现有技术和现有设计没有什么两样，如果他人在公开之后就同样的发明创造申请专利，其专利申请不具备新颖性。因此，关于新颖性宽限期的规定，并非排除以规定方式公开的发明创造对他人而言也不构成专利法意义上的现有技术或者现有设计。

在 6 个月的新颖性宽限期内，本条所述三种方式的公开行为并非只能发生其中之一，也并非只能发生一次。按照《专利审查指南 2010》的规定，申请人在提出专利申请以前的 6 个月内再次以本条列举的三种方式公开其发明创造的，也不会使其发明创造丧失新颖性，但是 6 个月的宽限期自发明创造第一次公开之日起计算。❶例如，某公司在 2009 年 3 月 1 日将其发明创造在中国政府主办的国际展览会上展出，同年 5 月 1 日又将其发明创造在符合规定的学术会议上发表，同年 7 月 1 日他人未经该公司同意以出版物形式公开该发明创造，只要该公司在同年 9 月 1 日之前向国家知识产权局提出专利申请，上述所有公开行为均不影响该发明创造的新颖性和创造性。

新颖性宽限期的效力与优先权的效力看起来有相似之处，但是也存在明显区别。《巴黎公约》第 4 条第 B 部分规定，优先权的效力是：

> **因此，在上述期限届满之前，在本联盟的任何其他国家后来提出的申请不应因为在此期间内发生的任何行为，特别是另外一项申请的提出、发明的公开或者实施、外观设计复制品的售出、商标的使用而被宣告无效，只要这些行为没有导致产生任何第三人的权利或者任何个人占有权即可。**

上述规定表明，优先权的效力一般说来是使随后提出的专利申请如同在首次申请的申请日提出的一样，因此在自优先权日至实际申请日之间的时间期间内发生的各种公开行为，不论是申请人所为还是他人作为，也不论以何种方式予以公开，均不影响申请人随后提出的专利申请的新颖性和创造性。❷

相比之下，本条规定的新颖性宽限期的效力远不及优先权的效力，它没有将随后提出的专利申请的申请日追溯到发明创造的展出日、发表日或者泄露日，而是仅仅规定以本条规定的三种方式公开发明创造的行为不影响随后提出的专利申请新颖性和创造性。因此，享受新颖性宽限期不能排除在申请日以前的 6 个月内以其他方式公开发明创造的行为对其新颖性和创造性产生影响。

具体说来，在新颖性宽限期之内发生的下述行为将影响随后提出的专利申请的新颖性和创造性。

---

❶ 国家知识产权局.专利审查指南 2010［M］.北京：知识产权出版社，2010：第二部分第三章 5.

❷ 从《巴黎公约》第 4 条的整个规定来看，这一结论不应当是绝对的，也存在例外，例如欧洲专利局扩大的申诉委员会的前述判决所确定的关于新颖性宽限期的适用标准就是一个例外。对此，本书将在对《专利法》第二十九条的说明中进行讨论。

首先，在能够享受本条规定的新颖性宽限期的情况下，如果申请人在宽限期之内又采取除本条列举的三种方式之外的其他方式公开其发明创造，例如在公开出版物上发表、公开销售采用其发明创造的产品等，则这些公开行为仍会影响其随后提出的专利申请的新颖性和创造性。

其次，如果他人独立地作出了同样的发明创造，或者从独立地作出同样的发明创造的第三人那里获知该发明创造，并在新颖性宽限期内以任何方式使该发明创造为公众所知，则会影响享受新颖性宽限期的人随后提出的专利申请的新颖性和创造性。

再者，发明创造以本条列举的三种方式公开后，他人以直接或者间接方式得知在通过这三种方式公开的发明创造，进而在新颖性宽限期内在出版物上公开发表该发明创造或者公开销售采用该发明创造的产品，是否影响享受新颖性宽限期的人随后提出的专利申请的新颖性和创造性？这是一个值得讨论的问题。

有学者认为对上述问题的回答应当是否定的，即不影响能够享受新颖性宽限期的人随后提出的专利申请新颖性和创造性。[1]其理由在于，如果结论相反，就会使本条规定的新颖性宽限期在很大程度上失去意义。

上述观点值得商榷，其理由在于：

第一，本条明确规定“申请专利的发明创造在申请日以前六个月内，有下列情形之一的，不丧失新颖性”。本条列出了三种情形，其中第一种和第二种情形是申请人自己作出的公开行为（尽管本条没有明确写明这一点）；第三种情形是他人作出的公开行为，但仅仅限于“未经申请人同意而泄露其内容”的行为。申请人在国际展览会上展出或者在学术会议、技术会议上发表已经表明申请人无意使其发明创造处于保密状态，他人以合法方式获知该发明创造，再次予以公开无须经申请人同意，谈不上什么“泄露”。在本条没有作出进一步明确规定的情况下，难以得出上述结论。

第二，该学者也认为，申请人在其发明创造在国际展览会上展出，或者规定的学术会议、技术会议上发表之后，又在出版物上发表该发明创造或者销售采用了该发明创造的产品，应当认为其发明创造丧失了新颖性。既然如此，为什么他人以合法方式获知该发明创造之后通过公开发表或者公开销售等方式公开该发明创造的行为不影响新颖性和创造性？对这两种情况予以区别对待，道理何在？笔者认为很难说出令人信服的理由。

第三，申请人在展览会上展出或者在学术会议、技术会议上发表其发明创造之后，由此而直接或者间接地获知该发明创造的他人在申请日之前已经实施该发明创造或者为之作好必要准备的，依照《专利法》第六十九条第（二）项的规定可以享有先用权。在这一点上，我国《专利法》没有如同日本专利法那样，规定只有独立地作出同样的发明创造或者从独立作出同样的发明创造的第三人那里获知该发明创造并予以实施的人才能享有先用权。这表明，我国认为有必要充分保障通过合法途径获知发明创造的公众的合法权益。将他人获知发明创造后予以公开的行为列入另类，不与一般公开行为同等看待，与承认其可以享有先用权的做法不协调。

第四，在申请人已经展出或者发表其发明创造的情况下，要区分他人随后以公开发表

---

[1] 汤宗舜.专利法解说［M］.修订版.北京：知识产权出版社，2002：179.

或者公开销售等方式公开的发明创造是直接或者间接地从国际展览会或者学术会议、技术会议获知，还是直接或者间接地从独立作出同样发明创造的第三人那里获知，是一件相当困难的事情，在如今的信息时代尤其如此。采用上述观点，产生争议时会在举证问题上带来很大麻烦。

基于上述理由，笔者倾向于认为对上述问题的回答应当是肯定的。

由此可知，新颖性宽限期仅仅是对申请日以前通过特定方式公开发明创造的一种补救措施，即使如同《巴黎公约》的规定那样称其为一种"临时保护"，其保护力度也相当有限，不可过分依赖。申请人最好还是尽可能先提出专利申请，然后再予以展出或者在学术会议、技术会议上发表，这样更加安全可靠。

（二）适用新颖性宽限期的方式

既然新颖性宽限期是对专利申请人的一种优惠待遇，申请人想要享受该优惠待遇就要承担必要责任。为此，《专利法实施细则》第三十条第三款至第五款规定：

> **申请专利的发明创造有专利法第二十四条第（一）项和第（二）项所列情形的，申请人应当在提出专利申请时声明，并自申请日起两个月内提出有关国际展览会或者学术会议、技术会议的组织单位出具的有关发明创造已经展出或者发表，以及展出或者发表日期的证明文件。**
>
> **申请专利的发明创造有专利法第二十四条第（三）项所列情形的，国务院专利行政部门认为必要时，可以要求申请人在指定期限内提交证明文件。**
>
> **申请人未依照本条第三款的规定提出声明和提交证明文件的，或者未依照本条第四款的规定在指定期限内提交证明文件的，其申请不适用专利法第二十四条的规定。**

对本条所列第一种情形和第二种情形而言，申请人在国际展览会上展出其发明创造、在学术会议或者技术会议上发表的发明创造的行为都是申请人自己所为，予以声明并提供有关证据当无困难，也责无旁贷。

首先，为了让国家知识产权局和公众及时知道一件专利申请涉及的发明创造在其申请日以前的状况，有本条所述第一种和第二种情形的，申请人想要适用本条规定的新颖性宽限期，应当在提出申请专利时就予以声明，而不是等到以后产生争议时才追加声明。申请人在提出申请时未予声明的，就不能享受本条规定的新颖性宽限期。

其次，申请人作出声明的，还应当在自申请日起的两个月内提交有关国际展览会或者学术会议、技术会议的组织单位出具的证明文件。证明文件应当证明两件事情：一是申请人在国际展览会上展出了什么，在学术会议或者技术会议上发表了什么，用于判断申请人随后申请专利的发明创造是否与其展出或者发表的发明创造相同；二是展出或者发表的具体日期，用于判断展出、发表的日期是否在申请日以前的 6 个月之内。应当指出，组织单位的责任只是证明有关事实，至于能否享受新颖性宽限期则应当由国家知识产权局进行判断，而不是由组织单位进行判断。证明在学术会议或者技术会议上发表了什么较为简单，因为这种会议通常会有书面会议文集存在；证明在国际展览会上展出了什么有时较为困难，因为大型国际展览会上展出的项目如此之多，展览会组织单位很难确切知道每一件展品的具体结构和性能，因此在产生争议时有可能需要采取要求申请人提供有关证据，经展览会组织单位予以确认的做法。

对本条第（三）项而言，申请人在提出专利申请时常常不知道曾经有人未经其同意而公开了从他那里获知的发明创造，因此不可能要求申请人在提出专利申请时就予以声明。因此，《专利法实施细则》第三十条第四款仅仅规定国家知识产权局在认为必要时可以要求申请人提交有关证明文件。这种必要通常发生在专利无效宣告请求程序中，即请求人依据其提交的现有技术或者现有设计证明材料，主张专利权因不具备新颖性或者创造性而应当被宣告无效；专利权人指出请求人依据的现有技术或者现有设计系他人未经其同意而泄露其发明创造所致，主张可以享受本条第（三）项规定的新颖性宽限期。此时，按照“谁主张、谁举证”的基本原则，专利权人应当承担举证责任，提供证据以证明两件事情：一是他人公开的发明创造是直接或者间接地从申请人那里获知的；二是他人的公开行为未经申请人同意，系违背申请人意愿的行为。只有证明这两点之后，专利复审委员会才能支持专利权人的主张。

第二十五条　不授予专利权的主题

对下列各项，不授予专利权：

（一）科学发现；

（二）智力活动的规则和方法；

（三）疾病的诊断和治疗方法；

（四）动物和植物品种；

（五）用原子核变换方法获得的物质；

（六）对平面印刷品的图案、色彩或者二者的结合作出的主要起标识作用的设计。

对前款第（四）项所列产品的生产方法，可以依照本法规定授予专利权。

一、概　述

从各国专利法的规定及其施行情况来看，并非由人创造出来的任何东西都可以获得专利保护。就可以获得专利权的主题而言，各国专利法都有所排除。被排除的有三种类型：第一种类型是一些主题本身就不属于专利法所说的发明创造的范畴，因而不能授予专利权，例如科学发现、智力活动的规则方法等；第二种类型是一些主题虽然属于发明创造的范畴，却出于某种原因或者政策考虑不宜给予保护或者不宜以专利方式给予保护，因而不能授予专利权，例如疾病的诊断治疗方法，动、植物新品种，原子核变换方法获得的物质等；第三种类型是有关一些主题的实施会违反社会道德、妨害公共利益，授予专利权会对社会造成危害，因而不能授予专利权，例如专用于赌博、吸毒的产品、方法以及违法获取利用我国遗传资源所完成的发明创造。在《专利法》中，第一种类型由《专利法》第二条对发明创造的定义以及本条第一款第一项、第二项予以排除；第二种类型由本条第一款第（三）项至第（六）项予以排除；第三种类型由《专利法》第五条予以排除。

TRIPS 第 27 条的标题是“可以获得专利权的主题”（Patentable Subject Matter），其第 1 款对应于《专利法》第二十二条的规定，第 2 款对应于《专利法》第五条的规定，第 3 款对应于本条的规定。其第 3 款的规定是：

> **各成员还可以排除下列各项的专利性：**
>
> **（a）用于人或者动物的诊断、治疗和手术方法；**
>
> **（b）植物和动物（微生物除外），以及生产植物或者动物的主要是生物学的方法（非生物学方法和微生物方法除外）。但是，各成员应当规定通过专利制度或者有效的特别制度或者二者的结合保护植物品种。WTO 协定生效 4 年之后应当重新审视本项规定。**

值得注意的是，上述规定排除的范围相当狭窄，没有涵盖许多国家排除的一些不能授予专利权的主题，例如科学发现、科学原理、数学公式、智力活动的规则方法等。如果像一些人所理解的那样，TRIPS 第 27 条穷尽规定了授予专利权的所有条件，对所有成员均具有约束效力，不得越雷池一步，则这些国家的专利法排除上面列举的主题就有不符合协定规定之嫌。然而，自 WTO 成立以来，TRIPS 理事会对各国专利制度进行审议的过程中以及知识产权争端解决过程中从未有人提出这些国家专利法的上述排除违反 TRIPS 第 27 条的规定。这既表明 WTO 已经默认了各国的做法，也表明 TRIPS 第 27 条的规定并不是各成员授予专利权的充分条件。

我国 1984 年制定的《专利法》在本条中规定用化学方法获得的物质、药品、食品、饮料和调味品均不能授予专利权。

根据 1992 年中美两国达成的《中美关于保护知识产权的谅解备忘录》，参照当时已经基本上形成的 TRIPS 框架，我国 1992 年修改《专利法》时对本条作了重要修改，删除了上述排除。修改后的《专利法》自 1993 年 1 月 1 日起施行，这意味着我国《专利法》在可以获得专利权的主题方面提前 8 年实现了与 TRIPS 有关规定的一致。

2008 年修改《专利法》时，在本条第一款增加了第六项，规定对平面印刷品的图案、色彩或者二者的结合作出的主要起标识作用的设计，不授予外观设计专利权。

二、不授予专利权的主题

（一）科学发现和智力活动的规则方法

之所以将本条第一款第（一）项和第（二）项合在一起进行讨论，是因为两者排除的不能授予专利权的主题具有相同的性质，即都不属于能够授予专利权的发明创造。另一方面，本条这两项规定均与《专利法》第二条关于发明创造的定义紧密相关，合在一起进行说明便于展开讨论。

人们依常识懂得“发现”和“发明”是不同的概念。例如，在太平洋中找到一个人们过去不知道的岛屿，只能说“发现了一个岛屿”，不能说“发明了一个岛屿”；某公司开发出一款新型节能汽车，只能说“发明了一种新型汽车”，不能说“发现了一种新型汽车”。

《专利审查指南 2010》对发明作了如下定义：

> **科学发现，是指对自然界中客观存在的物质、现象、变化过程及其特性和规律的揭示。科学理论是对自然界认识的总结，是更为广义的发现。它们都属于人们认识的延伸。这些被认识的物质、现象、过程、特性和规律不同于改造客观世界的技术方案，不是专利法意义上的发明创造，因此不能被授予专利权。**[1]

发现与发明虽有上述不同，但发现常常可以导致发明，许多发明都建立在发现的基础之上，要想在不能授予专利权的发现与能够授予专利权的发明之间划分一条清晰的界限是一件十分困难的事情。从各国专利制度的发展状况来看，不能授予专利权的发现和能够授予专利权的发明之间有淡化的趋势。

一个例子是所谓“医药用途发明”。按照传统理论，仅仅发现某种已知物质（包括天然物质，也包括人工合成物质）具有某种过去未被人们认识的特性，属于“认识客观世界”的范畴，应当认为是发现而不是发明，不能被授予专利权。其理由在于这样的特性是该物质本身固有的，并非是后来申请专利的人创造出来的。然而在医药行业，许多有价值

---

[1] 国家知识产权局.专利审查指南 2010［M］.北京：知识产权出版社，2010：第二部分第一章 4.1.

的科研成果就是发现某些过去从未被用于治疗疾病的已知物质具有治疗某种疾病的特性或者用途（称为第一医药用途发明），或者发现过去用于治疗某种疾病的某种已知物质具有治疗另一种疾病的特性或者用途（称为第二医药用途发明）。这些发现直接导致产生新的药品或者为已知药品开辟新的治疗用途，常常具有显著的经济价值和社会价值，而且其开发者常常要为之付出相当可观的人力和物力，因此医药工业界强烈希望为之提供专利保护。为了促进医药工业的发展，满足社会公众的需求，许多国家在 20 世纪 80 年代调整了其专利法的规定或者专利审查标准，为这两种医药用途发明提供了专利保护。这一点在下面论述疾病诊断治疗方法时还要详细讨论。

另一个例子是“基因技术”。生物技术是人类在 20 世纪取得重大进展的科学领域之一，其中最为突出的是关于遗传基因的发现，它揭示了生命的奥秘，为科学技术开辟了一个十分宽广、大有可为的领域，对人类的未来具有不可估量的重要意义。正因为其重要性，有关生物基因以及基因片段的发现是否能够被授予专利权就成了专利制度中一个受到各国高度关注的问题，对此不同国家的观点和具体做法尚不一致。欧盟在 1998 年颁布了《关于生物技术发明法律保护指令》，该指令第 5 条明确规定：第一，在人体形成的不同阶段，其基因序列或者基因序列的一部分不属于能够授予专利的发明；第二，脱离人体的或者通过技术方法获得的某种生物体，包括基因序列或者基因序列的某一部分，可以构成能够授予专利的发明，即使该生物体的结构与一个自然界存在的结构完全相同也依然如此；第三，基因序列或者基因序列的某一部分的工业实际用途必须在专利申请中公开。

传统理论认为，发现仅仅是揭示自然界原本就存在而人类尚未认识的事物，它没有改变什么，没有创造出什么新的东西，因而不能授予专利权。结合上述关于医疗用途发明和生物基因的例子，可以看出这一标准已经有所变化。现在，人们认为问题的关键点在于是否为发现找到一种实际用途，而不在于使被发现的东西本身产生什么变化。换句话说，能否被授予专利权，不取决于是否创造出自然界不存在的东西。要求专利保护的客体具有某种实际用途，可以认为就是要求具备实用性，这是各国专利法一贯的要求，任何申请要想被授予专利权都必须满足这一要求，照理说是无须另行强调的。欧盟的上述指令之所以专门予以规定，是因为涉及有关发现是否属于能够获得专利保护的主题范围的问题。由此可见，在某些情况下，关于发现能否被授予专利权的判断标准实际上已经回归到实用性这一专利性条件上。过去，人们认为是否属于能够授予专利权的主题范畴和是否具有“三性”是完全不同的两类条件，两者不能混为一谈。判断它们的先后次序也有所不同，首先需要判断是否属于能够授予专利权的范畴，只有当这一判断的结论是肯定的时候，才有必要判断是否具有“三性”。现在情况已经有所变化，是否具备实用性在某些情况下已经成为判断是否属于能够授予专利权的主题范畴时应当考虑的因素之一。

《专利审查指南 2010》认为，“科学理论是对自然界认识的总结，是更为广义的发现”，这一结论有值得商榷之处。《欧洲专利公约》第 52 条第 2 款（a）排除的是“发现、科学理论和数学方法”，这表明该公约的制定者认为“发现”一词尚不足以涵盖或者不宜用于涵盖科学理论和数学方法，需要将三者都罗列出来予以排除，才能保障专利制度的正常运作。其原因在于并非所有科学理论的性质都在于揭示“自然界中客观存在的物质、现象、变化过程及其特性和规律”。例如，诸如工程控制论、模式识别论之类的科学理论，诸如微积分、复变函数、实变函数、泛函分析之类的数学理论，都是科学家、数学家创造出来的用于帮助人类更好地认识自然、改造自然的工具性理论，而不是揭示“自然界中客观存在的物质、现象、变化过程及其特性和规律”的理论。人们将建立这些理论称为“创立学说”，没有人将其称为一种发现。依照我国现行《专利法》的有关规定，将这些科学理论、数学理论本身排除在能够授予专利权的主题范畴之外，更为恰当的法律依据应当是《专利法》第二条关于发明应当是一种技术方案的规定，而不是本条第（一）项的规定。

智力活动的规则和方法是指导人们思维、推理、分析和判断的规则和方法，具有抽象思维的特点，所以不能被授予专利权。专利法为专利权人提供的权利是禁止未经专利权人许可而进行制造、使用、销售之类的生产经营活动，而不能用来禁锢人的思想或者思维活动。智力活动的规则方法涉及或者说至少包含在人的头脑中进行的思维活动，试图将这样的思维活动置于专利独占权的控制范围之内既不合理，也不现实。

在完成一项发明创造的过程中，人的智力活动当然是必不可少的。本条所说的智力活动的规则和方法显然不是指发明人、设计人在完成发明创造的过程中进行了智力活动，而是指申请专利的发明创造本身就是一种用于指导人们进行智力活动的方法。换言之，问题的关键在于作出发明创造之后，该发明创造的每一次实施是否仍然依赖人的智力活动。例如速算方法是一种智力活动的方法，是对人的思维的一种指导，人们根据该方法进行速算需要有人的思维活动参与，没有人的思维活动就无法实施该速算方法。其他如各种语言的语法、学习方法等也具有类似的性质，因而不能授予专利权。

《专利审查指南 2010》以列举方式罗列了很多不能授予专利权的智力活动的规则方法。[1]人们普遍认同所列举的这些主题不应当被授予专利权，但是其中一些严格说来是否属于“智力活动的规则方法”值得商榷，例如：日历的编排方法、比赛规则、仪器和设备的操作说明、乐谱、食谱、锻炼身体的方法、疾病普查方法、信息表述方法、计算机程序本身等。对此，同样可以借鉴《欧洲专利公约》第 52 条第（2）款第（c）项和第（d）项的规定，其中第（c）项排除的是“进行智力活动、游戏或者商业经营的方案、规则和方法以及计算机程序本身”，第（d）项排除的是“信息的表述”。这表明该公约的制定者认为仅仅采用“智力活动的方案、规则和方法”尚不足以涵盖或者不宜用于涵盖所列其他各项，需要将它们都罗列出来予以排除，才能保障专利制度的正常运作。依照我国现行《专利法》的有关规定，将上述各项排除在能够授予专利权的主题范畴之外的更为恰当的法律依据也应当是《专利法》第二条关于发明应当是一种技术方案的规定，而不是本条第一款第（二）项的规定。

（二）疾病的诊断和治疗方法

1. 排除的理由以及被排除的内容

包括我国在内的绝大多数国家的专利法都将疾病的诊断治疗方法排除在能够授予专利

---

[1] 国家知识产权局.专利审查指南 2010［M］.北京：知识产权出版社，2010：第二部分第一章 4.2. 该节列举的智力活动的规则和方法包括：审查专利申请的方法；组织、生产、商业实施和经济等方面的管理方法及制度；交通行车规则、时间调度表、比赛规则；演绎、推理和运筹的方法；图书分类规则、字典的编排方法、情报检索的方法、专利分类法；日历的编排规则和方法；仪器和设备的操作说明；各种语言的语法、汉字编码方法；计算机的语言及计算规则；速算法或口诀；数学理论和换算方法；心理测验方法；教学、授课、训练和驯兽的方法；各种游戏、娱乐的规则和方法；统计、会计和记账的方法；乐谱、食谱、棋谱；锻炼身体的方法；疾病普查的方法和人口统计的方法；信息表述方法；计算机程序本身。

权的主题范畴之外。TRIPS第27条第3款规定，各成员可以排除人和动物的诊断、治疗和手术方法的专利性，从而明确表明这种排除符合该协定的规定。

一个值得讨论的问题在于这种排除出于何种理由。是因为疾病诊断治疗方法不属于专利法意义上的发明创造，还是因为疾病诊断治疗方法不宜通过专利权予以保护？对这一问题的回答与排除的判断原则和排除范围的大小有关联。

《审查指南1993》规定：

> 出于人道主义的考虑和社会伦理的原因，医生在诊断和治疗过程中应当有选择各种方法和条件的自由。另外，这类方法直接以有生命的人体或者动物为实施对象，无法在产业上利用，不具备实用性，不属于专利法意义上的发明创造。因此疾病的诊断治疗方法不能被授予专利权。❶

2010年修改的《专利审查指南2010》的规定与上述规定基本相同。❷

上述论述几乎将所有可能的排除理由全都罗列出来了。其中，认为疾病诊断治疗方法无法在产业上利用，因而不具备实用性，这一点是受《欧洲专利公约》的影响。1973年制定的《欧洲专利公约》第52条第（4）款规定：

> 作用于人体或者动物的手术、治疗和诊断方法不是本条第（1）款中所述具有工业实用性的发明。但是这一规定不包括用于上述任何一种方法中的产品，尤其是物质或者组合物。

对于用于人或者动物的诊断、治疗和手术方法，TRIPS并不是在其第27条第1款中予以排除，即认为这样的方法不具备工业实用性；也不是在其第27条第2款中予以排除，即认为这样的方法损害公共秩序或者违背社会公德；而是在第27条第3款中规定各成员“还可以予以排除”，一并列举的还有动、植物品种及其生产方法，这表明排除的理由主要是从政策角度出发，认为对这种方法不宜授予专利权。

为了与TRIPS的规定保持一致，2000年修改《欧洲专利公约》时，删除了修改前该公约第52条第（4）款的规定，将其内容转移到现行公约第53条之中，规定：

> 对下列各项不授予欧洲专利：
>
> （a）一项发明的商业实施违背公众利益或者公共道德的，其条件是上述结论的得出并非仅仅因为一些或者所有成员国的法律或者行政条例予以禁止。
>
> （b）植物或者动物品种以及本质上属于生物方法的植物或者动物培育方法，但不包括微生物方法及其产品。
>
> （c）作用于人体或者动物的手术、治疗和诊断方法；但是这一规定不包括用于上述任何一种方法中的产品，尤其是物质或者组合物。

上述修改表明，《欧洲专利公约》不再以不具备实用性为理由排除对用于人或者动物的诊断、治疗和手术方法授予专利权。这有助于澄清实用性的判断标准。事实上，能够授予专利权的发明创造有很多是“直接以有生命的人体或者动物为实施对象”，显然不能以

---

❶ 中国专利局.审查指南1993［M］.北京：专利文献出版社，1993：第二部分第一章3.3.

❷ 国家知识产权局.专利审查指南2010［M］.北京：知识产权出版社，2010：第二部分第一章4.3.“出于人道主义的考虑和社会伦理的原因，医生在诊断和治疗过程中应当有选择各种方法和条件的自由。另外，这类方法直接以有生命的人体或动物体为实施对象，无法在产业上利用，不属于专利法意义上的发明创造。因此疾病的诊断和治疗方法不能被授予专利权。”

此为理由认为这些发明创造都不具备实用性，因而不能授予专利权。

应当认为，疾病的诊断治疗方法是人类创造出来的方法，属于生命科学领域，构成了技术方案；疾病的诊断治疗方法显然也不属于本条第一款第（一）项和第（二）项所排除的“科学发现”和“智力活动的规则”，应当属于发明创造的范畴；疾病的诊断治疗方法是为了治病救人，更谈不上“违反社会公德或者妨害公共利益”。于是，能够沾边的排除理由就只能是“出于人道主义的考虑”。然而，用药品来治疗疾病是疾病治疗方法中最为主要的方法，若是“出于人道主义的考虑”，为什么不规定对药品也不授予专利权？所以，与其牵强地构想出种种排除的理由，不如直截了当地将其归结为属于 TRIPS 允许的排除，是从政策角度出发不能授予专利权的主题。

《专利审查指南 2010》规定，“诊断方法”是指“为识别、研究和确定有生命的人体或动物体病因或病灶状态的过程”。[1]只要以有生命的人体或者动物体为对象，并且以获得疾病诊断结果或者健康状况为直接目的，即可认定为疾病诊断方法，不必区分是对病人进行疾病诊断还是对正常人进行体检。但是，只是从活的人体或动物体获取作为中间结果的信息的方法、只是对已经脱离人体或动物体的组织、体液或排泄物进行处理或检测以获取作为中间结果的信息的方法，以及对所获得的信息处理的方法，如果其直接目的不是获得诊断结果或者健康状况，则不属于疾病诊断方法。

《专利审查指南 2010》规定，“治疗方法”是指为使有生命的人体或者动物体恢复或获得健康或减少痛苦，进行阻断、缓解或者消除病因或病灶的过程。治疗方法包括以治疗为目的或者具有治疗性质的各种方法，预防疾病或者免疫的方法视为治疗方法。[2]

对疾病的诊断和治疗方法不授予专利权是指对这些方法本身不授予专利权，为疾病的诊断和治疗而使用的物质、组合物，以及仪器、设备和器械等产品可以获得专利权，制造假肢、假牙、假眼，以及制造牙齿模型的方法也可以获得专利权。

2. 医药用途发明

在专利领域，将过去从未被用于治疗疾病的某种已知物质或者组合物用于治疗某种疾病称为第一医药用途发明，将过去已经用于治疗某种疾病的某种已知物质或者组合物用于治疗另一种疾病称为第二医药用途发明。关于这两种发明是否能够被授予专利权，以及能够被授予何种类型的专利权，欧洲国家曾经有过激烈的争议。

依据《欧洲专利公约》第 52 条第（4）款的规定用于人体或者动物的手术、治疗和诊断方法不能被授予专利权，但是用于治疗和防御疾病的药品能够被授予专利权，对此没有争议。

药品通常采用天然物质、化合物、组合物制造而成，这些物质有的是药品开发者自己“创造”出来的，属于新物质或者新的物质组合；有的是过去已有的物质或者物质组合，药品开发者所做的工作主要在于研究发现某种物质或者物质组合具有治疗某种疾病的效果，而且验证其对人和动物来说是安全的。对药品开发者而言，利用已有的物质或者物资组合开发出一种新的药品，其所需进行的研究工作和艰辛程度并不亚于前者。

当药品开发者推出一种药品时，即使其有效成分是一种已经公知的化合物、组合物，

---

[1] 国家知识产权局.专利审查指南 2010［M］.北京：知识产权出版社，2010：第二部分第一章 4.3.1.

[2] 国家知识产权局.专利审查指南 2010［M］.北京：知识产权出版社，2010：第二部分第一章 4.3.2.

应当也能够被授予专利权，对此也没有什么争议。然而，此时可以授予何种类型的专利权，允许采用以何种方式撰写的权利要求予以保护，却是一个难题。如果允许撰写产品权利要求，则无异于对已知物质授予专利权，存在是否具备新颖性的疑问；如果允许撰写用途权利要求，即保护采用已知物质来治疗某种疾病的用途，则形同于对疾病治疗方法授予专利权，存在是否违背该公约第 52 条第（4）款规定的疑问。

为了解决这一问题，1973 年制定的《欧洲专利公约》为第一医药用途发明获得专利保护提供了优惠的条件，体现在该公约第 54 条第（5）款就第一医药用途发明的新颖性问题专门写入如下特殊规定：

> **新颖性的规定不应排除任何用于疾病诊断治疗方法的已知物质或者组合物的专利性，其条件是这种已知物质或者组合物在申请日之前没有被用于任何疾病的诊断治疗方法。**

上述规定十分引人注目，因为它突破了专利法的一个传统观念。按照传统的新颖性的判断原则，对于一项产品权利要求来说，如果该产品本身是已知的，则该项权利要求不具备新颖性，不能因为在权利要求的前叙部分中记载了该产品的一种用途，就认为该产品权利要求具备新颖性。例如，在一种钢材已经公知的情况下，撰写出诸如“一种用于制造船舶的该种钢材……”的权利要求，一般不能授予专利权。已知产品的新用途要想获得专利保护，通常应当采用用途权利要求，属于方法专利的类型，也就是只能对该产品的应用方式提供保护，而不能对该产品本身提供保护。然而如前所述，对医药用途发明采用用途权利要求予以保护在《欧洲专利公约》层面上存在法律障碍，是行不通的。为了克服障碍，该公约专门给第一医药用途发明规定了一种新颖性的“豁免权”，也就是在所用物质本身已经已知的情况下，仍然允许撰写产品权利要求。

由于物质 X 本身是已知的，因此在这种类型的权利要求中，医药用途的限定特征不可缺少，否则就不能构成第一医药用途发明，因而也就不能享受《欧洲专利公约》规定的对新颖性条件的“豁免权”。应当注意的是，根据原欧洲专利局审查指南的规定，第一医药用途专利具有较宽的保护范围。为了获得专利权，专利权人需要在说明书中写明采用物质 X 来治疗何种疾病及其治疗效果，但是第一医药用途专利的保护范围不仅仅限于采用物质 X 来治疗该种疾病，只要是为了疾病治疗目的而生产、销售该物质，就构成了侵权行为，即使用该物质来治疗的疾病不同于专利说明书中记载的疾病也仍然如此。欧洲专利局认为第一医药用途发明的贡献在于首次发现一种已知物质具有医药用途，因此所提供的专利保护就是禁止他人将这种物质用于医药用途，而不论将它用于治疗何种疾病。换言之，在第一医药用途专利权的有效期内，如果有人研究开发出该物质的第二医药用途，用于治疗不同的疾病，则不论后者如何不同，如何非显而易见，均落入该第一医药用途专利权的保护范围之内。然而，1973 年制定的《欧洲专利公约》没有对第二医药用途发明的专利性问题作出规定。

2000 年 11 月，在德国慕尼黑召开了修改《欧洲专利公约》的外交会议，达成了修改该公约的协议。经过漫长的各成员国批准程序，该协议于 2007 年 12 月 13 日生效。

针对修改前的《欧洲专利公约》没有明确规定第二医药用途发明是否能够被授予专利权的问题，以及各成员国对该类发明应当采用何种类型的权利要求予以保护的分歧意见，修改后的《欧洲专利公约》将第 54 条关于新颖性的规定修改为：

（1）如果一项发明不构成现有技术的一部分，则该发明具备新颖性。

（2）现有技术包括在欧洲专利申请的申请日之前通过书面表述、口头表述、使用或者其他任何方式使公众能够获知的任何事物。

（3）此外，现有技术还包括欧洲专利申请在申请时的内容，其条件是该欧洲专利申请的申请日早于本条第（2）款所述申请日，该欧洲专利申请的公布日晚于本条第（2）款所述申请日。

（4）本条第（2）款和第（3）款的规定不应排除采用任何属于现有技术的用于第53条（c）所述方法的物质或者组合物的专利性，其条件是该物质或者组合物在第53条（c）所述方法中的任何使用都不属于现有技术。

（5）本条第（2）款和第（3）款的规定也不应排除本条第（4）款所述的用于第53条（c）所述方法中的一种特定用途的物质或者组合物的专利性，其条件是该特定用途不属于现有技术。

其中，第（4）款涉及第一医药用途发明，其条文与修改前公约第54条第（5）款基本相同，除引用条款的变化之外，没有其他实质性修改；第（5）款涉及第二医药用途发明，是新增加的条款。上述译文试图尽量忠实于原文，读者理解起来有些困难。为了清楚起见，下面改用直白的语言来解释上述规定的含义。

第（4）款的含义是：如果某种物质或者组合物本身已经为公众所知，对于一份要求保护用于手术、诊断或者治疗方法的该物质或者组合物的欧洲专利申请而言，只要没有任何现有技术披露过将该物质或者组合物用于任何手术、诊断或者治疗方法（包括在抵触申请中披露），则该欧洲专利申请仍然具备新颖性。

第（5）款的含义是：如果某种物质或者组合物本身已经为公众所知，而且现有技术披露了有人已经将该物质或者组合物用于某种手术、诊断或者治疗方法，对于要求保护以另一种特定方式用于手术、诊断或者治疗方法的该物质或者组合物的欧洲专利申请而言，只要没有任何现有技术披露过该物质或者组合物的这种特定用途，则该欧洲专利申请仍然具备新颖性。

为了配合修改后的《欧洲专利公约》的施行，欧洲专利局于2007年12月推出了修改后的《欧洲专利局审查指南》。关于医药用途发明，该指南所作规定可以归纳为如下几点。

第一，无论是第一医药用途发明还是第二医药用途发明，仍然不允许以用途权利要求方式撰写权利要求，例如“采用物质或者组合物X来治疗疾病Y”，因为批准这样的权利要求将直接违背公约第53条关于用于人体或者动物的手术、诊断和治疗方法不能授予专利权的规定。

第二，无论是第一医药用途发明还是第二医药用途发明，既可以撰写“以用途来限定的产品权利要求”，也可以撰写“以用途来限定的产品制备方法权利要求”，专利申请人可以根据自己的需要予以选择。

第三，对于“以用途限定的产品权利要求”而言，《欧洲专利公约》第54条第（4）款和第（5）款分别为第一和第二医药用途发明提供了绝对新颖性规定的例外，但是这一点并不意味着第一和第二医药用途发明不需要满足其他专利性要求，尤其是创造性条件。

第四，对第一医药用途发明，允许采用保护范围极为广泛的“以用途限定的产品权利要求”，例如“一种物质或者组合物X，其特征在于将其用作药品”“一种物质或者组合物

X，其特征在于将其用作抗菌剂”等，而不必限定具体的用途。如果认定一项发明属于第一医药用途发明，而且申请人发现采用某种已知的物质或者组合物在手术、诊断或者治疗方法中有若干种不同的用途，则允许申请人撰写多项并列的独立权利要求，分别要求保护一种不同的用途，审查员一般不应以不具备单一性为理由予以驳回。

第五，对第二医药用途发明，只允许针对其提出的已知物质在手术、诊断或者治疗方法中的特定用途撰写“以用途限定的产品权利要求”，例如“一种物质或者组合物X，其特征在于将其用于治疗疾病 Y”等。如果认定一项发明属于第二医药用途发明，而且申请人发现采用某种已知并已经用于手术、诊断或者治疗方法的物质或者组合物在手术、诊断或者治疗方法中有若干种新的不同特定用途，也允许申请人撰写多项并列的独立权利要求，但是其条件是这些不同的特定用途具有相同的发明构思。

我国《专利法》没有与原《欧洲专利公约》第54条第（5）款以及修改后该公约第54条第（4）款和第（5）款相类似的规定，没有给医药用途发明提供新颖性例外，因此医药用途发明不能获得产品专利权的保护。对此，《专利审查指南2010》作了如下规定：

> 物质的医药用途如果以“用于治病”、“用于诊断疾病”、“作为药物的应用”等等这样的权利要求申请专利，则属于《专利法》第25条第一款第三项“疾病的诊断和治疗方法”，因此不能被允许；但是由于药品及其制备方法均可依法授予专利，因此物质的医药用途发明以药品权利要求或者如“在制药中的应用”、“在制备治疗某病的药物中的应用”等等属于制药方法类型的用途权利要求申请专利，则不属于《专利法》第25条第一款第三项规定的情形。
>
> 上述的属于制药方法类型的用途权利要求可撰写成如“化合物X作为制备治Y病药物的应用”或与此类似的形式。[1]

当物质X本身就是一种具备新颖性和创造性的物质时，申请人可以撰写出针对该物质本身的产品权利要求，且无须在权利要求中指明它的医药用途（在说明书中，例如在有益效果部分，可以写明其医药用途）。这样的权利要求是普通的产品权利要求，能够给专利权人提供最为广泛的保护，因为任何人未经许可而制造、销售、进口或使用该物质都构成侵权行为，不受制造目的和使用方式的限制。根据《专利审查指南2010》的上述规定，当物质 X 是一种已知物质，发明点在于用它来治疗一种疾病时，则无论是第一医药用途发明还是第二医药用途发明，在我国都只能撰写药品制备方法类型的权利要求，这种权利要求撰写方式实质上就是欧洲专利局申诉委员会所允许的“以用途来限定的制备方法权利要求”。

药品的专利保护问题是十年来国际知识产权保护领域中一个极具争议的问题，对发展中国家的利益有重大影响。目前，我国医药工业的研发水平和投入还远远落后于美国、欧洲、日本，新的重要药品几乎都在外国专利权人的控制之下。针对我国的具体国情，需要我们在医药用途发明的专利保护方面采取一种谨慎的立场。例如对第一医药用途发明，笔者并不认为欧洲将其保护扩大到该种物质的所有医药用途而不仅仅是治疗说明书中介绍的特定疾病是一种合理的做法。在医药用途发明专利申请的审查过程中以及涉及医药用途发明的专利侵权案件的审理过程中，应当依据《专利法》以及相应法规、规章的规定，确保

[1] 国家知识产权局.专利审查指南2010［M］.北京：知识产权出版社，2010：第二部分第十章4.5.2.

其保护范围的确定和解释不超出合理的范围。

（三）动物和植物品种

TRIPS 第 27 条第 3 款第（b）项规定，各成员可以除微生物之外的动、植物以及对生产动、植物的主要是生物学的方法不授予专利权，但生产动、植物的非生物学方法及微生物方法除外。TRIPS 同时又规定，各成员应当通过专利制度或者有效的专门制度，或者通过任何组合的制度，为植物新品种提供保护。

本条第（四）项规定动物和植物品种不能获得专利保护，这符合 TRIPS 的上述规定。另一方面，我国是农业大国，在植物品种，特别是农、林作物品种的开发研究方面具有一定优势，取得了许多成就。因此，对植物新品种提供法律保护有利于鼓励这方面的发明创造，有利于保护我国的利益。在这种情况下，我国采取了对植物新品种的保护单独立法的做法。国务院 1997 年 3 月 20 日发布了《植物新品种保护条例》，自 1997 年 10 月 1 日起施行。根据该条例的规定，国务院农业和林业行政部门按照其职责分工负责植物新品种权申请的受理和审查，并对符合条例规定的植物新品种授予植物新品种权。完成育种的单位或者个人对其授权品种享有独占权，任何单位或者个人未经品种权所有人许可，不得为商业目的生产或者销售该授权品种的繁殖材料，不得为商业目的将授权品种的繁殖材料重复使用于生产另一品种的繁殖材料。这种做法也符合 TRIPS 的上述规定。

本条第二款规定，生产动、植物品种的方法可以获得专利保护。这里所说的动、植物品种的生产方法是指非生物学的方法，不包括主要是生物学的方法在内。一种方法是否主要为生物学的方法，取决于人的技术在该方法中的介入程度。如果人的技术介入对该方法所要达到的目的或者效果起了主要的控制作用或者决定性作用，则这种方法不属于“主要是生物学的方法”。例如，采用辐照饲养法生产高产牛奶的乳牛的方法；改进饲养方法生产瘦肉型猪的方法等属于可被授予发明专利权的客体。[1]

至于微生物，本条没有明确规定。在 1992 年第一次修改《专利法》之前，由于药品和化学物质都不授予产品专利权，所以在审查实践中对微生物本身也不给予专利保护，只对微生物方法给予专利保护。随着药品和化学物质可以获得专利保护，微生物菌种和微生物制品的专利保护问题也随之得到了解决。微生物包括细菌、放线菌、真菌、动植物细胞系、病毒、质粒、原生物、藻类等。不过，微生物只有经过分离成为纯培养物，并且具有特定的工业用途时，才是可以授予专利权的主题。根据《专利法实施细则》第二十四条的规定，如果申请专利的发明涉及新的生物材料，该生物材料公众不能得到，并且对生物材料的说明不足以使所属领域的技术人员实施其发明的，则申请人还必须在申请日前或者最迟在申请日将生物材料的样品提交国家知识产权局承认的保藏单位保藏。

生物技术和基因工程对相应的知识产权保护提出了许多新的问题，例如，如何保护转基因动物或者植物，如何防止克隆技术的滥用等。可以预料，这些问题将导致专利制度进一步产生变革。

---

[1] 国家知识产权局.专利审查指南 2010［M］.北京：知识产权出版社，2010：第二部分第一章 4.4.

（四）用原子核变换方法获得物质

TRIPS 第 73 条的标题是“为了安全的例外”，规定：该协定的任何规定都不得解释为制止成员为保护其基本安全利益而采取必要措施，其中包括可裂变物质或者由这种物质衍生的物质。因此，本条第一款第（五）项规定原子核变换方法以及用该方法获得的物质不授予专利权符合该协定的规定。

原子核变换方法是指使一个或者几个原子核经分裂或者聚合形成几个或者一个新原子核的过程。由原子核变换方法获得的物质，主要是指用加速器、反应堆以及其他核反应装置制造的各种放射性同位素。本条第一款第（五）项规定，原子核变换方法以及由原子核变换方法所获得的物质都不能被授予专利权。但是这些同位素的用途以及使用的仪器、设备可以被授予专利权。

本条第一款第（五）项的规定是我国 1984 年制定《专利法》时借鉴其他国家的专利法而引入的，其主要目的是维护国家安全，防止核扩散。然而，原子核变换技术并非仅仅只有军事意义，也具有民用意义。《专利法》第四条规定：“申请专利的发明创造涉及国家安全或者重大利益需要保密的，按照国家有关规定办理。”《专利法实施细则》第七条规定，专利申请涉及国防利益需要保护的，由国防专利局受理并进行审查，符合规定的可以授予国防专利权；发明或者实用新型专利申请涉及国防利益以外的国家安全或者重大利益需要保密的，由国家知识产权局受理，符合规定的可以授予保密专利权。由此可知，对涉及国家安全或者重大利益的发明创造并非一律都不能提供专利保护，只是在必要时不能授予普通专利权，只能授予国防专利权或者保密专利权。采取这种做法，更有利于促进原子核变换领域的发明创造。

（五）主要起标识作用的平面印刷品外观设计

2008 年修改《专利法》时，在本条第一款中增加了第（六）项，规定“对平面印刷品的图案、色彩或者二者的结合作出的主要起标识作用的设计不授予专利权”。这里所说的专利权，是指外观设计专利权。

我国每年受理的外观设计专利申请量已经位居世界第一，但在受理的外观设计申请和授予的外观设计专利中，有一些涉及的是瓶贴、平面包装袋等主要起标识作用的平面图案设计。这既不利于提高我国对产品本身外观的创新水平，促进我国品牌产品的形成，提高我国产品的国际竞争力，也会增大外观设计专利权与商标专用权、著作权之间的交叉与冲突。为了鼓励设计人将其创新能力更多地集中到产品本身外观的创新上，增加了上述规定。

“平面印刷品”主要指平面包装袋、瓶贴、标贴等用于包装售出的产品或者附着于售出的产品上，不单独向消费者出售的二维印刷品。“主要起标识作用”是指外观设计的图案、色彩或者二者的结合主要用于使消费者识别其包装或者附着的产品的来源或者生产者，而不是主要用于使该产品本身的外观产生“美感”以吸引消费者。本条第一款第（六）项提到了“图形、色彩或者二者的结合”，而没有提及形状，这表明如果认定外观设计专利申请的客体属于平面印刷品，该平面印刷品上的图案、色彩或者其结合主要起标识作用，就可以认定不属于能够授予外观设计专利权的主题范畴，作为该标识载体的平面印刷品本身的形状是无关紧要的，例如平面包装袋是正方形、长方形或者其他形状，瓶贴是椭圆形、菱形或者其他形状，都不妨碍该结论的得出，因为这种形状的变化并不改变其标识性作用。

应当指出的是，尽管床单、窗帘、花布等纺织品也是二维产品，但是它们不属于“印刷品”，而且其图案、色彩或者二者的结合也不是“主要起标识作用”，因此对这些纺织品的外观设计不在被排除的范围之内。类似地，对壁纸之类的产品也应当得出相同的结论。

第三章　专利的申请

引　言

本章涉及申请专利应当提交的文件以及有关要求。

完成一项发明创造并不能自然地获得专利权。要想获得专利权，必须向国家知识产权局提出申请，经国家知识产权局审查后认为符合规定的，才能被授予专利权。

《专利法》和《专利法实施细则》对专利申请规定了全面和严格的要求。本章首先确定了对专利申请的基本要求，包括申请文件的种类及其内容、申请日的确定、优先权（包括外国优先权和本国优先权）的要求、专利申请的单一性及合案申请、申请的撤回和申请的修改。在本章规定的基本要求的基础上，国务院制定的《专利法实施细则》和国家知识产权局制定的《专利审查指南2010》依次对专利申请提出了进一步的具体要求。

只有有了专利申请，才会被授予专利权；只有有了专利权，才谈得上行使专利权以及获得保护；只有有了对专利权的保护，才能实现《专利法》的立法宗旨。由此可见，提出专利申请是应用专利制度的最初环节，是专利工作的“龙头”。专利申请的质量和水平，对专利权人日后能否获得充分有效的保护至关重要，可以说直接关系到一个国家专利工作水平的高低。因此，自我国建立专利制度以来，有关专利申请的要求一直受到专利工作者的高度重视。

第二十六条　发明和实用新型专利的申请文件

申请发明或者实用新型专利的，应当提交请求书、说明书及其摘要和权利要求书等文件。

请求书应当写明发明或者实用新型的名称，发明人的姓名，申请人姓名或者名称、地址，以及其他事项。

说明书应当对发明或者实用新型作出清楚、完整的说明，以所属技术领域的技术人员能够实现为准；必要的时候，应当有附图。摘要应当简要说明发明或者实用新型的技术要点。

权利要求书应当以说明书为依据，清楚、简要地限定要求专利保护的范围。

依赖遗传资源完成的发明创造，申请人应当在专利申请文件中说明该遗传资源的直接来源和原始来源；申请人无法说明原始来源的，应当陈述理由。

一、概　述

本条规定了发明和实用新型专利申请文件的组成部分以及对申请文件各组成部分的基本要求。

申请发明和实用新型专利应当提交的申请文件包括请求书、说明书、说明书摘要、权利要求书。由于附图是说明书的一部分，而且并非所有的发明专利申请都必须有附图（但是实用新型专利申请必须有附图），所以本条第一款没有将附图作为申请文件的一个单独组成部分列出。

2010年修改前的《专利法实施细则》第三条规定："专利法和本细则规定的各种手续，应当以书面形式办理"。所谓"书面形式"，按照过去的理解是指纸件形式。随着计算机技术和网络技术的发展，为了便于申请人更为快捷、更为方便地提交专利申请，包括我国在内的许多国家的专利局纷纷开始接受以电子文件形式提交的专利申请，并将逐步过渡到要求所有申请人均以电子文件方式提交其专利申请。为了适应这种变化，2001年修改的《专利法实施细则》第三条将上述规定改为："专利法和本细则规定的各种手续，应当以书面形式或者以国务院专利行政部门规定的其他形式办理。"

2008年修改《专利法》时，对本条进行的修改在于：

第一，将2010年修改前的《专利法实施细则》第二十条第一款关于权利要求书应当清楚、简要的要求转移到本条第四款中，同时将2008年修改前的《专利法》本条第四款所述的"说明要求保护的范围"改为"限定要求保护的范围"；

第二，增加了本条第五款，规定"依赖遗传资源完成的发明创造，申请人应当在专利申请文件中说明该遗传资源的直接来源和原始来源；申请人无法说明原始来源的，应当陈述理由"。

下面对发明和实用新型专利申请文件各个组成部分的作用、主要内容以及有关要求进行说明。

二、请 求 书

请求书是申请人表达其请求授予专利权愿望的文件。有些国家要求申请人以明示的语言表达这一请求；我国没有采取这种做法，而是由国家知识产权局设计了专门的请求书表格，申请人只需根据其希望获得的专利权的类型，按照规定的要求填写“发明专利请求书”或者“实用新型专利请求书”表格，并将其提交给国家知识产权局，就被认为表达了请求授予发明或者实用新型专利权的愿望，无须写出诸如“希望被授予专利权”之类的话语。

2008年修改《专利法》前，本条第二款规定请求书应当写明的事项包括“发明人或者设计人的姓名”，这是不正确的。《专利法》和《专利法实施细则》中，发明和实用新型的发明创造者被称为“发明人”，外观设计的发明创造者被称为“设计人”。由于本条涉及的是发明和实用新型专利申请的申请文件，其请求书中应当写明的是“发明人”而不是“设计人”，因此2008年修改《专利法》时删除了本条第二款中所述的“设计人”一词。

本条第二款列举了发明和实用新型专利申请的请求书中应当写明的主要事项，即发明或者实用新型的名称、发明人的姓名、申请人的姓名或者名称、地址，最后以“以及其他事项”结尾。这表明该列举并非是穷尽性的。2010年修改前的《专利法实施细则》第十七条进一步详细列举了本条第二款所述的“其他事项”。这种规定方式存在不足之处：一方面，导致公众无论阅读《专利法》还是阅读《专利法实施细则》，都无法一目了然地获知应当在请求书中写明的所有事项，而是需要将两者“拼接”起来才能明了；另一方面，《专利法》第二十七条规定外观设计专利申请的申请文件也包括请求书，然而修改前的《专利法实施细则》第十七条采用上述表述方式使之不涵盖外观设计专利申请的请求书，导致外观设计专利申请的请求书中应当写明的事项在2010年修改前的《专利法实施细则》中找不到法律依据。为了方便公众，并明确外观设计专利申请的请求书应当写明的事项，2010年修改后的《专利法实施细则》第十六条统一规定了三种专利申请的请求书应当写明的事项，即：

发明、实用新型或者外观设计专利申请的请求书应当写明下列事项：

（一）发明、实用新型或者外观设计的名称；

（二）申请人是中国单位或者个人的，其名称或者姓名、地址、邮政编码、组织机构代码或者居民身份证件号码；申请人是外国人、外国企业或者外国其他组织的，其姓名或者名称、国籍或者注册的国家或者地区；

（三）发明人或者设计人的姓名；

（四）申请人委托专利代理机构的，受托机构的名称、机构代码以及该机构指定的专利代理人的姓名、执业证号码、联系电话；

（五）要求优先权的，申请人第一次提出专利申请（以下简称在先申请）的申请日、申请号以及原受理机构的名称；

（六）申请人或者专利代理机构的签字或者盖章；

（七）申请文件清单；

（八）附加文件清单；

（九）其他需要写明的有关事项。

三、说明书

（一）说明书的作用

说明书是申请人公开其发明或者实用新型的文件，其作用主要包括：

第一，将发明或者实用新型的技术方案清楚、完整地公开出来，使所属领域的技术人员能够理解并实施该发明或者实用新型，从而为社会公众提供新的有用技术信息。

第二，说明书提供了发明或者实用新型的所属技术领域、背景技术、要解决的技术问题、解决其技术问题采用的技术方案、技术方案所能产生的有益效果等各方面的详细信息，是国家知识产权局对专利申请进行审查，判断是否能够授予专利权的基础。

第三，说明书是权利要求书的基础和依据，在专利权被授予后，特别是在发生专利侵权纠纷时，说明书及其附图可用于解释权利要求书，以便正确地确定发明和实用新型专利权的保护范围。

在上述三个方面的作用中，第一方面的作用占有最为重要的地位。许多人对专利制度的基本理解，就是申请人以向社会公众公开其作出的具备新颖性、创造性和实用性的发明创造，换取国家授予其一定时间期限之内的专利独占权。其结果是：申请人对其发明创造获得了专利保护，能够获得经济利益，有利于鼓励其作出发明创造的积极性；公众获得了新的技术信息，既能够在其基础上作出进一步改进，避免因重复研究开发而浪费社会资源，又能够促进发明创造的实施，有利于发明创造的推广应用。申请人和公众都有收获，因而是一种双赢的结果，这是实现《专利法》立法宗旨的基本保障。如果发明或者实用新型专利申请的说明书不能为公众提供足够的技术信息，就不能授予专利权，否则就会破坏上述利益平衡，导致专利制度不能发挥其应有的作用。

（二）说明书的内容

1. 说明书本身

本条第一款规定申请发明或者实用新型专利的应当提交说明书，第三款规定了对说明书的实质性要求，却没有详细规定对说明书的具体撰写要求。这些要求由《专利法实施细则》予以规定，并经历了一个逐步完善的过程。

1984 年制定的《专利法实施细则》第十八条规定，发明或者实用新型专利申请的说明书应当包括八个组成部分。当时的这一规定是强制性的，即所有发明或者实用新型专利申请的说明书都必须按照规定的格式撰写，因此当时一些人将说明书戏称为“八股文”。

1992 年修改的《专利法实施细则》第十八条增加了第二款，规定：“发明或者实用新型专利申请人应当按照前款规定的方式和顺序撰写说明书，除非其发明或者实用新型的性质用其他方式或者顺序撰写能够节约说明书篇幅并使他人能更好地理解其发明或者实用新型。”这一修改使申请人在特殊情况下可以视表达其发明创造的实际需要而采用不同的说明书撰写方式，为说明书的撰写提供了必要的灵活性。同时，将 1984 年制定的《专利法实施细则》第十八条规定的“发明或者实用新型说明书可以有化学式或者数学式，但不得有商业性宣传用语”修改为“发明或者实用新型说明书中不得使用‘如权利要求……所述的……’一类的引用语，也不得使用商业性宣传用语”。其中删除“发明或者实用新型说明书可以有化学式或者数学式”的规定并非因为说明书中不可以有化学式或者数学式，而是因为当然可以有，没有必要专门予以规定。

2001年修改的《专利法实施细则》第十八条规定，发明或者实用新型专利申请的说明书首先应当写明发明或者实用新型的名称，该名称应当与请求书中记载的名称相一致，然后依次写明如下五个部分内容，即：

（1）技术领域。该部分应当写明发明或者实用新型直接所属或者直接应用的具体技术领域，而不是上位的或者相邻的技术领域，也不是发明或者实用新型本身。

（2）背景技术。该部分应当就申请人所知，写明对发明或者实用新型的理解、检索、审查有用的背景技术，并且尽可能引证反映这些背景技术的文件。背景技术部分还应当尽可能写明背景技术存在的问题和缺点，在可能的情况下说明产生这些问题和缺点的原因以及人们解决这些问题曾经遇到的困难，为随后介绍申请专利的发明或者实用新型作好铺垫。

（3）发明或者实用新型的内容。该部分应当写明发明或者实用新型所要解决的技术问题以及解决其技术问题采用的技术方案，并对照现有技术写明发明或者实用新型的有益效果。其中，要解决的技术问题应当尽可能与背景技术部分指出的背景技术存在的缺点相一致，可以针对其中一个缺点，也可以是其中多个缺点，但是都应当能够被发明或者实用新型专利申请记载的技术方案所解决；该部分记载的解决技术问题采用的技术方案应当与权利要求所要求保护的技术方案相一致，至少应当反映独立权利要求所要求保护的技术方案，还可以反映从属权利要求所要求保护的技术方案；有益效果应当是实施申请专利的技术方案必然能够实际产生并带来积极影响的效果。

（4）附图说明。对有附图的发明专利申请以及所有实用新型专利申请，应当对各幅附图作出简略说明。

（5）具体实施方式。该部分应当详细写明申请人认为实现其发明或者实用新型的优选方式，有附图的应当对照附图。具体实施方式是发明和实用新型专利申请说明书中最为重要的部分，说明书为公众提供的技术信息的功能主要由该部分实现。

2001年修改的《专利法实施细则》第十八条第二款还规定，在说明书每一部分的前面应当写明该部分的标题。

上述修改的目的是使《专利法实施细则》第十八条的规定与PCT及其实施细则的有关规定保持一致。过去，各国对专利说明书的撰写要求不尽相同，因此申请人就同一发明创造向不同国家提交专利申请时，往往需要对说明书的格式和表述方式作必要调整，才能满足不同国家的要求，这给申请人寻求在不同国家获得专利保护带来了困难和不便。订立PCT的主要目的就是尽可能减少上述困难，为申请人在不同国家获得专利保护提供方便。自该条约生效以来，通过PCT途径提出的专利申请已经越来越多，这表明PCT系统在全球范围内正在发挥越来越大的作用。PCT及其实施细则对国际申请的格式和撰写方式作了明确规定，这是经过精心研究、博采各国之长的结果，对各国的专利实践具有很好的指导意义，值得我国采用。

2. 说明书附图

为了便于清楚地表述申请专利的发明或者实用新型，使国家知识产权局审查员以及广大公众容易理解，发明专利申请的说明书可以辅以附图，实用新型专利申请的说明书必须辅以附图。附图被称为工程师的“语言”，其表达的技术信息量常常很大。一幅附图提供的技术信息往往用再多的文字语言也无法清楚地予以表达。因此，对于有附图的说明书来说，附图是其重要的组成部分之一。但是，《专利法》和《专利法实施细则》采用的表述方式常常导致人们不能明了在不同场合提及“说明书”时，到底是指“说明书本身”还是指“说明书本身及其附图”，有时会导致理解上的偏差。美国专利法在这方面比较细腻，用“specification”（相当于“说明书”）一词来表述包括附图在内的整个说明书，用“description”（相当于“书面说明”）一词来表述“说明书本身”。由于采用了不同的措辞，在表述时可以根据不同的场合选择适当的措辞，因而不会产生混淆。

附图可以有多种类型，只要有助于更为清楚地表达发明创造，各种类型的附图都可以采用。对产品发明创造而言，附图可以是形状图、结构图、组装图、零部件图、电路图等；对方法发明创造而言，附图可以是工艺流程图、计算机程序方框图等；此外，附图还可以是表达物理化学性质或者各种性能的频谱图、曲线图、直方图等。

附图应当附在说明书之后，并按照“图 1，图 2 ……”的方式顺序编号排列。说明书文字部分未提及的附图标记不得在附图中出现，附图中未出现的附图标记也不得在说明书文字部分提及。申请文件中表示同一组成部分的附图标记应当一致。附图中除必需的词语外，不应当含有其他注释。

实用新型涉及的是产品的形状、构造或者其结合，结合附图来表达产品的形状、构造比单纯通过文字来表达更为清楚、准确，往往能够使人一目了然，因此实用新型专利申请的说明书必须有附图，自我国建立专利制度以来就一直是如此要求的。然而，2008 年修改前的《专利法》和 2010 年修改前的《专利法实施细则》却没有将这一要求直接明确地表述出来，仅仅在 2010 年修改前的《专利法实施细则》第四十条关于专利申请受理条件的规定中以加括号的方式写明实用新型专利申请无附图的不予受理。2010 年修改的《专利法实施细则》将原来的第十八条改为第十七条，对原有规定未作修改，但增加了第五款，规定“实用新型专利申请说明书应当有表示要求保护的产品的形状、构造或者其结合的附图”。增加的规定不仅使上述要求变得更为直接和明确，而且对实用新型专利申请的附图类型也作出了限制。由于工艺流程图、计算机程序方框图等不是表达产品的形状、构造或者其结合的附图，因此如果一件实用新型专利申请的说明书仅仅包括这类附图，则不符合该规定。

发明专利申请不一定要有附图，但是如果仅仅通过文字尚不足以清楚地表达申请专利的发明的技术方案，只有辅以附图才能清楚地表达，则其说明书应当有附图。

3. 核苷酸或者氨基酸序列表

随着生物技术的迅速发展，涉及基因的专利申请数量越来越多。对这类申请中涉及的核苷酸或者氨基酸序列，PCT 规定了特殊的表述方式。为了与该条约的规定相一致，2001 年修改的《专利法实施细则》第十八条增加了第四款，规定：“发明专利申请包含一个或者多个核苷酸或者氨基酸序列的，说明书应当包括符合国务院专利行政部门规定的序列表。申请人应当将该序列表作为说明书的一个单独部分提交，并按照国务院专利行政部门的规定提交该序列表的计算机可读形式的副本。”

4. 生物材料的保藏

2001 年修改的《专利法实施细则》第二十五条规定，申请专利的发明涉及新的生物材料的，如果所涉及的生物材料是公众不能得到的，而且说明书中对该生物材料的说明尚不足以使所属领域的技术人员实施其发明的，申请人除了应当符合《专利法》和《专利法实施细则》的有关规定之外，还应当：第一，最迟在申请日将该生物材料的样品提交国家知识产权局承认的微生物菌种保藏单位保藏，并且在申请时或者最迟在自申请日起的 4 个月内提交该保藏单位出具的保藏证明和存活证明；第二，在申请文件中提供有关该生物材料特征的资料；第三，在请求书和说明书中写明该生物材料的分类命名（注明拉丁文名称）、保藏该生物材料样品的单位名称、地址、保藏日期和保藏编号。

（三）说明书应当满足的要求

本条第三款规定，“说明书应当对发明或者实用新型作出清楚、完整的说明，以所属技术领域的技术人员能够实现为准。”这是对发明和实用新型专利说明书最为重要的要求。《专利审查指南 2010》对上述要求作了详细和全面的诠释。[1]

所谓“清楚”，是指说明书的内容应当清楚，具体要求包括：

第一，主题明确。说明书应当从现有技术出发，明确地反映出发明或者实用新型想要做什么和如何去做，使所属技术领域的技术人员能够确切地理解申请专利的发明或者实用新型专利要求保护的主题。换句话说，说明书应当写明发明或者实用新型所要解决的技术问题以及解决该技术问题采用的技术方案，并对照现有技术写明发明或者实用新型的有益效果。上述技术问题、技术方案和有益效果应当相互适应，不得出现相互矛盾或不相关联的情形。

第二，用词准确。说明书应当使用发明或者实用新型所属领域的技术术语，准确地表达发明或者实用新型的技术内容，不得含糊不清或者模棱两可，以致所属领域的技术人员不能清楚、正确地理解该发明或者实用新型。对于国家有统一规定的科技术语，应当使用规范词；外国人名、地名或者从外国引进的科技术语尚无统一中文译文的，应当注明原文；发明创造涉及全新的科技概念，无论国内和国外都没有现成并适合的科学术语时，允许申请人自己创立新的措辞，但同时应当对其创立的措辞作出明确和清楚的定义，以保证所属领域的技术人员对其含义的理解不会产生歧义。说明书的内容涉及计量单位时，应当使用国家法定计量单位。

所谓“完整”，是指说明书应当包括《专利法》和《专利法实施细则》所要求的各项内容，不能缺少为理解和实施发明或者实用新型所需的任何技术内容。一份完整的说明书应当包括理解发明和实用新型所需的内容，确定发明或者实用新型具备新颖性、创造性和

[1] 国家知识产权局.专利审查指南 2010［M］.北京：知识产权出版社，2010：第二部分第二章 2.1.

实用性所需的内容，以及实施发明或者实用新型所需的内容。凡是与理解和实施发明或者实用新型有关，且所属领域的技术人员不能从现有技术中直接得到的内容，均应当在说明书中作出清楚、明确的描述。

所谓“能够实现”，是指所属领域的技术人员按照说明书记载的内容，无须再付出创造性劳动，就能够实施该发明或者实用新型的技术方案，解决其要解决的技术问题，产生其预期的有益效果。

说明书的记载要达到何种程度，才算满足“清楚”“完整”和“能够实现”的要求？这一点与阅读者的水平有关。对于一个本领域的专家来说，或许只要看看附图，不需要作什么文字说明，就能够理解该发明或者实用新型并予以实施；对于一个外行人来说，或许还必须补充很多基础知识，才能理解发明或者实用新型的内容并予以实施。为了使规定的要求有一个统一的标准，本条规定，“以所属技术领域的技术人员能够实现为准”，其含义是这样的人员在阅读说明书的内容之后，不需再要付出创造性的劳动，就能够理解并实施该发明或者实用新型，解决发明或者实用新型要解决的技术问题，产生其预期的有益效果。前面在解释《专利法》第二十二条第三款规定的创造性标准时，也提到了“所属领域的技术人员”的概念，其含义与本条所述的“所属领域的技术人员”相同。这一概念在发明和实用新型专利申请的授权标准以及发明和实用新型专利权的侵权判断标准中多有应用，是专利领域中一个十分重要的概念。《专利法》第二十二条第三款关于创造性的规定中并没有直接提及这一概念，本条是《专利法》中惟一表述这一概念的条款。

应当指出的是，所谓“说明书应当满足本条第三款的要求”，在说明书有附图的情况下，并非单单是指说明书的文字说明部分本身就应当满足这样的要求，而是指说明书的文字说明部分与说明书附图的结合应当满足这样的要求。在申请人按照《专利法实施细则》第二十四条的规定对涉及的生物材料提交保藏的情况下，由于提交保藏的原因就在于“对生物材料的说明不足以使所属领域的技术人员实施其发明”，因此在这种情况下也并非单单是指说明书的文字说明部分与说明书附图的结合就应当满足这样的要求，而是指说明书的文字说明部分、说明书附图、被保藏的生物材料三者的结合应当满足这样的要求。

申请人应当特别注意，在向国家知识产权局提交发明或者实用新型专利申请时就应当确保其说明书以及说明书附图符合本条第三款规定的要求。一旦提交了专利申请并获得申请日，则无论是申请人自己发现还是经审查员审查后发现说明书以及说明书附图存在不符合本条第三款规定的缺陷，尤其是存在不完整、不能使所属领域的技术人员实施该发明或者实用新型的缺陷，均无法予以克服，从而导致已经提交的专利申请文件陷入“无可救药”的境地。这是因为《专利法》第三十三条关于“对发明或者实用新型专利申请文件的修改不得超出原说明书和权利要求书记载的范围”的规定杜绝了对这样的专利申请文件进行修改以克服上述缺陷的可能性。

四、说明书摘要

摘要是对说明书记载内容的概述，其作用是使公众通过阅读简短的文字，就能够快捷地获知发明创造的基本内容。申请专利时应当提交摘要。申请人没有提交摘要的，国家知识产权局将通知申请人在指定期限内补交；逾期不补交的，其申请被视为撤回。

《专利法实施细则》第二十三条规定，摘要应当写明发明或者实用新型专利申请的说明书、权利要求书和附图所公开内容的概要，写明发明或者实用新型所属的技术领域，清楚地反映所要解决的技术问题、解决该问题的技术方案的要点以及主要用途。

摘要可以包含最能说明发明的化学式。有附图的专利申请，应当由申请人指定并提供一幅最能说明该发明或者实用新型技术特征的附图作为摘要附图。摘要的文字部分不得超过 300 个字。摘要中不得使用商业性宣传用语。

摘要仅仅提供了关于发明或者实用新型的简要技术信息，其本身不具有法律效力。这主要体现在：仅仅在摘要中记载的内容不属于发明或者实用新型专利申请原说明书和权利要求书记载的范围，不能作为日后修改说明书或者权利要求书的依据；在授予专利权之后，摘要不能用于解释权利要求的内容。

五、权利要求书

（一）权利要求书的产生及其作用

在西方国家建立专利制度的初期，其专利申请文件和专利文件中都不包括权利要求书，而只包括一个对发明的详细说明部分，也就是现在人们所说的专利说明书。在发生专利侵权纠纷时，由法院根据说明书的内容来确定什么是受到法律保护的发明。

这种做法存在不足之处。为了对发明创造的内容作出清楚、完整的说明，使所属领域的技术人员能够实施该发明创造，说明书通常需要提供大量的信息，包括现有技术的状况、发明创造的原理、实现发明创造的各种可行方式等。这些信息是为了帮助人们理解和实施发明创造而写入的，而不是为了确定专利权的保护范围而写入的。在专利文件仅仅包括说明书及其附图的情况下，要确定专利权的保护范围，只能由法官将授予专利权的发明创造与现有技术进行对比，对说明书的内容进行“提炼总结”，归纳出发明创造的实质和核心所在。由于没有相应的文件予以明确记载，在法院作出判决之前，公众很难预料法官会如何认定专利权的保护范围，因而给专利保护带来了很大的法律不确定性，影响了专利制度的正常运作。

在诸如英国、德国等国家的专利制度发展过程中，是专利申请人主动开始在专利文件中写出权利要求书，而不是在其专利法中有了强制性规定之后才开始这样做的。这是因为许多申请人通过实践感到有必要通过专门一段文字来表述其专利权的保护范围，以表明申请人希望获得多大范围的法律保护。一开始出现的权利要求书十分简单，有时仅仅写入“要求保护的是如说明书所述的发明及其与其等同的方案”，同时在说明书的末尾强调指出“实现本发明的方式并不限于说明书中记载的实施例，在采用本发明实质性内容的情况下，对本发明作出的种种改进和变化仍然落在权利要求所表达的保护范围之内”。直到今天，在一些专利申请中还能够看到这种表述方式的痕迹。

美国率先在其专利法中明确规定专利申请文件和专利文件中应当包括权利要求书，随后逐渐为其他国家所采纳。

《专利法》第五十九条第一款规定“发明或者实用新型专利权的保护范围以其权利要求书的内容为准”。这表明权利要求书的作用是确定专利申请和专利权的保护范围，包含了如下两方面的含义。

一方面，申请人在申请发明或者实用新型专利时应当提交权利要求书，以表明申请人希望获得多大范围的法律保护。国家知识产权局对该专利申请进行审查，就是核实申请人希望获得保护的发明或者实用新型能否被授予专利权。判断专利申请是否符合《专利法》规定的授予专利权的有关条件，包括申请主题是否符合第二条关于发明创造的定义，是否符合第九条规定的禁止重复授权原则和先申请原则，是否具备第二十二条规定的新颖性、创造性和实用性，是否属于第二十五条规定的不授予专利权的主题范围，说明书是否符合第二十六条第三款关于充分公开的要求，专利申请是否符合第三十一条规定的单一性要求，都以权利要求书作为判断的基础。

另一方面，在专利申请被授予专利权之后，专利文件的权利要求书是确定该专利权保护范围的依据。在授予专利权之后产生专利侵权纠纷的，法院和管理专利工作的部门判断是否构成侵犯专利权的行为应当以权利要求书确定的保护范围为准。

基于权利要求书的上述重要作用，说权利要求书是发明和实用新型专利制度的基石亦不为过分。有了权利要求书之后的专利制度才能被称为现代意义上的专利制度。

（二）权利要求的类型和撰写方式

权利要求按照其保护对象的不同，可以分为产品权利要求和方法权利要求两种类型。产品权利要求保护的对象包括物质、物品、设备、机器、若干设备构成的系统等。方法权利要求保护的对象包括制造方法、使用方法、已知产品的新用途、将产品用于特定用途的方法等。权利要求的主题名称应当能够清楚地表明该权利要求所保护的是一种产品，还是一种方法，不允许采用含糊的表达方式，例如“一种节能技术”“一种通讯方案”等。实用新型专利申请的权利要求书只能有产品权利要求，不能有方法权利要求。

之所以如此要求，是因为根据《专利法》第十一条的规定，对不同类型的专利权所提供的法律保护是不同的。对于产品专利权来说，法律提供的保护是禁止他人未经专利权人许可而制造、使用、许诺销售、销售、进口其专利产品；对于产品制造方法专利权来说，法律提供的保护是禁止他人未经专利权人许可而使用其专利方法，以及使用、许诺销售、销售、进口依照该专利方法所直接获得的产品；对于其他方法专利权来说，法律提供的保护仅仅是禁止他人未经专利权人许可而使用其专利方法。如果权利要求的类型不明确，就无法确定应当提供何种法律保护。

应当注意的是，权利要求的类型是根据权利要求的主题名称来确定，而不是根据权利要求记载的技术特征的性质来确定。要求权利要求的类型明确，并不意味着产品权利要求的技术特征都必须是关于产品结构的技术特征，方法权利要求的技术特征都必须是关于方法步骤的技术特征。许多方法权利要求中都包括关于实施方法所采用的物质、材料、工具、设备的技术特征；在某些情况下，也允许采用方法特征来定义一种产品。

权利要求按照撰写方式的不同，可以分为独立权利要求和从属权利要求两种类型。

《专利法实施细则》第十九条第一款规定：

> **权利要求书应当记载发明或者实用新型的技术特征。**

《专利法实施细则》第二十条规定：

> **权利要求书应当有独立权利要求，也可以有从属权利要求。**

独立权利要求应当从整体上反映发明或者实用新型的技术方案，记载解决技术问题所需的必要技术特征。

从属权利要求应当用附加的技术特征，对引用的权利要求作进一步限定。

根据《专利法》第二条、本条第四款的规定以及《专利法实施细则》的上述规定可以知道，权利要求书的内容应当反映要求获得保护的发明或者实用新型的技术方案，而技术方案的表达是通过记载构成技术方案的技术特征来实现的。因此，权利要求书不应当记载发明创造的背景、发明创造所要解决的技术问题、发明创造的理论原理以及发明创造产生的有益效果，这些内容只需在说明书中记载。这表明，发明或者实用新型的技术方案是专利申请文件和专利文件中最为重要的内容。在我国建立专利制度的初期，一种说法将“目的、构成、效果”称为发明创造的三大要素。其实，发明创造的构成，也就是技术方案才是发明创造的核心。想要解决现有技术存在的不足，获得更好的效果，可以说这是人们的普遍愿望。只有构想出可行的技术方案，才能真正解决所要解决的技术问题，产生预期的有益效果。

独立权利要求由两部分构成，即前序部分和特征部分。前序部分应当写明发明或者实用新型的名称，以及发明或者实用新型的技术方案与一份最为接近的现有技术所共有的必要技术特征；特征部分的开头应当采用“其特征是……”或者类似的用语，接着写明发明或者实用新型区别于其最为接近的现有技术的技术特征。采用这种撰写方式的好处在于能够清楚地反映申请专利的发明或者实用新型与最为接近的现有技术之间的区别，既便于国家知识产权局对专利申请进行审查，也便于公众理解发明或者实用新型对现有技术作出的创新贡献。《专利法实施细则》第二十一条第二款规定，发明或者实用新型的性质不适于用上述方式表达的，独立权利要求可以用其他方式撰写。

划分独立权利要求的前序部分和特征部分的依据是“一份最为接近的现有技术”。在申请专利的发明或者实用新型的技术方案中，与该份现有技术共有的技术特征应当写入前序部分，不同的技术特征应当写入前序部分。申请人申请专利时是根据自己认定的最接近现有技术来撰写其独立权利要求，划分前序部分与特征部分的界限。然而，申请人检索现有技术的手段有限，国家知识产权局的审查员在实质审查过程中，常常会发现比申请人认为的最接近的现有技术更为接近的现有技术。在能够授予专利权的情况下，审查员有可能要求申请人在说明书的背景技术部分补充引证该现有技术，并重新划分其独立权利要求的前序部分和特征部分。在无效宣告请求程序中，请求人又可能举证出比审查员检索的最接近的现有技术更为接近的现有技术。此时，即使作出维持专利权有效的审查决定，一般也不会再要求专利权人重新划分其独立权利要求的前序部分和特征部分。需要指出的是，发明或者实用新型专利权的保护范围应当由前序部分记载的技术特征和特征部分记载的技术特征共同决定，而非仅仅由特征部分记载的技术特征决定。因此，只有在授权前的审查过程中需要考虑独立权利要求前序部分和特征部分的划分是否得当的问题，该划分在专利侵权纠纷案件的审理或者处理过程中不起什么作用。

从属权利要求也应当由两部分构成，即引用部分和特征部分。引用部分应当写明被引用的权利要求的编号及其主题名称；特征部分应当写明该从属权利要求所要求保护的技术方案在被引用权利要求基础上进一步附加的技术特征。从属权利要求的主题名称应当与被引用的权利要求的主题名称一致。例如，独立权利要求 1 的主题名称是“一种天然气灶具”，其从属权利要求的主题名称应当是“如权利要求 1 所述的天然气灶具”，而不能是“如权利要求 1 所述的天然气灶具中的电子点火装置”。从属权利要求附加的技术特征可以是对被引用权利要求以及记载的技术特征作进一步限定的技术特征，也可以是另外增加的技术特征。

关于从属权利要求，应当注意的是，“如权利要求 X 所述的……”这一表达方式的含义是指该权利要求包括了它所引用的那项权利要求记载的全部技术特征。

采用从属权利要求撰写方式的好处在于它包含了被引用的那一项权利要求的全部技术特征，却不需要将它们一一写出，从属权利要求记载的附加技术特征都是有别于被引用权利要求的进一步增加的附加特征。这样就可以使相关权利要求之间的区别一目了然，从而为专利局审批专利、法院或者管理专利工作的部门审理或者处理专利侵权纠纷案件以及公众阅读理解权利要求书提供方便。如果所有的权利要求都采用独立权利要求的撰写方式，识别不同权利要求之间的区别就会困难得多。

一项发明或者实用新型应当只有一个独立权利要求，并写在从属权利要求之前；如果一项发明或者实用新型专利申请的说明书中披露了两项以上发明或者实用新型，在符合《专利法》第三十一条第一款规定的情况下，可以合案申请，此时针对每一项发明或者实用新型都可以有一个独立权利要求；从属权利要求引用其他权利要求时，只能引用在前的权利要求；被引用的权利要求可以是独立权利要求，也可以是从属权利要求；引用两项以上的权利要求的多项从属权利要求只能以择一的方式引用在前的几项权利要求。

权利要求书有几项权利要求的，应当用阿拉伯数字顺序编号。权利要求中使用的科技术语应当与说明书中使用的科技术语一致。权利要求可以有化学或者数学公式，但是不得有插图。除绝对必要外，不能使用“如说明书……部分所述”或者“如图……所示”的用语。

权利要求中的技术特征可以引用说明书附图中的相应标记，该标记应当置于相应的技术特征之后，并置于括号内，以便于理解权利要求。《专利法实施细则》第十九条第四款明确规定，权利要求中的附图标记不得解释为对权利要求的限制。

（三）对权利要求书的实质性要求

发明或者实用新型专利权的保护范围以其权利要求的内容为准，因此权利要求能否准确而且合理地界定请求获得保护的技术方案，关系到公众是否能够以合理的确定性预知发明或者实用新型专利权的保护范围，而公众只有能够以足够的确定程度预知专利权的保护范围，才能有意识地规范自己实施有关技术的行为，自觉避免侵犯他人的专利权。这是专利制度正常运作的基本保障。

对权利要求的实质性要求主要包括两个方面：第一，权利要求应当以说明书为依据，也就是人们常说的权利要求应当得到说明书的支持；第二，权利要求应当清楚、简要。前者是关于权利要求书与说明书之间关系的要求，后者是关于权利要求书本身的要求。权利要求要起到合理、准确地界定专利权保护范围的作用，上述两方面的要求缺一不可。权利要求不满足上述两方面要求的，既是在授予专利权之前驳回专利申请的理由，也是在授予专利权之后请求宣告专利权无效的理由。各国普遍将对权利要求的上述两方面的实质性要求写在其专利法的同一条款中。例如，代表欧盟国家统一立场的《欧洲专利公约》第 84

条规定："权利要求应当限定要求保护的主题。权利要求应当清楚、简要，并得到说明书的支持。"PCT 第 6 条规定："权利要求应当限定要求保护的主题。权利要求应当清楚、简明。权利要求应当得到说明书的充分支持。" 这两个具有代表性的国际条约对权利要求实质性要求的规定几乎完全相同。

2008 年修改《专利法》前，本条第四款规定"权利要求书应当以说明书为依据，说明要求专利保护的范围"，也就是仅仅涉及上述第一方面的要求，而上述第二方面的要求则由 2010 年修改前的《专利法实施细则》第二十条第一款规定。这种规定方式将对权利要求的实质性规定拆分开来，一部分在《专利法》中予以规定，另一部分在《专利法实施细则》中予以规定，导致本条第四款未能全面地反映对权利要求的实质性要求，也容易使人得出上述两方面要求的法律位阶不同的结论。

基于上述理由，2008 年修改《专利法》时，将本条第四款修改为："权利要求书应当以说明书为依据，清楚、简要地限定要求专利保护的范围。"其中，将"说明要求专利保护的范围"改为"限定要求专利保护的范围"，从而使其表述更为准确。

值得注意的是，如此修改之后的本条第四款关于权利要求的规定仍然没有穷尽对权利要求的所有实质性要求，因为《专利法实施细则》第二十条款第二款（2010 年修改前的《专利法实施细则》第二十一条第二款）进一步规定"独立权利要求应当从整体上反映发明或者实用新型的技术方案，记载解决技术问题的必要技术特征。"按照《专利法实施细则》第四十四条、第五十三条和第六十五条的规定，权利要求不符合《专利法实施细则》第二十条第二款规定的，在授予专利权之前的审查过程中是驳回专利申请的理由之一，在授予专利权之后是请求宣告专利权无效的理由之一。因此，该款规定也是对权利要求的实质性要求。

下面对本条第四款的规定以及《专利法实施细则》第二十条第二款的规定进行说明。

1. 权利要求应当以说明书为依据

说明书是对发明或者实用新型内容的详细介绍，权利要求是在说明书记载内容的基础上，用构成发明或者实用新型技术方案的技术特征来限定专利申请或者专利权的保护范围。因此，权利要求的内容与说明书的内容不能相互脱节，两者之间应当有一种密切的关联。专利法将这种关系表述为"权利要求书应当以说明书为依据"。这一规定的含义与 PCT 规定的"权利要求应当得到说明书的充分支持"基本相同。因此《专利审查指南 2010》规定"权利要求书应当以说明书为依据，是指权利要求应当得到说明书的支持"。[1]

所谓"权利要求书应当以说明书为依据"，其基本含义是指每一项权利要求所要求保护的技术方案在说明书中都应当有清楚充分的记载，使所属领域的技术人员能够从说明书公开的内容中得出或者概括出该技术方案。由于附图是说明书的组成部分之一，因此附图中可以明确辨认的技术特征是说明书内容的一部分，可以作为支持权利要求的依据。

由于权利要求书的作用是确定专利保护范围，而不是为公众提供为实施发明或者实用新型所需要的具体技术信息，申请人为了获得尽可能宽的保护范围，其撰写的权利要求，

[1] 国家知识产权局.专利审查指南 2010［M］.北京：知识产权出版社，2010：第二部分第二章 3.2.1.

尤其是独立权利要求，一般都是对说明书记载的一个或者多个具体技术方案的概括，而不是照抄说明书中披露的具体实施方案。这样的概括是允许的，但是应当适当。权利要求要求保护的范围不应当过宽，以至于与发明人所作技术贡献不相称。如果权利要求的概括包括申请人推测的内容，而其效果又难以确定和评价，就应当认为这样的概括是不当的，没有得到说明书的支持。如果权利要求的概括使所属领域的技术人员有理由怀疑采用上位概念或者并列概括所涵盖的一种或者多种下位概念或者选择方式不能解决发明或者实用新型所要解决的技术问题，不能达到申请人预期的有益效果，也应当认为这样的概括是不当的，没有得到说明书的支持。

例如，对于“用高频电能影响物质的方法”这样一个概括较宽的权利要求来说，如果说明书中仅仅记载了“用高频电能从气体中除尘”的具体技术方案，对高频电能影响其他物质的方式未作说明，而且所属领域的技术人员根据说明书的内容也无法确认所述技术方案是否具有影响其他物质的功能，则应当认为该权利要求没有得到说明书的支持。

一般说来，说明书中记载的具体实施例越多，允许作出的概括程度就越高。一项权利要求概括得是否适当，需要根据发明或者实用新型的具体情况和所属技术领域的特点，并参照有关的现有技术来判定，不可能有一个固定的、一成不变的标准。

2. 权利要求应当清楚、简要

既然权利要求的作用是确定专利权的保护范围，权利要求的内容和表述应当清楚、简要就是一个必然的要求，否则就会给专利权的保护带来困难，影响专利制度的正常运作。

（1）“清楚”的含义

第一，权利要求所要求保护的主题名称应当明确、清楚，使人知道申请人所要求保护的对象是一种产品还是一种方法。对主题名称不允许采用含糊不清、模棱两可的表述方式，例如“一种……技术”“一种……方案”等；也不允许采用产品、方法兼而有之的表述方式，例如“一种……产品及其制造方法”等。

第二，权利要求记载的各个技术特征以及各个技术特征之间的关系应当清楚，不能采用含糊不清或者会产生歧义的措辞，例如“难熔金属”“高温超导”“大约是”“例如”“左右”之类的表达方式；也不能仅仅罗列所采用的元件、部件的名称，缺少对它们之间必要关联和配合方式的表述。

第三，权利要求的引用关系应当清楚、正确。申请人在撰写权利要求书时普遍会撰写出多个从属权利要求，其引用关系常常错综复杂，在频繁采用多项从属权利要求时尤其如此。如果导致各项权利要求的内容在逻辑关系上出现错误，则不符合权利要求应当清楚的要求。

（2）“权利要求应当简要”的含义

第一，权利要求应当采用构成发明或者实用新型技术方案的技术特征来限定其保护范围。除技术特征之外，不应包括其他内容，例如对发明原理、发明目的、商业用途的描述，也不必说明采用有关技术特征的原因或者理由。

第二，从权利要求书的整体撰写要求来看，权利要求的数目应当适当，这一点应当根据发明或者实用新型的性质和具体特点来确定，不要错误地以为权利要求的数目越多，对其发明或者实用新型保护得就越充分。各个权利要求之间出现重复的，应当认为不符合简明的要求。

PCT 第 6 条规定："权利要求应当限定要求保护的范围。权利要求应当清楚、简要。权利要求应当得到说明书的支持。"该条规定包括三个独立的句子，其中：第一句规定权利要求的作用；第二句规定权利要求与说明书之间的关系；第三句规定对权利要求本身的撰写要求。三个句子之间用句号彼此分开，表明这三项要求是彼此独立的，不存在什么依存关系。本条第四款规定"权利要求书应当以说明书为依据，清楚、简要地限定要求专利保护的范围"，是采用一个句子一并予以规定，因而有可能导致产生不同的理解，例如认为一项权利要求是否以说明书为依据是该项权利要求是否限定了保护范围的前提条件，认为权利要求是否清楚、简明是对以说明书为依据的进一步要求等。PCT 第 6 条的规定对我们理解本条第四款的规定有参考意义。

3."必要技术特征"的含义

《专利法实施细则》第二十条第二款规定："独立权利要求应当从整体上反映发明或者实用新型的技术方案，记载解决技术问题的必要技术特征。"我国 1984 年制定的《专利法实施细则》中就写入了这一规定，然而其他国家的专利法以及 PCT 及其实施细则都没有类似的规定。

《专利审查指南 2010》对"必要技术特征"的解释是：

> **必要技术特征是指，发明或者实用新型为解决其技术问题所不可缺少的技术特征，其总和足以构成发明或者实用新型的技术方案，使之区别于背景技术中所述的其他技术方案。**
>
> **判断某一技术特征是否为必要技术特征，应当从所要解决的技术问题出发并考虑说明书描述的整体内容，不应简单地将实施例中的技术特征直接认定为必要技术特征。**[1]

2010 年修改《专利法实施细则》时，有不少人建议删除该款规定。尽管这一建议最终未被采纳，但是回顾一下争议该建议针对的问题，对理解该款的规定会有所帮助。

可以认为该款规定包括了两层含义：一是独立权利要求应当完整地反映一个发明或者实用新型的技术方案，而不能仅仅反映其中一个或者几个组成部分；二是独立权利要求应当记载解决技术问题的所有必要技术特征，也就是说独立权利要求所要求保护的技术方案应当能够解决说明书中记载的所要解决的技术问题，两者应当彼此呼应。

关于第一层含义，现实中可能出现两种情况。

一是说明书中披露了完整的技术方案，但是独立权利要求却没有反映这样的技术方案，缺少了其中某些组成部分。此时，可以认为该独立权利要求没有以说明书为依据，以不符合本条第四款规定为理由予以驳回专利申请或者宣告被授予的专利权无效，并非一定要依据《专利法实施细则》第二十条第二款的规定。

二是说明书中也没有披露完整的技术方案。此时，如果导致所属领域的技术人员不能获知完整的信息，因而不能实现该发明或者实用新型，可以以不符合本条第三款规定为理

[1] 国家知识产权局.专利审查指南 2010［M］.北京：知识产权出版社，2010：第二部分第二章 3.1.2.

由驳回专利申请或者宣告被授予的专利权无效，也并非一定要依据《专利法实施细则》第二十条第二款的规定。

至于《专利审查指南 2010》中所说的“其总和足以构成发明或者实用新型的技术方案，使之区别于背景技术中所述的其他技术方案”，这显然属于《专利法》第二十二条规定的新颖性和创造性要求的“管辖范围”，不需要通过《专利法实施细则》第二十条第二款的规定予以保障。

关于第二层含义，首先应当指出的是，说明书中记载的发明或者实用新型所要解决的技术问题，是申请人将其发明或者实用新型与他所认为的最为接近的现有技术之间的区别而归纳出来的。当审查员通过检索发现更为接近的现有技术或者当无效宣告请求人举证出更为接近的现有技术时，即使仍然可以授予专利权或者维持专利权有效，原来声称的所要解决的技术问题也有可能不再适合了，需要重新确定所要解决的技术问题。既然“要解决的技术问题”具有随认定的最为接近的现有技术不同而不同的性质，从某种角度来看就属于人们对发明或者实用新型价值的一种主观评价，将其作为判断独立权利要求的实质性要求是否恰当存在疑问。如果结合说明书的内容，可以认定独立权利要求反映了一个完整的能够实现的技术方案，具备新颖性、创造性和实用性，并且符合授予专利权的其他条件，则没有理由仅仅因为该技术方案与说明书中记载的发明目的或者所要解决的技术问题不相匹配或者不甚匹配，就认为只能驳回专利申请或者宣告被授予的专利权无效。

其次，对独立权利要求的撰写坚持这样的要求还会带来如何操作的问题。说明书中往往会记载多个所要解决的技术问题，这在发明和实用新型专利申请中十分常见。尤其是来自美国的申请，其申请人习惯于在说明书中采用“本发明的一个目的是……”“本发明的另一个目的是……”“本发明的再一个目的是……”之类的撰写方式来表述其发明目的，这些声称的目的实际上就是申请人要解决的技术问题，有时会一口气罗列十几个之多。由此而带来的问题是:《专利法实施细则》第二十条第二款规定独立权利要求应当记载解决技术问题的必要技术特征，是否意味着独立权利要求必须记载能够解决所有这些技术问题的技术特征？对此，大多数人的回答想必是否定的，因为没有理由提出如此严格的要求。但是，如果回答是否定的，又会带来另一个问题：独立权利要求是否只要记载了能够解决其中任何一个技术问题的必要技术特征即可？如果回答是肯定的，则再进一步的问题是：应当如何区分各个发明目的？对美国申请人惯用的写法来说还好办一些，因为其发明目的部分以分段方式撰写，比较容易区分；而我国申请人习惯于用一个自然段来表述其发明要解决的技术问题，此时应当按照其技术含义或者相关程度来区分，还是应当按照逗号、句号之类的标点符号来区分？从我国的专利实践来看，对上述问题还没有找到一种令人满意的答案。

主张应当保留《专利法实施细则》第二十条第二款的观点认为，该款规定至少有助于确保独立权利要求从形式上看更加完整地反映发明或者实用新型的技术方案，我国实行专利制度的时间还不长，保留该款规定对提高我国专利申请和专利权的质量有好处。

在对上述问题存在意见分歧的情况下，2010 年修改《专利法实施细则》时采取了保持原有规定不变的做法。

六、遗传资源来源信息的披露

本条新增加的第五款规定：“依赖遗传资源完成的发明创造，申请人应当在专利申请文件中说明该遗传资源的直接来源和原始来源；申请人无法说明原始来源的，应当陈述理由。”

《专利法》第五条第二款规定：“对违反法律、行政法规的规定获取或者利用遗传资源，并依赖该遗传资源完成的发明创造，不授予专利权。”该款规定是 2008 年修改后的《专利法》为保护我国遗传资源而增加的授予专利权的实质性条件。相比之下，本条第五款是关于披露遗传资源来源信息的规定，更多的是对发明专利申请的形式要求，体现在尽管专利申请不符合本条第五款规定的可以予以驳回，但是不能依据本条第五款的规定请求宣告已经授予的专利权无效。

对于依赖遗传资源所完成的发明创造，之所以要求申请人披露该遗传资源的来源信息，是因为这样的信息有助于我国执法部门和公众判断申请专利的发明创造是否属于《专利法》第五条第二款规定的情况。两款规定相结合，可以更好地起到有效保护我国遗传资源的作用。

应当注意的是，《专利法》第五条第二款所述的“遗传资源”是指我国的遗传资源，因为若非我国的遗传资源，则谈不上其获取和利用违反我国的法律或者行政法规规定的问题；本条第五款所述的“遗传资源”不仅包括我国的遗传资源，也包括其他国家的遗传资源，换句话说只要申请专利的发明创造的完成利用了遗传资源，申请人就应当披露该遗传资源的来源信息。如此规定的理由在于：第一，如果仅仅只要求披露取自我国的遗传资源的来源信息，一些申请人就会争辩其未披露遗传资源来源信息的原因在于其认为所利用的遗传资源并非取自中国，这不利于落实《专利法》第五条第二款的规定；相反，在要求申请人必须披露其利用的遗传资源的来源信息的情况下，如果申请人有意隐瞒真实情况，将取自中国的遗传资源说成取自其他国家的遗传资源，则“白纸黑字”，日后一旦证实其所述并不属实，申请人就有可能要承担对其不利的法律后果；第二，申请人披露取自其他国家的遗传资源的来源信息，将有助于其他国家获知其遗传资源被获取和利用的情况，在其认定为“生物海盗”行为时采取必要的制裁措施，这有利于在世界范围内营造一种有利于落实 CBD 规定的法律氛围。

关于遗传资源来源信息的披露方式，2010 年修改后的《专利法实施细则》第二十六条第二款规定：

> **就依赖遗传资源完成的发明创造申请专利的，申请人应当在请求书中予以说明，并填写国务院专利行政部门制定的表格。**

依照上述规定，就依赖遗传资源完成的发明创造申请专利的，申请人首先应当在请求书的规定栏目中指明其发明创造利用了遗传资源，然而按照要求填写国家知识产权局制定的披露遗传资源来源的专门表格。国家知识产权局的审查员在审查过程中发现专利申请不符合上述规定的，将会通知申请人进行补正；申请人逾期未补正的，无论在初步审查阶段，还是在实质审查阶段，均可以依法驳回该专利申请。

应当注意的是，所谓“依赖遗传资源完成的发明创造”包括两种不同的类型：一是发明创造本身的完成依赖遗传资源，而发明创造一旦完成，实施该发明创造就不再需要利用该遗传资源，例如利用遗传资源开发出一种新的生物药品，一旦开发出来，生产该生物药品就不再需要利用该遗传资源；二是不仅发明创造的完成依赖遗传资源，而且该发明创造的每一次实施都需要利用该遗传资源。在后一种情况下，申请人不仅要履行《专利法实施细则》第二十六条第二款的规定，而且需要将其所利用的遗传资源的来源信息写入说明书中，因为在这种情况下，来源信息已经成为一份完整的说明书不可缺少的组成部分，是所属领域的技术人员实现该发明创造的必要条件。此时，如果说明书中不记载该遗传资源的来源信息，就不符合本条第三款的规定。

何谓"直接来源"，何谓"原始来源"？《专利审查指南 2010》作了进一步的规定：

> **专利法所称遗传资源的直接来源，是指获取遗传资源的直接渠道。申请人说明遗传资源的直接来源，应当提供获取该遗传资源的时间、地点、方式、提供者等信息。**
>
> **专利法所称遗传资源的原始来源，是指遗传资源所属的生物体在原生环境中的采集地。遗传资源所属的生物体为自然生长的生物体的，原生环境是指该生物体的自然生长环境；遗传资源所属的生物体为培植或者驯化的生物体的，原生环境是指该生物体形成其特定性状或者特征的环境。申请人说明遗传资源的原始来源，应当提供采集该遗传资源所属的生物体的时间、地点、采集者等信息。❶**

需要注意的是，《专利审查指南 2010》对"原始来源"的定义是指"生物体在原生环境中的采集地"，并非是指一种生物的"生物起源"。后者是考古学家、生物起源学家关心的事情，探讨起来相当复杂，难有定论；在专利申请中披露遗传资源的来源是一件十分具体而又实际的事情，不能陷入这样的学术问题中去。CBD 关于遗传资源的国家主权原则的规定也没有涉及生物起源的问题。

关于披露遗传资源来源信息的具体要求，《专利审查指南 2010》规定：

> **申请人对直接来源和原始来源的披露应符合登记表的填写要求，清楚、完整地披露相关信息。**
>
> **如果遗传资源的直接来源为从某个机构获得，例如保藏机构、种子库（种质库）、基因文库等，该机构知晓并能够提供原始来源的，申请人应当提供该遗传资源的原始来源信息。申请人声称无法说明原始来源的，应当陈述理由，必要时提供有关证据。例如指明"该种子库未记载该遗传资源的原始来源"、"该种子库不能提供该遗传资源的原始来源"，并提供该种子库出具的相关书面证明。❷**

---

❶ 国家知识产权局.专利审查指南 2010［M］.北京：知识产权出版社，2010：第二部分第十章 9.5.1.

❷ 国家知识产权局.专利审查指南 2010［M］.北京：知识产权出版社，2010：第二部分第十章 9.5.2.

第二十七条　外观设计专利的申请文件

申请外观设计专利的，应当提交请求书、该外观设计的图片或者照片以及对该外观设计的简要说明等文件。

申请人提交的有关图片或者照片应当清楚地显示要求专利保护的产品的外观设计。

一、概　述

本条是与《专利法》第二十六条相平行的条文，规定了申请外观设计专利应当提交的申请文件。

外观设计与发明或者实用新型相比有很大的不同，外观设计专利权的保护客体所涉及的不是技术方案，而是产品外表的富有美感的设计方案，因此对外观设计专利的申请文件有不同的要求。

2008 年修改《专利法》时，对本条进行的修改在于：

第一，规定外观设计专利的申请文件必须包括对外观设计的简要说明，同时删除了修改前的本条关于外观设计申请文件“应当写明使用该外观设计的产品及其所属的类别”的规定；

第二，增加了本条第二款，对外观设计专利申请的图片或者照片提出了实质性要求。

二、请 求 书

申请外观设计专利的应当提交请求书，它是申请人向国家知识产权局表示请求授予外观设计专利愿望的文件。

2010 年修改前的《专利法实施细则》没有对外观设计专利申请的请求书的撰写要求作出专门规定。2010 年修改后的《专利法实施细则》第十六条对发明、实用新型和外观设计专利申请的请求书作了统一规定，从而解决了这一问题。外观设计专利申请与发明、实用新型专利申请一样，其请求书也采用国家知识产权局统一制定的标准表格。关于请求书表格中应当填写的内容，在对《专利法》第二十六条的说明中已经作了介绍，故不再赘述。

2008 年修改前的本条规定申请人“应当写明外观设计的产品所属类别”，该类别是指《国际外观设计分类表》中给出的产品类别。由于外观设计的分类具有较为特殊的分类规则，要求申请人写明外观设计的产品所属类别存在一定困难，即使写明了也不一定准确，不能代替国家知识产权局的专职人员对外观设计专利申请的所属类别逐一进行核实确认。与此相对应，对发明和实用新型专利申请也需要依据《国际专利分类表》确定其发明或者实用新型的分类位置，然而《专利法实施细则》并没有要求申请人自己写明其发明或者实用新型的所属类别。因此，2008 年修改《专利法》时删除了本条这一规定，《专利审查指南 2010》也删除了相应的要求。

三、图片或者照片

《专利法》第二条第四款规定："外观设计，是指对产品的形状、图案或者其结合以及色彩与形状、图案的结合所作出的富有美感并适于工业应用的新设计。"如此定义的外观设计很难仅仅通过文字准确予以表达，因此本条规定申请外观设计专利应当提交图片或者照片。

《专利法》第五十九条规定"外观设计专利权的保护范围以表示在图片或者照片中的该产品的外观设计为准"。与发明和实用新型专利相比，外观设计专利的图片或者照片既起到了"说明书"的作用，又起到了"权利要求书"的作用，这是外观设计专利与发明、实用新型专利之间的明显区别，同时也使得图片或者照片成为外观设计专利申请文件和专利文件中最为重要的部分。

2008 年修改前的《专利法》第二十六条第三款和第四款分别对发明、实用新型专利申请的说明书、权利要求书规定了实质性要求，其共同之处在于两者都必须"清楚"；然而 2008 年修改前的《专利法》第二十七条却没有对外观设计专利申请的图片或者照片提出相应的实质性要求，因此对外观设计专利申请文件的法律要求存在缺失。2010 年修改前的《专利法实施细则》第二十七条第三款规定："申请人应当就每件外观设计产品所需要保护的内容提交有关视图或者照片，清楚地显示请求保护的对象。"然而该款规定仅仅是在初步审查中驳回外观设计专利申请的理由，而不是在授予外观设计专利权之后请求宣告其无效的理由。

2008 年修改《专利法》和 2010 年修改《专利法实施细则》时就此作了一系列修改，体现在：

首先，在本条增加了第二款，规定"申请人提交的有关图片或者照片应当清楚地显示要求专利保护的产品的外观设计"，从而弥补了 2008 年修改前的《专利法》的上述不足。

其次，对 2010 年修改前的《专利法实施细则》第二十七条进行了修改，规定：

申请人请求保护色彩的，应当提交彩色图片或者照片。

申请人应当对每件外观设计产品所需要保护的内容提交有关图片或者照片。

对该条的修改之处在于：删除了修改前的第一款关于图片或者照片的大小尺寸的规定，因为在采用电子文件越来越普遍的情况下，该尺寸要求已经没有什么意义；将"同时请求保护色彩的"改为"申请人请求保护色彩的"，因为修改前规定的"同时"二字耐人寻味，不甚妥当；删除了修改前的第三款的后半部分，因为该部分的规定已经转移到本条第二款；保留修改前的第三款的前半部分，但将修改前所述的"视图或者照片"改为"图片或者照片"，因为"视图"是指"根据物体的正投影绘出的图形"，[1]与"照片"是不同的概念，两者之间不是"或者"的关系，"视图"一词的原意应当是指"图片"。

再者，在 2010 年修改的《专利法实施细则》第四十四条中规定，外观设计专利申请明显不符合本条第二款规定的，是初步审查过程中驳回该申请的理由；在 2010 年修改的

[1] 中国社会科学院语言研究所辞典编辑室.现代汉语词典［M］.5 版.北京：商务印书馆，2006：1248.

《专利法实施细则》第六十七条中规定，外观设计专利的图片或者照片不符合本条第二款规定的，是请求宣告该外观设计专利权无效的理由。

上述修改有助于提高我国外观设计专利申请和外观设计专利的质量，维护公众的合法权益不受损害。

《专利审查指南2010》对图片和照片提出了更为具体的要求，规定：

就立体产品的外观设计而言，产品设计要点涉及六个面的，应当提交六面正投影视图；产品设计要点仅涉及一个或几个面的，应当至少提交所涉及面的正投影视图和立体图，并应当在简要说明中写明省略视图的原因。

就平面产品的外观设计而言，产品设计要点涉及一个面的，可以仅提交该面正投影视图；产品设计要点涉及两个面的，应当提交两面正投影视图。

必要时，申请人还应当提交该外观设计产品的展开图、剖视图、剖面图、放大图以及变化状态图。

此外，申请人可以提交参考图，参考图通常用于表明使用外观设计的产品的用途、使用方法或者使用场所等。[1]

根据本条规定，为了表达所要求保护的产品的外观设计，申请人可以自由选择图片，也可以选择照片。两者相比，由于数码相机日臻普及，且便于直接纳入电子文件之中，拍摄照片当然比绘制图片更为简便，因此许多申请人都倾向于采用照片的方式。然而需要指出的是，采用照片方式也存在一个较为明显的缺点，这就是照片通常会如实地反映一个产品的外观，显示其外观上的所有细节，而这些细节会对外观设计专利权的保护范围产生过多的限定作用。如前所述，外观设计专利权的保护范围以表示在图片或者照片中的该产品的外观设计为准。如果将外观设计专利申请的图片或者照片比作发明和实用新型专利申请的权利要求书，那么在采用照片的情况下，相当于申请人在其权利要求中写入了过多的具体技术特征，其结果必然使所获得的保护范围较为狭小。当申请人对一种产品外观的创新主要在于产品某一部分的形状、图案、色彩或者其结合的局部改进时，采用图片的方式使申请人能够更加突出重点，因而能够获得较宽的保护范围。

在外观设计专利侵权纠纷的审理或者处理过程中，当专利权人采用照片来表达其要求保护的产品的外观设计时，笔者不主张只有在被控侵权产品的外观与照片表示的外观设计在所有细节上都完全相同，才能认定构成侵犯外观设计专利权的行为，因为这样会使外观设计专利权人的利益不能获得充分有效的保护。然而，这相当于主张忽略照片中的一些非必要设计细节，与忽略独立权利要求记载的非必要技术特征的做法相似，严格地说与《专利法》第五十九条关于专利权的保护范围“以权利要求的内容为准”“以表示在图片或者照片中的产品的外观设计为准”的规定相左。因此，现实中能否忽略照片中表示的产品外观的细节以及能够忽略到何种程度，要由法院或者管理专利工作的部门根据具体案情来决定，专利权人只能处于较为被动的状态。如果申请人不采用照片，而是采用图片来表达其保护的产品的外观设计，进而避免在图片中出现过多的设计细节，就能够防止陷于上述被动状态。

基于上述分析，笔者认为重视其外观设计专利权保护范围的申请人应当尽量采用图

[1] 国家知识产权局.专利审查指南2010［M］.北京：知识产权出版社，2010：第一部分第三章4.2.

片，必要时可以采用彩色图片。现在，各种计算机绘图软件具有强大的绘图功能，用这些软件来绘制复杂的形状、图案、色彩以及其结合已经不是一件很困难的事情了。

四、简要说明

2008 年修改前的《专利法》本条规定外观设计专利申请文件“应当写明使用该外观设计的产品及其所属的类别”，但是却没有明确规定是在哪一申请文件中予以写明；2010 年修改前的《专利法实施细则》第二十八条规定申请外观设计专利的，必要时可以应当写明对外观设计的简要说明，并规定简要说明应当写明该外观设计的产品的设计要点、请求保护色彩、省略视图等情况，但是却没有规定简要说明对确定外观设计专利的保护范围能够产生何种作用。

2008 年修改前的《专利法》第五十六条第一款规定，发明或者实用新型专利权的保护范围以其权利要求书的内容为准，说明书和附图可以用于解释权利要求。该规定一方面明确了权利要求书在确定专利保护范围方面的突出作用，另一方面也充分认识到权利要求书是在说明书及其附图的基础上形成的，脱离说明书及其附图，单纯依据权利要求书来确定专利保护范围在许多情况下都会有失偏颇，因此又明确了说明书及其附图对权利要求书的解释作用，也就是可以依据说明书及其附图来“矫正”权利要求书本身所表达的专利保护范围。两者彼此配合，为科学、合理地界定专利权的保护范围形成了一种较好的机制。

相比之下，2008 年修改前的《专利法》规定的界定外观设计专利权的保护范围的机制就显得比较单薄，因为其第五十六条第二款仅仅规定外观设计专利权的保护范围以表示在图片或者照片中的该外观设计产品为准。为了克服原有规定存在的不足，2008 年修改后的《专利法》第五十九条第二款规定：“外观设计专利权的保护范围以表示在图片或者照片中的该产品的外观设计为准，简要说明可以用于解释图片或者照片所表示的该产品的外观设计。”

既然 2008 年修改的《专利法》赋予外观设计专利申请中的简要说明新的“功能”，对确定外观设计专利权保护范围有重要作用，简要说明就不应当是可有可无的，只有当申请人认为“必要时”才予以提交，而是所有的外观设计专利申请都应当包括。所以，2008 年修改的《专利法》本条第一款明确规定简要说明是外观设计专利申请的必要文件之一。2010 年修改的《专利法实施细则》第二十八条对简要说明作了进一步的规定，即：

> **外观设计的简要说明应当写明外观设计产品的名称、用途，外观设计的设计要点，并指定一幅最能表明设计要点的图片或者照片。省略视图或者请求保护色彩的，应当在简要说明中写明。**
>
> **对同一产品的多项相似外观设计提出一件外观设计专利申请的，应当在简要说明中指定其中一项作为基本设计。**
>
> **简要说明不得使用商业性宣传用语，也不能用来说明产品的性能。**

其中，规定申请人应当“指定一幅最能表明设计要点的图片或者照片”，是为了与 2010 年修改的《专利法实施细则》第九十条的规定彼此呼应。2010 年修改前的《专利法实施细则》第八十九条规定，国家知识产权局定期出版的专利公报中公布的内容包括“外观设计的图片或者照片及其简要说明”。依照该规定，国家知识产权局必须在专利公报中公布外观设计专利的所有图片或者照片。然而，对发明和实用新型专利而言，专利公报尚且只公布其说明书摘要（说明书有附图的，还应当提供一幅最能说明该发明或者实用新型技术特征的附图，即摘要附图），并不公布说明书和所有附图，因此在专利公报中公布外观设计专利的所有图片或者照片的做法显得不够平衡。2010年修改的《专利法实施细则》第九十条规定，专利公报只公布外观设计专利的一幅图片或者照片。为了准确地向公众传递有关外观设计专利信息，该幅图片或者照片的选取应当由申请人指定，而不是由国家知识产权局代劳，因此《专利法实施细则》第二十八条增加了这一规定。专利公报主要起信息传递作用，外观设计专利的保护范围并非仅仅由该幅图片或者照片限定。

关于对多项相似外观设计合案申请时应当在简要说明中指明"基本设计"的规定，本书将在对《专利法》第三十一条的说明中予以解释。

2010年修改的《专利法实施细则》第二十八条的规定并非是对外观设计简要说明内容的穷尽性规定。根据具体情况的需要，申请人还可以在简要说明中写入对确定外观设计保护范围有用的其他信息，例如：外观设计产品在使用状态下的形状变化情况，如折叠椅、雨伞等；由多个部件组成的外观设计产品的组合方式及其所产生的形状，如组合玩具等；外观设计产品外壳上的透明部分，如手表等、包装盒等。

第二十八条　专利申请日

国务院专利行政部门收到专利申请文件之日为申请日。如果申请文件是邮寄的，以寄出的邮戳日为申请日。

一、申请日的重要性

申请日就是提出专利申请之日。申请日的确定无论对专利申请还是被授予的专利权来说都非常重要，体现在以下几个方面。

（1）根据《专利法》第九条第二款的规定，我国专利制度采用先申请原则，即两个以上的申请人分别就同样的发明创造申请专利的，申请日在先的专利申请将被授予专利权。

（2）根据《专利法》第二十二条和第二十三条的规定，判断申请专利的发明、实用新型是否具备《专利法》第二十二条规定的新颖性和创造性以及外观设计是否具备《专利法》第二十三条规定的授权条件，其时间标准是申请日。

（3）根据《专利法》第二十九条的规定，如果在我国提出的专利申请是申请人就一项发明创造首次提出的专利申请，该申请人就同样的发明创造在规定期限内向其他国家申请专利并要求享受优先权的，在我国提交的专利申请的申请日就会成为其优先权日。

（4）根据《专利法》第三十四条的规定，发明专利申请的申请日是公布该申请的时间期限的起算日。

（5）根据《专利法》第三十五条的规定，申请日是对发明专利申请提出实质审查请求的 3 年期限的起算日。

（6）根据《专利法》第四十二条的规定，申请日是专利权保护期限的起算日。

（7）根据《专利法》第四十八条的规定，申请日是依据该条规定请求给予实施发明或者实用新型专利的强制许可的时间期限的起算日。

（8）根据《专利法实施细则》第九十八条的规定，在授予专利权之后，申请日是确定所需缴纳专利年费数额的依据。

《专利法》和《专利法实施细则》有关规定提及“申请日”的，有的需要被理解为“优先权日”，有的需要被理解为在我国的“实际申请日”。为了避免在所有提及“申请日”的法律条款中都逐一指明，《专利法实施细则》第十一条作了总的规定，即：

> 除专利法第二十八条和第四十二条规定的情形外，专利法所称申请日，有优先权的，指优先权日。
>
> 本细则所称申请日，除另有规定的外，是指专利法第二十八条规定的申请日。

根据上述规定，本条所述的“申请日”是指实际申请日。

自 1984 年制定《专利法》以来，除了在 2000 年修改《专利法》时将本条原来所称的“专利局”改为“国务院专利行政部门”之外，历次修改《专利法》均未对本条的实质内容进行调整。

二、申请日的确定

《专利法实施细则》第三十八条规定：

> 国务院专利行政部门收到发明或者实用新型专利申请的请求书、说明书（实用新型必须包括附图）和权利要求书，或者外观设计专利申请的请求书、外观设计的图片或者照片和简要说明后，应当明确申请日、给予申请号，并通知申请人。

《专利法实施细则》第三十九条进一步规定：

> 专利申请文件有下列情形之一的，国务院专利行政部门不予受理，并通知申请人：
>
> （一）发明或者实用新型专利申请缺少请求书、说明书（实用新型无附图）或者权利要求书的，或者外观设计专利申请缺少请求书、图片或者照片、简要说明的；
>
> （二）未使用中文的；
>
> （三）不符合本细则第一百二十一条第一款规定的；
>
> （四）请求书中缺少申请人姓名或者名称，或者缺少地址的；
>
> （五）明显不符合专利法第十八条或者第十九条第一款的规定的；
>
> （六）专利申请类别（发明、实用新型或者外观设计）不明确或者难以确定的。

《专利审查指南 2010》规定了申请日的确定方式，即：

> 向专利局受理处或者代办处窗口直接递交的专利申请，以收到日为申请日；通过邮局邮寄递交到专利局受理处或者代办处的专利申请，以信封上的寄出邮戳日为申请日；寄出的邮戳日不清晰无法辨认的，以专利局受理处或者代办处收到日为申请日，并将信封存档。通过速递公司递交到专利局受理处或者代办处的专利申请，以收到日为申请日。邮寄或者递交到专利局非受理部门或者个人的专利申请，其邮寄日或者递交日不具有确定申请日的效力，如果该专利申请被转送到专利局受理处或者代办处，以受理处或者代办处实际收到日为申请日。[1]

发明专利申请不一定要有说明书附图，因此附图不是发明专利申请被受理的必要申请文件之一。但是如果发明专利申请的说明书写有对附图的说明却没有提交附图的，《专利法实施细则》第四十条规定申请人可以在国家知识产权局指定的期限内任选两种补救措施之一，即补交附图或者取消对附图的说明。申请人补交附图的，以申请人向国家知识产权局提交或者邮寄附图之日为申请日；取消对对附图的说明的，保留原申请日。

通常，大多数专利申请都会存在一些不符合《专利法》《专利法实施细则》以及《专利审查指南 2010》的规定的缺陷，但是受理专利申请时并不苛求专利申请完美无缺，只要不存在《专利法实施细则》第三十九条所列的缺陷之一，就应当予以受理并明确申请号，申请人对其他缺陷可以随后自行予以补正或者在初步审查、实质审查过程中经审查员指出后予以补正。

关于专利申请的受理条件和申请日的确定，一个值得注意的动向是 WIPO 于 2000 年 6 月 1 日签署、2005 年 4 月 28 日生效的《专利法条约》（*Patent Law Treaty*）的有关规定。到 2009 年年底为止，已经有 22 个国家正式批准加入该条约。我国目前还不是该条约

---

[1] 国家知识产权局.专利审查指南 2010［M］.北京：知识产权出版社，2010：第五部分第三章 2.3.1.

的成员国。

该条约旨在统一世界各国专利法对专利申请的形式要求，其目标在于为申请人在世界各国提交专利申请提供尽可能多的方便。该条约第5条的标题是“申请日”，其规定的可以获得申请日的条件是：第一，提供一种明示或者暗示的指示，表明打算将其提交的东西作为一件专利申请；第二，提供一种指示，使专利局能够确认申请人的身份或者能够与之进行联系；第三，提交一份其表面看起来像是说明书的东西。该条还规定，对于前述第一部分和第二部分内容，成员国可以要求以指定的语言提交；对于第三部分内容，申请人可以采用任何语言提交。

与我国《专利法》和《专利法实施细则》的规定相比，该条约规定的获得申请日的条件宽松得多。如果加入该条约，则需要对我国《专利法》和《专利法实施细则》的现行规定作出重大调整。2008年修改《专利法》和2010年修改《专利法实施细则》时，曾对是否需要与该条约的规定靠拢的问题进行过研究，但考虑到我国的实际国情和所处的发展阶段，最后立法机关没有采取旨在使我国法律与该条约的规定相一致的修改措施。

第二十九条 优先权

申请人自发明或者实用新型在外国第一次提出专利申请之日起十二个月内，或者自外观设计在外国第一次提出专利申请之日起六个月内，又在中国就相同主题提出专利申请的，依照该外国同中国签订的协议或者共同参加的国际条约，或者依照相互承认优先权的原则，可以享有优先权。

申请人自发明或者实用新型在中国第一次提出专利申请之日起十二个月内，又向国务院专利行政部门就相同主题提出专利申请的，可以享有优先权。

一、概 述

优先权原则在各国专利制度中占有重要地位。在各国专利制度仍然彼此独立的状况下，该原则是使申请人能够在世界各国就其发明创造获得专利保护的重要保障。

优先权原则源自 1883 年签订的《巴黎公约》，其目的是为了方便成员国国民就其发明创造或者商标标识在其本国提出专利申请或者商标注册申请后，在其他成员国申请获得专利权或者注册商标权。所谓“优先权”是指申请人在一个成员国首次提出申请后，在一定期限内就相同主题在其他成员国提出申请的，其在后申请在某些方面被视为是在首次申请的申请日提出。换句话说，申请人提出的在后申请与其他人在首次申请的申请日之后、在后申请的申请日之前就相同主题所提出的申请相比享有优先的地位。这是“优先权”一词的由来。

《巴黎公约》之所以确立优先权原则，是因为绝大多数国家的专利法都采用先申请原则。根据该原则，对于同样的发明创造，只对最先提出专利申请的人授予专利权。同时，各国专利法又都规定授予专利权的发明创造应当具备新颖性和创造性，而绝大多数国家的专利法规定判断新颖性和创造性的时间标准是申请日。因此，如果申请人希望确保其作出的发明创造能够在其他国家获得专利保护，就必须尽可能同日在这些国家提出专利申请，否则就有可能由于他人抢先提出专利申请，或者由于在申请人向外国提出申请之前其发明创造被他人公开发表或者公开使用而导致其发明创造丧失新颖性，以至于不能在这些国家获得专利。但是，要求申请人对其同样的发明创造同日在本国和其他国家提出专利申请，即使在计算机技术和网络技术已经十分发达的现在仍然难以办到，因为按照各国的要求准备申请文件、办理申请手续需要一定的时间。此外，向外国申请专利费用很高，即使是那些财力雄厚的跨国公司也需要有足够时间考虑其发明创造是否值得向外国申请专利、应当向哪些外国申请专利的问题。有了《巴黎公约》关于优先权原则的规定，各国申请人就不必再为上述问题烦恼了，可以首先在本国提出专利申请，然后从从容容地在优先权期限内向其他国家提出专利申请。从历史记录来看，当初订立《巴黎公约》的主要动力就是各国对优先权的迫切需要。

随着专利制度的发展，《专利法》规定的优先权适用范围有了扩大，不仅适用于首次在外国提出专利申请、然后在本国提出专利申请的情形，也适用于首次在本国提出申请、然后在本国再次提出申请的情形。为了便于区别，将基于首次在外国提出的专利申请而产生的优先权称为“外国优先权”，将基于首次在本国提出的专利申请而产生的优先权称为“本国优先权”。无论享受外国优先权还是本国优先权，在后申请都能以其首次申请的申请日作为优先权日。

二、外国优先权

优先权原则的适用涉及许多法律问题，《巴黎公约》第 4 条对优先权原则作了十分详尽而又复杂的规定，是该公约中条文最长的条款，足以显示优先权原则在该公约中的重要地位。尽管各国普遍依据《巴黎公约》采用优先权原则，但几乎没有任何国家在其专利法中重复《巴黎公约》第 4 条的详细规定，而是直接适用公约的规定，我国《专利法》也是如此。其原因可能在于《巴黎公约》第 4 条的规定太复杂了，将其统统纳入本国法律实在有些受不了，还不如直接适用。采取这种做法在我国是比较少见的，因为我国向来认为即使是我国参加的有关国际条约，其有关规定也不能直接在我国适用，而是必须在我国法律中“落地生根”后才能适用。如此看来，有关优先权的规定是一个例外。正因为如此，要正确、全面地理解本条规定的含义，就需要深入了解《巴黎公约》第 4 条的规定。

（一）关于优先权的客体和主体

《巴黎公约》规定的享受优先权的客体条件既涉及首次申请的客体，也涉及在后申请的客体，还涉及前后申请的客体的一致性。

《巴黎公约》第 4 条确定的总体原则是在后申请的客体应当与作为优先权基础的首次申请的客体相同。然而，《巴黎公约》第 4 条第 E 部分又对上述总体原则作了一些灵活规定，即：

> **（1）向一个成员国提交一份外观设计申请，要求以提交的一份实用新型申请为基础获得优先权的，优先权期限应当与以一份外观设计申请为基础时要求获得优先权相同；**
>
> **（2）此外，也允许在一个成员国提出一份实用新型申请，要求以一项专利申请为基础获得优先权，反之亦然。**

上述规定表明：第一，首次申请为实用新型申请的，可以作为在后提出的外观设计申请的优先权基础，但是该公约没有规定首次申请为专利申请的，也可以作为在后提出的外观设计申请的优先权基础；❶第二，首次申请为外观设计申请的，不能作为在后提出的专利申请和实用新型申请的优先权基础；第三，首次申请为专利申请的，可以作为在后实用新型申请的优先权基础，反之亦然，也就是专利申请和实用新型申请可以互为优先权基础。

类似地，《巴黎公约》规定的享受优先权的主体条件既涉及首次申请的主体，也涉及在后申请的主体，还涉及前后申请的主体的一致性。

---

❶ 其原因在于：各国普遍规定实用新型申请必须有附图，发明专利申请不一定有附图，在没有附图的情况下，显然不能作为在后外观设计申请的优先权基础。

首次申请和在后申请的申请人都应当是《巴黎公约》成员国的单位或者个人，或者是在成员国的领土内有营业所或者经常居所的单位或者个人。除了《巴黎公约》的成员国之外，按照本条规定，与我国签订了有关协议或者相互承认优先权的其他国家的单位或者个人也能在我国享受优先权。然而到目前为止，我国还从来没有就优先权事宜与《巴黎公约》成员国之外的任何其他国家签订专门的双边协议，也没有按照互惠原则承认来自非《巴黎公约》成员国的申请人的优先权要求。[1]因此，在判断是否符合享受优先权的主体条件时，只需认定申请人是否为《巴黎公约》成员国的单位或者个人或者是在成员国的领土内有营业所或者经常居所的单位或者个人即可。

一开始，《巴黎公约》要求首次申请和在后申请的申请人必须一致，这比较严格。通过1911年举行的《巴黎公约》华盛顿修订会议，在该公约第4条第A部分第1款增加了“权利继受人”（successor in title）也可以享受优先权的规定，从而允许前后申请的主体可以不同。所谓“权利继受人”，可以是整个首次申请的受让人；也可以只是首次申请的优先权的受让人，这意味着享受优先权的权利可以单独转让。当然，权利继受人也应当是《巴黎公约》成员国的单位或者个人，或者是在成员国的领土内有营业所或者经常居所的单位或者个人。

（二）关于优先权的期限以及可以作为优先权基础的首次申请

《巴黎公约》第4条第C部分规定，优先权的期限对于发明和实用新型来说是12个月，对于工业品外观设计来说是6个月；优先权期限自首次申请的申请日起开始计算，但申请日当日不包括在内。

应当注意的是，如果首次申请为实用新型申请，在后申请为外观设计申请，并要求以该首次申请为基础享受优先权，则优先权期限为6个月，而不是12个月。

判断一件在先申请是否能够构成作为优先权的基础，是判断能否享受优先权的一个重要因素。对此，有如下两方面的要求。

首先，作为优先权基础的在先申请必须是正规的国家申请。所谓“正规的国家申请”，是指该申请按照受理国专利法的规定提交，被正式受理并给予了申请日的申请。只要符合这一条件，该申请就可以作为优先权的基础，与该申请随后的法律状态无关。例如，该申请是否在该受理国被授予专利权，是否已经撤回、驳回、分案或视为撤回，都不影响该申请作为正规的申请产生优先权的效力，只要受理该申请的国家证明曾有这样的申请存在并给予了申请日，就可以作为在另一个成员国要求外国优先权的基础。此外，与正规的国家申请相当的任何申请也可以作为优先权的基础，包括依照成员国之间缔结的双边或者多边条约提出的申请，例如依照PCT提出的国际专利申请、依照《欧洲专利公约》提出的欧洲专利申请、依照《外观设计国际保存海牙协定》提出的外观设计保存申请等。虽然我国

---

[1] 1997年香港地区回归祖国以及1999年澳门地区回归祖国之后，中央政府与香港特别行政区和澳门特别行政区政府达成协议，承认香港和澳门特别行政区的居民向大陆申请专利的可以享受原香港或者澳门专利申请的优先权。2010年6月29日，海峡两岸关系协会会长陈云林与台湾海峡交流基金会董事长江丙坤签署了《海峡两岸知识产权保护合作协议》，该协议第2条规定：“双方同意依各自规定，确认对方专利、商标及品种权第一次申请日的效力，并积极推动作出相应安排，保障两岸人民的优先权权益。”根据该协议，海峡两岸将着手解决申请专利的优先权问题。这些协议是我国内部不同地区之间的协议，不是与《巴黎公约》其他成员国之间签订的协议。

不是其中某些条约的缔约国，但因为这些条约的缔约国同为《巴黎公约》的缔约国，因此以这样的申请为基础要求优先权的也应当予以承认。

其次，作为优先权基础的在先申请必须是针对相同主题的首次申请。如果申请人在提出申请之前，已经就相同主题向其他国家提出了多份申请，则只能要求以首次提出的申请为基础要求享受优先权。然而，这里所说的“首次申请”也不一定是绝对意义上的首次申请，因为通过 1958 年举行的《巴黎公约》里斯本修订会议，在该公约第 4 条第 C 部分中增加了第（4）款，规定一件在后提出的申请也可以被视为“首次申请”，其条件是：第一，在后申请与首次申请针对相同的主题；第二，在后申请与首次申请在同一成员国提出；第三，在后申请在首次申请的申请日之后的 12 个月或者 6 个月之内提出；第四，在提出在后申请之前，首次申请已经被撤回、放弃或者驳回，没有供公众阅览，也没有遗留任何权利；第五，首次申请尚未被用作过要求优先权的基础；第六，在首次申请与在后申请之间的时间间隔中，该申请人也没有向其他成员国就相同主题提出过申请。如果一份在后申请符合上述各项条件，则该在后申请可以被“升格”为首次申请，能够用作优先权的基础，其申请日也就成为优先权期限的起算日，原首次申请此后不得再作为要求优先权的基础。

（三）关于“相同主题”的要求

1. 对发明和实用新型专利申请的要求

本条规定：“又在中国就相同主题提出专利申请的，可以享有优先权”。其中，“相同主题”一词表达了要享受优先权，其前后申请在所涉及的发明创造内容方面应当满足的条件。按照《巴黎公约》第 4 条的规定，享受优先权不仅要求前后申请的客体应当保持一致，例如首次申请为专利申请的，在后申请不能是外观设计申请；而且要求前后申请的主题应当保持一致，也就是应当涉及相同的发明创造。后一要求是理所当然的，如果前后申请涉及的是不同的发明创造，当然谈不上享受优先权的问题，否则就会损害其他申请人和公众的利益。然而，“相同主题”的含义是什么？是否意味着前后申请的说明书内容必须完全相同？可以想象对此问题的回答应当是否定的，因为申请人经过一段时间再次提出申请，常常会发现其在先申请存在一些不足之处，希望能够有所改进，这是十分正常而又合情合理的事情，在涉及复杂技术的专利领域尤为常见。法律不应当成为申请人后来再次申请专利时谋求对在先申请作出改进的障碍，因此《巴黎公约》第 4 条第 F 部分、第 G 部分和第 H 部分在专利领域（不包括外观设计）专门为申请人享受优先权提供了某些灵活措施，使其关于“相同主题”的要求具有必要的“灵活性”。[1]这也表明专利领域在享受优先权的条件方面是最为复杂的领域，需要《巴黎公约》对其作出更为详细的规定。

《巴黎公约》第 4 条第 H 部分规定：

> 不得以要求优先权的发明的某些组成部分（elements）没有出现在原始申请的权利要求书中而拒绝优先权要求，只要该原始申请作为一个整体清楚地披露了这些组成部分即可。

[1] G.H.C. BODENHAUSEN.Guide to the Application of the Paris Convention for the Protection of Industrial Property［M］.Geneva: The United International Bureau for the Protection of Intellectual Property (BIRPI)，1968：58.

上述规定是通过 1934 年举行的《巴黎公约》伦敦修订会议专门为专利领域中的申请享受优先权而加入该公约第 4 条的，因为在专利领域中判断在后申请是否涉及“相同主题”远比诸如商标之类的其他领域更为复杂。[1]该规定明确了在专利领域判断是否属于“相同主题”的基本判断原则，体现为如下两个方面：

第一，对于在后申请来说，所谓“主题”是指要求获得优先权的“发明”（the invention for which priority is claimed），更具体地说是指在后申请的各项权利要求所要求保护的技术方案。在判断优先权要求是否成立时，对于在后申请来说，需要比较的“主题”既不是说明书的整体内容，也不是一项权利要求记载的某个或者某些技术特征，而是在后申请的每一项权利要求所要求保护的技术方案。换言之，在后申请的一项权利要求既是判断在后申请的“主题”的最大单位，也就是不能将不同权利要求所要求保护的技术方案组合起来，判断该组合是否能够享受优先权；也是判断在后申请的“主题”的最小单位，也就是不能再将一项权利要求所要求保护的技术方案进一步割裂开来，得出其中某一部分技术特征能够享受优先权，另一部分技术特征不能享受优先权的结论。

第二，对于首次申请来说，所谓“主题”是指其首次申请整个申请文件所公开的技术内容，包括说明书、附图和权利要求书（但不包括说明书摘要）。在判断优先权要求是否成立时，并不要求在后申请的某项权利要求所要求保护的技术方案必须完整地反映在首次申请的某项权利要求中，只要首次申请作为一个整体披露了在后申请的该项权利要求的各个技术特征即可。

从上面的分析可以看出，对先后申请是否涉及相同主题的判断方式与新颖性的判断方式基本上相同。更具体地说，在判断优先权要求是否成立时，可以将首次申请看做一份对比文献，用来判断在后申请的各项权利要求是否具备新颖性。如果判断的结果认为在后申请的某项权利要求不具备新颖性，则该项权利要求能够享受优先权；如果具备新颖性，则该项权利要求不能享受优先权。

一个申请人在我国申请专利之前可能已经在不同国家先后提出了一系列专利申请。当该申请人向我国提出专利申请并要求享受其某一在先申请的优先权时，一个需要审查的问题是：申请人要求作为其优先权基础的那一在先申请是否为针对“相同主题”的首次申请？这关系到申请人在我国提出的申请是否已经超出优先权期限的问题，显然是一个重要问题。有著作指出，《巴黎公约》第 4 条第 H 部分的规定也为首次申请的认定提供了依据，即：如果申请人要求作为其优先权基础的那一在先申请在整体上已经披露了在我国提出的专利申请的某项权利要求所要求保护的技术方案的所有组成部分，还只能说该在先申请具备了作为优先权基础的“资格”；然而，如果该申请人提出的在先申请中还有一件更早的在先申请也符合上述要求，也具备作为优先权基础的“资格”，则只能以那件更早的在先申请作为优先权基础，而不能以较晚的在先申请作为优先权基础。[2]

由于一件专利申请的各项权利要求的内容各不相同，有的包含较少的技术特征，有的

---

[1] G.H.C. BODENHAUSEN.Guide to the Application of the Paris Convention for the Protection of Industrial Property［M］. Geneva: The United International Bureau for the Protection of Intellectual Property (BIRPI)， 1968：57.

[2] G.H.C. BODENHAUSEN.Guide to the Application of the Paris Convention for the Protection of Industrial Property［M］. Geneva: The United International Bureau for the Protection of Intellectual Property (BIRPI), 1968：58.

包含较多的技术特征，因此有可能出现在后申请的一部分权利要求能够享受优先权，另一部分权利要求不能享受优先权的现象；也有可能出现在后申请的能够享受优先权的权利要求中，有的权利要求的优先权基础应当是某一件在先申请，有的权利要求的优先权基础应当是另一件在先申请的现象。这样，就很自然地涉及部分优先权和多项优先权的概念。

《巴黎公约》第 4 条第 F 部分规定：

> 本联盟的任何成员国都不得以要求多项优先权为理由而拒绝给予优先权或者驳回专利申请，即使这些优先权产生于不同的国家也依然如此，也不得以要求一项或者多项优先权的专利申请中包含一个或者多个没有记载在被要求优先权的一份或者多份专利申请中的组成部分而拒绝给予优先权或者驳回该专利申请，其条件是在上述两种情况下该专利申请符合该成员国法律关于发明单一性的规定。
>
> 就作为优先权基础的一份或者多份在先申请中未曾披露的组成部分而言，随后提出的申请应当能够按照通常的条件产生优先权。

上述规定最初是通过 1925 年举行的《巴黎公约》海牙修订会议上加入该公约第 4 条的，随后在 1934 年举行的《巴黎公约》伦敦修订会议和 1958 年举行的《巴黎公约》里斯本修订会议上两次作了进一步修改。

专利申请人就其发明创造提交首次申请之后，在优先权期限之内向其他国家申请专利时，其说明书的内容与首次申请的说明书内容相比常常不完全相同。这是十分正常的事情，因为一方面申请人有可能在此期间内进一步完善了其发明创造，从而希望在后申请包含改进之处；另一方面为了节约向外国申请专利的经费，在符合发明单一性规定的情况下，申请人也有可能将几件在先申请的内容合并起来形成一件专利申请向其他国家提交。《巴黎公约》规定在这两种情况下仍然可以获得优先权，为申请人提供了很大方便。

当在后申请补充了新内容时，能否享受优先权取决于在后申请权利要求的撰写方式。如果在后申请的某一项权利要求记载的全部技术特征均已被首次申请作为一个整体披露，则该权利要求可以享受该首次申请的优先权；如果在后申请的另一项权利要求记载的技术特征中，有一部分已经被首次申请中披露，还有一部分是在后申请新增加的内容，则该权利要求不能享受该首次申请的优先权，只能以其实际申请日为申请日。当在后申请的说明书增加新内容时，申请人通常会撰写两项以上权利要求，其中一项权利要求记载的技术特征均已被首次申请披露，从而确保该项权利要求能够享受优先权；另一项权利要求进一步加入反映新增加内容的技术特征（无论以独立权利要求方式撰写还是以从属权利要求方式撰写均可），以保护经过改进的发明创造，体现在后申请增加有关内容的意义，但是该权利要求不能享受优先权。这一结论丝毫不会因为该另一项权利要求中也记载了一些首次申请中已经披露的内容而改变，只要其包含了首次申请不曾记载的内容，就不能以该首次申请作为优先权的基础。这就是所谓“部分优先权”的含义。

含有新增加内容的权利要求不能享受优先权，其理由是明显的。各国专利法均采用一个共同的原则，即对专利申请文件的修改不能超出原申请文件记载的范围。如果允许在后申请的包含了新增加内容的权利要求也同样能够享受优先权，则无异于在超出首次申请披露范围的情况下仍然以首次申请的申请日作为其申请日，这显然违背了上述原则。在后申请作为一件单独的专利申请，应当允许申请人补充新内容，但是在要求优先权的情况下，则需要根据首次申请的内容，逐项判断各权利要求能否享受优先权。这样，才能够确保优先权原则和修改不得超出原申请记载范围的原则彼此协调一致。

在上述情况下，将首次申请称为A申请，将补充了新内容X的在后申请称为B申请。根据《巴黎公约》第4条第F部分第（2）款的规定，B申请构成了以内容X作为组成部分的发明创造的首次申请，可以用作随后再次向其他国家提出的专利申请的优先权基础。将申请人再次提出的专利申请称为C申请，如果该申请又补充了新内容Y，则C申请的权利要求书可以包括三项权利要求，其中：权利要求1仅仅包括A申请披露的内容，则该权利要求能够以A申请为基础享受优先权；权利要求2不仅包括A申请披露的内容，还包括B申请补充的新内容X，但不包括C申请补充的新内容Y，则该权利要求能够以B申请为基础享受优先权；权利要求3不仅包括A申请披露的内容以及B申请披露的新内容X，还包括C申请补充的新内容Y，则该权利要求只能以C申请的实际申请日作为其申请日，既不能以A申请为基础享受优先权，也不能以B申请为基础享受优先权。此时，C申请的权利要求1和权利要求2都能够享受优先权，但是其优先权基础各不相同，被称为"多项优先权"。从上面的例子可以看出，也允许申请人将"多项优先权"和"部分优先权"结合起来一并运用。应当注意的是在上述情况下，权利要求1能否以A申请为基础享受优先权，取决于C申请的申请日是否在A申请的申请日之后的12个月优先权期限之内，如果超过该期限，则权利要求1不能以A申请为基础享受优先权；权利要求2能否以B申请为基础享受优先权，取决于C申请的申请日是否在B申请的申请日之后的12个月优先权期限之内，如果超过该期限，则权利要求2不能以B申请为基础享受优先权。《专利法实施细则》第三十二条第一款规定："申请人在一件专利申请中，可以要求一项或者多项优先权；要求多项优先权的，该申请的优先权期限从最早的优先权日起计算。"需要注意这一规定的含义，不可将其理解为当申请人要求多项优先权时，只要发现其在我国提出的专利申请的申请日与其在外国提出的最早一件专利申请的申请日之间的时间间隔超过了12个月，就认为在我国提出的专利申请完全不能享受优先权。由于《巴黎公约》第4条第F部分第（2）款明确规定"就作为优先权基础的一份或者多份在先申请中未曾披露的组成部分而言，随后提出的申请应当能够按照通常的条件产生优先权"，因此需要对在我国提出的专利申请的各项权利要求逐项进行分析，哪一项权利要求的主题符合享受优先权的条件，该项权利要求就能享受优先权。能够作为优先权基础的所有在先申请的申请日当然必须都在实际申请日之前的12个月之内。

此后，该申请人再次向其他国家提出D申请，又补充了新内容Z，则其结果可以类推。如此延展，可谓"余音袅袅，不绝如缕"，这就是《巴黎公约》为专利领域所设计的优先权制度。

《巴黎公约》第4条第G部分规定：

> **（1）如果经审查发现一件专利申请包含一项以上的发明，申请人可以将该申请分成若干分案申请，保留第一次申请的日期为各分案申请的日期，如果有优先权，保留优先权的利益。**
>
> **（2）申请人也可以主动将一件专利申请分案，保留第一次申请的日期为各分案申请的日期，如果有优先权，保留优先权的利益。本联盟各成员国有权决定允许分案的条件。**

上述规定是通过1925年举行的《巴黎公约》海牙修订会议加入该公约第4条的，该节补充了关于分案申请的规定，同时明确了分案申请也可以享受在先申请的优先权。

总体来看，为了充分维护专利申请人的利益，《巴黎公约》第 4 条关于专利申请的优先权的规定考虑周全、无微不至，可谓用心良苦。

2. 对外观设计专利申请的要求

与发明和实用新型专利申请相比，外观设计专利申请的显著不同之处在于没有权利要求书。按照《专利法》第五十九条的规定，外观设计专利权的保护范围以表示在图片或者照片中的该产品的外观设计为准。因此，本条第一款所称"自外观设计在外国第一次提出专利申请之日起 6 个月内，又在中国就相同主题提出专利申请的"，其中"相同主题"，其含义应当是指前后外观设计申请的图片或者照片表示的产品外观设计相同。

在我国提出的外观设计专利申请只涉及某产品的一种外观设计方案，并要求享受在外国提出的首次外观设计申请的优先权的，应当对前后申请的图片或者照片进行比较，以确认前后申请的主题是否相同。此时，无论在后申请的图片或者照片中反映的外观设计要素（形状、图案、色彩）与在先申请相比是增加了还是减少了，都应当认为前后申请的主题不相同，从而得出不能享受优先权的结论。

2008 年修改后的《专利法》第二十七条规定外观设计专利申请必须包括简要说明，这成为我国外观设计专利制度的一个新的特点。由于许多国家的外观设计申请文件中不一定有简要说明，因此就同样的外观设计在我国申请外观设计专利的往往需要补充提交简要说明。在这种情况下，为了避免由此而给申请人获得优先权带来障碍，2010 年修改后的《专利法实施细则》第三十一条增加了第六款，规定：

> 外观设计专利申请的申请人要求外国优先权，其在先申请未包括对外观设计的简要说明，申请人按照本细则第二十八条规定提交的简要说明未超出在先申请文件的图片或者照片表示的范围的，不影响其享有优先权。

需要注意的是，《巴黎公约》第 4 条第 F 部分、第 G 部分和第 H 部分的规定均仅仅适用于专利申请，而不适用于外观设计申请，因为该公约所称"专利"并不包括外观设计。因此从原则上说，各成员国没有为外观设计专利申请提供部分优先权、多项优先权的义务。

然而，尽管《专利法》第三十一条第二款规定了外观设计专利申请的单一性原则，但同时也规定了例外情况。2008 年修改前的《专利法》规定，该例外情况只包括"用于同一类别并且成套出售或者使用的产品的两项以上外观设计"，2008 年修改的《专利法》又增加了"同一产品两项以上的相似外观设计"。当一件外观设计专利申请中包含了多项外观设计方案而又要求享受优先权时，既有可能出现在先申请仅仅披露了其中一种外观设计方案的情况，也有可能出现不同的在先申请分别披露了不同外观设计方案的情况。此时，如果完全不允许外观设计专利申请享受部分优先权和多项优先权，就会对申请人产生不利影响。基于上述理由，《专利审查指南 2010》规定：

> 对于包含有若干项具有独立使用价值的产品的外观设计，如果其中一项或者多项产品外观设计与相应的一个或者多个外国首次申请中表示的外观设计的主题相同，则该外观设计专利可以享有一项或者多项优先权。[1]

---

[1] 国家知识产权局.专利审查指南 2010［M］.北京：知识产权出版社，2010：第四部分第五章 9.5.

上述规定实际上突破了《巴黎公约》第 4 条的规定。

（四）优先权的效力

《巴黎公约》第 4 条第 B 部分规定：

> **因此，在上述期限届满之前，在本联盟任何其他国家后来提出的任何申请不应因为在该期限内发生的任何行为，特别是另一申请的提出、发明的公布或者实施、外观设计复制品的出售或者商标的使用而被无效，而且这些行为不能产生任何第三人的权利或者个人占有的任何权利。第三人在作为优先权基础的第一次申请的申请日以前所产生的权利，按照本联盟每一国家的本国法予以保留。**

根据上述规定，优先权的效力主要表现在以下几个方面：

第一，只要在后申请能够享受首次申请的优先权，则在首次申请的申请日至在后申请的申请日之间的期间内发生的任何行为都不应当使在后申请被驳回或者使依据在后申请所授予的专利权被宣告为无效。所述“任何行为”包括：

（1）他人在上述期间内就相同主题提出专利申请的行为。此时，如果不能享受优先权，在该期间内提出的申请就会成为所述在后申请的抵触申请，从而使该在后申请不能被授予专利权；然而由于能够享受优先权，所述在后申请实际上成为在该期间内提出的申请的抵触申请，从而使该申请不能被授予专利权。

（2）申请人本人或者任何他人在上述期间内公开发明创造的行为。此时，如果不能享受优先权，则在该期间内发生的公开行为就会成为在后申请的现有技术或者现有设计，从而使在后申请不能被授予专利权；然而由于能够享受优先权，因此这些公开行为不会影响在后申请的新颖性和创造性。

第二，只要在后申请能够享受首次申请的优先权，则在首次申请的申请日至在后申请的申请日之间的期间内发生的任何行为不应产生任何第三人的权利。这里所说第三人的权利主要是指先用权，也就是在该期间内获知有关发明创造的第三人既不能在该期间内实施该发明创造，也不能在其后继续实施该发明创造。

值得注意的是，1883 年制定的《巴黎公约》第 4 条第 A 部分第（1）款时曾经写入了优先权“受第三人权利的限制”的规定。根据该规定，第三人在优先权期间内，也就是在在后申请的申请日之前已经实施发明创造或者为之作好必要准备的，即使在后申请被授予专利权也仍然可以享有先用权，这样就使优先权的效力受到很大减损。1934 年举行的《巴黎公约》伦敦修订会议不但删除了上述规定，并且在该公约第 4 条第 B 部分中增加了“而且这些行为不能产生任何第三人的权利或者个人占有的任何权利”的规定，从而克服了上述缺陷。这是自缔结《巴黎公约》之后对其原有内容的惟一一处否定性修改。另外，需要指出的是所谓“第三人权利”仅指由“这些行为”，亦即公开行为所能产生的权利。如果首次申请的申请人在此期间内许可第三人实施其发明创造，该实施权显然不是由公开行为而产生的权利，而是申请人授予的权利，自然谈不上“不能产生”的问题。

1934 年举行的《巴黎公约》伦敦修订会议在删除原第 4 条第 A 部分第（1）款的上述规定的同时，为了完备起见，还补充了“第三人在作为优先权基础的第一次申请的申请日以前所产生的权利，按照本联盟每一国家的本国法予以保留”的规定。该规定表明，第三人在优先权日之前已经获知发明创造的内容，进而予以实施或者为实施作好必要准备的，可以享有先用权。这一规定无疑是合理的。

三、本国优先权

（一）规定本国优先权的原因

本条第二款关于本国优先权的规定是1992年修改《专利法》时增加的，增加的原因主要有如下三点。

第一，外国申请人在我国提交专利申请可以按照本条第一款的规定要求其在其他国家首次提出的专利申请的优先权，因而享受优先权给予的一些优惠待遇；然而我国申请人在我国再次就相同主题提出的申请专利却不能要求其首次申请的优先权，因而不能享受类似待遇，相比之下显然处于不利地位。

第二，1992年修改《专利法》时，我国加入PCT一事已经列入议事日程，一旦我国成为该条约的成员国，申请人在向我国提出首次申请，随后又就同一主题提出国际申请的，可以要求其在我国首次申请的优先权。如果该国际申请指定了中国，并随后进入中国国家阶段，按照PCT的规定，该申请人可以用它来取代其在中国的原始申请。这种情况相当于申请人已经享受了本国首次申请的优先权。既然如此，如果不增加本条第二款的规定，就会在能否享受本国优先权的问题上产生因申请途径不同而结论有所不同的不合理现象。

第三，本国优先权制度在世界上许多国家的专利法中都有规定。

（二）本国优先权的基础

值得注意的是，按照本条第二款的规定，本国优先权只适用于发明和实用新型专利申请，不适用于外观设计专利申请。这一排除出于何种理由，关于1992年修改的《专利法》的有关说明中没有提及。[1]在2008年修改《专利法》时，一种观点强烈主张外观设计专利申请也应当适用关于国内优先权的规定，但是该建议没有被立法机关采纳。

按照《专利法实施细则》第三十二条第二款的规定，在先申请的主题有下列情形之一的，不得作为要求本国优先权的基础：

（1）已经享受过外国或者本国优先权的，不得作为要求本国优先权的基础，这是因为作为优先权基础的申请应当是首次申请，已经享受过外国或者本国优先权的申请不符合这一要求；

（2）已经被批准授予专利权的，不得作为要求本国优先权的基础，其目的是为了避免重复授权；

（3）属于按照规定提出的分案申请的，不得作为要求本国优先权的基础，因为分案申请是从原申请分出来的申请，原申请才是首次申请，分案申请不是首次申请，所以不能作为要求本国优先权的基础。

---

[1] 吴伯明.关于中华人民共和国专利法的修改［G］//中国专利局专利法研究所. 专利法研究 1992.北京：专利文献出版社，1992：72-73.

本国优先权在优先权期限、申请人要求优先权的资格、优先权要求成立的条件等方面均与外国优先权相同。但是应当注意，《专利法实施细则》第三十二条第三款规定“申请人要求本国优先权的，其在先申请自后一申请提出之日起即被视为撤回”，这一规定的目的是为了避免重复授权。

（三）本国优先权的作用

本国优先权与外国优先权一样，可以为申请人带来如下便利。

第一，在符合单一性要求的条件下，申请人可以通过要求本国优先权，将若干在先申请合并为一件在后申请，从而减少以后需要缴纳的专利年费，达到节约开支的目的。

第二，申请人可以在优先权期限内实现发明和实用新型专利申请的互相转换，这为申请人提供了再次选择其认为适合的专利申请类型的机会。

一种说法认为利用本国优先权可以达到补充和完善首次申请的目的。对此，应当注意避免产生混淆。在要求本国优先权的在后专利申请中，申请人的确可以增加、补充首次申请中所不包括的内容，但是如果要求保护含有新增加内容的技术方案，也就是在某项权利要求中写入新增加的技术特征，则该权利要求不能享受优先权，只能以其实际申请日为准。这一点在前面解释外国优先权时已经作了详细解释，该解释同样适用于本国优先权。因此，对于新增加的内容来说，在后申请与申请人另行提交一件普通的专利申请没有什么不同。当然即使如此，以这种方式要求本国优先权对于申请人来说仍可能具有某种价值。

第三十条　要求优先权的手续

申请人要求优先权的，应当在申请的时候提出书面声明，并且在三个月内提交第一次提出的专利申请文件的副本；未提出书面声明或者逾期未提交专利申请文件副本的，视为未要求优先权。

本条规定了要求优先权的主要手续以及未办理有关手续的后果。1992 年修改《专利法》时，对本条规定在表述上的不甚准确之处进行了修改。2000 年和 2008 年修改《专利法》时，均未对本条进行修改。

关于要求优先权的手续和应当提交的有关文件，《巴黎公约》第 4 条第 D 部分作了十分详细的规定：

（1）任何人希望享受一项在先申请的优先权的，应当作出声明，指明提出该申请的日期以及受理该申请的国家。每一国家应当确定必须作出该项声明的最后日期。

（2）这些事项应当在主管机关的出版物中，特别是在有关专利和专利说明书中予以载明。

（3）本联盟国家可以要求提出优先权声明的任何人提交以前提出的申请（说明书、附图等）的副本。该副本应当经原受理该申请的主管机关证明属实，但不应要求任何认证，并且在任何情况下都可以在提出在后申请后的 3 个月内随时提出，不需要缴纳费用。本联盟国家可以要求该副本附具上述主管机关出具的载明申请日期的证明以及译文。

（4）对提出申请时要求优先权的声明不得规定其他手续。本联盟每一国家应当确定不符合本条规定的手续的后果，但这种后果不得超过优先权的丧失。

（5）以后，可以要求提供进一步的证明。

任何人利用一项在先申请的优先权的，应当写明该申请的号码；该号码应当按照上述第（2）款的规定予以公布。

在我国提出的专利申请要求优先权的，无论是外国优先权还是本国优先权，都需要申请人提出书面声明，以表明其希望享受优先权的意愿，这是享受优先权的首要手续条件。

要求优先权的书面声明应当何时提出，这是一个十分重要的问题。《巴黎公约》的上述规定没有直接写明，但是从其第（4）款所述的“对提出申请时要求优先权的声明不得规定其他手续”来看，隐含了成员国可以要求申请人在向该国提出专利申请的同时就予以声明的含义。本条就是如此规定的，其所述“申请人要求优先权的，应当在申请的时候提出书面声明”表明，申请人提交在后申请之后再补交要求优先权的书面声明的，不能享受优先权。例如，申请人在优先权期限之内提前向我国提出在后申请，但未提出要求优先权的书面声明的，不能因为优先权期限届满尚有时日，就认为可以允许其随后再补交要求优先权的书面声明。

这样，结合《专利法》第二十九条和本条的规定，可以看出我国在要求优先权的手续方面是比较严格的，体现在：第一，在后申请必须在《巴黎公约》规定的优先权期限之内提交；第二，提出在后申请的同时必须提交要求优先权的声明，不能随后补交。前者是由于《巴黎公约》对优先权期限的规定本身就十分严格，没有提供任何弹性规定；后者是由于申请人是否能够享受优先权，对在后申请的审查处理程序有直接影响，例如《专利法》

第三十四条规定发明专利申请经初审合格之后，自申请日起满 18 个月应当即行公布，该条所说的“申请日”在有优先权的情况下是指优先权日，因此当在后申请能够享受优先权的情况下，通常自在后申请的申请日起 6 个月就应当予以公布，如果允许申请人随后补交要求优先权的书面声明，就会给国家知识产权局的公布工作带来困难。

值得指出的是，WIPO 近年来通过制定《专利法条约》和修改《PCT 实施细则》，放宽了对办理优先权手续的要求。该组织在制定《专利法条约》时，借鉴原《PCT 实施细则》的有关规定，规定其成员国的要求不得比对国际申请的要求更为严格，同时又增加了对申请人更为有利的规定；随后又反过来对《PCT 实施细则》进行修改，将《专利法条约》增加的有关规定落实于 PCT 体系。如此让两者相互提携，以达到为申请人提供更为宽松环境的目的。[1]

由于 2008 年修改《专利法》以及 2010 年修改《专利法实施细则》时，均没有参照上述国际条约对有关优先权的规定进行修改调整，因此申请人直接向我国提交在后专利申请并要求优先权的，其在后申请的提交日期以及要求优先权的书面声明的提交日期仍然必须遵照本条的规定。

对于国际申请而言，国家知识产权局既是国际申请的受理局，也是国际申请的指定局，情况比较复杂，需要特别予以注意。

按照 2010 年修改的《PCT 实施细则》的规定，国际申请的提交即使超过《巴黎公约》规定的优先权期限，仍然可以在自优先权日起的 14 个月内请求恢复优先权；在《巴黎公约》规定的优先权期限之内提交国际申请的，可以在自优先权日起的 16 个月之内补交要求优先权的声明以及改正或者增加先前提出的优先权要求。

作为国际申请的受理局，国家知识产权局对《PCT 实施细则》的上述规定没有作出保留。因此，以国家知识产权局作为受理局提交国际申请的，既可以在自优先权日起的 14 个月内请求恢复优先权，也可以在自优先权日起的 16 个月之内补交要求优先权的声明以及改正或者增加先前提出的优先权要求。

但是，作为国际申请的指定局，针对《PCT 实施细则》第 49 之三.1 关于由受理局作出的优先权恢复的效力的规定，国家知识产权局于 2005 年正式通知 PCT 国际局，指出该规定与我国《专利法》本条规定不符，因而予以保留。[2]这一保留意味着，无论是其他国家专利局受理的国际申请还是中国国家知识产权局受理的国际申请，即使在受理国际申请时允许申请人在 12 个月的优先权期限届满后的 2 个月内恢复其优先权，当该国际申请随后进入我国国家阶段时，仍然不会承认恢复的优先权，超过 12 个月的优先权期限就丧失了享受优先权的权利。该保留现在仍然有效。

不过需要注意的是，对于进入我国国家阶段的国际申请而言，如果受理局已经认可自优先权日起的 16 个月之内补交要求优先权的声明以及改正或者增加先前提出的优先权要求的，国家知识产权局将予以接受。这意味着，在要求优先权的手续条件方面，通过 PCT 途径进入我国的专利申请能够享受比直接向我国提出的专利申请更为优惠的待遇。

---

[1] 参见《专利法条约》第 13 条、《专利法条约实施细则》第 14 条的规定，以及对该条约第 13 条的注释；《PCT 实施细则》第 4.10、第 26 之二.1 的规定。

[2] ［EB/OL］.［访问日期不详］.www.wipo.int/pct/en/texts/reservations/res_incomp.html.

所谓书面说明，是指在发明、实用新型或外观设计专利申请请求书中所设的“要求优先权的声明”一栏内填写有关项目。

关于要求优先权的书面声明的具体内容，2010 年修改前的《专利法实施细则》第三十二条第一款规定，申请人依照《专利法》第三十条的规定办理要求优先权手续的，应当在书面声明中写明第一次提出专利申请的申请日、申请号和受理该申请的国家；书面声明中未写明在先申请的申请日和受理该申请的国家的，视为未提出声明。2010 年修改的《专利法实施细则》第三十一条第二款放宽了这一要求，规定：

> **要求优先权，但请求书中漏写或者错写在先申请的申请日、申请号和原受理机构名称中的一项或者两项内容的，国务院专利行政部门应当通知申请人在指定期限内补正；期满未补正的，视为未要求优先权。**

由于美国专利法规定，美国专利申请必须以发明人作为申请人，发明人所在单位要作为权利人的，只能以受让人名义在专利申请文件或者专利文件中出现，加之《巴黎公约》第 4 条规定优先权还可以单独转让，因此经常会出现前后申请的申请人名称不一致的情况。对此，2010 年修改后的《专利法实施细则》第三十一条第三款规定：

> **要求优先权的申请人的姓名或者名称与在先申请文件副本中记载的申请人姓名或者名称不一致的，应当提交优先权转让证明材料，未提交该证明材料的，视为未要求优先权。**

按照本条规定，要求优先权的另一个手续是申请人应当在申请日起 3 个月内提交在先申请文件的副本。要求提交副本的目的在于核实在先申请是否属实，核实在先申请的申请日以及申请的主体、客体和主题，这些都是判断在后申请能否享受优先权所不可缺少的必要信息。为了确保副本准确无误，申请人提交的在先申请文件副本必须经原受理机构证明。在过去仅仅采用纸件申请的年代，在先申请文件副本的获取和提交是一件比较复杂的事情：申请人首先要向原受理机构提出请求，由该机构制作副本和证明文件并以绶带、漆封方式加以封装后邮寄给申请人，再由申请人提交给在后申请的受理机构，整个过程需要较长的时间。现在已经进入互联网时代，以电子方式提交申请文件以及其他文件越来越普及，这使以电子方式获得在先申请文件副本成为可能。目前，世界各国以及 WIPO 的 PCT 国际局正在加紧协调，以改进在先申请文件副本的提供和获取方式，为申请人提供方便。据此，2010 年修改的《专利法实施细则》第三十一条第一款规定：

> **申请人依照专利法第三十条的规定要求外国优先权的，申请人提交的在先申请文件副本应当经原受理机构证明。依照国务院专利行政部门与该受理机构签订的协议，国务院专利行政部门通过电子交换等途径获得在先申请文件副本的，视为申请人提交了经该受理机构证明的在先申请文件副本。要求本国优先权，申请人在请求书中写明在先申请的申请日和申请号的，视为提交了在先申请文件副本。**

上述规定为以电子交换方式获取在先申请文件副本扫清了法律上的障碍，同时明确了在符合规定的情况下申请人要求本国优先权的不必提交在先申请文件的副本。

在先申请文件是外文的，国家知识产权局认为必要时可以要求申请人在指定的期限内提交中文译文。申请人没有在指定期限内提交在先申请文件副本的，视为未要求优先权；申请人未按照国家知识产权局的要求在指定的期限内提交在先申请的中文译文的，视为未提交该申请文件，其结果也是视为未要求优先权。

第三十一条　专利申请的单一性和合案申请

一件发明或者实用新型专利申请应当限于一项发明或者实用新型。属于一个总的发明构思的两项以上的发明或者实用新型，可以作为一件申请提出。

一件外观设计专利申请应当限于一项外观设计。同一产品两项以上的相似外观设计，或者用于同一类别并且成套出售或者使用的产品的两项以上外观设计，可以作为一件申请提出。

一、概　述

一件专利申请应当限于一项发明创造，这就是所谓专利申请的单一性原则。该原则为各国专利制度普遍采用。

采用单一性原则，是为了防止申请人在一件专利申请中囊括内容上无关或者关系不大的多项发明创造，便于国家知识产权局对专利申请进行处理、检索和审查，便于授予专利权之后权利人行使权利、承担义务，便于法院和管理专利工作的部门审理或者处理专利纠纷，也便于公众有效地利用专利文献。但是，单一性原则也不是绝对的。在某些情况下，将两项或者两项以上密切相关的发明创造合案申请一项专利，更便于审查和保护。因此，本条还规定了单一性原则的例外情况，即在符合本条规定的条件下，一件专利申请中即使包含两项以上的发明创造，也被认为符合单一性要求。

从性质上看，单一性要求属于授予专利权的形式条件，而不是授予专利权的实质性条件。这体现在不符合本条规定的，授予专利权之前是国家知识产权局驳回专利申请的依据；授予专利权之后即使认为不符合本条规定的，也不能以不具备单一性为理由请求宣告该专利权无效。

所谓“一件专利申请应当限于一项发明创造”，并不是指一件专利申请只能披露一项发明创造，而是指一件专利申请只能要求保护一项发明创造。因此，对发明和实用新型专利申请而言，单一性要求的判断依据不是说明书及其附图，而是权利要求书。当然，上述结论并不意味着申请人可以随意在说明书中写入与其要求保护的发明创造无关的内容，例如借申请专利来发表一本专著，导致说明书中有关其要求保护的发明或者实用新型的说明被“淹没”在大量的其他信息之中。如果发生这样的情况，可以根据《专利法》第二十六条第三款的规定，以说明书不清楚为理由驳回该专利申请。对外观设计专利申请而言，其图片或者照片既是披露设计方案的载体，也是确定其保护范围的依据，集两方面的作用于一体，因此不存在上述问题。

由于发明和实用新型专利申请和外观设计专利申请存在上述不同，因此本条分为两款，分别对发明和实用新型专利申请的单一性要求以及对外观设计专利申请的单一性要求作出规定。

单一性问题主要集中在单一性原则的例外情况上，只要将允许合案申请的情况规定清楚了，本条的含义也就清楚了。

二、发明和实用新型专利申请的单一性

按照本条第一款的规定，对发明或者实用新型专利申请而言，单一性原则的例外情况是“属于一个总的发明构思的两项以上的发明或者实用新型，可以作为一件申请提出”。

关键在于何谓“属于一个总的发明构思”。

《专利法实施细则》第三十四条第一款规定：

> **依照专利法第三十一条第一款规定，可以作为一件专利申请提出的属于一个总的发明构思的两项以上的发明或者实用新型，应当在技术上相互关联，包含一个或者多个相同或者相应的特定技术特征，其中特定技术特征是指每一项发明或者实用新型作为整体考虑，对现有技术作出贡献的技术特征。**

《专利法实施细则》第三十四条所述的“特定技术特征”，是专门为判断一件发明或者实用新型专利申请是否符合单一性要求而建立的概念，该条对该概念的定义是“每一项发明或者实用新型作为整体，对现有技术作出贡献的技术特征”。所谓“对现有技术作出贡献的技术特征”，应当是指使希望合案申请的每一项发明或者实用新型相对于各自的现有技术具备新颖性和创造性的技术特征，并且应当从每一项要求保护的发明或者实用新型的整体上予以考虑。

《专利审查指南 2010》给出的允许合案申请的情况中包括如下的例子：

> **权利要求 1：一种灯丝 A。**
> **权利要求 2：一种用灯丝 A 制成的灯泡 B。**
> **权利要求 3：一种探照灯，装有用灯丝 A 制成的灯泡 B 和旋转装置 C。**
> **与现有技术公开的用于灯泡的灯丝相比，灯丝 A 是新的并具备创造性。**
> **说明：该三项权利要求具有相同的特定技术特征灯丝 A，因此它们之间有单一性。**[1]

上述例子体现了这样的思路，即：由于对灯丝的改进使灯丝本身具备新颖性和创造性，因此对于采用该灯丝的所有产品而言，对灯丝的这一改进都是对现有技术作出贡献的技术特征，可以认定为“特定技术特征”，从而得出这些独立权利要求具备单一性的结论，进而得出要求保护的各产品也都具备新颖性和创造性的结论。换言之，只要对灯丝本身的改进具备新颖性和创造性，则“一荣俱荣”“一好百好”，所有采用该灯丝的产品均具备新颖性和创造性。

上述观点有值得商榷之处，对该特定例子来说，上述结论或许是正确的，但是并非在所有类似情况下都是正确的。例如，申请人发明了一种新的螺钉，具有更加便于拧动该螺钉的端部结构，对螺钉本身而言，这样的改进已经相当显著了，因而可以认定经改进的螺钉具备新颖性和创造性，能够被授予专利权。然而，这并不意味着采用该螺钉的汽车也具备新颖性和创造性，因为就要求保护的汽车整体而言，螺钉所起的作用仅仅是将有关零部件组装在一起，相对于整个汽车而言是十分琐细的细节技术，无助于确立该汽车本身的新颖性和创造性。《PCT 实施细则》第 13.2 条规定“特定技术特征是指将每一项发明作为整

---

[1] 国家知识产权局.专利审查指南 2010［M］.北京：知识产权出版社，2010：第二部分第六章 2.2.2.1.

体考虑时，对现有技术作出贡献的技术特征”，其中前后部分的表述是相互关联的，所谓“现有技术”是指每一项发明创造各自的现有技术，发明创造不同，其现有技术也就不同。专门写入“作为整体考虑时”这一限定要求十分重要，其本意是指零部件的某一技术特征对零部件本身具备新颖性和创造性有贡献，不等于该技术特征对采用该零部件的所有产品具备新颖性和创造性都有贡献。这不仅是对合案申请的必要限制，更为重要的是对判断新颖性和创造性的必要规制。假如允许申请人以上述方式任意撰写并列产品独立权利要求，认定符合单一性要求，其判断逻辑的必然结果就是承认采用该零部件的各种产品也都随之自然而然地具备新颖性和创造性。这样的结论显然不正确，有必要予以规制，否则一旦对零部件作出某种改进，申请人就可以不受限制地一路拓展下去，对所有采用该零部件的产品均获得专利保护，其结果会对专利制度的正常运作带来不利影响。应当允许作一定的拓展，但是要有限度，超过该限度，对零部件具备新颖性、创造性有贡献的技术特征就不再对采用该零部件的产品具备新颖性、创造性也有贡献了。例如，申请人发明了一种新的半导体材料，他不仅要求对该半导体材料本身获得专利保护，还可能要求对采用该半导体材料制成的电子元件、对采用该电子元件制成的电路、对采用该电路制成的调制解调器、对采用该调制解调器制成的无线电发射装置、对采用该无线电发射装置的卫星通讯系统，统统获得专利保护，其理由就在于认为对半导体材料作出的创造性贡献也是对卫星通讯系统作出的创造性贡献。不能认为这样的结论是合理的。

可能有人会产生这样的疑问，即按照人们的一般理解，对零部件作出的改进，申请人既可以选择针对该零部件本身申请并获得专利，也可以选择对采用该零部件的产品获得保护，对此并没有加以限制，上述观点是否意味着需要加以限制？

笔者认为对上述问题的回答应当是肯定的，理由体现在两个方面。

首先，从创造性的角度来看，对螺钉的结构作出具备创造性的改进的，要求保护经过改进的螺钉没有问题，但是如果要求保护的是采用该螺钉的汽车则不一定具备创造性。换言之，不能认为作出上述改进的人有自由选择保护螺钉还是保护汽车的当然权利。

其次，对何种客体提供专利保护会影响认定侵权成立后赔偿数额的确定。

针对我国司法实践中遇到的实际问题，2009 年颁布的《最高人民法院关于审理侵犯专利权纠纷案件应用法律若干问题的解释》第十六条第二款规定：

> **侵犯发明、实用新型专利权的产品系另一产品的零部件的，人民法院应当根据该零部件本身的价值及其在实现成品利润中的作用等因素合理确定赔偿数额。**

从上述规定的文字来看，所述“发明、实用新型专利权”是指对零部件本身获得的专利权；所述“另一产品”是指采用了该专利零部件的产品，该产品本身并没有获得专利权。这一规定显然是必要和合理的，澄清了一个重要问题，即侵犯零部件专利权的，侵权赔偿数额不能按照采用该零部件的另一产品所获得的整个利润来计算，否则专利保护就成了“巧取豪夺”。但是，如果该专利权人对“另一产品”本身也获得了专利权，则另当别论，难以适用上述规定。这样，在零部件本身具备新颖性和创造性，能够被授予专利权的情况下，申请人合案提出针对采用该零部件的另一产品的独立权利要求是否符合单一性要求的重要性就凸显出来了。这一点正是上面所讨论问题的意义所在。

其实，申请人在撰写针对零部件的独立权利要求的同时，又撰写出针对采用该零部件的其他产品的独立权利要求，如果除了对该零部件本身的改进之外，对采用该零部件的产品并无任何其他改进，其意图不外乎应当被理解为未经专利权人许可采用获得专利权的零部件来制造其他产品的行为也构成侵犯零部件专利权的行为。依照《专利法》第十一条的规定，零部件专利权被授予之后，未经专利权人许可，制造该专利零部件的，构成了侵犯该专利权的制造行为；使用该专利零部件来制造另一产品的，构成了侵犯该专利权的使用行为；销售采用该专利零部件的另一产品的，构成了侵犯该专利权的销售行为。[1]由此可见，如果申请人意图就是如此，则本来就有法律保障，无须撰写并列独立权利要求也能实现其意图；如果申请人的意图不仅如此，而是"得陇望蜀"，希望对采用其专利产品作为零部件的所有各种产品一概获得专利保护，则需要将这些产品"作为一个整体予以考虑"，判断对零部件而言构成"特定技术特征"的，是否对这些产品而言也构成"特定技术特征"。

对于已经授予的专利权，如果其权利要求书采取上述方式撰写了多项并列的独立权利要求，而其实质是要求保护具备新颖性、创造性的零部件本身以及该零部件在各种产品中的应用，除了对该零部件的改进之外，后续产品并无其他改进，则笔者主张法院在确定赔偿数额时仍然应当适用最高人民法院司法解释的上述规定。

三、外观设计专利申请的单一性

对外观设计而言，如果申请人在其申请文件中只提供了反映产品外观设计方案的图片或者照片，就只能获得对该产品该种设计方案的保护。值得注意的是，本条第二款没有如同第一款那样作出"属于一个总的设计构思的两项以上的外观设计，可以作为一件申请提出"的原则性规定，单一性要求的例外情况仅限于本条第二款所具体列出的两种具体情形，因此外观设计申请人合案提出外观设计专利申请的余地较小。

下面分别对本条第二款规定的单一性要求的两种例外情况作出说明。

（一）同一产品两项以上的相似外观设计

2008 年修改《专利法》前，本条第二款规定的单一性例外情况只有一种，即"用于同一类别并且成套出售或者使用的产品的两项以上的外观设计，可以作为一件申请提出"，除此之外，所有的外观设计专利申请都只能限于一项外观设计，因此申请人合案提出外观设计专利申请的余地十分狭小。

由于外观设计专利文件不包括权利要求书，因此《专利法》第五十九条第二款规定"外观设计专利权的保护范围以表示在图片或者照片中的该产品的外观设计为准"。外观设计的图片，尤其是照片反映了产品外观设计的诸多细节，而不是如同发明、实用新型专利权的独立权利要求那样仅仅记载发明创造的"要点"，因此保护范围以图片或者照片为准，常常导致外观设计专利权的保护范围较窄。由于这一原因，他人即使在很大程度上抄袭、借鉴外观设计专利权人的设计方案，只要在某些设计细节上作出一些变动，也有可能被认为脱离了外观设计专利权的保护范围，不构成侵权行为，这导致外观设计专利权较难以获

---

[1] 2009 年 12 月公布的《最高人民法院关于审理侵犯专利权纠纷案件应用法律若干问题的解释》第十二条第一款明确规定："将侵犯发明或者实用新型专利权的产品作为零部件，制造另一产品的，人民法院应当认定属于专利法第十一条规定的使用行为；销售另一产品的，人民法院应当认定属于专利法第十一条规定的销售行为。"

得有效的专利保护。为了克服这一不足，外观设计专利的申请人很自然地希望在外观设计专利申请文件中多记载几个能够实现其基本设计构思的不同设计方案，相当于写入多个并列的“独立权利要求”，这样他人就不那么容易绕开其外观设计专利权的保护范围了。

然而在2008年修改《专利法》以前，外观设计专利的审查标准使这种做法受到严格限制，因为申请人若将同一产品的几个相似设计方案记载在一件外观设计专利申请中，则被认为是在一件申请中要求保护两项以上的“不同”外观设计，依照2008年修改前本条第二款的规定应当予以驳回；若申请人将同一产品的几个相似设计方案分成不同的外观设计申请分别提出，又会被认为是“同样”的发明创造，依照2010年修改前的《专利法实施细则》第十三条第一款关于不得重复授权的规定也应当予以驳回。换言之，在彼被认定为“不同”的，在此被认定为“相同”，导致申请人左右不是，毫无办法。

2008年修改《专利法》时，社会上对这一问题反响较为突出，予以改善的呼声十分强烈，因此修改后的本条第二款增加了“同一产品的两项以上的相似外观设计，可以作为一件申请提出”的规定。

为了落实上述规定，2010年修改《专利法实施细则》时将修改前的《专利法实施细则》第三十六条改为第三十五条，并增加了第一款，规定：

> **依照专利法第三十一条第二款规定，将同一产品的多项相似外观设计作为一件申请提出的，对该产品的其他设计应当与简要说明中指定的基本设计相似。一件外观设计专利申请中的相似外观设计不得超过10项。**

对上述规定，应当注意如下几点：

第一，依照上述规定合案提出的外观设计专利产品，应当涉及同一产品的外观设计，其产品名称、类型及其用途均应当相同。如果不同，则不能适用上述规定。

第二，合案申请的两项以上的外观设计应当是相似的。这里所说的“相似”，与2008年修改前的《专利法》第二十三条所述的“相近似”不是同一概念。修改后的《专利法》第二十三条中已经不再有“相近似”的措辞，因此“相似”一词成为本条为规定外观设计专利申请的单一性而专门采用的术语。申请人根据上述规定合案提出外观设计专利申请的，应当在简要说明中指明其中一项外观设计作为“基本设计”，其余各项外观设计均应与该基本设计相似，而不是各项外观设计依次相似。其原因在于，当一件外观设计专利申请中包含对同一产品的多项外观设计方案时，如果采取依次相似的判断方式，A与B相似、B与C相似、C与D相似、D与E相似，则有可能出现A与D相比有较大差别的现象，有悖于本条第二款增加有关规定的初衷。采用都与基本设计相比的方式，就能够防止出现这样的现象。当然，也没有必要要求各项外观设计方案两两相似，因为当一件外观设计专利申请中包含10项设计方案时，要求两两相似就意味着需要判断是否相似的情况有45种之多，不胜其烦，没有必要。关于“相似”的含义，《专利审查指南2010》规定：“经整体观察，其他外观设计和基本外观设计应当具有相同或者相似的设计特征，并且所述外观设计与基本外观设计实质相同。实质相同的判断标准适用本指南第四部分第五章的相关规定。”[1]

---

[1] 国家知识产权局.专利审查指南2010［M］.北京：知识产权出版社，2010：第一部分第三章9.1.2.

第三，对允许合案申请的多项外观设计方案的数量有所限制，最多不能超过 10 项。如此规定的原因在于既要为申请人尽可能提供方便，也要注意防止由于合案申请的设计方案过多而给外观设计专利申请的审查和外观设计专利权的保护带来过大负担。[1]需要注意的是，本条第二款规定的外观设计专利申请单一性的两种例外情况不能混合起来。换言之，申请人选择对成套产品中的多件产品的外观设计合案提出申请的，就不能再对其中某一件产品又提出多项相似的设计方案。

本条第二款增加的关于允许对同一产品的两项以上相似外观设计合案提出申请的规定与日本外观设计法关于"关联外观设计"的规定相比，在产生的作用方面有相似之处，但是两者并不相同。日本的所谓"关联外观设计"是指当申请人提出的多份外观设计申请涉及相似的外观设计方案时，可以认定它们是彼此关联的，在适用有关不得重复注册的规定时可以享受一定优惠待遇，其有关规定较为复杂。相比之下，本条第二款的规定更为简便，而且可以合案提出申请，因而对申请人更为有利。一些人将本条第二款增加的规定也称为"关联申请"，这容易与日本的做法产生混淆，称为"相似外观设计的合案申请"更为恰当。

（二）成套产品的两项以上外观设计

本条第二款规定的外观设计专利申请单一性的第二种例外情况是：用于同一类别并且成套出售或者使用的产品的两项以上外观设计，可以作为一件申请提出。

1992 年修改《专利法实施细则》时，在第三十六条中增加了第一款，对本条第二款的规定作了解释，规定：

> **专利法第三十一条第二款所称同一类别，是指产品属于分类表中同一个小类；成套出售或者使用，是指各产品的设计构思相同，并且习惯上是同时出售、同时使用。**

2001 年修改《专利法实施细则》时基本维持上述规定不变，仅仅将该次修改之前所述的"同一个小类"改为"同一小类"。

2010 年修改《专利法实施细则》时，对上述规定再次进行了修改，改为第三十五条第二款，规定：

> **专利法第三十一条第二款所称同一类别并且成套出售或者使用的产品的两项以上外观设计，是指各产品属于分类表中同一大类，习惯上同时出售或者同时使用，而且各产品的外观设计具有相同的设计构思。**

《专利法实施细则》的上述规定表明对成套产品的外观设计合案提出专利申请需要同时满足两方面的要求：一是对产品本身的要求，即产品必须属于分类表中的同一大类，并且习惯上同时出售或者同时使用；二是对产品的外观设计的要求，即各产品的外观设计具有相同的设计构思。

2001 年修改《专利法实施细则》时，将"产品属于分类表中同一小类"改为"各产

---

[1] 从 2010 年 2 月 1 日实施修改的《专利法实施细则》和《专利审查指南 2010》以来的情况看，外观设计专利申请人普遍利用本条第二款的规定，要求保护同一产品的多项相似外观设计方案，这表明该规定受到广大申请人的欢迎，但无可否认的是与此同时也明显增大了国家知识产权局的审查负担。

品属于分类表中同一大类”，显然放宽了对成套产品的外观设计合案提出专利申请的条件。《专利审查指南 2010》进一步规定，所谓“分类表”，是指《国际外观设计分类表》，也就是人们习惯上称呼的《洛迦诺分类表》。

关于“成套出售或者使用的产品”的含义，《专利审查指南 2010》规定是指习惯上同时出售或者同时使用，并具有组合使用价值的多件产品，例如由咖啡壶、咖啡杯、糖罐、牛奶壶等产品组成的多件咖啡器具，由床罩、床单、枕套等产品组成的多件床上用品等。需要注意的是：第一，所谓“同时使用”，包括在组合使用过程中先后分别予以使用，而不是指严格意义上同时使用各个产品，例如前述咖啡器具就是如此；第二，所谓“同时售出”，不包括为促销目的而随意搭配出售的多件产品，例如书包和铅笔盒等。❶

关于“具有相同的设计构思”，《专利审查指南 2010》作了如下规定：

> **设计构思相同，是指各产品的设计风格是统一的，即对各产品的形状、图案或者其结合以及色彩与形状、图案的结合所作出的设计是统一的。**
>
> **形状的统一，是指各个构成产品都以同一种特定的造型为特征，或者各构成产品之间以特定的造型构成组合关系，即认为符合形状统一。**
>
> **图案的统一，是指各产品上图案设计的题材、构图、表现形式等方面应当统一。若其中有一方面不同，则认为图案不统一，例如咖啡壶上的设计以兰花图案为设计题材，而咖啡杯上的设计图案为熊猫，由于图案所选设计题材不同，则认为图案不统一，不符合统一和谐的原则，因此不能作为成套产品合案申请。**
>
> **对于色彩的统一，不能单独考虑，应当与各产品的形状、图案综合考虑。当各产品的形状、图案符合统一协调的原则时，在简要说明中没有写明请求保护色彩的情况下，设计构思相同；在简要说明中写明请求保护色彩的情况下，如果产品的色彩风格一致则设计构思相同；如果各产品的色彩变换较大，破坏了整体的和谐，则不能作为成套产品合案申请。❷**

四、分案申请

本条规定了专利申请的单一性要求，但是没有进一步规定专利申请不符合单一性要求时应当如何予以处置，有关规定由《专利法实施细则》给出。

在对专利申请的初步审查和实质审查过程中，当国家知识产权局认为专利申请不符合单一性要求时，将通知申请人在指定期限内对其申请进行修改。申请人期满不答复的，其申请将被视为撤回；经答复或者修改后仍不符合单一性要求的，其申请将被驳回。这里所说的修改是指对一件专利申请中要求保护的发明创造的数量进行限制，限制的方式既可以是删除发明或者实用新型专利申请的一项或者多项权利要求，也可以是删除外观设计专利申请的一幅或多幅图片、照片。

考虑到合案提出专利申请的申请人实际上已经向国家知识产权局披露了多项发明创造，并表达了希望就这些发明创造均获得专利保护的意愿，尽管审查的结果认为该申请不符合单一性要求，也就是认为申请人不能在一件申请中要求保护其希望获得保护的几项发明创造，但是如果仅仅因为这一原因就迫使申请人仅仅保留其中一项发明创造，对其他发

---

❶ 国家知识产权局.专利审查指南 2010［M］.北京：知识产权出版社，2010：第一部分第三章 9.2.2.

❷ 国家知识产权局.专利审查指南 2010［M］.北京：知识产权出版社，2010：第一部分第三章 9.2.3.

明创造只能随后以一般方式另行提出专利申请，以随后的提交日作为其申请日，申请人的利益就会受到损害。基于这一理由，《专利法实施细则》规定申请人可以随后针对其他发明创造提出一件特殊的专利申请，这就是所谓“分案申请”。分案申请可以保留原申请日，原申请享有优先权的，分案申请还可以保留优先权日，这样就保证了专利申请人的正当利益不至于受到损害。申请人除了按照国家知识产权局审查通知书的要求提出分案申请之外，也可以主动提出分案申请。

对分案申请的要求包括：

第一，申请人主动提出分案申请的截止时间是收到国家知识产权局发出的授予专利权通知之日起的两个月内。

第二，分案申请不得改变原申请的类别，即由原来的发明专利申请不能分案提出一件实用新型专利申请，只能分案提出一件或者多件发明专利申请；由原来的实用新型专利申请不能分案提出一件发明专利申请，只能分案提出一件或者多件实用新型专利申请；由原来的外观设计专利申请不能分案提出一件或者多件发明或者实用新型专利，只能分案提出一件或者多件外观设计专利申请。改变申请类别的，将作为一件新的普通专利申请对待。

第三，分案申请的内容不得超出原申请公开的范围，也就是不得增加新的内容。不符合这一要求的，国家知识产权局将通知申请人进行修改；如果申请人拒不修改，国家知识产权局将驳回该分案申请。

第四，申请人应当在分案申请的请求书中写明原申请的申请日和申请号，并提交原申请文件副本；原申请享有优先权的，应当提交原申请的优先权副本。

第三十二条　专利申请的撤回

申请人可以在被授予专利权之前随时撤回其专利申请。

申请专利的权利是一种民事权利，依据该权利提出的专利申请，其权利人即申请人有权进行处分，撤回专利申请是申请人对其专利申请行使处分权的方式之一。

申请人撤回其专利申请并不意味着他完全放弃或者丧失对其发明创造申请获得专利的权利，仅是表明他终止了该专利申请的审查程序。除非是发明专利申请而且依据《专利法》第三十四条的规定予以公布，否则专利申请在授予专利权之前一直处于保密状态，申请人撤回其专利申请之后，还可以就其发明创造在我国重新提出专利申请或者向外国提出专利申请，并且以被其撤回的专利申请为基础，就其在我国重新提出的专利申请或者向外国提出的相关申请要求享受优先权。

申请人在授予专利权之前撤回其专利申请，原因有可能是申请人认为该专利申请文件撰写不当，又不能通过修改予以弥补，于是赶在公布发明专利申请或者公告授予实用新型、外观设计专利权之前撤回，重新撰写后再提出申请；也有可能是申请人对其发明创造作了进一步完善，获取了更好的发明创造，可以重新提出专利申请以替代原来的专利申请；还有可能是申请人发现其发明创造不符合专利法规定的授予专利权的条件，或者发现其发明创造没有商业前景等，认为没必要继续该申请的审查程序，从而撤回其专利申请。申请人撤回其专利申请不得附有任何附加条件。

申请人撤回其专利申请，既可以采取有作为的方式，也可以采取不作为的方式。

申请人采取有作为的方式撤回其专利申请的，应当向国家知识产权局提出声明，写明需要撤回的专利申请的申请号、申请日以及其发明创造的名称。专利申请为两人以上共有的，除非事先另有约定，撤回其专利申请的声明应当由全体共同申请人签名或者盖章。申请人委托了专利代理机构的，撤回专利申请的手续应当由受委托的专利代理机构办理，并附具申请人或者全体共有申请人签名或者盖章同意撤回专利申请的证明材料。撤回专利申请的声明中不需要对撤回的理由进行说明。

撤回专利申请的声明可以在该申请被授予专利权之前的任何时候提出，也就是在初步审查阶段、实质审查阶段、专利申请被驳回后进行复审的阶段，都可以提出撤回申请的声明。国家知识产权局收到申请人撤回其专利申请的声明并认可的，应当停止对该申请的审查处理程序。对于发明专利申请来说，如果撤回专利申请的声明是在国家知识产权局作好公布该专利申请的印刷准备工作之后才提出的，国家知识产权局仍将公布该专利申请，但是应当在以后的专利公报上公告撤回专利申请的声明。

尽管从原则上说，申请人可以在授予专利权之前的任何时候行使撤回其申请的权利，但这种权利的行使也不是绝对的和无任何条件的。依照《专利法实施细则》第八十六条的规定，当事人因专利申请权归属问题产生纠纷，已请求管理专利工作的部门调解或者向人民法院起诉的，可以请求国家知识产权局中止有关程序；依照《专利法实施细则》第八十七条的规定，人民法院在审理民事案件中裁定对专利申请权采取保全措施的，国家知识产权局应当自收到写明申请号的裁定书和协助执行通知书之日起中止被保全的专利申请权的有关程序。在上述情况下，申请人在国家知识产权局中止有关程序期间无权撤回其专利申请。

申请人采取不作为的方式撤回其专利申请，是指不按照《专利法》或者《专利法实施细则》的有关规定或者不按照国家知识产权局的有关要求办理必要手续。例如，发明专利申请人在自申请日起的 3 年内不请求国家知识产权局对其专利申请进行实质审查的，其发明专利申请即被视为撤回；国家知识产权局在初步审查过程或者实质审查过程中认为专利申请不符合《专利法》《专利法实施细则》或者《专利审查指南 2010》的有关规定，通知申请人在指定期限内陈述意见或者对其专利申请进行补正、修改，申请人无正当理由逾期不答复的，其专利申请即被视为撤回，等等。

第三十三条 修改专利申请文件的原则

申请人可以对其专利申请文件进行修改，但是，对发明和实用新型专利申请文件的修改不得超出原说明书和权利要求书记载的范围，对外观设计专利申请文件的修改不得超出原图片或者照片表示的范围。

一、概 述

本条虽只有一款，但表达了两层含义：第一，申请人可以对其专利申请文件进行修改；第二，对专利申请文件进行修改应当遵循规定的原则，符合规定的条件。

之所以规定申请人可以对其专利申请文件进行修改，是因为申请人提交的专利申请常常存在各种缺陷，例如用词不严谨、表述不准确、权利要求的撰写不恰当等。如果不加修改即授予专利权，不仅会影响准确地向公众传递专利信息，妨碍公众对授权专利的实施应用；还会影响专利权保护范围的大小及其确定性，给专利权的行使带来困难。两者都会妨碍专利制度的正常运作，降低专利制度的应有价值。因此，国家知识产权局发现专利申请文件存在缺陷的就不能授予专利权，否则就没有严格履行《专利法》赋予的职责。现实中确有申请人提出的专利申请文件完美无缺，不作任何修改即可授予专利权的事例，但数量较少；大多数专利申请文件在被授予专利权之前都需要或多或少地进行修改。因此，对专利申请文件进行修改在专利审批过程中是十分常见的事情。以正确的方式修改专利申请文件，有利于申请人尽快获得专利权。

申请人提交专利申请之后，既可以主动对其申请文件进行修改，也可以应国家知识产权局的要求对其申请文件进行修改。但是，不论申请人主动进行修改还是应要求进行修改，都必须遵循本条规定的原则，在允许的范围内进行修改，不能任意进行修改。

二、发明和实用新型专利申请文件的修改

（一）修改的原则

本条明确规定，对发明和实用新型专利申请文件的修改不得超出原说明书和权利要求书记载的范围，这是对修改发明和实用新型专利申请文件最为重要的限制性条件。允许申请人对其专利申请文件进行修改，同时又不改变其申请日，意味着国家知识产权局认定修改后的内容在原申请日就已经提出。在保留原申请日的情况下，如果允许申请人对专利申请文件的修改超出原说明书和权利要求书记载的范围，就会违背《专利法》第九条第二款规定的先申请原则，导致对其他申请人不公平的后果。

本条规定“不得超出原说明书和权利要求书记载的范围”，其中“记载”一词存在不够严密之处，因为从法律条文的文字含义出发，所谓“记载的范围”仅指文字表述的内容，而不包括说明书附图表示的内容。如果作此解释，则附图表示的内容不属于“记载的范围”。

《专利审查指南 2010》规定：

> **原说明书和权利要求书记载的范围包括原说明书和权利要求书文字记载的内容和根据原说明书和权利要求书文字记载的内容以及说明书附图能直接地、毫无疑义地确定的内容。**[1]

上述规定表明说明书附图表示的内容也属于“原说明书和权利要求书记载的范围”，这无疑是正确的。对有附图的发明专利申请以及所有实用新型专利申请来说，说明书附图都是申请人披露其发明或者实用新型极为重要的手段。如果不辅以附图，在许多情况下无论在说明书中采用多少文字都难以清楚地表述发明创造。换言之，说明书附图所发挥的作用往往是说明书无法替代的。

根据《专利审查指南 2010》的上述规定，“原说明书和权利要求书记载的范围”的含义应当被理解为包括两个层次：一是通过原说明书和权利要求书的文字已经明确表述出来的内容；二是所属领域的技术人员通过原说明书和权利要求书以及说明书附图能够直接地、毫无疑义地确定的内容。在上述第二层次的披露中，所谓“能够直接地、毫无疑义地确定的内容”，其含义应当是指“能够明确推导出来的内容”，如果要求说明书和权利要求书对其也作了明确表述，则与第一层次的披露没有区别，没有必要赘述。采用上述理解，仅将说明书附图置于第二层次的披露值得商榷，说明书附图已经清楚表示的内容也应当属于第一层次的披露。因此，笔者认为更为准确的规定应当是：“原说明书和权利要求书记载的范围包括原说明书和权利要求书的文字记载的内容以及说明书附图表示的内容，也包括根据原说明书和权利要求书以及说明书附图能够直接地、毫无疑义地确定的内容。”

本条所述“原说明书和权利要求书”，应当是指申请人向国家知识产权局提交的原始说明书和权利要求书，而不是指作为优先权基础的在先申请的说明书和权利要求书。这一点通过本条开头所述“申请人可以对其专利申请文件进行修改”能够清楚地看出，因为要修改和能修改的只能是当前的专利申请文件，而不可能是作为优先权基础的在先申请文件。如果申请人要求了优先权，但是向国家知识产权局提交的在后申请的原始说明书和权利要求书没有记载作为优先权基础的在先申请的说明书和权利要求记载的某些内容，则不允许通过修改将这些内容加入在后申请的说明书或者权利要求书。然而，在《专利法条约》的指引下，经修改的《PCT 实施细则》第 4.18 条和第 20.6 条建立了一种被称为“援引加入”（incorporation by reference）的机制，自 2007 年 4 月 1 日起施行。采用该机制，如果在后申请的申请文件缺少被要求优先权的在先申请记载的某些内容，在符合相关规定的条件下，允许申请人随后将这些内容加入在后申请的申请文件中。《PCT 实施细则》第 20.8 条（b）规定，该细则关于援引加入的规定与指定局的本国法不符，指定局可以采用通知国际局的方式，不适用其有关条款的规定。根据这一规定，国家知识产权局向 PCT 国际局声明作为国际申请的指定局予以保留。[2]该保留的含义是：即使国家知识产权局作为国际申请的受理局在受理国际申请的阶段允许申请人采用该机制援引加入在先申请的某些内容（因为国家知识产权局作为受理局没有作出保留），在该国际申请进入中国国家阶

---

[1] 国家知识产权局.专利审查指南 2010［M］.北京：知识产权出版社，2010：第二部分第八章 5.2.1.1.

[2] 除中国之外，予以保留的还有德国、日本、韩国、西班牙等 12 个国家。参见：［EB/OL］.［访问日期不详］. www.wipo.int/pct/ en/ texts/ reservations/ res_incomp.html.

段时也不予承认。[1]此时，如果申请人坚持保留其援引加入的内容，则只能以其援引加入的日期作为其申请日。

需要注意本条所述"权利要求书记载的范围"的含义。《专利法》有关规定涉及与权利要求有关的两个范围：一是本条所述的权利要求书"记载的范围"；二是《专利法》第五十九条所述的权利要求的"保护范围"，两个"范围"的含义显然不同。前者是指权利要求书通过其文字已经明确记载的内容，因此权利要求书记载的技术特征越多，其记载的范围也就越大。后者正好相反，凡是权利要求中没有记载的技术特征均被认为是其要求保护的发明或者实用新型技术方案中可有可无的技术特征，被诉侵权人实施的技术方案即使包含权利要求没有记载的其他技术特征也仍然落入该权利要求的保护范围之内，因此权利要求记载的技术特征越少，其保护范围就越大。显然，在判断申请人对其专利申请文件的修改是否符合本条规定的修改原则时，只能以权利要求记载的范围为准，而不能以权利要求保护的范围为准。

本条没有提及说明书摘要，因此仅仅记载在说明书摘要中而未记载在说明书和权利要求书中的内容，不能用作修改发明和实用新型专利申请文件的依据。

尽管本条规定的修改专利申请文件的原则广泛地适用于对包括说明书、说明书附图、权利要求书在内的所有申请文件的修改，但是由于说明书和权利要求书的作用不同，说明书中各个不同部分的作用也不同，因此应当如何适用这一原则有不同的考虑。下面分别进行讨论。

（二）对说明书及其附图的修改

《专利法实施细则》第十七条规定了发明和实用新型专利申请说明书一般应当包括的内容，即：

发明或者实用新型专利申请的说明书应当写明发明或者实用新型的名称，该名称应当与请求书中的名称一致。说明书应当包括下列内容：

（一）技术领域：写明要求保护的技术方案所属的技术领域；

（二）背景技术：写明对发明或者实用新型的理解、检索、审查有用的背景技术；有可能的，并引证反映这些背景技术的文件；

（三）发明内容：写明发明或者实用新型所要解决的技术问题以及解决其技术问题采用的技术方案，并对照现有技术写明发明或者实用新型的有益效果；

（四）附图说明：说明书有附图的，对各幅附图作简略说明；

（五）具体实施方式：详细写明申请人认为实现发明或者实用新型的优选方式；必要时，举例说明；有附图的，对照附图。

下面分别对说明书不同部分的修改要求进行讨论。

1. 对发明或者实用新型的名称以及所属技术领域部分的修改

发明或者实用新型的名称应当与权利要求书要求保护的发明创造相对应。因此，如果权利要求书中有多项独立权利要求，涉及产品、方法、用途等不同类型的多项发明创造，

---

[1] 国家知识产权局.专利审查指南 2010［M］.北京：知识产权出版社，2010：第三部分第一章 5.3.

应当在说明书的名称部分反映出来；反之，如果原来采用的名称反映了多项发明创造，权利要求书经审查后被限制为仅仅保护其中一项发明创造，则原来的名称也应当作相应调整。此外，发明或者实用新型的名称还应当尽可能简明，不符合这一要求的应当进行修改。

《专利审查指南 2010》规定“所属技术领域是指要求保护的发明或者实用新型在国际专利分类表中的分类位置所反映的技术领域”。[1]然而，准确地确定一项发明或者实用新型在《国际专利分类表》中的分类位置，尤其是最低分类位置，并非一件容易的事情，通常只有具备专门知识和实践经验的专职分类人员才能胜任。因此，原说明书记载的所属技术领域不准确，因而不符合《专利审查指南 2010》规定的，必要时审查员有可能要求申请人根据国家知识产权局确定的分类号进行修改。

由此可见，对发明或者实用新型的名称以及所属技术领域的修改较为宽松，可以按照实际需要作出较大调整。现实中，申请人按照审查员明确提出的要求进行修改通常都不会有什么问题。

2. 对背景技术、要解决的技术问题以及有益效果部分的修改

对这些部分的修改多发生在发明专利申请的实质审查阶段，在实用新型专利申请的初步审查阶段一般不会涉及对这些部分的修改。

对背景技术、发明所要解决的技术问题以及所能产生的有益效果部分进行修改的常见情形是使之与后来发现的最为接近的现有技术相适应。

申请人对现有技术的检索能力一般有限，因此原说明书记载的背景技术常常并不是与其发明最为接近的现有技术。原说明书记载的发明所要解决的技术问题以及所能产生的有益效果，都是申请人根据其发明或者实用新型与其认为的最为接近的现有技术相比的不同之处归纳总结出来的。当审查员经过检索，发现存在比申请人引证的背景技术更为接近的现有技术时，不仅有可能要求申请人修改说明书的背景技术部分，引证该更为接近的现有技术，还有可能要求申请人根据该更为接近的现有技术重新确定其发明所要解决的技术问题以及所能产生的有益效果。然而，审查员认定的更为接近的现有技术也未必就是绝对意义上的最接近现有技术，例如在授予专利权之后的无效宣告请求过程中当事人还有可能举证出更为接近的现有技术，在此情况下即使已经不再可能对专利文件进行修改，在判断授予的专利权是否有效时也仍然需要以当事人举证的更为接近的现有技术为基础进行专利性判断。因此，就与最接近的现有技术相适应而言，可以认为说明书这些部分始终处于一种“可塑”状态，只能说“逼近”《专利法实施细则》第十七条的有关规定，很难说“达到”规定所要求的境界。正因为如此，说明书的这些部分有较大的修改余地。

然而，一个值得讨论的问题是：当申请人仅仅在说明书中引证现有技术的出处，而没有将被引证现有技术的具体内容写入其说明书之中时，是否允许申请人通过修改，将被引证现有技术记载的具体内容明确写入说明书之中？对此，《专利审查指南 2010》作了如下规定：

[1] 国家知识产权局.专利审查指南 2010［M］.北京：知识产权出版社，2010：第二部分第八章 5.2.2.2.

引证文件还应当满足以下要求：

（1）引证文件应当是公开出版物，除纸件形式外，还包括电子出版物等形式。

（2）所引证的非专利文件和外国专利文件的公开日应当在本申请的申请日之前；所引证的中国专利文件的公开日不能晚于本申请的公开日。

（3）引证外国专利或非专利文件的，应当以所引证文件公布或发表时的原文所使用的文字写明引证文件的出处以及相关信息，必要时给出中文译文，并将译文放置在括号内。

如果引证文件满足上述要求，则认为本申请说明书中记载了所引证文件中的内容。

上述规定的结论是“认为本申请说明书中记载了所引证文件中的内容”，这表明在满足规定条件的情况下，不仅允许申请人采用单纯的引证方式，也允许申请人将被引证文件记载的有关内容补充写入说明书，两种做法都没有超出原说明书和权利要求书记载的范围。对此，有商榷的余地。

将被引证文件记载的有关内容补充写入说明书，存在两种可能的用途：一是仅仅用作发明的背景技术，以凸显发明创造与现有技术的区别以及该区别的意义；二是不仅将被引证文件的有关内容写入说明书的有关部分，同时也写入独立权利要求的前序部分，作为其发明与最接近现有技术共有的技术特征，与特征部分记载的技术特征一起限定要求保护的技术方案。

对于前一种情况，人们可能倾向于允许；对于后一种情况，则可能持慎重立场，因为被引证文件所记载的内容可能十分丰富（例如被引证的是一本专著），其中有可能包括原说明书和权利要求书没有明确记载的技术特征，如果允许采用这种修改方式将这些技术特征从被引证文件中“转移”到说明书的具体实施方式部分和权利要求中，使之成为要求保护的发明的技术特征，则有可能违反本条的规定。然而，问题在于申请人可能采取“分步走”的策略，第一步先以补充背景技术为由，将被引证文件中记载的技术特征写入说明书的背景技术部分；第二步再将已经写入的技术特征写入说明书的具体实施方式部分和权利要求中。如果前者允许，后者不允许，则审查员在审查时就始终需要注意说明书的哪一部分内容是何时以何种理由加入的，不得将其用作其他目的，这无疑是一件相当麻烦的事情。

基于上述分析，笔者认为，对将被引证文件的具体内容“转移”到说明书中的做法应当持慎重态度。如果原说明书在引证背景技术的同时也写明了其具体内容，则属于“原说明书和权利要求书记载的范围”，在合理的情况下可以允许申请人通过修改将该内容写入说明书的具体实施方式部分，进而写入权利要求书中；如果原说明书仅仅给出所引证文件的出处，而没有写明其具体内容，最好让其保持为原来的引证状态，不应轻易允许申请人将其具体内容写入说明书之中。当审查员检索出更为接近的现有技术时，可以要求申请人在说明书的背景部分引证该现有技术的出处，并相应调整其说明书关于发明所要解决的技术问题和所能产生的有益效果的说明，同时调整其独立权利要求前序部分和特征部分之间的划界，但不必要求申请人在说明书的背景技术部分补充写入该现有技术的具体内容。

前面说过不允许申请人通过修改将仅仅记载在被要求优先权的在先申请中而未记载在在后申请中的内容加入在后申请之中。与一般的引证文件相比，被要求优先权的在先申请是与在后申请关系更为密切的引证文件，对其尚需持这样的立场，对一般的引证文件更应当如此。

引证还可能包括其他类型，例如专利申请要求保护一种新的电路，其中采用了一种市场上有售的半导体芯片，为了达到充分公开的要求，申请人有可能在说明书中仅仅引证该芯片的型号，而不需要写明该芯片的内部结构。申请人以这种方式撰写其说明书，表明他只关心该芯片的性能以及在其发明中的作用，至于该芯片的内部结构则与其所要保护的发明无关。既然如此，申请人引证该芯片的型号就足够了，完全没有必要将该芯片的内部结构补充写入说明书。

除了为适应更接近的现有技术而调整发明所要解决的技术问题以及所能达到的有益效果之外，申请人为了争辩其发明具备创造性也有可能希望在说明书中补充写入其发明所能解决的技术问题以及所能达到的有益效果。如果根据原说明书记载的发明的技术方案与现有技术之间的不同之处，能够准确地推导出申请人补充的所要解决的技术问题以及所能达到的有益效果，可以考虑允许。这种情形在机械和电子产品领域较为常见，因为从产品物理结构的不同之处常常可以清楚地理解发明所要解决的技术问题以及所能达到的有益效果；然而在化学、生物领域则不然，因为从化学结构或者生物结构的不同之处常常难以清楚判断该不同会带来何种有益效果，因此在化学、生物领域作上述补充一般会受到更为严格的限制。

3. 对发明内容、附图说明、实施例部分以及附图的修改

说明书的发明内容部分（第三部分之二）、具体实施方式部分（第五部分）以及说明书附图是申请人对其发明创造技术方案本身作出说明的核心部分。说明书的其他部分要么是对其发明创造技术方案的铺垫性描述，要么是对发明创造技术方案的主观评价，都只起到辅助作用。因此，本条规定的修改原则重点在于防止申请人对说明书核心部分的修改超出原说明书和权利要求书记载的范围。

然而，构成说明书核心部分的上述几个部分也存在不同。其中，说明书的发明内容部分（第三部分之二）虽然名为“发明内容”，但是从现实中专利申请文件的一般撰写方式来看，其内容常常只是权利要求书内容的“翻版”，实际上是对发明创造技术方案的一种概括，而不是详细说明。申请人之所以对该部分采用这种撰写方式，其目的往往在于确保其权利要求书符合《专利法》第二十六条第四款关于权利要求书应当以说明书为依据的规定。当申请人对权利要求书作出修改时，通常也需要对这一部分作出相应修改。因此，对这一部分的修改要求应当与对权利要求书的修改要求彼此一致，对此将在后面一并讨论。

归根结底，说明书中真正对发明创造技术方案作出详细说明，使所属领域的技术人员能够实现该发明创造的，实际上是具体实施方式部分和说明书附图。从传播技术信息的角度来看，这两部分是核心中的核心。因此，对这两部分进行修改的限制最为严格。《专利审查指南 2010》规定，通过修改而改变的内容只能是“根据原说明书和权利要求书文字记载的内容以及说明书附图能直接地、毫无疑义地确定的内容”，该规定主要针对这两部分的修改而言。

何谓“直接地、毫无疑义地确定的内容”？一种观点认为其包含了两层含义：第一，所属领域的技术人员能够准确地判断出原申请文件在表述上存在哪些缺陷；第二，所属领域的技术人员根据原申请文件也能明白无误和惟一地推导出正确的表述应当是什么。这样的要求看起来符合逻辑，但是却过于严格了，其结果相当于凡是允许修改的缺陷，均为实

际上不需要修改的缺陷，因为即使不修改，所属领域的技术人员也能判断出正确的是什么，不会导致误解；凡是需要修改的缺陷，也就是不修改就会导致误解的，则一律不允许进行修改，因为采用上述判断逻辑，此种修改必定会超出原说明书和权利要求书记载的范围。假如这样，本条规定“申请人可以对其专利申请文件进行修改”就会在相当程度上失去意义。近年来，国家知识产权局对审查质量越来越重视，审查质量趋于更加严格，这无疑是正确的，受到各方面的好评。但是，随之带来的一个问题是对其申请文件进行修改变得更加困难了，导致申请人经常处于两难境地：若不修改，则原申请文件存在的缺陷可能会影响专利权的授予；若进行修改，审查员又会以修改超出原申请文件记载的范围为由拒绝接受，其结果相当于只要说明书中存在会引起误解的缺陷，该专利申请基本上被判了“死刑”，无可挽救。笔者认为这不符合本条规定的立法本意。对“直接地、毫无疑义地确定的内容”的理解应当合理，不应过于严厉。这一问题也引起了最高人民法院的关注，其有关司法解释草案建议规定：❶

> 如果本领域技术人员基于本领域的公知常识，能够确认修改后的内容不会引入新的技术内容，导致专利权人或者专利申请人获得不当利益，或者对专利申请文件的公示作用造成实质性影响的，应当认定该修改后的内容可以从原说明书和权利要求书中直接地、毫无异议地确定，符合专利法第三十条的规定。

上述建议提出了一种新的判断思路，值得国家知识产权局考虑。

（三）对权利要求书的修改

根据《专利法》第五十九条的规定，权利要求书的作用在于确定发明或者实用新型专利权的保护范围，而不是披露发明或者实用新型的技术方案。由于《专利法》第二十六条第四款规定权利要求书应当以说明书为依据，因此权利要求书中记载的技术特征在说明书中都应当有相应记载。一般说来，说明书的具体实施方式部分和说明书附图表述的内容随原始说明书的提交就基本上固定下来了，没有作较大变动的可能性；然而针对说明书及其附图中披露的发明创造，申请人在选择保护客体的类型、谋求保护范围的大小方面有较大的选择余地。现实中，申请人申请发明专利普遍采取这样的策略，即一开始总是撰写出保护范围尽可能宽的权利要求书，并要求保护尽可能多的发明创造类型，到进行实质审查时再根据审查员提出的审查意见进行相应修改，作出必要限制，逐步缩小权利要求的保护范围。这种策略的采用导致对发明专利申请的权利要求书进行修改成为十分普遍的事情。

在 1992 年修改《专利法》时，之所以将修改前本条规定的“不得超出原说明书记载的范围”改为“不得超出原说明书和权利要求书记载的范围”，是因为申请人有可能在原始提交的权利要求书中记载了某一技术特征，而在原始提交的说明书中却没相应地记载该技术特征。此时，尽管有可能导致权利要求不能获得说明书支持，但是应当承认该技术特征已经在原始申请文件中披露了，可以允许申请人对其说明书作相应补充，加入原来仅仅在权利要求书记载的内容，从而克服权利要求书未以说明书为依据的缺陷。这一修改只是为了更加合理，并不表明权利要求书也具有传播发明或者实用新型技术信息的功能。

---

❶ 《最高人民法院关于审理专利授权确权行政案件若干问题的意见》，2011 年 11 月 1 日上报稿。

在专利申请的审查过程中，对权利要求书的修改，特别是申请人作出的主动修改，除了“不得超出原说明书和权利要求记载的范围”这一基本要求之外，申请人有较大余地，可以作出诸多调整。《专利审查指南 2010》规定，允许对权利要求书进行的修改包括：通过增加或者减少独立权利要求记载的技术特征，或者通过变更独立权利要求的主题类型或者主题名称，改变该独立权利要求请求保护的范围；增加或者删除一项或多项权利要求；修改独立权利要求，使其相对于最接近的现有技术重新划界；修改从属权利要求的引用部分，改正其引用关系，或者修改从属权利要求的限定部分，以清楚地限定该从属权利要求请求保护的范围。❶

（四）修改的类型、方式以及修改不符合规定的后果

依照《专利法实施细则》第五十一条的规定，申请人对其专利申请文件的修改包括主动修改以及根据审查员的要求进行修改这两种不同的类型。对于后者而言，修改的范围受到一定的限制，成为除本条规定的修改原则之外对修改专利申请文件的另一种限制性条件。除申请人进行的修改之外，国家知识产权局还可以依职权对专利申请文件中的细小错误进行修改。

申请人对专利申请文件的修改应当以何种方式进行，这是一个具体操作问题，《专利法实施细则》第五十二条作了规定。申请人提出的修改不符合本条和《专利法实施细则》第五十一条规定的要求，其法律后果是什么？这是一个重要问题，需要予以明确。

1. 修改的类型

（1）主动修改

依照《专利法实施细则》第五十一条第一款和第二款的规定，申请人可以对其发明或者实用新型专利申请文进行主动修改，但主动修改只能在规定的时间点或者规定的期间内进行。由于发明与实用新型专利申请的审查制度不同，因而允许对两种不同类型的专利申请进行主动修改的时间也不同。

对发明专利申请而言，申请人有如下两次进行主动修改的机会。

第一，在提出实质审查请求时提出。一方面，依照《专利法》第三十五条的规定，申请人可以在自申请日起 3 年内提出实质审查请求，当发明专利的申请人在申请日之后经过一段时间才提出实质审查请求时，有可能对其申请存在的缺陷有了较为充分的认识；另一方面，由于申请人提出实质审查请求即启动了实质审查程序，如果申请人通过主动修改消除了原申请文件存在的缺陷，能够使实质审查一开始就基于一份更为正确的申请文件进行，可以节省审查时间，缩短审查周期。基于这样的考虑，《专利法实施细则》第五十一条第一款规定在提出实质审查请求时，申请人可以主动修改其发明专利申请文件。

第二，在国家知识产权局发出发明专利申请进入实质审查阶段的通知书后的 3 个月内提出。如果申请人提出实质审查请求的时间较早，甚至在提出专利申请的同时就一并提交了实质审查请求，则难以甚至不可能利用上面所述的第一次主动修改机会。为了确保发明

❶ 国家知识产权局.专利审查指南 2010［M］.北京：知识产权出版社，2010：第二部分第八章 5.2.2.1.

专利申请人至少能够获得一次对其发明专利申请文件主动进行修改的机会,《专利法实施细则》第五十一条第一款又规定申请人可以在国家知识产权局发出发明专利申请进入实质审查阶段通知书后的 3 个月内提出主动修改。

对实用新型专利申请而言，由于不进行实质审查，经初步审查合格后即授予专利权，其审查期间较短，因此《专利法实施细则》第五十一条第二款规定，实用新型专利申请人需要主动修改其申请文件的应当尽快进行，即在自申请日起 2 个月内提出，否则就会错过时机。

除《专利法实施细则》第五十一条第一款和第二款规定的主动修改机会之外，申请人不能另行对其专利申请文件进行主动修改。

（2）被动修改

经过审查，审查员经常会发现专利申请文件中存在不符合《专利法》以及《专利法实施细则》规定的缺陷。针对这些缺陷，审查员会发出“补正通知书”或者“审查意见通知书”。按照《专利法实施细则》第五十一条第三款的规定，在国家知识产权局发出通知书之后，申请人就不再能够对其申请文件进行主动修改，而是只能针对“审查意见通知书”指出的缺陷进行修改。这样的修改就是申请人进行的被动修改。

主动修改和被动修改之间的区别点在于：主动修改可以完全按照申请人的意愿进行；被动修改不能如此，只能针对“审查意见通知书”指出的缺陷进行修改。

《专利法实施细则》第五十一条第三款是 2001 年修改《专利法实施细则》时增加的，规定:“申请人在收到国务院专利行政部门发出的审查意见通知书后对专利申请文件进行修改的，应当按照通知书的要求进行修改。”2010 年修改《专利法实施细则》时，将其中所述的“应当按照通知书的要求进行修改”改为“应当针对通知书指出的缺陷进行修改”。上述修改的理由在于：第一，审查员的职责是指出申请文件中存在的缺陷，至于如何消除这些缺陷常常有不同的方式，应当由申请人自己作出选择，审查员通常不会在通知书中写明应当如何修改的具体要求，因而严格地说谈不上“按照通知书的要求进行修改”；第二，专利申请文件的许多表述往往是相互关联的，申请人针对一处缺陷进行修改，常常有必要由此及彼地对其他关联表述一并作出调整，而不应当机械地指东改东，指西改西，导致审查过程的不合理拖延。从这两点来看，“针对通知书指出的缺陷进行修改”均比修改前规定的“按照通知书的要求进行修改”更为准确。

关于《专利法实施细则》第五十一条第三款的规定，《专利审查指南 2010》提供了必要的灵活性，规定：

> 根据专利法实施细则第五十一条第三款的规定，在答复审查意见通知书时，对申请文件进行修改的，应当针对通知书指出的缺陷进行修改，如果修改的方式不符合专利法实施细则第五十一条第三款的规定，则这样的修改文本一般不予接受。
>
> 然而，对于虽然修改的方式不符合专利法实施细则第五十一条第三款的规定，但其内容与范围满足专利法第三十三条要求的修改，只要经修改的文件消除了原申请文件存在的缺陷，并且具有被授权的前景，这种修改就可以被视为是针对通知书指出的缺陷进行的修改，因而经此修改的申请文件可以接受。这样处理有利于节约审查程序。[1]

---

[1] 国家知识产权局.专利审查指南 2010［M］.北京：知识产权出版社，2010：第二部分第八章 5.2.1.3.

当然，无论是主动修改还是被动修改，都必须遵循修改的基本原则，即不得超出原说明书和权利要求书记载的范围。

（3）国家知识产权局依职权进行修改

专利权是一种民事权利，只有申请人对其专利申请才有处置权，因此在一般情况下，国家知识产权局不能代替申请人对其专利申请文件进行修改。

但是，上述原则也存在例外。在实际审查过程中，常常会出现申请人经过多次修改，仍然不能完全消除申请文件中所存在缺陷的现象。如果固守该原则，审查员就不得不多次地发出通知书。每一次通知书至少要指定一到两个月的答复期限，一来一回就需要数月时间。反复多次发出通知书，势必大大延长专利审查周期，这不仅会增大国家知识产权局的工作负担，也会有损于申请人和公众的利益。为了建立高效的专利制度，2001 年修改《专利法实施细则》时将第五十一条中增加了第四款，规定：

> **国务院专利行政部门可以自行修改专利申请文件中文字和符号的明显错误。国务院专利行政部门自行修改的，应当通知申请人。**

这就是所谓由国家知识产权局依职权进行修改。

依职权进行修改应当符合如下条件和要求：第一，一般说来，只有当一件专利申请具有授予专利权的前景，并已接近审查的最后阶段，才有必要进行这种修改；对不具有授权前景的申请文件中的文字和符号错误，国家知识产权局无须自行进行修改；第二，这样的修改应当限于文字和符号的明显错误，如果修改会对专利权的保护范围产生实质影响，国家知识产权局不能代替申请人进行修改；第三，国家知识产权局应当将其依职权作出的修改及时通知申请人。

2. 修改的方式

《专利法实施细则》第五十二条规定：

> **发明或者实用新型专利申请的说明书或者权利要求书的修改部分，除个别文字修改或者增删外，应当按照规定格式提交替换页。外观设计专利申请的图片或者照片的修改，应当按照规定提交替换页。**

为了便于审查员辨认、识别申请人对原申请文件作了哪些修改，《专利审查指南 2010》规定申请人除了提交说明书和权利要求书修改部分的替换页之外，还应当另行提交一份修改前后的对照明细表或者在原文复印件上作出修改的对照页。

随着计算机的应用越来越方便、越来越普遍，以电子方式提交专利申请和答复意见越来越广泛，上述修改方式也面临改变。如今，与其提交体现修改所在的替换页，还不如重新提交经过修改的整个专利申请文件，因为目前广泛采用的文件编辑软件既能显示修改后的文件花稿，也能显示修改后的文件清稿，无论从审查的角度还是从出版的角度来看都比提交替换页以及对照表、对照页的方式更为方便。

3. 修改不符合规定的后果

依照《专利法实施细则》第四十四条、第五十三条和第六十五条的规定，申请人对其专利申请文件的修改不符合本条规定的，既是在初步审查和实质审查过程中驳回该专利申请的理由，也是授予专利权之后宣告该专利权无效的理由。

审查员发现申请人提出的修改超出原说明书和权利要求书记载的范围的，首先会通知申请人，指出这一问题，要求申请人予以改正。申请人逾期不答复的，其专利将被视为撤回；申请人虽然作出答复但仍然坚持其提出的修改的，其专利申请将被驳回，即使对其专利申请换一种不超出原始说明书和权利要求书记载范围的不同修改方式，或许还有被授予专利权的可能性，其结局也依然如此。如果在授予专利权之后才发现申请人原来进行修改存在不符合本条规定的问题，专利权人没有机会予以改正以退回到修改之前的文本，其结果是有人以此为由请求宣告该专利权无效的就只能是宣告该专利权无效。因此可见，违反本条规定的法律后果是十分严重的，申请人务必予以重视。

《专利法实施细则》第五十一条和第五十二条的规定要求既不是在初步审查和实质审查过程中驳回专利申请的理由，也不是在授予专利权之后宣告该专利权无效的理由，因此申请人提出的修改不符合上述条款规定的法律后果有所不同。

关于《专利法实施细则》第五十一条第一款的规定，《专利审查指南 2010》规定，申请人在收到发明专利申请进入实质审查阶段通知书之日起的 3 个月内多次对申请文件进行了主动修改的，应当以最后一次提交的申请文件作为审查文本进行实质审查。申请人在 3 个月以外的时间对申请文件进行的主动修改一般不予接受，其提交的经修改的申请文件不作为审查文本，但是审查员在阅读该经修改的文件后认为其消除了原申请文件存在的应当消除的缺陷，符合本条规定的修改原则，且在该修改文本的基础上进行审查将有利于节约审查程序的，可以接受该经修改的申请文件作为审查文本。❶

关于《专利法实施细则》第五十一条第二款的规定，《专利审查指南 2010》规定，对于实用新型专利申请人的主动修改，审查员应当首先核对提出修改的日期是否在自申请日起两个月内。对于超过两个月的修改，如果修改的文件消除了原申请文件存在的缺陷，并且具有被授权的前景，则该修改文件可以接受；对于不予接受的修改文件，审查员应当发出“视为未提出通知书”。❷

关于《专利法实施细则》第五十一条第三款的规定，无论是发明专利申请还是实用新型专利申请，《专利审查指南 2010》均规定，如果申请人答复“审查意见通知书”时提交的修改文本不是针对通知书指出的缺陷作出的，则审查员应当发出“审查意见通知书”，说明不接受该修改文本的理由，要求申请人在指定期限内提交符合规定的修改文本，同时指出到指定期限届满日为止，申请人所提交的修改文本如果仍然不符合《专利法实施细则》第五十一条第三款的规定或者出现其他不符合该款规定的内容，审查员将针对修改前的文本继续审查，例如作出授权决定或者驳回决定。❸

---

❶ 国家知识产权局.专利审查指南 2010［M］.北京：知识产权出版社，2010：第二部分第八章 4.1.

❷ 国家知识产权局.专利审查指南 2010［M］.北京：知识产权出版社，2010：第一部分第二章 8.1.

❸ 国家知识产权局.专利审查指南 2010［M］.北京：知识产权出版社，2010：第一部分第二章 8.2 和第二部分第八章 5.2.1.3.

三、外观设计专利申请文件的修改

在1984年制定的《专利法》中，本条没有对外观设计专利申请文件的修改作出规定。1992年修改《专利法》时，在本条中增加了对外观设计专利申请文件进行修改的有关规定。

《专利审查指南2010》规定：

> **修改超出原图片或者照片表示的范围，是指修改后的外观设计与原始申请文件中表示的相应的外观设计相比，属于不相同的设计。**
>
> **在判断申请人对其外观设计专利申请文件的修改是否超出原图片或者照片表示的范围时，如果修改后的内容在原图片或者照片中已有表示，或者可以直接地、毫无疑义地确定，则认为所述修改符合专利法第三十三条的规定。**[1]

外观设计专利申请人主动对外观设计专利申请提出修改的，应当在自申请日起两个月内进行。申请人超过上述两个月的期限提出主动修改的，如果修改的文件消除了原申请文件存在的缺陷，并且具有被授权的前景，则该修改文件可以接受。对于不接受的修改文件，审查员应当发出"视为未提出通知书"。

[1] 国家知识产权局.专利审查指南2010［M］.北京：知识产权出版社，2010：第一部分第三章10.

第四章 专利申请的审查和批准

引 言

本章规定专利申请的审批程序，内容主要包括三个部分：一是关于发明专利申请的审查和授权的规定（第三十四条至第三十九条）；二是关于实用新型和外观设计专利申请的审查和授权的规定（第四十条）；三是关于复审的规定（第四十一条）。

自1984年制定《专利法》以来，关于专利申请审批程序的主要变化在于异议程序的变迁。1984年制定《专利法》时借鉴当时许多国家的做法，设定了授权前的异议程序；鉴于现实中提出异议的比例很低，授权前的异议程序实际上无谓地延缓了绝大多数专利权的授予，1992年修改《专利法》时将授权前的异议程序改为授权之后的撤销程序；鉴于授权后的撤销程序实际上与无效程序并无实质性区别，两者并立反而会对无效程序的正常启动带来一定干扰，2000年修改《专利法》时取消了撤销程序，仅仅保留无效宣告程序。

实践证明，2000年修改的《专利法》规定的专利申请审批制度在现阶段还是基本上适合我国实际国情的。正因为如此，2008年修改《专利法》时，除了附则部分之外，本章是惟一未作任何修改的一章。

当然，随着我国专利制度的发展，对专利申请的审批制度也有可能进行必要调整。例如，实用新型和外观设计专利权的授予采用初步审查制度是否恰当，在我国就是一个始终存在争议的问题。2000年修改《专利法》时增加了有关实用新型专利检索报告的规定，2008年修改《专利法》时将其改为专利权评价报告并扩大到外观设计专利，但始终存在一些问题难以解决，将来有可能需要作出更大的调整。

第三十四条　发明专利申请的公布

国务院专利行政部门收到发明专利申请后，经初步审查认为符合本法要求的，自申请日起满十八个月，即行公布。国务院专利行政部门可以根据申请人的请求早日公布其申请。

发明专利申请的公布，是指国家知识产权局将发明专利申请请求书记载的著录事项和说明书摘要刊登在专利公报上，并另行全文出版发明专利申请单行本。

《专利法》对发明专利申请和实用新型、外观设计专利申请规定了不同的公布方式。对发明专利申请来说，规定自申请日起（要求优先权的，自优先权日起）满 18 个月即行公布；对实用新型和外观设计专利申请来说，规定在授权公告时才予以公布。之所以采用不同的公布方式，其原因在于发明专利申请要经过实质审查，审查周期较长，如果等到实质审查结束才公布发明专利申请的内容，对同一课题进行重复研究、重复投资和重复申请的可能性就会增大，不能很好地发挥专利制度的作用，因此需要在授予发明专利权之前就予以公布。

如何确定自提交发明专利申请到予以公布之间的时间间隔，需要权衡申请人和公众的利益。一方面，从维护公众利益的角度出发，为了避免重复研究开发，促进技术信息的及时传播，自然尽早公开更好；另一方面，申请人往往希望有更多的时间决定是否需要公开其技术，过早公开申请内容有可能会损害申请人的利益。例如，申请人提交一份发明专利申请后，出于某种原因有可能会撤回其申请，对撤回的专利申请而言，已公布和未公布大不一样。如果申请尚未公布，则申请人撤回其发明专利申请后，其记载的技术还可作为技术秘密予以保护，而且日后视需要还可以重新提出发明或者实用新型专利申请并获得专利权；如果申请已经公布，则意味着其记载的技术已经成为现有技术，申请人既不可能再就同样的技术申请并获得专利权，也不可能作为技术秘密予以保护。为了平衡申请人和公众的利益，参照国际惯例，《专利法》规定自申请之日起满 18 个月即行公布。之所以规定 18 个月的期限主要是基于如下考虑：申请人就其发明首次在外国提出专利申请的，可以享有 12 个月的优先权期限，有可能直到该期限届满前才向中国提出发明专利申请；向中国提出发明专利申请后，国家知识产权局对其申请进行初步审查和公布前的准备工作还需要一定的时间，所以规定满 18 个月予以公布较为现实可行。这是世界上大多数国家采用的做法，实践证明该期限的长短较为合理。

发明专利申请的申请人出于某种考虑也有可能希望更早地公布其发明专利申请，而不是等到自申请日起满 18 个月才予以公布。为了满足申请人可能产生的需求，本条进一步规定“国务院专利行政部门可以根据申请人的请求早日公布其申请”。对此，《专利法实施细则》第四十六条规定：

申请人请求早日公布其发明专利申请的，应当向国务院专利行政部门声明。国务院专利行政部门对该申请进行初步审查后，除予以驳回的外，应当立即将该申请予以公布。

本条对发明专利的公布还设定了一个条件，即必须经初步审查合格后才予以公布。这一规定主要是为了维护社会和公众的利益。一方面，将一项明显不符合专利法规定的发明作为可能授权的发明予以公布是对社会不负责任的做法，例如一件发明专利申请的有关内容违反社会公德或者妨害公共利益，完全没有被授予专利权的可能，就不应当予以公布；另一方面，将存在明显缺陷的发明专利申请予以公布，将会向社会传递不准确、不完整的技术信息，有可能会对公众产生误导作用，不利于专利制度的正常运作。

对发明专利申请的初步审查的具体内容，将在对《专利法》第四十条的说明中一并予以介绍。

第三十五条　发明专利申请的实质审查请求

发明专利申请自申请日起三年内，国务院专利行政部门可以根据申请人随时提出的请求，对其申请进行实质审查；申请人无正当理由逾期不请求实质审查的，该申请即被视为撤回。

国务院专利行政部门认为必要的时候，可以自行对发明专利申请进行实质审查。

对发明专利申请，我国实行的是实质审查制，即对发明专利申请不仅要进行初步审查，还要进行实质审查。在确定是否启动实质审查程序时，依照本条的规定，并非对所有已经提出的发明专利申请都自动地进行实质审查，而是实行请求审查制，即在规定的期限内由申请人自己决定是否进行实质审查。申请人在规定期限内要求进行实质审查的应当提出请求；期满不请求的，该发明专利申请即被视为撤回。

我国之所以规定发明专利申请的审查采取早期公开、请求审查的方式，是借鉴国外的实践经验并结合我国的实际情况确定的。自 20 世纪末期以来，随着世界经济和科技的迅猛发展，许多国家的专利申请数量都大幅度增长，致使不少国家出现了专利申请案件大量积压的现象，各国都在探索有效的解决途径。事实上，在申请人提出的发明专利申请中，有一些是为了抢先而仓促申请的，其涉及的发明还不够成熟；有一些是为了防御目的而申请的，申请人并不追求实际获得专利权，只要其专利申请的公布能够防止他人就相同主题随后申请并获得专利权即可；还有一些所涉及的发明是否具有商业前景在提出申请时尚不明了，申请人经过一段时间后有可能确认该发明不具有商业前景。因此，应当设定一个合理的期间，让申请人自己决定是否有必要对发明专利申请进行实质审查。此外，各国对发明专利申请进行实质审查都要收取相当数额的实质审查费，当申请人（尤其是跨国公司）寻求对一项发明创造在全球范围内获得专利保护，从而在多个国家提出专利申请时，实质审查费的总数相当可观，因此申请人审时度势，决定对一些发明专利申请不提出实质审查请求，是减少不必要财务支出的重要手段。基于上述考虑，荷兰率先实行了早期公开、请求审查的专利制度（有些学者也将其称作"延迟审查制"）。这种制度既允许申请人尽早提出专利申请，又为申请人提供了足够的考虑时间，从而在是否需要继续投入人力和资金的问题上给申请人留出了更大的选择余地。另一方面，这种制度也有利于减少各国专利局承受的工作压力。由于具有上述优点，许多国家和国际组织随后纷纷仿效，使早期公开、请求审查的专利制度为各国所普遍采用。

至于请求实质审查的期限，各国的做法有所不同。原则上，该期限既不应太长，也不应太短。太长了会延长发明专利申请处于不确定法律状态的时间期间，公众获知了一项发明创造，却迟迟不能确认是否可以自由实施，会妨碍新技术的及时应用，对国家和社会不利；太短了又起不到预期的作用，对申请人不利。本条规定了 3 年的时间，经实践证明是较为合理的。

本条第二款还规定了在国家知识产权局认为必要的时候可以主动对发明专利申请进行

实质审查。这是因为从理论上说，不能排除有些发明创造会涉及国家和公众的重大利益，但申请人却没有意识到这一点，或者为了某种原因而不顾社会需求，有意拖延实质审查请求的提出。如果出现这种情况，将对国家和公众的利益带来不良影响。不过，实践中很少出现这种情况。到目前为止，国家知识产权局尚未行使过这一权力。

所谓“实质审查”是指国家知识产权局在初步审查的基础上，对发明专利申请进行更为深入和全面的审查，特别是就要求保护的发明进行现有技术检索，判断要求保护的发明是否具备新颖性、创造性和实用性，最终作出是否授予发明专利权的决定。实质审查程序从国家知识产权局的实质审查部门接收并核对初步审查部门送来的申请案卷开始，到发出授予发明专利权的通知书或者作出驳回申请的决定为止（发明专利申请中途被撤回或者被视为撤回的除外）。

实质审查的内容主要包括：

（1）申请要求保护的主题是否符合《专利法》第二条第二款对发明的定义，即是否明显不属于对产品、方法或者其结合所提出的新的技术方案；

（2）申请的内容是否存在《专利法》第五条第一款规定的情形，即是否违反国家法律、社会公德或者妨害公共利益；

（3）申请要求保护的发明是否属于《专利法》第五条第二款规定的情形，即是否系依赖违法获取的遗传资源或者违法利用遗传资源而完成的发明；

（4）申请是否违反《专利法》第二十条第一款的规定，即申请专利的发明系在中国完成，申请人是否事先未经国家知识产权局进行保密审查即擅自就该发明创造向外国申请专利；

（5）申请要求保护的主题是否属于《专利法》第二十五条规定的不授予专利权的客体；

（6）申请要求保护的发明是否符合《专利法》第二十二条的规定，即是否具备新颖性、创造性和实用性；

（7）申请的说明书是否符合《专利法》第二十六条第三款的规定，即是否对发明作出清楚、完整的说明，使所属领域的技术人员能够实现；

（8）对于依赖遗传资源完成的发明，申请文件是否说明了该遗传资源的直接来源和原始来源；未说明原始来源的，是否陈述了其理由；

（9）申请的权利要求书是否符合《专利法》第二十六条第四款的规定，即是否以说明书为依据，清楚、简要地要求专利保护的范围；权利要求书是否符合《专利法实施细则》第十九条至第二十二条规定的撰写要求；

（10）申请是否符合《专利法》第三十一条第一款的规定，即申请是否要求保护不属于一个总的发明构思的两项以上的发明；

（11）申请人对其申请文件的修改是否符合《专利法》第三十三条的规定，即修改是否超出原说明书和权利要求书记载的范围；申请人对其申请文件进行主动修改和被动修改的，是否符合《专利法实施细则》第五十一条第一款和第三款的规定；

（12）申请人提出分案申请的，是否符合《专利法实施细则》第四十三条的规定。

需要指出的是，初步审查实际上已经涉及上述实质审查的一部分审查项目，但是仅仅限于明显的实质性缺陷，不明显的就留待实质审查阶段进行。相比之下，实质审查是全面的和更为深入的审查，因此其审查周期明显长于初步审查。

第三十六条　发明专利申请有关资料的提交

发明专利的申请人请求实质审查的时候，应当提交在申请日前与其发明有关的参考资料。

发明专利已经在外国提出过申请的，国务院专利行政部门可以要求申请人在指定期限内提交该国为审查其申请进行检索的资料或者审查结果的资料；无正当理由逾期不提交的，该申请即被视为撤回。

一、本条的含义

本条第一款规定发明专利申请人应当提交在申请日前与其发明有关的参考资料，这些参考资料主要是指发明人在完成发明过程中所参考借鉴的与其发明相关的技术资料，包括专利文献、科技书籍、科技期刊等。申请人应当选择其中与发明关系最为密切的资料提交国家知识产权局。显然，该规定对审查员迅速准确地理解发明专利申请涉及的发明，正确合理地对发明的新颖性和创造性作出判断大有帮助，同时也符合申请人自身的利益。当然，也不能排除发明人作出某一发明创造时并没有参考任何资料的可能。因此，虽然本条第一款规定申请人应当提交有关参考资料，但是现实中是否提交参考资料以及提交哪些参考资料由申请人自己决定。

需要指出的是，申请人另行提交的参考资料与说明书的背景技术部分记载的现有技术状况具有不同的性质，两者不可混为一谈。前者不属于《专利法》第三十三条所述的“原说明书和权利要求书记载的范围”，申请人不能违反该条规定通过修改将仅仅记载在参考资料中的内容加入说明书和权利要求书中，参考资料的作用主要是供国家知识产权局在审查过程中予以参考。

本条第二款是指申请人已经在外国就同一发明提出过专利申请的，国家知识产权局可以要求申请人提交有关外国对该申请进行检索的资料或者审查结果的资料。检索的资料是指有关国家或者地区的专利局（例如欧洲专利局）对有关申请进行检索所作出的检索报告，以及 PCT 的国际局公布的对国际申请作出的国际检索报告。审查结果的资料是指有关国家或者地区的专利局对有关申请进行审查得出的结论性意见，例如外国专利局发出的审查意见通知书、授予专利权的决定、驳回专利申请的决定等，以及 PCT 的国际初步审查单位对国际申请进行初步审查的结论。

在 1984 年制定的《专利法》中，本条第二款规定：

> **发明专利已经在外国提出过申请的，申请人请求实质审查时，应当提交该国为审查其申请进行检索的资料或者审查结果的资料；无正当理由不提交的，该申请即被视为撤回。**

这一规定对申请人来说比较严格。1984 年制定《专利法》时之所以作出这样的规定，是考虑到当时专利局的馆藏专利文献不足，专利局的检索手段还比较落后，审查员还缺乏审查经验。为了保证实质审查工作的顺利开展和及时完成，作出这一规定是必要的，而且最终也有利于申请人。随着我国专利制度的不断完善，我国专利工作的各个方面都取得了长足的进步，体现在：审查员已经积累了较为丰富的审查经验，审查水平不断提高；国家知识产权局拥有的专利文献已经大为充实，明显超过了 PCT 所要求的最低文献量；国家知识产权局已经逐步建立和完善计算机检索系统，配备了内容丰富的数据库，具有强大的检索功能，大大提高了审查员检索对比文件的能力和速度；国家知识产权局自 1994 年 1 月 1 日起已经成为 PCT 的国际检索单位和初步审查单位，早已具备了对国际申请进行检索和初步审查的能力。另一方面，越来越多的外国申请通过 PCT 途径进入我国，而进入国家阶段的国际申请都包括国际检索报告，大多数附有国际初步审查报告。这些因素使得 1984 年制定的《专利法》本条第二款的严格规定失去了存在的必要。当然，也不能排除在个别情况下仍然需要申请人配合审查工作，提交有关资料，这将有助于实质审查工作的尽快完成，因此应当允许国家知识产权局在认为有必要时要求申请人提交有关检索和审查的资料。基于上述原因，2000 年修改《专利法》时对本条第二款进行了修改。

需要说明的是：

第一，虽然上述检索资料和审查结果的资料对国家知识产权局判断该申请是否具备新颖性和创造性很有价值，但是依照《巴黎公约》第 4 条之二的规定，对同样的专利申请，各成员有权独立地决定是否授予专利权。所以一件专利申请是否具备新颖性和创造性，应由我国国家知识产权局在进行全面检索、审查的基础上独立作出判断，外国进行检索、审查的资料对国家知识产权局仅仅起参考作用。

第二，本条第二款所述"发明专利已在外国提出过申请的"，并不限于申请人要求享有该外国申请的优先权的情况，而应理解为凡是已经在外国提出过专利申请的申请人，在国家知识产权局要求提交有关检索的资料或者审查结果的资料时，都有及时提交该资料的义务。

第三，本条第二款规定无正当理由逾期不履行该款规定的义务的，其专利申请将被视为撤回，这一规定应理解为仅适用本条第二款而不适用本条第一款。其中所述的正当理由主要是指在国家知识产权局指定的期限内，有关国家的专利局对该申请尚未作出检索报告或者其他结论性意见，因而申请人无法按照要求提交有关资料。对此，《专利法实施细则》第四十九条规定：

> **发明专利申请人因有正当理由无法提交专利法第三十六条规定的检索资料或者审查结果资料的，应当向国务院专利行政部门声明，并在得到有关资料后补交。**

2008 年修改《专利法》时，没有对本条规定进行修改。

二、有关国际发展动向

随着全球化发展趋势的日益明显，发达国家的专利申请人，尤其是跨国公司对在世界各国申请获得专利需经各国分别独立进行审查的现状感到越来越不满意，认为这明显增大了其在各国普遍获得专利保护的成本和困难，成为申请人的沉重负担。近年来，关于建立"世界专利"（world patent）的呼声已见端倪。所谓"世界专利"，是指申请人就一项发明而言，只需提交一件专利申请，经过一次审查授权，即可在世界各国均获得专利保护。换言之，该呼声旨在改变《巴黎公约》确定的"专利独立"原则。很明显，如果有朝一日能够实现这一目标，对申请人无疑将十分有利。

当然，实现这样的目标绝非一件易事。作为朝该目标迈进的前期步骤，发达国家正在大力推进各国“相互承认审查结果”的进程。其理由是堂而皇之的，即各国对同样的专利申请分别进行检索和实质审查需要耗费大量的人力物力，是对人类资源的极大浪费，为什么不可以相互予以承认？

目前，世界上有能力对所有向其提交的专利申请都进行实质审查的国家屈指可数，绝大多数国家不具备这样的能力。对于不具备实质审查能力的国家来说，在授予专利权时借鉴其他国家的审查结果是很自然的事情。然而，对美、日、欧三大专利局来说，相互承认专利审查结果这一说法虽然已经鼓噪多年，却“同床异梦”，始终没有取得实质性进展。所以，它们所说的“相互承认审查结果”，其实主要是说给发展中国家听的。

虽然我国目前还是一个发展中国家，但发展迅速，已经成为一个经济大国，国家知识产权局的人员规模和审查能力在世界各国专利局中已经名列前茅。基于这一国情，我国对此呼声应当采取何种立场？

首先应当认识到，尽管《巴黎公约》规定了“专利独立”原则，却没有必要关起门来独立进行实质审查，拒绝考虑和借鉴其他国家对相同专利申请的审查结果。“他山之石，可以攻玉”，这是中国的古训。事实上，我国自建立专利制度之日起就持一种开放的立场，十分注意借鉴其他国家的审查结果，本条的规定就是一个最好的证明。之所以采取这种立场，并非是我国在建立专利制度之初的权宜之计，而是需要长期予以坚持的方略。在计算机和网络技术飞速发展的今天，借鉴其他国家专利审查结果变得越来越方便，没有理由不予以有效利用。

然而，“借鉴”其他国家的专利审查结果和“承认”其他国家的审查结果是迥然不同的两件事情。所谓“借鉴”，主要是指参考其他国家经审查对专利申请提出的负面意见，重点在于专利申请所存在缺陷的证据和理由；所谓“承认”，则意味着无论其他国家的审查结果是授权还是驳回都予以接受。是否授予专利权涉及一个国家的主权，我国是一个大国，国家知识产权局具有足够的专利审查能力，没有任何理由将授予专利权这样重要的权力拱手相让。

第三十七条　发明专利申请的实质审查

国务院专利行政部门对发明专利申请进行实质审查后，认为不符合本法规定的，应当通知申请人，要求其在指定的期限内陈述意见，或者对其申请进行修改；无正当理由逾期不答复的，该申请即被视为撤回。

本条规定在1984年制定的《专利法》中即已存在，1992年、2000年和2008年三次修改《专利法》均未对其实质性规定进行修改。

在实质审查过程中，国家知识产权局认为一项发明专利申请不符合《专利法》和《专利法实施细则》有关规定，不能在现有申请文本的基础上授予专利权的，不能直接作出驳回该发明专利申请的决定，而是必须首先通知申请人，为其提供陈述意见、进行修改的机会。通常，国家知识产权局以发出审查意见通知书的方式，将审查意见和初步结论通知申请人。

视发明专利申请具体情况的不同，审查意见通知书的内容有如下几种不同的类型：

（1）申请要求保护的发明具有被授予专利权的前景，但申请文件还存在某些缺陷，需要通过修改消除这些缺陷。在这种情况下，国家知识产权局的审查意见通知书会尽可能全面地指出申请文件中存在的所有缺陷，必要时还会提出具体的修改建议，以加快审查程序的进行，使申请人能够尽快地获得专利权。

（2）申请记载的发明具有被授予专利权的可能，但申请文件还存在较为严重的缺陷，需要作实质性修改才能授予专利权，例如对权利要求书的内容作较大的调整。此时，国家知识产权局的审查意见通知书也会明确指出存在的缺陷及其理由，要求申请人对其申请文件进行修改。

（3）申请记载的发明没有被授予专利权的可能，应当予以驳回。此时，国家知识产权局的审查意见通知书会指出为什么不具备授权可能性的理由，给申请人一次陈述其意见的机会，但一般不会要求申请人对其申请文件进行修改。

（4）经审查认为申请缺乏单一性的，国家知识产权局的审查意见通知书会要求申请人对要求保护的发明项数进行限制，使之符合单一性要求。在申请包含的两项以上发明属于不同的技术领域，且无法预计申请人会选择要求保护哪项发明的情况下，审查员可以不进行检索就发出审查意见通知书，待申请人消除缺乏单一性的缺陷后再进行检索和审查。❶

申请人收到国家知识产权局发出的审查意见通知书后，可以采取以下应对方式。

（1）同意国家知识产权局的审查意见，按照审查意见通知书的要求对其申请文件进行修改，使之符合《专利法》《专利法实施细则》和《专利审查指南 2010》的有关规定。此后，国家知识产权局一般即可针对修改后的申请授予专利权。

（2）申请人认可国家知识产权局指出的缺陷，也同意进行修改，但不采纳或者不完全

---

❶ 国家知识产权局.专利审查指南 2010［M］.北京：知识产权出版社，2010：第二部分第七章 9.2.1.

采纳国家知识产权局的修改建议，而是按照自己的意愿进行修改。如果国家知识产权局同意申请人的修改，可以针对修改后的申请授予专利权；如果不同意，则将再次发出审查意见通知书，要求申请人再次修改其申请。这一过程原则上可以进行多次，直到国家知识产权局授予专利权或者驳回该申请为止。

（3）申请人不同意国家知识产权局提出的审查意见，认为其申请不存在审查意见通知书指出的缺陷。这种情况下，申请人可以进行反驳并说明理由。如果国家知识产权局认为申请人的反驳理由成立，可以针对现有申请授予专利权；如果认为申请人的反驳理由不成立，但需要调整其原来作出的审查意见的，则将再次发出审查意见通知书，重新提出审查意见；如果认为申请人反驳理由不成立，且无须调整原来作出的审查意见的，可以作出驳回该申请的决定。

（4）申请人同意国家知识产权局认为其申请记载的发明没有被授予专利权的可能，因而应当予以驳回的审查意见，既不陈述意见也不进行修改，静待指定期限届满使其申请即被视为撤回。

上述过程是申请人与国家知识产权局之间进行对话，使专利申请符合《专利法》《专利法实施细则》和《专利审查指南 2010》有关规定的过程。从帮助申请人获得专利权的角度出发，应当为申请人提供尽可能多的修改其申请文件的机会；从提高国家知识产权局审查工作效率的角度出发，实质审查过程也不能过长。两个方面之间应当有一个合理的平衡。自从 1985 年实施《专利法》以来，国家知识产权局受理的专利申请量逐年快速增长，给国家知识产权局的审查工作带来了很大压力，一度使发明专利申请的审查出现了较为严重的积压，这一问题在 20 世纪 90 年代后期达到高峰。2000 年修改《专利法》时，加快审查、消除积压成为全社会呼声最为集中、反响最为强烈的问题。国家知识产权局高度重视这一问题，采取各种措施加快对发明专利申请的实质审查，已成功地将平均审查周期恢复到合理的长度，在世界各国的专利局中名列前茅。应当指出的是，实质审查平均周期的缩短不仅有赖于审查人员的足够配置和审查手段的不断更新，也有赖于在国家知识产权局和申请人之间建立一种相互配合的良好工作关系。一方面，国家知识产权局发出的审查意见通知书，尤其是第一次审查意见通知书，应当尽可能明确、全面地指出申请文件中存在的所有缺陷和问题，使申请人清楚地知道应当如何修改才能使申请文件符合《专利法》《专利法实施细则》和《专利审查指南 2010》的有关规定，从而尽可能减少发出审查意见通知书的次数，因为每减少一次审查意见通知书，就能将审查周期缩短至少 3 个月；另一方面，申请人应当全面、正确地领会国家知识产权局的审查意见，在答复审查意见通知书并修改其专利申请文件时尽可能一次消除其申请文件存在的所有缺陷，在符合其总体需要的情况下尽量避免在细节问题上纠缠不清。申请人应当意识到，积极配合国家知识产权局的审查工作，使其审查工作效率得到提高，既符合国家的利益也符合其自身利益。

此外，还有两点需要说明。

第一，对于专利申请文件的修改，尤其是对说明书和权利要求书的修改，国家知识产权局可以明确提出修改的要求，甚至提出具体的修改建议，但是在一般情况下都不能替代申请人对申请文件进行修改，因为确定如何修改其申请文件是申请人的权利。当然，在发明专利申请基本上已经符合要求的情况下，审查员可以依职权对申请文件中存在的明显文字和符号错误进行修改，但即使在这样的情况下也必须将所作修改通知申请人。

第二，所有审查意见通知书都会给出一个答复期限，申请人逾期不答复的，其专利申请便被视为撤回。关于答复期限的长短，《专利法》或者《专利法实施细则》中有明确规定的，从其规定；没有明确规定的，由国家知识产权局考虑具体情况以及各种因素后予以指定。本条规定，申请人无正当理由逾期不答复“审查意见通知书”的，其申请被视为撤回。申请人由于不可抗拒的事由或者有正当的理由而延误指定的答复期限，造成申请被视为撤回的，可以按照《专利法实施细则》第六条的规定请求恢复其权利。值得注意的是，根据2010年修改的《专利法实施细则》第六条的规定，除了因不可抗拒的事由之外，申请人因其他正当理由延误国家知识产权局指定的期限，导致权利丧失的，在请求恢复权利的同时应当办理权利丧失前应当办理的相应手续，而不能先请求恢复权利，然后再慢慢办理。这一修改的目的也在于在顾及申请人利益的同时，尽可能加快实质审查程序的进行。另外，如果申请人认为国家知识产权局指定的答复期限太短，或者因为有正当事由发生而事先预计无法按期答复的，可以在期限届满前说明理由，请求延长指定的期限。需要注意的是，只有由国家知识产权局指定的期限才可以请求延长，对《专利法》或者《专利法实施细则》中明确规定的期限不能请求延长。

在发明专利申请的实质审查程序中，本条规定具有重要意义，体现在：

第一，为发明专利的申请人提供了纠正其申请文件中存在的缺陷的机会。申请人对有关技术或者法律问题的理解以及对申请文件的撰写难免会出现一些失误和偏差，这些失误和偏差的存在会影响专利权的授予，国家知识产权局指出申请文件存在的缺陷，可以帮助申请人纠正其失误或偏差，使其申请文件符合《专利法》和《专利法实施细则》的有关规定，最终获得专利权。

第二，有利于国家知识产权局作出正确的审查决定，从而提高审查质量。实事求是地说，国家知识产权局的审查意见也并非总是正确的，审查员对申请文件的理解有时也会出现偏差。通过与申请人交换意见，审查员就有机会加深对申请文件的理解，纠正以往的偏差，确保最终作出正确的审查决定。

第三，有利于提高实质审查的效率。通过国家知识产权局与申请人之间的对话交流，使申请人充分了解其申请的授权前景，能够避免一些不必要的后续程序。例如，对倾向于驳回发明专利申请的审查意见，如果申请人通过国家知识产权局给出的事实和理由，清楚地认识到其申请确实没有被授予专利权的可能性，则无须付出精力进行后继程序。这样的结果无论对申请人还是对国家知识产权局都有好处。

第四，符合民主和透明公开的原则。国家知识产权局对一项专利申请作出驳回决定之前，向申请人说明理由，为申请人提供陈述其意见的机会，体现了行政民主和公开透明的时代要求。国家知识产权局自1985年实施《专利法》之初就执行了本条规定，采取了上述工作方式，这在当时我国政府部门中实属少见。随着我国依法行政的要求不断提高，这种工作方式已经为我国各级政府所普遍采用。

总之，从各方面来看，本条规定都是必不可少的。

第三十八条　发明专利申请经实质审查后的驳回

发明专利申请经申请人陈述意见或者进行修改后，国务院专利行政部门仍然认为不符合本法规定的，应当予以驳回。

本条规定在1984年制定的《专利法》中即已存在，1992年、2000年和2008年三次修改《专利法》均未对其实质性规定进行修改。

根据本条规定，在实质审查过程中，申请人针对国家知识产权局作出的审查意见通知书陈述意见或者对其申请文件进行修改后，国家知识产权局认为该专利申请仍不符合《专利法》规定的，应当作出驳回该申请的决定。

如前面所述，申请人在实质审查过程中有陈述意见和对其申请文件进行修改的机会。这样的机会可能有多次，但是不可能无限制地进行下去，到一定的时候实质审查程序就必须终止。驳回决定是国家知识产权局宣告实质审查程序终止的行政决定。

作出驳回决定，意味国家知识产权局认定一件发明专利申请不能被授予专利权，对申请人而言关系重大。因此，国家知识产权局在作出驳回决定之前，必须将其认定发明专利申请不符合《专利法》或者《专利法实施细则》有关规定的事实、理由和法律依据告知申请人，并为申请人提供至少一次陈述意见或进行修改的机会。只有当申请人在指定期限内未能提出使国家知识产权局信服其审查意见存在不当之处的证据和理由，也未对其申请文件进行必要修改使之符合《专利法》和《专利法实施细则》的有关规定，该申请才能被驳回。有人将其称为“听证原则”，它是专利审查程序的一个十分重要的原则，对保障申请人的合法权益有十分重要的意义。国家知识产权局作出的驳回决定如果违反了这一原则，那么即使其审查意见和结论本身是正确的，在复审和随后的司法程序中也将被认为是严重的程序错误而导致撤销该驳回决定。

但是，“听证原则”也并不意味着只要申请人在其答复中陈述了过去不曾说过的理由，或者又对其申请文件进行了新的修改，国家知识产权局就必须再次发出审查意见通知书，告诉申请人其陈述的理由不成立，指出其提出的修改仍不能消除申请文件存在的缺陷，直到申请人“无理由可说、无修改可作”的程度才能作出驳回决定。倘若如此，实质审查程序就会永无尽头。只要国家知识产权局已经发出过审查意见通知书，并认为申请人陈述的理由无助于改变其审查意见，提交的修改也不能消除申请文件中的全部缺陷，就可以作出驳回决定。“听证原则”最为重要、最为实质的含义是指必须确保国家知识产权局作出的驳回决定所引用的法律依据及其指出的理由不能是申请人在对其发明专利申请的实质审查过程中完全不曾听说过的。

1985年制定的《专利法实施细则》第五十三条的开头部分规定：“依照专利法的规定，专利申请应当予以驳回的情形是……”这一规定存在两个问题：一是表明驳回发明专利申请的法律依据只能是《专利法》的有关规定，而不能是《专利法实施细则》的有关规定，这与实际做法不相一致；二是笼统地说“专利申请应当予以驳回的情形”覆盖了所有三种类型的专利申请，而该条规定实际上仅指发明专利申请，因为经初步审查驳回实用新型和外观设计专利申请的法律依据在《专利法实施细则》第四十四条中已另作规定。针对上述问题，1992 年修改《专利法实施细则》时将其修改为："依照专利法和本细则规定，发明专利申请经实质审查应当予以驳回的情形是指……"

然而，1992 年修改的《专利法实施细则》第五十三条的规定仍然存在问题，这就是该条列举的驳回发明专利申请的法律依据是否是穷尽性的？由于本条规定"认为不符合本法规定的，应当予以驳回"，与《专利法实施细则》第五十三条的规定不完全吻合，因而引发了意见分歧。一种观点认为，发明专利申请不符合《专利法》的任何有关规定的，即使该规定不属于《专利法实施细则》第五十三条列出的驳回发明专利申请的法律依据，也可以直接通过适用本条规定予以驳回。这种意见分歧导致了审查标准的不一致，引起了申请人的不满。应当认为，上述观点是不妥当的，因为假若如此，就没有必要在《专利法实施细则》中写入第五十三条的规定。为了消除上述意见分歧，2001 年修改《专利法实施细则》时，将其第五十三条的开头部分修改为："依照专利法第三十八条的规定，发明专利申请经实质审查应当予以驳回的情形是指……"

除了《专利法实施细则》第五十三条开头部分的规定之外，1992 年、2001 年和 2010 年三次修改《专利法实施细则》均对该条所列举的可以用作驳回发明专利申请的法律依据进行了调整。依据 2010 年修改的《专利法实施细则》第五十三条的规定，驳回发明专利申请的情形限于下列各项：

（1）发明专利申请的主题不符合《专利法》第二条第二款关于发明的定义，即不属于对产品、方法或者其改进所提出的技术方案；

（2）发明专利申请的主题属于《专利法》第五条规定的情形，即发明创造违反国家法律、社会公德或者妨害公共利益，或者发明创造的完成依赖于违法获取的遗传资源或者对遗传资源的违法利用；

（3）发明专利申请的主题属于《专利法》第二十五条规定的不授予专利权的各项内容，例如科学发现，智力活动的规则、方法，疾病的诊断、治疗方法等；

（4）发明专利申请依照《专利法》第九条的规定不能授予专利权，即申请人对同样的发明提出了两项以上发明或者实用新型专利申请，或者申请人不是对同样的发明最先提出申请的人；

（5）发明专利申请违反《专利法》第二十条第一款的规定，即所涉及的发明系在中国完成，申请人事先未请求国家知识产权局进行保密审查或者虽然请求但未获许可，即擅自就该发明向外国申请专利；

（6）发明专利申请要求保护的发明不符合《专利法》第二十二条的规定，即不具备新颖性、创造性或者实用性；

（7）发明专利申请的说明书不符合《专利法》第二十六条第三款的规定，即说明书没有对发明作出清楚、完整的说明，导致所属领域的技术人员不能实现该发明；

（8）发明专利申请的权利要求书不符合《专利法》第二十六条第四款的规定，即权利要求书没有以说明书为依据，或者权利要求书未清楚、简明地限定要求保护的范围；

（9）发明专利申请的申请文件不符合《专利法》第二十六条第五款的规定，即对依赖遗传资源完成的发明创造未说明该遗传资源的直接来源和原始来源，或者声明无法说明该遗传资源的来源，却未陈述其理由；

（10）发明专利申请不符合《专利法》第三十一条第一款的规定，即不具备单一性；

（11）对发明专利申请的修改不符合《专利法》第三十三条的规定，即修改超出原说明书和权利要求记载的范围；

（12）发明专利申请的独立权利要求不符合《专利法实施细则》第二十条第二款的规定，即没有从整体上反映发明的技术方案，记载解决发明所要解决的技术问题的必要技术特征；

（13）分案的发明专利申请不符合《专利法实施细则》第四十三条第一款的规定，即分案申请超出原申请记载的范围。

在任何国家的专利制度中，驳回专利申请的法律依据以及请求宣告专利权无效的法律依据都是十分重要的问题，各国都在其专利法中予以规定。然而，我国却采用了将这些法律依据在《专利法》和《专利法实施细则》中分别予以规定的做法。这样做是否恰当值得商榷，因为各国的专利法实施细则基本上都仅仅对诸如各种手续之类的具体事项作出规定。本条规定“国务院专利行政部门仍然认为不符合本法规定的，应当予以驳回”。严格遵循法律条文的含义，应当认为只有《专利法》的有关规定才能作为驳回发明专利申请的法律依据，不包括《专利法实施细则》的有关规定。2008 年修改《专利法》时，已经有意识地将一部分原本在《专利法实施细则》中予以规定的条文转移到《专利法》中，例如 2010 年修改前的《专利法实施细则》第二条关于发明、实用新型和外观设计的定义、第十三条第一款关于禁止重复授权原则的规定、第二十条第一款关于权利要求书应当清楚简明的要求等，然而还不够彻底，在《专利法实施细则》中还遗留了一些作为驳回发明专利申请的法律依据的规定。对此，在下一次修改《专利法》和《专利法实施细则》时应当予以考虑。

由于发明专利申请自申请日起满 18 个月即予以公布，申请内容自公布之日起已经为公众所知，所以在驳回发明专利申请的决定生效后，申请人本人以及其他人均不可能再就同样的发明申请并获得专利权。

第三十九条 发明专利权的授予

发明专利申请经实质审查没有发现驳回理由的，由国务院专利行政部门作出授予发明专利权的决定，发给发明专利证书，同时予以登记和公告。发明专利权自公告之日起生效。

本条所述“发明专利申请经实质审查没有发现驳回理由的”，包括两种情况：一是经实质审查后没有发现申请文件存在不符合《专利法》和《专利法实施细则》有关规定的缺陷，因而不存在予以驳回的理由；二是经实质审查发现专利申请有不符合《专利法》和《专利法实施细则》有关规定的缺陷，但是经过申请人的修改克服了所存在的缺陷，因而不再存在予以驳回的理由。

虽然从条文上看，授权过程主要是由国家知识产权局进行的一系列行为，如作出决定、登记、公告以及颁发证书等，但需要注意授权程序也并非只是国家知识产权局单方面进行的行为，仍需要申请人的参与和配合。本条条文给人一种印象，似乎只要发明专利申请不存在予以驳回的理由，国家知识产权局就会径直作出授予专利权的决定，发给发明专利证书，同时予以登记和公告。然而现实并非如此，因为《专利法实施细则》第五十四条规定：

> 国务院专利行政部门发出授予专利权的通知后，申请人应当自收到通知之日起 2 个月内办理登记手续。申请人按期办理登记手续的，国务院专利行政部门应当授予专利权，颁发专利证书，并予以公告。
>
> 期满未办理登记手续的，视为放弃取得专利权的权利。

由此可见，从实质审查工作结束，发明专利申请处于可以授予发明专利的状态，到作出授予发明专利权的决定，其间还要经历一个程序，即国家知识产权局首先发出授权通知，要求申请人在规定期限内办理登记手续，只有按期办理有关手续并且手续合格的，才能作出授予发明专利权的决定。

被授予的发明专利权从哪一天开始生效，这显然是一个十分重要的问题。《专利法》《专利法实施细则》对此问题的规定有一个演变的过程。

在 1984 年制定的《专利法》中，本条规定：

> 发明专利申请经实质审查没有发现驳回理由的，专利局应当作出审定，予以公告，并通知申请人。

之所以规定即使发明专利申请经实质审查没有发现驳回理由的，专利局也仅仅只是作出审定并予以公告，而不是直接作出授予发明专利权的决定，是因为当时的《专利法》规定审定公告后还有 3 个月的异议期，公众可以在此异议期内提出异议，以防止不符合《专利法》规定的发明专利申请被授予专利权。

1992 年修改《专利法》时，将授予发明专利权之前的异议程序改为授予专利权之后的撤销程序，这一变动必然导致对本条规定也需要作出相应修改。1992 年修改的本条规定：

发明专利申请经实质审查没有发现驳回理由的，专利局应当作出授予发明专利权的决定，发给发明专利证书，并予以登记和公告。

然而，无论是 1984 年制定的《专利法》还是 1992 年修改的《专利法》，其本条规定都还存在一个问题，即没有明确被授予的专利权从哪一天起生效。按照上述规定，发明专利权的授权过程需要专利局作出若干行为，即作出授予发明专利权的决定、发给发明专利证书、予以登记、予以公告。这些行为的作出必定有一个先后顺序，不可能同一天完成，因此发出授权通知书之日、登记日、公告日、专利证书颁发日实际上各不相同。究竟应当以哪一个日期作为专利权的生效日？由于 1984 年制定的《专利法》和 1992 年修改的《专利法》均没有明确规定，因此必然导致不同观点。

为了澄清这一问题，1992 年修改《专利法实施细则》时在第五十四条第一款的末尾增加了一句话，规定专利权以颁发证书之日为专利权生效之日。

这一规定虽然明确了专利权的生效日，但是却存在值得商榷之处，具体体现在：

第一，对于专利权这种经国家授权而产生的重要权利来说，权利的起始时间点和终止时间点都应当在《专利法》中作出明确规定。将此重要问题在《专利法实施细则》中规定，而不是在《专利法》中规定不够妥当。

第二，“颁发证书之日”的措辞本身也不够准确。国家知识产权局向申请人颁发专利证书一般采取邮寄的方式，故国家知识产权局在专利证书上注明的颁证日期、专利证书的邮寄日期以及申请人实际收到证书的日期各不相同，所谓“颁发证书之日”，到底是指其中哪一个日期？后来在实践中采用了以专利证书上注明的颁证日期作为专利权生效日的做法。

第三，以“颁发证书之日”作为专利权生效日期的规定本身也不够合理。《专利法》第十一条规定，专利权被授予后，任何单位或者个人未经专利权人许可，均不得为生产经营目的实施其专利，否则就构成了侵犯该专利权的行为。其中所述“专利权被授予后”，应当被理解为“专利权生效后”。根据该条规定，专利权是一种自其权利生效日起对我国所有单位和个人均有约束效力的无形财产权，因此其生效需要予以公示，让公众能够通过正当途径知晓权利的生效，才有理由让公众承担不得侵犯该专利权的义务。因此，以公告之日作为专利权的生效日比以颁发证书之日作为生效日期更为合理。这一点对发明专利来说尤为重要，因为发明专利申请已经事先予以公布，公众实际上早已得知有关发明，但是在国家知识产权局作出授予发明专利权的决定或者驳回该发明专利申请的决定并予以公告之前，公众不知道是否能够实施该发明，因而实际上处于一种等待状态。国家知识产权局公告其授权决定，就意味着宣告该等待状态终止，让公众知道该发明已经正式受到法律保护。实践中，由于公告需要进行一定的准备工作，因此公告日往往晚于颁证日，于是会导致出现要求公众在尚不知情的情况下承担不得侵犯专利权的义务的结果。此外，《专利法》第四十五条规定无效宣告请求只有在授权公告日之后才能提出。如果以颁发证书之日作为专利权的生效日，也就是专利权人自颁发证书之日起就能够行使其权利，就会导致专利权人可以提出侵权控告，而被告却无法提出无效宣告请求的不合理现象。由于最高人民法院有关司法解释对专利侵权案件中因提出专利权无效而中止侵权诉讼的请求有严格限制，这一不合理现象变得更为突出。

基于上述理由，2000 年修改《专利法》时，在本条末尾增加了一句话，规定发明专利权自公告之日起生效。

此外，本条规定“发给发明专利证书，同时予以登记和公告”，其中“同时”二字也是 2000 年修改《专利法》时增加的，这对国家知识产权局的工作提出了更高的要求，要求国家知识产权局做到同时完成颁发专利证书、登记、公告这三件事情，以防止产生矛盾和问题。

2008 年修改《专利法》时，未对本条进行修改。

第四十条　实用新型、外观设计专利权的授予

实用新型和外观设计专利申请经初步审查没有发现驳回理由的，由国务院专利行政部门作出授予实用新型专利权或者外观设计专利权的决定，发给相应的专利证书，同时予以登记和公告。实用新型专利权和外观设计专利权自公告之日起生效。

依照《专利法》第三十四条和本条的规定，对发明、实用新型和外观设计专利申请均要进行初步审查。不同之处在于：发明专利申请经初步审查合格之后将予以公布，但不立即授予发明专利权，能否授予发明专利权还需经过随后进行的实质审查才能确定；实用新型和外观设计专利申请经初步审查合格之后，直接授予实用新型或者外观设计专利权。由此可见，初步审查同为三种专利申请的必经程序，因而在我国的专利制度中占有重要地位。

《专利法实施细则》第四十四条规定了初步审查的含义。1984 年制定的《专利法实施细则》第四十四条仅仅作了十分原则性的规定：

> 经初步审查，专利局认为专利申请明显属于专利法第五条或者第二十五条规定，或者明显不符合专利法第十八条、第十九条或者本细则第二条规定的，应当通知申请人，要求其在指定期限内陈述意见；申请人无正当理由期满不答复的，其申请被视为撤回。
>
> 专利申请经申请人陈述意见后，专利局仍然认为明显不符合前款所列各条规定的，应当予以驳回。

上述规定将初步审查的范围限定得过于狭窄。如果初步审查严格拘泥于上述范围，则不仅可能导致被授予的实用新型和外观设计专利权存在其他明显实质性缺陷，还可能导致专利文件存在各种形式缺陷，从而使实用新型和外观设计专利的质量过低。此外，也可能导致公布的发明专利申请存在其他明显实质性缺陷和各种形式缺陷。

基于上述原因，1992 年修改《专利法实施细则》时大大强化了第四十四条的规定，不仅调整了原有两款的规定，而且在第一款中增加了三项规定，分别列举了需要通过初步审查予以纠正的发明、实用新型和外观设计专利申请的明显实质性缺陷。

2001 年和 2010 年修改《专利法实施细则》时，均对第四十四条的规定进行了修改，主要是调整其第一款的三项规定所列出的初步审查事项，其中 2010 年修改的《专利法实施细则》还在第四十四条第一款中增加了第（四）项规定。

需要注意的是，《专利法实施细则》第四十四条规定的初步审查不仅包括其第一款的（四）项规定中列举的事项，还包括第一款的开头部分表述的事项，因为该开头部分的规定是：

> 专利法第三十四条和第四十条所称初步审查，是指审查专利申请是否具备专利法第二十六条或者第二十七条规定的文件和其他必要的文件，这些文件是否符合规定的格式，并审查

下列各项：

根据《专利法实施细则》第四十四条第一款的规定，初步审查涵盖的审查事项可以分为三种类型：一是对专利申请文件的形式审查，即专利申请是否包含《专利法》第二十六条或者第二十七条规定的申请文件，以及这些文件是否符合规定的格式；二是对其他必要文件的形式审查，即申请人是否提交了其他必要文件，以及这些文件是否符合规定的格式；三是对申请文件的明显实质性缺陷审查，即发明、实用新型和外观设计专利申请文件是否存在第四十四条第一款第（一）项至第（三）项分别列举的明显实质性缺陷。

《专利法实施细则》第四十四条第二款规定了初步审查的审查方式以及不符合有关规定的法律后果，即：

> 国务院专利行政部门应当将审查意见通知申请人，要求其在指定期限内陈述意见或者补正；申请人期满未答复的，其申请视为撤回。申请人陈述意见或者补正后，国务院专利行政部门仍然认为不符合前款所列各项规定的，应当予以驳回。

《专利审查指南 2010》第一部分第一章、第二章和第三章分别对发明、实用新型和外观设计专利申请的初步审查作了详细规定，进一步扩充了初步审查的范围，体现在：第一，除《专利法实施细则》第四十四条第一款规定的前三种类型的初步审查事项之外，又增加了第四种类型的初步审查事项，即有关费用的审查；第二，将第二种类型的审查事项扩大到不仅包括对其他必要文件的形式审查，还包括对其他手续的形式审查。按照《专利审查指南 2010》的规定，初步审查的范围十分广泛，覆盖了方方面面的审查事项。

《专利法实施细则》第四十四条第一款与第二款之间的配合，以及《专利审查指南 2010》有关规定与该条规定之间的配合，均存在值得探讨的问题。

首先，《专利法实施细则》第四十四条第二款所述"不符合前款所列各项规定的，应当予以驳回"的含义是什么？其中，"前款所列各项规定"仅仅包括第一款中明确列出的各项规定（第一款开头部分列出的《专利法》第二十六条、第二十七条以及随后四项规定中列出的《专利法》和《专利法实施细则》的有关规定），还是也包括第一款开头部分通过"这些文件是否符合规定的格式"的条文以隐含方式涉及的《专利法》和《专利法实施细则》的所有有关规定？两种理解的结果有很大差别，《专利审查指南 2010》明显采取了上述第二种理解方式，其规定的初步审查范围涉及的《专利法》和《专利法实施细则》的有关条款明显超出了《专利法实施细则》第四十四条第一款直接列出的条款。

问题在于无论采用上述哪一种理解，都会产生不当之处。

若是作前一种理解，对专利申请文件存在的一些形式缺陷就难以找到如何予以处置的法律依据。例如，《专利法实施细则》第一百二十一条规定各类申请文件应当打字或者印刷，字迹呈黑色，整齐清晰，并不得涂改。如果该条不是经初步审查后可以用于驳回专利申请的法律依据，则当申请文件不符合该条规定时，国家知识产权局就不知道当如何处置。

若是作后一种理解，就会得出这样的结论，即申请人未提交其他必要文件或者提交的其他必要文件不符合要求的，其法律后果统统都是驳回其专利申请。这一结论显然不正确。例如，申请人要求享受新颖性宽限期，但是未按照《专利法实施细则》第三十条第三款规定提交有关证明文件的，其法律后果应当是不能享受新颖性宽限期，而不是驳回专利申请。这一结果有可能导致因申请专利的发明创造不具备新颖性或者创造性而驳回该专利申请，但驳回的法律依据应当是《专利法》第二十二条第二款或者第二十三条第一款，而不是《专利法实施细则》第三十条。又例如，申请人应当提交生物材料保藏而未提交或者保藏不符合规定的，其法律后果应当是未保藏或者视为未保藏。这一结果有可能导致因专利申请公开不充分而驳回该专利申请，但驳回的法律依据应当是《专利法》第二十六条第三款，而不是《专利法实施细则》第二十四条。

这表明，《专利法实施细则》第四十四条第二款关于初步审查法律后果的规定需要予以改进，但是应当如何改进则较为复杂。

其次，《专利法实施细则》第四十四条第二款采用的措辞是“补正”，而不是“修改”。对申请人提交的其他必要文件存在的缺陷而言，采用“补正”这一措辞或许比采用“修改”这一措辞更为适合；但是对申请文件存在的缺陷而言，申请人到底应当作出“补正”还是作出“修改”，却存在含糊之处。

《专利审查指南 2010》第一部分第一章、第二章和第三章的第三节分别规定了初步审查的审查程序，并采用了平行的基本上相同的规定方式。以第一章为例，第 3.2 节的标题是“申请文件的补正”，规定：

> **初步审查中，对于申请文件存在可以通过补正克服的缺陷的专利申请，审查员应当进行全面审查，并发出补正通知书。**

第 3.3 节的标题是“明显实质性缺陷的处理”，规定：

> **初步审查中，对于申请文件存在不可能通过补正方式克服的明显实质性缺陷的专利申请，审查员应当发出审查意见通知书。**

上述两处规定旨在让审查员明了何时应当发出“补正通知书”，何时应当发出“审查意见通知书”。然而，在没有对哪些缺陷属于“可以通过补正克服的缺陷”作出明确界定的情况下，第 3.2 节的规定无异于“该发出补正通知书时应当发出补正通知书”，是一种循环定义。

对上述两种缺陷，即“可以通过补正克服的缺陷”以及“不可能通过补正方式克服的缺陷”，申请人应当通过何种方式予以处理，《专利审查指南 2010》的规定也存在疑问。

第 3.4 节的标题是“通知书的答复”，规定：

> **申请人在收到补正通知书或者审查意见通知书后，应当在指定的期限内补正或者陈述意见。**

第 3.5 节的标题是“申请的驳回”，规定：

> **申请文件存在明显实质性缺陷，在审查员发出审查意见通知书后，经申请人陈述意见或者修改后仍然没有消除的，或者申请文件存在形式缺陷，审查员对该缺陷已发出过两次补正通知书，经申请人陈述意见或者补正后仍然没有消除的，审查员可以作出驳回决定。**

将上面四处规定结合起来，第 3.4 节提到“申请人在收到补正通知书或者审查意见通知书后，应当在指定的期限内补正或者陈述意见”，然而第 3.3 节已经规定只有在存在不可能通过补正方式克服的明显实质性缺陷的情况下，初审审查员才需要发出审查意见通知书，这似乎意味申请人对审查意见通知书的答复仅限于“陈述意见”这一种方式，而不包括进行补正。然而，第 3.5 节紧接着又规定，申请人答复审查意见通知书的方式不仅包括“陈述意见”，还包括对申请文件进行“修改”。这表明，“明显实质性缺陷”不可以通过补正予以“克服”，但是可以通过修改予以“消除”，两者的区别是什么？

产生上述问题的根源在于《专利法实施细则》第四十四条第二款提出了“补正”的概念。《专利法》只提及对专利申请文件的修改，而没有提及对申请文件的补正。正因为如此，《专利审查指南 2010》试图将“补正”与“修改”区分开来，分别设计了“补正通知书”和“审查意见通知书”这两种不同类型的通知书。然而，《专利法实施细则》第四十四条第二款一开头就明确规定“国务院专利行政部门应当将审查意见通知申请人，要求其在指定期限内陈述意见或者进行补正”，其中告知审查意见的文件是否就是“审查意见通知书”？如果应当作此理解，则《专利审查指南 2010》第 3.3 节的规定与之不符。

应当认为，对申请文件的“补正”也属于“修改”的范畴。《专利法》第三十三条规定对发明和实用新型专利申请文件的修改不得超出原说明书和权利要求记载的范围，对外观设计专利申请文件的修改不得超出原图片或者照片表示的范围，这一关于修改专利申请文件的基本原则同样应当适用于对专利申请文件的“补正”。既然如此，《专利法实施细则》关于申请人对其专利申请文件作出变动的规定最好采用与《专利法》一致的措辞，以避免在法律概念上产生不必要的混淆。

再者，由于《专利法实施细则》第四十四条第一款的开头部分采用了“是否具备其他必要的文件”、“这些文件是否符合规定的格式”的笼统表述方式，其内涵具有很大弹性，导致初步审查的范围只能根据《专利审查指南 2010》的细化规定来确定。如前所述，国家知识产权局作出驳回专利申请的决定，意味着国家知识产权局的审查程序以认定该专利申请不能被授予专利权而告一段落，这对申请人而言毋庸置疑是一件大事。对实质审查，《专利法实施细则》第五十三条以穷尽方式逐一列出经实质审查后驳回发明专利申请的各项法律依据，体现了法律应当具备的完备性和严谨性；然而对初步审查，《专利法实施细则》第四十四条隐含的经初步审查后驳回专利申请的法律依据范围不仅很宽而且很含糊，甚至可以说很难准确地一一列举，两者之间的反差太大。

上述问题在 2001 年修改《专利法实施细则》时就有人提出来了，但该次修改未能作出相应调整，其结果是保持《专利法实施细则》第四十四条的基本构架，仅仅进行了个别措辞的修改。2010 年修改《专利法实施细则》前，国家知识产权局于 2009 年 2 月 27 日上报国务院的《国家知识产权局关于提请审议〈专利法实施条例〉修订草案（送审稿）的请示》中建议将《专利法实施细则》第四十四条第一款的开头部分修改为：

> **专利法第三十四条和第四十条所称初步审查，是指审查专利申请是否具备专利法第二十六条或者第二十七条规定的文件和其他必要的文件，并审查下列各项：……**

同时，建议在第一款中增加第（四）项，规定：

> **（四）申请文件是否符合本细则第二条、第三条第一款的规定。**

与此相配合，建议将《专利法实施细则》第二条的规定修改为：

> **专利法和本细则规定的各种手续，应当以书面方式或者国务院专利行政部门规定的其他形式办理。**

当事人向国务院专利行政部门提交的各种文件，应当符合规定的格式要求。

之所以提出上述一系列修改建议，目的在于至少部分地解决上述问题，尽可能使国家知识产权局经初步审查作出驳回专利申请的决定针对的各具体事由在《专利法实施细则》中都有明确的法律依据。

然而，2010 年修改《专利法实施细则》的结果是维持第四十四条第一款开头部分以及第二款的规定不变，同时又在第一款中增加了国家知识产权局建议的第（四）项规定。这不仅没有解决该条修改前存在的问题，反而还带来了新的问题，因为增加的第四十四条第一款第（四）项与该款开头部分的规定显得重复。

如此看来，除非对《专利法实施细则》的整体框架结构作较大调整，否则很难从根本上解决上述问题。

本条关于实用新型和外观设计专利权的授权手续以及生效日期的规定与《专利法》第三十九条的规定相同，故不再赘述。

第四十一条　专利申请的复审

国务院专利行政部门设立专利复审委员会。专利申请人对国务院专利行政部门驳回申请的决定不服的，可以自收到通知之日起三个月内，向专利复审委员会请求复审。专利复审委员会复审后，作出决定，并通知专利申请人。

专利申请人对专利复审委员会的复审决定不服的，可以自收到通知之日起三个月内向人民法院起诉。

一、概　述

本条第一款规定"国务院专利行政部门设立专利复审委员会"，这表明专利复审委员会是国家知识产权局的内设部门。《专利法实施细则》第五十九条进一步规定：

专利复审委员会由国务院专利行政部门指定的技术专家和法律专家组成，主任委员由国务院专利行政部门负责人兼任。

专利复审委员会作为国家知识产权局的一个内设部门，其机构名称以及人员组成、领导头衔和工作职责分别由《专利法》《专利法实施细则》予以规定，这在国家知识产权局的所有内设部门中是惟一的，足以显示专利复审委员会在整个专利制度中的特殊地位。

专利复审委员会的职责主要有两项：一是就专利申请人对国家知识产权局驳回专利申请的决定不服而提出的复审请求进行审查，作出复审决定；二是就任何人对已经授予的专利权提出的无效宣告请求进行审查，作出无效宣告请求审查决定。其中，第一项职责由本条予以规定，第二项职责由《专利法》第四十六条予以规定。

根据《专利法》的规定，国家知识产权局对其受理的三种专利申请均要进行初步审查；发明专利申请的申请人请求实质审查的，还要对其专利申请进行实质审查。经初步审查和实质审查，国家知识产权局认为专利申请不符合《专利法》《专利法实施细则》的有关规定的，应当首先通知申请人，告知其可以在指定期限内陈述意见或者对其专利申请文件进行补正、修改。经申请人陈述意见或者作出补正、修改，国家知识产权局认为仍不符合《专利法》《专利法实施细则》的有关规定的，可以作出驳回其专利申请的决定。然而，即使经过上述程序，仍然难以保证国家知识产权局作出的驳回专利申请的决定都是合理、正确的。申请人作出的发明创造能否获得专利权，从而得到有效的法律保护，关系到申请人的重大利益，在我国建立市场经济体制之后尤其如此。为了更为充分地保障申请人的合法权益不受侵害，我国在1984年建立专利制度之初就建立了允许申请人对国家知识产权局作出的驳回专利申请的决定不服而提出申诉的制度。专利复审委员会依申请人的请求进行复审是申诉制度的第一个环节。

驳回专利申请的决定是以国家知识产权局的名义作出的，对该决定不服而请求复审的，仍然由国家知识产权局的一个内设部门进行审查，这似乎存在不够合理之处。例如，德国专利法规定，申请人对德国专利局驳回其专利申请的决定不服的，可以向德国联邦专利法院起诉，而不是向德国专利局提出申诉；又例如，《商标法》规定，申请人对商标局驳回其商标注册申请的决定不服的，可以请求商标评审委员会进行复审，《商标法实施条例》规定商标评审委员会与商标局是彼此独立的不同行政部门。然而，世界上也有不少国家的专利制度采取了不同的做法。例如在美国、日本，申请人对美国专利与商标局、日本特许厅驳回其专利申请的决定不服的，首先要向其内设的申诉委员会、审判部提出申诉，而不是直接向有关法院起诉。我国采取的做法与美国、日本的相同。

二、复审程序

（一）复审请求

根据本条规定，专利申请人对国家知识产权局驳回其申请的决定不服请求复审的，应当在收到国家知识产权局驳回决定之日起 3 个月内，向专利复审委员会提出复审请求。

应当注意的是，只有针对国家知识产权局作出的驳回专利申请的决定，申请人才能够向专利复审委员会提出复审请求。在初步审查和实质过程中，国家知识产权局有可能作出种种对申请人不利的决定或者处理结果，但并非都以驳回专利申请的方式作出。例如，按照《专利法实施细则》第三十九条的规定，专利申请文件不符合该条规定的要求的，国家知识产权局将作出申请不予受理的决定；按照《专利法》第三十五条的规定，申请人未在自申请之日起的 3 年之内提出实质审查请求的，其专利申请即被视为撤回；按照《专利法》第三十六条第二款的规定，国家知识产权局要求申请人在指定期限内提交其他国家对其专利申请进行检索和审查的资料，申请人无正当理由逾期不提交的，该申请即被视为撤回；按照《专利法实施细则》第四十四条的规定，国家知识产权局在初步审查过程中将审查意见通知申请人，要求其在指定期限内陈述意见或者进行补正，申请人逾期不答复的，其申请即被视为撤回；按照《专利法》第三十七条的规定，国家知识产权局在实质审查过程中发出审查意见通知书，要求申请人在指定期限内陈述意见或者对其申请进行修改，申请人逾期不答复的，其申请即被视为撤回；按照《专利法实施细则》第三十条的规定，申请人要求享受新颖性宽限期，但未提交该条规定的证明文件的，其申请将不能享受新颖性宽限期；按照《专利法实施细则》第三十一条的规定，申请人要求享受优先权，但未满足该条规定的要求的，将视为未要求优先权，等等。对上面列举的以驳回专利申请之外的方式作出的对申请人不利的决定或者审查结果，《专利法实施细则》和《专利审查指南 2010》为申请人提供了相应的补救措施，但不是通过向专利复审委员会提出复审请求的方式予以补救。

随着我国法治建设的不断发展和完善，1989 年 4 月制定了《行政诉讼法》，规定公民、法人或者其他组织认为行政机关和行政机关工作人员作出的具体行政行为侵犯其合法利益的，有权向法院提起行政诉讼；1999 年 4 月制定了《行政复议法》，规定公民、法人或者其他组织认为具体行政行为侵犯其合法利益的，可以提出行政复议请求。国家知识产权局作出驳回专利申请的决定的行为无疑属于具体行政行为，由此产生的问题是：申请人除了请求专利复审委员会进行复审之外，是否还可以直接向法院提起行政诉讼或者提出行政复议？《行政诉讼法》第三十七条第二款规定“法律、法规规定应当先向行政机关申请复议，对复议不服再向人民法院提起诉讼的，依照法律、法规的规定”。根据该条规定，申请人对国家知识产权局驳回其专利申请的决定不能直接向法院提起行政诉讼。在《行政复议法》施行之后，国家知识产权局制定了《国家知识产权局行政复议规程》，规定了可以向国家知识产权局提出行政复议请求的事由及其程序，同时明确规定对国家知识产权局作出的驳回专利申请的决定以及专利复审委员会作出的复审决定和无效宣告请求审查决定均不能申请行政复议。[1]根据该规程的规定，申请人对国家知识产权局驳回其专利申请的决定只能向专利复审委员会提出复审请求，而不能向国家知识产权局提出行政复议请求。本条规定的复审程序是一种专门的行政程序，本来就具有行政复议的性质；但是根据本条规定，其名称有所不同。所以，不可将驳回专利申请的复审程序与国家知识产权局就其他事由进行的行政复议程序混淆起来。

申请人向专利复审委员会提出复审请求的，应当按照《专利法实施细则》第六十条的规定，提交复审请求书，说明理由，必要时附具有关证据。复审请求不符合《专利法》第十九条第一款的规定，即申请人是在中国没有经常居所或者营业所的外国人、外国企业或者外国其他组织而未委托我国依法设立的专利代理机构予以代理的，以及不符合本条第一款规定的，专利复审委员会不予受理；复审请求书不符合规定格式的，复审请求人应当在专利复审委员会指定的期限内补正；期满未补正的，该复审请求视为未提出。

复审请求人在提出复审请求时或者在答复专利复审委员会发出的复审通知书时，可以对其申请文件进行修改。所述修改应当限于消除驳回决定或者复审通知书指出的缺陷。

（二）复审程序

专利复审委员会受理复审请求后，按下述程序进行复审。

（1）根据《专利法实施细则》第六十二条的规定，专利复审委员会应当首先将复审请求书转交国家知识产权局的原审查部门，由原审查部门进行前置审查。

（2）经前置审查，原审查部门同意复审请求人陈述的理由或者认为复审请求人对专利申请文件的修改克服了原驳回决定指出的缺陷，同意撤回原驳回决定的，专利复审委员会应当据此作出撤回原驳回决定的复审决定，并通知复审请求人。

（3）经前置审查，原审查部门认为复审请求人陈述的理由以及对专利申请文件提出的修改均不能克服原驳回决定指出的缺陷，坚持原驳回决定的，由专利复审委员会成立合议组对复审请求进行审查。

（4）经审查，专利复审委员会认为复审请求不成立的，应当通知复审请求人，要求其在指定的期限内陈述意见；期满未答复的，该复审请求被视为撤回；经陈述意见或者进行修改后，专利复审委员会认为专利申请仍不符合《专利法》和《专利法实施细则》有关规定的，应当作出维持原驳回决定的复审决定。专利复审委员会认为原驳回决定不符合《专利法》和《专利法实施细则》的有关规定，或者认为经过修改的专利申请文件克服了原驳回决定指出的缺陷的，应当作出撤销原驳回决定的复审决定，由原审查部门继续进行审批程序。

（5）专利复审委员会作出复审决定后，应当以书面方式通知复审请求人。

---

[1] 国家知识产权局令第二十四号，2002年7月25日公布。

（6）复审请求人在专利复审委员会作出复审决定之前，可以撤回其复审请求。复审请求人在专利复审委员会作出复审决定之前撤回其复审请求的，复审程序终止。

（三）复审决定的效力和后续程序

按照本条第二款的规定，专利复审委员会作出的复审决定不是终局决定，复审请求人对专利复审委员会作出的复审决定不服的，还有获得司法救济的机会，即可以自收到专利复审委员会的通知之日起 3 个月内向北京市中级人民法院提起行政诉讼。

上述规定有一个历史演变的过程。1984 年制定的《专利法》第四十三条第三款规定：

> 专利复审委员会对申请人关于实用新型和外观设计的复审请求所作出的决定为终局决定。

1992 年修改《专利法》时，保留了上述规定，未作修改。

2000 年修改《专利法》时，将第四十三条的序号改为第四十一条，同时取消了专利复审委员会作出的关于实用新型和外观设计专利申请的复审决定为终局决定的规定，规定复审请求人对专利复审委员会作出的关于发明、实用新型和外观设计专利申请的复审决定不服的，均可以向人民法院起诉。

专利复审委员会是行政机关，其作出复审决定的行为属于具体行政行为。按照《行政诉讼法》的规定，复审请求人对复审决定不服应当可以向法院提起行政诉讼。但是，《专利法》的制定早于《行政诉讼法》，当时考虑到我国专利制度尚处于建立的初期，法院还缺乏开展专利审判工作的实践经验，如果规定对专利复审委员会作出的所有决定不服的当事人均可以向法院提起行政诉讼，有可能会过分增大法院的工作负担。因此，在权衡利弊的基础上，对三种专利申请的复审决定作了区别对待，即规定复审请求人对关于发明专利申请的复审决定不服的，可以向法院起诉；专利复审委员会作出的关于实用新型和外观设计专利申请的复审决定为终局决定。

到 2000 年修改《专利法》时，情况已经发生了较大变化：第一，《行政诉讼法》是对我国行政管理制度的根本性变革，深得民心，《专利法》的有关规定应当与之保持一致；第二，我国专利制度经过十余年的实践，法院审理专利案件的能力已经大为提高；第三，TRIPS 第 62 条第 5 款明确规定，在知识产权的获得与维持以及有关当事人之间的程序中作出的终局行政决定应当受司法机关或者准司法机关的复审。基于上述变化，对 1992 年修改的《专利法》第四十三条的规定作了修改，为所有复审申请人均提供了获得司法救济的机会。

2008 年修改《专利法》时未对本条规定进行任何修改。

第五章　专利权的期限、终止和无效

引　言

本章包括《专利法》第四十二条至第四十七条，分别对专利权的期限、专利权期满前的终止以及专利权的无效宣告等事项作了规定。

动产、不动产等有形财产随着其利用会逐渐受到损耗，到了一定的时候就不再能够使用了；其中有些即使不利用也会自然损坏，例如房屋等。专利权是一种无形财产，其客体是发明创造，更具体地说是技术方案或者设计方案，它们是永存的，不会消灭。既然如此，如果允许专利权无限期地存在，随着专利权的不断增多，就会对公众的正常生产经营行为产生严重的限制和妨碍，这是社会公众所不能容忍的，所以必须规定专利权的期限。

尽管专利权都是经国家知识产权局审查之后才授予的，其中对发明专利申请还进行了实质审查，但是还不能排除被授予的专利权不符合《专利法》和《专利法实施细则》有关规定的可能性。《专利法》分别对发明、实用新型和外观设计的新颖性和创造性作了规定，其判断方式是将申请专利的发明创造与现有技术、现有设计进行比较。由于现有技术和现有设计可以用“无边无际”一词来形容，而且随着人类社会的发展不断增多，确保授予专利权的发明创造在绝对意义上符合《专利法》的规定是一件十分困难的事情。事实上，世界上没有任何国家或者地区的专利局能够向社会公众保证，其授予的专利权全都符合其专利法的规定。这种状况使得在专利法中对专利权的无效宣告作出规定成为绝对必要。确保公众有权参与对专利权的审核，是专利制度的基本特征和运作机制之一。

专利权一旦被宣告无效，就不再受到法律保护。专利权被宣告无效与专利权在期限届满前终止的效力不同。专利权终止仅仅缩短了专利权的期限，而被宣告无效的专利权视为自始即不存在。

第四十二条　专利权的期限

发明专利权的期限为二十年，实用新型专利权和外观设计专利权的期限为十年，均自申请日起计算。

在 TRIPS 生效之前，世界各国专利法规定的发明专利、实用新型和外观设计专利的期限有长有短，各不相同。我国 1984 年制定的《专利法》第四十五条规定：

> **发明专利权的期限为十五年，自申请日起计算。**
>
> **实用新型和外观设计专利权的期限为五年，自申请日起计算，期满前专利权人可以申请续展三年。**
>
> **专利权人享有优先权的，专利权的期限自在中国申请之日起计算。**

20 世纪 80 年代后期，在发达国家的主导和大力推动下，原《关贸总协定》乌拉圭回合的谈判开始了制定 TRIPS 的进程，其总体目标是将知识产权保护与货物贸易和服务贸易挂钩，在全球范围内大幅度提高知识产权保护的力度。为此而采取的举措之一，就是在 1995 年 1 月 1 日生效的 TRIPS 第 35 条中强制性地规定所有成员法律规定的发明专利期限不得短于 20 年。

20 世纪 90 年代初期，中美两国政府进行了第一次有关知识产权的谈判，其结果是于 1992 年 1 月 17 日达成了《中美关于保护知识产权的谅解备忘录》。该备忘录第 1 条第 1 款规定“发明专利的保护期限为专利申请提出之日起 20 年”；第 1 条第 2 款规定“中国政府应向其立法机关提交本条第 1 款规定保护水平的议案，并尽最大努力使修改后的专利法于 1993 年 1 月 1 日起通过并实施”。

我国履行了在上述备忘录中作出的承诺，于 1992 年 9 月对《专利法》进行了修改，将 1984 年制定的《专利法》第四十五条的条文修改为本条现在的条文。这样，我国在 2001 年加入 WTO 之前提前 8 年就满足了 TRIPS 第 33 条规定的要求。2000 年和 2008 年修改《专利法》时均未对本条规定进行修改，只是将其序号从第四十五条改为第四十二条。

1992 年修改《专利法》时，除了将发明专利权的期限由 15 年延长到 20 年之外，还将实用新型和外观设计专利权的期限延长为 10 年，同时取消了实用新型和外观设计专利权期限的续展程序。修改前的《专利法》第四十五条规定续展程序的本意无非是让实用新型和外观设计专利权人在接近 5 年保护期限的终点时自主决定其专利权是否需要继续受到法律保护，但客观上却给专利权人增加了手续上的负担。实际上，专利权人通过决定是否继续缴纳年费即可表明这一愿望，无须通过办理额外的手续来表明。

2008 年修改《专利法》时，对于专利权的期限问题产生过两方面的争议和讨论。

一是关于药品专利权保护期限的延长问题。

药品是维系广大公众身体健康乃至拯救生命的特殊商品，药品专利权的保护有极强的公共政策因素。从维护公众利益的角度出发，美国率先在其专利法中增加了有关 Bolar 例外的规定，以确保在药品专利权期限届满之后，价格便宜的仿制药品能够及时投放市场。

与此同时，为了充分维护药品专利权人的利益，鼓励研究开发新药的积极性，美国专利法又增加了关于延长药品专利权期限的规定。这一规定十分复杂，是美国专利法中条文最长的条款。跟随美国的做法，欧盟、日本、澳大利亚等发达国家也相继在其专利法中增加了关于 Bolar 例外和药品专利权期限延长的规定。

国家知识产权局 2006 年公布的《〈专利法〉修改草案》建议增加有关 Bolar 例外的规定，但是没有建议增加延长药品专利权保护期限的规定，这引起了许多发达国家，特别是跨国制药公司的关注，纷纷要求《专利法》增加延长药品专利权期限的规定。经国务院和全国人大常委会审议，2008 年修改的《专利法》采纳了国家知识产权局的修改建议。未延长药品专利权期限的主要原因在于 TRIPS 仅仅要求各成员专利法确保发明专利权的保护期限不得短于 20 年，并没有规定各成员应当承担延长药品专利权期限的义务。关于这一问题的详细分析，请参见本书对《专利法》第六十九条关于 Bolar 例外的说明。

二是外观设计专利权的保护期限问题。

关于外观设计的期限，各国（地区）法律的规定不尽相同。其中，规定保护期限为 10 年的有中国、中国台湾地区、澳大利亚、印度尼西亚、泰国、秘鲁、加拿大、智利等国家和地区；规定保护期限为 14 年的有美国；规定保护期限为 15 年的有韩国、日本、马来西亚、新加坡、俄罗斯、乌克兰、奥地利、瑞士、挪威、匈牙利、丹麦、爱沙尼亚、瑞典、罗马尼亚、阿根廷、墨西哥等国家；规定保护期限最长为 50 年的有法国。[1]

欧盟理事会于 2001 年 12 月 12 日通过了《欧盟外观设计保护条例》，自 2002 年 2 月 12 日起予以施行。[2]该条例的内容相当于一部完整的外观设计法律，而且明确规定该条例对所有欧盟成员国均具有约束效力，可以直接在所有成员国予以施行。[3]该条例第 12 条规定，经注册的欧共体外观设计的保护期限为自申请之日起 5 年，但可以续展一次或者多次，每次续展 5 年，最长可达自申请日起 25 年。2008 年修改《专利法》时，欧盟和一些欧盟国家多次提出建议，希望我国采用与欧盟相似的做法，将外观设计专利权的期限也延长为 25 年。[4]

应当指出的是，欧洲不同国家为保护外观设计而采用的制度有所不同，其中一些国家采用单独立法的做法；另一些国家采用在版权法框架下予以保护的做法。《欧盟外观设计保护条例》规定外观设计的最长保护期限为 25 年是考虑到欧盟各国的现状，协调欧洲各国不同做法的结果。我国从一开始就明确规定在《专利法》的框架下保护外观设计，将外观设计的保护明确定位为专利权的保护，这与欧盟条例的背景有很大不同。对这一点的详细讨论，请参见本书对《专利法》第二条的说明。

TRIPS 有关外观设计的规定是在更大范围内协调各成员做法的结果，其第 26 条第 3 款规定，对外观设计的保护期限应当最短为 10 年。

---

[1] 宫宝珉，等.外观设计专利审查与授权标准研究［G］//国家知识产权局条法司.专利法及专利法实施细则第三次修改专题研究报告.北京：知识产权出版社，2006：312-371.

[2] 该条例第 111 条第 1 款规定，该条例自公布之日起 60 天后生效。

[3] Article 11 of the Regulation: “This Regulation shall be binding in its entirety and directly applicable in all Member States.”

[4] 例如，在与挪威的自由贸易区（FTA）谈判中，挪威就强烈要求我国承诺对外观设计专利权提供 25 年的保护期限。

基于上述原因，国务院和全国人大常委会对《专利法》修改草案进行审议的结果均认为应当保持本条关于外观设计专利权期限的规定不变。

需要注意的是，尽管 1992 年修改《专利法》时删除了 1984 年制定的《专利法》第四十五条第三款的规定，即"专利权人享有优先权的，专利权的期限自在中国申请日起计算"，但是并没有改变该款规定内涵的意图。专利权期限的起点，应当是实际申请日而不是优先权日，这是各国专利制度的惯例。《专利法实施细则》第十一条规定：

> **除专利法第二十八条和第四十二条规定的情形外，专利法所称申请日，有优先权的，指优先权日。**
>
> **本细则所称申请日，除另有规定的外，是指专利法第二十八条规定的申请日。**

上述规定替代了 1984 年制定的《专利法》第四十五条第三款的规定，同时明确回答了《专利法》的一个重要问题，即所有提及"申请日"的条款中，其所述的"申请日"到底是指在我国的实际申请日，还是指优先权日。

本条规定专利权的期限自申请日开始计算，常常会使人们产生一种误解，以为自申请日起就能够获得专利保护。这种观点是不正确的。本条规定仅仅明确了专利权期限的计算起点和终点，并不表明自提交专利申请那一天开始就能获得专利保护。《专利法》第十一条明确规定，该条所述的专利权效力自"专利权被授予后"才能产生。无论是哪种类型的专利申请，从提出申请到获得专利权都需要经过一定时间的审查，因此发明专利权人所能实际获得法律保护的期间一定短于 20 年，实用新型和外观设计专利权人所能实际获得法律保护的期间一定短于 10 年。

最后需要讨论专利权期限的长短是基于何种因素予以规定的。

在专利权、著作权、商标专用权这三种主要的知识产权中，专利权的保护期限最短。《著作权法》规定，公民所获得的著作权的保护期限为作者有生之年加上去世后的 50 年，大大长于专利权的期限；《商标法》规定，商标专用权可以定期续展，因此其保护期限从理论上说可以无限长。为什么会有这样的区别？对其原因进行讨论，有助于我们更好地理解专利制度的本质属性。

《专利法》第一条规定，其立法宗旨之一就在于"推动发明创造的应用"。换言之，对专利权的保护要有利于其保护客体，也就是发明创造的"推广应用"。对保护客体存在一种"推广应用"的需要，这是专利权与著作权和商标专用权之间十分重要的区别点。

TRIPS 第 7 条阐明了制定该协定的目标：

> **知识产权的保护和执法应当有助于促进技术创新以及技术转让和传播，有助于使技术知识的创作者与使用者相互受益并且是以增进社会和经济福利的方式，以及有助于权利和义务的平衡。**

该规定在言及"有助于转让和传播"时，所涉及的也仅仅是"技术创新"，而不是其他类型的知识产权保护客体。[1]

---

[1] 有著作指出：TRIPS 第 7 条的标题为"目标"，这应当理解为知识产权保护的目标，而不是该协定的目标。但是，TRIPS 第 7 条所述的目标并没有覆盖该协定规定的所有类型的知识产权，而只是覆盖了与技术有关的知识产权，尤其是专利权。NUNO PIRES DE CARVALHO. The TRIPs Regime of Patent Rights ［M］.Kluwer Law International, 2002, footnote 110：28.

商标是用于将一种商品或者服务区别于其他商品或者服务的标记。然而，若要说商标专用权的保护客体就是一种标记则过于表面，它保护的实际上是这种标记所代表的提供该种商品或者服务的企业商家的商业信誉。商业信誉的高下是由许许多多因素决定的，包括产品或者服务的质量、经营管理的水平、宣传广告的普及程度、产品或者服务的历史由来等，与商标标记本身的设计并没有什么直接的关联。商标标记的作用决定了它就是要突出个性，形成区别。无论对商标标记本身而言，还是对其代表的商业信誉而言，都绝对没有要“推广应用”的要求。茅台酒再香，也不鼓励所有的酒都打茅台酒的招牌；耐克鞋再好，也不提倡所有的运动鞋都用耐克的标记。

著作权的保护客体是文化艺术作品，但是这种保护的实质是保护作品的表现形式，而不保护作品的内涵。如果一个科学家提出了一种新的重大科学理论，发表了一篇科学论文，《著作权法》对他提供的保护是任何他人或者单位未经其许可不得进行出版、复制、发行、翻译、汇编等行为，但是《著作权法》没有禁止他人利用该享有著作权保护的论文所表述的科学理论。他人理解了这一科学理论，不但完全可以自由予以应用，而且在此基础上研究开发出发明创造的，可以获得专利权的保护；此外，如果后者采用不同的表述方式来阐述这一科学理论，形成自己的著作的，同样可以获得著作权的保护。换言之，在许多情况下著作权的保护并没有妨碍作品内容的“推广利用”。事实上，绝大多数受著作权保护的作品，例如小说、电影、音乐、歌曲、舞蹈、曲艺、摄影、绘画、美术、雕塑、建筑样式等，就其内容而言都仅仅是欣赏不欣赏的问题，谈不上有什么“推广应用”的必要。

专利权则有所不同。专利权的保护客体是科学技术发明创造，一项发明创造被实践证明有价值后，从国家、社会和广大民众的利益出发，应当鼓励其推广应用。一般而言，有社会价值或者经济价值的发明创造总是应用得越快越好，越广泛越好。如果一种新的汽车尾气处理装置能够明显降低汽车尾气中的污染成分，那么从保护环境的角度出发，就应当及时停止以往落后技术的继续使用，尽快推广应用这项新技术；如果一种新的合成氨工艺能够减少生产合成氨的能耗，那么从节约能源的角度出发，就应当鼓励所有化肥生产厂家尽快采用这项新技术；如果一种新型脚手架连接件不仅使用方便，而且更加安全可靠，能够降低发生意外事故的可能性，那么从提高施工效率、维护施工者生命安全的角度出发，就应当尽快在建筑行业推广这项新技术。

然而，按照《专利法》的规定，专利权的效力恰好就在于禁止任何他人未经专利权人许可而实施应用受保护的发明创造。对于产品专利来说，专利权禁止生产、销售、许诺销售、使用、进口该产品的行为；对于方法专利来说，专利权禁止使用该方法的行为，并禁止销售、许诺销售、使用、进口依照该专利方法所直接获得的产品的行为。为了实现《专利法》第一条关于鼓励发明创造，提高创新能力，促进科学技术进步的立法宗旨，切实维护专利权人的合法权益，专利权的期限不宜过短；同时，为了实现《专利法》第一条关于推动发明创造的应用，促进经济社会发展的立法宗旨，切实维护广大公众的利益，专利权的期限又不宜过长。本条规定发明专利的期限为 20 年，实用新型和外观设计的期限为 10 年，从我国目前的实践情况来看不失为权衡两方面利益的合理平衡点。

2000 年 11 月，我国领导人在亚太经合组织第 8 次会议上指出：

经济全球化不应仅仅是贸易和投资的自由化，更应注重科技知识的普及化。应根据新的形势，对知识产权保护等方面的国际规则作出适当调整。在切实保护知识产权的同时，要按照市场规律，使知识产权的保护范围、保护期限和保护方式有利于科技知识的扩散和传播，有利于各国共享科技进步带来的利益。

上述论述精辟地阐明了知识产权保护与促进科技知识传播和应用之间的关系，对我们确立专利保护策略、参与国际规则制定有重要指导意义。

第四十三条　专利年费

专利权人应当自被授予专利权的当年开始缴纳年费。

缴纳专利年费是专利权人维持其专利权有效必须承担的义务。

规定专利权人应当按时缴纳年费，一方面是因为国家知识产权局在授予专利权之后仍然在为专利权人提供服务，因此专利权人理应支付相应的费用；另一方面年费的缴纳可以作为一种经济杠杆，促使专利权人放弃没有经济价值的专利权，从而使有关发明创造尽早进入公有技术领域，供社会公众自由实施应用。

年费的数额与发明创造本身的经济社会价值大小无关，而与专利种类有关，也与缴纳年费的年度有关。在三种专利中，发明专利的年费较高，实用新型专利和外观设计专利的年费较低；对同一类别的专利权来说，应当缴纳的年费数额相同，但是年费的数额随时间的推移而分阶段递增。[1]这种制度是合理的。被授予专利权保护的发明创造的经济社会价值得到公众和社会的承认，往往需要有一个逐渐认识的过程。许多很有价值的发明创造在其问世的初期被人们视为只是一种“玩具”或者“游戏”的事例并不少见。例如，电报这一重大发明在其诞生初期就只被人们认为是一种“很好玩”的东西。因此，如果规定专利权人在授予专利权的初期就要缴纳高额的年费，会导致一些专利权人在其发明创造的价值被人们承认接受之前就因为在经济上难以承受而不得不放弃其专利权，这不利于专利制度的正常运作。在授予专利权多年之后，专利权人仍然愿意通过缴纳年费而维持其专利权有效，多半是因为其发明创造的价值已经被人们所承认接受，通过自己予以实施或者许可他人予以实施能够产生经济利益。既然专利权人通过对其专利权的保护能够获得收益，那么随着时间的推移适当提高需要缴纳的年费的数额就是专利权人所能承受的。事实上，认定一项专利权价值最为简单的途径，就是看专利权人维持该专利权有效的时间长短。专利权人到了专利期限的最后一年仍然缴纳年费的专利权，往往就是最有价值的专利权。

按照《专利法》第四十二条的规定，专利权的期限自申请日起算；按照本条的规定，专利权人应当自被授予专利权的当年开始缴纳年费。其中，“从当年开始”，是指专利权人只需从授予专利权的那一年开始缴纳年费，从申请日到授权日之间的时间期间中无须缴纳年费；“当年”是指授予专利权的那一年是从申请日所在的那一年起的第几年；缴纳年费的数额应当按照国家知识产权局2001年1月15日第75号公告的《专利收费标准及减缓比例》确定。例如，一份发明专利申请是2000年提交并被受理的，2003年被授予发明专利权，则专利权人首次应当缴纳的年费为1 200元，因为授予专利权的那一年是专利权期

---

[1] 按照2001年1月15日公布国家知识产权局第75号公告《专利收费标准及减缓比例》的规定，发明专利的年费缴纳标准是：1～3年为900元，4～6年为1 200元，7～9年为2 000元，10～12年为4 000元，13～15年为6 000元，16～20年为8 000元；实用新型和外观设计专利的年费缴纳标准为：1～3年为600元，4～5年为900元，6～8年为1 200元，9～10年为2 000元。

限的第 4 年。人们容易对这一点产生误解，以为应当按照上述收费标准规定的第 1 年至第 3 年的年费标准缴纳 900 元，这是不正确的。专利年费的上述计算方式并非由我国独创，而是世界各国所普遍采用的。

对发明专利申请，国家知识产权局过去每年还要收取 300 元的发明专利申请维持费。这种做法也不是我国独创的，许多国家都采用这样的做法。然而，收取发明专利申请维持费的必然结果就是国家知识产权局对发明专利申请进行审查的时间越长，申请人所需缴纳的维持费就越多。我国公众对此有较大意见，认为在申请人已经按照规定缴纳了申请费和发明专利申请审查费的情况下，国家知识产权局理当尽快完成对其发明专利申请的实质审查，维持费的收取岂非意在鼓励拖延审查时间？国家知识产权局接受了公众的意见，在2010年修改《专利法实施细则》时取消了有关收取发明专利申请维持费的规定。

第四十四条　专利权在期限届满前的终止

有下列情形之一的，专利权在期限届满前终止：

（一）没有按照规定缴纳年费的；

（二）专利权人以书面声明放弃其专利权的。

专利权在期限届满前终止的，由国务院专利行政部门登记和公告。

TRIPS 在其序言部分明确规定承认知识产权具有私权属性，因此权利人有自主处分其知识产权的权利，其中包括在期限届满之前放弃其知识产权。

《专利法》第四十二条规定了专利权的最长期限。但是在现实中，专利权人将其专利权维持到该期限的最后一天的比例较低，大多数专利权在期限届满前就终止了。本条规定，不按规定缴纳年费，或者以书面声明放弃其专利权，是专利权人在期限届满前终止其专利权的两种方式。

缴纳年费是《专利法》规定的专利权人维持其专利权有效所应当承担的义务，如果专利权人采取不再缴纳年费的做法，就可以推断专利权人出于种种原因已经不再需要维持这一专利权了。因此，本条规定专利权人没有按照规定缴纳年费的，专利权在期限届满前终止。

除此之外，专利权人也可以向国家知识产权局提交放弃其专利权的书面声明，从而在专利权期限届满前终止其专利权。由于不缴纳年费就可以自动达到终止专利权的目的，因此多数专利权人采取不缴纳年费的方式终止其专利权。但是，专利权人为了某种目的，有时也会采取通过提交声明的方式放弃其专利权。例如，作为一种公益行为，专利权人可能通过提交声明的方式放弃其一项事关公众利益且很有价值的专利权，以彰显其服务社会的奉献精神。

专利权被授予之后，专利权人可以在任何时候声明放弃其专利权。声明放弃专利权的，不需要说明放弃的理由。但是，放弃专利权的声明不能附加任何条件，并且只能整个地放弃一项专利权，而不能部分地放弃专利权，例如，不能声明放弃独立权利要求，保留从属权利要求。放弃专利权的声明附加条件的或者提出部分放弃专利权的，该声明将视为未提出。专利权由多个专利权人共有的，放弃专利权的声明必须由所有共有专利权人签字或者盖章。

1984 年制定的《专利法》第四十七条第二款规定：

专利权的终止，由专利局登记和公告。

2000 年修改《专利法》时，将上述规定修改为：

专利权在期限届满前终止的，由国务院专利行政部门登记和公告。

专利权是一种需要公示的权利，其生效和终止都应当告知公众。《专利法》第三十九条、第四十条规定专利权自授权公告之日起生效，《专利法》第四十二条规定了三种专利的保护期限，因此对于专利权期限届满而自然终止的专利权来说，国家知识产权局公告专利权的生效日期就相当于同时公告了该专利权的终止日期，没有必要再另行公告专利权的终止。但是，对于在保护期限届满前终止的专利权来说，公众无法推算出其权利终止日期，因此需要予以公告。2000 年修改的《专利法》将需要公告的情况限定为期限届满前终止的专利权，这样更加合理。

没有按照规定缴纳年费的，专利权自应当缴纳年费期满之日起终止；书面声明放弃专利权的，专利权自国家知识产权局作出的手续合格通知书的发文日起终止。[1]

专利权在期限届满前终止的法律效果是使专利权的期限被缩短，专利权此后不再受到法律保护。但是，专利权的终止不影响专利权人此前享有的权利。专利权人可以就他人在专利权终止前实施其专利的行为收取许可费，也可以就他人在专利权终止前未经其许可而实施其专利的行为提起专利侵权诉讼。

[1] 国家知识产权局.专利审查指南 2010［M］.北京：知识产权出版社，2010：第五部分第九章 2.3.

第四十五条　宣告专利权无效的请求

自国务院专利行政部门公告授予专利权之日起，任何单位或者个人认为该专利权的授予不符合本法有关规定的，可以请求专利复审委员会宣告该专利权无效。

一、无效宣告请求的请求人

根据本条规定，自国家知识产权局公告授予专利权之日起，任何单位或者个人均可以向专利复审委员会提出无效宣告请求。从时间条件来看，本条仅仅规定了可以提出无效宣告请求的时间起点，即授予专利权之后；但是却没有规定其时间终点，这意味着即使专利权因期限届满而终止或者在期限届满之前就被终止，仍然可以提出无效宣告请求。从请求主体条件来看，本条所述"任何单位或者个人"不仅包括中国单位和个人，也包括外国人、外国企业和外国其他组织。按照《专利法》第十九条第一款的规定，在中国没有经常居所或者营业所的外国人、外国企业或者外国其他组织请求宣告专利权无效的，应当委托我国依法设立的专利代理机构办理。

然而，对本条所述的"任何单位或者个人"也有需要讨论之处。

首先，专利实施许可合同的被许可人是否可以提出无效宣告请求？

《合同法》总则部分第一章第二条规定，合同当事人的法律地位平等，一方不得将自己的意志强加给另一方；该法第四条规定，当事人享有自愿订立合同的权利，任何单位和个人不得非法干预；该法第八条规定，依法成立的合同，对当事人具有约束力。依照上述有关合同的基本原则，尽管专利权人对其获得专利权的发明创造享有法律赋予的独占权利，因而在市场竞争中占有优势地位，但是专利实施许可合同是双方当事人在自愿、平等的基础上经协商订立的合同，得到双方的认可，应当对双方当事人有约束力。通过订立专利实施许可合同，被许可人一方面获得了实施有关发明创造的权利，可望获得经济利益；另一方面也要承担向专利权人支付专利使用费的义务。因此，专利实施许可合同的订立对双方当事人而言通常是一种双赢的结果，其本身就包含了被许可人承认所涉及的专利权是有效专利权的含义，否则被许可人就不会同意订立该合同。被许可人前脚与专利权人订立专利实施许可合同，后脚提出宣告专利权无效的请求，明显有违背诚实信用原则之嫌。基于这样的理由，专利实施许可合同对被许可人提出无效宣告请求的行为作出适当限制是常见的事情。只要这样的限制合情合理，就是法律所允许的。

但是，现实中专利权人也有可能滥用其专利独占权，不合理地强行禁止被许可人质疑所涉及专利权的有效性。对此，无论是国际法还是国内法均有予以制止的规定。

TRIPS 第 40 条第 2 款规定：

> **本协定的任何规定均不应阻止成员在其立法中明确规定在特定情况下有可能构成对知识产权的滥用，在有关市场上对竞争产生不利影响的许可行为或者条件。如上所述，成员可以**

在遵守本协定其他规定的情况下，依据该成员的有关法律和规章，采取适当措施制止或者控制这类行为，例如可以包括排他性返授条件、禁止对知识产权有效性提出质疑的条件以及强迫性一揽子许可。

《反垄断法》第五十五条规定：

经营者依照有关知识产权的法律、行政法规规定行使知识产权的行为，不适用本法；但是，经营者滥用知识产权，排除、限制竞争的行为，适用本法。

《对外贸易法》第三十条规定：

知识产权权利人有阻止被许可人对许可合同中的知识产权的有效性提出质疑、进行强制性一揽子许可、在许可合同中规定排他性返授条件等行为之一，并危害对外贸易公平竞争秩序的，国务院对外贸易主管部门可以采取必要的措施消除危害。

综合上述两方面的因素，专利实施许可合同并非完全不能包含限制被许可人质疑专利权有效性的约定，但是以这种限制性约定不触犯《反垄断法》的规定为限。我国实施《反垄断法》的时间还不长，在具体实践中如何适用其第五十五条的规定，还有待《知识产权反垄断指南》的出台。

《专利法》《专利法实施细则》以及《专利审查指南 2010》均没有规定专利复审委员会在确定是否受理无效宣告请求时要适用《反垄断法》的有关规定，因此专利实施许可合同的被许可人提出无效宣告请求的，专利复审委员会不会不予受理。然而，在许可合同中的有关限制性约定符合法律规定的情况下，被许可人违反合同约定提出无效宣告请求的，即使审查和审理的结论认定专利权应当被宣告无效，也不应排除专利权人依法请求追究被许可人的违约责任的权利。

其次，专利权人自己是否可以提出无效宣告请求？

这一问题乍一听来有些费解，专利权人为什么要请求宣告自己的专利权无效？但是现实中确实有不少这样的案例。导致出现这种现象的原因可能是多种多样的。《专利法》没有规定专利权授予之后的订正程序，专利权人即使发现专利文件存在错误或者问题也难以纠正，有时就只好采取请求宣告专利权部分无效的做法，通过缩小其专利权的保护范围，使其专利权具有更好的法律稳定性。

《专利审查指南 2010》没有规定专利权人对其专利权提出无效宣告请求的不予受理，但是规定了限制性条件：第一，只能请求宣告其专利权部分无效，而不能请求宣告其专利权全部无效；第二，所提交的证据必须是公开出版物，而不能是其他类型的证据；第三，专利权为共有专利权的，无效宣告请求只能由全体专利权人共同提出，而不能由其中一个或者部分专利权人提出。专利权人对其专利权提出的无效宣告请求不符合上述规定的，专利复审委员会不予受理。[1]

之所以作出上述规定，是为了防止由专利权人自己提出无效宣告请求而导致的一些弊病。然而，上述规定是很容易绕开的，专利权人只需随便请一个或者雇一个除专利权人之外的他人代为提出无效宣告请求，就不再受到上述条件的制约。

---

[1] 国家知识产权局.专利审查指南 2010［M］.北京：知识产权出版社，2010：第四部分第三章 3.2.

二、无效宣告请求的理由

按照本条规定，任何单位或者个人认为专利权的授予不符合专利法“有关规定”的，可以请求宣告专利权无效。其中，“有关规定”的范围由《专利法实施细则》予以规定。根据 2010 年修改的《专利法实施细则》第六十五条的规定，可以请求宣告专利权无效的理由包括：

（1）被授予专利权的主题不符合《专利法》第二条关于发明、实用新型或外观设计的定义；

（2）被授予专利权的发明创造属于《专利法》第五条规定的情形，即违反国家法律、违反社会公德或者妨害公共利益，或者发明创造的完成依赖于违反法律、行政法规的规定而获取或者利用的遗传资源；

（3）被授予的专利权依照《专利法》第九条的规定不能取得专利权，即该专利权的授予将导致对同样的发明创造重复授予专利权，或者该专利权的申请人不是对同样的发明创造最先提出专利申请的人；

（4）被授予专利权的发明或者实用新型不符合《专利法》第二十条第一款的规定，即该发明或者实用新型系在中国完成，专利权人未事先请求国家知识产权局进行保密审查即向外国提出申请；

（5）被授予专利权的发明、实用新型不符合《专利法》第二十二条的规定，即该发明或者实用新型不具备新颖性、创造性和实用性；

（6）被授予专利权的外观设计不符合《专利法》第二十三条的规定，即该外观设计不具备新颖性、创造性，或者与他人在申请日以前已经取得的合法权利相冲突；

（7）被授予专利权的主题属于《专利法》第二十五条规定的不能授予专利权的内容；

（8）发明或者实用新型专利文件不符合《专利法》第二十六条第三款或者第四款的规定，即说明书没有充分公开发明或者实用新型，权利要求书未以说明书为依据，清楚、简要地限定要求专利保护的范围；

（9）外观设计专利文件不符合《专利法》第二十七条第二款的规定，即其图片或者照片未清楚地显示要求专利保护的产品的外观设计；

（10）对专利申请文件的修改不符合《专利法》第三十三条的规定，即对发明或者实用新型专利申请文件的修改超出原说明书和权利要求书记载的范围，或者对外观设计专利申请文件的修改超出原图片或者照片表示的范围；

（11）发明或者实用新型专利的权利要求书不符合《专利法实施细则》第二十条第二款的规定，即独立权利要求未从整体上反映发明或者实用新型的技术方案，记载解决技术问题的必要技术特征；

（12）被授予的专利权不符合《专利法实施细则》第四十三条第一款的规定，即该专利权是基于分案申请授予的，而该分案审查超出了原申请记载的范围。

上述各项是对请求宣告专利权无效理由的穷尽性规定。凡其理由不属于上述各项之一的无效宣告请求，专利复审委员会不予受理。

无效宣告请求可以涉及一项专利权的全部，也可以只涉及其一部分，即请求宣告专利权部分无效。所谓“请求专利权部分无效”，对发明或者实用新型专利权而言，是指请求仅仅涉及发明或者实用新型专利权的一项或者数项（但不是全部）权利要求；对外观设计专利权而言，是指外观设计专利权涉及若干具有独立使用价值的产品的外观设计的，请求仅仅涉及其中一部分产品的外观设计。

第四十六条　宣告专利权无效请求的审查和审理

专利复审委员会对宣告专利权无效的请求应当及时进行审查和作出决定，并通知请求人和专利权人。宣告专利权无效的决定，由国务院专利行政部门登记和公告。

对专利复审委员会宣告专利权无效或者维持专利权的决定不服的，可以自收到通知之日起三个月内向人民法院起诉。人民法院应当通知无效宣告请求程序的对方当事人作为第三人参加诉讼。

一、概　述

（一）历史沿革

1984 年制定的《专利法》第四十九条规定：

> **专利复审委员会对宣告专利权无效的请求进行审查，作出决定，并通知请求人和专利权人。宣告专利权无效的决定，由专利局登记和公告。**
>
> **对专利复审委员会宣告发明专利权无效或者维持发明专利权的决定不服的，可以在收到通知之日起三个月内向人民法院起诉。**
>
> **专利复审委员会对宣告实用新型和外观设计专利权无效的请求所作出的决定为终局决定。**

1992 年修改《专利法》时，未对上述规定进行修改。

2000 年修改《专利法》时，将修改前的第四十九条序号改为第四十六条，并对其条文进行了修改，修改之处在于：

第一，取消了修改前《专利法》第四十九条关于专利复审委员会对宣告实用新型和外观设计专利权无效的请求所作出的决定为终局决定的规定，改为当事人对专利复审委员会就所有三种专利权作出的无效宣告请求审查决定不服的，均可以向法院起诉。关于这一修改的背景和理由，在对《专利法》第四十一条的说明中已经作了介绍，故不再赘述。

第二，20 世纪 90 年代末期，国家知识产权局受理的三种专利申请的数量急剧增加，由于审查人员不足而导致了审查周期增长，其中对发明专利申请的实质审查、对复审请求的审查以及对无效宣告请求的审查尤为突出，引起了广大申请人和社会公众的不满，成为 2000 年修改《专利法》时公众反响最为强烈的问题。我国立法机关对此高度重视，在 2000 年修改的《专利法》中对国家知识产权局的审查工作提出了明确要求，除了在《专利法》第二十一条第一款规定“国务院专利行政部门及其专利复审委员会应当按照客观、公正、准确、及时的要求，依法处理有关专利的申请和请求”之外，又在本条第一款专门增加了专利复审委员会对宣告专利权无效的请求“应当及时进行审查和作出决定”的规定。遵循《专利法》的上述规定，国家知识产权局随后采取了多种措施缩短审查周期，明显缓解了专利申请、复审请求和无效宣告请求的审查案件积压现象。

第三，增加了当事人对专利复审委员会决定不服向法院起诉的，法院应当通知无效宣告请求程序的对方当事人作为第三人参加诉讼的规定。无效宣告请求程序是双方当事人程序，在案件审查过程中必须充分研究双方当事人提供的证据和陈述的事实，认真听取双方当事人的争辩意见，这对客观、公正、准确、及时地进行处理来说十分重要。不仅在专利复审委员会的程序中应当如此，在向法院起诉和上诉的过程中也应当如此。法院无论作出维持还是取消专利复审委员会的无效宣告请求审查决定的判决，都直接影响到双方当事人的利益。无效宣告请求一般都涉及大量具体事实和证据，只有双方当事人最为清楚，专利复审委员会作为行政诉讼的被告不可能取代其中任何一方当事人的作用。《行政诉讼法》第二十七条规定："同提起诉讼的具体行政行为有利害关系的其他公民、法人或者其他组织，可以作为第三人申请参加诉讼，或者由人民法院通知参加诉讼。"然而在 2000 年修改《专利法》前的审判实践中，法院往往不允许对方当事人作为第三人参加诉讼程序，从而影响了对方当事人在法庭陈述意见和提起上诉的合法权利。在这样的情况下，专利复审委员会处于两难境地：如果对诉讼采取一种较为消极的态度，则有可能损害对方当事人的利益；反之，则实际上成为对方当事人的代言人，有悖于专利复审委员会作为行政机关应当从国家利益和公众利益的角度出发，不偏不倚，持公正立场的基本原则。根据专利权无效宣告程序的特点和实际需要，2000 年修改的《专利法》增加上述规定，对完善无效宣告请求的司法审判工作，确保双方当事人的合法权益具有突出意义。

2008 年修改《专利法》时，未对本条进行修改。

（二）有关问题的讨论

2000 年修改的《专利法》允许对专利复审委员会作出的所有无效宣告请求审查决定不服的当事人均可以向法院起诉，这对确保公平公正的审理结果、维护当事人的合法权益有重要意义。但是世上之事常常有利就有弊，如此规定的缺点在于延长了对无效宣告请求最终作出决定所需的时间，常常会影响专利权人及时获得有效法律保护，不利于专利制度的正常运作。

由于任何国家都难以确保其授予的所有专利权都符合其专利法的规定，因此所有建立专利制度的国家都必须建立一种机制，即只要随后认定被授予的专利权不符合专利法的有关规定即可宣告该专利权无效，以维护公众的合法权益不受侵害。宣告专利权无效需要投入相当多的人力物力，现实中无缘无故提出无效宣告请求的事情十分罕见。绝大多数无效宣告请求都由与专利权有现实或者潜在利害关系的人提出，其中又以专利侵权诉讼的被诉侵权人或者受到专利侵权指控威胁的人居多。被诉侵权人避免承担专利侵权责任最为彻底的方式莫过于使所涉及的专利权被宣告无效，因此专利权有效性争议常常与专利侵权诉讼相伴而来，如影随形。在我国，专利权人要想针对被诉侵权人的侵权行为获得法律救济，几乎不可避免地要经历无效程序这一关。

采取何种方式、在何种程序中宣告专利权无效，在世界各国中存在不同模式。

德国采取的模式是由不同的法院分别受理专利侵权诉讼案件和专利无效诉讼案件。宣告专利权无效的请求由德国联邦专利法院受理；指控侵犯专利权的请求由德国联邦州法院受理。在专利侵权诉讼中，被诉侵权人向德国联邦专利法院请求宣告专利权无效的，侵权审理法院一般会中止侵权案件的审理，等待德国联邦专利法院对专利有效性的审理结果；被诉侵权人没有请求宣告专利权无效的，侵权审理法院不得质疑专利权的有效性，应当推论所涉及的专利权是一项有效专利权，以此为前提对被控侵权行为是否构成侵权行为进行审理。

美国采取了另一种模式，没有设置单独的无效宣告程序，由美国有关联邦地区法院（Federal District Court）在审理专利侵权纠纷的同时一并审理专利权是否有效的争议。由于在专利侵权诉讼中，被诉侵权人质疑专利权有效性的现象相当普遍，因此美国联邦地区法院审理专利侵权案件作出的判决一般要首先论述专利权的有效性，只有在认定专利权有效或者部分有效的前提条件下，才会进一步论述专利侵权指控是否成立的问题。[1]

上述两种模式各有利弊，主要体现在：

第一，对专利侵权指控的审理主要涉及专利技术与被控侵权技术之间的对比，对专利权无效宣告请求的审理主要涉及专利技术与现有技术之间的对比，两者经常是彼此密切关联的。美国由同一法院的同一审判庭一并审理专利侵权纠纷和专利权有效性争议，能够将专利权有效性判断与专利侵权判断紧密地结合起来，在许多情况下有助于法院作出更为适当、更为合理的判断。在这种模式下，当事人辩论专利权有效性问题时，要顾及其争辩理由对侵权判断可能产生的影响，反之亦然。这对当事人来说是一种制约，能够促使他们尽量避免采取前后矛盾的立场。德国模式旨在将专利权有效性判断与专利侵权判断分离开来，但是实践证明两者很难截然分离，只好既采用侵权审理法院不得对专利权有效性提出质疑的原则，又采用侵权审理法院可以考虑被控侵权者提出的现有技术抗辩的做法，两者的衔接有时会产生一些问题。

第二，采用美国模式，由同一法院的同一审判庭来审理两种争议能够节约程序，减少当事人的诉累；采取德国模式则需要当事人分别启动不同的诉讼程序，在许多情况下要经历两轮起诉和上诉，所需时间更长，当事人的负担较大。

第三，美国所有审理专利侵权案件的联邦地区法院都有宣告专利权无效的权利，这导致了在美国授予专利权的机关只有美国专利与商标局一家，而有权取消专利权的机构却有上百个之多的局面。这种制度对法官的水平要求很高，他们不仅要熟知专利侵权的判断原则，也要熟知专利授权的判断原则，更不能受地方保护主义的影响，而且要设法保持不同法院审理立场的一致性，这是一件相当困难的事情。法院能否恰当行使宣告专利权无效的权力，对专利制度有很大影响。正因为如此，美国设立了专门的上诉法院，即美国联邦巡回上诉法院，统一受理对各联邦地区法院一审判决不服而提起的上诉，以解决这种体制可能产生的问题。德国的做法将两者分离开来，不同的法院有不同的案件管辖范围，其专业性更加集中，将专利权无效诉讼集中于德国联邦专利法院，有利于统一掌握专利有效性的判断标准。

采用上述第一种模式的国家较少，目前在欧洲只有德国和奥地利，在亚洲有日本、韩国。考虑到我国的具体国情，我国在 1984 年建立专利制度之初就选择了德国模式。在我

---

[1] 2011 年 9 月 14 日，美国总统奥巴马签署了美国参众两院通过的"美国发明法案"，对美国专利法进行了重要修改。修改后的美国专利法设立了授权后重审程序（post-grant review）和双方重审程序（inter parte review）。启动前一程序可以以授权专利不符合授予专利权的任何实质性条件为理由；启动后一程序只能通过举证专利文献或者出版物，以授权专利不具备新颖性、非显而易见性为理由。两个程序均由美国专利与商标局的专利审判和申诉委员会审理，针对该委员作出的决定，双方当事人均可向美国联邦巡回上诉法院上诉。上述做法与我国的无效程序有些相似。然而，修改后的美国专利法仍然保留了美国联邦地区法院在审理专利侵权案件过程中审理专利有效性的做法。

国专利制度已经运行了近30年的今天，要想改变这种模式，另起炉灶，基本上已经是一件不可能的事情。

按照1992年颁布的《最高人民法院关于审理专利纠纷案件中若干问题的解答》和2001年颁布的《最高人民法院关于审理专利纠纷案件适用法律问题的若干规定》的规定，被诉侵权人在专利侵权纠纷的处理、诉讼程序中提出无效宣告请求的，处理或者审理专利侵权纠纷案件的管理专利工作的部门和法院普遍采取了中止侵权处理程序或者侵权审理程序的做法，等待无效宣告请求的审查、审理结果。按照本条规定，无效宣告请求要经历专利复审委员会进行审查、北京市第一中级人民法院进行一审、北京市高级人民法院进行二审这三道程序，此外当事人还可能请求最高人民法院进行再审。在无效宣告请求程序终结之后，如果其结果是维持专利权有效或者部分有效，接着进行专利侵权纠纷处理、审理的，又可能要经历专利行政部门处理、有关中级人民法院进行一审、高级人民法院进行二审这三道程序，此外当事人同样还可能请求最高人民法院进行再审。走完两轮程序的全程，需要相当长的时间。

在2008年修改《专利法》的整个过程中，缩短无效宣告请求程序和专利侵权诉讼程序的呼声甚高。国家知识产权局高度重视这一问题，在为修改《专利法》而进行的前期研究工作中，专门设立了三个课题组，由从事不同工作的专家学者组成，分别独立地进行研究，其结果是提出了多种从制度上进行改革的建议。[1]

研究中遇到的核心问题在于：专利权有效性纠纷的性质到底是民事纠纷，还是行政纠纷？对此有种种不同的观点。

一种观点主张将专利权有效性纠纷定性为民事纠纷，将专利权无效诉讼定性为民事诉讼，其主要理由在于：

第一，将专利权无效诉讼定性为行政诉讼，是进行简单逻辑推理的结果，即首先询问专利复审委员会是不是行政机关？其回答是肯定的；接着询问专利复审委员会作出无效宣告请求审查决定的行为是不是具体行政行为？其回答也是肯定的；再询问专利复审委员会作出的无效宣告请求审查决定是否会侵犯公民、法人或者其他组织的合法权益？其回答还是肯定的；于是结论就很明确，专利权无效诉讼不是行政诉讼又是什么？批评者认为这样的逻辑推理过于表面和肤浅，没有深入思考专利权的属性，其结论的得出有一个根本的前提，这就是专利权无效宣告请求必须首先经国家知识产权局的专利复审委员会进行审查，殊不知许多国家并不将这一点看做是必然选择。

第二，TRIPS将包括专利权在内的知识产权定性为私权，专利权有效性纠纷是专利权人与其利害关系人之间产生的纠纷，专利复审委员会作出的无效宣告请求审查决定明显不具有管理公共事务或者进行行政处罚的性质，而是带有居间解决纠纷的性质。因此，将专利权无效诉讼定性为民事诉讼更为合理，符合专利无效纠纷的性质和诉讼规律，符合国际

---

[1] 参见：程永顺，等.无效宣告请求诉讼程序的性质；董巍，等.专利无效宣告请求诉讼程序的性质；李隽，等.无效宣告请求诉讼程序的性质[G]//国家知识产权局条法司.专利法及专利法实施细则第三次修改专题研究报告. 北京：知识产权出版社，2006：710-839.

上的通行做法，有利于节约纠纷解决成本，有利于执法标准统一，有利于强化司法职能。[1]

第三，将专利权无效诉讼定性为行政诉讼，以专利复审委员会作为该行政诉讼的被告参加诉讼，实际上会使专利复审委员会由原来作出无效宣告请求审查决定时的居间公正裁判者判演变为一方当事人的辩护者，有悖于《专利法》第二十一条规定的应当按照客观、公正、准确、及时的要求依法处理有关专利的请求这一重要原则，是对专利复审委员会地位和作用的扭曲。尽管 2000 年修改《专利法》时在本条中补充规定人民法院应当通知无效宣告请求程序的对方当事人作为第三人参加诉讼，却并没有能够彻底消除这种扭曲。我国采取的做法是借鉴德国和日本做法的结果，然而在德国联邦专利法院进行的无效宣告请求程序中，仅由纠纷双方当事人参加诉讼，德国专利局并不作为被告参加诉讼，德国专利法只是规定当德国专利局认为案件的审理涉及重要法律问题时有权出庭表述其意见和立场；日本的做法与我国更为相似，宣告专利权无效的请求首先由日本特许厅的审判部（相当于我国的专利复审委员会）进行审查，对审判部的审查决定不服的可以直接向东京高等法院上诉，而不是向东京地区法院起诉，并且仅由原双方当事人参加诉讼，日本特许厅不作为被告参加诉讼。德国和日本的这种做法值得我国借鉴。

上述观点与解决我国专利侵权纠纷程序过长的问题密切相关。以上述观点为基础，有关方面提出了两种缩短无效程序的建议：一是当事人请求宣告专利权无效的，应当直接向北京市中级人民法院提起民事诉讼，不服一审判决的，向北京市高级人民法院上诉；二是将专利复审委员会作出无效宣告请求审查决定的行为定性为准司法审判行为，具有一审判决的效力，当事人不服该决定的直接向北京市高级人民法院上诉。这两种建议有一个共同之处，即都将专利无效宣告请求的审理定性为民事诉讼。此外，许多人还建议成立一个专门的专利上诉法院，统一受理不服北京市中级人民法院或者专利复审委员会对专利确权案件的一审判决以及不服各地中级人民法院对专利侵权案件的一审判决而提起的上诉案件，以便更好地统一专利纠纷案件的审理标准。

然而，对上述观点也存在反对意见，认为专利权有效性纠纷具有行政纠纷的性质，其主要理由在于：

第一，专利侵权纠纷具有民事纠纷性质，这一点毫无争议；专利权有效性纠纷常常与专利侵权纠纷相伴而来，是被诉侵权人针对侵权指控而采取的反制措施，这也确为事实。但是，仅仅因为两个程序具有这种因果关联就认为专利权有效性纠纷具有民事纠纷的性质，也是片面和肤浅的。专利申请人有权决定是否提出专利申请，却无权决定其专利申请是否能够被授予专利权，专利权是由国家知识产权局代表国家经过审查之后授予的权利。当事人提出无效宣告请求，针对的是国家知识产权局授予专利权的决定；向人民法院提起无效诉讼，针对的是专利复审委员会作出的维持或者部分维持专利权有效的无效宣告请求审查决定，两者都不仅仅是请求人与专利权人之间的纠纷。对不符合《专利法》有关规定的专利申请授予专利权，不仅损害了请求人的权益，也损害了公众的权益，因此不能狭隘地将无效宣告请求仅仅视为具体双方当事人之间的纠纷。

---

[1] 参见最高人民法院民三庭 2007 年 12 月 6 日作出的《对国务院法制办关注的〈《专利法》修订草案（送审稿）〉涉及专利审判工作的若干重点问题的交换意见》。

第二，虽然日本专利法明确规定，对日本特许厅审判部作出的无效宣告请求审查决定不服向东京高等法院提起诉讼的，仍然以原双方当事人作为原告和被告，不以日本特许厅作为被告，看起来很像是一种民事诉讼；但是据东京高等法院介绍，日本仍然明确将这种诉讼定性为行政诉讼，而不是民事诉讼。德国在20世纪60年代之前采用的也是由德国专利局的一个部门首先对无效宣告请求进行审查并作出决定的做法。当时德国有一种观点认为，对德国专利局授权不当的行为提出的请求仍然由其下属的一个部门进行审查，这不符合法理。德国当局接受了这一意见，成立了专门的德国联邦专利法院对无效宣告请求进行审理。从上述两个国家的做法来看，都没有将专利权的无效诉讼认定为民事诉讼的含义。

第三，专利往往涉及复杂技术，对无效宣告请求进行处理不仅需要足够的法律知识，也需要足够的专业技术知识。经过多年建设，国家知识产权局拥有了覆盖所有技术领域的专业技术人才队伍，这在全国行政机关中可以说是惟一的。专利复审委员会以国家知识产权局拥有的雄厚专业技术人员为后盾，足以应对所有领域的技术问题，这使专利复审委员会具备了对无效宣告请求进行审查的适合资格。舍弃这支队伍，寻求在北京市中级人民法院予以重建，可以预见在相当长的一段时间内将会降低对无效宣告请求进行处理的质量。尽管在无效诉讼中以专利复审委员会作为被告确有值得商榷之处，但是有其参与诉讼，无疑对法院审理无效诉讼案件大有裨益。

还有一种观点介于上述两种观点之间，主张根据具体案情的不同来确定专利权有效性纠纷的性质。更具体地说，由专利侵权纠纷而产生的专利权有效性纠纷，应当定性为民事纠纷；并非由专利侵权纠纷而产生的专利权有效性纠纷，应当定性为行政纠纷。[1]

在2008年修改《专利法》的过程中，全国人大教科文卫委员会和全国人大常委会法制工作委员会都很重视缩短专利诉讼程序的呼声，对各方面提出的有关修改建议曾多次组织进行调研，其结果有如下考虑：

第一，认为专利无效诉讼具有民事诉讼性质的观点和具有行政诉讼性质的观点各有道理，这只能表明专利权有效性争议具有其独特性质，很难简单地附和其中哪一种观点。

第二，尽管“准司法”是人们经常提到的一种说法，但在我国法律中却没有明确的法律依据。在国家机关所从事的行政工作中，与专利复审委员会对无效宣告请求进行审查相类似的还有不少。将专利复审委员会认定为“准司法机构”，此端一开，势必影响一大片，其结果将混淆我国行政管理和司法审判之间的界限，不利于推进我国正在大力进行的行政制度改革和法治建设工作。

第三，尽管近年来呼吁成立专门的专利上诉法院或者知识产权上诉法院的呼声不断高涨，但是目前我国法治建设的发展方向是减少过去设立的各种专门法院，而不是相反。况且，设立一个在全国范围内有案件管辖权的统一上诉法院明显与我国目前采用的基本司法制度不相符合，需要以修改我国《人民法院组织法》为前提条件，这绝非在短期之内就能实现。

基于上述原因，2008年修改《专利法》时仍然保持本条规定不变，未作任何修改。尽管如此，却不能认为对此问题进行的研究和讨论都是“无用功”，其代表了我国各界对

---

[1] 李隽，等. 无效宣告请求诉讼程序的性质［G］//国家知识产权局条法司.专利法及专利法实施细则第三次修改专题研究报告.北京：知识产权出版社，2006：798-839.

专利制度认识的进一步深化，势必会对我国专利制度的将来走向产生影响。

二、无效宣告请求的审查程序

（一）无效宣告请求的受理

在有人提出无效宣告请求之后，专利复审委员会首先要确定是否受理该请求。按照《专利法实施细则》第六十六条的规定，无效宣告请求有下列情况之一的，专利复审委员会不予受理：

（1）请求人不符合《专利法》第十九条第一款的规定，即请求人为在中国没有经常居所或者营业所的外国人、外国企业或者外国其他组织，没有委托我国依法设立的专利代理机构办理其请求；

（2）请求宣告专利权无效的理由不属于《专利法实施细则》第六十五条第二款所列出的理由，例如请求人以不符合《专利法》第三十一条关于单一性的规定、不符合《专利法》第二十六条第五款关于披露遗传资源来源的规定等理由请求宣告专利权无效；

（3）请求不符合《专利法实施细则》第六十五条第一款的规定，即没有具体说明请求宣告专利权无效的理由，或者虽然具体说明了理由，但未提供支持其理由的必要证据，或者虽然提供了证据，但未指明其证据是用于支持何种理由；

（4）请求不符合《专利法实施细则》第六十六条第二款规定的“一事不再理”原则，即专利复审委员会就无效宣告请求作出决定之后，又以同样的理由和证据再次请求无效宣告；

（5）请求人以授予专利权的外观设计与他人在申请日以前已经取得的合法权利相冲突为理由而请求宣告外观设计专利权无效的，请求人未提交证明存在权利冲突的证据。

关于无效宣告请求的受理条件，有必要作进一步的说明和讨论。

《专利法实施细则》第六十五条第一款后半部分规定：

> **无效宣告请求书应当结合提交的所有证据，具体说明无效宣告请求的理由，并指明每项理由所依据的证据。**

上述规定的含义较为复杂，可以认为包含了三个方面的要求：一是请求人必须具体说明请求宣告无效的理由；二是请求人对每一项理由都必须提供证据予以支持；三是请求人对所提供的每一份证据都必须指明其用于支持的理由。按照《专利法实施细则》第六十五条和第六十六条的规定，不满足其中任何一方面要求的，其结果都是无效宣告请求不予受理。[1]其中，对后两方面的要求均存在值得商榷之处。

首先，按照《专利法实施细则》第六十五条第二款的规定，无效宣告请求的理由是多种多样的，其中一些理由需要请求人提供证据予以支持，例如主张专利权所保护的发明创造不具备《专利法》第二十二条和第二十三条规定的新颖性和创造性的，需要请求人举证有关现有技术或者现有设计以支持其主张，否则就是“无的放矢”；另一些理由却并不需

[1] 国家知识产权局.专利审查指南 2010［M］.北京：知识产权出版社，2010：第四部分第三章 3.3.“请求人未具体说明无效宣告理由的，或者提交有证据但未结合提交的所有证据具体说明无效宣告理由的，或者未指明每项理由所依据的证据的，其无效宣告请求不予受理。”

要请求人提供证据予以支持，例如主张说明书不清楚、不完整的，主张权利要求书未获得说明书支持的，专利文件本身就是证据，请求人无须另行提供证据。因此，并非对每一项理由都需要提供证据予以支持，否则就不予受理。

其次，如果请求人仅仅提供了一堆证据，却没有指明任何请求宣告专利权无效的理由，让专利复审委员会自己进行裁量，显然是一种不负责任的做法，因而不予受理是正确的。但是，如果请求人提供了5份对比文件，同时明确主张依照对比文件1和2的结合，专利权所保护的发明创造不具备创造性，却没有提及对比文件3、4、5用于何种目的，则专利复审委员会较为合理的做法应当是受理该无效宣告请求，但是对其中一部分证据，即对比文件3、4、5可以不予考虑。因此，也并非对每一份证据都需要指明其用于支持的理由，否则就不予受理。

现实中，专利复审委员会采取的实际做法就是上面认为应当采取的做法，并没有严格执行《专利法实施细则》第六十五条第一款的规定，这表明该款规定存在不够严谨的问题。

除此之外，“理由”和“证据”的含义也存在值得探讨的问题。

《专利法实施细则》第六十五条第二款采用的措辞是“前款所称无效宣告请求的理由，是指……”按照这一表述，所谓“理由”，是指《专利法》和《专利法实施细则》有关条款的规定。由此而产生的问题在于：请求人是否只需在其无效宣告请求书中写明被授予的专利权不符合《专利法》和《专利法实施细则》某一条款的规定，就应当被认为陈述了足够的理由？对此问题的回答显然应当是否定的。例如，以权利要求书未得到说明书支持为理由请求宣告无效的，如前所述，请求人无须另外提供证据，因为专利文件本身就是证据，但是这并不意味着只需在无效宣告请求书中写明诸如“权利要求1未得到说明书的支持”的主张就足够了，请求人还必须指明他提出这一主张的“具体理由”，也就是为什么认为权利要求1未得到说明书的支持，否则其请求就不应当予以受理。又例如，以专利权保护的发明不具备创造性为理由请求宣告无效的，如前所述，请求人应当举证有关现有技术以支持其主张，但是这也并不意味着请求人除了承担举证责任之外，只需在无效宣告请求书中写明“参见所举证的现有技术，权利要求1要求保护的发明显然不具备创造性”的主张就足够了，请求人还必须指明他提出这一主张的“具体理由”，否则其请求就不应当予以受理。显然，上述“具体理由”既不属于“证据”，也不属于《专利法实施细则》第六十五条第二款所述的“理由”，而应当理解为《专利法实施细则》第六十五条第一款规定的“具体说明无效宣告请求的理由”。换言之，此“理由”非彼“理由”也。这种表述方式很容易使人产生概念上的混淆。

另外，《专利法实施细则》第六十六条第二款规定“在专利复审委员会就无效宣告请求作出决定后，又以同样的理由和证据请求无效宣告的，专利复审委员会不予受理”，其中所述“理由”也同样会导致疑问：其含义是指只要无效宣告请求所依据的法律条款相同，证据也相同的，就应当“一事不再理”，还是指无效宣告请求所依据的法律条款相同，证据相同，具体理由也相同的，才应当“一事不再理”？

综合上面进行的讨论，笔者认为应当将受理无效宣告请求的条件规定为如下三个层次：第一，请求人必须指明无效宣告请求的法律依据，即专利权的授予不符合《专利法实施细则》第六十五条第二款所列举的哪一法规条款的规定，请求人未指明任何法律依据，或者虽然指明但不属于《专利法实施细则》第六十五条第二款所列法律条款范畴的，不予受理；第二，请求人必须陈述无效宣告请求的具体理由，也就是无效请求人为什么认为被授予的专利权不符合其引证的《专利法》或者《专利法实施细则》某条规定的分析意见，未陈述具体理由的，不予受理；第三，必要时，请求人应当提交支持其具体理由的证据，未提交证据的，不予受理，对此《专利审查指南 2010》应当明确规定在《专利法实施细则》第六十五条第二款所列的法律规定中，依据其中哪些法律规定请求宣告专利权无效需要请求人提供证据以支持其主张。

《专利审查指南 2010》规定：

> **以授予专利权的外观设计与他人在申请日以前已经取得的合法权利相冲突为理由请求宣告外观设计专利权无效，但请求人不能证明是在先权利人或者利害关系人的，其无效宣告请求不予受理。**
>
> **其中，利害关系人是指有权根据相关法律规定就侵犯在先权利的纠纷向人民法院起诉或者请求相关行政管理部门处理的人。**[1]

该规定表明，以不符合《专利法》第二十三条第三款规定为理由而提出的无效宣告请求是一种特殊的请求，并非任何单位或者个人都可以提出，只能由在先权利人或者其利害关系人提出。

国家知识产权局 2009 年 2 月提交国务院审议的《〈专利法实施细则〉修订草案（送审稿）》建议将原第六十五条第三款修改为：

> 以不符合专利法第二十三条第三款的规定为理由请求宣告外观设计专利权无效的，请求人应当是在先权利人或者利害关系人。

经审议，2010 年修改的《专利法实施细则》第六十六条第三款规定：

> **以不符合专利法第二十三条第三款的规定为理由请求宣告外观设计专利权无效的，但未提交证明权利冲突的证据的，专利复审委员会不予受理。**

《专利审查指南 2010》将上述规定中所述的"证明权利冲突的证据"解释为包含两种证据：一是证明请求人是在先权利的权利人或者利害关系人的证据；二是证明在先权利与外观设计专利权存在冲突的证据。两种证据都是必要的，缺少其中任何一种证据的，其后果都是不予受理。

（二）对无效宣告请求的审查

1. 形式审查和文件转送

专利复审委员会受理无效宣告请求的，按照《专利法实施细则》第六十六条第四款的规定，应当首先对其进行形式审查。无效宣告请求书不符合规定格式的，专利复审委员会将通知请求人在指定期限内予以补正。期满未补正的，该无效宣告请求被视为未提出。

专利复审委员会经形式审查认定"无效宣告请求书"符合格式要求的，应当将专利权无效宣告请求书和有关文件的副本送交专利权人，要求专利权人在指定期限内陈述意见。

---

[1] 国家知识产权局.专利审查指南 2010［M］.北京：知识产权出版社，2010：第四部分第三章 3.2.

专利权人陈述意见的，专利复审委员会还可能将其陈述的意见送交请求人，要求请求人在指定期限内陈述意见。视案情需要，上述过程可以反复进行多次。在必要的情况下，专利复审委员会还有可能向双方当事人发出“无效宣告请求审查通知书”。《专利法实施细则》第六十八条第二款规定，专利权人和无效宣告请求人应当在指定的期限内答复专利复审委员会发出的“转送文件通知书”或者“无效宣告请求审查通知书”；期满未答复的，不影响专利复审委员会审理。《专利审查指南 2010》进一步明确，所谓“不影响专利复审委员会审理”的含义是指视为当事人已得知转送文件中或者审查通知书中所涉及的事实、理由和证据，并且未提出反对意见。❶

2. 对请求人增加理由或者补充证据的限制性规定

如前所述，无效宣告请求在许多情况下是由专利侵权纠纷中的被诉侵权人提出的，其目的不仅在于宣告所涉及的专利权无效，也在于使专利侵权纠纷案件中止处理或者中止诉讼。2001 年颁布的《最高人民法院关于审理专利纠纷案件适用法律问题的若干规定》第九条规定，人民法院受理的侵犯实用新型、外观设计专利权纠纷案件，被告在答辩期间内请求宣告该项专利权无效的，人民法院应当中止诉讼。《民事诉讼法》第一百一十三条规定，人民法院应当在立案之日起 5 日内将起诉状副本发送被告，被告在收到之日起 15 日内提出答辩状。由于上述规定，请求人准备其无效宣告请求书的时间常常十分紧迫，往往来不及充分考虑和准备请求宣告专利权无效的理由和证据。因此，请求人随后要求增加理由、补充证据的情况经常发生。一方面，这样的要求有其合理的一面，应当允许请求人适当地增加理由或者补充证据；另一方面，为了防止请求人通过不断补充理由和证据以拖延程序，尽可能缩短无效宣告请求的审查周期，又不能允许请求人无限制地增加理由或者补充证据。基于这样的考虑，《专利法实施细则》第六十七条规定，在专利复审委员会受理无效宣告请求后，请求人可以在提出无效宣告请求之日起 1 个月内增加理由和补充证据，逾期增加理由或者补充证据的，专利复审委员会可以不予考虑。《专利审查指南 2010》具体规定了在哪些情况下，请求人逾期增加理由或者补充证据的，专利复审委员会可以予以考虑。❷

在专利申请的审查程序中，申请人有正当理由而需要延长国家知识产权局指定的有关期限的，只要在期限届满前提出请求，国家知识产权局一般都会允许延长。请求无效宣告的程序是有双方当事人参与的程序，请求人和专利权人的利益常常是相互矛盾的，在一方当事人希望尽快作出决定的情况下，另一方当事人往往就希望尽量延长审理的时间。为了防止一方当事人通过请求延长期限而拖延审查周期，损害另一方当事人的利益，《专利法实施细则》第七十一条规定，在无效宣告请求的审查程序中，专利复审委员会指定的期限不得延长。

3. 在无效宣告程序中对专利文件的修改

许多国家的专利法规定了专门的程序，使专利权人在授予专利权之后还可以请求对其

---

❶ 国家知识产权局.专利审查指南 2010［M］.北京：知识产权出版社，2010：第四部分第三章 4.4.1 和 4.4.3.

❷ 国家知识产权局.专利审查指南 2010［M］.北京：知识产权出版社，2010：第四部分第三章 4.2 和 4.3.1.

专利文件进行适当修改，例如缩小专利权的保护范围等。《专利法》没有这方面的规定，仅仅在《专利法实施细则》第六十九条中规定：

> 在无效宣告请求的审查过程中，发明或者实用新型专利的专利权人可以修改其权利要求书，但是不得扩大原专利的保护范围。
>
> 发明或者实用新型专利的专利权人不得修改专利说明书和附图，外观设计专利的专利权人不得修改图片、照片和简要说明。

《专利审查指南 2010》进一步规定：

> 发明或者实用新型专利文件的修改仅限于权利要求书，其原则是：
>
> （1）不得改变原权利要求的主题名称。
>
> （2）与授权的权利要求相比，不得扩大原专利的保护范围。
>
> （3）不得超出原说明书和权利要求书记载的范围。
>
> （4）一般不得增加未包含在授权的权利要求书中的技术特征。
>
> 外观设计专利的专利权人不得修改其专利文件。[1]

之所以规定专利权人对权利要求书的修改不得扩大原专利权的保护范围，是为了合理保护公众的利益不受损害。国家知识产权局在公告授予发明或者实用新型专利权时会同时提供专利文件单行本，供公众免费查阅。公众通过阅读专利文件中的权利要求书，就可以知道专利权的保护范围，从而规范自己的生产经营行为，以避免侵犯他人的专利权。如果允许专利权人通过修改扩大原专利权的保护范围，就有可能导致公众原本认为不会侵犯专利权的生产经营行为变成侵犯专利权的行为，这会使公众处于一种不安定的状态，丧失对国家知识产权局授权公告的信赖，有碍于诚信社会的建设。

之所以规定一般不得增加未包含在授权的权利要求书中的技术特征，是为了避免使无效宣告请求的审查实际上变成授予专利权的实质审查。通常，专利说明书中会详细披露发明创造的技术方案，记载诸多的技术特征，在此基础上可以撰写出多种多样的权利要求书。为了获得尽可能大的专利权保护范围，申请人总是谋求在权利要求中写入数量尽可能少、含义尽可能上位的技术特征。如果允许专利权人在无效宣告请求的审查过程中，将原先仅仅记载在说明书中的技术特征补充加入权利要求中，尽管这种修改既没有超出原说明书和权利要求书记载的范围，且缩小了专利权保护范围，但是却无异于进行实质审查或者重开实质审查，专利复审委员会为此要耗费很多时间。这种做法对实用新型专利权来说后果尤为突出，将导致专利权人在申请专利时可以放心大胆地撰写保护范围极宽的权利要求而无所顾忌，因为其后果无非是在有人请求宣告专利权无效时再重新撰写其权利要求书而已，这只会降低专利制度的信誉。

在专利权人对权利要求的修改符合上述原则的基础上，《专利审查指南 2010》还对权利要求书的修改作了进一步限定，即修改权利要求书的具体方式仅限于权利要求的删除、合并和技术方案的删除。其中，权利要求的删除是指从权利要求书中删除一项或者一项以上权利要求；权利要求的合并是指将两项或者两项以上相互无从属关系但都从属于同一独立权利要求的从属权利要求合并成为一项权利要求，以替代原来的独立权利要求；技术方

[1] 国家知识产权局.专利审查指南 2010［M］.北京：知识产权出版社，2010：第四部分第三章 4.6.1.

案的删除是指从同一权利要求中并列的两种以上技术方案中删除一种或者一种以上技术方案。换言之，不仅不允许专利权人将仅仅记载在说明书中的技术特征补充到权利要求书中，也不允许专利权人对各项权利要求记载的技术特征随意进行排列组合。如此规定的理由与上面所述的理由基本相同。

4. 口头审理

《专利法实施细则》第七十条规定，专利复审委员会根据当事人的请求或者案情需要，可以决定对无效宣告请求进行口头审理。实践表明，口头审理可以加快专利复审委员会对无效宣告请求进行审查的速度，更为全面地审视有关事实、理由和证据，从而公正地作出决定，提高审查质量，具有十分突出的意义。在专利复审委员会受理无效宣告请求案件的初期，采取的是完全以书面方式进行审查的方式，不举行口头审理；到 20 世纪 80 年代后期，专利复审委员会开始尝试举行口头审理，然而这种做法在当时并不普遍，只对一些争议较大的无效宣告请求案件采用；现在，专利复审委员会已经采取了对所有无效宣告请求案件基本上一律举行口头审理的做法。

专利复审委员会决定对无效宣告请求进行口头审理的，应当向当事人发出“口头审理通知书”，告知举行口头审理的日期和地点。当事人应当在通知书指定的期限内作出答复。无效宣告请求人对专利复审委员会发出的“口头审理通知书”在指定的期限内未作答复，并且不参加口头审理的，其无效宣告请求可以被视为撤回处理；专利权人不参加口头审理的，可以缺席审理。

《专利审查指南 2010》在第四部分中专门单设一章，对口头审理的各项准备工作及其举行方式作了详细和明确的规定。

5. 无效宣告请求审查程序的终止以及决定

按照《专利法实施细则》第七十二条第一款的规定，在专利复审委员会对无效宣告请求作出决定之前，无效宣告请求人可以撤回其请求。

关于请求人撤回其请求的法律后果，2010 年修改前的《专利法实施细则》第七十一条第二款规定：

无效宣告请求人在专利复审委员会作出决定之前撤回其请求的，无效宣告请求审查程序终止。

2010 年修改的《专利法实施细则》第七十二条第二款将上述规定修改为：

专利复审委员会作出决定之前，无效宣告请求人撤回其请求或者其无效宣告请求被视为撤回的，无效宣告请求审查程序终止。但是，专利复审委员会认为根据已进行的审查工作能够作出宣告专利权无效或者部分无效的决定的，不终止审查程序。

该修改之处体现了专利权有效性纠纷并非仅仅是请求人与专利权人之间的民事纠纷，而是关系到公众利益的含义。在事实和证据已经表明一项专利权的授予不符合《专利法》的有关规定，不应予以维持或者不应予以全部维持的情况下，仅仅因为双方当事人作了某种妥协安排，由请求人出面撤回其无效宣告请求，专利复审委员会就应当视而不见，充耳不闻，让无效宣告程序终止，有违《专利法》第三条规定的国家知识产权局的职责和第二十一条规定的国家知识产权局及其专利复审委员会应当按照客观、公正、准确、及时地处理有关专利的申请和请求的要求。从这一修改来看，认为对无效宣告请求的审查应当完全遵循当事人处置的原则是不正确的。

在《专利法实施细则》修改方案的讨论过程中，一些公司企业以及专利代理人担心上述修改会影响请求人在无效宣告请求的审查过程中与对方当事人讨价还价、达成妥协的机会。应当说上述修改并没有消除这种机会，只不过敦促当事人如有达成妥协的意愿和可能，应当抓紧时间进行，尽早撤回其请求，例如在举行口头审理之前就撤回。

专利复审委员会经过审查后所作出的决定有三种类型，即宣告专利权无效、宣告专利权部分无效、维持专利权有效。专利复审委员会应当以书面形式作出决定，并在作出决定后通知无效宣告请求人和专利权人。

专利复审委员会作出宣告专利权无效或部分无效的决定后，当事人期满不起诉的，由国家知识产权局进行登记和公告；当事人在规定期限内向法院起诉的，在法院作出宣告专利权无效或者部分无效的判决生效后，再由国家知识产权局登记和公告。

三、无效宣告请求的司法程序

本条第二款规定，对专利复审委员会宣告专利权无效或者维持专利权的决定不服的，可以自收到通知之日起 3 个月内向人民法院起诉。按照《行政诉讼法》的规定以及最高人民法院的有关规定，当事人应当向北京市第一中级人民法院起诉；对该法院作出的一审判决不服的，应当向北京市高级人民法院上诉。

关于专利权有效性纠纷的诉讼，有两个问题值得讨论。

第一，在北京市第一中级人民法院和北京市高级人民法院的一审和二审过程中，发明或者实用新型专利权人是否还可以对其权利要求书进行修改？

对此问题，《专利法实施细则》第六十九条没有直接给出答案，但是从《专利法实施细则》从第六十九条所述的“在无效宣告请求的审查过程中，发明或者实用新型专利的专利权人可以修改其权利要求书”以及有关其他条款的内容来看，应当理解为仅指在专利复审委员会的审查过程中可以修改权利要求书，因此对这一问题的回答应当是否定的。

第二，北京市第一中级人民法院和北京市高级人民法院是否可以直接对专利复审委员会作出的决定予以改判，例如在一审判决或者二审判决中将专利复审委员会作出的维持专利权有效的决定改为直接宣告该专利权无效？

由于当前的法律制度仍然将不服专利复审委员会的决定而向法院提起的诉讼定性为行政诉讼，因此对此问题的回答应当遵循《行政诉讼法》的有关规定。《行政诉讼法》第五十四条规定：

> 人民法院经过审理，根据不同情况，分别作出以下判决：
>
> （一）具体行政行为证据确凿，适用法律、法规正确，符合法定程序的，判决维持。
>
> （二）具体行政行为有下列情形之一的，判决撤销或者部分撤销，并可以判决被告重新作出具体行政行为：
>
> 1. 主要证据不足的；
> 2. 适用法律、法规错误的；
> 3. 违反法定程序的；

4. 超越职权的；

5. 滥用职权的。

（三）被告不履行或者拖延履行法定职责的，判决其在一定期限内履行。

（四）行政处罚显失公正的，可以判决变更。

根据上述规定，只有当行政决定为行政处罚决定的，法院的判决才有权判决变更。专利复审委员会作出的无效宣告请求审查决定显然不属于行政处罚决定的范围，因此对上述问题的回答应当是否定的。这符合《行政诉讼法》第一条规定的立法宗旨，即进行行政诉讼的目的在于维护和监督行政机关行使其行政职权，而不是越俎代庖，代替行政机关行使其职权。

最高人民法院 2008 年 5 月 30 日对（2007）行提字第 3 号再审申请作出的行政裁决书指出："根据我国《行政诉讼法》的规定，即使专利复审委员会的决定错误，法院也不能直接予以变更，只能判决撤销或者一并要求重作决定，在判决主文中直接对专利权的效力作出宣告判决，超出了《行政诉讼法》及其司法解释有关裁判方式的规定，缺乏充分的法律依据。在现行的行政诉讼法律框架下，法院审理专利无效纠纷案件，应当依法按照合法性审查原则，对所争议专利权是否符合《专利法》规定的专利授权实质性条件等问题作出判断。但对于宣告专利权有效性问题，仍应遵循现行法律规定的裁判方式进行。专利复审委员会有关本案二审法院直接判决本案专利无效缺乏法律依据的再审理由，应予支持。"

由此而有可能进一步产生的问题在于：无效宣告请求程序是有双方当事人参加的程序，当法院作出撤销或者部分撤销专利复审委员会决定的判决，专利复审委员会执行法院的生效判决，重新作出不同的决定时，另一方当事人不服的，又有可能再次提起行政诉讼。如此辗转反复，就会导致无效宣告请求程序久拖不决的现象。这也是不少人主张将专利有效性纠纷定性为民事诉讼的理由之一。笔者认为，解决这一问题的途径不一定是将专利有效性纠纷定性为民事纠纷，在行政诉讼的框架下也能解决。本条第二款已经明确规定，法院应当通知无效宣告请求程序的对方当事人作为第三人参加诉讼。因此，双方当事人都能参加诉讼，理应在法院审理过程中充分陈述其意见，以帮助法院作出公平合理的判决。在此情况下，法院作出的判决应当视为已经充分考虑了双方当事人以及专利复审委员会的主张和意见。此后，当事人以缠诉方式提起诉讼的，法院可以不予受理。

第四十七条　宣告专利权无效决定的效力

宣告无效的专利权视为自始即不存在。

宣告专利权无效的决定，对在宣告专利权无效前人民法院作出并已执行的专利侵权的判决、调解书，已经履行或者强制执行的专利侵权纠纷处理决定，以及已经履行的专利实施许可合同和专利权转让合同，不具有追溯力。但是因专利权人的恶意给他人造成的损失，应当给予赔偿。

依照前款规定不返还专利侵权赔偿金、专利使用费、专利权转让费，明显违反公平原则的，应当全部或者部分返还。

一、历史沿革

1984 年制定的《专利法》第五十条规定：

> 宣告无效的专利权视为自始即不存在。

1992 年修改《专利法》时，增加了该条第二款至第四款，规定：

> 宣告无效的专利权视为自始即不存在。
>
> 宣告专利权无效的决定，对在宣告专利权无效前人民法院作出并已执行的专利侵权的判决、裁定，专利管理机关作出并已执行的专利侵权处理决定，以及已经履行的专利实施许可合同和专利权转让合同，不具有追溯力。但是因专利权人的恶意给他人造成的损失，应当给予赔偿。
>
> 如果依照上款规定，专利权人或者专利权转让人不向被许可实施专利人或者专利权受让人返还专利使用费或者专利权转让费，明显违反公平原则，专利权人或者专利权转让人应当向被许可实施专利人或者专利权受让人返还全部或者部分专利使用费或者专利权转让费。
>
> 本条第二款、第三款的规定适用于被撤销的专利权。

2000 年修改《专利法》时，将修改前第五十条的序号改为第四十七条，并将其条文修改为：

> 宣告无效的专利权视为自始即不存在。
>
> 宣告专利权无效的决定，对在宣告专利权无效前人民法院作出并已执行的专利侵权的判决、裁定，已经履行或者强制执行的专利侵权纠纷处理决定，以及已经履行的专利实施许可合同和专利权转让合同，不具有追溯力。但是因专利权人的恶意给他人造成的损失，应当给予赔偿。
>
> 如果依照前款规定，专利权人或者专利权转让人不向被许可实施专利人或者专利权受让人返还专利使用费或者专利权转让费，明显违反公平原则，专利权人或者专利权转让人应当向被许可实施专利人或者专利权受让人返还全部或者部分专利使用费或者专利权转让费。

修改之处在于：

第一，将修改之前的本条第二款所述的“专利管理机关作出并已执行的专利侵权处理决定”改为“已经履行或者强制执行的专利侵权纠纷处理决定”；

第二，删除了修改之前的本条第四款的规定，因为2000年修改《专利法》时取消了撤销程序。

2008年修改《专利法》时，再次对本条进行了修改，修改之处在于包括：

第一，将2008年修改前的本条第二款所述的“裁定”改为“调解书”；

第二，大为简化了本条第三款的表述方式，并在其中增加了应当全部或者部分返还专利侵权赔偿金的规定。

二、本条规定的含义

（一）关于第一款的规定

根据2010年修改的《专利法实施细则》第六十五条第二款的规定可以知道，该款规定的请求宣告专利权无效的理由全部都是授予专利权的实质性条件，而不是授予专利权的程序性条件。因此，一项专利权被依法宣告无效，就意味着该专利权不符合授予专利权的实质性条件，也就是该专利权原本就不应当被授予。正因为如此，本条第一款规定“宣告无效的专利权视为自始即不存在”，很清楚地表明宣告专利权无效的决定具有溯及既往的法律效力。有学者指出：

> 宣告专利权无效的决定，除了上面所述的社会性的效力之外，还有追溯的效力。这就是说，专利权被宣告无效的，追溯至专利权授予时发生效力，也就是视为专利权自始即不存在，视同专利权根本就没有授予一样。[1]

本条第一款规定“宣告无效的专利权被视为自始即不存在”，意味着无论在宣告专利权无效之前还是在宣告专利权无效之后，公众中的任何人都有权自由实施该专利权保护的发明创造，无须获得专利权人的许可，也无须支付任何专利使用费。因此专利权被宣告无效后，就意味着所有以该专利权有效为前提而作出的有关司法判决、行政决定以及所达成的交易都失去基础。对于原专利权人指控他人侵犯其专利权的行为而言，尚未执行或者正在执行的法院作出的认定专利侵权行为成立的判决或者管理专利工作的部门作出的认定专利侵权行为成立的处理决定应当立即停止执行；对于原专利权人转让专利权或者许可他人实施其专利的行为而言，尚未履行或者正在履行的专利实施合同和专利权转让合同应当立即停止履行，受让人或者被许可人可以停止支付有关费用。

（二）关于第二款和第三款的规定

在1984年制定的《专利法》中，本条仅仅规定“宣告无效的专利权视为自始即不存在”，除此之外别无其他规定。依据这样的规定，专利权被宣告无效之后，凡是尚未履行或者正在履行的专利权转让合同和专利实施许可合同应当不再履行，凡是尚未执行或者正在执行的法院或者管理专利工作部门作出的认定专利侵权成立的判决或者处理决定应当停止执行，这无疑都是合理的。但是，如果认为宣告专利权无效的决定对已经履行的专利权

---

[1] 汤宗舜.中华人民共和国专利法条文释义［M］.北京：法律出版社，1986：161-162.

转让合同和专利实施许可合同以及对已经执行的认定专利侵权成立的判决或者处理决定统统具有追溯力，则不尽合理。

法院和专利管理机关审判、处理专利侵权纠纷，责令被诉侵权人承担侵犯专利权的民事责任，是以所涉及的专利权是有效专利为前提条件，根据事实和证据依法作出的。由于宣告专利权无效的请求可以在授予专利权之后的任何时间提出，甚至在专利权期限届满终止后仍然可以提出，因此有可能在侵犯专利权纠纷案件的判决或者处理决定执行完毕很长时间以后，专利权才被宣告无效。世界各国的专利制度有一个共同特点，即任何专利权人都没有绝对把握认为其获得的专利权能够始终被认定为有效专利。其原因在于决定一项专利权是否有效最为重要的因素是现有技术和现有设计，《专利法》规定的现有技术和现有设计范围如此浩瀚，没有人有能力穷尽检索出世上所有的相关现有技术和现有设计。面对这样的现实，如果认为宣告专利权无效的决定对已经执行的判决和处理决定也统统有追溯力，原侵权人都有“算老账”的权利，就会产生如下负面影响：一方面，导致专利权人长期处于一种忐忑不安的境地，不知道其依法获得的损害赔偿是否有朝一日还要返还给侵权人，也不知道是否有朝一日还要为其要求侵权人停止侵权行为的主张承担反赔责任，而且专利权人获得的专利越多，行使其专利权越是积极，其背上的包袱就会越加沉重，后顾之忧也就会越多，这势必大大影响专利权人行使其专利权的信心，从而影响专利制度发挥其应有的作用；另一方面，当专利权被宣告无效时，专利权人有可能没有返还的能力，而且在专利权人为公司企业的情况下，原专利权人有可能早已不存在了，侵权人觉得自己有“算老账”的权利，但又无从算起，于是耿耿于怀、愤愤不平，这样的人多了只会影响社会的安定和谐。专利权人与他人订立专利许可合同或者专利权转让合同，也是以所涉及的专利是有效专利为前提进行的，一旦专利权被宣告无效，这些合同就失去了存在的基础。对于已经履行的专利许可合同和专利权转让合同，在专利权被宣告无效之后允许原来的被许可人和受让人“算老账”，也会导致类似的问题。对民事纠纷，世界各国普遍采取“冤家宜解不宜结”的立场，而不是采取鼓励“算老账”的立场。

基于上述原因以及实际需要，1992 年修改《专利法》时在本条中增加了第二款，明确规定：“宣告专利权无效的决定，对在宣告专利权无效前人民法院作出并已执行的专利侵权的判决、裁定，专利管理机关作出并已执行的专利侵权处理决定，以及已经履行的专利实施许可合同和专利权转让合同，不具有追溯力。”这一规定是对本条第一款规定的“宣告无效专利权视为自始即不存在”，即宣告专利权无效的决定具有追溯力的必要限制。2000 年修改《专利法》时，对上述规定作了必要调整，将“专利管理机关作出并已执行的专利侵权处理决定”改为“已经履行或者强制执行的专利侵权纠纷处理决定”，使其表述更为准确。

应当注意的是，本条第二款所述“宣告专利权无效的决定”，应当是指已经生效的宣告专利权无效的决定。最高人民法院 2009 年 12 月 8 日对一再审案件作出裁定，指出：

> 对于专利复审委员会作出的宣告专利权无效的决定，如果当事人自收到通知之日起 3 个月期满仍未向人民法院起诉的，该决定的效力即最终确定；如果当事人依法提起了行政诉讼，该决定只有被生效的行政裁判维持合法有效后其效力才能最终确定。本案中，涉案专利虽然被专利复审委员会审查决定宣告全部无效，但专利权人已经针对该决定在法定期限内提起行政诉讼，北京市第一中级人民法院对此已经立案受理，该决定的效力显然未最终确定。在此

情况下，当事人向二审法院申请中止审理，二审法院以涉案专利已经被无效宣告请求审查决定宣告全部无效为由直接判决驳回专利权人的全部诉讼请求，属于适用法律错误。❶

但是，如果硬性地规定无论在何种情况下，宣告专利权无效的决定对法院作出并已执行的专利侵权的判决、裁决，已经履行或者强制执行的专利侵权纠纷处理决定，以及已经履行的专利实施许可合同和专利权转让合同统统不具有追溯力，也不尽合理。因此，本条第二款后半部分以及第三款又对“不具有追溯力”的规定作了必要限制，规定了两种反例：一是对专利权人恶意给他人造成损失的，应当给予赔偿；二是不予返还明显违反公平原则的，应当全部或者部分返还。该规定无疑也是合理的。例如，有人抄袭外国专利文献公开的技术方案，提出实用新型或者外观设计专利申请，利用《专利法》规定对这两种专利申请不进行实质审查的制度获得专利权，并且在明知其专利是无效专利的情况下，与他人订立专利权转让合同、专利实施许可合同或者提起侵权诉讼，以牟取违法利益，就是典型的恶意行为。对这样的行为如果还过分地强调宣告专利权无效的决定“不具有追溯力”，则无异于纵容恶意行为，将何以伸张正义，主持公道？

2008 年修改《专利法》时再次对本条规定作了两处重要修改。

一是将修改前第一款中所述的“裁定”改为“调解书”。

“裁定”是法院在审理民事案件过程中，为保证审判工作的顺利进行，就诉讼程序方面的有关事项所作的判定。例如不予受理、财产保全、准许或者不准许撤诉、中止程序、终结诉讼等。依照《专利法》以及有关司法解释的有关规定，法院在专利诉讼之前或者之中还可以作出诉前停止侵权行为、诉前财产保全、诉前证据保全等裁定。“裁定”与“判决”之间的区别在于前者不是法院对纠纷案件是非曲直的最后审判结论，而是为了帮助法院更为公平合理地得出最后审判结论而采取的一些必要措施。在上述类型的裁定中，一些并不会对当事人的利益产生直接影响，例如不准撤诉、中止程序等；一些有可能对当事人的利益产生直接影响，例如诉前或者诉中停止有关行为、财产保全、证据保全等。由于裁定还不是最终判决，为了防止因申请错误而损害有关当事人的利益，《专利法》第六十六条明确规定专利权人申请法院作出责令被告停止有关行为的裁定的，必须提供担保；第六十七条规定专利权人申请法院作出保全证据的裁定的，法院可以责令提供担保。之所以要求提供担保，其目的之一就是在出现由于申请错误给对方当事人造成损失时作为赔偿之用。专利权被宣告无效，是认定申请人有错误的典型情况。一旦宣告专利权无效，该裁定就失去了存在的基础，应当立即予以撤销，而不是因为“已经执行”就不追溯；在申请人事先提供担保的情况下，还应当用该担保来赔偿被申请人蒙受的损失，而不应适用本条第二款关于“不具有追溯力”的规定，从而使该裁定继续维持。换言之，本条第二款关于“不具有追溯力”的规定不能与《专利法》第六十六条和第六十七条的有关规定相矛盾。因此，有必要删除 2008 年修改前《专利法》本条第二款所述的“裁定”。此外，法院在专利侵权诉讼中作出的专利侵权调解书具有类似于专利侵权判决的法律效力，结合本条第二款前半部分的立法本意，应当一并规定宣告专利权无效的决定对已经执行的调解书不具有追溯力。因此，2008 年修改《专利法》时在删除修改前本条第二款规定的“裁定”的同

---

❶ 参见：最高人民法院［（2009）民申字第 1573 号］，《最高人民法院知识产权案件年度报告（2009）》第 15 页。

时又增加了“调解书”。

二是简化本条第三款的表述方式，并增加“专利侵权赔偿金”作为应当返还的费用之一。

2008 年修改前《专利法》本条第三款的规定在表述上过于繁杂，其大部分条文实际上是在重复本条第二款的内容。2008 年修改后的本条第三款大为简化，读起来却更为清楚明了。

在认定专利侵权指控成立的情况下，侵权人承担侵犯专利权的民事责任的两种方式之一就是支付专利侵权赔偿金。支付专利侵权赔偿金与支付专利实施许可合同的专利使用费在性质上有相似之处，都是在专利权有效的前提条件下，实施该专利的人应当向专利权人支付的费用。如果所涉及的专利权后来被宣告无效，实施者应当支付有关费用的基础就不存在了。既然如此，在本条第三款规定的情形下，专利权人向有关当事人全部或者部分返还的费用就应当包括专利侵权赔偿金。

按照 2008 年修改后的本条第三款的规定，专利权人应当返还的有关费用包括两种类型：一是专利侵权赔偿金，二是专利使用费和专利权转让费。两种费用的性质有所不同：前者是认定侵犯专利权行为成立的法院责令侵权人支付的；后者是与专利权人订立专利实施许可合同的被许可人以及与专利权人订立专利权转让合同的受让人自愿支付的。在我国建立专利制度的初期，我国民众的法治意识还较低，对市场经济的规则也很陌生，因此一开始稀里糊涂地支付专利使用费、专利权转让费，专利权被宣告无效后又大呼上当的现象较为普遍。时至今日，这种事情已经很少发生了。双方当事人在订立专利实施许可合同或者专利权转让合同时对合同约定的权利义务都格外在意，其中必不可少的条款就是约定所涉及的专利权被宣告无效时应当如何处置。根据具体情况的不同，合同中约定的处置方式可能有所不同：可能约定应当全部返还专利使用费或者专利权转让费；也可能约定部分予以返还；还可能约定合同履行后超过一定期限或者被许可人或者受让人已经获得实际经济利益之后，专利权才被宣告无效的，可以不予返还或者少量返还等。总之，既然是双方平等协商的结果，可以相信合同的有关约定对双方当事人来说都是公平合理的，都是可以接受的。如果合同中存在有关约定，应当采取约定优先的原则。一方当事人不履行约定的，既可以认定为本条第三款所述的“明显违反公平原则”，也可以依法追究其违约责任。在这样的情况下，可以认为适用本条规定的意义已经不大。因此，2008 年修改后的本条第三款中增加“专利侵权赔偿金”才是最有实际意义、最需要予以规定的事项。

说到这里，还有必要对本条规定的逻辑结构进行一些探讨。笔者认为，本条规定应当采取这样的逻辑顺序，即：

第一，在第一款规定“宣告无效的专利权视为自始即不存在”，也就是首先明确宣告专利权无效的决定具有追溯力这一总体原则。

第二，在第二款规定“宣告专利权无效的决定，对在宣告专利权无效前人民法院作出并已执行的专利侵权的判决、调解书，已经履行或者强制执行的专利侵权纠纷调解处理决定，以及已经履行的专利实施许可合同和专利权转让合同，不具有追溯力”，作为第一款规定的总体原则的一种例外原则。

第三，在第三款规定“依照本条第二款规定不返还专利侵权赔偿金、专利使用费、专利权转让费明显违反公平原则的，应当全部或者部分返还”，作为第二款规定的例外原则的又一例外原则，其意义不仅在于合理处置已经支付的专利侵权赔偿金，还在于为当事人以更为规范的方式订立专利实施许可合同和专利权转让合同提供指导。

第四，在第四款规定“当事人证明专利权人有恶意并对其造成损失的，专利权人除依据本条第三款的规定全部返还专利侵权赔偿金、专利使用费、专利权转让费外，还应当额外赔偿当事人受到的损失”，作为对第三款规定的一种补充规定，加大作出严重违反诚实信用原则行为的专利权人应当承担的民事责任，形成必要的法律惩戒梯次。

如此规定，将会使本条规定的层次更为分明，逻辑更为顺畅。本条现有条文的不足之处在于第二款后半部分的规定和第三款的规定在逻辑顺序上恰好颠倒了。2008 年修改《专利法》时，国家知识产权局有关人员曾经在讨论中向立法机关提出上述建议，但是未被采纳，其原因有可能是认为本条规定本来就应当如此理解，不作修改也无不可。

归纳起来，本条区分不同情况，反复从不同角度出发规定宣告专利权无效的决定所产生的影响，其目的就是为了在保障专利权人的合法权益和公众的合法权益之间以及在维持正常的社会经济秩序、具有可操作性与公平合理之间寻求一种平衡，可谓用心良苦。在《专利法》所要调整的法律关系中，如何处置因专利权被宣告无效而带来的问题，如何恰如其分地界定各种做法之间的界限是较为困难的问题之一，需要十分慎重地制定和适用本条规定。

第六章 专利实施的强制许可

引 言

所谓专利实施的强制许可制度，是指在未经专利权人同意的情况下，政府依法授权他人实施其专利的制度。这一制度是防止专利权人滥用权利、保障公共利益的重要法律制度，对实现专利法的立法宗旨、促进专利技术的推广应用、维护国家和公众的利益具有非常重要的意义。目前世界上绝大多数国家的专利法中都明确规定了这一制度。

《巴黎公约》第 5 条规定各成员国有权给予强制许可，但是其条文十分简单，主要涉及给予强制许可的理由，指出其目的在于防止行使专利权利而可能导致的权利滥用，例如不实施。

实施专利的强制许可制度除了涉及给予强制许可的理由这一最为重要的问题之外，还涉及诸多其他问题，例如给予强制许可之前被许可人是否需要与专利权人进行协商，对给予或者拒绝给予强制许可的决定不服的是否可以向法院起诉，依据给予的强制许可实施专利的是否还需要支付使用费，给予的强制许可是否可以转让，被许可人依据强制许可制造的专利产品是否可以出口到其他国家等。对这些问题，《巴黎公约》没有作出明确规定。

随着经济全球化趋势越来越明显，世界经济格局在过去的几十年间发生了巨大变化。发达国家已经逐渐将其制造业转移到发展中国家，越来越将技术创新、设计创新作为获得经济收益的重要方式，实现了从产品的“制造国、输出国”到知识产权的“创造国、输出国”的转变。在这种经济模式下，发达国家必然更加重视对知识产权的有效保护。发达国家认为，如果强制许可能够较为容易地获得，就会对其企业行使其专利权构成严重威胁。因此，在发达国家的大力推动下，WTO 的 TRIPS 对成员利用强制许可制度作出了种种严格限制，集中体现在 TRIPS 第 31 条中。

我国 1984 年制定的《专利法》关于强制许可的规定比较简单。1992 年、2000 年和 2008 年三次修改《专利法》均对本章规定进行了重要修改，使之逐步趋于完善。

我国自 1985 年 4 月 1 日起施行《专利法》以来，迄今尚未给予任何一项实施专利的强制许可。这一事实只能表明我国在给予专利实施的强制许可方面持高度慎重立场，丝毫不表明第六章的规定不重要。

第四十八条　给予强制许可的一般理由

有下列情形之一的，国务院专利行政部门根据具备实施条件的单位或者个人的申请，可以给予实施发明专利或者实用新型专利的强制许可：

（一）专利权人自专利权被授予之日起满三年，且自提出专利申请之日起满四年，无正当理由未实施或者未充分实施其专利的；

（二）专利权人行使专利权的行为被依法认定为垄断行为，为消除或者减少该行为对竞争产生的不利影响的。

一、概　述

（一）关于强制许可的理由

给予专利实施的强制许可最为重要的问题是给予强制许可的理由，也就是在何种情况下可以给予强制许可。应当注意将给予强制许可的理由（grounds）与给予强制许可的程序性条件（conditions）区分开来，因为两者涉及不同的事情。即使申请给予强制许可的理由本身符合《专利法》的有关规定，也并不意味着能够径直给予强制许可，因为还需要满足《专利法》关于给予强制许可的程序性条件。从这一意义上说，两者之间有一种递进的逻辑关系。

《巴黎公约》第5条第A部分第（2）款规定：

> 本联盟各国都有权采取立法给予强制许可，以防止由于行使专利所赋予的排他权而可能产生的滥用，例如不实施。

上述规定表明，《巴黎公约》规定给予强制许可的目的在于防止对专利权的滥用。但是，该公约并没有明确定义哪些行为构成“滥用”专利权的行为，而是仅仅给出了一个典型例子，即专利权人不实施其专利。各国对“滥用专利权”这一重要概念的理解各不相同。一般而言，“滥用专利权”的行为范围宽于反垄断法意义上的排除或者限制竞争的行为范围，体现在凡是触犯反垄断法的行使专利权行为都可以认定为滥用专利权行为，但是滥用专利权行为却不一定构成触犯反垄断法的排除或者限制竞争行为。由此可见，《巴黎公约》给各国通过其本国立法规定给予强制许可的理由留出了较大自由空间。

TRIPS第2条第1款规定：

> 就本协定第2、第3、第4部分而言，各成员应当遵守《巴黎公约》（1967年）第1条至第12条和第19条的规定。

这表明，《巴黎公约》第5条第A节第（2）款的规定实际上是TRIPS内容的一部分。

TRIPS第31条对强制许可规定了诸多限制性要求，其中有些涉及给予强制许可之前应当满足的程序性条件，有些涉及给予强制许可之后实施该强制许可的限制性条件，但都不是关于给予强制许可的理由的规定。这表明，TRIPS在给予强制许可的理由方面秉承了

《巴黎公约》的立场，仍然为各成员通过其本国立法规定给予强制许可的理由留出了较大自由空间。2001 年 11 月 14 日 WTO 部长级会议通过了《多哈宣言》，重申其成员有权充分运用 TRIPS 给予灵活性的条款，并承认上述灵活措施应当包括各成员有权给予强制许可并且可以自由决定给予强制许可的理由，但以不违反该 TRIPS 的其他规定为限。《多哈宣言》的这一论述是得出上述结论的有力佐证。

2008 年修改的《专利法》第六章明确了如下 5 种给予强制许可的理由，分别是：

（1）在国家出现紧急状态或者非常情况时或者为了公共利益目的（第四十九条，其依据是 TRIPS 第 31 条提到了以这种理由给予的强制许可）；

（2）为了公共健康目的，对取得我国专利权的药品，按照 WTO 总理事会《关于修改 TRIPS 的议定书》的规定，应需要这些药品的国家或者地区的请求，在我国制造专利药品并将其出口到提出请求的国家或者地区（第五十条，其依据是《关于修改 TRIPS 的议定书》）；

（3）专利权人在规定期间内无正当理由未实施或者未充分实施其专利（第四十八条第一项，其依据是《巴黎公约》第 5 条第 A 部分第（2）款的规定）；

（4）专利权人行使专利权的行为被依法认定为垄断行为，为消除或者减少该行为对竞争产生的不利影响（第四十八条第二项，其依据是《巴黎公约》第 5 条第 A 部分第（2）款的规定，TRIPS 第 31 条提到了以这种理由给予的强制许可）；

（5）专利权人获得的专利为他人此前获得的另一项专利的从属专利，该从属专利比前取得的专利或者实用新型具有显著经济意义的重大技术进步，而且从属专利的实施有赖于该另一专利的实施（第五十一条，TRIPS 第 31 条提到了以这种理由给予的强制许可）。

可见，尽管《巴黎公约》和 TRIPS 在给予强制许可的理由方面均给其成员国和成员留出了较大自由空间，我国《专利法》在规定申请给予强制许可的理由方面仍然持相当慎重的态度，所规定的 5 种给予强制许可的理由全都具有坚实的国际法基础。

（二）本条规定的历史沿革

1984 年制定《专利法》时，参考当时一些国家的专利立法，首先通过第五十一条规定：

> **专利权人负有自己在中国制造其专利产品、使用专利方法或者许可他人在中国制造其专利产品、使用其专利方法的义务。**

然后通过第五十二条规定：

> **发明和实用新型专利权人自专利权被授予之日起满三年，无正当理由没有履行本法第五十一条规定的义务的，专利局根据具备实施条件的单位的申请，可以给予实施该专利的强制许可。**

上述两条规定彼此关联，共同构成了给予强制许可的一个理由，即专利权人不实施其专利。

由于种种原因，世界各国都有相当比例的专利权自授权至终止从来就没有实施过，因此第五十一条规定上述义务在现实中没有什么意义。随着专利制度的不断发展，世界各国已经普遍不再规定专利权人有义务自己实施或者许可他人实施其专利，而是听其自然。有学者指出：

从专利权人方面来考虑，执行这样一种规定也有实际的困难。一些大公司常常将其发明在许多国家申请专利。要求这些公司在所有这些授予专利权的国家实施该专利，不仅不符合经济、合理的原则，而且有时在有的国家实施也存在技术上的困难。实际上，近二三十年来，随着国际贸易的迅速发展和大公司倾向于将生产集中于某一个或者少数几个国家的趋势，许多专利产品愈来愈通过进口而不是在当地制造来满足市场的需要。[1]

基于这一理由，1992 年修改《专利法》时，删除了修改前的第五十一条关于专利权人有义务实施其专利的规定。

1992 年修改的《专利法》在删除修改前的第五十一条的同时，也删除了修改前的第五十二条关于因未实施专利而给予强制许可的规定。然而，这一删除带来了争议。关于删除的原因，有著作指出：

TRIPS 第 31 条涉及强制许可问题，该条是 TRIPS 中条文最长的一条，对授予强制许可作了十分详细的规定和限制。该条没有以专利技术的实施与否作为批准强制许可的条件。此外，TRIPS 第 27 条第 1 款规定，除该协定另有规定外，专利权的享有不得因产品是进口或者在本地制造而受歧视。这就是说，对专利权人进口专利产品和专利权人在本地制造专利产品应当一视同仁，从而明确排除了以未在本地制造、使用为理由而批准强制许可的可能性。这表明，强制许可制度的设立已经从当初主要是从防止专利权人滥用权利（不实施）的角度出发，变为主要是从维护国家和公共利益、促进专利技术的推广利用出发而采取的一种保障措施。[2]

上述观点受到了有关学者的批评，指出：

这种解读把 TRIPS 的有关规定理解为：(1)在专利权人允许进口专利产品时，就不属于《巴黎公约》中规定的因不实施专利，不构成滥用；(2)更进一步，在没有任何实施专利（包括进口）的情况下，也不会构成滥用而被采取强制许可措施。即，TRIPS 彻底否定了《巴黎公约》第 5 条 A 部分的规定。

《专利法》的上述修改意味着彻底废除不实施专利的强制许可，并以此来适应 TRIPS，这是对 TRIPS 的一个误解。因为，不仅进口是否属于实施专利仍然是个有争议的问题，而且，TRIPS 的规定并没有否定可以将不实施专利作为强制许可的一个理由。[3]

1992 年修改的《专利法》第五十一条规定：

具备实施条件的单位以合理的条件请求发明或者实用新型专利权人许可实施其专利，而未能在合理长的时间内获得这种许可时，专利局根据该单位的申请，可以给予实施该发明专利或者实用新型专利的强制许可。

这一规定也带来了问题。该规定实际上是来源于 TRIPS 第 31 条第（b）项的规定，其条文是：

这种使用，只有在使用前，意欲使用的人曾经努力按合理的商业条款和条件请求权利人

---

[1] 汤宗舜.专利法解说［M］.北京：专利文献出版社，1994：239.

[2] 国家知识产权局条法司.新专利法详解［M］.北京：知识产权出版社，2001：285-286.

[3] 单晓光，等.专利强制许可制度［G］//国家知识产权局条法司.专利法及专利法实施细则第三次修改专题研究报告.北京：知识产权出版社，2006：1345.

给予许可，但在合理的期间内这种努力没有成功，才能允许。在国家处于紧急状态时，在其他特别紧急的情况下或者在公共非商业性使用情况下，成员可以放弃上述要求。然而，在国家处于紧急状态时或者其他特别紧急的情况下，只要现实可行，仍应尽快通知权利人。在公共非商业性使用的情况下，如果政府或者订约人无须进行检索，即已知道或者有明显理由应当知道某项有效专利已经被或者将被政府使用或者为政府而使用，则应迅速通知权利人。

如前所述，TRIPS 第 31 条规定的是给予强制许可的程序性条件，而不是给予强制许可的理由。通观该协定第 31 条的各项规定，可以知道实施者事先以合理的条件在合理长的时间内与专利权人进行协商而未获成功，不仅是以未实施或者未充分实施专利为理由给予强制许可的程序性条件，也是以实施从属专利为理由给予强制许可的程序性条件。有著作指出，1992 年修改的《专利法》第五十一条误解了 TRIPS 第 31 条的规定，因为没有意识到给予强制许可的“理由”不同于给予强制许可的“条件”。❶ 除第五十一条的规定之外，1992 年修改的《专利法》第五十四条规定了给予强制许可的程序条件，即：“依照本法规定申请实施强制许可的单位或者个人，应当提出未能以合理条件与专利权人签订实施许可合同的证明。”1992 年修改的《专利法》第五十一条的规定实际上与第五十四条的规定相重复。

为了解决上述问题，2008 年修改《专利法》时，对本条规定再次进行了修改，修改之处在于：

第一，将给予强制许可的理由从专利权人不合理地拒绝许可改为专利权人在规定期间内未实施或者未充分实施其专利，作为本条第（一）项；

第二，增加了给予强制许可的一种新理由，即专利权人行使权利的行为被依法认定为垄断行为，为消除或者减少该行为对竞争产生的不利影响，可以给予强制许可，作为本条第（二）项；

第三，在本条开头部分明确了依据本条申请给予强制许可的主体资格，即具备实施条件的单位或者个人。

在专利制度的国际发展历程中，强制许可制度首先是针对不实施专利的情形而建立的，因为《巴黎公约》第 5 条第 A 部分第（2）款列举的可以给予强制许可的惟一例子就是专利权人不实施其专利。应当注意的是，按照《巴黎公约》的规定，“不实施专利”只是外在表现，由此而给予强制许可的真正理由在于“不实施专利”构成了对专利权的滥用。❷因此，不实施专利有可能导致给予强制许可，却并不意味着所有专利权人均有实施其专利的义务。如果一项专利没有什么市场价值，专利权人自己不予以实施也无人问津是必然结果，丝毫谈不上什么滥用其专利权；一项专利有一定的市场价值，但如果价值不大而且有其他可替代技术方案存在，则即使专利权人自己不予以实施也不许可他人实施，也不至于构成对其专利权的滥用；只有当一项专利对公众利益有重要影响，而且没有能够产生类似效果的其他可替代技术方案存在，在这种情况下专利权人既不实施也不许可他人实

---

❶ 单晓光，等.专利强制许可制度［G］//国家知识产权局条法司.专利法及专利法实施细则第三次修改专题研究报告.北京：知识产权出版社，2006：1288.

❷ G.H.C. BODENHAUSEN.Guide to the Application of the Paris Convention for the Protection of Industrial Property［M］. Geneva: The United International Bureau for the Protection of Intellectual Property (BIRPI), 1968：71.

施，导致公众的需求不能得到满足，才有可能构成对其专利权的滥用。既然专利权人不实施其专利存在滥用专利权的可能性，2008 年修改《专利法》时在本条中将其规定为给予强制许可的理由之一就是必要和有意义的。应当指出，尽管 2008 年修改的《专利法》本条第（一）项看似又回到了 1984 年制定的《专利法》第五十二条的规定，但事实上并非是简单的回归，因为修改后的本条第（一）项的含义已经不同于 1984 年制定的《专利法》第五十一条和第五十二条共同表达的含义。

二、可以给予强制许可的专利

根据本条和第六章其他各条的规定，只有发明专利或者实用新型专利才能给予强制许可，外观设计专利不能给予强制许可。之所以如此规定，是因为强制许可的主要目的是防止专利权人滥用权利阻碍专利技术的推广应用，妨碍公众享受新技术带来的进步。事实上，远非所有被授予的发明和实用新型专利权都有给予强制许可的可能，只有其中极少数对国家和公众的利益产生重大影响，例如对流行疾病的预防或者治疗具有突出效果，在节能、环保方面能够产生显著作用，在防止意外事故、保障施工人员生命安全有特殊功效的发明创造，才有可能需要给予强制许可。对于仅仅涉及产品的外观，使人产生美感享受的不涉及技术功能的外观设计专利而言，不实施某一被授予专利权的外观设计方案充其量也只会对人们的视觉感受产生影响，而且现实中总有足够的替代方案供人们选择，不存在必须使用某种特定的外观设计才能产生美感的问题，因此没有必要对外观设计专利给予强制许可。

强制许可的给予并不因为专利权人的国籍而有任何区别。无论是外国人还是本国人在我国获得的专利权，都可以依法给予强制许可。这是强制许可制度与《专利法》第十四条规定的对发明专利的推广应用的重要区别之一。后者仅仅限于我国国有企事业单位获得的发明专利权。

三、因专利权人不实施或者未充分实施而给予强制许可

《巴黎公约》第 5 条第 A 部分第（4）款对其第（2）款所述的“不实施”作了进一步的限定，规定：

> **自提出专利申请之日起 4 年届满之前，或者自授予专利权之日起满 3 年之前，以后到期的期间为准，不得以未实施或者未充分实施为理由申请强制许可；如果专利权人证明其不作为是有正当理由的，应当拒绝强制许可的申请。这种许可应当是非排他性的，而且除非与实施该许可的那一部分企业或者商誉一并转让外，不得予以转让，包括以授予分许可的形式予以转让在内。**

本条第（一）项的规定对应于上述规定中第一句的要求；《专利法》第五十六条的规定对应于上述规定中第二句的要求。

理解本条第（一）项的规定涉及一些问题，下面分别进行说明。

1. 实施专利的行为类型

本条第（一）项所述“未实施”和“未充分实施”都涉及专利的“实施”，许多专利

权人，尤其是外国专利权人很关心“实施”的含义，希望明确所述“实施”是包括《专利法》第十一条提及的所有行为，还是仅仅包括制造专利产品或者使用专利方法的行为。如果是前者，则专利权人或者其被许可人只需将在其他国家制造的专利产品进口到我国，进而在我国销售、使用该产品，就可以认为已经实施了其专利，其结果是使本条第（一）项的规定较为宽松；相反，如果是后者，则本条第（一）项的规定较为严厉。

关于这一问题，根据《巴黎公约》第5条第A部分的条文，可以将“未实施”（failure to work）理解为未在授予专利权的国家制造专利产品或者使用专利方法。解释《巴黎公约》的权威著作指出：

> 成员国可以自由规定它们所理解的“不实施”的含义。通常人们理解“实施”一项专利的含义是指在工业上实施专利，这就是制造专利产品或者在工业上使用专利方法。这样，进口或者销售专利产品，进口或者使用依照专利方法直接获得的产品，通常不认为是“实施”专利。
>
> 成员国同样有自由决定是否在有关国家不实施专利时即采取立法措施（legislative measures），还是在包括一个或者几个其他国家的区域范围之内不实施才采取立法措施。[1]

该著作之所以如此解释，原因在于《巴黎公约》第5条第A部分不但在其第（2）款中规定了给予强制许可的措施，而且在第（3）款中规定，如果给予强制许可的措施还不足以防止对专利权的滥用，成员国还可以规定采取使专利权丧失（foreiture of patent）的更为严厉的措施，其条件是这一措施只能自给予第一个强制许可之日起满2年之后才能采取。所谓“使专利权丧失”具有广泛的含义，包括终止专利权效力的一切方式，例如不能行使、废止、撤销、宣告无效等。[2]此外，《巴黎公约》第5条第A部分第（1）款又规定：“专利权人将在本联盟任何国家内制造的产品进口到对该产品授予专利的国家的，不应导致该项专利的丧失。”这一规定的实际含义是指专利权人仅仅从该公约其他成员国将有关产品进口到对该产品授予专利权的成员国，而不是在对该产品授予专利权的国家予以制造该产品的，不应当导致该专利权的丧失。换言之，在这种情况下仍不排除授予专利权的成员国给予在其国内制造该产品的强制许可。通观《巴黎公约》第5条第A部分第（1）款、第（2）款和第（3）款的规定，应当得出与上述著作相同的结论。

TRIPS第27条的标题是“可获得专利的主题”（patentable subject matter），其第1款后半部分规定：

> **在符合第65条第4款、第70条第8款和本条第3款的前提下，专利的获得以及专利权的享有，不应因作出发明的地点、技术领域和产品是进口的还是本地制造的不同而受到歧视。**

一种观点认为，上述规定中所述的“不应因产品是进口的还是本地制造的不同而受到歧视”包含了应当将专利权人进口专利产品的行为视为专利权人已经实施其专利的含义，进而主张在这一含义的基础上理解本条第（一）项关于“实施”的规定。

上述观点有值得商榷之处，原因在于：第一，上述TRIPS规定涉及的是“可获得专

---

[1] G.H.C. BODENHAUSEN. Guide to the Application of the Paris Convention for the Protection of Industrial Property［M］. Geneva: The United International Bureau for the Protection of Intellectual Property (BIRPI), 1968:71.

[2] G.H.C. BODENHAUSEN. Guide to the Application of the Paris Convention for the Protection of Industrial Property［M］. Geneva: The United International Bureau for the Protection of Intellectual Property (BIRPI), 1968：69.

利的主题”的问题，即是否授予专利权以及是否维持专利权的问题，其提及的TRIPS第65条第4款、第70条第8款和第27条第3款也都涉及授予专利权的问题，而不涉及给予强制许可的问题，假如认为也涉及强制许可问题，则应当在TRIPS第31条中予以规定；第二，这一观点与TRIPS第2条直接引用《巴黎公约》第5条的规定作为其内容之一的做法不一致，假如认为TRIPS的上述规定意在对《巴黎公约》第5条的规定作出变动，则应当在该协定第2条引用《巴黎公约》有关规定时有所交代。

由此可以得出结论，TRIPS第27条第1款后半部分的规定与给予强制许可的理由无关。

在国际法没有明确规定进口专利产品是否构成“实施专利”的情况下，只能依据我国《专利法》的规定寻求对上述问题的答案。《专利法》中第一次出现“实施其专利”这一概念的条款是第十一条。对于发明和实用新型专利而言，该条第一款规定：“发明和实用新型专利权被授予后，除本法另有规定的以外，任何单位或者个人未经专利权人许可，不得实施其专利，即不得为生产经营目的制造、使用、许诺销售、销售、进口其专利产品，或者使用专利方法，以及使用、许诺销售、销售、进口依照该专利方法直接获得的产品。”这一规定相当于对“实施其专利”的概念作了明确定义。因此，《专利法》随后其他条款凡是出现“实施其专利”这一措辞的，除非另有规定，都应当作相同解释。例如，第六十条规定“未经专利权人许可，实施其专利，引起纠纷的……”其中提及的“实施其专利”应当与第十一条提及的“实施其专利”具有相同含义。

采用上述理解立场看似对专利权人较为宽松，但应当注意本条第（一）项并非仅仅包括专利权人“未实施”的情况，还包括专利权人“未充分实施”的情况，两者都可以作为给予强制许可的理由，因此即使专利权人将其在其他国家制造的专利产品进口到我国予以销售或者使用，也不意味着就完全不能给予强制许可，仍然有可能以“未充分实施”为理由给予强制许可。

应当注意的是，本条第（一）项所述的“专利权人未实施其专利”，是指专利权人既没有自己在我国实施其专利，也没有许可他人在我国实施其专利。如果将本条第（一）项理解为要求专利权人必须自己在我国实施其专利，则过于严厉了。相应地，对“专利权人未充分实施其专利”也应当作同样理解。

2.“未充分实施”以及“正当理由”的含义

2008年修改《专利法》前后，都有很多人关心本条第（一）项所述“未充分实施其专利”的含义。为了消除一些人的疑虑，2010年修改的《专利法实施细则》第七十三条第一款规定：

> **专利法第四十八条第（一）项所称未充分实施其专利，是指专利权人及其被许可人实施其专利的方式或者规模不能满足国内对专利产品或者专利方法的需求。**

所谓“方式”，主要是指制造、进口专利产品，使用专利方法，或者进口依照专利方法直接获得的产品等具体实施行为；所谓“规模”，是指制造、进口专利产品的数量，使用专利方法的范围和规模；所谓“不能满足国内对专利产品或者专利方法的需求”，是指例如专利权人虽然在我国制造其专利产品或者从国外将专利产品进口到我国，但是由于数量较少或者产品销售价格过高，不能满足国内对该专利产品的需求，或者专利权人虽然在我国使用其专利方法，但使用的范围和规模较小，不能满足国内对该专利方法的需求。从举证责任的角度来说，专利权人未实施或者未充分实施其专利的举证责任应当由强制许可的申请人承担。

根据本条第（一）项的规定，并不是只要证明专利权人未实施或者未充分实施其专利就可以给予强制许可。如果专利权人能够证明未实施或者未充分实施其专利有正当理由，就应当拒绝给予强制许可。解释《巴黎公约》的权威著作指出："这些理由可以是一个国家在专利的实施或者强化对专利的实施方面存在法律上、经济上、技术上的障碍"。[1]例如，专利权人证明我国限制有关产品的制造、进口或者流通，必须经过有关政府主管部门批准以后才能制造、进口专利产品并将其投放市场，而有关部门尚未批准或者根本不予以批准。

3. 时间限制

以未实施或者未充分实施专利为理由申请给予强制许可的，在时间上有一个限制，即只能自专利权被授予之日起满 3 年，且自提出专利申请之日起满 4 年。自授权之日起满 3 年，是 2010 年修改前的《专利法实施细则》第七十二条第一款的规定。之所以 2008 年修改《专利法》时在本条第（一）项中增加"且自提出专利申请之日起满 4 年"的要求，是因为《巴黎公约》第 5 条第 A 部分第（3）款对此有明确规定。对于绝大多数的实用新型专利而言，申请日到授权日之间的时间间隔都不到 1 年，因此仅仅满足自授权之日起满 3 年的条件还不足以给予强制许可，必须同时满足自申请之日起满 4 年的要求。

之所以规定这一期限限制，主要目的在于保障专利权人的正当权益。因为在授予专利权之后，无论是专利权人自己还是其被许可人实施其专利，都需要进行必要的准备工作，例如购置厂房、设备、原材料，招聘职工等，完成这些准备工作需要较长时间。另外，有些产品（如药品）还需要首先进行有关实验研究取得有关数据，然后经相关政府主管部门批准才能投放市场，需要更长的时间。此外，专利权人还有可能需要进行市场分析、风险评估等事项，才能确定实施其专利的方式。为保障专利权人的利益，有必要给予专利权人一段时间进行实施其专利的准备工作。这个期限不能太短，否则就无法保障专利权人的利益；也不能太长，否则就无法保障公众的利益。经过讨论，《巴黎公约》确定了自授权之日起满 3 年且自申请之日起满 4 年的期限。

由于请求人提出申请到国家知识产权局作出给予强制许可的决定或多或少需要一段时间，对于前述 3 年或者 4 年的时间限制，是指强制许可申请人提出请求的时间限制和还是作出给予强制许可的决定的时间限制？如果是后者，则意味着从授权之日不到 3 年或者申请之日不到 4 年就可以提出给予强制许可的申请，只要国家知识产权局作出给予强制许可决定的日期自授权之日起满 3 年且自申请之日起满 4 年即可。从逻辑上看，应该是指前者，因为本条第（一）项规定的条件是"专利权人自专利权被授予之日起满 3 年，且自提出专利申请之日起满 4 年，无正当理由未实施或者未充分实施其专利"，即强制许可的申

---

[1] G.H.C.BODENHAUSEN. Guide to the Application of the Paris Convention for the Protection of Industrial Property［M］. Geneva: The United International Bureau for the Protection of Intellectual Property (BIRPI)，1968：73.

请人必须证明专利权人在法定期限内未实施或者未充分实施其专利，而如果申请人在 3 年或者 4 年届满之前就提出给予强制许可的申请，专利权人可以反驳其未实施或者未充分实施尚未达到法律规定的期限。

4. 强制许可申请人的资格

依据本条规定申请强制许可的主体既可以是单位，也可以是个人。但是，并非任何单位或者个人都具有依据本条申请给予强制许可的资格，因为本条开头部分还规定申请人应当“具备实施发明专利或者实用新型专利的条件”。所谓“具备实施发明专利或者实用新型专利的条件”，对产品专利权而言，主要是指强制许可的申请人应当具备以足够的数量、符合要求的质量、国内市场能够接受的价格制造或者进口该专利产品的能力，而不是仅仅具备销售或者使用该专利产品的能力；对于方法专利权而言，主要是指强制许可的申请人应当具备以足够的规模、令人满意的成本实施该专利方法的能力，而不是仅仅具备销售、使用依照专利方法直接获得的产品。其原因在于：之所以依照本条第（一）项规定给予强制许可，就是由于专利权人未实施或者未充分实施其专利，不能满足国内对专利产品或者专利方法的需求。如果申请人能够制造或者进口的专利产品数量很少、质量很差或者价格过高，那么即使给予其实施专利的强制许可，也难于满足国内对专利产品的需求。从满足上述要求出发，单位成为具备资格的申请人的可能性显然大于个人。

四、因构成垄断行为而给予的强制许可

（一）概　述

专利权与垄断之间具有一种非常特殊的关系。英国最早建立其专利制度的立法名称就是“垄断法”。自 19 世纪末 20 世纪初期西方国家陆续建立反垄断制度以来，经济学学者、竞争法学者和知识产权学者就专利制度与反垄断制度之间的关系就一直争论不断。

关于专利制度与反垄断制度的关系有两种较为极端的观点。

一种观点认为，专利权是国家授予的一种独占权，该权利本身就具有垄断性质。各国建立反垄断制度之后并没有否定原来形成的专利制度，这表明专利法赋予专利权人的独占权是合法的垄断权。因此，反垄断法应当对专利权“网开一面”，无论专利权人如何行使其权利，都不应受到反垄断法的制约。

另一种观点认为，只要授予专利权就使专利权人获得了“市场支配地位”。经营主体是否具有市场支配地位，进而判断经营者是否滥用其市场支配地位，是认定是否构成垄断行为的重要前提条件。[1]既然专利权人必定具有“市场支配地位”，就意味着专利权人触犯反垄断法的可能性比其他经营者更大，因此反垄断机关应当加大对专利权人行使其权利的监管力度。

美国司法部和联邦贸易委员会于 1995 年 4 月 6 日联合发布了《知识产权许可的反托拉斯指南》（*Antitrust Guidelines for the Licensing of Intellectual Property*），该指南首

---

[1] 按照《反垄断法》第十七条的规定，“市场支配地位”是指“经营者在相关市场内具有能够控制商品价格、数量或者其他交易条件，或者能够阻碍、影响其他经营者进入相关市场能力的市场地位”。

先分析了知识产权法与反托拉斯法之间的关系，指出它们具有共同的目标，这就是促进创新，造福于民。知识产权法通过确认新产品、新方法、原始作品为财产权，为之提供法律保护，能够起到鼓励创新，推动新技术传播及其商业化的作用。没有知识产权保护，模仿者就会无偿实施创新者的成果而无需付出任何代价，其结果会降低创新的商业价值，挫伤为创新而投资的积极性，最终也将损害消费者的利益。反托拉斯法通过禁止某些会对竞争产生危害作用的行为，确保市场具有足够活力，为公众提供更多的选择，从而能够实现同样的目标。❶

针对前面所述的两种较为极端的观点，该指南确立了三项原则：

第一，在适用反托拉斯法时，反托拉斯部门应当将知识产权与其他财产权同样看待。知识产权既不应特别地豁免于反托拉斯法的监管，也不应特别地受到怀疑，而是应当适用统一的标准和法律原则。

第二，反托拉斯部门不应推定知识产权必定导致反托拉斯意义上的市场支配地位，即获得知识产权这种独占权本身不能导致得出权利人必然具有市场支配地位的结论。

第三，反托拉斯部门承认企业通过知识产权许可行为能够合理配置各种生产要素，因此一般有利于竞争。

美国的《知识产权许可的反托拉斯指南》对世界各国看待知识产权与反垄断法之间的关系产生了很大影响。

2008 年 8 月 1 日起施行的《反垄断法》第五十五条规定：

> **经营者依照有关知识产权的法律、行政法规规定行使知识产权的行为，不适用本法；但是，经营者滥用知识产权，排除、限制竞争的行为，适用本法。**

上述规定首先从原则上肯定依法行使知识产权的行为不适用《反垄断法》，其次明确表明滥用知识产权排除或者限制竞争的，有可能构成垄断行为，要适用《反垄断法》。但是，《反垄断法》本身并没有具体规定何种行为构成滥用知识产权的排除或者限制竞争行为。为了给知识产权领域施行《反垄断法》提供更加具体的指导，国务院有关部门正在加紧制定我国知识产权反垄断指南。

本条规定了两种申请给予强制许可的理由：一是专利权人未实施或者未充分实施其专利；二是专利权人行使其专利权的行为被依法认定为垄断行为。如前所述，《巴黎公约》第 5 条第 A 部分第（2）款规定，因不实施专利而给予强制许可的目的就在于制止滥用专利权的行为；《反垄断法》第五十五条规定行使专利权而排除或者限制竞争的行为也属于滥用专利权的行为，因此两者都与滥用专利权相关。由此，有人会产生一个疑问：既然如此，本条何必不统一采用滥用专利权作为给予强制许可的理由，而要分成两项分别予以规定？其原因在于，尽管从给予强制许可的角度来看本条两项规定具有共同的基础，即专利权人行使其权利的行为构成滥用专利权的行为；但是从给予强制许可的程序性条件来看，两项规定存在差异。因专利权人不实施其专利而给予强制许可的，需要满足 TRIPS 第 31 条第（b）款，也就是《专利法》第五十四条规定的程序性条件，即“申请强制许可的单

---

❶ 王先林.知识产权与反垄断法：知识产权滥用的反垄断问题研究［M］.修订版.北京：法律出版社，2008：106.

位应当提供证据，证明其以合理的条件请求专利权人许可其实施专利，但未能在合理的时间内获得许可”；因专利权人行使专利权的行为被依法认定为排除、限制竞争的行为而给予强制许可的，根据 TRIPS 第 31 条第（k）款的规定，可以免除这一举证责任。基于这一原因，不宜将这两种理由混在一起规定，否则就会在适用给予强制许可的程序条件方面产生混乱和错误。这一点也表明了区分给予强制许可的理由和程序性条件的必要性。另一方面，如前所述，滥用专利权的含义宽于构成垄断行为的含义。正因为如此，《反垄断法》第五十五条规定，在经营者滥用知识产权的行为中，只有同时还产生排除、限制竞争的结果的，才适用该法规定。

（二）本条第（二）项规定的含义

1. 行使专利权行为的含义

《专利法》有两条出现了“行使专利权”的措辞：一是在第十五条关于共有权利的规定中，二是在本条关于强制许可的规定中。从原则上说，由于《专利法》中没有特别说明，因此这两条中采用的同一措辞应当作同样理解。然而，《专利法》第十五条采用的“行使专利权”的行为具有十分广泛的含义，包括转让、许可、质押、放弃、赠与、对无效宣告请求进行答辩、对侵权行为起诉等行为。从《反垄断法》的理论和实践来看，行使专利权涉嫌触犯《反垄断法》的行为主要发生在许可他人实施专利的交易中，不会涉及放弃、赠与、对无效宣告请求进行答辩等行为。

2. 行使专利权而被依法认定为垄断行为

依照本条第（二）项规定给予强制许可的前提条件是：专利权人行使专利权的行为被依法认定为垄断行为。这里所说的“依法”，当然是指依照《反垄断法》。关于由哪个机构认定的问题，本条中没有直接写明，需要按照《反垄断法》的规定来确定。

根据《反垄断法》的规定，负责对垄断行为进行调查、认定和处罚的行政机关是“反垄断执法机构”。根据国务院有关主管部门的“三定方案”，商务部下设的反垄断局、国家发展改革委员会下设的价格监督检查司、国家工商行政管理总局下设的反垄断与不正当竞争法局分别负责相关领域的反垄断执法工作。此外，最高人民法院的知识产权审判庭也负有对反垄断纠纷案件进行审判的职能。因此，无论是前述行政执法机构还是司法执法机构，只要作出认定行使专利权的行为构成垄断行为的生效决定或者判决，都可以得出“行使专利权的行为被依法认定为垄断行为”的结论，国家知识产权局可以依申请给予强制许可。

哪些行为构成垄断行为？《反垄断法》第三条规定：

本法规定的垄断行为包括：

（一）经营者达成垄断协议；

（二）经营者滥用市场支配地位；

（三）具有或者可能具有排除、限制竞争效果的经营者集中。

关于该条第（一）项所述“垄断协议”的含义，根据《反垄断法》第十三条的规定，是指两个或者两个以上经营者以排斥或者限制竞争为目的，通过协议、决定或者其他协同行为而实施的限制竞争行为。

在学理层面上，垄断协议可以分为“横向垄断协议”、“纵向垄断协议”和“混合型垄断协议”三种类型。横向垄断协议主要发生在具有竞争关系的经营者之间，典型的有固定价格、限制产量、联合抵制、划分市场等限制竞争行为；纵向垄断行为主要发生在处于不同生产、销售阶段或者链条上的经营者之间，典型的有转售价格维持、纵向最高或者最低限价、搭售、独家交易、特许协议、附条件协议等；混合型垄断协议属于兼有上述两种情形的限制竞争协议。[1]

在立法层面上，横向垄断协议被认为对竞争秩序的影响较大，因而需要给予较为严格的规制；纵向垄断协议被认为对竞争秩序的影响相对较小，因而对其规制较为宽松，多可豁免适用《反垄断法》，而且国际上有对其进一步放宽管制的趋势。对横向垄断协议，各国多采用“本身违法”（per se violation）原则；对纵向垄断协议，各国多采用“具体分析”原则（rule of reason）。

关于该条第（二）项所述“滥用市场支配地位”的含义，各国反垄断法普遍没有给出明确定义，而是采用列举加兜底条款的方式予以规定。《反垄断法》第十七条列出的这类垄断行为包括：以不公平的高价销售商品或者以不合理的低价购买商品；无正当理由，以低于成本的价格销售商品；没有正当理由，拒绝与交易相对人进行交易；没有正当理由，限定交易相对人只能与其进行交易或者只能与其指定的经营者进行交易；没有正当理由，搭售商品或者在交易时附加其他不合理的交易条件；没有正当理由，对条件相同的交易相对人在交易条件上实行差别待遇等。很明显，上述垄断行为的共同特点在于通常只有具有市场支配地位的经营者才有可能作出。

关于该条第（三）项所述“经营者集中”的含义，《反垄断法》第二十条列举了三种情形，即：经营者合并；经营者通过取得股权或者资产的方式取得对其他经营者的控制权；经营者通过合同等方式取得对其他经营者的控制权或者能够对其他经营者施加决定性影响。《反垄断法》之所以需要对经营者集中进行控制，最为主要的理由在于随着经营者的集中，相关市场的市场结构随之改变，相关市场的市场集中程度增加，经营者的市场份额和市场势力得到增强，相关市场的竞争受到抑制。市场竞争环境改变后，经营者就有可能改变其经营策略，尤其是采取定价策略，最终会影响消费者的福利。[2]

哪些滥用专利权的行为有可能构成触犯《反垄断法》的垄断行为？常见的行为包括：

（1）在具有相互竞争关系的经营者之间达成有关专利的垄断性协议。例如，具有相互竞争关系的专利权人通过协议固定专利许可的使用费、专利产品的价格、专利产品的生产数量；具有相互竞争关系的专利权人在协议中约定划分各自专利产品的销售市场；各自拥有相关专利权的若干经营者联合拒绝将其专利许可给特定的交易相对人，联合拒绝将专利产品销售给特定的交易相对人等。这些协议通常被认为是性质严重的垄断行为，需要适用“本身违法”原则，一经发现国务院反垄断执法机构将直接依据《反垄断法》第十三条的规定予以禁止。

（2）在专利许可合同中订立不合理的限制性条款。例如，专利权人利用其具有的市场

---

[1] 时建中. 反垄断法：法典释评与学理探讨［M］.北京：中国人民大学出版社，2008：28.

[2] 时建中.反垄断法：法典释评与学理探讨［M］.北京：中国人民大学出版社，2008：250.

支配地位，违背被许可人意愿，禁止被许可人对被许可的专利技术进行改进创新，或者强迫被许可人将对被许可的专利技术进行改进后获得的专利权以独占方式回授给专利权人；专利权人禁止被许可人对合同涉及的专利权的有效性提出质疑等。对于这样的许可合同，国务院反垄断执法机关通常需要适用“具体分析”原则判断是否构成垄断行为，认定构成垄断行为的将予以禁止。

（3）以搭售方式订立专利实施许可合同。以这种方式订立专利许可合同，是指专利权人就其享有的一项专利权与他人订立专利实施许可合同时，违背被许可人的意愿，强迫被许可人接受其不需要的其他专利权的许可，或者在合同中约定被许可人只能从专利权人或者其指定的第三人处购买某种产品。对于这样的许可合同，应当适用“具体分析”原则判断是否构成垄断行为，认定符合如下条件的国务院反垄断部门将予以禁止，即：第一，专利权人具有市场支配地位；第二，被捆绑在一起的产品在性质上和交易习惯上属于两种独立的产品；第三，搭售对相关市场具有实质性影响。

（4）没有正当理由拒绝许可他人实施其专利。应当指出，在一般情况下，专利权人并不负有必须与竞争对手或者交易相对人进行交易的义务，因此专利权人拒绝许可他人实施其专利是其行使专利权的一种正当方式。但是，如果具有市场支配地位的专利权人在给予某些人许可的情况下，不平等地、歧视性地拒绝许可另外的他人；或者拒绝许可的专利技术是其他经营者参与相关市场竞争的必需技术，拒绝给予许可将导致有关经营者不能在相关市场中进行有效竞争，可能对相关市场中的竞争和创新产生不利影响的，国务院反垄断部门需要进行审查。[1]

除此之外，专利联营管理机构（patent pool）如果不合理地歧视特定的参加方，限制参加方使用联营专利或者为当事人之间提供交换竞争的敏感信息提供便利等，也有可能被认为具有排除、限制竞争的性质；在标准制定过程中如果不向标准制定组织披露标准所涉及的专利，而是在标准制定之后主张其专利权的行为，也有可能被认为具有排除、限制竞争的性质。

由上述分析可以知道，滥用专利权的行为可能涉及《反垄断法》第三条规定的所有三种类型的垄断行为。

3. TRIPS 的有关规定及其特点

近 20 年来，经济全球化趋势日益明显，其主要特点是国际贸易和外资投资的自由化。WTO 的建立是国际社会朝着这一方向迈进的重要标志。作为乌拉圭回合谈判成果重要组成部分的 TRIPS 同样反映了这一趋势，其第 8 条第 2 款规定了如下的原则：

> **为了防止权利所有人滥用知识产权，或者采用不合理地限制贸易或对技术的国际转让有不利影响的做法，可以采取适当的措施，但以这些措施符合本协定的规定为限。**

为了落实上述目标和原则，TRIPS 第 2 部分（关于知识产权的可获得性、范围和行使的标准）中专门设立了第 8 节，标题是“对许可合同中限制竞争行为的控制”。该节实际上只包括一条规定，即 TRIPS 第 40 条，其内容如下：

---

[1] 参见国家工商行政管理总局 2009 年 8 月形成的《关于知识产权领域反垄断执法的指南（讨论稿）》。

1. 各成员同意，在有关知识产权的许可合同中常有的某些限制竞争的做法或者条件，有可能对贸易产生不利影响，并且有可能妨碍技术的转让与传播。

2. 本协定的任何规定并不阻止各成员在其国内立法中明确规定，在特定情况下可能构成对知识产权的滥用、在有关市场上对竞争产生不利影响的许可做法或者条件。如上文所规定，任何成员可以在与本协定的其他规定相符的情况下，根据该成员的有关法律和法规，采取适当的措施制止或者控制这些做法，例如其中可以包括，独占性返授条件、制止对知识产权有效性提出质疑的条件以及强迫性一揽子许可。

3. 如果一成员（第一成员）有理由相信，作为另一成员（第二成员）的国民或者居民的知识产权权利人正在采取的做法违反了第一成员有关本节内容的法律和规章，第一成员希望确保其有关立法得到该知识产权权利人的遵守，而不损害其或者第二成员作出最终决定的完全自由的情况下，当第一成员提出请求时，第二成员应与前一成员进行协商。第二成员对于与第一成员的协商应给予充分和同情的考虑，并且在符合本国法律的规定，以及与前一成员就保障机密问题达成双方满意的协定的情况下，通过提供公开可获得的与该事项有关的非机密信息以及该成员能得到的其他信息，给予合作。

4. 成员的国民或者居民因在另一成员内有违反另一成员有关本节内容的法律和法规的嫌疑而受到起诉的，另一成员应当根据该成员的请求，按照本条第 3 款规定的相同条件，给予与该成员协商的机会。

TRIPS 的上述规定是此前所有的知识产权国际条约中所没有的，具有如下特点：

第一，该条允许各国在其立法中规定在特定情况下可能构成对知识产权的滥用、在有关市场上对竞争产生不利影响的许可做法或者条件，然而其中明确写明只是在“特定情况下”，这表明 TRIPS 对滥用知识产权、在有关市场上对竞争产生不利影响的行为的认定仅仅采取“具体分析”原则，而不包括“本身违法”原则。该条以举例方式提到了独占性回授条件、禁止对知识产权有效性提出质疑的条件、强迫性一揽子许可这三种滥用知识产权的行为，根据美国和欧洲的实践，这三种行为是否构成垄断都需要对具体情况进行具体分析才能得出结论；而在美国被视为“自身违法”、在欧洲被列入“黑色清单”的一些性质更为严重的垄断行为，例如利用知识产权来限定价格、分割市场、联合抵制等，却没有提及。

第二，该条没有规定具体的控制方式。各国对限制竞争行为的控制方式大致有三种不同的模式：一是“事后处理”模式，也就是在合同或者协议实施之前不进行审核，只有发生纠纷或者产生恶劣影响之后，才由政府反垄断机关依据反垄断法进行调查、审理，采用这种方式的国家有加拿大、德国、英国和美国；二是“事前申报”模式，由合同方或者协议方在实施合同、协议之前，将存在疑义的合同协议提请政府反垄断机关进行审核，被确认不会触犯反垄断法的才予以施行，采用这种方式的主要是欧共体和日本；三是“事前审批”模式，规定某些类型的合同、协议只有经过有关部门审查批准后方能生效，采用这种方式的主要是一些发展中国家。TRIPS 没有限制其成员采用何种模式。

第三，该条第 4 款明确规定，当外国专利权人在某一成员（前一成员）境内行使其知识产权的行为涉嫌违反该成员反垄断法的规定时，在对该行为进行制裁之前，如果专利权人的所属成员（后一成员）提出请求，则前一成员应当与后一成员进行协商。这一规定带来了外国干预的可能性，大大增加了处理和审理有关案件的难度。为了给这一规定作好“铺垫”，TRIPS 首先在该条中写入第 3 款，煞有介事地规定前一成员可以要求与后一成员进行协商以求获得协助，后一成员不得拒绝；然后在该条第 4 款中规定反之亦然。人们一眼就能看出这是在玩弄“欲擒故纵”的手法，其核心在于确保该条第 4 款的规定。当专利权人在前一成员境内行使其专利权的行为违反该成员反垄断法的规定时，依法制止这样的行为是该成员的当然主权，正所谓“王子犯法与庶民同罪”，不需要区分专利权人是本国人还是外国人，有什么必要请求与后一成员进行协商？莫非外国人还在某种程度上享有“治外法权”？[1]

可以认为，TRIPS 对滥用知识产权，限制竞争行为的控制，在基本原则上是到位的，然而在具体规定上则不到位。TRIPS 第 40 条的规定相当笼统，这是由于美国、欧盟国家、日本早已建立了较为完善的反垄断体系，其反垄断体系的运作无须依赖 TRIPS 给出什么具体规定；相反，发达国家担心设立具体和硬性的规定会被发展中国家“滥用”，对发达国家产生不利的影响，因此 TRIPS 第 40 条规定对限制竞争行为的控制只限于在“特定情况”下会对竞争机制产生危害的行为，而且还规定在对外国专利权人实行反垄断制裁之前还需要与其所属国进行协商。这一做法与 TRIPS 中诸多强化知识产权保护的详细具体规定相比形成了十分鲜明的对照。

4. 消除或者减少垄断行为对竞争产生的不利影响

《反垄断法》第四十六条至第四十八条分别规定了其第三条所列三种类型的垄断行为的行政违法责任，并在该法第五十条中规定经营者实施垄断行为给他人造成损失的依法应当承担民事责任。既然如此，为什么在《反垄断法》之外还需要在《专利法》中规定在行使专利权的行为被依法认定为构成垄断时可以给予强制许以消除或者减少对竞争产生的不利影响？

这是因为对于滥用专利权，排除、限制竞争的行为，仅仅给予行政处罚并让行为人承担一般意义上的民事责任，有时尚不足以消除该行为对竞争和消费者带来的不利影响，还需要通过《专利法》规定的强制许可制度使相关专利在更大范围内予以实施才能恢复公平竞争。例如，几个专利权人通过垄断协议形成专利联营（patent pool），使其他竞争者难以进入相关市场的情况下，除了给予行政处罚外，还有必要通过给予强制许可使其他竞争者进入该市场才能恢复公平竞争，使消费者获得更多质优价廉的商品或者服务。

从本条第（二）项的字面意义上看，专利权人行使专利权的行为被依法认定为垄断行为的，并不是给予强制许可的充分条件，还必须是为了消除或者减少对竞争产生的不利影响才有必要给予强制许可。但是，根据《反垄断法》的规定，被认定为触犯《反垄断法》的垄断行为必然具有限制或者排除竞争的效果，一经认定就可以直接得出竞争已经受到不利影响的结论。因此笔者认为，只要行使专利权的行为已经被依法认定为垄断行为，就可以给予强制许可。

最后，还有必要论述适用本条第（一）项和第（二）项之间的逻辑关系。如前所述，适用本条第（一）项和第（二）项的条件都是专利权人行使其专利权的行为构成滥用专利

[1] 《专利法》和《反垄断法》都没有这样的规定。

权的行为。其中，如果滥用专利权的行为被依法认定为垄断行为，就可以直接依据本条第（二）项的规定给予强制许可；如果滥用专利权的行为没有被依法认定为垄断行为，则只有当专利权人滥用专利权的具体表现为专利权人在规定期限内无正当理由未实施或者未充分实施其专利时，才能依据本条第（一）项的规定给予强制许可。

第四十九条　给予强制许可的特别理由

在国家出现紧急状态或者非常情况时，或者为了公共利益的目的，国务院专利行政部门可以给予实施发明专利或者实用新型专利的强制许可。

一、概　述

专利制度发展至今，强制许可制度不仅仅是限制专利权人滥用其专利权的一种措施，更重要的是作为一种维护国家利益和公共利益的措施。

国家知识产权局依据本条规定给予强制许可的情形有两种：一是在国家出现紧急状态或者非常情况时，作为应急措施而给予强制许可；二是为了公共利益的目的（例如维护公共健康、防止环境污染等），作为特殊需要而给予强制许可。

TRIPS 没有直接规定其成员在出现紧急状态或者非常情况时可以给予强制许可。但是，TRIPS 第 31 条第（b）款规定：

> 这种使用，只有在使用前，意图使用的人曾经努力按合理的商业条款和条件请求权利持有人给予许可，但在合理的期间内这种努力没有成功的，才能允许。在国家处于紧急状态或有其他非常紧急的情形，或者在公共的非商业性使用的情形，这一要求可由成员放弃。

如前所述，上述规定不是关于给予强制许可的理由的规定，而是关于给予强制许可的程序性规定。但是该规定间接地表明，在国家处于紧急状态或者其他非常紧急的情况时或者为公共的非商业性使用，不仅可以给予强制许可，而且不必遵循基于其他理由给予强制许可时所需满足的程序性条件。

TRIPS 没有也不可能对“紧急状态或者其他非常紧急的情形”作出界定。因此，WTO 成员有权在其本国立法中自行确定何为紧急状态或者其他非常紧急的情形。《多哈宣言》明确指出：

> 各成员有权决定构成国家紧急状况或其他非常紧急情形的条件，可以理解公共健康危机，包括与艾滋病、结核病、疟疾以及其他流行疾病有关的危机，构成上述国家紧急状况或其他非常紧急的情形。

这一宣言虽然不具有国际公约的效力，但作为 WTO 最高级别的会议，即部长级会议对 TRIPS 相关条款的解释，各成员完全可以依赖，不会有任何法律风险。

二、紧急状态、非常情况和公共利益的含义

依照本条规定给予强制许可，首先要明确所谓“紧急状态”“非常情况”“公共利益”的含义以及谁有权予以认定。

“紧急状态”，是指已经发生或者即将发生特别重大突发事件，需要国家机关行使紧急权力予以控制、消除其社会危害和威胁时，有关国家机关按照宪法、法律规定的权限决定

并宣布局部地区或者全国实行的一种临时性的严重危急状态。根据《宪法》第八十条和第八十九条的规定，有权宣布进入紧急状态的分别是国家主席和国务院。国家主席根据全国人大常委会的决定，宣布全国或者个别省、自治区、直辖市进入紧急状态；国务院决定并宣布省、自治区、直辖市范围内部分地区进入紧急状态。我国目前还没有制定《紧急状态法》。

2007 年 8 月 3 日，全国人大常委会颁布了《突发事件应对法》，于 2007 年 11 月 1 日起施行。该法第三条规定：

> **本法所称突发事件，是指突然发生，造成或者可能造成严重社会危害，需要采取应急处置措施予以应对的自然灾害、事故灾难、公共卫生事件和社会安全事件。**
>
> **按照社会危害程度、影响范围等因素，自然灾害、事故灾难、公共卫生事件分为特别重大、重大、较大和一般四级。法律、行政法规或者国务院另有规定的，从其规定。**
>
> **突发事件的分级标准由国务院或者国务院确定的部门制定。**

基本上可以认为，本条所述“非常情况”对应于上述条款所述的“突发事件”。

“紧急状态”和“非常情况”有相近的含义，但应当理解两者所指事件对国家或者社会的危害和紧迫程度有所不同。“紧急状态”主要是指出现战争、外敌入侵、暴乱等危及国家安全的特别紧急和严重的情况；“非常情况”主要是指发生严重自然灾害或者疾病流行等其他影响社会稳定的突发事件。

“公共利益”是许多立法中常见的词汇之一。例如，《民法通则》《合同法》中均规定“损害社会公共利益的合同无效”；《物权法》第四十二条第一款规定：“为了公共利益的需要，依照法律规定的权限和程序可以征收集体所有的土地和单位、个人的房屋及其他不动产。”目前没有任何国际条约、法律、行政法规或者司法解释对“公共利益”的内涵和外延作出界定。这并不意味着在现实中可以随意认定公共利益。一般认为，公共利益是指在一定地域范围内涉及不特定多数人的利益。

可以认为，本条所述国家出现“紧急状态”或者“非常情况”无不涉及“公共利益”，因此它们之间必然存在交叉。针对具体事件，认定属于哪种情形主要应当根据情况的严重和急迫程度来确定。举例来说，一种疾病在我国某些局部地区流行，为救治其患者和防止其传播而采取必要措施显然是为“公共利益”；如果该种疾病的流行已经有蔓延之势，可能构成疫情，对民众的生命安全构成重大威胁，则可以认为构成“非常情况”；如果该疾病已经在我国大范围传播，构成严重疫情，导致大批公众死亡，则有可能宣布国家由此而进入“紧急状态”。2003 年我国发生的“非典”事件为建国以来所罕见，致使举国人心惶惶，正常生产生活秩序受到严重影响，当时如果认定为“紧急状态”当无不可。在上述三种情况下，均可以依据本条规定给予强制许可。

三、依照本条给予强制许可的程序

本章第四十八条、第四十九条、第五十条和第五十一条规定了给予强制许可的五种理由（其中第四十八条给出了两种理由），其共同之处在于所有条款均明确规定其所述的强制许可由国家知识产权局给予。由此可见，《专利法》明确规定强制许可的审批机关为国家知识产权局。

第四十八条规定，依照该条规定请求给予强制许可的申请人应当是“具备实施条件的单位或者个人”；第五十一条规定，依照该条规定请求给予强制许可的申请人可以是后一专利的专利权人，也可以是前一专利权的专利权人；第五十条没有直接规定依照该条规定请求给予强制许可的申请人，但是根据该条的条文以及《关于修改 TRIPS 的议定书》，可以知道其申请人应当是请求我国出口专利药品的有关国家或者地区。这表明，国家知识产权局给予强制许可不是一种依职权作出的具体行政行为，而是应有关当事人的请求作出的具体行政行为。

然而，唯独本条没有明确或者暗示，依照本条规定给予强制许可的程序由谁启动。这导致了两方面的疑问：第一，在国家出现紧急状态或者非常情况时或者为了公共利益的需要，国家知识产权局是否可以自行启动强制许可程序并决定给予强制许可？第二，任何单位或者个人（也包括非政府组织）是否可以依据本条规定，以国家出现紧急状态或者非常情况时或者为了公共利益为理由，请求国家知识产权局给予强制许可？

如前所述，就紧急状态而言，根据《宪法》的规定，国家主席有权根据全国人大常委会的决定，宣布全国或者个别省、自治区、直辖市进入紧急状态，国务院有权决定并宣布省、自治区、直辖市范围内部分地区进入紧急状态；就非常情况而言，根据《突发事件应对法》的规定，国务院、国务院有关部门以及各地人民政府有权决定是否发生了突发事件。由此可知，国家知识产权局无权认定国家是否出现了紧急状态或者非常情况。国家知识产权局尚且如此，可以想象任何企业或者个人更无权认定国家是否出现紧急状态或者非常情况。基于这一考虑，国家知识产权局于 2003 年颁布的《专利实施强制许可办法》第四条规定：

> **在国家出现紧急状态或者非常情况时，或者为了公共利益的目的，国务院有关主管部门有权根据专利法第四十九条的规定请求给予实施发明专利或者实用新型专利的强制许可。**

由于 2008 年修改的《专利法》对本章规定作了大量修改，国家知识产权局有必要依据修改后的《专利法》对《专利实施强制许可办法》作出相应调整。在调整的过程中，关于依照本条规定给予强制许可的程序应当如何设定的问题再次被提了出来。一种观点认为，在依法认定国家已经出现紧急状态或者非常情况，需要给予强制许可时，不宜以政府部门作为请求给予强制许可的申请人，而是应当由国务院或者有关政府部门作出决定或者提出要求，由国家知识产权局予以执行。然而倘若如此，则相当于该强制许可不是国家知识产权局给予，而是国务院或者有关政府部门给予，从而引起是否与本条规定相符的问题。

依据本条规定，以维护“公共利益”为由给予强制许可，也存在类似的问题。

由此可见，本条规定还存在不够具体明确的问题，有必要予以澄清。

第五十条　出口专利药品的强制许可

为了公共健康目的，对取得专利权的药品，国务院专利行政部门可以给予制造并将其出口到符合中华人民共和国参加的有关国际条约规定的国家或者地区的强制许可。

一、概　述

本条是2008年修改《专利法》时新增加的条款，其主要目的是落实《关于修改TRIPS的议定书》，在必要时帮助那些不具有制造专利药品能力或者能力不足的国家或者地区解决其遇到的公共健康问题。

专利制度与解决公共健康问题有密切关联，主要体现在两个方面。

一是专利制度为解决公共健康问题提供了激励机制。专利制度通过给予一定期限的专利独占权，鼓励制药公司作出创新，发明出更多更好的药品以治疗疾病，有助于解决公共健康问题。自人类社会建立专利制度以来，许多解决重大流行疾病的药物都曾获得专利保护。如果没有专利制度提供的激励机制，很多新药有可能根本不会产生，解决公共健康问题也就有可能面临"无米下锅"的困境。这些专利权的保护期限届满之后，任何制药公司均可以仿制该药品，从而使公众能够以更为低廉的价格获得该药品。

二是专利制度有可能在一定程度上影响公共健康问题的解决。当出现公共健康问题的时候，如果有关药品获得了专利并处于专利权的保护期限之内，该药品的制造和销售受到专利权人的控制，从而可能影响公众以低廉的价格及时获得足够的专利药品。

由于专利制度对解决公共健康问题同时具有上述正面作用和负面影响，因此专利制度需要在激励创新和维护公共利益之间寻求合理平衡，既要防止专利制度成为解决公共健康问题的障碍，又要防止不合理地降低专利制度鼓励医药行业进行创新的作用。《专利法》中关于专利保护期限的规定以及关于给予强制许可的规定都是实现这种平衡的必要措施。

在WTO成立之前，许多发展中国家对药品不给予专利保护，因此这些国家允许在其境内仿制在其他国家获得专利的药品，以解决其面临的公共健康问题。尽管有些发展中国家没有制药能力或者制药能力不足，但这些国家可以从那些对药品不给予专利保护并且有能力制造这些药品的发展中国家进口廉价仿制药品，以解决其面临的公共健康问题。WTO成立以后，各成员按照TRIPS的要求应当分别在1996年之前或者2000年之前（少数国家延迟到2005年甚至2016年）对药品给予专利保护或者给予"管道保护"（pipeline protection）。[1]这样，对专利药品不提供专利保护的国家将逐步减少以致消失，仿制专利药

[1] 根据TRIPS第70条的规定，在《建立世界贸易组织协定》生效时尚未对药品给予专利保护的成员，必须自该协定生效时规定办法，使申请人可以在其境内提交药品专利申请；当TRIPS对其生效时，这些成员应当按照TRIPS规定的授权标准确定是否授予专利权，决定授权的，专利权人应当可以在自申请之日起20年保护期限的剩余期间中获得专利保护。

品或者进口仿制药品的行为受到越来越严格的限制。

在一些非洲国家，疟疾、肺结核、艾滋病等疾病非常流行，每年有大量民众死于这些疾病。治疗上述疾病的有效药品大多数是发达国家的制药公司在绝大多数国家都享有专利权的药品，而这些发展中国家大多不具有制造专利药品的能力，只能进口专利权人或者其被许可人在各国投放市场的专利药品。然而，专利权人或者其被许可人在各国投放市场的专利药品通常十分昂贵，发展中国家的民众难以承受。因此，各成员依照 TRIPS 构建的专利制度就成为广大发展中国家解决公共健康问题的法律障碍。

在广大发展中国家的强烈呼吁和大力推动下，2001 年 11 月举行的 WTO 部长级会议通过了《多哈宣言》。该宣言承认许多发展中国家和最不发达国家面临的公共健康问题的严重性，声明 WTO 成员在解决公共健康问题时有权利用 TRIPS 有关条款提供的灵活性，包括：各成员有权给予强制许可并自主决定给予强制许可的理由；各成员有权决定构成国家紧急情况或者其他非常情况的条件；各成员有权自主确立对知识产权权利用尽问题的立场。该宣言还指出，公共健康危机，包括与艾滋病、结核病、疟疾等传染病有关的危机，构成国家紧急情况或者非常情况。

《多哈宣言》从原则上为各成员解决其面临的公共健康问题，克服 TRIPS 形成的法律障碍创造了有利条件。但是，对许多缺乏制药能力的国家而言，利用该宣言仍然面临一个实际困难，即 TRIPS 第 31 条第（f）项明确规定，各成员依照强制许可而制造的专利产品应当主要供应其国内市场的需要，因此具有制药能力的成员不能将依据其给予的强制许可而制造的廉价专利药品出口到其他缺乏制药能力的国家。针对这一问题，《多哈宣言》明确要求 TRIPS 理事会在规定期限内形成解决该问题的方案。

经过漫长而艰难的磋商，WTO 总理事会于 2003 年 8 月 30 日通过了《关于实施 TRIPS 与公共健康宣言第 6 段的决议》（简称《总理事会决议》），该决议为缺乏制药能力的国家在修改 TRIPS 的有关规定之前，解决艾滋病、结核病、疟疾等流行疾病带来的公共健康问题提供了一个过渡机制。该机制的核心规则包括：

（1）WTO 的任何最不发达成员以及任何通报 TRIPS 理事会的其他成员可以利用该机制进口治疗流行疾病的专利药品（简称为“进口方”，美国、日本、英国等主要发达国家已声明放弃利用该机制作为进口方的权利）；

（2）进口方需要利用该机制进口专利药品的，应当向 TRIPS 理事会通报其需要进口药品的名称、数量以及其他相关事项；

（3）任何成员（简称出口方）可以利用该机制给予强制许可，依据该强制许可在其国内制造专利药品并将其出口到该进口方；

（4）出口方、进口方以及所有其他成员都应当采取有效措施防止该药品转移到进口方以外的任何地方。

《总理事会决议》的突出意义在于：使具有制药能力的成员可以专为不具有制药能力的成员解决公共健康问题而给予强制许可，在其境内制造专利药品并将其出口到不具有制药能力的成员。

2005 年 12 月，WTO 总理事会通过了《关于修改 TRIPS 的议定书》，将前述《总理事会决议》的内容纳入 TRIPS 中。该议定书开放供各成员在 2007 年 12 月 1 日之前或者 WTO 部长级会议确定的更晚日期之前接受。我国于 2007 年 10 月由全国人大常委会批准接受该议定书。由于未能在 2007 年 12 月 1 日达到经 2/3 成员批准的生效条件，WTO 总理事会已经多次推迟最迟接受该议定书的日期。

我国是已经批准接受该议定书的 WTO 成员，同时又是具有一定制药能力的发展中大国，有必要将该议定书的有关规定转化到《专利法》中，为我国必要时利用强制许可制度帮助其他国家解决公共健康问题提供法律依据。国家知识产权局曾于 2005 年年底颁布《涉及公共健康的专利实施强制许可办法》，以落实我国的国际义务。但是该办法仅为部门规章，法律层级较低，因此 2008 年修改《专利法》时增加了本条规定。

除我国以外，加拿大、挪威、荷兰、韩国、印度以及欧盟等国家和地区均通过修改其专利法或者制定有关条例纳入《总理事会决议》《关于修改 TRIPS 的议定书》的内容。这些国家的立法总体上基本一致，但在给予强制许可之前是否需要与专利权人进行协商、专利权人的实验数据独占权（受商业秘密的保护）是否受到保护等问题上有一些差异。例如，欧盟和加拿大的立法仍然要求在给予强制许可之前应当以合理的条件与专利权人进行协商，欧盟还明确规定专利权人的实验数据独占权应当受到保护。

需要注意的是，在 TRIPS 确立的知识产权保护框架下，采用《总理事会决议》《关于修改 TRIPS 的议定书》提出的特殊机制解决公共健康问题，需要由两个不同的 WTO 成员（进口方和出口方）分别给予强制许可。其中，进口方给予的强制许可是允许进口专利药品的强制许可；出口方给予的强制许可是在其境内制造专利药品并将其出口到进口方的强制许可。进口方之所以需要给予强制许可，是因为这些专利药品是出口方通过给予强制许可而制造的，因而不能认为是“经专利权人许可”而进行的制造行为，不能适用各国普遍采用的专利权用尽原则；出口方之所以需要给予强制许可，是因为进口方解决公共健康问题需要的是价格低廉的专利药品，专利权人或者其被许可人投放市场的专利药品的价格均包含了专利使用费，一般不可能价格低廉，只有通过给予强制许可而制造的专利药品才有可能价格低廉。因此，进口方与出口方之间的关系就像“连环套”一样彼此套在一起，表述起来很是麻烦。

还需注意的是，从本条条文来看，好像我国只打算作为《总理事会决议》《关于修改 TRIPS 的议定书》设立的特殊机制的出口方，而不打算作为该机制的进口方。这种理解是不正确的。我国是一个发展中的大国，具有一定的药品制造能力，但还不能说任何药品都能自己制造，不能排除我国在某些情况下也需要作为专利药品的进口方的可能性。2008 年修改《专利法》时，在关于我国作为出口方的问题上由本条专门作了规定，以履行我国帮助不具有药品制造能力或者能力不足的国家解决其公共健康问题的国际义务；在关于我国作为进口方的问题上看似没有作出规定，但实际上是包含在《专利法》第四十九条的规定之中，只是没有专门提及而已。国家知识产权局提交国务院审议的《〈专利法〉修订草案（送审稿）》曾建议在第四十九条中增加一款，规定“为了预防、治疗和控制流行病，国务院专利行政部门可以依照前款规定给予实施发明专利或者实用新型专利的强制许可”，一则明确公共健康问题的属性，二则表明我国作为进口方的可能性。经审议，立法机关认为修改前的第四十九条的规定已经表达了上述两方面的含义，不写入也不会导致误解，故未采纳上述建议。

二、本条规定的含义

（一）“公共健康”和“药品”的含义

本条中采用的“公共健康”的这一措辞直接源于《多哈宣言》。《多哈宣言》第 1 段提到“承认困扰许多发展中国家和最不发达国家的公共健康问题的严重性，尤其是源于艾滋病、结核病、疟疾和其他流行病带来的公共健康问题”。[1]尽管这段论述没有明确对“公共健康”作出定义，但是却表明艾滋病、结核病、疟疾和其他流行病是导致公共健康问题的原因，将“公共健康问题”与流行病相联系起来。关于疾病类型的术语包括流行病、传染病等，对应的英文分别为 epidemic 和 infectious disease。既然《多哈宣言》第 1 段采用的是“流行病”这一措辞，人们倾向于将“公共健康”问题与“流行病”挂钩，而不是与“传染病”挂钩。我国《传染病防治法》第三条将传染病分为甲类、乙类和丙类三种类型，并作了具体列举。关于传染病，理论上一般认为是由各种病原体引起的能在人与人、动物与动物或人与动物之间相互传播的一类疾病。关于流行病，存在两种不同理解，一是感染人数众多的传染病；二是感染人数众多的各种疾病。在“流行病”的两种理解方式中，前一种理解的范围不仅不包括心脏病、糖尿病、高血压等非传染病，而且不包括感染人数较少的传染病。这种理解显然是不可取的，因为如此理解将会大大降低《多哈宣言》的意义，偏离了众多发展中国家大力推动制定《多哈宣言》的本意。多数专家认为，《多哈宣言》所述的“流行病”（epidemic）一词应当从广义上予以理解。

2010 年修改的《专利法实施细则》第七十三条第二款规定：

> 专利法第五十条所称取得专利权的药品，是指解决公共健康问题所需的医药领域中的任何专利产品或者依照专利方法直接获得的产品，包括取得专利权的制造该产品所需的活性成分以及使用该产品所需的诊断用品。

上述规定是从《关于修改 TRIPS 的议定书》的原文翻译过来的，主要目的在于明确本条所称“药品”不仅包括一般意义上用于治疗疾病的药品本身，还包括药品的活性成分和使用药品的诊断用品。从上述规定看，医疗器械不属于药品的范围。疫苗是否属于药品的范围，上述规定没有专门涉及。我国驻 WTO 使团曾经专门向 WTO 秘书处提出此问题，WTO 秘书处在回复中指出，许多成员认为《总理事会决议》中提及的“药品”（pharmaceutical product）包括疫苗。根据世界卫生组织的定义，“pharmaceuticals”“drugs”“medicines”等包括防治疾病的所有物质，故包括疫苗。《药品管理法》第一百零二条规定：

> 药品，是指用于预防、治疗、诊断人的疾病，有目的地调节人的生理机能并规定有适应症或者功能主治、用法和用量的物质，包括中药材、中药饮片、中成药、化学原料药及其制剂、抗生素、生化药品、放射性药品、血清、疫苗、血液制品和诊断药品等。

上述规定将“药品”以广义方式与“疾病”挂钩，表明判断某一产品是否属于“药品”，无需区分其作用在于预防疾病、诊断疾病还是治疗疾病，同时也明确指出疫苗属于

---

[1] Especially those resulting from HIV/AIDS, tuberculosis, malaria and other epidemics.

药品。因此，应当认为疫苗属于本条所述“药品”的范围。有关疫苗获得专利权的，可以依照本条给予准予制造并出口该疫苗的强制许可。

（二）符合中国参加的有关条约规定的国家或者地区

关于本条所述的“中国参加的有关条约”，目前与本条相关的国际条约主要包括两份国际法律文书：一是《总理事会决议》，二是《关于修改 TRIPS 的议定书》。前者由 WTO 总理事会于 2003 年 8 月 30 日通过，无须经过成员批准或者接受就立即生效；后者由 WTO 总理事会于 2005 年 12 月 6 日通过，由于批准或者接受该议定书的成员数量尚未达到 WTO 规定的要求，因此该议定书直至 2010 年 1 月 1 日仍未生效。由于《总理事会决议》已经对 WTO 的所有成员生效，因此在《关于修改 TRIPS 的议定书》生效之前，《总理事会决议》就属于本条所述“中国参加的有关条约”。

关于本条所述“有关条约规定的国家或者地区”，需要区分 WTO 成员和非 WTO 成员分别予以确定。

对于 WTO 成员，按照《总理事会决议》《关于修改 TRIPS 的议定书》的规定，所有 WTO 成员均可作为另一成员专为其给予强制许可而制造并出口的专利药品的进口方。在 WTO 成员中，如果属于最不发达成员，则自动取得作为进口方的资格；如果属于发展中成员和发达成员，则必须首先将其打算利用该机制的愿望通知 TRIPS 理事会（但不必获得批准），才可以作为进口方。换句话说，如果 WTO 的某一发展中成员或者发达成员没有事先向 TRIPS 通报其打算利用该机制的愿望，我国就不能根据本条给予制造专利药品并将其出口到这些成员的强制许可。目前，美国、日本、欧盟、澳大利亚等发达国家已经主动声明不作为进口方，因此我国不必为这些国家的公共健康问题给予制造专利药品并将其出口到这些国家的强制许可。

对于非 WTO 成员，由于 TRIPS 是 WTO 成员之间的协定，对不是 WTO 成员的国家或者地区不具有效力。所谓“不具有效力”表现在两个方面：一是这些国家或者地区有权自主决定对药品是否给予专利保护，也有权自主设立其强制许可制度；二是这些国家或者地区不享受《总理事会决议》《关于修改 TRIPS 的议定书》规定的特殊机制。对具有制药能力的非 WTO 成员的国家或者地区（这样的国家或者地区极少）而言，它们可以利用不受 TRIPS 约束的地位在本国仿制药品或者进口仿制药品，以解决其面临的公共健康问题。对不具有制药能力的非 WTO 成员的国家或者地区（多数是最不发达国家）而言，尽管在法律上它们有仿制药品的自由，但这一自由因其不具有制药能力而变得没有意义；它们也有从具有制药能力的国家或者地区进口仿制药品的自由，但这一自由因绝大多数有制药能力的国家或者地区都是 WTO 成员，受 TRIPS 的约束难以提供价格低廉的药品而变得没有意义；惟一可行的方式是由具有制药能力的 WTO 成员给予强制许可制造专利药品并将其出口到这些国家。但是从《总理事会决议》《关于修改 TRIPS 的议定书》的字面含义来看，只有当合格的进口方提出请求的情况下，出口方才能给予制造专利药品并将其出口到该进口方的强制许可。这意味着 WTO 成员以外的国家或者地区即使缺乏制药能力，WTO 成员也不能利用《总理事会决议》《关于修改 TRIPS 的议定书》确定的机制，给予制造专利药品并将其出口到这些国家或者地区的强制许可。

前述理解从字面上看是正确的，但是却不符合国际人道主义精神。因此，在《总理事会决议》生效后最早通过立法落实该决议的加拿大在其相关立法中明确规定，非 WTO 成员的最不发达国家仍然可以作为进口方。此举得到了多数 WTO 成员的赞许，WTO 总理事会和 TRIPS 理事会也没有表示反对意见。此后，挪威、荷兰、欧盟、韩国等国家或者地区相继效仿加拿大的上述做法。我国作为一个发展中大国，没有理由将非 WTO 成员的最不发达国家排除在进口方的范围之外。国家知识产权局在上报国务院的《〈专利法〉修订草案（送审稿）》中建议明确写明这一点，但立法机构考虑到我国立法较为简明的特点，最后采用了“出口到符合中华人民共和国参加的有关条约规定的国家或者地区”的表述方式。其中所述“符合”应该从广义上理解，既包括字面上符合，也包括实际上不与之相违背。既然各国都认为将非 WTO 成员的最不发达国家作为进口方没有违反《总理事会决议》《关于修改 TRIPS 的议定书》的规定，因此可以认为这些国家属于本条所述“符合中华人民共和国参加的有关条约规定的国家或者地区”。

（三）根据本条规定给予强制许可的特殊要求

从条文上看，根据本条给予强制许可与根据第四十八条、第四十九条、第五十一条给予强制许可的程序没有什么不同。但是，《总理事会决议》《关于修改 TRIPS 的议定书》对按照其确定的特殊机制给予强制许可提出了一些特殊要求。国家知识产权局提请国务院审议的《〈专利法实施细则〉修订草案（送审稿）》建议将这些特殊要求规定在《专利法实施细则》中。但是鉴于这些要求过于繁杂，立法机关考虑到我国立法较为简明的特点，因此仅在《专利法实施细则》第七十四条第四款中作了如下原则性规定：

> **国务院专利行政部门依照专利法第五十条的规定作出给予强制许可的决定，应当同时符合中国缔结或者参加的有关国际条约关于为了解决公共健康问题而给予强制许可的规定，但中国作出保留的除外。**

下面对这些特殊要求进行说明。

1. 对进口方的要求

如前所述，制定本条规定的目的是帮助那些不具有制药能力或者能力不足的国家或者地区解决公共健康问题，给予在我国制造专利药品并将其出口到这些国家或者地区的强制许可。因此，在我国申请给予这种强制许可的前提条件是必须有一个合格的进口方。

如果进口方是 WTO 成员，则不论其是发达国家成员、发展中国家成员，还是最不发达国家成员，都必须向 TRIPS 理事会通报其所需专利药品的名称和数量。如果进口方是非 WTO 成员的最不发达国家，由于其不具有向 TRIPS 理事会通报的资格，因此必须通过外交渠道或者其他方式向我国说明其所需专利药品的名称和数量。

如果进口方是 WTO 的发展中成员或者发达成员，除了通报其需要的专利药品的名称和数量之外，还必须在通报中指明其不具有制造该专利药品的能力或者能力不足。按照《总理事会决议》《关于修改 TRIPS 的议定书》的规定，没有药品制造能力或者能力不足的主张可以通过以下方式之一予以确认：该成员已经被确认在制药领域没有制造能力；该成员在制药领域虽有一定制造能力，但是进行评审以后发现，除了专利权人拥有的和控制的制造能力之外，其他制药公司的制造能力还不足以满足其需求。无论是否为 WTO 成员，最不发达国家或者地区被视为当然没有药品制造能力或者能力不足。

在专利权人就同一药品既在出口方又在进口方被授予专利权的情况下，仅仅由出口方给予制造并出口专利药品的强制许可，还只是克服了出口方的法律障碍，尚未消除进口方的法律障碍。专利权人依照进口方的法律仍然可以对出口方制造并出口到进口方的专利药品行使其“进口权”，阻止进口行为。或许有的进口方与我国一样，允许专利产品的平行进口，但允许平行进口仅仅适用于专利权人或者其被许可人投放外国市场的药品，不适用于通过强制许可投放市场的专利产品。因此，如果同一药品在进口方也被授予了专利权，进口方必须消除其国内法律障碍，给予允许进口该专利药品的强制许可。所以，《总理事会决议》和《关于修改 TRIPS 的议定书》均要求对同一药品也授予了专利权的进口方必须在向 WTO 的通报中确认其已经给予或者打算给予进口专利药品的强制许可。需要指出的是，进口方在通报中说明其打算给予强制许可即可，并不一定需要已经给予允许进口专利药品的强制许可。

2. 对出口方的要求

本条是关于我国作为专利药品的出口方给予强制许可的规定，因此在我国施行本条规定主要应当考虑《总理事会决议》和《关于修改 TRIPS 的议定书》对出口方提出的要求，涉及以下问题。

（1）强制许可的申请人和被许可人

采用《总理事会决议》和《关于修改 TRIPS 的议定书》制定的特殊机制，有一点是明确无疑的，即必须首先有成员明确表示其希望成为进口方，这是产生出口方的先决条件。WTO 成员不能一厢情愿地提出其希望成为出口方，事先主动给予强制许可并依据该强制许可在其国内制造有关专利药品，然后坐等不具有该药品制造能力或者能力不足的成员上门求援，请求进口依据强制许可制造的专利药品。

在有成员向 TRIPS 理事会作出通报，指明其希望成为某种专利药品的进口方，并被认定具备作为进口方的资格之后，哪个或者哪些 WTO 成员可以作为出口方？对此，《总理事会决议》和《关于修改 TRIPS 的议定书》都没有作出明确规定。

不能认为此时所有具有该专利药品制造能力的成员都可以蜂拥而上，竞相给予在其国内制造该专利药品并将其出口到该进口国的强制许可，从而成为出口方。此时，应当赋予进口方必要的选择权利，使其可以通过事先了解或者事后协商，比较不同成员的制药公司制造该专利药品的质量、价格和商业信誉，确定选择哪些成员作为出口方。无论该成员选择哪个成员作为其出口方，TRIPS 理事会和其他成员都应当尊重该成员的选择。当然，这也并不意味着被进口方选择的成员负有无条件地成为出口方的义务，如果进口方提出的条件过于苛刻（例如出口专利药品的价格过低），使被选择的成员感到难以接受，被选择的成员也应当有拒绝成为出口方的权利。因此，进口方较为合理的做法应当是在向 TRIPS 理事会通报之前事先与有可能成为其出口方的成员进行协商。

在进口方希望我国成为出口方而且我国也同意作为出口方的情况下，依照本条规定给予在我国制造专利药品并将其出口到该进口方的强制许可，还有一个重要问题需要解决，即谁有权作为给予强制许可的申请人和被许可人？对此，《总理事会决议》《关于修改

TRIPS 的议定书》没有作出规定。这是因为该决议和议定书规定出口方承担为进口方解决其公共健康问题而给予强制许可的权利与义务，是将一个成员本身作为权利和义务的主体，至于成员在行使有关权利或者履行有关义务时具体由成员内的哪些机构或者组织来承担，该决议和议定书没有必要作出规定。然而，由于本条以及 2010 年修改的《专利法实施细则》对上述问题也没有作出规定，这就带来了如何设计施行本条规定的具体方式的问题。

本条规定的强制许可具有特殊性质，体现在：第一，依据本条规定给予强制许可需要以我国作为出口方与进口方进行协商，这种协商一般只能以政府对政府的方式进行，不宜以我国有关制药公司出面进行；第二，《总理事会决议》和《关于修改 TRIPS 的议定书》对依据本条规定给予强制许可有十分严格的要求，包括：所制造专利药品的数量不得超过进口方的需要；所制造的专利药品必须采用特殊的外形形状或者颜色并采用专门的标识和特殊的包装，以便区分是依照本条规定给予强制许可所制造的专利药品还是专利权人自己或者其被许可人制造的该种专利药品；出口方必须确保其依照强制许可制造的专利药品不得投放国内市场并且不得流入其他成员的市场等。落实这些要求需要在很多环节采取必要的监管措施，非制药公司所能胜任。基于上述理由，笔者倾向于认为按照本条规定给予强制许可，应当以国务院有关主管部门作为申请人和被许可人。当然，由于国务院有关主管部门自己无法制造专利药品，因此可以采用“政府采购”的方式委托符合条件的我国制药公司制造专利药品，而由国务院有关主管部门进行相应的监管事宜。

（2）强制许可的申请人是否需要事先与专利权人进行协商

申请给予在我国制造专利药品并将其出口到进口方的强制许可，申请人是否必须在提出申请前与专利权人进行协商？

对此问题，《总理事会决议》《关于修改 TRIPS 的议定书》均没有明确规定。加拿大、欧盟等一些国家或者地区的立法有此要求。加拿大作为《总理事会决议》通过后第一个立法落实该决议的国家，尽管因其积极态度而在总体上得到各国的赞许，但是其要求强制许可的申请人必须事先与专利权人进行协商的立场受到诸多发展中国家的批评。

2008 年修改《专利法》以及 2010 年修改《专利法实施细则》时，一些发达国家希望我国也作出类似于加拿大的规定。对此，我国立法机构认为，TRIPS 第 31 条第（b）项明确规定，在国家出现紧急情况、其他非常情况或者公共的非商业性使用的情况下，申请人不必事先与专利权人进行协商；《多哈宣言》指出各成员有权自行确定构成紧急情况或者非常情况的条件，并明确指出公共健康危机构成了紧急情况。将进口方的公共健康危机也认定属于我国的紧急情况或者非常情况或许有些牵强，但为进口方解决其公共健康问题而在我国制造专利药品并将出口到该进口方至少属于 TRIPS 第 31 条第（b）项规定的“公共的非商业性使用”，因此没有必要事先与专利权人进行协商。

2008 年修改的《专利法》第五十四条规定，申请强制许可的单位或者个人应当提供证据，证明其以合理的条件请求专利权人许可其实施专利，但是未能在合理的时间内获得许可。该条明确规定了这一要求的适用范围，即该要求仅仅适用于以《专利法》第四十八条第（一）项和第五十一条规定的理由申请给予强制许可的情况，而不适用于以其他理由申请给予强制许可的情况，其中包括本条规定的理由。这也表明依照本条规定申请给予强制许可的，没有必要事先与专利权人进行协商。

3. 对被许可人的特殊要求

《总理事会决议》和《关于修改 TRIPS 的议定书》在授权出口方为帮助不具有制药能力的成员解决公共健康问题给予制造专利药品并将其出口到进口方的强制许可的同时，对出口方规定了大量的义务，以保障该特殊制度的运行不至于偏离设立该制度的目的，保障专利权人的利益。因此，我国在根据本条给予强制许可的情况下需要履行相应的义务，主要包括：

第一，国家知识产权局在给予强制许可的决定中应当明确规定被许可人应当遵守的条件。这些条件包括：

（1）依据强制许可制造的药品数量不得超过进口方所需的数量，并且必须全部出口到该进口方；

（2）依据强制许可制造的药品应当采用特定的标签或者标记明确标明该药品是依据强制许可而制造的，在可行并且不会对药品价格产生显著影响的情况下，还应当对药品本身采用特殊的颜色或者形状，或者对药品采用特殊的包装；

（3）药品装运前，取得强制许可的单位应当在其网站或者 WTO 的有关网站上发布运往进口方的药品数量以及该药品的识别特征等信息。

第二，出口方给予强制许可后，应当将有关信息通报 TRIPS 理事会。这些信息包括：

（1）取得强制许可的单位的名称和地址；

（2）出口药品的名称和数量；

（3）进口方；

（4）强制许可的期限；

（5）发布药品数量以及药品识别特征等信息的网址。

这一通报也是为了使 WTO 和其他成员、专利权人能够监督该机制的运行是否符合《总理事会决议》和《修改 TRIPS 的议定书》设立该机制的目的和具体要求。这一通报无疑应当由国务院有关主管部门具体承担。我国加入 WTO 后，从国务院有关主管部门应对 WTO 事务的职责分工来看，这一职责理应由商务部承担。

第三，向专利权人支付必要的使用费。

根据 TRIPS 第 31 条第（k）项的规定，无论以何种理由给予强制许可，都应当向专利权人支付适当的使用费。因此，在我国根据本条规定给予强制许可的情况下，被许可人应当向专利权人支付适当的使用费。《总理事会决议》和《关于修改 TRIPS 的议定书》都要求出口方向专利权人支付使用费，使用费的具体数额应当考虑该强制许可给进口方带来的经济价值（economic value）。但是，如果专利权人就同一药品在进口方也享有专利权，在进口方也给予强制许可的情况下，如果我国被许可人已经向专利权人支付了使用费，则该进口方不必再支付使用费。

第四，其他有关要求。

根据《总理事会决议》和《关于修改 TRIPS 的议定书》的规定，在我国根据本条规定给予强制许可的情况下，不仅要履行前述义务，还要采取有效措施防止出口的专利药品返销我国。

在我国作为进口方进口其他成员依照强制许可生产的专利药品的情况下，我国也应当采取有效措施防止已实际进口到我国境内的药品再出口到其他国家或者地区。

即使我国既不是进口方，也不是出口方，仍有义务采取 TRIPS 规定的必要手段（主要是阻止侵权商品进口的海关措施），防止其他成员依照《总理事会决议》和《关于修改 TRIPS 的议定书》确定的机制通过给予强制许可而制造的专利药品进口到我国境内以及在我国境内予以销售。

第五十一条　从属专利的强制许可

一项取得专利权的发明或者实用新型比前已经取得专利权的发明或者实用新型具有显著经济意义的重大技术进步，其实施又有赖于前一发明或者实用新型的实施的，国务院专利行政部门根据后一专利权人的申请，可以给予实施前一发明或者实用新型的强制许可。

在依照前款规定给予实施强制许可的情形下，国务院专利行政部门根据前一专利权人的申请，也可以给予实施后一发明或者实用新型的强制许可。

《专利法》第五十九条规定，发明和实用新型专利权的保护范围以其权利要求书为准。权利要求书确定专利权保护范围的基本机制是：凡是一项权利要求记载的技术特征，都是该权利要求保护的技术方案应当包含的技术特征；凡是一项权利要求没有记载的技术特征，都是该权利要求保护的技术方案可有可无的技术特征。判断是否构成侵犯专利权的行为时，被控侵权行为的客体只要包含了一项权利要求记载的全部技术特征，就应当认定落入了该权利要求的保护范围，至于除此之外是否还包含其他技术特征不影响这一结论的得出。采用这种确定专利权保护范围的机制，必然会导致产生“从属专利”。换言之，在不同发明或者实用新型专利权之间必然会出现“权利冲突”的现象。

所谓“从属专利”，是指在后发明或者实用新型是对在先发明或者实用新型的改进，在后专利的某项权利要求记载了在先专利的某项权利要求记载的全部技术特征，除此之外又增加了另外的技术特征。由于补充了这些另外的技术特征，在后专利的该项权利要求保护的技术方案与在先专利的该项权利要求保护的技术方案相比不仅可能具备新颖性，也可能具备创造性，因而符合授予专利权的条件。然而，一旦都被授予专利权，两项专利权在其保护范围上就会出现一种特殊关系，即在后专利的该项权利要求保护的技术方案落入在先专利的该项权利要求的保护范围之内，因此人们将这样的在后专利称为在先专利的“从属专利”。在这样的情况下，在后专利的专利权人虽然获得了专利权，但是却不能自由实施其权利要求保护的技术方案，因为该技术方案落入了另一项有效专利的保护范围，要实施就必须获得在先专利的专利权人的许可。另一方面，在后专利之所以能够被授予专利权，是由于其保护的技术方案在技术上比在先专利保护的技术方案更为先进，因此在先专利的专利权人往往也希望实施在后专利。然而，尽管在后专利保护的技术方案落入在先专利的保护范围，在先专利的专利权人却不能实施在后专利保护的技术方案，因为这种技术方案已经由他人申请并获得了专利权，要实施就必须获得在后专利的专利权人的许可。这样，就从属专利所要求保护的技术方案而言，无论是在后专利的专利权人，还是在先专利的专利权人，不事先经过对方的同意都不能予以实施。这种现象说起来好像有些“怪异”，然而专利制度中却经常遇到。从某种意义上说，这种现象也可以认为在先专利和在后专利之间存在某种“权利冲突”，但是却很正常，而且不可避免，无须大惊小怪。对一项已经授予的专利权而言，由于可能出现从属专利，因此严格地说专利权的授予并没有当然地赋予专利权人实施其专利的权利，而仅仅是赋予专利权人禁止他人未经许可而实施其专利的权利。换言之，专利权的实质是一种“排他权”，而不是“独占权”。

解决上述问题的常见做法是先后专利权人订立一种被称为“交叉许可”的许可合同，相互给予方便，让双方都能实施经过改进的技术。然而，第三人要实施经过改进的技术，就必须同时获得先后两个专利权人的许可。因此，订立专利实施许可合时，一个必不可少的事项就是约定如果随后发现合同涉及的专利是另一项在先专利的从属专利，许可方有义务设法取得在先专利的专利权人的许可，并明确所需支付的许可使用费的分摊方式。

但是，如果在先专利的专利权人并不迫切需要实施经过改进的专利技术，则有可能不愿意许可从属专利的专利权人实施其从属专利。这一结果会妨碍从属专利保护的改进技术的实施，从而阻碍先进技术的推广应用，不利于促进科学技术进步。为了防止出现这样的情况，有必要规定在符合条件的情况下给予强制许可，授权在后专利的专利权人实施其经过改进的专利技术。

本条第一款规定了给予从属专利的专利权人强制许可的两项条件：一是有两项获得专利的发明或者实用新型，后一项发明或者实用新型的实施有赖于前一项发明或者实用新型的实施；二是后一项发明或者实用新型比前一项具有显著经济意义的重大技术进步，即在技术上有较突出的贡献，能够产生显著的经济效益。前一项条件实际上是定义“从属专利”的含义，因此本条第一款规定的给予强制许可的条件主要在于“取得专利权的发明或者实用新型比前已经取得专利权的发明或者实用新型具有显著经济意义的重大技术进步”。2000年修改前《专利法》关于上述第二项条件的规定是在后发明或者实用新型比在先发明或者实用新型“在技术上先进”。对此，TRIPS 第 31 条第（1）项的规定是“具有显著经济意义的重大技术进步”。两者相比，TRIPS 规定的条件更为严格。为了与 TRIPS 的规定相一致，2000 年修改《专利法》时对本条第一款规定的给予强制许可的条件作了修改。

TRIPS 第 31 条第（1）项之所以对强制许可的给予规定更为严格的条件，是针对如今专利领域中越来越多地出现的一种现象，即一旦有人作出一项具有开拓性质的重要发明创造获得专利权，他人随后往往会“蜂拥而上”，围绕该发明创造从各个角度获得一大批从属专利。从促进科技进步的角度来看，授予从属专利无可非议，原专利权人也无权阻止；但是从原专利权人的角度来看，授予诸多从属专利无异于在其专利权的保护范围内开辟许多“治外领地”，使其专利权的效力大为降低，当然是在先专利的专利权人不愿意看到的事情。仅仅是授予从属专利倒也罢了，如果还规定从属专利的专利权人可以较为容易地申请获得强制许可，对原专利权人来说就是“雪上加霜”，使其作出的开拓性发明创造难以获得应有的回报。正因为如此，发达国家强调要提高就从属专利的实施给予强制许可的门槛。

应当注意本条规定与《专利法》第四十八条第（二）项规定之间的关系。如果在先专利的专利权人的行为构成了《反垄断法》所称的“滥用市场支配地位”的行为，被依法认定为垄断行为，则在后专利的专利权人也可以直接依据《专利法》第四十八条第（二）项的规定申请给予强制许可，在这样的情况下就不必证明其专利比在先专利“具有显著经济意义的重大技术进步”。当然，如果从属专利保护的技术方案与原专利相比并不“具有显著经济意义的重大技术进步”，原专利权人不给予许可的行为也就难以被认定为“滥用市场支配地位”的行为。

如前所述，在先专利的专利权人也可能希望能够实施在后专利的技术，在从属专利“具有显著经济意义的重大技术进步”的情况下尤其如此。考虑到也要兼顾在先专利的专利权人的利益，从公平合理的角度出发，本条第二款规定，如果在后专利的专利权人取得了实施在先专利的强制许可，国务院专利行政主管部门依照在先专利权人的申请，也应当给予实施在后专利的强制许可。

本条第二款规定在先专利的权利人也可以获得实施从属专利的强制许可，其条件是只能在后专利权人已经获得了实施在先专利的强制许可。如果从属专利权人没有申请获得实施在先专利的强制许可，在先专利的权利人是否可以依照本条第二款获得实施在后专利的强制许可？笔者认为，在这种情况下，如果在先专利权人想要获得实施从属专利的强制许可，则不能以本条第二款为依据，只能以《专利法》第四十八条第（一）项的规定为依据，以在后专利的专利权人未在规定期限内实施或者充分实施为理由请求给予强制许可。

第五十二条　半导体技术的强制许可

强制许可涉及的发明创造为半导体技术的，其实施限于公共利益的目的和本法第四十八条第（二）项规定的情形。

2008 年修改《专利法》时，将 2001 年修改的《专利法实施细则》第七十二条第四款转移到《专利法》中形成了本条规定。2001 年修改《专利法实施细则》时增加这一规定，其目的在于与 TRIPS 的有关规定保持一致。

TRIPS 第 31 条第（c）项规定：

> **这种使用的范围和期间应受许可使用的目的的限制，并且在半导体技术的情形，只能限于为公共的非商业性使用，或者用于经司法或行政程序确定为反竞争行为而给予的补救。**

尽管 2001 年修改的《专利法实施细则》已经将 TRIPS 的上述要求体现在其第七十二条第四款中，但是考虑到这一规定属于实体性条款，在《专利法》中予以规定更为适合，因此 2008 年修改《专利法》时增加了本条规定。

2008 年修改《专利法》时，一些人对 TRIPS 作出上述规定的原因提出质疑，也就是与其他技术相比，半导体技术到底有什么不同的性质或者特点，需要给予这种特殊考虑？笔者为此查阅了许多资料，均没有给出理由或者没有给出令人信服的理由，估计是由于发达国家在半导体技术领域占有明显优势，该领域中的专利权人希望通过这一规定来更好地保障其权益不至于由于给予强制许可而受到损害。然而，发达国家占有优势地位的技术领域还有很多，为什么单单就半导体领域作出这一规定？半导体技术的突出代表是大规模集成电路。在这一技术领域，除了专利保护之外，TRIPS 还专门在其第 2 部分第 6 节中规定了对集成电路布图设计的保护，然而对集成电路布图设计这种类型的知识产权而言，该协定没有规定强制许可制度。所以，要说给予强制许可有可能对专利权人产生不利影响，应当认为半导体技术领域是受影响相对较小的。总之，TRIPS 的上述规定“莫名高深”，有令人百思不得其解的感觉。事实上，许多 WTO 成员的专利法都没有类似规定。

无论 TRIPS 的上述规定是否合理，既然已经成为我国参加的国际条约的规定，我国除了履行之外别无选择。从我国第一起在 WTO 应诉的知识产权争端来看，诸多发达国家在知识产权领域对我国格外“挑剔”。因此，与其因为这一条鲜有采用、对我国利益影响不大的规定引起无谓争端，不如“姑且随之”，明确写进《专利法》之中。

按照本条规定，在半导体技术领域给予强制许可的理由只能是两种：一是为公共的非商业性使用；二是用于经司法或行政程序确定为反竞争行为而给予的补救。其中，“为公共的非商业性使用”的含义应当与《专利法》第四十九条提及的“为了公共利益的目的”相同。然而，第四十九条并非仅仅提及“为了公共利益的目的”，还包括“国家出现紧急状态或者非常情况”，由此而带来的一个问题是：本条规定是否仅仅适用于“为了公共利益的目的”，而不适用于“国家出现紧急状态或者非常情况”？笔者认为这种观点不正确，因为由于国家出现紧急状态或者非常情况而给予强制许可无一不是“为了公共利益的目的”。

第五十三条　强制许可的实施限制

除依照本法第四十八条第（二）项、第五十条规定给予的强制许可外，强制许可的实施应当主要为了供应国内市场。

一、“主要为了供应国内市场”的含义

TRIPS 第 31 条第（f）款规定：“这种使用的许可应当主要是为了供应给予许可的成员的本国市场”。我国作为 WTO 成员，理应将这一规定写入我国《专利法》。

该协定之所以作出这种限制，一方面是为了保障专利权人的利益，另一方面也是由于专利具有地域性特点。通过给予强制许可而制造的专利产品通常比专利权人制造或者其被许可人制造的专利产品在价格上低廉一些，如果一个国家通过给予强制许可而制造的专利产品大量流入其他国家，就会对专利权人在其他国家就同一发明创造获得的专利权带来冲击。[1]专利权的地域性特点一方面体现在专利权人在一个国家享有的专利权仅在该国有效，在不同国家就同一发明创造获得的专利权彼此独立；另一方面体现在一个国家给予强制许可仅对该国授予的专利权有影响，专利权人就同一发明创造在其他国家获得的专利权不受该强制许可的影响。因此从理论上讲，在一个国家通过给予强制许可而制造的产品，仅能不受专利权人控制在该国境内自由流动，一旦离开该国进入其他国家，就会受到该专利权人在其他国家获得的专利权的限制。另外，从建立强制许可制度的初衷来看，给予强制许可主要理由在于应对本国出现的紧急状态或者非常情况，或者是为公共利益的目的，或者是克服专利权人在本国不实施或者不充分实施专利带来的影响，这些情况在某一国家发生了，在其他国家不一定会发生。因此，一个国家实施强制许可应当主要是为了满足本国的需要。

应当注意的是，TRIPS 第 31 条第（f）项和本条的规定中均使用了“主要”（predominantly）的限定语。如何理解“主要”的含义？从字面上看，只要依照强制许可生产的产品在本国市场上的销量占 50%以上，就可以认为符合“主要供应国内市场”的要求。这一理解过于形式化，假如真能如此理解，TRIPS 第 31 条第（f）项就不会对广大发展中国家产生如此之大的限制作用，以至于需要兴师动众地通过《多哈宣言》以及《关于修改 TRIPS 的议定书》予以澄清了。本条规定的“主要为了供应国内市场”的限制性条件，应当从两个方面来理解：第一，本条规定的是“强制许可的实施应当主要是为了供应国内市场”，而不是“给予强制许可的目的主要是为了供应国内市场”，因此申请给予强制许可的目的应当很明确地是为了供应国内市场，而不能是既为了供应国内市场，又为了供

[1] 事实上，即使不给予强制许可，不同国家在经专利权人许可的情况下实施专利，制造的专利产品的价格也会有很大差别，例如我国制造的专利产品的销售价格通常会明显低于发达国家制造的相同专利产品的销售价格，对专利药品而言尤为显著。正因为如此，许多发达国家采取不允许平行进口的立场，因为反之会对其本国制造的专利产品的市场份额带来冲击。

应国外市场，只有在为此目的而制造的专利产品除了供应国内市场之外尚有富余的情况下（例如事先很难准确预料国内市场的需要量），才能够将富余的专利产品向外出口；第二，《专利法》第五十五条第二款规定“给予强制许可的决定，应当根据强制许可的理由规定实施的范围和时间”，其中“范围”一词包含了生产专利产品的数量的含义，一旦国家知识产权局在其决定中对强制许可的实施范围作了规定，被许可人就应当严格遵守，不得突破决定限定的实施范围。[1]

二、有关例外

尽管原则上强制许可的实施应当主要为了供应国内市场需求，但根据有关国际条约和《专利法》的有关规定，还存在以下例外。

（一）为制止垄断行为而给予强制许可的例外

虽然 TRIPS 第 31 条第（f）项明确要求各成员给予的强制许可应当主要是满足国内市场的需要，但是在该协定第 31 条第（k）项规定了这一要求的一种例外情况，即如果给予强制许可是对经过司法或行政程序确定为限制竞争行为而提供的补救，则不受“主要为满足国内市场需求”的限制。这一例外规定的原因是考虑到滥用专利权形成垄断行为所产生的影响或者后果往往并不限于一个国家境内，有可能会影响到所有就同一发明授予专利权的国家。例如，一些专利许可协议将专利权人在世界范围内的所有相关专利捆绑在一起，如果该许可行为被认定为是垄断行为，受其影响的就可能是全球范围内的被许可人。既然在这种情况下给予强制许可的目的就在于纠正垄断行为带来的负面影响，因此不应当规定在这种情况下强制许可的实施应当主要为供应给予强制许可的国家的国内市场。

（二）为帮助他国解决公共健康问题而给予强制许可的例外

按照 TRIPS 的规定，其第 31 条第（f）项要求各成员给予的强制许可应当主要是为了满足国内市场的需要，其惟一例外就是第 31 条第（k）项规定的为纠正反竞争行为而给予的强制许可。在缺乏制药能力或者能力不足的成员面临公共健康问题的情况下，具有制药能力的成员即使想利用强制许可制度制造廉价专利药品并出口到这些成员，也由于有 TRIPS 第 31 条第（f）项的限制而爱莫能助。为消除第（f）项带来的负面影响，2003 年 8 月通过的 WTO《总理事会决议》和 2005 年 12 月通过的《关于修改 TRIPS 的议定书》豁免了具有制药能力的成员在前述情况下遵守第 31 条第（f）项规定的义务（详见本书关于《专利法》第五十条的说明）。《专利法》第五十条就是为了落实前述决议或者议定书而专门制定的，因此根据该条给予的强制许可的实施当然不受“应当主要为了供应国内市场”这一规定的限制。

（三）自由贸易区例外

除《专利法》中明确规定的前述两种例外以外，还存在一种自由贸易区例外。根据

---

[1] NUNO PIRES DE CARVALHO. The TRIPs Regeme of Patent Rights［M］. Kluwer Law International, 2002: 241.

WTO《总理事会决议》和《关于修改 TRIPS 的议定书》中的有关规定，当我国与一些 WTO 成员签署自由贸易协议时，如果根据该协议形成的区域性自由贸易区中有一半以上成员是联合国认定的最不发达国家，根据我国为解决公共健康问题给予的强制许可而制造的专利药品，可以在该自由贸易区内面临同样公共健康问题的国家或者地区内自由流动。例如，在 H1N1 流行的情况下，如果我国通过给予强制许可在我国制造相关专利药品，则该药品可以向符合前述条件的自由贸易区的其他国家或者地区出口，而不受主要为了供应国内市场这一要求的限制。迄今为止，在我国已经签订的自由贸易协定中，尚没有任何协定的一半以上成员是最不发达国家，因此目前我国还不能利用这种例外。

第五十四条　申请强制许可的有关证据

依照本法第四十八条第（一）项、第五十一条规定申请强制许可的单位或者个人应当提供证据，证明其以合理的条件请求专利权人许可其实施专利，但未能在合理的时间内获得许可。

TRIPS 第 31 条的规定表明，本条所规定的申请强制许可的程序性条件并非适用于《专利法》规定的可以给予强制许可的所有理由，而是仅仅适用于其中一部分理由。该协定第 31 条第（b）项规定：

> 这种使用，只有在使用前，意欲使用的人曾经努力按照合理的商业条款和条件请求专利权人给予许可，但在合理的期间内这种努力没有成功，才能允许。在国家处于紧急状态或者其他非常情况，或者在公共的非商业性使用的情形，成员可以放弃这一要求。

该协定第 31 条第（k）项还规定：

> 如果允许这种使用是对经司法或者行政程序确定为反竞争行为而给予的救济，各成员没有义务适用本条第（b）款和第（f）款规定的条件。

按照 TRIPS 的上述规定，2008 年修改的《专利法》在本条补充规定了本条的适用范围，即只有依照《专利法》第四十八条第（一）项和第五十一条规定申请强制许可的单位或者个人，才应当提供本条所要求的证据。

本条规定事先协商的目的在于促使双方通过协商订立专利实施许可合同，促进被许可人与专利权人之间的合作，使专利技术更好地予以实施。从实践来看，专利权人保护一项新的技术方案大多采用获得专利权和保留技术秘密相结合的方式。给予强制许可仅仅只能从法律角度确保被许可人实施专利行为的合法性，却不能迫使专利权人提供实施该专利技术的相关技术秘密和技术帮助。在既未掌握与专利技术相关的技术秘密，又未获得专利权人必要支持配合的情况下，被许可人常常难以很好地实施一项专利。本条包含了这样的含义，即鼓励打算实施专利技术的单位或者个人与专利权人进行协商，尽量争取在合理的条件下得到专利权人的许可。

在我国施行《合同法》之前，对合同订立方式没有法律规范，很难说双方当事人在哪个时候给出的条件可以被认作其最终条件，进而在此基础上判断该条件是否合理。1999 年制定的《合同法》对订立合同的方式作了明确的规定，其第十三条规定：

> 当事人订立合同，采取要约、承诺方式。

第十四条规定：

> 要约是希望和他人订立合同的意思表示，该意思表示应当符合下列规定：
> （一）内容具体确定；
> （二）表明经受要约人承诺，要约人即受该意思表示约束。

上述规定表明，要约必须是完整的和确定的，至少应当包括合同的主要条款。在这样的情况下，对方一经承诺接受要约，合同即告成立，无须要约人再作意思表示。因此，申请强制许可的单位或者个人依照本条规定提供的证据应当是向专利权人发出的订立专利实施许可合同的要约。该要约应当表明要约人有与专利权人订立专利实施许可合同的意向和主要条件，一经受要约人即专利权人承诺，就能在要约人和受要约人之间产生合同法律关系。

申请强制许可的单位或者个人在其意欲与专利权人订立专利实施许可合同的要约中提出的条件可能涉及专利使用费、支付方式和期限、生产规模、产品销售地域、合同期限等诸多因素。这些条件是否合理，需要根据所涉及的发明或者实用新型的具体情况确定，例如技术领域、市场前景、同类技术的许可使用费、发明或者实用新型的复杂程度、作出发明或者实用新型投入的资金等，这些都可以作为判断所提出的条件是否合理的因素。总体而言，提出的条件在有关行业中按其商业惯例来衡量不能过高，也不必过低，比较适当即可。

按照惯例，意欲订立专利实施许可合同的单位或者个人以合理的条件向专利权人发出要约后，专利权人需要有一定的时间予以考虑。多长时间是合理的，与专利技术的复杂程度、实施该技术的难易程度、专利技术经济价值的大小有关，也与要约人提出条件的高低有关，很难有一个“一刀切”的定论。对于普通的专利技术，在双方当事人都有订立专利实施许可合同的意愿的前提条件下，一般认为 3 ~ 6 个月是被许可人与专利权人订立一项专利实施许可合同所需要的较为合理的时间。考虑到需要申请强制许可的专利技术一般不会是普通的专利技术，例如《专利法》第五十一条就明确规定申请给予强制许可的条件是“从属专利比前已经获得专利权的发明或者实用新型具有显著经济意义的重大技术进步”。因此，本条所述的“合理的时间”应当比上面所说的 3~6 个月更长一些，例如可以考虑为 9 个月至 1 年。如果单位或者个人以合理的条件请求专利权人给予许可，而在发出要约之日起在上述时间内未能获得许可的，就可以认为已经符合本条规定的条件，可以申请给予强制许可。

第五十五条　给予强制许可的决定及其登记、公告和终止

国务院专利行政部门作出的给予实施强制许可的决定，应当及时通知专利权人，并予以登记和公告。

给予实施强制许可的决定，应当根据强制许可的理由规定实施的范围和时间。强制许可的理由消除并不再发生时，国务院专利行政部门应当根据专利权人的请求，经审查后作出终止实施强制许可的决定。

尽管 TRIPS 第 31 条对强制许可的给予和实施规定了大量的程序性条件，但对申请强制许可需要提交什么文件、受理强制许可申请的条件、强制许可申请的审查程序、给予强制许可决定的内容等，该协定没有也不可能作出详细规定，只能留待各成员在符合该协定规定的前提条件下根据各自国家的行政、司法制度以及具体国情的需要作出更为深入的规定。

我国立法具有较为简明的特点，因此《专利法》及《专利法实施细则》也没有就给予强制许可的具体程序作出规定。2003 年，国家知识产权局制定施行了《专利实施强制许可办法》，对强制许可的申请、审查和决定，强制许可使用费的裁决，强制许可的终止等程序作了较为详细的具有可操作性的规定。下面将该办法规定的给予强制许可的基本程序说明如下。

一、请　求

申请给予强制许可的，应当向国家知识产权局提交强制许可请求书，写明下列各项：

（1）请求人的姓名或者名称、地址；

（2）请求人的国籍或者其总部所在的国家；

（3）被请求强制许可的发明专利或者实用新型专利的名称、专利号、申请日及授权公告日以及专利权人姓名或者名称；

（4）请求给予强制许可的理由和事实；

（5）请求人委托专利代理机构的，应当注明的有关事项；请求人未委托专利代理机构的，其联系人的姓名、地址、邮政编码及联系电话；

（6）请求人的签字或者盖章；委托代理机构的，还应当有该专利代理机构的盖章；

（7）附加文件清单；

（8）其他需要注明的事项。

强制许可请求书及其附加文件应当一式两份。强制许可请求涉及多项发明专利或者实用新型专利的，如果涉及两个或者两个以上专利权人的，应当按不同专利权人分别提交请求书。

二、受理、转送文件和答辩

强制许可请求有下列情形之一的，国家知识产权局不予受理，并通知请求人：

（1）被请求强制许可的发明专利或者实用新型专利的专利号不明确或者难以确定；

（2）请求文件未使用中文；

（3）明显不具备请求强制许可的理由。

对符合《专利法》《专利法实施细则》及前述办法规定的强制许可请求，国家知识产权局应当予以受理，并将请求书副本送交专利权人。专利权人应当在指定期限内陈述意见。专利权人期满未答复的，不影响国家知识产权局作出决定。

三、审查和听证

国家知识产权局应当对请求人陈述的理由和提交的有关证明文件进行审查。需要实地核查的，国家知识产权局应当指派两名以上工作人员进行实地核查。请求人陈述的理由和提交的有关证明文件不充分或者不真实的，国家知识产权局在作出驳回强制许可请求的决定前应当通知请求人，给予其陈述意见的机会。

除根据《专利法》第四十九条的规定请求强制许可的外，请求人或者专利权人要求听证的，由国家知识产权局组织听证。国家知识产权局应当在举行听证 7 日前通知请求人、专利权人和其他利害关系人。除涉及国家秘密、商业秘密或者个人隐私外，听证应当公开进行。国家知识产权局举行听证时，请求人、专利权人和其他利害关系人可以进行申辩和质证。举行听证应当制作听证笔录，交听证参加人员确认无误后签字或者盖章。

四、驳回强制许可请求或者作出给予强制许可的决定

有下列情形之一的，国家知识产权局应当作出驳回强制许可请求的决定，并通知请求人：

（1）请求人不具备规定的主体资格；

（2）请求给予强制许可的理由不符合《专利法》第四十八条至第五十一条的规定。

强制许可请求经审查没有发现驳回理由的，国家知识产权局应当作出给予强制许可的决定，写明下列各项：

（1）取得实施强制许可的个人或者单位的姓名或者名称、地址；

（2）被强制许可的发明专利或实用新型专利的名称、专利号、申请日及授权公告日；

（3）给予强制许可的范围、规模和期限；

（4）决定的理由、事实和法律依据；

（5）国家知识产权局的印章及负责人签字；

（6）决定的日期；

（7）其他有关事项。

给予强制许可的决定应当及时通知请求人和专利权人。

国家知识产权局决定给予强制许可的，还应当对给予强制许可的决定予以登记和公告。这一点是必要的，因为根据 TRIPS 的规定，强制许可的被许可人的实施权不得单独

转让，但可以与实施有关专利的企业或者信誉一起转让。国家知识产权局对给予强制许可的决定进行登记和公告，可以让公众了解该强制许可的法律状况，有利于防止强制许可的被许可人擅自转让其实施权。

五、强制许可的终止

由于国家知识产权局给予强制许可的决定中规定了给予强制许可的期限，因此只要该期限届满，强制许可就自动终止。强制许可自动终止的，国家知识产权局应当在专利登记簿上登记并在专利公报、国家知识产权局政府网站和《中国知识产权报》上予以公告。

根据本条第二款的规定，如果在强制许可决定规定的期限内，专利权人认为强制许可理由已经消除并且不再发生，可以向国家知识产权局请求提前终止强制许可。例如，一项强制许可是由于因某种流行病的暴发而给予，在该流行病已经消失的情况下，强制许可决定规定的期限尚未届满的，可以请求提前终止。

请求提前终止强制许可的程序与申请给予强制许可的程序基本相同，故不再赘述。

第五十六条　强制许可的实施权

取得实施强制许可的单位或者个人不享有独占的实施权，并且无权允许他人实施。

根据本条规定，强制许可不能是独占许可。如此规定的理由在于：强制许可制度是防止专利权人滥用其专利权或者维护公共利益而授权他人实施专利的制度，只有使更多的人获得实施该专利的权利，才能更好地实现这一目的。如果强制许可是独占许可，取得该许可的单位或者个人享有排除他人实施该专利的权利，就会妨碍更多的人实施该专利。因此，在给予强制许可的情况下，被许可人仅获得实施发明专利或者实用新型专利的普通实施许可，不仅专利权人照样有权自己实施和许可他人实施该专利，国家知识产权局也可以继续给予他人实施该专利的强制许可。

本条规定取得强制许可的单位或者个人“无权允许他人实施”，其含义是指强制许可的被许可人不得进行分许可。如此规定的理由在于：如果允许强制许可的被许可人进行分许可，那么《专利法》规定的给予强制许可的严格程序就有可能被绕过，无须向国家知识产权局提出给予强制许可的请求。根据《专利法》第十二条的规定，即使在自愿许可的情况下，被许可人也无权允许合同规定以外的单位或者个人实施该专利。既然在自愿许可的情况下被许可人尚且无权擅自许可第三人实施该专利，强制许可作为未经专利权人同意而给予的许可更应当顾及专利权人的合法利益，禁止强制许可的被许可人授予分许可。

对于强制许可是否可以转让的问题，《专利法》及《专利法实施细则》均未作规定。根据 TRIPS 第 31 条第（e）项规定，除与获得强制许可的那部分企业或者商誉一起转让外，强制许可不得转让。如此规定的理由在于：在给予强制许可的情况下，被许可人既获得了实施专利的权利，同时也负有支付使用费的义务，被许可人与专利权人实际上形成了债权债务关系。根据《合同法》第八十八条的规定，当事人一方经对方同意，可以将自己在合同中的权利和义务一并转让给第三人。在当事人自愿达成的双务合同中，当事人转让自己的权利义务尚且需要获得对方的同意，在强制许可这种非自愿情况下对债务的转让当然也应当获得对方的同意。此外，在有些情况下，强制许可的给予是基于被许可人与专利权人之间的特定关系（如从属专利）或者被许可人具有实施能力，如果允许被许可人自行转让，则被许可人有可能将其转让给与专利权人不具有特定关系的第三人或者不具有实施能力的第三人，这有违于给予强制许可的初衷。

如果因企业并购等原因，导致强制许可被许可人的资产发生转移或者与强制许可相关的商誉发生转让，强制许可可以一并转让。商誉（goodwill）是英文中的常见词汇，当用做企业并购中的专门术语时，是指并购业务中超出并购业务直接涉及的有形财产价值的无形财产价值。

第五十七条　强制许可的使用费

取得实施强制许可的单位或者个人应当付给专利权人合理的使用费，或者依照中华人民共和国参加的有关国际条约的规定处理使用费问题。付给使用费的，其数额由双方协商；双方不能达成协议的，由国务院专利行政部门裁决。

专利权人的权利主要体现在两个方面：一是禁止他人未经其许可实施其专利，二是对经其许可实施其专利的人收取使用费。给予强制许可意味着被许可人通过国家的许可而非专利权人的许可，即可实施他人的专利，其结果是剥夺了专利权人的上述第一种权利。如果规定在给予强制许可的情况下，被许可人可以不向专利权人支付任何费用，其结果就是将专利权人的上述第二种权利也一并剥夺了。假若如此，给予强制许可就将导致专利权人针对实施其专利的行为无法获得任何回报。显然，这不符合建立专利制度的根本目的。

从有形财产制度来看，国家征用任何私有财产都应当给予补偿。如果是无偿的，征用实际上就变成了征收或者国有化。在一个私有财产可以被免费征用的社会，人们何以安居乐业？

对知识产权同样应当采取同样的立场。无论基于何种理由给予强制许可，强制许可的被许可人都有可能通过实施该专利获得一定经济效益，其中必定包含了专利权人的贡献。因此，各国均规定在给予强制许可的情况下，应当给予专利权人合理的补偿。

强制许可使用费的数额首先应当由专利权人和强制许可的被许可人双方商量确定，其标准可以参照普通实施许可的使用费，做到公平合理。

如果双方商定了使用费数额，则应当以此数额作为强制许可使用费；如果双方就使用费数额达不成协议，则应当由司法机关或者行政机关裁决。在我国，给予强制许可的决定由国家知识产权局作出，因此使用费数额由国家知识产权局裁决是顺理成章的事情。

关于强制许可使用费的裁决程序，请参见 2003 年国家知识产权局公布的《专利实施强制许可办法》。

TRIPS 第 31 条第（h）项明确规定：

> **应当根据每一案的情况，并考虑许可的经济价值，向权利持有人支付足够的报酬。**

尽管 TRIPS 第 31 条第（h）项规定在任何给予强制许可的情况下均应当给予专利权人使用费，但是《总理事会决议》和《关于修改 TRIPS 的议定书》补充规定，在授予强制许可的出口方已经向专利权人支付使用费的情况下，则豁免进口方支付使用费的义务。

这一豁免有两种原因：一是尽量降低缺乏制药能力或者能力不足的成员向其公众提供进口专利药品的价格，以真正实现帮助其解决公共健康问题的初衷；二是在进口方和出口方都给予强制许可的情况下，如果都向专利权人支付使用费，则将导致专利权人对同一产品双重收取使用费，这是不合理的。因此，在缺乏制药能力或者能力不足的国家为解决其公共健康问题而给予进口专利药品的强制许可的情况下，如果出口方已经向专利权人支付使用费，进口方不必支付使用费。

由于我国具有较强的制药能力，在一般情况下，我国是作为出口方给予在我国制造专利药品并将其出口到进口方的强制许可，以帮助缺乏制药能力或者能力不足的其他国家或者地区解决公共共健康问题。但是，也不能排除在某些情况下我国对某种药品缺乏制造能力或者能力不足，从而需要利用《总理事会决议》和《关于修改 TRIPS 的议定书》确立的机制，给予强制许可，进口其他成员专为帮助我国解决公共健康问题而给予强制许可在该国制造的专利药品。在这种情况下，如果出口方因给予强制许可已经向专利权人支付了使用费，尽管我国给予了进口该药品的强制许可，却不必向专利权人支付使用费。

第五十八条　给予强制许可决定和使用费裁决的司法救济

专利权人对国务院专利行政部门关于实施强制许可的决定不服的，专利权人和取得实施强制许可的单位或者个人对国务院专利行政部门关于实施强制许可的使用费的裁决不服的，可以自收到通知之日起三个月内向人民法院起诉。

各国对强制许可采取的程序不完全相同，其中多数国家采取的是行政程序，即由专利授权机关或者其他行政机关作出给予强制许可的决定；少数国家采取的是司法程序，即由法院按照司法程序给予强制许可。在行政机关给予强制许可的情况下，各国都规定专利权人可以请求获得司法救济。TRIPS 第 31 条第（i）款规定，关于这种使用的许可决定的法律有效性，应当受到司法审查，或者受到该成员内明显更高一级其他机关的独立审查；第（j）款规定，对使用支付报酬的决定应当受到司法审查，或者受到该成员内明显更高一级其他机关的独立审查。

《专利法》关于强制许可的给予采用的是行政程序，而不是司法程序。根据《行政诉讼法》的基本原则，任何行政机关作出的具体行政行为都应当接受司法审查。因此，当事人对国家知识产权局作出的关于实施强制许可的决定以及对强制许可使用费的裁决不服的，应当有权向法院起诉。这一方面能够保护专利权人和其他有关当事人的合法利益，使之不至于因行政机关的决定或者裁决不当而受到损害；另一方面也能够监督国家知识产权局依法行使职权。

依照本条规定，当事人可以提起的关于强制许可的行政诉讼有两种类型：一类是专利权人对国家知识产权局作出的关于实施强制许可的决定不服的纠纷案件，其争论点是国家知识产权局给予强制许可的决定是否符合《专利法》规定的条件；另一类是专利权人和取得实施强制许可的单位或者个人对国家知识产权局关于实施强制许可使用费裁决不服的纠纷案件，其争论点是国家知识产权局关于使用费的裁决是否合理。

2000 年修改《专利法》前，本条未规定取得实施强制许可的单位或者个人对强制许可使用费的裁决不服的可以向法院起诉。由于国家知识产权局就实施强制许可使用费的裁决也关系到强制许可被许可人的利益，如果裁决的使用费过高，有可能使其利益受到损害，因此在 2000 年修改《专利法》时补充规定被许可人也可以就使用费的裁决向法院起诉。

对本条规定，存在如下两个争议的问题。

第一，根据本条规定，在国家知识产权局给予强制许可的情况下，专利权人不服的可以向法院起诉；在国家知识产权局驳回强制许可申请的情况下，强制许可的申请人不服的不能向法院起诉。因此对强制许可的给予而言，本条规定的司法救济仅仅是单方面的。为什么不给强制许可的申请人获得司法救济的机会？针对这一问题，国家知识产权局 2006 年向国务院提交的《〈专利法〉修订草案（送审稿）》曾经提出了如下修改建议：

> 申请强制许可的单位或者个人对国务院专利行政部门驳回其申请的决定不服的，专利权人对国务院专利行政部门给予强制许可的决定不服的，可以自收到通知之日起3个月内依照《中华人民共和国行政诉讼法》向人民法院起诉。

然而，立法机关没有采纳上述修改建议，其理由不得而知。

第二，国家知识产权局作出给予实施强制许可的决定属于具体行政行为，当事人不服的应当提起行政诉讼，这是没有争议的；但对国家知识产权局作出的关于使用费的裁决不服向法院起诉，到底应当是民事诉讼还是行政诉讼，实践中有不同意见。笔者认为，尽管强制许可使用费涉及的是专利权人和强制许可被许可人之间的利益关系，表面上是民事权益之争，但由于对使用费的裁决是以给予强制许可的决定为基础，该决定是国家知识产权局作出的行政决定，因此基于该行政决定作出的关于强制许可使用费的裁决也应当属于行政决定，对该裁决不服向法院提起的诉讼应当属于行政诉讼。此外，如果使用费裁决仅仅是民事权益之争，就不必规定首先由国家知识产权局裁决而是规定可以直接向法院起诉。

事实上，这一争议并非仅仅涉及强制许可使用费的裁决，还涉及我国专利制度的其他方面。例如，有人认为专利复审委员会对无效宣告请求作出的决定涉及的是无效宣告请求人与专利权人之间的民事纠纷，对该决定不服的应当提起民事诉讼而不是行政诉讼。类似地，也有人认为管理专利工作的部门对侵犯专利权纠纷作出的处理决定涉及的也是被诉侵权人与专利权人之间的民事纠纷，对该决定不服的也应当提起民事诉讼，而不是行政诉讼。这些问题关系到如何划分民事诉讼和行政诉讼的界限，是一个需要从根本上分析研究的重大课题。

第七章 专利权的保护

引 言

法的本质，在于权利；现代法治的精神，在于对权利的合理确认和对权利的充分保障。中国立法从义务本位向权利本位转化的过程，就是中国法治现代化的过程。合理设定权利并充分保障权利，正是民法的基本价值所在。《专利法》设定的权利内容，最终需要在本章得到落实。从这个意义上讲，本章无疑是《专利法》最重要的内容之一。

专利权作为一种民事财产权，权利保护应当适用民事权利保护的一般原则。但是，专利权作为一种无形财产权，与物权、债权等民事财产权相比具有其本身的特点，需要作出一些特别的规定。因此，本章没有如同一般民事法律那样以“法律责任”或者“罚则”作为本章的标题，而是采用了“专利权的保护”作为本章的标题。然而，本章最后四条规定明显与专利权的保护无直接关联，与本章的标题显得有些不够协调。

各国专利法有一个比较普遍的现象，这就是关于授予专利权的条件和程序的规定相对较为详细，而关于保护专利权的规定较为原则。这并非由于前者更为重要，而是因为：第一，授予专利权的条件和程序是专门的条件和程序，除了由专利法予以规定之外，不可能在其他法律中予以规定，而保护专利权、制止专利违法行为的一些程序可以适用其他上位性法律的规定，例如《民事诉讼法》《行政诉讼法》的规定，不必在《专利法》中作专门规定；第二，关于保护专利权的有些规定涉及比较复杂的问题，各国都难以用简单的法律条文清楚地予以规定。2000 年修改《专利法》后，2001 年颁布了《最高人民法院关于审理专利纠纷案件适用法律问题的若干规定》，共 26 条，2008 年修改《专利法》后，2009 年颁布了《最高人民法院关于审理侵犯专利权纠纷案件应用法律若干问题的解释》，共 20 条。这些司法解释都是经审判实践证明非规定不可的，否则就难以保障专利侵权纠纷的审判工作正常进行，实际上起到了拓展和细化本章规定的作用。因此，在对本章有关规定进行说明时，需要一并结合最高人民法院的有关司法解释进行讨论。

第五十九条　专利权的保护范围

发明或者实用新型专利权的保护范围以其权利要求的内容为准，说明书及附图可以用于解释权利要求的内容。

外观设计专利权的保护范围以表示在图片或者照片中的该产品的外观设计为准，简要说明可以用于解释图片或者照片所表示的该产品的外观设计。

一、概　述

民事权利包括权利主体、权利客体和权利内容三个要素。专利权作为一种民事权利，权利主体依照《专利法》的规定是依法取得专利权的我国单位或者个人，或者外国人、外国企业或者外国其他组织；权利客体是被授予专利权的发明创造，即发明、实用新型和外观设计；权利内容是《专利法》规定的相关权利，包括许可他人实施其发明创造的权利、制止他人未经许可为生产经营目的实施其发明创造的权利以及其他权利。

专利权是一种无形财产权，与有形财产权相比具有其特殊性。有形财产权的权利客体是实实在在的动产或者不动产，看得见、摸得着，因此其权利范围通常是明确的；专利权是一种知识产权，其保护客体是发明创造，属于智力活动成果，具有无形性，需要在法律上对其保护范围进行界定，判断他人的行为是否构成侵犯专利权的行为，需要判断其行为客体是否落入专利权的保护范围，这与一般有形财产权的保护明显不同。英文中将一般民事侵权行为称为“tort”，而将专利侵权行为称为“infringement”，在一定程度上体现了这种不同。“tort”一词的本意是“扭曲”“伤害”，其法律含义是行为人因故意或者过失而给权利人造成损害，主要是从行为所产生后果的角度来说的；“fringe”一词的本义是“边界”或者“圈子”，“infringe”意味着“进入边界”“落入圈子”，“infringement”是指“落入边界或者圈子的实施行为”，主要是从行为客体落入权利客体保护范围的角度来说的。这一用词形象地表达了构成侵犯专利权行为的条件。

如何合理地保护专利权，需要考虑两方面的因素。

第一，不能剥夺公众实施应用现有技术或者现有设计的权利。国家授予专利权人一定期间内的独占权，是因为其向社会公众提供了新的有用的发明创造，为人类可以利用的技术方案和设计方案宝库增添了新的内容。因此，《专利法》授予的专利独占权应当限于其新的技术方案或者设计方案，不能将过去已经为公众所知的现有技术或者现有设计也囊括在专利权人的权利范围之中，否则就会损害公众利益，影响正常的经济社会秩序。

第二，必须要有一种方式，使公众能够以足够确定的程度知道什么是受到专利保护的技术方案或者设计方案，从而自觉地规范其生产经营行为，营造尊重他人知识产权的良好社会氛围。专利制度不能形成这样一种局面，即一项专利权的保护范围可以由专利权人随意主张，只有当产生纠纷时经法院作出判决才能确定，事先谁也无法预测。倘若如此，就会使公众不知所措，无法确定何种生产经营活动是合法的，从而影响正常的经济社会秩序。

专利制度如何实现上述两点很不容易，人类社会为之进行了长期的探索。在这两个方面，各国的专利制度至今仍不能说是完备无缺的，仍在不断发展完善。

本条规定了专利权的保护范围，但是专利权保护范围的确定与侵犯专利权行为的认定不仅是密切相关的，甚至可以说是不可分离的。通过对具体纠纷案件的审理或者处理，许多人都有这样的体会，即专利权保护范围的确定固然有一整套规则和理论，但最终确定其范围常常离不开对具体侵犯专利权行为的认定，因为认定某一实施行为构成侵犯专利权的行为，则表明该专利权的保护范围应当被解释为足以囊括该种行为的程度；认定另一实施行为不构成侵犯专利权的行为，则表明该专利权的保护范围不应被解释为能够囊括该种行为的程度，这一过程本身就是在确定专利权的保护范围。一种理论认为判断是否构成侵犯专利权的行为可以分为两个步骤：一是确定专利权的保护范围，也就划定出一个“圈子”；二是判断被控侵权行为是否落入了经确定的保护范围，也就是判断是否落入了上述“圈子”，两者是截然分离的，应当首先进行第一个步骤，然后再进行第二个步骤。笔者认为这是一种学院式理论，比较适合于进行理论探讨和教学。现实中的执法人员知道，不结合具体被控侵权行为进行对比分析，通过判断该具体行为是否落入专利权的保护范围来显示其保护范围的大小，仅仅凭空谈论专利权的保护范围，也就是试图真的划出上述“圈子”，则不仅十分困难，甚至可以说没有什么意义。基于这种考虑，本书将专利权保护范围的确定和侵犯专利权行为的认定都放在对本条的说明之中，使之成为本书篇幅最长的一条说明。

《专利法》规定了三种专利权，即发明专利权、实用新型专利权和外观设计专利权。其中，发明专利权和实用新型专利权的专利文件包括一个特殊的文件，即权利要求书，其作用就是专门用来确定发明专利权和实用新型专利权的保护范围；外观设计专利权的专利文件没有权利要求书，因此外观设计专利权的保护范围主要依靠其图片或者照片所表示的产品的外观设计来确定。因此，确定发明、实用新型专利权和外观设计专利权保护范围的方式有所不同，需要分别予以说明。

二、发明和实用新型专利权的保护范围

（一）确定发明和实用新型专利权保护范围的原理

1. 基本规则

权利要求书是如何确定发明专利权和实用新型专利权的保护范围的？这首先要明确其基本规则。

根据《专利法实施细则》第十九条的规定，权利要求书应当记载发明或者实用新型的技术特征。所谓技术特征，是指构成要求保护的技术方案的各个技术单元，每个技术单元能够实现相对独立的功能，产生相应的效果。一项权利要求记载的所有技术特征共同限定了要求专利保护的范围。但凡在权利要求记载一个技术特征，都会对该权利要求的保护范围产生一定的限定作用。所谓“限定作用”，是指该权利要求所保护的技术方案应当包括该技术特征。一般说来，在授予专利权之后，他人实施的技术方案如果再现了一项权利要求记载的全部技术特征，就落入该权利要求的文字所确定的保护范围，这是权利要求所确

定的最为狭义的保护范围。如果他人实施的技术方案除了包含权利要求记载的全部技术特征之外，还包括一个或者多个权利要求不曾记载的其他技术特征，上述结论的成立不受任何影响；反之，如果他人实施的技术方案没有包括一项权利要求记载的某一技术特征，一般就会被认为没有落入该项权利要求的文字所确定的保护范围。

由此可见，《专利法》第十一条所述的“其专利产品”“其专利方法”并非是指被控侵权行为的客体必须与专利技术方案“相同”，而是指采用了授权专利的权利要求记载的全部技术特征。他人在一项专利技术的基础上作进一步改进，可以形成另一项发明创造。如果经过改进的发明创造具备新颖性、创造性和实用性，还可以申请获得另一项专利权。此时从总体上看，经过改进的发明创造与原专利权所要求保护的技术方案相比已经有了很大不同，远谈不上“相同”；但是如果经过改进的发明创造仍然包含了原专利权的一项权利要求记载的全部技术特征，就落入了该专利权的保护范围，这一结论丝毫不会因为针对改进后的发明创造申请并获得了另一项专利权而有所改变。

根据上述确定发明和实用新型专利权保护范围的基本规则，可以得出如下结论：一项权利要求所记载的技术特征数目越少，表达这些技术特征所采用的措辞越是具有“上位”含义，则该权利要求所确定的保护范围就越大；反之则越小。这是权利要求的基本属性。

专利文件的权利要求书通常包括若干项权利要求，例如：

权利要求 1：一种产品（方法），包括 A、B，其特征在于 C、D；

权利要求 2：如权利要求 1 所述的产品（方法），其特征在于 E；

权利要求 3：如权利要求 2 所述的产品（方法），其特征在于 F。

其中，权利要求 1 是所谓“独立权利要求”。根据《专利法实施细则》第二十一条的规定，独立权利要求应当包括前序部分和特征部分，其中前序部分应当写明要求保护的发明或者实用新型技术方案的主题名称，以及该发明或者实用新型与最接近现有技术共有的技术特征；特征部分应当写明发明或者实用新型区别于最接近现有技术的技术特征。在确定发明或者实用新型专利权的保护范围时，需要将特征部分记载的技术特征与前序部分记载的技术特征综合起来一并考虑，不能因为前序部分记载的是与最接近现有技术所共有的技术特征，就认为前序部分记载的技术特征不甚重要，更不能忽略不计。因此，权利要求 1 所要求保护的技术方案包括 A、B、C、D 这四个特征，而非仅仅包括技术特征 C 和 D。

权利要求 2 和权利要求 3 是所谓“从属权利要求”。根据《专利法实施细则》第二十二条的规定，从属权利要求应当包括引用部分和限定部分，其中引用部分应当写明引用的权利要求的编号及其主题名称；限定部分应当写明发明或者实用新型附加的技术特征。从属权利要求引用在先的权利要求实际上是一种“缩写”方式，其含义是指该从属权利要求包含了其引用的那项权利要求的全部技术特征。一项从属权利要求所要求保护的是由其引用的那项权利要求记载的全部技术特征以及该从属权利要求的限定部分附加的技术特征共同限定的技术方案。因此，从属权利要求 2 所要求保护的技术方案包括 A、B、C、D、E 这五个技术特征，而非仅仅包括技术特征 E；从属权利要求 3 所要求保护的技术方案包括 A、B、C、D、E、F 这六个技术特征，而非仅仅包括技术特征 F。

结合上面所述的基本规则，可以得出这样的结论：从属权利要求所确定的保护范围必然落入其引用的权利要求所确定的保护范围之内。上述三项权利要求的保护范围可以用下图形象地予以表示：

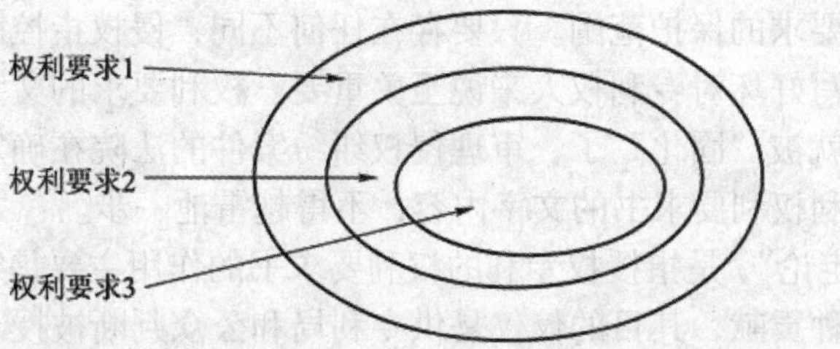

从图中可以看出，就独立权利要求以及其从属权利要求而言，独立权利要求确定了最大的保护范围，所有从属权利要求的保护范围都是其所引用的那项权利要求的保护范围的一个“子集合”。由于在判断是否构成侵权时，只要认定被控侵权行为的客体落入了专利的任何一项权利要求（既包括独立权利要求，也包括从属权利要求）的保护范围之内，就足以认定构成了侵犯该项专利权的行为。从逻辑上看，侵犯一项从属权利要求必然会侵犯它所从属的那项独立权利要求，反之则不然。因此，当独立权利要求符合《专利法》和《专利法实施细则》的规定时，从属权利要求对判断专利侵权一般不起什么作用。

有人会问，既然如此，为什么还要撰写从属权利要求呢？对此，各种著作给出了多种理由，其中最为主要的是防止一项专利权被全部宣告无效。

国家知识产权局经过初步或者实质审查授予专利权，并不意味着被授予的专利权一定符合《专利法》和《专利法实施细则》的所有相关规定，尤其是符合关于新颖性和创造性的规定。当公众中的任何人发现了专利审查不曾考虑过的与发明或者实用新型密切相关的现有技术时，专利权的有效性就有可能受到挑战。目前，国家知识产权局对专利权人在无效宣告程序中修改其专利文件有严格限制，一般不允许专利权人将仅仅记载在说明书中而没有记载在授权权利要求书中的技术特征通过修改加入权利要求书中。这样，如果授权专利只包括一项独立权利要求，则“势单力薄”，假如在无效宣告程序中发现该独立权利要求所要求保护的技术方案不具备新颖性或创造性，即使说明书中还记载了其他技术特征，与独立权利要求已经记载的技术特征相结合足以与现有技术形成足够区别，专利权人也无法通过在权利要求中增加这些技术特征来挽救其专利权。有了多个从属权利要求，并通过适当的撰写方式使之在保护范围的大小上形成梯次，就好比构筑了一种立体“防线”，专利权人在无效宣告请求程序中可以且战且退，一线不保，则退守二线，不至于独立权利要求一倒就“一败涂地”了。

2. 两种不同的保护范围确定模式

有了权利要求书这种专门用于确定发明和实用新型专利权保护范围的法律文件，并不等于一切问题都解决了。进一步的问题在于如何看待权利要求书。对此，较早实行专利制度的国家也进行了长期探索。探索的焦点在于怎样才能在为专利权人提供有效保护和为社会公众提供足够法律确定性之间更好地达到平衡。

在专利权保护范围的确定方式上，学术界普遍认为世界上曾经有过两种具有代表性的学说：一种是以英美为代表的“周边限定论”，另一种是以德国为代表的“中心限定论”。

所谓“周边限定论”，是指专利权的保护范围完全由权利要求的文字内容确定。只有当被控侵权行为严格地从文字意义上再现了权利要求中所记载的每一个技术特征时，才被认为是落入该权利要求的保护范围。只要存在任何不同，侵权指控就不成立。采用这种模式，权利要求的撰写好坏对专利权人来说至关重要。权利要求的文字一旦经专利局审查确定，其保护范围也就被“固化”了，审理侵权纠纷案件的法院在确定专利权保护范围时必须严格遵循授权专利权利要求书的文字内容，不得越雷池一步。

所谓“中心限定论”，是指授权专利的权利要求书的作用主要是定义发明人在现有技术的基础上作出了何种贡献，其目的仅仅是供专利局和公众判断被授予专利权的发明创造是否符合专利法规定的授权条件。采用这种模式，申请人只需确保权利要求的内容能够反映其发明创造的创新点所在，满足授权条件即可，不必挖空心思地进行抽象和概括。在授予专利权之后，审理侵权纠纷案件的法院在判断专利侵权指控是否成立时可以通过专利说明书和附图的内容认定其发明构思，较为自由地拓展权利要求的文字所表达的保护范围，使之涵盖从文字上看不同于权利要求内容的实施行为。

上述两种学说代表的确定专利权保护范围的模式截然相反，其优劣之处也正好互补。前者有利于确保专利权保护范围的法律确定性，但是却不利于为专利权人提供灵活有效的法律保护；后者能够确保给专利权人提供灵活有效的法律保护，但是却不利于公众确切地预知专利权的保护范围。两者存在的严重缺点都严重妨碍了专利制度的正常运作，使其原来想要发挥的长处黯然失色。

1977 年 10 月 7 日生效的《欧洲专利公约》第 69 条第（1）款规定：

> **一份欧洲专利或者欧洲专利申请的保护范围由权利要求书的内容确定，说明书和附图可以用于解释权利要求。**

尽管上述规定明显具有折中性质，但仍然是高度概括性的，欧洲各国在实际执行过程中还有作各取所需，采取种种不同解释的余地。为了防止出现这一现象，《欧洲专利公约》专门附加了一个关于该公约第 69 条的议定书，规定：

> **第 69 条不应当被理解为一份欧洲专利所提供的保护由权利要求的措辞的严格字面含义来确定，而说明书和附图仅仅用于解释权利要求中的含糊不清之处；也不应当被理解为权利要求仅仅起到一种指导作用，而提供的实际保护可以从所属领域的技术人员对说明书和附图的理解出发，扩展到专利权人所期望达到的范围。这一条款应当被理解为定义了上述两种极端之间的一种中间立场，从这一立场出发，既能为专利权人提供良好的保护，同时对他人来说又具有合理的法律确定性。**

上述议定书没有从正面阐述应当如何依据权利要求书的内容确定专利权的保护范围，也没有阐述应当如何用说明书和附图解释权利要求，而是从反面排除了两种极端的做法，指出公约第 69 条第（1）款所寻求的是一种介于两者之间的中间立场，这已经足以对欧洲各国专利制度的走向产生很大影响。议定书所反对的两种极端情况或许就是人们所说“周边限定论”和“中心限定论”。实际上，不论是英美，还是德国，在其实施专利制度的整个历史过程中都没有采用过，或者至少说很少采用如上面所述那样极端的“周边限定论”和“中心限定论”。

《欧洲专利公约》第 69 条第（1）款的规定后来成为各国专利法中相关规定的立法范本，也被认为是本条规定的立法渊源。关于《欧洲专利公约》第 69 条的议定书对我们理解本条规定极具借鉴意义。

3. 获得充分而又合理的保护范围的必要举措

申请人如何才能使其获得的专利具有尽可能宽同时又合理的保护范围?

首先，为了获得充分的法律保护，申请人在申请专利的过程中应当有意识地在允许的限度内争取获得保护范围尽可能宽的权利要求书。这里所说的“争取获得”包含两方面的含义：一是在提交发明或者实用新型专利申请时正确地撰写其权利要求，尤其是独立权利要求，避免出现一开始提交的权利要求书就存在保护范围过于狭小的“先天不足”现象，因为一旦如此，国家知识产权局在审查过程中一般不会要求申请人扩大其保护范围；二是当审查员对其权利要求的保护范围提出的限制要求不够合理时，要据理力争，以维护自己的合法权益。换言之，要想获得保护范围足够大的专利权，责任在申请人自己，舍此没有更好的办法。不注重专利权利要求的撰写和审批环节，只要能获得一项专利权就心满意足，将其专利权的“前途”系于法院或者管理专利工作的部门以后的“宽大”解释上，绝非上策。

其次，申请人应当注意避免刻意追求不合理的过宽保护范围。申请人应当懂得，被授予的专利权所能获得的最大保护范围并非取决于申请人的主观意愿，而是取决于其发明创造的创新程度。如果仅凭申请人的意愿，想获得很大的保护范围就能获得很大的保护范围，其结果势必损害公众的合法权利，专利制度也就不能正常运作了。

《专利法》对专利权保护范围的大小规定了种种制约措施，其中最为主要的是关于新颖性和创造性的规定。从某种程度上讲，专利侵权的判断方式与新颖性、创造性的判断方式有相似之处。侵权判断是将被诉侵权人实施的技术与一项权利要求的内容进行比较，如果完全相同地再现了权利要求记载的全部技术特征，就构成了相同侵权；如果虽有差别，但这些差别仍在等同的范围之内，就构成了等同侵权。新颖性和创造性判断是将专利申请或者专利权的一项权利要求的内容与现有技术进行比较，如果一份现有技术披露了权利要求记载的全部技术特征，则该权利要求不具备新颖性；如果虽有差别，但是这些差别对所属领域的技术人员来说是显而易见的，则该权利要求不具备创造性。从谋求较宽保护范围的角度出发，记载在权利要求中的技术特征自然越少越好、越上位越好，但是权利要求记载的技术特征越少，表达这些技术特征的措辞越是具有“上位性”，就越容易被现有技术否定其新颖性和创造性；从谋求专利权具有良好法律稳定性的角度出发，记载在权利要求中的技术特征自然越多越好、越具体越好，但是权利要求记载的技术特征越多，表达这些技术特征越是具有“下位性”，其确定的专利权保护范围就越是狭小。显然，片面地采取上述两种极端做法都弊大于利，现实中应当采取的是一种兼顾两者的做法，以达到合理的平衡。

在专利审查过程中，当审查员检索到相关现有技术，认定申请人提出的权利要求不具备新颖性或创造性时，申请人为了满足新颖性和创造性的要求，就不得不修改其权利要求，在权利要求中写入更多的技术特征，使权利要求所要求保护的技术方案能够与被引用的现有技术形成足够区别。申请人在其权利要求中每增加一个技术特征，就将该权利要求的保护范围缩小了一圈，因此申请人在这样做的同时，也就自觉或者不自觉地缩小了其保护范围。

上述两个方面相互配合，相辅相成，其最终目的是使授予的专利权具有尽可能大而又合理的保护范围，这是专利制度希望并追求达到的理想境界。

当然，上述理想境界在授予专利权时并非总能达到。目前世界上没有任何国家的专利局可以担保其授予的专利权都符合其专利法规定的新颖性和创造性要求。因此，各国专利法都没有要求专利局单独承担确保被授予的专利权符合新颖性和创造性规定的责任，而是允许公众参与这项工作。为此，《专利法》设置了无效宣告请求程序，也就是在国家知识产权局公告授予专利权之后，公众中的任何人认为授予的专利权不符合《专利法》和《专利法实施细则》有关规定的，都可以向专利复审委员会提出宣告该专利权无效的请求，其中最为常见的就是以授予专利权的发明或者实用新型不具备新颖性、创造性为理由提出无效宣告请求。因此，申请人在撰写权利要求时以及在专利审查过程中应当采用一种实事求是的态度，不可心存侥幸，蓄意谋求不合理的过宽保护范围，因为即使过了专利审批这一关，也不可能从此高枕无忧。拥有一项摇摇晃晃、一推就倒的不可靠专利权，对专利权人来说有害无益，后患甚多。对于那些日后能够产生实际经济效益，指望真正派上用场的发明创造来说尤其如此。发达国家的专利申请人认为由专利局对其专利申请进行审查的主要价值就在于能够对保护范围过宽的权利要求提出限制性要求，从而保障他们能够获得稳定可靠的专利权。因此，他们强烈呼吁专利局要保持并不断提高专利审查的质量，欢迎专利局在专利审批过程中提出反对意见，“闻过则喜”，当审查员没有提供任何相关对比文献时会感到不满，就是因为他们懂得更为重要的是获得一项货真价实的专利权。在我国，实用新型专利权是仅经过初步审查就授予的专利权，其权利要求保护范围过宽的现象十分普遍，因此实用新型专利权人应当更加注意这一问题。

（二）以权利要求的内容为准的含义

1. 专利权人应当指明所依据的权利要求

一件发明或者实用新型专利的权利要求书包括至少一项独立权利要求，通常也包括若干项从属权利要求。不同权利要求的保护范围各不相同。本条第一款规定“发明或者实用新型专利权的保护范围以其权利要求的内容为准”，其中包含了专利权人主张其权利的，应当指明依据哪一项或者哪些项权利要求的含义。如果专利权利要求书有两项以上权利要求，专利权人在专利侵权诉讼的起诉状中未指明所依据的权利要求的，法院应当通过释明要求专利权人明确；专利权人不予明确的，法院可以裁定驳回起诉。[1]

如前所述，对一项发明创造而言，独立权利要求确定了最大的保护范围，所有以直接或者间接方式从属于该独立权利要求的从属权利要求确定的保护范围都落在独立权利要求确定的保护范围之内。既然只要被控侵权行为的客体落入了任何一项权利要求的保护范围，就构成侵犯专利权的行为，落入从属权利要求的保护范围的，必然也落入其引用的那项权利要求的保护范围，是否应当得出这样的结论，即专利权人指控他人侵犯其专利权的，都应当依据独立权利要求主张其权利？

2009 年颁布的《最高人民法院关于审理侵犯专利权纠纷案件应用法律若干问题的解释》第一条规定：

---

[1] 《最高人民法院关于审理侵犯专利权纠纷案件若干问题的意见》，2011 年讨论稿，第二条第二款。

人民法院应当根据权利人主张的权利要求，依据专利法第五十九条第一款的规定确定专利权的保护范围。权利人在一审法庭辩论终结前变更其主张的权利要求的，人民法院应当准许。

权利人主张以从属权利要求确定专利权保护范围的，人民法院应当以该从属权利要求记载的附加技术特征及其引用的权利要求记载的技术特征，确定专利权的保护范围。

上述规定表明，专利权人提出专利侵权指控的，有选择以权利要求书中的某项或者某些项权利要求确定其保护范围的权利，法院和管理专利工作的部门应当尊重专利权人的选择，不应强迫专利权人只能依据独立权利要求主张其权利。因此，本条第一款所述“以其权利要求的内容为准”，应当是指以专利权人主张的权利要求的内容为准。

按理说，本条第一款只规定“以其权利要求的内容为准”，而没有规定“以独立权利要求的内容为准”，这本身已经隐含了上述规定的含义，但是这一点在过去并不明确。最高人民法院的司法解释明确予以规定，具有实实在在的现实意义。现实中，专利权人在提起专利侵权诉讼时经常会发现其独立权利要求的保护范围过大，其要求保护的技术方案有可能不具备新颖性或者创造性，存在被请求宣告无效的风险。在这样的情况下，如果规定专利权人必须依据独立权利要求主张其权利，就会使专利权人陷于一种两难境地：如果不提出专利侵权指控，则不能制止侵权行为，不能实现其所获专利权的价值；如果提出专利侵权指控，又明知其独立权利要求存在瑕疵，依据该权利要求主张权利会带来麻烦。

按照最高人民法院的司法解释，专利权人可以自由选择适当的权利要求主张其权利。如果选择从属权利要求，则表明专利权人已经自觉地寻求缩小其专利保护范围。这是一种实事求是的做法，应当受到鼓励。

现实中，提起专利侵权诉讼的许多专利权人常常采用这样的策略，即在起诉状中主张被控侵权行为侵犯了其所有的权利要求，其目的在于希望审理专利侵权纠纷案件的法院在认定侵权指控成立的情况下具体指明被告的行为侵犯了哪些权利要求。这样的主张具有其现实意义，体现在如果独立权利要求或者保护范围较宽的从属权利要求后来被宣告无效，以保护较窄的从属权利要求为基础维持专利权部分有效，在侵权审理法院作出的判决认定被告行为也侵犯了该保护较窄的权利要求的情况下，维持专利权部分有效的无效宣告请求审查决定不会对已经作出的专利侵权判决产生影响。

面对这样的主张，侵权审理法院应当以何种方式予以审理？对此问题的回答需要区分不同的情况。如果侵权审理法院认定被告行为未落入独立权利要求的保护范围，显然不必考虑专利权人的其他主张，因为未落入独立权利要求保护范围的被告行为显然不可能落入其从属权利要求的保护范围，可以径直认定专利权人的其他主张也不成立。如果侵权审理法院认定被告行为已落入独立权利要求的保护范围，是否还需要逐一认定被告行为还落入哪些从属权利要求、未落入哪些从属权利要求？一种观点认为回答应当是肯定的。[1]对此，笔者认为有商榷的必要。采取这种做法固然对专利权人有利，但是其代价却是耗费更多审判资源、增大当事人诉累，因为逐一判断必然会涉及更多的证据认定，需要进行更多的法庭辩论，会降低专利侵权纠纷案件的审理效率，在如今各地相关法院受理的专利侵权纠纷案件诉讼不断增加，法院负担已经很重的情况下尤其如此。

---

[1] 《最高人民法院关于审理侵犯专利权纠纷案件若干问题的意见》，2011 年讨论稿，第二条第三款。

因此，笔者认为应当鼓励专利权人采取实事求是的态度，客观理性地选择据以提起专利侵权诉讼的权利要求，不宜支持这种“普遍撒网、重点收获”的做法。

2. 专利权的保护类型由权利要求确定

根据《专利法》第十一条的规定，对于产品专利权来说，其法律效力是未经许可不得制造、使用、许诺销售、销售或者进口该专利产品；对于产品制造方法专利权来说，其法律效力是未经许可不得使用该专利方法，以及不得使用、许诺销售、销售或者进口用该专利方法所直接获得的产品；对于其他方法专利权来说，其法律效力仅仅是未经许可不得使用专利方法。不同类型专利权的法律效力有很大差别，因此在审理或者处理专利侵权纠纷案件时，执法机关首先应当认定专利权的类型。

事实上，方法发明和产品发明是很难截然分离的，许多发明创造都是两者兼而有之。例如，在满足一定要求的条件下，可以用产品制造方法来限定一种产品；在限定一种方法时，除了方法步骤之外，有时也需要写入所采用的设备或原料；一种新的工艺方法往往需要通过新的设备来实现，申请人可以同时要求保护该工艺方法和设备。然而，这些并不妨碍专利权类型的确定，因为判断专利权的类型所依据的不是权利要求记载的各个技术特征的属性，而是权利要求的主题名称。根据《专利法实施细则》第二十一条和第二十二条的规定，不论是独立权利要求还是从属权利要求，都必须在开头部分写明要求获得保护的技术方案的主题名称。权利要求的主题名称必须要么是一种产品，要么是一种方法，两者只能选择其一，不允许采用模棱两可的表达方式，例如“一种××技术”、“一种××方案”等，也不允许采用混合的主题名称，例如“一种产品及其制造方法”等。这样，一旦按照规定写明权利要求的主题名称，专利权的类型也就随之确定了，不必再进一步具体分析该项权利要求记载的各个技术特征是方法性质的，还是产品性质的。

3. 关于“用途发明”和“用途限定”

值得注意的是如何确定对所谓“用途发明”所获得的专利权的类型。《专利审查指南2010》对化学领域中的用途发明作了如下规定：

> 化学产品的用途发明是基于发现产品新的性能、并利用此性能而作出的发明。无论是新产品还是已知产品，其性能是产品本身所固有的，用途发明的本质不在于产品本身，而在于产品性能的应用。因此，用途发明是一种方法发明，其权利要求属于方法类型。
>
> 如果利用一种产品A而发明了另一种产品B，那么自然应当以产品B本身申请专利，其权利要求属于产品类型，不作为用途权利要求。
>
> 审查员应当注意从权利要求的撰写措辞上区分用途权利要求和产品权利要求。例如，“用化合物X作为杀虫剂”或者“化合物X作为杀虫剂的应用”是用途权利要求，属于方法类型，而“用化合物X制成的杀虫剂”或者“含化合物X的杀虫剂”则不是用途权利要求，而是产品权利要求。
>
> 还应当明确的是，不应当把“化合物X作为杀虫剂的应用”理解为与“作杀虫剂用的化合物X”相等同。后者是限定用途的产品权利要求，不是用途权利要求。[1]

---

[1] 国家知识产权局.专利审查指南2010［M］.北京：知识产权出版社，2010：第二部分第十章4.5.1.

上述规定明确了“用途发明”是一种方法发明，其权利要求应当采取方法权利要求的撰写方式。然而，实际情况比这一简单结论更为复杂，需要作进一步的深入探讨。

（1）已知产品的新用途

对一种已知产品而言，如果有人开发了该产品的一种新用途或者发明了该产品的一种新的使用方式，能够产生所属领域技术人员意想不到的效果，则构成了专利法意义上的发明创造，能够被授予专利权。人们普遍认为，在这种情况下能够获得的专利权应当是方法专利权，而不能是产品专利权。但是由于种种原因，有时很难确保这一点。例如，《专利审查指南 2010》规定了所谓“转用发明”，其含义是指将某一项技术领域的现有技术转用到其他技术领域中的发明创造，然而对“转用发明”应当申请何种类型的专利权并没有作出明确规定。申请人有可能争辩已知产品的新用途是该产品的一种转用发明，应当允许撰写出以用途来限定的产品权利要求。

怎样才能确保专利权人对已知产品的新用途获得的专利保护是合理的，不至于损害公众的利益？

这要求国家知识产权局和侵权审理法院分别承担相应的责任，采用彼此协调一致的立场。国家知识产权局的责任在于确保授予的专利权符合《专利法》规定的授权条件，尤其是关于新颖性和创造性的规定，使得对已知产品的新用途而言，无论申请人撰写的是产品权利要求还是方法权利要求，要想被授予专利权，都必须在权利要求中明确写明其新用途或者新的使用方式；法院的责任在于正确解释专利权的保护范围，使专利权人获得的保护与其作出的贡献相称，不允许忽略权利要求记载的用途限定特征。

只要做到上述两点，即使被授予的专利权采用以用途来限定的产品权利要求，也不会产生什么问题。

有一点需要明确，即授权专利采用以用途来限定的产品权利要求，他人未经专利权人许可而制造相同产品的行为是否构成侵犯专利权的行为？

前面说过专利法对产品专利权的制造行为提供了绝对保护，即不论打算将其制造的相同产品用于何种用途，未经专利权人许可而制造相同产品都构成侵犯产品专利权的行为。

将这种理论用于以用途限定的产品权利要求，可能有人会得出这样的结论：虽然是已知产品，但由于专利权人发明了该产品的一种新用途，制造者制造相同产品有可能就是专门为了利用该新用途；其产品售出后，购买者有可能将该产品用于已知用途，也有可能将该产品用于该新用途，事先无法予以确认，因此在用途发明被授予专利权之后，任何人只要未经许可制造相同产品，就构成了侵犯该专利权的行为。

这种理解值得商榷。所谓“绝对保护”与“确定专利权的保护范围”是两个不同的概念，不能将它们混为一谈。要认定制造者的行为侵犯了专利权，必须认定未经许可而制造的产品是“其专利产品”，即落入了专利权保护范围。专利权的保护范围应当以权利要求的内容为准，既然以用途限定的产品权利要求包含了用途限定特征（因为如果不写入该用途限定特征，那么要求保护的就是一种已知产品，明显不具备新颖性），在确定专利保护范围时就不能忽略该特征，将保护范围扩大到不受其用途特征限定的产品本身。

当专利权人指控他人的制造行为侵犯了以用途限定的产品权利要求时，应当承担举证责任，证明被诉侵权人采用了权利要求记载的全部技术特征，其中包括用途限定特征。制造者通常是将其制造的产品销售、提供给他人使用，而不是供自己使用。在制造产品的时候，使用行为还没有发生。当一种产品具有不同类型的用途时，仅从所制造产品本身的结构出发，一般无法判断制造者打算将它用于何种用途。因此，被告行为是否包含权利要求记载的用途特征，需要专利权人承担举证责任，证明被诉侵权人制造该产品就是为了用于权利要求所述的用途。换言之，对以用途限定的产品权利要求而言，在专利权人举证证明被控制造者的行为客体落入专利权保护范围时，对权利要求中的不同特征要采取不同的举证方式：对权利要求记载的关于产品本身结构的特征，应当以被诉侵权人制造的产品结构为证据，证明与权利要求记载的产品结构相同或者等同；对权利要求记载的关于产品用途的限定特征，则应当以被诉侵权人制造行为的主观意图作为证据，证明与专利权利要求记载的用途相同或者等同。

例如，有人发现一种过去用做食品染色剂的化合物不但可以用于食品染色，还可以起到食品防腐的作用，因而获得了一项专利权。不论他撰写的是使用方法权利要求，还是以用途来限定的产品权利要求，其专利保护范围都应当受到该用途的限制。在侵权诉讼中，除非专利权人证明产生该化合物的厂家明示或者暗示其制造的产品用于该种用途，例如，在产品说明书中明确写明或者有其他证据表明该厂家制造该产品具有这样的意图，否则其制造的产品就没有落入专利权的保护范围，不能认为侵犯了该专利权。

这一结论无疑是合理的。一个厂家可能已经合法生产经营该化合物多年，如果仅仅因为有人后来发现了该化合物的一种新用途并获得了一项专利权，就认定该厂家随后制造该化合物的行为构成了侵犯专利权的行为，剥夺该厂家继续制造该化合物的权利，对该厂家来说无异于“飞来横祸”。专利制度的正常运作不能允许这样的事情发生。专利权人获得的保护范围应当与其作出的技术贡献相称，仅仅发现已知产品的一种新用途并获得一项专利，不能“得陇望蜀”，指望对不受该用途限定的该产品本身享有独占权。

（2）对产品应用领域的限定

在一些产品独立权利要求中，其前序部分除了发明或实用新型的主题名称之外，还记载了发明或者实用新型的应用领域。例如：“一种用于向果树树干中注射农药的注射装置……”“一种用于捕获鲨鱼的渔具……”等，[1]可以认为这些例子中有关用途的表述与主题名称一起确定了所要求保护的主题。

这种对产品整体用途或者应用领域的描述与前面所说的以用途限定的产品权利要求十分相近，因而再次遇到相似的问题，即用途限定特征对专利权保护范围到底起不起限定作用？

一种观点认为，上述关于产品整体用途的表述只是对产品应用领域的一种举例性说明，其目的在于帮助公众理解权利要求的含义，对专利权的保护范围不起限定作用。

首先应当分析，专利权人为什么需要在权利要求中写入有关用途或者应用领域的用语？最为常见的原因就是为了使权利要求记载的技术方案具备新颖性和创造性。一项发明或者实用新型将原先仅仅用于某一技术领域中的一项技术用于相隔较远的另一个领域，由

[1] 权利要求记载的技术特征也经常包括各个零部件或者方法步骤的用途或者功能，对此将在后面进行详细讨论。这里讨论的是主题名称部分中关于整个产品或者方法用途的描述，两者是不相同的。

此在后一技术领域中产生显著效果或者解决该技术领域中过去未曾解决的问题，可能具备新颖性、创造性。[1]此时，获得专利权的产品本身与已知产品相比可能并没有很显著区别，其新颖性、创造性就体现在将它用于不同的技术领域。在这样的情况下，忽略有关用途或者应用领域的限制，就会使权利要求的保护范围大为扩张，有可能覆盖不具备新颖性或者创造性的现有技术。

既然产品权利要求中对产品应用领域的限定对确定申请主题是否符合授予专利权的实质性条件具有意义，在确定专利权保护范围时就不应当将它们忽略不计。这些用语往往首先从最大的范围上界定了发明的领域，反映了发明创造对现有技术的贡献所在。如果超出该范围，将专利权的保护范围扩大到不相关的其他领域，就会导致不合理的结果。

一项发明创造的用途越多，应用领域越广，其商业价值也就越大。当一种专利产品或者方法本身就具备新颖性，而且可以用于多种不同的领域时，申请人当然会在其说明书中作出充分说明，同时选择与之相称的权利要求主题名称，无法想象申请人此时有什么必要在其独立权利要求中对发明的应用领域作出限制。相反，如果现有技术的状况迫使申请人不得不在独立权利要求中指明其产品或者方法的特定应用领域或者特定用途，就表明这是满足《专利法》规定的授权条件所必要的，在确定专利权保护范围时就应当予以考虑，不能予以忽略。

（3）新产品及其用途

在产品本身的结构已经满足《专利法》关于新颖性、创造性和实用性的要求，能够被授予专利权的情况下，例如申请人开发出一种具有新型结构的电机，申请人除了撰写针对该电机本身结构的产品独立权利要求 1 之外，还撰写出诸如“如权利要求 1 所述的电机，其特征是将其用于洗衣机”或者“一种洗衣机，其特征是采用如权利要求 1 所述的电机”之类的并列独立权利要求。一个值得思考的问题是：这些并列独立权利要求在权利要求 1 提供的保护之外，还能够给专利权人带来什么？

此时，权利要求 1 是真正的产品权利要求，因为它仅仅通过产品本身的结构特征，无须附加任何有关其用途、应用方式的限定，就足以使要求保护的技术方案具备新颖性和创造性。既然如此，权利要求 1 就覆盖了该电机的任何用途和应用方式。只要电机本身相同，则无论从事制造、许诺销售、销售、使用、进口行为的人打算将该电机用于何种用途，都不影响得出侵权行为成立的结论。由此可见，在这种情况下，只要有权利要求 1 就足够了，没有必要再撰写上述并列独立权利要求，因为后者不能给前者再增添什么。

可能有人认为，当权利要求书中除了包含产品独立权利要求之外，还包含用途独立权利要求时，能够给专利权人提供专利权用尽原则的一种例外。换句话说，产品独立权利要求和用途独立权利要求是彼此“独立”的权利要求，产品权利要求被“权利用尽”，不等于用途权利要求也被“权利用尽”。仍以上述电机为例，专利权人自己或者许可他人制造并售出该种专利电机之后，假如没有另外的用途独立权利要求，制造并售出该电机后，其专利权就“用尽”了，购买者此后无论以何种方式使用这种电机，专利权人都无权干预。

---

[1] 国家知识产权局.专利审查指南 2010［M］.北京：知识产权出版社，2010：第二部分第四章 4.4.

但是如果还有另外的用途独立权利要求，情况就有所不同。尽管电机的制造和销售都是合法的，但如果购买者采用购买来的电机制造洗衣机，就会侵犯其权利要求 2。假如这种观点成立，专利权人所获得的保护就大为强化，撰写出用途权利要求的作用就很突出。

然而，这种观点是不正确的。假如《专利法》第六十九条规定的专利权用尽原则能够如此容易地绕过、避开，该原则就没有什么意义了。《专利法》第六十九条第（一）项规定"专利产品或者依照专利方法直接获得的产品，由专利权人或者经其许可的单位、个人售出后，使用、许诺销售、销售、进口该产品的"，不视为侵犯专利权。该规定中没有附加任何例外条件，因此《专利法》规定的专利权用尽原则是绝对的。

一些国家并没有如同我国这样在其专利法中明确规定专利权用尽原则，而是将这一原则建立在"默示许可"理论之上。按照这种理论，对于包括一项产品权利要求和一项用途权利要求的专利来说，专利权人自己制造并售出其专利产品或者许可他人制造并售出其专利产品时如果没有明确地对产品的应用方式提出限制条件，就意味着给购买者提供了一种默示许可，使之可以采用任何方式使用、处置其购买的产品，专利权人均无权干预。

如本书对《专利法》第十二条的说明中所指出的那样，适用默示许可理论与专利权用尽原则所产生的结果基本上相同，但也存在不同，主要体现在：第一，从适用范围上看，默示许可理论的适用范围更大，在一些不能适用专利权用尽原则的情况下仍然可以适用默示许可理论；第二，从适用方式上看，默示许可理论允许专利权人或者其被许可人在售出其专利产品时对购买者使用其产品的方式明确提出限制性条件，购买者接受该限制性条件随后又违背的，就不能适用默示许可理论。上述第二点不同看起来似乎会带来很大不同，然而在现实中并非如此，因为专利权人在售出其专利产品时作出上述限制性规定在很多情况下是不合情理的。

众所周知，一项专利技术越是具有广泛的应用领域，专利权人能够获得的经济利益就越大。如果上述新型电机具有广泛的可适用性，能够用于各种不同场合，都能够产生更好的效果，其价值当然比发明一种仅仅适用于某种特殊用途的电机大得多，这正是专利权人求之不得的事情。若是这样，很难想象专利权人有什么必要在自己售出这种电机时禁止购买者将它用于洗衣机、电风扇等场合，如此岂非"为渊驱鱼，为丛驱雀"？如果一项产品专利只有一种用途就更是如此，因为在这样的情况下，假如专利权人在出售其专利产品时禁止购买者将该产品用于该用途，还会有谁来购买其专利产品？

通过订立专利许可合同许可他人制造销售专利产品也有类似的情况。他人之所以愿意支付更高专利许可使用费，与专利权人订立制造、销售这种电机的许可合同，是因为期盼制造出来的产品具有更好的销路，或者是因为期盼将它用于各种场合获得更好的经济效益。如果专利权人坚持在许可合同中写入种种限制条件，不准被许可人将制造的专利产品用于其各种用途，或者禁止其专利产品的购买者以各种方式使用其购买的专利产品，则近乎只有"冤大头"才会订立这种没有实际价值的许可合同。

可能会有一些产品除了其正常的用途之外，还具有某种人们所预料不到的特殊用途。例如，一种新发明的洗衣粉，不但洗涤效果很好，而且可以用做牲口饲料的添加剂，具有促进牲口生长的出乎意料的效果。在这种情况下，专利权人在与他人订立生产销售洗衣粉的许可合同时可以保留这一特定用途。但是，这样的发明创造毕竟极少。

由此可见在一般情况下，如果产品结构的改进本身就符合授予专利权的条件，只需尽力针对产品本身写好产品权利要求，以获得尽可能宽的保护范围也就足够了，没有必要再逐一穷举该产品的各种用途，因为并列用途独立权利要求不能提供什么超出产品权利要求之外的保护效力。

4. 关于用方法限定的产品权利要求

（1）用方法限定的产品权利要求的撰写方式

一般说来，为了清楚、明确地限定专利权的保护范围，产品权利要求应当采用该产品的结构特征来表述其技术方案。

然而，在某些情况下，也允许用产品的制造方法来定义该产品。例如，蛋糕的风味不仅取决于制作蛋糕的原料和添加成分，也取决于其制作方式。在许多情况下，制作蛋糕的原料和添加成分并没有什么不同，但由于采用了新的制作工艺而使蛋糕的风味有了变化。在申请人希望就如此制造的蛋糕本身获得专利权的情况下，其产品权利要求不可能完全采用蛋糕的原料和成分作为技术特征来限定该产品，因为风味的变化用这些技术特征很难准确地限定。过去，在《专利法》没有规定制造方法专利权的保护可以延伸到由制造方法所直接获得的产品时，由于方法专利权的保护效力不及产品专利权，申请人往往希望能够对产品本身获得专利保护。因此，如果不允许采取用制造方法来定义产品的权利要求撰写方式，则专利权人往往难以获得有效的专利保护。这是用方法限定的产品权利要求（product-by-process claim）产生的由来。许多国家都允许采用这种类型的权利要求撰写方式。

用方法限定的产品独立权利要求有两种常见的撰写方式：

第一种是单独的产品独立权利要求，其保护的主题是一种产品而不是一种方法，但是其中至少一部分技术特征是方法步骤，而不是产品的结构、组成或者特性。

第二种是并列的独立权利要求，其典型例子是：

权利要求 1：一种制造方法，其特征在于……

权利要求 2：用权利要求 1 所述方法制造的产品。

（2）用方法限定的产品权利要求的保护范围

对于以这种方式撰写的产品权利要求来说，一个十分重要的问题在于其中记载制造方法特征对新颖性、创造性的判断以及对保护范围的确定起何种作用。对此，存在不同的观点。

一种观点认为，产品专利权提供的是一种绝对保护，不受产品制造方式的限制。无论采用什么制造方法，只要所获得的产品相同，就落入产品权利要求的保护范围之内。因此，在判断是否具备新颖性和创造性时以及判断是否构成侵犯专利权行为时，都不应当受权利要求记载的方法技术特征的限制，可以将它们忽略不计。

另一种观点认为，本条明确规定专利权的保护范围应当以权利要求的内容为准，因此无论在专利审批过程中还是在专利侵权的判断过程中，凡是写入权利要求中，尤其是写入独立权利要求中的技术特征都是不可忽略的。既然用方法限定的产品权利要求中包含了方法特征，那么就构成了对所述产品的限定特征。如果一份现有技术仅仅披露了相同的产品，但是却没有披露所述的特定制造方法，则不影响用方法限定的产品权利要求的新颖性和创造性。同理，侵权诉讼中确定用方法限定的产品权利要求的保护范围也应当受其中记载的方法特征的限定。

不同的国家对此问题也有不同的立场。例如，《欧洲专利局审查指南》规定：

> 只有当产品本身满足专利性的要求，也就是具备新颖性和创造性时，才允许采用以制造方法限定的产品权利要求。仅仅从一种产品采用一种新的方法来制造这一事实出发，并不能导致该产品本身具备新颖性。一项用方法来定义的产品权利要求应当被解释为针对该产品本身的权利要求。这种权利要求例如可以采用"通过方法 Y 所能获得的产品 X"(Product X obtainable by process Y) 的撰写方式。但是，无论在用方法限定的产品权利要求中采用"能够获得的"(obtainable)、"获得的"(obtained)、"直接获得的"(directly obtained) 或者其他类似措辞，该权利要求所针对的仍然是该产品本身，并对该产品提供了绝对保护。

欧洲专利局申诉委员会的一份判决指出：

> 如申诉委员会反复指出的那样，应当从绝对的含义 (absolute sense) 来解释用方法特征定义的产品权利要求，即视为与写入其中的方法无关。

欧洲专利局的上述规定和判决表明，欧洲专利局采用前述第一种观点。

美国联邦巡回上诉法院对用方法限定的产品权利要求的解释方式作出过两个截然不同的判决。

第一份判决是美国联邦巡回上诉法院 1991 年对 Scripes Clinic v. Genetech Inc.一案的判决，该判决是采用前述第一种观点的典型判例。[1]该案涉及的专利包括一个方法独立权利要求和一个并列的用方法限定的产品权利要求。该判决指出：

> 专利权人指控被诉侵权人采用不同方法制造的产品也侵犯了其用方法特征定义的产品权利要求。对此，一审法院认为，除非采用了该权利要求记载的方法技术特征，否则就不应认为构成了侵犯专利权的行为。专利权人正确地指出，一审法院的上述观点违背了已往的判例。根据有关判例，用方法特征定义的产品权利要求的新颖性和创造性与写入该权利要求的方法特征无关。本法庭认为，在判断专利性时，不能认为这样的权利要求所要求保护的产品受到了方法特征的限定。由于专利侵权的判断原则应当与专利性的判断原则相互一致，因此在确定专利权保护范围时，用方法特征定义的产品权利要求也不应当被解释为所述产品受方法特征的限定。

第二个判决是该法院 1992 年 7 月 13 日作出的对 Atlantic Thermoplastics Co., Inc. v. Faytex Corp. 一案的判决。[2]该判决是采用前述第二种观点的典型判例。美国联邦巡回上诉法院对该案的审理采用了该法院所有法官全部参加的大法庭审理方式 (en banc)，这是美国法院对具有重大影响的案件采取的特殊审理方式，由这样的法庭作出的判决比一般由三名法官组成的法庭作出的判决具有更高的法律效力。该判决指出：

> 美国海关和专利上诉法院曾经在一份判决中指出："美国专利与商标局之所以允许用方法特征来定义产品，是因为充分认识到一些法院在侵权诉讼中将这样的权利要求解释为仅仅包

---

[1] 18 USPQ. 2d 1001.

[2] 970 F. 2d 834, 23 USPQ. 1481.

括由所述方法制造的产品。”该法院在另一份判决中指出：“我们认为在这个问题上的规则应当是这样的，即当一个人发明了一种不同于已知产品的新产品，但除了采用其制造方法来定义该产品之外，别无其他选择时，应当允许他采用以方法特征来定义的产品权利要求。然而，此时他所获得的专利保护也就应当限于用所述方法制造的产品。”

本法庭认为，在侵权诉讼中必须要考虑用方法特征定义的产品权利要求中所包含的方法特征，这不仅是因为该观点和以往的判例相一致，而且还因为忽略方法技术特征就会背离专利法的一项基本原则，即只有当被控侵权行为再现了权利要求中的全部技术特征或者其等同物时，才能认为构成了侵权行为。

现在，审理专利侵权案件的美国联邦地区法院基本上都采用后一判决的立场。

我国《专利审查指南 2010》规定：

> 通常情况下，在确定权利要求的保护范围时，权利要求中的所有特征均应当予以考虑，而每一个特征的实际限定作用应当最终体现在该权利要求所要求保护的主题上。例如，当产品权利要求中的一个或者多个技术特征无法用结构特征并且也不可能用参数特征予以清楚地表征时，允许借助于方法特征表征。但是，方法特征表征的产品权利要求的保护主题仍然是产品，其实际的限定作用取决于对所要求保护的产品本身带来何种影响。❶

《专利审查指南 2010》中关于化学领域发明专利申请审查的规定指出：

> 对于仅用结构和/或组成特征不能清楚表征的化学产品权利要求，允许进一步采用物理—化学参数和/或制备方法来表征。❷

（3）分析讨论

欧洲专利局主张在专利权的审查过程中忽略产品权利要求记载的方法技术特征，但是有一个重要的前提条件，这就是除去制造方法技术特征之后，由权利要求记载的其他结构技术特征所限定的产品本身仍然具备新颖性和创造性，其理由在于：专利权人针对某种产品获得专利保护的，不论其权利要求采用何种方式撰写，如果要求保护的产品本身不具备新颖性和创造性，则将损害公众的利益。这一前提条件实际上大大限制了用方法限定的产品权利要求的允许采用范围。

绝非所有具备新颖性和创造性的产品制造方法发明创造都可以撰写为用方法来限定的产品权利要求，因为新的产品制造方法获得的产品不一定都是新产品。例如不论采取已知乙烯工艺流程，还是一种新的乙烯工艺流程，所获得的都是化学结构式相同的乙烯。新工艺流程的新颖性和创造性体现在工艺流程本身，例如流程更加简单、收率更高、能耗更低等。工艺流程具备新颖性、创造性不等于所获得产品也具备新颖性和创造性。因此，按照欧洲专利局的规定，凡是所获产品本身不具备新颖性和创造性的制造方法都不允许撰写用方法限定的产品权利要求。

在制造方法所获得的产品本身具备新颖性和创造性的情况下，是否都允许或者有必要撰写用方法来限定的产品权利要求？用方法限定的产品权利要求如何才能体现产品本身的新颖性和创造性？这是需要讨论的主要问题。

---

❶ 国家知识产权局.专利审查指南 2010［M］.北京：知识产权出版社，2010：第二部分第二章 3.1.1.

❷ 国家知识产权局.专利审查指南 2010［M］.北京：知识产权出版社，2010：第二部分第十章 4.3.

一种情况是产品本身的新颖性和创造性体现在产品本身结构的变化上。在现实中，常见的情况是反过来的，即发明设计出一种具有新结构的产品，需要与之相应的新的制造方法或者工艺流程来予以制造。例如一种新的有机化合物有可能需要采用新的工艺方法来制备。此时，既然产品本身的结构已经具备新颖性和创造性，为什么不采用该产品的结构特征，撰写出普通的产品权利要求，而要撰写出用方法来定义的产品权利要求？众所周知普通的产品权利要求对产品的保护不受其制造方法的限制，无论采用已知的制造方法还是采用专利权人提供的新的制造方法，只要制造出来的产品结构与专利产品的结构相同或者等同，就落入了该产品权利要求的保护范围。由此可见，在这种情况下实际上无须撰写用方法限定的产品权利要求。

排除产品本身结构具备新颖性和创造性的情况之后，产品本身具备新颖性和创造性只能是通过采用新的制造方法使产品的性质、特性发生了变化。例如，一种用新工艺染制的花布颜色经久不褪、一种用新方法制作的面包具有特殊的风味、一种用新工艺酿制的葡萄酒具有不同的口感等。严格地说，这些性质或者特性上的变化必定也是因为产品的某些成分产生了某种物理、化学变化才会产生，归根结底也是产品结构产生了变化。对发明专利而言，产品的结构特征不仅包括宏观结构特征，也包括微观结构特征，只不过在上述例子中微观结构的变化往往十分复杂，常常难以准确表述，在有些情况下甚至连专利权人自己也不十分明了产品的各种成分究竟产生了何种变化，例如采用新工艺酿制的葡萄酒就是如此。但是，这并不妨碍新的工艺方法获得专利权。专利制度关注的重点是向公众提供能够实现预期技术效果的技术方案，说明书对方法技术方案的说明只要使所属领域的技术人员能够实施该方法，达到预期效果即可，至于对科学原理和反应机理，专利权人能够作出正确解释固然更好，不能解释或者其解释在学术角度来看不甚准确也应无妨。

当产品制造方法使产品产生微观结构变化，而且这些微观结构变化难以清楚表述时，就成为欧洲专利局允许撰写用方法限定的产品权利要求的最为典型的情况。按照欧洲专利局的理论，此时在确定专利权的保护范围时应当忽略产品权利要求中的制造方法技术特征，将他人制作的所有具有相同风味的面包、具有相同口感的葡萄酒统统纳入专利权的保护范围，而不问其是采用何种方法制造的。然而，如此行事需要有一个前提条件：既然不采用方法特征，就必须有其他手段来区分专利产品和非专利产品，例如要求在专利说明书中明确写明面包具有何种风味、葡萄酒具有何种口感，以及写明采用何种手段来定量分析、测定这些特性，否则就会“良莠不分”，产生“打击一大片”的不合理现象，而法官也只能通过亲口品尝专利权人和被诉侵权人的产品，凭舌头的感觉来判断是否侵权了。在许多情况下，在说明书中写明这些内容是一件十分困难的事情。前面说过，在这些情况下，专利权人之所以需要撰写用方法限定的产品权利要求，就是因为产品的微观结构变化或者性质、特性很难定义的缘故。

经过层层排除，依照欧洲专利局的标准，真正可以撰写用方法来限定的产品权利要求的情况已经所剩无几。

（4）对我国应当采取立场的探讨

下面讨论我国应当采取何种立场。

从理论上说，存在两种选择：一是采用欧洲专利局的做法，在专利申请的审批过程中以及在专利侵权判断中都忽略权利要求记载的方法特征，但是必须确保该产品本身具备新颖性和创造性；二是将用方法限定的产品权利要求与其他任何类型的权利要求一视同仁，不论在专利审批过程中，还是在专利侵权判断中都必须考虑该种类型的权利要求记载的方法特征。专利审批和侵权判断应当采取彼此一致的立场，在专利审批过程中考虑方法特征，在侵权判断中忽略方法特征；或者反过来，在专利审批过程中忽略方法特征，在侵权判断中考虑方法特征，都是不可取的。

问题的核心在于：上述两种立场孰优孰劣？

欧洲专利局的做法是从理论上允许专利申请人撰写用方法限定的产品权利要求，但是主张在专利申请的审批和专利侵权判断中忽略方法特征，同时严格要求此种权利要求定义的产品本身具备新颖性和创造性。一个很明显的问题在于：采用这种做法，到底应当依据什么来确定产品本身是否具备新颖性和创造性？如果依据说明书中记载的产品的结构特征或者性质特征，而不是依据权利要求书中记载的内容，则显然与欧洲专利局和世界各国采用的新颖性、创造性审查标准相左，相当于回到过去没有权利要求书的年代；如果要求将产品的结构特征或者性质特征也一并写入权利要求，而且这些特征本身已经足以确定产品的新颖性和创造性，那么还有什么必要再写入制造方法的特征？其结果只能是左右为难，横竖不能自圆其说。

在我国受理的外国专利申请，尤其是来自美国的专利申请中，用方法限定的产品权利要求比比皆是，通常首先撰写出一项方法独立权利要求，然而再撰写出另一项并列的产品独立权利要求，后者只有简单的一句话“如权利要求 1 所述方法制造的××产品”。《专利审查指南 2010》没有明确规定用方法限定的产品权利要求获得批准的条件是要求保护的产品本身具备新颖性和创造性，在此情况下简单效仿欧洲专利局的结论，在确定专利权保护范围时忽略这种权利要求记载的方法特征，是一件十分危险的事情，其结果势必大大扩张产品独立权利要求的保护范围，损害公众和国家的利益。

权利要求的一个重要功能是起到对公众的“安民告示”作用，使公众能够预先知晓何种实施行为将构成侵权行为，从而自觉地约束自己的行为，避免侵犯他人的专利权，这正是专利制度谋求实现的正常运行机制。专利制度并非仅仅依靠制裁侵权行为来实现其立法宗旨，更为重要的是要树立尊重他人知识产权的良好社会风尚。对权利要求的解释方式不应导致公众无法以合理的确定性知晓权利要求的保护范围。就上述类型的并列产品独立权利要求来说，如果完全忽略方法独立权利要求记载的方法特征，整个产品独立权利要求就仅仅剩下“一种面包”“一种葡萄酒”之类的主题名称，成了地地道道的“光杆司令”。面对这样的权利要求解释方式，公众根本无法知晓何种实施行为会被认定为侵犯专利权的行为，将茫然不知所措。显然，不能允许出现这样的局面。

在专利权保护范围的问题上，既要为专利权人提供充分有效的保护，又要确保法律的确定性，两者不可偏废。片面地强调其中任何一个方面而忽视另一方面的做法都是不可取的。忽略用方法限定的产品权利要求中的方法特征的主张在《专利法》中找不到任何依据。本条明确规定发明和实用新型专利权的保护范围以权利要求的内容为准，任何发明和实用新型专利都应适用这一规定，不论是方法权利要求还是产品权利要求，也不论权利要求中采用何种类型的技术特征，均不存在例外。

总结起来，笔者主张我国应当采取如下的立场：

（1）限制用方法限定的产品权利要求的采用，除非采用产品的结构特征或者性质特征不足以清楚地定义其产品，否则一般不允许撰写这种类型的权利要求。这一点在《专利审查指南 2010》中已经作了明确规定。

（2）在申请人强调其产品难以用其他方式来限定，只能用方法来限定的情况下，可以允许撰写用方法来限定的产品权利要求，但无论在专利申请的审查过程中，还是在授予专利权之后的侵权判断中，都应当考虑该权利要求记载的方法特征，用这些方法特征与其他特征一起限定专利权的保护范围。

采用上述立场，实际上已经不必如欧洲专利局那样要求“产品本身也具备新颖性和创造性”。事实上，采取这种解释方式，撰写用方法限定的产品权利要求的必要性和价值已经大为降低，因为这种权利要求提供的保护范围实际上与对制造方法专利权的延伸保护没有什么不同，特别是上述类型的并列产品独立权利要求，它所表达的含义只不过是制造方法专利权的保护应当延及依照该方法所直接获得的产品而已。在过去许多国家的专利法中没有规定对产品制造方法的延伸保护时，撰写出这样的权利要求或许还有价值；在 TRIPS 明确规定延伸保护，各国也予以采纳之后，撰写这样的权利要求已经完全成为多余。

由此可知，只要采取方法特征同样对产品权利要求的保护范围起限制作用的立场，就能确保用方法限定的产品权利要求具有合理的保护范围，确保专利权利要求对公众的公示作用，即使不要求产品本身也具备新颖性和创造性，也不至于损害公众的利益。各国对制造方法的延伸保护既可以涵盖新的产品，也可以涵盖已知产品早已达成共识。人们之所以认为即使将对产品制造方法专利权的保护延伸到已知产品也无妨，其原因就在于这种保护仅限于用专利方法直接获得的产品。

限制采用以方法限定的产品权利要求的撰写方式对我国来说还有特殊的意义，这就是区分发明专利和实用新型专利。发明和实用新型都是一种技术方案，但是《专利法》第二条规定实用新型只限于“对产品的形状、构造或者其结合所提出的适于实用的新的技术方案”。换言之，实用新型专利只能保护产品而不能保护方法。如果允许较为随便地撰写用方法限定的产品权利要求，申请人很容易将本来只能申请发明专利的制造方法发明改头换面地撰写成用方法来限定的产品权利要求，申请获得实用新型专利，从而使《专利法》的上述规定在一定程度上失去意义。这种结果不利于我国合理调整三种专利的比例结构。因此，《专利审查指南 2010》规定：

> **实用新型权利要求应描述产品的形状、构造特征，但是在用方法来限定产品的某个形状、构造使得该形状、构造更加清楚的情况下，在权利要求中以方法来限定产品的形状、构造才是允许的。**

需要注意的是：《专利法》第六十一条第一款是关于举证责任倒置的规定，即“专利侵权纠纷涉及新产品制造方法的发明专利的，制造同样产品的单位或者个人应当提供其产品制造方法不同于专利方法的证明。”该款条文表明，举证责任倒置只适用于新产品制造方法专利权，而不适用于产品专利权。当一种产品是一种新产品时，不论采用方法独立权利要求，还是用方法限定的产品独立权利要求，所获得专利权的保护力度没有什么区别，但是从诉讼程序上看却有优劣之分，因为前者可以适用举证责任倒置的原则，后者却不能，而这一点对诉讼来说常常十分重要。由于这一原因，在这种情况下采用方法权利要求更加有利一些。

5. 关于权利要求中的用语和符号

（1）“开放式”和“封闭式”权利要求

在化学领域，组分常常是一项组合物发明的关键内容。关于组分的表述，权利要求中有一些国际上约定俗成的用语，具有特定的含义。采用不同的用语，保护范围就会有所不同。《专利审查指南 2010》规定：

> **组合物权利要求应当用组合物的组分或者组分和含量等组成特征来表征。组合物权利要求分开放式和封闭式两种表达方式。开放式表示组合物中并不排除权利要求中未指出的组分；封闭式则表示组合物中仅包括所指出的组分而排除所有其他的组分。开放式和封闭式常用措词如下：**
>
> **（1）开放式，例如“含有”、“包括”、“包含”、“基本含有”、“本质上含有”、“主要由……组成”、“主要组成为”、“基本上由……组成”、“基本组成为”等，这些都表示该组合物中还可以含有权利要求中所未指出的某些组分，即使其在含量上占较大的比例。**
>
> **（2）封闭式，例如“由……组成”、“组成为”、“余量为”等，这些都表示要求保护的组合物由所指出的组分组成，没有别的组分，但可以带有杂质，该杂质只允许以通常的含量存在。**[1]

如前所述，在专利审查和侵权判断中对权利要求的保护范围应当采取彼此一致的解释立场。因此，尽管《专利审查指南 2010》的上述规定是针对审查工作而言的，但是在侵权判断中确定专利权保护范围时也应采取一致的解释方式。

需要注意的是，《专利审查指南 2010》规定的对所谓“封闭式”权利要求的解释方式与对权利要求的一般解释原则不同，是一种特殊的解释方式。

按照权利要求的一般解释原则，构成侵犯专利权行为的客体不能缺少权利要求记载的每一特征，却可以增加权利要求所记载特征之外的其他特征。该规则的含义在于：凡是权利要求中没有记载的技术特征，都是可有可无的，无论有还是没有，对侵权判断都不产生影响。其理由在于：对一般产品而言，只要再现了产品权利要求记载的所有技术特征，就可以认定再现了专利产品，能够实现专利发明所要实现的功能，产生专利发明所要产生的效果，至于增加其他技术特征，则仅仅是“锦上添花”而已，其中权利要求已经记载的技术特征必定还是起原来的作用。

对“封闭式”权利要求的解释方式则明显不同，当一项权利要求采用“封闭式”表述方式时，例如“一种组合物由 A+B+C 组成”，其保护范围仅仅覆盖 A、B、C 这三种组分的组合，既不能少一种组分，也不能多一种组分。很明显，采取这种特殊解释方式，“封闭式”权利要求的保护范围比“开放式”权利要求的保护范围狭小得多。因此，申请人在撰写有关组合物的权利要求时要格外小心。如果其本意并非想要撰写一项“封闭式”权利要求，也就是要求保护的组合物也能包含其他成分，则切忌采用“封闭式”权利要求撰写方式，否则将“作茧自缚”，大大缩减其获得的专利权的保护范围。

---

[1] 国家知识产权局.专利审查指南 2010［M］.北京：知识产权出版社，2010：第二部分第十章 4.2.1.

应当明确，“封闭式”解释方式仅仅适用于化学领域中关于组合物或者化合物的发明创造。对于涉及机械或者电子领域的发明创造而言，即使其权利要求采用了“由……组成”“基本上由……组成”的表达方式，也不应将该权利要求解释为“封闭式”权利要求。

按照《专利审查指南2010》的上述规定，判断一项权利要求是“封闭式”权利要求还是“开放式”权利要求，唯一的判断依据在于采用的是诸如“含有”“包含”之类的表述方式，还是诸如“由……组成”“组成为”之类的表述方式。如此规定是否合理，笔者认为存在值得商榷之处。对此问题，可以借鉴欧洲专利局的立场。2007年的《欧洲专利局审查指南》规定：

> **尽管在日常语言中，“comprise”一词可能被认为具有“包含”、“含有”的含义，也可能被认为有“由……组成”的含义，在撰写权利要求时，为了确保法律确定性，该词通常应当被解释为具有“包含”、“含有”的含义。另一方面，如果一项关于一种化合物（a chemical compound）的权利要求采用了“由成分A、B和C组成”的表述方式，并采用百分比方式表述了成分的比例，则意味着不包含任何其他成分，因此各成分的百分比之和应当为100。❶**

与我国《专利审查指南2010》的规定相比，欧洲专利局上述规定的不同之处在于：

第一，规定“封闭式”权利要求仅适用于化合物权利要求，而没有提及也适用于组合物权利要求；

第二，判断是否为“封闭式”权利要求，除了以是否采用“由……组成”之类的表述方式作为判断依据之外，还要以是否采用百分比来表述成分的比例作为判断依据；

第三，只有当各成分的百分比之和为100时，才能认定为“封闭式”权利要求。

笔者认为欧洲专利局的规定更为严格，也更为合理。如前所述，对“封闭式”权利要求的解释方式是一种特殊方式，因此适用这种解释方式需要十分慎重。采用欧洲专利局的判断标准，可以确保只有当申请人已经明确无误地表明其撰写的权利要求为“封闭式”权利要求时，才会如此认定，这显然更有利于维护专利权人的合法权益。

（2）附图标记

《专利法实施细则》第十九条第四款规定：

> **权利要求中的技术特征可以引用说明书附图中相应的标记，该标记应当放在相应的技术特征后并置于括号内，便于理解权利要求。附图标记不得解释为对权利要求的限制。**

附图标记在权利要求中十分有用，尤其在机械等技术领域，大多数权利要求都采用了附图标记。例如，当一个装置中包括多个连杆、齿轮付时，如果不允许权利要求中采用附图标记，就不得不为其中每一个部件起一个单独的名字，这在许多情况下既不方便，也很容易导致混淆。通过采用附图标记，将权利要求中以概括方式表达的技术方案与说明书附

---

❶ *Guideline for Examination in the European Patent Offcie*, Part C, Chapter III, 4.21, While in everyday language the word “comprise” may have both the meaning “include”, “contain” or “comprehend” and “consist of”, in drafting patent claims legal certainty normally requires it to be interpreted by the broader meaning “include”, “contain” or “comprehend”. On the other hand, if a claim for a chemical compound refers to it as “consisting of components A, B and C” by their proportions expressed in percentages, the presence of any additional component is excluded and therefore the percentages should add up to 100%.

图彼此联系起来，不仅可以帮助公众、法院和管理专利工作的部门正确理解权利要求，也可以避免产生歧义，提高权利要求的法律确定性。

需要讨论的问题是如何理解《专利法实施细则》第十九条所述“附图标记不得解释为对权利要求的限制”的含义。

说明书附图是对技术方案的一种直观表达，专利文件中的说明书附图能够表示的信息包括：

（1）各个零部件的具体几何形状；

（2）各个零部件之间的相对大小和相对位置关系；

（3）各个零部件之间的配合关系。

权利要求一般采用“上位”表述方式，只要能清楚地表达要求保护的技术方案即可，并不一定需要记载各零部件形状大小、相对位置、配合关系等具体信息。《专利法实施细则》的上述规定表明，当权利要求采用附图标记时，不能认为由此而将附图表示的上述各种信息也一并“带入”权利要求之中，对权利要求的保护范围产生相应限定作用。这样，申请人就可以放心地采用附图标记来清楚地表述其要求保护的技术方案，不必担心由此而限制其专利权的保护范围，给自己带来不利影响了。

但是，既然附图标记能够起到帮助理解权利要求的作用，本条第一款明确规定附图可以用于解释权利要求，就不能认为权利要求中的附图标记在任何情况下都不附带对确定保护范围来说有价值的信息。

例如，与许多西方文字相比，汉语中的名词通常没有单数和复数的区别。一项用英语表述的权利要求记载的是“including a roller”（包括一个滚筒），还是记载“including rollers”（包括若干滚筒），其技术含义显然有所不同，但是翻译成汉语之后往往失去了“数”的区别，这是汉语的固有缺点。附图标记能够在一定程度上弥补这一缺陷。例如，当一幅附图所示的装置实施例中采用了两个滚筒，即滚筒 10 和滚筒 12 时，如果权利要求记载的是“滚筒（10、12）”，则表明所述滚筒是指包括滚筒 10 和滚筒 12 在内的两个滚筒；如果权利要求中仅仅记载滚筒（10），则表明所述滚筒仅包括滚筒 10 而不包括滚筒 12。在前一种情况下，如果专利权人随后在专利侵权诉讼中争辩其权利要求所述的滚筒也可以是单个的滚筒，则应当受到权利要求表述方式的限制。

但是，在判断时需要注意，当说明书中给出了实现其发明创造的若干种不同的实施例，每一个实施例装置中都采用了一个滚筒，它们在不同实施例中所起的作用相同时，在不同附图中对不同实施例中的相应滚筒经常用 110、210、310 之类的附图标记方式。此时，许多申请人习惯于在权利要求中采用“包括滚筒（110、210、310）”之类的表述方式，其含义是指该滚筒分别对应于实施例 1、实施例 2、实施例 3 中的那个滚筒。此时尽管有三个附图标记，但表示的却是一个零部件。

（三）说明书和附图对权利要求的解释作用

1. 对权利要求进行解释的必要性

本条第一款规定“发明和实用新型专利权的保护范围以其权利要求的内容为准”，这是否意味着在确定专利权保护范围时只需要依据权利要求就足够了？回答应当是否定的。

《专利法》第二十六条规定，说明书及其附图应当对发明或者实用新型作出清楚、完整的说明，其作用在于使所属领域的技术人员能够实施该发明或者实用新型，要能够实施，当然首先要能够理解；权利要求书应当清楚、简明，其作用在于限定要求专利保护的范围。因此，两者的作用完全不同。无论是较为复杂的技术方案，还是相对简单的技术方案，现实中几乎没有人仅仅通过阅读权利要求书就能够明了所要保护的技术方案的准确含义。

现实中，很多人都有这样的亲身体会：仅仅阅读权利要求之后对发明创造的理解与再阅读整个专利文件之后的理解常常很不相同。这表明，用说明书和附图来解释权利要求十分必要，不应当将这这一规定理解为仅仅当权利要求书中存在不清楚之处时才需要进行解释，而是应当理解为在确定任何权利要求的保护范围时都需要对权利要求的含义进行解释。

由于发明和实用新型专利权的保护客体是技术方案，审理专利侵权纠纷案件的法官一般不具备理工科学历，因此在我国开展专利审判工作的初期，法院经常采用聘请专家出具专家鉴定意见的做法。由此而引发了一个十分重要的问题，即什么问题适宜由专家出具鉴定意见，什么问题不宜由专家进行鉴定？

首先，审理专利案件的法官不应畏惧技术问题。从事科学研究，作出发明创造，当然需要专门的科技知识和较高的科研能力；但从事专利审判工作并不一定需要法官具备精深的科技知识。专利授权和侵权纠纷案件的争议焦点问题往往集中在某一点上或者一个很小的范围内，该问题经常不是技术上的难点。通过对案卷的阅读，借助当事人和律师的解释，即使法官仅仅具有基础性科技知识，也不难理解争议问题的症结所在。

其次，在某些情况下的确需要进行鉴定或者由专家证人作证，但是对两者应当区别对待。

如果专利侵权纠纷案件涉及被控侵权产品的成分及其含量、有关材料的物理化学性质、产品的性能指标等，其性质属于对事实的认定，理应由负有举证责任的当事人提供有关证据。在该当事人提供了有关证据，但对方当事人对其证据持怀疑态度，产生争议的情况下，法院可以安排进行技术鉴定。根据《民事诉讼法》第七十二条的规定，技术鉴定应当由法定或者法院指定的鉴定部门进行。法院在要求这些机构进行技术鉴定时，应当对需要鉴定的内容和事项提出明确的书面要求，并且事先将此书面要求告知双方当事人，听取他们的意见。鉴定机构应当严格按照法院出具的要求进行鉴定，不得对要求之外的事项提出鉴定意见。

专家证人的作用则有所不同，他们主要是对案件中涉及的有关技术问题进行解释说明，阐述自己的观点。法院应当允许双方当事人各自聘请专家证人，也可以自己聘请专家证人。专家证人的意见具有证人证言的性质。

鉴定结果和证人证言都属于《民事诉讼法》第六十三条规定的证据的范畴。根据《民事诉讼法》第六十六条的规定，证据应当在法庭上出示，并由当事人相互质证。进行质证可能需要多花一些开庭时间，但是对法官查清事实有很大帮助作用，对审案大有裨益。

从国外的做法来看，专家证人出庭作证的情况远多于进行鉴定的情况。事实上，在法院出庭的专利代理人常常就可以起到这种专家证人的作用。

最为重要的，法院不应对原本应当由合议庭审理判断的法律问题进行鉴定。例如在专利确权纠纷案件中，不能请鉴定机构或者专家对发明或者实用新型是否属于现有技术，是否具有突出的实质性特点和显著进步进行鉴定，因为这实际上是对是否具备新颖性、创造性的法律问题进行鉴定；在专利侵权纠纷案件中，不能请鉴定机构对如何用说明书及其附图对权利要求进行解释、是否应当适用等同原则、禁止反悔原则等进行鉴定，因为这实际上就是对是否构成侵犯专利权行为的最终结论进行鉴定。让鉴定机构对这些问题进行鉴定，无异于由其代替法院作出判决，形成“大权旁落”的结局。

2. 解释权利要求的依据

解释权利要求不能凭空进行，必须有所依据。因此，首先需要讨论的问题就是解释权利要求的依据是什么？

本条第一款规定“说明书及附图可以用于解释权利要求”，其中“可以”一词表明本条仅仅以列举方式提到专利说明书和附图对权利要求的解释作用，而非穷举。换言之，并非仅仅只能用说明书和附图来解释权利要求。

解释权利要求的依据有内在证据和外在证据之分。所谓“内在证据”，除了说明书和附图之外，还包括权利要求书中的其他权利要求和专利审查档案。“专利审查档案”包括专利审查、复审、无效过程中国家知识产权局发出的审查意见通知书、专利申请人或者专利权人提交的修改文件和意见陈述、会晤记录、口头审理记录、专利复审请求审查决定、专利无效宣告请求审查决定等。所谓“外在依据”，包括辞典（尤其是专业技术辞典）、技术工具书（尤其是技术手册、技术标准）、教科书、百科全书、专家证言等。上述两种证据对确定专利权保护范围都能起到重要作用。

将解释权利要求的依据扩大为包括外在证据，必然会导致一个问题，即应当如何掌握两种证据的权重和适用顺序？如果不同的证据导致不同的解释结论，应当优先考虑哪种证据？

2009 年颁布的《最高人民法院关于审理专利侵权纠纷案件应用法律若干问题的解释》有两条与权利要求的解释有关的规定，其中第二条规定：

> **人民法院应当根据权利要求的记载，结合本领域普通技术人员阅读说明书及附图后对权利要求的理解，确定专利法第五十九条第一款规定的权利要求的内容。**

第三条规定：

> **人民法院对于权利要求，可以运用说明书及附图、权利要求书中的相关权利要求、专利审查档案进行解释。说明书对权利要求用语有特别界定的，从其特别界定。**
>
> **以上述方法仍不能明确权利要求含义的，可以结合工具书、教科书等公知文献以及本领域普通技术人员的通常理解进行解释。**

上述规定明确表明解释权利要求应当优先考虑内在证据，必要时才需要考虑外在证据。为什么应当采取上述优先顺序？

首先，专利权的保护客体是发明创造，凡是符合《专利法》规定的授予专利权条件的发明或者实用新型都是现有技术中不曾有过的技术方案，因此对发明创造作出全面、完整介绍的只能是申请人自己，申请日之前存在的所有技术文献和专业书籍都不可能对该发明或者实用新型作出这样的介绍。事实上，技术辞典、教科书等工具书的作用通常只是在个别情况下用来澄清专利侵权纠纷案件中双方当事人产生争议的个别措辞的含义。如果说明书通篇都存在疑问，整个都不好理解，那么被授予的专利权的有效性就应当受到质疑，此时无论采用什么外在证据来解释都无济于事。

其次，对同样的发明或者实用新型，即使都采用国家统一规范的科技术语，不同人表述该发明或者实用新型的方式也可能不同，不能强求所有的人都采用同样的表述模式。在许多情况下，发明创造（无论是全新的还是改进的）会导致引入新的技术概念，完全采用已有术语有可能难以清楚表达，因而需要申请人“创造”新的术语；在有些情况下，采用已有术语或者表述方式也不是完全不能表达申请专利的发明创造，但效果不好，容易使人产生理解上的困难，不如采用新造的术语或者特殊的表述方式更为适宜。无论是哪种情况，只要说明书、权利要求书自成体系，自圆其说，都能够满足《专利法》第二十六条第三款和第四款的要求。因此，人们常说说明书及其附图是解释权利要求的最好“辞典”。如前所述，要正确理解权利要求的内容，无论在何种情况下都需要借助于说明书及其附图，这是最高人民法院在该司法解释中首先写明第二条规定的原因。

权利要求书中包含的其他权利要求也能够用于解释一项权利要求中采用的措辞和术语的含义，其基本规则是：

第一，不同权利要求中采用的相同技术术语应当解释为具有相同的含义，对其作出的解释不应当使之自相矛盾或者对发明、实用新型来说变得没有意义。

第二，当不同的权利要求中对相同或者类似技术概念采用不同的措辞或者术语时，应当认为它们的含义必定有所不同，不能将其解释为具有相同的含义。在专利侵权诉讼中，专利权人或者被诉侵权人为其自身利益，有时会主张将不同权利要求中采用的不同措辞或者术语解释为具有相同的含义，对此主张不应予以支持。作为规则，如果它们具有相同的含义，则专利权人当初在撰写专利申请文件时就应当采取相同的措辞或者术语；既然采用了不同的措辞和术语，就应当认定它们具有不同的含义。

关于专利审查档案对权利要求的解释作用，在后面谈及禁止反悔原则时还会作详细说明。

3. 发明目的和发明效果对解释权利要求产生的影响

（1）概　述

日本在其专利实践中曾经有一种理论，认为一项发明由三个要素组成，即“目的”、“构成”和“效果”。日本的上述理论在我国建立专利制度的初期对我国产生了较大影响，一些人认为无论在新颖性的判断还是在专利侵权的判断中，都必须考虑目的、构成、效果这三个要素，只要这三个要素中有一个不相同，就不应当得出缺乏新颖性或者构成侵权行为的结论。❶

一般说来，权利要求记载的是技术方案，也就是发明的构成，而发明的目的和所能产生的效果通常只能由说明书反映。在解释权利要求，进而确定专利权保护范围时，发明的

---

❶ 《审查指南 1993》规定：“所谓同样的发明或者实用新型，是指技术领域和目的相同，技术解决手段实质上相同，预期效果相同的发明或者实用新型。”

目的和效果具有何种作用？认定构成侵权行为，被诉侵权人实施的技术方案除了采用相同或者等同的技术手段之外，是否还应当具有与专利发明或者实用新型相同的目的和效果？这是一个在我国专利实践中经常出现的问题，有必要进行讨论。

根据《专利法》第二条的定义，发明或者实用新型专利权保护的是一种技术方案。在权利要求限定的技术方案中每加入一个部件或者步骤，都有它自己的“目的”，会给该技术方案带来相应的“效果”。举例来说，一个杯子包括杯体、把手、杯托三个部分。其中，设置杯体的目的是用于盛放液体，否则就不成其为杯子了，其效果自然也就是盛放液体；设置把手的目的是方便使用者手持该杯子，以免烫手，其效果也如此；设置杯托的目的在于使杯子的放置更加稳定，并防止烫坏桌面，其效果也是如此。整个杯子的效果就是这些部件各自效果以及它们相互作用所产生效果的叠加。然而，根据《专利法实施细则》第十七条的规定在说明书中写明发明所要解决的技术问题时，就取决于申请人看重其中的哪些部分及其效果了。

发明和实用新型专利说明书的内容按照其性质可以分为两大部分：一是对发明或者实用新型技术方案本身的介绍，它由说明书的发明内容部分（说明书的第三部分之二）、发明具体实施方式部分（说明书的第五部分）和附图予以记载；二是专利权人对其发明或者实用新型的评述，包括：对其所知的现有技术状况的描述，即说明书的背景技术部分（说明书的第二部分以及反映现有技术的附图），对现有技术所存在不足之处的描述，这就是发明要解决的技术问题部分（说明书的第三部分之一），以及对发明与现有技术相比所具有优点的描述，即有益效果部分（说明书的第三部分之三）。其中，前一部分是专利权人对其完成的发明创造的实际记载，完全有理由要求申请人对其作出清楚、完整的说明，使公众能够实施其发明创造，这是申请人必须履行的义务；后一部分则是专利权人对其完成的发明创造的主观评价，难免受到主观因素，尤其是对现有技术了解程度的影响。对此，本书在对《专利法》第二十六条的说明中已经作了详细分析。正因为如此，权利要求记载的技术方案对确定专利权保护范围起主要作用，说明书中记载的发明的目的和效果一般说来对确定专利权保护范围不产生决定性的影响。

（2）关于发明目的

1984 年制定的《专利法实施细则》和 1992 年修改的《专利法实施细则》第十八条均规定，说明书应当包括八个部分，其中第四部分为“发明或者实用新型的目的”。2001 年修改《专利法实施细则》时，借鉴《PCT 实施细则》的有关规定，用“发明或者实用新型所要解决的技术问题”取代了原来规定的“发明目的”，并且不再将其作为说明书的一个单独部分。两者的含义基本相同，区别点主要在于：过去许多申请人在说明书中漫无边际地大谈其“发明目的”，常常只反映了申请人的主观愿望，至于能否实现以及能够在多大程度上实现则不得而知；现在要求申请人结合说明书记载的“要解决的技术问题”来反映其“发明目的”，通常会更加客观一些。[1]为了表述上的方便，在下面的讨论中有时仍然将“要解决的技术问题”称为“发明目的”。

[1] 国家知识产权局条法司.专利法实施细则第二次修改导读［M］.北京：知识产权出版社，2001：20.

在专利侵权纠纷案件的审理或者处理过程中，是否要求被控侵权的技术方案是为了达到与专利权人所述的相同目的，才能认定构成侵犯专利权的行为？

首先，发明和实用新型专利的说明书旨在披露一项新的发明创造。所谓发明创造，自然应当与现有技术有所不同。《专利法实施细则》第十七条规定发明和实用新型专利的说明书中应当记载其发明所要解决的技术问题，其目的是便于国家知识产权局在审查过程中判断发明与现有技术的不同点，从而确定是否应当授予专利权。被控侵权行为是实施一种技术方案的行为，而不是要申请获得一项专利，行为人考虑的主要因素是实施该技术方案能够产生何种经济效益，以及他是否具备实施该项技术方案所需的条件，不会刻意考虑该技术方案能够解决何种技术问题。因此，被诉侵权人制造某种产品或者使用某种方法的行为都是具体的，不难查明该产品的结构或者该方法的步骤，但是要认定被诉侵权人进行该行为是为了解决何种技术问题却不容易，一般不会有明确的证据和答案。

其次，说明书中记载的发明目的，也就是要解决的技术问题，会随着发明人对背景技术了解程度的不同而不同。举例来说，有人提出了一项有关药枕的发明，假如他以为过去从来没有出现过药枕，就有可能在说明书中指出其“发明目的”或者“要解决的问题”是“提供一种具有保健作用的枕头”。然而，当经过检索发现类似药枕早已存在，其发明的不同之处仅仅在于药枕内盛放的中药品种有所不同时，原来陈述的要解决的技术问题就不再适合了，需要改为诸如“提供一种能够治疗颈椎炎的药枕”。由此可见，针对同样的技术方案，随着对现有技术状况的了解程度不同，申请人声称的发明目的就会不同。就技术解决方案本身而言，一经提交专利申请并被国家知识产权局受理，其内容就“固化”下来了，《专利法》第三十三条严格限制申请人对原始提交的技术方案进行修改，不允许修改超出原申请文件记载的范围；但是对说明书的发明目的部分而言，其“可塑性”就大得多，国家知识产权局允许申请人在审查过程中依据后来发现的更为相关的对比文献来适当调整原先记载的发明要解决的技术问题。

再者，有专利实践经验的人知道，只要申请专利的技术方案与现有技术相比存在任何不同之处，从该不同之处一般总可以归纳出申请专利的技术方案要解决的技术问题，以及通过解决该技术问题所能产生的优点或者好处。不同之处越多，能够总结出的发明创造的目的和效果就越多。当申请专利的技术方案与最接近的现有技术相比存在多个区别点时，专利申请人在说明书中强调何种发明目的和有益效果，与他看重哪一方面的不同之处有直接关系。因此，即使技术方案相同，依据的现有技术也相同，但是由于不同的人感兴趣的问题不同，侧重点不同，他们对发明要解决的技术问题的描述就会不同。正所谓“仁者见仁，智者见智”，不能强求大家的主观意图都一样。被诉侵权人实施专利技术所看重的优点或者好处很可能不同于申请人看重的优点或者好处。专利侵权的判断结果应当主要取决于被诉侵权人实际做了什么，而不是为什么要这样做。

还有，落入一项权利要求的保护范围的前提条件是被控侵权行为的客体采用了该权利要求记载的全部技术特征。在满足这一条件的情况下，即使被控侵权行为的客体还包含了进一步的技术特征，也仍然侵犯了专利权。换句话说，认定构成侵犯专利权的行为并不要求被控侵权行为的客体与权利要求记载的技术方案“相同”。既然如此，也就难以将两者具有相同的“目的”作为构成侵犯专利权行为的前提条件。例如，有人申请并获得了一项有关洗衣机盖体的专利，其说明书中记载的发明目的是“为全自动洗衣机提供一种开闭灵活、密闭性好的盖体”，或者说该发明要解决的技术问题是现有洗衣机盖体开闭不灵活、密封性不好的问题。另一人生产销售了一种全自动洗衣机，其盖体采用了该专利的权利要求记载的全部技术特征，但同时还添加了另外的机构，它们与所述盖体以及洗衣机的其他结构相配合，减小了洗衣机工作过程中由于振动而产生的噪音。后者可能强调，他之所以采用专利权人的盖体结构，是因为该该盖体与附加结构相配合能够产生很好的消音效果，其目的是为了消除噪音，而获得专利权的发明的目的是为了便于开闭，两者根本不同，因此不构成侵犯该专利权的行为。这种争辩理由显然不充分，在采用了权利要求记载的全部技术特征的情况下，一般来说必然能够获得该技术方案带来的优点，至于使用者是否看重这些优点或者其本意是否就是想要利用这些优点，对于专利侵权判断来说并不重要。不能仅仅因为两者声称的主观目的不同就简单地得出侵权指控不成立的结论。

将上述各方面的理由归纳起来，说明书中记载的发明要解决的技术问题或者说发明目的不应当对专利侵权判断的结论产生决定性影响。换言之，在用说明书来解释权利要求时，无须将说明书中记载的发明要解决的技术问题或者说发明目的“读入”到权利要求中，对权利要求的保护范围产生不必要的限制。

（3）关于发明效果

按照《专利审查指南 2010》的规定，发明效果和发明目的有一个共同之处，即它们都是将发明的技术方案与现有技术进行比较之后得出的结论。因此，有益效果成立与否及其效果的显著程度同样取决于与之相比较的现有技术。一项发明或者实用新型的技术方案与最为接近的现有技术之间的不同之处越多，由这些不同之处所能导出的发明效果也就越多。如果现有技术中存在与权利要求所要求保护的技术方案相同的技术方案，则表明专利权人没有对人类的知识宝库添加任何新的内容，其有益效果为零。由于申请人对现有技术的了解常常不够全面，国家知识产权局进行的检索也不可能穷尽所有的现有技术，因此说明书中记载的发明效果通常只能起参考作用。

不过，发明效果与发明目的相比仍有如下不同之处。

第一，发明效果是判断发明和实用新型是否具备创造性的重要依据，创造性标准的两个组成要素之一，即显著的进步或者进步，主要就是指发明或者实用新型所能产生的有益效果。

第二，由于有益效果具有上述作用，因此对说明书的有益效果部分进行修改要受更为严格的限制，可自由修改的程度明显小于对发明目的部分的修改，凡是不能从原说明书和权利要求书的记载中清楚和毫无疑义地导出的发明效果均不允许通过修改加入说明书。

由于存在上述区别，导致发明效果在专利侵权判断中产生的作用比发明目的突出一些。在侵权判断中，被诉侵权人有可能强调其产品或者方法不产生专利说明书中所述的发明效果，因此不应当被认为构成了侵权行为。对此，应当作具体分析。

实施一项技术方案所能产生的效果取决于多方面的因素。在讨论上述问题时，首先必须排除专利技术本身之外的因素所带来的影响，例如实施人员的技术水平、熟练程度，所采用的设备、材料的质量等。其次说明书中记载的发明效果有时难免会有夸大的成分，例如关于发明的性能指标、效率等。如果被控侵权行为采用了权利要求所述的技术方案，仅仅是所取得效果的程度略有不同，一般不应得出侵权行为不成立的结论。

但是，如果专利说明书的有关内容或者专利权人在审批过程中所作的意见陈述表明所述的发明效果是申请专利的发明或者实用新型区别于现有技术的重要标志，若是没有这样的发明效果，其发明或者实用新型就会被认为不满足创造性的要求，尤其对那些发明效果很难从其结构、组分中推导出来的发明，例如混合物、医药用途发明等，能否产生说明书所述的发明效果就会对侵权判断的结论产生较大的影响。

在审查过程中，当审查员对发明是否能够产生说明书中记载的发明效果产生疑问时，有时会要求申请人提供进一步的补充证据，例如实验报告、对比分析数据等。通常不允许将这些补充证据通过修改加入到说明书中，而是将它们作为工作文件保存在申请案卷中。尽管如此，补充证据的内容，尤其是申请人用来争辩其创造性的补充证据，将对其专利权的保护范围起到一定的限制作用。这一点将在后面介绍禁止反悔原则时进行详细讨论。

上面所述的发明效果是指说明书中记载的关于发明或者实用新型的整体效果，所讨论的是这种整体效果对权利要求的解释作用。需要注意的是，权利要求书也常常会记载某个或者某些部件或者步骤的功能或者效果的技术特征，这些特征是权利要求的组成部分，它们对确定专利权保护范围的作用不同于说明书对权利要求的解释作用，切忌将它们混淆起来。关于权利要求中记载的功能或者效果特征将在下面进行详细讨论。

4. 对功能性限定特征的解释

（1）概　述

一般而言，产品权利要求应当采用反映该产品结构或者组成的技术特征来限定要求保护的产品；方法权利要求应当采用反映该方法步骤或者操作方式的技术特征来限定要求保护的方法。如果在产品权利要求中不采用反映结构或者组成的技术特征来限定该产品，在方法权利要求中不采用反映步骤或者操作方式的技术特征来限定该方法，而是采用产品的结构或者方法的步骤在技术方案中所起的功能或者所产生的效果来限定其发明创造，则称为“功能性限定特征”。申请人之所以采用功能性限定特征，是希望如此撰写的权利要求能够覆盖实现其所述功能的所有方式，从而使其权利要求具有更宽的保护范围。

关于功能性限定特征，《专利审查指南 2010》采取了应当予以限制和严格审查的立场，规定：

> 通常，对产品权利要求来说，应当尽量避免使用功能或者效果特征来限定发明。只有在某一技术特征无法用结构特征来限定，或者技术特征用结构特征限定不如用功能或效果特征来限定更为恰当，而且该功能或者效果能通过说明书中规定的实验或者操作或者所属技术领域的惯用手段直接和肯定地验证的情况下，使用功能或者效果特征来限定发明才可能是允许的。
>
> 对于权利要求中所包含的功能性限定的技术特征，应当理解为覆盖了所有能够实现所述功能的实施方式。对于含有功能性限定的特征的权利要求，应当审查该功能性限定是否得到说明书的支持。如果权利要求中限定的功能是以说明书实施例中记载的特定方式完成的，并且所属技术领域的技术人员不能明了此功能还可以采用说明书中未提到的其他替代方式来完成，或者所属技术领域的技术人员有理由怀疑该功能性限定所包含的一种或几种方式不能解决发明或者实用新型所要解决的技术问题，并达到相同的技术效果，则权利要求中不得采用覆盖了上述其他替代方式或者不能解决发明或实用新型技术问题的方式的功能性限定。

此外，如果说明书中仅以含糊的方式描述了其他替代方式也可能适用，但对所属技术领域的技术人员来说，并不清楚这些替代方式是什么或者怎样应用这些替代方式，则权利要求中的功能性限定也是不允许的。另外，纯功能性的权利要求得不到说明书的支持，因而也是不允许的。[1]

从专利实践来看，功能性限定特征在不同技术领域的应用程度不同。

在化学领域，对权利要求的撰写有较为严格的要求。就化学产品而言，化合物权利要求应当采用化合物的结构式、分子式来限定；组合物权利要求应当采用其组分以及各组分的含量来限定；仅用结构、组分不能清楚限定的，允许用物理、化学参数或者制备方法来限定。就化学方法而言，权利要求应当用工艺步骤、涉及的材料、所用设备来限定。[2]因此，在这一领域中很少采用功能性限定特征。

在机械领域，很少出现《专利审查指南 2010》所说的“某一技术特征无法用结构特征来限定，或者技术特征用结构特征限定不如用功能或效果特征来限定更为恰当”的情况，因此在这一领域也较少采用功能性限定特征。但是，在某些情况下也不能排除采用功能性限定特征的可能。例如，国家知识产权局批准了如下的产品权利要求：

一种烟草再加工设备，该设备包括一个能够挤出烟草材料的挤出机，一个紧接在该挤出机后面的用于对含有烟草的材料在塑性状态下进行拉伸的拉延装置，该拉延装置具有一个与含有烟草的材料相接触的表面，其特征在于还包括用于从拉延装置上去除水分的装置，该水分去除装置与所述拉延装置的所述表面相互作用。[3]

上述权利要求中没有记载所述水分去除装置的结构，而是仅仅指出了该装置在整个设备中所起的作用，应当认为属于功能性限定特征。

又例如，国家知识产权局也批准了如下的方法权利要求：

一种改性沥青粘结料的制造方法，包括如下步骤：

（1）将熔融沥青与热塑性合成材料或者热塑性合成材料混合物加速混合；

（2）让上述加速混合后获得的混合物通过一个狭缝；

（3）让通过上述狭缝的混合物急剧刹停在一个冲击面上，使之获得一定数量的动能以进行均匀化处理，所述动能至少要相当于处理温度与热塑性合成材料或者热塑性合成材料混合物形成容易反应的分子碎片的裂解温度之间的温度差。[4]

上述权利要求没有给出所述冲击面的形状以及它与所述狭缝之间的位置关系，也没有给出混合物的初速和终速范围，而是指出该结构导致的动能变化应当能使被加工物质产生一定温升，这是以希望获得的效果来定义发明的技术特征，应当认为也属于功能性限定特征的范畴。

采用功能性限定特征最为频繁的是电学领域。例如，以如下方式撰写的权利要求在电学领域中十分常见：

一种用于改变图像信号的编码的编码电路，包括：

---

[1] 国家知识产权局.专利审查指南 2010［M］.北京：知识产权出版社，2010：第二部分第二章 3.2.1.

[2] 国家知识产权局.专利审查指南 2010［M］.北京：知识产权出版社，2010：第二部分第十章 4.

[3] 93107315.4 号发明专利。

[4] 88106708.3 号发明专利。

将图像分成多个子图像的装置；

一个变换电路，用于将各个子图像变换成二维的毗邻系数组；

一个移动检测器，用于接受子图像，并在检测出子图像中有引人注目的移动部分时产生移动信号；

扫描装置，用于根据与移动信号有关的扫描形式读取所述系数组，并将它们转换为一串系数序列；

其特征在于所述扫描形式至少一步跳到与先前读取的系数不毗邻的预定系数。[1]

上述权利要求中提到了变换电路、检测器、扫描装置等多个部件、装置，对其中每一个都采用了在其名称之后加上“用于……”（means for）之类的措辞来表述，而不是记载这些部件的具体电路构成。这种措辞看起来好像是在表述部件的用途，也好像是在表述采用这些部件的目的，实质上都是指出部件在要求保护的技术方案中所起的作用或者功能，这是功能性限定特征的典型表述方式。

《专利审查指南 2010》的上述规定指出“纯功能性的权利要求得不到说明书的支持，因而也是不允许的”。所谓“纯功能性的权利要求”，是指整个权利要求仅仅写出整个发明的发明目的或者所产生的效果，完全没有记载为实现所述目的获得达到所述效果而采用的技术手段。例如，有人发明了一种玻璃量杯，它具有特殊的杯体母线，并配有专门设计的刻度和游标，在使用这种量杯配制溶液时，不需预先进行计算，就能够配制出具有所需浓度的溶液。针对该发明，申请人撰写出了如下的权利要求：

一种玻璃量杯，其特征在于不需要进行预先计算和度量，就可以直接配制所需要浓度的溶液。

上述权利要求只是重复了发明所要解决的技术问题或者说所要达到的目的，却丝毫没有记载如何实现该目的技术手段。如果批准并维持这样的权利要求，则他人作出的任何能够达到同样目的的玻璃量杯均会落入其保护范围，即使其结构、原理与该发明完全不同也依然如此。这显然不合理，因为专利权人所获得的保护超过了其所作贡献，会损害他人的利益。

（2）对功能性限定特征的解释立场

美国 1952 年重新制定的专利法第 112 条第（6）款明确规定，允许在权利要求中采用功能性限定特征：

对于针对组合的权利要求（a claim for a combination）来说，其特征可以撰写为“用于实现某种特定功能的机构或者步骤”，而不必写出实现其功能的具体结构、材料或者动作。采用这种方式撰写的权利要求应当被解释为涵盖了说明书中记载的相应结构、材料或者动作及其等同手段。

采用上述方式撰写的权利要求限定特征在美国被称为“手段 + 功能”限定特征（means plus function limitation），在美国的专利申请中广泛采用，已经成为许多美国专利申请人撰写权利要求的一种习惯。尽管还没有看到其他国家的专利法采用类似规定，但美

[1] 92100810.4 号发明专利。

国专利法的这一规定对全世界都产生了很大影响。

美国专利法第 112 条第（6）款带来的最为突出的问题，就是在专利审查过程中判断新颖性和创造性时以及在专利侵权诉讼过程中确定这种类型的权利要求的保护范围时应当如何解释其中的功能性限定特征，以及这两种情况下的解释立场是否应当彼此一致。

美国 1952 年制定的专利法增加上述规定之后，美国专利与商标局在相当长的时间内一直认为第 112 条第（6）款的最后部分，即“以这种方式撰写的权利要求应当被解释为涵盖了说明书记载的相应结构、材料或者动作及其等同手段”是针对法院判断是否构成侵犯专利权行为而言，而不是针对专利局判断专利申请是否能够被授予专利权而言。美国专利与商标局在专利审查过程中采取对权利要求中的功能性限定特征作宽泛解释的立场，认为这样的特征覆盖了能够实现该功能的所有方式。换句话说，美国专利与商标局认为不应将说明书中记载的实现该功能的具体方式“读入”到权利要求之中。只要某一对比文件记载了能够实现相同功能的技术特征，即使它与说明书中记载的实现该功能的具体方式有很大不同，也应当认为该功能性限定特征已经被该对比文件披露。

美国联邦巡回上诉法院持不同立场，认为根据美国专利法第 112 条第（6）款最后部分的规定，权利要求记载的功能性限定特征应当仅仅覆盖了说明书中所记载的具体结构、材料、步骤及其等同物，至少也要受到具体实现方式的限制。美国联邦巡回上诉法院认为，上述解释立场不仅适用于专利侵权诉讼，也适用于专利审查。美国联邦巡回上诉法院于 1994 年 2 月 14 日对 In re Donaldson 一案以该法院全体法官参加的大法庭方式作出了重要判决，明确指出美国专利与商标局的解释立场是错误的，要求美国专利与商标局向该法院的立场靠拢。❶

在美国联邦巡回上诉法院作出上述判决之后，美国专利与商标局对采用功能性限定特征的权利要求的审查标准作了调整，以便与美国联邦巡回上诉法院的立场保持一致。

从总体上看，美国目前对采用功能性限定特征的权利要求的解释立场是限制其保护范围，而不是扩大其保护范围。由于美国采用了上述解释立场，现在美国有些人认为，对于某些发明来说，采用功能性限定特征的权利要求所获得的保护范围反而会小于直接采用结构特征的权利要求的保护范围，因而是一件不划算的事情。❷

如前所述，世界许多国家的专利制度都经历了专利权保护范围最先以专利说明书的内容为准到以权利要求书的内容为准的演变过程。之所以需要创立权利要求书这样一种特殊的法律文件，是因为说明书的内容涉及发明背景、不同的具体实施方案、发明依据的理论等方方面面，内容常常十分详尽，依据说明书来确定专利权的保护范围十分不便，不利于专利权保护范围的法律确定性。权利要求书以简明的文字将发明技术方案的要素罗列出来，判断是否构成侵权行为时可以采用“按方抓药”的方式，一一核对被控侵权的技术方案是否采用了权利要求记载的技术特征，从而大大方便了专利侵权的判断。美国对功能性限定特征的解释立场从某种意义上说又回到其早期采用的方式。与其采用这种方式，一方面允许申请人在权利要求中写入功能性限定特征，另一方面在解释该特征时又退回到说明

❶ 29 USPQ.2d 1845.

❷ GREGORY MAIER & BRADLEY LYTLE.The Strategic Use of Means-Plus-Function Claims［J］.JPTOS, April 1998: 241, 250.

书，依赖说明书中记载的具体实现方式来确定专利权保护范围，判断被控侵权的技术方案与说明书中记载的具体实现方式是否相同或者等同，何不如直接要求在权利要求中采用具体结构、步骤来限定发明，然后由法官在等同侵权判断过程中将它扩大解释为包括其等同手段？

表征一项发明或者实用新型的直接特征是产品的结构和方法的步骤，这些特征是客观的，“看得见、摸得着”，可以直接与被控侵权产品或者方法进行对比；而“功能”是所采用的结构或者步骤产生的效果或者所起的作用，是表征一项发明的间接特征，其认定有主观因素。即使对相同的产品结构或者方法步骤，其能够产生何种效果或者能起什么作用在不同的人看来有可能是不相同的，难以形成一致的结论。这一点也是允许采用功能性限定特征的弊病所在。

美国司法当局充分认识到仅仅依据权利要求书中记载的功能来判断专利侵权行为是否成立，认为功能性限定特征涵盖了实现该功能的所有方式，在许多情况下都会不合理地扩大专利权的保护范围，导致侵权认定的法律不确定性，从而影响公众的利益，因此采取了上述立场来减少其负面影响。然而，尽管美国司法当局采取了许多补救措施，但是却无法改变其专利法的规定。自美国专利法中写入第 112 条第（6）款的规定以来，在权利要求中采用功能性限定特征成为美国专利申请人的习惯，已成骑虎之势，欲罢不能，只好采取这种别别扭扭的解释方式。

下面谈谈我国对功能性限定特征应当采取何种解释立场。

我国《专利法》及《专利法实施细则》中没有类似于美国专利法第 112 条第（6）款那样的规定，《专利审查指南 2010》明确表明了不提倡采用功能性限定特征的立场，规定对产品权利要求来说，应当尽量避免使用功能或者效果特征来限定发明，只有在某一技术特征无法用结构特征来限定，或者技术特征用结构特征限定不如用功能或效果特征来限定更为恰当，而且该功能或者效果能够通过说明书记载的实验、操作或者所属技术领域的惯用手段直接和肯定地验证的情况下，才允许在权利要求中写入功能性限定特征。尽管如此，在国家知识产权局受理的发明和实用新型专利申请中，权利要求采用功能性限定特征仍然相当普遍，尤其在来自美国的专利申请中更为常见。在此情况下，如何确定我国对权利要求中的功能性限定特征的解释立场，对我国专利制度的正常运作来说十分重要。

如前所述，信号处理、计算机、通讯、电视等技术领域是采用功能性限定特征最为频繁的领域，而这些领域恰好都是近几十年来发展最快、新技术涌现最多的领域。在这些领域中对采用功能性限定特征的权利要求的保护范围作过宽解释，很容易产生作出有限的局部改进就覆盖一大片的现象，对公众，尤其是对专利权人的竞争者会产生过分的限制作用，不利于促进科学技术的发展，这是美国法院采取上述解释立场的根本原因。因此，美国司法当局对功能性限定特征采取上述解释立场是有道理的，值得我国参考借鉴。

从理论上说，对功能性限定特征有两种可能的解释方式：一是在专利审查过程和侵权判断中都认定这种技术特征涵盖了能够实现其功能的一切方式；二是在专利审查过程和侵权判断中都认定这种技术特征仅仅涵盖说明书中记载的实现该功能的具体方式及其等同方式。两种方式各有利弊：前一种方式不利于申请人获得专利，因为按照这种方式，采用功能性限定特征的权利要求被认定不具备新颖性和创造性的可能性大得多，但是一旦获得了专利权，就能获得很宽的保护范围；后一种方式的特点则正好相反。综合考虑各方面的因素，仍以采用后一种方式为宜。

更具体地说，笔者主张对采用功能性限定特征的权利要求采取如下解释立场：

① 权利要求中采用的功能性限定特征不应当按照其字面含义解释为涵盖实现该功能的所有方式，而是应当受专利说明书中记载的实现该功能的具体方式的限制。

② 认定相同侵权成立的条件是：被控侵权技术实现了相同的功能，而且实现该功能的方式与专利说明书中记载的实现该功能的具体方式之一相同。

③ 在认定相同侵权不成立的情况下，可以进一步判断等同侵权是否成立。认定等同侵权成立的条件是：被控侵权技术实现了相同的功能，而且实现该功能的方式与专利说明书中记载的实现该功能的具体方式等同。专利说明书中记载实现该功能的具体方式越多，等同的范围就越大，但是等同的范围不宜扩大到涵盖实现该功能的所有方式。

④ 被控侵权技术实现了与权利要求所记载功能相同的功能，包含被控侵权技术不但实现了权利要求所记载的功能，而且还能够实现其他更多的功能。但是，如果被控侵权技术没有实现权利要求记载的某一功能性限定特征表述的功能，则应当认为既不构成相同侵权，也不构成等同侵权。

⑤ 当说明书中对权利要求中所述的功能性限定特征也仅仅作了功能性的描述，没有公开任何实现该功能的具体实现方式，可以认定该权利要求没有清楚地限定专利保护的范围，因而不符合《专利法》第二十六条第四款的规定；如果致使所属技术领域中的技术人员无法实施该发明，可以认定专利说明书不符合《专利法》第二十六条第三款的规定。不符合上述两条规定的，依照《专利法实施细则》第六十五条的规定，可以请求宣告该专利权无效。

2010 年修改《审查指南 2006》时仍然保留了对权利要求中的功能性限定特征持广义解释的立场，即：

> **对于权利要求中所包含的功能性限定的技术特征，应当理解为覆盖了所有能够实现所述功能的实施方式。**❶

2010 年修改《专利法实施细则》时，专利复审委员会曾极力主张将上述规定写入《专利法实施细则》，但是这一建议未被国务院立法机关采纳。

2009 年颁布的《最高人民法院关于审理侵犯专利权纠纷案件应用法律若干问题的解释》第四条规定：

> **对于权利要求中以功能或者效果表述的技术特征，人民法院应当结合说明书和附图描述的该功能或者效果的具体实施方式及其等同的实施方式，确定该技术特征的内容。**

由此可知，最高人民法院借鉴美国的经验，对权利要求中的功能性限定特征采取了作狭义解释的立场。这样，就导致了在我国授予专利权的过程中和专利侵权判断过程中对权利要求中的功能性限定特征采取不同解释立场的局面。这是不够理想的，应当采取彼此一致的立场。

最高人民法院 2009 年颁布的司法解释施行以来，对如何认定权利要求中记载的功能性限定特征产生了一些疑问。例如，权利要求中记载的诸如“放大器”“变速箱”之类的

---

❶ 国家知识产权局.专利审查指南 2010［M］.北京：知识产权出版社，2010：第二部分第二章 3.2.2.

技术特征，是否应当认定为功能性限定特征？如果是，应当如何解释这些技术特征？

放大器、变速箱等早已是所属领域技术人员普遍熟知、约定俗成的产品名称。从这些技术特征的表述方式来看，所谓“器”“箱”都仅仅表示所指为一种产品，并无实际内涵；到底为何种产品，由“放大”“变速”之类的形容词确定，而这些形容词所表达的显然是该产品的作用或者功能。因此若从广义角度来看，将这些技术特征归结为“功能性限定特征”亦无不当。

当权利要求中采用这类技术特征时，申请人是否需要在说明书中说明其具体结构，这要根据发明创造的性质而定。

如果申请专利的发明创造是对放大器、变速箱本身结构的改进，说明书当然必须写明具体的改进技术方案，否则就不成其为专利申请了；权利要求书也必须记载反映该技术方案的技术特征，而不能仅仅写入诸如放大器、变速箱这类的名词，否则权利要求就只剩下主题名称了。

如果申请专利的发明创造不是对放大器、变速箱本身的改进，而是通过放大器、变速箱与其他零部件的组合，形成另一种具备新颖性和创造性的产品，则显然有所不同。在这种情况下，如果申请人采用的是已知放大器、变速箱，关心的只是放大器放大电信号的功能或者变速箱转换运动速度的功能，在说明书的具体实施方式部分仅仅提及放大器、变速箱就足以满足《专利法》第二十六条第三款关于说明书应当充分完整地公开其发明创造的要求，无需详细介绍其内部结构；如果有必要在权利要求中记载，写明放大器、变速箱之类的名称就足以满足《专利法》第二十六条第四款的要求，也无需对其作进一步解释。此时，无论将这样的技术特征视为功能性限定特征还是一般的结构特征都没有什么不同，因为权利要求书的表述与说明书的表述相同，都仅仅只记载了其名称，即使适用最高人民法院的上述规定，“结合说明书和附图描述的该功能或者效果的具体实施方式及其等同的实施方式来确定该技术特征的内容”，也不会产生不同的结论。

由此可见，当权利要求记载了功能性限定特征时，申请人是否应当在说明书中写明该功能的具体实现方式，其判断依据是《专利法》第二十六条第三款。只有当申请人为了满足该款的要求，在说明书中详细介绍权利要求书记载的功能性限定特征的具体实现方式时，适用最高人民法院的上述规定才有实际意义，因为适用后确定的专利权保护范围与依据功能性限定特征的字面含义确定的保护范围不同。

三、侵犯发明或者实用新型专利权行为的认定

目前，世界各国基本上形成了一种共识，即侵犯专利权的行为包括相同侵权行为和等同侵权行为这两种类型。[1]

（一）相同侵权

相同侵权又称为文字含义上的侵权（literal infringement），是指在被控侵权的产品或

[1] TAKENANKAT TOSHIKO.Interpreting Patent Claim, The U.S., Germany and Japan［M］.Munich:Max Planck Institute,1995.

者方法中能够找出与权利要求记载的每一个技术特征相同的对应技术特征。

相同侵权的判断与新颖性的判断有良好的可比性，从表Ⅰ中可以清楚地看出它们之间的对应关系。

表Ⅰ　相同侵权判断与新颖性判断的比较[1]

新颖性的判断			相同侵权的判断		
权利要求	对比文献	结论	权利要求	被控侵权行为	结论
A,B,C	A,B,C	无	A,B,C	A,B,C	成立
A,B,C,D	A,B,C	有	A,B,C,D	A,B,C	不成立
A,B,C	A,B,C,D	无	A,B,C	A,B,C,D	成立
A,B,C,D	a,b,c,d	无	A,B,C,D	a,b,c,d	成立
a,b,c,d	A,B,C,D	有	a,b,c,d	A,B,C,D	不存在

通过对比可以得出如下结论：判断相同侵权可以借用新颖性的判断方式，更具体地说可以将被控侵权产品或者方法看成是一份对比文献，以此来判断专利权利要求是否具备新颖性。如果认定具备新颖性，则不构成相同侵权；如果认定不具备新颖性，则构成了相同侵权。

表Ⅰ第一行所示，如果被控侵权行为包含的技术特征不多不少，恰好与权利要求记载的技术特征一一对应，当然得出相同侵权成立的结论。然而在现实中，这种完全相同的侵权行为极少发生。

表Ⅰ第二行所示，如果被控侵权行为没有包含权利要求中的某个技术特征，应当得出相同侵权不成立的结论。当然，此时还不能得出侵权指控不成立的最终结论，因为还要继续进行是否构成等同侵权的判断。

表Ⅰ第三行所示，如果被控侵权行为除了包含与权利要求记载的全部技术特征相同的对应技术特征之外，还增加了其他技术特征，则不论增加的技术特征本身或者与其他技术特征相结合能够产生何种功能、效果，均应当得出相同侵权成立的结论。

表Ⅰ第四行所示，权利要求记载了用上位概念表述的技术特征。此时，被控侵权行为人采用的具体实施方式可能与专利说明书表述的该上位概念技术特征的具体实现方式不完全相同，但是依照本条规定的“以其权利要求的内容为准”的原则，只要被诉侵权人采用的具体实现方式落入权利要求记载的该上位概念技术特征的含义范围，则应当得出相同侵权成立的结论。现实中，大多数相同侵权行为都包含这种情况。

表Ⅰ第五行所示的情况，即被控侵权行为采用上位概念而权利要求记载具体实现方式，在现实中并不存在，因为被控侵权行为涉及的都是具体的产品或者方法，其产品结构或者方法步骤都是具体的物品或者具体的操作方式，是螺钉就是螺钉，是铆钉就是铆钉，不可能是什么抽象的“连接部件”，因此不必考虑这种情况。

相同侵权的判断与新颖性判断存在一个区别。根据国家知识产权局《审查指南 2001》

[1] 表中大写字母 A、B、C 表示的技术特征分别是小写字母 a、b、c 所表示的技术特征的上位概念。

的规定，不具备新颖性的情况还包括惯用手段的直接替换。[1]例如，权利要求中包括A、B、C三个技术特征，对比文献公开了A、B、C′ 三个技术特征，如果C与C′ 的可替换性是一种公知常识，则构成了惯用手段的直接替换，仍然不具备新颖性。在专利侵权判断中，最好不要将这种情况列入相同侵权的范畴，用等同原则进行判断更为合适。一件具体的产品所包含的技术信息往往超过一份对比文献，而且都是以具体形式体现而不是用“上位概念”来表述，因此不必担心采用这一立场会不合理地限制构成相同侵权的范围。

除了上述两种情况之外，相同侵权的判断与新颖性的判断是完全对应的。由于我国的专利工作者经过多年的实践已经比较熟悉新颖性的判断原则，这种对比有利于他们理解相同侵权的判断方式。

众所周知，新颖性和创造性的判断之间存在一种层次上的递进逻辑关系：仅仅具备新颖性还不足以表明应当授予专利权，必须进一步判断是否具备创造性；反之，如果不具备新颖性，则无须再判断创造性是否成立，当审查员评论创造性时，就表明他已经承认权利要求具备了新颖性。相同侵权与等同侵权之间也具有类似的递进逻辑关系：相同侵权不成立，并不意味着侵权判断就此结束，还可能需要进一步判断等同侵权是否成立；反之，当相同侵权成立时，则无须再判断等同侵权是否成立，当法官讨论等同侵权问题时，就表明他已经承认相同侵权不成立。但是，这一结论并不意味着判断等同侵权时可以采用判断创造性的标准，对此后面将作详细讨论。

新颖性的判断是一种较为客观的判断，其结论基本上完全取决于事实，一旦得出了不具备新颖性的结论，申请人再作争辩的成功机会很小。同样，相同侵权的判断也是一种较为客观的判断，公众和当事人都有足够的把握预见法院或者管理专利工作的部门的判断结果。相比之下，等同侵权的判断灵活得多，它包含一定程度的主观判断。

（二）等同原则

1. 概　述

本条第一款规定“发明或者实用新型专利权的保护范围以其权利要求的内容为准”。从这一规定出发，从理论上说在专利侵权纠纷案件中应当严格按照权利要求的表述判断是否构成侵犯专利权的行为。但是各国的实践表明，如果过分拘泥于权利要求的文字，常常不能为专利权人提供有效和充分的法律保护。

尽管如前所述，申请人在撰写其权利要求以及专利审批的过程中，应当尽可能地争取获得具有较宽保护范围的权利要求，但是事实上不可能要求申请人在获得专利权的过程中就能够预见侵权者以后可能采用的所有侵权方式。国家知识产权局授予的专利权都要予以公告，这一机制使得所有被授予专利权的发明创造都处在“明处”，而实施他人专利技术而又不愿意支付报酬的人却处在“暗处”，他们往往试图利用专利发明的实质性内容，却又处心积虑地对其中一些部分作出非实质性变动，使其实施行为与权利要求的文字内容相比看起来有所不同。在这样的情况下，如果仅仅因为两者相比存在一些细小不同，就认定不构成侵犯专利权的行为，势必损害专利权人的合法利益，影响整个专利制度的作用。因

---

[1] 国家知识产权局.审查指南 2001［M］.北京：知识产权出版社，2001：第二部分第三章 3.2.3.

此，需要建立一种规则，对权利要求的文字所表达的保护范围作出一定程度的扩展，使专利侵权的判断不至于过分拘泥于权利要求的文字内容。

世界各国对此早有共识，进行了种种探索，先后形成了许多理论，例如英国创立了“发明精髓”原则，德国创立了“总的发明构思”理论等，其作用都在于扩张权利要求的文字表达的保护范围。其中，探讨最为深入、影响最为广泛的是美国建立并逐步发展完善的等同原则。

从不拘泥于权利要求的文字表达的内容这一点来看，等同原则与本条第一款所述“说明书及附图可以用于解释权利要求的内容”存在某种相似之处，但是两者是不同的法律概念，不可将它们混为一谈。后者的作用在于帮助人们正确地理解权利要求的保护范围，经过解释的结果有可能是使权利要求的保护范围比其文字表达的范围更大，也有可能是使其保护范围比其文字表达的范围更小，从某种意义上说是还权利要求以其本来应当具有的含义；前者的作用是在对权利要求的保护范围作正确解释的基础上，进一步扩张权利要求的保护范围，适用等同原则时也可以参考说明书和附图的内容，但是不必仅仅限于说明书和附图的内容，还可以参考所属领域中的技术人员对发明创造的理解、所属领域的技术常识、市场对相关技术的实施应用状况等。因此，“用说明书及附图解释权利要求”并不意味着适用等同原则。

世上完全相同的东西总是很少，而相似的东西就很多。例如世上不可能有两个人体貌完全相同，但相像的人却不少。正如同在专利审查过程中采用创造性来驳回专利申请的概率远大于采用新颖性来驳回专利申请的概率一样，在专利侵权判断中能够认定构成等同侵权的情况也明显多于构成相同侵权的情况，这表明等同原则在侵犯专利权纠纷案件的审理或者处理中占有十分重要的地位。

是否构成侵犯专利权的行为的判断必须兼顾两方面的政策因素：一方面要为专利权人提供切实有效的法律保护，如果不能做到这一点，专利制度就会失去其建立的意义；另一方面要确保专利权的保护范围有足够的法律确定性和可预见性，如果不能做到这一点，就会损害公众的合法权益，影响正常的竞争秩序，其结果反而会阻碍科学技术的进步。两者都至关重要。等同原则是为前者而建立的，然而为了兼顾后者，又不能不对等同原则的适用施加必要限制。两者是一对矛盾，最为重要的是保持其适当平衡。美国建立等同原则近两个世纪以来，对等同原则的探讨从来就没有停止过，这使得等同原则成了美国专利界的永恒话题，先后产生了许许多多的理论，有了数不清的案例和文章专著，大有令人眼花缭乱之感。这些探讨的核心，就在于如何才能更好地实现这一平衡。

等同原则说到底十分简单，不外乎是指当被控侵权行为与权利要求记载的技术方案“基本相似”“差别不大”“实质相同”时，应当认定仍然构成了侵犯专利权的行为。然而，困难之处在于如何对这些本质上就存在模糊之处的说法给出一种尽可能有章可循的判断规则。“等同”与专利审查中的“创造性”、“非显而易见性”概念有相似的性质，各国反复探索，却始终不可能给创造性的判断提供一种机械的判断程式。实践表明，对专利领域中诸如“创造性”“等同”之类不可避免地包含主观判断因素的概念而言，可以也需要建立种种辅助规则，但最终还是只能具体案情具体分析。

2. 等同原则在我国的应用和发展

（1）等同原则的采用

我国在建立专利制度初期就十分注意广泛研究世界各国的专利制度，吸收引进适合我国国情的各种经验，其范围之广，速度之快，堪称落实改革开放方略的典范。其中之一，就是引进了美国建立的等同原则，其目的是为专利权人提供更为充分合理的法律保护。早在 20 世纪 80 年代后期，我国法院和管理专利工作的部门在审理或者处理专利侵权纠纷案件时就已经开始适用等同原则。

经过一段时间的实践，在积累了一定经验的情况下，2001 年颁布的《最高人民法院关于审理专利纠纷案件适用法律问题的若干规定》第十七条规定：

> 专利法第五十六条第一款所称的“发明或者实用新型专利权的保护范围以权利要求的内容为准，说明书及附图可以用于解释权利要求”，是指专利权的保护范围应当以权利要求中明确记载的必要技术特征所确定的范围为准，也包括与该技术特征相等同的特征所确定的范围。
>
> 等同特征是指与所记载的技术特征以基本上相同的手段，实现基本上相同的功能，达到基本上相同的效果，并且本领域的普通技术人员无须经过创造性劳动就能够联想到的特征。

上述规定表明：第一，我国通过司法解释已经正式地引入了等同原则的概念；第二，所谓“等同”应当是指各对应技术特征之间的等同，而不是指专利技术方案与被控侵权行为之间的“整体等同”。

值得注意的是，最高人民法院的上述规定与美国的做法和欧洲的基本建议相比均有不同。与前者的区别在于对等同特征的认定增加了“本领域的普通技术人员无须经过创造性劳动就能够联想到”的限制条件，从而明确了三个“基本上相同”是相对于何人而言的问题，应当说更为合理、全面；与后者的区别在于表明认定等同并非只要能够产生“基本上相同的结果”即可，在“方式”、“功能”、“效果”这三个因素中，“方式”是认定等同最为重要的因素。人所周知，达到基本上相同的结果往往可以有种种不同的方式，如果没有实质上采用权利要求记载的技术方案，则表明被诉侵权人没有利用他人的专利技术，为什么只要结果基本上相同，就应当认定构成等同侵权？正所谓“条条大道通罗马”，等同侵权的判断不能只关心是否达到了“罗马”，而不问是如何到达“罗马”的。

2008 年修改《专利法》时，国家知识产权局最初公布的修改草案征求意见稿曾经建议增加有关等同原则的规定，即：

> 侵犯发明或者实用新型专利权，是指被诉侵权人实施的技术具有与发明或者实用新型专利一项权利要求所记载的一项技术方案的全部技术特征相同或者等同的技术特征。
>
> 等同特征，是指被诉侵权人所实施技术的某个技术特征与发明或者实用新型专利权利要求记载的相应技术特征相比虽有不同，但所属领域的技术人员在侵权行为发生时通过阅读专利说明书、附图和权利要求书，无须经过创造性劳动就能够认识到对应的特征是采用基本相同的手段，实现基本相同的功能，产生基本相同的效果。

在对该征求意见稿进行讨论的过程中，不少人对是否有必要将等同原则写入《专利法》存在疑问。持这种观点的人并非反对建立等同原则，而是认为美国采用等同原则已有百年以上的历史，却始终未将其写入美国专利法；《欧洲专利公约》的修改增加了有关等同原则的简略规定，但是被置于该公约第 69 条的议定书中，而不是置于公约本身的条文中；类似地我国有最高人民法院的司法解释就够了，不必写入《专利法》中。国家知识产权局接受了这一意见，在上报国务院的《〈专利法〉修改草案（送审稿）》中删除了有关等同原则的立法建议。

（2）适用等同原则不允许忽略权利要求记载的技术特征

尽管我国建立专利制度的历史还很短，但是在如何适用等同原则的问题上也同样经历了一个探索的过程。

在适用等同原则来判断是否构成侵权行为时，一个经常遇到的问题是：如果被控侵权行为客体缺少一个或者多个权利要求记载的技术特征，是否还允许得出等同侵权成立的结论？对这一问题的回答与专利权人所能获得的实际保护范围有极大关系。

对此问题，国内外曾经先后出现过多种主张作肯定回答的理论。

“部分侵权”或者“次组合”（Unterkombination）是德国曾经出现过的理论，其含义是指在一项权利要求所限定的技术方案中，可能包含着由其中一部分技术特征所定义的另一个技术方案，后者本身也构成了可以获得专利保护的技术方案。由于这样的技术方案用更少的技术特征予以限定，因此具有更宽的保护范围。例如，一项权利要求保护的是一种自行车，其中除了自行车的其他部件（新的或者已知的）之外，还包括一种新型的传动机构。当他人未经许可而制造、出售这种传动机构时，即使不是用于自行车，法院也可以依据“部分侵权”或者“次组合”理论认定该行为构成了侵权行为。

对于我国来说，“部分侵权”和“次组合”理论是不能采用的，因为它们直接违背了本条第一款关于发明或者实用新型专利权的保护范围应当以权利要求的内容为准的基本原则。“部分侵权”或者“次组合”理论实际上允许法院脱离授权时的权利要求，根据自己对发明创造的理解，用一项权利要求或者数项权利要求中的一部分技术特征重新定义专利权的保护范围。采用这种保护范围确定方式，势必大大削弱权利要求的公示作用，导致公众很难预料法院将会如何重新进行定义，使专利权保护范围的确定成为一件过于灵活和不确定的事情，从而影响正常的经济社会秩序。这显然违背了《专利法》的立法宗旨。《欧洲专利公约》关于该公约第 69 条的著名议定书明确禁止采用这种方式，过去曾经采用这种方式的德国早已摒弃了这种理论，我们没有任何理由重蹈其覆辙。

在我国则出现了“非必要技术特征”和“多余指定”的理论。

“非必要技术特征”理论的产生依据是《专利法实施细则》第二十条第二款的规定，即“独立权利要求应当从整体上反映发明或者实用新型的技术方案，记载解决技术问题的必要技术特征。”该理论认为，上述规定隐含了这样的含义，即在确定专利权保护范围时可以逐个甄别独立权利要求中的每一个技术特征是否为解决技术问题的必要技术特征。如果认定某一技术特征不是必要技术特征，则认为该技术特征可有可无，在确定保护范围时可以将其忽略不计。

“多余指定”原则是我国建立专利制度初期从德国过去的有关概念中引进的，其含义是指如果所属领域中的技术人员在理解权利要求所限定的技术方案时认为该权利要求记载的某一技术特征对于解决发明所要解决的技术问题来说是多余的，则可以依据“多余指定”原则忽略该技术特征，即使被控侵权行为没有采用该技术特征，也可以得出构成侵权行为的结论。

“非必要技术特征”理论和“多余指定”理论的含义基本相同，其出发点都在于认为撰写出恰到好处的权利要求是一件十分困难的事情，申请人有时难免会将本来不应当写入独立权利要求的非必要技术特征写入其中，从而对其保护范围产生不必要的限定，如果不采取这种宽恕政策，在一些情况下就会使专利权人处于不利和吃亏境地。

然而，在笔者见到的美国专利侵权判例中，没有一份是法院原谅专利权人的疏忽大意或者撰写不当，将独立权利要求中的某一技术特征忽略不计，进而认定侵权成立的。德国过去的做法比较灵活，但是也主要是从保护“总的发明构思”的角度出发，而不是从原谅专利权人撰写不当这一角度出发。在欧洲实现专利侵权判断标准的协调统一之后，德国最高法院作出的一系列判决明确表明德国已经放弃了保护“总的发明构思”的做法。人们常将专利权理解为专利权人与国家之间订立的一种“契约”或者“合同”。各国采用的专利审查制度都确保了申请人在授予专利权的过程中享有充分的“意思自治”权利。首先，专利申请文件是申请人自己撰写的，而不是他人强加的；其次，对专利局提出的反对意见，专利申请人可以据理反驳，不予接受；再者，对专利局作出的驳回专利申请的决定，申请人有获得行政和司法救济的途径。一旦经专利申请人同意或者默认，以其现有申请文件为基础授予专利权，专利权人理应受到该“合同”的制约，不能“违约”。法律是严肃的，如果是专利权人自己的失误，就应当承担相应的责任，否则看起来对专利权人是合理了，但是却损害了公众和社会的利益。为了确保专利制度的正常运作，对专利权人提供有效保护不能以牺牲公众利益作为代价。

既然《专利法实施细则》第二十条第二款明确规定独立权利要求记载的是“必要技术特征”，就应当采用这样的推论，即凡是专利权人写入独立权利要求的技术特征，都是其认为的必要技术特征。公众只能根据权利要求的内容判断什么是法律允许的实施行为，什么是法律不允许的侵权行为，他们有权依赖上述推定。将本来依照法律应当视为必要技术特征的特征解释为“非必要技术特征”或者“多余指定”并将它们略去，扩大专利权的保护范围，这违背了“信赖保护”原则，也不符合本条第一款规定的“发明和实用新型专利权的保护范围以权利要求书的内容为准”的基本原则。其实，尽管美国、欧洲、日本的专利法都没有规定独立权利要求中应当记载“必要技术特征”，在解释权利要求时都采用了同样的推论。

《专利法实施细则》第二十条第二款将独立权利要求记载的技术特征称为“必要技术特征”，第二十条第三款将从属权利要求中补充记载的技术特征称为“附加技术特征”。每一项权利要求，不论是独立权利要求还是从属权利要求，都定义了一个独立的保护范围，所谓“从属”，只不过是为了便于审查和公众理解而采用的一种“缩写”撰写方式而已。2009年颁布的《最高人民法院关于审理侵犯专利权纠纷案件应用法律若干问题的解释》第一条已经明确规定，专利权人提起专利侵权诉讼时既可以选择以独立权利要求作为确定其保护范围的依据，也可以选择以从属权利要求作为依据。这表明从保护专利权的角度来看，独立权利要求和从属权利要求实际上具有平等地位。不论专利权人选择独立权利要求，还是选择从属权利要求，法院和管理专利工作的部门都应当尊重专利权人的选择，同时将其选择的权利要求记载的每一个技术特征都看做对其保护范围起限定作用的技术特征。如果允许对独立权利要求的技术特征进行甄别，区分是必要技术特征还是非必要技术特征，那么当专利权人选择以从属权利要求作为起诉的依据时，岂不是可以因为该从属权利要求中补充记载的技术特征都是“附加的技术特征”而不是“必要技术特征”，从而将这些补充技术特征统统忽略不计？由此可见，《专利法实施细则》第二十条第二款和第三款建立的“必要技术特征”、“附加的技术特征”的概念有值得商榷之处。

我国实施《专利法》只有二十多年的时间，公众对专利制度尚不熟悉，一些专利代理人的水平也还有待进一步提高，而且我国有相当比例的专利申请文件是申请人自己撰写的，因此出现权利要求撰写不当现象的可能性比发达国家更大。考虑到这一具体国情，在少数特殊情况下法院或者管理专利工作的部门可以采取某种变通方式，忽略权利要求中的个别技术特征。但是，不应当将这种做法上升为一种“原则”或者一种“理论”，使之成为一种可以普遍地予以适用的规则。轻易地以独立权利要求中的某一技术特征是“非必要技术特征”或者“多余指定”为由予以忽略，其结果不但有损公众的利益，也不利于提高我国专利申请人和专利代理人撰写专利申请文件的能力，不利于提高我国专利制度的整体水平。我国经济正在走向世界，我国的发明创造也势必寻求在其他国家获得专利保护。在此形势下，提高我国专利申请人和专利代理人的素质，使之具备与发达国家相应人员相当的水平极为重要。如果我国专利申请人和专利代理人习惯了在国内通过“非必要技术特征”或者“多余指定”理论得到宽恕，即使撰写不当也有退路，因而不注重提高专利文件撰写能力，今后走出国门是要吃大亏的。

笔者主张，在专利侵权判断中不宜由法院或者专利行政部门主动认定独立权利要求中的某一技术特征为“非必要技术特征”或者“多余指定”。必要时，应当由专利权人提出请求，陈述为什么认为独立权利要求记载的某一技术特征是非必要技术特征以及当初为什么将其写入独立权利要求，同时必须给被诉侵权人提供对此陈述意见的机会。只有当专利权人提供了令人信服的理由，例如说明书的有关内容已经清楚表明独立权利要求记载的某一技术特征并非必要技术特征，而且被诉侵权人提出的反对意见（这种意见不应当仅仅是强调必须以权利要求为准之类的原则性意见，而是从技术角度出发作出的具体分析）没有说服力时，才能同意忽略权利要求中的个别技术特征。另外，被忽略的技术特征只能是个别技术特征，数量不能过多。例如，一项权利要求记载了十个技术特征，专利权人强调其中某一技术特征是原本不该写入或许能使人信服；如果总共只记载了五个技术特征，而专利权人主张其中两个技术特征原本不该写入，则难以使人信服。

最高人民法院于 2005 年 8 月 22 日对不服辽宁省高级人民法院二审判决而提出的专利侵权纠纷再审案件作出了判决，指出：

> 首先，从权利要求书的撰写要求看，《专利法实施细则》第二十条和第二十一条明确规定，权利要求书应当清楚、简要地表述请求保护的范围。权利要求书应当有独立权利要求。独立权利要求应当从整体上反映发明或者实用新型的技术方案，记载解决技术问题的必要技术特征。应当认为，凡是专利权人写入独立权利要求的技术特征，都是必要技术特征，都不应当被忽略，而均应纳入技术特征比较之列。本院不赞成轻率地借鉴适用所谓的“多余指定”原则。其次，从权利要求书的作用看，根据《专利法》第五十六条第一款的规定，发明或者实用新型专利权的保护范围以其权利要求的内容为准。权利要求书的作用是确定专利权的保护范围，即通过向公众表明构成发明或者实用新型的技术方案的全部技术特征，使公众能够清楚地知道实施何种技术会侵犯专利权，从而一方面为专利权人提供有效合理的保护，另一

方面确保公众享有实施技术的自由。只有对权利要求书所记载的全部技术特征给予全面、充分的尊重，社会公众才不会因权利要求内容不可预见的变动而无所适从，从而保障法律权力的确定性，从根本上保证专利制度的正常运作和价值实现。

这一判决已经清楚地表明了最高人民法院对“非必要技术特征”或者“多余指定”理论的慎重立场。

2009年颁布的《最高人民法院关于审理侵犯专利权纠纷案件应用法律若干问题的解释》第七条第二款规定：

被诉侵权技术方案包含与权利要求记载的全部技术特征相同或者等同的技术特征的，人民法院应当认定其落入专利权的保护范围；被诉侵权技术方案的技术特征与权利要求记载的全部技术特征相比，缺少权利要求记载的一个以上的技术特征，或者有一个以上技术特征不相同也不等同的，人民法院应当认定其没有落入专利权的保护范围。

这一规定从司法解释的更高法律层次明确表明在适用等同原则时不允许忽略权利要求记载的技术特征。

“整体等同”理论是美国联邦巡回上诉法院在20世纪80年代初期建立的一种理论。根据这种理论，“等同”可以分为两种情况：一是对应技术特征之间的等同，也就是被控侵权行为的某一或者某些特征与权利要求记载的对应技术特征有所不同，但如果两者“以基本上相同的方式，实现基本上相同的功能，产生基本上相同的效果”，则可以得出构成等同侵权行为的结论；二是整体等同，也就是被控侵权行为缺少权利要求记载的某一或者某些技术特征，也没有采用替代物或者替代步骤，但是如果将被控侵权行为的客体与专利技术分别作为一个整体看待并进行对比分析，认为两者“以基本上相同的方式，实现基本上相同的功能，产生基本上相同的效果”，仍然可以得出构成等同侵权行为的结论。显然，整体等同的理论扩展了等同原则的适用范围，对专利权人十分有利。

与前面所说的“部分侵权”“分组合”“多余指定”“非必要技术特征”相比，整体等同理论更为高明。它既不是强硬地主张抛开授权时的权利要求，由法官自行确定一项新的权利要求，从而直接与“以权利要求的内容为准”的基本原则相撞，也不是主张由专利权人请求法院原谅其失误，从而使专利权人处于一种软弱的地位，而是指出尽管没有采用权利要求记载的某一技术特征，但是从总体来看被控侵权行为的客体与权利要求限定的技术方案相比没有实质性区别，应当认为构成了侵权行为。因此，可以说整体等同理论是主张忽略权利要求中某些技术特征的最为有力的理论。

但是需要指出的是，如果允许采用“整体等同”理论，其实际结果与采用“非必要技术特征”或者“多余指定”原则理论并无本质区别，因为略为精明一点的专利权人或者专利代理人都知道：与其争辩某一技术特征是非必要技术特征，写入该特征是自己的失误，请求法院予以宽恕，还不如争辩即使没有该特征，被控侵权行为客体仍然与专利发明在整体上等同。由前一种争辩理由切换到后一种争辩理由只不过是换一种说法而已，在绝大多数情况下都是易如反掌的事情，但是听起来却理直气壮多了。假如换了一种说法就比较容易为法官所接受，那么人人都会采用后一种争辩理由了。

2009 年颁布的《最高人民法院关于审理侵犯专利权纠纷案件应用法律若干问题的解释》第七条规定：“被诉侵权技术方案的技术特征与权利要求记载的全部技术特征相比，

缺少权利要求记载的一个以上的技术特征，或者有一个以上技术特征不相同也不等同的，人民法院应当认定其没有落入专利权的保护范围。”这一规定表明，不能通过采用整体等同理论忽略权利要求记载的技术特征。

归纳起来，应当避免这样的认识，即强化和完善专利制度，就意味着应当多多地照顾专利权人。提高专利保护范围的确定性，使公众能够较为确切地知道保护范围的界限，便于他们自觉地避免采取侵权行为，这本身就是强化专利保护的重要措施。建立遵纪守法、尊重知识产权的良好社会氛围，这是知识产权制度更为基本的任务，也是我国目前与发达国家相比最为主要的差距。在 WIPO 协调各国专利法的进程中，发达国家大力宣扬“对专利制度的用户友好”（user friendly）的口号，主张无论在专利审查的程序性条件方面，还是在实体性条件方面都要尽可能地有利于专利申请人。这一口号看起来有点像在提倡“全心全意为人民服务”，却无法掩饰从中受益最多的是占跨国提出申请中绝大多数的发达国家公司企业这一事实。诚然，各国专利局应当尽量克服官僚主义作风，在办理专利申请手续方面尽可能为专利申请人提供便利条件；但是在授予专利权和保护专利权的实体条件方面仅仅将专利申请人和专利权人视为专利制度的“用户”是狭隘和有害的。广大公众也是专利制度的“用户”，不能置他们的利益于不顾。

（3）应用“全部技术特征规则”需要注意的问题

所谓“全部技术特征规则”，应当是指权利要求记载的每一个技术特征。等同原则应当分别适用于每一技术特征，而不是将它们混在一起进行判断。被美国联邦最高法院否定的“整体等同”理论实际上就是主张将权利要求记载的多个技术特征混在一起进行判断。

适用“全部技术特征规则”会遇到一个问题，即应当如何划分权利要求中的技术特征。

由于不同领域的科学技术有很大差别，权利要求中技术特征的表达方式也是多种多样的。许多权利要求并没有清楚地以 A、B、C、D 的方式划分出不同的技术特征，需要判断者进行划分。技术特征的划分方式不同，技术特征的数量以及每一个技术特征的含义就会不同，适用等同原则的结论也就会有所不同。

美国专利领域中的权威著作 Chisum on Patents 提到了这一问题并举了一个例子。[1]假设有人要求对一种具有六个侧面的鼻烟壶获得专利保护，他可以采用不同的权利要求撰写方式。一种方式是“一种鼻烟壶，包括第一侧面、第二侧面、第三侧面、第四侧面、第五侧面、第六侧面”；另一种方式是“一种六面体鼻烟壶”。假如有人制造了一种具有五个侧面的鼻烟壶，当专利权人主张等同侵权时，依据上述两种以不同方式撰写的权利要求，判断的结果可能会有所不同。前者被认为包括六个技术特征，如果认定侵权成立，则实际上忽略了其中一个技术特征，这是美国联邦最高法院的判决所明确禁止的；后者只包括一个技术特征，适用等同原则时可以判断五个侧面的鼻烟壶与六个侧面的鼻烟壶是否“以基本上相同的方式，实现基本上相同的功能，产生基本上相同的效果”，如果结论是肯定的，则可以认定等同侵权成立。

---

[1] DONALD S. CHISUM. Chisum on Patents［M］. Volnum 5A, Chaperter 18, 18.04 ［1］［b］［i］.

这样，针对同样的发明创造，仅仅因为权利要求的表达方式不同，判断结论就会截然相反。

上面的例子是一种假想的例子，但是现实中的确存在这样的问题，笔者举一个可能遇到的实例。有人就一种新的电子产品获得了一项专利权，其权利要求包括如下层次的限定内容：

① 指明该产品由振荡电路、调制电路、控制电路三部分组成；

② 指明每一个电路所包含的元件以及连接关系；

③ 指明其中一些元件的性能和参数。

依据上述权利要求进行等同侵权的判断时，有可能采用不同的技术特征划分方式。

一种可能是认为该权利要求只包括三个技术特征，即三个组成电路，而将每一电路的组成元件、连接关系以及元件的性能和参数均视为该技术特征的内涵，不视为单独的技术特征。

另一种可能是将三个电路中的各个元件及其连接关系都视为单独的技术特征，而将元件的性能和参数视为该技术特征的内涵，不视为单独的技术特征。

再一种可能是将三个电路、所有的元件及其连接关系、元件的性能和参数都视为不同的技术特征。

显然，划分出的技术特征数量越少，每一个技术特征的内涵越大，就越容易得出等同成立的结论，因为这相当于将对一部分技术限定的组合采取类似于“整体等同”的判断。

这样，即使针对同一个权利要求，采用不同的技术特征划分方式，等同的判断结论也会有所不同。

显然，上述两个例子的结局的都是我们不希望看到的。如果等同原则的适用如此依赖于权利要求的撰写技巧和解释方式，专利权的保护岂不是成了一种文字游戏？

我国法院和专利行政部门在审理专利侵权案件时，为了便于比较权利要求保护的技术方案与被控侵权产品或者方法之间的异同，通常采用列表的方式将权利要求的内容逐项列出，然后分别与被控侵权产品或者方法的相应部分进行对比。这种方式使专利侵权判断更加有条理，能够防止疏忽遗漏权利要求中的有关限定特征，因此是一种值得推荐的方式。不同的人作出的列表在特征数量、划分层次上很可能不尽相同，这是很自然的事情，不可能要求每一个人的思路都完全一样。但是应当强调的是，无论以何种方式划分技术特征，在适用等同原则时都不应当产生将权利要求记载的某一限定条件忽略不计的结果。

等同原则只有在被控侵权产品或者方法与权利要求的文字记载存在某个或者某些区别的情况下才需要予以适用。因此，适用等同原则时的分析重点应当放在这些区别点上，至于相同之处是五个还是十个并不重要。对每一个区别点都应当单独地进行对比分析，如果认定被控侵权行为没有以相同的方式再现权利要求的某一技术特征，则只有当被控侵权行为的客体有某一组成部分或者有某一组成部分与其他组成部分相配合，以与权利要求记载的那一技术特征以基本上相同的方式，实现基本上相同的功能，产生基本上相同的效果，才能得出构成等同侵权行为的结论。

采用上述判断方式，能够将权利要求技术特征的不同划分方式对判断结果产生的影响降到最小程度，提高等同侵权判断的法律确定性。

另一个问题是：依照“全部技术特征规则”判断等同，是否需要权利要求记载的技术特征与被控侵权产品或者方法采用的相应技术特征之间存在一一对应的关系？

在实际案件中可能会遇到如下情况：[1]

① 权利要求记载的是一个部件或者步骤，而被控侵权产品或者方法采用两个或者多个部件或者步骤实现相应的功能；

② 权利要求记载的是两个或者多个部件或者步骤，而被控侵权产品或者方法采用一个部件或者步骤实现相应的功能；

③ 权利要求记载的是一种直接的关系或者连接，而被控侵权产品或者方法通过加入另外的部件或者步骤，采用的是间接的关系或者连接；

④ 对权利要求记载的结构、位置，被控侵权产品或者方法以反相或者颠倒（reversed or transposed）的方式予以实现。

在上述情况下，如果十分严格地要求在技术特征之间必须有一一对应的关系，就会得出不构成等同侵权行为的结论。

笔者主张，强调各个技术特征之间的等同，并不意味着要求各个技术特征之间必须是一一对应的关系，权利要求记载了A、B、C、D四个技术特征，被控侵权物就必须有四个技术特征，即使不是A、B、C、D，也必须是A′、B′、C′、D′。这种要求过于呆板了。假如被控侵权的产品或方法包括A″、B″、C″三个技术特征，由于A″与A、B″与B、C″与C之间的变化以及其相互之间的配合关系，使A″+B″+C″构成的技术方案实际上也包含了权利要求记载的技术特征D所起的作用，而且这种变化对于所属领域技术人员来说是显而易见的，则仍然可以认为构成了等同侵权行为。换言之，在这种情况下认定等同成立并没有忽略技术特征D。如果A″+B″+C″的组合不能产生技术特征D所产生的效果，则不宜认为构成等同侵权行为。

举一个假设的例子说明上述观点。假如一项独立权利要求中写入了“采用螺钉将两块板固定在一起”的技术特征。如果被控侵权的产品中也采用了两块板，但不是采用螺钉，而是采用铆钉将它们固定在一起，可以认为是具备了与该特征相等同的特征，构成了等同侵权；如果被控侵权的产品中既没有采用螺钉，也没有采用铆钉，但是利用两块板与其他部件之间的配合方式，使得它们的相对位置得到固定，也可以认为构成了等同侵权。在后一种情况下，等同侵权结论的得出没有违反“全部技术特征规则”，因为两块板与其他部件之间的配合关系同样起到了“采用螺钉将两块板固定在一起”这一技术特征的作用，可以视为等同。

（4）等同范围的宽窄问题

适用等同原则，有一个等同范围的宽窄问题。对不同领域或者不同性质的发明创造，等同范围是否应当有所不同？对此问题的回答对等同原则的适用也十分重要。

对等同范围的宽窄问题有两种说法，一是“开创性发明”可以享受较宽的等同范围；二是对“变劣发明”应当从严认定侵权。下面分别进行讨论。

任何人都承认，从对科学技术进步和社会进步产生的促进作用来看，对高压锅密封圈

---

[1] DONALD S. CHISUM. Chisum on Patents [M]. Volnum 5A, Chaperter 18, 18.04 [1] [b] [Ⅲ].

的改进显然不能与晶体管的发明相提并论。人们会很自然地想到，在适用等同原则时，对意义重大的开拓性发明（pioneer invention）是否应当采用与一般改进性发明不同的水准。

在专利审查过程中评判创造性时也存在“开拓性发明”一说。《专利审查指南 2010》指出：

> **开拓性发明，是指一种全新的技术方案，在技术史上未曾有过先例，它为人类科学技术在某个时期的发展开创了新纪元。**
>
> **开拓性发明同现有技术相比，具有突出的实质性特点和显著的进步，具备创造性。例如，中国的四大发明——指南针、造纸术、活字印刷术和火药。此外，作为开拓性发明的例子还有：蒸汽机、白炽灯、收音机、雷达、激光器、利用计算机实现汉字输入等。**❶

美国专利领域的权威著作指出：

> 任何一项有效专利与现有技术相比都应当具有非显而易见的进步，专利法设计的专利制度不需要由专利局或者法院对一项发明的学术价值、社会价值和经济价值作出判断，而应当由社会公众和市场判断。因此，从定量的角度来说，所有的专利权利要求都应当享受同样的等同范围。❷

关于“同样的等同范围”的含义，该著作引用了美国联邦索赔法院（Fedreal Court of Claims）1967 年作出的一份判决中的有关论述。❸该判决作了一个形象的比喻：假设对所有专利适用等同范围的相对值都是 50%（也就是允许对权利要求文字表达的保护范围作 50%的扩张，这显然是一种夸张的说法），那么对一项保护范围绝对值为直径 6 英尺的开拓性发明来说，它能享受的等同范围就是 3 英尺；而对一项保护范围绝对值为直径 2 英尺的改进性发明来说，它能享受的等同范围就是 1 英尺。采用这种方式，一方面，就等同范围的相对值而言，对所有专利来说都是平等的，没有任何歧视；另一方面，就等同范围的绝对值而言，开拓性发明能够享受更宽的保护。

美国联邦巡回上诉法院 1999 年作出的一份判决对上述分析思路作了更为深入的阐述：

> 本案专利权人引用本法院早期关于开拓性发明应当享受更宽的等同范围的论述，主张其发明属于开拓性发明，因而应当得到更为宽泛的保护。首先，本法院注意到没有客观的法律标准可以用于区分开拓性发明和改进性发明。其次，本法院或者美国专利与商标局都不可能预测一项技术的未来状况，因而不能判断一项发明是否具有开辟一个崭新领域的可能性。然而，专利权保护范围的周边限定机制本身就能最好地区分开拓性发明和改进性发明。开拓性发明的专利权人通过撰写出具有更宽保护范围的权利要求，就能够获得对其所作贡献的充分回报。对于开拓性发明来说，由于不存在现有技术的限制，自由空间广阔，因此其专利权人可以撰写出保护范围很宽的权利要求；对于改进性发明来说，由于受现有技术的限制，自由空间有限，其专利权人只能撰写出保护范围较小的权利要求。此外，开拓性发明的专利权人一般也不必担心禁止反悔原则对适用等同原则的限制，因为禁止反悔的适用大多由于专利申请人为了避开审查员引用的对比文献而进行有关修改或者意见陈述而导致。❹

---

❶ 国家知识产权局.专利审查指南 2010［M］.北京：知识产权出版社，2010：第二部分第四章 4.1.

❷ DONALD S. CHISUM. Chisum on Patents［M］. Volnum 5A, Chaperter 18, 18.04 ［2］［c］.

❸ Autogiro Co. of America v. United States (1967).

❹ Augustine Medical, Inc. v. Gaymer Industries， Inc. (1999).

笔者赞成上述观点。表明一项发明属于开拓性发明的最好证据莫过于专利权人自己撰写的说明书和权利要求书本身。任何申请人撰写权利要求时很自然地会寻求尽可能宽的保护范围。然而，专利权保护范围的大小不可能随心所欲，对撰写权利要求的最大制约莫过于现有技术。有相关现有技术摆在眼前，申请人就不能一厢情愿地追求过宽的保护范围，否则将“螳螂捕蝉、黄雀在后”，给自己留下后患。开拓性发明的最大特点在于几乎找不到相关现有技术或者相关现有技术很少。此时，可谓“海阔凭鱼跃，天高任鸟飞”，专利申请人可以纵横驰骋，撰写出保护范围很宽的权利要求。发明创造的创新程度越高，专利权人所能获得的保护范围就越广阔，专利制度正是通过这种机制“自动”地为作出开拓性发明的人提供更为丰厚的回报。

因此，在判断是否构成侵犯专利权的行为时，不需要依赖行政部门或者司法部门人为地认定一项发明属于开拓性发明还是改进性发明。换言之，如果确实是一项开拓性发明，则自然能够从法律允许撰写的宽泛权利要求中获益，无须由行政或者司法当局提供优惠照顾。同理，在专利审查过程中判断创造性时，也不需要审查员人为地判断一项发明是开拓性发明还是改进性发明，因为构成一项开拓性发明的最好证明就是任凭审查员“排空驭气奔如电，升天入地求之遍”也找不到相关现有技术。在此情况下，只要专利申请文件符合有关撰写要求，就必定能够被授予专利权。

所谓“变劣发明”，是指被诉侵权人为了躲避承担侵犯他人专利权的责任，在基本上采用专利发明实质性内容的情况下，故意略去专利权利要求中个别必要技术特征，使其实施的技术方案变为在性能和效果上均不如专利技术方案的变劣技术方案。一种观点认为，如果被诉侵权人的行为具有这种性质，则应当从宽适用等同原则，认定构成侵犯专利权的行为。

对此观点，有商榷的必要。

首先，任何人避开他人专利权保护范围的意图和行为并无可以指责之处。尽管《专利法》鼓励新技术的推广应用，但是《专利法》不仅没有规定任何单位、个人有实施他人专利技术的义务，甚至也没有规定专利权人有实施自己的专利技术的义务。[1]相反，《专利法》第十一条规定，在授予专利权后，任何单位或者个人未经专利权人许可都不得实施他人的专利技术。这表明，《专利法》规定任何单位或者个人有未经许可不得实施他人专利技术的义务。与规避法律规定的应当有所作为的义务（例如服兵役的义务、依法纳税的义务、赡养老人的义务等）不同，履行《专利法》第十一条规定的不得有所作为的义务，也就是避免作出侵犯他人专利权的行为，正是专利制度所希望的。专利制度旨在建立这样一种社会规范，即任何单位或者个人在实施一项技术之前，都应当事先对仍然有效的专利进行检索，以避免作出侵犯他人专利权的行为。一旦检索的结果表明实施该技术会侵犯他人的专利权，实施者理应设法避免侵权行为发生，其措施不外乎一是放弃实施，二是获得专利权人的许可，三是改变行将实施的技术，脱离专利权利要求的保护范围。无论采用哪种措施都是正当的，都是法律所允许的。

---

[1] 我国1984年制定的《专利法》第五十一条规定：“专利权人负有自己在中国制造其专利产品、使用其专利方法或者许可他人在中国制造其专利产品、使用其专利方法的义务。”这一规定不符合专利制度的本质，也不符合国际惯例，因而在1992年修改《专利法》时已经将该规定删除。

其次，判断他人实施的技术是否落入专利权的保护范围是将其实施的技术与专利权利要求的内容进行比较，该判断结论的得出与实施者的主观意图无关。我国《专利法》没有区分故意侵权、过失侵权以及无过错侵权行为。有的国家（例如美国）虽有区分，但所区分的也是认定侵权行为成立后侵权者应当承担的民事责任，例如规定故意侵权者要承担更高的损失赔偿，而不是在判断被控行为是否落入专利权保护范围的标准上有什么不同。不论是故意，还是过失，实施者实施的技术都是一种客观事实，判断是否落入专利权的保护范围的标准不应该因为行为人的主观意愿不同而不同。

再者，一般说来，实施者改变其行将实施的技术，使之脱离专利权保护范围，可能产生两种结果：一是改变后的技术与专利技术相比"变优"了，也就是不但脱离了专利权的保护范围，而且在功能或者效果上比专利技术更加先进；二是改变后的技术与专利技术相比"变劣"了，也就是虽然脱离了专利权的保护范围，但是其功能或者效果变差了。任何人但凡有可能，定会选择前者而不是后者，因为真正"变劣"的技术与专利技术相比不可能具有市场优势，不会产生好的经济效益。假如有人不具备设计出"变优"技术方案的条件和能力，为了避免侵犯专利权，只好采用"变劣"技术方案，可以说是迫于专利权"威力"之下的无奈之举。只要按照侵权判断规则认定该方案确实脱离了专利权的保护范围，就应当得出不侵犯专利权的结论。在行为人有意避免侵犯他人专利权，其实施的技术缺少专利权利要求记载的必要技术特征的情况下，仅仅因为其功能或者效果不如专利技术，就认为是一种蓄意逃避专利侵权责任的恶意行为，"有好的不用，实在可恶"，主张从宽适用等同原则，认定构成侵犯专利权的行为，这实际上具有对行为人进行处罚的性质。这种处罚在法律上没有依据。在市场经济体制下，实施落后技术的人受到的惩罚应当是市场竞争规律的惩罚，而不是行政或者司法当局的处罚，除非实施行为同时违反了有关法律的明确规定，例如污染了环境、导致了安全事故等。但是，在这些情况下进行处罚应当依据其他相关法律作出，而不是依据《专利法》作出。

还有，对"变劣"的概念本身也有进行探讨的必要。判断一项技术与专利技术相比是"变优"还是"变劣"，取决于判断的角度和价值取向。采用不同的判断角度和价值取向，判断的结论就会有所不同。例如，一项产品权利要求记载的某个必要技术特征的作用在于方便该产品的使用。如果实施者省略了该技术特征，从使用方便的角度来看与专利技术相比是"变劣"了，但是从结构简单、价格低廉的角度来看却是"变优"了。总体上看是"变劣"还是"变优"，取决于判断者看重哪一点，很难有一个绝对的说法。世上少有只有优点，没有缺点的事物。发明人在对现有技术作出改进时，常常有所得也有所失，只要认定申请专利的技术方案在某一方面确有改进，具有实质性特点和进步，就不会因为该技术方案在实现其改进的同时还伴随了在其他方面带来的相应缺点而拒绝授予专利权，只要该缺点没有严重到导致该技术方案不可实施的程度即可。既然授予专利权时对申请人能够采取这种宽容态度，看不出在判断专利侵权时有什么理由对公众如此苛刻。

最后，应当指出的是，主张"改劣发明"构成侵犯专利权的行为，其实质仍然是忽略权利要求记载的技术特征。依照这种理论，一旦认定为"改劣"，不但可以忽略非必要技术特征，甚至还可以名正言顺地忽略必要技术特征，其偏离本条第一款规定的"发明和实用新型专利权的保护范围以其权利要求的内容为准"的程度比依据"多余指定原则"忽略非必要技术特征更大。

基于上述理由，笔者不赞成对“变劣发明”应当从严认定侵权的观点。

最高人民法院 2009 年 10 月 30 日对一再审案件作出的判决指出：

> 人民法院在判断被控侵权技术方案是否落入专利权保护范围时，应当将被控侵权技术方案的技术特征与专利权利要求记载的全部技术特征进行对比。如果被控侵权技术方案缺少专利权利要求记载的一个或者一个以上的技术特征，或者被控侵权技术方案有一个或者一个以上的技术特征与专利权利要求记载的相应技术特征不相同也不等同，人民法院应当认定被控侵权技术方案没有落入专利权的保护范围。被控侵权技术方案因缺少专利一项以上的技术特征而导致技术效果的变劣，不是专利侵权判断时应当考虑的因素。❶

将上面关于“开拓性发明”和“变劣技术”的讨论总结起来，其核心都在于强调遵循本条第一款关于专利权保护范围以权利要求的内容为准的法律规定，这是保障发明和实用新型专利制度正常运作的基石。

（三）禁止反悔原则

1. 概　述

在专利申请的审查过程中，申请人针对其专利申请作出的修改和针对审查通知作出的意见陈述有可能会对其专利权保护范围产生一定限制作用。这种限制作用体现在禁止专利权人将其在审批过程中通过修改或者意见陈述所表明的不属于其专利权保护范围之内的内容通过适用等同原则重新囊括到其专利权保护范围之中。这就是所谓“禁止反悔”原则。

禁止反悔原则旨在防止专利权人采用出尔反尔的策略，即在专利审查过程中为了获得专利权而对其保护范围进行了某种限制，或者强调权利要求中某个技术特征对于确定其新颖性、创造性如何重要；在侵权诉讼中又试图取消所作的限制，或者强调该技术特征可有可无，试图通过适用等同原则扩大其保护范围，从而“两头得利”。有人形象地将这种策略比喻为“在无效宣告程序中的温顺小猫出了门就成了勇猛的老虎”。❷

禁止反悔是民事诉讼中经常采用的原则，但是专利侵权诉讼中采用的禁止反悔原则有其独特之处。为了便于区分，美国将专利侵权诉讼中的禁止反悔原则称为“审批过程导致的禁止反悔”(prosecuton history estoppel)。众所周知，在授予专利权之后，各国专利局要公告授权专利文本，包括说明书、附图以及权利要求书，它们是判断是否构成侵犯专利权行为的依据。但是，从公告的授权文本中不可能找出适用禁止反悔原则的依据，因为授权文本不会反映专利权人在审批过程中进行的修改和意见陈述。换言之，授权文本只能反映审查的结果，而不能反映审查的过程。因此，要适用禁止反悔原则，就必须查阅专利局保存的申请案卷。正因为如此，美国过去将禁止反悔原则称为“申请案卷导致的禁止反悔”(file wrapper estoppel)。为了方便起见，下面将其简称为“禁止反悔”。

应当指出的是，禁止反悔原则只是对本条第一款规定的“专利权的保护范围以其权利要求的内容为准”的一种补充，不可能超越这一专利法最为基本的原则。这一点体现在当相同侵权成立时，一般无须考虑禁止反悔原则。换言之，当被控侵权行为客体落入权利要

---

❶ 最高人民法院［（2008）民提字第 83 号］,《最高人民法院知识产权案件年度报告（2009）》第 5 页。

❷ 德国律师 Bernhard Geissie 对德国最高法院 Formstein 一案判决所作的评述，参见 IIC Vol. 18, No. 6/1987： 802, 804。

求的文字所表达的保护范围时，可以径直得出侵权行为成立的判断结论，无须调查申请档案中有关专利审查过程的记录，因为无论在审批过程做了些什么或者说了些什么，都不应当影响相同侵权的判断结论。这表明，一项授权专利的权利要求文字表达的保护范围是专利权人应当享受的最低程度的保护，除非该专利权随后被宣告无效，否则不能剥夺专利权人获得这种最低保护的权利。在相同侵权不成立，需要进一步判断等同侵权是否成立时，才需要考虑禁止反悔原则。如前所述，适用等同原则的结果就是拓展权利要求文字表达的保护范围，很自然会产生允许作何种程度的拓展的问题。禁止反悔原则的核心就在于依据申请人在审查过程中进行的修改和意见陈述来限制对权利要求文字表达的保护范围的拓展。因此，可以认为禁止反悔原则的作用正好与等同原则相反。❶两者相辅相成，共同确保对专利权人提供既充分又适度的法律保护。

在专利领域，率先采用禁止反悔原则的也是美国。作为与等同原则相辅相成的一种规则，随着等同原则在美国的不断发展，禁止反悔原则在美国也经历了一个不断完善的过程。

禁止反悔原则在许多国家的专利侵权诉讼中得到了应用。虽然我国《专利法》中没有关于禁止反悔原则的明确规定，但是一些法院和专利行政部门在专利侵权纠纷案件的审判和处理实践中已经作出了一些适用禁止反悔原则的判例。❷ 2009 年颁布的《最高人民法院关于审理侵犯专利权纠纷案件应用法律若干问题的解释》第六条明确规定在专利侵权纠纷案件的审理中引入禁止反悔原则，对完善我国的专利制度具有十分重要的意义。

2. 禁止反悔原则的适用原理

适用禁止反悔原则所依据的是专利申请人在授予专利权之前的专利审批程序中（包括专利复审程序）以及专利权人在授予专利权之后的无效宣告请求程序中对专利申请文件或者专利文件作出的修改以及所陈述的意见。国家知识产权局在上述过程中发出的审查意见通知书、复审通知书、无效宣告请求审查通知书以及其他当事人的意见陈述可以作为依照本条第一款规定对权利要求的内容进行解释的内在证据，但是不能作为适用禁止反悔原则的依据，因为这些文件或者意见不是专利申请人或者专利权人自己作出的，不能作为专利申请人或者专利权人的意思表示，因而不存在“反悔”一说。

导致适用禁止反悔原则最为常见的情况是申请人在专利审批过程中对其申请文件，尤其是对权利要求进行的修改。

几乎在每一件发明专利申请的实质审查过程中，审查员都会要求申请人对其权利要求书进行修改。例如，申请人一开始提交的独立权利要求包含 A、B、C、D 四个技术特征，审查员引用相关对比文献，指出该权利要求不具备创造性，因而不能予以批准。申请人为了克服审查员指出的缺陷，使其独立权利要求所要保护的技术方案与审查员引用的现有技术形成足够大的区别，将独立权利要求修改为包含技术特征 A、B、C′ 、D′ ，从而获得了审查员的同意。假如申请人一开始提交的独立权利要求就包含 A、B、C′ 、D′ 这四个技术特征，没有经过修改就被授予专利权，那么专利权人在专利侵权诉讼中或许有可能说服法官，使之相信包含 A、B、C、D 四个技术特征的实施行为构成了对其专利权的等同侵权。

---

❶ DONALD S. CHISUM.Chisum on Patents［M］.Vol. 5A, 18.05.

❷ 程永顺，罗李华.专利侵权判定：中美法条与案例比较分析［M］.北京：专利文献出版社，1998：209-236.

但是由于进行了上述修改，情况就有所不同了。专利权人为了满足创造性的规定而将 A、B、C、D 修改为 A、B、C′、D′，这可以用作证据，表明专利权人已经承认由 A、B、C、D 构成的技术方案不符合授予专利权的实质性条件，或者说他已经放弃了由 A、B、C、D 构成的技术方案，这意味着应当排除将这样的技术方案纳入专利权保护范围之内的可能性，不允许专利权人在专利侵权诉讼中通过主张适用等同原则，将其重新囊括在专利权保护范围之内。这就是禁止反悔原则的作用所在。

如果被控侵权行为包含 A、B、C′、D′ 四个技术特征，则构成了相同侵权，这一结论丝毫不会受禁止反悔原则的影响。由此可见，适用禁止反悔原则并不违反“以权利要求的内容为准”的基本原则，而仅仅是对适用等同原则的一种限制。

可能有人认为，按照上述分析，在授权专利的权利要求同样包含 A、B、C′、D′ 这四个技术特征的情况下，经过修改和没有经过修改结论就有所不同，岂不是成了一种文字游戏？事实并非如此，两者之间的区别在于：在前一种情况下，审查员援引现有技术对包含 A、B、C、D 四个技术特征的原始权利要求进行了审查，得出了它不具备创造性的明确结论，申请人没有对这一结论进行反驳或者提出申诉，而是采取修改其权利要求的方式，这表明申请人已经认可了审查员的结论；在后一种情况下，审查员一开始看到的就是由 A、B、C′、D′ 四个技术特征构成的权利要求，是针对这样的权利要求进行检索和审查，没有机会对 A、B、C、D 四个技术特征构成的技术方案是否也符合授予专利权的条件发表其意见，在专利侵权纠纷案件的审理过程中又不可能要求法院或者管理专利工作的部门对由 A、B、C、D 四个技术特征构成的技术方案是否符合授予专利权的条件进行实质审查，从而致使专利权人有可能获得对自己更为有利的侵权判断结果。

导致适用禁止反悔原则的修改还包括放弃或者删除有关权利要求的情况。例如，专利权人一开始提出了两项权利要求，其中权利要求 1 包含 A、B、C 三个技术特征，权利要求 2 包含 A、B、C、D 四个技术特征。经审查，审查员认为权利要求 1 不具备创造性，不能被批准；权利要求 2 符合《专利法》的要求，可以被授予专利权。专利权人接受了审查员的意见，删除权利要求 1，在权利要求 2 的基础上获得了专利权。在以后的专利侵权诉讼中，禁止反悔原则可以用于防止专利权人通过主张适用等同原则，将他人实施的包含 A、B、C 三个技术特征的技术方案囊括到其专利保护范围之内。这种情况与专利权人原始提出的专利申请仅仅包括权利要求 1，经过审查后将它修改为权利要求 2 的情况是一样的。

导致适用禁止反悔原则限制等同原则的另一种较为常见的情况是专利权人在专利审批过程中进行的意见陈述。

在专利审查过程中，当审查员提出反对意见时，申请人通过陈述意见进行争辩是十分常见的事情。争辩意见有时与对申请文件的修改相伴而来，有时仅仅提出争辩意见而不进行修改。美国联邦巡回上诉法院的一份判决指出，在专利侵权纠纷的审判过程中，专利权人在审批过程中提出的争辩意见可以：第一，用于对权利要求中所用措辞的含义进行解释；第二，产生禁止反悔的作用。[1]

---

[1] Loctite Corp. v. Ultraseal Ltd., 228 USPQ. 90.

例如，申请人提交的原始独立权利要求包含A、B、C、D四个技术特征，审查员引用一篇公开了A、B、C′、D′四个技术特征的对比文件，指出该独立权利要求不具备创造性。对此，申请人提交意见陈述书进行争辩，指出C和C′、D与D′之间的区别是实质性的区别，该区别使两个技术方案从构成到效果都明显不同。在专利权人的争辩意见具有说服力的情况下，审查员会同意授予专利权。假如审查员在审查过程中没有引用过上述对比文件，申请人在审查过程中没有经过意见陈述就直接获得了专利权，专利权人在专利侵权诉讼中或许有可能说服法院或者管理专利工作的部门，使之相信包含A、B、C′、D′四个技术特征的实施行为构成了对其专利权的等同侵权行为。但是当申请案卷中有了上述审查意见和意见陈述书的记录之后，情况就有所不同了。既然专利权人当初为了获得专利权，通过其争辩意见将包含A、B、C′、D′四个技术特征的现有技术“拒之于千里之外”，随后就不能出尔反尔，“套近乎”又将它纳入自己的专利保护范围之中。

同样，如果被控侵权行为的客体包含A、B、C、D四个技术特征，则构成了相同侵权，这一结论丝毫也不会因为禁止反悔原则而受到影响。

3. 禁止反悔原则在我国的适用方式

2009年颁布的《最高人民法院关于审理侵犯专利权纠纷案件应用法律若干问题的解释》第六条规定：

> **专利申请人、专利权人在专利授权或者无效宣告程序中，通过对权利要求、说明书的修改或者意见陈述而放弃的技术方案，权利人在侵犯专利权纠纷案件中又将其纳入专利权保护范围的，人民法院不予支持。**

对上述规定应当如何理解施行？

第一，最高人民法院的司法解释表明，只要专利申请人、专利权人在授予专利权的审查过程中或者无效宣告请求的审查过程中缩小了其原来要求的保护范围，就应当导致禁止反悔原则的适用，而不必过问缩小保护范围是为了克服原申请文件或者专利文件中存在的何种缺陷。如前所述，适用禁止反悔原则最为常见的情况，是为了与审查员援引的现有技术或者无效宣告请求人举证的现有技术形成足够的区别，专利申请人或者专利权人在权利要求中补充增加技术特征。需要注意的是，禁止反悔原则的适用并不仅仅限于这种情况。例如，为了克服权利要求存在的不清楚缺陷，申请人将原来含义模糊、存在歧义的措辞改为含义清楚、不存在歧义的措辞，其结果必然会缩小权利要求的保护范围；为了克服权利要求未得到说明书支持的缺陷，申请人将权利要求中原来以上位概念方式表述的技术特征改为说明书中记载的具体技术特征，其结果也必然会缩小权利要求的保护范围。所有这些情况都可以导致禁止反悔原则的适用，不必予以区分，其原因在于专利申请人或者专利权人在专利审查和无效审查过程中同意缩小其保护范围，就意味着他已经承认原来的保护范围不能够被授予专利权或者维持专利权有效。

第二，适用禁止反悔原则还会遇到一个问题：审查员对发明和现有技术的理解也可能出现偏差，其审查意见难免有不当之处，当审查员作出的审查意见存在错误，本来不需要进行修改，却要求申请人进行修改，专利申请人或者专利权人照办了，在适用禁止反悔原则时是否有必要判断专利权人是否真有必要对其权利要求进行限定性修改？对此问题的回答应当是否定的，因为如果还需要进行甄别判断，判断审查员的哪些审查意见是正确的，只有针对正确意见而进行的修改和意见陈述才会导致禁止反悔原则的适用，无疑将会使问题变得过于复杂。更为重要的是，当审查员的意见不正确时，法律为专利申请人或者专利权人提供了进行反驳的充分机会。如果专利权人当初为了尽快地获得专利权或者维持其专利权有效而“违心”地接受审查员的意见，以后在发生专利侵权诉讼时又试图以审查员的意见原本就不正确为理由来“翻案”，这不是一种值得提倡和鼓励的态度，它正是禁止反悔原则所要制止的行为。

第三，对上述规定中所述的“放弃的技术方案”，应当理解为是指依据修改或者陈述意见之前的专利申请文件或者专利文件有可能落入保护范围之内，而依据修改或者陈述意见之后的专利申请文件或者专利文件已经难以落入保护范围之内的技术方案。例如，原来的独立权利要求记载了 A、B、C 三个技术特征，修改后的该权利要求记载了 A、B、C、D 四个技术特征。这一修改缩小了专利权的保护范围，其“放弃的技术方案”就是由技术特征 A、B、C 这三个技术特征限定的技术方案。在这种情况下，禁止反悔原则的适用不允许专利权人在专利侵权纠纷案件的审理过程中主张适用等同原则将这一被放弃的技术方案重新纳入保护范围。至于被控侵权行为的客体除了包括 A、B、C 三个技术特征之外，是否还包括与后来增加的技术特征 D 无关的其他技术特征，例如 E、F 等，不影响上述结论的得出。又例如，原说明书和权利要求采用的某一技术术语可以有两种不同的理解方式，存在含义模糊的缺陷，申请人在其陈述意见中指出，根据说明书和权利要求记载的其余内容，所属领域的技术人员应当理解该技术术语的含义是指其中一种含义，而不包括另一种含义，这一解释为审查员接受，未要求对说明书和权利要求进行相应修改即授予专利权。申请人的该意见陈述实质上也起到了缩小专利权保护范围作用，其“放弃的技术方案”就是对该技术术语作另一种解释所形成的技术方案。在上述两种情况下，适用禁止反悔原则的结果都是不允许专利权人在专利侵权纠纷案件的审理过程中主张适用等同原则将被放弃的技术方案纳入专利权的保护范围。可以认为，但凡缩小专利权的保护范围，就必然有所“放弃”。

第四，禁止反悔原则的适用不需要严格遵循当事人请求原则，法院可以依职权进行。最高人民法院 2009 年 8 月 18 日对一再审案件作出的判决指出：

> 禁止反悔原则是对认定等同侵权的限制，为了维持专利权人与社会公众之间的利益平衡，不应对人民法院主动适用禁止反悔原则予以限制。因此，在认定是否构成等同侵权时，即使被诉侵权人没有主张适用禁止反悔原则，人民法院也可以根据业已查明的事实，通过适用禁止反悔原则对等同范围予以必要的限制，以合理地确定专利权的保护范围。❶

适用禁止反悔原则所需的证据来自国家知识产权局保存的申请案卷，法院和管理专利工作的部门需要时可以方便地查阅和复制，因此采用上述立场只会使专利侵权案件的审理和处理更为公平公正，而不会不合理地增大执法机关调查取证的负担。

---

❶ 最高人民法院［(2009) 民申字第 239 号］,《最高人民法院知识产权案件年度报告（2009）》，第 7 页。

四、外观设计专利的保护范围以及侵权认定

（一）概　述

在1984年制定的《专利法》中，本条第二款规定：

> 外观设计专利权的保护范围以表示在图片或者照片中的该外观设计专利产品为准。

1992年和2000年两次修改《专利法》时，均未对上述规定进行修改。

2008年修改《专利法》时，将本条第二款修改为：

> 外观设计专利权的保护范围以表示在图片或者照片中的该产品的外观设计为准，简要说明可以用于解释图片或者照片所表示的该产品的外观设计。

修改之处在于：

第一，将修改前所述的“该外观设计专利产品”改为“该产品的外观设计”；

第二，增加了“简要说明可以用于解释图片或者照片所表示的该产品的外观设计”的规定。

作出上述第一处修改的原因在于：2008年修改后的《专利法》第二条第四款对外观设计作出的定义是：“外观设计，是指对产品的形状、图案或者其结合以及色彩与形状、图案的结合所作出的富有美感并适于工业应用的新设计。”该定义表明，外观设计专利的保护客体不是产品本身，而是由产品的形状、图案、色彩等设计要素构成的该产品的外观设计，产品只是外观设计的载体。修改前的本条第二款规定与该定义不甚吻合，容易导致对外观设计专利权的保护客体产生误解，因此作了上述修改。

但是应当注意的是，上述修改并不意味着在确定外观设计专利权的保护范围时，可以将外观设计的设计方案抽象出来，使之脱离外观设计专利文件限定的采用该外观设计的产品单独予以保护，其理由在于：首先，产品的形状是外观设计的重要组成要素，而形状只能由产品确定，两者紧密关联不可分离，脱离了产品就谈不上形状；其次，图案、色彩在产品外表上的分布和配置方式也是外观设计的重要组成要素，也不能脱离产品予以考虑。因此，尽管外观设计专利权的保护客体不是产品本身，而是其外观的设计方案，产品只是外观设计的载体，但是外观设计不能脱离其载体而单独存在。2008年修改的本条第二款规定“以该产品的外观设计为准”，而不是“以外观设计为准”，“该产品”三字清楚地表达了外观设计与产品之间的紧密关联关系。

作出上述第二处修改的原因在于：按照修改前的本条第二款的规定，确定外观设计专利权的保护范围只能依据其图片或者照片，在实践中可能导致不适当地扩大外观设计专利权的保护范围或者不适当地缩小外观设计专利权的保护范围。外观设计专利的简要说明记载了可能对确定外观设计专利权保护范围产生影响的一些信息，例如产品名称、产品用途、产品的设计要点等，必要时还可以写明请求保护色彩、省略视图等情况。因此，规定简要说明可以用于解释图片或者照片所表示的该产品的外观设计，可以使外观设计专利权保护范围的确定更为合理。

既然赋予简要说明这样的作用，对确定外观设计专利权的保护范围有重要作用，就不应当是可有可无的，只有当申请人认为“必要时”才提交，而是必须提交。与本条第二款

规定相配合，2008 年修改的《专利法》第二十七条第一款规定简要说明是外观设计专利申请的必要文件之一。

外观设计专利权的保护客体决定了其不适合采用权利要求的方式确定其保护范围，因此外观设计专利制度只能在没有权利要求书的情况下运作，这的确给外观设计专利制度带来了很多难题。2009 年颁布的《最高人民法院关于审理侵犯专利权纠纷案件应用法律若干问题的解释》作了如下规定：

第八条在与外观设计专利产品相同或者相近种类的产品上，采用与授权外观设计相同或者近似的外观设计的，人民法院应当认定被诉侵权设计落入专利法第五十九条第二款规定的外观设计专利权的保护范围。

第九条人民法院应当根据外观设计产品的用途，认定产品种类是否相同或者相近。确定产品的用途可以参考外观设计的简要说明、国际外观设计分类表、产品的功能以及产品销售、实际使用的情况等因素。

第十条人民法院应当以外观设计专利产品的一般消费者的知识水平和认知能力，判断外观设计是否相同或者近似。

第十一条人民法院设定外观设计是否相同或者近似时，应当根据授权外观设计、被诉侵权设计的设计特征，以外观设计的整体视觉效果进行综合判断；对于主要由技术功能决定的设计特征以及对整体视觉效果不产生影响的产品的材料、内部结构等特征，应当不予考虑。

下列情形，通常对外观设计的整体视觉效果更具有影响：

（一）产品正常使用时容易被直接观察到的部位相对于其他部位；

（二）授权外观设计区别于现有设计的设计特征相对于授权外观设计的其他设计特征。

被诉侵权设计与授权外观设计在整体视觉效果上无差异的，人民法院应当认定两者相同；在整体视觉上无实质性差异的，应当认定两者近似。

上述规定是最高人民法院首次作出的关于认定侵犯外观设计专利权行为的司法解释，对统一外观设计侵权纠纷案件的司法审判和行政处理标准具有重要意义。

（二）侵犯外观设计专利权行为的判断规则

在 TRIPS 规定的所有知识产权类型中，外观设计的突出特点在于容易与其他类型的知识产权产生重叠。一方面，专利法意义上的外观设计与著作权法意义上的实用艺术作品存在重叠，存在至少一部分外观设计既可以作为发明创造予以保护，也可以作为艺术作品予以保护的问题；另一方面，我国对侵犯外观设计专利权行为的认定模式和判断规则与对侵犯注册商标专用权行为的认定模式和判断规定有许多相似之处，存在应当将外观设计作为创新成果类知识产权予以保护，还是应当将其作为标识信息类知识产权予以保护的问题。

TRIPS 既没有将外观设计纳入著作权的范畴，也没有将其纳入商标专用权的范畴，而是将其列为单独一类知识产权，表明外观设计与这两种类型的知识产权相比均有明显不同。因此，有必要对侵犯外观设计专利权行为的认定和有关规则进行分析探讨，予以区分，否则就会使外观设计的保护与著作权保护和商标保护混在一起，使外观设计制度失去其独立存在的价值。

对上述第一方面的问题，本书在对《专利法》第二条第四款的说明中已经进行了一些讨论，下面主要对第二方面的问题展开讨论。

1. 侵犯商标专用权行为的认定模式和有关规则

我国《商标法》第三条规定“商标注册人享有商标专用权，受法律保护”。商标的基本价值在于维护商标注册人的商业信誉（简称“商誉”）；商标专用权的核心在于区分商品或者服务的来源，避免消费者对商品或者服务的出处产生混淆，其主要作用在于防止任何他人未经许可而在商业中使用与注册商标相同或者近似的标识来标示相同或者类似的商品或者服务，导致消费者将其提供的商品或者服务误认作商标注册人提供的商品或者服务。可以认为，无论是关于商标注册的条件和标准，还是侵犯商标专用权行为的认定模式和有关规则，都是围绕这一根本目标建立起来的，体现在如下方面：

第一，《商标法》第五十二条第（一）项规定：未经商标注册人的许可，在同一种商品或者类似商品上使用与注册商标相同或者近似的商标的，属于侵犯注册商标专用权的行为。照理说只要使用相同或者近似商标标识的，就可以认为是侵权行为，为什么还要求使用商标的商品相同或者类似？这是因为商标法意义上的“混淆”并非是指对商标标识本身产生混淆，而是对使用该商标的商品的出处产生混淆。如果他人提供的商品与商标注册人使用其商标予以标识的商品属于既不相同也不类似的类型，那么即使他人使用的商标与商标注册人使用的商标相同或者近似，也不会使消费者对商品的出处产生混淆。

第二，要认定产生“混淆”，必须首先使消费者对商标注册人使用其商标予以标记的商品产生印象，在注册商标与商标注册人使用该注册商标的商品之间建立起一种联系，这样当侵权人在同一种商品或者类似商品上使用与注册商标相同或者近似的商标时，才会使消费者基于联想对商品的出处产生混淆。正因为如此，注册商标的使用就成为商标专用权得以存在的必要条件，《商标法》第四十四条规定：“注册商标连续 3 年停止使用的，由商标局责令限期改正或者撤销其注册商标”。2009 年 4 月颁布的《最高人民法院关于当前经济形势下知识产权审判服务大局若干问题的意见》指出：“认定商品类似和商标近似要考虑请求保护的注册商标的显著程度和市场知名度，对于显著性越强和市场知名度越高的注册商标，给予其范围越宽和强度越大的保护，以激励市场竞争的优胜者，净化市场环境，遏制不正当搭车、模仿行为。”[1]这表明，对注册商标的保护力度与该商标的使用程度和知名度相关，体现在注册商标使用越是频繁，其知名度就会越高；知名度越高，保护力度就应当越大，因为在这样的情况下即使被诉侵权人所销售商品的类似程度以及所使用商标的近似程度较低，也会导致消费者产生混淆。

第三，认定是否存在“混淆的可能”，有一个从谁的眼光来看的问题，也就是需要明确判断的主体。为了便于统一判断的标准，需要假设一个抽象人物，即具有合理信息及中等注意力的相关领域的现实或者潜在的消费者，这个虚拟的消费者具有最后的发言权。[2]《商标法》将判断主体规定为“相关公众”。2002 年颁布的《最高人民法院关于审理商标民事纠纷案件适用法律若干问题的解释》第八条规定：“商标法所称相关公众，是指与商标所标识的某类商品或者服务有关的消费者和与前述商品或者服务的营销有密切关系的其

---

[1] 参见最高人民法院文件［法发（2009）23 号］。

[2] 黄晖.商标法［M］.北京：法律出版社，2004：117.

他经营者。”由于商标的主要作用在于防止消费者对商品或者服务的出处产生混淆，因此将判断主体确定为具有一般注意力的消费者就是适宜的。

第四，《商标法》第五十二条第（一）项规定，未经商标注册人许可，在同一种商品或者类似商品上使用与注册商标相同或者近似的商标的，属于侵犯注册商标专用权的行为。根据这一规定，构成侵犯注册商标专用权的行为的条件之一是“使用与注册商标相同或者近似的商标”。事实上，对认定是否“相同”无须形成什么判断规则，重点在于如何认定是否“近似”。有著作指出，认定商标近似的基本原则包括整体比对、要部观察、隔离观察、考虑知名度和显著性、比同不比异等。其中，采用“隔离观察”方式的理由在于：“一般消费者在购物时一般并不会带着样品去，而大多凭上次购物的经验或者广告留下的印象作出选择。由于记忆并不一定很可靠，这种经验不可能十分完整，如果以对比观察的方式判断混淆的可能性，显然与实际情况会有一定的出入，因为对比往往会有助于发现两个商标之间的哪怕是很细微的区别，从而降低混淆的可能。”采用“比同不比异”方式的理由在于：“经验告诉我们，即使是一般人难以分辨的双胞胎，在他们的父母看来，也总是很容易识别清楚，这是因为再像的双胞胎也会有细微的差别，正如同一棵树的树叶也会有差别一样。《商标法》的重点不是比对商标之间所存在的差别，而是在于比对它们的相同和近似之处，从而判断是否容易产生混淆。”[1]很明显，采用上述两个判断规则都与判断是否会导致对商品来源产生混淆紧密相关。

尽管《商标法》第五十二条第（一）项并没有直接提及使一般消费者对商品的出处产生混淆的问题，但是有学者指出：

> 显然，正是由于商标的显著性，使得其具有防止与他人的商标使用行为相混淆的功能。由于具有显著性属于可注册的条件，是商标行政审查机关的职能，在商标侵权判定中，显著性通常是用来评价商标是否会使相关公众与权利人产生联系，其最终目的是为了判断是否构成“混淆”。可以认为，除在同一种商品上采用相同商标的情形外，构成“混淆”应属于商标侵权判定的前提或者实质条件。

该学者进一步指出：

> 《商标法》第五十二条第（一）项的规定可以分解出商标侵权行为的四种具体行为，即（1）在同一种商品上使用与注册商标相同的商标的；（2）在同一种商品上使用与注册商标相近似的商标的；（3）在类似商品上使用与注册商标相同的商标的；（4）在类似商品上使用与注册商标相近似的商标的。因此，除第一种情形外，是否构成相似，是构成商标侵权的必要条件，但不是充分条件。换言之，如不构成“相似”，就可以得出不侵权的结论；但仅仅构成“相似”，仍不能必然得出商标侵权的结论，还必须判断是否构成“混淆”。[2]

上述论述表明，该学者认为是否导致相关公众产生“混淆”，是判定是否构成商标侵权必不可少的条件。

2. 侵犯外观设计专利权行为的认定模式和有关规则

本书对《专利法》第二条和第二十三条的说明已经指出，外观设计专利权与注册商标

---

[1] 黄晖.商标法［M］.北京：法律出版社，2004：126-131.

[2] 孙海龙，姚建军.商标侵权判定与例外抗辩［J］.中华商标，2010（5）：33-39.

专用权是性质迥然不同的知识产权。《专利法》第二条明确规定外观设计专利权的保护客体是一种发明创造，因此外观设计专利权属于创新成果类型的知识产权；注册商标的主要作用在于通过注册商标的使用使消费者能够将商标注册人提供的商品或者服务与他人提供的商品或者服务区分开来，因此注册商标专用权属于识别性标记类型的知识产权。

外观设计与商标在性质上的区别决定了在授权条件和侵权条件的判断上都应当有所不同。下面就此进行一些讨论。

（1）关于对产品的来源产生混淆的问题

如前所述，判断是否构成侵犯注册商标专用权的行为，核心在于判断是否使消费者对被控侵权商品或者服务的来源产生混淆，误以为是商标注册人提供的商品或者服务。外观设计专利权作为一种创新成果类型的知识产权，授予外观设计专利权的条件在于对产品的外观有所创新，提出了与现有设计不同并且具有明显区别的设计方案；侵犯外观设计专利权的条件在于未经许可采用或者实质上采用了权利人的设计方案。因此对外观设计专利权而言，无论是授权条件，还是侵权条件，都不必考虑是否会使消费者对产品的来源产生混淆的因素。

得出上述结论的理由包括如下三个方面。

首先，外观设计专利权的保护客体是采用其设计方案的产品本身，而不是外观设计专利权人的商誉。与《商标法》第四十四条规定商标注册人有使用其注册商标的义务不同，《专利法》没有规定专利权人有实施其获得专利权的发明创造的义务。外观设计专利文件的图片或者照片已经清楚表明了获得保护的产品的外观设计，足以用作判断是否构成侵犯外观设计专利权行为的基础，这就是本条第二款规定“外观设计专利权的保护范围以表示在图片或者照片中的该产品的外观设计为准”的含义。换言之，判断是否侵犯外观设计专利权是将被控侵权产品的外观与专利文件的图片或者照片所表示的产品外观进行比较，而不是与专利权人制造并售出的产品外观进行比较。只要被控侵权产品采用了与授权外观设计图片或者照片所表示的相同或者实质上相同的设计方案，就落入了该外观设计专利权的保护范围，与外观设计专利权人自己是否实施其设计方案，是否将采用其设计方案的产品投入市场无关。既然如此，就不必考虑消费者是否会对被控侵权产品和专利产品的来源产生混淆的问题。

其次，《商标法》和《专利法》分别规定商标注册人可以许可他人使用其注册商标、专利权人可以许可他人实施其专利，但是两者对许可人和被许可人的要求有明显区别。《商标法》第四十条明确规定：“许可人应当监督被许可人使用其注册商标的商品质量。被许可人应当保证使用该注册商标的商品质量。”我国法院的有关判例判定当注册商标被许可人提供的商品存在质量问题，导致消费者的利益受到损害的情况下，许可人要承担相应法律责任。[1]之所以需要如此规定和如此判定，其理由在于对被许可人提供的采用注册商标的商品而言，消费者有理由推定其购买的商品为商标注册人提供的商品，正是出于对商标注册人商誉的信赖才愿意购买该商品，在被许可人的商品质量出了问题的情况下，许可

---

[1] 2002年7月11日公布的《最高人民法院关于产品侵权案件的受害人能否以产品的商标所有人为被告提起民事诉讼的批复》[法释（2002）22号]。

人自然脱不了干系。这突显了商标表明商品来源的作用。《专利法》第十二条关于专利实施许可的规定没有与《商标法》第四十条相似的条文，专利实施许可合同的订立只表明专利权人同意被许可人实施其专利，丝毫没有让公众认为被许可人制造的产品就是专利权人制造的产品的含义。这从另一个侧面表明对侵犯外观设计专利权行为的判断不必考虑是否会对产品来源产生混淆的问题。

最后，2008 年修改的《专利法》第二十五条增加了第（六）项，规定“对平面印刷品的图案、色彩或者二者的结合作出的主要起标识作用的设计”不授予专利权。这一规定也有助于表明应当突出外观设计专利权与注册商标专用权之间的差别。

美国联邦巡回上诉法院 1986 年作出的一份判决指出，侵犯外观设计专利权的判断基准不应当采用商标法意义上的对商品来源“可能产生的混淆”判断标准。该判决指出：

> 对商品来源可能产生的混淆不应当也不适合用作侵犯外观设计专利权的判断因素。认定构成侵犯一项有效外观设计专利权的行为不必要求专利权人制造并提供“可供销售”的产品。认为只有在被控侵权产品与专利产品之间的任何相似之处都不可能使购买者产生混淆的情况下才能认定不构成侵犯外观设计专利权行为的观点，只会给侵犯外观设计专利权的判断标准与侵犯商标专用权的“可能产生混淆”的判断标准之间本来是清楚的界限平添几分浑水。[1]

美国联邦巡回上诉法院在 1992 年作出的另一份判决中作了更进一步的分析，指出：

> 从认定侵犯外观设计专利权行为和认定侵犯商标和商业装饰（trade dress）行为之间的显著不同，可以充分理解对经验性证据所给予权重上的差别。判断购买者对商品的来源是否可能产生混淆，是认定商标侵权和商业装饰侵权的必要因素。要证明构成侵权，商标权利人或者商业装饰权利人必须制造和销售“可购买”的产品，其结果是使判断消费者在市场上可能作出何种行为成为判断是否构成侵犯商标或者商业装饰行为的一个十分重要的因素。由于调查结果以及其他经验性证据是用于验证消费者可能作出何种行为的常用证据，这些证据对认定商标侵权和商业装饰侵权具有重要意义。与之相比，证明构成侵犯外观设计专利权行为所需提供的证据明显不同，因为无须考虑消费者在市场上可能作出何种行为这一涉及面甚广的问题。证明是否构成侵犯外观设计专利权的行为仅仅需要涉及一个因素，对其所需进行的调查要狭窄得多。简言之，外观设计专利权人只要证明一个普通观察者不能将被控侵权产品的外观与专利产品外观设计区分开来即可。因此，证明构成侵犯外观设计专利权行为一般不需要提供经验性证据。[2]

在 2009 年颁布的《最高人民法院关于审理侵犯专利权纠纷案件应用法律若干问题的解释》的形成过程中，也曾经考虑过在第八条中写入“导致消费者产生混淆”的表述，作为认定是否落入外观设计专利权保护范围需要考虑的因素之一。经过讨论研究，最后通过的文本没有写入这一条件。

（2）关于产品类型相同或者相近的问题

《商标法》第五十二条第（二）项规定，未经商标注册人的许可，在同一种商品或者类似商品上使用与注册商标相同或者近似的商标，属于侵犯注册商标专用权的行为。该规

---

[1] Unette Corp. v. Unit Pack Co., Inc. (1986).

[2] Braun Inc. v. Dynamics Corporation of America (1992).

定清楚表明，构成侵犯注册商标专用权的行为需要满足两个条件：一是商品相同或者类似；二是商标相同或者近似。关于这一规定的必要性，前面已经说过。2009 年颁布的《最高人民法院关于审理侵犯专利权纠纷案件应用法律若干问题的解释》第八条规定：在与外观设计专利产品相同或者相近种类的产品上，采用与授权外观设计相同或者近似的技术特征的，应当认定被控侵权设计落入外观设计专利权的保护范围。这一规定明显借鉴了《商标法》的有关规定。

然而应当注意的是，无论《专利法》，还是《专利法实施细则》，均没有作出如同《商标法》第五十二条第（一）项那样的规定。《专利法》第二条第四款规定，“外观设计，是指对产品的形状、图案或者其结合以及色彩与形状、图案的结合作出的富有美感并适于工业应用的新设计”；本条第二款规定“外观设计专利权的保护范围以表示在图片或者照片中的该产品的外观设计为准”。其中，“产品”和“该产品”的含义主要在于表明外观设计的设计方案必须与产品相结合，不能脱离产品单独予以保护。一个值得讨论的问题在于：在侵犯外观设计专利权的纠纷案件中，是否需要考虑产品类型相同或者类似的问题？如果需要考虑，应当如何考虑？

对外观设计专利权的保护是否应当严格受到产品类型相同或者类似这一限制，也是困扰一些国家的共同问题。例如，美国有关权威著作指出：

> 对特定产品外观设计授予的外观设计专利权，在不同产品上采用相同外观设计是否构成侵权行为是一个由来已久的问题，在美国从来就没有得到令人满意的解决。在几乎所有被公开的判例中，被控侵权产品都具有与专利产品相同的特点；反之，如果对产品的特点作出变动，则必然导致该产品的外观产生实质性变化，从而排除了被认定为侵权行为的可能性。[1]

美国有判决指出：

> 要认定侵权，只需证明被控侵权产品盗用了受到保护的外观设计方案即可，不必证明被控侵权产品干扰了专利权人拥有的市场，不必要求被诉侵权人的产品是直接与专利权人相竞争的产品。事实上，即使在外观设计专利权人没有制造其产品的情况下，侵权者也不能摆脱其侵权责任。[2]

商标通常只是附着在商品上的一个标识，认定商标侵权必须以可能使消费者对采用有关标识的商品来源产生混淆为前提条件，因此必然需要考虑商品是否相同或者类似的因素，其理由在于在商标不是驰名商标的情况下，即使在不相同也不相似的商品上采用相同或者近似的商标，也不会使相关公众对该商品的来源产生混淆。外观设计专利权则不同，其专利文件的图片或者照片清楚地表明了整个产品的外观。在外观设计的三大要素（形状、图案和色彩）中，形状是最能体现产品类型的要素。即使被控侵权产品采用了相同的图案和色彩，只要产品的形状有明显不同（不包括仅仅是产品大小的不同），就不可能产生相同或者实质上相同的整体视觉效果，因而不可能认定为侵权产品。换言之，本条第二款规定外观设计专利权的保护范围以表示在图片或者照片中的该产品的外观设计为准，在很大程度上已经考虑了产品的类型问题，从而降低了另行和单独对产品类型进行比较的必

---

[1] DONALD S. CHISUM. Chisum on Patents［M］.

[2] Avia Group International, Inc. v. L.A. Gear California, Inc.(1998), 853 F.2d 1557, 1563.

要性。这就是前面引述的美国权威著作所作评论的含义。

2009年颁布的《最高人民法院关于审理侵犯专利权纠纷案件应用法律若干问题的解释》第九条规定："人民法院应当根据外观设计产品的用途，认定产品种类是否相同或者相近。确定产品的用途，可以参考外观设计的简要说明、国际外观设计分类表、产品的功能以及产品销售、实际使用的情况等因素。"产品的用途通常是由产品的功能来决定的，而不是由产品的外观来决定。因此，对用途、分类或者功能明显不同的产品来说，并不能排除盗用、摹仿外观设计专利权人的设计创新成果的可能性。可以举出的例子很多，例如将真实汽车的外观用于玩具汽车，将橱柜的外观用于冰箱，将建筑物的外观用于摆设物等。在这些例子中，不同产品的用途明显不同，但是却丝毫也不妨碍借用外观设计专利的设计成果。例如，现在的玩具汽车越来越仿真，有些本身实际上就是车模，而且仿得越是逼真，其消费者（儿童）往往就越是喜爱，市场价值也就越高。这就对外观设计专利权的侵权判断规则提出了一个问题：是否应当允许或者鼓励这样的摹仿行为？在照抄、摹仿的情况下，是否仅仅因为产品的用途或者功能不同，就应当认定不构成侵犯外观设计专利权的行为？

TRIPS 第 25 条第 1 款规定了工业品外观设计的效力：

> **受保护的工业品外观设计的权利人应当有权制止第三方未经权利人同意而为商业目的而制造、销售或者进口载有或者体现受保护的外观设计的复制品或者实质上是复制品的物品。**

《欧盟外观设计条例》第 19 条第（1）款规定了经注册的欧共体外观设计的效力：

> **经注册的欧共体外观设计应当赋予权利人应用其外观设计的独占权利，并制止任何第三人未经其许可而应用其外观设计。上述应用行为特别是应当覆盖制造、许诺提供、投放市场、进口、出口或者使用结合了或者施加了该外观设计的产品，或者为上述目的而存储这样的产品。**

TRIPS 和《欧盟外观设计条例》上述规定的共同之处在于：只要在"物品"或者"产品"上采用与受保护外观设计相同或者实质上相同的外观设计，就构成侵权行为，除此之外并没有对"物品"或者"产品"的类型、用途等作出限制性规定。《专利法》第十一条和本条第二款的规定在这一点上与之相同。

笔者认为，只要被诉侵权人出于改善其产品外观装饰效果的目的，在其产品上采用了外观设计专利保护的设计方案，使被控侵权产品在形状、图案或者色彩上与专利产品相同或者实质上相同，就应当认定构成了侵权行为，至于两者从功能或者用途的角度来看是否存在区别无关紧要。

（3）关于外观设计方案的相同或者近似的判断

2009年颁布的《最高人民法院关于审理侵犯专利权纠纷案件应用法律若干问题的解释》第十一条明确了判断外观设计的设计方案是否相同或者近似的基本规则，即：应当根据授权外观设计、被诉侵权设计的设计特征，以外观设计的整体视觉效果进行综合判断，被诉侵权设计与授权外观设计在整体视觉效果上无差异的，应当认定两者相同；在整体视觉效果上无实质性差异的，应当认定两者近似。

上述规定表明，判断是否构成侵犯外观设计专利权的行为包括两个步骤：第一，判断两者在整体视觉效果上是否无差异，如果回答是否定的，即不存在差异，可以直接得出构成侵权行为的结论，这相当于对发明或者实用新型专利的相同侵权行为；第二，如果回答是肯定的，即在整体视觉效果上存在差异（可能是一处，也可能是多处），则判断还没有结束，还要继续判断该差异是否属于整体视觉效果上的实质性差异，如果回答是否定的，仍可以得出构成侵权行为的结论，这相当于对发明或者实用新型专利的等同侵权行为。

根据上述规定，判断是否构成侵犯外观设计专利权的行为，既要考虑被控侵权产品与专利产品在外观上的相同或者相似之处，也要考虑两者之间的差异之处，经权衡考虑、综合判断，才能得出整体视觉效果上无差异或者无实质性差异的结论。相比而言，对两者之间差异的分析认定更为重要，因为根据最高人民法院司法解释的规定首先要判断在整体视觉效果上是否存在差异，其次要判断该差异的大小和性质，这是认定侵权行为成立的前提条件。既然如此，就不宜采用判断商标相同或者近似的“比同不比异”的判断规则。更具体地说，不应回避两者之间在整体视觉效果上存在的差异，对其“视而不见”或者视为“不存在”。既然需要认清两者之间在整体视觉效果上的差异，也就不宜采用“隔离观察”的间接比较方式，应当而且需要将两者摆在一起，“面对面”地进行分析比对，而不能仅凭留在判断者头脑中的印象，以“似曾相识”的方式认定侵权是否成立，因为外观设计专利权人完全可能从来没有将其专利产品投放市场。之所以认为与商标侵权判断相比应当有上述不同，其根本原因仍然在于判断外观设计专利侵权行为不在于判断消费者是否可能对产品的来源产生混淆。

一种观点担心采用“面对面”的比较方式，判断者就会将被控侵权产品的外观与授予外观设计产品的外观的所有差异都看得“真真切切”，从而很容易得出不侵权的结论，从而降低外观设计专利权的保护力度。最高人民法院的司法解释其实已经回答了这一问题，因为并非只要两者在整体视觉效果上存在差异，就应当得出侵权行为不成立的结论，而是只有当差异为实质性差异的情况下才能得出这一结论。由此可见，对“实质性差异”的掌握尺度，实际上成为决定外观设计专利权保护范围大小最为重要的因素，正如同对“等同”范围的掌握尺度成为决定发明和实用新型专利权保护范围大小最为重要的因素一样。判断是否构成侵犯外观设计专利权行为不同于古董的鉴定。真假古董的价值有天壤之别，古董鉴定所需判断的是真假问题，杜绝以假乱真，容不得半点含糊，因而只要看出存在瑕疵或者漏洞就可以认定为赝品。专利权的保护则不同，如同侵犯发明和实用新型专利权的行为应当包含“等同侵权”行为一样，外观设计专利权的专利文件不包含权利要求书，因此判断是否构成侵犯外观设计专利权的行为更需要允许被控侵权产品的外观与专利产品的外观之间存在一定差异，也就是判断规则要有一定的“容差”。如本书对《专利法》第六十二条的说明中关于专利制度正常运作的必要条件的讨论所指出的那样，认定侵权指控成立，被控侵权产品外观与专利产品外观之间在整体视觉效果上允许存在的差异（相当于“等同”的范围）不宜过大，至少应当确保将该侵权产品假想为一份现有设计时，将该外观设计专利的设计方案与该现有设计相比，不能得出该外观设计专利为有效专利的结论。更具体地说，当被控侵权产品与外观设计专利产品的外观在整体视觉效果上存在差异，进而判断该差异是否为“实质性差异”时，可以将被控侵权产品假想为一份在申请日之前已经为公众所知的现有设计，判断外观设计专利的设计方案与该现有设计相比是否符合《专利法》第二十三条第二款规定的创造性条件，如果结论是具备创造性，则表明不宜将这一差异视为“非实质差异”，得出侵权指控成立的结论。“非实质性差异”的认定可以借鉴《专利审查指南 2010》关于适用《专利法》第二十三条第一款的规定。该规定指出外观设计专利申请不具备新颖性的情形不仅包括与现有设计相同，也包括与现有设计实质相同。其中规定：

> 如果一般消费者经过对涉案专利与对比设计的整体观察可以看出，二者的区别仅属于下列情形,则涉案专利与对比设计实质相同：
>
> （1）其区别在于施以一般注意力不能察觉到的局部的细微差异，例如，百叶窗的外观设计仅有具体叶片数不同；
>
> （2）其区别在于使用时不容易看到或者看不到的部位，但有证据表明在不容易看到部位的特定设计对于一般消费者能够产生引人瞩目的视觉效果的情况除外；
>
> （3）其区别在于将某一设计要素整体置换为该类产品的惯常设计的相应设计要素，例如，将带有图案和色彩的饼干桶的形状由正方体置换为长方体；
>
> （4）其区别在于将对比设计作为设计单元按照该种类产品的常规排列方式作重复排列或者将其排列的数量作增减变化，例如，将影院座椅成排重复排列或者将其成排座椅的数量作增减；
>
> （5）其区别在于互为镜像对称。[1]

如果认定被控侵权产品的外观与专利产品的外观在整体视觉效果上的差异属于上述类型之一，将该差异认定为“非实质性差异”就是适宜和恰当的。采用这种立场，有利于实现外观设计专利授权标准和外观设计专利侵权标准之间的良好衔接和彼此协调。

对于发明或者实用新型专利权来说，侵权产品与专利产品之间的差异体现在技术功能方面，常常不是通过视觉观察就能直接看到的，因此侵犯发明或者实用新型专利权行为的认定从来不存在是否容易产生混淆一说。由于外观设计专利权保护的是其产品的外观，人们能够从视觉上直接观察产品的外观，因此被控侵权产品的外观与专利产品的外观在整体视觉效果上仅仅存在“非实质性差异”的情况下，认为判断者从视觉感受上会对它们产生混淆似乎也无不可。但是应当注意的是，这里所说的“混淆”是指两者在其外观视觉感受上使人产生混淆，而不是指使人对产品的来源产生混淆。所以，即使将“非实质性差异”称为“产生混淆”，也不同于我国《商标法》意义上的“产生混淆”。既然如此，为了避免适用法律时“产生混淆”，最好采用最高人民法院规定的“实质性差异”这一措辞，这样在概念上会更为清楚严格。

2009 年颁布的《最高人民法院关于审理侵犯专利权纠纷案件应用法律若干问题的解释》第十一条第二款规定：

> 下列情形，通常对外观设计的直接整体视觉效果更具有影响：
>
> （一）产品正常使用时容易被直接观察到的部位相对于其他部位；
>
> （二）授权外观设计区别于现有设计的设计特征相对于授权外观设计的其他设计特征。

可以认为上述规定所列的情形在某种意义上就是外观设计的“要部”，因此该规定表达了判断外观设计是否相同或者近似应当以对外观设计的整体视觉效果进行综合判断为主，以“要部观察”为辅的含义。然而，规定“要部”通常对外观设计的整体视觉效果更

---

[1] 国家知识产权局.专利审查指南 2010［M］.北京：知识产权出版社，2010：第四部分第五章 5.1.2.

具有影响，应当如何理解其中所述“更具有影响”的含义？从理论上看至少存在作如下两种不同解释的可能：

一是对“要部”产生的视觉效果仍然采取常规的判断尺度，而放松对“非要部”所产生的视觉效果的判断尺度，也就是允许更多地忽略“非要部”存在的差异，即使有较大的差异，也认为是“非实质性差异”；

二是对“非要部”产生的视觉效果仍然采取常规的判断尺度，而严格对“要部”产生的视觉效果的判断尺度，也就是更为严格地看待“要部”存在的差异，只要略有不同，就认为存在“实质性差异”。

提出上述两种解释方式的目的都在于显示“更具有影响”这一规定的含义，但是采用不同解释方式得出的判断结果无疑会有很大差别。两者中哪个正确，抑或都不正确？笔者曾与最高人民法院司法解释的起草者就此问题进行过探讨，其回答是上述两种解释似乎都不是起草者的本意。

在外观设计的授权判断和侵权判断中，整体视觉效果和要部观察对比都是必要的，如何处置两者之间的关系始终是一个比较纠结的问题。对整体视觉效果进行综合判断无疑是总的原则，但同时也必须承认外观设计产品的不同部位对整体视觉效果产生的影响有所不同。笔者赞成最高人民法院司法解释的规定，即“产品正常使用时容易被观察到的部位相对于其他部位，通常对外观设计的整体视觉效果更具有影响”。例如，对电冰箱的外观设计而言，其正面、侧面、顶面的设计特点显然比表面、底面的设计特点更容易引起判断者的注意，如果被控侵权产品与专利产品相比，其外观的差异仅仅体现在电冰箱的背面或者底面部位，应当更容易得出两者在整体视觉效果上没有实质性差异的结论。因此，笔者认为上述规定的含义还有待通过各级法院的审判实践丰富其内涵，不断予以完善。

《最高人民法院关于审理侵犯专利权纠纷案件应用法律若干问题的解释》第十一条第二款第（二）项规定“授权外观设计区别于现有设计的设计特征相对于授权外观设计的其他设计特征，通常对外观设计的整体视觉效果更具有影响”，这是该司法解释新增加的概念。作为对比，笔者认为研究一下美国关于侵犯外观设计专利权认定标准的形成和发展过程是有益的。

美国关于外观设计专利权侵权判断的基本规则至今仍是美国联邦最高法院 1872 年对 Gorham Mfg. Co.v.White 一案的判决所建立的，[1]该判决指出：

> 判断被控侵权产品的外观与专利产品的外观是否相同，不应当从一个专家的眼光来看，而应当从一个“普通观察者”的眼光来看。如果在施加购买者常规注意力的普通观察者看来，两者之间的相似之处会欺骗该观察者，诱导他购买被控侵权产品，以为购买的是专利产品，则应当认定两者是实质上相同的，构成了侵权行为。

美国有关专利的权威著作指出：美国联邦最高法院一百多年前的上述论述采用了许多与判断商标侵权和认定不正当竞争相类似的概念，例如“普通观察者”“实质上相似”“欺骗观察者”“诱导购买”“以为购买的是另一产品”。尽管美国联邦最高法院有这样的判决，美国法院的许多判决仍然强调侵犯外观设计专利权与侵犯商标权和构成不正当竞争的判断

---

[1] 81 U.S. (14 Wall.) 511 (1872).

应当有所不同。[1]

美国联邦巡回上诉法院1981年成立后不久，就在美国联邦最高法院上述判决的基础上增加了侵犯外观设计专利权的“新颖点”判断标准（Similarity stemming from novel elementspoint of novelty）。美国联邦巡回上诉法院在1984年对Litton Sys., Inc. v. Whirlpool Corp.一案的判决中指出：[2]

> 然而，要认定构成侵犯外观设计专利权的行为，则不论两者看起来如何相似，被控侵权产品还必须抄袭了专利产品外观不同于现有设计的新颖之处。换言之，即使法院应当从普通观察者的眼光来对两者进行比较，要认定侵权也需要认定两者之间的相似是由于采用了外观设计专利产品不同于现有设计的新颖之处的缘故。

随后的一些美国判决将美国联邦巡回上诉法院创立的“新颖点”判断标准看做是与美国联邦最高法院提出的“普通观察者”判断标准彼此独立的判断标准。换言之，认为在外观设计侵权判断中要适用两个标准，只有在分别符合这两个判断标准的情况下，才能认定侵权成立。

美国联邦巡回上诉法院2008年9月22日在Egyptian Goddess Inc. v. Swisa Inc.一案的判决中对上述观点作了澄清。[3]

该案涉及外观设计侵权纠纷，作为一审法院的美国得克萨斯北区联邦地区法院认为被控侵权产品没有采用授权外观设计与最为接近的现有设计相比的区别之处，因而认定侵权指控不成立。专利权人不服一审判决，上诉到美国联邦巡回上诉法院，其结果是合议庭作出了维持一审判决的二审判决。考虑到美国法律界对“新颖点”判断标准存在不同意见，美国联邦巡回上诉法院决定以该法院全体法官参加的大法庭形式对该上诉案件重新进行审理，以澄清侵犯外观设计专利权的一些重要法律问题，其结果是推翻了该法院原合议庭作出的判决，同时也推翻了该法院早先形成的“新颖点”判断标准。

大法庭判决认为，事实证明，在比较简单的侵权纠纷案件中，也就是授权外观设计是基于单独一份现有设计而作出的，与该现有设计相比仅仅存在一个不同之处，则“新颖点”判断标准较为容易适用；在比较复杂的侵权纠纷案件中，也就是授权外观设计是基于多份现有设计而作出的，授权外观设计与这些现有设计相比具有多个不同点，其新颖之处在于这些多个不同点的组合，则“新颖点”判断标准较为难以适用。大法庭判决指出：采用“新颖点”判断标准容易使判断者将其注意力集中在授权外观设计的个别设计特征上，而不是集中在被控侵权产品作为一个整体是否抄袭了授权外观设计的设计方案上。另外，授权外观设计的创新程度越高，其与现有设计之间的区别点也就越多，本来应当得到更为有效的专利保护；然而采用“新颖点”判断标准的结果却会使被诉侵权人获得更多的争辩其被控侵权产品不构成侵权行为的机会，因为其更容易争辩被控侵权产品没有逐一采用授权外观设计的这些“新颖点”。

大法庭判决指出：

---

[1] DONALD S. CHISUM, Chisum on Patents［M］.

[2] 436 F. Supp. 380, 194, 81 U.S. (14 Wall.) 511 (1872).

[3] 543 F.3d 665.

基于上述分析，我们认为“新颖性判断标准”不应再被用于侵犯外观设计专利权的判断标准。相反，根据美国联邦最高法院对Gorham一案的判决以及随后的一系列判决，我们认为“普通观察者”的判断标准应当是判断是否侵犯外观设计专利权的惟一标准。根据这一标准，如同本法院所说过的那样，除非被控侵权产品采用了授权外观设计或者对其作了具有伪装性质的摹仿，否则就不构成侵犯外观设计专利权的行为。

但是，大法庭判决同时也指出：

当然，我们决定不再采用“新颖点”判断标准并不意味着授权外观设计与现有设计之间的区别点是无关紧要的。相反，审视授权外观设计的新颖之处是将授权外观设计与被控侵权产品的外观设计以及与现有设计进行比较的重要组成部分。但是，对设计方案的比较，包括对任何“新颖点”的审视，必须作为“普通观察者”判断标准的一部分进行，而不是作为一个单独的判断标准，将其注意力集中于仅仅在诉讼程序中才强调指出的个别“新颖点”上。

笔者赞成最高人民法院在其司法解释中增加“授权外观设计区别于现有设计的设计特征相对于授权外观设计的其他设计特征通常对外观设计的整体视觉效果更具有影响”，因为这一规定突显了对外观设计专利权的保护旨在保护创新的基本出发点，是使侵犯外观设计专利权的判定与侵犯注册商标专用权的判定形成必要区别的重要保障。该司法解释仅仅表达了“授权外观设计区别于现有设计的设计特征”应当“更具有影响”的含义，并不表明被控侵权产品必须以相同方式采用了授权外观设计有别于现有设计的设计特征，因此是对“以外观设计的整体视觉效果进行综合判断”的必要补充，而不是作为与之相平行的单独判断原则。

借鉴美国联邦巡回上诉法院对Egyptian Goddess Inc. v. Swisa Inc.一案判决表述的观点，笔者认为适用上述司法解释时应当注意如下问题。

首先，应当如何确定司法解释中所述的“现有设计”？笔者认为应当将其理解为一份现有设计，通常应当是与授权外观设计最为接近的现有设计，而不是所有的相关现有设计。现实中，与授权外观设计相关的现有设计很多，将授权外观设计与不同现有设计进行比较，其新颖之处各不相同。如果认为凡是授权外观设计不同于所有现有设计的设计特征对外观设计的整体视觉效果都更具有影响，则无异于认定授权外观设计的诸多设计特征对整体视觉效果都更具有影响，这显然不符合逻辑，其结果将导致无法正确适用该司法解释的上述规定，影响外观设计专利权人获得有效的保护。

其次，如何确定最接近的现有设计？美国法院在审理侵犯外观设计专利权纠纷案件时有权一并审理涉案外观设计专利权的有效性问题，经过对专利权有效性的争辩和审理，法官通常就会掌握与授权外观设计最为接近的现有设计，因此确定“最为接近的现有设计”不会遇到什么困难。我国审理侵犯外观设计专利权纠纷案件的法院无权审理外观设计专利权是否有效的问题，[1]而且国家知识产权局授予外观设计专利权没有经过实质审查，其审查档案中也不会有关于最接近现有设计的记录，由此存在侵权审理法院如何认定最接近的现有设计的问题。现实中可行的途径不外乎：一是专利复审委员会进行过无效宣告请求审查的，借用审查决定中引用的最接近现有设计；二是被诉侵权人提出现有设计抗辩的，借

---

[1] 即使是北京市第一中级人民法院，就同一专利权而言，侵权纠纷案件和确权纠纷案件也仍然是彼此独立的案件，不能并案审理。

用其举证的现有设计。对后者而言，被诉侵权人举证有关现有设计的证据似能产生两方面的作用：首先是用该证据进行现有设计抗辩；即使现有设计抗辩不成立，还可以利用该证据进行不侵权抗辩，争辩尽管其被控侵权产品与授权外观设计相比具有相似的整体视觉效果，但是由于没有采用授权外观设计中体现与其举证现有设计之间区别点的设计特征，因而不构成侵权行为。应当注意不要给外观设计专利权人获得保护带来太多的困难，否则将会降低外观设计专利制度的应有价值和作用。基于这一考虑，笔者主张侵权判断应当贯彻“以外观设计的整体视觉进行综合判断”为主的原则，有关“更具有影响”的规定只应当起到辅助作用，这也表明需要对“更具有影响”的认定以及认定的作用形成更为明细的规则。

（三）关于提供部分外观设计保护的问题

《专利法》对外观设计专利权的保护有两种略有不同的表述方式：一是第十一条第二款规定：“外观设计专利权被授予后，任何单位或者个人未经专利权人许可，都不得实施其专利，即不得为生产经营目的制造、许诺销售、销售、进口其外观设计专利产品”；二是第五十九条第二款规定“外观设计专利权的保护范围以表示在图片或者照片中的该产品的外观设计为准”。[1]前者采用的是“其外观设计产品”，后者采用的是“该产品的外观设计”，两者在表述上略有不同，其原因在于两条规定是针对不同的事情。第十一条第二款旨在规定外观设计专利权的效力，能够予以制造、许诺销售、销售、进口的当然只能是产品，而不能是脱离于产品之外的外观设计，因此采用了“其外观设计产品”的说法；第五十九条第二款旨在规定外观设计专利权的保护范围，采用“以该产品的外观设计为准”的表述方式显然比采用“以外观设计产品为准”更为准确，因此采用了“该产品的外观设计”的说法。

《专利法》第二条第四款、第十一条第二款和本条第二款表达了一个共同的含义，这就是外观设计专利权的保护客体是“其外观采用了获得专利权的设计方案的产品”。这里所说的产品，可以是飞机、船舶、汽车之类的大型产品，也可以是项链、钥匙、图钉之类的小型物件；可以是包括许多组成部分的整体装置，也可以是附着在其他产品上的单个零部件，例如服装上的纽扣、冰箱上的把手、电子设备上的旋钮等，只要构成可以单独制造、单独销售的产品，并且使公众能够从产品外观上观察到即可。可申请获得外观设计专利权的产品类型的多样性，为申请人申请获得适合其需要的外观设计专利权提供了自由选择的余地。例如，有人设计了一种具有独特外观的汽车外部后视镜，他可以就采用该外部后视镜的整个汽车申请获得一项外观设计专利，也可以就该外部后视镜本身申请获得一项外观设计专利。一旦申请人作出抉择，其保护客体就“固定”下来了，其外观设计专利的保护范围应当以反映该产品外观的图片和照片为准。需要指出的是，一个产品的不可分割的组成部分不能单独申请获得外观设计专利权，例如茶杯的把手、刀叉餐具的手柄、沙发的扶手部分等。换言之，按照我国现行《专利法》的规定，不能对产品的不可分割的某个或者某些局部获得部分外观设计保护。

---

[1] 2008年修改前《专利法》第五十六条第二款的规定是：“外观设计专利权的保护范围以表示在图片或者照片中的该外观设计产品为准”。

随着知识产权制度的不断发展，一些国家和地区开始提供部分外观设计的保护。日本自1999年1月1日起施行的经修改的外观设计法引入了有关部分外观设计的概念，其第2条规定："本法所称外观设计，是指对产品（包括产品的部分）的形状、图案、色彩或者其结合作出通过视觉引起美感的设计。"自2002年2月12日起施行的《欧盟外观设计条例》第3条第（a）项也规定："外观设计，是指由产品本身和/或其装饰物特征，特别是其线条、轮廓、颜色、形状、纹理和/或材料形成的整个产品或者产品的一部分的外观。"

受外国外观设计制度变革的影响，我国2008年修改《专利法》时，不少人提出了应当允许对产品的部分外观设计提供专利保护的修改建议，其理由主要包括：

第一，随着工业化大批量、标准化、流水线生产的进程，很多产品的功能基本决定了产品的造型，其外观设计日趋成熟，一些产品的外观设计空间变得越来越小。在这样的情况下，设计人员对产品外观作出的局部改进即使不对产品整个外观产生较大影响，也凝聚了他们的心血，会引起消费者的注意。因此，从鼓励设计人员不断作出设计创新的角度出发，应当引入部分外观设计保护制度。

第二，在现行外观设计专利制度下，设计人仅对产品外观作出局部改进的，仍然需要针对整个产品的外观提出外观设计专利申请。此时，有可能因为该产品的整体外观与现有设计相比没有明显区别而不能被授予外观设计专利权。这样的结果对申请人来说是不公平的，不利于鼓励设计创新。

第三，由于外观设计专利权的保护范围以表示在图片或者照片中的该产品的外观设计为准，设计人仅对产品外观作出局部改进的，仍然需要对整个产品的外观提出外观设计专利申请，将导致即使获得一项外观设计专利权，也难以获得有效的保护。例如，设计人仅对吹风机的手柄外观作了改进，却不得不就整个吹风机的外观申请获得一项外观设计专利权，他人有可能完全仿制其手柄部分的外观，同时又对吹风机头部的外观作出一些不甚重要的改动，就可能导致法院或者管理专利工作的部门认为被控侵权产品与专利产品的外观设计既不相同也不相似，从而得出侵权指控不成立的结论。为了避免这样的结局，申请人只能在其专利申请中尽可能多地罗列其手柄与具有不同外观的头部相结合的设计方案，以求穷尽所有可能的变化，杜绝侵权人采用上述"钻空子"的手段的可能性。然而，采用这种方式来撰写外观设计专利申请受到审查规则的限制，同时对申请人来说也不胜其烦，现实中很难做到。

持上述观点的人认为建立部分外观设计保护制度是国际潮流，大势所趋，不解决这一问题势必影响我国外观设计专利制度与国际规则接轨，非但国内外申请人颇有微词，也不利于创新型国家的建设。❶

2008年修改《专利法》时，对上述修改建议进行了广泛深入的讨论，也有人提出了不同的观点。

首先，认为随着工业化的进程，作出新的外观设计的空间已经越来越小，设计者已陷入"江郎才尽"境地的说法值得商榷。无论是科学技术领域，还是文化艺术领域，人类的创新空间都无穷无尽，永无止境，工业品外观设计领域亦是如此。例如服装、鞋帽、家具

---

❶ 宫宝珉，等.外观设计专利审查与授权标准研究［G］//国家知识产权局条法司.专利法及专利法实施细则第三次修改专题研究报告.北京：知识产权出版社，2006：319-320.

等日常用品古而有之，但其变化和创新却层出不穷，从来也没有枯竭过。其中尤其值得一提的是运动鞋。近20年来，制鞋行业推出了各种各样的运动鞋，在材质、工艺、样式等方面的改进之多之大在人类历史上可谓前所未有，大有令人眼花缭乱、目不暇接之势，极大地改变了人类的生活面貌和质量。应当指出，科学技术的不断发展也为外观设计创新提供了广阔的舞台。例如，电视机显示器由阴极射线管朝等离子显示器、液晶显示器的发展导致电视机产业发生了巨大变化，其外观也随之发生巨大变化，各种设计方案接踵而至，旧日的电视机外观简直无法与之相比。人们有充分理由相信改进产品外观的路子不会越走越窄，这正是外观设计制度生命力之所在。

2002 年，欧盟开始实施《欧盟外观设计条例》。该条例规定，判断申请注册的外观设计是否具有“个性特点”以及确定已注册外观设计的保护范围都应当考虑“设计者作出该外观设计的设计自由度”。这一规定的含义在于：在设计自由度较大的情况下，只有当申请注册的外观设计与现有设计相比具有较大区别时，才能被认为具有“个性特点”，进而获得注册，然而一旦获得注册就能获得更宽的保护范围；反之，在设计自由度较小的情况下，即使申请注册的外观设计与现有设计相比区别较小，也能被认为具有“个性特点”，进而获得注册，然而即使获得注册也只能获得较窄的保护范围。

然而，欧盟的上述规定并不意味着欧盟国家认为“作出新的外观设计的空间已经越来越小”，只是表明设计自由度随设计领域的不同会有大有小而已。值得指出的是，在判断是否符合授权条件时以及在确定保护范围时引入“自由度”的概念有利有弊，其好处在于对权利人获得注册和得到保护均较为有利；其弊病在于会增大判断的主观因素和法律不确定性，使判断变得更为复杂，使判断结论变得更容易因人而异。就发明或者实用新型而言，在我国建立专利制度的初期，借鉴有关国家当时采取的有关说法，许多人也曾经认为在判断是否符合授权条件时以及在确定保护范围时应当区分是“热门技术领域”还是“非热门技术领域”，其实质就考虑作出发明或者实用新型的“自由度”。现在，无论在其他国家还是在我国已经很少听到这样的说法了。

其次，无论是科学技术的创新，还是产品外观的创新，其中绝大多数都是在现有技术、现有设计基础上作出的改进型创新，真正的全新创新数量很少，这符合人类的认识和能力总是渐进发展的客观规律。无论从《专利法》规定的三种专利的授权条件来看，还是从《专利审查指南 2010》规定的三种专利的授权标准来看，都没有要求一项发明、实用新型、外观设计的所有技术特征或者设计特征均与现有技术或者现有设计的相应特征不同，才能被授予专利权。对外观设计而言，产品局部外观的改进只要能够导致产品的整体外观与现有设计相比在视觉效果上产生明显区别，就足以被授予外观设计专利权。

诚如建议者所述，对外观设计专利权的保护确实存在一些不足之处，主要体现在：

一是发明和实用新型专利权都有一个特殊的法律文件，即权利要求书，能够通过为数不多的要素（技术特征），清楚、简明地界定要求保护的技术方案，判断是否侵犯发明和实用新型专利权只需判断被控侵权产品或者方法是否以相同或者等同的方式再现了这些技术特征即可。换言之，只比较技术方案的“要点”，不必顾及仅在说明书中记载而未写入权利要求书中的技术方案的其他“细节”；外观设计专利没有权利要求书，其保护范围以图片或者照片表示的外观设计产品为准，尤其是在申请人采用照片的情况下，会如实地反映产品外观的所有细节，若将照片比作权利要求书，则该“权利要求”记载了数量多得多的设计特征，若以这样的"权利要求"为准确定外观设计专利权的保护范围，容易让侵权者"钻空子"，也就是既抄袭取得外观设计专利权的设计方案精华所在的"要点"，又故意对其他"非要点"部分作出一些容易想到、不甚重要的改变，使其产品的外观在整体视觉效果上产生某些变化，就有可能逃避侵犯外观设计专利权的责任。

二是为了避免上述不利结果，外观设计专利的申请人很自然地希望在外观设计专利申请文件中多记载几个实现其基本设计构思的相似设计方案，相当于写入多个并列的"独立权利要求"，这样侵权者就不那么容易绕开其外观设计专利权的保护范围了。然而，2008年修改《专利法》前采用的审查标准使这种做法受到严重阻碍，因为若将几个相似设计方案记载在一件外观设计专利申请中，则被认为是在同一件申请中要求保护几种不同的设计方案，依照2008年修改前的《专利法》第三十一条第二款关于外观设计专利申请单一性的规定应当予以驳回；若将几个相似设计方案分成不同的外观设计申请分别提出，又被认为是"同样"的发明创造，依照2010年修改前的《专利法实施细则》第十三条第一款关于不得重复授权的规定也应当予以驳回，从而导致申请人左右为难，束手无策。

为了克服上述缺陷，为外观设计专利权人提供有效的保护，2008年修改的《专利法》有针对性地对外观设计专利制度进行了相应调整，体现在：一是将修改前可有可无的对外观设计的简要说明改为外观设计专利申请文件的必要部分，其内容包括对设计要点的说明，同时在本条第二款规定简要说明可以用于解释外观设计专利权的保护范围，这样就有利于法院或者管理专利工作的部门审理或者处理外观设计专利侵权纠纷时突出设计要点的权重，防止侵权者采取逃避侵权责任的上述做法；二是扩大了允许的外观设计合案申请的范围，规定同一产品的两项以上相似外观设计可以作为一件申请提出，2010年修改的《专利法实施细则》第三十五条第一款规定一件外观设计专利申请最多可以包含10项相似的设计方案，这样就有利于申请人构筑更为牢固的纵深防线，使侵权者难以轻易绕开其外观设计专利权的保护范围。对上述修改，本书结合对《专利法》第九条和第三十一条说明已经作了详细说明。

在2008年修改的《专利法》已经作出上述调整的情况下，是否还有必要规定对部分外观设计的保护？

这涉及如何实现对部分外观设计的保护问题。对此，大致有两种可选的方案：一是不要求申请人提交其产品的所有六面视图，例如申请人希望仅就其冰箱正面的设计方案获得部分外观设计保护，可以只提交该冰箱的正面视图，无须提交其他各面视图；二是也不要求申请人提交其产品某一面的完整视图，例如申请人希望仅仅针对其冰箱正面某一局部部分的设计方案获得部分外观设计保护，可以只提交该局部部分的详细视图，对冰箱正面的其余部分只需用虚线作象征性表示，例如用虚线勾画出冰箱正面的外形轮廓即可。

《专利审查指南2010》规定，就立体外观设计产品而言，产品设计要点涉及六个面的，应当提交六面正投影视图；产品设计要点仅涉及一个或者几个面的，应当至少提交所涉及面的正投影视图和立体图。[1]这表明，上述第一种方案实际上在现行外观设计专利制度中已经采用，无须通过修改《专利法》才能实现。但是应当注意，按照《专利审查指南

[1] 国家知识产权局.专利审查指南2010［M］.北京：知识产权出版社，2010：第一部分第三章4.2.

2010》的上述规定，申请人对立体产品申请获得外观设计专利权而又省略该产品一个或者多个视图的，必须提交反映该产品整体外观的立体图，其目的在于保障公众能够知道受外观设计专利权保护的产品的整体外观。如果允许申请人仅仅提交其产品某一面的正投影视图，将导致公众无法区分受保护的外观设计产品到底是一个平面产品还是一个立体产品，即使申请文件写明受保护的产品是诸如冰箱之类的产品，也将大大扩充其保护范围。

上述第二种方案有可能导致对一个产品的任何局部细节都能够单独获得外观设计专利权的保护，其目的在于既能够使申请人更为容易地获得外观设计专利权，又能够极大地扩张外观设计专利权的保护范围。采用这一方案，申请人就能使其图片或者照片更为集中地反映其产品外观设计的改进之处，排除其余未改进部分的外观对改进部分的外观可能产生的“淡化”作用，使其专利申请涉及的设计方案成为近乎百分之百的全新设计，自然就更容易满足授予外观设计专利权的条件；针对如此获得的部分外观设计专利权，被控侵权产品只要采用了其改进之处，则无论该产品的其余部分具有何种不同的外观，均落入该外观设计专利权的保护范围之内，自然就扩大了外观设计专利权的保护范围。如前所述，绝大多数外观设计专利申请都是对产品外观的局部改进，通过这种方式寻求获得部分外观设计保护，既容易获得专利权，保护范围又更宽，申请人何乐而不为？申请人势必竞相采用，趋之若鹜，其结果必然是大大改进我国的现行外观设计专利制度。

对比发明和实用新型专利权保护机制的历史沿革，可以更为清楚地理解将部分外观设计的保护推向上述极端状态的不当。在西方国家专利制度的历史演变过程中，同样也现出过呼吁保护部分技术方案的理论和有关做法，也就是认为应当突出对“发明构思”或者“发明核心”的保护，允许保护由权利要求记载的部分技术特征组成的“次组合”，这种做法相当于将权利要求记载的其余技术特征“虚线”化。在我国建立专利制度的初期，也曾流行由执法机关对权利要求记载的技术特征进行甄别，仅留下必要技术特征，而将非必要技术特征略去的做法。这些做法的目的与主张部分外观设计保护的目的完全相同，即寻求为权利人提供更为充分的保护。然而通过实践，各国已经认识到这些做法是不正确的，因为专利制度并非只需顾及专利权人的利益，也要顾及公众的利益。在现在采用的专利制度下，一方面，为了充分保护专利权人的合法利益建立了等同原则，用于适当扩大由权利要求书的文字所确定的保护范围；另一方面，为了保障专利权保护范围的法律确定性，切实维护公众的合法利益，又对等同原则的适用采取了种种限制措施，体现在要求发明和实用新型专利权的权利要求书必须记载能够解决所需解决的技术问题的完整技术方案，并在确定专利权保护范围时采用“全部技术特征原则”，即无论是前序部分记载的已知技术特征，还是特征部分记载的非已知技术特征都同样对保护范围产生限定作用，不允许通过等同原则的适用来忽略权利要求书中记载的任何技术特征。上述做法说到底，就是认为不能保护部分发明，或者说不能保护发明的部分技术特征，将其余技术特征“虚线化”。《专利法实施细则》第二十一条第一款规定，独立权利要求应当包括前序部分和特征部分，前者应当记载发明或者实用新型与最接近现有技术共有的必要技术特征；后者应当记载发明或者实用新型区别于最接近现有技术的技术特征。没有人认为权利要求应当只记载反映创新点所在的“区别技术特征”，因为这些“区别技术特征”若不与前序部分记载的技术特征相结合就会成为“空中楼阁”，变得没有意义。同理，《专利法》第五十九条第二款规定，外观设计专利权的保护范围以表示在图片或者照片中的产品的外观设计为准。产品的一部分

（尤其是与产品不可分离的一部分）不构成单独的产品，因此其外观也就不成其为“产品的外观设计”，确定保护范围不能仅以这些部分的外观为准。总之，对外观设计专利权的保护没有必要重蹈一些国家在保护发明和实用新型专利权方面经过实践被认为是不正确的历史覆辙。

归纳起来，尽管有必要对现有外观设计专利制度作出改进，克服过去存在的不合理之处，但是不应将对外观设计的保护推到上述极端状态。事实上，即使在其法律中规定对部分外观设计提供保护的国家，例如日本，也对其作出了种种限制，并非可以任意采用；我国一些主张提供部分外观设计保护的人也指出其本意并非在于对产品的局部外观提供保护。❶

其他国家允许对部分外观设计提供保护的时间还不长，我们需要时间来观察这些国家的实际施行状况，评价其效果和利弊。另外，提供部分外观设计需要建立一整套与之相关的制度，需要从长计议，考虑周全。我国目前已经成为世界上外观设计专利申请数量最大的国家，而且在数量上遥遥领先，排名第二的国家的外观设计申请量只是我国的零头。在此情况下，我国在是否保护部分外观设计的问题上良宜慎之，不应操之过急。

---

❶ 吴观乐，等.外观设计专利的保护［G］//国家知识产权局条法司.专利法及专利法实施细则第三次修改专题研究报告.北京：知识产权出版社，2006：538.“目前有一种反对拓宽到保护部分外观设计的理由是：一旦对外观设计给予部分保护，就意味着外观设计的载体不再是整个产品，而仅仅是该产品的一部分，尤其可能是一件产品上不可分割的一部分。这种观点实质上是曲解了外观设计部分保护的含义。对于部分外观设计来说，其载体仍然是整个产品，所保护的仍然是整个产品的外观设计，只不过表明该外观设计的主要创作部位不一定是该产品的整个外观设计，而可以只是该产品整个外观设计的一部分。”

第六十条　侵犯专利权纠纷的处理、审理和侵犯专利权的民事责任

未经专利权人许可，实施其专利，即侵犯其专利权，引起纠纷的，由当事人协商解决；不愿协商或者协商不成的，专利权人或者利害关系人可以向人民法院起诉,也可以请求管理专利工作的部门处理。管理专利工作的部门处理时，认定侵权行为成立的，可以责令侵权人立即停止侵权行为，当事人不服的，可以自收到处理通知之日起十五日内依照《中华人民共和国行政诉讼法》向人民法院起诉；侵权人期满不起诉又不停止侵权行为的，管理专利工作的部门可以申请人民法院强制执行。进行处理的管理专利工作的部门应当事人的请求，可以就侵犯专利权的赔偿数额进行调解；调解不成的，当事人可以依照《中华人民共和国民事诉讼法》向人民法院起诉。

一、侵犯专利权的民事责任以及归责原则

（一）本条的适用范围

本条是关于侵犯专利权纠纷的解决途径以及侵权人应当承担的民事责任的规定。适用本条规定，首先需要明确“侵犯专利权纠纷”的含义。

本条将“侵犯专利权纠纷”定义为“未经专利权人许可，实施其专利”所引起的纠纷。其中，“专利权人”是指依法在我国取得专利权的权利主体，既包括我国的单位或者个人，也包括外国人、外国企业或者外国其他组织；“未经许可”和“实施专利”分别对应于《专利法》第十一条所述的“未经专利权人许可”和“实施其专利”，应当理解为具有相同的含义。按照第十一条的规定，所谓“实施其专利”，对发明和实用新型专利而言，是指为生产经营目的制造、使用、许诺销售、销售、进口其专利产品，使用其专利方法，以及使用、许诺销售、销售、进口依照该专利方法直接获得的产品；对外观设计专利来说是为生产经营目的制造、销售、许诺销售、进口其外观设计专利产品。至于实施行为的客体是否属于“其专利产品”“其专利方法”“其外观设计专利产品”，需要依照《专利法》第五十九条的规定，根据专利权的保护范围予以确定。

基于上述理解，本条所述“侵犯专利权纠纷”具有特定含义，涉及范围较为狭窄。有些行为，例如被许可人未经专利权人同意而擅自许可第三人实施专利、他人在非专利产品上标注专利权人的专利号等，也可以认为构成了侵犯专利权人权利或者利益的行为，但是却不属于本条所称侵犯专利权行为，由此而产生的纠纷不属于侵犯专利权的纠纷，不适用本条的规定。

侵犯专利权的行为与专利权的效力是密切相关的概念。关于专利权效力的规定是从正面规定专利权人享有的权利；关于侵犯专利权行为的规定是从反面规定哪些行为构成侵犯专利权的行为。关于专利权效力和侵犯专利权行为的立法模式有三种类型：一是详细规定

专利权的效力，而在关于侵权行为的规定中原则性地规定“未经专利权人许可，实施其专利的，构成侵权行为”即可，例如中国、德国、瑞典等；二是详细列举侵犯专利权行为的类型，而不直接规定专利权的效力，例如美国等；三是既明确规定专利权的效力，又具体列举构成侵权的行为，例如日本、韩国等。

（二）侵犯专利权的民事责任

侵犯专利权的行为是一种民事侵权行为，行为人应当承担相关民事责任。《民法通则》第六章第三节的标题是“侵权的民事责任”，其中第一百一十八条规定：

公民、法人的著作权（版权）、专利权、商标专用权、发现权、发明权和其他科技成果权受到剽窃、篡改、假冒等侵害的，有权要求停止侵害，消除影响，赔偿损失。

《民法通则》第六章第四节的标题是“承担民事责任的方式”，其中第一百三十四条规定：

承担民事责任的方式主要有：
（一）停止侵害；
（二）排除妨碍；
（三）消除危险；
（四）返还财产；
（五）恢复原状；
（六）修理、重作、更换；
（七）赔偿损失；
（八）支付违约金；
（九）消除影响、恢复名誉；
（十）赔礼道歉。
以上承担民事责任的方式，可以单独适用，也可以合并适用。

人民法院审理民事案件，除适用上述规定外，还可以予以训诫、责令具结悔过、收缴进行违法活动的财物和非法所得，并可以依照法律规定处以罚款、拘留。

2010 年 7 月 1 日起施行的《侵权责任法》第十五条规定：

承担侵权责任的方式主要有：
（一）停止侵害；
（二）排除妨碍；
（三）消除危险；
（四）返还财产；
（五）恢复原状；
（六）赔偿损失；
（七）赔礼道歉；
（八）消除影响、恢复名誉。
以上承担侵权责任的方式，可以单独适用，也可以合并适用。

与《民法通则》和《侵权责任法》相比，《专利法》属于下位法，因此侵犯专利权的民事责任应当优先适用《专利法》的有关规定。

本条没有正面规定侵犯专利权的行为人应当承担的民事责任，而是结合侵犯专利权纠纷的解决途径以及执法机关为专利权人提供的救济措施一并予以规定。本条规定承担侵犯专利权的民事责任只有两种方式，一是责令侵权人立即停止侵权行为；二是责令侵权人赔偿专利权人受到的损失。从字面上看，本条仅仅规定了管理专利工作的部门可以为专利权人提供的救济措施，而没有直接规定法院可以为专利权人提供何种救济措施。两者是否相同？从条文本身难以得出明确的答案。然而，从迄今为止的司法实践和学术理解来看，大家一致认为能够为专利权人提供的司法救济措施也只包括上述两种类型。两种救济措施的性质有所不同，前者旨在杜绝今后可能发生的侵权行为；后者旨在清算过去已经发生的侵权行为。

在司法实践中，有的专利权人还请求责令被诉侵权人承担《民法通则》第一百三十四条规定第（九）项规定的“消除影响、恢复名誉”和第（十）项规定的“赔礼道歉”的责任。法院是否应当支持这样的主张？有学者指出：

> 根据专利法的规定，侵犯专利权的民事责任形式就是停止侵权行为，赔偿损失，这是由专利权的财产权的法律性质所决定的。但是，司法实践中对此掌握得并不统一，有的法院不仅判决侵权人承担停止侵权、赔偿损失的民事责任，还根据《民法通则》的有关规定，判决侵权人承担赔礼道歉、消除影响等民事责任。就日常生活来说，做错了事向他人赔个礼、道个歉是应当的。但是，作为民事责任形式的“赔礼道歉、消除影响”，其适用有其特定的要求，一般应当适用于涉及侵犯他人名誉权、商誉权等场合。专利权是一种财产权，侵犯专利权不涉及上述权利问题。所以，今后在这个问题上要统一起来，对于侵犯专利权不再适用赔礼道歉、消除影响的民事责任。❶

最高人民法院有关终审判决指出：

> 赔礼道歉，主要是针对人身利益和商业信誉受到损害的一种责任承担方式。而专利权主要是一种财产利益，故专利侵权纠纷案件一般不适用赔礼道歉。而原审法院在未有证据证明新益公司的行为造成仁达厂重大商誉损失的情况下，判令新益公司赔礼道歉，有所不妥。❷

上述论述和判决已经表明了最高人民法院的立场，回答了上述问题。

关于赔偿损失的含义以及赔偿数额的确定方式，本书将结合《专利法》第六十五条的规定作详细说明，下面首先对停止侵权行为的含义进行讨论。

“立即停止侵权行为”，是法院或者管理专利工作的部门经审理或者处理认定侵犯专利权行为成立后作出的判令，可以认为这是当然之举，否则就不能为专利权人提供充分可靠的保护。如果执法机关对专利权人提供的救济措施只包括清算侵权人过去作出的侵权行为，而不包括禁止该侵权人今后可能继续进行的侵权行为，只“惩前”而不“毖后”，则侵权人随后继续作出侵权行为的，专利权人就只能一次又一次地不断地向法院起诉或者向管理专利工作的部门提出请求，成天忙于应对纠纷而不得安宁。假如这样，专利制度就不能发挥其应有作用。

然而，应当责令侵权人以何种方式停止侵犯专利权的行为，却有值得讨论之处。本条

---

❶ 参见最高人民法院原知识产权审判庭庭长蒋志培2003年在全国法院专利审判工作座谈会上的总结讲话。

❷ 参见最高人民法院2005年对大连新益建材有限公司诉大连仁达新型墙体建材厂侵犯其专利权纠纷一案作出的终审判决(最高人民法院民事判决书（2005）民三提字第1号)。

规定的“停止侵权行为”有如下两种可选的实现方式。

一是从物理意义上停止侵权行为，即侵权人过去制造侵权产品的，立即关停制造设备或者生产线，不得再制造任何侵权产品，必要时还可以责令侵权者销毁用于实施专利的专用设备，例如专用模具等；侵权人过去进口侵权产品的，立即停止进口行为，不得再进口任何侵权产品；侵权人过去许诺销售、销售侵权产品的，立即停止其展示、广告、宣传行为，封存尚未售出的侵权产品，不得再销售任何侵权产品；侵权人过去使用侵权产品的，立即停止使用行为，不得再使用任何侵权产品；侵权人过去使用侵权方法的，立即停止使用行为，不得再使用侵权方法。简言之，被诉侵权人不得再进行任何实施专利的行为。

二是从法理意义上停止侵权行为，即在侵权人仍然希望继续实施专利的情况下，可以责令其与专利权人达成协议，向专利权人支付专利实施使用费用，只有在此基础上才能继续进行制造、进口、许诺销售、销售、使用专利产品或者使用专利方法的行为。简言之，允许原侵权人继续实施专利，但是必须以合法方式进行。

应当认为，上述两种方式均达到了“停止侵权行为”的目的，都符合本条规定的本意。两种方式相比较，采用第一种方式对侵权人更为严厉，侵权人所付出的代价更大。从理论上说，专利权人在法院或者管理专利工作的部门的审理、处理过程中有主张采用其中任何一种方式的主动权，这是《专利法》赋予专利权人的权利。例如，侵权人的行为有违诚实信用原则，情节较为恶劣的，专利权人就可能倾向于采用第一种方式；专利权人有足够的生产制造能力和良好的销售渠道，足以满足市场需求，不希望有人与之相竞争的，也有可能倾向于采用第一种方式。

值得讨论的问题在于：专利权人主张采用第一种方式责令侵权人停止侵权行为，执法机关是否在任何情况下都应当予以支持？过去对这一问题研究不多，一种观点倾向于认为作出肯定回答是不言而喻的。但是近年来，一些学者借鉴国外的司法审判动向提出了不同的观点，认为即使专利权人主张采用第一种方式的，执法机关也需要综合考虑各种因素，合理确定是否需要判令被告从物理意义上停止侵权行为。

判令侵权人从物理意义上停止侵权行为的方式，类似于英美法系国家司法救济制度中的禁令措施（Injunction）。《美国专利法》第283条规定：

> **依照本法对纠纷案件有管辖权的若干法院可以根据衡平原则，以该法院认为合理的条件颁发禁令，以防止专利的任何权利受到危害。**

按照美国通过长期司法实践形成的衡平原则，权利人主张颁发禁令的，美国法院应当根据四要素判断法（four factor test）确定是否需要颁发禁令：

（1）权利人遭受了无可弥补的损害；

（2）法律规定的其他救济措施，如损害赔偿，尚无法弥补权利人所受到的损失；

（3）在权衡权利人与侵权人的处境的基础上，认为进一步提供衡平法意义上的救济措施是适当的；[1]

---

[1] 按照美国过去的司法制度，普通法院只能提供赔偿损失的救济措施，只有衡平法院才能既提供赔偿损害的救济措施，又提供颁发禁令的救济措施。这表明两种救济措施的法律位阶是不同的，禁令救济更为严厉，需要经过衡平考量之后才能作出。

（4）公众利益不会因颁发禁令而受到损害。

上述四项要素中，第（4）项要素最为重要，对侵犯专利权纠纷案件来说尤其如此。

然而，美国法院过去在很长时间内对侵犯专利权纠纷案件采取了比较有利于专利权人的做法，在认定涉案专利权有效而且侵犯该专利权行为成立的情况下，一般只要专利权人主张颁发禁令，法院就会颁发禁令。

美国联邦最高法院 2008 年对 MerExchange Inc. v. eBay Inc.一案的判决表明该法院对这种做法持否定态度。[1]

在该案中，专利权人自己没有实施其专利的能力，曾试图与被告 eBay 公司订立专利实施许可合同，但协商没有获得成功，后者随后擅自予以实施。针对这一实施行为，专利权人向美国法院控告被告侵犯了其专利权，并要求颁发禁令。一审法院认定侵犯专利权行为成立，但拒绝颁发永久禁令，其理由在于该案专利权人没有实施其专利的能力，曾经尝试许可被告实施其专利，这足以证明即使不颁发禁令也不会给专利权人造成无可挽回的损害。专利权人不服一审判决，上诉到美国联邦巡回上诉法院。二审法院维持一审法院认定侵权行为成立的结论，但认为颁发禁令应该适用专利侵权诉讼的一般规则，即一旦认定侵权行为成立就可以颁发禁令，只有在维护公共利益等极少数特殊情况下才可以拒绝发布禁令。被诉侵权人不服二审判决，上诉到美国联邦最高法院。

美国联邦最高法院既不同意一审法院的观点，也不同意二审法院的观点。对一审法院的观点，美国联邦最高法院在其判决中指出，一审法院虽然应用了四要素判断法，但其理由是“专利权人缺乏实施其专利的能力”以及“曾经愿意许可被告实施其专利”，认为由此足以证明即使不颁发禁令也不会导致对原告产生难以弥补的损害，这有失偏颇。美国联邦最高法院认为，大学科研人员或者个人发明者常常会选择许可他人实施其专利的做法，而不是自己筹措资金以实施其发明，如果采用一审法院的观点，就会不合理地排除这些专利权人获得禁令救济的机会。对二审法院的观点，美国联邦最高法院在其判决中指出，二审法院偏离了传统的颁发禁令的四要素检验法，走向了另一个极端，因为该法院建立了一种单单适用于专利侵权诉讼的特殊模式，即只要认定专利权有效和侵权行为成立就可以颁发永久禁令，只有在“非常见的情况下”“例外的情况下”或者“罕见的情况下”才不应当颁发永久禁令。美国联邦最高法院认为，与一审判决所采取的简单“一刀切”立场一样，二审判决所采取的也是简单的“一刀切”立场，该立场不恰当地扩大了颁发永久禁令的范围，同样是不正确的。美国联邦最高法院最后判定将该案发回重审，并指出是否颁发禁令属于审案法院的自由裁量范围，而这一裁量权的行使必须符合美国传统上的衡平原则，审理侵犯专利权纠纷案件与审理其他案件应当适用同样的标准，不存在例外。

美国联邦最高法院为什么要作出这一判决？从判决本身比较难以看出其原因。美国联邦最高法院对该判决持反对意见的首席大法官 Roberts 和持赞成意见的大法官 Kennedy 分别在判决正文后面附上了各自对判决的评述意见，分别得到该法院两名大法官和三名大法官的支持。其中，Kennedy 大法官的评述意见有助于人们理解该判决背后暗含的原因，他指出：

---

[1] 78 USPQ. 2d. (BNA) 1577.

法院应当注意，在许多情况下，专利权人行使其专利权的方式以及权利人在经济社会中发挥的作用与过去相比均产生了较大变化。如今，许多公司并非将专利用于自己制造和销售产品的基础，而主要是利用专利来赚取专利许可使用费，这在美国已经成为一种行业。对这些公司而言，对侵犯专利权行为普遍地颁发永久禁令和采取其他严厉惩罚措施被当做向有意获得许可的公司索取过度许可使用费的筹码。在有关专利产品仅仅是所要生产制造的产品的一小部分时，颁布永久禁令的威胁只会被用作在许可谈判中谋求获得优势地位的工具。在这样的情况下，给予赔偿救济就足以弥补侵权行为带来的损失，颁发永久禁令不一定有利于维护公众利益。此外，颁发永久禁令救济还会对不断增长的商业方法专利带来不同的结果，这些方法在过去并不具有显著的经济价值。一些商业方法专利的潜在不清晰性以及令人质疑的专利有效性会影响适用"四要素检验法"的结果。美国专利法规定颁发永久禁令应当遵循衡平原则，这一点相当明智，使法院能够适应科学技术和专利制度的快速发展及时作出必要调整。

美国专利界普遍认为美国联邦最高法院的这一判决将对美国今后的专利制度产生深远影响。

最高人民法院 2009 年 4 月在一份文件中指出：

充分发挥停止侵害的救济作用，妥善适用停止侵害责任，有效遏制侵权行为。根据当事人的诉讼请求、案件的具体情况和停止侵害的实际需要，可以明确责令当事人销毁制造侵权产品的专用材料、工具等，但采取销毁措施应当以确有必要为前提，与侵权行为的严重程度相当，且不能造成不必要的损失。如果停止有关行为会造成当事人之间的重大利益失衡，或者有悖社会公共利益，或者实际上无法执行，可以根据案件具体情况进行利益衡量，不判决停止行为，而采取更充分的赔偿或者经济补偿等替代性措施了断纠纷。权利人长期放任侵权、怠于维权，在其请求停止侵害时，倘若责令停止有关行为会在当事人之间造成较大的利益不平衡，可以审慎地考虑不再责令停止行为，但不影响依法给予合理的赔偿。❶

笔者认为，《专利法》的立法宗旨之一是鼓励发明创造的推广应用，因为其结果对国家和公众都有利。只要专利权人的利益能够得到充分保障，允许原侵权人随后以合法方式继续实施获得专利权的发明创造没有什么坏处，这是主张对从物理意义上停止侵权行为持慎重立场的根本原因。最高人民法院的上述文件采用了"可以根据案件具体情况进行利益衡量，不判决停止行为，而采取更充分的赔偿或者经济补偿等替代性措施了断纠纷"的表述方式。其中，侵权者就其今后拟进行的实施行为向专利权人支付合理的费用是必不可少的，否则就没有落实本条的规定，但是否应当将其归入"赔偿"的名目之下则值得商榷。"不停止行为"是指从物理意义上不停止实施专利的行为，但法理意义上的"侵权行为"则必须停止。

综上所述，应当采取何种方式执行"停止侵权行为"的判令是关系到国家和公众利益的重要问题。我国法院认定侵犯专利权行为成立的，必要时应当在判决中写明侵权人应当以何种方式"停止侵权行为"，以指导判决的正确执行，这对维护国家和公众的利益有重要意义。

---

❶ 参见 2009 年 4 月 21 日发布的《最高人民法院关于当前经济形势下知识产权审判服务大局若干问题的意见》[法发（2009）23 号]。

（三）承担侵犯专利权民事责任的归责原则

依据本条规定，似乎可以得出这样的结论，即只要执法机关认定侵犯专利权的行为成立，就应当责令侵权人承担立即停止侵权行为和赔偿损失的民事责任。然而这样的结论过于简单了，因为我国法律界普遍认为依据我国基本法律的规定形成了承担侵权民事责任的归责原则，需要予以考虑。

按照我国传统的侵权法理论，侵犯他人财产权或者人身权行为的行为人承担侵权民事责任的要件包括：

（1）行为人主观上存在过错；

（2）行为人客观上作出了违法行为；

（3）违法行为给他人造成了损害；

（4）损害与违法行为之间存在因果关系。

不满足上述任何一个要件，都不足以要求行为人承担侵权的民事责任。其中，行为人在主观上存在过错是最为重要也最为复杂的要件，有必要进行较为深入的讨论。

关于我国侵权民事责任包括几种归责原则，理论上有不同的观点。主张采用一元论的观点认为，我国民事侵权责任的归责原则只有一个，即过错原则；主张采用二元论的观点认为，除了过错原则，无过错原则也是我国民事侵权责任归责原则之一；主张采用多元论的观点认为，除了过错原则、无过错原则外，过错推定原则、公平责任原则也是我国民事侵权的归责原则。

过错责任原则，是指对绝大多数民事侵权行为（或者说一般侵权行为，即除《民法通则》《侵权责任法》以及其他法律规定的实行过错推定原则或者无过错原则的侵权行为之外的侵权行为），只有当行为人存在主观过错（故意或者过失）的情况下，行为人才需要承担侵权的民事责任。[1]例如，《民法通则》第一百零六条第二款规定“公民、法人由于过错侵害国家的、集体的财产，侵害他人财产、人身的，应当承担民事责任”，《侵权责任法》第六条第一款规定“行为人因过错侵害他人民事权益，应当承担侵权责任”，就体现了这一原则。

过错推定原则，是指对于某些特别类型的侵权行为，法律从损害事实存在就推定行为人有过错，要求行为人承担民事责任，但行为人能够证明自己没有过错或者证明是受害人故意造成的除外。例如《侵权责任法》第六条第二款规定“根据法律规定推定行为人有过错，行为人不能证明自己没有过错的，应当承担侵权责任”，《侵权责任法》第八十五条规定“建筑物、构筑物或者其他设施及其搁置物、悬挂物发生脱落、坠落造成他人损害，所有人、管理人或者使用人不能证明自己没有过错的，应当承担侵权责任”，就体现了过错推定。一种观点认为过错推定原则应当包含在过错责任原则中，而不是一项独立的归责原则。

---

[1] 近年来有的学者指出，传统的侵权法理论将主观过错作为承担侵权责任的要件是错误的，正确的说法应当是主观过错是承担赔偿责任而不是承担所有侵权责任的要件。例如，对于停止侵权、排除妨害、消除危险等形式的责任，无论行为人是否有主观过错，只要存在权利被侵害的事实，仍然需要承担相应责任。如：郑成思.中国侵权法理论的误区与进步：写在《专利法》再次修订与《著作权法》颁布十周年之际［J］.中国工商管理研究，2001（2）.

无过错原则，是指对于某些特定情况，为了保护受害人的利益，法律明确规定无论行为人是否有过错，仍然需要承担侵权责任。例如，《民法通则》第一百零六条第三款规定“没有过错，但法律规定应当承担民事责任的，应当承担民事责任”，《侵权责任法》第七条规定“行为人损害他人民事权益，不论行为人有无过错，法律规定应当承担侵权责任的，依照其规定”，就体现了这一原则。《民法通则》第一百二十二条、第一百二十三条、第一百二十四条和第一百二十七条关于产品质量责任、高度危险作业致人损害责任、环境污染致人损害责任、饲养动物致人损害责任等的规定，《侵权责任法》第五章关于产品责任、第八章关于环境污染责任、第九章关于高度危险责任、第十章关于饲养动物损害责任的规定就体现了这一原则。

公平责任原则，是指对某些客观上造成了损害，但双方当事人都没有过错的，可以根据实际情况，由当事人按照公平的原则分担民事责任。例如，《民法通则》第一百三十二条规定“当事人对造成损害都没有过错的，可以根据实际情况，由当事人分担民事责任”，《侵权责任法》第二十四条规定“受害人和行为人对损害的发生都没有过错的，可以根据实际情况，由双方分担损失”，就体现了这一原则。

区分前述不同原则的主要意义在于受害人所需承担的举证责任有所不同。按照过错责任原则，受害人除了证明被告实施了侵权行为、自己受到损害、侵权行为与损害结果之间有因果关系之外，还必须证明行为人主观上存在过错，因此受害人需要承担的举证责任较重；按照过错推定原则，受害人不需要证明行为人主观上存在过错，仅需证明前述三个要件就可要求行为人承担责任，但行为人证明自己没有过错或者受害人有故意的可以免除其责任，这相当于对是否存在过错实行举证责任倒置的做法；按照无过错原则，受害人无须证明被告主观上存在过错，仅需证明前述三个要件就可要求行为人承担责任，即使行为人能够证明自己主观上没有过错也依然如此；按照公平责任原则，受害人也无须证明行为人主观上存在过错，只需主张根据实际情况由双方分担责任是公平合理的即可。

关于承担侵犯专利权的民事责任，应当如何适用传统侵权法理论上的归责原则？对此，我国一直存在不同观点。

一种观点认为，在专利领域，有些情况下只要侵权行为成立，无须考虑行为人是否有主观过错即可认定侵权人应当承担侵犯专利权的民事责任，也就是可以采用无过错原则。较为典型的情况是：甲公司在乙公司提出一项发明专利申请的申请日之后、公布之前独立研究开发出相同的发明并在该专利申请公布之前予以实施，在授予专利权之后，除非获得乙公司的许可，甲公司就不能继续进行其实施行为，否则就构成了侵犯乙公司的专利权的行为。在这种情况下，很难认定行为人主观上存在过错，但是依照《专利法》的规定，行为人继续进行其实施行为的仍然要承担侵犯专利权的民事责任。

笔者认为，专利权虽然从总体上看具有某些类似于不动产的性质，但与一般的不动产相比毕竟有所不同。诸如房屋之类的不动产是有形的，公众能够清楚地知道不动产的存在及其范围，完全有能力根据自己是否进入了他人的房屋确认自己的行为是否侵犯了他人的不动产；但对于专利权这种以文字来划定界限的无形财产权来说，一般人很难确切地知道专利权的保护范围，往往不能以足够的确定程度判断在何种情况下会进入专利权人的“领地”，尤其是在许诺销售、销售、使用他人制造的侵权产品的情况下，行为人通常根本无从判断其许诺销售、销售、使用的产品是否为侵犯他人专利权的产品。正因为如此，《专利法》第七十条规定，未经专利权人许可许诺销售、销售或者使用侵权产品也构成侵犯专利权的行为，但如果行为人能够证明不知道其许诺销售、销售或者使用的是未经专利权人许可而制造并售出的专利侵权产品，并且能证明该产品合法来源的，就可以免除其赔偿责任。换言之，在这种情况下，行为人能够证明其主观上没有过错的，可以不承担赔偿损失的民事责任。这一规定表明，侵犯专利权的行为人是否应当承担赔偿损害的民事责任，至少在一部分情况下需要考虑行为人主观上是否存在过错的问题，不能统统采用无过错原则。

较为普遍的一种观点认为，一旦国家知识产权局公告授予一项专利权，就产生了《物权法》意义上的"公示"效力，可以推定公众中的任何人都应当知道有该项专利权存在，因而有义务自觉避免作出侵犯该专利权的行为。采用这种理论，任何人只要在国家知识产权局公告授予一项专利权后实施该项专利，就可以推定其主观上有过错。从这种意义上说，认为一旦侵权行为成立就应当承担侵犯专利权的民事责任的观点也并没有违背传统的侵权法理论。然而如前所述，这种推定使公众承担了过于沉重的负担，公众常常难以做到，因此这种观点看似对承担侵犯专利权的民事责任采用了过错原则，实质上却是采用了无过错原则，至少是采用了过错推定原则。

值得注意的是，尽管有些国家采用这种过错推定原则，例如日本和韩国的专利法明确规定侵犯专利权的行为人被推定为有过错，但是也有国家不采用这种过错推定理论，例如美国就是如此。

美国专利法第 287 条第（a）款明确规定，专利权人主张侵权者承担赔偿损失的民事责任有一个前提条件，这就是专利权人有责任事先告知（give notice）侵权者其实施行为构成侵犯专利权行为，只有对侵权者被告知之后继续进行的侵权行为，专利权人才能获得损害赔偿。❶❷在美国，专利权人告知侵权者的方式包括：首先，专利权人自己制造并销售其专利产品，同时在其产品或者产品的包装上标明专利标识的，则表明专利权人履行了告知义务；其次，专利权人自己没有制造并销售其专利产品，但是在发现他人侵犯其专利权行为后向行为人发出律师警告函或者其他通知的，也表明专利权人履行了其告知义务；最后，专利权人针对侵犯其专利权行为向法院提起诉讼的，也表明专利权人履行了其告知侵权人的义务。无论如何，美国并不认为美国专利与商标局授予一项专利权的公告就足以构成这种告知，可以推论公众中的任何人都应当知道有该项专利权存在，而是规定必须由专利权人针对具体实施行为向行为人作出具体告知。行为人在被告知之后仍然继续进行侵权行为的，当然在主观上就有过错（即使行为人在被告知之后聘请律师或者由其法律顾问进行了具体分析，认为其行为并不构成侵犯专利权的行为，但如果法院最终作出认定侵权成立的判决，证明行为人当初的判断不正确，属于判断上的错误，也足以表明行为人有过错），由此可知美国对侵犯专利权的行为人承担赔偿损失的民事责任明确采用了过错原则。

与我国《专利法》第七十条的规定相比，美国专利法第 287 条第（a）款的规定对专

---

❶ DONALD S. CHISUM.Chisum on Patents［M］. Volnum 7, Chaperter 20, 20.07 ［7］［c］［iv］. "In applying the notice provision, the cases generally require that the patent owner give specific and actual notice to the accused infringer charging infringement of the patent in question."

❷ 关于美国专利法第 287 条第（a）款的原文和有关介绍，请参见本书对《专利法》第十七条的说明。

利权人显然更为严格，体现在：第一，在我国，行为人由“不知道”变为“知道”可以有多种途径，并不一定需要由专利权人告知，而在美国，行为人由“不知道”变为“知道”必须由专利权人告知；第二，我国的规定仅适用于许诺销售、销售、使用行为的行为人，而美国的规定适用于所有实施专利的行为人，包括制造、进口行为的行为人。

还有一种观点认为，传统的侵权法理论将存在主观过错作为承担侵权民事责任的要件是错误的，正确的说法应当是存在主观过错是承担赔偿责任的要件，而不是承担其他侵权责任的要件，例如停止侵权、排除妨害、消除危险等，无论行为人是否有主观过错，只要存在权利被侵害的事实，都应当承担相应责任。[1]其实，就停止侵权行为的民事责任而言，应当认为无论在何种情况下实际上都已经采用了过错原则。其理由在于：停止侵权行为的民事责任旨在防止侵权者今后继续作出侵权行为，其前提条件是已经认定行为人的行为构成侵权的行为（这里所说的“认定”既包括当事人之间的认定，例如权利人向行为人发出侵权警告，行为人予以认可；也包括执法机关作出认定侵权成立的判决并已生效），在这样的情况下行为人主观上显然已经明确知道其行为构成了侵权的行为，如果随后还继续进行，就不可能是过失侵权行为，而是故意侵权行为。因此，在侵权民事责任中，只有承担赔偿损失的民事责任才有采用有过错原则还是采用无过错原则之分，承担停止侵权、排除妨害、消除危险等民事责任实际上都必然采用了过错原则。

就侵犯专利权行为承担赔偿损失的民事责任而言，我国的做法与美国的做法相比，究竟哪一种更为合理，更适合我国的具体国情？这是一个值得商榷和讨论的问题。

TRIPS 第 45 条规定：

> 如果侵权人明知或者有合理的根据应知其从事了侵权行为，司法机关应当有权责令侵权人向权利持有人支付足以补偿权利持有人由于侵权人侵犯其知识产权而所受损失的损害赔偿金。
>
> 司法机关还应当有权责令侵权人向权利持有人支付费用，其中可以包括适当的律师费用。在适当情形下，即使侵权人并非明知或有合理的根据应知其从事了侵权活动，各成员仍可以授权司法机关责令返还利润，和／或支付法律预先规定的损害赔偿金。

由此可知，TRIPS 对侵权人承担侵权赔偿责任原则上要求各成员实行过错责任原则，同时允许成员要求无过错的侵权人按照返还不当得利的制度将其实施侵权行为获得的利润返还权利人。换言之，如果侵权人作出侵权行为系故意或者有过失，成员必须授权司法机关责令侵权人承担赔偿责任；即使侵权人作出侵权行为没有过错，成员可以授权司法机关判定侵权人返还利润或者支付法定赔偿。但是应当注意的是，该条两款规定的性质不同：第 1 款是强制性质的，各成员均有义务遵照执行；第 2 款是选择性的，成员愿意采用的可以采用。

二、对专利侵权行为寻求救济的主体资格

（一）专利权人和利害关系人

按照本条规定，就侵犯专利权行为获得救济的主体是专利权人和利害关系人。

---

[1] 郑成思.中国侵权法理论的误区与进步：写在《专利法》再次修订与《著作权法》颁布十周年之际［J］.中国工商管理研究，2001(2).

专利权人是指依法在我国享有专利权的自然人、法人或者其他民事主体，可以是通过申请专利而获得专利权的人，也可以是通过转让、继承等方式获得专利权的人。利害关系人是指虽然不是专利权人，但是侵犯专利权行为对其利益也会产生不利影响的人。

对于利害关系人的范围，《专利法》及《专利法实施细则》均未明确规定。2001 年颁布的《最高人民法院关于对诉前停止侵犯专利权行为适用法律问题的若干规定》第一条规定："提出申请的利害关系人，包括专利实施许可合同的被许可人、专利财产权利的合法继承人等。专利实施许可合同被许可人中，独占实施许可合同的被许可人可以单独向人民法院提出申请；排他实施许可合同的被许可人在专利权人不申请的情况下，可以提出申请。"笔者认为，这一规定也适用于侵犯专利权的纠纷案件，也就是独占实施许可合同的被许可人可以单独就侵犯专利权行为向法院起诉；排他实施许可合同的被许可人在专利权人不起诉的情况下可以单独对侵权行为起诉；普通实施许可的被许可人一般无权单独就侵犯专利权行为起诉，但如果专利权人在许可合同中有特别授权，被许可人也可以依照许可合同的授权就侵犯专利权行为向法院起诉。

国家知识产权局 2001 年颁布的《专利行政执法办法》第五条中规定：

> 第一项所称利害关系人包括专利实施许可合同的被许可人、专利权的合法继承人。专利实施许可合同的被许可人中，独占实施许可合同的被许可人可以单独提出请求；排他实施许可合同的被许可人在专利权人不请求的情况下，可以单独提出请求；除合同另有约定外，普通实施许可合同的被许可人不能单独提出请求。

依照本条规定的字面含义，被诉侵权人不能被认作是"利害关系人"，尽管他与专利权人之间也存在利害关系。换言之，本条不允许被诉侵权人率先向法院起诉或者请求管理专利工作的部门进行处理，以尽早解脱其侵犯专利权的责任。然而，现实中也会出现这样的情况：专利权人以某种方式向行为人发出了警告，指出其行为构成了侵犯其专利权的行为，却迟迟不提起诉讼或者提出处理请求，致使被警告人长期处于一种不安境地，无法正常地筹划、开展其生产经营活动。尽管《专利法》第六十八条规定了两年的侵犯专利权诉讼时效，但是在科学技术突飞猛进的当今时代，两年的等待也足以对一个企业的正常运作产生很大负面影响。为了解决这一问题，根据我国各方面的呼吁，2009 年颁布的《最高人民法院关于审理侵犯专利权纠纷案件应用法律若干问题的解释》第十八条规定：

> 权利人向他人发出侵犯专利权的警告，被警告人或者利害关系人经书面催告权利人行使诉权，自权利人收到该书面催告之日起一个月内或者自书面催告发出之日起二个月内，权利人不撤回警告也不提起诉讼，被警告人或者利害关系人向人民法院提起请求确认其行为不侵犯专利权的诉讼的，人民法院应当受理。

依照上述规定提起的诉讼被称为"不侵权之诉"，起诉人的目的是希望法院认定其实施行为不构成侵犯专利权的行为。实际上，"不侵权之诉"和"侵权之诉"针对的是同一事实和同一法律关系，其区别仅仅在于诉讼提起人不同而已。尽管如此，允许"不侵权之诉"仍然具有明显的现实意义。

提起"不侵权之诉"有两个前提条件：第一，专利权人明确发出了警告，最高人民法院没有限定这种警告必须是书面警告，所以也包括口头警告；第二，被警告人向专利权人发出敦促其行使诉权的书面催告函，专利权人自收到书面催告函之日起两个月内仍不提起诉讼。对于后一条件，应当注意的是：第一，催告函必须采用书面方式，而不能采用口头方式；第二，规定提及的“行使诉权”和“提起诉讼”也应当包括专利权人依照本条规定就侵犯专利权行为请求管理专利工作的部门进行处理；第三，所述“利害关系人”是指被警告人的利害关系人，而不是本条所说的专利权人的“利害关系人”。

（二）共有专利权的情况下请求救济的主体

对于共有专利权，共有人能否单独以自己的名义向法院起诉？如果可以，起诉的成本和风险是否由其独自承担？起诉获得的赔偿是否可以由其单独享有？

对上述问题，本条没有规定。《专利法》第十五条对共有权利的行使作了如下规定：

> **专利申请权或者专利权的共有人对权利的行使有约定的，从其约定。没有约定的，共有人可以单独实施或者以普通许可方式许可他人实施该专利；许可他人实施该专利的，收取的使用费应当在共有人之间分配。**
>
> **除前款规定的情形外，行使共有的专利申请权或者专利权应当取得全体共有人的同意。**

对侵权行为起诉属于行使专利权，因此根据《专利法》第十五条的规定，在共有人之间没有事先约定的情况下，共有人之一不能单独对侵权行为起诉；如果共有人之间对单独起诉的权利、单独起诉成本和风险的承担、获得的赔偿的分享等有约定，应当依照约定执行；如果共有人之间仅仅约定共有人有单独起诉的权利，但对成本和风险的承担、所获赔偿的分享没有约定，共有人之一在未与其他共有人协商的条件下单独起诉的，起诉成本和风险应当由其单独承担，获得的赔偿也由其单独享有。

三、救济途径

本条规定，专利权人就侵犯其专利权的行为获得救济的方式包括：协商、司法救济、行政救济三种类型。其中，协商是权利人的自力救济，司法救济和行政救济是公力救济。

（一）协　商

侵犯专利权的纠纷可以由当事人协商解决。通过协商方式解决侵犯专利权纠纷，是2000年修改《专利法》时专门增加的规定。专利权是一种民事财产权，侵犯专利权的纠纷是民事纠纷，当事人可以协商解决，不一定需要通过公力救济途径来解决。建立专利制度的目的，是为了在全社会建立一种促进创新、激励创新、保护创新的行为规范。在这种行为规范的引导下，侵权行为人，尤其是非故意侵权人，一旦认识到自己的行为确属侵犯他人专利权的行为，应当自觉予以纠正。通过协商以合理的方式解决专利侵权纠纷，能够减少双方因为起诉、应诉而在精力、时间、费用等方面付出的代价。对于任何国家来说，都不是诉讼越多越好。当然，能够以协商方式解决侵犯专利权纠纷的后盾在于法律规定了公力救济途径。只有当公力救济途径既充分又有效，能够对侵权行为人产生足够法律震慑作用的情况下，协商解决这一自力救济途径才能为当事人考虑和采用。

（二）司法救济

专利权人或者利害关系人向人民法院提起民事诉讼，是解决民事侵权纠纷的常见方式。即使本条不作规定，专利权人依据《民事诉讼法》的规定也可以行使自己的诉权。

从理论上讲，专利侵权诉讼作为民事诉讼的一种，应当遵循民事诉讼的一般管辖规则。但是，与普通的民事诉讼相比，专利侵权诉讼有其特点：一是争议的实体问题往往涉及技术问题，较为复杂；二是对同一专利权，可能存在若干有联系的侵权行为，如甲地制造、乙地销售、丙地使用等。因此，最高人民法院对专利侵权诉讼规定了专门的管辖规则。

1. 级别管辖

根据 2001 年颁布的《最高人民法院关于审理专利纠纷案件适用法律问题的若干规定》第二条的规定，专利纠纷的第一审案件由各省、自治区、直辖市人民政府所在地的中级人民法院和最高人民法院指定的中级人民法院管辖。这一规定既限定了专利案件的级别管辖只能是中级人民法院，同时也限定了只有少数中级人民法院对专利案件才有管辖权。截至 2009 年 12 月，全国具有专利案件管辖权的中级人民法院为 71 个。对于被告住所位于对专利案件不具有管辖权的中级人民法院所属辖区的专利纠纷案件，应当由被告所在地的省、自治区、直辖市人民政府所在地的中级人民法院管辖。

2. 地域管辖

《最高人民法院关于审理专利纠纷案件适用法律问题的若干规定》第五条规定：

因侵犯专利权行为提起的诉讼，由侵权行为地或者被告住所地人民法院管辖。

侵权行为地包括：被控侵犯发明、实用新型专利权的产品的制造、使用、许诺销售、销售、进口等行为的实施地；专利方法使用行为的实施地，依照该专利方法直接获得的产品的使用、许诺销售、销售、进口等行为的实施地；外观设计专利产品的制造、销售、许诺销售、进口等行为的实施地；假冒他人专利的行为实施地。上述侵权行为的侵权结果发生地。

实践中，一些法院对上述司法解释所述“侵权结果发生地”的理解不尽一致。1997 年 11 月，最高人民法院在江苏省召开了全国部分法院知识产权审判工作座谈会，就此问题进行了研讨。讨论的结果认为，在知识产权侵权纠纷案件中，侵权结果发生地应当理解为侵权行为直接产生的结果发生地，不能因为原告受到了损害就认为原告所在地是侵权结果发生地。侵权结果应当与知识产权权利人指控的侵权人实施的侵权行为有直接因果关系，如果简单地将原告住所地认定为侵权行为结果地，就违背了《民事诉讼法》确立的“原告就被告”的基本管辖原则，不符合《民事诉讼法》第二十九条的规定，即“因侵权行为提起的诉讼，由侵权行为地或者被告住所地人民法院管辖”。[1]

该司法解释第六条规定：

原告仅对侵权产品制造者提起诉讼，未起诉销售者，侵权产品的制造地与销售地不一致的，制造地人民法院有管辖权；以制造者与销售者为共同被告起诉的，销售地人民法院有管辖权。

销售者是制造者分支机构的，原告在销售地起诉侵权产品制造者制造、销售行为的，销

---

[1] 最高人民法院民事审判第三庭.新专利法司法解释精解［M］. 北京：人民法院出版社，2002：56.

售地人民法院有管辖权。

一种观点认为，在制造者和销售者是两个住所地不同的独立主体的情况下，如果以两者为共同被告起诉，制造者所在地和销售者所在地的法院均享有管辖权，原告可以选择其中任何一个法院起诉。但是，根据该司法解释第六条的规定，在这种情况下只有销售地法院有管辖权。

对于因许诺销售行为引起的专利侵权纠纷而言，如果许诺销售行为的具体方式是在商店橱窗中陈列或者在展销会上展出，应当由商店所在地、展销会举办地为侵权行为地的中级人民法院管辖；如果许诺销售行为的具体方式是在报刊上刊登广告，应当由报刊的工商注册地的中级人民法院管辖；如果许诺销售的具体方式通过互联网发布广告，应当应由网站服务器所在地的中级人民法院管辖，不能查清服务器所在地的，由被告住所地的中级人民法院管辖。❶

（三）行政救济

1. 有关背景

对侵犯专利权的行为，我国对专利权不但提供了司法救济途径，还提供了行政救济途径，这是我国专利制度与许多国家专利制度相比的突出特点。

我国建立专利制度之初，一方面考虑到当时知识产权司法审判力量还比较薄弱，专利侵权案件全部由法院审理尚有一定困难；另一方面考虑到审理专利侵权案件需要审案人员具有必要的专业技术知识，而当时各地各级人民法院的法官普遍不具有专业技术背景，因此 1984 年制定的《专利法》第六十条规定了行政救济途径。1984 年 8 月，原国家经委、国家科委、劳动人事部、中国专利局联合发布了《关于在全国设置专利工作机构的通知》，要求国务院部委、地方人民政府等设立专利管理机关，规定专利管理机关具有专利执法和专利管理的职能。这样，就在我国建立了专利行政保护和司法保护并存的体系，被称为“双轨制”。

在《专利法》实施 20 多年之后，专利行政保护应当保留还是应当取消？如果认为应当保留，应当强化还是应当弱化？这是 2000 年和 2008 年修改《专利法》时争论最为激烈的问题之一。

一种观点认为，管理专利工作的部门处理专利侵权纠纷是我国专利制度发展的历史产物，在当初我国知识产权司法审判力量较弱的情况下，曾经发挥过积极作用。随着我国知识产权制度的不断完善和司法审判力量的逐步增强，专利侵权纠纷应当通过司法途径解决，这将有利于社会资源的合理配置，符合我国法制建设的总体方向。为了充分发挥管理专利工作的部门的作用，管理专利工作的部门可以应当事人的请求，对专利侵权纠纷进行调解。

另一种观点认为，尽管从我国法制建设的总体发展方向上看，应当采取政府机关不干预民事纠纷的立场，但是从我国目前的实际情况来看，民众的知识产权意识还很薄弱，侵犯知识产权的行为还较为严重，尤其是完善市场经济体制的过程中，如何有效保护知识产

---

❶ 最高人民法院民事审判第三庭.新专利法司法解释精解［M］.北京：人民法院出版社，2002：57.

权的问题十分突出。在这样的情况下，取消或者削弱专利行政保护，将弱化对专利权的保护，不符合《专利法》有效保护专利权、建设创新型国家的立法宗旨。这种观点强调，专利行政保护适合我国国情的需要，不但不应当削弱，而且需要进一步强化。

经过反复讨论和论证，2000 年修改《专利法》时调整了本条规定的总体构架，2008 年修改《专利法》时未对该构架进行调整。这是在上述两种意见之间进行协调，吸取各自合理成分的结果。保留对专利权的行政保护途径有深层次上的理由。知识产权具有财产权的性质，但是与一般的财产权相比有不同的特点。一般的有形财产只能为特定的人占有，不可能同时为许多人占有，因此非法侵占他人私人有形财产的纠纷一般只涉及个别当事人之间的利益，不会涉及社会及公众的利益（当然以抢劫等破坏社会正常秩序的方式侵夺他人财产的行为除外）。知识产权的客体是智力活动的成果，例如发明创造、作品等，从理论上说可以为无数人同时使用，其应用范围远比一般有形财产更为广泛。我国建立知识产权制度的时间还很短，国民的知识产权意识还不强，侵犯他人知识产权的现象还比较严重，这不仅损害了权利人的利益，也影响了国家的正常社会秩序和经济秩序。在这种情况下，仅仅提供司法救济还不足以有效地保护知识产权权利人的利益。从维护国家和公众利益的角度出发，有必要在知识产权的保护方面发挥政府机关的作用。TRIPS 承认知识产权是一种私权，但并没有排除对知识产权采取行政保护措施的可能性。该协定将原关贸总协定的贸易争端解决机制引入当知识产权领域，允许一个成员对不尊重其知识产权的成员进行贸易报复。在启动争端解决程序的情况下实际上是以一个国家作为被告，而不仅仅是针对具体当事人；在进行贸易报复的情况下，受到报复的也是一个国家，因而也就是该国家的社会公众，而不仅仅是针对具体当事人。这种机制将知识产权的保护提高到了维护国家利益的高度，远远超出了对一般民事侵权纠纷的立场。

2. 救济措施及性质

根据本条规定，管理专利工作的部门对专利侵权纠纷进行处理有以下职能：一是应当事人的请求对专利侵权纠纷进行处理，认定侵权行为成立的，可以责令侵权人立即停止侵权行为，这是具体行政行为，当事人不服的，可以依照《行政诉讼法》提起行政诉讼，侵权人期满不起诉又不停止侵权行为的，管理专利工作的部门可以申请人民法院强制执行；二是在上述处理过程中，应当事人的请求，就侵犯专利权的赔偿数额进行调解，这是一种居间行为，不具有约束力，调解不成的，当事人可以依照《民事诉讼法》提起民事诉讼。

《商标法》《著作权法》规定的对侵犯注册商标专用权、著作权行为的行政救济措施较为广泛，包括责令停止侵权行为、罚款、没收销毁侵权产品和专用设备等；相比之下，《专利法》规定的对侵犯专利权行为的行政救济措施较为狭窄，只包括“责令立即停止侵权行为”。在 2000 年和 2008 年两次修改《专利法》的过程中，许多人建议对故意侵犯专利权行为给予罚款的行政处罚，其理由在于这种行为不仅是侵犯专利权人合法权益的民事侵权行为，而且也是破坏正常市场秩序、危害公众利益的行政违法行为。但是，该建议没有被立法机关采纳。

尽管本条明确规定对管理专利工作的部门作出的“责令立即停止侵权行为”的决定不服的可以依照《行政诉讼法》提起行政诉讼，但实践中对于这一行政救济措施的法律性质存在争议。按照我国行政法的原理，具体行政行为一般包括行政许可、行政处罚、行政奖励、行政强制措施、行政摊派、行政侵权等,《行政诉讼法》第十一条关于行政诉讼的受案范围和《行政复议法》第六条关于行政复议的受案范围中列举的行为也无非是前述几类。“责令立即停止侵权行为”到底属于哪一类?

从形式上看,“责令立即停止侵权行为”类似于《行政诉讼法》第十一条和《行政复议法》第六条中规定的“责令停产停业”,因而属于行政处罚的范畴。但与行政机关作出行政处罚的决定有主动进行查处和调查取证的权力不同,本条规定管理专利工作的部门只有在权利人提出请求并认定侵权行为成立的情况下才能作出“责令立即停止侵权行为”的决定,而且管理专利工作的部门不具有主动调查取证的职权。因此,另一种观点认为,管理专利工作的部门对专利侵权纠纷所作处理决定是“行政裁决”而不是行政处罚。

3. 行政救济机构的级别及管辖

本条所述“管理专利工作的部门”,是指一定级别的地方人民政府设立的管理专利工作的部门。为了保证专利行政执法的质量,《专利法实施细则》第七十九条规定:

专利法和本细则所称管理专利工作的部门,是指由省、自治区、直辖市人民政府以及专利管理工作量大又有实际处理能力的市人民政府设立的管理专利工作的部门。

由此可知,并非任何级别的地方人民政府设立的管理专利工作的部门都有权处理专利侵权纠纷。县级人民政府以及不设区的市级人民政府设立的管理专利工作的部门无权处理专利侵权纠纷。

《专利法实施细则》第八十一条规定:

当事人请求处理专利侵权纠纷或者调解专利纠纷的,由被请求人所在地或者侵权行为地的管理专利工作的部门管辖。

两个以上管理专利工作的部门都有管辖权的专利纠纷,当事人可以向其中一个管理专利工作的部门提出请求;当事人向两个以上有管辖权的管理专利工作的部门提出请求的,由最先受理的管理专利工作的部门管辖。

管理专利工作的部门对管辖权发生争议的,由其共同的上级人民政府管理专利工作的部门指定管辖;无共同上级人民政府管理专利工作的部门的,由国务院专利行政部门指定管辖。

关于侵权纠纷处理过程中被诉侵权人提出无效宣告请求的情况下如何处理的问题,《专利法实施细则》第八十二条规定:

在处理专利侵权纠纷过程中,被请求人提出无效宣告请求并被专利复审委员会受理的,可以请求管理专利工作的部门中止处理。

管理专利工作的部门认为被请求人提出的中止理由明显不能成立的,可以不中止处理。

4. 对行政救济不服的起诉期限

按照《行政诉讼法》第三十九条的规定:“公民、法人或者其他组织直接向人民法院提起行政诉讼的,应当在知道作出具体行政行为之日起的 3 个月内提出。法律另有规定的除外。”本条规定,当事人对责令立即停止侵权行为的行政处理决定不服的,可以自收到处理通知之日起 15 日内向人民法院起诉。因此,本条规定即为《行政诉讼法》上述规定所称“法律另有规定”的特殊情况,其原因在于许多人认为 3 个月的行政诉讼期限太长,侵权者往往利用这段时间转移侵权产品或者其制造设备，为以后执行作出的行政决定带来困难，不利于有效保护专利权人的合法权益。

本条规定对责令立即停止侵权行为的行政处理决定不服的，可以自收到处理通知之日起 15 日内向法院提起行政诉讼。对此现实中存在一个问题，即当事人是否也可以依照《行政复议法》申请行政复议？对此存在不同见解。

考虑到本条明确规定侵权人 15 日期满不起诉又不停止侵权行为的，管理专利工作的部门可以申请法院强制执行，因此可以认为本条隐含了当事人不服的只能在 15 日内提起行政诉讼的含义。按照行政法原理，只有在行政决定生效且救济途径已经穷尽的前提下，作出行政决定的行政机关才可以申请人民法院强制执行。

第六十一条　关于举证责任的特殊规定以及专利权评价报告

专利侵权纠纷涉及新产品制造方法的发明专利的，制造同样产品的单位或者个人应当提供其产品制造方法不同于专利方法的证明。

专利侵权纠纷涉及实用新型专利或者外观设计专利的，人民法院或者管理专利工作的部门可以要求专利权人或者利害关系人出具由国务院专利行政部门对相关实用新型或者外观设计进行检索、分析和评价后作出的专利权评价报告，作为审理、处理专利侵权纠纷的证据。

一、侵犯制造方法专利权纠纷的举证责任

（一）历史沿革

《民事诉讼法》第六十四条规定：

> 当事人对自己提出的主张，有责任提供证据。

这就是人们常说的“谁主张，谁举证”原则。该原则是民事诉讼的基本原则之一。

根据这一原则，专利权人指控他人侵犯其专利权的，应首先承担举证责任，提供证据证明下列事实：第一，自己拥有何种专利权以及该专利权的权利状况；第二，被诉侵权人何时何地进行了何种行为；第三，被诉侵权人的行为客体落入该专利权的保护范围。

由于方法专利权仅仅保护专利方法的使用，对产品制造方法专利权来说，专利方法的使用必定在产品的制造过程中进行，专利权人一般很难进入被诉侵权人的制造现场，因此要求专利权人提供证据证明被诉侵权人采用的制造方法与专利方法相同，常常是一件相当困难的事情。考虑到这一点，我国1984年制定的《专利法》第六十条第二款规定了举证责任的倒置，即：

> 在发生侵权纠纷时，如果发明专利是一项产品的制造方法，制造同样产品的单位或者个人应当提供其产品制造方法的证明。

根据上述规定，对一项产品制造方法专利权来说，在专利权人提出专利侵权指控时，被诉侵权人应当承担举证责任，证明其产品是采用何种方法制造的。如果被诉侵权人无法证明其产品系采用不同方法予以制造，法院或者管理专利工作的部门就可以推定该产品是采用专利方法制造的。该规定的本意是弥补产品制造方法专利权人与产品专利权人相比所处的不利举证地位。

然而，对产品制造方法专利权来说，在任何情况下都要求被诉侵权人首先承担上述举证责任不尽合理。获得专利权的产品制造方法可能是一种新产品的制造方法，也可能是一种已知产品的制造方法。如果是已知产品，自然也就存在相应的制造方法。仅仅因为某人发明了一种制造某种已知产品的新方法，就迫使所有生产该产品的人在发生专利侵权纠纷

时不得不首先承担举证责任，证明自己是“清白”的，有不近情理之嫌。尤其在1992年修改《专利法》对产品制造方法专利权提供延伸保护之后，不仅未经许可使用专利方法的行为本身构成侵犯专利权的行为，而且未经许可销售、使用、进口依照专利方法直接获得的产品的行为也构成侵犯专利权的行为，如果还继续沿用原来的规定，就会进一步扩大上述不合理之处。

TRIPS第34条规定：

> 如果专利的内容系获得产品的方法，在涉及侵犯协定第28条1（b）赋予的权利的民事纠纷中，司法当局应有权责令被诉侵权人证明其获得相同产品的方法不同于该专利方法。成员应当规定，至少在下列情况之一，如无相反证据，则未经专利所有人许可而制造的任何相同产品均应视为使用该专利方法而获得：
>
> （a）如果使用该专利方法而获得的产品系新产品；
>
> （b）如果该相同产品有相当大可能是使用该专利方法所制造，而专利权人经合理努力仍未能确定其确实使用了该专利方法。

上述规定给出了两种可选方案，我国1992年修改《专利法》时第六十条第二款规定采用了其中第一种方案，[1]即规定：

> 在发生侵权纠纷时，如果发明专利是一项新产品的制造方法，制造同样产品的单位或者个人应当提供其产品制造方法的证明。

与1992年修改前的规定相比，修改后的条文虽然仅仅增加了一个“新”字，却大大限制了举证责任倒置的范围。这样，1992年修改的《专利法》一方面通过提供延伸保护增强了对制造方法专利权的保护力度；另一方面在涉及产品制造方法专利权的专利侵权纠纷中缩小了举证责任倒置的范围，两者是一种法律上的平衡。

1992年修改的《专利法》第六十条第二款的规定还存在不够完善之处，这就是规定制造同样产品的单位或者个人应当提供的仅仅是“其产品制造方法的证明”。实践表明，仅要求被诉侵权人提供其实际采用的制造方法的证明，有时还不能清楚反映被诉侵权人实施的方法与专利方法之间的异同，不利于法院或者管理专利工作的部门认定被控侵权行为是否构成侵犯产品制造方法专利权的行为，不利于达到规定举证责任倒置的立法目的。因此，2000年修改《专利法》时，依照TRIPS第34条的条文，又对上述规定作了进一步调整，将修改前的《专利法》第六十条改为第五十七条，同时将其第二款规定修改为：

> 专利侵权纠纷涉及新产品制造方法的发明专利的，制造同样产品的单位或者个人应当提供其产品制造方法不同于专利方法的证明。

2008年修改《专利法》时，将修改前的第五十七条第二款的规定拆分出来作为本条第一款予以规定，对原规定本身没有进行修改。

（二）举证责任倒置的条件

本条第一款规定，当专利侵权纠纷涉及产品制造方法时，可以采取举证责任倒置的做法。然而，这一规定并不意味着当发生专利侵权纠纷时，产品制造方法专利的专利权人只

---

[1] 美国专利法采用的是第二种选择。

需提出被诉侵权人侵犯了其专利权的主张，就可以从此以逸待劳，坐等被诉侵权人提供其产品制造方法不同于专利方法的证明。适用本条第一款规定需要满足一定条件，这就是专利权人应当首先提供证据，证明：第一，采用专利方法获得的产品是一种新产品；第二，被诉侵权人制造的产品与采用专利方法获得的产品相同。只有在专利权人完成上述举证责任之后，法院或者管理专利工作的部门才能责令被诉侵权人举证证明其产品制造方法不同于专利方法。

1. “新产品”的含义

关于“新产品”的含义，TRIPS 没有进一步规定，我国《专利法》和《专利法实施细则》也没有进一步规定。

首先，需要明确本条第一款规定仅仅适用于产品制造方法专利。如果获得专利权的方法不是产品制造方法，而是其他方法，例如作业方法、使用方法等，在专利侵权纠纷的审理或者处理过程中不能实行举证责任倒置。

其次，需要明确何为“新产品”。有著作指出：

> 据一般理解，这里的新产品的“新”不是本法授予专利权时所要求的那种“新颖性”，只要某种产品在专利申请日前是本国市场上未见过的，就可以认为是新产品。[1]

为什么应当作这种理解，该著作没有给出理由。对此，国内一直存在不同看法。

2009 年颁布的《最高人民法院关于审理侵犯专利权纠纷案件应用法律若干问题的解释》第十七条规定：

> **产品或者制造产品的技术方案在专利申请日以前为国内外公众所知的，人民法院应当认定该产品不属于专利法第六十一条第一款规定的新产品。**

依照上述规定，判断采用享有专利权的产品制造方法所获得的产品是否为新产品有两种途径：一是产品在申请日之前是否为国内外公众所知；二是制造产品的技术方案在申请日之前是否为国内外公众所知。两者之间是“或”的关系，表明专利权人首先应当承担举证责任，证明既非前者也非后者，才能适用本条第一款的规定。

就前者而言，上述规定表明最高人民法院主张对判断产品是否为“新产品”采用新颖性的判断标准，而不是上述著作主张的“在国内市场上出现过”的判断标准，从而解决了过去长期存在争议的一个问题。笔者赞成作这种解释，因为新颖性的标准判断在专利领域早已众所周知，有成熟的理论和实践经验，完全可以直接用作本条所述“新产品”的判断依据，没有必要为本条所述的“新产品”另外创立一种独特的判断标准。与上述著作提出的观点相比，采用新颖性判断标准的结果增大了产品制造方法专利权人在专利侵权纠纷案件中主张实行举证责任倒置的难度，因为新颖性判断标准显然比“在国内市场上出现过”严格，在 2008 年修改的《专利法》将相对新颖性判断标准改为绝对新颖性判断标准之后更是如此。

就后者而言，其表意较为隐晦，需要作具体分析。所谓“制造产品的技术方案在专利申请日以前为国内外公众所知”有两种可能：一是在申请日以前已经有不同于专利方法的

---

[1] 汤宗舜.专利法解说［M］.修订版.北京：知识产权出版社，2002：347.

该产品制造方法为公众所知；二是在申请日以前已经有与专利方法相同的该产品制造方法为公众所知。在前一种情况下，既然已经有该产品的制造方法存在并为公众所知，一般说来采用该方法制造的产品也应当为公众所知，因此可以推论该产品不是“新产品”，这可能是最高人民法院司法解释的本意。然而需要注意的是，采用这种逻辑进行判断归根结底还是要落实在产品本身是否在申请日以前为公众所知，因为依照本条第一款的条文，是否实行举证责任倒置的决定性因素在于该产品是否在专利申请日以前为国内外公众所知，而不是“制造产品的技术方案”是否在专利申请日以前为国内外公众所知。在后一种情况下，既然产品制造方法专利要求保护的技术方案在申请日之前已经为国内外公众所知，则表明该专利技术本身已经不具备新颖性，该专利权应当被宣告无效，没有认定是否侵犯该专利权的必要，自然也就无须考虑举证责任的倒置。

再者，需要明确专利权人如何证明其产品制造方法获得的产品是一种“新产品”。证明某产品不具备新颖性，只需举出一个该产品在申请日之前已经为公众所知的证据即可；证明某产品具备新颖性，则是无边无际的事情，除了断言，很难想象专利权人如何完成其举证责任。现实中较为可行的做法是要求被诉侵权人举出反证，只要被诉侵权人能够提供任何一份证据，证明该产品在申请日以前为公众所知，就不能适用本条第一款关于举证责任倒置的规定。然而，这种做法相当于在产品是否为“新产品”的问题上也实行举证责任倒置，似有超出本条规定之嫌。

从这一点来看，采用 TRIPS 第 34 条规定的方案（b）似乎更好一些。方案（a）和方案（b）都是实行举证责任倒置的条件，方案（b）规定的条件是“相同产品有相当大可能是使用该专利方法所制造，然而专利权人经合理努力仍未能确定被诉侵权人确实使用了其专利方法”。对于该条件，专利权人比较容易举证，法院也比较容易认定，可以避免在专利侵权纠纷案件的审理或者处理过程中一开始就在举证责任是否应当倒置的程序性问题上产生很大的争议，使审理或者处理陷于难以进行下去的困难境地。

笔者注意到最高人民法院最近提出了如下观点：

> 妥善审理产品制造方法发明专利侵权案件，依法保护方法发明专利权。在适当考虑方法专利权人维权的实际困难的同时，兼顾被诉侵权人保护其商业秘密的合法权益。依法适用新产品制造方法专利的举证责任倒置规则，使用专利方法获得的产品以及只在制造该产品的技术方案在专利申请日前不为公众所知的，制造相同产品的被诉侵权人应当承担其产品制造方法不同于专利方法的举证责任。使用专利方法获得的产品不属于新产品，专利权人能够证明被诉侵权人制造了相同产品，经合理努力仍无法证明被诉侵权确实使用了该专利方法，但根据案件具体情况，结合已知事实以及日常生活经验，能够认定该同样产品经由专利方法制造的可能性很大的，可以根据民事诉讼证据司法解释有关规定，不再要求专利权人提供进一步的证明，而由被诉侵权人提供其制造方法不同于专利方法的证据。要针对专利方法侵权举证困难的实际，依法采取证据保全措施，适当减轻方法专利权人的举证负担。要注意保护被申请人的利益，防止当事人滥用证据保全制度非法获取他人商业秘密。被诉侵权人提供了其制造方法不同于专利方法的证据，涉及商业秘密的，在审查判断时应注意采取措施予以保护。[1]

[1] 《最高人民法院关于充分发挥知识产权审判职能作用 推动社会主义文化大发展大繁荣和促进经济自主协调发展若干问题的意见》[法发（2011）第 18 号,2011 年 12 月 16 日]。

最高人民法院的上述意见实际上采纳了 TRIPS 第 34 条中方案（b）的规定，其目的在于适当减轻方法专利权人证明其方法获得的产品为新产品的举证困难。该意见能够解决专利侵权纠纷的审理或者处理过程中经常遇到的一个难题，这也是笔者认为 TRIPS 第 34 条的方案（b）优于方案（a）的原因所在。然而，依照最高人民法院的上述意见，即使制造方法专利获得的产品并非新产品，在某些情况下仍然可以要求被诉侵权人承担举证责任，证明其制造方法不同于专利方法，似有不符合本条第一款规定之嫌。笔者认为，尽管 TRIPS 第 34 条提供了方案（a）和方案（b）两种可选方案，但是该条规定“至少在下列情况之一”时应当采取举证责任倒置的做法，表明这两种方案并非只能任选其一，必要时可以兼用两者。因此，如果认为有必要采用最高人民法院的上述意见，应当在下一次修改《专利法》时适当调整本条第一款的规定，以消除法律上的障碍。

值得注意的是，依照本条第一款的规定，只有当侵权诉讼的被诉侵权人是“制造同样产品的单位或者个人”时，才能适用本条第一款关于举证责任倒置的规定。《专利法》第十一条对产品制造方法专利权提供了延伸保护，如果被诉侵权人进行的行为仅仅是许诺销售、销售、使用或者进口依照专利方法直接获得的产品，而不是使用该专利方法，即制造该产品，那么即使被诉侵权人应当承担侵犯专利权的民事责任，也不应当对其适用举证责任倒置的规定，因为涉及的产品不是该被诉侵权人自己制造的，因而也就无从要求其证明该产品是采用何种方法制造的。在这种情况下，应当由专利权人承担举证责任，证明被诉侵权人许诺销售、销售、使用、进口的产品是依照专利方法直接获得的产品。

2. “制造同样产品”的含义

本条第一款规定，承担举证责任倒置的主体应当是“制造同样产品”的单位或者个人。由此而产生的问题在于如何认定被诉侵权人制造的产品是否为“同样产品”。需要注意的是，不论采用 TRIPS 第 34 条规定的方案（a）还是方案（b），这一问题都无可回避，因为如果被诉侵权人制造的产品是不同产品，则不应实行举证责任倒置。

所谓“同样”，必定是指进行比较的结论，然而比较的对象是什么？这实际上是一个很难回答的问题。

首先，需要讨论“同样产品”的定义。

大家知道，对发明和实用新型产品专利权来说，在发生侵权纠纷时，应当将被控侵权产品与专利权利要求所请求保护的产品进行比较，判断被控侵权产品是否采用了产品权利要求记载的全部技术特征，对此有一整套判断规则。然而，对制造方法专利权来说，其权利要求记载的是产品制造方法的技术特征，而不是产品本身的技术特征，上述规则全无用途。不仅如此，根据《专利法》《专利法实施细则》和《专利审查指南 2010》的规定，产品制造方法专利的说明书和附图对制造方法的说明只需达到使所属领域的技术人员能够实施该方法的程度即可，申请人没有必要详细介绍采用专利方法获得的产品的结构、特性和功能。当制造方法专利涉及一种化合物的制备方法时，由原料和方法步骤或许还能判断出所获得产品的分子结构；当涉及机械产品或者电器、电子产品的制造方法时，在许多情况下由制造方法本身并不能明确判断所获得的产品具有何种结构。

因此，为实行举证责任倒置而判断被诉侵权人是否“制造同样产品”时，现实可行的比较方式可能只有将被控侵权产品与采用专利方法获得的产品进行对比。可以认为，一件实际产品包含了无穷多个“技术特征”。在进行判断时，是否只要被控侵权产品与专利权人实际获得的产品相比存在任何不同，则不问巨细都应当认为不构成“同样的产品”？可以想象，对此问题的回答应当是否定的，否则本条规定就在很大程度上失去了意义。然而，如果回答是否定的，现实中又当如何进行比较？况且，专利权人并不一定实施了其专利，因而也就没有实际产品存在，此时又当如何进行比较？

其次，“同样产品”还涉及“最初产品”与“最终产品”之间的关系问题。

对产品制造方法专利而言，从专利文件中所能看到的以及法院所能认定的一般只能是完成专利方法的最后一个步骤之后获得的最初产品，因为除此之外专利说明书可能就没有介绍了。然而，对被诉侵权人制造的产品而言，既有可能是该最初产品，也有可能是获得该最初产品之后随即又作进一步加工处理后获得的最终产品。例如，专利方法是一种乙烯制造方法，被诉侵权人采用了该方法制造乙烯，然而却将所获得的乙烯仅仅作为一种中间产品，在后续工艺流程中立即将其合成为聚氯乙烯，然后予以销售。在这种情况下，外人所能看到的整个工艺流程的最终产品是聚氯乙烯，而不是乙烯。此时，被诉侵权人可能争辩其制造的产品与依照专利方法所直接获得的产品根本不是“同样产品”，因此不应适用举证责任的倒置。对此争辩，应当如何看待？

笔者认为，“制造同样产品”应当包括采用专利方法，从而曾经获得同样产品的情况，不应仅仅以被诉侵权人最后获得的最终产品作为比较的对象。否则，侵权者就有可能通过施加进一步的加工处理来规避本条第一款关于举证责任倒置的规定。然而，如果认为只要在制造过程中的任何一个环节曾经获得过同样产品，被诉侵权人就应当承担举证责任，在现实中又会产生一些复杂的问题。

上面所说的是同一人在获得最初产品之后继续进行加工处理以获得最终产品的情况。如果最初产品的制造和最终产品的制造由不同的人来完成，则结论应当有所不同。例如，甲使用专利方法获得最初产品，乙采用该最初产品来制造最终产品，乙的行为构成了未经许可而使用依照专利方法所直接获得的产品的行为，应当承担侵犯专利权的责任。但是，在针对乙的侵权诉讼中却不能适用举证责任倒置的规定，因为此时乙有可能根本就不知道其使用的最初产品是采用何种方法制造的。

归纳起来，本条第一款的规定初看起来十分简单，好像不难理解；实际上远不那么简单，包含了许多需要深入探讨的问题。

二、实用新型专利和外观设计专利的专利权评价报告

（一）历史沿革

在侵权纠纷的审理或者处理中，权利人首先应当承担举证责任，证明其拥有的专利权的权利状况。在2000年修改《专利法》前的司法实践中，只要专利权人出具了国家知识产权局授予的专利证书以及国家知识产权局出具的专利权尚未终止的证明，就可以证明自己合法拥有专利权而且处于专利权有效期之内，因而有权提出专利侵权指控。

然而，由于《专利法》规定对实用新型和外观设计专利申请仅进行初步审查，不进行实质审查，因此授予的实用新型和外观设计专利权被宣告无效的可能性较大，法律稳定性较差。一些实用新型和外观设计专利权人不能正确认识这种法律不确定性，常常过于轻率

地针对他人的实施行为提出专利侵权指控，最后以其专利权被宣告无效而告终，其结果不仅白白耗费自己的人力物力，也影响、干扰他人的正常生产经营活动，于己于人均不利，不值得提倡。为了解决这一问题，2000年修改《专利法》时在第六十条第二款中增加了如下规定：

> **专利侵权纠纷涉及实用新型专利的，人民法院和管理专利工作的部门可以要求专利权人出具由国务院专利行政部门作出的检索报告。**

外观设计专利同样是仅经初步审查合格就授予的专利权，上述规定仅仅涉及实用新型专利，而没有涉及外观设计，主要原因在于当时国家知识产权局缺乏对外观设计的图片或者照片进行检索对比的现有设计电子数据库，还不具备对外观设计专利作出检索报告的能力。

经过几年实践，实用新型专利检索报告制度在一定程度上得到了社会各方面的认可，但是存在一些疑问，包括报告的请求人范围，报告应当涉及的范围，报告的作出方式等，最为主要的是报告的性质和作用。由于存在这些疑问，检索报告制度成为2008年修改《专利法》时公众关注程度较高的一个话题。

经过广泛征求意见，反复进行研究，2008年修改的《专利法》将修改前第六十条第二款后半部分关于实用新型检索报告的规定改为本条第二款的规定，同时进行了修改，修改之处在于：

第一，将报告的名称由原来的“检索报告”改为“专利权评价报告”，扩大了报告所涉及的内容；

第二，将请求作出报告的对象由原来的实用新型专利扩大到包括外观设计专利；

第三，将请求作出报告的主体由原来的“专利权人”扩大到包括“利害关系人”；

第四，明确了报告的性质和效力，规定该报告作为人民法院或者管理专利工作的部门“审理、处理专利侵权纠纷的证据”。

（二）关于专利权评价报告的说明

1. 请求国家知识产权局作出专利权评价报告的时间

本条第二款规定，专利侵权纠纷涉及实用新型专利或者外观设计专利的，人民法院或者管理专利工作的部门可以要求专利权人或者利害关系人出具由国务院专利行政部门作出的专利权评价报告。从本条第二款的条文来看似乎可以作这样的理解，即只有当人民法院或者管理专利工作的部门要求时，专利权人或者利害关系人才有必要请求国家知识产权局对实用新型专利或者外观设计专利作出专利权评价报告。

但是，从更合理的角度来看，应当允许实用新型或者外观设计专利权人在获得专利权之后立即请求国家知识产权局出具专利权评价报告。其理由在于：本条第二款规定的出发点是在一定程度上克服实用新型专利权法律确定性不足的缺陷，对于不符合专利法规定的实质性授权条件、本来不应授予专利权的实用新型或者外观设计来说，专利权人越早知道其专利权的实际状况越好，这样就能够避免专利权人进行不必要的转让、许可活动或者提出专利侵权指控，这无论对专利权人还是对社会公众都有好处。另一方面，从2000年修改的《专利法》的施行情况来看，在实用新型专利权人提出专利侵权指控的情况下，无论是人民法院还是各地管理专利工作的部门为了便于审理或者处理专利侵权纠纷，普遍采取了要求专利权人出具国家知识产权局作出的检索报告的做法。2001 年颁布的《最高人民法院关于审理专利纠纷案件适用法律问题的若干规定》第八条规定，提起侵犯实用新型专利权诉讼的原告应当在起诉时出具由国务院专利行政部门作出的检索报告。这种状况不会随 2008 年对《专利法》的修改而有所改变。如果实用新型或者外观设计专利权人相信国家知识产权局作出的专利权评价报告不会有对其不利的评价意见，及早将专利权评价报告拿到手可以争取主动，避免拖延专利侵权纠纷的审理或者处理程序。

基于上述考虑，2010 年修改的《专利法实施细则》第五十六条第一款规定：

授予实用新型或者外观设计专利权的决定公告后，专利法第六十条规定的专利权人或者利害关系人可以请求国务院专利行政部门作出专利权评价报告。

2. 请求作出专利权评价报告的主体

2000 年修改的《专利法》第六十条第二款规定，专利侵权纠纷涉及实用新型专利的，人民法院或者管理专利工作的部门可以要求专利权人出具国务院专利行政部门作出的检索报告。当时的《专利法实施细则》第五十五条规定，授予实用新型专利权的决定公告后，实用新型专利权人可以请求国务院专利行政部门作出检索报告。由此可以知道，过去只有实用新型专利权人才有权请求国家知识产权局作出检索报告。

根据 2008 年修改的《专利法》本条第二款的规定，人民法院或者管理专利工作的部门可以要求专利权人或者利害关系人出具国务院专利行政部门作出的专利权评价报告。之所以增加“利害关系人”，是因为依照《专利法》第六十条的规定，发生侵犯专利权的纠纷的，专利权人或者利害关系人可以向人民法院起诉，也可以请求管理专利工作的部门处理。这表明，法律允许专利权人的利害关系人单独就侵犯专利权的行为提起诉讼或者请求处理。现实中，这样的利害关系人大多是独占专利实施许可合同的被许可人以及专利权人明确赋予起诉权的普通专利实施许可合同的被许可人。为了与《专利法》第六十条的规定相适应，本条第二款增加了“利害关系人”。

如果孤立地看待本条第二款提及的“利害关系人”，有可能对其作出广义解释，例如将专利侵权纠纷的被诉侵权人也囊括在内，因为专利权成立与否也涉及被诉侵权人的利益。2008 年修改《专利法》时，不少人主张允许被诉侵权人请求国家知识产权局作出专利权评价报告。

对此观点，国家知识产权局有如下两方面的看法。

首先有必要回答一个问题，即请求国家知识产权局作出专利权评价报告到底是当事人的一种权利，还是当事人的一种义务？从本条第二款的立法目的来看，该款是为了弥补实用新型专利和外观设计专利的授予没有经过实质性审查，其法律稳定性较差而制定的，而且在专利侵权纠纷中，专利权人是主动主张其权利的一方，理应由原告出具其专利权符合《专利法》规定的证据。因此，将本条第二款的规定看做原告的一种义务更为恰当，没有理由要求被诉侵权人也承担该义务。与此相比，依照《专利法》第五十四条的规定，包括被诉侵权人在内的任何人都有在授予专利权之后的任何时候请求宣告该专利权无效的权利。这一权利丝毫没有因为设立专利权评价报告制度而受到减损，因此无须规定被诉侵权人也可以启动作出专利权评价报告的程序。

其次，为了确保国家知识产权局能够及时作出专利权评价报告，[1]以满足人民法院或者管理专利工作的部门审理或者处理专利侵权纠纷的需要，作出专利权评价报告的程序应当相对简明。既然是对专利权作出评价，专利权人应当有参与该程序的权利，这毋庸置疑。如果允许被诉侵权人启动程序，就必然应当允许被诉侵权人参与该程序，这将导致国家知识产权局在作出专利权评价报告之前还需要转送文件，交叉听取两方当事人的意见，使作出专利权评价报告的程序无异于专利权无效宣告请求程序，同时还会出现两者相互干扰，导致结论有所不同的现象，显然不可取。

基于上述理由，2010 年修改的《专利法实施细则》第五十六条第一款明确将本条第二款所述的“利害关系人”限定为“《专利法》第六十条规定的利害关系人”，也就是有权就侵犯专利权行为向人民法院起诉或者请求管理专利工作的部门进行处理的人。这无疑将被诉侵权人排除在本条第二款所述的“利害关系人”之外。

3. 专利权评价报告的内容和作出方式

2008 年修改《专利法》时，将修改前规定的针对实用新型专利的检索报告改为针对实用新型专利和外观设计专利的专利权评价报告，此举并非仅仅是扩大所涉及的专利权类型、改变所作报告的名称，还扩充了报告应当涉及的内容。

所谓“检索”，是指在各种数据库中查找与申请专利的发明创造或者授予专利权的发明创造相同或者密切相关的现有技术或者现有设计。由此可知，在《专利法》规定的授予专利权的实质性条件中，与“检索”有关的仅仅是第二十二条第二款和第三款规定的发明和实用新型的新颖性和创造性，以及第二十三条第一款和第二款规定的外观设计的新颖性和创造性。尽管以发明创造不具备新颖性或者创造性为理由请求宣告专利权无效在所有的无效宣告请求中占有很大比例，但是它们并非是请求宣告专利权无效的惟一理由。除了新颖性和创造性之外，《专利法实施细则》第六十五条还规定了授予专利权应当满足的诸多其他实质性条件。判断实用新型和外观设计专利权是否满足这些实质性条件，有的仅仅根据专利文件本身就能够判断，例如说明书公开是否充分、权利要求书是否清楚简明并以说明书为依据等；有的要参见申请案卷才能作出判断，例如修改是否超出原申请的范围；有的要凭借其他证据才能判断，例如外观设计专利权是否与申请日之前的在先权利相冲突；但是共同之处在于均无须经过检索才能予以判断。

2000 年修改的《专利法》第五十七条规定国家知识产权局对实用新型专利作出检索报告，表明其主要意图是解决实用新型专利权经常会出现的不具备新颖性和创造性这一最为突出的问题，而无意过问实用新型专利权可能存在的其他实质性缺陷。

2008 年修改的《专利法》本条第二款规定国家知识产权局应当在进行检索、分析和评价后作出专利权评价报告，这表明：第一，该报告应当涵盖国家知识产权局根据其掌握的信息、资料（包括现有技术数据库、现有设计数据库、专利文件、专利申请文件、申请案卷等）就能判断的授予专利权的所有实质性条件，这使专利权评价报告的内容大大超过

---

[1] 2010 年修改的《专利法实施细则》第五十七条中规定：“国务院专利行政部门应当自收到专利权评价报告请求书后 2 个月内作出专利权评价报告。”

了过去的检索报告；第二，国家知识产权局作出的专利权评价报告不能只给出结论，而不给出理由或者原因。例如，专利权评价报告不能仅仅列出经过检索发现的相关文献，接着就简单给出专利权所保护的发明创造不具备新颖性、创造性的结论。

关于专利权评价报告的作出方式，2010 年修改的《专利法实施细则》第五十七条规定：

> **国务院专利行政部门应当自收到专利权评价报告请求书后 2 个月内作出专利权评价报告。对同一项实用新型或者外观设计专利权，有多个请求人请求作出专利权评价报告的，国务院专利行政部门仅作出一份专利评价报告。任何单位或者个人可以查阅或者复制该专利权评价报告。**

为了确保专利权评价报告的结论更加客观公正，国家知识产权局在上报国务院的《〈专利法实施细则〉修改草案（送审稿）》中建议规定：

> 国务院专利行政部门未发现专利权评价报告请求书涉及的实用新型或者外观设计专利权有不符合专利法及本条例规定的情形的，应当及时作出专利权评价报告；发现有不符合专利法及本条例规定的情形的，应当及时将其初步评价意见及其理由通知专利权人，专利权人可以自收到该通知书之日起 1 个月内陈述意见。专利权人期满前陈述意见的，国务院专利行政部门应当在考虑该意见的基础上及时作出专利权评价报告；专利权人期满未陈述意见的，不影响专利权评价报告的作出。

由于国务院更加关注专利权评价报告的及时性，要求国家知识产权局必须在 2 个月期限之内作出，因而未采纳上述建议方案。

4. 专利权评价报告的性质和作用

2000 年修改的《专利法》第五十七条规定了检索报告制度，但是没有明确国家知识产权局作出的检索报告的性质作用，引发了较大争议。一种观点认为该报告具有国家知识产权局作出的行政决定的性质；另一种观点认为该报告只能作为一种证据。

2008 年 8 月 5 日国务院《提请审议〈《中华人民共和国专利法》修正案（草案）〉的议案》中建议规定“专利权评价报告是人民法院或者管理专利工作的部门判断专利权有效性的初步证据”。经全国人大常委会审议，在修改后的《专利法》本条第二款中将上述建议改为“作为审理、处理专利侵权纠纷的证据”。

结合上述审议过程中作出的调整，可以认为本条第二款的规定包含了以下含义：

第一，专利权评价报告是证据，而不是行政决定。这是因为专利权评价报告虽然是依专利权人或者利害关系人请求而作出，但是从程序上看基本上是国家知识产权局单方作出的，结论的形成实际上并没有请求人的参与，使其获得陈述其意见的机会；即使请求人不同意专利权评价报告的结论，也不能提出复审请求进而向人民法院起诉，以获得行政和司法救济。正因为如此，专利权评价报告不同于国家知识产权局经过实质审查程序作出的授予专利权的决定或者驳回专利申请的决定，而只能作为一种证据。

第二，该证据应当是审理或者处理专利侵权纠纷的证据，而不是判断专利权有效性的证据。专利权评价报告的内容完全是国家知识产权局评价被授予的实用新型或者外观设计专利权是否符合《专利法》规定的授予专利权的实质性条件的意见，全国人大常委会为什么认为不宜将其作为“判断专利权有效性的证据”呢？其原因在于按照我国采用的专利制度，任何人质疑专利权有效性的，只能向专利复审委员会提出宣告专利权无效的请求；对专利复审委员会作出的审查决定不服的，只能向北京市中级人民法院起诉，进而向北京市高级人民法院上诉，受理专利侵权纠纷案件的各地法院和管理专利工作的部门无权涉及专利权有效性问题。专利权评价报告是审理或者处理专利侵权纠纷的法院或者管理专利工作的部门要求专利权人或者利害关系人出具的，如果将其称为“判断专利权有效性的证据”，则与这些法院的管辖范围或者管理专利工作的部门的职能范围不相匹配，使之不知该如何使用该证据。

第三，该证据是普通证据，而不是初步证据。在全国人大常委会对《〈专利法〉修正案（草案）》进行审议的过程中，全国人大法律委员会曾经对此进行过专门讨论，其结果认为国家知识产权局依法作出的专利权评价报告，尽管不能认作是行政决定，但也不必将其定位为低于普通证据的初步证据。

审理或者处理专利侵权纠纷的人民法院或者管理专利工作的部门应当如何应用专利权评价报告这一证据？这一证据最为主要的作用是帮助人民法院或者管理专利工作的部门在被诉侵权人于答辩期间请求宣告专利权无效的情况下，判断是否应当中止侵权纠纷的审理或者审查。

2001 年颁布的《最高人民法院关于审理专利纠纷案件适用法律问题的若干规定》第九条规定：

人民法院受理的侵犯实用新型、外观设计专利权纠纷案件，被告在答辩期间内请求宣告该项专利权无效的，人民法院应当中止诉讼，但具备下列情形之一的，可以不中止诉讼：

（一）原告出具的检索报告未发现导致实用新型专利丧失新颖性、创造性的技术文献的；

（二）被告提供的证据足以证明其使用的技术已经公知的；

（三）被告请求宣告该项专利权无效所提供的证据或者依据的理由明显不充分的；

（四）人民法院认为不应当中止诉讼的其他情形。

2009年颁布的《最高人民法院关于审理侵犯专利权纠纷案件应用法律若干问题的解释》没有对上述规定进行修改或者补充，因此上述规定仍然适用，但是应当根据2008年修改的《专利法》对其规定的含义作适当调整。

当专利权评价报告没有给出对专利权人不利的评价意见时，依照最高人民法院的上述规定，审理专利侵权纠纷的人民法院可以不按照惯例中止诉讼。这意味着可以缩短专利侵权纠纷的审理，减少当事人的诉累。

需要指出的是，专利权评价报告的作用并非仅仅在于帮助人民法院判断是否应当中止诉讼，笔者认为其更为重要的作用在于帮助专利权人正确认识其所获专利权的法律稳定性，进而帮助专利权人避免盲目地作出无谓行为。获得一项“一碰就倒”的专利权没有什么价值和用途，基于这样的专利权无论是进行转让、许可还是提起专利侵权诉讼都弊多利少，只会给自己带来麻烦。

第六十二条　现有技术和现有设计抗辩

在专利侵权纠纷中，被控侵权人有证据证明其实施的技术或者设计属于现有技术或者现有设计的，不构成侵犯专利权。

一、概　述

本条是 2008 年修改《专利法》新增加的条款，规定了现有技术抗辩和现有设计抗辩。

（一）允许现有技术和现有设计抗辩的必要性

《专利法》第二十二条、第二十三条的规定表明，凡是属于现有技术或者现有设计的技术方案或者设计方案不能被授予专利权。既然这样的技术方案或者设计方案不能被授予专利权，公众就有权自由予以实施。可以认为，上述规定实际上已经隐含了允许进行现有技术和现有设计抗辩的含义。

发明、实用新型和外观设计专利权均是由申请人提出申请，经国家知识产权局审查后授予的权利，而不是如同著作权那样是随着作品的完成自然产生的权利。假如经国家知识产权局审查授予的每一项专利权都符合《专利法》的上述规定，被授予专利权的技术方案或者设计方案与任何现有技术或者现有设计相比都会“泾渭分明”。换言之，凡落入专利权保护范围的，就不会属于现有技术或者现有设计；凡实施应用现有技术或者现有设计的，就不会落入专利权保护范围。果真如此，也就无须设立现有技术和现有设计抗辩原则了。然而，目前世界上没有任何一个国家的专利局能够担保做到这一点，各国授予的专利权中都或多或少地存在不当授权现象。这导致公众即使实施现有技术或者现有设计，也有可能落入他人被授予专利权的保护范围。这是设立现有技术和现有设计抗辩原则的主要原因。不当授权现象越是严重，现有技术和现有设计抗辩原则的意义就越是突出。

《专利法》规定对实用新型和外观设计专利申请仅进行初步审查，不进行实质审查。因此，我国授予的实用新型和外观设计专利权的保护范围基本上是专利申请人自己界定的，国家知识产权局没有通过对现有技术和现有设计进行检索对比来核实其要求保护的技术方案或者设计方案是否符合《专利法》的有关规定。以 2009 年为例，国家知识产权局总共受理的三种专利申请已达 97.7 万件，发明、实用新型和外观设计专利申请分别为 31.5 万件、31.1 万件和 35.1 万件。其中，99.3%的实用新型专利申请和 96.8%的外观设计专利申请由国内申请人提出。同年，国家知识产权局授予国内申请人的专利权为 50.2 万件，其中授予国内申请人的实用新型和外观设计专利权分别为 20.2 万件和 23.4 万件，两者之和占授予国内申请人的专利权总量的 87%。这表明，国内申请人获得的绝大多数专利权都是未经实质审查而授予的专利权，产生授权不当现象的可能性较大。因此，设立现有技术和现有设计抗辩原则对我国的意义更为突出。

德国、日本等发达国家的国民以具有很高的法治意识而著称于世，在法律有明确规定的情况下，其绝大多数国民都能自觉按照法律规定办事。我国国民自觉守法的意识还没有达到这种水平，专利申请文件的撰写水平也相差很多。这一实际国情导致我国更容易出现专利授权不当的现象。在现实中，甚至发现有人到国家知识产权局的专利文献馆查阅外国专利文献，将其翻译成中文，随即直接作为自己的发明创造提交专利申请，获得专利权之后还堂而皇之地针对他人的实施行为提出专利侵权控告。这种现象在德国、日本几乎不可能发生，是一种地地道道的欺骗行为，干扰正常的经济社会秩序，败坏我国专利制度的声誉，影响十分恶劣。近年来，为了鼓励创新并获得知识产权，我国各地普遍采取了对申请获得专利权的单位和个人提供资助的做法，这对提高我国国民的知识产权意识，促进我国专利制度的发展有十分积极的作用。但是，也有一些单位和个人滥用这种政策，片面追求专利申请的数量，炮制不符合《专利法》规定的“非正常”专利申请。[1]“非正常申请”的存在，进一步凸显了设立现有技术抗辩原则的必要性。

需要指出的是，即使经过实质审查，也仍然不能完全保证授予的专利都具备新颖性和创造性。其原因在于各国专利法规定的现有技术范围极其广泛，无论各国专利局为审查专利申请投入多少人力资源，也无法确保授予的专利权都符合其专利法的规定。从国家知识产权局专利复审委员会无效宣告请求的审查结果来看，就提出无效宣告请求的发明专利权而言，被宣告无效和部分无效的发明专利的比例并不明显低于实用新型专利和外观设计专利，其中主要是由于不具备新颖性和创造性所致。

正因为任何国家授予的专利权都难免有被授予专利权的技术方案不具备新颖性或者创造性，原本不应当授予专利权的情况，因此建立专利制度的国家都必须提供一种机制，以便一旦认定被授予的专利权不符合专利法的有关规定，即可宣告该专利权无效，以维护公众的合法权益不受侵害。

从理论上说，纠正专利权授权不当问题最为彻底的方式是提出无效宣告请求，因为按照《专利法》第四十七条第一款的规定，被宣告无效的专利权视为自始即不存在。但是，这一说法也不是绝对的。要建立一个符合我国国情、能够正常运作的专利制度，还需要我们考虑一些现实问题。

宣告专利权无效需要投入相当多的人力物力，现实中无缘无故提出无效宣告请求的事情十分罕见。绝大多数无效宣告请求都由与专利权人有现实或者潜在利害关系的人提出，其中又以专利侵权诉讼的被诉侵权人以及受到专利侵权指控威胁的人居多。

一种观点主张，但凡被诉侵权人在专利侵权纠纷的处理、诉讼程序中提出无效宣告请求的，专利行政部门和法院都应当中止侵权处理或者审理程序，等候无效宣告请求的审查、审理结果。按照《专利法》的有关规定和我国现行司法审判制度，宣告专利权无效的请求应当首先向专利复审委员会提出。对专利复审委员会作出的无效宣告请求审查决定不服的，无论是专利权人还是无效宣告请求人都可以向北京市中级人民法院起诉，进而向北

[1] 国家知识产权局 2007 年 8 月 27 日公布的《关于规范专利申请行为的若干规定》（第 45 号令）明确规定：“提交或者代理提交专利申请的，应当遵照法律、法规和规章的有关规定，恪守诚实信用原则，不得从事非正常申请专利的行为。”该规章还规定：“本规定所称非正常申请专利的行为是指：（一）同一单位或者个人提交多件内容明显相同的专利申请，或者指使他人提交多件内容明显相同的专利申请；（二）同一单位或者个人提交多件明显抄袭现有技术或者现有设计的专利申请，或者指使他人提交多件明显抄袭现有技术或者现有设计的专利申请；（三）专利代理机构代理提交本条第（一）项或者第（二）项所述类型的专利申请。”

京市高级人民法院上诉。在无效宣告请求程序结束后，如果维持专利权有效或者部分有效，接着进行侵权纠纷处理、审理的，又可能要经历管理专利工作的部门进行处理、向一审法院起诉、向二审法院上诉这三道程序。走完两轮程序的全程，需要相当长的时间。

过分强调在任何情况下只要涉及专利有效性问题都应当中止专利侵权审理程序，可能会带来如下两方面的弊病。

一方面，对于其专利权符合《专利法》规定的专利权人来说，往往会遭遇被诉侵权人以提出无效宣告请求方式来拖延程序的阻挠手段。一些人奉行“打不倒你也拖死你”的策略。由于《专利法》没有限定对一项专利权提出无效宣告请求的次数，因此即使经过专利复审委员会审查、一审、二审认定专利权有效，被诉侵权人也常常会寻找其他对比文件再次提出无效宣告请求。在有些专利侵权案件中，无效请求程序竟经历了四五次之多。无怪乎有人说，在这样的情况下只有那些具有“超强”意志的极少数专利权人才能将诉讼坚持到底。当今世界，科学技术和产品设计日新月异，新技术、新设计更新换代的周期越来越短。经过几年的诉讼，受专利权保护的技术方案或者设计方案常常已经失去了市场价值，停止侵权行为的判决失去了意义，甚至连专利权的权利主体都有可能已不复存在。许多国内专利权人经历了多年的折腾之后，都无奈地发出“专利保护没用”的哀叹。

另一方面，对于实施现有技术或者现有设计的单位或者个人来说，则有可能遭遇不当授权的专利权人提出专利侵权指控的干扰，有时甚至可以说是一种恶意敲诈。此时，被诉侵权人实施的分明是现有技术或者现有设计，却被不当授权的专利权人指控为侵犯其专利权的行为，迫于无奈只好提出无效宣告请求，缠于诉讼数年不得脱身，致使其正常的生产经营活动受到严重干扰，纵使最后胜诉也早已伤痕累累，犹如经历了一场噩梦。

归纳两方面的弊病，旷日持久的诉讼无论对专利权人还是对社会公众来说都有害无益。但凡有可能，专利制度应当尽量设法缩短程序。从我国目前所处的发展阶段以及专利申请总量剧增的情况来看，这一点对我国的意义比对西方国家更大，因此2008年修改《专利法》时，这方面的呼声十分强烈。

在《专利法》中增加有关现有技术和现有设计抗辩的规定，有助于在一定程度上解决上述问题。有了这一规定，只要被诉侵权人能够举证证明其实施的技术方案或者设计方案属于现有技术或者现有设计，就能够被执法部门直接判定为不侵犯专利权，无须顾及所涉及的专利权是有效还是无效的问题，这相当于在程序上“截弯去角”，走一条“捷径”，能够减少当事人的诉累，对维护公平正义、构建和谐社会具有重要意义。

需要指出的是，现有技术和现有设计抗辩的作用并不仅仅体现在克服现实中存在的不当授权问题。在有些情况下，提出侵权指控的专利权人所拥有的专利权本身符合《专利法》规定的授予专利权的条件，但是被诉侵权人实施的技术或者设计与专利权要求保护的技术或者设计相比存在一些区别，在是否能够适用等同原则认定侵权成立的问题上存在较大的争议，涉及较为复杂的技术问题和法律问题。此时，如果被诉侵权人能够举证证明其实施的技术或者设计属于现有技术或者现有设计，则有助于法院或者专利行政部门直截了当地得出侵权指控不成立的结论。在这种情况下，现有技术或者现有设计抗辩原则也能够起到缩短诉讼程序，减少当事人诉累的作用。

（二）本条规定的形成过程

在我国建立专利制度的初期，1992年颁布的《最高人民法院关于审理专利纠纷案件中若干问题的解答》第三条规定：

> 在人民法院受理专利侵权案件中，经常发生侵权人利用请求宣告专利权无效故意拖延诉讼，继续实施侵权行为。为了有效地依法保护专利权人的合法权益，避免侵权损害的扩大，特规定如下：
>
> （一）人民法院受理实用新型或外观设计专利侵权案件后，在向被告送达起诉状副本时，应当通知被告如欲请求宣告该项专利权无效，须在答辩期限内向专利复审委员会提出。
>
> 被告在答辩期间内请求宣告该项专利权无效的，人民法院应当中止诉讼……被告在答辩期间内未请求宣告该项专利权无效，而在其后的审理过程中提出无效请求的，人民法院可以不中止诉讼。
>
> （二）人民法院受理发明专利侵权案件或者经专利复审委员会审查维持专利权的实用新型专利侵权案件，被告在答辩期间内请求宣告专利权无效的，人民法院可以不中止诉讼。

由于上述司法解释的目的在于“有效地依法保护专利权人的合法权益，避免侵权损害的扩大”，因此其所述的“不中止”侵权诉讼是指法院在规定的情形下可以以涉案专利有效为前提继续进行侵权审理，不必理会被诉侵权人提出的无效宣告请求。因此，该司法解释不包含允许进行现有技术抗辩的含义。这反映了在我国建立专利制度的初期，人们的注意力主要集中在如何更为有效地保护专利权人利益方面，对防止专利权的滥用，实现专利权人利益与公众利益的合理平衡的认识还相对不足。

经过总结经验，2001 年颁布的《最高人民法院关于审理专利纠纷案件适用法律问题的若干规定》第九条规定：

> 人民法院受理的侵犯实用新型、外观设计专利权纠纷案件，被告在答辩期间内请求宣告该项专利权无效的，人民法院应当中止诉讼，但具备下列情形之一的，可以不中止诉讼：
>
> （一）原告出具的检索报告未发现导致实用新型专利丧失新颖性、创造性的技术文献的；
>
> （二）被告提供的证据足以证明其使用的技术已经公知的；
>
> （三）被告请求宣告该项专利权无效所提供的证据或者依据的理由明显不充分的；
>
> （四）人民法院认为不应当中止诉讼的其他情形。

最高人民法院的上述司法解释第二十六条规定：“以前的有关司法解释与本规定不一致的，以本规定为准。”

2001 年的司法解释规定“被告提供的证据足以证明其使用的技术已经公知的”，可以不中止诉讼，是对 1992 年司法解释的重要变动。尽管该司法解释没有直接写明这种“不中止”的法律后果是什么，但是其当然逻辑是在这种情况下法院可以直接认定侵权指控不成立，因此已经在一定程度上表达了允许进行现有技术抗辩的含义。这表明，最高人民法院已经认识到不仅需要通过“不中止”来克服前述第一个方面的弊病，也需要通过“不中止”来克服第二个方面的弊病。此后，各地的中级人民法院和高级人民法院陆续在其司法审判实践中作出了一些适用现有技术和现有设计抗辩的判决，可以说我国采用现有技术和现有设计抗辩的实践实际上走在立法的前面。

最高人民法院 2001 年颁布的司法解释的不足之处在于“被告提供的证据足以证明其使用的技术已经公知的，可以不中止诉讼”的规定仅适用于实用新型和外观设计专利权。将 2001 年的司法解释与 1992 年的司法解释中的保留部分结合起来，对发明专利权以及经无效宣告请求程序维持有效或者部分有效的实用新型专利和外观设计专利权来说，“不中止”的含义仍然仅仅是以专利权有效为前提继续进行侵权审理。如前所述，经过实质审查后授予的发明专利权也不全部都能被维持有效，不能排除其保护范围仍覆盖了现有技术的可能性；无效宣告请求程序一般仅涉及该案请求人提出的宣告专利权无效的证据和理由，并没有穷尽所有的现有技术或者现有设计，也不能排除经审查维持有效或者部分有效的实用新型和外观设计专利权的保护范围仍然覆盖了现有技术或者现有设计的可能性。应当认识到现有技术和现有设计抗辩原则是捍卫公众合法权益的原则，只要被诉侵权人能够举证证明其实施的技术属于现有技术或者现有设计，执法机关就应当本着实事求是的态度认定不构成侵犯专利权的行为，经过实质审查和无效宣告请求审查程序只不过使被授予的或者被维持的专利权不具备新颖性、创造性的可能性降低一些而已。

经过二十多年的实践，我国对专利制度本质特点的认识已经大为深化。我国加入 WTO 以来的诸多事实让我们更加深切地认识到专利制度不仅要有效地保护专利权人的合法权益，也要切实地维护广大公众的合法权利。《国家知识产权战略纲要》指出：

> **制定相关法律法规，合理界定知识产权的界限，防止知识产权滥用，维护公平竞争的市场秩序和公众合法权益。**

尽管在《专利法》未规定现有技术和现有设计抗辩的情况下，我国各地的法院已经开始在司法实践中采用，但是这样做毕竟缺乏坚实的法律基础。现有技术和现有设计抗辩原则的适用比较复杂，对其法律性质、适用范围、适用条件、法律后果等均存在不同认识，因此实际采用的标准参差不齐，这也引起了各方面的关注。在 2008 年修改《专利法》的前期课题研究中，许多人提出了在《专利法》中明确规定现有技术和现有设计抗辩的建议。[1]国家知识产权局采纳了这一建议，将其反映在提请国务院审议的《〈专利法〉修订草案（送审稿）》之中。经国务院和全国人大常委会审议，最后通过的《专利法》修正案增加了本条关于现有技术和现有设计抗辩的规定。

2008 年修改《专利法》前，我国法律界和学术界将这种抗辩称为“公知技术”抗辩。2008 年修改的《专利法》第二十二条第五款和第二十三条第四款分别规定了现有技术和现有设计的概念，本条采用了“被诉侵权人有证据证明其实施的技术或者设计属于现有技术或者现有设计的”的表述方式，因此将本条规定的不侵权抗辩称为“现有技术抗辩”和“现有设计抗辩”更加合适。

应当注意的是，本条规定采用了“在专利侵权纠纷中，被诉侵权人有证据证明……”的表述方式，这表明不仅法院在审理专利侵权纠纷案件的过程中可以适用现有技术和现有设计抗辩原则，管理专利工作的部门在处理专利侵权纠纷案件的过程中也可以适用该原则。

在下面的讨论中，为了方便论述并精简文字，将“现有技术和现有设计抗辩”简称为“现有技术抗辩”，仅结合发明和实用新型专利权进行讨论，但讨论的结论在许多情况下同样适合于对外观设计专利权的现有设计抗辩。

二、用于进行不侵权抗辩的现有技术

讨论现有技术抗辩，首先需要明确现有技术的含义。

---

[1] 须建楚，张晓都，等.发明与实用新型专利侵权判定标准［G］//国家知识产权局条法司.专利法及专利法实施细则第三次修改专题研究报告.北京：知识产权出版社，2006：1573-1580.

2008年修改的《专利法》第二十二条第四款关于现有技术的规定是：

本法所称现有技术，是指申请日以前在国内外为公众所知的技术。[1]

既然本条也采用了“现有技术”的措辞，其含义应当与第二十二条所采用措辞的含义相同。在专利侵权纠纷案件的处理或者审理过程中，被诉侵权人进行不侵权抗辩所举证的现有技术可以是涉案专利申请日之前在世界任何地方通过公开出版、公开使用或者任何其他方式为公众所知的技术。

尽管《专利法》第二十二条提及的现有技术以及本条提及的现有技术应当具有相同的含义，但是该措辞在不同条款中所起的作用不同。在第二十二条中，现有技术是用来与申请获得专利权的技术方案进行对比，以判断后者是否符合授予专利权的条件；在本条中，现有技术是用来与被控侵犯专利权人实施的技术方案进行对比，以判断被诉侵权人提出的不侵权抗辩是否成立。因此，在适用现有技术抗辩原则时，需要考虑不同的因素。

现有技术按照其所处的法律状态可以分为两种类型：第一种类型是不仅在涉案专利的申请日之前已经为公众所知，而且在发生专利侵权纠纷时没有处于任何人拥有的有效专利权控制之下的现有技术；第二种类型是虽然在涉案专利的申请日之前已经为公众所知，但是在发生专利侵权纠纷时尚处于不同于起诉专利权人（下称专利权人 B，并将其专利权称为专利权 B）的另一专利权人（下称专利权人 A，并将其专利权称为专利权 A）的有效专利权控制之下的现有技术。

在新颖性和创造性的判断中，现有技术属于第一种类型还是第二种类型无关紧要，不论是否处于专利申请人本人或者他人拥有的另一项有效专利权控制之下，只要在被审查的专利申请或者被请求宣告无效的专利权的申请日之前为公众所知，就足以阻止该专利申请被授予专利权或者足以宣告该专利权无效。

在专利侵权纠纷的处理或者审理过程中，当被诉侵权人进行现有技术不侵权抗辩时，其举证的现有技术属于第一种类型还是属于第二种类型是否会对不侵权抗辩主张成立与否产生影响？对此我国曾有不同见解。

第一种类型的现有技术已经属于公有领域，公众中的任何人都有权自由予以实施应用，任何他人均无权干预、剥夺这种权利。上述权利是公众享有的一项十分基本的权利，其“不言自明”的程度甚至可以与任何人有权自由地呼吸空气、享受阳光的权利相比。《专利法》规定对这样的现有技术不能授予专利权，其根本原因就在于如果授予专利权，则剥夺了公众的上述基本权利。德国的理论将这种类型的现有技术称为“自由公知技术”（freien Standes der Technik），这一措辞在我国有关著述中多有采用。[2]如果被诉侵权人能够证明其实施的是“自由现有技术”，当然不应当构成侵犯任何人专利权的行为，对此结论不存在什么争议。

第二种类型的现有技术与“自由现有技术”相比有所不同，虽然在专利权 B 的申请日之前也已经为公众所知，但却不是公众中的任何人都可以自由予以实施应用的，因为有关

---

[1] 根据《专利法实施细则》第十一条的规定，《专利法》第二十三条和第二十四条所称的“申请日”，在申请人享有优先权的情况下系指优先权日。

[2] 田力普.关于专利保护和专利侵权问题若干基本问题的研究［G］//中国专利局专利法研究所. 专利法研究 1995.北京：专利文献出版社，1995：69-92.

技术方案尚处于有效专利权 A 的控制之下，不妨将其称为“非自由现有技术”。被诉侵权人是否能够援引这种类型的现有技术进行不侵权抗辩？一种观点主张认为此时不能进行不侵权抗辩。

对此，笔者认为应当进行深入分析。

此时，被诉侵权人实施专利权 A 要求保护的技术方案有两种可能性：一种是获得了专利权人 A 的许可；另一种是没有获得专利权人 A 的许可。

在前一种情况下，被诉侵权人实际上是专利权人 A 的合法被许可人，没有理由认为他不能援引专利 A 进行现有技术抗辩。

在后一种情况下，如果被诉侵权人实施的技术方案就是专利权 A 要求保护的技术方案，又没有获得专利权人 A 的许可，其实施行为构成了侵犯专利权 A 的行为。但是，侵犯专利权的行为是一种民事侵权行为，依照《民法通则》和《民事诉讼法》的有关规定实行当事人请求原则。对侵犯其专利权 A 的行为而言，专利权人 A 既可以主张其权利，也可以不主张其权利，主张还是不主张应由专利权人 A 做主。无论如何，侵犯专利权 A 的行为只能由专利权人 A 主张权利，不能由专利权人 B 代为主张权利。

应当强调指出的是，在后一种情况下允许被诉侵权人举证专利 A 对专利权人 B 提出的侵权指控进行现有技术抗辩，并不意味着承认被诉侵权人未经许可实施专利权 A 保护的技术方案的行为是合法行为。相反，被诉侵权人举证专利 A 所披露的技术方案进行现有技术抗辩，如果其实施的技术方案确实落入专利权 A 的保护范围，相当于被诉侵权人已经承认其实施行为侵犯了专利权 A，这至少可以成为专利权人 A 以后提出侵权控告时的证据之一。但是，追究被诉侵权人侵犯专利权 A 行为的责任是需要另案处理的问题，其前提条件是专利权人 A 提出主张其权利的请求。

基于上述理由，笔者认为无论被诉侵权人所举证的现有技术是“自由现有技术”，还是“非自由现有技术”，均可以进行不侵权抗辩。

2008 年修改《专利法》后，上述争议实际上已经不复存在了，因为本条所规定的适用条件仅仅是被诉侵权人“有证据证明其实施的技术或者设计属于现有技术或者现有设计”，并没有进一步区分所述的现有技术是“自由现有技术”还是“非自由现有技术”。

最后，还需要补充说明两个问题。

第一，不能依据“抵触申请”进行现有技术抗辩。依据《专利法》第二十二条第二款、第二十三条第一款的规定，判断发明、实用新型和外观设计专利申请是否具备新颖性时还需要考虑“抵触申请”；然而依据本条规定，判断现有技术抗辩是否成立时，不能考虑“抵触申请”，这是因为“抵触申请”的内容在专利侵权纠纷所涉及的那一专利权的申请日之前还没有为公众所知，因而不属于《专利法》第二十二条、第二十三条定义的现有技术或者现有设计。

第二，要注意现有技术抗辩与先用权抗辩之间的区别。申请人在申请日之前的 6 个月内在中国政府主办或者承认的国际展览会上首次展出其发明创造或者在规定的学术会议或者技术会议上首次发表其发明创造的，尽管有关发明创造在申请日之前已经为公众所知，但是《专利法》第二十四条规定了新颖性宽限期，明确了该展出和发表行为不影响随后提出的专利申请的新颖性，这是《专利法》专门为专利申请人提供的例外规定。从与该条规定相配套，维护《专利法》前后规定的一致性角度出发，不能以有展出行为或者发表行为作为证据主张现有技术或者现有设计抗辩。被诉侵权人在申请日之前已经开始实施通过上述方式公开的发明创造或者已经做好实施的准备的，只能依据《专利法》第六十九条第（二）项的规定进行先用权抗辩。

三、现有技术抗辩的判断

（一）保障专利制度正常运作的必要条件

进行现有技术抗辩，会涉及专利技术、现有技术、被控侵权技术三者之间的关系。其中，对专利技术与现有技术进行比较是用于确定是否符合授予专利权的条件；对被控侵权技术与专利技术进行比较是用于确定是否构成侵犯专利权的行为；对被控侵权技术与现有技术进行比较是用于确定是否支持现有技术抗辩的主张。三种比较对专利制度的正常运作都有重要影响。

现实中会有如下四种不同的情况：❶

（1）专利权人主张被诉侵权人的实施行为构成了相同侵权行为，被诉侵权人主张其实施的技术方案与其举证的一份现有技术相同；

（2）专利权人主张被诉侵权人的实施行为构成了相同侵权行为，被诉侵权人主张其实施的技术方案与其举证的一份现有技术相比是显而易见的；❷

（3）专利权人主张被诉侵权人的实施行为构成了等同侵权行为，被诉侵权人主张其实施的技术方案与其举证的一份现有技术相同；

（4）专利权人主张被诉侵权人的实施行为构成了等同侵权行为，被诉侵权人主张其实施的技术方案与其举证的一份现有技术相比是显而易见的。

图 1 给出了专利技术、现有技术、被控侵权技术之间的理想状态。

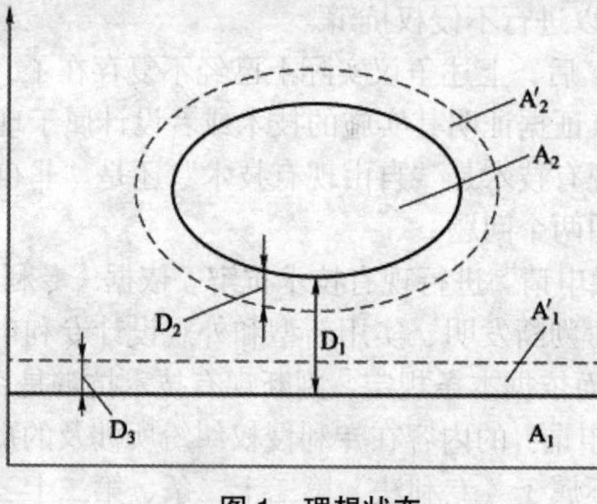

图 1 理想状态

❶ DONALD S. CHISUM. Chisum on Patents [M]. Volnum 5A, Chaperter 18, 18.04 [2][d][i][B].

❷ 2008 年修改的《专利法》第二十三条第一款、第二款分别规定：授予专利权的外观设计，应当不属于现有设计；也没有任何单位或者个人就同样的外观设计在申请日以前向国务院专利行政部门提出过申请，并记载在申请日以后公告的专利文件中。授予专利权的外观设计，与现有设计相比或者与现有设计特征的组合相比，应当具有明显区别。其中，第一款的规定相当于第二十二条第二款关于发明和实用新型新颖性的规定，第二款相当于第二十二条第三款关于发明和实用新型创造性的规定，区别仅仅在于没有冠以新颖性和创造性的术语而已。

在图 1 中：

区域 A_1 表示现有技术领域，该领域是所有现有技术的集合；

区域 A_1' 表示虽然不属于现有技术，但与现有技术十分接近的技术的集合，A_1+A_1' 是能够进行现有技术抗辩的范围；

区域 A_2 表示由专利权利要求的文字内容所确定的保护范围，也就是相同侵权行为成立的范围；

区域 A_2' 表示对专利权利要求的文字内容适用等同原则后的等同范围，也就是等同侵权行为成立的范围，A_2+A_2' 是专利权能够获得的实际保护范围；

距离 D_1 表示专利技术与现有技术之间的区别程度，也就是专利技术的创造性高度；❶

距离 D_2 表示等同范围 A_2' 的宽度，也就是构成等同侵权的技术方案与专利权利要求文字内容所表达的保护范围之间差别的最大允许程度；

距离 D_3 表示允许对现有技术领域进行拓展的宽度，也就是在认定现有技术抗辩成立的情况下，被控侵权技术与现有技术之间差别的最大允许程度。

在图 1 所示的情况下，专利权利要求的文字内容所表达的保护范围 A_2 与现有技术领域 A_1 之间的距离 D_1 足够大，也就是授予专利权的发明创造具有足够的创造性高度。此时，只要适度把握等同范围的大小 D_2 和现有技术领域的拓展领域的大小 D_3，那么即使对权利要求的文字确定的保护范围作适当延伸，将专利权的实际保护范围拓展为 A_2+A_2'；同时对现有技术领域 A_1 也作适当延伸，将可以进行现有技术抗辩的范围拓展为 A_1+A_1'，两者之间仍然保持相当的距离，不至于出现交叉重叠的现象。在这种情况下，实际上不可能出现这样一种现象，即被诉侵权人实施的技术方案既与一项现有技术相同或者十分接近，同时又与专利权利要求保护的技术方案相同或者等同。换言之，但凡实施现有技术或者与之十分接近的技术方案的，必定会远离专利权的保护范围，不可能被认定为侵犯专利权的行为；但凡实施受专利权保护的技术方案的，必定会远离现有技术领域，不可能援引任何现有技术进行现有技术抗辩。这样，既能为专利权人提供有效而又充分的保护，又不至于损害公众实施现有技术的合法权益，因而是专利制度追求实现的理想境界。

为了维护专利权人的合法利益，提供有效的专利保护，专利权的实际保护范围不能过于严格地拘泥于专利权利要求的文字所确定的保护范围，需要对该范围作适度拓展，这是各国普遍采用等同原则的原因。同样，为了维护公众的合法权益，有效防止专利权的滥用，也不能过于严格地要求被诉侵权人实施的技术与某项现有技术完全相同才能认定现有技术抗辩成立，也需要对现有技术的范围作适度延伸，这是各国对现有技术抗辩采取的立场。显然，等同原则的适用范围 D_2、现有技术的拓展范围 D_3 与创造性高度 D_1 之间必须有合理的配合关系，才能保障专利制度的正常运作。从图 1 可以推导出保障专利制度正常运作的必要条件，这就是保证：

$$D_1>D_2+D_3$$

下面讨论如何确保上述关系式的实现。

---

❶ 英文中的“创造性”一词是 inventive step，其中“step”一词的含义是“步幅”“高度”，因此在我国建立专利制度的初期，许多人将创造性称为“发明高度”。图 1 中的 D_1 是发明高度的形象表示。

1. 授权专利应当具有足够的创造性高度

大家知道，新颖性是指专利申请或者专利要求保护的技术方案未被任何一项现有技术所披露。假如《专利法》只规定了新颖性标准而未规定创造性标准，则一件专利申请要求保护的技术方案只要刚刚脱离了现有技术领域，就足以满足授予专利权的条件，其结果必然导致授权专利的保护范围与现有技术领域“擦边”或者“贴近”，公众即使实施现有技术也有可能通过适用等同原则被认定侵犯专利权的行为，这显然是不理想的。创造性是指专利申请或者专利要求保护的技术方案不仅没有被任何一份现有技术所披露，而且与现有技术相比不是显而易见的，其实质就是确保授权专利的保护范围不会与现有技术领域相交叉重叠或者与现有技术领域擦边，确保了两者之间相距足够大的距离。由此可知，专利权保护范围与现有技术领域之间的距离 D_1 大小主要是由创造性标准来确定的。

关于如何合理地掌握创造性的判断标准，确保被授予专利权的发明创造与现有技术领域之间有足够的距离，本书对《专利法》第二十二条第三款的解释中已经详细说明，故不再赘述。

2. 等同范围和现有技术抗辩范围均应当小于创造性高度

要满足 $D_1 > D_2 + D_3$ 的关系，由数学常识可以知道在三者都为正值的情况下，D_2 和 D_3 应当分别都小于 D_1。下面分别讨论如何确保 $D_2 < D_1$ 和 $D_3 < D_1$。

（1）如何确保适当的等同范围

所谓具有“创造性”，是指专利权所要求保护的技术方案与现有技术之间的差别不是“显而易见”的；所谓“等同”，从某种意义上也可以解释为被诉侵权人实施的技术方案与专利权要求保护的技术方案之间的差别是“显而易见”的。两者的认定都涉及“显而易见”，因此在判断时容易将它们混淆起来。要确保 $D_2 < D_1$，等同原则中采用的对“显而易见”的判断方式不能与创造性判断中采用的对“显而易见”的判断方式相同。

在适用等同原则时，采用如下两个判断准则对合理控制等同范围的大小至关重要。

第一，所谓“等同”，应当是指专利权利要求记载的各个技术特征与被控侵权产品或者方法中对应部分之间的等同，而不是专利权要求保护的技术方案与被诉侵权人实施的技术方案之间的“整体等同”。因此，即使等同原则的适用也涉及“显而易见”的判断，需要判断的应当是对应技术特征之间的不同对所属领域的技术人员来说是否显而易见，而不是被诉侵权人实施的整个技术方案与专利权要求保护的整个技术方案之间的不同对所属领域的技术人员来说是否显而易见。

第二，适用等同原则不允许忽略权利要求记载的技术特征。最高人民法院于 2005 年 8 月 22 日对“混凝土薄壁筒体构件”实用新型专利侵权案件作出的最终判决指出：“只有对权利要求书所记载的全部技术特征给予全面、充分的尊重，社会公众才不会因权利要求内容不可预见的变动而无所适从，从而保障法律权利的确定性，从根本上保证专利制度的正常运作和价值实现”，该判决还指出“本院不赞成轻率地借鉴适用所谓的‘多余指定原则’”。[1]

---

[1] 参见本书对《专利法》第五十九条的说明。

实际上，上述两个判断准则是彼此关联的。在一项专利的独立权利要求记载了A、B、C、D、E五个技术特征，而被诉侵权人实施的技术方案中只采用了其中A、B、C三个技术特征的情况下，认为权利要求记载的D、E两个技术特征无关紧要，可以忽略不计，进而认定等同侵权成立，其实际结果就相当于认定由A、B、C、D、E五个技术特征构成的技术方案与由A、B、C三个技术特征组成的技术方案从整体上看是等同的。

与适用等同侵权的上述判断准则不同，在专利审查中进行创造性判断是将要求获得保护的技术方案作为一个整体与现有技术进行比较，判断两者之间的差别是否显而易见。例如，美国专利法第103条关于创造性的规定是：

> **即使一项发明如本法第102条规定的那样没有被相同的现有技术披露或者记载，但是如果请求保护的主题作为一个整体来看，其与现有技术之间的区别在作出发明时对所属领域的普通技术人员而言是显而易见的，则不得授予专利权。**

我国《专利法》第二十二条第三款关于创造性的规定是指“与现有技术相比，该发明具有突出的实质性特点和显著的进步，该实用新型具有实质性特点和进步”。尽管我国的规定没有如同美国的规定那样明确写明“将要求保护的主题作为一个整体来看”，但是可以认为无论是“具有突出的实质性特点和显著的进步”还是“具有实质性特点和进步”，都是针对请求保护的技术方案整体而言。

法院和管理专利工作的部门在适用等同原则时不应照搬创造性的判断思路，其理由在于：如果将等同范围的大小D_2扩大到与创造性高度D_1基本相同的程度，认为凡是与专利权要求保护的技术方案相比不具备创造性的技术方案均应当纳入等同侵权的范围，就会导致等同范围D_2过大，出现专利权的实际保护范围$A_2 + A_2'$与现有技术领域的拓展领域A_1'接近甚至交叉重叠的现象。在这样的情况下，如果执法机关认为应当优先适用现有技术抗辩原则，就会得出不构成侵权行为的结论；如果认为应当优先适用等同原则，就会得出专利侵权指控成立的结论，从而导致审理结果的随意性，不利于专利制度的正常运作。

适用等同原则采用上述两个判断准则，可以将一些与专利权利要求的文字内容相比虽有不同，但实质上相同的技术方案纳入专利权的保护范围，却不会将所有与专利权要求保护的技术方案相比不具备创造性的技术方案统统纳入其保护范围。这样，就能保证等同范围的大小D_2小于创造性的高度D_1，从而为在适用现有技术抗辩时对现有技术的范围作适度延伸留下了必要的空间，确保等同原则的适用和现有技术抗辩的适用不会彼此产生干扰。

（2）如何确保适当的现有技术抗辩范围

按照本条规定，执法机关适用现有技术抗辩原则的条件是“被诉侵权人有证据证明其实施的技术或者设计属于现有技术或者现有设计”。这一规定既包含了程序性条件，也包含了实体条件。

程序性条件是“被诉侵权人有证据证明”，这表明：第一，适用现有技术抗辩，必须由被诉侵权人提出抗辩主张，在被诉侵权人没有提出抗辩主张的情况下，即使管理专利工作的部门或者法院已经掌握了某项相关现有技术，也不应予以考虑；第二，被诉侵权人主张现有技术抗辩的，应当承担举证责任，提供现有技术的证据，法院或者管理专利工作的部门在审理或者处理专利侵权纠纷过程中没有代被诉侵权人进行现有技术调查的责任。

实体条件是“其实施的技术或者设计属于现有技术或者现有设计”。需要指出的是，在2008年修改的《专利法》中，“属于现有技术”这一措辞不仅出现在本条，还出现在第二十二条第二款关于发明或者实用新型的新颖性以及第二十三条第一款关于外观设计专利权的新颖性的规定中。对一部法律的不同条款中采用的相同措辞应当赋予其相同的含义，除非因其适用对象不同需要作特殊考虑。基于本条条文采用的措辞，笔者认为判断被诉侵权人实施的技术方案是否属于现有技术应当采用与新颖性判断基本相同的判断方式，即只有当被诉侵权人实施的技术方案与其举证的一项现有技术相比不具备新颖性的情况下，才应当认定现有技术抗辩成立。

既然现有技术抗辩的判断应当采用与新颖性基本上相同的判断方式，新颖性判断的基本规则应当直接适用于现有技术抗辩的判断。

首先，新颖性的判断采用“单独对比”的方式，即只能将一件专利申请或者一件专利要求保护的技术方案与单项现有技术逐个进行对比，不能与几项现有技术的组合进行对比。类似地，被诉侵权人进行现有技术抗辩也只能依据一项现有技术，不能将几项现有技术组合起来进行不侵权抗辩。[1]将几项现有技术组合起来所形成的技术方案非但不属于现有技术，还有可能具备创造性，成为一项能够被授予专利权的技术方案。允许以这种方式进行现有技术抗辩，将会不适当地扩大现有技术抗辩的范围。一旦使 D_3 接近、等于甚至大于专利技术的创造性高度 D_1，就会出现这样的扭曲现象：即使授权专利要求保护的技术方案具备新颖性和创造性，而且被诉侵权人实施的技术方案落入了专利权的保护范围，构成相同或者等同侵权行为，专利权人也无法获得有效的专利保护，因为被诉侵权人可以将几项现有技术组合起来进行现有技术抗辩，对抗专利权人的侵权指控。显然，这种情况不利于维护专利权人的正当权益。

其次，《专利审查指南 2010》并没有僵死地要求一件专利申请或者一件专利的权利要求记载的所有技术特征必须与一份对比文件记载的对应技术特征完全相同，才能得出不具备新颖性的结论。《专利审查指南 2010》规定：“如果要求保护的发明或者实用新型与对比文件的区别仅仅是所属技术领域的惯用手段的直接置换，则该发明或者实用新型不具备新颖性。”[2]类似地，当被诉侵权人实施的技术方案与其举证的一项现有技术相比不完全相同时，也不应当在任何情况下都得出现有技术抗辩不成立的结论。如果两者在一些对应技术特征上的不同属于“惯用手段的直接置换”，仍然应当认定现有技术抗辩成立。笔者认为，对现有技术领域 A_1 的延伸领域 A_1' 应当基本上对应于“惯用手段的直接置换”的情况。采用这样的规则，一方面能够使现有技术抗辩的适用具有必要的灵活性，使之更为合理；另一方面又保证了必要的法律确定性。

需要指出的是，《专利法》所称“现有技术”与“属于现有技术”是两个不同的概念，其含义有所不同。“现有技术”是指在申请日之前能够为公众所知的所有技术方案的总和，由各个单项的现有技术组成，是一个完全客观的概念；无论对新颖性的判断而言还是对现

---

[1] 刘继祥.试论专利侵权诉讼中等同原则的适用［G］//程永顺.专利侵权判定实务.北京：法律出版社，2002：87.

[2] 国家知识产权局.专利审查指南 2010［M］.北京：知识产权出版社，2010：第二部分第三章 3.2.3.

有技术抗辩原则的判断而言，“属于现有技术”不仅包括被比较的对象与某项现有技术相比完全相同的情况，还包括被比较的对象与某项现有技术相比略有差别，但是该差别属于“惯用手段的直接置换”的情况。本节将领域 A_1 称为“现有技术领域”，由在申请日之前已经为公众所知的所有技术方案组成；将领域 A_1' 称为“现有技术领域的延伸领域”，由所有与现有技术相比其差别仅仅在于“惯用手段的直接置换”的技术方案组成。如果一项专利申请或者一件专利要求保护的技术方案落入领域 A_1 或者领域 A_1'，该技术方案就“属于现有技术”，应当得出不具备新颖性的结论；如果被诉侵权人举证证明其实施的技术方案落入领域 A_1 或者领域 A_1'，该技术方案就“属于现有技术”，应当得出其现有技术抗辩成立的结论。

再者，新颖性的判断还采用了这样的规则，即下位概念的公开影响以上位概念限定的技术方案的新颖性；上位概念的公开不影响以下位概念限定的技术方案的新颖性的判断规则。在专利侵权纠纷中，被诉侵权人实施的技术方案总是具体的产品或者方法，其结构、步骤必定以“下位概念”体现，不可能有什么“上位概念”，因此前一种情况不可能出现。当被诉侵权人进行现有技术抗辩举证的证据是一份对比文件时，有可能遇到后一种情况，此时应当如何认定？在判断创造性的标准中，有所谓“选择发明”一说，系指“从现有技术公开的宽范围中，有目的地选出现有技术中未提到的窄范围或者个体的发明”。“选择发明”是否具备创造性需要具体分析。如果发明仅仅是从具有相同可能性的技术方案中选出一种，或者是从现有技术中可以直接推导出来的选择，没有产生意料不到的技术效果，则该发明不具备创造性；反之，如果选择使得发明能够产生所属领域中的普通技术人员意料不到的效果，则该发明具备创造性。[1]在判断现有技术抗辩成立与否时，如果被诉侵权人实施的技术方案与其举证的对比文件相比具有“选择发明”的性质，在实施的技术方案与该对比文件相比具备创造性的情况下，显然不能支持被诉侵权人的抗辩主张；在该“选择发明”不具备创造性的情况下，也不能一律支持被诉侵权人的抗辩主张，只有当其选择是所述领域的一种熟知的公知常识时，才能支持其抗辩主张，因为只有在这样的情况下，被诉侵权人实施的技术方案与其举证的对比文件相比才不具备新颖性。

2009年颁布的《最高人民法院关于审理侵犯专利权纠纷案件应用法律若干问题的解释》第十四条规定：

> **被诉落入专利权保护范围的全部技术特征，与一项现有技术方案中的相应技术特征相同或者无实质性差异的，人民法院应当认定被诉侵权人实施的技术属于专利法第六十二条规定的现有技术。**
>
> **被诉侵权设计与一个现有设计相同或者无实质性差异的，人民法院应当认定被诉侵权人实施的设计属于专利法第六十二条规定的现有设计。**

上述规定采用“无实质性差异”的措辞来定义被控侵权技术与一项现有技术之间所允许存在的差别，其范围明显大于“惯用手段的直接替换”表达的范围。

笔者主张将现有技术抗辩原则的适用建立在确凿可靠的证据基础之上，以尽可能防止发生因现有技术抗辩原则适用不当而剥夺专利权人合法权利的现象。考虑到我国采用的是

---

[1] 国家知识产权局.专利审查指南 2010［M］.北京：知识产权出版社，2010：第二部分第四章 4.3.

专利侵权纠纷和专利有效性纠纷由不同执法机关在不同程序中分别独立进行审判的制度，要赋予审理专利侵权纠纷的执法机关在认定现有技术抗辩成立的情况下，无须等待专利权有效性纠纷的审理结果就可以直接认定侵权指控不成立的权力，就必须充分保障现有技术抗辩原则的适用具有足够的权威性和正确性。《专利法》中增加本条关于允许现有技术抗辩的规定是为了克服原有制度存在的缺陷，然而法律矫枉不能过正，要注意防止增加新规定又带来新的问题。

众所周知在授予专利权的条件中，创造性条件远比新颖性条件更为严厉。这表明，具备创造性的专利的保护范围脱离现有技术领域的距离远大于仅仅具备新颖性的专利的保护范围脱离现有技术领域的距离。由此可知，对现有技术抗辩基本上采用新颖性的判断标准，无疑能够确保现有技术抗辩的范围 D_3 小于创造性高度 D_1。

（二）被诉侵权人实施的技术属于现有技术的含义

判断现有技术抗辩是否成立，最为重要的一点就是判断被诉侵权人实施的技术方案是否属于现有技术。如前所述，根据本条规定，该判断应当采用与新颖性判断基本相同的判断方式。然而，在专利侵权纠纷的诉讼过程中如何判断被诉侵权人实施的技术方案是否属于现有技术，还存在需要专门讨论的特殊问题。

新颖性的判断以一件专利申请或者专利权的权利要求的内容为准。更具体地说，是判断权利要求记载的各个技术特征是否被一份现有技术所覆盖。一项权利要求记载的技术特征的数量少则几个，多则十几个，几十个，总是有限的，因此这种比较现实可行。

然而，被诉侵权人实施的技术方案总是具体的产品或者方法。以产品为例，其技术因素不仅包括产品的整体机构和技术性能，还包括其各个零部件的形状、结构、功能以及相互之间的配合关系等。如果将这些技术因素不分巨细统统视为“技术特征”，那么其数量几乎是无限的。类似地，被诉侵权人进行现有技术抗辩举证的现有技术有可能是一种已经公开销售、公开使用的产品，该产品同样也包含无穷个技术特征。由此而产生的问题是：被诉侵权人主张现有技术抗辩的，认定被控侵权产品“属于现有技术”，是否意味着要求被控侵权产品与该已知产品相比必须在所有的对应技术特征上都完全相同，两者一模一样才能认定现有技术抗辩成立？很明显，对此问题的回答应当是否定的。倘若是肯定的，那么现有技术抗辩的规定在很大程度上将会落空，变得没有实际意义。然而，如果不要求两者在所有的技术特征上都相同，又当如何确定哪些技术特征应当相同，哪些技术特征可以不同？为了便于讨论和理解，下面举一个假设的例子予以说明。

假设某人就一种经过改进的牙刷申请获得了一项实用新型专利，其说明书指出该实用新型的创新之处在于在刷毛部分设置了若干均匀分布的用柔性塑料材料制成的柱状物，与相邻刷毛具有相同的长度。当人们采用这种牙刷刷牙时，不仅刷毛能够对牙齿起到清洁作用，柱状物还能够对牙龈起到一种保健按摩的作用。该实用新型专利的独立权利要求如下：

> 一种牙刷，包括用塑料材料制成的刷柄部分和刷毛部分，刷毛部分位于刷柄部分的前端，其特征在于在所述刷毛部分设置了若干用柔性塑料材料制成的柱状物。

某公司制造并销售的牙刷在其刷毛部分设置了 3 排等距分布的用柔性塑料材料制成的

柱状物。专利权人认为该公司的行为构成了侵犯其专利权的行为，向法院提出了侵权控告。

被诉侵权人在侵权诉讼过程中提出了现有技术抗辩，其举证的一种已知牙刷在刷毛部分也设置了若干等距分布的用柔性塑料材料制成的柱状物。但是细究起来，被控侵权牙刷与该已知牙刷相比存在如下区别：第一，前者在刷毛部分设置了 3 排等距分布的柱状物，而后者在刷毛部分设置了 4 排等距分布的柱状物；第二，前者采用的柱状物的自由端端面呈平面形状，而后者设置的柱状物的自由端端面呈弧形形状；第三，前者的刷柄部分具有椭圆形的截面形状，而后者的刷柄部分具有矩形的截面形状。此时，是否能够得出被控侵权产品属于现有技术的结论？

此时，如果要求被控侵权牙刷与该已知牙刷完全相同，就应当得出否定的回答，进而认定现有技术抗辩不成立。然而，该权利要求对其要求保护的牙刷的限定仅仅是：具有一个刷毛部分和一个刷柄部分，在刷毛部分设置了若干用柔性塑料材料制成的柱状物，除此之外并无其他进一步的限定。按照专利侵权的判断规则，只要被控侵权牙刷具备这些技术特征，则不论该产品在其他方面与专利说明书记载的具体实施方案相比有无不同，均应当得出侵权指控成立的结论。既然对侵权认定采用这样的规则，对现有技术抗辩的认定也应当采用类似的规则。因此，法院在判断现有技术抗辩是否成立时，只需参照专利权利要求的内容来比较被控侵权牙刷与已知牙刷是否相同，至于柱状物是排列成 3 排还是 4 排、其自由端端面呈齐平形状还是弧面形状、刷柄的截面形状是椭圆形还是矩形均无关紧要。经过比较，只要执法机关认定相对于专利权利要求记载的各个技术特征而言，被控侵权牙刷与已知牙刷都是相同的，或者虽有不同，但属于惯用手段的直接替换，就可以得出被控侵权产品属于现有技术的结论，从而认定现有技术抗辩成立。

假设另外一种情况，上述实用新型专利的独立权利要求除了记载上述技术特征之外，还记载了一个技术特征，即“相邻柱状物之间的距离为 2 ~ 3mm”，同时其说明书指出，让相邻柱状物保持该距离将能够同时获得较为理想的刷牙效果和按摩效果。假如对适于使用的牙刷刷头宽度来说，采用 3 排柱状物必然导致相邻柱状物之间的距离为 2 ~ 3mm，而采用 4 排柱状物必然导致该距离为 1 ~ 1.5mm，那么是设置 3 排柱状物还是设置 4 排柱状物就不再是无关紧要的了。此时，执法机关应当认定被控侵权牙刷与举证的已知牙刷不同，从而得出现有技术抗辩不成立的结论。

由此可知，尽管判断被诉侵权人实施的技术方案是否属于现有技术应当采用与新颖性的判断基本相同的判断方式，但是并不需要对两者的全部技术细节逐一地进行对比，只需要就专利权人提出侵权指控依据的权利要求所记载的各个技术特征而言对两者进行对比。换言之，判断被诉侵权人实施的技术方案是否属于现有技术，要受到专利权人提出侵权指控所依据的权利要求所记载的技术特征的指引和限制。在实际对比时，可以对专利权利要求的内容进行分解，列出一个技术特征清单，然后根据该清单，对被诉侵权人实施的技术方案与其举证的现有技术的对应技术特征逐一进行对比。如果对比的结论是在各个比较点上，被诉侵权人实施的技术方案均与举证的现有技术相同或者虽略有不同但属于惯用手段的直接置换，就可以得出被控侵权实施的技术方案属于现有技术的结论。采用这种判断方式会产生如下的结果：专利权人提起侵权诉讼所依赖的权利要求记载的技术特征数量越少，表述其技术特征所采用的措辞越是具有“上位概念”的属性，亦即该权利要求越是具有更大的保护范围，则被诉侵权人就越容易找到支持其现有技术抗辩的现有技术；反之亦然。这样的结果应当说是合理的。

上述判断方式是一种较为特殊的判断方式，需要引进专利权利要求的内容作为进行对比的引导。由此可能产生一种观点，认为执法机关在审理专利侵权纠纷的过程中判断现有技术抗辩是否成立，不仅需要判断被诉侵权人实施的技术方案是否与其举证的现有技术相同，也要判断涉案专利所要求保护的技术方案是否与被诉侵权人举证的现有技术相同。

然而，对后者的判断实质是对专利侵权纠纷所涉及的专利权的有效性进行判断。采用这种观点，其结果相当于由侵权纠纷的审理机关直接判断所涉及的专利权的有效性。这与我国专利制度采用由不同机关对专利侵权纠纷和专利权有效性纠纷分别独立地进行审理的基本制度不相符合。

本条规定清楚表明，判断现有技术抗辩成立与否，只需要对被诉侵权人实施的技术方案是否与其举证的现有技术进行对比即可。一旦得出属于现有技术的结论，就可以径直认定侵权指控不成立。假如此时还需要对所涉及专利权的有效性进行判断，按照《专利法》关于专利侵权纠纷和专利权有效性纠纷应当由不同机关分别独立地进行审理的规定，审理专利侵权纠纷的机关就应当一律中止审理，等待专利权有效性的审理结果。然而如前所述，这一点正是设立现有技术抗辩原则所要克服的弊病。因此，如果还需对专利权有效性进行判断，本条规定就失去了意义。

应当指出，判断被诉侵权人实施的技术方案是否属于现有技术之所以需要引入专利权利要求的内容来限定比较的对象，只是因为该判断会涉及具体产品或者方法的比较，不同于专利有效性的判断和专利侵权的判断那样，其比较对象中必定有一方是权利要求，因而会导致判断上的实际困难。引入专利权利要求的内容来指导现有技术抗辩的判断，并不意味着需要判断涉案专利权的有效性。

上述判断方式主要适合于发明和实用新型专利权，因为其保护范围均以权利要求的内容为准。外观设计专利没有权利要求书，其保护范围以图片或者照片所表示的外观设计产品为准。《专利审查指南 2010》要求申请外观设计专利应当提交反映要求保护的外观设计产品的各面视图。尤其在申请人提交的是照片而不是图片的情况下，这些视图反映的是实实在在的外观设计产品，包含了产品的所有细节，因而无法起到限定对比对象的作用。因此，对外观设计专利权而言，无论是侵权的判断方式还是现有技术抗辩的判断方式，都与发明和实用新型专利有所不同。

2009 年颁布的《最高人民法院关于审理侵犯专利权纠纷案件应用法律若干问题的解释》第十四条有两款，分别规定了在审理发明或者实用新型专利侵权纠纷案件时应当如何适用现有技术抗辩原则以及在审理外观设计专利侵权纠纷案件时应当如何适用现有设计抗辩原则。第一款规定的适用条件是“被诉落入专利权保护范围的全部技术特征，与一项现有技术方案中相应技术特征相同或者无实质性差异的”；第二款规定的适用条件是“被诉侵权设计与一个现有设计相同或者无实质性差异的”。两者之间的差别就在于“被诉落入专利权保护范围的全部技术特征”这一表述，其含义就在于上面所述的对被控侵权的技术方案与一项现有技术进行比较需要受到专利权利要求记载的技术特征的指引，只有对权利要求中已经记载的技术特征，才需要进行对比。该司法解释的表述方式略有瑕疵，因为落入专利权保护范围的应当是技术方案，而不是“技术特征”，单个的技术特征谈不上落入保护范围的问题。但是无论如何，重要的是最高人民法院该司法解释的第十四条明确表达了上述含义，对正确判断被控侵权技术是否属于现有技术具有重要意义。

（三）可以适用公知技术抗辩原则的典型情况

如前所述，在理想状态下原本无须采用现有技术抗辩原则。因此，只有在非理想状态下，才会产生进行现有技术抗辩的必要。一般而言，所谓“非理想状态”，多数情况是由于授权专利不具有足够的创造性高度，专利权的保护范围 A_2+A_2' 与现有技术抗辩领域 A_1+A_1' 过于接近所致。

下面对在两种较为典型的非理想状态下如何进行现有技术抗辩进行讨论。

1. 可以适用现有技术抗辩的典型情况之一

被诉侵权人有可能提出现有技术抗辩的情况之一如图 2 所示。

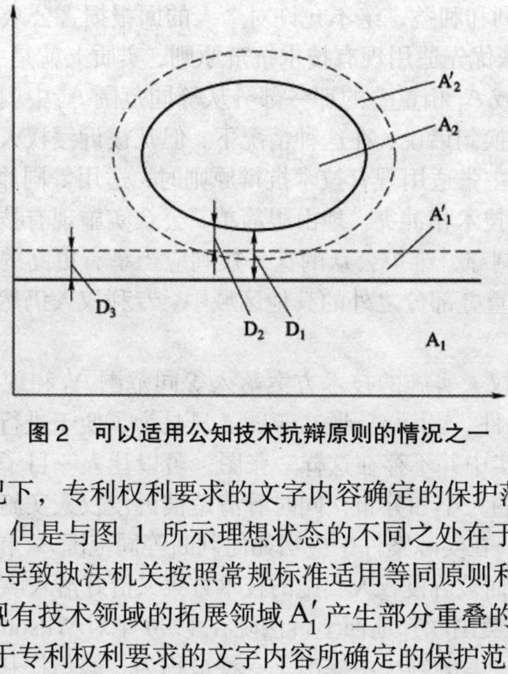

图 2　可以适用公知技术抗辩原则的情况之一

在图 2 所示的情况下，专利权利要求的文字内容确定的保护范围 A_2 与现有技术领域 A_1 之间有一定的距离，但是与图 1 所示理想状态的不同之处在于授权专利的创造性高度 D_1 偏小，$D_1 < D_2+D_3$，导致执法机关按照常规标准适用等同原则和现有技术抗辩原则，就会出现等同范围 A_2' 与现有技术领域的拓展领域 A_1' 产生部分重叠的现象。

在这种情况下，由于专利权利要求的文字内容所确定的保护范围 A_2 没有与现有技术领域的拓展范围 A_1' 相重叠，两者之间仍然留有一定的空间。因此，当被控侵权行为构成相同侵权行为，也就是落入范围 A_2 之内时，被诉侵权人实际上不可能通过主张现有技术抗辩摆脱侵犯专利权的责任，因为此时他不可能举证证明其实施的技术方案“属于现有技术”。换言之，此时认定相同侵权行为成立不会受到适用现有技术抗辩原则的影响。

但是，当被控侵权产品或者方法没有落入专利权利要求的文字内容所确定的保护范围 A_2 之中，而是落入等同范围 A_2'，也就是相同侵权不成立，等同侵权成立时，如果被诉侵权人实施的技术方案位于等同范围 A_2' 和现有技术领域的拓展范围 A_1' 的重叠部分之中，被诉侵权人就有可能举证证明其实施的技术方案“属于现有技术”，主张适用现有技术抗辩原则。此时，如果执法机关强调对专利权的保护，则可以依据等同原则认定被诉侵权人的行为构成等同侵权行为；如果执法机关强调公众的合法权益，则可以依据现有技术抗辩原则认定被诉侵权人的行为不构成侵犯专利权的行为，于是产生一个疑问：应当优先适用哪一个原则？

笔者主张此时应当优先适用现有技术抗辩原则，其理由在于导致出现上述重叠的根本原因在于专利权人获得的专利不具有足够的创造性高度，即使该经过无效宣告请求程序认定应当仍然维持专利权有效，专利权人在适用等同原则时也应当更多地受到现有技术的限制，不能按照以常规方式适用等同原则。美国联邦最高法院和美国联邦巡回上诉法院明确奉行这样的原则，即等同原则的适用不但不应当将申请日之前的现有技术纳入专利权保护范围，而且也不应当将与现有技术相比十分接近的技术方案纳入专利权保护范围。[1]德国最高法院 1986 年 4 月 29 日对“Formstein”一案的著名判决也提出了类似观点。此时，优先适用等同原则维护的只是某一特定专利权人的利益，而优先适用现有技术抗辩原则维护的却是广大公众的利益，孰轻孰重不能不有所区别。正如美国联邦最高法院在近两百年前的一份判决中所指出的那样：“尽管公众有义务为发明创造者提供回报，但是必须公平对待和有效保护社会公众的权利和利益，绝不允许对个人的回报损害公众的利益。”[2]

在这种情况下，主张优先适用现有技术抗辩原则，实质上就是主张将等同范围 A_2' 中与现有技术领域的拓展领域 A_1' 相重叠的那一部分从等同范围 A_2' 中剥离出去，让位于现有技术领域的拓展范围 A_1'。换句话说，在这种情况下，但凡被诉侵权人举证证明其实施的技术方案“属于现有技术”，主张适用现有技术抗辩原则时，适用等同原则的等同范围理应“退避三舍”，以避免与现有技术相冲突。理由很简单，公众实施现有技术或者与现有技术十分接近的技术的权利不容剥夺，维护公众的这一权利应当享有更高的优先等级。但是应当注意，在等同范围 A_2' 的除重叠部分之外的其他区域中，专利权人仍然有权主张以常规方式适用等同原则。

上述结论以被诉侵权人实施的技术方案落入等同范围 A_2' 和现有技术领域的拓展范围 A_1' 的重叠部分为前提条件。然而，问题在于图 2 只是为了便于进行理论分析而人为地构想出来的一种示意图，现实中并不存在这样一张图，可以让人一目了然地看清楚专利权的保护范围和现有技术领域的大小和分布，同时看清楚被诉侵权人实施的技术方案落在两者之间的何种位置上。因此，在实际案件中应当如何判断等同范围 A_2' 和现有技术领域的拓展领域 A_1' 是否产生了重叠，而被诉侵权人实施的技术方案又恰好落入该重叠部分之中？

为了解决这一问题，美国联邦巡回上诉法院在 1990 年对 Wilson Sporting Goods v. David Geoffrey & Association 一案的判决中提出了一种被称为“假想权利要求”的判断方式，用于当相同侵权不成立，专利权人试图通过适用等同原则来认定等同侵权时，判断假如认定等同侵权成立是否会与被诉侵权人举证的现有技术相冲突。[3]

这一判断方式包括如下两个步骤。

第一个步骤是要求专利权人提供一项经过改写的权利要求，使被诉侵权人实施的技术方案构成对经过改写的权利要求的相同侵权行为，也就是落入经过改写的权利要求文字内容所表达的保护范围之内。

---

[1] DONALD S. CHISUM.Chisum on Patents［M］. Volnum 5A, Chaperter 18, 18.04 ［2］［d］［i］［A］.

[2] Pennock v. Dialogue,（1829）, 27 U.S.(2 Pet) 1, 19.

[3] DONALD S. CHISUM. Chisum on Patents［M］. Volnum 5A, Chaperter 18, 18.04 ［2］［d］［ii］［A］.

由于以专利权人起诉时所依据的权利要求为基础，被诉侵权人实施的技术方案不构成相同侵权行为，专利权人只能请求适用等同原则认定其构成等同侵权行为，因此经过改写的权利要求与起诉时的权利要求相比必定有所不同。这种不同在于：经过改写的权利要求删除了一个或者多个被起诉时的权利要求所记载，但是在被诉侵权人实施的技术方案中不曾再现的技术特征；或者采用更为上位的方式来表达起诉时的权利要求所记载，但是在被诉侵权人实施的技术方案中不曾再现的技术特征。由此可知，经过改写的权利要求的文字内容所表达的保护范围 A_2 必定有所扩大，能将起诉时的权利要求不能囊括在其文字内容所表达的保护范围内的被控侵权技术囊括在经过改写的权利要求的文字内容所表达的保护范围内。换言之，被诉侵权人实施的技术方案再现了经过改写的权利要求记载的每一个技术特征，从而构成了对改写的权利要求的相同侵权行为。

第二个步骤是将经过改写的权利要求与被诉侵权人举证的现有技术进行对比，判断经过改写的权利要求是否具备新颖性和创造性。

如果判断的结果是认定经过改写的权利要求与被诉侵权人举证的现有技术相比仍然具备新颖性和创造性，则一方面表明经过改写的、其保护范围有所扩大的权利要求仍然符合专利法规定的授权条件，相当于证明通过适用等同原则来适度扩大起诉时的权利要求的文字内容所表达的保护范围是合理的；另一方面也表明被诉侵权人实施的技术方案与其举证的现有技术不同，因为假如相同，判断的结果应当得出经过改写的权利要求与该现有技术相比不具备新颖性或者创造性的结论。因此在这种情况下，法院应当认定现有技术抗辩不成立，被诉侵权人实施其技术方案的行为构成了对起诉时的权利要求的等同侵权行为。

反之，如果判断的结果是经过改写的权利要求与被诉侵权人举证的现有技术相比不具备新颖性或者不具备创造性，则表明将起诉时的权利要求的等同保护范围 A_2' 延展到能够将被诉侵权人实施的技术方案囊括在内的程度是不合理的，这样的等同范围 A_2' 已经与现有技术领域 A_1 相重叠或者与之过于接近，有剥夺公众实施现有技术或者与现有技术十分接近的技术的正当权利之嫌。因此在这种情况下，法院应当认定现有技术抗辩成立，被诉侵权人实施其技术方案的行为不构成对起诉时的权利要求的等同侵权行为。

上述判断方式将专利技术、现有技术和被控侵权技术三者的对比糅和在一起，其构思相当巧妙，但缺点是较为复杂，对侵权审理法院法官的水平要求很高。因此，尽管美国联邦巡回上诉法院的上述判决提出了这种判断方式，但是在实际中予以应用的例子却很少见。美国联邦巡回上诉法院之所以提出这种迂回包抄的复杂方式，其主要原因可能在于：第一，美国专利法中没有关于现有技术抗辩的明确规定，相反只有推定被授予的专利权有效的规定，然而在现实中又不能不顾及公众实施应用现有技术以及与现有技术十分接近的技术的合法权利，于是只好如此；第二，美国的专利侵权审理法院有权一并审理专利有效性问题，因此将现有技术抗辩问题转化为新颖性和创造性的判断与美国法院的职权相一致。

如前所述，尽管现有技术抗辩原则的适用应当采用与新颖性判断基本相同的判断方式，但是在判断被诉侵权人实施的技术方案是否“属于现有技术”，并不要求对被诉侵权人实施的技术方案与其举证的现有技术在所有技术细节上逐一地进行对比，其对比要受到专利权人提出侵权指控所依据的权利要求所记载的技术特征的指引和限制。细心的读者会发现，这种判断方式实际上与美国联邦巡回上诉法院提出的“假想权利要求”的判断方式是一致的，美国的判断方式其实就是表明判断被诉侵权人实施的技术方案是否与其举证的现有技术相同或者十分接近，应当受到专利权利要求记载的技术特征的指引和限制。

过去，一种观点认为当被诉侵权人实施的技术方案位于专利权要求保护的技术方案和一项现有技术之间时，应当同时对三者分别进行比较，如果被诉侵权人实施的技术方案更靠近专利技术，则判定等同侵权成立；如果被诉侵权人实施的技术方案更靠近现有技术，则判定现有技术抗辩成立。

应当指出，本条关于现有技术抗辩的规定没有为采用“更靠近谁”的判断方式提供法律依据，因为本条规定认定现有技术抗辩是否成立只需要判断被诉侵权人实施的技术方案是否属于现有技术。这表明，在适用现有技术抗辩原则时，既不需要判断专利权要求保护的技术方案是否与被控侵权举证的一项现有技术相同或者接近，也不需要判断被诉侵权人实施的技术方案是否与专利权要求保护的技术方案相同或者等同。

所谓“被诉侵权人实施的技术方案位于专利权要求保护的技术方案和一项现有技术之间”、“原告的专利、已有技术和被告实施的技术均有差异”是较为模糊的说法，涵盖了各种可能的情况，而且判断“更靠近谁”也难以找到一种令人信服的判断规则。需要强调指出的是，现实中存在经过判断认定被诉侵权人实施的技术方案既不属于现有技术，也不构成相同侵权和等同侵权的情况，并非要么应当认定现有技术抗辩成立，要么应当认定侵权指控成立，非此即彼，两者必居其一。

2. 可以适用公知技术抗辩原则的典型情况之二

另一种可以适用公知技术抗辩原则的情况如图 3 所示。

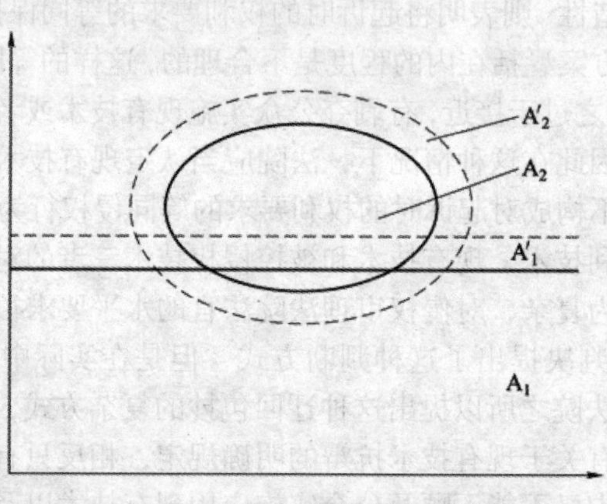

图 3　可以适用公知技术抗辩原则的情况之二

在这种情况下，专利权利要求的文字内容所表达的保护范围 A_2 与现有技术领域 A_1 产生重叠，一部分现有技术直接落入了专利权的保护范围 A_2。此时，D_1 小于零，表明专利权要求保护的技术方案不具备专利法规定的新颖性。缺乏新颖性，是宣告一项专利权无效最为充分、最无悬念的理由。

图 3 所示情况与图 2 所示情况之间的不同在于：不仅当等同侵权成立，也就是被诉侵权人实施的技术方案与专利权利要求的文字内容相比有所不同，但是落入等同范围 A_2' 之内时，被诉侵权人有可能提出现有技术抗辩；而且即使当相同侵权成立，也就是被诉侵权

人实施的技术方案落入专利权利要求的文字内容所确定的保护范围 A_2 之内时，被诉侵权人也有可能提出现有技术抗辩。

过去，人们普遍认同在相同侵权不成立、等同侵权成立的情况下，应当允许被诉侵权人进行公知技术抗辩，对此不存在什么争议；然而，在相同侵权成立的情况下，是否也应当允许被诉侵权人进行公知技术抗辩，却存在不同看法。

一种观点认为，现有技术抗辩只适用于等同专利侵权，不适用于相同专利侵权。当被诉侵权人实施的技术方案包含了专利权利要求字面含义下的全部必要技术特征，构成相同侵权行为时，被诉侵权人要想摆脱承担侵权责任，惟一的途径就是启动请求宣告涉案专利权无效的程序，审理侵权案件的执法机关应当等待专利复审委员会以及北京市中级、高级人民法院对无效宣告请求作出决定和判决之后，再判断侵权指控是否成立。其理由在于：我国实行的专利制度与有些国家不同，被授予的专利权是否有效只能由专利复审委员会以及北京市中级、高级人民法院作出判断，各地审理专利侵权案件的中级人民法院无权涉及。在相同侵权成立的情况下，如果也允许认定现有技术抗辩成立，则相当于变相地由侵权审理法院直接认定涉案专利权无效。目前，我国诸多中级人民法院和高级人民法院负有审理专利侵权案件的职责，如果这些法院都有权认定专利权是否有效，就会造成执法不统一的现象。❶

另一种观点认为，即使在执法机关认定相同侵权指控成立的情况下，也应当允许被诉侵权人进行现有技术抗辩。其理由在于：从专利法原理出发分析，各国专利法所规定的新颖性和创造性条件是界定专利技术与申请日之前的现有技术的划界标准。国家知识产权局的基本职责之一就是在审批授予专利权过程中按照新颖性和创造性条件进行审查，公正地确定专利权的保护范围，避免对现有技术授予专利权或者将现有技术纳入专利权的保护范围；法院在审理专利侵权纠纷案件中的首要任务，就是公正地确定专利权保护范围，在解释权利要求时避免将现有技术纳入专利权的保护范围。因此，将申请日前的现有技术排除在专利权的保护范围之外是法院的职责，没有任何“越权”之嫌。❷

德国和美国都比较倾向于允许在等同侵权成立情况下进行现有技术抗辩，而在相同侵权成立情况下不允许进行现有技术抗辩。

德国认为，在权利要求的文字所表达的保护范围内，即使该范围全部为现有技术，侵权审理法院也不能否定专利的有效性。换言之，侵权审理法院不得涉及作为专利权核心的权利要求文字记载范围的有效性，只有判断超越权利要求文字语义以外的保护范围是否有效的权限。德国认为，现有技术抗辩只允许在等同侵权范围内适用，不允许在相同侵权范围内适用，其理由在于：不该授予的专利权的存在的确会产生妨碍正常竞争的不良影响，受这种专利的专利权人指控的被诉侵权人有义务为维护公众利益而启动无效程序，如果只是在侵权诉讼中采用现有技术抗辩的方式表达该专利权应当被宣告无效的意旨，虽然被诉侵权人本人可以获得救济，但是不该授予的专利权仍将继续存在，这不利于从根本上解决

❶ 程永顺.对专利侵权如何判断：关于执行《专利侵权判断若干问题的意见（试行）》几个问题的说明［G］//程永顺.专利侵权判定实务.北京：法律出版社，2002：20-21.

❷ 林建军，杨金琪.对已有技术抗辩的探讨［G］//程永顺.专利侵权判定实务.北京：法律出版社，2002：270-271.

问题。[1]

我国专利制度采取了专利侵权纠纷和专利有效性纠纷通过不同法律途径分别独立地予以解决的模式，德国是这种模式的鼻祖，因此德国的上述观点在我国也得到许多人的赞同。笔者也赞成应当鼓励公众，尤其是利害关系人“路见不平一声吼”，仗义执言，为维护公众利益而铲除不该授予的专利权。然而，笔者不赞成基于这种愿望让请求宣告有关专利权无效成为被诉侵权人的一种“义务”，在其未启动无效宣告请求程序的情况下就只能承担对自己不利的法律后果。专利权是国家机关授予的，而不是被诉侵权人所为。当出现不该授予的专利权时，实施现有技术而被指控为侵犯专利权的被诉侵权人是受害者，执法机关理应尽量排除或者减轻被诉侵权人由此而蒙受的损害。正如有学者所质疑的那样：“在已经认识到被告实施的技术属于现有技术的情况下，作为维护公平正义的法院为什么非要蒙着眼睛，判断被告侵权呢?”[2]

美国专利制度采用了由同一法院一并审理专利侵权纠纷和专利权有效性纠纷的做法，这是美国专利制度与德国专利制度的重要区别点之一。由于存在这一区别，尽管美国也存在现有技术抗辩的理论，但是其重要程度远不及该理论在德国的地位，其原因在于：如果被诉侵权人实施的技术方案与某项现有技术相同或者十分接近，同时又被囊括在专利权利要求的文字内容所表达的保护范围之内，构成相同侵权，则举证出该项现有技术就足以导致侵权审理法院认定该专利权无效，被诉侵权人不需要依靠现有技术抗辩来对抗专利侵权指控。正因为如此，美国确立了这样的原则，即现有技术抗辩只有在等同侵权情况下才应当予以考虑，在相同侵权情况下不必予以考虑。[3]但是我们应当认识到，美国采用上述原则并不意味着美国主张在相同侵权成立的情况下，即使被诉侵权人举出证据，证明其实施的技术方案就是申请日之前的一项现有技术，法院也应当视而不见、充耳不闻，硬行判定被诉侵权人承担侵权责任；而是因为美国侵权审理法院有权直接宣告专利权无效，因而能够更为彻底地解决问题，不但可以免除该案被诉侵权人的侵权责任，而且从根本上消除了专利权人日后追究其他人侵犯其专利权责任的可能性。

随着 2008 年修改的《专利法》的施行，上述争议可谓尘埃落定，因为本条明确规定“在专利侵权纠纷中，被诉侵权人有证据证明其实施的技术或者设计属于现有技术或者现有设计的，不构成侵犯专利权”，其中不包含在相同侵权指控成立的情况下不允许进行现有技术抗辩的含义。

人们对在相同侵权成立情况下允许进行公知技术抗辩的最大疑虑在于：一旦认定现有技术抗辩成立，按照 A 等于 B，B 等于 C，则 A 等于 C 的形式逻辑，岂不是意味着由处理或者审理专利侵权纠纷的行政部门或者法院直接认定所涉及的专利权无效？尽管从逻辑上看，在相同侵权成立的情况下认定现有技术抗辩成立存在作这种推理的可能性，他人有可能采用法院认定的事实作为证据提出无效宣告请求；但是依照本条规定，侵权审理法院得

---

[1] 须建楚，张晓都，等.发明与实用新型专利侵权判断标准［G］//国家知识产权局条法司.专利法及专利法实施细则第三次修改专题研究报告.北京：知识产权出版社，2006：1575.

[2] 须建楚，张晓都，等.发明与实用新型专利侵权判断标准［G］//国家知识产权局条法司.专利法及专利法实施细则第三次修改专题研究报告.北京：知识产权出版社，2006：1577.

[3] DONALD S. CHISUM. Chisum on Patents［M］. Volnum 5A, Chaperter 18, 18.04 ［2］［d］［i］［B］.

出的结论仅仅是认定对被诉侵权人的侵权指控不成立，完全不必涉及专利权是否有效的问题。换言之，现有技术抗辩是否成立与涉案专利权是否应当被宣告无效没有直接关联。这样，也就不存在“超越职权”之虞了。另一方面，认定现有技术抗辩成立只是针对某一特定的被控侵权行为而言，其结论只适合于特定的专利侵权纠纷案件；宣告专利权无效是从根本上取消该专利权，视为自始即不存在，其结果将惠及所有公众，因此两者仍然是不同的。

另外应当指出的是，主张现有技术抗辩的人只能通过证明其实施的技术方案属于涉案专利申请日之前的现有技术以摆脱侵权责任。当专利权存在其他瑕疵，例如授权专利的保护主题不属于能够授予专利权的主题、说明书未充分公开要求保护的技术方案、权利要求书没有获得说明书的支持、修改超出原申请文件记载的范围等，不应当被授权时，被诉侵权人均不能通过现有技术抗辩摆脱承担侵犯专利权的民事责任。提出这些问题并质疑专利权有效性的，只能通过启动无效宣告请求程序予以解决。

第六十三条 假冒专利的法律责任

假冒专利的，除依法承担民事责任外，由管理专利工作的部门责令改正并予公告，没收违法所得，可以并处违法所得四倍以下的罚款；没有违法所得的，可以处二十万元以下的罚款；构成犯罪的，依法追究刑事责任。

一、历史沿革

（一）1984年制定《专利法》的有关规定

1984年制定的《专利法》第六十三条规定：

> 假冒他人专利的，依照本法第六十条的规定处理，情节严重的，对直接责任人员比照刑法第一百二十七条的规定追究刑事责任。

1984年制定的《专利法》第六十条规定，对未经专利权人许可，实施其专利的侵权行为，专利权人可以请求专利管理机关进行处理，也可以直接向人民法院起诉；认定侵权行为成立的，执法机关有权责令侵权人停止侵权行为，赔偿损失。这样，“依照本法第六十条的规定处理”就将上述两条规定关联起来，具有如下含义。

第一，表明了假冒他人专利行为的含义。有人认为从“依照本法第六十条的规定处理”可以推导出构成假冒他人专利行为的两个条件：一是该行为构成了侵犯他人专利权的行为；二是行为人通过某种方式使人误认为该行为系专利权人所作行为或者经专利权人许可的行为，例如在其制造的产品上或者其包装上标注专利权人的专利号等。[1]

第二，表明了处理假冒他人专利行为的途径。“依照本法第六十条的规定处理”表明，针对假冒他人专利行为，专利权人既可以请求专利管理机关进行处理，也可以请求法院进行处理。

第三，表明了行为人应当承担的法律责任。依照本法第六十三条的规定，假冒他人专利行为严重程度不同的，应当承担的法律责任有所不同。情节一般的，仅承担第六十条规定的民事侵权责任，即停止行为，赔偿损失；情节严重的，要追究行为人的刑事责任。其理由在于：假冒他人专利行为不仅侵犯了他人的专利权，理应承担侵犯专利权的民事责任，而且还“明火执仗”，打着他人专利的旗号，使公众误以为其产品是专利人制造的专利产品，具有欺骗公众、扰乱市场秩序的社会危害性，仅仅责令其承担民事侵权责任还不足以消除其恶劣影响，形成必要的法律震慑力，需要追究直接责任人员的刑事责任。

当时的《刑法》是1979年7月1日第五届全国人民代表大会第二次会议通过、1980年1月1日起施行的，其中没有直接规定假冒他人专利罪，因此只能规定比照其有关条款追究行为人的刑事责任。当时的《刑法》第一百二十七条规定：

---

[1] 汤宗舜.专利法解说［M］.北京：专利文献出版社，1992：284-285.

> **违反商标管理法规，工商企业假冒其他企业已经注册的商标的，对直接责任人员，处三年以下有期徒刑、拘役或者罚金。**

立法者认为假冒他人专利的行为与假冒他人注册商标的行为有相似性质，因此1984年制定的《专利法》第六十三条规定比照《刑法》第一百二十七条的规定追究假冒他人专利行为的直接责任人的刑事责任。鉴于《刑法》的适用关系重大，随着我国法治建设的不断发展，现在制定的所有法律中已经不再采用“比照”《刑法》的有关规定追究刑事责任的做法。

（二）1992年修改《专利法》的有关规定

施行《专利法》的实践经验表明，1984年制定的《专利法》第六十三条的规定存在不够全面的问题，因为专利领域欺骗公众的虚假行为并非仅仅限于假冒他人专利的行为，还包括无中生有冒充专利的行为，例如有些人根本没有获得专利权，却在其产品上标注专利号或者其他专利标记，致使公众误以为该产品是专利权人或者其被许可人制造并售出的专利产品。

基于上述理由，1992年修改的《专利法》在保留原第六十三条规定的同时，又在该条增加了第二款，规定：

> **将非专利产品冒充专利产品的或者将非专利方法冒充专利方法的，由专利管理机关责令停止冒充行为，公开更正，并处以罚款。**

然而，1992年修改的《专利法》和《专利法实施细则》仍然没有对假冒他人专利行为和冒充专利行为作出定义，人们只能根据法律条文的文字本身来理解其含义。

（三）2000年修改《专利法》的有关规定

尽管1992年修改《专利法》时补充了对冒充专利行为的行政处罚措施，但是修改后的第六十三条有关假冒他人专利行为的规定仍然存在值得探讨的问题。

首先，是否有必要将假冒他人专利的行为限定为首先必须是侵犯他人专利权的行为？

之所以规定假冒他人专利行为情节严重的要承担刑事责任，是因为未经专利权人许可在其产品上标注他人的专利号或者其他专利标记的行为具有欺骗公众的性质，扰乱正常的市场秩序，具有社会危害性，构成了侵犯“公权利”的行为。如果仅仅是侵犯他人专利权的行为，也就是行为客体落入了专利权的保护范围，没有在其产品上标注他人的专利号或者其他专利标记，一般而言只是侵犯他人“私权利”的行为，承担1984年制定的《专利法》第六十条规定的民事侵权责任也就足够了，无须追究其刑事责任。现实中，只要存在未经权利人许可在其产品上标注他人专利号或者其他专利标记的行为，就必然会产生上述社会危害性，与该产品本身是否落入他人专利权的保护范围没有必然关联。在未经专利权人许可而在其产品上标注他人专利号或者其他专利标记的情况下，如果该产品本身并落入他人专利权的保护范围，则有可能是以次充好、以假充真的行为，还有可能是张冠李戴、“挂羊头，卖狗肉”的行为，其社会危害性更甚于同时侵犯了他人专利权的假冒他人专利行为。因此，将假冒他人专利的行为限定为首先必须是侵犯他人专利权的行为不合理，有必要将1984年制定的《专利法》第六十三条规定的假冒他人专利行为与第六十条规定的侵犯专利权行为区分开来，不应混为一谈。

其次，假冒他人专利行为只承担民事侵权责任和刑事责任是否合理？

如上所述，假冒他人专利行为比单纯的侵犯他人专利权行为具有更大的社会危害性。然而，按照1984年制定的《专利法》第六十三条的规定，对于既构成假冒他人专利又构成侵犯他人专利权的行为，情节严重的可以追究行为人的刑事责任，情节不够严重的就只能追究行为人侵犯他人专利权的民事责任，没有体现对假冒他人专利行为这种性质更为恶劣的专利违法行为应有的法律制裁，这不合理；对于仅仅构成假冒他人专利而不构成侵犯他人专利权的行为，由于此时谈不上追究行为人侵犯他人专利权的民事侵权责任，于是情节严重的可以追究行为人的刑事责任，情节不严重的就什么责任也不追究，这更不合理。因此，规定假冒他人专利行为的行为人只承担民事侵权责任和刑事责任有所缺失，应当在两者之间增加一个中间层次，即追究其行政责任，给予必要的行政处罚。

再者，1997年3月14日，第八届全国人民代表大会第五次会议对《刑法》进行了修订，在第二篇“分则”第三章“破坏社会主义市场经济秩序罪”中增加了第七节“侵犯知识产权罪”，其中第二百一十六条规定：

> 假冒他人专利，情节严重的，处三年以下有期徒刑或者拘役，并处或者单处罚金。

这表明，追究假冒他人专利行为的刑事责任在《刑法》中已经有了直接依据，不必再比照假冒商标罪追究其刑事责任了。

基于上述理由，2000年修改《专利法》时将修改前的第六十三条分成两条，即第五十八条、第五十九条，其中第五十八条是关于假冒他人专利行为的规定，其条文是：

> 假冒他人专利的，除依法承担民事责任之外，由管理专利工作的部门责令改正并予公告，没收违法所得，可以并处违法所得三倍以下的罚款，没有违法所得的，可以处五万元以下的罚款；构成犯罪的，依法追究刑事责任。

第五十九条是关于冒充专利行为的规定，其条文是：

> 以非专利产品冒充专利产品、以非专利方法冒充专利方法的，由管理专利工作的部门责令改正并予公告，可以处五万元以下的罚款。

为了便于管理专利工作的部门进行行政处罚，2001年修改的《专利法实施细则》第八十四条和第八十五条分别对假冒他人专利行为和冒充专利行为作了定义。其中，第八十四条的条文是：

> 下列行为属于假冒他人专利的行为：
> （一）未经许可，在其制造或者销售的产品、产品的包装上标注他人的专利号；
> （二）未经许可，在广告或者其他宣传材料上使用他人的专利号，使人将所涉及的技术误认为是他人的专利技术；
> （三）未经许可，在合同中使用他人的专利号，使人将合同所涉及的技术误认为是他人的专利技术；
> （四）伪造或者变造他人的专利证书、专利文件或者专利申请文件。

第八十五条的条文是：

> 下列行为属于以非专利产品冒充专利产品、以非专利方法冒充专利方法的行为：

（一）制造或者销售标有专利标记的非专利产品；

（二）专利权被宣告无效后，继续在制造或者销售的产品上标注专利标记；

（三）在广告或者其他宣传材料中将非专利技术称为专利技术；

（四）在合同中将非专利技术称为专利技术；

（五）伪造或者变造专利证书、专利文件或者专利申请文件。

（四）2008年修改《专利法》的有关规定

2000年修改的《专利法》和2001年修改的《专利法实施细则》关于假冒他人专利行为和冒充专利行为的规定较之修改前的规定有了长足进步，但是仍然存在值得商榷之处，这就是将假冒他人专利行为和冒充专利行为规定为两种不同的专利违法行为，进而规定行为人应当承担的法律责任有所不同是否合理。

假冒他人专利行为和冒充专利行为的共同之处在于都是一种作假行为；两种行为之间的区别在于前者冒用的是他人获得并仍然有效的专利，后者冒用的是实际上并不存在的专利。假冒他人专利和冒充专利行为最常见的表现形式就是在产品或者其包装上标注专利号或者其他专利标记。对假冒他人专利行为来说，一般必须标注专利号，否则就无从认定假冒的是何人的专利，因而也就不能认定为假冒他人专利行为。国家知识产权局现在采用的专利号与专利申请号相同，均由12位阿拉伯数字构成，其中前4位数字表示年号，第5位数字表示专利权的类型（1为发明专利、2为实用新型专利、3为外观设计专利），第6~12位数字表示专利权的序号。由于国家知识产权局每年受理的三种专利申请数量均已达到了6位数，因此即使违法行为人随便杜撰一个专利号，也有很大可能与某人获得的某项专利的专利号相同，从而构成假冒他人专利的行为（尽管其行为的实际客体可能与该项专利保护的发明创造相去甚远）。由此可知，构成假冒他人专利的行为还是构成冒充专利的行为，在有些情况下由偶然因素决定。然而，2000年修改的《专利法》规定对假冒他人专利的行为要没收违法所得，严重的要追究行为人的刑事责任，因此两者的法律责任相差很大。这种差别不尽合理，因为事实上冒充专利行为同样是欺骗公众的行为，其社会危害性常常并不亚于假冒他人专利的行为。

基于上述理由，2000年和2008年两次修改《专利法》时，都有人建议将假冒他人专利行为与冒充专利行为合并称为假冒专利行为，不再予以区分。尽管国家知识产权局2006年上报国务院审议的《〈专利法〉修订草案（送审稿）》以及国务院提交全国人大常委会审议的《〈专利法〉修正案（草案）》均未正式提出该修改建议，而是在审议过程中由全国人大常委会法制工作委员会提出该修改建议，全国人大常委会对修正案草案进行审议的过程中采纳了这一修改建议，将本条修改成现在的条文。

二、假冒专利行为及其法律责任

（一）假冒专利行为

1.《专利法实施细则》对假冒专利行为的定义

由于2008年修改的《专利法》对本条规定进行了调整，因此需要对2001年修改的《专利法实施细则》第八十四条和第八十五条对假冒他人专利行为和冒充专利行为的定义作出相应调整。2010 年修改的《专利法实施细则》第八十四条第一款规定：

下列行为属于专利法第六十三条规定的假冒专利的行为：

（一）在未被授予专利权的产品或者其包装上标注专利标识，专利权被宣告无效后或者终止后继续在产品或者其包装上标注专利标识，或者未经许可在产品或者产品包装上标注他人的专利号；

（二）销售第（一）项所述产品；

（三）在产品说明书等材料中将未被授予专利权的技术或者设计称为专利技术或者专利设计，将专利申请称为专利，或者未经许可使用他人的专利号，使公众将所涉及的技术或者设计误认为是专利技术或者专利设计；

（四）伪造或者变造专利证书、专利文件或者专利申请文件；

（五）其他使公众混淆、将未被授予专利权的技术或者设计误认为是专利技术或者专利设计的行为。

下面对假冒专利行为的几种类型分别进行说明。

（1）在产品上或者产品的包装上标注专利标识导致的假冒专利行为

这种行为包括两种不同的情况：一是产品本身并没有被授予专利权，行为人在该产品或者其包装上标注专利标识；二是他人就某种产品获得了专利权，行为人既不是专利权人也不是该专利权人的被许可人，却在其产品或者产品的包装上标注该专利权的专利号。

无论在哪种情况下，只要发生了上述标注专利标识的行为，就构成了假冒专利的行为，因为该行为本身就具有欺骗公众的性质。在上述第二种情况下，被标注了他人专利号的产品本身是否落入该专利权的保护范围并不重要。

在上述两种情况下，行为人标注专利标识的行为可能发生在产品的制造过程中，也可能发生在产品的销售、流通过程中，对两者不必加以区分。在第一种情况下，所标注的“专利标识”可以是专利号，也可以是其他类型的标记、图形或者话语，例如“本产品系专利产品，严禁仿制”等；在第二种情况下，所标注的一般应当是他人所获得专利权的专利号，否则就没有明确的指向，这一点与判断行为人是否要承担民事责任有关，对此将在下面予以说明。

在产品上或者其包装上标注专利标识是构成假冒专利行为的主要方式，现实中发现的假冒专利行为大多是这种类型的行为。

（2）销售标注了专利标识的产品导致的假冒专利行为

现实中，行为人可能采取“分工合作”的方式，即有的人在产品制造过程中在产品或者其包装上标注专利标识，有的人销售经过标注的产品，两者都构成了违法行为。如果仅仅规定只有在产品或者其包装上标注专利标识的行为才构成假冒专利行为，就会使销售者逃脱其违法责任。现实中，往往很难举证证明何人进行了标注虚假专利标识的行为，容易发现的是销售标注了虚假专利标识的产品的行为。因此，《专利法实施细则》第八十四条第一款写入了第（二）项规定。

（3）在产品说明书等材料中予以说明导致的假冒专利行为

除了在产品或者产品的包装上标注专利标识之外，可能构成假冒专利行为的方式还包括在产品说明书、产品宣传材料、广告中将未被授予专利权的技术或者设计称为专利技术或者专利设计，将专利申请称为专利，或者未经许可使用他人的专利号，使公众将所涉及的技术或者设计误认为是专利技术或者专利设计。

（4）伪造、变造专利证书、专利文件或者专利申请文件构成的假冒专利行为

伪造专利证书、专利文件或者专利申请文件，是指行为人编造国家知识产权局没有颁发过的专利证书、没有公告过的专利文件、没有受理过的专利申请文件；变造专利证书、专利文件或者专利申请文件，是指行为人以篡改方式编造国家知识产权局颁发过的专利证书、公告过的专利文件、受理过的专利申请文件。这些行为都不足以欺骗国家知识产权局，因为国家知识产权局通过查阅其档案就能够轻而易举地识破伪造、变造行为，这些行为的主要目的在于欺骗公众，因此《专利法实施细则》将其列为假冒专利行为的一种，由各地人民政府管理专利工作的部门负责进行查处。

（5）其他假冒专利行为

2001 年修改的《专利法实施细则》第八十四条和第八十五条都没有设置所谓“兜底”条款，因此这两条规定所列出的行为是对假冒他人专利行为和冒充专利行为的穷尽性规定。

根据各地管理专利工作的部门的建议，2010 年修改的《专利法实施细则》第八十四条第一款增加了第（五）项，即“其他使公众混淆，将未被授予专利权的技术或者设计误认为是专利技术或者专利设计的行为”，作为该条第一款的“兜底”条款，以涵盖该条第一款第（一）项至第（四）项有可能未能涵盖的其他假冒专利行为。

2. 《专利法实施细则》规定的例外情况

2010 年修改的《专利法实施细则》第八十四条除了在其第一款中规定假冒专利行为的类型之外，接着在其第二、三款规定了两种例外情况，即：

> **专利权终止前依法在专利产品、依照专利方法直接获得的产品或者其包装上标注专利标识，在专利权终止后许诺销售、销售该产品的，不属于假冒专利行为。**
>
> **销售不知道是假冒专利的产品，并且能够证明该产品合法来源的，由管理专利工作的部门责令停止销售，但免除罚款的处罚。**

《专利法实施细则》第八十四第二款涉及专利权人或者其被许可人许诺销售、销售标注了专利标识的专利产品的行为。《专利法》第十七条第一款明确规定专利权人有权在其专利产品或者该产品的包装上标明专利标识。依照这一规定，专利权人或者其被许可人在专利权有效期内在其专利产品或者依照专利方法直接获得的产品或者其包装上标注专利标识的，显然不应构成假冒专利的行为。现实中，一方面专利标识是通过刻字等方式永久性地标注在产品或者其包装上的，一经标注就较难将其去掉；另一方面制造出来的产品常常不是在短期内就能销售出去的，经过若干年后仍在继续销售是常见的事情，而且一件产品也并非仅仅只能销售一次，批发之后还有零售，售出之后还可能转售。由此而产生的问题在于：专利权人或者其被许可人在专利权终止前在其制造的专利产品上标注专利标识，专利权人自己或者他人在专利权终止之后销售这些带有专利标识的产品，是否构成假冒专利

行为？过去，一些人主张对这一问题的回答应当是肯定的，一些管理专利工作的部门将这样的行为认定为冒充专利行为给予行政处罚，引起了许多专利权人的不满，认为对这样的行为进行处罚是不合理的。2010 年修改《专利法实施细则》时，国务院立法机关采纳了专利权人的意见，在第八十四条中增加了第二款，规定专利权终止前依法在专利产品、依照专利方法直接获得的产品或者其包装上标注专利标识，在专利权终止后销售该产品的，不属于假冒专利行为。

应当注意的是，专利权终止之后继续在产品上或者其包装上标注专利标识的行为不同于在专利权终止之前标注专利标识、专利权终止之后销售被标注产品的行为，前者构成假冒专利行为，要受到行政处罚。

《专利法实施细则》第八十四条第三款的规定与《专利法》第七十条涉及基本上相同的问题，为了避免论述上的重复，请读者参见本书对第七十条的说明。

3. 假冒专利行为与侵犯专利权之间的关系

假冒专利行为与侵犯专利权行为之间的关系涉及两个彼此相关的问题：第一，假冒专利行为是否必须同时构成侵犯专利权行为；第二，侵犯专利权行为是否有可能同时构成假冒专利行为。对这两个问题的回答，对管理专利工作的部门正确依照本条规定开展行政执法工作有重要意义。

前面实际上已经讨论过第一个问题。对该问题的回答有一个演变的过程。从 1985 年 4 月 1 日施行 1984 年制定《专利法》开始，到 2001 年 7 月 1 日施行 2000 年修改的《专利法》为止，对这一问题的回答是肯定的，即认定的假冒他人专利行为必须同时也是侵犯专利权的行为；从 2001 年 7 月 1 日开始，对这一问题的回答变成否定的，即假冒他人专利行为有可能构成侵犯专利权行为，但不必一定也是侵犯专利权的行为。2008 年修改的《专利法》将修改前规定的假冒他人专利行为和冒充专利行为合称为假冒专利行为，从本条条文以及 2010 年修改的《专利法实施细则》第八十四条的规定来看，对这一问题的回答仍然是否定的，没有变化。

关于第二个问题，一直存在不同的意见。过去曾有一种观点认为对该问题的回答应当是肯定的，即未经专利权人许可而实施他人专利的行为也有可能构成假冒专利的行为。在 20 世纪 90 年代，曾经出现过有些地方的公安部门将侵犯专利权行为认定为假冒他人专利行为，因而拘留犯罪嫌疑人的事例。但是，多数人不同意这种观点，认为其结果是不合理地混淆了侵犯私权利的民事侵权行为与侵犯公权利的违法行为之间的界限。

之所以产生上述观点，可能与 1984 年制定《专利法》时比照当时的《刑法》第一百二十七条关于假冒商标罪的规定追究假冒他人专利行为的刑事责任有关。然而，应当注意，在商标法和专利法意义上，诸如“侵权”“假冒”之类的措辞都具有不同的含义。

注册商标最为基本的作用就是区分商品的出处，使消费者能够将一个商家提供的商品与另一个商家提供的商品区分开来。[1]按照《商标法》第五十二条的规定，最有代表性的

---

[1] 黄晖.商标法［M］.北京：法律出版社，2004：2.“商标的作用也在逐渐演变，商标最基本的作用是标示出处。在出处得以保障的情况下，商标权人受到改善质量的压力，客观上商标又具备表示商品内在质量的作用。在质量稳定的情况下，商标权人还可以赋予商标所希望的形象，发挥商标的广告作用，使商标在区别商品之外还可以表彰商标的使用者。”

侵犯注册商标专用权行为就是未经注册商标所有人许可，在同一种商品或者类似的商品上使用与其注册商标相同或者相近似的商标。因此，侵犯注册商标专用权的行为一般都具有欺骗公众的性质。正因为如此，《商标法》第五十三条规定，工商行政管理部门处理时，认定侵权行为成立的，可以责令立即停止侵权行为，没收、销毁侵权商品和专门用于制造侵权商品、伪造注册商标标识的工具，并可处以罚款。这就是说，侵犯注册商标专用权的行为人既要承担民事侵权责任，又要受到行政处罚。《商标法》第五十九条规定，未经商标注册人许可，在同一种商品上使用与注册商标相同的商标，构成犯罪的，除赔偿被侵权人的损失外，依法追究刑事责任。《商标法》和《刑法》将这种侵犯注册商标专用权的行为称为“假冒商标”行为。有学者指出：

> 商标侵权和商标假冒是不同的两个概念，两者的主要区别在于：侵权是在相同或者类似商品上使用与注册商标相同或者相似商标；假冒则是在同一种商品上使用与注册商标相同的商标。因此，所有的假冒都属于侵权，但不是所有的侵权都属于假冒；假冒属于侵权中社会危害性最大的一类，情节严重的要承担刑事责任，假冒以外的侵权只需承担民事和行政责任。❶

在《专利法》中，侵犯专利权的行为是指“未经专利权人许可实施其专利”的行为，其中“实施其专利”的含义由《专利法》第十一条规定。对侵犯专利权的行为，《专利法》第六十条仅仅规定侵权人应当承担停止侵权行为、向专利权人支付损害赔偿的民事侵权责任，没有如同《商标法》那样规定侵权人除此之外还要受到行政处罚，严重的甚至要承担刑事责任。因此，侵犯专利权的法律责任与侵犯注册商标专用权的法律责任显然不同。

这种不同是否导致《专利法》对侵犯专利权行为的制裁不够有力，过于“心慈手软”？不能如此认为，这主要是由于专利权与注册商标专用权的性质不同所致。

专利权最为基本的作用是保护发明创造，而不是如同注册商标专用权那样用于区分商品或者服务的出处。根据《专利法》第一条规定的立法宗旨，专利制度要有利于发明创造的应用，因此对专利权的保护客体来说，国家鼓励公众予以实施应用。实施应用得越多，对国家和社会来说就越是有利，当然实施应用必须以获得专利权人许可为前提。对于注册商标的标识来说，完全不存在需要予以推广应用一说。未经专利权人许可而实施其获得专利保护的发明创造的行为如果没有同时采用或者附具虚假专利标识或者虚假说明，一般说来不具有欺骗、误导公众的性质。例如，一项专利涉及一种用于制造某种产品的新型材料，未经许可而在制造该产品时采用这种材料的行为构成了侵犯该专利权的行为，但是这样的行为一般不会产生欺骗消费者的结果。这是侵犯专利权行为与侵犯注册商标专用权行为的一个重要区别。尽管侵犯专利权的行为多了从整体上看也具有影响一个国家的法制环境、引起国际纠纷、妨碍社会发展进步的不良后果，从这种意义上说也损害了公众和国家的长远利益，但是这与所有商标侵权行为就每一具体事件而言都直接欺骗消费者、损害公众利益的情况相比有很大不同。这是《专利法》对专利侵权行为没有规定行政处罚和刑事责任的主要原因。

---

❶ 黄晖.商标法［M］.北京：法律出版社，2004：218.

结合我国目前侵犯他人专利权的现象还比较突出，诸如“反复侵权”“故意侵权”“群体侵权”之类的恶性侵权行为时有发生的具体国情，为了加大对侵犯专利权行为的法律震慑力，更好地创建尊重知识产权的法律氛围，国家知识产权局2006年12月上报国务院的《〈专利法〉修订草案（送审稿）》建议增加第六十四条，规定：

> 专利行政管理部门处理专利侵权纠纷，认定侵权行为成立，并认定侵权人故意侵权的，除责令侵权人立即停止侵权行为外，可以处十万元以下的罚款。[1]

经审议，国务院和全国人大常委会均未采纳国家知识产权局提出的修改建议。

国家知识产权局在2009年2月27日提交国务院的《〈专利法实施细则〉修订草案（送审稿）》建议规定下属行为构成假冒专利行为：

> 专利权人制造的专利产品投放市场后，未经专利权人许可，故意制造、销售与该专利产品相同的产品，使公众误认为是该专利产品的。

经审议，国务院也未采纳国家知识产权局提出的修改建议。

归纳起来，除非国务院和全国人大常委会在下一次修改《专利法》时作出另外的规定，在现行《专利法》的框架下，不能将侵犯专利权的行为同时认定为假冒专利行为。

（二）假冒他人专利的法律责任

本条规定了假冒他人专利行为的法律责任，包括民事责任、行政责任和刑事责任。

1. 民事责任

根据《专利法实施细则》第八十四条对假冒专利行为的定义，假冒专利行为有可能同时构成侵犯他人民事权利的行为，因而要承担相应的民事侵权责任。

假冒专利行为人在其产品或者其包装上标注他人的专利标识，或者在产品说明书等材料上采用他人所获得专利权的专利号的，即使实际上并没有使用他人的专利技术或者专利设计，也会损害专利权人的声誉，构成了侵犯专利权人的专利标记权的行为。《民法通则》第一百一十八条规定：

> **公民、法人的著作权（版权）、专利权、商标专用权、发现权、发明权和其他科技成果权受到剽窃、篡改、假冒等侵害的，有权要求停止侵害，消除影响，赔偿损失。**

因此，专利权人可以根据上述规定，要求假冒其专利的侵权人承担相应的民事责任。

假冒专利行为人不但在其产品或者其包装上标注他人的专利标识或者在产品说明书等材料上采用他人所获得专利权的专利号，而且也使用了他人的专利技术或者专利设计的，则不但构成侵犯专利权人的专利标记权的行为，还构成了侵犯他人专利权的行为，应当承担《专利法》第六十条规定的民事责任。

对上述行为，本条采用了“除依法承担民事责任外，由管理专利工作的部门……”的表述方式，这表明在假冒专利行为人既要承担民事责任，又要受到行政处罚或者承担刑事

---

[1] 国家知识产权局在《〈专利法〉修改草案（送审稿）》对此修改建议作出的说明中指出：“故意侵犯专利权的行为不仅是侵犯专利权人合法权益的民事侵权行为，而且也是损害正常市场经济秩序、危害公众利益的行政违法行为，建议规定故意侵权者不仅要承担民事侵权责任，也要受到罚款的行政处罚。”

责任时，应当采取优先承担民事责任的立场，首先确保专利权人蒙受的损失得到赔偿，然后再确定没收违法所得、罚款、并处罚金的数额。

2. 行政责任

假冒专利行为以假乱真、以次充好、无中生有，都具有欺骗公众的性质，损害了公众的利益，除了承担民事责任之外，还应当受到行政处罚。本条规定，所述行政处罚包括由管理专利工作的部门责令改正并予以公告，没收违法所得，同时可以并处违法所得 4 倍以下的罚款，没有违法所得的，可以处 20 万元以下的罚款。

在 2000 年修改的《专利法》中，对假冒他人专利行为和冒充专利行为的行政处罚在力度上有较大差别，不尽合理。2008 年修改《专利法》时，本条将修改前规定的两种违法行为合称为“假冒专利”行为，并统一规定行为人应当承担的行政责任。

国家知识产权局 2006 年 12 月上报国务院的《〈专利法〉修改草案（送审稿）》仅仅建议将修改前规定的罚款数额由 5 万元提升为 10 万元。国务院 2008 年 8 月 5 日《关于提请审议〈中华人民共和国专利法修正案（草案）〉的议案》建议进一步加大对假冒他人专利行为的行政处罚力度，在没收违法所得的同时可以并处违法所得 4 倍以下的罚款；没有违法所得的可以处 20 万元以下的罚款。该建议为全国人大常委会所采纳，充分显示了我国立法机关整治专利违法行为的决心。

3. 刑事责任

《刑法》第二百一十六条规定：“假冒他人专利，情节严重的，处三年以下有期徒刑或者拘役，并处或者单处罚金。”

由于 2008 年修改的《专利法》本条不再出现“假冒他人专利”的措辞，因此下一次修改《刑法》时有必要对上述规定作相应调整。在《刑法》修改之前，还只能按照其现行规定追究假冒他人专利行为人的刑事责任。

假冒专利行为是否情节严重，应当由法院根据具体情况予以认定。

《刑法》第二百八十条的规定：

> **伪造、变造、买卖或者盗窃、抢夺、毁灭国家机关的公文、证件、印章的，处三年以下有期徒刑、拘役、管制或者剥夺政治权利，情节严重的，处三年以上十年以下有期徒刑。**

假冒专利行为系伪造、变造专利证书、专利文件或者专利申请文件的，除了依照《刑法》第二百一十六条的规定追究行为人的刑事责任之外，也可以根据上述规定追究行为人的刑事责任。

第六十四条　假冒专利行为的查处

管理专利工作的部门依据已经取得的证据，对涉嫌假冒专利行为进行查处时，可以询问有关当事人，调查与涉嫌违法行为有关的情况；对当事人涉嫌违法行为的场所实施现场检查；查阅、复制与涉嫌违法行为有关的合同、发票、账簿以及其他有关资料；检查与涉嫌违法行为有关的产品，对有证据证明是假冒专利的产品，可以查封或者扣押。

管理专利工作的部门依法行使前款规定的职权时，当事人应当予以协助、配合，不得拒绝、阻挠。

本条是2008年修改《专利法》时增加的条款，为管理专利工作的部门查处假冒专利行为提供了必要的行政执法手段。

按照2010年修改的《专利法实施细则》第八十条的规定，管理专利工作的部门被赋予了处理专利侵权纠纷、查处假冒专利行为、调解专利纠纷的行政执法职能。其中，处理专利侵权纠纷和查处假冒专利行为具有不同的性质：前者是对民事纠纷进行处理，依照《专利法》第六十条的规定，管理专利工作的部门需经专利权人或者利害关系请求才能启动处理程序；后者是对损害公众利益的违法行为进行查处，管理专利工作的部门可以依当事人的请求启动查处程序，也可以根据自己掌握的有关信息依职权主动启动查处程序。

要正确适用《专利法》第六十三条的规定，对假冒专利行为的行为人进行行政处罚，管理专利工作的部门必须查明事实，掌握确凿的证据。2008年修改之前的《专利法》规定了管理专利工作的部门查处假冒他人专利行为和冒充专利行为的职责，却没有赋予其必要的行政执法手段，致使管理专利工作的部门在执法过程中常常遇到较大阻力，甚至遭遇当事人的围攻，影响了专利行政执法工作的有效开展。为规范市场秩序，维护公众权益，保证专利制度的正常运作，2008年修改《专利法》时，借鉴《商标法》相关规定，新增了本条规定。

对照《商标法》第五十五条的表述方式，本条规定的执法手段可以分解为以下职权：

（1）可以询问有关当事人，调查与涉嫌违法行为有关的情况；

（2）对当事人涉嫌违法行为的场所实施现场检查；

（3）查阅、复制与涉嫌违法行为有关的合同、发票、账簿以及其他有关资料；

（4）检查与涉嫌违法行为有关的产品，对有证据证明是假冒专利的产品，可以查封或者扣押。

管理专利工作的部门行使上述职权时，应当按照依法行政的精神，严格遵循《行政处罚法》规定的有关程序。

关于第（4）项职权应当注意两点：第一，按照本条条文，查封或者扣押是在检查与涉嫌违法行为有关的产品过程中可能需要采用的调查取证措施，而不是认定假冒专利行为成立之后采用的行政处罚措施，行政处罚措施只能是《专利法》第六十三条规定的措施；

第二，并非只要有证据证明是构成假冒专利行为的产品，就一定要查封或者扣押，只有在有关产品存在转移的可能性，而且当事人对管理专利工作的部门的调查取证工作采取拒绝、阻挠态度的情况下，才有必要查封或者扣押；当事人积极配合调查，如实承认涉嫌假冒专利产品的数量、价格和来源，对调查笔录签字认可，承诺接受相应处罚的，可以不予查封或者扣押。

应当指出的是，本条规定的行政执法手段仅适用于对假冒专利行为的查处。管理专利工作的部门依照《专利法》第六十条的规定对侵犯专利权的纠纷进行处理的，不能适用本条规定。

第六十五条　侵犯专利权的损失赔偿

侵犯专利权的赔偿数额按照权利人因被侵权所受到的实际损失确定；实际损失难以确定的，可以按照侵权人因侵权所获得的利益确定。权利人的损失或者侵权人获得的利益难以确定的，参照该专利许可使用费的倍数合理确定。赔偿数额还应当包括权利人为制止侵权行为所支付的合理开支。

权利人的损失、侵权人获得的利益和专利许可使用费均难以确定的，人民法院可以根据专利权的类型、侵权行为的性质和情节等因素，确定给予一万元以上一百万元以下的赔偿。

一、概　述

本条涉及侵犯专利权赔偿数额的确定，是2000年修改《专利法》时增加的条款，2008年修改《专利法》时对其作了调整。

损失赔偿是认定侵犯专利权行为成立并给权利人造成损害时，侵权人承担民事责任的两种方式之一。在侵犯有形财产纠纷案件中，赔偿数额一般根据侵权行为使权利人受到的实际损失来确定，也就是根据被侵害财产市场价值的减少数额来确定。在侵犯专利权纠纷案件中，由于专利权的保护客体是无形财产，其市场价值难以确定，侵权行为使权利人受到的损失也难以确定，因此赔偿数额的确定较为困难，需要在《专利法》中明确规定赔偿数额的确定方式，才能既充分保障权利人的利益，又避免导致侵权人承担不合理的责任，并保证执法标准的统一。

1984年制定的《专利法》和1992年修改的《专利法》均没有关于如何确定专利侵权赔偿数额的规定。

2000年修改《专利法》时，在第六十条增加了这一规定。该条规定：

> **侵犯专利权的赔偿数额，按照权利人因被侵权所受到的损失或者侵权人因侵权所获得的利益确定；被侵权人的损失或者侵权人获得的利益难以确定的，参照该专利许可使用费的倍数合理确定。**

2008年修改《专利法》时，对上述规定作了较大调整，修改之处在于：

第一，进一步细化了赔偿数额的确定顺序；

第二，明确将权利人为制止侵权行为所支付的合理开支纳入赔偿数额的范围；

第三，增加了关于“法定赔偿”的规定。

二、确定侵犯专利权赔偿数额的原则

如何确定侵犯他人财产权的赔偿数额，有两种不同的理论，即补偿性原则（也称为“填平原则”）和惩罚性原则。

主张采用补偿性原则的观点认为，侵权赔偿制度的功能在于补救权利人因被侵权所受到的损失，而不在于惩罚侵权人，因此应当采用损失多少赔偿多少的原则。无论侵权人在主观上是故意还是过失，也无论权利人因被侵权所受到的损失是 1 元还是 1 亿元，损失赔偿都应当以权利人受到的实际损失为限。权利人得到的赔偿应当与其受到的实际损失（包括直接损失和间接损失）相当，不能超过其所受损失。多数学者认为，大陆法系国家和我国采用的是这种原则。

主张采用惩罚性原则的观点认为，侵权赔偿制度的功能不仅在于补救权利人因被侵权所受到的损失，同时还在于对侵权人，特别是对故意侵权的侵权人进行惩罚，以达到警示侵权人和其他潜在侵权人的效果。因此，对故意侵权行为而言，赔偿数额除了弥补权利人受到的实际损失外，还应当具有对侵权人进行惩戒的功效，最高可以达到权利人所受到的实际损失的 3 倍。美国、澳大利亚等部分普通法国家实行这种原则。

关于侵犯专利权的赔偿原则，各国受本国一般侵权理论和相应法律制度的影响，相应地采用补偿性原则或者惩罚性原则。按照 TRIPS 第 45 条第 1 款的规定，各成员在知识产权侵权赔偿问题上至少实行补偿性原则（“足以补偿权利持有人由于侵权人侵犯其知识产权所受到的损失”）。

我国对承担侵犯专利权的损失赔偿责任采用的是补偿性原则还是惩罚性原则？多数学者认为从本条第一款的规定来看，我国采用的是补偿性原则。有学者对此持反对意见，指出：

> 修订后的《专利法》第六十条，首次使专利的侵权人在中国可能有所“失”了。按照传统民法理论的“填平原则”，侵权赔偿数额或以权利人“实际损失”为准，或以侵权人侵权收入为准，或以正常状态下的许可使用费为准。这种计算貌似“公平”，实则不仅对权利人不公，而且对老老实实与专利权人缔结许可合同后再实施专利的人也不公。试想，如果我见到别人有了一项有效益的专利，就擅自实施起来，如果被权利人发现了，他要经过“协商”、“调解”、“处理”、“诉讼”等不厌其烦的过程，还不能保证胜诉。即使他胜诉了，我只是把得到的不法收入还给他，我自己作为侵权人倒是“恢复原状”了，没受到任何额外损失。如果权利人抓不到我的把柄，我就算捡着了。于是作为侵权人毫无风险，作为权利人则有开发技术的风险、诉讼中失败的风险，等等，老实的被许可人也有合同谈不成、许可费自认过高等风险。在这种情况下，法律就等于鼓励人们不经过许可就用，被抓着了再说。这样的专利“保护”制度难道不应改变吗？❶

笔者赞同上述学者关于“填平原则”不合理性的分析，认为对故意侵犯专利权的行为应当采用惩罚性原则或者额外给予行政处罚，以有效地维护权利人的正当利益，遏制故意侵权行为。专利权保护客体的无形性使侵犯专利权行为与侵犯有形财产权的行为相比存在重要区别，即侵犯同一有形财产的行为一般是一次性行为，不大可能由同一人进行多次，也不可能由不同人同时进行；但侵犯同一专利权的行为，既可能由同一侵权人在被法院责令停止侵权行为后“重操旧业”，也可能由不同侵权人在互不串通的情况下“不约而同”地同时进行。我国对民事纠纷本来就采取“不告不理”的原则，如果在赔偿损失方面再采用“填平原则”，会导致侵犯专利权行为屡禁不止，使具有良好市场前景和经济效益的专

❶ 郑成思.中国侵权法理论的误区与进步：写在《专利法》再次修订与《著作权法》颁布十周年之际［J］.中国工商管理研究，2001（2）：48.

利技术或者专利设计的权利人疲于应付，丧失对专利制度的信心。从侵权人的主观过错来看，侵犯人身权、财产权的侵权行为包括故意和过失两种类型。从民法的角度出发，这两类行为的行为人在承担民事责任方面没有任何区别，所以民法学者在讨论民事侵权责任时主张不必区分故意侵权行为和过失侵权行为；但是从行政法的角度出发，故意侵犯他人人身权或者财产权的行为不仅是民事侵权行为，也是扰乱社会秩序的行政违法行为，理应受到行政处罚。例如，《治安管理处罚法》第二条规定："扰乱公共秩序，妨害公共安全，侵犯人身权利、财产权利，妨害社会管理，具有社会危害性，依照《刑法》的规定构成犯罪的，依法追究刑事责任；尚不够刑事处罚的，由公安机关依照本法给予治安管理处罚。"该法第九条规定："对于因民间纠纷引起的打架斗殴或者损毁他人财物等违反治安管理行为，情节较轻的，公安机关可以调解处理。经公安机关调解，当事人达成协议的，不予处罚。经调解未达成协议或者达成协议后不履行的，公安机关应当依照本法的规定对违反治安管理行为人给予处罚，并告知当事人可以就民事争议依法向人民法院提起民事诉讼。"这表明，故意侵犯人身权利、财产权利的行为从行政法的角度来看都是行政违法行为，应当受到行政处罚。❶

基于上述理由，国家知识产权局在2006年12月上报国务院的《〈专利法〉修订草案（送审稿）》中建议对故意侵犯专利权行为给予行政处罚。全国人大常委会审议《〈专利法〉修正草案》时，也有委员提出应当在本条规定惩罚性赔偿，主要理由是我国目前侵犯专利权的行为尚比较严重，对侵权行为的法律制裁不够有力，如果不规定惩罚性赔偿，专利权人往往赢了官司赔了钱，得不偿失，形成侵权代价低、维权成本高的不合理现象，不能对侵权行为产生足够的法律震慑作用。然而，这一意见最终未被采纳，其原因与我国民事侵权理论和实践中根深蒂固的补偿理念有关。

三、确定赔偿数额的顺序与方式

在2008年修改《专利法》时，立法机关通过对本条的修改明确了计算侵权赔偿数额的适用顺序，即首先按照权利人受到的实际损失来确定赔偿数额；在权利人的实际损失难以确定的情况下，按照侵权人因侵权获得的利益进行赔偿；如果二者均难以确定，参照该专利许可使用费的倍数合理确定。在前述三种方式均难以确定的情况下，才可以适用法定赔偿。

（一）权利人因被侵权所受到的实际损失

在《专利法》涉及侵犯专利权纠纷的条款中，第六十条、第六十一条、第六十六条、第六十七条和第六十八条对被侵权方的称谓均为"专利权人或者利害关系人"；惟独本条对被侵权方的称谓为"权利人"，而不是"专利权人或者利害关系人"。本条采用不同的称谓是否有什么特别的含义？笔者认为回答应当是否定的。如果是专利权人依法起诉，则该专利权人就是本条所述的"权利人"；如果是利害关系人依法起诉，则该利害关系人就是本条所述的"权利人"。

权利人因被侵权所受到的实际损失是指因侵权行为的存在，权利人实际获得的利润与

---

❶ 《治安管理处罚法》虽然没有明确规定只针对故意的行为，但该法列举的行为都是故意的行为，而不是过失行为。

假定没有侵权行为的情况下能够获得的利润之间的差额。应当注意的是，2000 年修改的《专利法》第六十条规定的是“按照权利人因被侵权所受到的损失”确定赔偿数额；2008 年修改的《专利法》本条将上述规定修改为“按照权利人因被侵权所受到的实际损失确定”。“实际”二字的增加，表明立法者更加强调应当以实事求是的方式确定赔偿数额。

从实践中看，在专利权人已经有专利产品投放市场的情况下，侵权产品的出现往往会使权利人的销售量减少或者销售价格降低，或者会增加权利人的营销成本。尤其在专利产品以及依照专利方法直接获得的产品的市场较为饱和的情况下，一旦在市场上出现侵权产品，要么会使权利人的销量下降，导致权利人能够获得的利润降低；要么迫使权利人采取降价、增加营销成本的方式确保销量，也会导致权利人能够获得的利润降低。在这种情况下，权利人受到的实际损失就是如果没有侵权行为发生，权利人在正常情况下所能获得的利润与在出现侵权情况下实际所获利润之差。以这种方式计算权利人的实际损失，权利人需要证明其销量的减少与侵权行为的出现之间具有因果关系。可以想象，权利人承担这一举证责任通常是一件相当困难的事情。因此，对这种因果关系的举证不应当像有形财产侵权案件那样具体、肯定和明确，而是应当允许具有合理的推断性质。

现实中，当专利产品的市场处于起步阶段或者迅速发展阶段时，往往会出现即使有侵权产品存在，权利人投放市场的专利产品销量非但没有减少反而还不断提高的现象。在这种情况下，如果还固守前面所述的实际损失计算方式，则会得出实际损失为零甚至为负数的荒谬结论。正因为如此，2001 年颁布的《最高人民法院关于审理专利纠纷案件适用法律问题的若干规定》第二十条第二款规定：

> **权利人因被侵权所受到的损失可以根据专利权人的专利产品因侵权所造成销售量减少的总数乘以每件专利产品的合理利润所得之积计算。权利人销售量减少的总数难以确定的，侵权产品在市场上销售的总数乘以每件专利产品的合理利润所得之积可以视为权利人因被侵权所受到的损失。**

应当注意的是，最高人民法院的上述司法解释是依据 2000 年修改的《专利法》第六十条规定而制定的。当时的条文对侵犯专利权的赔偿数额只规定了两个层次的确定顺序，即第一顺序是“按照权利人因被侵权所受到的损失或者侵权人因侵权所获得的利益确定”；在按照第一顺序难以确定赔偿数额的情况下，才考虑第二顺序，即“参照该专利许可使用费的倍数合理确定”。在第一顺序中，“权利人因被侵权所受到的损失”与“侵权人因侵权所获得的利益”是“或者”的并列关系，不分先后顺序，所以可以规定将侵权人获得的利益视为权利人受到的损失。按照 2008 年修改的本条规定，修改前规定的第一顺序被分成了两个顺序，只有当实际损失难以确定的情况下，才能适用新的第二顺序，即根据“侵权人因侵权所获得的利益”确定赔偿数额。因此，现在已经不宜采用将侵权人获得的利益视为权利人受到的实际损失的说法。

（二）侵权人因侵权所获得的利益

侵权人因侵权所获得的利益，是指侵权人实施侵权行为所获得的利润。2001 年颁布的《最高人民法院关于审理专利纠纷案件适用法律问题的若干规定》第二十条第三款规定：

侵权人因侵权所获得的利益可以根据该侵权产品在市场上销售的总数乘以每件侵权产品的合理利润所得之积计算。侵权人因侵权所获得的利益一般按照侵权人的营业利润计算，对于完全以侵权为业的侵权人，可以按照销售利润计算。

在上述司法解释中，出现了“营业利润”和“销售利润”两个概念。这是因为，在现行企业财务制度下，利润的概念涉及销售利润、营业利润和净利润。销售利润是指产品销售收入减去相应的销售成本（包括制造成本和销售费用）、产品销售税金及附加费用后的利润；营业利润是指产品销售利润减去管理、财务等费用后的利润；净利润是指营业利润减去增值税等税收后的利润。由于在一般情况下销售利润大于营业利润，营业利润大于净利润，因此以哪一种利润来确定赔偿数额对当事人的利益有很大影响，需要予以明确。对一般的侵犯专利权行为以营业利润计算赔偿数额，对当事人来说比较公平，也比较符合侵权人因侵权所获得利益的实际情况。但对于以侵权为业的侵权人，则可以按照侵权产品的销售利润确定赔偿数额，以体现对这类侵权行为的惩治力度。[1]

根据本条规定，以侵权人因侵权行为所获得的利益（以下简称“侵权人的非法获利”）来确定赔偿数额，其适用的前提是权利人的实际损失难以确定。具体而言，在以下情况下可以认为权利人的实际损失难以确定：权利人根本没有实施其专利，从而没有专利产品或者依照专利方法直接获得的产品投放市场；专利产品的市场正处于成长期，权利人投放市场的合法产品的销量和售价都没有因为有侵权行为存在而有所降低；市场上存在多个制造或者进口侵权产品的侵权人，或者制造或者进口侵权产品的源头行为与销售、使用等后续行为由不同主体实施，因而难以确定权利人所受到的实际损失是由于哪一个侵权人的行为所导致的情况。

一般情况下，侵权人的非法获利只有在侵权人销售侵权产品的情况下才可能计算出来。因此，对于制造或者进口并销售侵权产品的行为，以及对于购买他人制造或者进口的侵权产品而予以销售的行为，在权利人的实际损失难以计算的情况下，可以根据侵权人的非法获利来确定赔偿数额。但是，对于仅仅制造或者进口侵权产品而尚未销售该侵权产品的行为，或者仅仅使用侵权产品的行为，或者购买侵权产品后进行许诺销售但尚未实际售出的行为，由于侵权人尚未进行实际的销售行为，难以确定其非法获利，因此应当参照该专利许可使用费的合理倍数或者以法定赔偿的方式来确定赔偿数额。

以侵权人的非法获利来确定赔偿数额，实践中必须解决由谁承担举证责任的问题。按照《民事诉讼法》确立的“谁主张、谁举证”的原则，应当由权利人向法院提供侵权人非法获利数额的证据。然而，关于侵权产品的销量以及售价等销售记录和财务记录均保存在侵权人手中，专利权人通常很难获得。我国没有采用美国的做法，即赋予专利权人在诉讼过程中进行“证据发掘”（discovery）的权力，因此专利权人向侵权人索取此类证据在多数情况下会遭到拒绝。即使侵权人不完全拒绝，也常常不会将有关销售记录和财务报表如实完整地提供给专利权人。这就需要专利权人在诉讼程序中按照《民事诉讼法》第六十四条的规定，申请人民法院调查搜集证据。如果在起诉前有证据证明涉嫌侵权人有可能会转移或者销毁有关销售记录、财务报表等证据，可依照《专利法》第六十七条的规定申请法

---

[1] 最高人民法院民事审判第三庭.新专利法司法解释精解［M］.北京：人民法院出版社，2002：51.

院采取诉前证据保全措施。

我国以及德国、日本、韩国等国家将侵权人的非法获利作为确定侵权赔偿数额的基本方式之一或者将其推定为权利人受到的损失。从实践来看，专利产品或者依照专利方法获得的产品绝大多数都是对现有产品或者其零部件的改进，很少是全新的产品。侵权人销售的产品一般是整个产品，而不是该产品零部件。侵权人生产、销售的产品常常含有大量零部件，当其产品诸如是普通家用电器时，有可能其中只有某个零部件是专利产品；当产品是高科技产品时，有可能其中诸多零部件都是专利产品，但分属于不同的专利权人，每一个专利权人只对其中某个或者某些零部件享有专利权。此时，从原理上讲对侵权人的非法获利应当区分其中哪些是由侵犯涉案专利所带来的，哪些是由其他因素带来的，否则就会导致不合理的结论。如何确定针对特定专利的侵权行为在侵权人全部非法获利中占有的比例是一个十分复杂的问题。美国早期的专利法中也曾将侵权人的非法获利作为确定赔偿数额的方式之一，但考虑到这种计算方式带来的问题，美国 1946 年修改其专利法时删除了按照侵权人的非法获利计算赔偿数额的规定。❶

针对上述问题，2009 年颁布的《最高人民法院关于审理侵犯专利权纠纷案件应用法律若干问题的解释》第十六条规定：

> **人民法院依据专利法第六十五条第一款的规定确定侵权人因侵权所获得的利益，应当限于侵权人因侵犯专利权行为所获得的利益；因其他权利所产生的利益，应当合理扣除。**

最高人民法院知识产权庭负责人在回答记者的提问时，对此规定作出了如下解答：

> 针对专利侵权产品中存在多个专利权或者既有专利权又有商标权的实际情况，在侵犯其中一个或者部分专利权的诉讼中，不宜根据该产品的全部利润确定侵权人的获利，而应当限于侵权人因侵犯本案专利权所获得的利益。

依据上述规定，应当合理扣除的似乎仅仅是“因其他权利所产生的利益”，这样规定较为狭窄了一些。例如，侵权人在采用专利技术的同时，增大对其产品进行的广告宣传活动、改善营销策略、强化售后服务等，都有可能提高其获得的利益。因此，将上述表述改为“因其他因素所产生的利益，应当合理扣除”，可能更为全面一些。上述规定中最为重要的表述在于“应当限于侵权人因侵犯专利权行为所获得的利益”，这是该条规定的核心。

（三）参照该专利许可使用费的倍数合理确定

权利人的实际损失和侵权人的非法获利，是确定侵犯专利权赔偿数额的两种基本方式。但在实践中，也会出现这两种方式均难以适用的情况。例如，专利权人没有实施其专利，而侵权人仅仅是制造了侵权产品但尚未销售，或者侵权人的销售记录、财务报表已被销毁或者不完整，或者侵权人经营侵权产品并未获利等。在这些情况下，可以根据本条的规定，参照该专利许可使用费的合理倍数确定。

参照许可费的合理倍数方式确定赔偿数额，其适用条件除了权利人的实际损失和侵权人的非法获利难以确定外，还应当包括专利权人已经就涉案专利权与他人订立了实施该专利的许可合同，有相应的许可使用费标准可以参照。如果专利权人根本没有许可他人实施

---

❶ DONALD S . CHISUM.Chisum on patents［M］.Volume 7, Chapter 20.

其专利，权利人就难以主张以这种方式来确定赔偿数额。此外，对于专利权人提供的作为参照的实施许可合同，如果该合同确定的使用费率畸高或者是起诉后才订立合同的，受案法院应当注意查明该合同的真实性，以防止权利人为获得更高的赔偿数额而伪造有关实施许可合同。受案法院可从合同是否备案、被许可人是否实际制造销售产品并实际支付使用费等方面进行查证。

本条规定中所述的“倍数”，应当以专利许可使用费的数额为基础，考虑专利权的类别、所属行业通常的费率标准、许可的类型（独占许可还是普通许可）、侵权行为的类型（制造、进口、使用、许诺销售、销售）、侵权持续的时间、侵权产品的数量、侵权人可能的获利以及权利人的市场情况等因素，按照公平合理的原则予以确定。有人询问，本条所称“倍数”能不能是专利许可使用费的0.5倍？回答应当是否定的。根据2001年颁布的《最高人民法院关于审理专利纠纷案件适用法律问题的若干规定》第二十一条的规定，本条所称“倍数”应当为专利许可使用费的1至3倍。之所以规定倍数应当至少高于1倍，是因为许可使用费一般低于被许可人实施专利所得的利益。正常的专利实施许可合同通常具有双赢的性质，许可合同的双方都能通过实施专利而获利，不可能约定被许可人将其实施专利所获得的全部收益交给专利权人，否则被许可人同意订立该许可合同就没有任何意义。因此，如果仅仅以1倍的许可使用费作为侵权赔偿数额，则有悖于本条规定的可以以侵权人的非法获利作为赔偿数额的原则，无异于鼓励侵权行为。

有学者认为，本条规定可以参照专利许可使用费的倍数确定侵犯专利权的赔偿数额，体现了惩罚性赔偿的精神。[1]实际上，从2000年修改《专利法》时全国人大常委会审议过程中的考虑因素来看，规定参照专利许可使用费的倍数来确定赔偿数额，其本意并非要突破我国民事侵权理论中关于损失赔偿的补偿性原则，转而对侵权人实行惩罚性原则，而是在于如果仅仅按照专利许可使用费的1倍来确定赔偿数额，则还不足于“填平”专利权人所受到的损失。当然，“倍数”是一个较为灵活的表达方式，本条没有限定其上限，从而给法官根据侵权行为的实际情况，合理地确定赔偿数额留出了一定的自由裁量空间，这有利于更为充分地保护专利权人的合法利益。

（四）法定赔偿或者定额赔偿

法定赔偿又称“定额赔偿”，是指在权利人损失、侵权人非法获利以及专利许可使用费均难以确定的情况下，由法院依据与侵权行为相关的一些因素在法定幅度内酌情确定的赔偿数额。法定赔偿是针对侵犯知识产权行为的特点，借鉴TRIPS规定的“预先确定的赔偿数额”以及一些国家实行的“法定赔偿数额”做法，所采取的一种赔偿数额确定方式，也是我国在知识产权审判实践中已经使用的一种确定损害赔偿数额的方法。

2000年修改《专利法》时，有人就建议将法定赔偿制度写入《专利法》中，但该建议最终没有被采纳。2001年颁布的《最高人民法院关于审理专利纠纷案件适用法律问题的若干规定》第二十一条规定，被侵权人的损失或者侵权人获得的利益难以确定，也没有专利许可使用费可以参照或者专利许可使用费明显不合理的，人民法院可以根据专利权的

---

[1] 郑成思.中国侵权法理论的误区与进步：写在《专利法》再次修订与《著作权法》颁布十周年之际［J］.中国工商管理研究，2001（2）：4-8.“修订后的专利法第六十条，首次使专利的侵权人在中国可能有所‘失’了。”

类别、侵权人侵权的性质和情节等因素，一般在人民币5000元以上30万元以下确定赔偿数额，最多不得超过人民币50万元。这为司法实践中适用法定赔偿提供了依据。2001年10月修改《著作权法》和《商标法》时，在《著作权法》中增加了“权利人的实际损失或者侵权人的违法所得不能确定的，由人民法院根据侵权行为的情节，判决给予50万元以下的赔偿”的规定；在《商标法》中增加了“前款所称侵权人因侵权所得利益，或者被侵权人因被侵权所受损失难以确定的，由人民法院根据侵权行为的情节判决给予50万元以下的赔偿”的规定。2008年修改《专利法》时，全国人大常委会将最高人民法院的上述司法解释纳入本条之中，并将法定赔偿的范围从5000元至50万元提高到1万元至100万元，这是因为专利技术，尤其是高新专利技术常常具有很高的经济价值，50万元的上限不能弥补专利权人因被侵权而蒙受的损失。

依照本条规定，法定赔偿只能是在权利人所受损失、侵权人的非法获利和专利许可使用费均难以确定的情况下适用，是确定赔偿数额的“第四顺序”。法定赔偿的范围是1万元至100万元，有高达100倍的自由裁量幅度，如何正确适用是我国法院面临的重要问题。《专利法》为法定赔偿的适用所规定的酌定因素包括“专利权的类型、侵权行为的性质和情节等因素”。专利权的类型是指该专利权是发明专利、实用新型专利还是外观设计专利；侵权行为的性质主要是指是故意还是过失侵权；侵权行为的情节主要包括侵权行为的类型（制造、销售、许诺销售、进口、使用）、侵权行为的规模（制造、使用、销售、进口专利产品的数量以及使用专利方法的规模）、侵权行为持续的时间等因素。一般而言，侵犯发明专利权的赔偿数额应当高于侵犯实用新型专利权、外观设计专利权的赔偿数额；故意侵权的赔偿数额应当高于过失侵权的赔偿数额；制造、进口侵权产品或者使用侵权方法的赔偿数额应当高于销售侵权产品的赔偿数额；销售侵权产品的赔偿数额应当高于许诺销售、使用侵权产品的赔偿数额。

规定法定赔偿的突出作用，在于对侵权人施加必要的法律震慑力。最高可达100万元的法定赔偿数额可以防止侵权人通过销毁有关证据或者炮制假账等方式以躲避或者减少其应当承担的赔偿数额，迫使侵权人如实交代其非法获利。否则，在侵权人明显有违诚实信用原则的情况下，被法院判处高额的法定赔偿数额就是咎由自取。

（五）为制止侵权行为所支付的合理开支

在任何民事侵权诉讼中，原告都不是无代价的，需要付出相当的人力物力，包括付出调查取证费用或者律师费等开支。侵犯知识产权的诉讼，特别是侵犯专利权的诉讼尤其如此，在美国等国家其诉讼成本高得吓人。对于民事侵权诉讼中被侵权人支付的开支能否作为赔偿的范围，《民法通则》《物权法》《侵权责任法》以及《民事诉讼法》都没有规定。2009年颁布的《最高人民法院关于审理人身损害赔偿案件适用法律若干问题的解释》等有关司法解释中也没有将权利人为制止侵权行为所支付的费用纳入侵权赔偿的范围。因此，如果《专利法》或者相关司法解释没有作出专门规定，法院就不能将制止侵权行为所支付的开支纳入专利侵权赔偿的范围。

考虑到与侵犯有形财产纠纷案件相比，侵犯专利权纠纷案件对侵权行为的调查取证和起诉更为困难，需要付出更高的诉讼成本，2001年颁布的《最高人民法院关于审理专利纠纷案件适用法律问题的若干规定》第二十二条规定：

人民法院根据权利人的请求以及具体案情，可以将权利人因调查、制止侵权所支付的合理费用计算在赔偿数额范围之内。

上述司法解释为司法实践中将制止侵权行为的合理开支纳入赔偿范围提供了依据，被认为是对侵犯知识产权行为采用全面赔偿原则的一个重要举措，有利于更好地维护专利权人的利益。2001 年 10 月修改《著作权法》和《商标法》时，分别在《著作权法》中增加了“赔偿数额还应当包括权利人为制止侵权行为所支付的合理开支”的规定，在《商标法》中增加了“侵犯商标专用权的赔偿数额包括被侵权人为制止侵权行为所支付的合理开支”的规定。TRIPS 第 45 条第 2 款中规定：“司法机关还应当有权责令侵权人向权利持有人支付费用，其中可以包括适当的律师费用。”为了落实 TRIPS 的上述规定，更好地保障专利权人的正当利益，并与《著作权法》《商标法》的相关规定协调一致，2008 年修改《专利法》时吸收了最高人民法院上述司法解释的规定并作适当调整后，在本条第一款最后部分补充规定“赔偿数额还应当包括权利人为制止侵权行为所支付的合理开支”。

一般认为，制止侵权行为所支付的合理开支主要包括两部分，一是调查取证费用，二是合理的诉讼代理费。调查取证费用主要包括符合国家规定标准的交通费、住宿费、公证费、申请证据保全费、误工费等。诉讼代理费一般情况下是律师费。实践中，专利权人在侵权诉讼案件中，除了委托律师之外往往还会委托一名专利代理人作为共同诉讼代理人，有时仅仅委托专利代理人作为诉讼代理人。在此情况下，应当将向专利代理人支付的代理费作为合理的开支纳入赔偿范围。能够纳入赔偿范围的诉讼代理费并不是以权利人实际支付的代理费为基准，而是应当以符合司法行政部门、律师协会或者专利代理人协会制定的指导性标准的代理费为标准，而且一般只应当是其中的一部分，而不是全部。

2008 年修改《专利法》时，国务院提交全国人大常委会审议的《〈专利法〉修改草案》对本条提出的修改方案是将“侵犯专利权的赔偿应当包括权利人为制止侵权行为所支付的合理开支”单独作为一款，放在本条的最后予以规定。全国人大常委会审议后，对国务院建议的条文进行了调整，将这一规定归入本条第一款的最后部分，置于有关法定赔偿的本条第二款之前。该调整表达了这样的含义，即制止侵权行为所支付的合理开支是在以权利人的损失、侵权人的非法获利或者使用费的合理倍数确定赔偿数额的基础上另行附加的赔偿，权利人最终得到的赔偿应当是实际损失、侵权人的非法获利或者使用费的合理倍数之一与合理开支之和；如果本条第一款规定的三种方式均难以采用，法院最终选择以法定赔偿的方式确定赔偿数额，则不能在已经确定的法定赔偿之外另行附加所述合理开支，因为法定赔偿是法院确定的赔偿总额，其中应当已经包含了为制止侵权行为所支付的合理开支。

本条关于合理开支的规定与最高人民法院相关司法解释中的表述有以下区别：第一，本条只提到“制止”，没有将“调查”与“制止”并列写入；第二，本条要求所有侵犯专利权诉讼案件中均将合理开支计算在赔偿范围之内，而相关司法解释却规定必须基于权利人的请求并考虑案件具体情况。笔者认为，考虑到“调查”是“制止”侵权行为的步骤之一，因此调查侵权行为所支付的开支属于本条规定的“制止侵权行为所支付的合理开支”的范围，而不能理解为本条仅仅将“制止侵权行为所支付的合理开支”纳入赔偿范围，而将“调查侵权行为所支付的合理开支”排除在赔偿范围之外。对于是否需要权利人请求以及是否考虑根据案件的具体情况，笔者认为应当依照修改后《专利法》的本条规定，而不再适用 2008 年修改《专利法》之前最高人民法院相关司法解释的规定。

四、与损失赔偿相关的问题

（一）侵犯零部件专利权的赔偿数额的确定

获得专利权的产品必然是一件可以独立生产、销售和使用的产品，不可能是一件产品的不可分割的某一部件。但是，当一件专利产品（以下简称“产品 A”）是另一产品（以下简称“产品 B”）的零部件时，有可能出现这样的情况：在未经专利权人许可的情况下，甲制造产品 A，乙采用甲制造的产品 A 来制造产品 B，丙销售乙制造的产品 B。在这种情况下，会产生两个彼此相关的问题。

第一个问题是：乙和丙的行为构成了何种类型的侵犯专利权行为？

在这种情况下，甲的行为构成了未经许可制造专利产品的侵权行为，这没有什么疑问；乙和丙的行为也构成了侵犯专利权的行为，这也不会有什么疑问；但是乙和丙的行为属于何种类型的侵犯专利权行为，却有可能会产生不同的看法。

为了明确对这一问题的回答，2009 年颁布的《最高人民法院关于审理侵犯专利权纠纷案件应用法律若干问题的解释》第十二条规定：

> **将侵犯发明或者实用新型专利权的产品作为零部件，制造另一产品的，人民法院应当认定属于专利法第十一条规定的使用行为；销售该另一产品的，人民法院应当认定属于专利法第十一条规定的销售行为。**

应当注意的是，上述规定的适用与产品 B 是否受到另一专利权人的有效专利权的保护无关。

第二个问题是：如何确定乙和丙应当承担的赔偿数额？能否以权利人制造并销售产品 B 所获得的利润作为其应得利润，或者以侵权者销售产品 B 的利润作为其非法所得？

为了明确对上述问题的回答，2009 年颁布的《最高人民法院关于审理侵犯专利权纠纷案件应用法律若干问题的解释》第十六条第二款规定：

> **侵犯发明、实用新型专利权的产品系另一产品的零部件的，人民法院应当根据该零部件本身的价值及其在实现成品利润中的作用等因素合理确定赔偿数额。**

上述规定表明，确定丙应当承担的赔偿数额不能以产品 B 的营业利润作为计算的基准，而应当以产品 A 本身的价值及其在产品 B 中的作用等因素来确定。所谓零部件本身的价值，是指产品 A 在市场上的销售价格；所谓零部件在实现成品利润中的作用，是指产品 A 对产品 B 所获得的利润的贡献大小。例如，如果某专利权人就一种更为耐磨并且能够提高汽车行驶稳定性的汽车轮胎获得了专利权，某汽车制造商购得侵权轮胎组装汽车，某汽车经销商销售该汽车，在计算该汽车制造商和汽车经销商应当承担的赔偿数额时，不能以汽车整车的利润作为计算基准，而应当以轮胎本身的价值和该轮胎在实现整车利润中的作用为基准。比如，普通轮胎的售价是 500 元一条，专利轮胎的售价是 550 元一条，装配专利轮胎的汽车的售价是 22 万元，整车利润为 4 万元，考虑到一般情况下轮胎不是汽车购买者决定购买一辆汽车的决定性或者主要因素，则该汽车制造商销售一辆汽车的非法获利就应当既不是 4 万元，也不是（550−500）×4=200 元，而应当是［（550×4）/

220000］×40000=400 元。

（二）侵犯包装物外观设计专利权的赔偿数额的确定

在专利权人就一种用于包装某种产品的包装物外观设计获得专利权的情况下，如果某人未经专利权人许可制造该包装物或者购买他人未经专利权人许可制造的该包装物，用于包装该种产品而且连同被包装的该种产品一并销售的情况下，应当如何计算赔偿数额？对此，存在不同的观点。

为了明确对这一问题的回答，2009 年颁布的《最高人民法院关于审理侵犯专利权纠纷案件应用法律若干问题的解释》第十六条第三款规定：

> **侵犯外观设计专利权的产品为包装物的，人民法院应当按照包装物本身的价值及其在实现被包装产品利润中的作用等因素合理确定赔偿数额。**

根据上述规定，在侵权人将侵权包装物连同被包装的产品一并出售的情况下，计算赔偿数额时不应当以被包装产品的利润作为计算侵权人的侵权所得的基准，而只能以该包装物本身的价值及该包装物在实现被包装产品利润所产生的作用来确定侵权人的侵权所得。例如，专利权人享有一种月饼包装盒的外观设计专利权，侵权人未经专利权人许可制造该月饼包装盒，用于包装月饼一并售出，如果该月饼盒成本为 10 元，市场售价为 20 元，月饼成本为 40 元，市场售价为 60 元，而使用该月饼盒包装等量月饼的售价为 100 元，全部利润就为 50 元，比分开出售的情况下增加了 20 元利润。考虑到月饼盒的外观是否漂亮常常是消费者决定购买的主要因素，因此月饼盒对于所增加的 20 元利润起到了主要作用，因此侵权人的非法获利就应当为 10+20=30 元，而不是 10 元。

应当注意的是，计算侵犯包装物外观设计专利权的赔偿数额，只能建立在行为人需要承担赔偿责任的基础上。因此，对于某些涉及侵犯包装物外观设计权的行为，由于行为人并不需要承担赔偿责任，因此就不存在计算赔偿数额的问题。例如，甲公司未经包装物外观设计专利权人的许可制造该包装物，并销售给乙公司和丙公司。如果乙公司仅仅是流通领域的经营者，直接将该包装物向其他公司或者消费者销售，乙公司的行为构成了销售侵权产品的行为，但如果乙公司能够证明其不知道该包装物是侵权产品，并能够提供该产品的合法来源的，则根据《专利法》第七十条的规定能够免除其赔偿责任，不需要计算侵权赔偿数额。如果丙公司将该包装物用于包装产品一并予以出售，其包装行为属于使用外观设计侵权产品的行为，根据《专利法》第十一条的规定不构成侵犯专利权的行为；其销售行为虽然不是单独销售该包装物，根据《专利法》第十一条的规定认定为侵犯专利权行为可能会有争议，但参照 2009 年颁布的《最高人民法院关于审理侵犯专利权纠纷案件应用法律若干问题的解释》第十二条第二款的规定，即“将侵犯外观设计专利权的产品作为零部件，制造另一产品并销售的，人民法院应当认定属于《专利法》第十一条规定的销售行为，但侵犯外观设计专利权的产品在该另一产品中仅具有技术功能的除外”，用侵权包装物包装产品一并予以售出的行为也构成侵犯包装物外观设计专利权的行为。在此情况下，才需要确定丙公司应当向专利权人支付的赔偿数额。同样，如果丙公司不知道该包装物是侵权产品，且能够提供该产品的合法来源，则根据《专利法》第七十条的规定能够免除其赔偿责任。

第六十六条　侵犯专利权的诉前临时措施

专利权人或者利害关系人有证据证明他人正在实施或者即将实施侵犯专利权的行为，如不及时制止将会使其合法权益受到难以弥补的损害的，可以在起诉前向人民法院申请采取责令停止有关行为的措施。

申请人提出申请时，应当提供担保；不提供担保的，驳回申请。

人民法院应当自接受申请之时起四十八小时内作出裁决；有特殊情况需要延长的，可以延长四十八小时。裁定责令停止有关行为的，应当立即执行。当事人对裁定不服的，可以申请复议一次，复议期间不停止裁定的执行。

申请人自人民法院采取责令停止有关行为的措施之日起十五日内不起诉的，人民法院应当解除该措施。

申请有错误的，申请人应当赔偿被申请人因停止有关行为所遭受的损失。

一、概　述

本条规定的临时措施，是指专利权人或者利害关系人发现有侵犯其专利权的行为发生或者即将发生，为了及时制止侵权行为，在提起诉讼前请求法院采取责令涉嫌侵权的行为人停止有关行为的措施。

如何有效保护知识产权权利人的合法利益，及时制止侵犯其知识产权的行为，是所有各国知识产权制度关注的首要问题之一。就专利而言，专利权人或者利害关系人从发现侵权行为到提起诉讼，再到法院作出责令侵权人停止侵权行为的判决需要较长时间，尤其在法院或者管理专利工作的部门因被诉侵权人提出无效宣告请求而中止审理或者处理的情况下更是如此。当今世界，科学技术和产品设计日新月异，许多受专利保护（尤其是受实用新型或者外观设计专利保护）的发明创造能够占有市场的期间很短，有可能等不到专利侵权诉讼结束就丧失了市场价值。此外，侵权人在诉讼期间也有可能转移或者隐匿财产。如果专利权人在任何情况下都需要等待执法机关作出最终判决，侵权人在此期间可以继续进行其实施专利的行为，就会使专利权人蒙受的损失不断扩大，即使最终作出认定侵权行为成立的判决，专利权人也无从弥补其遭受的损失。考虑到这些因素，为了切实保护知识产权权利人的合法利益，TRIPS 第 50 条（1）对诉前临时措施作了详细规定。

我国《民事诉讼法》没有规定诉前临时措施，只规定了财产保全和证据保全措施。1984 年制定的《专利法》以及 1992 年修改的《专利法》也没有关于诉前临时措施的规定。

2000 年修改《专利法》时，为了有效保护专利权人的利益，为我国加入 WTO 创造有利条件，在《专利法》中增加了第六十一条，对诉前临时措施作了如下规定：

专利权人或者利害关系人有证据证明他人正在实施或者即将实施侵犯其专利权的行为，如不及时制止将会使其合法权益受到难以弥补的损害的，可以在起诉前向人民法院申请采取责令停止有关行为和财产保全的措施。

人民法院处理前款申请，适用《中华人民共和国民事诉讼法》第九十三条至第九十六条和第九十九条的规定。

为了便于各级法院正确贯彻执行上述规定，2001 年颁布了《最高人民法院关于对诉前停止侵犯专利权行为适用法律问题的若干规定》。该司法解释对申请诉前临时措施的主体、受理法院、申请需要提供的文件和证据、申请是否需要提供担保、法院作出裁定的时限、裁定的通知和执行、对裁定不服的救济、申请错误对申请人的赔偿、诉讼中提出先行停止行为的申请等问题作了详细规定。

2008 年修改《专利法》时，将修改前的第六十一条序号改为第六十五条，并对其条文进行了修改，主要修改之处在于：

第一，在第一款中不再提及财产保全。

第二，细化了关于诉前停止有关行为的规定，对提出申请时的担保、法院作出裁定的时限、申请人未按时起诉的后果、申请错误情况下的赔偿等关键问题作出了明确规定，以替代修改前的《专利法》第六十一条第二款关于适用《民事诉讼法》第九十三条至第九十六条和第九十九条规定的说法。

二、申请诉前临时措施的条件和手续

根据 2008 年修改的《专利法》本条规定以及 2001 年颁布的《最高人民法院关于对诉前停止侵犯专利权行为适用法律问题的若干规定》，起诉前申请法院采取责令停止有关行为的措施需要符合下列条件或者履行下列手续。

（一）申请人资格

考虑到诉前临时措施是保护专利权的一种制度，因此诉前临时措施的申请人必须具有提起专利侵权诉讼的资格，即必须是专利权人或者利害关系人。利害关系人包括专利实施许可合同的被许可人、专利财产权利的合法继承人等。在专利实施许可合同的被许可人中，独占实施许可合同的被许可人可以单独提出申请；排他实施许可合同的被许可人在专利权人不申请的情况下可以单独提出申请。

需要注意的是，在单独申请的情况下，专利权人和被许可人的申请资格有先后顺序之分，即专利权人应当优先。最高人民法院的司法解释既未排除专利权人与其被许可人共同提出申请，也未排除专利权人提出申请后追加其被许可人作为共同申请人。专利权人和被许可人分别提出申请的，法院可以对两个申请并案审理，无须分别予以处置。该司法解释没有赋予普通许可合同的被许可人单独申请诉前临时措施的资格，这意味着最高人民法院也否定了普通许可合同的被许可人针对侵犯专利权行为独立提起诉讼的资格，其原因在于该被许可人仅仅得到了普通的专利实施权，普通许可合同不具有排除他人实施专利的性质，不产生制止他人实施专利的法律效力。

（二）管辖法院

最高人民法院规定，诉前临时措施的申请应当向有专利侵权案件管辖权的法院提出，其原因在于：第一，对权利人诉前提出的责令停止有关行为的申请，受案法院必须有能力判断被申请人的行为是否有可能构成侵犯专利权行为，这需要审案法官具有专利侵权审判的专业知识和审判经验，不具有管辖权的法院往往难以胜任；第二，申请人在规定期限内提起专利侵权诉讼的，只能向有专利案件管辖权的人民法院提出，针对同一主体的同一行为，诉前临时措施的申请由一个法院审理，侵权诉讼由另一个法院审理，其结果必然会降低执法效率，同时也难免在二者的衔接上产生问题甚至冲突。

所谓有管辖权的法院包含两方面的含义：一是受案法院应当是有权审判专利侵权案件的法院；二是根据《民事诉讼法》的规定，受案法院应当是侵权行为地或者被告住所地的法院。只有符合这两方面条件的，才是上述司法解释规定的有专利侵权案件管辖权的人民法院。

（三）文件、证据和担保

1. 申请的时间以及应当提交的文件和证据

本条规定，对侵犯专利权的行为，专利权人或者利害关系人可以在起诉前向法院申请采取责令停止有关行为的措施。因此，原则上依据本条提出申请的应当在起诉前提出。但是，实践中不乏权利人在提起侵权诉讼的同时要求法院先行责令被告停止有关行为的情况，甚至在法院审理侵权诉讼案件的过程中才提出这种申请。对此，本条没有明确规定法院是否应当受理这样的申请并作出裁定。2001 年颁布的《最高人民法院关于对诉前停止侵犯专利权行为适用法律问题的若干规定》第十七条规定，专利权人或者利害关系人向人民法院提起专利侵权诉讼，同时提出先行停止侵犯专利权行为的申请的，人民法院可以先行作出裁定。尽管该司法解释只提及允许在提起专利侵权诉讼的同时提出申请，笔者认为这一规定应当包含了也允许在专利侵权诉讼中提出申请的含义。其理由很显然，本条规定专利权人或者利害关系人起诉前可以申请法院采取责令行为人停止有关行为的措施，其目的在于防止在法院作出生效判决之前行为人继续实施侵权行为而使专利权人或者利害关系人受到难以弥补的损害，专利权人或者利害关系人有可能在提起诉讼之前就意识到这一点，也有可能在提起诉讼的同时或者随后才意识到这一点，没有理由限制专利权人或者利害关系人只能在提起诉讼之前或者同时提出采取临时措施的申请。

向法院提出采取临时措施的申请，申请人应当递交书面申请状。申请状应当载明当事人及其基本情况、申请的具体内容、范围和理由等事项。申请的理由应当包括对有关行为如不及时制止会使申请人的合法权益受到难以弥补的损害的具体说明。

申请人应当提交的证据包括两种类型：一类是证明申请人享有权利的证据；一类是证明侵权行为正在实施或者即将实施的证据。

专利权人提出申请的，应当提交证明其专利权真实有效的文件，包括专利证书、权利要求书、说明书、专利年费缴纳凭证。申请涉及 2009 年 10 月 1 日之前申请的实用新型专利的，申请人应当提交国家知识产权局出具的检索报告；涉及 2009 年 10 月 1 日之后申请的实用新型专利或者外观设计专利的，申请人应当提交国家知识产权局出具的专利权评价报告。利害关系人提出申请的，除了提供上述证据之外，还应当提供如下证据：被许可人提出申请的，提交专利实施许可合同的文本；该合同在国家知识产权局备案的，提供备案证明材料，未经备案的，提交专利权人出具的证明文件或者证明其享有权利的其他证据；

排他实施许可合同的被许可人单独提出申请的，应当提交专利权人放弃申请的证明材料；专利财产权利的继承人申请的，应当提交已经继承或者正在继承的证据材料。

证明被申请人正在实施或者即将实施侵犯专利权的行为的证据包括行为的类型、行为的客体，以及专利技术与被控侵权技术之间的分析对比等。

从申请人应当提交的文件和证据材料来看，专利权人或者利害关系人申请法院采取临时措施所需进行的准备工作与提起专利侵权诉讼所需进行的准备工作已经相差无几。

2. 担　保

申请法院采取临时措施申请的应当在申请时提供担保。申请人不提供担保的，法院将驳回申请。

之所以要求申请人提供担保，是因为诉前责令被申请人停止有关行为是关系被申请人切身权益的重大限制性措施。采取这种措施的前提条件或者说法理基础是被申请人的行为已经或者即将构成侵犯专利权的行为，不及时制止就会对申请人的利益造成难以弥补的损害。然而，法院在采取这种措施前还没有对被申请人的行为是否构成侵犯专利权的行为进行全面审理，被申请人也有可能没有获得足够的争辩机会，如果申请人在法院裁定采取停止有关行为的措施后不及时向法院起诉或者起诉后经法院全面审理认定被告的行为不构成侵犯专利权的行为，就会给被申请人的利益带来不合理的损害。应当注意的是，本条所述的“停止有关行为”只可能采取物理意义上的停止方式，即裁定被申请人必须从物理意义上停止其正在进行或者打算进行的制造、使用、许诺销售、销售、进口行为，即使被申请人提出反担保也无济于事，[1]因此这种裁定对被申请人来说通常相当严厉，对其利益有重大影响。为了确保被申请人的利益不至于受到不合理的损害，应当要求申请人提供担保。TRIPS 第 50 条也明确规定：“司法机关应当有权要求申请人提供足以保护被告和防止滥用此种措施的保证金或者相当的担保。”

法院确定担保的数额应当主要考虑以下因素：责令所涉及行为的规模、数量或者范围；被申请人停止有关行为可能受到的损失；停止有关行为期间需要额外支付的人员工资、设备维护费用等。对于不同类型的侵权行为，法院可以从不同角度考虑责令申请人提供担保的数额计算方法。例如，申请人要求被申请人停止销售、进口行为的，应当考虑所涉及产品的销售收入以及合理的仓储、保管费用；申请人要求停止制造、使用行为的，应当考虑一旦申请错误可能给被申请人造成的各项财产损失以及人员工资等合理费用支出。此外，在执行停止有关行为的裁定的过程中，有事实表明被申请人可能因采取该项措施而受到更大损失的，法院可以责令申请人追加担保；申请人不追加担保的，法院应当解除有关停止措施。这是因为从法院作出裁定到作出判决所需的时间较长且事先很难预料，被申请人被裁定停止实施有关行为的时间越长，其受到的损害就会越大，其损失数额随着时间的推移可能会超过申请人已提供的担保数额，一旦法院日后认定被申请人的行为不构成侵犯专利权的行为，申请人一开始提交的担保数额很有可能根本不足以弥补被申请人蒙受的损失，从而使被申请人承担很大风险。

---

[1] 《最高人民法院关于对诉前停止侵犯专利权行为适用法律问题的若干规定》第八条规定：“停止侵犯专利权行为裁定所采取的措施，不因被申请人提出反担保而解除。”

关于担保的形式，最高人民法院的司法解释规定，申请人提供保证、抵押等形式的担保合理、有效的，人民法院应予准予。一般情况下，申请人可以将担保所需数额的金钱存入银行，然后将存单交人民法院收存。除此之外，其他的保证、抵押等形式的担保，只要符合担保法的规定，人民法院应予准予。

应当注意的是，与财产保全制度中因被告提供反担保而解除财产保全措施的做法不同，停止侵犯专利权行为的措施一经裁定就不能因被申请人提出反担保而解除。这是因为：采取财产保全措施的目的在于防止由于当事人一方原因或者其他原因使判决不能执行或者难以执行，被申请人提供反担保就消除了判决不能执行或者难以执行的可能性；诉前停止侵犯专利权行为的措施的目的在于及时有效地制止侵权行为，仅仅因为被申请人提供反担保就不采取责令其停止有关行为的措施，与设置本条规定的初衷不符。

三、诉前临时措施的裁定与执行

（一）法院裁定采取临时措施的条件

根据本条规定，采取诉前临时措施必须具备两个前提条件：一是权利人有证据证明是他人正在实施或者即将实施侵犯专利权的行为；二是如不及时制止前述行为将会使权利人的合法权益受到难以弥补的损害。

所谓正在实施侵权行为，并不是指有关行为已经被依法判定为侵权行为，而是指被申请人正在从事某一行为，例如制造某种产品或者使用某种方法，该种行为在申请人看来已有很大把握认为经落入其专利权的保护范围。所谓难以弥补的损害，是指如果允许涉嫌侵权行为继续发生，仅仅通过赔偿损失的救济方式将不足以使申请人的利益得到充分保障。例如，申请人是一个处于创业阶段的小企业，其发展壮大在很大程度上依赖其专利的实施和保护；而被申请人财大气粗且大量制造侵权产品，如不及时制止将使申请人濒临破产等。

除了本条规定的条件，最高人民法院司法解释中还规定，责令被申请人停止有关行为是否损害社会公共利益也是裁定采取临时措施应当考虑的因素之一。换句话说，如果采取临时措施将损害社会公共利益，则不宜采取这种措施。例如，如果专利产品是一种治疗流行病的药品，而国内正处于该流行病的高发期，申请人生产销售的药品数量不足以满足市场的需要。

2003 年作出的《最高人民法院关于美国伊莱利利公司与常州华生制药有限公司专利侵权纠纷案件指定管辖的通知》指出："特别是在专利侵权案件中，如果被申请人的行为不构成字面侵权，其行为还需要经进一步审理进行比较复杂的技术对比才能作出判定时，不宜裁定采取有关措施"。[1]

（二）法院作出裁定的方式

在 2000 年修改的《专利法》中，本条没有明确法院作出裁定的期限，而是规定适用《民事诉讼法》的有关规定。根据《民事诉讼法》第九十三条的规定，法院接受申请后应

---

[1] 最高人民法院民事判决书，（2003）民三他字第 9 号。

当在 48 小时内作出裁定。因此，从当时规定的字面含义上说，法院必须在接受申请之时48 小时内作出裁定。但是，考虑到侵犯专利权案件往往涉及较为复杂的技术和法律问题，最高人民法院在相关司法解释中规定，法院在前述期限内需要对有关事实进行核对的，可以传唤单方或者双方当事人进行询问，然后再及时作出裁定。这实际上是授权受理申请的法院在特定情况下延长作出裁定的期限。在 2008 年修改的《专利法》中，本条第三款明确规定，法院应当自接受申请之时起 48 小时内作出裁定，有特殊情况的，可以延长 48 小时。这表明，法院作出裁定的最长时限为 96 小时（4 天之内）。

根据最高人民法院司法解释的规定，法院裁定停止侵犯专利权行为的，应当限于专利权人或者利害关系人申请的范围。所谓申请的范围，是指申请人在申请状中指明的要求被申请人停止的行为的范围，例如停止制造行为、停止销售行为、停止使用行为等。

本条并没有对法院作出裁定后是否需要通知当事人以及通知期限的问题作出规定。最高人民法的司法解释规定，法院作出诉前责令被申请人停止有关行为的裁定的，应当及时通知被申请人，最迟不得超过 5 日。

法院裁定被申请人停止有关行为的，应当立即执行。即使被申请人对裁定不服申请复议的，也不停止执行。之所以如此规定，主要是因为作出这种裁定的目的在于避免对申请人造成难以弥补的损害，自然不能因为被申请人有不同意见而暂停。

本条第三款规定，当事人对裁定不服的，可以申请复议一次，但复议期间不停止裁定的执行。然而，该款未对当事人提出复议申请的期限作出规定。最高人民法院的司法解释规定，当事人申请复议的期限为收到裁定之日起 10 日内。

根据最高人民法院司法解释的规定，对当事人提出的复议申请，人民法院应当从以下方面进行审查：

（1）被申请人正在实施或即将实施的行为是否构成侵犯专利权；

（2）不采取有关措施，是否会给申请人合法权益造成难以弥补的损害；

（3）申请人提供担保的情况；

（4）责令被申请人停止有关行为是否损害社会公共利益。

实际上，上述四个方面就是裁定采取停止有关行为措施的条件。

本条第三款明确规定，裁定责令停止有关行为的，应当立即执行。因此，裁定从作出之日起立即生效。但是，由于裁定不是对当事人实体权利义务作出的有约束力的判决，故称为临时措施。既然是“临时”的，就存在一个到何时终止的问题，本条对此未作规定。最高人民法院 2001 年颁布的司法解释第十四条规定：

> 停止侵犯专利权行为裁定的效力，一般应维持到终审法律文书生效时止。人民法院也可以根据案情，确定具体期限；期限届满时，根据当事人的请求仍可作出继续停止有关行为的裁定。

根据上述规定，诉前临时措施的效力一般应维持到生效的法律文书执行时为止，这是一般原则，由设立诉前停止侵权行为制度的目的所决定。但是由于侵犯专利权纠纷案件的案情常常比较复杂，专业技术性很强，审理周期较长，而且在审理中还有可能出现被告请求宣告原告专利权无效的情况，因此最高人民法院司法解释允许法院根据案情规定实施临时措施的具体期限。由于采取停止侵犯专利权行为的临时措施相当严厉，存在较大的风险，如果被申请人的行为最终被认定为未侵犯专利权，申请人有可能要向被申请人支付数额巨大的损失赔偿。考虑到这种可能性，申请人为了不致承担太大的风险，也有可能不希望临时措施的执行时间过长，从而主动提出设定期限的请求。在期限届满时，法院可以根据当事人的请求，考虑是否有必要作出继续采取责令停止有关行为的措施。在专利侵权案件的审理过程中，根据当事人的请求，法院经审理认为采取责令停止有关行为的措施已不必要时，有权解除裁定。例如，原告在专利侵权诉讼过程中认为胜诉无望或者证据不足时，可能主动提出解除采取临时措施的裁定，以免给自己带来更大的损失。

（三）与专利侵权诉讼的衔接

按照本条规定，诉前临时措施是专利权人在未向法院起诉的情况下，为保护其合法权益而申请法院采取的责令被申请人停止涉嫌侵权行为的措施。采取临时措施的裁决是法院在尚未对案件的实质性问题，即被申请人的行为是否确实侵犯了专利权进行实体审理的情况下作出。如果被申请人的行为最终被认定为不构成侵犯专利权的行为，临时措施的采取必然会损害被申请人的合法利益。为了既保障申请人的合法利益也保障被申请人的合法权益，实现二者的平衡，必须要求申请人尽快就侵犯专利权纠纷向法院起诉，以使法院尽快对纠纷的是非曲直作出实体判断。因此本条第四款规定，申请人自人民法院采取责令停止有关行为的措施之日起 15 日内不起诉的，人民法院应当解除该措施。

（四）申请错误的赔偿

为了平衡保护双方当事人的合法利益，本条第五款规定："申请有错误的，申请人应当赔偿被申请人因停止有关行为所遭受的损失。"

由于 2000 年修改的《专利法》未对诉前临时措施申请错误的，申请人是否负有赔偿责任的问题作出明确规定，因此 2001 年颁布的《最高人民法院关于对诉前停止侵犯专利权行为适用法律问题的若干规定》第十三条规定：

> **申请人不起诉或者申请错误造成被申请人损失的，被申请人可以向有管辖权的人民法院起诉请求申请人赔偿，也可以在专利权人或者利害关系人提起的专利权侵权诉讼中提出损害赔偿的请求，人民法院可以一并处理。**

上述规定将"申请人不起诉"和"申请错误"都作为申请人承担赔偿责任的原因，而在 2008 年修改的《专利法》中，本条仅仅提及"申请有错误的"而未提及"不起诉"，这是否表明申请人未在法定期限内起诉的不必承担赔偿被申请人所遭受损失的责任？

在 2008 年修改《专利法》的过程中，国家知识产权局曾建议在本条第五款中明确规定申请人不起诉的也应当承担赔偿责任。全国人大常委会法制工作委员会认为"申请有错误"覆盖的范围更广，既包括申请人在规定期限内提起专利侵权诉讼，经法院审理认定被申请人的行为不构成侵犯专利权行为的情况，也包括申请人不在规定期限起诉的情况。由此可知，对上述问题的回答应当是否定的，即申请人未在法定期限内起诉的当然属于"申请有错误"，理应赔偿被申请人所遭受的损失。

另一个相关的问题是：被申请人的行为最终被法院认定为不侵权的，是否当然被认定为"申请有错误"？

从设立诉前临时措施制度的目的和前提条件来看，在现实发生的专利侵权案件中应该只有少数，甚至可以说是极少数案件才需要利用这种制度。其原因在于这一制度具有类似于“先斩后奏”的性质，既有切实维护专利权人合法利益的一面，也有被专利权人滥用以打击其竞争对手的一面。既然如此，有足够的理由敦促申请采取这种措施的专利权人持充分慎重态度，例如认为最终认定构成侵犯专利权行为的可能性超过90%时才提出申请。申请法院采取本条规定的临时措施的有利之处在于能够干脆利落地禁止被申请人进行有关行为，自然感觉很痛快；然而痛快之余，也该想想有可能要付出的代价，这就是在法院最终认定不构成侵犯专利权行为的情况下承担赔偿被申请人所受损失的责任。从法理上看，权利和责任总是相伴相随，权利越大，责任也就越大。因此，为了防止专利权人或者利害关系人滥用诉前临时措施制度，保障被申请人的合法利益，维护正常的市场竞争秩序，一旦被申请人的行为被生效判决认定为不构成侵犯专利权的行为，就应当认定为“申请有错误”。

对被申请人提出的赔偿请求，通常情况下可以看做独立的诉讼请求，由被申请人向有管辖权的人民法院起诉。鉴于被申请人的损失是因申请人滥用临时措施制度所致，与申请人的行为有密切联系，从有利于查清案情和公正审理的角度出发，应当允许被申请人在专利权人或者利害关系人提起的专利侵权诉讼中提出损害赔偿的反诉请求，由法院并案处理，这有利于及时解决纠纷，减少当事人诉累。

对申请错误造成被申请人损失的赔偿数额问题，应当依照一般民事侵权赔偿责任规则来确定。被申请人因停止有关行为所遭受的直接损失和间接损失，都属于申请人应当赔偿的范围。被申请人停止生产、销售的，除了由停产停业而直接受到的损失之外，往往还会遭受其他损失，例如造成被申请人难以按期履行其与第三方订立的供货合同，第三方必然要求其承担支付赔偿金或者违约金的责任；被申请人在停产停业期间还需要发给其员工工资，这也视为被申请人的额外负担。此时，被申请人有理由要求申请人一并赔偿这些损失。

第六十七条　侵犯专利权的诉前证据保全

为了制止专利侵权行为，在证据可能灭失或者以后难以取得的情况下，专利权人或者利害关系人可以在起诉前向人民法院申请保全证据。

人民法院采取保全措施，可以责令申请人提供担保；申请人不提供担保的，驳回申请。

人民法院应当自接受申请之时起四十八小时内作出裁定；裁定采取保全措施的，应当立即执行。

申请人自人民法院采取保全措施之日起十五日内不起诉的，人民法院应当解除该措施。

一、设立诉前证据保全制度的必要性

本条是2008年修改《专利法》时新增加的条款。

诉前证据保全是指依当事人的申请，法院对有可能灭失或者以后难以取得的证据，在当事人起诉前加以固定和保护的制度。TRIPS第50条第1款规定，司法机关应当有权命令采取迅速而有效的临时措施，以保存与被指控侵权行为有关的证据。

对侵犯专利权行为的临时救济，2000年修改的《专利法》第六十一条规定了诉前采取责令停止有关行为和财产保全的措施，却没有规定诉前采取证据保全的措施。《民事诉讼法》第七十四条规定了起诉后的证据保全措施，但未规定起诉前的证据保全措施。在侵犯专利权纠纷案件中，往往会出现如果不在起诉前采取证据保全措施，证据就有可能灭失或者难以取得的情况。为解决这一问题，2001年颁布的《最高人民法院关于对诉前停止侵犯专利权行为适用法律问题的若干规定》第十六条规定，人民法院执行诉前责令停止侵犯专利权行为的措施时，可以根据当事人的申请，参照《民事诉讼法》第七十四条的规定，同时进行证据保全。

2000年修改《专利法》之后，在对《商标法》和《著作权法》进行修改时，根据TRIPS的上述规定，不仅相应增加了关于诉前采取责令停止有关行为措施和财产保全措施的规定，还增加了诉前采取证据保全措施的规定。鉴于这种情况，为了完善专利诉讼制度，统一知识产权诉讼的有关规定，更为有效地保护专利权人的合法利益，2008年修改《专利法》时借鉴《商标法》和《著作权法》关于诉前证据保全的规定，对侵犯专利权纠纷的诉前证据保全问题作了规定。

诉前证据保全制度对切实保护专利权人的合法利益具有十分重要的意义，其原因在于：

第一，专利权人主张他人侵犯了其专利权的，应当举证证明被诉侵权人进行了何种行为以及该行为的客体落入了其专利权的保护范围；专利权人主张获得损害赔偿的，应当举证证明专利权人由此而遭受的损失或者侵权人由此而获得的利益。能否成功举证，直接关系到专利权人能否获得保护以及能够获得何种程度的保护。专利权的权利客体是无形财产而不是有形财产，这种性质决定了专利权人提供上述证据远比在侵犯有形财产纠纷案件中提供相应证据更为困难。

第二，依照《专利法》第二十六条第三款的规定，专利权人必须对其发明创造作出清楚完整的说明，使所属领域的技术人员能够实施其发明创造。因此，被诉侵权人只需通过阅读国家知识产权局公开的专利文件，就可以了解和掌握被授予专利权的发明创造，进而实施该发明创造，无需与专利权人联系或者接触。换言之，获得专利权的发明创造总是处在明处，而侵权人实施该发明创造的行为总是处在暗处。这种状况决定了专利权人常常难以及时发现其侵权行为。

第三，在我国日益强化和完善对知识产权的保护的环境下，侵犯专利权的人为了逃避承担侵犯专利权的民事责任，总是处心积虑地隐藏或者掩盖事实，略有风吹草动就会转移侵权产品或者专用制造设备，销毁账簿等能够证明其实施规模的证据，从而进一步增大了专利权人进行调查取证的难度。

《专利法》要实现鼓励和保护发明创造、促进创新型国家建设的立法宗旨，就必须为专利权人维护其利益、主张其权利营造必要的环境。2008 年修改《专利法》时增加本条规定是为此而所采取的举措之一。

二、申请诉前证据保全的程序

本条对申请诉前证据保全的担保、法院作出裁定的期限、裁定的执行及法院裁定采取保全措施的情况下申请人起诉的期限等主要问题作了规定。

本条第二款规定“人民法院采取保全措施，可以责令申请人提供担保”。比较《专利法》第六十五与本条的规定，可以看出在申请人是否需要提供担保的问题上，两条的立场显然不同：前者规定必须提供担保，后者规定由法院自由裁量。之所以如此规定，是因为采取诉前责令停止有关行为的措施必然会导致申请人遭受损失，为了便于随后在发现申请错误的情况下赔偿被申请人因停止有关行为所遭受的损失，有必要要求申请人提供担保；采取诉前证据保全措施并不一定导致被申请人遭受损害，没有必要要求申请人一律提供担保。例如，专利权人仅仅在诉讼前申请保全有关广告、合同文本、发票、账册、价值不大的样品等证据的，法院就可以不要求申请人提供担保；专利权人申请保全大型设备（例如大型运输设备）的，如果其结果将导致被申请人因无法正常使用该大型设备而遭受损失，则需要申请人提供相应担保。

关于法院作出裁定的期限，本条作出了明确规定，即接受申请之时起 48 小时。与《专利法》第六十五条规定对诉前停止有关行为的申请作出裁定的期限可以延长 48 小时不同，本条规定的 48 小时期限不能延长。

关于采取诉前证据保全措施后申请人提起诉讼的期限，本条也作出明确规定，即 15 日。申请人未在法院采取诉前证据保全措施后的 15 日内起诉的，作出裁定的法院应当解除该措施。

关于申请诉前证据保全应当提供的材料、法院作出裁定的范围、申请错误的赔偿等问题，《专利法》没有作出具体规定，最高人民法院也没有作专门的司法解释。笔者认为在这些问题原则上可以参照2001年颁布的《最高人民法院关于对诉前停止侵犯专利权行为适用法律问题的若干规定》。例如，关于应当提供的证据材料，申请人一方面要提供其享有专利权或者有权实施专利的证据，另一方面需要提供被诉侵权行为的有关证据可能灭失或者以后难以取得的证据，但不需要提供被诉侵权人进行的实施行为可能构成侵犯专利权行为的证据。

第六十八条 侵犯专利权的诉讼时效

侵犯专利权的诉讼时效为二年，自专利权人或者利害关系人得知或者应当得知侵权行为之日起计算。

发明专利申请公布后至专利权授予前使用该发明未支付适当使用费的，专利权人要求支付使用费的诉讼时效为二年，自专利权人得知或者应当得知他人使用其发明之日起计算，但是，专利权人于专利权授予之日前即已得知或者应当得知的，自专利权授予之日起计算。

一、我国现行法律的有关规定

（一）诉讼时效的性质和意义

《民法通则》第七章对请求保护民事权利的诉讼时效作了总体规定。该法第一百三十五条规定：

> **向人民法院请求保护民事权利的诉讼时效期间为二年，法律另有规定的除外。**

该法第一百三十七条规定：

> **诉讼时效期间从知道或者应当知道权利被侵害时起计算。但是，从权利被侵害之日起超过二十年的，人民法院不予保护。有特殊情况的，人员法院可以延长诉讼时效期间。**

关于诉讼时效的性质，有专家认为《民法通则》规定的诉讼时效属于消灭时效的范畴，因为它从消灭权利的角度出发，规定了权利人行使其权利的可能性以及司法机关应当遵循的原则。❶

建立诉讼时效制度需要明确的首要问题是：民事权利的权利人超过法律规定的诉讼时效期间主张权利，要承担何种对其不利的法律后果。对此，不同国家采取了不同的做法，包括如下类型：❷

一是诉讼时效期间届满，权利人的实体权利本身消灭。此时，权利人无权再接受原义务人的履行，否则将构成不当得利，原义务人可以请求返还。据称日本民法采用了这种做法。

二是诉讼时效期间届满，权利人的实体权利本身仍然存在，但权利人的诉权消灭。此时，义务人援引诉讼时效的规定，司法机关即不受理诉讼。但是，权利人接受义务人的履行并不构成不当得利。据称罗马法上的消灭时效具有这种效果，法国民法典第 2262 条作了类似规定。

三是诉讼时效期间届满，权利人的实体权利本身和诉权均都仍然存在，但义务人可依

---

❶ 陶希晋.中国民法学·民法总则［M］.北京：中国人民公安大学出版社，1990：314.

❷ 陶希晋.中国民法学·民法总则［M］.北京：中国人民公安大学出版社，1990：317.

诉讼时效的规定取得拒绝履行其义务的抗辩权。此时，请求权不是直接、当然地消灭，权利人仍可请求义务人履行，法院不能主动援引诉讼时效的规定，也不能依职权驳回权利人的请求。诉讼时效的利益必须由义务人主张（提出拒绝履行其义务的抗辩），如果他不知有诉讼时效的规定或者不提出抗辩，则视为放弃诉讼时效的利益，法院仍将判其履行义务。据称德国民法典和我国台湾地区采用了这种做法。

四是诉讼时效期间届满，权利人的实体权利本身和诉权均都仍然存在，但权利人的胜诉权消灭。与第三种类型的区别在于无论义务人是否了解诉讼时效的规定，也无论他是否提出诉讼时效抗辩，司法机关均应依职权调查诉讼时效问题。如果权利人的权利和请求应当适用诉讼时效的规定，且诉讼时效期间已经届满，司法机关就应当判决对涉及的权利不予保护。据称前苏联首先实行这种做法，后来为我国和其他前社会主义国家所采纳。

过去，我国法学界普遍认为《民法通则》第七章规定的诉讼时效能够产生使权利人的胜诉权消灭的法律后果。不过，法学界对此也存在不同意见。有学者指出：

> 关于诉讼时效的最终法律后果究竟是消灭胜诉权，还是永久抗辩权的问题，学者近年来提出了不同的意见。按照现在的规定，诉讼时效的法律后果是消灭胜诉权，即诉讼时效期间届满，消灭胜诉权而不是消灭起诉权，使权利人的权利变为自然权利。按照这样的规定，诉讼时效是一种强制性的规定，在诉讼中不待当事人主张，法官依职权即可适用，宣告权利人丧失胜诉权。这样的规定并不符合诉讼时效制度的设立目的。我们认为，这样的结果，实际上是使一个当事人可以依据自己的意志自由行使的权利，变成了法官的权力，变成了国家的意志。这不符合民事权利的本质要求。诉讼时效的本质应当是永久抗辩权。如果一个请求权超过了诉讼时效期间没有行使，当请求人要求行使该权利的时候，义务人有权依据诉讼时效已经超过法定期间作为理由进行抗辩。如果是正当行使抗辩权，那么就可以对抗这个请求权，使请求人的请求无法实现。
>
> 将诉讼时效的性质改为抗辩权，更符合诉讼时效的本质，有利于保护债权人的合法债权，减少恶意逃债行为的发生，维护正常的交易秩序。因此，笔者建议，在制定民法典的时候，应当将诉讼时效的性质规定清楚，对诉讼时效不再保留其职权主义的强制性后果，而改为当事人主义，由当事人来自主行使这种抗辩权。[1]

2008年颁布的《最高人民法院关于审理民事案件适用诉讼时效制度若干问题的规定》（法释［2008］第11号）第三条明确规定：

> **当事人未提出诉讼时效抗辩，人民法院不应对诉讼时效问题进行释明及主动适用诉讼时效的规定进行裁判。**

上述规定表明最高人民法院认为诉讼时效具有抗辩权的性质，应当由当事人提出适用的请求，不能由法院主动予以适用。据此，可以认为我国对诉讼时效制度的性质已经采用了与德国相似的立场。

规定诉讼时效的意义在于：[2]

第一，有利于稳定社会经济秩序。随着时间的推移和经济交往的频繁，新的经济关系会不断出现，它与旧的经济关系的矛盾也会不断出现。诉讼时效制度的作用就在于肯定新

---

[1] 杨立新.侵权法论［M］.3版.北京：人民法院出版社，2005：271-272.

[2] 王遂起.民法通则知识［M］.北京：中国政法大学出版社，1988：91.

秩序，否定旧秩序。所以，诉讼时效制度既不是对权利人不行使权利的惩罚，也不是对义务人不履行义务的鼓励，其根本目的在于尊重既成事实，稳定社会经济秩序。

第二，有利于加速经济流转。诉讼时效制度是一种强制性的规范，按照规定，超过法定期间的，其权利就要“作废”，从而促使权利人及时行使权利，同时也促使义务人及时履行义务。这有利于加速社会经济流转，提高社会物质财富的经济效益，促进经济建设的发展。

第三，有利于及时处理民事案件。法院处理纠纷案件要以事实为依据，以法律为准绳，而一些陈年老账、远年债务，由于证据湮灭，事实往往难以查清，往往会给案件的正确处理带来困难。有了诉讼时效制度，法院便可以摆脱陈年老账的纠缠，对现实生活中发生的财产纠纷作出正确、及时的处理。

有学者将诉讼时效的意义十分简明地归纳为：

（1）保护债务人，避免因时日久远，举证困难，致遭受不利益；

（2）尊重现存秩序，维护法律和平；

（3）权利上之睡眠者，不值得保护；

（4）简化法律关系，减轻法院负担，降低交易成本。❶

（二）《专利法》对侵犯专利权诉讼时效的规定

我国 1984 年制定的《专利法》第六十一条规定：

侵犯专利权的诉讼时效为二年，自专利权人或者利害关系人得知或者应当得知侵权行为之日起计算。

1984 年制定《专利法》时，《民法通则》尚未出台，鉴于当时我国对诉讼时效没有统一的上位法规定，因此有必要在《专利法》中规定侵犯专利权的诉讼时效。这导致《专利法》关于诉讼时效的规定与后来制定的《民法通则》关于诉讼时效的规定相比在个别措辞上存在差异。例如，《民法通则》规定的是“保护民事权利的诉讼时效”，本条规定的是“侵犯专利权的诉讼时效”；《民法通则》规定的是“诉讼时效期间从知道或者应当知道权利被侵害时起计算”；《专利法》规定的是“自专利权人或者利害关系人得知或者应当得知侵权行为之日起计算”。可能我国立法机关认为两者相比没有实质性的区别，因此《民法通则》出台后，1992 年、2000 年、2008 年三次修改《专利法》均未对《专利法》的上述条文措辞进行相应调整。

《专利法》规定的侵犯专利权的诉讼时效属于《民法通则》规定的普通诉讼时效的范畴。《专利法》除了上述规定之外，对诉讼时效并无其他特殊规定。因此，《民法通则》第一百三十七条关于 20 年期间的规定以及在特殊情况下可以延长诉讼时效期间的规定、第一百三十八条关于当事人自愿履行不受诉讼时效限制的规定、第一百三十九条关于诉讼时效中止的规定、第一百四十条关于诉讼时效中断的规定均应适用于侵犯专利权纠纷案件。

2000 年修改《专利法》时，将 1984 年制定、1992 年修改的《专利法》第六十一条的序号改为第六十二条，并增加了第二款的规定：

---

❶ 王泽鉴.民法总则［M］.增订版.北京：中国政法大学出版社，2001：517.

发明专利申请公布后至专利权授予前使用该发明未支付适当使用费的，专利权人要求支付使用费的诉讼时效为二年，自专利权人得知或者应当得知他人使用其发明之日起计算，但是，专利权人于专利权授予之日前即已得知或者应当得知的，自专利权授予之日起计算。

增加上述规定是为了解决现实中存在的一个实际问题。2000 年修改的《专利法》第十三条规定："发明专利申请公布后，申请人可以要求实施其发明的单位或者个人支付适当的费用。"2001 年修改的《专利法实施细则》第七十九条规定：在发明专利申请公布后专利权授予前使用发明而未支付适当费用的纠纷，专利权人请求管理专利工作的部门进行调解，应当在专利权被授予后提出。虽然《专利法实施细则》的上述规定没有涉及专利权人向人民法院起诉的问题，但应当理解为权利人也只有在被授予专利权之后才能就适当使用费的纠纷向人民法院起诉。依照上述规定，在发明专利申请被公布之后、专利权被授予之前，申请人有权要求实施其发明的单位或者个人支付适当使用费，但是如果被要求的单位或者个人拒绝支付，申请人就只有等到被授予发明专利权之后才能向法院起诉或者请求专利行政部门进行调解。但是，由于发明专利的授予要经过实质审查，审查周期较长，对于在授权前使用申请发明而未支付适当使用费的行为，如果按照一般情况以权利人得知或者应当得知实施行为之日起计算诉讼时效，则有可能在两年的诉讼时效期间届满时权利人尚未被授予发明专利权。这将导致权利人不能依法通过诉讼迫使实施其发明的单位或者个人支付适当的使用费，显然不利于有效保护专利权人的合法利益。

依照 2000 年修改的《专利法》第六十二条第二款的规定，发明专利申请公布后至专利权授予前使用该发明未支付适当使用费的，专利权人请求支付适当使用费的诉讼时效期间有两种计算方式：一是从实际得知或者应当得知之日起计算；二是从授予发明专利权之日起计算，两者中以较后届满者为准。这样就克服了 1984 年制定的《专利法》第六十一条规定的不足之处，能够更好地保护专利权申请人和专利权人的合法权益。

2008 年修改《专利法》时将修改前的第六十二条序号改为第六十八条，条文内容没有变化。

对专利权而言，诉讼时效制度稳定经济秩序，维护社会公平正义的作用尤为突出。

《专利法》第一条规定其宗旨是"鼓励发明创造，推动发明创造的应用，提高创新能力，促进科学技术进步和经济社会发展"。由此可知，促进作出发明创造并不是专利制度的惟一和终极目标。有了发明创造却不予应用，"束之高阁"，再好的发明创造也没有意义。从国家和民众的利益出发，从适应激烈的国际科技竞争和经济竞争环境的角度出发，均需要促进专利权保护客体的推广应用，这是专利制度有别于商标制度、版权制度的突出特点。为了尽快提高我国的科技实力和综合国力，国家不但鼓励专利权人自己积极实施其获得专利权的发明创造，也鼓励其他单位或者个人以合法方式积极实施他人获得专利权的发明创造。

按照《专利法》第十一条的规定，任何单位或者个人为生产经营目的实施他人获得专利保护的发明创造，都应当事先获得专利权人的许可，这是专利制度追求实现的一种理想境界。世界上所有国家对其授予的专利权都采取予以公告的做法，公众中的任何人均可方便地予以查阅。因此从理论上说，任何人在进行制造、许诺销售、销售、使用、进口专利产品以及使用专利方法之前，都应当认真查阅经公告的专利文件，以避免侵犯他人的专利权。然而，业内人士知道，要以足够确定的把握判断实施一项技术的行为是否会侵犯他人专利权是一件相当困难的事情。2009 年，我国授予的三种专利权已达 58.2 万件之多，累计授予的专利权超过了 308 万件。在所有的技术领域，尤其是在高新技术领域中，有效专利的“密度”都很高。这种状况导致当一个单位或者个人着手开发研制一种产品时，即使投入大量资源对有效专利进行检索，也难以完全排除以后被指控为侵犯他人专利权的可能性。至于销售、使用他人制造的产品的单位和个人而言，例如大型商场等，要事先调查其销售、使用的所有产品是否会侵犯他人的专利权就更加困难，几乎不可能。这一问题不仅在我国存在，在美国、欧洲、日本等建立专利制度数百年的国家和地区也同样存在，而且随着形势的发展有愈演愈烈的趋势。这是导致美国司法当局近年来对其专利制度采取一系列重大调整举措的重要原因之一。

专利权对我国境内的所有单位和个人均有约束效力，同时又是对“知识”的垄断和占有，因此对公众产生的影响远大于对普通有形财产的占有。既然如前所述侵犯专利权纠纷在所难免，专利制度就必须建立一种机制，使侵犯专利权纠纷能够及时得到解决，使众多从事生产经营活动的单位和个人能够尽早处于一种“安定”状态。《专利法》有关侵犯专利权诉讼时效的规定是这种机制的重要组成部分。按照《专利法》关于诉讼时效的规定，一旦专利权人得知或者应当得知有侵权行为存在，除非有正当理由，应当在两年的诉讼时效期间内主张其权利，否则在被诉侵权人依法提出诉讼时效抗辩时，专利权人的权利主张将不能得到法院的支持。如若不然，任凭专利权人采用“放水养鱼”乃至“欲擒故纵”的策略，多年后才对其早已知道或者早就应当知道的实施其专利技术的行为“算总账”，势必会使为实施某项技术而投入大量人力、物力和资金的单位和个人蒙受巨大损失。这样的结果固然对专利权人有利，但是却损害了社会公众和国家的利益，因为会不合理地增大所有单位和个人实施新技术的法律风险，不利于新技术的推广应用，妨碍国家的经济发展，从根本上违背建立专利制度的初衷。

应当强调指出的是，本条关于侵犯专利权诉讼时效的规定绝非意味着主张姑息甚至纵容侵犯专利权的行为，其意义在于敦促专利权人及时行使其权利，尽早制止侵权行为。这既符合国家和民众的利益，也符合专利权人的利益。《民法通则》第七章关于诉讼时效的规定一方面对权利人行使其权利的行为作了必要限制，另一方面也充分考虑了权利人的利益。这体现在《民法通则》没有规定诉讼时效期间从侵权行为发生之日起就开始计算，因为这对权利人来说不公平；也没有规定诉讼时效期间的“跑表”一经按下在任何情况下都不可停止，考虑到现实中可能出现的情况，专门加入了诉讼时效中止和中断的规定，还授权法院在特殊情况下可以延长诉讼时效期间。如果权利人在知道或者应当知道侵权行为之日起的两年之内，既没有发生因不可抗力或者其他障碍而不能行使请求权的情况，也没有发生因侵权人同意履行义务而导致专利权人误以为侵权行为会停止的情况以及其他需要延长诉讼时效期间的特殊情况，却没有采取任何维权行动，则理应承担对其不利的法律后果，否则将不利于构建和谐稳定的社会。如果专利权人不但在维权方面“无所作为”，而且还作出一些言行，致使实施其专利的人有理由认为专利权人已经认可或者默许其实施行为，随后又出尔反尔提出保护其权利的主张，则构成了一种有悖于诚实信用原则的欺骗行为，理应承担更为严厉的法律后果。《专利法》设立了专利权，并为保护专利权建立了一整套体系，这已经在法律上充分肯定了专利权人的利益。诉讼时效只不过是在充分肯定专利权人利益的同时，从敦促专利权人及时行使其权利的角度出发对其施加了必要的限制，以维护社会公众的利益。

对诉讼时效制度的设计，反映了一个国家在诚实信用建设方面的价值取向。胡锦涛总书记在党的十七大上的报告指出实现社会公平正义是发展中国特色社会主义的重大任务，明确提出：

> **要按照民主法治、公平正义、诚信友爱、充满活力、安定有序、人与自然和谐相处的总要求和共同建设、共同享有的原则，着力解决人民最关心、最直接、最现实的利益问题，努力形成全体人民各尽其能、各得其所而又和谐相处的局面，为发展提供良好社会环境。**

在我国的专利制度中落实《民法通则》和《专利法》关于诉讼时效的规定，对维护社会公平正义、构建和谐社会具有重要意义。为了正确地适用《民法通则》和《专利法》有关诉讼时效的规定，需要我们对现实中存在的问题以及解决这些问题的可能途径进行深入探讨。

二、诉讼时效制度存在的问题

《民法通则》第七章虽然对诉讼时效作了统一的规定，但是较为原则和笼统，在一些重要的原则和具体内容方面均存在不够清晰和不够完善的问题。有学者指出：

> 新中国成立之后，我国颁布的一些民法法规中有时效的规定，但长时间内没有建立完整的时效制度；民法学上则接受了苏联的诉讼时效制度。1986 年，《中华人民共和国民法通则》颁布，正式规定了诉讼时效制度。但它对诉讼时效的适用范围、法律效力、某些具体的时效及其与除斥期间的关系等，尚未作出规定或者规定得不明确，因而有待于进一步研究和修改完善。❶

下面主要结合专利制度，对诉讼时效制度存在的问题进行讨论。

（一）诉讼时效的适用范围

《民法通则》第一百三十五条规定“向人民法院请求保护民事权利的诉讼时效期间为二年，法律另有规定的除外”。对该条规定的含义，有作两种不同理解的可能。

一种理解方式是：保护任何民事权利的任何请求都要受诉讼时效的制约，除非有关法律作了相反的规定。这种理解方式不仅受到法学界的普遍质疑，而且也不符合我国司法机关施行诉讼时效制度的现实状况。

有学者认为：人身权，包括人格权和身份权不能因时效而消灭；在财产权的适用上，诉讼时效也是有例外的，在取得时效和消灭时效制度并行的国家，所有权的取得不适用消灭时效。❷该学者建议，根据建立诉讼时效制度的宗旨和社会主义制度的客观要求，并借鉴国外的经验，我国民法应规定以下四种情况不适用诉讼时效的规定：（1）非金钱性质的保护人身权的请求；（2）形成权，必要时可以规定除斥期间对其行使加以时间限制；（3）全民或者国家财产所有权的保护；（4）个人提取储蓄存款的请求权。

也有学者认为：“依诉讼时效制度的立法目的，诉讼时效仅对请求权适用。请求权以

---

❶ 陶希晋.中国民法学・民法总则［M］.北京：中国人民公安大学出版社，1990：311.

❷ 陶希晋.中国民法学・民法总则［M］.北京：中国人民公安大学出版社，1990：315-316.

外的权利，如所有权、人格权，其性质为支配权，因而不受诉讼时效的限制。但基于所有权和人格权所发生的请求权，则应当适用诉讼时效。”[1]

该学者进一步指出："诉讼时效的客体为请求权，但并不是一切请求权均适用诉讼时效。有一些请求权，依其性质不应适用诉讼时效。”

该学者认为应适用诉讼时效的请求权是：（1）债权请求权，包括基于合同债权的请求权、基于侵权行为的请求权、基于无因管理的请求权、基于不当得利的请求权和其他债权请求权；（2）物权请求权，但仅仅包括其中的返还财产请求权和恢复原状请求权。

该学者认为不应适用诉讼时效的请求权是：（1）物权请求权中的排除妨害请求权、消除危险请求权、所有权确认请求权；（2）侵权行为请求权中的停止侵害请求权、消除危险请求权和消除影响请求权；（3）基于身份关系的请求权中抚养费请求权、赡养费请求权、离婚请求权、解除收养关系请求权；（4）基于财产共有关系的请求权中的分割合伙财产请求权、分割家庭财产请求权；（5）基于相邻关系的请求权中的停止侵害请求权、排除妨害请求权、损害赔偿请求权；（6）基于合伙、联营、合资关系的请求权中的收益分配请求权、股息支付请求权；（7）储蓄关系、债券关系的请求权中的存款和利息支取请求权、债券还本付息请求权。

还有学者指出：

> 《民法通则》规定诉讼时效的一个缺陷，是没有规定诉讼时效的具体范围，因此在司法实践中经常发生争议，使一些不应当适用诉讼时效的法律关系适用了诉讼时效，剥夺了权利人的权利，鼓励了义务人的恶意违法行为。
>
> 我们认为，诉讼时效的适用范围应当是：第一是请求权，而不是一切权利；第二是在请求权中，也不是一切请求权都适用诉讼时效的规制，而只有债权请求权才适用诉讼时效，其他请求权，诸如物权请求权、人格权请求权、身份权请求权、知识产权请求权等，都不适用诉讼时效。[2]

另一种理解方式是：保护民事权利的请求应当适用诉讼时效的，其诉讼时效期间为两年，除非有关法律作了不同的规定。这种理解方式使《民法通则》第一百三十五条的内涵变为仅仅规定普通诉讼时效期间的长短，大大降低了该条规定的法律意义，与《民法通则》作为我国当前民法领域中的基本法律的地位很不相称。

两种理解方式均不能令人感到满意，这表明诉讼时效的适用范围的确是我国民法领域一个亟待解决的问题。

就专利而言，除了侵犯专利权的纠纷之外，涉及专利的纠纷还有很多，包括：专利申请权权属纠纷、专利权权属纠纷、专利申请权或者专利权转让合同纠纷、专利实施许可合同纠纷、职务发明创造发明人或者设计人奖励报酬纠纷、发明人或者设计人资格纠纷、假冒他人专利纠纷、冒充专利纠纷等。当发生这些纠纷时，有关当事人也有相应的请求权。《民法通则》第一百四十一条规定："法律对诉讼时效另有规定的，依照法律规定”，鉴于《专利法》第六十二条仅对侵犯专利权以及支付发明专利使用费的诉讼时效作了规定，对其他专利纠纷的诉讼时效均没有提及，由此是否可以得出结论，认为涉及其他专利纠纷的

---

[1] 梁慧星.民法纵论［M］.北京：法律出版社，1996：243-244.

[2] 杨立新.侵权法论［M］.3 版.北京：人民法院出版社，2005：274.

请求权统统不适用《民法通则》规定的诉讼时效？笔者认为不能得出这样笼统的结论。但是，诸如其中哪些请求权应当适用诉讼时效的规定、应当如何具体予以适用等问题，则不是《专利法》所能一一回答的，还有待于我国民法在总体上予以明确。

需要指出的是《专利法》第四十五条规定："自国务院专利行政部门公告授予专利权之日起，任何单位或者个人认为该专利权的授予不符合本法有关规定的，可以请求专利复审委员会宣告该专利权无效。"依据该条规定，国家知识产权局实际采取的施行方式是：无效宣告请求的请求人不受国籍的限制，任何国家或者地区的任何单位或者个人均有权提出；提出无效宣告请求的时间只有起点的限制而无终点的限制，即使专利权权利终止之后仍然可以提出。由此可知，尽管请求宣告专利权无效也是公众享有的一项权利，但是对主张该权利的请求却不能适用《民法通则》规定的诉讼时效。专利权人不能以请求人从知道或者应当知道某项专利权不符合《专利法》有关规定的证据或者理由之日起超过两年未提出无效宣告请求为理由，主张法院对其随后提出的无效宣告请求适用诉讼时效的规定。

（二）诉讼时效的效力

本条第一款明确规定"侵犯专利权的诉讼时效为二年"。参照我国法学界目前的普遍理解，诉讼时效期间届满，专利权人的权利本身以及诉权均不消灭，而仅仅是针对侵犯其专利权行为的胜诉权消灭。对"胜诉权消灭"的说法，应当理解为超过法律规定的诉讼时效期间，专利权人或者利害关系人针对他人侵犯其专利权的行为获得法律救济的请求将不能获得法院的支持。

《民法通则》第一百一十八条规定：

> **公民、法人的著作权（版权）、专利权、商标专用权、发现权、发明权和其他科技成果权受到剽窃、篡改、假冒等侵害的，有权要求停止侵害、消除影响，赔偿损失。**

然而，根据《专利法》第六十条的规定，未经专利权人许可而实施其专利，即侵犯专利权，引起纠纷的，可以请求法院或者管理专利工作的部门责令侵权人立即停止侵权行为，请求法院责令侵权人赔偿损失。由此可知，专利权人对侵犯其专利权行为所能获得的法律救济仅为停止侵权行为和赔偿损失。

需要重点讨论的问题是：针对侵犯专利权的行为，专利权人提出停止侵权行为和获得损失赔偿的请求是否均应受到诉讼时效的规制？

可以认为，损失赔偿救济是法院认定侵权行为成立之后，责令侵权人对其已经作出的侵害行为（应当包括在起诉之前以及在诉讼期间作出的侵害行为）承担民事侵权责任而采取的救济举措；停止侵权行为是管理专利工作的部门和法院认定侵权行为成立之后，为防止侵权人在法院作出判决之后继续进行侵害行为而采取的救济举措。从性质上看，专利权人要求侵权人支付损害赔偿的请求具有债权请求权的性质；专利权人要求侵权人停止侵权行为的请求具有类似于物权请求权的性质。按照有关学者的前述观点，似乎可以得出对侵犯专利权行为而言，专利权人提出的损害赔偿请求应当适用诉讼时效；而其提出的停止侵权行为请求不应适用诉讼时效的结论。

为了弥补《民法通则》中许多规定过于原则，不便实际施行的缺陷，1988年4月2日颁布了《最高人民法院关于贯彻执行〈民法通则〉若干问题的意见（试行）》，自1987年1

月 1 日起施行，其中第一百六十五条至第一百七十七条是对《民法通则》第七章关于诉讼时效规定的解释。

1990 年颁布了《最高人民法院关于贯彻执行〈民法通则〉若干问题的意见（修改稿）》，但同时注明“本文件非生效文件，仅供参考”。该文件的序言部分指出：“本意见试行已经两年多了，我们根据各级人民法院在审判实践中贯彻执行的经验，作了一些补充和修改，供各级人民法院在民事审判工作中执行”。由此可见，尽管该文件至今仍未生效，但对我国各级人民法院的民事审判工作仍有重要影响。该修改稿第一百九十四条规定：

> 侵权行为是持续发生的，诉讼时效从侵权行为实施终了之日起计算。

上述规定是从《民法通则》第七章有关诉讼时效的各条规定中均难以推导出来的，是对《民法通则》有关规定的实质性补充，大大限制了诉讼时效的适用范围。2008 年颁布的《最高人民法院关于审理民事案件适用诉讼时效制度若干问题的规定》第五条至第九条分别对履行债务、履行合同、撤销合同、返还不当得利、无因管理行为的诉讼时效的时间起点作了规定，但是没有对连续侵权行为的诉讼时效的时间起点作出相应调整。

根据该条规定，就侵犯专利权的行为而言，只要该行为一天不停止，诉讼时效期间就永远不会启动，无论专利权人在其专利有效期间内何时主张其权利，法院都应当支持其获得赔偿损失和停止侵权行为的法律救济的请求。在专利领域，这样的结果在许多情况下无异于取消本条关于诉讼时效的规定。

在专利领域，一项专利技术是“昙花一现”，很快就被更为先进的不同技术所替代，还是能够较为长久地占领市场，使公众和社会长期离不开该技术，正是衡量该项专利技术的水平、价值和重要性的标尺。越是重要的技术、基础性的技术、商业上成功的技术、开辟一个新领域的技术，往往也就越是他人愿意持续实施的技术。这样的技术对国民经济的发展和民众的幸福安康具有更为突出的意义，是需要从国家高度出发予以推广应用的重点。另一方面，作出一项让人“爱不释手”的发明创造，并就此获得专利权，是所有专利申请人梦寐以求的事情，因为这样的专利权能够为他带来更大的经济利益。在这种情况下，有更为充足的理由推定专利权人会在全国范围内密切关注他人实施其专利技术的状况，特别是侵犯其专利权的行为。一个完善的专利制度应当能够敦促专利权人做一个负责任的权利人，及时主张其权利，制止他人侵犯其专利权的行为。对于有重要意义的专利来说，尤其应当如此。如果对他人愿意持续实施的专利从制度上放纵专利权人任意采取“放长线、钓大鱼”的策略，则不仅对长期持续实施其专利技术的单位和个人来说显失公平，对国家和全体民众来说也是不利的。因此，规定对持续发生的侵权行为而言，诉讼时效期间自侵权行为终了之日才开始计算，在专利领域是恰好排除了那些最需要通过诉讼时效对权利人施加必要规制的情况，使之反而不能适用诉讼时效。

有学者指出：

> 此一见解虽然受学术界及司法实务之认同，但是有值得商榷的地方。首先，单一侵权行为，其诉讼时效从知道或者应当知道权利被侵害的时候开始计算，权利人如有疏忽、懈怠，超过时效期间，法院将不再运用公权力强制加害人承担赔偿责任；而对于连续侵权行为，却适用另外的标准，时效从侵权行为结束时开始计算，这无异于纵容权利人不受诉讼时效的拘束。这岂不与尊重现存秩序，维护社会交易安全，简化法律关系，避免造成诉讼上举证之困

难的诉讼时效立法精神相违背？再者，受害人在已知他人长期连续侵害其权利时，仍然不请求损害赔偿，或已知他人长期连续侵害其权利而不加以排除，除了解释为权利人让自己的权利睡觉，因而不宜以法律长期保护之外，或许还可以解释为权利人有恶意之贪念，故意让损害扩大，以增加损害赔偿的请求规模。这种情形在商标权和专利权的侵权案件中，时有所见。因此，不管是基于对诉讼时效立法精神之维护，或是对权利人恶意贪念之遏制，这种见解均不恰当。❶

2000年修改《专利法》之后，2001年颁布的《最高人民法院关于审理专利纠纷案件适用法律问题的若干规定》第二十三条规定：

侵犯专利权的诉讼时效为二年，自专利权人或者利害关系人知道或者应当知道侵权行为之日起计算。权利人超过二年起诉的，如果侵权行为在起诉时仍在继续，在该项专利权有效期内，人民法院应当判决被告停止侵权行为，侵权损害赔偿数额应当自权利人向人民法院起诉之日起向前推算二年计算。

上述规定表明：首先，就责令停止侵权行为的请求而言，即使专利权人超过诉讼时效期间起诉，只要侵权行为在起诉时仍在进行，法院就应当判决被诉侵权人停止侵权行为。考虑到侵权人在专利权人起诉前已经自行停止侵权行为的，专利权人实际上已经没有提出该项请求的必要，因此该规定实际上意味着停止侵犯专利权行为的请求不适用诉讼时效的规定；其次，就获得损失赔偿的请求而言，超过诉讼时效期间向法院起诉的专利权人虽然不能针对起诉前的全部侵权行为获得损失赔偿，但只要侵权行为在起诉时仍在继续，则不论超过诉讼时效期间多长时间，也不论是否存在妨碍专利权人行使权利的障碍或者特殊情况，专利权人仍然可以针对侵权人在起诉之日前两年内进行的侵权行为获得损失赔偿，这使得诉讼时效对赔偿损失请求权的规制作用也大为削弱。由此可见，尽管该司法解释与《最高人民法院关于贯彻执行〈民法通则〉若干问题的意见（修改稿）》第一百九十四条的规定相比有所不同，但实际结果仍然是基本相同的。值得注意的是，与“侵权行为是持续发生的”的前提条件相比，“侵权行为在起诉时仍在继续”的前提条件更为宽泛，它包括侵权行为并非持续发生，中间有停顿，侵权人在专利权人起诉之前又予以恢复的情况。

对最高人民法院的上述司法解释，学术界存在不同观点。

有学者对诉讼时效期间已经届满，专利侵权行为仍在继续进行，应当如何适用诉讼时效规定的问题进行了讨论，指出实践中有三种不同的看法：一是侵权人应当停止侵权行为，并赔偿损失或者赔偿部分损失；二是侵权人应当停止侵权行为，但不赔偿损失；三是侵权人不停止侵权行为，也不赔偿损失。该学者认为其中第三种观点是正确的，其理由在于：

第一，无论侵权行为的发生是一个时间点（侵权一次或一段时间后便自行终止），还是一个延续的过程（延续很长时间），对诉讼时效规定的适用都是一样的，即从专利权人或者利害关系人得知或者应当得知侵权行为发生之日起两年。过了这个时效期间，专利权人就侵权行为起诉，就不可能再得到法律的保护。

第二，法律上规定诉讼时效，其目的就是要使已经发生的事实能处于相对稳定的状态，而不是总处于不稳定的状态。侵权行为的发生有的是出于故意，有的是出于过失。对于故意

---

❶ 朱江村.论连续侵权损害赔偿诉讼时效之问题［J］.重庆工学院学报，2007（1）.

侵权行为人而言，过了诉讼时效，专利权人不追究其侵权责任，侵权行为人可能认为专利权人已经默许其实施或已经放弃专利权；对于非故意的侵权行为人而言，在应当得知而实际不知道侵权的情况下，侵权行为人已经实施多年，此时，如果再允许专利权人禁止其实施，对侵权行为人来讲是极不公平的，也不利于社会经济活动的稳定。侵权人实施侵权行为固然不对，但专利权人在诉讼时效内不予追究，实际上等于放弃权利，是对侵权行为的一种默认。正所谓"有权不用，过期作废"。

第三，驳回专利权人的诉讼请求，就等于专利权人允许侵权行为人无偿适用。当然，专利权人对任何未超过诉讼时效的第三方仍有权起诉，请求其停止侵权，并赔偿损失。❶

还有学者指出：

专利法所述的"侵犯专利权的诉讼时效"，应当理解为并非仅指请求赔偿损失而言，同时也包括请求停止侵权行为和提出因侵权而产生的其他要求在内。

然而，最高人民法院规定："专利权人超过二年起诉的，如果侵权行为在起诉时仍在继续，在该项专利权有效期内，人民法院应当判决被诉侵权人停止侵权行为，侵权损害赔偿数额应当自权利人向人民法院起诉之日起向前推算二年计算。"根据一般人对诉讼时效制度的理解，这个规定确实令人困惑不解。根据这个规定，诉讼时效好像没有什么效力，即使在诉讼时效期间超过以后，权利人在专利权有效期内的任何时候仍可以随时起诉，既可以请求停止侵权行为，又可以请求赔偿损失，并且人民法院都应支持其请求。时效的效力好像仅仅是将赔偿的数额限定为自起诉起向前推算二年。这与德国做法不同，也与日本的做法有异。专利权人得到了无限的保护。也许有的人认为这是在专利权的有效期内，只要侵权行为仍在继续，就应当允许其起诉，并予以保护，否则对专利权人是不公平的。但是，专利权人或者利害关系人在知道有侵权行为并且知道侵权人的身份之日起的两年中，他为什么不起诉呢？他为什么甚至也没有提出什么要求来中断时效的进行呢？法律对于他懈怠行使他的权利达到这种地步还给予保护，就难以令人理解。这不仅仅涉及个别侵权人的权益问题，而且也涉及大批人（侵权产品的批发商、零售商、使用人等）的利益问题。法律对这大批人也需要公平对待。专利权人的利益是需要保护的，但是应当适度。专利权不是绝对的，不应使社会公众受到过分的拘束。法律应当在专利权人的利益与和社会公众的利益之间保持适当的平衡。两年期间是法律规定的平衡点。过了两年仍给予保护，就是不适度了。诉讼时效制度是关系到公共利益的制度，不能偏重专利权人的利益而忽略了公众的利益。❷

最高人民法院的司法解释似乎隐含了这样一种分析思路，即：在适用诉讼时效的规定时，应当将侵权人每天进行的侵权行为看做一个独立的事件，分别独立地进行判断，看看是否超过了法律规定的诉讼时效期间；对其中某一事件的判断结论，不影响对其他事件的判断结论；对持续进行的侵权行为的判断结论，是对各个事件的判断结论的叠加。按照这样的思路，对于侵权人在起诉之日前两年内进行的侵权行为而言，即使专利权人从该期间的第一天起就已经得知或者应当得知该侵权行为存在，也没有超过法律规定的诉讼时效期间，专利权人应当有权针对该侵权行为获得损失赔偿救济，由此得出了诉讼时效对损害赔偿救济产生的限制作用仅仅限于起诉之日起两年前发生的侵权行为的结论；对于侵权人在法院作出认定侵权指控成立的判决之后有可能继续进行的侵权行为而言，这是尚未进行的

---

❶ 程永顺.专利诉讼［M］.北京：专利文献出版社，1993：139-140.

❷ 汤宗舜.专利法解说［M］.修订版.北京：知识产权出版社，2002：367-368.

侵权行为，专利权人不可能知道也不可能应当知道，从专利权人起诉的那一时刻来看谈不上超过诉讼时效的问题，由此可以得出专利权人获得停止侵权行为的救济永远不受诉讼时效规制的结论。

这种思路是否符合《民法通则》有关诉讼时效规定的立法本意值得商榷。适用诉讼时效的着眼点不在于侵权人的主观因素，例如是故意侵权还是过失侵权；也不在于侵权行为的行为特点，例如是持续侵权还是一时侵权；而是在于权利人在他知道或者应当知道侵权行为之后在规定期间内对维护其权利所持的态度和所采取的行动。诉讼时效强调的正是权利人过去的态度和行动对其以后的维权主张所产生的影响和限制作用，应当将其关联起来看待而不是孤立地分别予以看待。

（三）其他问题

1. 关于20年期限的性质

《民法通则》第一百三十七条规定："诉讼时效期间从知道或者应当知道权利被侵害时起计算。但是，从权利被侵害之日起超过二十年的，人民法院不予保护。"

关于该条所述20年期限的性质，学术界有不同的理解。

有学者认为20年期限具有诉讼时效期间的性质，认为它与1年的短期诉讼时效和2年的普通诉讼时效并存，属于对诉讼时效的"双重设置"：

> 《民法通则》对于同样的适用范围同时规定2年的时效期间和20年的时效期间，属于双重时效期间规定。其重要意义在于：凡权利人知道或应当知道权利被侵害的，即应适用2年的普通时效期间，期间进行中可因法定事由发生中止、中断，但无论如何不得超过从权利被侵害时起的20年。这种情形，20年的最长时效期间，为对2年普通时效期间因中止、中断而延长的限制。如权利人不知道或不应当知道权利被侵害的，则应当适用20年的最长时效期间，从权利被侵害时起算超过20年的，即丧失诉权；即使在20年后权利人知道权利被侵害的，亦不得依2年普通时效期间向法院起诉。这种情形，20年时效期间应属于对2年的普通时效期间的补充，因为在权利人不应当知道权利被侵害的情形，2年的普通时效期间并未开始计算。❶

有学者认为20年期限具有除斥期间的性质：

> 对这种20年期间的性质，民法界是有争议的。一种意见认为，这是一种最长诉讼时效，属于特别诉讼时效的范畴。另一种意见则认为它是一种除斥期间。我们认为，从该条的表述上看，虽似乎可以将这一期间理解为诉讼时效，但从条文的精神实质上理解，还是认为后一种意见较为正确。❷

还有学者认为20年期限是权利的最长保护期限：

> 权利最长保护期限，是指从权利被侵害之日起受法院保护的最长期限。我国《民法通则》

❶ 梁慧星.民法纵论［M］.北京：法律出版社，1996：244.

❷ 陶希晋.中国民法学·民法总则［M］.北京：中国人民公安大学出版社，1990：321.

第一百三十七条规定，从权利被侵害之日起超过20年的，人民法院不予保护。这里的20年就是权利的最长保护期限。对于这一期限的性质，学术上观点不一，有三种不同认识：即最长诉讼时效说、除斥期间说、权利最长保护期限说。笔者赞同权利最长保护期限说。

《民法通则》规定的20年期间类似于除斥期间，即期间是不变的，但它与除斥期间有明显不同：除斥期间届满形成权之实体权利消灭，而20年期限届满仅使权利人丧失请求法院强制保护的权利，即胜诉权，但权利人并不丧失其实体权利，义务人主动履行的，权利人仍可接受。这一点使它与诉讼时效极为相似，但它又不同于诉讼时效。因为诉讼时效产生的基础是权利人能行使权利而不行使的事实状态，其时效是从权利人知道或者应当知道权利受侵害之日起计算的，因为从这时起权利人能行使权利直至进行诉讼，所以才有诉讼时效。20年的期间是针对权利人就不知道权利受侵害，因而无从行使权利，但又不能无限期保护这种受侵害权利而规定的，它是关于保护权利的最长期限。❶

1988年颁布的《最高人民法院关于贯彻执行〈民法通则〉若干问题的意见（试行）》第一百七十五条采取了上述第一种观点，明确将20年期间定性为诉讼时效期间。

笔者认为将20年期间定性为权利最长保护期限的观点更有道理，其理由是两方面的。

一是从法律条文的角度来看，认真研究《民法通则》第七章的条文，可以发现其第一百三十五条规定了2年的普通诉讼时效期间、第一百三十六条规定了1年的短期诉讼时效期间，对其都明确采用了“诉讼时效”的措辞，因此其性质是明确无疑的；然而第一百三十七条述及20年的期间时，并没有采用“诉讼时效”的措辞。如果立法者规定20年期限的本意就在于设定另一种诉讼时效期间，完全可以采用同样的措辞，没有任何困难。这一点至少为将20年期间定性为具有不同于诉讼时效的性质在法律上留下了余地。

二是从合理性的角度来看，20年期间与1年的短期诉讼时效期间以及2年的普通诉讼时效之间的区别不仅在于20年的期间在时间长度上要长得多，还在于20年的期间是从权利受到侵害之日起计算，而不是如同短期诉讼时效期间和普通诉讼时效期间那样都是从权利人知道或者应当知道权利被侵害之日起计算。上述区别应当导致20年的期间与短期诉讼时效以及普通诉讼时效具有不同的性质。笔者认为，《民法通则》规定20年期限的本意并非是要“双重设立”诉讼时效，而是要为保护民事权利在时间上设立一个“底线”，即一个最长也不得超过的期间。换言之，适用20年期间与适用短期诉讼时效期间以及普通诉讼时效期间的优先等级不同，在20年期间与短期诉讼时效期间或者普通诉讼时效期间竞合的情况下，法院应当优先适用20年的期间。否则，在权利人知道或者应当知道其权利被侵害的时间过晚的情况下，就仍然会出现纠缠“陈年老账”的现象，这有悖于建立诉讼时效制度的初衷。《民法通则》第一百三十七条的条文是：“诉讼时效期间从知道或者应当知道权利被侵害之日起计算。但是，从权利被侵害之日起超过20年的，人民法院不予保护。”可以认为这一措辞已经明确表达了上述含义。

2. 关于诉讼时效的中断、中止和诉讼时效期间的延长

《民法通则》第一百三十九条、第一百四十条和第一百三十七条分别规定了诉讼时效的中止、中断和诉讼时效期间的延长。为了确保诉讼时效制度的正常运作，需要探讨三者

---

❶ 江平.民法学［M］.北京：中国政法大学出版社，2003：234-235.

的适用条件、适用范围以及相互关系。

诉讼时效的中断，是指在诉讼时效期间届满之前有法定事由发生，使此前已经开始计算的诉讼时效期间归于无效，待该事由消灭后重新计算诉讼时效期间。这相当于使计算时效的“跑表”回零。

《民法通则》第一百四十条规定，导致诉讼时效中断的法定事由包括三种情况：一是权利人起诉；二是当事人一方提出要求；三是当事人一方同意履行义务。从条文文字来看，该条列举的导致诉讼时效中断的法定事由应当是穷举性规定，除此之外不存在使诉讼时效中断的其他事由。2008 年颁布的《最高人民法院关于审理民事案件适用诉讼时效制度若干问题的规定》第十条至第十九条对《民法通则》第一百四十条规定的诉讼时效中断的事由作了更为明确的诠释。

诉讼时效的中止，是指在诉讼时效期间届满之前的半年之内有法定事由发生，导致权利人无法行使其请求权，使诉讼时效期间暂停计算，待该事由消灭后继续计算诉讼时效期间。这相当于让计算时效的“跑表”暂停。

《民法通则》第一百三十九条规定，导致诉讼时效中止的法定事由是“不可抗力或者其他障碍”。其中，“不可抗力”的含义由《民法通则》第一百五十三条作了定义，即“本法所称‘不可抗力’，是指不能预见、不能避免并不能克服的客观情况。”据此规定，“不可抗力”已经成为民法上的一个专用术语，具有较为明确和狭窄的含义，仅仅包括发生自然灾害、战争、暴乱、瘟疫等。“其他障碍”的含义由 2008 年颁布的《最高人民法院关于审理民事案件适用诉讼时效制度若干问题的规定》第二十条作了解释，即：

> **有下列情形之一的，应当认定为民法通则第一百三十九条规定的“其他障碍”，诉讼时效中止：**
>
> **（一）权利被侵害的无民事行为能力人、限制民事行为能力人没有法定代理人，或者法定代理人死亡、丧失代理权、丧失行为能力；**
>
> **（二）继承开始后未确定继承人或者遗产管理人；**
>
> **（三）权利人被义务人或者他人控制无法主张权利；**
>
> **（四）其他导致权利人不能主张权利的客观情形。**

上述条文从措辞上看应当只是一种列举而非穷举。一些学术著作还列举了许多其作者认为可以构成“其他障碍”事由，包括：权利人长期病重无法行使请求权的；[1]义务人逃避民事责任而下落不明，致使权利人无法行使请求权的；[2]继承开始后，继承人或者遗产管理人尚未确定的，[3]等等。

笔者认为，《民法通则》第一百三十九条将“其他障碍”与“不可抗力”并列起来予以表述，这表明导致诉讼时效中止的“其他障碍”应当具有类似于“不可抗力”的性质，即有关事由的发生是权利人无法预见的，对权利人行使其权利带来的影响是权利人无法避免也无法克服的。依照这种理解，诸如权利人生病之类的事由不应属于“其他障碍”的范畴。

---

[1] 王遂起.民法通则知识［M］.北京：中国政法大学出版社，1988：97.

[2] 梁慧星.民法纵论［M］.北京：法律出版社，1996：246.

[3] 张俊浩.民法学原理［M］.修订版.北京：中国政法大学出版社，1997：293.

《民法通则》第一百三十七条规定:“有特殊情况的,人民法院可以延长诉讼时效期间。”其中，关于“特殊情况”的含义，1988 年颁布的《最高人民法院关于贯彻执行〈民法通则〉若干问题的意见（试行）》第一百六十九条规定：“权利人由于客观的障碍在法定诉讼时效期间不能行使请求权的，属于民法通则第一百三十七条规定的‘特殊情况’。”这一解释使“特殊情况”的范围十分宽泛，远远超过了《民法通则》第一百三十九条规定的导致诉讼时效中止的事由范围。笔者曾经咨询最高人民法院和北京市高级人民法院的有关专家，试图了解法院在现实审判过程中是如何具体适用上述规定的，他们的回答是从来没有作出过也没有听说过延长诉讼时效期间的判例。这表明，各级法院在实际审判工作中对“特殊情况”的认定是十分慎重的。

有学者指出，诉讼时效期间的延长是社会主义国家特有的制度，资本主义国家的民法没有采用。[1]该学者认为诉讼时效的中止和诉讼时效期间的延长的区别在于：第一，诉讼时效中止的事由是法律规定的，而诉讼时效期间延长的事由则由法院根据具体情况确定；第二，诉讼时效中止发生在诉讼时效期间进行之中，而诉讼时效期间延长发生在诉讼时效期间届满以后；第三，诉讼时效中止的事由通常为对一定地区的人普遍起作用的情况，如地震、水灾等不可抗力，诉讼时效期间延长的事由只是对当事人个别发生作用的情况。

笔者认为，从对诉讼时效产生的影响来看，中止和延长是相同的，两者都使诉讼时效期间变长了。单从文字意义出发,“中止”是指在诉讼时效期间的中间插入了一段时间期间;“延长”是指在诉讼时效期间的末尾追加一段时间期间。这种说法容易使人产生一种错觉，以为导致诉讼时效期间延长的事由可以发生在诉讼时效期间届满之后，这是不正确的。从有关事由发生的时间点来看，无论是中止还是延长，都必须发生在诉讼时效届满之前，否则在诉讼时效期间既无不可抗力或者其他障碍发生，也无特殊情况发生，权利人在正常的诉讼时效期间中行使其权利没有任何困难，为什么要中止诉讼时效或者延长诉讼时效期间？从认定中止和延长的时间点来看，诉讼时效期间是否能够中止或者延长都必须由执法机关来判断，两者都只有在权利人超过法定的 2 年或者 1 年的诉讼时效期间起诉的情况下才有必要进行，很难想象在何种情况下会出现“事先请假”的情况，因为既然没有什么障碍妨碍权利人在正常的诉讼时效期间内请求法院中止诉讼时效期间或者延长诉讼时效期间，他为什么不直截了当地针对侵权行为起诉？因此，对中止和延长而言，其事由都应当发生在诉讼时效期间届满之前，其认定都只能在诉讼时效期间届满之后，两者在这两方面都不存在什么区别。如此看来，中止和延长的区别只能存在于事由的类型方面。然而，最高人民法院司法解释对“特殊情况”的定义使其范围实际上涵盖了导致诉讼时效中止的事由，这使人们很难将诉讼时效延长的事由与诉讼时效中止的事由区分开来。

另一方面,《民法通则》规定诉讼时效的中止只有在诉讼时效期间届满前的 6 个月之内发生不可抗力或者其他障碍的情况下才能允许，其条件相当严格；对诉讼时效期间的延长既没有具体规定其事由的类型，也没有限定其发生的时间点，其条件要宽松得多。然而，两者对诉讼时效的影响却是相似的。这种规定的结果很不理想。

有学术著作指出，之所以规定人民法院在特殊情况下可以延长诉讼时效期间，其中一

---

[1] 陶希晋.中国民法学·民法总则［M］.北京：中国人民公安大学出版社，1990：327.

个重要因素是考虑我国台湾地区与大陆目前尚未统一的问题，因此涉及去台人员和台湾同胞的民事权利的诉讼时效届满后，法院可将其作为特殊情况适当延长诉讼时效期间。[1]我国法律和台湾地区法律的衔接和适用问题是一个既特殊又普遍的问题，并非仅仅存在于诉讼时效方面。如果需要在《民法通则》中予以反映，应当在适当的位置，例如在总则部分或者附则中作出原则性规定，没有必要单独在第七章关于诉讼时效的规定采用“特殊情况”的措辞予以表述。

2 年的普通诉讼时效期间、1 年的短期诉讼时效期间和 20 年的期间，是否都可以中断、中止和延长？对此，我国法学界的观点又很不一致。按照《民法通则》条文的字面含义，诉讼时效可以中断和中止，诉讼时效期间还可以延长，而 20 年的期间没有被规定为诉讼时效期间，因此既不能中断、中止，也不能延长。有学者认为只有 20 年的期间可以延长，2 年和 1 年的诉讼时效期间都不能延长。[2] 1988 年颁布的《最高人民法院关于贯彻执行〈民法通则〉若干问题的意见（试行）》第一百七十五条规定，《民法通则》第一百三十五条、第一百三十六条规定的诉讼时效期间，可以适用《民法通则》关于中止、中断和延长的规定。《民法通则》第一百三十七条规定的“二十年”诉讼时效期间，可以适用民法通则有关延长的规定，不适用中止、中断的规定。

笔者认为，按照现行《民法通则》的规定，2 年和 1 年的诉讼时效期间既可以中断、中止，也可以延长，但是基于上面的分析，中止和延长的重叠设置不够清晰。如果既要规定诉讼时效的中止，又要规定诉讼时效期间的延长，就应当明确规定导致两者的事由有所不同，以避免产生混淆；反之，如果无法从事由上予以区分，就不宜同时规定两者。至于 20 年的期间，笔者赞成将其定性为民事权利的最长保护期限，而不是诉讼时效期间，因此该期限应当是固定不变的。20 年的时间已经足够长了，足以包容任何不可抗力、其他障碍和特殊情况，没有必要再予以延长。

3. 关于“知道或者应当知道”的主体

《民法通则》第一百三十七条规定“诉讼时效期间从知道或者应当知道权利被侵害时起计算”。该条文没有明确提及“知道或者应当知道”的主体是谁，但是从知道或者应当知道的客体是“权利被侵害”这一事实的措辞上看，似乎应当得出该主体应当是权利人的结论。本条规定“自专利权人或者利害关系人得知或者应当得知侵权行为之日起计算”，它明确限定了“得知或者应当得知”的主体，比《民法通则》的规定更为明确。

然而，即使依据本条的规定，现实中也仍然存在一些需要探讨的问题。

“得知或者应当得知”显然是指人对客观事实的知晓状态，因此在判断时最终必须落实到具体的人。对一个单位而言，是否也存在“得知或者应当得知”某一客观事实的说法？笔者认为回答应当是否定的，因为必定只有单位中的某个人或者某些人“得知或者应当得知”，才能使该单位“得知或者应当得知”。

当专利权人是个人时，“得知或者应当得知”应当是指该个人得知或者应当得知有侵

[1] 江平.民法学［M］.北京：中国政法大学出版社，2003：234-235.

[2] 王遂起.民法通则知识［M］.北京：中国政法大学出版社，1988：99；梁慧星.民法纵论［M］.北京：法律出版社，1996：248.

犯其专利权的行为存在，对此不存在什么疑问；当专利权人是一个单位时，“得知或者应当得知”是指单位中何人得知或者应当得知有侵犯其专利权的行为存在，却不甚明了。如果认为诉讼时效期间必须自单位的法人代表知道或者应当知道侵犯专利权行为之日起才开始计算，诉讼时效的作用就会大为降低，因为一个单位的法人代表很容易以该单位中没有任何人向其报告过有侵权行为存在为由，认为他既未得知也不应当得知，因而得出不应适用诉讼时效的结论；反之，如果认为诉讼时效期间应当自单位中的任何一个人得知或者应当得知侵犯专利权行为之日起就开始计算，而不论该人在该单位中从事或者负责何种工作，对专利权人来说又显得不够公平；如果认为上述两种极端理解均应排除，那么就只能选择两者之间的一种情况，在现实中究竟应当如何掌握，是一个需要明确的问题。

另一个与主体有关的问题是：许多民事权利可以转让或者继承，当权利主体发生变化时，原权利人知道或者应当知道有侵害行为发生的，是否会对后来的权利人主张其权利的请求在适用诉讼时效方面产生影响？在专利领域，专利申请权和专利权的转让经常发生。在适用诉讼时效的规定时，如果将原来的专利权人和后来的专利权人对同一侵犯专利权行为的知晓状况隔离开来，强调“得知或者应当得知”的主体只能是当前的专利权人，就会在很大程度上削弱诉讼时效的作用，因为按照这样的规则，专利权人完全可以置诉讼时效的规定于不顾，因为即使超过诉讼时效期间，只需将其专利权转让于他人，就仍然可以对任何时候发生的侵犯专利权行为获得法律救济。对于实施专利的单位和个人来说，这样的结果与取消诉讼时效制度没有什么区别。

主体变更的问题不仅存在于专利权人一方，也类似地存在于被诉侵权人一方。在实施专利的过程中，也有可能因为企业合并、重组、继承、破产等情况，导致实施主体发生变化。针对变化后的实施主体未经许可实施专利的行为，在适用《专利法》关于诉讼时效的规定时存在如下问题：第一，如果专利权人已经知道或者应当知道原来的实施行为，是否也应当推论他应当知道后来的实施行为？第二，应当将后来实施专利的行为视为一种新的实施行为，重新计算诉讼时效期间，还是应当将其视为原实施行为的继续，对前后的实施行为一并适用诉讼时效的规定？

对于这些问题，《民法通则》和《专利法》以及最高人民法院的司法解释均没有给出明确的规定，然而在现实中又是不可回避的，因而有必要进行探讨研究，寻求解决这些问题的答案。

第六十九条　不视为侵犯专利权的行为

有下列情形之一的，不视为侵犯专利权：

（一）专利产品或者依照专利方法直接获得的产品，由专利权人或者经其许可的单位、个人售出后，使用、许诺销售、销售、进口该产品的；

（二）在专利申请日前已经制造相同产品、使用相同方法或者已经作好制造、使用的必要准备，并且仅在原有范围内继续制造、使用的；

（三）临时通过中国领陆、领水、领空的外国运输工具，依照其所属国同中国签订的协议或者共同参加的国际条约，或者依照互惠原则，为运输工具自身需要而在其装置和设备中使用有关专利的；

（四）专为科学研究和实验而使用有关专利的；

（五）为提供行政审批所需要的信息，制造、使用、进口专利药品或者专利医疗器械的，以及专门为其制造、进口专利药品或者专利医疗器械的。

一、概　述

（一）本条规定的意义

按照《专利法》第十一条的规定，在专利权被授予之后，任何单位或者个人未经专利权人许可，都不得为生产经营目的实施该专利。仅仅有该条规定而无其他例外规定，就应当得出这样的结论，即凡是实施专利的行为违反该条规定的，都构成了侵犯专利权的行为，都要承担《专利法》第六十条规定的侵犯专利权的民事责任。

然而，建立专利制度的目的不仅仅是为了保护专利权人的利益。我国《宪法》第五十一条规定："中华人民共和国公民在行使自由和权利的时候，不得损害国家的、社会的、集体的利益和其他公众的合法自由和权利。"《专利法》第一条规定，专利法的立法宗旨是"保护专利权人的合法利益，鼓励发明创造，推动发明创造的应用，提高创新能力，促进科学技术进步和经济社会发展"。根据上述规定，专利制度需要兼顾专利权人和社会公众的利益，以产生最佳的社会效果。为此，本条规定了 5 种不视为侵犯专利权的实施专利行为，这是对专利权效力的必要限制，也是对《专利法》第十一条规定的重要补充。世界各国的专利法一般都有类似的规定。

（二）历史沿革

1984 年制定的《专利法》第六十二条规定：

有下列情形之一的，不视为侵犯专利权：

一、专利权人制造或者经专利权人许可制造的专利产品售出后，使用或者销售该产品的；

二、使用或者销售不知道是未经专利权人许可而制造并售出的专利产品的；

三、在专利申请日前已经制造相同产品、使用相同方法或者已经作好制造、使用的必要准备，并且仅在原有范围内继续制造、使用的；

四、临时通过中国领土、领水、领空的外国运输工具，依照其所属国同中国签订的协议或者共同参加的国际条约，或者依照互惠原则，为运输工具自身需要而在其装置和设备中使用有关专利的；

五、专为科学研究和实验而使用有关专利的。

1992 年修改《专利法》时，未对上述规定进行修改。

2000 年修改《专利法》时，将修改前第六十二条的序号改为第六十三条，并将其条文修改为：

有下列情形之一的，不视为侵犯专利权：

（一）专利权人制造、进口或者经专利权人许可而制造、进口的专利产品或者依照专利方法直接获得的产品售出后，使用、许诺销售或者销售该产品的；

（二）在专利申请日前已经制造相同产品、使用相同方法或者已经作好制造、使用的必要准备，并且仅在原有范围内继续制造、使用的；

（三）临时通过中国领陆、领水、领空的外国运输工具，依照其所属国同中国签订的协议或者共同参加的国际条约，或者依照互惠原则，为运输工具自身需要而在其装置和设备中使用有关专利的；

（四）专为科学研究和实验而使用有关专利的。

为生产经营目的使用或者销售不知道是未经专利权人许可而制造并售出的专利产品或者依照专利方法直接获得的产品，能证明其产品合法来源的，不承担赔偿责任。

修改之处在于：

第一，修改本条第（一）项关于专利权用尽原则的规定。1992 年修改《专利法》时强化了专利权的效力，在第十一条中增加了对产品制造方法的延伸保护，将制造方法专利权的保护扩大到依照该方法直接获得的产品，同时增加了未经专利权人许可不得进口专利产品或者依照专利方法直接获得的产品的规定，然而当时没有对本条第（一）项规定作相应修改，致使两条规定不尽一致；2000 年修改《专利法》时，又在第十一条中增加了未经专利权人许可不得许诺销售专利产品或者依照专利方法直接获得的产品的规定，也需要在本条中有所呼应。

第二，删除本条原第（二）项“使用或者销售不知道是未经专利权人许可而制造并售出的专利产品的，不视为侵犯专利权”的规定，将其改为《专利法》第六十三条第二款，仅仅规定在一定条件下免除侵犯专利权行为人的一部分民事责任，即赔偿损失的责任。修改的原因在于不少人认为，尽管顾及善意第三人的合法权利是必要的，也符合我国的实际需要，但是如果从法律上明确规定这样的行为不视为侵犯专利权的行为，则不利于保护专利权人的合法利益，容易给专利产品的违法制造者提供可乘之机，使他们可以利用该规定为其未经专利权人许可而制造的专利产品或者依照专利方法直接获得的产品寻求合法的销售或者使用渠道。

2008 年修改《专利法》时，将修改前第六十三条的序号改为第六十九条，并再次对其条文进行了修改，修改之处在于：

第一，修改本条第（一）项关于专利权用尽原则的规定，采取了允许平行进口行为的立场；

第二，增加本条第（五）项关于"Bolar 例外"的规定；

第三，将本条修改前第六十三条第二款的规定分离出来，单独作为一条（即《专利法》第七十条）予以规定。

二、专利权用尽原则

（一）本条第（一）项规定的含义

专利权用尽原则是对专利权效力的一种十分重要的限制，其目的在于防止对专利权的保护超过合理的限度，对正常的经济社会秩序产生不良影响。

该原则的基本含义是：公众中的任何人在购买合法售出的专利产品，也就是由专利权人或者其被许可人售出的专利产品或者依照专利方法直接获得的产品之后，应当享有自由处置其购买的产品的权利。此后，无论该购买者以何种方式使用、许诺销售、销售该产品，均不应当构成侵犯该项专利权的行为。

建立专利权用尽原则的理由在于：一方面，从维护专利权人合法利益的角度来看，国家为专利权人提供了一定时间期间内的独占权，使之能够控制每件专利产品的制造和首次销售，这就从根本上保障了专利权人能够对其作出发明创造付出的代价获取回报，其合法利益已经得到了充分考虑；另一方面，从维护公众合理利益的角度来看，如果在专利权人自己或者其被许可人将其专利产品投放市场后，该产品的所有后继批发、零售、转让和使用还需要一一再次经专利权人许可，必然会大大阻碍专利产品的自由流通和正常使用，严重影响正常的生产经营活动和经济社会秩序。将专利权的保护拓展到如此地步是任何国家都无法接受的。[1]

2008 年修改的本条第（一）项实际上可以分解为如下两层含义：

第一，对于在我国获得的专利权而言，专利权人或者其被许可人在我国境内售出其专利产品或者依照专利方法直接获得的产品后，购买者在我国境内使用、许诺销售、销售该产品不视为侵犯该专利权的行为。这一结果就是"专利权的国内用尽"。

第二，对于在我国获得的专利权而言，专利权人或者其被许可人在我国境外售出其专利产品或者依照专利方法直接获得的产品后，购买者将该产品进口到我国境内以及随后在我国境内使用、许诺销售、销售该产品不视为侵犯该专利权的行为。这一结果就是"专利权的国际用尽"。

2008 年对本条的修改除了表述方式上的调整之外，最重要的变动在于将所述"进口"行为的主体由专利权人或者其被许可人变为合法售出的专利产品的购买者，从而将上述两种类型的专利权用尽混在一起予以规定。这种表述方式的优点在于文字精练，仅仅通过调整"进口"行为的主体就达到了允许平行进口行为的修改目的，无须对条文大作修改；缺点在于表意较为复杂，需要仔细领会，否则将不能全面理解其含义。

应当注意的是：

第一，本条第（一）项中提到的几种行为的地域范围有所不同：对于"售出"行为而言，既可能是发生在我国境内的行为，也可能是发生在我国境外的行为；对于"使用、许

---

[1] 汤宗舜.专利法教程［M］.3 版.北京：法律出版社，2003：187.

诺销售、销售”行为而言，仅指发生在我国境内的行为；对于“进口”行为而言，是指由我国境外向我国境内的“跨境”行为。

第二，当“售出”行为发生在我国境内时，一般谈不上“进口”的问题（除非先出口，然后再进口，这样的行为比较少见）；只有当“售出”行为发生在我国境外时，才有可能随后发生“进口”行为。

第三，当“售出”行为发生在我国境外时，并非仅仅只有“进口”行为本身不视为侵犯专利权的行为，专利产品进口后在我国境内进行的使用、许诺销售、销售行为也不视为侵犯专利权的行为，无论由进口者自己进行还是由他人进行，结论都应当如此。在这种情况下，使用、许诺销售、销售行为实际上应当发生在进口行为之后（当然专利产品售出后在外国也可能发生使用、许诺销售、销售行为，但是这些行为与是否侵犯在我国获得的专利权无关，无须予以考虑），但从条文上看将进口行为列在最后，这是由于用本条第（一）项的条文既要兼顾专利权的国内用尽和国际用尽，又要使条文尽可能简明的缘故。

更准确地说，本条第（一）项所要表达的含义是：“专利产品或者依照专利方法直接获得的产品，由专利权人或者经其许可的单位或者个人售出后，使用、许诺销售、销售、进口该产品的，以及使用、许诺销售、销售该进口产品的，不视为侵犯专利权。”

在2008年修改《专利法》的过程中，在研究对本条的修改方案时，考虑到混在一起表述会导致上述较为复杂的含义，不易为公众理解，国家知识产权局曾经建议在本条增加一项，使修改前的第（一）项专门规定专利权的国内用尽，另外新增加第（二）项专门规定允许平行进口，这样表述将更加清楚。全国人大法制工作委员会认为这样修改变动较大，采用简练的条文也不会带来歧义，故未予采纳。

（二）专利权的国内用尽

专利权的国内用尽是专利权用尽原则的基础，专利权的国际用尽只不过是在这一基础之上的延伸。因此，讨论专利权用尽原则应当首先理解专利权国内用尽的含义。

世界各国普遍赞同专利权的效力不应及于对合法售出的专利产品的随后利用，但是不同国家得出该结论的理论和方式有所不同。

英国认为，从理论上说，专利权人对一件专利产品拥有的控制权并不仅仅限于该专利产品的制造行为和首次售出行为，还可以一直延伸到该专利产品首次售出后的任何后继使用和销售行为。因此，英国允许专利权人或者其被许可人对专利产品售出后的使用和转售提出限制性条件。不论是合法售出的专利产品的直接购买者还是随后的间接购买者，只要他明知有这样的限制性条件而又继续予以使用和销售，就会构成侵犯专利权的行为。当然，专利权人附加的限制条件不得违反有关法律的规定。

上述立场初看起来赋予专利权人很大的权利，似乎有不承认专利权用尽原则的含义，但实际上并非如此。这是因为英国在采用上述立场的同时，还有一个法律上的重要推定，这就是在首次销售专利产品时，如果专利权人或者其被许可人没有明确提出限制性条件，则意味着购买者获得了任意使用或者转售该专利产品的“默示许可”（implied license）。如果存在这样的默示许可，专利权人就不能对合法售出后的专利产品再行使其权利。

因此，可以认为英国并没有形成专门的专利权用尽原则，而是通过默示许可来达到类似的结果。应当注意，默示许可的适用范围更宽，它不仅能用来实现适用专利权用尽原则所能达到的结果，还能用来实现适用专利权用尽原则难以达到的其他结果。这一点在本书对《专利法》第十二条的解释中已经作了详细说明，不再赘述。

德国有关专利权用尽原则的理论与英国有较大不同。有人认为，德国是世界上最早在专利制度中明确建立专利权用尽原则的国家。在德国建立其专利制度的早期，专利权人能否对自己售出的或者其被许可人售出的专利产品的使用或者转售行为行使权利的问题也是通过默示许可理论来解决的，即如果专利权人或者其被许可人在首次售出其专利产品时没有明示附加的限制性条件，则推定该销售行为包含了允许购买者任意使用或者处置其购买的专利产品的默示许可。然而，德国后来认为这种基于合同法的理论对于购买者来说不甚理想，同时也会导致专利权人或者其被许可人通过在销售专利产品时提出限制性条件来排除默示许可，从而妨碍合法售出的专利产品的自由流通。因此，德国认为有必要建立一种对专利所赋予的权利进行限制的更为彻底的制度。

德国原帝国最高法院在 1902 年的一份判决中提出了专利权用尽原则，指出该原则的基础在于：第一，专利权人在享有专利独占权的有利环境下售出其专利产品，就已经获得了通过专利独占权获利的机会，因此该销售行为应当穷尽了专利权人对售出的专利产品所拥有的控制权力；第二，专利权用尽原则能够防止专利权人分割国内市场，阻碍专利产品的自由流动，保障公众在专利产品自由贸易中的利益。

德国认为，专利权用尽原则是对专利权的一种本质性限定，不论专利权人在售出其专利产品时是否提出了限制条件，都不影响该原则的适用。专利产品的购买者违反专利权人提出的限制性条件属于合同违约问题，而不是侵犯专利权的问题。如果专利权人提出的限制条件违背专利权用尽原则，则超越专利权的正常行使范围，构成了滥用专利权的行为，因而不具有法律效力，严重的还会构成触犯反垄断法的行为。

默示许可理论与专利权用尽原则的区别在于是否承认专利权人有权在销售其专利产品时对购买者使用或者处置其购买的专利产品的行为施加限制性条件。对英国采用的做法，人们很容易产生这样一个疑问：既然允许专利权人销售专利产品时以明示形式提出限制性条件，默示许可理论岂不是很容易就被绕过，变得实际上没有什么用途?

首先应当承认，默示许可理论确实存在这方面的问题。正因为如此，德国认为将专利权用尽原则建立在默示许可理论之上是不恰当的，从而建立了独立的专利权用尽原则，为合法售出的专利产品的购买者提供了彻底的侵权豁免。

其次应当指出，市场经济体制的本质特点决定了默示许可理论也并非那么容易被绕过，因为在许多情况下，专利权人销售其专利产品时提出限制性条件是不合情理的。对此，请参见本书对《专利法》第五十九条的说明。

现实中，采用上述两种做法对同样的案情在大多数情况下都能得出基本相同的结论，因此有人将它们都称为专利权用尽原则。然而，两者在法理上毕竟存在不同。或许正是由于这一原因，TRIPS 回避就此问题作出统一规定。

我国《专利法》从一开始就采用了德国模式，通过本条第（一）项明确规定了专利权用尽原则。理解该项规定应当注意如下几点：

第一，专利权用尽原则是针对每一件投放市场的专利产品而言的，所谓“权利用尽”，是指专利权人对自己售出的每一件专利产品或者其被许可人售出的每一件专利产品而言不再拥有控制权，无论他人（包括其直接购买者，也包括间接获得者）随后以何种方式使用、许诺销售或者销售该专利产品，专利权人都无权干预；而不是指该专利权赋予的整个权利从此被权利用尽了，专利权人从此不能再主张其权利。只要专利权没有被依法宣告无效，那么在其整个专利有效期内都是有效的。

第二，依照本条第（一）项的规定，专利权用尽原则的适用与专利权人或者其被许可人售出专利产品时是否对购买者提出限制性条件无关，无论专利权人是否提出限制性条件，也不论专利权人以明示方式还是以暗示方式提出限制性条件，他人随后使用、许诺销售、销售其购买的产品都不视为侵犯专利权的行为。在专利权人售出其专利产品时提出了限制性条件的情况下，如果购买者购买该产品的行为被认定为买卖双方达成了买卖合同，买受人未遵守合同规定的限制性条件而产生纠纷的，专利权人最多可以依照《合同法》的规定追究买受人的违约责任，不能依照《专利法》的规定追究其侵犯专利权的责任。[1]更进一步说，在本条第（一）项已经有明确规定的情况下，专利权人在售出其专利产品时对购买者使用、销售该产品作出一般性的笼统限制是否构成滥用其专利权的行为，其与买受人达成的买卖合同是否为违法合同也值得探讨。

第三，2008 年修改《专利法》前的本条第（一）项规定适用专利权用尽原则的前提条件是"专利权人制造、进口或者经专利权人许可而制造、进口的专利产品或者依照专利方法直接获得的产品售出后"，该规定隐含了一个限制，即能够适用专利权用尽原则的专利产品或者依照专利方法直接获得的产品仅限于专利权人或者其被许可人制造、进口并售出的专利产品。2008 年修改的《专利法》本条第（一）项将上述前提条件改为"专利产品或者依照专利方法直接获得的产品，由专利权人或者经其许可的单位、个人售出后"，从而消除了上述隐含的限制。在适用专利权用尽原则时，不必考虑被售出的专利产品或者依照专利方法直接获得的产品是专利权人或者其被许可人进口的，还是其合法购买者进口的，只要该产品由专利权人或者其被许可人在国外售出，即可得出专利权用尽的结论。

第四，适用本条第（一）项规定的专利权用尽原则，只能认定使用、许诺销售、销售专利权人或者其被许可人售出的专利产品或者依照专利方法直接获得的产品的行为不视为侵犯关于该产品本身的专利权的行为。如果采用售出的产品作为专用装置来实施该专利权人获得的另一项方法专利权，或者采用售出的产品作为部件来实施该专利权人获得的另一项产品专利权，则不能认为专利权人或者其被许可人售出有关产品的行为使这些相关联的专利权也被权利用尽了。这些实施行为是否构成侵犯相关联专利权的行为，需要依照《专利法》第十一条和第十二条的规定进行综合判断。

（三）平行进口和专利权的国际用尽

专利权用尽原则还涉及一个各国意见严重分歧的问题，即"平行进口"（parallel importation）或者"专利权的国际用尽"（international exhaustion）问题。更具体地说，

[1] 关于专利权人售出其专利产品时提出的限制性条件是否能够对购买者产生约束效力，在美国联邦巡回上诉法院的判例给出了如下规则：第一，专利权人或者其被许可人提出的限制性销售条件必须是明示的，而不能是暗示或者默许的；第二，限制性销售条件必须至迟在销售专利产品的同时提出，而不能是事后补充追加的；第三，限制性销售条件必须是明确的，足以产生合同约定的效力，使购买者一旦购买该产品就承担合同约定的义务，而不能仅仅是一种建议或者劝告。

同一专利权人就同一发明创造在多个国家（例如在中国和美国）分别申请并获得了专利权，专利权人或者其被许可人在美国售出其专利产品，购买者将其在美国购买的专利产品进口到中国，是否会构成对专利权人在中国所获得的专利权的侵权行为？更进一步，专利权人仅仅在中国申请并获得了专利权，专利权人或者其被许可人在美国售出其获得中国专利权的产品，购买者将其在美国购买的该产品进口到中国，是否会构成对该专利权人在中国获得的专利权的侵权行为？

按照2008年修改的《专利法》本条第（一）项的规定，对上述两个问题的回答均是否定的。换言之，修改后的《专利法》采取了允许平行进口行为的立场。这在世界各国的专利法中还是比较少见的，下面对修改的背景和理由进行说明。

1. 产生平行进口的原因

平行进口主要是由产品在不同国家、不同地区的价格差所造成的。导致相同产品在不同地方的销售价格不同有很多原因，其中包括：

第一，不同国家、不同地区的富裕程度不同，因此其消费者的购买能力不同。同时，由于历史沿革、文化背景、宗教信仰、生活习惯等各方面因素的影响，同一种商品在不同国家、不同地区的商业价值和需求量也不同。从做生意的角度出发，商家当然希望价格高一些；但是如果价格过高，其他商家就会乘虚而入，导致自己失去本来可以占有的市场份额。市场经济的规律决定了商家必然会在考虑各地消费者的实际购买能力以及商品的商业价值和需求量等因素的基础上确定一种商品在当地的销售价格，这必然导致销售价格上的差异。

第二，同一种商品在不同国家的制造、销售成本不同。随着经济全球化的进程，获得专利权的跨国公司越来越多地采用许可当地的厂家实施其专利技术，在当地制造有关专利产品并就地投放市场的经营策略。同一种商品在不同国家和地区制造，其原料成本和劳力成本相差甚大，这必然导致销售价格上的差异；商品制造出来后，在不同国家和地区进行广告宣传或者获得上市许可所需要投入的资金也有很大差别，这也会导致销售价格上的差异。

第三，各国出于维护本国利益或者其他因素的考虑，往往会制定一些对商品销售价格产生影响的政策。首先，最为人们熟知的是关税，这是直接影响商品销售价格的重要因素，是国家控制销售商品价格最为传统的手段；其次，各国货币之间的汇率在许多情况下并不能真实反映各种货币的实际购买价值，因此也会对商品的销售价格和国际流通方向产生很大影响；再次，政府可能会根据本国产业的现状和需要，对某些行业采取提供政府补贴的做法，获得补贴的行业相当于降低了商品的制造成本，自然能够以较低的价格予以销售；另外，政府出于维护公共利益的需要，还会明令限制某些产品的销售价格，例如药品等；最后，知识产权保护的有效程度也会影响商品的销售价格，在提供强有力知识产权保护的国家中，知识产权权利人享有更为充分的独占权，可以利用这一优势提高有关商品的销售价格，而在知识产权保护相对较弱的国家，为了能够与其他商家相竞争，知识产权权利人可能不得不相对降低有关商品的销售价格。

价格差的存在使有关商品的进出口成为一件十分有利可图的交易，这是产生平行进口行为的根本原因。好比只要存在电压差，则在电阻不是无穷大的情况下必然会产生电流一样，只要存在价格差，则在不采取严格禁止措施的情况下就必然会产生商品的流动。电压造成的电流方向是由高电位流向低电位；价格差造成的商品流动方向一般是由低价位国家或者地区流向高价位国家或者地区。

促进商品的自由流通，这是 WTO 的主要宗旨。然而，如果允许合法售出的专利产品在国际范围内自由流通，专利权人（尤其是发达国家的专利权人）就感到其利益受到了损害，因而试图予以阻止。这是平行进口问题成为国际知识产权热点问题的主要原因所在。

既然平行进口是由价格差造成的，设法减小商品的价格差，不就减少了平行进口吗？这种想法是不现实的。世界各国的情况千差万别，要想统一价格谈何容易？况且价格差别是由市场规律决定的，在许多情况下其存在有其合理性。例如，即使在同一城市，同一种商品在超级市场中的销售价格和在社区零售小店中的销售价格也会有所不同。在超级市场购物的好处是便宜，在社区小店购物的好处是方便，消费者各有所得，因此虽有价格差，但是消费者可以认可接受。从这种意义上说，价格差是市场经济的必然产物，不会因人的意愿而改变。

2. 国际法的有关规定

讨论是否允许采用专利权国际用尽原则，首先应当分析有关国际条约中是否有明确的限制性规定。在这方面，有关联的是《巴黎公约》和 TRIPS 的有关规定。

（1）《巴黎公约》的规定

《巴黎公约》第 4 条之二规定：

> **（1）本联盟国家的国民在本联盟各国申请的专利，与在其他国家（不论是否为本联盟的成员国）就同一发明所取得的专利是相互独立的。**
>
> **（2）上述规定应当以不受限制的意义来理解，尤其是指在优先权期间申请的各项专利，就其无效和丧失权利的理由以及其正常的期间而言，是相互独立的。**
>
> ……
>
> **（5）在本联盟各国，因享有优先权利益而获得专利的期限，与没有优先权的利益而申请或授予的专利的期限相同。**

一种观点认为，根据《巴黎公约》第 4 条之二规定的专利独立原则，可以推导出不允许平行进口的结论，因为同一人就同一发明创造在不同国家获得的不同专利权是彼此独立的，在美国的专利权被用尽，不等于在中国的专利权也被用尽，当然不应有专利权国际用尽一说。[1]

对此，笔者认为有商榷的余地。

---

[1] 汤宗舜.专利法解说［M］.修订版.北京：知识产权出版社，2002：80，82. “因此，在这个问题上，传统的专利权用尽原则的地域性没有发生变动。对有关产品而言，在出口国的专利权因产品已经许可出售而已用尽，在进口国是另一专利权，虽然专利权人相同，但是授予专利权的国家是另一国家，是否已经用尽，是否侵犯了进口国的专利权，要依进口国的专利法来判定，不能依出口国的专利法来判定，因为各国授予的专利权是独立的。”“我国和外国的专利权，即使是同一人就同样发明创造在我国和外国获得的专利权，根据《巴黎公约》第 4 条之二的规定，也是相互独立的。外国的专利权在外国已经用尽，其效力不能延伸至我国，进入我国境内就应当适用我国的专利法，因此，此种产品的进口应当得到我国专利权人的许可。”

首先，我们应当了解《巴黎公约》本身及其第 4 条之二的产生背景以及条文含义。

在英国工业革命的带动下，欧洲各国的科学技术和工业在 18 ~ 19 世纪有了迅猛发展。到 19 世纪下半叶，欧洲不少国家已经建立了各自的专利制度。在当时的历史条件下，各国的专利制度必然是彼此独立的，存在明显的本国保护主义倾向。例如，在《巴黎公约》订立之前，一个国家的国民是否能在另一个国家获得专利保护，必须视两国之间有无互惠协议而定，如果没有这样的协议就不能得到保护。然而，科学技术的发展和交流通常是没有国界的，发明创造者普遍希望能够形成一种有利于保护发明创造的国际环境，使其作出的发明创造能够尽可能方便地在各国获得专利保护。欧洲各国，尤其是其中的强国逐渐认识到，采用过度的本国保护主义固然可以防止他国发明创造者在其本国获得专利保护，使本国企业可以在其国内自由地实施他国发明创造者作出的发明创造，但是这种做法必然也会被他国效仿，其结果对本国发明创造者在外国获得专利保护不利，当本国在某些科技领域具有优势时尤其如此。

《巴黎公约》就是在这样的背景下于 1883 年订立的。该公约采取了一系列有效措施来限制过分的本国保护主义，大大方便了发明创造者就其发明创造在不同的国家获得工业产权保护。其中，最为突出的就是规定了国民待遇原则和优先权制度。国民待遇原则使各成员国对外国申请人的要求与对其本国申请人的要求相同，不得有所歧视；优先权制度使申请人在就同一申请主题向某个成员国首次提出专利申请之后，有足够的时间准备向其他成员国提交专利申请，其随后提出的专利申请视为在首次提出专利申请的申请日提出，从而不至于丧失在这些成员国获得专利保护的机会。两者相结合有效地克服前述弊病，保障了申请人能够就其作出的一项发明创造在不同国家分别获得有效的专利保护。

然而，《巴黎公约》承认各国专利制度彼此独立的现状，并没有试图统一各国专利法关于申请语言、申请形式、申请手续、授予专利权的条件等各方面的规定。❶《巴黎公约》关于国民待遇原则和优先权制度的规定只不过是在承认上述现状的基础上采取的一些有利于申请人的措施而已。正因为各国的专利制度是彼此独立的，申请人要想就其作出的一项发明创造在各国都获得专利保护就必须尽快地分别在各国提出专利申请，然而现实中这样做会遇到困难，所以才产生了规定国民待遇原则和建立优先权制度的呼声。

值得注意的是，《巴黎公约》第 4 条的完善经历了一个漫长的过程，其间对其条文作了多次修改和补充。一开始，由于该公约第 4 条的规定较为简单，不同缔约国对有关优先权的规定有不同的理解，导致在现实中产生了一些问题。例如法国认为，向法国提出的一件专利申请要求享受另一件外国在先专利申请的优先权的，申请人能否享受优先权取决于在先申请在该国是否还存在，如果被撤回了就不能享受优先权；美国、法国、巴西、比利时等认为，一件专利申请要求外国优先权的，所授予专利权的有效期应当自优先权日起计算，而不是自该申请的实际申请日起计算。

《巴黎公约》第 4 条之二是后来专门为了排除对优先权制度的种种不当理解而专门加入的。另外，其现行条文也不是一次就形成的，有一个逐步补充完善的过程。❷其中，《巴

❶ 事实上，WTO 制定的 TRIPS 也只是对各国专利法的规定作出了一些重要限制，并没有真正统一各国专利法的所有规定。因此，可以说时至今日各国的专利制度仍然是彼此独立的。

❷ CHRISTOPHER HEATH.Parallel Imports and International Trade［J］. IIC Vol. 28, No. 5/1997:623, 632.

黎公约》第 4 条之二的第（1）项、第（3）项、第（4）项是通过 1901 年举行的《巴黎公约》布鲁塞尔修订会议加入的；第（2）项是通过 1911 年举行的《巴黎公约》华盛顿修订会议加入的；第（5）项是通过 1934 年举行的《巴黎公约》伦敦修订会议加入的。

《巴黎公约》第 4 条之二规定的专利独立原则包含如下几层含义：❶

第一，一个成员国对一项发明授予了专利权，并不意味着其他成员国必须对同一项发明也授予专利权。

第二，一个成员国驳回一件专利申请、宣告一项专利权无效或者专利权终止的，其他成员国不能以此为理由，而将在另一成员国提出的专利申请驳回、将在后一成员国授予的专利权宣告无效或者以其他方式予以终止。换句话说，就一项发明创造在一个成员国提出的专利申请或者授予的专利权的结局，不影响就同一发明创造在其他任何成员国提出的专利申请或者授予的专利权的结局。

第三，无论享受优先权还是未享受优先权，被授予专利权的有效期限应当采取相同的计算方式。目前世界各国采取的普遍做法是专利权的有效期限均应当从授予专利权的那一国家的实际申请日起算，而不是有优先权的从优先权日起算。

从上述背景和含义出发，可以看出《巴黎公约》规定的专利权独立原则主要是针对专利权的获得、维持和保护期限而言的。如前所述，各国专利制度彼此独立是制定《巴黎公约》之前就已经存在的现状，而不是由于《巴黎公约》的制定而产生的。专利独立原则并没有排除专利权人在一个成员国进行的有关行为对他在另一个成员国所获得的专利权的效力产生影响的可能性。

上述观点已经被有的国家采用。1997 年 7 月 1 日，日本最高法院对 BBS 一案作出了重要判决，认定日本允许专利产品的平行进口。该判决指出：

> 《巴黎公约》第 4 条之二规定的专利独立原则是指一项专利的形成、修改和终止在不同的国家中是相互独立的。一个国家驳回一项专利申请或者宣告一项专利权无效，不应影响在另一国家的专利申请或专利权的结局。《巴黎公约》的这一规定与专利权人行使专利权的问题无关。专利权的地域性原则是指一项专利权的授予、转让、有效性必须服从各国国内法律的规定，同时意味着一项专利权仅仅在其地域范围内有效。平行进口问题与《巴黎公约》的上述规定无关，因此上诉人指控东京高等法院的判决违反了《巴黎公约》规定的主张不成立。❷

一个国家授予的专利权只有在该国境内才有效力，这一点毫无疑问。一些人认为如果允许平行进口行为就会与上述结论相左。针对这一观点，下面就专利权国际用尽原则本身的性质进行一些探讨。

在讨论平行进口问题时，人们习惯于举出同一人就同一发明创造在不同国家都获得专利权的例子。这确实是经常发生的情况之一，然而却不是惟一的，还包括专利权人在销售国没有获得专利权的情况。专利权人在各国平行地拥有专利权的例子容易使人产生一种错觉，好像主张允许平行进口的观点所依据的是专利权人在另一个国家拥有的专利权被权利用尽的法律后果。一种主张允许平行进口行为的观点认为，之所以应当允许平行进口行为，其原因在于专利权人在一个国家销售其专利产品不仅使该专利权人在该国获得的专利

---

❶ 汤宗舜.专利法教程［M］.3 版.北京：法律出版社，2003：271.

❷ BBS Kraftfahrzeugtechnik AG v. Rashimekkusu Japan Co. Ltd., IIC Vol. 29, No.3/1998, pp.331, 335.

权被权利用尽，也使他在另一国家平行拥有的专利权被权利用尽。这种说法将不同国家的专利权的效力捆绑在一起，为反对平行进口的人提供了把柄，认为这种观点违反了专利权的独立原则或者说地域性原则。

其实，在讨论是否应当允许平行进口这一问题时，需要考虑的仅仅是在我国获得专利权的专利权人本人或者其被许可他人将其专利产品在某个国家投放市场这一事实，而不是该事实在该国会产生何种法律后果。基于这一事实，假如销售国的法律规定了专利权用尽原则，专利权人的销售行为将导致其在销售国享有的专利权的效力相对于售出的产品而言已被用尽；假如进口国采用专利权国际用尽原则，专利权人的销售行为将导致其在进口国享有的专利权的效力相对于售出的产品而言已被用尽。尽管两者都基于同一事实，但是两个结论在法律上是彼此无关的。是否允许平行进口行为，与专利权人是否在销售国获得专利权以及销售国对专利权用尽原则和专利权国际用尽原则持何种立场没有任何关联。销售国只能决定是否允许专利权人在该国销售专利产品以及是否允许出口已销售产品，至于是否允许进口则是进口国的主权。一个国家允许平行进口行为，丝毫也不意味着受另一个国家的法律或者适用该法律的结果的左右。因此，在我国判断平行进口行为是否合法时，不需要考虑同一专利权人在外国享有的专利权是否已经被权利用尽的法律结论，只需要以我国《专利法》的有关规定为准绳，以专利权人同意在销售国出售其产品的事实为依据进行判断。

对于平行进口行为来说，专利权人或者其被许可人的首次销售行为发生在国外，这可能也是产生疑问的原因之一。但是，我国法律的施行并不排除考虑发生在国外的某种行为的可能性。例如，如果我国掌握了某人在国外贩卖毒品的证据（这是一种事实），可以依据我国有关法律的规定拒绝让他入境。这一决定的作出与其所在国是否认定这种行为构成违法行为或者犯罪行为无关，也与其所在国当局是否实际作出过处罚决定无关。最有说服力的例子是：绝大多数国家的专利法都采用“绝对新颖性”标准，也就是在申请日之前，专利申请人在世界上任何地方公开其发明创造的行为（这也是一种事实）都将构成破坏其专利申请的新颖性的行为。这一结论的得出仅仅与申请人在国外公开其发明创造内容的事实有关，与申请人公开其发明创造的那个国家的专利法规定何种新颖性标准无关，也与该申请人是否在该国提出过专利申请无关。换言之，依据专利法的规定认定一项在国外公开发表过的发明创造不具备新颖性，丝毫没有也不需要依据其他国家的法律或者适用其法律的结果。从来没有人认为采用绝对新颖性标准违反了专利权的地域性原则。既然如此，为什么在确定是否允许平行进口行为时考虑在外国发生的销售行为就违反了专利权的地域性原则?

由此可以得出结论：《巴黎公约》第 4 条之二规定的专利独立原则并不妨碍采用专利权国际用尽原则。

（2）TRIPS 的规定

尽管 TRIPS 在全球范围内大大提高了知识产权保护的力度，但是该协定并没有形成统一的“国际专利”，专利权的授权和保护仍然由各国分别独立进行。换句话说，专利权的“独立性”“地域性”特点并未因为 TRIPS 的订立而改变。在原关贸总协定乌拉圭回合的谈判中，人们认识到大幅度地提高知识产权保护水准隐含着这样一种风险，即随着知识产权权利人在各国拥有的知识产权效力的增强，知识产权保护对商品自由贸易的阻碍作用也将大幅度提高。在此情况下，如果不采取相应的措施，知识产权保护就有可能成为一种新的贸易壁垒。

许多发展中国家认为，采用知识产权的国际用尽原则是防止出现上述壁垒或者削弱其影响的有效措施，因此在 TRIPS 谈判中主张在协定中写入有关规定。然而，发展中国家的这一主张遭到了许多发达国家的坚决反对，❶导致这一问题成为 TRIPS 制定过程中争论最为激烈的问题之一。到头来，有关"权利用尽"问题的争论使谈判者们"精疲力尽"了，❷于是达成了一个折中方案，即 TRIPS 第 6 条规定：

> **对于依照本协定的争端解决而言，本协定的任何规定均不得用于涉及知识产权的权利用尽问题。**

这样的条文在 TRIPS 中可以说绝无仅有，它一方面反映了分歧的存在，另一方面也反映了权利用尽原则的重要性。TRIPS 的制定者认为仅仅是不写入有关权利用尽原则的规定还不够充分，还必须在协定中设立专门的排除条款，以确保不至于利用 TRIPS 的其他条款对权利用尽原则作出各成员不希望看到的解释。在订立 TRIPS 之后，WTO 的 TRIPS 理事会迄今为止还没有打算对知识产权权利用尽问题进行新的协调。因此，对专利权用尽原则的立场完全处于由各国自己决定的状态。

WTO 的多哈部长议会于 2001 年 11 月 14 日通过了《多哈宣言》，其第 5 段（d）指出：

> **在 TRIPS 第 3 条、第 4 条规定的最惠国待遇和国民待遇原则前提下，TRIPS 中有关知识产权权利用尽的规定应当使各成员能够自由地、不受干扰地建立其权利用尽体系。**

上述宣言进一步澄清了 WTO 在知识产权权利用尽问题上的中立立场，明确了各成员可以根据自己的需要确定其专利权用尽原则。

TRIPS 中另一条与专利权国际用尽问题相关的规定是协定第 28 条第 1 款：

> **专利权应当授予其权利人如下专有权：**
>
> **（a）如果专利的客体是产品，制止第三方未经权利人同意而进行下列行为：制造、使用、许诺销售、销售或者为这些目的而进口该产品；**
>
> **（b）如果专利的客体是方法，制止第三方未经权利人同意而使用该方法和下列行为：使用、许诺销售、销售或者为这些目的而进口至少是依照该方法直接获得的产品。**

主张禁止平行进口行为的观点认为：上述规定赋予专利权人制止进口其专利产品行为的权利，因而也就包含了禁止平行进口行为的含义；《专利法》第十一条有类似规定，因此也应当得出相同的结论。

---

❶ 事实上，发达国家的立场也不是完全一致的。德国、日本、芬兰、挪威等国比较赞成采用知识产权国际用尽原则，而美国、加拿大、法国、澳大利亚等国坚决予以反对。参见：VINCENT CHIAPPETTA. The Desirability of Agreeing to Disagree: The WTO, TRIPS, International IPR Exhaustion and a Few Other Things［J］.Michigan Journal of International Law, Spring 2000.

❷ VINCENT CHIAPPETTA.The Desirability of Agreeing to Disagree: The WTO, TRIPS, International IPR Exhaustion and a Few Other Things［J］.Michigan Journal of International Law, Spring 2000. "Eventually the exhaustion discussion exhausted the negotiators."

但是，上述观点忽略了一个重要事实，这就是TRIPS第28条第（a）项在“进口”一词的后面专门加上了一个注释（TRIPS的原注释6），指出：

> **这一权利，与依照本协定赋予的关于商品的使用、销售、进口或者分销的所有其他权利一样，均应符合第6条的规定。**

TRIPS本身附带的注释是对该协定的权威性解释，能够表明制定该协定有关条文的本意。照理说，既然TRIPS第6条已经明确规定“本协定的任何规定均不得用于涉及知识产权的权利用尽问题”，其中当然也包括第28条规定，而且第6条位于协定的总则部分，是协定的基本规定之一，其法律效力应当高于其他各章的具体规定，因此即使不附加上述注释也应无妨。然而，正因为协定的制定者考虑到第28条关于“进口权”的规定容易产生诸如上面所述的理解，为了杜绝歧义、更加明确起见，在制定TRIPS时又不厌其烦地专门加入了这一注释。[1]

其实，即使没有TRIPS第6条的规定和上述注释，单看TRIPS第28条的条文，也不见得能够得出与上述观点相同的结论，仍然有讨论的余地。第28条规定，未经权利所有人同意不得进口有关产品，其中“未经权利人同意”（not having the owner 艂 s consent）这一表述是关键所在，十分重要。应当特别指出的是，主张允许平行进口绝非意味着主张对侵权、盗版和假冒等违法行为开绿灯。如果一件专利产品首次投放市场没有获得专利权人同意，则该行为本身以及随后对该产品的任何后继使用、许诺销售、销售和进口行为都构成侵犯专利权的行为，这一点毫无疑问。平行进口所涉及的专利产品是专利权人或者其被许可人投放市场的专利产品，所谓“平行进口”，只不过是其合法购买者将该产品由一个国家转移到另一个国家而已，因此平行进口行为不同于侵权、盗版和假冒行为。如果专利权人在销售其专利产品时没有附加不得出口该产品的明示限制性条件，例如明确限定不得出口到某些国家，则应当认为购买者进行的平行进口行为已经获得权利人同意，而不是“未经权利人同意”的行为。

归纳起来，总的结论是目前有关专利的所有国际条约都不能为禁止平行进口行为提供法律依据。

3. 我国允许平行进口的理由

上述讨论表明，无论一个国家采用允许平行进口行为的立场还是采用不允许平行进口行为的立场，均不违反《巴黎公约》和TRIPS的规定。换言之，各国有独立确定是否允许平行进口行为的自由。因此，确定我国在此问题上的立场，关键在于分析在我国当前国情下允许平行进口行为有利还是不允许平行进口行为有利。

20世纪80年代以来，经济全球化趋势日渐明显，对各国经济结构产生了重要影响。发达国家率先完成了产业结构的调整和经济增长方式的转变，不仅将日用产品之类的低端产业转移到发展中国家，而且将重工业、通讯设备、汽车及其配件、计算机部件及整机、飞机部件制造组装等高端产业逐渐转移到中国这样的发展中国家。在大量转移制造业之

---

[1] FREDERICK M. ABBOT.The TRIPS Legality of Measures Taken to Adress Public Health Crisis:Asynopsis ［J］. Widener Law Symposium Journal, Spring 2001.

后，发达国家的人力资源更加注重在更高的层次进行更富有创造性的工作，即新技术新设计的研究开发，文化产业的拓展，营销模式、管理方式的创新，越来越以“生产知识”和“专职创新”作为一种新的产业和经济利益的重要来源。如果这些创新成果任人自由使用，发达国家的这种知识经济形态就会归于失败。由此可以理解发达国家为什么在国际事务中越来越重视和强调知识产权保护。事实表明，由于 TRIPS 在全球范围大幅度提高了知识产权保护的力度，发达国家依靠其拥有的知识产权获取的经济利益常常高于发展中国家通过制造、出口产品获取的经济利益。

我国拥有的许多有利条件，例如人口众多，拥有世界上最丰富的人力资源和最大的市场；地大物博，各种自然资源十分丰富；中国人民富有聪明才智，掌握新技术的能力很强；改革开放以来，我国采取了鼓励吸引外资投资的种种优惠政策等，使我国成为外国制造业转移的首选目标之一。其结果是不仅美、欧、日等主要发达国家或者地区的制造业大量转向我国，韩国、新加坡等中等发达国家以及我国香港特区、台湾地区的制造业也大量转向我国或者内地，我国由此获得了“世界工厂”的称号。外国制造业向我国的转移带动和促进了我国自身制造业的发展，大大提高了我国产品制造能力，促进了我国产品迅速走向世界。这是我国经济多年来持续快速发展的重要原因，对我国经济社会发展具有十分重要的意义。尽管近年来人们已经逐步认识到过分依靠制造业存在许多问题，例如将导致自然资源的大量快速消耗、环境的严重污染、对能源的需求迅猛增长等，而且单纯依靠价格优势会引起其他国家的抵制和限制，在我国经济发展到一定规模的情况下将越来越难以维系，适时调整产业结构、改变我国经济发展模式的任务已经突出地摆在我国面前。但是，从我国目前所处的发展阶段来看，我国经济发展在今后相当长一段时间内还不得不依靠制造业。因此，需要为保持和发展我国制造业的发展势头和产品的出口势头营造良好的法律氛围。

发达国家在获得专利权方面有如下特点：

第一，在所获得专利权的技术含量和技术水平方面有明显优势，基础性、开拓性的发明创造，尤其是高新技术领域中的重要发明创造，其专利权大多由发达国家的专利权人拥有。在此方面，我国与发达国家相比还存在明显差距，这种差距不是短时间内就能消除的。

第二，发达国家的企业，尤其是跨国公司，经过长期实践已经形成了一整套专利策略并能娴熟自如地予以运用。针对一种其开发研制的有市场价值的产品，一般都不是仅仅拥有一项关于该产品的专利权，而是构建起一张密不透风的“专利网”，用众多的专利权对该产品进行全方位专利保护。以药品为例，跨国公司不仅对其开发的一种新药本身拥有专利权，往往还对其制备方法、药品的各种有效成分、有效成分的制备方法、各种制备方法采用的专用设备都拥有专利权，其数量可以达到几十项，甚至上百项、几百项。另外，对其新产品，尤其是有市场价值的新产品，在所有存在实现或者潜在制造能力和市场需求的国家，跨国公司几乎会毫无例外地申请获得专利权，因此其“专利网”不是仅仅存在于其所在国家，而是遍布全球。

在日趋激烈的国内国际竞争环境下，我国企业要想生存发展，其制造的产品要想走出国门、拥有国际市场，必须尽可能采用先进技术，否则就没有竞争力；而采取先进技术，势必涉及专利保护问题。由于我国研究开发新技术的能力与发达国家相比还有相当差距，因此大量采用外国专利权人的专利技术是必然结果。当然，实施他人的专利技术应当依照法律正正当当地使用，采用侵权、假冒、盗版等违法手段是行不通的，断无前途可言。然而，问题在于即使正当地使用专利技术仍然可能存在障碍。所述障碍不仅存在于产品的进口环节，也存在于产品的出口环节。

首先谈谈进口产品方面需要考虑的问题。

改革开放之初，我国从日本等国大量进口彩电、冰箱、洗衣机等整机家电产品，虽然其销售价格远高于国内相应产品（其中很大原因在于关税），国内消费者对其仍趋之若鹜。现在，包括家电产品在内的许多产品在我国的国产化程度越来越高，以前那种大量进口整机产品的现象已经大为改观。然而我们必须注意到，尽管许多产品的国产化程度在逐渐提高，但是一些关键设备和部件，例如精密仪器、精密机床、飞机发动机、汽车发动机及其部件，特种金属和特种材料，大规模集成电路芯片等，仍然还主要依赖进口。

关于有关设备和部件的进口和后继应用，有如下两方面的问题值得探讨。

一方面，如前所述，发达国家拥有的专利权覆盖的范围相当广泛，不仅对整个装置拥有专利权，对其零部件也拥有专利权，不论对整个装置还是对部件，发达国家都采取在各国普遍申请获得专利的做法。在这种情况下，既然我国进口一些关键设备、仪器、部件、材料在所难免，就应当在法律层面上确保我国企业将其在国外合法购买的这些设备、仪器、部件、材料进口到我国来的行为不至于构成侵犯就这些产品在我国所获得的专利权的行为。换言之，《专利法》第十一条关于“进口权”的规定不应当成为我国企业将其在国外合法购买的设备、仪器、部件进口到我国的法律障碍。

另一方面，仅仅为进口设备、仪器、部件、材料的行为开绿灯还不够，因为我国企业从国外进口这些产品的目的不是将它们作为摆设，而是要为生产经营目的予以应用。因此，还应当在法律层面上确保许诺销售、销售、使用有关进口产品的行为不至于构成侵犯就这些设备、仪器、部件、材料在我国所获得的专利权的行为。否则就会形成这样的局面，即虽然承认进口行为是合法行为，但是进口者却动弹不得，一旦将进口的设备、仪器、部件、材料用于任何生产经营行为就又构成了侵犯其他专利权的行为。倘若如此，我国企业进口这些设备、仪器、部件、材料的行为就失去了意义。

其次，谈谈出口产品方面需要考虑的问题。

随着我国产品制造能力的不断提升和产品制造规模的不断扩大，我国产品已经大量走向国际市场。在改革开放之初，在发达国家的超级市场中要想找到中国制造的产品是一件相当困难的事情；如今这种状况已经显著改观，在发达国家要想找到一家不销售任何中国产品的超级市场是一件相当困难的事情。在这种情况下，假如不采用专利权国际用尽原则，禁止平行进口行为，那么即使我国企业在国内制造专利产品的行为获得了在我国享有专利权的外国专利权人的许可，将制造出来的产品出口到其他国家仍然会遭遇专利权人在这些国家所获专利权的阻击。我国企业为能够在国内制造专利产品而获得外国专利权人的许可已经付出了代价，如果在任何情况下均不允许平行进口，则在我国合法制造的产品出口到不同国家时还要付出另外的代价。这相当于双重收费，产生类似于关税壁垒的效果，对我国显然不利。

当然，我国产品的出口是否合法取决于其他国家对平行进口行为的立场，而不是取决于我国对平行进口行为的立场。但是，我国在进口和出口问题上应当采取彼此一致的立场。为了维护我国的利益，我国在知识产权国际规则的制定上应当采取赞成并推动形成专利权国际用尽原则的立场。

总之，无论从产品的进口还是从产品的出口来看，对我国而言都存在采用专利权国际用尽原则的现实需要。

基于上述理由，2008 年修改《专利法》时，对本条第（一）项的规定作了调整，采取了允许平行进口行为的立场。

理解修改后的本条规定时应当注意，适用本条第（一）项的规定，认定平行进口行为不构成侵犯专利权行为的前提条件仅仅是专利权人或者其被许可人在我国境外售出其专利产品或者依照专利方法直接获得的产品，与该专利权人在销售地所在的国家或者地区是否就该产品获得专利权以及获得何种类型的专利权无关，也与专利权人或者其被许可人在售出其专利产品或者依照专利方法直接获得的产品时是否附具限制性条件无关。

三、先 用 权

（一）规定先用权的意义

按照《专利法》第九条第二款的规定，我国专利制度采用先申请制，即“两个以上的申请人分别就同样的发明创造申请专利的，专利权授予最先申请专利的人。”

由于采用先申请制，对一项发明创造来说，首先提出专利申请的人不一定是首先作出该发明创造的人，也不一定是首先开始实施该发明创造的人。在某人就一项发明创造提出专利申请之前，可能已经有他人研制开发出同样的发明创造或者已经通过合法方式获知了同样的发明创造，并且已经开始实施该发明创造或者为实施该发明创造作好了必要的准备。在此情况下，如果允许后来就此发明创造申请并获得专利权的人凭借其专利权制止上述行为人继续进行其实施行为，则显失公平。为了避免出现这种不合理的现象，本条第（二）项规定“在专利申请日前已经制造相同产品、使用相同方法或者已经作好制造、使用的必要准备，并且仅在原有范围内继续制造、使用的，不视为侵犯专利权”。这就是人们所说的“先用权”。

对于先用权的性质，存在不同的观点。

一种观点认为，先用权是一种法律赋予并且可以独立存在的民事权利，是先用人可以在法律允许的范围内实施有关技术方案或者设计方案的一种权利，同时也可以用于对抗专利权。[1]

另一种观点认为，先用权不是一种独立存在的权利，体现在享有先用权的人不能主张他人实施相同发明创造的行为侵犯了其先用权，也不能主张随后授予专利权的行为妨碍影响了其先用权。先用权的实质仅仅是一种用于对抗专利权的抗辩权，体现在没有他人就先用者实施的发明创造申请并获得专利权并指控先用者的实施行为构成了侵犯其专利权的行为，先用权就没有意义。只有在满足下述条件时，才有必要考虑先用权的问题：

（1）有人针对一项发明创造申请并获得了一项专利权；

---

[1] 郑胜利，等.专利权的限制和例外［G］//国家知识产权局条法司.专利法及专利法实施细则第三次修改专题研究报告.北京：知识产权出版社，2006：1513.

（2）他人在上述专利权的申请日之前已经开始实施该发明创造或者为实施该发明创造作好了必要准备；

（3）先用者在授予专利权后或者发明专利申请公布后继续其实施行为；

（4）专利权人认为先用者应当对发明专利申请公布后进行的实施行为支付合理使用费，或者认为先用者在授予专利权后进行的实施行为构成了侵犯其专利权的行为，向法院起诉或者请求专利行政部门进行处理。

比较起来，笔者认为后一种观点更有道理，即本条第（二）项规定的性质仅在于豁免先用者侵犯他人专利权的责任。

下面对有关先用权的一些问题进行讨论。

（二）先用权的产生条件

1. 被实施的发明创造的来源

适用本条第（二）项规定，首先会遇到的一个问题是：对先用者实施的发明创造的来源是否存在限制？尽管本条第（二）项的条文对此没有作出任何限制性规定，但是从合理的角度出发，不宜得出这样的结论，即只要在申请日之前已经存在实施相同的发明创造或者为实施作好准备的既成事实，则无论先用者以何种方式获知或者掌握该发明创造，均能产生先用权。

先用者获知或者掌握有关发明创造不外乎有如下两种途径。

一是先用者在专利申请日之前独立地开发研究出其实施的或者准备予以实施的发明创造，只不过没有提出专利申请或者没有及时提出专利申请，因而没有获得专利权。假如该先用者及时提出专利申请，能够获得专利权的本来应当是他而不是后来的专利权人。这是最为简单明了的一种情况，无疑能够产生先用权。

二是先用者通过某种途径从他人那里获知有关发明创造，进而予以实施或者为实施作好了准备。其中，十分常见的情况是先用者直接或者间接地从后来申请专利的人那里获知该发明创造。具体说来，先用者有可能通过下列途径合法地获知有关发明创造：

（1）在《专利法》第二十四条规定的新颖性宽限期内，一项发明创造的发明人在中国政府主办或者承认的国际展览会上展出了其发明创造，或者在规定级别的学术会议上发表了其发明创造，先用者直接或者间接地从公开的信息中获知该项发明创造的内容，进而予以实施或者为实施作好了准备；

（2）专利权人在申请专利之前出于某种需要，例如为了获得研究开发有关发明创造所需的物质、资金或者其他支持，或者为了以后能够及时实施其发明创造，将其发明创造的内容告诉了先用者，使之具备了予以实施的可能。

在直接或者间接地从后来申请专利的人那里获知有关发明创造的情况下，先用者是否能够享受先用权？对此，存在不同见解。

一种观点认为，只要先用者实施的发明创造是从专利申请人那里获知的，则不论是以直接的方式还是以间接的方式，均不能产生先用权。一些国家的专利法规定了类似的限制条件。例如日本专利法第 79 条规定，只有在申请日之前独立地作出发明的人，或者从独立地作出发明的他人那里合法地获知发明创造内容的人，才能够享受先用权。

另一种观点认为，不应当对先用权的产生施加如此严格的限制条件，只要有关发明创造是通过合法途径获知的，且随后实施该发明创造的行为符合诚实信用原则，则即使先用者直接或者间接地从专利申请人那里获知有关发明创造，也仍然能够产生先用权；反之，如果先用者以剽窃或者其他违法方式从他人那里获知有关发明创造，或者虽然有关发明创造的获知本身是合法的，但是获知者实施该发明创造的行为违背了作为获知该发明创造前提条件的约定或者承诺，或者获知者明知其实施该发明创造的行为违背信息提供者的意愿，则不能产生先用权。例如德国专利法第 12 条规定：

> **如果专利申请人或者其合法转让人在申请日之前向他人透露了其发明，并且保留了授予专利权之后的权利，则上述他人在获知发明内容起的 6 个月之内所进行的实施行为或者准备行为不能产生先用权。**

上述条款的含义是：在发明人透露了其发明创造的内容，但保留了其权利的情况下，得知者在 6 个月之内实施该项发明创造的行为不能享受先用权。这表明：第一，如果发明人没有保留其权利，则不存在 6 个月内不得实施的限制，得知者可以立即实施他所获知的发明创造，并享受先用权；第二，即使发明人保留了其权利，但是在 6 个月内没有申请专利，则得知者可以实施该项发明创造，并享受先用权。由此可知，在德国，即使先用者从专利申请人那里获知有关发明创造，只要满足一定条件，仍然能够享受先用权。

两种观点相比，采取后一种观点更为可取，其理由是：

第一，先申请制专利制度隐含了一个基本原则，这就是公众有权自由实施申请日之前的任何现有技术或者现有设计。申请日之前通过在国际展览会上展出、在学术会议上发表等方式公开的发明创造已经处于为公众所知的状态，属于现有技术或者现有设计。尽管《专利法》第二十四条有关新颖性宽限期的规定为专利申请人提供了一种特殊优惠，即上述公开行为不会导致其随后提出的专利申请丧失新颖性，但这一点并未改变有关发明创造已经为公众所知的事实。既然发明创造已经为公众所知，而且在公开时公众无从得知公开者日后是否会针对该发明创造申请并获得专利权，那么理应允许公众中的任何人予以实施。如果随后又进行追究，则有失公平。

第二，在先用者实施的发明创造是直接或者间接地从专利申请人那里获知的情况下，只要采取这样的限制条件，即先用者只有通过合法途径获知有关发明创造，而且其实施该发明创造的行为符合诚实信用原则，才能享受先用权，就已经充分地考虑了专利申请人的利益。有了这一前提条件，就意味着从发明人那里获知有关发明创造的人进行有关实施行为实际上已经获得了专利权人的认可或者默示许可，不应随后予以反悔。换言之，此时专利权人也要受诚实信用原则和信赖保护原则的制约。

第三，本条第（二）项对此问题没有作出任何规定，从其文字含义出发，更适合于采用第二种观点。

2009 年颁布的《最高人民法院关于审理侵犯专利权纠纷案件应用法律若干问题的解释》第十五条第一款规定：

> **被诉侵权人以非法获得的技术或者设计主张先用权抗辩的，人民法院不予支持。**

上述规定表达了两方面的含义：第一，先用权的性质是一种对侵犯专利权指控的抗辩权，而不是一种单独的权利；第二，如果被诉侵权人实施的发明创造是通过非法途径获知的，则不能进行先用权抗辩。所谓“非法获得的技术或者设计”，既包括通过非法途径从后来申请专利的人那里获知的有关技术或者设计，也包括通过非法途径从他人那里获知的有关技术或者设计。

不同国家之所以对先用权的产生条件有不同的规定，一个重要原因是这些国家对新颖性宽限期的规定有所不同。以日本为例，日本专利法第30条规定的可以享受新颖性宽限期的情况除了包括我国《专利法》第二十四条规定的三种情况之外，还包括申请人在申请日之前的6个月之内对其完成的发明创造进行公开试验、在公开出版物上发表、在互联网上发表等行为。因为有这样的规定，日本的专利申请人在申请日之前的6个月之内可以更为放心地进行各种公开其发明创造的活动，不必担心对其发明创造的新颖性产生负面影响。但是这么一来，公众通过合法途径在申请日之前获知他人发明创造内容的可能性也增大了。在此情况下，如果规定任何通过合法途径获知他人发明创造内容的人都可以享受先用权，专利权人就会感到对其合法利益带来不利影响。因此，日本将先用权的产生限制在独立作出相同发明创造或者从独立作出相同发明创造的人那里获知发明创造内容的范围之内，否则日本专利法关于先用权的规定和关于新颖性宽限期的规定就有相互冲突之嫌。换言之，日本对先用权产生条件的规定与其新颖性宽限期的规定是彼此呼应、协调一致的。《欧洲专利公约》和我国《专利法》对新颖性宽限期的规定比日本专利法的规定严格得多，公众通过专利申请人进行的不影响其新颖性的公开行为获知发明创造内容的可能性明显小于日本，因此对先用权产生条件的规定可以也应当有所不同。关于新颖性宽限期有关问题的讨论，请参见本书对《专利法》第二十四条的说明。

2. 实施和为实施作好必要准备的含义

大多数国家的专利法规定，仅仅获知有关发明创造还不足以产生先用权，获知者必须在申请日前已经进行了实施其获知的发明创造的行为或者为实施该发明创造作好了必要的准备，才能产生先用权。本条第（二）项给出了更为具体的条件，即“在专利申请日前已经制造相同产品、使用相同方法或者已经作好制造、使用的必要准备”。

其中，“制造”和“使用”的含义应当与《专利法》第十一条所采用措辞的含义相同。根据本条第（二）项的字面含义，应当得出这样的结论，即对于产品专利权来说，能够产生先用权的行为只包括“已经制造相同产品或者已经作好制造的必要准备”，而不包括使用、许诺销售、销售、进口相同产品或者为其做好必要准备的行为；对于方法专利权来说，能够产生先用权的行为只包括“使用相同方法”或者为其做好必要准备的行为，而不包括使用、许诺销售、销售、进口依照该方法所直接获得的产品或者为其赃款必要准备的行为。

按照本条第（二）项的规定，不仅在申请日之前实施发明创造的人能够享受先用权，在申请日之前为实施发明创造作好必要准备的人也能享受先用权。制造专利产品或者使用专利方法，常常需要进行各种类型的准备工作；对同一种类型的准备工作来说，也存在所投入人力、物力和资金上的差别。究竟需要进行何种类型的准备，并且需要进行到何种程度，才能认为是“作好了必要准备”？

对此，笔者认为应当有如下要求：

（1）主张其在申请日之前已经为实施某项后来由他人获得专利权的发明创造作好必要

准备的人应当首先证明他在申请日之前已经实际获知、掌握了该项发明创造，这是最为基本的前提条件。如果尚未获知、掌握发明创造，就谈不上为实施该发明创造作好了必要准备。

（2）已经进行的准备工作与实施获知的专利权的发明创造之间应当有明确的因果关联，让人能够认定有关准备工作是为实施该项发明创造而进行的。例如，购买地皮、装设供电供水设备等基础性准备工作是实施绝大多数技术都需要进行的普遍性准备工作，如果所进行的准备工作仅仅是这种类型的，而且行为人无法证明其准备实施的是哪项发明创造，则不能被认为是作好了实施该项发明创造的必要准备。

（3）在申请日之前应当已经开始进行实际准备工作，而不能仅仅是进行了表明有实施意愿的行为。例如，仅仅提出实施该项发明创造的意向、进行可行性论证等，不能被认为是作好了实施该项发明创造的必要准备。

（4）所进行的实际准备工作应当是技术性准备工作。对于产品专利来说，可以是有关制造设备的制造或者购买、模具的开发、原材料的准备、零件图和总装图的绘制等；对于方法专利来说，可以是实施该方法的专用设备的制造或者购买、工艺流程的制定等。如果所进行的仅仅是市场分析、管理人员配备等非技术性工作，不能被认为是作好了实施该发明创造的必要准备。

2009年颁布的《最高人民法院关于审理侵犯专利权纠纷案件应用法律若干问题的解释》第十五条第二款规定：

> **有下列情形之一的，人民法院应当认定属于专利法第六十九条第（二）项规定的已经作好制造、使用的必要准备：**
>
> **（一）已经完成实施发明创造所必需的主要技术图纸或者工艺文件；**
>
> **（二）已经制造或者购买实施发明创造所必需的主要设备或者原材料。**

应该注意的是，实施不同发明创造的准备工作在复杂程度和技术难度上相差十分悬殊。例如，对于涉及日常生活用品的发明创造来说，实施该发明创造所需的准备工作可能非常简单；对于涉及大型化工生产工艺的发明创造来说，实施该发明创造的准备工作就会复杂得多。因此在判断能否享受先用权时，就准备工作而言不能生搬硬套一种简单的模式，必须根据具体情况作出判断。

我国授予的专利权仅仅在我国境内具有法律效力，因此能够产生先用权的在先实施行为或者准备行为也应当是在我国境内发生的行为。在专利侵权诉讼中，如果被诉侵权人以其在申请日之前在我国境外已经制造相同产品、使用相同方法或者已经在我国境外作好制造、使用的必要准备为理由提出先用权抗辩的主张，不应予以支持。

按照本条第（二）项的规定，在先实施行为或者准备行为应当是在专利申请日之前进行的行为。一些国家采用这样的立场，即所谓“在申请日之前”，包含了在先实施行为或者准备行为必须在申请日之前发生，并且一直持续到申请日的含义。换言之，上述行为在申请日不能处于已经停顿的状态，除非这种停止由于不可抗力造成。例如，某人在申请日以前已开始其制造、使用行为，但中途却因为自身的原因（例如缺乏必要资金）而中止了，直到另一人申请专利之后才予以恢复，则不能享受先用权。这种立场显然限制了先用权的适用范围，但是有其合理的一面。从本条第（二）项的条文出发，似乎难以认为包含了这种限制。根据我国的具体国情，是否有必要采用上述立场，是一个值得探讨的问题。

（三）先用权的效力

认定先用权成立之后，紧接着的一个重要问题是：在专利权被授予之后，先用者以及相关他人进行何种行为将不视为侵犯专利权的行为。

1. 允许先用者继续进行的行为

本条第（二）项规定："在专利申请日前已经制造相同产品、使用相同方法或者已经作好制造、使用的必要准备，并且仅在原有范围内继续制造、使用的"，不视为侵犯专利权。这一规定涉及两个问题：一是允许先用者在何种范围之内继续进行其实施专利的行为；二是允许先用者进行何种类型的实施专利的行为。下面分别进行讨论。

（1）"原有范围" 的含义

本条第（二）项规定"仅在原有范围内继续制造、使用的，不视为侵犯专利权"。对"仅在原有范围内"的含义，对于在申请日之前仅仅为实施作好必要准备的行为来说，人们的理解基本上是相同的，即不得超出原来准备好的实施规模。然而，对于在申请日之前已经予以实施的行为来说，却存在不同的理解方式，即一是不得超过申请日之前已经进行的实际实施规模；二是不得超过申请日之前的已有设备所能达到的实施规模。两者有可能不同，例如先用者在申请日之前建立了一套生产能力为日产 100 吨三聚氰胺的化工设备，但是在申请日之前实际达到的生产规模为日产 50 吨三聚氰胺，则"仅在原有范围内"是指不超过日产 100 吨还是不超过日产 50 吨？有著作指出：

> 继续使用只限于在原有范围之内。条文中说"仅在原有范围内继续制造、使用"，是指其产量一般不高于专利申请提出时的产量。不过按照通常的解释，应当包括专利申请提出时原有设备可以达到的生产能力，或者根据原先的准备可以达到的生产能力。这样解释是符合本项规定目的的。[1]

2009 年 12 月颁布的《最高人民法院关于审理侵犯专利权纠纷案件应用法律若干问题的解释》第十五条第三款规定：

> **专利法第六十九条第（二）项规定的原有范围，包括专利申请日前已有的生产规模以及利用已有的生产设备或者根据已有的生产准备可以达到的生产规模。**

其中，"申请日前已有的生产规模"与"利用已有的生产设备可以达到的生产规模"如前所述可能不同，两者之间采用"以及"的表述方式，可能使判断者产生困惑。

对此，其他国家采取的做法有所不同。例如，日本专利法第 79 条规定，先用者继续实施的范围仅限于"已经实施或者已准备实施的发明的范围和事业目的的范围"。

其中，"发明的范围"的含义与专利权的保护范围有关。例如，在下列情况下可以认为超出了"发明的范围"。

例如，被授予的专利权包括两项独立权利要求，一项是产品独立权利要求；另一项是

---

[1] 汤宗舜.专利法解说［M］.修订版.北京：知识产权出版社，2002：374.

该产品的一种特殊应用方式的独立权利要求，即用途独立权利要求。如果先用者在申请日之前进行的实施行为仅仅是制造相同产品或者为之作好必要准备，却没有将其制造的产品用于该项用途，也没有为之作好必要准备，那么该先用者在授予专利权之后不得将其制造的产品用于该项用途。

又例如，被授予的专利权包括一项产品独立权利要求以及若干从属权利要求，从属权利要求记载了一些附加技术特征，构成了对独立权利要求记载的技术方案的改进方案。如果先用者在申请日之前进行的实施行为仅仅是制造如独立权利要求所述的产品或者为之作好了必要准备，却没有制造如从属权利要求所述的产品，也没有为之作好必要准备，那么该先用者在授予专利权之后不得制造如从属权利要求所述的产品。

"事业目的的范围"对先用者的后继实施行为也会产生限制。例如，获得专利权的发明是一种焊接方法，在申请日之前，先用者仅仅以造船事业为目的（公司章程规定），在船舶制造过程中实施该焊接方法。在此情况下，即使先用者修改其公司章程，将飞机制造业也作为其事业目的，也不得在飞机制造过程中实施该焊接技术。❶

笔者认为日本的上述立场有可以借鉴之处，可以认为《专利法》规定的"原有的范围"既包含了不允许超出"发明的范围"的含义，也包括了不允许超出"事业目的的范围"的含义。因此，在发生上述情况时应当认为先用者的行为超出了原有的范围。

日本对"事业目的的范围"的解释没有从数量上对实施规模作出限制。日本有关著作指出："只要是在其事业目的的范围之内，实施规模不一定非要同申请时的规模一样，可以随意扩大。"❷德国、英国、法国等国家的专利法关于先用权的规定也没有在数量上对先用者的实施规模作出限制。

借鉴上述国家的观点，不少人认为对先用者在授予专利权之后继续进行的实施行为不应当作出数量上的限制。在2008年修改《专利法》的前期准备阶段，国家知识产权局通过公开招标方式吸收社会各界进行了广泛的专题研究工作，其中就"专利权的限制和例外"这一专题设立了两个课题研究组分别独立地进行研究。这两个课题研究组提交的研究报告持同样的观点，都不赞成在授予专利权之后对优先者的实施规模在数量上予以限制。❸然而，2008年修改《专利法》时没有能够澄清这一问题。

应当注意的是，当认定先用者的实施行为超出原有范围时，不应当简单地否定先用权的成立，而应当区别对待，即在原有范围之内的那一部分实施行为不视为侵犯专利权的行为，而超出部分以侵犯专利权行为论处。

（2）允许先用权人进行的行为

本条第（二）项规定"仅在原有范围内继续制造、使用的，不视为侵犯专利权"。严格按照这一规定的字面含义，似乎应当得出这样的结论，即专利权被授予之后，享受先用

---

❶ 吉藤幸朔.专利法概论［M］.宋永林，魏启学，译.北京：专利文献出版社，1990：569-570.

❷ 吉藤幸朔.专利法概论［M］.宋永林，魏启学，译.北京：专利文献出版社，1990：570.

❸ 韦贵红，等.专利权效力的例外情况［G］//国家知识产权局条法司专利法及专利法实施细则第三次修改专题研究报告.北京：知识产权出版社，2006：1470-1471；郑胜利，等.专利权的限制和例外［G］//国家知识产权局条法司专利法及专利法实施细则第三次修改专题研究报告.北京：知识产权出版社，2006：1517-1518.

权的人只能继续进行制造相同产品、使用相同方法的行为，而不能进行其他实施行为，包括使用、许诺销售、销售其制造的专利产品或者依照相同方法所直接获得的产品。这种观点是否正确？

在对上述问题展开讨论之前，首先需要将导致产生先用权的实施行为和产生先用权之后所允许的后继实施行为区分开来，两者不能混为一谈。对前者而言，要获得先用权，先用者进行的有关实施行为必须是制造专利产品或者使用专利方法或者为其作好必要准备的行为，而不能是其他类型的行为。例如，专利权人在申请专利之前已经制造了其申请专利的产品，他人凭借其与专利权人的关系获得了该产品并在申请日之前进行了使用该产品的行为，则使用者不能主张他享有先用权，因为他进行的不是制造该产品的行为。对于后者而言，是指在认定某人享有先用权的情况下，法律允许他利用其先用权进行哪些类型的实施行为。因此，两者的含义显然不同。

有关著述认为：

> 应当理解，先用权只是允许继续原先的使用，即原先是制造相同产品的，可以继续制造相同产品，原先是使用相同方法的，可以继续使用相同方法。这种权利并不允许延及性质不同的用途（例如原先是为一般销售而制造相同产品，就不能改变为某一企业内部使用而制造相同产品），也不延及与原先准备的用途不同的用途。[1]

上述理解存在值得商榷之处。本条第（二）项规定先用权的本意，在于克服先申请制带来的不合理因素，豁免先用者在授予专利权之后继续实施有关技术的专利侵权责任。根据这一立法目的，一旦认定先用权成立，先用者所获得的权利应当是可以在专利申请公开之后或者专利权被授予之后继续进行其实施行为或者在其所作准备工作的基础上开始其实施行为，不需要承担侵犯专利权的责任。这里所说的继续实施行为，对于产品专利来说，不仅包括继续制造相同产品，还包括许诺销售、销售、使用所制造的产品；对于方法专利来说，应当不仅包括使用相同方法，还包括许诺销售、销售、使用依该方法所直接获得的产品。惟一应当排除的实施行为是未经专利权人许可在申请日之后进口他人在我国境外制造的相同产品或者进口他人在境外使用相同方法所直接获得的产品，因为该进口行为与先用者在申请日之前在我国境内制造专利产品、使用专利方法的行为或者为之作好必要准备的行为没有任何关联。

主张采取这种解释立场的理由在于：先用者继续制造相同产品的目的是为了自己利用或者供他人利用其制造的产品；先用者继续使用相同方法的目的是为了利用该方法所产生的效果，当使用的方法是一种产品制造方法时，所谓利用方法产生的效果应当包括自己利用或者供他人利用依照该方法直接获得的产品。本条既然允许先用者继续其制造、使用行为，当然也应当包含了允许先用者利用、处置其制造的专利产品或者依照专利方法直接获得的产品的含义。如果将这些利用、处置行为统统排除在外，继续制造相同产品的既不能自己使用其制造的产品，也不能销售其制造的产品；继续使用相同方法的既不能自己使用依照该方法直接获得的产品，也不能销售依照专利方法直接获得的产品，只能将这些产品堆放在仓库中，"继续制造、使用的不视为侵犯专利权"的规定就失去了意义。

---

[1] 汤宗舜.专利法解说［M］.修订版.北京：知识产权出版社，2002：374.

前面引证的著作认为“原先是为一般销售而制造相同产品，就不能改变为某一企业内部使用而制造相同产品”，这就是说先用者能够继续将其制造的产品出售给他人使用，但是却不能将该产品供自己使用。很难理解作出这种解释的理由，而且在现实中也难以严格予以区分。

为了防止对先用权的滥用，先用权的享有者不能许可他人实施有关专利，也不能单独转让其先用权。先用权只能连同先用权人的企业一起转让和继承，而不能脱离其企业将先用权单独转让或继承。

2009年颁布的《最高人民法院关于审理侵犯专利权纠纷案件应用法律若干问题的解释》第十五条第四款规定：

> 先用权人在专利申请日后将其已经实施或作好实施必要准备的技术或设计转让或者许可他人实施，被诉侵权人主张该实施行为属于在原有范围内继续实施的，人民法院不予支持，但该技术或设计与原有企业一并转让或者承继的除外。

2. 允许他人进行的行为

先用权的效力不仅涉及先用者在授予专利权之后进行的实施行为是否应当不视为侵犯专利权行为的问题，也涉及他人在授予专利权之后进行的相关行为是否应当不视为侵犯专利权行为的问题。具体地说，根据本条第（二）项的规定，在先用权成立的情况下，先用者在授予专利权之后继续制造专利产品、使用专利方法，以及使用、许诺销售、销售其制造的专利产品或者依照专利方法直接获得的产品的，应当不视为侵犯专利权的行为。进一步的问题在于：第三人使用、许诺销售、销售先用者制造的专利产品或者依照专利方法直接获得的产品的，是否构成侵犯专利权的行为？

日本有关著作指出：

> 这与使用或者销售从专利权人那里取得独占实施许可、一般实施许可的被许可人所制造的产品一样合法。而一般实施许可的效力，不管是允诺实施许可还是法定实施许可（强制实施许可亦然）是完全一样的。❶

笔者赞成上述观点。如果采取上面所述的立场，即认为享受先用权的人在授予专利权之后有权使用、许诺销售、销售其继续制造的专利产品或者依照专利方法直接获得的产品，那么第三人从先用者那里获得的专利产品或者依照专利方法直接获得的产品就是通过合法途径获得的产品，也应当有权利使用、处置该专利产品。这与依据专利权用尽原则所得出的结论是相似的。

（四）先用权与《专利法》相关规定之间的关系

先用权抗辩仅仅适用于以保密方式实施有关技术的人，还是也适用于以公开方式实施有关技术的人？更具体地说，有人就一项发明创造申请并获得了专利权，在其申请日之前，独立作出发明创造的人或者通过合法途径获知有关技术信息的人不但实施了该发明创造，而且使该发明创造为公众所知，在授予专利权之后，先用者是否可以继续进行其实施

---

❶ 吉藤幸朔.专利法概论［M］.宋永林，魏启学，译.北京：专利文献出版社，1990：572.

行为？在专利权人对先用者继续进行的实施行为提出专利侵权指控的情况下，先用者可以依据何种理由摆脱侵犯专利权的责任？

此时，先用者有三种选择：一是依据《专利法》第二十二条关于新颖性的规定，以该发明创造在申请日之前已经为公众所知为理由，请求宣告该专利权无效；二是依据《专利法》第六十二条的规定，以其实施的发明创造属于现有技术或者现有设计为理由，进行现有技术抗辩或者现有设计抗辩；三是依据本条第（二）项的规定，以在申请日之前已经实施该发明创造为理由，进行先用权抗辩。

采取上述第一种方式能够最为彻底地解决问题，如果能够成功地使该专利权被宣告无效，则不仅使先用者本人能够自由地实施该发明创造，而且能使所有公众都能够自由地实施该发明创造。但是应当指出的是：如果先用者是从专利权人那里获知该发明创造，而且先用者公开该发明创造的行为违背了事先的约定，则即使能够使该专利权被宣告无效，先用者也要承担违约责任；如果先用者的公开行为属于“未经申请人同意而泄露其内容”的行为，则专利权人可以享受《专利法》第二十四条第（三）项规定的新颖性宽限期，在公开之日起的6个月内提出专利申请的，不丧失新颖性。

在先用者进行的实施行为已经使有关发明创造为公众所知的情况下，还能不能进行先用权抗辩？对此，本条第（二）项没有作出明确规定，因而在现实中可能存在不同观点。

日本有关著作指出：

> 有一种学说（排除公开实施论）认为，先使用权仅可以给专利申请前的秘密实施者，不能给公开实施者。其理由是：既然该发明于别人申请专利前已经公开实施，那么就可以通过专利无效请求（第123条）使其专利无效；而专利无效后，该专利权则被视为自始即不存在（第125条），因此也就没有必要给其先使用权。但是，先使用权给秘密实施的先使用权人而不给公开实施者，让其提出无效请求，将违背允许先使用权人继续其事业这一先使用权制度的宗旨。因此，不管公开实施者是否提出无效请求，也应当给予先使用权。[1]

上述著作的结论是：即使是以公开方式实施有关发明创造的人，仍可以进行先用权抗辩。笔者赞成这一观点，主张在上述情况下，应当为先用者提供自由选择的余地，既可以选择提出宣告专利权无效的请求，也可以选择进行不侵权抗辩，而不是仅仅只能走请求宣告专利权无效这一条道路。

如果先用者选择进行不侵权抗辩，又有两种方式：一是进行先用权抗辩；二是进行现有技术或者现有设计抗辩。应当注意，该两种抗辩具有如下不同之处：

第一，产生先用权的前提条件是在申请日之前已经进行了实施有关发明创造或者为之作好必要准备的行为；现有技术或者现有设计抗辩对此没有任何要求，抗辩人在任何时候开始实施都是合法的，即使在专利申请日之后、专利申请公布之后或者授予专利权之后才开始实施也依然如此。

第二，即使在先用权成立的情况下，专利法对先用者在申请日之后继续实施有关发明创造的行为仍有明确限制，即只能在原有范围内实施；现有技术抗辩或者现有设计抗辩对此没有任何限制，抗辩人可以按照其意愿在任何范围内实施有关技术或者设计。

---

[1] 吉藤幸朔.专利法概论［M］.宋永林，魏启学，译.北京：专利文献出版社，1990：572-573.

由于存在上述区别，现有技术抗辩或者现有设计抗辩能够为抗辩人提供更为广泛的救济。在既能够适用现有技术抗辩或者现有设计抗辩，也能够适用先用权抗辩的情况下，当事人应当首先考虑采用前一种抗辩，法院或者管理专利工作的部门也应当优先适用前一种抗辩。

由此可知，先用权抗辩的用途应当主要在于为申请日之前实施尚未为公众所知的发明创造的先用者提供一种不侵权抗辩手段。

通过上述的讨论可以看出，本条第（二）项的规定还不够严谨，存在一些不确定的问题，可能导致对该项规定作出不合理的解释。在2008年修改《专利法》的前期进行的专题研究中，不少专家学者指出了这些问题并提出了一些修改建议，然而没有被采纳。笔者认为在下一次修改《专利法》时有必要对本条第（二）项的规定进行必要的修改，以澄清有关问题。

四、在过境的外国交通工具上使用专利的行为

本条第（三）项是关于外国交通工具临时过境的规定。

根据该规定，临时通过中国领陆、领水、领空的外国运输工具，为运输工具自身需要而在其装置或者设备中使用有关专利的，依照其所属国同中国签订的协议或者共同参加的协议或者共同参加的国际条约，或者依照互惠原则，不视为侵犯专利权。

作出该规定的理由在于：运输工具处于不断运动的过程中，如果将出于运输工具自身需要而使用有关专利的行为视为侵犯专利权的行为，会限制运输工具进入其他国家或者地区，影响国际交通运输的正常进行；同时，由于运输工具进入其他国家或者地域的时间通常十分短暂，对其使用专利的行为提出专利侵权指控在实际中很难实现。

本条第（三）项的规定来源于《巴黎公约》第5条之三，该条是通过1925年的海牙文本加入该公约的，其条文规定：

> 在本联盟的任何国家内，下列情况不应认为是侵犯专利权人的权利：
>
> 1. 本联盟其他国家的船舶暂时或者偶然地进入上述国家的领水时，在该船舶的船身、机器、船具、装备以及其他附件上使用构成专利主题的装置，但以专为该船舶的需要而使用该装置为限。
>
> 2. 本联盟其他国家的飞机或者陆上车辆暂时或者偶然进入上述国家时，在该飞机或者陆上车辆的构造或者操作中使用构成专利主题的装置，或者在该飞机或者陆上车辆的附件中使用构成专利主题的装置。

根据《巴黎公约》的上述规定，适用本条第（三）项的规定应当注意如下几点。

（1）本条第（三）项仅适用于外国运输工具，不适用于我国的运输工具。运输工具是外国的还是中国的，应当以其注册地为准。

（2）运输工具包括船舶、飞机和陆上车辆，既可以用于载人，也可以用于载货。值得注意的是，《巴黎公约》第5条之三仅提及船舶、飞机和陆上车辆，却并没有采用“运输工具”一词予以概括；本条第（三）项仅提及运输工具，并没有列举具体对象，其含义虽然可以涵盖船舶、飞机和陆上车辆，但是却缩小了其覆盖范围。例如，科学考察实验船、卫星跟踪监视船、医疗救护船、军舰、军用飞机、军用车辆等，都难以被认为是“运输工

具”，因此严格地说不能适用本条第（三）项的规定。不过这并不违背《巴黎公约》的规定，因为该公约的成员国有权解释船舶、飞机、陆上车辆的含义。[1]

（3）本条第（三）项所称领陆是指我国的陆地，领水包括我国的领海和内河，以及包括码头在内的全部港口。

（4）本条第（三）项的适用对象是临时或者偶然通过中国领陆、领水和领空的外国运输工具。临时通过包括“定期进入”和“偶然进入”，前者包括定期航班等，但不包括长期在中国国内停留，例如海上油气开采平台不应被认为是临时通过中国领水的运输工具；后者是指在特殊情况下进入中国领陆、领水和领空，例如船舶飞机躲避风暴、机械故障、失事等。在这些情况下，即使船舶、飞机不是暂时停留，而是停留较长时间，也可以适用本条第（三）项的规定。

（5）本条第（三）项规定的不视为侵犯专利权的行为是“在其装置或者设备中使用的有关专利”，其含义是什么？《巴黎公约》对此采用的条文是“使用构成专利主题的装置”，此言包括两种情况：一是该装置本身被授予专利权；二是该装置的使用方法被授予专利权。在两种情况下允许进行的行为都仅仅是使用该装置，不包括制造该装置的行为和销售该装置的行为。

（6）适用本条第（三）项的有一个重要的限制条件，即仅限于为运输工具自身需要而使用有关专利。然而，《巴黎公约》第 5 条之三专门分为两项予以规定，其中第 1 项涉及船舶，有仅为其自身需要而使用的限制；第 2 项涉及飞机和陆上车辆，没有仅为其自身需要而使用的限制。在这一点上，本条第（三）项与《巴黎公约》相比至少在文字表述上存在差异。

（7）对船舶而言，为船舶自身需要而使用的有关专利，包括在船舶的船身、机器、索具以及其他附件上使用有关专利，其中所述附件包括导航仪器、船舶装载卸载设备等。但是，如果利用船舶上的专利装载卸载设备，将货物从码头上的一个仓库转移到另一个仓库，则构成侵犯专利权的行为，因为这样的使用不是为了船舶的自身需要。至于在船舶上安装有关设备，用于制造专利产品，则不论该产品是否为船舶自身需要，都属于侵犯专利权的行为。

（8）对飞机和陆上车辆而言，应当限于在飞机或者陆上车辆的构造或者操纵中使用构成专利主题的装置，或者在飞机或者陆上车辆的附件中使用构成专利主题的装置。

现实中，极少发生因外国交通工具临时通过我国领陆、领水、领空而产生专利侵权纠纷的情况，因此很少有人深入关注本条第（三）项的规定。然而，认真研究起来，其中还是存在一些值得考虑的问题。

五、为科学研究和实验目的而使用专利的行为

本条第（四）项规定“专为科学研究和实验而使用有关专利的”不视为侵犯专利权，是为了贯彻落实《专利法》第一条规定的促进科学技术进步的立法宗旨。没有这一规定，

[1] G.H.C. BODENHAUSEN.Guide to the Application of the Paris Convention for the Protection of Industrial Property［M］. Geneva: The United International Bureau for the Protection of Intellectual Property (BIRPI), 1968： 82-84.

就有可能使专利制度产生妨碍科学技术进步的负面作用。

为了正确理解本条第（四）项规定，需要对其条文展开一些讨论。

（一）“专为科学研究和实验而使用有关专利”的含义

在我国建立专利制度之初，有一种观点认为，根据本条第（四）项的规定，在所有科学研究和实验中可以任意使用任何专利而不承担侵犯专利权的责任。这种观点值得商榷。

《欧共体专利公约》第27条第（b）项规定：

> 欧共体专利所赋予的权利不延及为实验目的进行的与授予专利权的发明主题有关的行为。

上述规定将能够得到豁免的行为明确限定为针对获得专利权的发明主题进行实验的行为，而不是泛指一切实验行为。这是欧洲国家普遍采用的观点。

借鉴该公约的规定，本条第（四）项所称“专为科学研究和实验”，应当是指针对获得专利的技术本身进行科学研究和实验。可能的情况包括：

（1）通过研究和实验，判断专利权保护的专利技术是否能够实现专利说明书中记载的发明目的、产生预期的发明效果。进行这种研究和实验的目的，在于从技术角度判断专利技术是否可行。

（2）通过研究和实验，确定实施专利技术的最佳方案。例如，一项涉及某种化学工艺的方法专利提供了可供选择的参数范围，例如反应温度应当控制在500℃～700℃。然而，在此温度范围内的不同温度点上的反应效果有所不同，不一定都能满足用户的实际要求。在正式实施该专利方法之前，实施者往往感到有必要经过研究和实验来确定最佳反应温度。

（3）通过研究和实验，探讨如何对专利技术作出改进。例如经过前面（1）、（2）所述的工作，实施者认为专利技术并不理想，希望通过其研究实验找到另一种更好的技术方案。

为了维护专利权人的合理权益，有必要对所述“科学研究和实验”行为的范围作出必要限制。例如，下列行为应当被认为不是针对专利技术本身而进行的研究实验行为。

（1）不是针对获得专利的技术本身，而是利用专利技术作为手段进行另外的研究实验。例如，对于一项关于某种测量仪器的产品专利而言，如果某一公司或者研究机构进行的研究实验目的在于确定该测量仪器本身的性能、精度等技术指标，应当属于本条第（四）项所述的不视为侵犯专利权的行为；反之，如果在一项科研项目中采用该种仪器作为研究实验的手段，用于研究开发另外的技术，则构成侵犯该专利权的行为。

（2）不是针对获得专利的技术本身，而是针对实施专利技术的其他方面进行研究实验。例如，实施者对一种专利产品进行研究实验的目的是为了确定如何改造其他现有设备，使之适合用于制造该专利产品；或者实施者对一种专利方法进行研究实验的目的是为了确定如何改造其现有工艺流程，使之适合用于实施该专利方法，则构成侵犯专利权的行为。另外，如果对一项专利技术进行研究实验的目的是为了培训其技术人员、工人，使他们获得经验，以便以后更好地实施该专利技术，则构成侵犯专利权的行为。

（3）不是针对获得专利的技术本身，而是对实施该专利技术的商业前景进行研究实验。例如，制造专利产品进行试销，以确定其市场需求量；向其客户演示其制造的专利产品或者使用专利方法的状况，以便取得客户的信任等，构成侵犯专利权的行为。

此外笔者认为，由于本条第（四）项所述的是"专为科学研究和实验而使用有关专利"，因此其适用范围应当不包括外观设计专利权。《专利法》第二条第四款规定"外观设计，是指对产品的形状、图案或者其结合以及色彩与形状、图案的结合所作出的富有美感并适于工业应用的新设计"，从这一定义出发，可以看出对他人获得外观设计专利权的设计方案本身谈不上进行"科学研究和实验"的问题。

（二）与"为生产经营目的"之间的关系

本条第（四）项是根据《专利法》的立法宗旨，专门为促进科学技术进步而设定的一种不视为侵犯专利权的情况。规定"专为科学研究和实验而使用有关专利"的行为不视为侵犯专利权，其理由与《专利法》第十一条规定的"为生产经营目的"这一构成专利侵权行为的条件无关。

一种观点认为，之所以规定"专为科学研究和实验而使用有关专利"的行为不视为侵犯专利权的行为，是因为该行为并非为了生产经营目的。笔者认为这种观点值得商榷。假如该观点成立，有《专利法》第十一条的规定就足够了，没有必要再专门补充本条第（四）项的规定。

在上述观点的支配下，还容易产生一种错误的推论，即认为某些类型的单位（例如科研机构、大专院校等）实施他人专利的任何行为都可以视为不侵犯专利权的行为，因为这些单位是专门从事科学研究实验或者教学工作的单位，一般不进行生产经营活动。在我国已经建立市场经济体制的情况下，讨论科学研究和实验是否具有为生产经营目的性质实际上已经没有什么意义，因为两者之间有太多的联系，"剪不断，理还乱"。可以认为，科学研究和实验最终必定具有商业目的。我国一直在努力纠正过去"科研、生产两张皮"，彼此相互脱节的不合理现象，努力使它们更加紧密地结合起来。事实上在发达国家，作出发明创造和技术革新的主力军是公司企业，而不是脱离于企业公司之外的大专院校和专门科研机构。

既然明确了规定"专为科学研究和实验而使用相关专利"的行为不视为侵犯专利权的行为并非出于该行为不是为了生产经营目的的缘故，也就同时明确了"专为科学研究和实验而使用相关专利"行为的主体不应仅仅限于专门的科研、教学单位，任何单位、任何个人都可以进行。即使是一个典型的生产经营单位，例如公司、企业等，只要其进行的行为仅仅是对某项专利技术本身进行科学研究和实验，就可以适用本条第（四）项规定，不视为侵犯专利权的行为；反之，即使是一个纯粹的科研、教学单位，例如中国科学院的某个研究所、清华大学的某个学院等，如果其进行的行为是利用某项专利技术作为手段来进行其他科研项目，则不属于本条第（四）项规定的范围，构成了侵犯专利权的行为。

综上所述，为了防止不适当地扩大本条第（四）项的适用范围，最为重要的保障就是将"专为科学研究和实验而使用有关专利"的行为限制在针对专利技术本身进行研究和实验的范围之内。有了这一限制，就能确保将本条第（四）项限制在一个合理的范围之内，无须再对研究实验者的主体类型进行限制。

（三）允许的行为类型

本条第（四）项规定"专为科学研究和实验而使用有关专利"的行为不视为侵犯专利

权的行为。这里采用的“使用”一词很容易与《专利法》第十一条所说的“制造、许诺销售、销售、使用、进口行为”中的“使用”一词混淆起来，认为它们具有相同的含义，进而认为能够视为不侵犯专利权的行为只限于“使用”行为，而不能进行实施专利的其他行为。这种观点不正确，因为本条第（四）项说的是“使用有关专利”，而不是“使用专利产品、使用专利方法”。

对产品专利而言，要对获得专利的专利技术本身进行研究实验，当然首先要获得该专利产品。研究实验者获得专利产品最为常见的途径之一是自己制造有关专利产品，这是最无争议的获得方式。本条第（四）项允许专为科学研究和实验而使用有关专利，应当包含了允许研究实验者自己制造有关专利产品的含义。

然而在更多情况下，研究实验者并不具有制造有关专利产品的能力。由此而产生的问题是：如果研究实验者从国外进口有关专利产品，是否构成侵犯专利权的行为？如果其他单位或者个人为研究实验者在国内制造或者从外国进口有关专利产品，供其进行研究实验，是否构成侵犯专利权的行为？

这是一个比较难以回答的问题。解释《欧共体专利公约》的有关著作指出：

> 一个更为困难的问题在于：第三方为研究实验者制造并提供有关产品的行为是否构成侵犯专利权的行为。从表面上看（prima facie），这种行为是《欧共体专利公约》所禁止的行为。然而，可能会有这样的争辩意见：既然对专利技术进行研究实验的行为是合法行为，为什么不允许为其提供所需的有关产品？公约第 27 条（b）所述的“为实验目的而进行的行为”应当具有广泛的含义，其中也包括这种提供行为。❶

一种观点认为，他人为了向研究实验者提供专利产品而进行制造、进口专利产品的行为构成了侵犯专利权的行为，因为该行为本身不是研究、实验行为，而是《专利法》第十一条禁止的实施行为。❷但是值得注意的是，2008 年修改《专利法》时，在本条增加了第（五）项关于 Bolar 例外的规定，其中规定：“为提供行政审批所需要的信息，制造、使用、进口专利药品或者专利医疗器械的，以及专门为其制造、进口专利药品或者专利医疗器械的，不视为侵犯专利权”。本条第（四）项与第（五）项所针对的情况有类似之处，应当得出同样的结论，即在研究实验者自己不具备制造有关专利产品的能力的情况下，应当允许该研究实验者进口有关专利产品，也应当允许他人为研究实验者制造、进口有关专利产品，都不视为侵犯专利权的行为。

当然，在采取上述立场时，应当严格控制为研究实验者制造、进口有关专利产品的数量。如果从研究实验的对象和性质来看，有数件专利产品就足够了，提供者却成百上千地制造、销售专利产品，这就不合情理了。

另外，获得有关专利产品的研究实验者针对获得专利技术本身进行研究实验不构成侵犯专利权的行为，然而如果研究实验者后来销售其为了进行研究实验而制造的专利产品或者他人为其进行研究实验而提供的专利产品，则构成了侵犯专利权的行为。

---

❶ AMIRAM BENYAMINI.Patent Infringement in the European Community［M］. IIC studies Vol. 13：274.

❷ 汤宗舜.专利法解说［M］.修订版.北京：知识产权出版社，2002：376. “不包括许诺销售、销售、进口专利产品或者依照专利方法所直接获得的产品。”

六、Bolar 例外

（一）我国引入 Bolar 例外的必要性

1. 我国药品和医疗器械管理制度简介

药品是用于预防、诊断、治疗疾病的特殊商品。一方面，人们常说“吃五谷、生百病”，疾病的种类繁多，用于预防、诊断、治疗这些疾病的药品更是繁多，很少有人在其一生中不需要服用、使用任何药品，若没有药品，人类的平均寿命不知道要缩短多少年；另一方面，公众很难判断一种药品是否具有其声称的治疗效果以及是否会对人体产生危害。为了切实维护公众的身体健康和生命安全，国家责无旁贷地有义务代表公众利益对投放市场的药品进行严格的监督和管理。世界各国普遍制定并施行了有关药品管理的法律，并设立专门的政府部门进行管理。任何制药公司在生产制造一种药品并将其投放市场之前，必须首先向该政府部门提出申请，获得批准之后才能将其投放市场。

随着人类社会的发展进步，公众维护其自身利益的要求在不断提高，因此各国有关药品的管理水准也呈现出不断提高的趋势。20 世纪之前，各国有关药品管理的法律多侧重于对假药、劣药、毒药的管理。自 20 世纪初化学药品问世以来，新药数量急剧增多，当初的管理多为申请注册、产品抽验等，管理制度不够严格。1935 年在美国发生了磺胺酏剂事件，死亡 107 人，引起公众对美国药品管理制度不足和弊端的强烈谴责和抨击，迫使美国国会修改其《联邦食品、药品、化妆品法》，规定新药申请上市必须有充分的试验数据证明该药品是安全的。然而，由于修改后的该部法律侧重强调药品应当安全无毒，却没有强调其有效性，又导致一大批疗效不明显的药品充斥市场。针对这一问题，美国国会 1962 年再次对其《联邦食品、药品、化妆品法》进行修改，规定新药上市前除了必须证明其安全性之外，还必须证明其有效性，并对新药的审批作了更为详细的规定。1979 年，美国国会通过并公布了非临床安全性试验研究规范，对新药进行临床研究前的安全性研究形成了更为严格、更为全面的质量管理体制。[1]在美国的影响下，其他国家也逐步完善关于药品管理的法律，形成更为严格和规范的管理制度。

我国 1984 年 9 月制定了《药品管理法》，2000 年 2 月对该部法律进行了较为全面的修订。修订后的《药品管理法》第二十九条规定：

> **研制新药，必须按照国务院药品监督管理部门的规定如实报送研制方法、质量指标、药理及毒理试验结果等有关资料和样品，经国务院药品监督管理部门批准后，方可进行临床试验。药物临床试验机构资格的认定办法，由国务院药品监督管理部门、国务院卫生行政部门共同制定。**
>
> **完成临床试验并通过审批的新药，由国务院药品监督管理部门批准，发给新药证书。**

上述规定表明，研制新药要经历两次行政审批：一是对临床试验之前进行的非临床安全性评价研究结果的审批；二是对临床研究结果的审批。只有通过第一个审批，才能进入临床研究阶段；只有通过第二个审批，才能将研制的新药投放市场。

---

[1] 参见国家食品药品监督管理局网站关于《药品管理法》的释义。［EB/OL］.［访问时间不详］.http://www.sda.gov.cn.

非临床安全性研究包括制备工艺、理化性质、纯度、检验方法、处方筛选、剂型、稳定性、质量标准、药理、毒理、动物药代动力学研究等。其中，毒性试验是在实验室条件下，针对动物进行的各种毒性试验，包括单独给药的毒性试验、反复给药的毒性试验、致癌试验、生殖毒性试验、致突变试验、依赖性试验、局部用药的毒性试验等，毒性试验结果是评价药品安全性的主要依据。

临床研究包括临床试验和生物等效性试验。临床试验是指任何在人体（病人或健康志愿者）进行的药品系统性研究，以证实或揭示试验用药品的作用及不良反应等，目的是确定试验用药品的疗效与安全性，一般划分为四期，即Ⅰ、Ⅱ、Ⅲ、Ⅳ期，其研究结论是对新药是否安全、有效的最关键、最权威的评价。生物等效性试验是指用生物利用度研究的方法，以药代动力学参数为指标，比较同一种药物的相同或者不同剂型的制剂，在相同的试验条件下，其活性成分吸收程度和速度有无统计学差异的人体试验。

《药品管理法》第三十一条规定：

生产新药或者已有国家标准的药品的，须经国务院药品监督管理部门批准，并发给药品批准文号；但是，生产没有实施批准文号管理的中药材和中药饮片除外。实施批准文号管理的中药材、中药饮片品种目录由国务院药品监督管理部门会同国务院中医药管理部门制定。

药品生产企业在取得药品批准文号后，方可生产该药品。

结合《药品管理法》第二十九条和第三十一条的规定可以知道，允许生产的药品只分成两种类型：一是新药；二是已有国家标准的药品。无论是哪种类型的药品，一个过去不曾生产该种药品的制药企业想要生产销售药品，都必须经过国家食品药品监督管理局批准，区别仅在于需要进行的研究试验工作和需要提交的申报资料有所不同。如果是新药，必须按照《药品管理法》第二十九条的规定进行研究试验工作并通过规定的行政审批程序，由于对研制新药的要求很高，而且审批程序要分为两个阶段进行，完成研究试验和审批需要经历较长的时间；如果是已有国家标准的药品，[1]其申报准备工作相对较为简单，审批所需时间相对较短。因此，对拟开始生产一种药品的企业来说，判断该药品是新药还是已有国家标准的药品是一个十分重要的问题，这涉及对新药的定义。

概括地讲，世界各国对新药的定义大致有两种类型：一是从未在本国批准生产的药品；二是未被批准在本国上市的药品。我国 1984 年颁布的《药品管理法》第五十七条规定，新药指我国未生产过的药品；2000 年修订的《药品管理法》删除了上述定义；2002 年 8 月颁布的《药品管理法实施条例》第八十三条规定，新药是指未曾在中国境内上市销售的药品。将新药的定义由过去的“未在我国生产的药品”改为“未在我国销售过的药品”，在一定程度上缩小了新药的范围。例如，虽然未在我国生产过、但经国家食品药品监督管理局批准进口并予以销售的药品已经履行了相当于新药的申报审批程序，应当不在新药的范围之内，不必重复进行新药的研究试验工作。国家食品药品监督管理局 2007 年 6 月颁布的《药品注册管理办法》第十二条对新药的范围也作了一些重要的补充规定，对已上市的药品而言，改变剂型、改变给药途径、增加新适应症的，药品注册应当按照新药申

[1] 药品的国家标准是指《中华人民共和国药典》和国务院药品监督管理部门颁布的药品标准。药品标准是国家对药品的质量、规格和检验方法所作的技术规定，是保证药品质量，进行药品生产、经营、使用、管理及监督检验的法定依据。

请的程序申报；所有生物制品应当按照新药申请的程序申报。

《药品注册管理办法》第十二条规定，仿制药申请是指生产国家食品药品监督管理局已批准上市的已有国家标准的药品的注册申请。需要指出的是，尽管生产国家食品药品监督管理局已批准上市的已有国家标准的药品，其注册申报较为简单，但是按照《药品注册管理办法》附件的规定，需要提交的申报资料也相当复杂。以化学药品为例，申报人必须提交下列资料：

第一，药学研究资料，包括：

（1）药学研究资料综述；

（2）确证化学结构或者组分的试验资料及文献资料；

（3）质量研究工作的试验资料及文献资料；

（4）药品标准及起草说明，并提供标准品或者对照品；

（5）样品的检验报告书；

（6）原料药、辅料的来源及质量标准、检验报告书；

（7）药物稳定性研究的试验资料及文献资料；

（8）直接接触药品的包装材料和容器的选择依据及质量标准。

第二，药理、毒理研究资料，包括：

（1）药理毒理研究资料综述；

（2）过敏性（局部、全身和光敏毒性）、溶血性和局部（血管、皮肤、黏膜、肌肉等）刺激性等特殊安全性试验资料和文献资料。

第三，临床试验资料，包括：

（1）国内外相关的临床试验资料综述；

（2）对口服固体制剂，应当进行生物等效性试验，一般为急性毒性试验资料及文献资料、长期毒性试验资料及文献资料、安全性试验资料和文献资料、致突变试验资料及文献资料、生殖毒性试验资料及文献资料等。

总之，无论要生产的药品是一种新药还是已有国家标准的药品，为了获得国家食品药品监督管理局的批准所需要开展的前期研究试验工作和有关准备工作都很繁重。这是药品与其他产品之间的显著区别。

1999年12月，国务院颁布了《医疗器械监督管理条例》，该条例第三条规定：

> 本条例所称医疗器械，是指单独或者组合使用于人体的仪器、设备、器具、材料或者其他物品，包括所需要的软件；其用于人体体表及体内的作用不是用药理学、免疫学或者代谢的手段获得，但是可能有这些手段参与并起一定的辅助作用；其使用旨在达到下列预期目的：
>
> （一）对疾病的预防、诊断、治疗、监护、缓解；
>
> （二）对损伤或者残疾的诊断、治疗、监护、缓解、补偿；
>
> （三）对解剖或者生理过程的研究、替代、调节；
>
> （四）妊娠控制。

该条例第五条规定，国家对医疗器械实行分类管理，第一类是指通过常规管理足以保证其安全性、有效性的医疗器械；第二类是指对其安全性、有效性应当加以控制的医疗器械；第三类是指植入人体，或者用于支持、维持生命，对人体具有潜在危险，对其安全性、有效性必须严格控制的医疗器械。

该条例第八条规定：

> **国家对医疗器械实行产品生产注册制度。**
>
> **生产第一类医疗器械，由设区的市级人民政府药品监督管理部门审查批准，并发给产品生产注册证书。**
>
> **生产第二类医疗器械，由省、自治区、直辖市人民政府药品监督管理部门审查批准，并发给产品生产注册证书。**
>
> **生产第三类医疗器械，由国务院药品监督管理部门审查批准，并发给产品生产注册证书。**
>
> **生产第二类、第三类医疗器械，应当通过临床验证。**

由此可见，我国对医疗器械建立了与药品相似的监督管理制度。

2. 专利制度与药品、医疗器械管理制度的关联及存在的问题

《专利法》的立法宗旨之一是鼓励发明创造，保护专利权人的合法利益，其中当然包括对药品和医疗器械的创新。出于种种考虑，1984 年制定的《专利法》第二十五条规定对食品、饮料、调味品、药品以及用化学方法获得的产品不授予专利权。1992 年修改《专利法》时取消了这一限制，目的就在于鼓励药品的创新。《药品管理法》第四条规定“国家鼓励研究和创制新药，保护公民、法人和其他组织研究、开发新药的合法权益”；《医疗器械监督管理条例》第七条规定“国家鼓励研制医疗器械新产品”。从鼓励、保护创新的角度来看，上述三部法律法规具有相同的初衷；但是从方式来看却存在不同：《专利法》是通过在规定期限内赋予专利权人实施其专利的独占权来达到鼓励和保护创新的目的；《药品管理法》和《医疗器械监督管理条例》是通过对允许上市的药品和医疗器械进行严格的行政审批和监督管理，防止未经批准的药品和医疗器械上市来达到鼓励和保护创新的目的。

药品、医疗器械要想获得专利权以及获得上市许可，都需要经过行政审批，但是两种行政审批的性质和目的有很大不同。对药品或者医疗器械领域中的发明创造，《专利法》并没有设立不同的授权条件，与其他技术领域中的发明创造一样，主要应当满足新颖性、创造性和实用性的规定。被授予专利权的药品或者医疗器械不仅不能在申请日之前已经属于现有技术，而且与现有技术相比还要具有突出的实质特点和显著的进步。换言之，《专利法》规定的授权条件旨在确保被授予专利权的药品或者医疗器械不仅是申请人自己创造出来的，不能抄袭或者模仿已知的药品或者医疗器械；而且必须具有必要的“发明高度”，值得国家为其提供独占权利。《药品管理法》和《医疗器械监督管理条例》规定的行政审批旨在确保药品和医疗器械的安全性和有效性，其目的在于维护公众的身体健康和生命安全。国家食品药品监督管理局批准上市的药品和医疗器械不具有市场独占性质，对同一种药品或者医疗器械，只要符合规定，可以同时对不同的制药企业颁发上市许可。

《专利法》第五条规定妨害公共利益的发明创造不授予专利权；第二十二条规定被授予专利权的发明创造应当具备实用性，即能够制造或者使用，并且能够产生积极效果。这些规定在一定程度上也能起到规范被授予专利权的药品或者医疗器械的安全性、有效性的作用，但是从规范力度上看与《药品管理法》和《医疗器械监督管理条例》的有关规定相比完全不是一回事，后者的严格程度要高得多。

由于存在上述不同，能够被授予专利权的药品或者医疗器械不一定能够获得上市许

可，能够获得上市许可的药品或者医疗器械也不一定能够被授予专利权。所以，国家知识产权局进行的行政审批和国家食品药品监督管理局进行的行政审批不能相互替代。

一些人（尤其跨国医药公司）大力主张，为了有效保护专利权，在药品或者医疗器械专利权的有效期之内，国家食品药品监督管理局不应批准除专利权人之外的他人将受到专利保护的药品或者医疗器械上市。对此，《药品注册管理办法》作了如下规定：

> **第十八条　申请人应当对其申请注册的药物或者使用的处方、工艺、用途等，提供申请人或者他人在中国的专利及其权属状态的说明；他人在中国存在专利的，申请人应当提交对他人的专利不构成侵权的声明。对申请人提交的说明或者声明，药品监督管理部门应当在行政机关网站予以公示。**
>
> **药品注册过程中发生专利权纠纷的，按照有关专利的法律法规解决。**
>
> **第十九条　对他人已获得中国专利权的药品，申请人可以在该药品专利期届满前 2 年内提出注册申请。国家食品药品监督管理局按照本办法予以审查，符合规定的，在专利期满后核发药品批准文号、《进口药品注册证》或者《医药产品注册证》。**

上述规定表明，在保护专利权的问题上，国家食品药品监督管理局采取主要由注册申请人自律的做法，《药品管理法》和《药品管理法实施条例》均没有规定国家食品药品监督管理局在核发药品批准文号、进口药品注册证或者医药产品注册证之前负有审查待批的药品是否侵犯他人专利权的责任，因为在实际中无法做到。

专利制度和药品上市行政审批制度并行运作，各自有各自的作用，但是两者之间的并存带来了一个问题。

一般说来，在药品或者医疗设备专利权的保护期限届满之后，专利权人的竞争对手就会竞相推出与专利药品或者专利设备相同或者相似的仿制药品或者仿制医疗设备，与原专利权人进行竞争。这种竞争可以为公众提供更多的可供选择的药品和医疗设备，能够显著降低有关药品和医疗设备的价格，对维护公众健康大有好处，各国普遍予以鼓励。但是如前所述，即使专利权人已经将其专利药品在国外投放市场，只要未在我国上市，其他厂家要想予以仿制，仍然需要按照研制新药的规定予以申报，为此必须进行非临床安全性研究和临床研究；即使专利药品已经在我国上市，其他厂家要想予以仿制，要获得批准也需要进行大量的准备工作。为了在专利权保护期限届满之后能够尽快地推出仿制药品或者仿制医疗设备，竞争者希望能够在专利保护期尚未届满前就开始对专利药品或者专利医疗设备进行有关研究试验和准备工作。然而问题在于，如果未经许可在专利权的保护期限之内进行这些研究试验，会被专利权人指控为侵犯其专利权的行为。要避免承担侵犯专利权的责任，竞争者只能等到专利权保护期限届满之后才开始进行这些研究试验和准备工作。从开始研究试验、完成研究试验、提出上市申请到获得国家食品药品监督管理局的批准，需要经历相当长的时间，于是导致了这样的结果：尽管药品专利权或者医疗器械专利权已经终止，但是在其后相当长的期间内却仍然没有人能够将仿制产品投放市场。这相当于延长了药品和医疗器械专利权的保护期限，剥夺了竞争者在专利权终止后及时将其竞争产品投放市场的合法权利，其结果显然不利于维护公众的利益。[1]

---

[1] SHASHANK UPADHYE.Understanding Patent Infirngement under 35 U.S.C. 271(e): The Collisions Between Patent, Medical Device, and Drug Laws［J］. Santa Clara Computer & High Technology Law Journal, December 2000.

在适用本条第（五）项的规定时，需要注意所谓“仿制药品”的含义。在专利法的意义上，仿制药品是指生产制造落入专利权保护范围之内的药品；在《我国药品管理法》的意义上，仿制药品是指生产国家食品药品监督管理局已批准上市的已有国家标准的药品。一种药品即使已经在国外上市，但只要没有投放我国市场，在我国生产这种药品就属于生产一种新药，而不是生产仿制药。

（二）本条第（五）项的形成及其含义

1. 立法过程

为了解决我国专利制度与药品和医疗器械监督管理制度并存而带来的前述问题，借鉴其他国家的实际做法以及 WTO 的有关争端解决结果，2008 年修改《专利法》时，许多人提出了在本条增加 Bolar 例外条款的修改建议，[1]最终为全国人大常委会所采纳。这是本条第（五）项规定的产生由来。

上述立法建议曾经引起了发达国家政府部门、有关组织以及制药产业的高度关注。其关注点不在于反对 Bolar 例外条款本身的引入，因为包括美国在内的许多西方国家早已这么做了，而且已经得到 WTO 的认可，已无说三道四之可能；而是希望我国在引入 Bolar 例外条款的同时在《专利法》中补充与此相关的其他规定，包括：第一，采用药品专利链接制度，即借鉴美国专利法第 271 条第（e）款第（1）项的条文，规定任何人在药品专利权保护期限之内向药品行政监督管理部门提出药品上市许可申请的，均构成侵犯专利权的行为；第二，采用药品专利保护期限延长制度，即借鉴美国专利法第 156 条的条文，规定药品专利权人可以请求适当延长其药品专利权的保护期限。

针对上述意见，国家知识产权局在 2006 年 12 月 27 日提请国务院审议《〈专利法〉修正草案（送审稿）》中指出：

> 关于药品专利链接问题，我局认为，现行专利法第十一条明确规定，任何人未经专利权人许可，不得为生产经营目的制造、销售、许诺销售、使用、进口专利产品。根据该规定，即使他人针对专利药品提出的上市许可申请获得药品监管机构的批准，只要他在专利有效期内作出专利法第十一条禁止的任何行为，专利权人均可以请求人民法院或者专利行政管理部门责令侵权人停止侵权行为并获得损失赔偿。根据我国现行专利法第六十一条的规定，在发生侵权行为时，专利权人还可以在起诉之前申请人民法院采取临时措施。因此，药品专利权人的权利不会因为药品上市审批而受到减损。美国专利法规定提出药品上市许可申请本身就构成侵犯专利权的行为，这在世界各国中是极为特殊的做法，并未得到其他国家的一致认同。因此，在我国专利法中增加类似规定缺乏充足的理由。
>
> 关于药品专利保护期限延长问题，我局认为需要考虑以下几点：第一，TRIPS 第 33 条规定专利权的保护期限至少为 20 年，除此之外，该协定并未规定 WTO 成员有延长药品专利保护期限的义务，巴西、印度等发展中国家均未规定药品专利保护期限可以延长；第二，有关统计表明，几乎所有专利药品的价格在专利保护期限届满之后都会大幅降低，因此药品专利的保护期限直接关系到我国 13 亿民众获得药品的成本和机会，对我国维护广大民众的生命健康有很大影

---

[1] 韦贵红，等.专利权效力的例外情况［G］//国家知识产权局条法司.专利法及专利法实施细则第三次修改专题研究报告.北京：知识产权出版社，2006：1470-1471；郑胜利，等.专利权的限制和例外［G］//国家知识产权局条法司.专利法及专利法实施细则第三次修改专题研究报告.知识产权出版社，2006：1517-1518.

响。鉴于此问题关系重大，我局认为目前我国延长药品专利保护期限的时机尚不成熟。

国务院和全国人大常委会在对《〈专利法〉修正案（草案）》进行审议的过程中，也都认真考虑过是否有必要在《专利法》中增加延长药品专利权保护期限的问题。研究结果认为，除了国家知识产权局提出的观点之外，还应当考虑在增加 Bolar 例外的同时，又增加药品专利权保护期限延长的规定，将会在相当程度上抵消增加 Bolar 例外的意义。因此，修改的结果是仅仅增加了本条第（五）项的规定。

2. 本条第（五）项的含义

（1）本条第（五）项规定的适用范围

本条第（五）项的条文表明，其涉及的对象是“专利药品”和“专利医疗器械”，亦即取得专利权的药品和医疗器械。要确定该项规定的适用范围，首先需要确定“药品”和“医疗器械”的含义。

从广义角度来看，“药品”有三种类型：一是用于预防、诊断、治疗人体疾病的药品；二是用于治疗动物疾病的兽药；三是用于预防、消灭或者控制危害农业、林业的病、虫、草和其他有害生物的农药。

《药品管理法》第一百零二条规定：

药品，是指用于预防、治疗、诊断人的疾病，有目的地调节人的生理机能并规定有适应症或者功能主治、用法和用量的物质，包括中药材、中药饮片、中成药、化学原料药及其制剂、抗生素、生化药品、放射性药品、血清、疫苗、血液制品和诊断药品等。

上述规定表明，《药品管理法》所称药品仅指用于人体的药品。

国务院 1987 年 5 月颁布、2001 年 11 月修订的《兽药管理条例》第七十二条规定：

兽药，是指用于预防、治疗、诊断动物疾病或者有目的地调节动物生理机能的物质（含药物饲料添加剂），主要包括：血清制品、疫苗、诊断制品、微生态制品、中药材、中成药、化学药品、抗生素、生化药品、放射性药品及外用杀虫剂、消毒剂等。

国务院 1997 年 5 月颁布、2001 年 11 月修订的《农药管理条例》第二条明确定义了“农药”的含义：

本条例所称农药，是指用于预防、消灭或者控制危害农业、林业的病、虫、草和其他有害生物以及有目的地调节植物、昆虫生长的化学合成或者来源于生物、其他天然物质的一种物质或者几种物质的混合物及其制剂。

前款农药包括用于不同目的、场所的下列各类：

（一）预防、消灭或者控制危害农业、林业的病、虫（包括昆虫、蜱、螨）、草和鼠、软体动物等有害生物的；

（二）预防、消灭或者控制仓储病、虫、鼠和其他有害生物的；

（三）调节植物、昆虫生长的；

（四）用于农业、林业产品防腐或者保鲜的；

（五）预防、消灭或者控制蚊、蝇、蜚蠊、鼠和其他有害生物的；

（六）预防、消灭或者控制危害河流堤坝、铁路、机场、建筑物和其他场所的有害生物的。

由此可知，我国法律法规规定的药品、兽药和农药具有不同的用途和对象。按照《兽药管理条例》和《农药管理条例》的规定，兽药和农药上市均需要经过农业部的行政审批，其审批要求的严格程度与用于人体的药品的审批要求有相似之处。适用本条第（五）项的规定，其所称“药品”是否包含兽药和农药？

首先，本条第（五）项并非适用于其上市需要经过行政审批的所有产品，而是仅仅适用于药品和医疗器械。为了与《药品管理法》的规定保持一致，本条第（五）项所称“药品”应当被解释为仅仅包含用于人体的药品。

其次，增加本条第（五）项规定的目的主要是为了解决公共健康问题。WTO 多哈部长议会于 2001 年 11 月 14 日通过的《多哈宣言》第 1 段指出：“承认公共健康问题严重影响许多发展中国家和最不发达国家，特别是影响那些遭受艾滋病、结核病、疟疾和其他传染性疾病的国家。”综合其全文内容来看，所谓公共健康问题所指的是人的健康问题。

基于上述分析，笔者认为本条第（五）项所称“药品”解释为用于人体的药品较为妥当。

关于医疗器械，《医疗器械监督管理条例》第三条已经作了明确定义，其范围也明确限定为用于人体的医疗器械，因此在确定本条第（五）项所述“医疗器械”的含义时，应当适用该条例的规定。

接下来需要回答的问题是：对于用于人体的药品而言，不视为侵犯专利权的行为可以涉及哪些专利权？本条第（五）项采用了“专利药品”的措辞，这是否表明能够被豁免的专利权仅仅包括那些就最终能够为人们所服用、使用的药品本身所获得的专利权？

2008 年修改的《专利法》为了落实《多哈宣言》和修改 TRIPS 的议定书，还增加了第五十条，即“为了公共健康目的，对取得专利权的药品，国务院专利行政部门可以给予制造并将其出口到符合中华人民共和国参加的有关国际条约规定的国家或者地区的强制许可”。2010 年修改的《专利法实施细则》第七十三条第二款规定：

> **专利法第五十条所称取得专利权的药品，是指解决公共健康问题所需的医药领域中的任何专利产品或者依照专利方法直接获得的产品，包括取得专利权的制造该产品所需的活性成分以及使用该产品所需的诊断用品。**

在《专利法》中增加本条第（五）项的规定与在该法中增加第五十条的规定具有相同的立法目的，都是为了更好地维护公共健康。除非法律有特别指明，对同一部法律中采用的同一措辞应当尽可能地赋予其相同的含义，这是解释法律的一般原则。因此，对本条第（五）项所称“专利药品”应当做相同解释。

采取这种解释立场的理由在于：对一种药品而言，能够申请并获得的专利权的类型很多，不仅针对该药品本身能够获得专利权，对该药品的制备方法、该药品的活性成分、该药品活性成分的制备方法等都可以获得专利权。如果将“不视为侵犯专利权”所指的专利权限定为仅仅针对药品本身的专利权，而不涵盖上述其他类型的专利权，则本条第（五）项的规定就会形同虚设，无法实现增加该项规定的立法目的，因为这些其他类型的专利权的存在同样有可能对仿制药品的研究试验者在专利权保护期限内获取行政审批所需要的信息构成障碍。

对本条第（五）项所称“专利医疗器械”，也应当做基本相同的理解，即“不视为侵犯专利权”所指的专利权不仅包括针对医疗器械本身的专利权，也包括针对该医疗器械使用方法、该医疗器械专用零部件的专利权。

（2）允许进行的行为

对允许进行的行为，本条第（五）项区分了两种情况分别予以规定：一种是仿制药品的研究试验者本人为获取行政审批所需要的信息而进行的行为；另一种是他人为研究试验者获取行政审批所需要的信息而进行的行为。

前者包括制造、使用、进口专利药品或者专利医疗器械的行为。其中，允许进行制造、进口行为是为了使研究试验者获得有关专利药品或者专利医疗器械，否则就谈不上进行研究试验活动，因此制造、进口行为应当在允许之列；如果仅仅允许获得有关专利药品或者专利医疗器械，而不许予以使用，同样无法进行研究试验活动，因此使用行为也应当在允许之列。需要注意的是，研究试验者在专利权保护期限之内不得进行许诺销售、销售其获得的专利药品或者专利医疗器械的行为，例如在展会上展出、显示其拟仿制的专利药品或者专利医疗器械，因为这些行为与研究试验者获取行政审批所需要的信息无关。

后者包括制造、进口专利药品或者专利医疗器械的行为，需要明确的是制造、进口的目的应当仅仅限于专门为研究试验者提供，而不能自己为生产经营目的予以使用，也不能向除研究试验者之外的其他单位或者个人许诺销售或者销售。尽管本条第（五）项仅仅提及制造、进口两种行为，但是其中有“专门为其”的措辞，这表明不但允许，而且必须将其制造、进口的专利药品或者专利医疗器械提供给研究试验者，所以实际上包含了允许“提供”行为的含义。这种提供是否必须是免费的？笔者认为在市场经济的模式下不必施加如此严格的限制。之所以规定允许他人专为研究试验者制造、进口专利药品或者专利医疗器械，是因为研究试验者常常不具有制造、进口的能力，若是规定他人只能免费向研究试验者提供其制造、进口的专利药品或者专利医疗器械，实际上会在很大程度上杜绝无制造、进口能力的研究试验者获得所需专利药品或者医疗器械的可能。

需要强调指出的是，无论是在上述哪种情况下，允许进行的行为都只能是为了提供行政审批所需要的信息。所称“信息”的含义和范围，应当适用《药品管理法》《药品管理法实施条例》《药品注册管理办法》的规定。除此之外，行为人在专利权保护期限内进行的任何其他制造、使用、许诺销售、销售和进口行为都将构成侵犯专利权的行为。

本条第（五）项规定“为提供行政审批所需要的信息”，其中所称“行政审批”是仅指我国药品行政管理部门进行的审批，还是也包括其他国家的药品行政管理部门进行的审批？对此，从本条规定本身难以得到答案。考虑到加拿大专利法有关条文明确规定也包括外国的行政审批，而且经 WTO 的争端解决程序已经被认定为不违反 TRIPS 的规定，因此将本条第（五）项的规定解释为涵盖外国药品管理部门进行的行政审批并无不妥。从鼓励并支持我国制药企业走出国门、迈向世界的角度出发，采用这样的解释立场对我国较为有利。

本条第（五）项没有限定在专利权保护期限的何种阶段才允许进行规定的行为，这表明在保护期限内的任何时候都可以进行，并非只有在接近保护期限终止日期的时间阶段内才允许进行。

（3）本条第（五）项规定与第（四）项规定的区别

前面说过，本条第（四）项规定和第（五）项规定具有相似的性质，两者都是用于豁免有关研究、实验或者试验行为侵犯专利权的责任。但是，两者也存在区别，主要体现在：

第一，前者广泛地适用于科学技术的任何领域；后者仅仅适用于其中一个特定领域，即药品和医疗器械领域，其适用范围要狭窄得多。

第二，如前所述，前者适用于对获得专利权的发明创造本身进行研究实验的行为，研究实验的目的在于判断专利权利要求所要求保护的技术方案是否可行、确定实施该技术方案的最佳实施方式、探讨如何对该技术方案进行改进等；后者主要适用于为仿制已经获准上市的专利药品或者专利医疗器械而进行研究试验的行为，仿制者的意图原本是制造相同的药品或者医疗器械，但由于国家对药品、医疗器械投放市场有严格的监督管理制度，即使是仿制，也要向药品和医疗器械监督管理部门提供足够的信息才能获得许可，因此该研究试验工作的目的在于提供行政审批所需要的信息。

由于存在上述区别，专利药品或者专利医疗器械的仿制者在专利权的保护期限内为提供行政审批所需要的信息而进行的研究试验行为难以被认定为本条第（四）项所规定的研究实验行为。正因为如此，需要在本条中引入第（五）项的规定。

因此，在药品和医疗器械领域，作为非专利权人的公司企业可以享受本条规定的两种不视为侵犯专利权的例外：如果其进行的研究实验旨在验证、改进他人获得专利权的药品或者医疗器械，可以享受本条第（四）项规定的例外；如果其进行的研究试验旨在获取仿制药品或者仿制医疗器械得到行政审批所需要的信息，可以享受本条第（五）项规定的例外，两者都符合国家和民众的利益。

第七十条　损失赔偿责任的免除

为生产经营目的使用、许诺销售或者销售不知道是未经专利权人许可而制造并售出的专利侵权产品，能证明其产品合法来源的，不承担赔偿责任。

一、历史沿革

1984年制定的《专利法》和1992年修改的《专利法》第六十二条第（二）项均规定：

> 使用或者销售不知道是未经专利权人许可而制造并售出的专利产品的，不视为侵犯专利权。

关于上述规定的理由，有学者将其解释为保护善意第三人而作出的规定，认为："所谓善意，就是不知道某种产品是有专利的，而且也不知道该产品不是专利权人或者未经专利权人许可制造后售出的。有些长期实行专利制度的国家也有保护善意第三人的规定。《专利法》施行时间还很短，许多人还不了解专利，对善意第三人需要保护。"[1]

然而，也有人对该项规定提出反对意见，认为适当保护善意第三人的举措是必要的，符合我国实际国情的需要；但是如果在法律上规定这样的行为视为不侵犯专利权的行为，则不利于充分保护专利权人的合法利益，容易给专利产品的违法制造者提供可乘之机，使他们有可能利用该项规定，为其未经专利权人许可而制造的侵权产品寻求合法的销售渠道。

2000年修改《专利法》时采纳了上述意见，将修改前第六十二条第（二）项的规定改为第六十三条第二款，规定：

> **为生产经营目的使用或者销售不知道是未经专利权人许可而制造并售出的专利产品或者依照专利方法直接获得的产品，能证明其产品合法来源的，不承担赔偿责任。**

修改之处在于：

第一，补充了依照专利方法直接获得的产品。1992年修改《专利法》时，在第十一条中增加了对产品制造方法专利权的延伸保护，也就是对产品制造方法专利权的保护不仅包括该专利方法的使用，还包括销售、使用或者进口依照该方法直接获得的产品。然而，1992年修改《专利法》时，修改了第十一条的规定，却没有对原第六十二条第（二）项的规定作出必要的相应修改，致使该项规定仍然仅仅包括"专利产品"。2000年修改的《专利法》第六十三条第二款补充了依照专利方法直接获得的产品，从而使该款规定与第十一条的规定协调一致。

第二，严格了该款规定的适用条件。按照修改前的规定，在专利侵权纠纷中，当销售者或者使用者以"不知道"为理由进行辩解时，如果专利权人不能证明销售者或者使用者

---

[1] 汤宗舜.专利法解说［M］.北京：专利文献出版社，1994：279.

实际上知道其销售或者使用的产品是未经专利权人许可而制造的侵权产品，就不能追究销售者或者使用者的侵权责任，因而也就无法获得任何法律救济。一般来说，销售或者使用有关产品的行为比较容易发现，而制造产品的行为则比较难以发现。过去，侵权产品的制造者为了躲避承担侵犯专利权的民事责任，往往利用该款规定，自己以隐蔽方式制造侵权产品，然后寻找他人销售或者使用其制造出来的侵权产品。当专利权人主张其权利时，销售者或者使用者以“不知道”为理由推卸其侵权责任，常常会使专利权人处于一种无可奈何的境地：能够承担侵权责任的制造者难以找到，能够找到的销售者或者使用者却又无法追究其侵权责任。根据修改后的条文，销售者和使用者仅仅以“不知道”为理由尚不足以免除其赔偿责任，还必须证明其销售或者使用的产品的合法来源。如果销售者、使用者系与“地下”制造者串通一气，难以证明其销售、使用的产品的合法来源，则不能免除其赔偿专利权人损失的责任；反之，如果销售者、使用者并非与违法制造者串通一气，其提供的来源信息将有利于专利权人顺藤摸瓜，找到制造侵权产品的根源。事实上，销售者、使用者往往是分散的，专利权人很难逐一追究他们的侵权责任，侵权产品的制造者才是侵权行为的源头，只有杜绝侵权产品的产生，才能使专利权人获得充分有效的保护。

第三，缩小了免责的范围。根据修改后的条文，即使满足该款规定的条件，销售者和使用者的行为仍然是侵犯专利权的行为，能够免除的仅仅是其赔偿责任，专利权人可以要求销售者和使用者承担除赔偿损失之外的其他民事侵权责任，其中最为主要的是停止其销售、使用行为。

总之，与早先不视为侵犯专利权的规定相比，2000 年修改的《专利法》第六十三条第二款的规定更加合理。

2008 年修改《专利法》时，对修改前的第六十三条第二款再次进行了必要修改，修改之处在于：

第一，将修改前的第六十三条序号改为第六十九条，同时将其第二款分离出来，作为修改后的第七十条单独予以规定。这是因为原第六十三条第一款规定的是不视为侵犯专利权的四种行为，即行为人无须承担侵犯专利权的全部民事责任；第二款规定的行为仍然构成侵犯专利权的行为，但是在符合规定条件的情况下可以免除其行为人侵犯专利权的部分民事责任。既然两款规定的性质不同，将它们分离成为两条更为合理。

第二，修改前的第六十三条第二款还存在一个问题，即 2000 年修改《专利法》时依照 TRIPS 的规定，在《专利法》第十一条中增加了关于许诺销售行为的规定，然而 2000 年修改的《专利法》第六十三条第二款的规定中提到了销售行为，却没有提到许诺销售行为，导致符合该款规定条件的实际销售行为可以免除赔偿损失的侵权责任，而实际销售行为之前发生的许诺销售行为反而不能免除赔偿损失的侵权责任，这显然不合理。修改后的本条将许诺销售行为补充在内。

二、本条规定的含义

在理解本条规定时，应当注意如下几点。

第一，能够适用本条规定的行为仅限于为生产经营目的许诺销售、销售、使用专利产品或者依照方法直接获得的产品的行为，不包括制造或者进口有关产品的行为，也不包括使用产品制造方法的行为。这表明，专利产品的制造者、进口者以及产品制造专利方法的使用者不能以其不知道其制造、进口的产品是他人获得专利权的产品或者以其不知道使用的产品制造方法是他人获得专利权的方法为理由，请求免除其赔偿责任。

第二，关于行为人的主观过错，本款采用的是“不知道”这一措辞。“不知道”应当被理解为“实际得知”的反义词，包括不可能知道和应当知道而实际并不知道两种情况。根据侵权行为法的基本原则，如果行为人明知其行为将侵犯他人权利，仍然进行该行为，则属于故意侵权行为，无疑应当承担侵权责任；如果行为人应当知道其行为将侵犯他人权利，然而由于疏忽大意而没有注意到，则属于过失侵权，也应当承担侵权责任。专利权是国家授予的权利，所有被授予的专利权都会在国家知识产权局出版的专利公报予以公告，任何公众都可以查阅。从理论上说，每一个有关产品的许诺销售者、销售者、使用者都应当事先付出适当的注意力，核实其许诺销售、销售、使用的产品是否为未经专利权人许可而制造的侵权产品，否则就有“过失”。例如，2001 年修改前的《商标法》规定，“销售明知是假冒注册商标的商品的”构成侵犯注册商标专用权的行为；2001 年修改的《商标法》将这一规定改为“销售侵犯注册商标专用权的商品的”，构成侵犯注册商标专用权的行为。这表明，在商标领域，销售者即使不知道其销售的商品是侵犯注册商标专用权的商品，也要承担侵权责任。为什么《专利法》不采用这种模式？这是因为专利权和注册商标专用权的性质有所不同。获得专利权的产品有可能是整个产品，也有可能仅仅是产品的某个零件、部件、电路等内部结构，有关产品的许诺销售者、销售者、使用者有可能根本不了解其产品的内部结构，更无从了解它们是否侵犯了他人的专利权。如果认为许诺销售、销售、使用任何侵权产品的人只要在上述意义上有“过失”，就都应当承担赔偿损失的侵权责任，则许诺销售者、销售者、使用者就必须事先一一查明其许诺销售、销售或者使用的产品及其所有零部件是否侵犯他人专利权，这将给许诺销售者、销售者、使用者带来过于沉重的负担，是不合理的。对大型商店或者商场来说尤其如此，因为其销售的产品成千上万，要求经营者在许诺销售或者销售之前对所有产品里里外外都进行一番彻查，这根本做不到。因此，在专利法意义上，某些情况下不要求行为人必须有过错才应当承担侵犯专利权的民事责任，例如制造专利产品的行为；某些情况下也并非只要行为人有过失就一定要承担全部侵权责任，例如本条规定的许诺销售、销售、使用行为。两者都是从专利保护的具体特点出发，对法律基本原则作出的适当变通，其目的都在于本着实事求是的态度，使专利制度更为合理。

第三，未经专利权人许可而许诺销售、销售、使用侵权产品的行为仍然属于侵犯专利权的行为，即使在能够适用本条规定的情况下，也只能免除行为人赔偿专利权人损失的民事责任。换言之，行为人应当承担除赔偿损失之外的其他民事责任，这就是立即停止其许诺销售、销售或者使用侵权产品的行为。应当注意的是，原来属于“不知道”的行为人，在专利权人告知之后（例如发出律师函）就不再是“不知道”了。在专利权人告知之后仍然继续许诺、销售或者使用侵权产品的，行为人要承担赔偿损失的民事责任。

第四，本条也隐含了对举证责任的规定。在许诺销售、销售或者使用侵权产品而引起的专利侵权纠纷中，原告即专利权人应当首先证明所涉及的产品是专利产品或者依照专利方法直接获得的产品，并证明该产品是未经其许可而制造并售出的。如果举证成立，为法院或者管理专利工作的部门采信，则被告亦即许诺销售者、销售者或者使用者要承担停止侵权行为和赔偿损失的专利侵权责任。此时，被告要想免除赔偿损失的民事责任，则应当证明其“不知道”其许诺销售、销售或者使用的产品是未经专利权人许可而制造并售出的，并证明其产品具有合法来源。其中，证明“不知道”常常只能是一种断言，通常要由原告提供反证，证明被告实际上知道，才能否定其断言；证明有合法来源必须由被告提供具体证据，例如出示正式的购销合同、商业发票等证据，证明其产品是合法取得的。应当注意的是：证明其产品有合法来源，并不等于证明行为人“不知道”该产品系未经专利权人许可而制造，因为这两个条件是彼此独立的，不能将它们混为一谈。另一方面，“合法来源”是指许诺销售、销售或者使用的产品是通过正当、合法的商业渠道获得的，其中“合法”一词并不包含该专利产品的制造、进口也必须合法的含义。本条的适用对象是未经专利权人许可而制造、进口的专利产品或者依照专利方法直接获得的产品，该制造、进口行为是违反《专利法》规定的行为，因此该产品本身是“违法产品”。

第七十一条　向外国申请专利泄露国家秘密的法律责任

违反本法第二十条规定向外国申请专利，泄露国家秘密的，由所在单位或者上级主管机关给予处分；构成犯罪的，依法追究刑事责任。

本条规定在1984年制定的《专利法》中即已存在，1992年、2000年和2008年三次修改《专利法》时均未对该规定进行实质性修改。惟一的变化是2000年修改《专利法》时将其中所述的“情节严重的，依法追究刑事责任”改为“构成犯罪的，依法追究刑事责任”。

《专利法》第二十条规定：“任何单位或者个人将在中国完成的发明或者实用新型向外国申请专利的，应当事先报经国务院专利行政部门进行保密审查。保密审查的程序、期限等按照国务院的规定执行。中国单位或者个人可以根据中华人民共和国参加的有关国际条约提出专利国际申请。申请人提出专利国际申请的，应当遵守前款规定。”为了落实该条中所述的“按照国务院的规定执行”，2010年修改的《专利法实施细则》第八条和第九条详细规定了向外国申请专利的保密审查的程序和期限。关于这方面的具体内容，请参见本书对《专利法》第二十条的说明。

向外国申请专利的单位一般是指企业、科研单位或者大专院校。“由所在单位或者上级主管机关给予处分”，这是1984年制定《专利法》时根据当时的国情而制定的。那时，我国尚处于计划经济时代，绝大多数企业、科研单位和大专院校都是全民所有制性质的，采用行政管理模式，有上级主管机关。经过30年改革开放，上述情形已经有了极大改观，故这一规定现在主要适用于国有单位。

因此，向外国申请专利而泄露国家秘密的法律责任主要体现在构成犯罪的，要依法追究刑事责任。《刑法》第三百九十八条规定：

> **国家机关工作人员违反国家保守秘密法的规定，故意或者过失泄露国家秘密，情节严重的，处三年以下有期徒刑或者拘役；情节特别严重的，处三年以上七年以下有期徒刑。**
>
> **非国家机关工作人员犯前款罪的，依照前款的规定酌情处罚。**

本条规定不包括国家知识产权局工作人员玩忽职守、没有对涉及国家安全或者重大利益需要保密的专利申请采取必要保密措施，导致泄露国家秘密的行为。对上述行为，应当按照《专利法》第七十四条的规定处置。

第七十二条 侵夺发明人、设计人权益的法律责任

侵夺发明人或者设计人的非职务发明创造专利申请权和本法规定的其他权益的，由所在单位或者上级主管机关给予行政处分。

本条规定在1984年制定的《专利法》中即已存在，1992年、2000年和2008年三次修改《专利法》均未对该规定进行任何修改。

发明人或者设计人是产生所有发明创造的源泉，因此保护发明人、设计人的合法权益，是落实《专利法》第一条确定的鼓励发明创造的立法宗旨的必要举措。

关于“侵夺”一词的含义，《现代汉语词典》的解释是“凭势力夺取（别人财产）”。[1]因此，本条所述侵夺发明人或者设计人合法权益的行为应当是在不平等主体之间发生的行为。

本条所称发明人或者设计人的权益，是指《专利法》明确规定的权益，主要包括三个方面：第一，《专利法》第六条规定，非职务发明创造，申请专利的权利属于发明人或者设计人，申请被批准后，该发明人或者设计人为专利权人；《专利法》第七条规定，对发明人或者设计人的非职务发明创造专利申请，任何单位或者个人不得压制；第二，《专利法》第十七条规定，发明人或者设计人有权在专利文件中写明自己是发明人或者设计人；第三，《专利法》第十六条规定，被授予专利权的单位应当对职务发明创造的发明人或者设计人给予奖励，发明创造专利实施后，根据其推广应用的范围和获得的经济利益，对发明人或者设计人给予合理的报酬。

因此，本条所述的侵夺行为包括：

（1）发明创造为非职务发明的，发明人或者设计人所在单位未经与发明人、设计人协商将其作为职务发明创造，由单位作为申请人提出专利申请，或者单位自己不申请专利也不允许发明人或者设计人申请专利；

（2）发明创造为职务发明创造的，单位在申请专利时没有如实写明该发明创造的发明人或者设计人；

（3）发明创造为职务发明创造的，单位获得专利权后不给予发明人或者设计人奖励和报酬。

本条规定，对上述行为有两种处置措施，一是由所在单位给予行政处分；二是由上级主管部门给予行政处分。如前所述，侵夺发明人或者设计人合法权益的一般就是其所在单位，规定由所在单位给予处分实际上难以做到；而所谓“上级主管部门”已经普遍不复存在。由于这一规定是1984年制定《专利法》时根据当时的国情制定的，时过境迁，现在已经没有什么现实意义。如今，因侵夺发明人或者设计人的合法权益引起纠纷的，可以依照《专利法实施细则》第八十五条的规定请求管理专利工作的部门调解，也可以直接向人民法院提起诉讼。

---

[1] 中国社会科学院语言研究所词典编辑室.现代汉语词典［M］.5版.北京：商务印书馆，2006：1104.

第七十三条　管理专利工作部门不得从事经营活动

管理专利工作的部门不得参与向社会推荐专利产品等经营活动。

管理专利工作的部门违反前款规定的，由其上级机关或者监察机关责令改正，消除影响，有违法收入的予以没收；情节严重的，对直接负责的主管人员和其他直接责任人员依法给予行政处分。

本条是2000年修改《专利法》时增加的条款，明确禁止管理专利工作的部门参与专利产品等经营活动，并具体规定了管理专利工作的部门参与经营活动的法律责任。

本条所称“管理专利工作的部门”是指各级人民政府设立的负责管理本行政区域内的专利工作的行政机关；所称“向社会推荐专利产品”，是指管理专利工作的部门利用公众对政府行政机关的信任，向社会介绍、推荐专利产品，鼓励公众购买专利产品或者使用专利方法；所称“参与经营活动”，是指以谋取经济利益为目的，参与实施应用专利的有关活动。

《专利法》第三条规定：“国务院专利行政部门负责管理全国的专利工作；统一受理和审查专利申请，依法授予专利权。省、自治区、直辖市人民政府管理专利工作的部门负责本行政区域内的专利管理工作。”管理专利工作的部门应当依法在规定的职能范围内行使职权，履行职能。管理专利工作的部门参与向社会推荐专利产品等经营活动，会干扰正常的社会经济秩序，损害政府的威信，应当承担相应的法律责任，包括：由上级机关或者监察机关责令改正，消除影响，没收违法所得；情节严重的，对直接负责的主管人员和其他直接责任人员依法给予行政处分。其中，情节严重是指违法行为造成较大社会影响的，包括违法所得金额较大，或者推荐产品情况不真实，给公众带来较大损失等；直接负责的主管人员是指管理专利工作的部门中决定参与推荐专利产品等经营活动的人员；其他直接责任人员是指管理专利工作的部门中执行上述决定，参与推荐专利产品等经营活动的人员。

第七十四条　对有关国家机关工作人员的要求以及法律责任

从事专利管理工作的国家机关工作人员以及其他有关国家机关工作人员玩忽职守、滥用职权、徇私舞弊，构成犯罪的，依法追究刑事责任；尚不构成犯罪的，依法给予行政处分。

根据2006年7月公布的《最高人民检察院关于渎职侵权犯罪案件立案标准的规定》的规定，“国家机关工作人员”是指在国家机关中从事公务的人员，包括在各级国家权力机关、行政机关、司法机关和军事机关中从事公务的人员。在依照法律、法规规定行使国家行政管理职权的组织中从事公务的人员，或者在受国家机关委托代表国家行使职权的组织中从事公务的人员，或者虽未列入国家机关人员编制但在国家机关中从事公务的人员，在代表国家机关行使职权时，视为国家机关工作人员。

从事专利管理工作的国家机关工作人员以及其他有关国家机关工作人员，主要是指国家知识产权局和各地管理专利工作的部门的工作人员，也包括依法管理与专利有关公务的其他有关国家机关的工作人员，例如执行《知识产权海关保护条例》有关规定的国家机关工作人员，执行《专利法》第十四条规定的国务院有关主管部门和省、自治区、直辖市人民政府有关主管部门的工作人员等。

按照本条规定，对渎职行为的处置方式包括：构成犯罪的，依法追究刑事责任；尚不构成犯罪的，依法给予行政处分。

《刑法》第三百九十七条规定：

国家机关工作人员滥用职权或者玩忽职守，致使公共财产、国家和人民利益遭受重大损失的，处三年以下有期徒刑或者拘役；情节特别严重的，处三年以上七年以下有期徒刑。本法另有规定的，依照规定。

国家机关工作人员徇私舞弊，犯前款罪的，处五年以下有期徒刑或者拘役；情节特别严重的，处五年以上十年以下有期徒刑。本法另有规定的，依照规定。

国务院2007年4月公布的《行政机关公务员处分条例》第六条规定，行政机关公务员处分的种类为警告、记过、记大过、降级、撤职、开除。该条例第二十二条规定，弄虚作假，误导、欺骗领导和公众，造成不良后果的，给予警告、记过或者记大过处分；情节较重的，给予降级或者撤职处分；情节严重的，给予开除处分。该条例第二十三条规定，有贪污、索贿、受贿、行贿、介绍贿赂、挪用公款、利用职务之便为自己或者他人谋取私利、巨额财产来源不明等违反廉政纪律行为的，给予记过或者记大过处分；情节较重的，给予降级或者撤职处分；情节严重的，给予开除处分。该条例第二十六条规定，泄露国家秘密、工作秘密，或者泄露因履行职责掌握的商业秘密、个人隐私，造成不良后果的，给予警告、记过或者记大过处分；情节较重的，给予降级或者撤职处分；情节严重的，给予开除处分。该条例第二十七条规定，从事或者参与营利性活动，在企业或者其他营利性组织中兼任职务的，给予记过或者记大过处分；情节较重的，给予降级或者撤职处分；情节严重的，给予开除处分。该条例第二十八条规定，严重违反公务员职业道德，工作作风懈怠、工作态度恶劣，造成不良影响的，给予警告、记过或者记大过处分。

对于本条所述的渎职行为，可以按照上述条例的规定，给予有关工作人员行政处分。

第八章 附 则

引 言

本章是《专利法》的最后一章，主要规定一些不宜放在前面各章而又需要规定的补充性内容。本章只有两条规定：一是关于专利费用的规定；二是关于《专利法》施行日期的规定。

专利费用包括：在授予专利权之前申请人在申请专利时以及在授予专利权的审查过程中需要缴纳的费用；在授予专利权之后专利权人为维持其专利权有效需要缴纳的费用以及当事人启动有关程序需要缴纳的费用。关于专利费用,《专利法》仅仅作了十分原则的规定，至于费用的具体种类、缴纳方式、缴纳期限等具体规定由《专利法实施细则》予以规定。

施行日期是我国所有法律的附则中都必须包括的规定,《专利法》自然也不例外。

第七十五条　专利费用

向国务院专利行政部门申请专利和办理其他手续，应当按照规定缴纳费用。

《专利法》中有两条专门涉及专利费用问题，一是第四十三条（规定专利权人应当自被授予专利权的当年开始缴纳年费）；二是本条。

申请专利和办理其他相关手续应当缴纳费用，这是所有建立专利制度的国家普遍采取的做法，其理由有二：一是因为专利局主要是为申请人和专利权人提供服务而设立的机构，这一机构为了履行其职责需要付出大量开支，按照“谁受益，谁付费”的原则，这笔开支理应由使用专利局服务的人，即申请人和专利权人负担，而不应当由全体纳税人负担；二是收费能够起经济杠杆作用，可以促使申请人、专利权人或者其他人在向专利局提出专利申请或者提出其他请求之前慎重考虑是否有必要向专利局申请专利或者办理其他手续，这样既可以提高专利申请的质量，也可以减少专利局的工作量，提高工作效率。

关于费用的具体种类，2001 年修改的《专利法实施细则》第九十条规定：

> **向国务院专利行政部门申请专利和办理其他手续时，应当缴纳下列费用：**
>
> **（一）申请费、申请附加费、公布印刷费；**
>
> **（二）发明专利申请实质审查费、复审费；**
>
> **（三）专利登记费、公告印刷费、申请维持费、年费；**
>
> **（四）著录事项变更费、优先权要求费、恢复权利请求费、延长期限请求费、实用新型专利检索报告费；**
>
> **（五）无效宣告请求费、中止程序请求费、强制许可请求费、强制许可使用费的裁决请求费。**
>
> **前款所列各种费用的缴纳标准，由国务院价格管理部门会同国务院专利行政部门规定。**

在 2008 年修改《专利法》后对《专利法实施细则》进行修改的过程中，许多人认为上述规定列出的收费项目共有 18 项之多，名目繁多、过于复杂，每一项费用都涉及缴纳期限的监视、过期未缴的补救、多缴费用的退款、少缴费用的补缴等环节，不仅增大了申请人和专利权人的负担和风险，也增大了国家知识产权局的工作负担，因而建议尽可能地减少收费项目。其中较为激进的观点认为只需保留三种用费，即申请费、实质审查费、年费即可，其他费用可以平均分摊在这三种费用之中。

国家知识产权局认真听取公众的意见，同时也对收费问题进行了全面分析，认为一方面应当顺应公众的呼声，适当减少收费项目；另一方面也不宜将收费项目减少到只有三种费用的程度。其理由在于：

第一，并非每个申请人都需要缴纳所有的收费项目。例如，没有要求优先权的，就不必缴纳优先权费；申请被撤回或者被驳回的，就不必缴纳专利登记费、公告印刷费；申请未被驳回的，就不必缴纳复审费；申请文件篇幅不大的，就不必缴纳申请附加费；申请人按时办理各种手续，缴纳费用的，就不必缴纳恢复权利请求费、延长期限请求费等。减少到只有三种费用固然可以简化手续，方便申请人和国家知识产权局，但是若采取平均分摊的做法又有不尽合理的一面，因为这增大了原本不需要缴纳其中一些费用的申请人的负担，对他们来说是不公平的。

第二，一些收费项目实际上具有督促申请人依法办事，提高整个专利制度工作效率的作用。例如，缩短审查周期、尽快完成对专利申请的初步审查和实质申请是广大申请人的共同心愿，为此既需要国家知识产权局的工作人员恪尽职守，也需要申请人尽量配合国家知识产权局的审查工作。在申请人由于失误而耽误国家知识产权局规定的期限，导致其专利申请被视为撤回的情况下，为申请人提供予以补救、恢复其权利的机会是情理之中的事情，但是如果请求恢复权利不需要缴纳任何费用，则无异于放纵申请人掉以轻心，其结果必然会延长申请的审查周期。又例如，规定申请人有合理理由的，可以请求国家知识产权局延长其规定的期限，这也是情理之中的事情，但是如果请求延长期限不需要缴纳任何费用，使申请人可以任意请求延长期限，其结果也必然会延长申请的审查周期。再例如，关于“申请附加费”，按照《专利审查指南 2010》和《国家计委、财政部关于调整专利收费标准的通知》的规定，包括权利要求附加费和说明书附加费，其中权利要求附加费是指专利申请中权利要求的数量超过 10 项后，从第 11 项起每项增收的费用，说明书附加费是指专利申请说明书页数超过 30 页，从第 31 页起每页增收的费用，设立这项费用的原因在于绝大多数申请的权利要求数量少于 10 项，说明书的页数少于 30 页，如果允许申请人无论撰写多少项权利要求和多少页的说明书均不需要缴纳任何申请附加费，必然会增大国家知识产权局的审查工作量，其结果也必然会延长申请的审查周期。在这些方面，经济杠杆对专利制度正常运作的保障作用不可忽视。

基于上述理由，2010 年修改的《专利法实施细则》第九十三条规定：

> **向国务院专利行政部门申请专利和办理其他手续时，应当缴纳下列费用：**
>
> **（一）申请费、申请附加费、公布印刷费、优先权要求费；**
>
> **（二）发明专利申请实质审查费、复审费；**
>
> **（三）专利登记费、公告印刷费、年费；**
>
> **（四）恢复权利请求费、延长期限请求费；**
>
> **（五）著录事项变更费、专利权评价报告请求费、无效宣告请求费。**
>
> **前款所列各种费用的缴纳标准，由国务院价格管理部门、财政部门会同国务院专利行政部门规定。**

与修改前的《专利法实施细则》第九十条的规定相比，修改之处在于：

第一，减少了四种费用，即申请维持费、中止程序请求费、强制许可请求费、强制许可使用费的裁决请求费。其中值得一提的发明专利申请的维持费。2010 年修改前的《专利法实施细则》第九十四条规定：“发明专利申请人自申请日起满 2 年尚未被授予专利权的，自第三年起应当缴纳申请维持费。”然而，根据《专利法》第三十五条的规定，发明专利的申请人可以在自申请日起的 3 年内随时提出实质审查请求，而且国家知识产权局在实质审查程序中要对发明专利申请是否符合《专利法》和《专利法实施细则》规定的授予发明专利权的实质性条件进行全面审查，因此自申请日起 2 年之内不能完成实质审查程序是十分常见的事情，这并非由于申请人的拖延或者失误所致。尽管国家知识产权局进行实质审查需要耗费更多的人力资源，申请人理应支付更多的费用，但这已经体现为申请发明专利不仅要缴纳 900 元的更高申请费（实用新型专利和外观设计专利的申请费均为 500 元），而且请求进行实质审查还要缴纳 2500 元的发明专利申请审查费。因此，许多申请人对申请维持费的收取很有意见，在国家知识产权局由于案件积压而导致延长实质审查周期的情况下更是如此。2010 年修改《专利法实施细则》时取消该项费用，深得广大公众欢迎。

第二，将 2010 年修改前的《专利法实施细则》第九十条第二款规定的“前款所列各种费用的缴纳标准，由国务院价格管理部门会同国务院专利行政部门规定”，改为“前款所列各种费用的缴纳标准，由国务院价格管理部门、财政部门会同国务院专利行政部门规定”。这表明国家对专利费用缴纳标准的制定和调整采取了更为严格的控制措施。

第七十六条 施行日期

本法自 1985 年 4 月 1 日起施行。

《专利法》是全国人大常委会 1984 年 3 月 12 日审议通过并予以公布，1985 年 4 月 1 日起施行的。其后，全国人大常委会分别于 1992 年、2000 年和 2008 年三次对《专利法》进行了修改。

全国人大或者全国人大常委会修改我国已有法律的决定有两种不同的类型：一是修订案，二是修正案。一部法律进行了几次修改，每次修改是何种类型，可以通过全国人大或者全国人大常委会在该部法律名称之后附加的说明获知。例如，2008 年修改的《专利法》在其名称之后的说明是：

> 1984 年 3 月 12 日第六届全国人民代表大会常务委员会第四次会议通过　根据 1992 年 9 月 4 日第七届全国人民代表大会常务委员会第二十七次会议《关于修改〈中华人民共和国专利法〉的决定》第一次修正　根据 2000 年 8 月 25 日第九届全国人民代表大会常务委员会第十七次会议《关于修改〈中华人民共和国专利法〉的决定》第二次修正　根据 2008 年 12 月 27 日第十一届全国人民代表大会常务委员会第六次会议《关于修改〈中华人民共和国专利法〉的决定》第三次修正

修订案与修正案之间的主要区别在于修改后的法律最后一条规定的施行日期。修订案是对已有法律较为全面的修改，修改后的法律最后一条规定的施行日期改为修订案予以施行的日期，例如全国人大于 1997 年 3 月 14 日通过了对 1979 年制定的《刑法》的修订案，因此修改后的《刑法》最后一条，即第四百五十二条规定“本法自 1997 年 10 月 1 日起施行”；修正案是对已有法律较为局部的修改，修改后的法律最后一条规定的施行日期仍然是原法律予以施行的日期，例如由于全国人大常委会三次作出的修改《专利法》的决定都是修正案而不是修订案，因此在修改后的《专利法》最后一条，即本条的规定始终是“本法自 1985 年 4 月 1 日起施行”。

修改前后的法律之间有一个如何衔接的问题，对此需要作出安排，这就是人们常说的“过渡办法”。毋庸置疑，如何合理地制定过渡办法，对专利申请人、专利权人以及广大公众具有十分重要的意义。

1992 年修改《专利法》时，过渡办法是由全国人大常委会制定的，体现为修改后的《专利法》后面附加的一个说明：

> 本决定自 1993 年 1 月 1 日起施行。本决定施行前提出的专利申请和根据该申请授予的专利权，适用修改以前的专利法的规定。但是，专利申请在本决定施行前尚未依照修改前的专利法第三十九条、第四十条的规定公告的，该专利申请的批准和专利权的撤销、宣告无效的程序适用修改后的专利法第三十九条至第四十四条的规定。

对 2000 年和 2008 年修改的《专利法》，全国人大常委会和国务院均没有规定过渡办法，而是由国家知识产权局予以规定。

对2000年修改的《专利法》，国家知识产权局于2001年6月25日以第七十八号国家知识产权局公告的方式公布了《施行修改后的专利法及其实施细则的过渡办法》，规定：2001年7月1日之后（含当日，下同）提出的专利申请和根据该专利申请授予的专利权，适用修改后的专利法及其实施细则的规定；2001年7月1日之前提出的专利申请和根据该专利申请授予的专利权，除另有规定的以外，自2001年7月1日之后也适用修改后的专利法及其实施细则的规定。与1992年修改的《专利法》规定的过渡办法相比，不难发现上述过渡办法有所不同，采取了尽可能让2000年修改的《专利法》于2001年7月1日起予以施行的立场。对其中所述的“除另有规定的以外”，该公告列出了总共10项例外情况，主要是针对修改前的《专利法》规定的撤销程序的过渡安排。

全国人大于2000年3月15日通过了《立法法》，自2000年7月1日起施行。这部法律首次对我国法律法规的制定和修改作了全面和统一的规范，既涵盖了全国人大和全国人大常委会制定的法律和国务院制定的行政规章，也涵盖了各省、自治区、直辖市以及较大城市的人大及其常委会制定的地方性法规和自治性条例，还涵盖了国务院各部委和各省、自治区、直辖市以及较大城市的人民政府制定的规章，并且明确了制定法律法规的程序以及不同法律法规之间的等级关系。《立法法》第八十四条规定：

> **法律、行政法规、地方性法规、自治条例和单行条例、规章不溯及既往，但为了更好地保护公民、法人和其他组织的权利和利益而作的特别规定除外。**

上述规定确立了修改后的法律不具有溯及既往的法律效力的基本原则，但同时又规定有特别规定的可以除外，其目的在于既在总体上确保公民、法人和其他组织的合法权益不受损害，又兼顾实际情况的特殊需要，对完善我国的法制建设具有重要意义。

依照《立法法》的上述规定，对2008年修改的《专利法》，国家知识产权局2009年9月29日以第五十三号局令公布了《施行修改后的专利法的过渡办法》，其第二条规定了过渡办法的基本原则，即：

> **修改前的专利法的规定适用于申请日在2009年10月1日前（不含该日，下同）的专利申请以及根据该专利申请授予的专利权；修改后的专利法的规定适用于申请日在2009年10月1日以后（含该日，下同）的专利申请以及根据该专利申请授予的专利权；但本办法以下各条对申请日在2009年10月1日前的专利申请以及根据该申请授予的专利权的特殊规定除外。**

由此可见，对2008年修改的《专利法》采取了与1992年修改的《专利法》基本相同的过渡办法。

第五十三号局令对上述基本原则作出的例外规定包括：

（1）2009年10月1日以后请求给予实施专利的强制许可的，适用修改后的《专利法》第六章的规定；

（2）管理专利工作的部门对发生在2009年10月1日以后的涉嫌侵犯专利权行为进行处理的，适用修改后的《专利法》第十一条、第六十二条、第六十九条、第七十条的规定；

（3）管理专利工作的部门对发生在2009年10月1日以后的涉嫌假冒专利行为进行查处的，适用修改后的《专利法》第六十三条、第六十四条的规定；

（4）专利权人在2009年10月1日以后标明专利标识的，适用修改后的《专利法》第十七条的规定；

（5）在中国没有经常居所或者营业所的外国人、外国企业或者外国其他组织在 2009 年 10 月 1 日以后委托或者变更专利代理机构的，适用修改后的《专利法》第十九条的规定。

2009 年颁布的《最高人民法院关于审理侵犯专利权纠纷案件应用法律若干问题的解释》第十九条规定：

> **被诉侵犯专利权行为发生在 2009 年 10 月 1 日以前的，人民法院适用修改前的专利法；发生在 2009 年 10 月 1 日以后的，人民法院适用修改后的专利法。**
>
> **被诉侵犯专利权行为发生在 2009 年 10 月 1 日以前且持续到 2009 年 10 月 1 日以后，依据修改前和修改后的专利法的规定侵权人均应承担赔偿责任的，人民法院适用修改后的专利法确定赔偿数额。**

最高人民法院作出的司法解释与国家知识产权局作出的第五十三号局令的有关规定是彼此一致的。

对 2010 年修改的《专利法实施细则》，国家知识产权局 2010 年 1 月 21 日以第五十四号局令公布了《施行修改后的专利法实施细则的过渡办法》，其第二条规定了与第五十三号局令相同的基本原则，即：

> **修改前的专利法实施细则的规定适用于申请日在 2010 年 2 月 1 日前（不含该日）的专利申请以及根据该专利申请授予的专利权；修改后的专利法实施细则的规定适用于申请日在 2010 年 2 月 1 日以后（含该日，下同）的专利申请以及根据该专利申请授予的专利权；但本办法以下各条对申请日在 2010 年 2 月 1 日前的专利申请以及根据该申请授予的专利权的特殊规定除外。**

第五十四号局令对上述基本原则作出的例外规定包括：

（1）2010 年 2 月 1 日以后以不符合《专利法》第二十三条第三款的规定为理由提出无效宣告请求的，对该无效宣告请求的审查适用修改后的《专利法实施细则》第六十六条第三款的规定；

（2）2010 年 2 月 1 日以后提出无效宣告请求的，对该无效宣告请求的审查适用修改后的《专利法实施细则》第七十二条第二款的规定；

（3）专利国际申请的申请人在 2010 年 2 月 1 日以后办理进入中国国家阶段手续的，该国际申请适用修改后的《专利法实施细则》第十章的规定；

（4）在 2010 年 2 月 1 日以后请求国家知识产权局中止有关程序的，适用修改后的《专利法实施细则》第九十三条和第九十九条的规定，不再缴纳中止程序请求费；在 2010 年 2 月 1 日以后请求退还多缴、重缴、错缴的专利费用的，适用修改后的《专利法实施细则》第九十四条第四款的规定；在 2010 年 2 月 1 日以后缴纳申请费、公布印刷费和申请附加费的，适用修改后的《专利法实施细则》第九十五条的规定；在 2010 年 2 月 1 日以后办理授予专利权的登记手续的，适用修改后的《专利法实施细则》第九十三条和第九十七条的规定，不再缴纳申请维持费。

上述关于修改后的《专利法》及《专利法实施细则》过渡办法的规定，对保障修改前后的《专利法》及《专利法实施细则》的平稳衔接和顺利过渡具有重要意义。

后　记

本书撰写过程中，笔者邀请国家知识产权局条法司副司长姜丹明（原条法一处处长）撰写了《专利法》“第一章总则”部分第四条、第六条至第八条、第十条、第十四条至第十六条、第二十条、第二十一条，“第六章专利实施的强制许可”部分第四十八条至第五十八条，“第七章专利权的保护”部分第六十条、第六十五条至第六十七条的解析及说明；笔者撰写了《专利法》其余各条的解析及说明，并对全书进行了多次统稿和审核工作。

姜丹明 1997 年毕业于北京大学法律系，获得硕士学位，自同年起在原中国专利局法律部(现国家知识产权局条法司)工作，与笔者一道参加了《专利法》第二次修改和第三次修改的全部过程，承担了大量工作；此次又参与本书撰写，付出了许多辛勤的劳动。在此，向姜丹明表示衷心的感谢。

知识产权出版社众多工作人员为本书的顺利出版作了很多细致、专业的工作，在此一并表示诚挚的谢意。